# SISTEMA PENAL CONTEMPORÂNEO

© 2021 Editora Fórum Ltda.
2022 1ª Reimpressão

É proibida a reprodução total ou parcial desta obra, por qualquer meio eletrônico, inclusive por processos xerográficos, sem autorização expressa do Editor.

Conselho Editorial

Adilson Abreu Dallari
Alécia Paolucci Nogueira Bicalho
Alexandre Coutinho Pagliarini
André Ramos Tavares
Carlos Ayres Britto
Carlos Mário da Silva Velloso
Cármen Lúcia Antunes Rocha
Cesar Augusto Guimarães Pereira
Clovis Beznos
Cristiana Fortini
Dinorá Adelaide Musetti Grotti
Diogo de Figueiredo Moreira Neto (*in memoriam*)
Egon Bockmann Moreira
Emerson Gabardo
Fabrício Motta
Fernando Rossi
Flávio Henrique Unes Pereira

Floriano de Azevedo Marques Neto
Gustavo Justino de Oliveira
Inês Virgínia Prado Soares
Jorge Ulisses Jacoby Fernandes
Juarez Freitas
Luciano Ferraz
Lúcio Delfino
Marcia Carla Pereira Ribeiro
Márcio Cammarosano
Marcos Ehrhardt Jr.
Maria Sylvia Zanella Di Pietro
Ney José de Freitas
Oswaldo Othon de Pontes Saraiva Filho
Paulo Modesto
Romeu Felipe Bacellar Filho
Sérgio Guerra
Walber de Moura Agra

CONHECIMENTO JURÍDICO

Luís Cláudio Rodrigues Ferreira
Presidente e Editor

Apoio: Associação dos Magistrados Brasileiros

Coordenação editorial: Leonardo Eustáquio Siqueira Araújo
Aline Sobreira de Oliveira

Rua Paulo Ribeiro Bastos, 211 – Jardim Atlântico – CEP 31710-430
Belo Horizonte – Minas Gerais – Tel.: (31) 2121.4900 / 2121.4949
www.editoraforum.com.br – editoraforum@editoraforum.com.br

Técnica. Empenho. Zelo. Esses foram alguns dos cuidados aplicados na edição desta obra. No entanto, podem ocorrer erros de impressão, digitação ou mesmo restar alguma dúvida conceitual. Caso se constate algo assim, solicitamos a gentileza de nos comunicar através do *e-mail* editorial@editoraforum.com.br para que possamos esclarecer, no que couber. A sua contribuição é muito importante para mantermos a excelência editorial. A Editora Fórum agradece a sua contribuição.

Dados Internacionais de Catalogação na Publicação (CIP) de acordo com AACR2

| | |
|---|---|
| S1623 | Sistema penal contemporâneo / Associação dos Magistrados Brasileiros [*et al.*] ... (Coord.). 1. Reimpressão.– Belo Horizonte : Fórum, 2021. |
| | 584p. ; 17cm x 24cm. |
| | ISBN: 978-65-5518-205-7 |
| | 1. Direito Penal. 2. Direito Processual Penal. 3. Direito Constitucional. I. Associação dos Magistrados Brasileiros II. Salomão, Luis Felipe. II. Fonseca, Reynaldo Soares da. III. Videira, Renata Gil de Alcantara. IV. Szporer, Patrícia Cerqueira Kertzman. V. Costa, Daniel Castro Gomes da. VI. Título. |
| | CDD: 341.2 |
| | CDU: 342 |

Elaborado por Daniela Lopes Duarte - CRB-6/3500

Informação bibliográfica deste livro, conforme a NBR 6023:2018 da Associação Brasileira de Normas Técnicas (ABNT):

ASSOCIAÇÃO DOS MAGISTRADOS BRASILEIROS; SALOMÃO, Luis Felipe; FONSECA, Reynaldo Soares da; VIDEIRA, Renata Gil de Alcantara; SZPORER, Patrícia Cerqueira Kertzman; COSTA, Daniel Castro Gomes da (Coord.). *Sistema penal contemporâneo*. 1. Reimp. Belo Horizonte: Fórum, 2021. 584p. ISBN 978-65-5518-205-7.

ASSOCIAÇÃO DOS MAGISTRADOS BRASILEIROS

*Coordenação científica*

Luis Felipe Salomão
Reynaldo Soares da Fonseca
Renata Gil de Alcantara Videira
Patrícia Cerqueira Kertzman Szporer
Daniel Castro Gomes da Costa

# SISTEMA PENAL CONTEMPORÂNEO

1ª reimpressão

Belo Horizonte

CONHECIMENTO JURÍDICO

2022

*Livros não mudam o mundo, quem muda o mundo são as pessoas. Os livros só mudam as pessoas.*

(Mario Quintana)

# SUMÁRIO

APRESENTAÇÃO ................................................................................................................. 17

## COMPETÊNCIA CRIMINAL DA JUSTIÇA ELEITORAL: EXTENSÃO E PERSPECTIVAS
**Sérgio Silveira Banhos, Daniel Castro Gomes da Costa** ............................................ 21

1 Introdução ................................................................................................................. 21
2 A competência da Justiça Eleitoral brasileira no âmbito criminal ..................... 22
2.1 Crimes eleitorais em espécie .................................................................................... 28
2.2 Crimes comuns conexos a crimes eleitorais e o novel julgado do Supremo Tribunal Federal ......................................................................................................... 31
3 Breve análise de legislações estrangeiras relativas a crimes eleitorais: Alemanha, Itália, Estados Unidos e Chile ............................................................... 34
4 Conclusão .................................................................................................................. 37
Referências ................................................................................................................. 38

## A PROGRESSÃO DE REGIMES PARA CRIMES HEDIONDOS APÓS A LEI Nº 13.964/19
**Reynaldo Soares da Fonseca, Humberto Barrionuevo Fabretti** ................................ 41

Introdução .................................................................................................................. 41
1 A progressão de regimes de cumprimento de pena ............................................ 42
2 A Lei de Crimes Hediondos e a progressão de regimes diferenciada ............... 42
2.1 O contexto da Lei de Crimes Hediondos ............................................................... 42
2.2 A progressão diferenciada de regimes ................................................................... 43
2.3 Critérios jurisprudenciais para a aplicação da progressão de regimes ............. 44
3 A Lei nº 13.964/2019 (Pacote Anticrime) e a progressão de regime para crimes hediondos e equiparados ........................................................................................ 46
3.1 O contexto da Lei nº 13.964/2019 ............................................................................ 46
3.2 Os novos critérios para progressão de regimes .................................................... 46
3.3 Progressão de regimes para crimes hediondos: *novatio legis in mellius*? ......... 47
Conclusões ................................................................................................................. 50
Referências ................................................................................................................. 51

## JUSTIÇA RESTAURATIVA – UM IMPORTANTE INSTRUMENTO PARA A SOLUÇÃO CONSENSUAL DE CONFLITOS
**Humberto Martins** ......................................................................................................... 53

1 Introdução ................................................................................................................. 53
2 Justiça Restaurativa .................................................................................................. 54

| | | |
|---|---|---|
| 2.1 | Conceito | 54 |
| 2.2 | Objetivos | 55 |
| 2.3 | Diretrizes | 56 |
| 3 | Por que a justiça restaurativa? | 57 |
| 3.1 | A perspectiva de Aersten | 57 |
| 3.2 | O macroprincípio da fraternidade | 58 |
| 3.3 | O acesso à Justiça e os meios consensuais de solução de controvérsia | 60 |
| 4 | Conclusão | 61 |
| | Referências | 62 |

## INTEGRAÇÃO NA ÁREA DA SEGURANÇA PÚBLICA: O GRANDE DESAFIO CONSTITUCIONAL
**Alexandre de Moraes** .................................................................................................63

| | | |
|---|---|---|
| I | Introdução | 63 |
| II | Necessidade de integração operacional e de inteligências | 64 |
| III | Competência legislativa federal e segurança pública | 66 |
| IV | Competências delegada e concorrente dos Estados membros e segurança pública | 70 |
| V | Conclusão | 72 |
| | Referências | 73 |

## A FORMAÇÃO DE PRECEDENTES NO SUPERIOR TRIBUNAL DE JUSTIÇA E SUA EFICÁCIA VERTICAL NO SISTEMA DE JUSTIÇA PENAL BRASILEIRO
**Og Fernandes, Frederico Augusto Leopoldino Koehler,
Jorge André de Carvalho Mendonça** ......................................................................75

| | | |
|---|---|---|
| | Introdução | 75 |
| 1 | A legitimidade filosófica do *stare decisis* | 76 |
| 2 | A teoria dos precedentes sob o ponto de vista dogmático | 78 |
| 3 | A teoria dos precedentes no sistema de justiça penal | 81 |
| 4 | Os precedentes criminais oriundos do Superior Tribunal de Justiça | 84 |
| | Conclusões | 88 |
| | Referências | 89 |

## A ADOÇÃO DO SISTEMA ACUSATÓRIO NA PERSECUÇÃO DAS INFRAÇÕES PENAIS PERPETRADAS NO ÂMBITO DE EMPRESAS E DE ORGANIZAÇÕES CRIMINOSAS E O SEU IMPACTO NO EXERCÍCIO DA JURISDIÇÃO
**Nilson Soares Castelo Branco** ..................................................................................93

| | | |
|---|---|---|
| 1 | Introdução | 93 |
| 2 | O ponto de partida: a matriz constitucional do sistema acusatório brasileiro | 94 |
| 3 | A importância da confrontação dos postulados do sistema acusatório à práxis judicial | 99 |
| 4 | O controle judicial de práticas persecutórias que violem direitos e garantias individuais | 100 |
| 5 | A admissibilidade da acusação e seus limites | 102 |
| 6 | A análise das provas apresentadas pela acusação e o impacto sobre o exercício da jurisdição | 106 |

| 7 | A valoração das provas e a refutabilidade da pretensão acusatória em confronto com as teses defensivas | 109 |
| --- | --- | --- |
| 8 | Conclusão | 114 |
| | Referências | 114 |

## A PERSECUÇÃO DA LAVAGEM DE CAPITAIS COMO POLÍTICA PÚBLICA FOMENTADA PELO MINISTÉRIO PÚBLICO PARA A TUTELA DO MEIO AMBIENTE
**Rafael Schwez Kurkowski, Francisco de Assis Machado Cardoso** ..........117

| | Introdução | 117 |
| --- | --- | --- |
| 1 | O Ministério Público como fomentador de política pública | 121 |
| 2 | A efetividade da persecução da lavagem de capitais como política pública para a tutela do meio ambiente | 126 |
| | Conclusões | 130 |
| | Referências | 131 |

## "AUTORICICLAGGIO": NOTAS DE DIREITO COMPARADO SOBRE O CRIME DE AUTOLAVAGEM NO DIREITO ITALIANO
**Ney de Barros Bello Filho, Bruno Hermes Leal** ..........135

| | Introdução | 135 |
| --- | --- | --- |
| 1 | "Privilégios anacrônicos" | 138 |
| 1.1 | Itinerários normativos | 139 |
| 1.2 | Morfologia típica | 142 |
| 2 | "Ainda o silêncio..." | 144 |
| 2.1 | Segura responsabilização | 145 |
| 2.2 | Unitário desvalor | 149 |
| 2.3 | Sanções individualizadas | 152 |
| | Conclusões | 153 |
| | Referências | 154 |

## CONFISCO DE BENS TRAVESTIDO DE EFEITO DA CONDENAÇÃO
**Cezar Roberto Bitencourt** ..........159

| 1 | Considerações introdutórias | 159 |
| --- | --- | --- |
| 2 | Inconstitucionalidade do art. 91-A (art. 5º, XLV) | 162 |
| 3 | Ilegalidade e inconstitucionalidade do confisco de bens de terceiros | 166 |
| 4 | Indispensável instrução paralela e forma procedimental desse confisco do art. 91-A | 166 |
| 5 | Distinção entre "confisco-pena" e "confisco-efeito da condenação" | 167 |
| 5.1 | A inexistência de limites no "confisco" previsto no art. 91-A | 169 |
| 6 | Natureza jurídica dessa expropriação sem causa material | 170 |
| 7 | A indispensável instrução paralela sobre a origem dos bens | 170 |
| 8 | Alguns aspectos procedimentais nos casos suspeitos | 173 |
| 9 | A modo de conclusão | 174 |
| | Referências | 175 |

## CRIMEN ORGANIZADO TRANSNACIONAL Y ESTRATEGIAS PROCESALES EN SU PERSECUCIÓN
**Paula Andrea Ramírez Barbosa** .................................................................................................. 177

| | | |
|---|---|---|
| 1 | Introducción | 177 |
| 2 | Concepto y delimitación del crimen organizado trasnacional | 178 |
| 3 | Características relevantes del crimen organizado trasnacional | 179 |
| 4 | Principales tipologías de la delincuencia organizada trasnacional | 183 |
| 5 | Los principios rectores de las estrategias procesales contra el crimen organizado trasnacional (TEIs) | 185 |
| 5.1 | Principios rectores de las Técnicas Especiales de Investigación: | 185 |
| 6 | Algunas técnicas especiales de investigación contra el crimen organizado trasnacional | 186 |
| 6.1 | El agente encubierto | 186 |
| 6.2 | La entrega vigilada | 187 |
| 6.3 | La vigilancia electrónica | 188 |
| 6.4 | La cooperación internacional | 189 |
| 6.5 | La extinción del derecho de dominio | 190 |
| 6.6 | Justicia negociada y consensuada | 191 |
| 7 | Retos y propuestas | 192 |
| 8 | Conclusiones | 193 |
| | Referencias | 194 |

## DAS VISITAS DA COMISSÃO INTERAMERICANA DE DIREITOS HUMANOS À RECOMENDAÇÃO Nº 62 DO CONSELHO NACIONAL DE JUSTIÇA: OS PROBLEMAS E MAZELAS DO SISTEMA CARCERÁRIO BRASILEIRO
**Edson Medeiros Branco Luiz, Luiz Henrique Camandaroba Castelo Requião** ..................... 197

| | | |
|---|---|---|
| I | Introdução | 197 |
| 1 | A Organização dos Estados Americanos | 197 |
| II | Desenvolvimento | 199 |
| 2 | Sistema Interamericano de Direitos Humanos e a incorporação da Convenção Interamericana de Direitos Humanos | 199 |
| 3 | A Comissão Interamericana de Direitos Humanos e a Corte Interamericana de Direitos Humanos | 204 |
| 4 | Visitas da Comissão à República Federativa do Brasil | 206 |
| 5 | Conselho Nacional de Justiça: Recomendação nº 62 | 209 |
| 6 | Sistema carcerário brasileiro | 211 |
| III | Conclusão | 219 |
| | Referências | 219 |

## DEMOCRACIA V. CORRUPÇÃO ELEITORAL. INTEGRIDADE DAS ELEIÇÕES, GENUINIDADE DO VOTO POPULAR E VERDADE ELEITORAL
**Maria Benedita Malaquias Pires Urbano** .................................................................................. 221

| | | |
|---|---|---|
| 1 | Notas introdutórias | 221 |
| 2 | A corrupção eleitoral e outras realidades afins: manipulação, fraude e pressão sobre o eleitor | 224 |

| 3 | Instrumentos de combate à corrupção eleitoral e à manipulação eleitoral em geral | 228 |
| --- | --- | --- |
| 4 | A corrupção eleitoral no ordenamento jurídico português | 230 |
| 5 | Notas conclusivas | 232 |
|   | Referências | 233 |

## ESTADO DE DIREITO E A FUNÇÃO DE PROTEÇÃO DOS BENS JURÍDICOS MAIS RELEVANTES COMO ALICERCE DE UMA CONCEPÇÃO DEMOCRÁTICA DE DIREITO PENAL E DE PENA JUSTA
**Gabriel Wedy, Miguel Tedesco Wedy** ... 235

| 1 | Introdução | 235 |
| --- | --- | --- |
| 2 | Proteção dos bens jurídicos mais relevantes como função do Direito Penal, relação de cuidado de perigo e a busca de uma pena justa | 236 |
| 3 | Conclusão | 244 |
|   | Referências | 245 |

## LIÇÕES E DESAFIOS DO COMBATE À CORRUPÇÃO NO BRASIL
**José Antonio Dias Toffoli** ... 247

| 1 | Introdução | 247 |
| --- | --- | --- |
| 2 | Sistema político e corrupção no Brasil | 247 |
| 3 | Contexto do combate à corrupção no Brasil | 248 |
| 4 | O desafio da segurança jurídica e a atuação do Supremo Tribunal Federal | 254 |
| 5 | Conclusão | 258 |

## O CONSENSO NO SISTEMA PROCESSUAL PENAL CONTEMPORÂNEO NO BRASIL E A INTERFACE COM AS INSTÂNCIAS CIVIL E ADMINISTRATIVA
**Humberto Dalla Bernardina de Pinho** ... 261

| 1 | Introdução: a Lei nº 9.099/95 e as ferramentas de composição civil e penal | 261 |
| --- | --- | --- |
| 2 | O acordo de colaboração premiada e de não persecução penal | 263 |
| 3 | A interface entre a justiça penal consensual e as instâncias administrativa e civil sancionatórias | 269 |
| 4 | Considerações finais | 274 |
|   | Referências | 275 |

## O ENFRENTAMENTO À CORRUPÇÃO NO CENÁRIO PÓS-CONSTITUIÇÃO DE 1988: ANÁLISE DAS PERSPECTIVAS DA SOCIEDADE QUANTO À ATUAÇÃO DO PODER JUDICIÁRIO NO JULGAMENTO DE CRIMES CONTRA A ADMINISTRAÇÃO PÚBLICA
**Roberto Carvalho Veloso, Marco Adriano Ramos Fonsêca** ... 277

| 1 | Introdução | 277 |
| --- | --- | --- |
| 2 | O enfrentamento à corrupção no cenário pós-Constituição de 1988: análise das perspectivas da sociedade quanto à atuação do Poder Judiciário no julgamento de crimes contra a Administração Pública | 278 |
| 2.1 | As perspectivas da sociedade brasileira quanto ao fenômeno da corrupção obtidas em recentes pesquisas científicas nacionais de opinião pública | 279 |

| 2.2 | As percepções do fenômeno da corrupção no Brasil identificadas a partir de pesquisas científicas de opinião elaboradas por organismos internacionais | 281 |
| 2.3 | Análise das percepções da sociedade quanto à atuação do Poder Judiciário e das instituições do sistema de justiça no enfrentamento à corrupção no cenário pós-Constituição de 1988 | 283 |
| 3 | Conclusões | 287 |
| | Referências | 288 |

## O PAPEL DO JUDICIÁRIO NA DETERMINAÇÃO DE POLÍTICAS PÚBLICAS EM FAVOR DA POPULAÇÃO CARCERÁRIA
**Marcus Abraham** .................................................................................................................291

| | Introdução | 291 |
|---|---|---|
| 1 | Mínimo existencial, reserva do possível e a visão dos tribunais superiores | 292 |
| 2 | O guardião das promessas: o Judiciário como ator subsidiário | 297 |
| 3 | A atuação do Judiciário em políticas públicas em favor da população carcerária | 299 |
| | Conclusões | 303 |
| | Referências | 303 |

## O *PLEA BARGAIN* E SEUS MARCOS REGULATÓRIOS EM PERSPECTIVA COMPARADA
**Thiago Bottino do Amaral, Lucas Ramos Krause dos Santos Rocha**..........................305

| 1 | Introdução | 305 |
|---|---|---|
| 2 | *Plea bargain* no sistema jurídico dos Estados Unidos da América | 308 |
| 2.1 | Aspectos gerais | 308 |
| 2.2 | Os participantes | 310 |
| 2.3 | Críticas desenvolvidas a partir da aplicação prática | 311 |
| 3 | Visão geral dos marcos regulatórios do *plea bargain* | 313 |
| 3.1 | Canadá | 314 |
| 3.2 | Alemanha | 315 |
| 3.3 | Itália | 317 |
| 3.4 | França | 317 |
| 3.5 | Comparação de modelos | 318 |
| 4 | A eficiência do *plea bargain* e a produção legislativa brasileira | 320 |
| | Conclusões | 322 |
| | Referências | 323 |

## RESULTADOS TARDÍOS Y DIMENSIÓN TEMPORAL DE LA IMPUTACIÓN OBJETIVA
**Carlos Shikara Vásquez Shimajuko**....................................................................................327

| 1 | Introducción | 327 |
|---|---|---|
| 2 | Ubicación sistemática del problema | 329 |
| 3 | La configuración temporal de la sociedad | 331 |
| 3.1 | La estructura temporal cíclica de las sociedades tradicionales | 331 |
| 3.2 | La orientación temporal de la sociedad moderna y la superación social del pasado | 333 |

| | | |
|---|---|---|
| 3.3 | Conclusiones | 335 |
| 4 | Primera cuestión metodológica: la necesaria «juridificación» de los aportes sociológicos | 335 |
| 5 | Segunda cuestión metodológica: el Derecho como sistema autopoiético | 337 |
| 6 | La prescripción de la pena como programa condicional del sistema del Derecho | 339 |
| 7 | La dimensión temporal de la teoría de la imputación objetiva | 341 |
| 7.1 | Dogmática penal y programación del sistema jurídico. Los conceptos jurídicos adecuados a la realidad | 341 |
| 7.2 | La aplicación, vía analogía in *bonam partem*, de los plazos de prescripción de la pena | 342 |
| 7.3 | La pérdida de la relación de sentido de unidad delictiva entre acción y resultado tardío. El alcance temporal del riesgo típico (el plazo de imputación) | 344 |
| 8 | Una necesaria distinción: genuinos resultados tardíos y resultados tardíos con implicaciones procesales | 347 |
| 9 | Conclusiones finales | 349 |
| | Referencias | 350 |

## ACORDO DE NÃO PERSECUÇÃO PENAL E DIREITO PENAL ECONÔMICO: CONSIDERAÇÕES SOBRE OS REQUISITOS PARA INCIDÊNCIA DO ART. 28-A NOS DELITOS ECONÔMICOS
**Adriane Garcel, Fábio André Guaragni, José Laurindo de Souza Netto** .......... 357

| | | |
|---|---|---|
| | Introdução | 357 |
| 1 | O Acordo de Não Persecução Penal – ANPP | 359 |
| 2 | Os requisitos e a inaplicabilidade do ANPP | 362 |
| 3 | O procedimento do ANPP | 365 |
| 4 | A confrontação dos requisitos para incidência do ANPP com os delitos econômicos | 366 |
| 4.1 | O conceito de crimes econômicos | 366 |
| 4.2 | Os crimes econômicos no Brasil e a (in)compatibilidade com o ANPP | 368 |
| | Considerações finais | 374 |
| | Referências | 375 |

## BREVES COMENTÁRIOS SOBRE A NOVA LEI DE ABUSO DE AUTORIDADE
**Gláucio Roberto Brittes de Araújo** .......... 377

| | | |
|---|---|---|
| 1 | Introdução e problemas teóricos | 377 |
| 2 | Abusos nas medidas restritivas de liberdade | 380 |
| 3 | Abusos no tratamento do investigado | 382 |
| 4 | Abusos contra prerrogativas de defesa | 383 |
| 5 | Reflexões pontuais sobre outras formas de abuso | 385 |
| 6 | Conclusões | 386 |
| | Referências | 387 |

## ENCARCERAMENTO: CASTIGO OU PUNIÇÃO LEGAL?
**Rosane Ramos de Oliveira Michels** .......... 389

| | | |
|---|---|---|
| | Introdução | 389 |
| 1 | A genealogia do castigo | 390 |

| 1.1 | Finalidade, sentido e efeitos do castigo | 391 |
| 1.2 | A cruel domesticação do homem | 393 |
| 1.3 | A limitação ao direito de punir | 395 |
| 2 | A evolução histórica do castigo | 397 |
| 2.1 | O eterno retorno | 398 |
| 2.2 | A humanização das penas | 400 |
| 2.3 | A abolição dos meios violentos | 401 |
| | Conclusão | 404 |
| | Referências | 406 |

## JUIZ DAS GARANTIAS: O MODELO ACUSATÓRIO E OS PODERES INSTRUTÓRIOS DO JUIZ
**Carina Lucheta Carrara** ................................................................................................409

| I | Introdução | 409 |
| II | Dos sistemas processuais | 410 |
| III | Do juiz das garantias | 413 |
| IV | Dos poderes instrutórios e função social do processo | 420 |
| V | Do reforço empírico | 427 |
| VI | Conclusão | 428 |
| | Referências | 429 |

## POLÍTICA DE ALTERNATIVAS PENAIS E TECNOLOGIAS DE ANÁLISE DE RISCO: UMA PROPOSTA MINIMALISTA DE CONVERGÊNCIA
**Tiago Dias da Silva** .......................................................................................................431

| 1 | Introdução | 431 |
| 2 | A política brasileira de alternativas penais | 433 |
| 2.1 | A reação do Poder Judiciário ao encarceramento em massa através do CNJ | 433 |
| 2.2 | A Resolução nº 288/2019 do CNJ | 435 |
| 2.3 | Alternativas penais: desafios | 437 |
| 2.4 | Alternativas penais e sistemas informatizados | 439 |
| 3 | Tecnologia e gestão da criminalidade: prós e contras da lógica atuarial | 441 |
| 3.1 | Os instrumentos de análise de risco e a lógica atuarial | 441 |
| 3.2 | Riscos de conflitos com os direitos fundamentais | 444 |
| 4 | Tecnologia atuarial e alternativas penais: o minimalismo como ponto de convergência | 445 |
| 5 | Conclusão | 448 |
| | Referências | 449 |

## APONTAMENTOS AO CRIME DE CORRUPÇÃO ELEITORAL À LUZ DA JURISPRUDÊNCIA DO TRIBUNAL SUPERIOR ELEITORAL
**Tarcisio Vieira de Carvalho Neto** ................................................................................453

| 1 | Introdução | 453 |
| 2 | Objeto jurídico | 454 |
| 3 | Análise do tipo | 455 |

| 4 | Sujeito ativo | 457 |
| 5 | Sujeito passivo | 457 |
| 6 | Elemento subjetivo | 458 |
| 7 | Consumação e tentativa | 459 |
| 8 | Ação penal e prova testemunhal | 460 |
| 9 | Independência das esferas | 461 |
| 10 | Conclusão | 462 |
| | Referências | 462 |

## POR UMA JUSTIÇA CRIMINAL MAIS EFICIENTE. PRAGMATISMO, CONSENSUALISMO E TECNOLOGIA
**Anderson de Paiva Gabriel** .................................................................................................. 469

| 1 | Introdução: por um maior pragmatismo no processo penal brasileiro | 469 |
| 2 | O consensualismo e o processo penal brasileiro | 474 |
| 3 | As ferramentas tecnológicas e o sistema de justiça penal | 481 |
| 4 | Conclusão | 488 |
| | Referências | 490 |

## REFLEXÕES SOBRE ATIVISMO JUDICIAL NO CONTEXTO DA DECLARAÇÃO DO ESTADO DE COISAS INCONSTITUCIONAL
**Cláudia Vieira Maciel de Sousa** ........................................................................................... 493

| 1 | Introdução | 493 |
| 2 | Conceito e origem do estado de coisas inconstitucional | 494 |
| 3 | O caos no sistema prisional brasileiro como causa de pedir da ADPF nº 347 | 497 |
| 4 | O pedido e a decisão do STF | 501 |
| 5 | A análise da inserção da declaração de ECI no ordenamento jurídico brasileiro – ativismo ou judicialização da política? | 504 |
| 5.1 | O posicionamento da doutrina | 508 |
| 6 | Desenvolvimento do problema da pesquisa | 510 |
| 7 | Conclusão | 511 |
| | Referências | 513 |

## VIOLÊNCIA DOMÉSTICA EM FOCO: A JUSTIÇA RESTAURATIVA É UMA ABORDAGEM PLAUSÍVEL?
**Sandra Magali Brito Silva Mendonça, Juliana Tonche** ...................................................... 515

| 1 | Introdução | 515 |
| 2 | O intrincado problema da violência doméstica | 517 |
| 3 | Sistema penal, prisão e violência doméstica | 518 |
| 4 | A categoria gênero e o processamento das violências no sistema de justiça criminal | 520 |
| 5 | Violência contra as mulheres no Brasil | 522 |
| 6 | Os grupos reflexivos com homens acusados de violência doméstica | 524 |
| 7 | A justiça restaurativa como outro modelo de intervenção | 524 |
| 8 | Justiça restaurativa e violência doméstica | 527 |
| 9 | Conclusões | 530 |
| | Referências | 531 |

## DESAFIO AOS JUÍZES: PROTEÇÃO DA POPULAÇÃO CARCERÁRIA TRANSGÊNERA COM RESPEITO AOS DIREITOS DA MULHER PRESA
**Tatiana Almeida de Andrade Dornelles** ................................................................535

    Introdução ................................................................535
1    Estado da arte: quem são os personagens envolvidos e qual a legislação que lhes protege ................................................................536
1.1  Personagens da disputa ................................................................536
1.2  Legislação pertinente ................................................................540
1.3  Ações constitucionais: ADIN nº 4.275 e ADPF nº 527 ................................................................542
2    Considerações sobre o alojamento de homens biológicos em presídios de mulheres ...544
2.1  A opinião dos acadêmicos ................................................................544
2.2  Críticas à posição acadêmica majoritária ................................................................546
    Conclusão ................................................................549
    Referências ................................................................550

## A INDISPONIBILIDADE DA AÇÃO PENAL NO BRASIL NO PROCESSO PENAL ACUSATÓRIO
**Antonio Henrique Graciano Suxberger** ................................................................553

1    Introdução ................................................................553
2    A dimensão do problema: crimes de ação penal pública ................................................................554
3    A possibilidade condenatória como decorrência da singularidade acusatória ................................................................556
4    A vedação de múltipla persecução penal ................................................................558
5    Modelo acusatório e suas possibilidades de conformação ................................................................560
6    Conclusões ................................................................562
    Referências ................................................................563

## O ESTADO DE COISAS INCONSTITUCIONAL NO SISTEMA PENITENCIÁRIO E O PAPEL DO SUPREMO TRIBUNAL FEDERAL NOS PROCESSOS ESTRUTURAIS
**Marcus Vinicius Furtado Coêlho** ................................................................565

    Introdução ................................................................565
1    O sistema penitenciário brasileiro e o "estado de coisas inconstitucional" ................................................................566
2    O reconhecimento do estado de coisas inconstitucional nos presídios e seu impacto em decisões posteriores – precedentes relevantes ................................................................570
3    Processos estruturais e o estado de coisas inconstitucional ................................................................573
    Conclusão ................................................................576
    Referências ................................................................577

**SOBRE OS AUTORES** ................................................................579

# APRESENTAÇÃO

A Associação dos Magistrados Brasileiros – AMB, por meio do Centro de Pesquisas Judiciais – CPJ, abraçou o desafio de realizar uma obra coletiva voltada para a temática do sistema penal, com o propósito de propiciar um espaço fecundo para que associados e prestigiados juristas brasileiros e estrangeiros pudessem apresentar seus pontos de vista acerca do que há de mais atual nas ciências criminais.

Muitas foram as inovações trazidas ao processo penal, tanto em razão das mudanças nas relações sociais quanto em razão das constantes reformas legislativas, o que fez surgir a necessidade de identificar quais são os primeiros reflexos e implicações práticas na ordem jurídica, permitindo uma melhor análise dos possíveis impactos e os elementos dificultadores da atuação dos diversos atores do Direito.

Além disso, o advento de atualizações na jurisprudência e na legislação penal e processual penal, mormente a introdução do chamado "pacote anticrime" (Lei nº 13.964, de 24 de dezembro de 2019), também inspirou a idealização e concepção da presente obra, "Sistema Penal Contemporâneo".

O resultado foi a compilação de conteúdos de extrema densidade e pertinência para as questões atuais do sistema penal. Ao longo de seus diversos artigos, os autores externalizam percepções críticas, problematizam e analisam, de forma multidisciplinar, os temas, inaugurando campo fértil para a exploração científica. Neste contexto, vários subtópicos da disciplina penal são minunciosamente identificados e examinados, como, *v.g.*, *i)* Competência criminal da Justiça Eleitoral: extensão e perspectivas, *ii)* A progressão de regimes para crimes hediondos após a Lei nº 13.964/19; *iii)* Justiça restaurativa – um importante instrumento para a solução consensual de conflitos; *iv)* Integração na área da segurança pública: o grande desafio constitucional, *v)* A formação de precedentes no Superior Tribunal de Justiça e sua eficácia vertical no sistema de justiça penal brasileiro, *vi)* A adoção do sistema acusatório na persecução das infrações penais perpetradas no âmbito de empresas e de organizações criminosas e o seu impacto no exercício da jurisdição, *vii)* A persecução da lavagem de capitais como política pública fomentada pelo Ministério Público para a tutela do meio ambiente, *viii)* "*Autoriciclaggio*": notas de Direito Comparado sobre o crime de autolavagem no Direito italiano, *ix)* Confisco de bens travestido de efeito da condenação, *x)* Crime organizado transnacional e estratégias procedurais em sua perseguição, *xi)* Das visitas da Comissão Interamericana de Direitos Humanos à Recomendação 62 do Conselho Nacional de Justiça: os problemas e mazelas do sistema carcerário brasileiro, *xii)* Democracia vs. corrupção eleitoral. Integridade das eleições, genuinidade do voto popular e verdade eleitoral, *xiii)* Estado de Direito e a função de proteção dos bens jurídicos mais relevantes como alicerce de uma concepção democrática de Direito Penal e de pena justa, *xiv)* Lições e desafios do combate à corrupção no Brasil, *xv)* O consenso no sistema processual penal contemporâneo no Brasil e a interface com as instâncias civil e administrativa, *xvi)* O enfrentamento à corrupção no cenário pós-Constituição de 1988: análise das perspectivas da sociedade quanto à atuação do Poder Judiciário no julgamento de crimes contra a Administração Pública, *xvii)* O papel do Judiciário na determinação de políticas públicas em favor da população carcerária, *xviii)* O *Plea Bargain* e seus marcos regulatórios em perspectiva comparada, *xix)* Resultados tardíos y dimensión temporal de la imputación objetiva, *xx)* Acordo de não persecução penal e Direito Penal Econômico: considerações sobre os requisitos para incidência do art. 28-A nos delitos econômicos, *xxi)* Breves comentários sobre nova Lei de Abuso de Autoridade, *xxii)* Encarceramento: castigo ou punição legal?, *xxiii)* Juiz das garantias: o modelo acusatório e os poderes instrutórios do juiz, *xxiv)* Política de alternativas penais e tecnologias de análise de risco: uma proposta minimalista de convergência, *xxv)* Apontamentos ao crime de corrupção eleitoral à luz da jurisprudência do Tribunal Superior Eleitoral, *xxvi)* Por uma justiça criminal mais eficiente – pragmatismo, consensualismo e tecnologia, *xxvii)* Reflexões sobre ativismo judicial no contexto da Declaração do Estado de Coisas Inconstitucional, *xxviii)* Violência doméstica em foco: a justiça restaurativa é uma abordagem plausível?, *xxix)* Desafio aos juízes: proteção da população carcerária transgênera com respeito aos direitos da mulher presa, *xxx)* A Indisponibilidade da Ação Penal no Brasil no Processo Penal Acusatório, *xxxi)* O Estado de Coisas Inconstitucional no sistema penitenciário e o papel do Supremo Tribunal Federal nos processos estruturais.

Nesta consecução, destacam-se os renomados juristas e magistrados que colaboraram para a feitura da obra: Adriane Garcel, Ministro Alexandre de Moraes, Anderson de Paiva Gabriel, André Guaragn, Antonio Henrique Graciano Suxberger, Bruno Hermes Leal, Carina Lucheta Carrara, Cezar Roberto Bitencourt, Cláudia Vieira Maciel de Sousa, Daniel Castro Gomes da Costa, Edson Medeiros Branco Luiz, Fábio André Guaragni, Francisco de Assis Machado Cardoso, Frederico Augusto Leopoldino Koehler, Gabriel de Jesus Tedesco Wedy, Gláucio Roberto Brittes de Araújo, Humberto Barrionuevo Fabretti, Humberto Dalla Bernardina de Pinho, Ministro Humberto Martins, Jorge André de Carvalho Mendonça, Ministro José Antônio Dias Toffoli, José Laurindo de Souza Netto, Juliana Tonche, Lucas Ramos Krause dos Santos Rocha, Luiz Henrique Camandaroba Castelo Requião, Marco Adriano Ramos Fonseca, Marcus Abraham, Marcus Vinicius Furtado Coêlho, Miguel Tedesco Wedy, Ney de Barros Bello Filho, Nilson Soares Castelo Branco, Ministro Og Fernandes, Rafael Schwez Kukowski, Ministro Reynaldo Soares da Fonseca, Roberto Carvalho Veloso, Rosane Ramos de Oliveira Michels, Sandra Magali Brito Silva Mendonça, Sérgio Silveira Banhos, Tarcisio Vieira de Carvalho Neto, Tatiana Almeida de Andrade Dornelles, Thiago Bottino do Amaral e Tiago Dias da Silva.

Além desses consagrados autores, visando aprofundar as discussões e extrair diferentes pontos de vista, foram convidados estudiosos internacionais, como o professor e criminalista Carlos Shikara Vásquez Shimajuko, do Peru; a juíza conselheira do Supremo Tribunal Administrativo de Portugal e professora Maria Benedita Malaquias Pires Urbano; e a professora e procuradora junto à Corte Suprema de Justiça da Colômbia, Paula Andrea Ramírez Barbosa, que ampliam os horizontes, trazendo novas perspectivas de análise a partir de seus países.

Consciente do seu papel, a AMB percebe a necessidade de consolidar igualdade e justiça como valores supremos de uma sociedade fraterna, além de fortalecer o compromisso de todos os atores políticos e dos cidadãos com o cumprimento de suas regras. Dito isso, apresenta-se esse projeto com o intuito de levar o aperfeiçoamento cultural, jurídico e profissional no Brasil à luz do contexto social, o qual perpassa pelas regras de Direito Penal, ramo do Direito de extrema sensibilidade humanística, e das demais áreas do saber com as quais se comunica.

De tal modo, sob as proficientes reflexões que compõem esta obra e iluminam questões essenciais ao contínuo aprimoramento do sistema penal contemporâneo, é que desejamos a todas e a todos uma proveitosa leitura.

**Os coordenadores**

# COMPETÊNCIA CRIMINAL DA JUSTIÇA ELEITORAL: EXTENSÃO E PERSPECTIVAS

SÉRGIO SILVEIRA BANHOS
DANIEL CASTRO GOMES DA COSTA

## 1 Introdução

No âmbito do Estado de Direito, é notória a função da Justiça Eleitoral na proteção do direito ao voto, enquanto pilar do regime democrático. Principalmente ao longo do pleito eleitoral, a relevância de seu papel judicante e administrativo se faz ainda mais evidente para a Administração Pública e para o Poder Judiciário.

Recentemente, todavia, a inserção do Brasil em um movimento internacional de combate à corrupção tem ressaltado a importância da Justiça Eleitoral enquanto instrumento de persecução de ilícitos que tenham aptidão para prejudicar e desestabilizar a higidez do processo democrático. Tal competência foi reconhecida pela Constituição Federal de 1988 (CF/1988) e reforçada por decisão recente do Supremo Tribunal Federal (STF), que ratificou o alcance de sua autoridade criminal.

Referida atribuição, que tem como escopo principal proteger o processo eleitoral brasileiro de eventuais fraudes, coerções, trocas de favores e irregularidades procedimentais, bem como punir os respectivos infratores, será abordada neste estudo.

Para tanto, divide-se o presente artigo em duas partes: *(i)* a primeira, aborda a competência criminal da Justiça Eleitoral e seu alcance, incluindo crimes eleitorais em espécie e crimes comuns conexos a crimes eleitorais, assim como o histórico interpretativo do Tribunal Superior Eleitoral (TSE), do Superior Tribunal de Justiça (STJ) e do STF; e *(ii)* na segunda, traz-se uma breve análise da legislação estrangeira – alemã, italiana, norte-americana e chilena – relativa a crimes eleitorais, visando – sem buscar esgotar esse vasto e complexo tema – apresentar elementos que possam, eventualmente, servir de inspiração para o aprimoramento do conjunto normativo brasileiro.

## 2 A competência da Justiça Eleitoral brasileira no âmbito criminal

Conforme sopesado, a Constituição Federal de 1988 não cuidou de trazer prescrições exaustivas quanto às competências da Justiça Eleitoral, deixando a tarefa a cargo da legislação infraconstitucional.

Especificamente no âmbito criminal, a competência do Tribunal Superior Eleitoral, dos Tribunais Regionais Eleitorais e dos Juízos Eleitorais não foi taxativamente descrita, sendo extraída *a contrario sensu* daquelas previstas para o Supremo Tribunal Federal, o Superior Tribunal de Justiça, os Tribunais Regionais Federais e os Juízos Federais e Estaduais, como se observa da própria leitura do texto constitucional.[1]

Dessa forma, em uma primeira análise da CF/1988, ficam fora do escopo do aparato persecutório eleitoral, *v.g.*, *(i)* as infrações penais comuns, *(ii)* os crimes de responsabilidade, *(iii)* os crimes políticos, *(iv)* os crimes militares, *(v)* os crimes previstos em tratados ou convenções internacionais e *(vi)* os crimes contra a organização do trabalho, visto que a Constituição ressalva expressamente a competência da Justiça Eleitoral.

Logo, ao menos em uma leitura imediata, a competência criminal da Justiça Eleitoral fica adstrita aos chamados crimes eleitorais, ou seja, os delitos diretamente relacionados ao processo eleitoral *lato sensu*, podendo esse ser compreendido como o:

> [...] conjunto de todos os atos necessários à realização da eleição, compreendendo o alistamento eleitoral, convenções partidárias, registro de candidatos, propaganda eleitoral, eleição, proclamação dos eleitos, prestação de contas, diplomação, apresentação de ações e representações eleitorais para a impugnação dos eleitos e o julgamento dessas medidas judiciais eleitorais.[2]

Esses crimes eleitorais são previstos em legislação própria, primordialmente no Código Eleitoral, mas também em leis esparsas, a exemplo da Lei das Eleições, da Lei nº 6.091/1974, da Lei nº 6.996/1982 e da Lei Complementar nº 64/1990.

O Superior Tribunal de Justiça assevera que os tipos penais eleitorais, além de estarem efetivamente previstos na legislação, em respeito ao princípio da legalidade estrita, devem possibilitar a constatação de "[...] violação do bem jurídico que a norma visa tutelar, intrinsecamente ligado aos valores referentes à liberdade do exercício do voto, a regularidade do processo eleitoral e à preservação do modelo democrático".[3]

Não obstante esse quadro, entendimentos recentes do Supremo Tribunal Federal ratificaram entrosamentos pretéritos que ampliaram a competência criminal da Justiça Eleitoral, a fim de que os crimes comuns conexos a crimes eleitorais fossem apreciados por esse ramo do Poder Judiciário, questão jurisprudencial a ser explorada adiante.

De outro vértice, passando-se para os instrumentos administrativos e judiciais atinentes à competência criminal da Justiça Eleitoral, deve-se ter em mente que o processo jurisdicional eleitoral pode ser subdividido em duas categorias: *(i)* o processo jurisdicional *stricto sensu*, o qual envolve, por exemplo, a Ação de Investigação Judicial

---

[1] *V.g.*, arts. 96, inciso III, 102, 105, 108 e 109. BRASIL. *Constituição da República Federativa do Brasil de 1988*. Brasília, 5 de outubro 1988.

[2] SILVA, Helton José Chacarosque da. O conceito de processo eleitoral e o princípio da anualidade. *Revista Jurídica Verba Legis*, Goiânia, n. 6, p. 31, maio 2011.

[3] CC 127.101/RS, Rel. Ministro Rogerio Schietti Cruz, Terceira Seção, julgado em 11.02.2015, *DJe* 20.02.2015.

Eleitoral (AIME) e Ação de Impugnação de Mandato Eletivo (AIJE), cujo objetivo é o controle de eventuais influências abusivas econômicas e políticas sobre a legitimidade do processo eleitoral; e *(ii)* o processo jurisdicional penal eleitoral, que cuida das apurações criminais.[4]

Nesse sentido, José Jairo Gomes assevera que o Direito Eleitoral não é naturalmente dotado de instrumentos persecutórios penais para que possa apurar os delitos específicos ao ramo do Direito, valendo-se primordialmente do Código de Processo Penal (CPP), conforme indicado pelo art. 364 do Código Eleitoral.[5] [6] Dessa forma, os principais institutos jurídicos relativos a essa competência da Justiça Eleitoral são o inquérito policial (arts. 4º a 23, do CPP) e a ação penal (arts. 24 a 62, do CPP).

O primeiro pode ser definido como a atividade administrativa específica da polícia judiciária para apuração das infrações penais e de sua respectiva autoria,[7] conceito inclusive respaldado pelo Código de Processo Penal, o qual ainda prevê procedimentos específicos para o inquérito:

> Art. 4º A polícia judiciária será exercida pelas autoridades policiais no território de suas respectivas circunscrições e terá por fim a apuração das infrações penais e da sua autoria. Parágrafo único. A competência definida neste artigo não excluirá a de autoridades administrativas, a quem por lei seja cometida a mesma função.
> [...]
> Art. 6º Logo que tiver conhecimento da prática da infração penal, a autoridade policial deverá:
> I - dirigir-se ao local, providenciando para que não se alterem o estado e conservação das coisas, até a chegada dos peritos criminais;
> II - apreender os objetos que tiverem relação com o fato, após liberados pelos peritos criminais;
> III - colher todas as provas que servirem para o esclarecimento do fato e suas circunstâncias;
> IV - ouvir o ofendido;
> V - ouvir o indiciado, com observância, no que for aplicável, do disposto no Capítulo III do Título VII, deste Livro, devendo o respectivo termo ser assinado por duas testemunhas que lhe tenham ouvido a leitura;
> VI - proceder a reconhecimento de pessoas e coisas e a acareações;
> VII - determinar, se for caso, que se proceda a exame de corpo de delito e a quaisquer outras perícias;
> VIII - ordenar a identificação do indiciado pelo processo datiloscópico, se possível, e fazer juntar aos autos sua folha de antecedentes;
> IX - averiguar a vida pregressa do indiciado, sob o ponto de vista individual, familiar e social, sua condição econômica, sua atitude e estado de ânimo antes e depois do crime e durante ele, e quaisquer outros elementos que contribuírem para a apreciação do seu temperamento e caráter.

---

[4] GOMES, José Jairo. *Crimes eleitorais e processo penal eleitoral*. 3. ed. São Paulo: Atlas, 2018. p. 307.
[5] Art. 364. No processo e julgamento dos crimes eleitorais e dos comuns que lhes forem conexos, assim como nos recursos e na execução, que lhes digam respeito, aplicar-se-á, como lei subsidiária ou supletiva, o Código de Processo Penal. BRASIL, Lei nº 4.737, de 15 de julho de 1965. *Institui o Código Eleitoral*. Brasília, 15 de julho de 1965.
[6] GOMES, 2018, *Op. cit.* p. 307.
[7] PACELLI, Eugênio. *Curso de Processo Penal*. 23. ed. São Paulo: Atlas, 2019.

X - colher informações sobre a existência de filhos, respectivas idades e se possuem alguma deficiência e o nome e o contato de eventual responsável pelos cuidados dos filhos, indicado pela pessoa presa.

Apesar de o inquérito policial ser um procedimento pré-processual dispensável à instauração de uma ação penal, inclusive eleitoral, conforme dispõem os arts. 39, §5º, e 46, §1º, do CPP,[8] é procedimento administrativo prévio à fase judicial extremamente importante para subsidiar o trabalho do Ministério Público no oferecimento de eventual denúncia, bem como do próprio juízo, para fins da correta decisão sobre a (in)ocorrência de crimes eleitorais.

Nos termos da Resolução TSE nº 23.396/2013, pelo fato de os crimes eleitorais envolverem interesse federativo, o poder de polícia judiciário eleitoral fica a cargo da Polícia Federal (PF), de forma que o departamento de polícia estadual possui atuação supletiva, na hipótese de inexistência de órgãos da PF no local da infração (art. 1º e parágrafo único do art. 2º, respectivamente[9]).

Além disso, referida resolução estabelece que o inquérito policial somente poderá ser aberto mediante determinação expressa do órgão judiciário eleitoral competente, salvo em hipótese de flagrante delito (art. 8º[10]). Esse ponto ganha relevo quando se observa que o Tribunal Superior Eleitoral entende as ações penais relativas aos crimes eleitorais como públicas incondicionadas (ou seja, que não dependem de representação do ofendido):

> *Crime eleitoral. Ação penal pública incondicionada. Legitimidade. Ministério Público Eleitoral. – A titularidade da ação penal pública, nas infrações penais eleitorais, pertence, com exclusividade, ao Ministério Público Eleitoral*, que, no caso, concluiu pela inexistência de indícios suficientes da materialidade e da autoria para embasar a persecução penal, não havendo falar, assim, em ofensa ao princípio do devido processo legal, nem aos arts. 356 e 357 do Código Eleitoral e 5º do Código de Processo Penal. Precedente: RMS nº 40-25, relª. Minª. Cármen Lúcia, DJE de 13.8.2012. Agravo regimental a que se nega provimento. (Agravo de Instrumento nº 324, Rel. Min. Henrique Neves da Silva, julgado em 04/02/2014, DJe 28/02/2014 – grifos nossos)
>
> Habeas corpus. Pretensão. Trancamento. Ação penal. Decisão regional. Concessão parcial. Recurso ordinário. Crimes contra a honra. *Ação penal pública incondicionada. Art. 355 do Código Eleitoral.* Nulidade. Denúncia. Inexistência. *1. Nos termos do art. 355 do Código Eleitoral, os crimes eleitorais são apurados por meio de ação penal pública incondicionada.*

---

[8] Art. 39. §5º O órgão do Ministério Público dispensará o inquérito, se com a representação forem oferecidos elementos que o habilitem a promover a ação penal, e, neste caso, oferecerá a denúncia no prazo de quinze dias. Art. 46. §1º Quando o Ministério Público dispensar o inquérito policial, o prazo para o oferecimento da denúncia contar-se-á da data em que tiver recebido as peças de informações ou a representação.
BRASIL, Decreto-Lei nº 3.689, de 3 de outubro de 1941. Código de Processo Penal. Rio de Janeiro, 03 de outubro de 1941.

[9] Art. 1º O Departamento de Polícia Federal ficará à disposição da Justiça Eleitoral sempre que houver eleições, gerais ou parciais, em qualquer parte do Território Nacional (Decreto-Lei nº 1.064/68). [...]
Art. 2º. Parágrafo único. Quando no local da infração não existirem órgãos da Polícia Federal, a Polícia do respectivo Estado terá atuação supletiva.
TRIBUNAL SUPERIOR ELEITORAL, *Resolução nº 23.396, de 17 de dezembro de 2013*. Dispõe sobre a apuração de crimes eleitorais. Brasília, 17 de dezembro de 2013.

[10] Art. 8º O inquérito policial eleitoral somente será instaurado mediante determinação da Justiça Eleitoral, salvo a hipótese de prisão em flagrante. TRIBUNAL SUPERIOR ELEITORAL, *Resolução nº 23.396, de 17 de dezembro de 2013*. Dispõe sobre a apuração de crimes eleitorais. Brasília, 17 de dezembro de 2013.

2. Conforme já assentado por esta Corte Superior (Recurso Especial nº 21.295, rel. Min. Fernando Neves), em virtude do interesse público que envolve a matéria eleitoral, não procede o argumento de que o referido art. 355 admitiria ação penal pública condicionada à manifestação do ofendido ou de seu representante legal. 3. Em face disso, não há falar em nulidade da denúncia, por crime de calúnia previsto no art. 324 do Código Eleitoral, sob a alegação de ausência de representação ou queixa dos ofendidos. Recurso a que se nega provimento. (Recurso em Habeas Corpus nº 113, Rel. Min. Caputo Bastos, julgado em 20/05/2008, DJ 16/06/2008 – grifos nossos)

Não obstante, diferentemente do consignado pela jurisprudência do TSE, o Código de Processo Penal afirma que, nos crimes de ação penal pública incondicionada, o procedimento administrativo do inquérito poderá ser aberto de ofício pelo órgão policial (art. 5º, inciso I[11]). Diante dessa aparente antinomia, havendo previsão específica do TSE contrária à disposição do CPP, prevalece a competência normativa da Justiça Eleitoral.

Em continuidade, a Resolução TSE nº 23.396/2013 ainda repisa a aplicabilidade subsidiária do CPP ao processo eleitoral na apuração de delitos, o que é reforçado pelo Código Eleitoral para os âmbitos material (art. 287[12]) e procedimental (art. 364[13]): "Art. 12. Aplica-se subsidiariamente ao inquérito policial eleitoral as disposições do Código de Processo Penal, no que não houver sido contemplado nesta resolução".

Relativamente à fase judicial do processo criminal na seara eleitoral, tem-se a denominada ação penal eleitoral, que é em síntese o instrumento jurídico pelo qual o Estado Juiz irá apreciar a correição de eventual punição a ser imputada ao acusado da prática de delito eleitoral. Importante ressaltar que o mérito de uma ação penal condenatória, seja comum ou eleitoral, envolve quatro eixos fundamentais, os quais serão apreciados após a superação das questões eminentemente processuais:

a) a existência de um fato (materialidade);
b) ser este fato imputável ao acusado (autoria);
c) constituir este fato uma ação típica, ilícita e culpável (a materialidade normativa ou, em uma palavra, o crime, na sua definição dogmática [conceito analítico]);
d) não se encontrar extinta a punibilidade.[14]

Nesse ponto, há que se notar que o Código Eleitoral prevê alguns procedimentos específicos, expostos no Capítulo III do Título IV, dentre os quais se destacam as hipóteses de rejeição da denúncia e o prazo específico para recurso.[15]

---

[11] Art. 5º Nos crimes de ação pública o inquérito policial será iniciado: I - de ofício; BRASIL, Decreto-Lei nº 3.689, de 3 de outubro de 1941. *Código de Processo Penal*. Rio de Janeiro, 3 de outubro de 1941.

[12] Art. 287. Aplicam-se aos fatos incriminados nesta lei as regras gerais do Código Penal. BRASIL, Lei nº 4.737, de 15 de julho de 1965. *Institui o Código Eleitoral*. Brasília, 15 de julho de 1965.

[13] Art. 364. No processo e julgamento dos crimes eleitorais e dos comuns que lhes forem conexos, assim como nos recursos e na execução, que lhes digam respeito, aplicar-se-á, como lei subsidiária ou supletiva, o Código de Processo Penal. BRASIL, Lei nº 4.737, de 15 de julho de 1965. *Institui o Código Eleitoral*. Brasília, 15 de julho de 1965.

[14] PACELLI, *Op. cit.* p. 109.

[15] Art. 358. A denúncia, será rejeitada quando: I - o fato narrado evidentemente não constituir crime; II - já estiver extinta a punibilidade, pela prescrição ou outra causa; III - fôr manifesta a ilegitimidade da parte ou faltar condição exigida pela lei para o exercício da ação penal. Parágrafo único. Nos casos do número III, a rejeição da denúncia não obstará ao exercício da ação penal, desde que promovida por parte legítima ou satisfeita a condição. Art. 362. Das decisões finais de condenação ou absolvição cabe recurso para o Tribunal Regional, a ser interposto no prazo de 10 (dez) dias.
BRASIL, Lei nº 4.737, de 15 de julho de 1965. *Institui o Código Eleitoral*. Brasília, 15 de julho de 1965.

Nessa acepção, a já mencionada Resolução TSE nº 23.396/2013 traz destaque para algumas disposições do Código de Processo Penal que obrigatoriamente devem ser observadas no âmbito de uma ação penal eleitoral, dentre as quais se destacam as hipóteses de absolvição sumária (art. 397, do CPP[16]) e de realização da audiência de instrução e julgamento (art. 400, do CPP[17]). Veja-se:

> Art. 13. A ação penal eleitoral observará os procedimentos previstos no Código Eleitoral, com a aplicação obrigatória dos artigos 395, 396, 396-A, 397 e 400 do Código de Processo Penal, com redação dada pela Lei nº 11.971, de 2008. Após esta fase, aplicar-se-ão os artigos 359 e seguintes do Código Eleitoral.[18]

De outro vértice, vale ressaltar que o escopo do *habeas corpus* na seara eleitoral não possui maiores disposições específicas quanto a sua aplicabilidade, de forma que seus contornos são extraídos do próprio Direito Penal.

> Importa destacar que o escopo desse remédio constitucional é a proteção da liberdade. A sua causa de pedir, por seu turno, consubstancia-se na ilegalidade ou no abuso de poder, que pode ser travestido de atos comissivos ou omissivos, por exemplo, o disposto no art. 648 do CPP.[19]

O *writ* pode ser de duas espécies, mas sempre pressupõe a concretude do ato que ameaça o direito de liberdade (art. 647, do CPP): *(i)* repressiva, com a coação já consumada, ou *(ii)* preventiva, quando a coação está na iminência de consumar-se. O art. 648 do CPP traz rol exemplificativo das hipóteses em que a ordem objeto de impetração poderá ser concedida.[20]

---

[16] Art. 397. Após o cumprimento do disposto no art. 396-A, e parágrafos, deste Código, o juiz deverá absolver sumariamente o acusado quando verificar:
I - a existência manifesta de causa excludente da ilicitude do fato;
II - a existência manifesta de causa excludente da culpabilidade do agente, salvo inimputabilidade;
III - que o fato narrado evidentemente não constitui crime; ou
IV - extinta a punibilidade do agente.
BRASIL, Decreto-Lei nº 3.689, de 03 de outubro de 1941. *Código de Processo Penal*. Rio de Janeiro, 03 de outubro de 1941.

[17] Art. 400. Na audiência de instrução e julgamento, a ser realizada no prazo máximo de 60 (sessenta) dias, proceder-se-á à tomada de declarações do ofendido, à inquirição das testemunhas arroladas pela acusação e pela defesa, nesta ordem, ressalvado o disposto no art. 222 deste Código, bem como aos esclarecimentos dos peritos, às acareações e ao reconhecimento de pessoas e coisas, interrogando-se, em seguida, o acusado.
§1º As provas serão produzidas numa só audiência, podendo o juiz indeferir as consideradas irrelevantes, impertinentes ou protelatórias.
§2º Os esclarecimentos dos peritos dependerão de prévio requerimento das partes.
BRASIL, Decreto-Lei nº 3.689, de 03 de outubro de 1941. *Código de Processo Penal*. Rio de Janeiro, 03 de outubro de 1941.

[18] TRIBUNAL SUPERIOR ELEITORAL. *Resolução nº 23.396, de 17 de dezembro de 2013*. Dispõe sobre a apuração de crimes eleitorais. Brasília, 17 de dezembro de 2013.

[19] COSTA, Daniel Castro Gomes. *Curso de Direito Processual Eleitoral*. 2. ed. Belo Horizonte: Fórum, 2020, p. 675.

[20] Art. 647. Dar-se-á habeas corpus sempre que alguém sofrer ou se achar na iminência de sofrer violência ou coação ilegal na sua liberdade de ir e vir, salvo nos casos de punição disciplinar.
Art. 648. A coação considerar-se-á ilegal: I - quando não houver justa causa; II - quando alguém estiver preso por mais tempo do que determina a lei; III - quando quem ordenar a coação não tiver competência para fazê-lo; IV - quando houver cessado o motivo que autorizou a coação; V - quando não for alguém admitido a prestar fiança, nos casos em que a lei a autoriza; VI - quando o processo for manifestamente nulo; VII - quando extinta a punibilidade.
BRASIL, Decreto-Lei nº 3.689, de 03 de outubro de 1941. *Código de Processo Penal*. Rio de Janeiro, 03 de outubro de 1941.

Dessa forma, pode-se compreender que o objetivo do *habeas corpus* na Justiça Eleitoral está ligado às constatações anteriormente elucidadas no âmbito de um processo jurisdicional eleitoral criminal (vide art. 121, §3º e §4º, inciso V, da CF/1988[21]). Ademais, há preferência de julgamento para o *habeas corpus*, conforme definido pelo Código de Processo Civil (CPC).[22]

A jurisprudência do Tribunal Superior Eleitoral elenca importantes considerações sobre o *writ*, especialmente no que tange ao cabimento da referida ação constitucional.[23] A

---

[21] Art. 121. Lei complementar disporá sobre a organização e competência dos tribunais, dos juízes de direito e das juntas eleitorais. [...] §3º - São irrecorríveis as decisões do Tribunal Superior Eleitoral, salvo as que contrariarem esta Constituição e as denegatórias de habeas corpus ou mandado de segurança. §4º - Das decisões dos Tribunais Regionais Eleitorais somente caberá recurso quando: [...] V - denegarem habeas corpus, mandado de segurança, habeas data ou mandado de injunção. BRASIL. *Constituição da República Federativa do Brasil de 1988*. Brasília, 05 de outubro 1988.

[22] Arts. 980, *caput*; 1.035, §9º; 1.037, §4º; e 1.038, §2º. BRASIL, Lei nº 13.105, de 16 de março de 2015. *Código de Processo Civil*. Brasília, 16 de março de 2015.

[23] ELEIÇÕES 2016. HABEAS CORPUS. AGRAVO REGIMENTAL *AÇÕES PENAIS. CORRUPÇÃO ELEITORAL. ART. 299 DO CÓDIGO ELEITORAL. FALSIDADE IDEOLÓGICA PARA FINS ELEITORAIS. ART. 350 DO CÓDIGO ELEITORAL. CORRUPÇÃO DE MENORES. ART. 244–B DO ESTATUTO DA CRIANÇA E DO ADOLESCENTE.* REITERAÇÃO DAS TESES DEDUZIDAS NA PETIÇÃO INICIAL. SÚMULA Nº 26/TSE. INCIDÊNCIA. ACÓRDÃO DO TRE/SP. APRECIAÇÃO DO MÉRITO. IMPETRAÇÃO ORIGINÁRIA EM SUBSTITUIÇÃO A RECURSO ORDINÁRIO. IMPOSSIBILIDADE. PRECEDENTES DO STF E DO TSE. COMPLEXIDADE DOS FATOS EM APURAÇÃO. PLURALIDADE DE CONDUTAS E DE RÉUS. EXAME APROFUNDADO DE PROVAS. INVIABILIDADE NA VIA ESTREITA DO WRIT. DESPROVIMENTO. [...] *3. Consoante a jurisprudência do TSE, "a teor do novel entendimento da c. Suprema Corte, é cabível a impetração de habeas corpus, inclusive como sucedâneo recursal, na hipótese de flagrante constrangimento ilegal" (HC nº 0600078-09/RJ, Rel. Min. Jorge Mussi, DJe de 12.9.2018).* [...]" (Habeas Corpus nº 060027408, Rel. Min. Tarcisio Vieira de Carvalho Neto, julgado em 11.06.2020, *DJe* 22.06.2020 – grifos nossos)
AGRAVO REGIMENTAL. *RECURSO ORDINÁRIO EM HABEAS CORPUS. CORRUPÇÃO ELEITORAL. ART. 299 DO CÓDIGO ELEITORAL.* ORDEM DENEGADA NO ACÓRDÃO REGIONAL. *TRANCAMENTO DE AÇÃO PENAL.* DENÚNCIA. IDENTIFICAÇÃO DOS ELEITORES BENEFICIADOS. NECESSIDADE. PRECEDENTES. AUSÊNCIA DE JUSTA CAUSA POR INÉPCIA DA PEÇA ACUSATÓRIA. RECURSO PROVIDO PARA DETERMINAR O TRANCAMENTO DA AÇÃO PENAL. DECISÃO MANTIDA. AGRAVO A QUE SE NEGA PROVIMENTO. [...] *4. O trancamento da ação penal pela via do habeas corpus constitui medida de natureza extrema, cabível somente em casos excepcionais como imputação de fato atípico, extinção da punibilidade, ausência de justa causa, que é o caso dos autos. Precedentes. 5. Agravo interno desprovido.* (Recurso em Habeas Corpus nº 060057063, Rel. Min. Edson Fachin, julgado em 21.05.2020, *DJe* 01.06.2020 – grifos nossos)
AGRAVO REGIMENTAL. RECURSO ESPECIAL ELEITORAL. *PROCESSO PENAL E DIREITO PENAL.* CORRUPÇÃO ELEITORAL ATIVA. CONDENAÇÃO NA ORIGEM. RECURSO ELEITORAL INTEMPESTIVO. CONCESSÃO DE OFÍCIO DA ORDEM DE HABEAS CORPUS. IMPOSSIBILIDADE DE UTILIZAÇÃO DE HABEAS CORPUS EM SUBSTITUIÇÃO DA REVISÃO CRIMINAL. TERATOLOGIA DA SENTENÇA CONDENATÓRIA NÃO DEMONSTRADA. AGRAVO REGIMENTAL A QUE SE DÁ PROVIMENTO. 1. *A orientação jurisprudencial desta Corte é no sentido de que habeas corpus não se presta para rescindir a coisa julgada, salvo hipóteses excepcionais. Precedentes. 2. O Supremo Tribunal Federal e o Tribunal Superior Eleitoral admitem excepcionalmente a concessão de habeas corpus de ofício para rescindir julgados apenas em casos absolutamente teratológicos, em que a ilegalidade seja cognoscível de plano, sem a incursão do caderno probatório contido no caso concreto.* 3. No caso em tela, o regional de origem revalorou a prova e emprestou–lhe compreensão diversa sem, contudo, demonstrar a teratologia da sentença condenatória a justificar a superação da jurisprudência quanto à utilização de habeas corpus em substituição da revisão criminal. 4. Recurso provido para reformar o acórdão regional assentando o trânsito em julgado da condenação. (Recurso Especial Eleitoral nº 44311, Rel. Min. Edson Fachin, julgado em 30.04.2020, *DJe* Data 03.09.2020 – grifos nossos)
AGRAVO REGIMENTAL EM HABEAS CORPUS. *IMPETRAÇÃO CONTRA DECISÃO DE RELATOR EM TRIBUNAL REGIONAL ELEITORAL. IMPOSSIBILIDADE. SUPRESSÃO DE INSTÂNCIA. AUSÊNCIA DE TERATOLOGIA OU ILEGALIDADE QUALIFICADA.* AGRAVO DESPROVIDO. 1. *É incabível habeas corpus contra decisão monocrática que indefere medida liminar em writ impetrado perante Tribunal Regional, sob pena de supressão de instância.* 2. Ausente flagrante teratologia ou ilegalidade excepcional, não pode esta Corte Superior, em exame per saltum, apreciar questão da qual ainda cabível agravo regimental para o Tribunal Regional Eleitoral. 3. Agravo regimental a que se nega provimento. (Habeas Corpus nº 060060002, Rel. Min. Edson Fachin, julgado em 20.02.2020, *DJe* 19.03.2020 – grifos nossos)

propósito, o entendimento firmado pela referida Corte no Habeas Corpus nº 060060002, Rel. Min. Edson Fachin, alinha-se ao exposto pela Súmula nº 691/STF: "Não compete ao Supremo Tribunal Federal conhecer de *habeas corpus* impetrado contra decisão do relator que, em *habeas corpus* requerido a tribunal superior, indefere a liminar".

Feitas essas considerações, as quais não possuem a pretensão de esgotar a temática do processo jurisdicional penal eleitoral, mas tão somente de contextualizar e subsidiar o debate proposto no presente estudo, percebe-se que a Justiça Eleitoral possui arcabouço normativo geral penal bastante claro, bem como atuação sólida. Tendo isso em vista, procede-se à análise específica dos tipos penais eleitorais.

## 2.1 Crimes eleitorais em espécie

Partindo-se da premissa de que o Direito Penal elenca condutas que serão punidas mediante processo justo, no intuito de proteger bens jurídicos tidos como fundamentais por determinado ordenamento jurídico,[24] tem-se que os crimes eleitorais em espécie visam proteger bens e valores político-eleitorais, em virtude de serem "eminentemente públicos, indisponíveis e inderrogáveis pela autonomia privada".[25]

Dentre esses, pode-se destacar, em lista não exaustiva: *(i)* o livre exercício da cidadania e dos direitos políticos, *(ii)* o resguardo do direito fundamental de sufrágio, *(iii)* a regularidade da campanha política, da propaganda eleitoral e partidária, da arrecadação e do dispêndio de recursos pelos candidatos e partidos políticos, *(iv)* a veracidade do voto e *(v)* a representatividade eleitoral.[26]

Veja-se que a lógica por trás dos tipos penais elencados no Código Eleitoral e na legislação esparsa é, ao fim e ao cabo, proteger a lisura e a legitimidade do processo eleitoral em seu sentido amplo, uma vez que esse possibilita a escolha dos representantes do povo e dos entes federados e o contínuo aprimoramento da democracia brasileira.

Entretanto, conforme sopesado alhures, as leis que preveem os tipos penais eleitorais são anteriores ao ano 2000, algumas inclusive anteriores à própria Constituição Federal de 1988, não tendo sido promovidas mudanças substanciais nesse arquétipo normativo, o que certamente produz algumas situações de incompatibilidade material com o texto constitucional e até de não correspondência com a realidade contemporânea.

Levantamento recente produzido pelo TSE pontuou que *(i)* menos de 5% dos processos conduzidos pela Procuradoria Regional Eleitoral de São Paulo entre os anos de 2016 e 2018, referiram-se a processos criminais eleitorais, em qualquer de suas fases (*v.g.*, inquéritos, apelos, ações originárias, *habeas corpus*, revisões criminais, etc.) e *(ii)* muitos tipos penais eleitorais jamais foram objeto de acórdão do Tribunal, tratando-se de dispositivos de pouca judicialização, se existente.[27]

A título exemplificativo, o art. 291 do Código Eleitoral – cuja redação permanece desde a promulgação do diploma – pune o magistrado que efetuar a inscrição

---

[24] BRUNO, Aníbal. *Direito penal:* Parte Geral – Introdução, norma penal, fato punível. 3. ed. Rio de Janeiro: Forense, 1967. p. 15-17.

[25] GOMES, José Jairo. Crime eleitoral: interfaces com a parte geral do Código Penal. *Estudos Eleitorais*, vol. 7, n. 3, p. 10, set./dez. 2012.

[26] GOMES, 2018, *Op. cit.* p. 2.

[27] TRIBUNAL SUPERIOR ELEITORAL. *Sistematização das Normas Eleitorais*. Eixo temático VI: crimes eleitorais e processo penal eleitoral. Brasília: Tribunal Superior Eleitoral, 2019. p. 14.

fraudulenta de alistando, com pena de reclusão de até cinco anos e pagamento de cinco a quinze dias-multa. Ora, se referida punição se amoldava ao cenário fático existente em 1965, no qual era possível constatar motivação para a prática da fraude pelo juízo, não mais se encontra associada ao quadro inaugurado pela CF/1988 e pela legislação infraconstitucional posterior. Logo, embora inexista incompatibilidade material com o texto constitucional, é nítida a falta de correspondência com o atual paradigma.

Outro exemplo de contexto superveniente que afasta figura típica é o art. 311 do Código Eleitoral, o qual pune o eleitor que votar em seção eleitoral em que não está inscrito, salvo nos casos expressamente previstos, e o presidente da mesa receptora que permitir a admissão do voto. No atual cenário de votação por meio de urnas eletrônicas, o eleitor está vinculado a determinada zona eleitoral na qual está inscrito, inclusive por identificação biométrica, de forma que a figura delituosa descrita acaba por ser de impossível configuração.[28]

Já no caso do art. 296 do Código Eleitoral, o trabalho realizado pelo TSE identificou uma possível incompatibilidade com a Constituição Federal de 1988. Isso porque a conduta punível com detenção de sessenta a noventa dias-multa é "promover desordem que prejudique os trabalhos eleitorais".

Todavia, o que pode ser considerado desordem e quais os parâmetros para se reconhecer se houve, ou não, prejuízo efetivo aos trabalhos eleitorais? Ante a ausência de elementos objetivos de identificação, o tipo penal parece não subsistir, quando confrontado com o princípio da legalidade estrita, corolário do Direito Penal.

Essa conclusão de incompatibilidade de tipos penais eleitorais com a CF/1988 quando em confronto com o princípio da legalidade estrita, que se orienta pela necessidade de determinação efetiva das condutas tidas como violadoras de determinado bem jurídico, é extensível a outros dispositivos do Código Eleitoral. Veja-se:

> Art. 290 Induzir alguém a se inscrever eleitor com infração de qualquer dispositivo dêste Código. Pena - Reclusão até 2 anos e pagamento de 15 a 30 dias-multa.
>
> Art. 292. Negar ou retardar a autoridade judiciária, sem fundamento legal, a inscrição requerida: Pena - Pagamento de 30 a 60 dias-multa.
>
> Art. 293. Perturbar ou impedir de qualquer forma o alistamento: Pena - Detenção de 15 dias a seis meses ou pagamento de 30 a 60 dias-multa.
>
> Art. 297. Impedir ou embaraçar o exercício do sufrágio: Pena - Detenção até seis meses e pagamento de 60 a 100 dias-multa.
>
> Art. 310. Praticar, ou permitir membro da mesa receptora que seja praticada, qualquer irregularidade que determine a anulação de votação, salvo no caso do Art. 311: Pena - detenção até seis meses ou pagamento de 90 a 120 dias-multa.
>
> Art. 345. Não cumprir a autoridade judiciária, ou qualquer funcionário dos órgãos da Justiça Eleitoral, nos prazos legais, os deveres impostos por êste Código, se a infração não estiver sujeita a outra penalidade: Pena - pagamento de trinta a noventa dias-multa.[29]

---

[28] ZILIO, Rodrigo López. *Crimes eleitorais*. Salvador: Juspodivm, 2014. p. 129.
[29] TRIBUNAL SUPERIOR ELEITORAL. *Sistematização das Normas Eleitorais. Eixo temático VI:* crimes eleitorais e processo penal eleitoral. Brasília: Tribunal Superior Eleitoral, 2019. p. 16-52.

Outra situação de destaque é a dos arts. 313,[30] 315,[31] 316[32] e 318[33] do Código Eleitoral, relativos a delitos eleitorais que pressupõem a utilização de cédulas de papel nas eleições. Novamente, diante de um cenário no qual as eleições são realizadas por meio de urnas eletrônicas, os tipos penais acabam por cair em desuso quase que por perda de seu objeto, apesar de, em tese, e excepcionalmente, poderem ser configurados.[34]

Por último, vale mencionar o tipo de falsidade ideológica eleitoral, albergado no art. 350 do Código Eleitoral,[35] o qual pune a omissão, em documento público ou particular, de declaração que dele devia constar, ou nele inserir ou fazer inserir declaração falsa ou diversa da que devia ser escrita, para fins eleitorais. A grande discussão por trás desse delito é se ele congloba, ou não, a prática de "caixa dois" eleitoral.

Nessa acepção, a jurisprudência do STJ e do TSE tem se alinhado à corrente de que a conduta pode ser punida com as penas cominadas pelo dispositivo, conforme se extrai dos seguintes precedentes:

> RECURSO EM HABEAS CORPUS. PROCEDIMENTO INVESTIGATÓRIO. APURAÇÃO DE CRIMES RELACIONADOS À CORRUPÇÃO ATIVA E PASSIVA NO ÂMBITO DOS PODERES EXECUTIVO E LEGISLATIVO MUNICIPAL (OPERAÇÃO PECÚLIO/NIPOTI). PRETENSÃO DE ENCAMINHAMENTO DOS AUTOS À JUSTIÇA ELEITORAL. CONEXÃO DOS CRIMES INICIALMENTE INVESTIGADOS COM A PRÁTICA DE CRIME DA COMPETÊNCIA DESTA JUSTIÇA ESPECIALIZADA. EXISTÊNCIA DE INDÍCIOS DA CONEXÃO DOS CRIMES INICIALMENTE INVESTIGADOS COM A PRÁTICA DE CRIME ELEITORAL. DEPOIMENTOS DE RÉUS COLABORADORES SOBRE A FORMAÇÃO DE "CAIXA 2" PARA FINANCIAMENTO DE CAMPANHAS ELEITORAIS. COMPETÊNCIA DA JUSTIÇA ELEITORAL ESPECIALIZADA PARA O PROCESSAMENTO E JULGAM ENTO DOS CRIMES ELEITORAIS E CONEXOS, A QUEM CABE, AINDA, O JUÍZO A RESPEITO DA SEPARAÇÃO, OU NÃO, DOS PROCESSOS POR CRIMES COMUNS E ELEITORAIS. 1. Do acurado exame dos depoimentos firmados por corréus, nos termos de colaboração premiada, observa-se a existência de indícios da prática de doações eleitorais por meio da formação de "caixa 2", a supor a ocorrência do crime de falsidade ideológica eleitoral (art. 350 do Código Eleitoral). 2. Hipótese em

---

[30] Art. 313. Deixar o juiz e os membros da Junta de expedir o boletim de apuração imediatamente após a apuração de cada urna e antes de passar à subsequente, sob qualquer pretexto e ainda que dispensada a expedição pelos fiscais, delegados ou candidatos presentes: Pena - pagamento de 90 a 120 dias-multa. BRASIL, Lei nº 4.737, de 15 de julho de 1965. *Institui o Código Eleitoral*. Brasília, 15 de julho de 1965.

[31] Art. 315. Alterar nos mapas ou nos boletins de apuração a votação obtida por qualquer candidato ou lançar nesses documentos votação que não corresponda às cédulas apuradas: Pena - reclusão até cinco anos e pagamento de 5 a 15 dias-multa. BRASIL, Lei nº 4.737, de 15 de julho de 1965. *Institui o Código Eleitoral*. Brasília, 15 de julho de 1965.

[32] Art. 316. Não receber ou não mencionar nas atas da eleição ou da apuração os protestos devidamente formulados ou deixar de remetê-los à instância superior: Pena - reclusão até cinco anos e pagamento de 5 a 15 dias-multa. BRASIL, Lei nº 4.737, de 15 de julho de 1965. *Institui o Código Eleitoral*. Brasília, 15 de julho de 1965.

[33] Art. 318. Efetuar a mesa receptora a contagem dos votos da urna quando qualquer eleitor houver votado sob impugnação (art. 190): Pena - detenção até um mês ou pagamento de 30 a 60 dias-multa. BRASIL, Lei nº 4.737, de 15 de julho de 1965. *Institui o Código Eleitoral*. Brasília, 15 de julho de 1965.

[34] TRIBUNAL SUPERIOR ELEITORAL. Op. Cit, 2019. p. 32-55.

[35] Art. 350. Omitir, em documento público ou particular, declaração que dêle devia constar, ou nele inserir ou fazer inserir declaração falsa ou diversa da que devia ser escrita, para fins eleitorais:
Pena - reclusão até cinco anos e pagamento de 5 a 15 dias-multa, se o documento é público, e reclusão até três anos e pagamento de 3 a 10 dias-multa se o documento é particular. Parágrafo único. Se o agente da falsidade documental é funcionário público e comete o crime prevalecendo-se do cargo ou se a falsificação ou alteração é de assentamentos de registro civil, a pena é agravada. BRASIL, Lei nº 4.737, de 15 de julho de 1965. *Institui o Código Eleitoral*. Brasília, 15 de julho de 1965.

que não há como negar a conexão dos crimes inicialmente investigados com a prática de crime eleitoral, pois, ao que parece, a maior parte dos recursos ilegais, arrecadados com as atividades ilícitas praticadas pela suposta organização criminosa, na Prefeitura de Foz do Iguaçu/PR, tinha como destino o financiamento de campanhas eleitorais. [...] (STJ: Recurso Ordinário em. Habeas Corpus nº 116663, Rel. Min. Sebastião Reis Júnior, julgado em 26.11.2019, *DJe* 06.12.2019)

OMISSÃO. DECLARAÇÃO. RECURSOS FINANCEIROS. PRESTAÇÃO DE CONTAS. CRIME. ART. 350 DO CÓDIGO ELEITORAL. CONFIGURAÇÃO. POSSIBILIDADE. [...] 6. A omissão de recursos em ajuste contábil de campanha pode vir a caracterizar o crime do art. 350 do Código Eleitoral a depender das circunstâncias do caso e de sua interferência na autenticidade ou fé pública eleitoral. Precedentes desta Corte Superior e do c. Supremo Tribunal Federal. 7. O TRE/MS assentou que o documento apócrifo não demonstra o vínculo entre a transação financeira e a campanha. Todavia, como se ressaltou, não se analisaram outros elementos que em princípio corroboram as assertivas do Ministério Público. [...] (TSE: Recurso Especial Eleitoral nº 9702, Rel. Min. Herman Benjamin, julgado em 13.11.2018, *DJe* 21.02.2019).

Entretanto, o já sopesado relatório produzido pelos setores técnicos do Tribunal Superior Eleitoral aponta que o tipo penal parece ser insuficiente para a prevenção e repressão ao uso de "caixa dois" pelos candidatos e partidos políticos.[36] Com efeito, a existência de projetos de lei que visam à criminalização do "caixa dois", a exemplo do PLS nº 1865, de 2019,[37] cuja tramitação inclusive já se encerrou, parece corroborar essa conclusão acerca da não subsunção da prática ao delito previsto no art. 350 do Código Eleitoral.

Por conseguinte, embora seja nítido que a legislação eleitoral possui definição bem clara acerca dos bens jurídicos que se pretendem ver tutelados, bem como dos delitos e respectivas penas cominadas, o grande interstício temporal entre a promulgação dessas normas e a atual realidade brasileira produz situações em que as figuras típicas por vezes se mostram insuficientes a atender essa tutela pretendida, especialmente quando se consideram os novos paradigmas observados a cada eleição. Tal fator, em alguma instância, aponta para a necessidade de uma atuação mais expressiva do Poder Legislativo na seara penal eleitoral.

## 2.2 Crimes comuns conexos a crimes eleitorais e o novel julgado do Supremo Tribunal Federal

Outro importante tema que merece destaque com relação à competência criminal da Justiça Eleitoral é o recente posicionamento do Supremo Tribunal Federal no âmbito do Inquérito nº 4.435/DF, rel. Min. Marco Aurélio, no qual se ratificou a competência da Justiça Eleitoral para apreciação dos crimes eleitorais e comuns que lhe forem conexos, em acórdão que restou assim ementado:

---

[36] TRIBUNAL SUPERIOR ELEITORAL. *Op. cit.*, 2019. p. 54.
[37] O projeto de lei previa a inserção do art. 350-A no Código Eleitoral, a fim de criminalizar a arrecadação, manutenção, movimentação ou utilização de qualquer recurso, valor, bens ou serviços estimáveis em dinheiro, paralelamente à contabilidade exigida pela legislação eleitoral, com pena de reclusão de dois a cinco anos, salvo se o mesmo fato não constituir crime mais grave. A pena seria extensível àqueles que propusessem a prática de "caixa 2" e aos candidatos e membros dos partidos políticos que as aceitassem. Informações disponíveis em: https://www25.senado.leg.br/web/atividade/materias/-/materia/136028. Acesso em: 19 out. 2020.

COMPETÊNCIA – JUSTIÇA ELEITORAL – CRIMES CONEXOS. Compete à Justiça Eleitoral julgar os crimes eleitorais e os comuns que lhe forem conexos – inteligência dos artigos 109, inciso IV, e 121 da Constituição Federal, 35, inciso II, do Código Eleitoral e 78, inciso IV, do Código de Processo Penal. (Quarto-AgR no Inq. 4.435/DF, Plenário, rel. Min. Marco Aurélio, julgado em 14/03/2019, *DJe* 21.08.2019)

*In casu*, discutiu-se a legalidade de valores pagos pelo Grupo Odebrecht nos anos de 2010, 2012 e 2014 a partidos políticos do Estado do Rio de Janeiro.

Em relação aos valores pagos no ano de 2014, restou consignado pela maioria do colegiado que diziam respeito à campanha de reeleição de candidato ao cargo de Deputado Federal. Dessa forma, aplicou-se o racional da QO-AP 937/RJ,[38] rel. Min. Luís Roberto Barroso, segundo o qual o instituto jurídico do foro por prerrogativa de função pressupõe que o ilícito seja relacionado ao exercício do mandato e cometido no curso desse, tendo a competência do Supremo Tribunal Federal para apreciação dessa parcela do feito sido proclamada.

A controvérsia, então, ficou adstrita aos pagamentos feitos pelo Grupo Odebrecht nos demais anos, visto que *(i)* em 2010, os valores foram direcionados a então Deputado Estadual – para sua campanha ao cargo de Deputado Federal (em tese, o crime disposto no art. 350 do Código Eleitoral) e *(ii)* em 2012, outro candidato teria recebido valores para sua campanha à Prefeitura do Rio de Janeiro em troca de favorecimento das companhias do grupo (em tese, os crimes previstos nos arts. 317 e 333, do Código Penal; no art. 350, do Código Eleitoral; e no art. 22, da Lei nº 7.492/1986). Como ambas as situações não se enquadravam na inteligência do que fora definido na já mencionada QO-AP 937/RJ, a permanência dos feitos no âmbito do STF foi descartada.

O entendimento vencedor, capitaneado pelo Ministro Marco Aurélio, foi no sentido de que a competência criminal da Justiça Federal (comum) prevista no art. 109, inciso IV, da Constituição Federal faz ressalva à mesma competência da Justiça Eleitoral (especializada), a qual se encontra disposta no art. 121, *caput*, da Constituição Federal, fazendo referência a uma lei complementar.

Segundo o Ministro, o Código Eleitoral teve recepcionado pela CF/1988 o seu art. 35, inciso II,[39] com *status* de lei complementar, de forma que a competência da Justiça Eleitoral para apreciação dos crimes eleitorais e os comuns que lhe forem conexos já era, há muito, prevista pelo ordenamento jurídico e validada pelo Supremo Tribunal Federal, conforme inclusive se extrai de conflito de competência que fora apreciado, sob a relatoria do então Ministro Sydney Sanches. *In verbis*:

> DIREITO CONSTITUCIONAL, PENAL E PROCESSUAL PENAL. JURISDIÇÃO. *COMPETÊNCIA. CONFLITO. JUSTIÇA ELEITORAL. JUSTIÇA FEDERAL. CRIME ELEITORAL E CRIMES CONEXOS*. ILÍCITOS ELEITORAIS: APURAÇÃO PARA DECLARAÇÃO DE

---

[38] "[...] 6. Resolução da questão de ordem com a fixação das seguintes teses: '(i) *O foro por prerrogativa de função aplica-se apenas aos crimes cometidos durante o exercício do cargo e relacionados às funções desempenhadas*; e (ii) Após o final da instrução processual, com a publicação do despacho de intimação para apresentação de alegações finais, a competência para processar e julgar ações penais não será mais afetada em razão de o agente público vir a ocupar cargo ou deixar o cargo que ocupava, qualquer que seja o motivo'." (Grifo nosso)

[39] Art. 35. Compete aos juízes: [...] II - processar e julgar os crimes eleitorais e os comuns que lhe forem conexos, ressalvada a competência originária do Tribunal Superior e dos Tribunais Regionais. BRASIL, Lei nº 4.737, de 15 de julho de 1965. *Institui o Código Eleitoral*. Brasília, 15 de julho de 1965.

INELEGIBILIDADE (ART. 22, INC. XIV, DA LEI COMPLEMENTAR Nº 64, de 18.05.1990). CONFLITO INEXISTENTE. "HABEAS CORPUS" DE OFÍCIO. 1. Não há conflito de jurisdição ou de competência entre o Tribunal Superior Eleitoral, de um lado, e o Tribunal Regional Federal, de outro, se, no primeiro, está em andamento Recurso Especial contra acórdão de Tribunal Regional Eleitoral, que determinou investigação judicial para apuração de ilícitos eleitorais previstos no art. 22 da Lei de Inelegibilidades; e, no segundo, isto é, no T.R.F., foi proferido acórdão denegatório de "Habeas Corpus" e confirmatório da competência da Justiça Federal, para processar ação penal por crimes eleitorais e conexos. 2. Sobretudo, em se verificando que tais julgados trataram de questões, de partes e de finalidades inteiramente distintas. 3. É caso, pois, de não se conhecer do Conflito, por inexistente. 4. *Em se verificando, porém, que há processo penal, em andamento na Justiça Federal, por crimes eleitorais e crimes comuns conexos, é de se conceder "Habeas Corpus", de ofício, para sua anulação, a partir da denúncia oferecida pelo Ministério Público federal, e encaminhamento dos autos respectivos à Justiça Eleitoral de 1ª instância, a fim de que o Ministério Público, oficiando perante esta, requeira o que lhe parecer de direito.* 5. Conflito de Competência não conhecido. "Habeas Corpus" concedido de ofício, para tais fins. Tudo nos termos do voto do Relator. Decisão unânime do Plenário do S.T.F. (Conflito de Competência 7033, Rel. Min. Sydney Sanches, julgado em 29/11/1996 – grifos nossos).

Os Ministros Alexandre de Moraes e Celso de Mello, que acompanharam o voto do Ministro Relator, apontaram ainda que esse entendimento do STF igualmente enuncia que é a própria Justiça Eleitoral a responsável por analisar se há ou não a conexão entre os delitos, o que já era reproduzido pelo Superior Tribunal de Justiça, por meio inclusive de sua Corte Especial (AgRg na APn 865/DF).[40]

---

[40] PENAL E PROCESSUAL PENAL. COMPETÊNCIA. CRIME ELEITORAL CONEXO A CRIME COMUM. INCIDÊNCIA DOS ARTIGOS 35, INCISO II, DO CÓDIGO ELEITORAL, E 78, INCISO IV, DO CPP. RECEPÇÃO DESTES DOIS DISPOSITIVOS PELA CONSTITUIÇÃO FEDERAL. PREVALÊNCIA DA JUSTIÇA ESPECIAL ELEITORAL. 1. Agravo Regimental interposto pelo Ministério Público Federal contra a Decisão de fls. 673-677, que declinou a competência para processo e julgamento da integralidade da Ação Penal para a Justiça Eleitoral de Minas Gerais. 2. *Processo desencadeado pela suposta prática de tráfico de influência, lavagem de dinheiro e falsidade ideológica para fins eleitorais (artigo 350, caput, do Código Eleitoral).* 3. Alegação do Ministério Público Federal de que a competência deve ser fatiada, desmembrando-se a parte que cabe à Justiça Eleitoral daquela pertinente à Justiça Federal. Afirmação de que a Justiça Eleitoral de Minas Gerais deve julgar o crime capitulado no artigo 350, caput, do Código Eleitoral, e de que à Justiça Federal de São Paulo deve competir o julgamento dos delitos de tráfico de influência e de lavagem de dinheiro. 4. Sustentada inaplicabilidade do artigo 35, inciso II, do Código Eleitoral, ao argumento de que a conexão entre crime eleitoral e crime comum não tem como efeito a junção dos processos. Asseveração de que a competência da Justiça Federal é constitucional e que o Código Eleitoral "não tem o condão de modificar a competência constitucional". 5. *Conexão entre os crimes comuns de tráfico de influência e de lavagem de dinheiro com o crime eleitoral de falsidade ideológica para fins eleitorais que é incontroversa, não sendo objeto de questionamento, de forma a não demandar análise.* [...]. 13. Não cabe afastar a incidência dos dois dispositivos atrás colacionados, sob argumento de não receptação pela Constituição Federal, quando reiteradamente o STF vem reconhecendo a sua validade e conferindo-lhes aplicação. 14. *Assim, tratando-se de possível crime de falsidade ideológica relativo à campanha eleitoral para Governador do Estado de Minas Gerais, em que a prestação de contas é feita ao Tribunal Regional Eleitoral, o foro territorialmente competente é o de Belo Horizonte/MG. 15. Entretanto, cumprirá ao Juízo Eleitoral, que fará o exame das provas de forma certamente mais aprofundada, aferir se existe, efetivamente, conexão que implique julgamento conjunto, podendo aquele magistrado concluir que, mesmo que presente o nexo, seja apropriado aplicar a regra do artigo 80 do Código de Processo Penal*, a dispor que "Será facultativa a separação dos processos quando as infrações tiverem sido praticadas em circunstâncias de tempo ou de lugar diferentes, ou, quando pelo excessivo número de acusados e para não lhes prolongar a prisão provisória, ou por outro motivo relevante, o juiz reputar conveniente a separação". 16. Isso porque, no caso de haver certa independência entre o crime de corrupção passiva e o crime eleitoral, é sempre viável ao magistrado competente deliberar sobre o desmembramento, com a remessa à Justiça Federal daquela parte que entender não ser de obrigatório julgamento conjunto. De qualquer sorte, essa decisão só pode incumbir ao Juízo inicialmente competente, que é o Eleitoral. 17. Agravo Regimental não provido, com determinação de remessa dos autos à Justiça Eleitoral de Minas Gerais, facultando-se ao Juízo competente decidir sobre a necessidade ou não de julgamento conjunto e sobre a eventual remessa de parte da acusação à Justiça Federal, nos termos do

De outro vértice, a corrente divergente, que restou vencida, foi aberta pelo Ministro Edson Fachin, quem assentou como premissa maior a possibilidade de cisão da investigação (art. 80 do CPP[41]) com base nos três períodos considerados (2010, 2012 e 2014), o que não atrairia obrigatoriamente a disposição do art. 76 do CPP[42] para a reunião dos processos por conexão.

Valendo-se do exposto na QO-AP 937/RJ, entendeu-se que os valores requeridos pelo candidato e então Deputado Estadual ao Grupo Odebrecht no ano de 2010, para a campanha ao cargo de Deputado Federal, não estariam acobertados pelo foro por prerrogativa de função, razão pela qual deveriam ser remetidos à Justiça Eleitoral, em atenção ao art. 121, *caput*, da CF/1988 c.c o art. 35, inciso II, do Código Eleitoral.

Esse mesmo entendimento – igualmente vencido – alcançou os valores do ano de 2014, visto que não se compreendeu que a conduta *per se* estaria relacionada às funções desempenhadas.

Para as condutas relacionadas ao ano de 2012, as quais em tese caracterizariam os crimes previstos nos arts. 317 e 333 do Código Penal, no art. 350 do Código Eleitoral e no art. 22 da Lei nº 7.492/1986, o entendimento da corrente divergente foi de que a Constituição Federal em si atribuiu a competência para apreciação a braços diversos do Poder Judiciário, de forma que, à exceção do delito eleitoral, os demais se subsumiriam à competência absoluta da Justiça Federal (art. 109, inciso VI, da CF/1988), a qual não poderia ser afastada por disposições previstas no Código Eleitoral. Dessa forma, indicou-se a cisão da investigação dos supostos crimes de corrupção ativa, corrupção passiva, lavagem de capitais e evasão de divisas (ano 2012) para a Justiça Federal, com as demais questões sendo de responsabilidade da Justiça Eleitoral.

Ao final, destarte, consolidou-se a manutenção de uma competência da Justiça Eleitoral que, inclusive, já tinha posicionamento favorável do próprio Supremo Tribunal Federal e do Superior Tribunal de Justiça. Por conseguinte, definida a posição pelo Plenário, tem-se quadro dotado de maior segurança jurídica para atuação dos órgãos públicos responsáveis pela apuração e punição de ilícitos eleitorais e conexos.

## 3 Breve análise de legislações estrangeiras relativas a crimes eleitorais: Alemanha, Itália, Estados Unidos e Chile

Abordados os crimes eleitorais no Brasil, procede-se a uma breve análise de legislações estrangeiras, delimitando-se o escopo de investigação ao contexto alemão,

---

artigo 80 do CPP. (AgRg na APn 865/DF, Corte Especial, Rel. Ministro Herman Benjamin, julgado em 07.11.2018, *DJe* 13.11.2018 – grifos nossos).

[41] Art. 80. Será facultativa a separação dos processos quando as infrações tiverem sido praticadas em circunstâncias de tempo ou de lugar diferentes, ou, quando pelo excessivo número de acusados e para não lhes prolongar a prisão provisória, ou por outro motivo relevante, o juiz reputar conveniente a separação.

[42] Art. 76. A competência será determinada pela conexão:
I - se, ocorrendo duas ou mais infrações, houverem sido praticadas, ao mesmo tempo, por várias pessoas reunidas, ou por várias pessoas em concurso, embora diverso o tempo e o lugar, ou por várias pessoas, umas contra as outras;
II - se, no mesmo caso, houverem sido umas praticadas para facilitar ou ocultar as outras, ou para conseguir impunidade ou vantagem em relação a qualquer delas;
III - quando a prova de uma infração ou de qualquer de suas circunstâncias elementares influir na prova de outra infração.

italiano, norte-americano e chileno. Nessa aproximação, não se pretende realizar um estudo comparado, mas sim examinar, neste recorte, como as leis estrangeiras selecionadas dispõem sobre crimes eleitorais. De início, e de modo semelhante ao aqui observado, nota-se que a preocupação dessas legislações se associa, especialmente, à higidez do processo eleitoral, à proteção do regime democrático e à prevenção de atos de corrupção.

No Direito alemão, *v.g.*, são considerados crimes eleitorais *(i)* a perturbação do processo eleitoral ou da apuração de seus resultados; *(ii)* a falsificação ou a proclamação equivocada dos resultados eleitorais; *(iii)* a falsificação de documentos eleitorais, o impedimento de registro de eleitor que sabidamente atende às condições de alistamento ou o registro de candidato que não preenche as condições de elegibilidade; *(iv)* violação do sigilo das eleições; *(v)* coação de eleitores; *(vi)* enganação de eleitores; *(vii)* corrupção ou suborno de eleitores; e *(viii)* corrupção entre parlamentares.[43]

De modo geral, tais crimes são puníveis com prisão ou multa, a depender do tipo e da gravidade da situação, sendo possível a aplicação de medidas auxiliares, como perda da capacidade de ocupar cargos públicos, de votar (capacidade ativa) e de se eleger (capacidade passiva), nos casos de perturbação do processo eleitoral, falsificação de documentos eleitorais, coação de eleitores e corrupção ou suborno.

De forma semelhante, a Itália prevê, dentre os crimes eleitorais, *(i)* doações em dinheiro, comestíveis, artigos de vestuário e outros, na semana anterior à eleição e no dia da eleição; *(ii)* oferecimento ou promessa de dinheiro, objeto de valor ou outro benefício em troca de voto ou abstenção eleitoral, sendo também punível a aceitação por parte do eleitor; *(iii)* ameaça ou coação de eleitor; *(iv)* abuso de poder por parte de funcionário público para coagir eleitores; *(v)* perturbação ou impedimento de reunião de propaganda eleitoral pública ou privada; *(vi)* perturbação do processo eleitoral ou adulteração do resultado da votação; e *(vii)* admissão de eleitor que não tem direito a voto ou exclusão de eleitor que tem.[44]

Com efeito, na jurisdição italiana, a maior parte dos crimes eleitorais é punível com prisão e multa, cumulativamente. Além disso, a aplicação de pena de prisão por crime eleitoral é sempre acompanhada da suspensão da elegibilidade e do direito ao voto e da inabilitação para cargos públicos, por período não inferior a cinco anos e não superior a dez.[45]

Percebe-se, de tal modo, que o Código Eleitoral do Brasil possui algumas correspondências com os delitos previstos no Direito alemão e no Direito italiano. Entretanto, esses trazem certo rebuscamento à proteção de institutos jurídicos que ainda buscam se consolidar em nosso ordenamento, *v.g.*: *(i)* das previsões específicas sobre enganação de eleitores, corrupção ou suborno de eleitores e corrupção entre parlamentares na Alemanha e *(ii)* da tutela quanto ao abuso de poder por parte de funcionário público para coagir eleitores na Itália.

---

[43] Arts. 107 a 108b do Código Penal alemão. SENADO FEDERAL, *Tratado de direito penal alemão*. Disponível em: http://www2.senado.leg.br/bdsf/handle/id/496219. Acesso em: 19 out. 2020.

[44] Arts. 95 a 104 da Lei Eleitoral italiana. REPUBBLICA ITALIANA. *Testo Unico dele Leggi Elettorali*. Disponível em http://leg14.camera.it/cost_reg_funz/667/668/728/listaArticoli.asp. Acesso em: 19 out. 2020.

[45] Art. 113 da Lei Eleitoral Italiana. REPUBBLICA ITALIANA. *Testo Unico dele Leggi Elettorali*. Disponível em http://leg14.camera.it/cost_reg_funz/667/668/728/listaArticoli.asp. Acesso em: 19 out. 2020.

Há outras figuras, entretanto, que não muito se amoldam à nossa realidade, como o crime, no Direito italiano, relacionado ao oferecimento ou promessa de dinheiro, objeto de valor ou outro benefício em troca de voto ou abstenção eleitoral, uma vez que no Brasil o voto é majoritariamente obrigatório.

Nos Estados Unidos, por outro lado, a premissa para a punição de crimes eleitorais é a de que esses normalmente consistem em instrumentos de corrupção pública e, ao mesmo tempo, são mais facilmente punidos do que outras formas de corrupção. Isso porque os crimes eleitorais *(i)* geralmente ocorrem em público; *(ii)* normalmente envolvem muitos agentes (por exemplo, esquemas de suborno de eleitores bem-sucedidos exigem vários eleitores; o preenchimento das urnas requer o controle de todos os funcionários eleitorais em um local de votação; e as contribuições políticas ilegais geralmente envolvem vários canais para disfarçar a transação); e *(iii)* tendem a deixar rastros, seja nos documentos eleitorais estaduais, seja nos relatórios públicos de campanhas federais.[46]

Nesse contexto, notadamente, são considerados crimes eleitorais: *(i)* fraude eleitoral, que pode estar relacionada à obtenção e à marcação de cédulas, à contagem dos votos, à certificação do resultado e ao registro de eleitores; *(ii)* clientelismo político, que consiste no oferecimento de vantagens futuras em troca de apoio político; *(iii)* financiamento ilícito de campanha, que consiste em violação às regras de financiamento dispostas em lei;[47] e *(iv)* violações a direitos civis, como privação de direitos de voto a minorias sociais ou discriminação com base em cor ou etnia de eleitores.

Quanto ao cenário norte-americano, interessante ressaltar a criminalização da prática do clientelismo político, situação reiterada na realidade brasileira e, em certa medida, de difícil comprovação.

O Chile, de outro vértice, possui grande variedade de crimes eleitorais tipificados em sua legislação, cuja especificidade operacional beira ao casuísmo, em alguns tipos penais.[48] Como exemplos de crimes ligados a procedimentos, citam-se *(i)* votar na mesma eleição mais de uma vez; *(ii)* fazer-se passar por eleitor ou levar seu nome para substituí-lo no ato da votação; *(iii)* apreender urna com votos não contados; e *(iv)* falsificar, roubar, ocultar ou destruir o registro da mesa, o boletim de contagem ou o cartão eleitoral.[49]

Em perspectiva mais elementar, também constituem crimes eleitorais, sob a legislação chilena, *(i)* suborno de eleitor;[50] *(ii)* venda de voto por doação ou dinheiro;[51] *(iii)* falsificação ou adulteração de informações de cadastro eleitoral, cadernos eleitorais

---

[46] DOJ. *Federal Prosecution of Election Offenses. Public Integrity Section, Criminal Division, Department of Justice*. 8th Edition. ed. [S.l.]: Edited by Richard C. Pilger, 2017. p. 02.
[47] As regras de financiamento de campanha estão dispostas no *Federal Election Campaign Act*.
[48] MALDONADO FUENTES, Francisco. Delitos cometidos en torno al desarrollo de los procesos electorales: consideraciones sobre sus fundamentos y sistematización. *Ius et Praxis*, vol. 24, n. 3, [on-line], dez. 2018.
[49] Art. 136 da Lei nº 18.700 do Chile. BIBLIOTECA DEL CONGRESO NACIONAL DE CHILE. Ley nº 18.700. *Ley Orgánica Constitucional sobre Votaciones Populares y Escrutinios*. Disponível em: https://www.bcn.cl/leychile/navegar?idNorma=1108229. Acesso em: 19 out. 2020.
[50] Art. 137, I, da Lei nº 18.700 do Chile. BIBLIOTECA DEL CONGRESO NACIONAL DE CHILE. *Op. cit.*
[51] Art. 137, II, da Lei nº 18.700 do Chile. BIBLIOTECA DEL CONGRESO NACIONAL DE CHILE. *Op. cit.*

ou afins;[52] *(iv)* financiamento de campanha eleitoral por pessoa jurídica;[53] e *(v)* impedimento de voto de eleitor qualificado.[54]

# 4 Conclusão

A partir das reflexões expostas, verifica-se que, no âmbito criminal, a Justiça Eleitoral protege bens jurídicos bem-definidos e conta com diversos dispositivos legais para cumprir esse objetivo. A celeridade e os prazos reduzidos, exigidos pela própria natureza e organicidade da esfera eleitoral, contribuem para sua eficiência estrutural, o que é extremamente positivo para atividade judicante na esfera criminal.

Não obstante, com o decorrer do tempo, contudo, parte da legislação, que foi desenvolvida há algumas décadas, tornou-se obsoleta, não tendo acompanhado a sofisticação do processo eleitoral e a consequente mudança de procedimento nos respectivos crimes. Nesse contexto, a despeito da existência de estrutura e instrumentos apropriados na Justiça Eleitoral para processar e julgar crimes eleitorais, entende-se cogente o aprimoramento normativo quanto a esse aspecto, em prol *(i)* da adequação dos ilícitos previstos e dos procedimentos persecutórios à realidade atual – o que pode ser observado em algumas das legislações estrangeiras aqui destacadas – e *(ii)* do desenvolvimento de instrumentos processuais próprios à esfera eleitoral, somados à utilização subsidiária do CPP, em prol de um maior alinhamento institucional e hermenêutico.

Com escopo de harmonizar o cenário eleitoral ao julgamento do Inquérito nº 4435/DF pelo STF, o TSE editou recentemente a Resolução nº 23.618/2020, que alberga previsões importantes para a adequação da estrutura da Justiça Eleitoral ao novo formato de sua atuação criminal, como *(i)* a competência dos TREs para designar zonas eleitorais específicas para processamento e julgamento de crimes comuns conexos a crimes eleitorais; *(ii)* o uso do processo judicial eletrônico para todos os feitos no âmbito do TSE, dos TREs e das zonas eleitorais; e *(iii)* a opção de especialização de zona(s) eleitoral(is) em matéria criminal pelos respectivos TREs, que devem estruturar a unidade judiciária com servidores devidamente capacitados e treinados para o desempenho de funções tipicamente jurisdicionais em matéria criminal.

Logo, a despeito da importância do necessário aprimoramento normativo e estrutural, conforme sopesado anteriormente, verifica-se um cenário de boas perspectivas para o desenvolvimento da atuação da Justiça Eleitoral na esfera criminal, cuja eficiência e celeridade têm muito a contribuir para o julgamento de crimes eleitorais e comuns conexos.

---

[52] Art. 54, I, da Lei nº 18.556 do Chile. BIBLIOTECA DEL CONGRESO NACIONAL DE CHILE. Ley nº 18.556. *Ley Orgánica Constitucional sobre Sistema de Inscripciones Electorales y Servicio Electoral*. Disponível em: https://www.bcn.cl/leychile/navegar?idNorma=1107717. Acesso em: 19 out. 2020.

[53] Art. 26 da Lei nº 19.884. BIBLIOTECA DEL CONGRESO NACIONAL DE CHILE. Ley nº 19.884, *Ley Orgánica Constitucional sobre Transparencia, Límite y Control del Gasto Electoral*. Disponível em: https://www.bcn.cl/leychile/navegar?idNorma=1107658. Acesso em: 19 out. 2020.

[54] Art. 132 da Lei nº 18.700 do Chile. BIBLIOTECA DEL CONGRESO NACIONAL DE CHILE. *Op. cit.*

# Referências

ANDRADE NETO, João. *O positivismo jurídico e a legitimidade dos juízos eleitorais: a insuficiência da resposta juspositiva a questão da judicialização da política.* Dissertação (Mestrado) – Universidade Federal de Minas Gerais: Faculdade de Direito, 2010.

BIBLIOTECA DEL CONGRESO NACIONAL DE CHILE. Ley nº 18.556. *Ley Orgánica Constitucional sobre Sistema de Inscripciones Electorales y Servicio Electoral.* Disponível em: https://www.bcn.cl/leychile/navegar?idNorma=1107717. Acesso em: 19 out. 2020.

BIBLIOTECA DEL CONGRESO NACIONAL DE CHILE. Ley nº 18.700. *Ley Orgánica Constitucional sobre Votaciones Populares y Escrutinios.* Disponível em: https://www.bcn.cl/leychile/navegar?idNorma=1108229. Acesso em: 19 out. 2020.

BIBLIOTECA DEL CONGRESO NACIONAL DE CHILE. Ley nº 19.884, *Ley Orgánica Constitucional sobre Transparencia, Límite y Control del Gasto Electoral.* Disponível em: https://www.bcn.cl/leychile/navegar?idNorma=1107658. Acesso em: 19 out. 2020.

BRASIL. *Constituição da República Federativa do Brasil de 1988.* Brasília, 05 de outubro 1988.

BRASIL. Decreto-Lei nº 2.848, de 07 de dezembro de 1940. *Código Penal.* Rio de Janeiro, 07 de dezembro de 1940.

BRASIL. Decreto-Lei nº 3.689, de 03 de outubro de 1941. *Código de Processo Penal.* Rio de Janeiro, 03 de outubro de 1941.

BRASIL. Lei nº 13.105, de 16 de março de 2015. *Código de Processo Civil.* Brasília, 16 de março de 2015.

BRASIL. Lei nº 4.737, de 15 de julho de 1965. *Institui o Código Eleitoral.* Brasília, 15 de julho de 1965.

BRASIL. Lei nº 5.172, de 25 de outubro de 1966. *Dispõe sobre o Sistema Tributário Nacional e institui normas gerais de direito tributário aplicáveis à União, Estados e Municípios.* Brasília, 25 de outubro de 1966.

BRASIL. Lei nº 7.492, de 16 de junho de 1986. *Define os crimes contra o sistema financeiro nacional, e dá outras providências.* Brasília, 16 de junho de 1986.

BRASIL. Lei nº 9.504, de 30 de setembro de 1997. *Estabelece normas para as eleições.* Brasília, 30 de setembro de 1997.

BRUNO, Aníbal. *Direito penal:* Parte Geral – Introdução, norma penal, fato punível. 3. ed. Rio de Janeiro: Forense, 1967.

COSTA, Daniel Castro Gomes. *Curso de Direito Processual Eleitoral.* 2. ed. Belo Horizonte: Fórum, 2020.

DOJ. Federal Prosecution of Election Offenses. *Public Integrity Section, Criminal Division, Department of Justice.* 8th Edition. ed. [S.l.]: Edited by Richard C. Pilger, 2017.

GOMES, José Jairo. Crime eleitoral: interfaces com a parte geral do Código Penal. *Estudos Eleitorais*, vol. 7, n. 3, set./dez. 2012.

GOMES, José Jairo. *Crimes eleitorais e processo penal eleitoral.* 3. ed. São Paulo: Atlas, 2018.

GOMES, José Jairo. *Direito eleitoral.* 16. ed. ed. São Paulo: Atlas, 2020.

MALDONADO FUENTES, Francisco. Delitos cometidos en torno al desarrollo de los procesos electorales: consideraciones sobre sus fundamentos y sistematización. *Ius et Praxis*, vol. 24, n. 3, [on-line], dez. 2018.

MELLO, Celso Antônio Bandeira de. *Curso de direito administrativo.* 14. ed., rev., ampl. e atual. ed. São Paulo: Malheiros, 2002.

PACELLI, Eugênio. *Curso de Processo Penal.* 23. ed. São Paulo: Atlas, 2019.

REPUBBLICA ITALIANA. *Testo Unico dele Leggi Elettorali.* Disponível em http://leg14.camera.it/cost_reg_funz/667/668/728/listaArticoli.asp. Acesso em: 19 out. 2020.

SENADO FEDERAL, *Tratado de direito penal alemão.* Disponível em: http://www2.senado.leg.br/bdsf/handle/id/496219. Acesso em: 19 out. 2020.

SILVA, Helton José Chacarosque da. O conceito de processo eleitoral e o princípio da anualidade. *Revista Jurídica Verba Legis*, Goiânia, n. 6, p. 28-37, maio 2011.

TRIBUNAL SUPERIOR ELEITORAL. Resolução nº 22.676, de 13 de dezembro de 2007. *Dispõe sobre as classes processuais e as siglas dos registros processuais no âmbito da Justiça Eleitoral*. Brasília, 13 de dezembro de 2007.

TRIBUNAL SUPERIOR ELEITORAL. Resolução nº 23.396, de 17 de dezembro de 2013. *Dispõe sobre a apuração de crimes eleitorais*. Brasília, 17 de dezembro de 2013.

TRIBUNAL SUPERIOR ELEITORAL. *Sistematização das Normas Eleitorais*. Eixo temático VI: crimes eleitorais e processo penal eleitoral. Brasília: Tribunal Superior Eleitoral, 2019.

ZILIO, Rodrigo López. *Crimes eleitorais*. Salvador: Juspodivm, 2014.

---

Informação bibliográfica deste texto, conforme a NBR 6023:2018 da Associação Brasileira de Normas Técnicas (ABNT):

BANHOS, Sérgio Silveira; COSTA Daniel Castro Gomes da. Competência criminal da Justiça Eleitoral: extensão e perspectivas. *In*: ASSOCIAÇÃO DOS MAGISTRADOS BRASILEIROS; SALOMÃO, Luis Felipe; FONSECA, Reynaldo Soares da; VIDEIRA, Renata Gil de Alcantara; SZPORER, Patrícia Cerqueira Kertzman; COSTA, Daniel Castro Gomes da (Coord.). *Sistema penal contemporâneo*. Belo Horizonte: Fórum, 2021. p. 21-39. ISBN 978-65-5518-205-7.

# A PROGRESSÃO DE REGIMES PARA CRIMES HEDIONDOS APÓS A LEI Nº 13.964/19

**REYNALDO SOARES DA FONSECA**
**HUMBERTO BARRIONUEVO FABRETTI**

## Introdução

O objetivo do presente artigo é analisar a nova sistemática de progressão de regimes de cumprimento de pena para os crimes hediondos e equiparados, introduzida pela Lei nº 13.964/2019, conhecida como Pacote Anticrime.

A pesquisa justifica-se pelo fato de que a referida norma, ao alterar a redação do artigo 112 da Lei nº 7.210/1984 (Lei de Execução Penal) e revogar a previsão do artigo 2º, §2º, da Lei nº 8.072/1990 (Lei dos Crimes Hediondos), mudou, por completo, a metodologia para a transferência para regime mais benéfico durante a execução da sentença penal condenatória. No que toca aos crimes hediondos e equiparados, foram introduzidos percentuais e critérios distintos e mais específicos em comparação com os anteriores, de forma que se mostra necessário o estudo de tais alterações e de suas repercussões práticas.

Para tanto, estruturou-se o artigo a partir do estudo da evolução legislativa do instituto da progressão de regime. Inicialmente, foram estudadas a natureza e a inserção, no ordenamento jurídico brasileiro, da progressão de regimes de cumprimento de pena. Posteriormente, foi analisada a Lei de Crimes Hediondos (Lei nº 8.072/1990), para compreensão dos efeitos da hediondez, especificamente no que se refere à progressão de regimes diferenciada prevista na lei. Por fim, foi realizada análise das modificações empreendidas pelo Pacote Anticrime na sistemática da transferência para regime mais benéfico e as alterações realizadas para a progressão de regimes para crimes hediondos e equiparados, para, então, compreender quais as suas implicações práticas.

A presente pesquisa se configura como exploratória, pois visa proporcionar maior familiaridade com o problema, para torná-lo explícito ou construir hipóteses, através da análise legislativa e do levantamento bibliográfico.

## 1 A progressão de regimes de cumprimento de pena

Na legislação brasileira existem três regimes de cumprimento de pena: fechado, semiaberto e aberto. De acordo com o artigo 33, §2º, do Código Penal, o regime inicial de cumprimento da reprimenda será definido a partir do *quantum* de pena da condenação. Se o agente for condenado a reprimenda superior a 8 (oito) anos, deverá começar a cumpri-la em regime fechado. O apenado não reincidente, cuja pena seja superior a 4 (quatro) anos e não exceda 8 (oito), poderá, desde o princípio, cumpri-la em regime semiaberto. Por fim, o apenado não reincidente, cuja pena seja igual ou inferior a 4 (quatro) anos, poderá, desde o início, cumpri-la em regime aberto (BRASIL, 1940).

As regras dos regimes estão definidas nos artigos 34 a 36, do Código Penal, que, determinam, em síntese, que a pena a ser cumprida em regime fechado sujeitará o condenado ao estabelecimento prisional de segurança máxima ou média; o regime semiaberto à colônia penal agrícola ou industrial; e o regime aberto à casa de albergado (BRASIL, 1940).

Ocorre que, durante o cumprimento da reprimenda, poderá acontecer a transferência de um regime para outro, que é chamada de progressão, quando para um regime mais benéfico, e de regressão, quando para um regime mais rigoroso.

Em relação à progressão de regimes, Brito (2006, p. 292) explica que o legislador, inspirando-se na metodologia conhecida por *mark system*, determinou que o condenado que atinge determinadas metas (marcas) conquista uma maior aproximação da liberdade, progredindo, assim, para um regime mais brando. Segundo Fabretti e Smanio (2020, p. 176), o sistema de progressão tem por finalidade a integração social do condenado, tendo em vista que o sentenciado vai reconquistando sua liberdade gradativamente de acordo com o tempo e por seus méritos.

Tal mecanismo foi introduzido em nosso ordenamento jurídico pela Lei nº 7.209, de 11 de julho de 1984, que incluiu o §2º ao artigo 33, do Código Penal, o qual, além de fixar os critérios de definição do regime inicial de cumprimento da reprimenda, determinou que "As penas privativas de liberdade deverão ser executadas em forma progressiva, segundo o mérito do condenado" (BRASIL, 1940).

Inicialmente, o artigo 112 da Lei nº 7.210, de 11 de julho de 1984, a Lei de Execução Penal, determinava que "a transferência para regime menos rigoroso, a ser determinada pelo Juiz, [ocorreria] quando o preso tive[sse] cumprido ao menos 1/6 (um sexto) da pena no regime anterior e seu mérito indicar a progressão" (BRASIL, 1984). Portanto, eram estabelecidas apenas duas metas para a progressão de regimes: o cumprimento de 1/6 (um sexto) da pena e o bom comportamento carcerário.

Ocorre que, ao longo dos anos, a metodologia para a transferência para os regimes mais benéficos foi alterada, tendo sido criados novos critérios, conforme será analisado nos próximos tópicos do presente artigo.

## 2 A Lei de Crimes Hediondos e a progressão de regimes diferenciada

### 2.1 O contexto da Lei de Crimes Hediondos

Os crimes hediondos são considerados aqueles de extrema gravidade, razão pela qual recebem um tratamento diferenciado e mais rigoroso do que as demais infrações penais. De acordo com o dicionário Michaelis, a palavra "hediondo" origina-se do espanhol e significa "repugnante, horrível, que provoca repulsa".

No Direito Penal brasileiro o termo "hediondo" não havia sido empregado até que a Constituição de 1988, em seu art. 5º, XLIII, se utilizasse da expressão "crimes hediondos", remetendo à legislação ordinária a tarefa de defini-los. Preceitua a Carta Magna, o seguinte:

> A lei considerará crimes inafiançáveis e insuscetíveis de graça ou anistia a prática da tortura, o tráfico ilícito de entorpecentes e drogas afins, o terrorismo e os definidos como crimes hediondos por eles respondendo os mandantes, os executores e os que, podendo evita-los, se omitirem.

Conforme determinado pelo art. 5º, inciso XLIII da Constituição Federal e seguido pela Lei especial nº 8.072/90, aos crimes hediondos e aos equiparados é vedada a concessão de anistia, graça e indulto.

Analisando de uma maneira extensiva, verifica-se que o constituinte, ao inserir no título dos direitos e garantias fundamentais uma expressa recomendação para que a lei considere determinados tipos de delitos mais graves, tratando-os com maior rigor, teve a preocupação de salvaguardar com evidente zelo certos bens jurídicos, como a vida, a saúde pública, a dignidade da pessoa humana e sexual, entre outros (NUCCI, 2017, p. 496).

Surgiu, assim, a Lei nº 8.072, de 25 de julho de 1990, como resposta ao mandamento constitucional (MONTEIRO, 2015, p. 37/38), cuja finalidade era elevar penas, impedir benefícios e impor maior aspereza no trato com essa espécie de delinquência. A mencionada legislação definiu os crimes hediondos pelo chamado sistema legal, ou seja, enumerou-os de forma exaustiva. Os crimes nesta categoria são todos aqueles presentes no rol taxativo da lei, independentemente das características de seu cometimento ou do bem jurídico ofendido. Isto quer dizer que não cabe em hipótese alguma qualquer analogia ou interpretação extensiva na aferição judicial de tais crimes.

## 2.2 A progressão diferenciada de regimes

Como visto anteriormente, de acordo com o antigo texto da Lei de Execução Penal, em seu art. 122, os critérios para progressão de regime eram (i) cumprimento de 1/6 da pena no regime anterior; e (ii) ostentar bom comportamento carcerário, comprovado pelo diretor do estabelecimento (BRASIL, 1984).

No entanto, para a progressão de regime quanto aos crimes hediondos,[1] a Lei nº 8.072/90, com redação dada pela Lei nº 11.464/07, definia uma metodologia diferenciada para a

---

[1] A progressão de regime na Lei de Crimes Hediondos sofreu uma série de modificações desde sua redação original. Inicialmente, a previsão era de que os crimes hediondos deveriam ser cumpridos em regime integralmente fechado, sem possibilidade de progressão, na linha do antigo artigo 2º, §1º. Depois de dezesseis anos de vigência da Lei nº 8.072/90, o Supremo Tribunal Federal considerou tal dispositivo inconstitucional (HC nº 82.959, rel. Ministro Marco Aurélio, j. 23.02.2006), pois feriria o princípio constitucional da individualização da pena (art. 5º, XLVI, CF). Diante desse cenário, o Congresso Nacional promulgou a Lei nº 11.464 de 2007, que alterou a Lei de Crimes Hediondos para determinar que o regime inicial de cumprimento da pena seria obrigatoriamente o fechado, mas com possibilidade de progressão – atual artigo 2º, §1º –, o qual, igualmente, foi alvo de decisão do Supremo Tribunal Federal, no sentido de que é inconstitucional a fixação *ex lege* do regime inicial fechado, de forma que o julgador deve se ater ao artigo 33 do Código Penal (ARE 1.052.700, rel. Ministro Edson Fachin, j. 02.11.2017).

transferência para regime mais benéfico, que estabelecia os seguintes critérios: (i) cumprimento de 2/5 da pena no regime anterior, em caso de réu primário; e (ii) cumprimento de 3/5 da pena no regime anterior, em caso de réu reincidente.

De acordo com o entendimento majoritário da doutrina e jurisprudência brasileira, para que seja exigível o patamar de 3/5 da reprimenda, bastaria a reincidência genérica, isto é, decisão condenatória anterior por crime doloso transitada em julgado. Não havia, até então, qualquer necessidade de que a reincidência fosse específica em crimes hediondos ou equiparados (FABRETTI; SMANIO, 2019, p. 389).

Além disso, quanto ao regime inicial para o cumprimento da pena em casos de crimes hediondos e equiparados, dispunha o art. 2º, §1º, da Lei nº 8.072/90 que deveria ser cumprida inicialmente em regime fechado. No entanto, em junho de 2012, o Supremo Tribunal Federal proclamou a inconstitucionalidade desse parágrafo, prestigiando o princípio da individualização da pena, constante do art. 5º, LXVI, da Constituição Federal, nos seguintes termos (NUCCI, 2017, p. 514):

> *Habeas corpus*. Penal. Tráfico de entorpecentes. Crime praticado durante a vigência da Lei 11.464/07. Pena inferior a 8 anos de reclusão. Obrigatoriedade de imposição do regime inicial fechado. Declaração incidental de inconstitucionalidade do §1º do art. 2º da Lei 8.072/90. Ofensa à garantia constitucional da individualização da pena (inciso XLVI do art. 5º da CF/88). Fundamentação necessária (CP, art. 33, §3º, c/c o art. 59). Possibilidade de fixação, no caso em exame, do regime semiaberto para o início de cumprimento da pena privativa de liberdade. Ordem concedida. (HC 111.840/ES, rel. Dias Toffoli, Pleno, 27.06.2012, m.v.).

Ante tal decisão, as penas fixadas ao condenado por crime hediondo podem ser cumpridas em qualquer regime inicial, desde que devidamente fundamentado pelo magistrado, nos termos do art. 59 do Código Penal. Em outros termos, desde então, não há mais óbices à fixação de outros regimes nos delitos tidos como hediondos ou a eles equiparados, devendo o regime prisional ser fixado com estrita obediência ao art. 33 e seguintes do Código Penal brasileiro.

Com o advento da Lei nº 13.964/2019, popularmente conhecida como "Pacote Anticrime", o §2º do art. 2º da Lei de Crimes Hediondos que tratava da forma de progressão de regime para os condenados a crimes hediondos foi revogado. O art. 112 da Lei de Execuções Penais passou a contemplar a progressão de regime também para os crimes hediondos.

Contudo, a nova legislação também não estabeleceu distinção entre reincidência específica ou genérica para a definição de progressão de regime de pena de condenado por crime hediondo ou equiparado, há uma lacuna que abriu divergência de entendimento, bem como de interpretação por parte do Superior Tribunal de Justiça, conforme restará demonstrado adiante.

## 2.3 Critérios jurisprudenciais para a aplicação da progressão de regimes

Em relação ao sistema progressivo para o cumprimento da reprimenda penal, a antiga redação do art. 112 da Lei de Execução Penal dispunha:

> Art. 112 – A pena privativa de liberdade será executada em forma progressiva com a transferência para regime menos rigoroso, a ser determinada pelo juiz, quando o preso

tiver cumprido ao menos um sexto da pena no regime anterior e ostentar bom comportamento carcerário, comprovado pelo diretor do estabelecimento, respeitadas as normas que vedam a progressão.

Quanto aos crimes hediondos e equiparados, o requisito objetivo se diferenciava. Como visto anteriormente, até o advento da Lei nº 13.964/2019, era necessário cumprir 2/5 da pena, se primário, ou 3/5, se o condenado fosse reincidente. Nesse sentido, uma dúvida bastante comum quanto ao tema girava em torno da exigência de 3/5 para a progressão de regime dos reincidentes, pois a lei nada mencionava quanto à necessidade de a reincidência ser específica (em crimes hediondos e equiparados) ou genérica.

Entretanto, a antiga jurisprudência pacífica do Superior Tribunal de Justiça, entendia ser indiferente a reincidência ser específica ou genérica, pois, uma vez reconhecida a reincidência, o apenado passa a ostentar tal condição, o que gera efeitos, de imediato, no cálculo dos futuros benefícios da execução criminal, inclusive quanto à incidência da fração de ½ para a concessão do livramento condicional (art. 83, II, do CP) (HC nº 336.860/RS, 6ª T., rel. Min. Nefi Cordeiro, *DJE* 16.02.2016).

Além disso, os precedentes da mencionada Corte, no tocante aos efeitos da reincidência, ainda que não específica, incidem sobre o cálculo do requisito objetivo para a progressão do regime estabelecido na lei de crimes hediondos. O Superior Tribunal de Justiça, até então, considerava não ser necessário que a condenação anterior do réu fosse específica, tampouco que o crime anterior, gerador da reincidência, tivesse sido praticado na vigência da Lei nº 11.464/2007 (HC nº 202.425/RJ, rel. Min. Nefi Cordeiro, 6ª T., *DJE* 15.09.2015).

De igual maneira o entendimento da 5ª Turma do STJ, demonstrado quando do julgamento do *Habeas Corpus* nº 468.756:

> Com efeito, esta Corte Superior de Justiça consolidou entendimento no sentido de que a Lei dos Crimes Hediondos não faz distinção entre a reincidência comum ou específica, quando determina o cumprimento da fração de 3/5 (três quintos) da pena para fins de progressão do regime ao condenado reincidente. Neste sentido, e consistindo a reincidência em condição pessoal que, uma vez adquirida pelo sentenciado, influi sobre o requisito objetivo dos benefícios da execução em relação a todas as suas condenações, deve incidir sobre a totalidade das reprimendas unificadas (STJ, HC nº 468.756, 5ª T., rel. Min. Felix Fischer, DJE 03.04.2019).

De igual maneira foi decidido quando do julgamento do *Habeas Corpus* nº 427.803/PR:

> A jurisprudência desta Corte fixou-se no sentido de que, ante a unificação das penas, a condição de reincidente do apenado determina o cumprimento de 3/5 sobre o total. Na hipótese, possuindo o paciente quatro condenações não hão falar em aplicação do percentual de 2/5 para a progressão de regime, em relação à primeira condenação, pois, unificada as penas, conforme determina o art. 111 da LEP, a reincidência deve incidir sobre o somatório das penas e não apenas na segunda condenação. Ademais, esta Corte Superior pacificou entendimento no sentido de que a Lei dos Crimes Hediondos não faz distinção entre a reincidência comum ou específica. Assim, havendo reincidência, ao condenado deverá ser aplicada a fração de 3/5 da pena cumprida para fins de progressão do regime. *Habeas Corpus* não conhecido (STJ, HC nº 427.803/PR, 5ª T., rel. Min. Joel Ilan Paciornik, DJE 19.10.2018).

Assim, era considerado pelo Superior Tribunal de Justiça que o legislador, ao redigir o §2º do art. 2º da Lei de Crimes Hediondos, não fez qualquer menção à necessidade de a reincidência ser específica em crime hediondo ou equiparado. Ostentando o réu a condição de reincidente, deveria ser observado o lapso temporal de 3/5 de pena cumprida para fins de obtenção da progressão de regime, tendo em vista que a reincidência deveria incidir sobre o somatório das penas e não apenas na segunda condenação.

## 3 A Lei nº 13.964/2019 (Pacote Anticrime) e a progressão de regime para crimes hediondos e equiparados

### 3.1 O contexto da Lei nº 13.964/2019

Há muito se aguardava uma reformulação da legislação criminal, incluindo, nesse campo, as normativas penais, processuais penais e de execução penal, já que as referidas normas foram promulgadas, respectivamente, nos anos 1940, 1941 e 1984.

Enquanto os projetos dos novos Código Penal e Código de Processo Penal encontram-se parados no Congresso Nacional há anos, ante a constante necessidade de adaptação do nosso sistema criminal às novas demandas sociais, diversas foram as leis aprovadas para promover reformas em algumas das disposições da legislação vigente.

Dentre tais alterações, destaca-se o Pacote Anticrime (Lei nº 13.964/2019), que promoveu verdadeira reformulação do sistema criminal brasileiro.

Sinteticamente, pode-se dizer que o Pacote Anticrime (Lei nº 13.964/2019) é o resultado de dois projetos de leis, um advindo do Ministério da Justiça e outro de uma Comissão de Juristas encabeçada pelo Ministro Alexandre de Moraes do Supremo Tribunal Federal. Ao serem formalmente apresentados à Câmara dos Deputados, os projetos foram unificados e submetidos a um grupo de trabalho formado por deputados e deputadas federais que modificaram significativamente os textos (FABRETTI; SMANIO, 2020, p. 2).

Depois da tramitação no Congresso Nacional, o Pacote Anticrime foi sancionado, no dia 24 de dezembro de 2019, pelo Presidente da República, tendo sido editada a Lei nº 13.964/2019.

### 3.2 Os novos critérios para progressão de regimes

Dentre as inovações trazidas pela Lei nº 13.964/2019, está a nova redação do artigo 112 da Lei nº 7.210/1984 (Lei de Execução Penal), que modificou, por completo, a sistemática da progressão de regimes.

Antes da reforma legislativa, como visto anteriormente, o artigo 112 da Lei de Execução Penal determinava que a pena privativa de liberdade seria executada de forma progressiva com a transferência para regime menos rigoroso, a ser determinada pelo juiz, quando o preso tivesse cumprido, ao menos, 1/6 (um sexto) da pena no regime anterior e ostentasse bom comportamento carcerário (BRASIL, 2003).

Além disso, a Lei nº 8.072/1990 determinava, em seu artigo 2º, §2º, que a progressão de regimes para os crimes hediondos e equiparados se daria após o cumprimento de 2/5 (dois quintos) da pena para os sentenciados primários e de 3/5 (três quintos) da reprimenda para os reincidentes (BRASIL, 1990).

O Pacote Anticrime revogou tais previsões e incluiu, no artigo 112, da Lei nº 7.210/1984, 8 (oito) prazos distintos para a progressão de regimes, quais sejam:

I - 16% (dezesseis por cento) da pena, se o apenado for primário e o crime tiver sido cometido sem violência à pessoa ou grave ameaça;
II - 20% (vinte por cento) da pena, se o apenado for reincidente em crime cometido sem violência à pessoa ou grave ameaça;
III - 25% (vinte e cinco por cento) da pena, se o apenado for primário e o crime tiver sido cometido com violência à pessoa ou grave ameaça;
IV - 30% (trinta por cento) da pena, se o apenado for reincidente em crime cometido com violência à pessoa ou grave ameaça;
V - 40% (quarenta por cento) da pena, se o apenado for condenado pela prática de crime hediondo ou equiparado, se for primário;
VI - 50% (cinquenta por cento) da pena, se o apenado for:
a) condenado pela prática de crime hediondo ou equiparado, com resultado morte, se for primário, vedado o livramento condicional;
b) condenado por exercer o comando, individual ou coletivo, de organização criminosa estruturada para a prática de crime hediondo ou equiparado; ou
c) condenado pela prática do crime de constituição de milícia privada;
VII - 60% (sessenta por cento) da pena, se o apenado for reincidente na prática de crime hediondo ou equiparado;
VIII - 70% (setenta por cento) da pena, se o apenado for reincidente em crime hediondo ou equiparado com resultado morte, vedado o livramento condicional. (BRASIL, 1984)

Portanto, como se pode observar a partir da leitura do dispositivo legal, a intenção do legislador foi introduzir percentuais distintos e específicos, que devem ser aplicados de acordo com a natureza do crime pelo qual o apenado está cumprindo a pena (comum ou hediondo), a condição pessoal do sentenciado (primário ou reincidente), o *modus operandi* (cometido com ou sem violência ou grave ameaça), as consequências do delito (resultado morte) e a posição ocupada pelo agente em eventual organização criminosa.

## 3.3 Progressão de regimes para crimes hediondos: *novatio legis in mellius*?

Em relação aos crimes de natureza hedionda, com o advento da Lei nº 13.964/2019, o artigo 112 da Lei de Execução Penal passou a estabelecer os seguintes critérios para a progressão de regimes:

*i)* o cumprimento de 40% da pena se o apenado for primário (inciso V);
*ii)* o cumprimento de 50% da reprimenda se o sentenciado for primário e o delito resultar em morte; ou no caso de o condenado exercer o comando, individual ou coletivo, de organização criminosa estruturada para a prática de crime hediondo ou equiparado (inciso VI, alíneas "a" e "b"); e
*iii)* o cumprimento de 60% da pena se o apenado for reincidente na prática de crime hediondo ou equiparado (inciso VII).

Desse modo, levando em consideração as previsões anteriores às alterações do Pacote Anticrime, duas hipóteses de progressão de regimes para crimes hediondos permaneceram praticamente inalteradas. A primeira delas se refere aos agentes primários, em relação à qual o artigo 2º, §2º, da Lei nº 8.072/1990 exigia o cumprimento de 2/5 (dois quintos) da pena e, agora, o artigo 112, V, da Lei nº 7.210/1984 determina que deve ser cumprido 40% da reprimenda, o que é exatamente a mesma coisa.

A segunda situação inalterada é a reincidência específica em crime hediondo ou equiparado, que, nos termos do artigo 2º, §2º, da Lei nº 8.072/1990, exigia-se o cumprimento de 3/5 (três quintos) da pena e, atualmente, segundo o inciso VII, do artigo 112 da Lei de Execução Penal, determina-se que deve ser cumprido 60% da reprimenda.

Contudo, há hipóteses em que os critérios para a progressão de regimes em crimes hediondos foram agravados. A previsão do inciso VI, do artigo 112, da Lei nº 7.210/1984, de que, para agentes primários condenados por delitos que resultaram em morte ou por exercer o comando de organização criminosa estruturada para a prática de crimes hediondos, deve-se cumprir 50% da pena é gravosa em relação à anterior, de 2/5 (dois quintos) no caso de resultado morte (artigo 2º, §2º, da Lei nº 8.072/1990) e de 1/6 (um sexto) para a associação criminosa, que se trata de crime de natureza comum (redação anterior do artigo 112, da Lei de Execução Penal).

O critério do artigo 112, inciso VIII, da Lei nº 7.210/1984, de cumprimento de 70% (setenta por cento) da pena para reincidentes específicos em crimes hediondos ou equiparados, também se apresenta mais gravoso, pois, na previsão anterior, contida no artigo 2º, §2º, da Lei nº 8.072/1990, exigia-se que 3/5 (três quintos) da reprimenda fossem cumpridos.

Ocorre que a legislação silenciou em relação aos requisitos aplicáveis aos apenados reincidentes não específicos, ou seja, aqueles que possuem condenação transitada em julgado por crimes de natureza comum, que não são hediondos ou equiparados. Dessa maneira, questiona-se: qual seria o percentual de cumprimento de pena aplicável para a progressão de regimes dos sentenciados que cometeram crime hediondo, mesmo que com resultado morte, mas cuja reincidência advém de crime comum?

Diante da ausência de expressa previsão legal, em respeito ao princípio da estrita legalidade, não pode ser outra a conclusão senão a de que aos reincidentes não específicos em crimes hediondos não se aplica o patamar de 70% previsto no art. 112, inciso VII, da Lei nº 7.210/1984.

Dessa forma, conforme assevera Lima (2020, p. 394):

> (...) na hipótese de se tratar de apenado já condenado irrecorrivelmente por um crime qualquer que vier a cometer novo delito, dessa vez hediondo ou equiparado, não se revela possível a aplicação do inciso VII do art. 112, devendo ser aplicado (...) o patamar previsto no inciso V, qual seja, 40% (quarenta por cento), desde que do crime hediondo (ou equiparado) em questão não tenha resultado morte.

A jurisprudência, ainda incipiente, também parece caminhar nesse sentido. O Ministro Nefi Cordeiro, do Superior Tribunal de Justiça, em decisão proferida em 07.10.2020, no julgamento do *Habeas Corpus* nº 600.588/SP, asseverou que:

> (...) em razão da omissão legal, não há como aplicar de forma extensiva e prejudicial ao paciente o percentual de 60% que trata sobre a reincidência em crime hediondo ou equiparado. Ao contrário, merece na hipótese o uso da analogia *in bonam partem* para fixar o percentual de 40% previsto no inciso V do art. 112, relativo ao primário e ao condenado por crime hediondo ou equiparado. (BRASIL, 2020)

No mesmo sentido, foi o julgamento, pela 6ª Turma do Superior Tribunal de Justiça, do *Habeas Corpus* nº 581.315/PR, de relatoria do Ministro Sebastião Reis Junior, no qual se entendeu que:

> (...) a atual redação do art. 112 revela que a situação ora em exame (condenado por crime hediondo com resultado morte, reincidente não específico) não foi contemplada na lei nova. Nessa hipótese, diante da ausência de previsão legal, o julgador deve integrar a norma aplicando a analogia *in bonam parte*. Impõe-se, assim, a aplicação do contido no inciso IV, a, do referido artigo da Lei de Execução Penal, exigindo-se, portanto, o cumprimento de 50% da pena para a progressão de regime, caso não cometida falta grave. (BRASIL, 2020)

A 5ª Turma do Superior Tribunal de Justiça, a partir de voto de lavra do Ministro Relator Reynaldo Soares da Fonseca, proferido no julgamento do Agravo Regimental no *Habeas Corpus* nº 613.268, ocorrido em 09.12.2020, acompanhado à unanimidade, revisitou o tema e aderiu ao entendimento, ao decidir que:

> (...) em Direito Penal não é permitido o uso de interpretação extensiva, para prejudicar o réu, impondo-se a integração da norma mediante a analogia *in bonam partem*. Logo, a lei penal deve ser interpretada restritivamente quando prejudicial ao réu, e extensivamente no caso contrário (*favorablia sunt amplianda, odiosa restringenda*) - in NÉLSON HUNGRIA, Comentários ao Código Penal, v. I, t.I, p. 86. Recorde-se, aliás, que a interpretação extensiva em sentido amplo abrange a interpretação extensiva em sentido estrito e a interpretação analógica. A analogia é forma de integração de lacuna (quando não há na lei previsão sobre uma hipótese concreta). São pressupostos da analogia: certeza de que sua aplicação será favorável ao réu; existência de uma efetiva lacuna a ser preenchida. (...) Assim, considerando que o paciente, condenado pela prática de tráfico de drogas, é reincidente genérico, impõe-se a aplicação do percentual equivalente ao que é previsto para o primário - 40%. Diante do exposto, dou provimento ao agravo regimental e concedo habeas corpus de ofício para que a transferência do paciente para regime menos rigoroso observe, quanto ao requisito objetivo, o cumprimento de 40% da pena privativa de liberdade a que condenado, salvo se cometida falta grave. (BRASIL, 2020)

Essa é a única conclusão cabível. Isso porque, se, de um lado, o sentenciado não é primário, de outro, também não é reincidente específico, como expressamente exigem os incisos VII e VIII do artigo 112 da Lei de Execução Penal.

Portanto, tendo em vista que é vedada a analogia *in malan partem* pela legislação penal, para a transferência para regimes mais benéficos dos apenados que cometeram crime hediondo, mesmo que com resultado morte, mas cuja reincidência é genérica, ou seja, que advém da prática de crime comum, deve-se aplicar os critérios dos incisos V e VI, alínea "a", do artigo 112 da Lei nº 7.210/198, referentes aos sentenciados primários.

Ademais, em relação à previsão do inciso VII, do artigo 112, da Lei de Execução Penal, é importante lembrar que a progressão diferenciada de regimes para crimes hediondos ou equiparados vigente antes do Pacote Anticrime, disciplinada pelo artigo 2º, §2º, da Lei nº 8.072/1990, determinava que a transferência se daria após o cumprimento de "3/5 (três quintos), se reincidente" (BRASIL, 1990), de forma que, como exposto no tópico 2.3, a jurisprudência se consolidou no sentido de que bastaria a reincidência genérica. Contudo, com a alteração promovida pela Lei nº 13.964/2019, passou-se a exigir, no inciso VII, do artigo 112, que o apenado seja "reincidente na prática de crime hediondo ou equiparado" (BRASIL, 2019), não havendo, como já ressaltado, qualquer previsão da reincidência genérica.

A esse respeito, Fabretti e Smanio (2020, p. 394) elucidam que:

> (...) pela redação antiga, bastaria que o condenado fosse reincidente genérico para que se exigisse o cumprimento de 3/5 da pena para a progressão de regime. Pela nova redação, dada pela Lei 13.964/2019, especificamente no inciso VII do art. 112 da LEP, para que se exija o cumprimento de 60% (que equivale aos antigos 3/5), faz-se necessário que o apenado seja *"reincidente na prática de crime hediondo ou equiparado"*, ou seja, reincidente específico em crime hediondo ou equiparado.

Desse modo, a alteração promovida, pelo Pacote Anticrime, na sistemática de progressão de regimes para condenados por crimes hediondos e reincidentes genéricos, trata-se de *novatio legis in mellius*, que, deve, nos termos do artigo 5º, inciso XL, da Constituição Federal, retroagir.

## Conclusões

O objetivo do presente artigo foi analisar a sistemática para a progressão de regimes de cumprimento de pena introduzida em nosso ordenamento jurídico pelo Pacote Anticrime, a Lei nº 13.964/2019.

Verificou-se que, antes da reforma legislativa, o artigo 112 da Lei de Execução Penal determinava que a pena privativa de liberdade seria executada de forma progressiva com a transferência para regime menos rigoroso, a ser determinada pelo juiz, quando o preso tivesse cumprido, ao menos, 1/6 (um sexto) da pena no regime anterior e ostentasse bom comportamento carcerário. Além disso, a Lei nº 8.072/1990 determinava, em seu artigo 2º, §2º, que a progressão de regimes, para os crimes hediondos e equiparados, se daria após o cumprimento de 2/5 (dois quintos) da pena para os sentenciados primários e de 3/5 (três quintos) da reprimenda para os reincidentes.

Com as alterações promovidas pelo Pacote Anticrime, o artigo 112 da Lei de Execução Penal passou a estabelecer os seguintes critérios para a progressão de regimes para os crimes hediondos: *i)* o cumprimento de 40% da pena se o apenado for primário (inciso V); *ii)* o cumprimento de 50% da reprimenda se o sentenciado for primário e o delito resultar em morte; ou no caso de o condenado exercer o comando, individual ou coletivo, de organização criminosa estruturada para a prática de crime hediondo ou equiparado (inciso VI, alíneas "a" e "b"); e *iii)* o cumprimento de 60% da pena se o apenado for reincidente na prática de crime hediondo ou equiparado (inciso VII).

Contudo, a legislação silenciou em relação aos requisitos aplicáveis aos apenados reincidentes não específicos, ou seja, aqueles que possuem condenação transitada em julgado por crimes de natureza comum, que não são hediondos ou equiparados. Assim, surgiu a seguinte questão: qual seria o percentual de cumprimento de pena aplicável para a progressão de regimes dos sentenciados que cometeram crime hediondo, mesmo que com resultado morte, mas cuja reincidência advém de crime comum?

Tendo em vista a vedação da analogia *in malan partem* pela legislação penal, defendeu-se que, para a transferência para regimes mais benéficos dos apenados que cometeram crime hediondo, mesmo que com resultado morte, mas que sejam reincidentes genéricos, deve-se aplicar os critérios dos incisos V e VI, alínea "a", do artigo 112 da Lei nº 7.210/198, referentes aos sentenciados primários.

Ademais, levando em conta que, pela legislação antiga, bastaria que o condenado fosse reincidente genérico para que se exigisse o cumprimento de 3/5 (três quintos) da pena para a progressão de regime; a nova redação dada, pela Lei nº 13.964/2019, ao artigo 112 da Lei de Execução Penal, especificamente no inciso VII, que exige o cumprimento de 60% (aproximadamente 3/5) para o apenado "reincidente na prática de crime hediondo ou equiparado", trata-se de *novatio legis in mellius*.

Conclui-se, assim, que a alteração promovida, pelo Pacote Anticrime, na sistemática de progressão de regimes para condenados por crimes hediondos e reincidentes genéricos, trata-se de *novatio legis in mellius*, que, deve, nos termos do artigo 5º, inciso XL, da Constituição Federal, retroagir.

## Referências

BRASIL. Decreto-Lei nº 2.848, de 7 de dezembro de 1940. Código Penal. Brasília, DF, *DOU* 31.12.1940.

BRASIL. Lei nº 10.792, de 1º de dezembro de 2003. Altera a Lei nº 7.210, de 11 de junho de 1984 – Lei de Execução Penal e o Decreto-Lei nº 3.689, de 3 de outubro de 1941 – Código de Processo Penal e dá outras providências. Brasília, DF, *DOU* 02.12.2003.

BRASIL. Lei nº 13.964, de 24 de dezembro de 2019. Aperfeiçoa a legislação penal e processual penal. Brasília, DF, *DOU* 24.12.2019.

BRASIL. Lei nº 8.072, de 25 de julho de 1990. Dispõe sobre os crimes hediondos, nos termos do art. 5º, inciso XLIII, da Constituição Federal, e determina outras providências. Brasília, DF, *DOU* 26.07.1990.

BRASIL. Superior Tribunal de Justiça. Habeas Corpus nº 202.425/RJ, Relator Ministro Nefi Cordeiro, 6ª Turma. Publicado em 15.09.2015.

BRASIL. Superior Tribunal de Justiça. Habeas Corpus nº 336.860, Relator Min. Nefi Cordeiro, 6ª Turma. Publicado em 16.02.2016.

BRASIL. Superior Tribunal de Justiça. Habeas Corpus nº 427.803, Relator Ministro Joel Ilan Paciornik, 5ª Turma. Publicado em 19.10.2018.

BRASIL. Superior Tribunal de Justiça. Habeas Corpus nº 468.756, Relator Ministro Felix Fischer, 5ª Turma. Publicado em 03.04.2019.

BRASIL. Superior Tribunal de Justiça. AgRg no Habeas Corpus nº 613.268/SP. 5ª Turma. Relator Ministro Reynaldo Soares da Fonseca. Julgado em 09.12.2020.

BRASIL. Superior Tribunal de Justiça. Habeas Corpus nº 581.315/PR. 6ª Turma. Relator Ministro Sebastião Reis Júnior. Publicado em 19.10.2020.

BRASIL. Superior Tribunal de Justiça. Habeas Corpus nº 600.588/SP. 6ª Turma. Relator Ministro Nefi Cordeiro. Publicado em 07.10.2020.

BRITO, Alexis Augusto Couto de. *Execução Penal*. São Paulo: Quartier Latin, 2006.

FABRETTI, Humberto Barrionuevo; SMANIO, Gianpaolo Poggio. *Comentários ao Pacote Anticrime*. 1. ed. São Paulo: Atlas, 2020.

FABRETTI, Humberto Barrionuevo; SMANIO, Gianpaolo Poggio. *Direito Penal* – Parte Geral. São Paulo: Atlas, 2019.

LIMA, Renato Brasileiro de. *Pacote Anticrime*: Comentários à Lei 13.964/19. São Paulo: Juspodivm, 2020.

MICHAELIS. Moderno. *Dicionário da Língua Portuguesa*. Disponível em: http://michaelis.uol.com.br/moderno/portugues/index.php. Acesso em: 11 dez. 2020.

MONTEIRO, Antônio Lopes. *Crimes Hediondos*: texto, comentários e aspectos polêmicos. 10 ed., rev. e atual. de acordo com as Leis nº 13.142 e 13.104 de 2015, e nº 12.978/2014. São Paulo: Saraiva, 2015.

NÉRI, Felipe; STOCHERO, Tatiane. Entenda o pacote anticrime aprovado na Câmara. G1, 05.12.2019. Política. Disponível em: https://g1.globo.com/politica/noticia/2019/12/05/entenda-o-projeto-anticrime-aprovado-na-camara.ghtml. Acesso em: 12 dez. 2020.

NUCCI, Guilherme de Souza. *Leis penais e processuais comentadas* – vol. 01. 10 ed., rev., atual. e ampl. Rio de Janeiro: Forense, 2017.

NUCCI, Guilherme de Souza. *Pacote Anticrime Comentado*. São Paulo: Forense, 2020.

---

Informação bibliográfica deste texto, conforme a NBR 6023:2018 da Associação Brasileira de Normas Técnicas (ABNT):

FONSECA, Reynaldo Soares da; FABRETTI, Humberto Barrionuevo. A progressão de regimes para crimes hediondos após a Lei nº 13.964/19. *In*: ASSOCIAÇÃO DOS MAGISTRADOS BRASILEIROS; SALOMÃO, Luis Felipe; FONSECA, Reynaldo Soares da; VIDEIRA, Renata Gil de Alcantara; SZPORER, Patrícia Cerqueira Kertzman; COSTA, Daniel Castro Gomes da (Coord.). *Sistema penal contemporâneo*. Belo Horizonte: Fórum, 2021. p. 41-52. ISBN 978-65-5518-205-7.

# JUSTIÇA RESTAURATIVA – UM IMPORTANTE INSTRUMENTO PARA A SOLUÇÃO CONSENSUAL DE CONFLITOS

HUMBERTO MARTINS

## 1 Introdução

Cronologicamente, a justiça restaurativa é uma experiência milenar na solução de delitos: o Código de Hamurabi, a Lei das Doze Tábuas, a Bíblia Sagrada, o Código de Manu e as Ordenações do Reino são exemplos de documentos que dão conta de modelos de resolução não científica de litígios.

A exemplo de outras práticas antigas, essa experiência restaurativa foi sendo gradualmente substituída por novos sistemas político-jurídicos e, em especial, pela jurisdição. No auge dessa substituição, o Estado absoluto e centralizador defendido por Hobbes e o pensamento iluminista propalado por Rousseau e Locke passaram a contribuir para que o ente estatal monopolizasse a resolução dos litígios, minando as modalidades primitivas e extrajudiciais de aplicação da justiça.

No decorrer dessas transformações, desconsiderou-se, designadamente, o principal resultado prático da justiça restaurativa nas sociedades primevas: a possibilidade de célere e eficaz reparação do dano (e de suas consequências) por meio da interação entre o infrator, a vítima e a comunidade.

Nas últimas décadas, a Justiça Restaurativa ressurge: não para apuração da culpa ou do dolo, mas para uma solução; não para punir criminalmente uma conduta passada, mas para tentar restabelecer as condições da vítima e melhorar as condutas futuras do ofensor para que não haja novas vítimas.

## 2 Justiça Restaurativa

### 2.1 Conceito

Atribui-se ao norte-americano Albert Eglash a utilização, nos anos 1975, da expressão "Justiça Restaurativa", bem como o esclarecimento sobre a importância dessa prática para seu trabalho de observação comportamental de indivíduos encarcerados.[1]

Ao publicar um estudo que é considerado o marco teórico da Justiça Restaurativa, talvez por antever uma crise generalizada de legitimidade do modelo retributivo de Justiça Penal, Eglash defendeu que a punição mais pedagógica não seria a privação da liberdade, mas, sim, a tomada de consciência do ofensor do mal causado a outrem (e à sociedade) e da necessidade de reparar direta e efetivamente o injusto cometido – ou seja, fazê-lo introjetar a responsabilidade pelo ilícito e, quiçá, dissuadi-lo de investidas futuras contra o bem jurídico dos outros.[2]

Em 1999, a Organização das Nações Unidas – ONU editou a Resolução nº 26, que regulamenta as práticas restaurativas na Justiça Criminal, assim como as Resoluções nº 2000/14 e nº 2002/12, destinadas a delinear preceitos essenciais para a adoção do instrumento restaurativo na solução de litígios criminais.

No Brasil, a experiência com a Justiça Restaurativa passa a ser considerada a partir do ano de 2005, tendo como laboratório os projetos-piloto instalados no Distrito Federal, no Rio Grande do Sul e em São Paulo, por meio de parceria entre a extinta Secretaria da Reforma do Judiciário do Ministério da Justiça e o Programa das Nações Unidas para o Desenvolvimento – PNUD.

Em 2016, o Conselho Nacional de Justiça – CNJ, observando as recomendações da Organização das Nações Unidas relacionadas à implantação da Justiça Restaurativa, editou, sob a iniciativa do então Presidente Ministro Ricardo Lewandowski, a Resolução CNJ nº 225, ainda vigente, que dispõe sobre a Política Nacional de Justiça Restaurativa no âmbito do Poder Judiciário estadual e, inclusive, federal.

O art. 1º da Resolução CNJ nº 225/2016 formula um conceito próprio de Justiça Restaurativa:

> A Justiça Restaurativa constitui-se como um conjunto ordenado e sistêmico de princípios, métodos, técnicas e atividades próprias, que visa à conscientização sobre os fatores relacionais, institucionais e sociais motivadores de conflitos e violência, e por meio do qual os conflitos que geram dano, concreto ou abstrato, são solucionados de modo estruturado.

Pode-se dizer que a Justiça Restaurativa é um modelo de mediação penal que busca a reparação do dano, partindo de um trabalho dialogal em que ofensor e vítima (e também a comunidade) são protagonistas na busca de um consenso sobre a melhor forma de reparação extrajudicial do ilícito.

A ideia de Justiça Restaurativa ou Reintegrativa contrapõe-se, portanto, à ideia consolidada de Justiça Criminal e de Justiça Punitivo-retributiva.

---

[1] EGLASH, Albert. *Creative restitution* – a broader meaning for an old term. Disponível em: https://core.ac.uk/download/pdf/231010306.pdf. Acesso em: 10 out. 2020.

[2] *Idem.*

Na Justiça Restaurativa, o foco não está na punição do ofensor, mas na possibilidade de recomposição do ofendido:
- o que pode ser feito para que a vítima se sinta menos lesada?
- o fato antijurídico desencadeou na vítima alguma instabilidade ou necessidade que possa ser sanada?
- a vítima está disposta a uma mediação com o seu ofensor e, ao assim dispor-se, desiste de pleitear o processamento tradicional do réu?

É uma concepção que, não obstante se origine de um modelo antigo, pede, obviamente, adaptações ao Direito Penal contemporâneo, como vem orientando, de maneira muito adequada, o Conselho Nacional de Justiça.

## 2.2 Objetivos

O "conjunto ordenado e sistêmico de princípios, métodos, técnicas e atividades próprias" que forma a Justiça Restaurativa brasileira atende e obedece a alguns mandamentos elencados na Resolução CNJ nº 225/2016:
- as recomendações da Organização das Nações Unidas para que os Países-membros estruturem a Justiça Restaurativa nos respectivos territórios;
- o direito de acesso à Justiça trazido pela Constituição de 1988 (artigo 5º, XXXV), a ser observado não apenas pela jurisdição formal como também pelas soluções efetivas de controvérsias (por meio de uma ordem jurídica justa, inclusive pelo recurso aos meios consensuais, alternativos, voluntários e mais adequados possíveis para a pacificação de conflitos);
- a investigação da origem dos conflitos e da violência, bem como dos vários prismas relacionais individuais, comunitários, institucionais e sociais que os cercam, a fim de que sejam fixados fluxos e procedimentos que tratem dessa gênese complexa, incentivem mudanças de paradigmas e forneçam espaços apropriados e adequados para o trabalho restaurativo;
- a importância de um conceito de Justiça Restaurativa homogêneo em todo o território nacional, para que divergências de orientação e de ação não afetem a boa execução dessa concepção consensual nem as particularidades de cada segmento da Justiça;
- o mister do Poder Judiciário de aprimorar constantemente a satisfação devida aos pleitos dos cidadãos, desejosos de uma sociedade menos conflituosa e mais contemplada pela paz social;
- a autorização, nos termos dos artigos 72, 77 e 89 da Lei nº 9.099/1995 (que dispõe sobre os Juizados Especiais Cíveis e Criminais), para a homologação dos acordos celebrados nos procedimentos orientados sob as bases da Justiça Restaurativa, a exemplo da composição civil, da transação penal ou da condição da suspensão condicional dos processos de natureza criminal em curso nos Juizados Especiais Criminais ou nos Juízos Criminais;
- a previsão do artigo 35, II e III, da Lei nº 12.594/2012 no sentido de que, em caso de aplicação de medidas socioeducativas a adolescentes, os princípios da excepcionalidade, da intervenção judicial e da imposição de medidas harmonizam-se com a autocomposição de conflitos e priorizam as práticas ou medidas restaurativas que atendam às vítimas sempre que possível; e

- a competência do Conselho Nacional de Justiça para: *(a)* o controle tanto da atuação administrativa e financeira do Poder Judiciário quanto do cumprimento do artigo 37 da Constituição; e *(b)* contribuir para o desenvolvimento da Justiça Restaurativa.

Indubitavelmente, esses preceitos que motivaram o Conselho Nacional de Justiça a desenvolver uma estrutura para os programas e projetos relacionados à Justiça Restaurativa reconhecem essa ferramenta como coadjuvante da reestruturação da lógica de convivência e um dos elementos propulsores da pacificação social e da consolidação de uma sociedade mais justa.

O objetivo principal da Resolução nº 225/2016 é conferir identidade e efetividade à Justiça Restaurativa, protegendo-lhe não somente o seu conceito, mas também a sua utilização, a sua finalidade e a sua democratização, sempre com vista ao mais amplo acesso do cidadão à Justiça e à promoção da pacificação social.

## 2.3 Diretrizes

Durante a Presidência do Ministro Dias Toffoli no Conselho Nacional de Justiça, a Resolução nº 225/2016 obteve o acréscimo dos artigos 28-A e 28-B, promovido pela Resolução CNJ nº 300/2019.

Dispõem esses novos artigos – por sinal, autoexplicativos – incluídos na Resolução CNJ 225/2016:

> Artigo 28-A. Deverão os Tribunais de Justiça e Tribunais Regionais Federais, no prazo de cento e oitenta dias, apresentar, ao Conselho Nacional de Justiça, plano de implantação, difusão e expansão da Justiça Restaurativa, sempre respeitando a qualidade necessária à sua implementação, conforme disposto no artigo 5º, inciso I, e de acordo com as diretrizes programáticas do Planejamento da Política de Justiça Restaurativa no âmbito do Poder Judiciário Nacional, especialmente:
>
> I - implementação e/ou estruturação de um Órgão Central de Macrogestão e Coordenação, com estrutura e pessoal para tanto, para desenvolver a implantação, a difusão e a expansão da Justiça Restaurativa, na amplitude prevista no artigo 1º desta Resolução, bem como para garantir suporte e possibilitar supervisão aos projetos e às ações voltados à sua materialização, observado o disposto no artigo 5º, *caput* e §2º (Item 6.2 do Planejamento da Política de Justiça Restaurativa do Poder Judiciário Nacional);
>
> II - desenvolvimento de formações com um padrão mínimo de qualidade e plano de supervisão continuada (Item 6.4 do Planejamento da Política de Justiça Restaurativa do Poder Judiciário Nacional);
>
> III - atuação universal, sistêmica, interinstitucional, interdisciplinar, intersetorial, formativa e de suporte, com articulação necessária com outros órgãos e demais instituições, públicas e privadas, bem como com a sociedade civil organizada, tanto no âmbito da organização macro quanto em cada uma das localidades em que a Justiça Restaurativa se materializar como concretização dos programas (Item 6.6 do Planejamento da Política de Justiça Restaurativa do Poder Judiciário Nacional);
>
> IV - implementação e/ou estruturação de espaços adequados e seguros para a execução dos projetos e das ações da Justiça Restaurativa, que contem com estrutura física e humana,

bem como que proporcionem a articulação comunitária (Item 6.8 do Planejamento da Política de Justiça Restaurativado Poder Judiciário Nacional); e

V - elaboração de estudos e avaliações que permitam a compreensão do que vem sendo construído e o que pode ser aperfeiçoado para que os princípios e valores restaurativos sejam sempre respeitados (Item 6.10 do Planejamento da Política de Justiça Restaurativa do Poder Judiciário Nacional).
Parágrafo único. O Comitê Gestor da Justiça Restaurativa atuará, caso demandado, como órgão consultivo dos tribunais na elaboração do plano previsto neste artigo, acompanhando, também, a sua implementação, cabendo, aos tribunais, enviar relatórios, semestralmente, nos meses de junho e dezembro de cada ano.

Artigo 28-B. Fica criado o Fórum Nacional de Justiça Restaurativa, que se reunirá, anualmente, com a participação dos membros do Comitê Gestor da Justiça Restaurativa do CNJ, dos coordenadores dos órgãos centrais de macrogestão e coordenação da Justiça Restaurativa nos tribunais, ou de alguém por eles designados, sem prejuízo de participações diversas, que terá como finalidade discutir temas pertinentes à Justiça Restaurativa e sugerir ações ao Comitê Gestor de Justiça Restaurativa do CNJ.

A Resolução nº 300/2019 observou os desdobramentos da formação e efetivação do Comitê Gestor da Justiça Restaurativa do Conselho Nacional de Justiça (cuja implementação já estava prevista na Resolução CNJ nº 225/2016),[3] bem como visou a acompanhar a dinâmica e o fortalecimento dos princípios, valores, estrutura e fluxos da Justiça Restaurativa.

## 3 Por que a justiça restaurativa?
## 3.1 A perspectiva de Aersten

Ivo Aertsen, pesquisador belga do *Leuven Institute of Criminology* e um dos mais experientes pesquisadores da Justiça Restaurativa e da Vitimologia na Comunidade Europeia, acredita que a Justiça Restaurativa nunca deve seguir um modelo imutável: são necessárias várias adaptações para atender à diversidade de situações existentes, mas, ainda assim, nunca se deve descurar dos princípios e valores que informam e estruturam essa concepção de Justiça.[4]

A Justiça Restaurativa, segundo esclarece Aersten, caracteriza-se principalmente por perscrutar as pessoas, o ambiente e o contexto em que vivem, inclusive as condições em que ocorreram os crimes ou conflitos, sendo desejável que todos os atores (vítimas e ofensores) e a comunidade estejam envolvidos nesse trabalho dialogal, ressalvadas as peculiaridades, como ilícitos sem nenhuma vítima ou sem vítima específica e ilícitos com inúmeras vítimas:

---

[3] O Comitê Gestor da Justiça Restaurativa foi criado pelas Portarias CNJ nº 91/2016 e nº 137/2018. Ademais, "compete ao Comitê Gestor da Justiça Restaurativa do CNJ estruturar e desencadear ações para efetivar as diretrizes programáticas do Planejamento da Política de Justiça Restaurativa no âmbito do Poder Judiciário Nacional (...)." (Resolução CNJ nº 300/2019, preâmbulo).

[4] AERTSEN, Ivo. Justiça restaurativa na perspectiva das organizações comunitárias. Disponível em: http://cdhep.org.br/wp-content/uploads/2019/02/Publica%C3%A7%C3%A3o_Justi%C3%A7a- Restaurativa-na-perspectiva-de-organiza%C3%A7%C3%B5es-comunit%C3%A1rias_IvoAesten.pdf. Acesso em: 11 out. 2020.

[G]osto de sublinhar a inclusão de todas essas pessoas no processo restaurativo, porque, às vezes, as vítimas não são incluídas. Também já vi iniciativas da comunidade que não incluem o ofensor. No entanto, bem sei que nem sempre é possível ou faz sentido incluir uma vítima individual, pois há crimes "sem vítimas", crimes coorporativos que afetam muitas vítimas, bem como a violência institucional – em que não há especificamente uma vítima ou um ofensor. (...)

A vítima pode ser um indivíduo, mas a experiência de ser vítima é partilhada por outras pessoas da comunidade. A perda de confiança em si é uma experiência partilhada pelas vítimas com outras pessoas, na comunidade e na sociedade. Portanto, é adequado tratar esses assuntos na comunidade, para se restaurarem os componentes lesados.[5]

No âmbito mundial, são descritos três principais modelos de mediação restaurativa – *vítima-ofensor* (observa os principais atores envolvidos), *conferência familiar* (analisa a família dos envolvidos, em especial a do ofensor) e *círculos de construção de paz* (comunicação em grupos para prevenir e superar conflitos), todos eles imbuídos do ânimo de não interpretar o crime e a violência como um fenômeno isolado, mas, na verdade, influenciado pelo meio e capaz de influenciá-lo.[6]

Nesse ínterim, para além de limitar a questão à esfera individual (vítima e ofensor), familiar ou do núcleo de cuidado e de afeto, torna-se essencial a ampliação do debate para a dimensão da comunidade, já que muitas vezes o bem e a paz comuns também são ofendidos.

## 3.2 O macroprincípio da fraternidade

Guardadas as devidas proporções, a visão de Aersten (baseada na experiência comunitária europeia) e a posição do Conselho Nacional de Justiça (expressa na Resolução CNJ nº 225/2016 e fundada na observação da realidade nacional) têm alicerce, ainda que implicitamente, num elemento comum: a fraternidade embutida na concepção de Justiça Restaurativa.

A fraternidade é um macroprincípio dos direitos humanos e um princípio com assento em várias constituições, como a Constituição Brasileira de 1988 (preâmbulo e art. 3º),[7] sendo salutar que esse preceito seja utilizado para a humanização do Direito

---

[5] Idem.
[6] Idem.
[7] "Nós, representantes do povo brasileiro, reunidos em Assembléia Nacional Constituinte para instituir um Estado Democrático, destinado a assegurar o exercício dos direitos sociais e individuais, a liberdade, a segurança, o bem-estar, o desenvolvimento, a igualdade e a justiça como valores supremos de uma sociedade fraterna, pluralista e sem preconceitos, fundada na harmonia social e comprometida, na ordem interna e internacional, com a solução pacífica das controvérsias (...).
(...)
Art. 3º Constituem objetivos fundamentais da República Federativa do Brasil: I - construir uma sociedade livre, justa e solidária;
II - garantir o desenvolvimento nacional;
III - erradicar a pobreza e a marginalização e reduzir as desigualdades sociais e regionais;
IV - promover o bem de todos, sem preconceitos de origem, raça, sexo, cor, idade e quaisquer outras formas de discriminação."

Penal (como, aliás, já reconheceu a jurisprudência pátria)[8] e para as bases da Justiça Restaurativa.

Como bem coloca a doutrina especializada:

> [A]firma-se que a prática restaurativa enfraquece o processo de exclusão dos indivíduos ao possibilitar a humanização e a pacificação das relações envolvidas em um conflito, eis que, ao contrário da justiça penal, não busca a mera resposta punitiva aos transgressores – fato gerador das desigualdades sociais – mas propõe um processo colaborativo entre todas as partes envolvidas no fato delituoso. Promove, assim, a pacificação dos conflitos e a interrupção das cadeias de reverberação da violência e dos processos de criminalização.
>
> Assim, os mecanismos restaurativos permitem a efetivação de uma gestão de conflitos participativa, democrática e descentralizada, baseada nas relações sociais entre a comunidade e o poder público, sendo que o resultado desta interação mobiliza o capital social e constitui a rede de cooperação, construindo, por conseguinte, uma ação coletiva de redução das desigualdades sociais e de solidificação do sentimento de pertencimento a uma comunidade.
>
> Verifica-se que as experiências da Justiça Restaurativa foram desenvolvidas ao longo do tempo, sem substituir os procedimentos tradicionais, as quais têm buscado contribuir para a organização e o desenvolvimento da justiça social, agilizando o atendimento das partes. As práticas alternativas de tratamento de conflitos se revelam como forma da valorização do ser humano, como instrumentos para tratamento de conflito sem violência, incentivando a paz e o restabelecimento das relações entre as pessoas.[9]

---

[8] "AGRAVO REGIMENTAL NO PEDIDO DE EXTENSÃO NO HABEAS CORPUS. LEGITIMIDADE. PRISÃO DOMICILIAR. MÃE DE FILHOS MENORES DE DOZE ANOS DE IDADE. SUPRESSÃO DE INSTÂNCIA. VIOLAÇÃO AO PRINCÍPIO DO JUIZ NATURAL. INEXISTÊNCIA. PRESENÇA DOS REQUISITOS LEGAIS. PRINCÍPIOS DA FRATERNIDADE (CONSTITUIÇÃO FEDERAL, PREÂMBULO E ART. 3º) E DA PROTEÇÃO INTEGRAL À CRIANÇA. HC COLETIVO Nº 143.641/SP (STF). FLAGRANTE ILEGALIDADE. ORDEM CONCEDIDA DE OFÍCIO. AGRAVADO REGIMENTAL NÃO PROVIDO.
(...)
7. Prevalecem, pois, neste momento, as razões humanitárias, não se podendo descurar que a prisão domiciliar é instituto previsto tanto no art. 318, inciso V, do Código de Processo Penal, para substituir a prisão preventiva de mulher com filho de até 12 (doze) anos de idade incompletos; quanto no art. 117, inciso III, da Lei de Execuções Penais, que se refere à execução provisória ou definitiva da pena, para condenada com filho menor ou deficiente físico ou mental. Uma interpretação teleológica da Lei nº 13.257/2016, em conjunto com as disposições da Lei de Execução Penal, e à luz do constitucionalismo fraterno, previsto no art. 3º, bem como no preâmbulo, da Constituição Federal, revela ser possível se inferir que as inovações trazidas pelo novo regramento podem ser aplicadas também à fase de execução da pena, conforme já afirmado pela Quinta Turma.
8. Ainda sobre o tema, é preciso recordar: a) O princípio da fraternidade é uma categoria jurídica e não pertence apenas às religiões ou à moral. Sua redescoberta apresenta-se como um fator de fundamental importância, tendo em vista a complexidade dos problemas sociais, jurídicos e estruturais ainda hoje enfrentados pelas democracias. A fraternidade não exclui o direito e vice-versa, mesmo porque a fraternidade, enquanto valor, vem sendo proclamada por diversas Constituições modernas, ao lado de outros historicamente consagrados como a igualdade e a liberdade; b) O princípio da fraternidade é um macroprincípio dos Direitos Humanos e passa a ter uma nova leitura prática, diante do constitucionalismo fraternal prometido na Constituição Federal, em especial no seu art. 3º, bem como no seu preâmbulo; c) *O princípio da fraternidade é possível de ser concretizado também no âmbito penal, através da chamada Justiça restaurativa, do respeito aos Direitos Humanos e da humanização da aplicação do próprio direito penal e do correspondente processo penal.*
(...)
9. Agravo regimental não provido." (AgRg no PExt no RHC 113.084/PE, relator Ministro Reynaldo Soares da Fonseca, Quinta Turma, DJe 10/6/2020.)

[9] GIMENEZ, Charlise Paula Colet. A Justiça Restaurativa como instrumento de paz social e tratamento de conflitos. In: *Revista do Instituto do Direito Brasileiro – RIDB*, ano I, n. 10, p. 6.055-6.094, 2012, p. 6.090.

Devolver ao ofensor a sensação de pertença e de inclusão na comunidade e, portanto, dar-lhe tratamento humanizado e fraternal – atribuindo-lhe não apenas direitos, mas também deveres – pode ser um eficiente instrumento não somente para desafogar o sistema penal tradicional, mas também para a inclusão social, dada a concepção restaurativa como um dos modelos de Justiça.

## 3.3 O acesso à Justiça e os meios consensuais de solução de controvérsia

O final da década de 1980 até o início dos anos 2000 representou para o Direito brasileiro um período de imprescindível ruptura epistemológica: é quando o pensamento jurídico começa a superar o dogmatismo e o formalismo exacerbados, passando a enxergar questões jurídicas novas e necessidades sociais ainda não positivadas.

Com a promulgação da Constituição Federal de 1988, os anos subsequentes destinaram- se a conferir concretude a esse novo pensamento jurídico, o qual não tem à sua frente apenas o Direito Positivo, a codificação e a legislação, mas também enxerga o ser humano. Não o ser humano como um sujeito abstrato de direito, e sim um ser humano real, visível, do qual se conhecem os verdadeiros anseios socioeconômicos, jurídicos e holísticos. Um ser humano-pessoa-cidadão que clama ao Estado a proteção de seus direitos, o melhor bem-estar, o reconhecimento de sua vulnerabilidade ante o mercado e a Administração.

O século XXI consolida, no Brasil, o processo de redemocratização do Estado de Direito, com a qual surgiram novos movimentos que se expressam, ao menos no âmbito do Poder Judiciário, pela exigência de uma justiça acessível, célere, efetiva, atenta às necessidades de todos os segmentos sociais e, enfim, mais democrática.

A Constituição da República de 1988, ao tutelar os direitos e garantias fundamentais, proporcionou um conceito de cidadania nítido e fortalecido, dando projeção aos reclamos de cidadãos mais conscientes de seus direitos e mais conhecedores dos caminhos que levam ao Judiciário. A Constituição contribuiu também para um fenômeno que, contemporaneamente, se conhece como "inclusão social".

Num desdobramento natural e previsível, o fortalecimento da cidadania, a ampliação do acesso à Justiça e o direito à inclusão social solicitaram que o Judiciário oferecesse ferramentas legítimas para auxiliar os cidadãos na concretização de seus direitos e pacificação de conflitos. Em síntese, houve um necessário redimensionamento institucional dos tribunais brasileiros e, em decorrência, uma política pública judiciária mais eficiente no atendimento ao jurisdicionado.

Em 1990, a Lei nº 9.099, que dispõe sobre os Juizados Especiais Cíveis e Criminais, também representou um marco do acesso do cidadão à Justiça, seja pela conciliação, processo e julgamento das causas cíveis de menor complexidade, seja pela conciliação, julgamento e execução de infrações penais de menor potencial ofensivo, respeitadas as regras de conexão e continência.

Em 2001, a Lei nº 10.259 veio dispor sobre a instituição dos Juizados Especiais Cíveis e Criminais no âmbito da Justiça Federal, cumprindo a determinação do art. 98, §1º, da Constituição da República de democratização do acesso à Justiça.

É importante, aqui, dizer que o Poder Judiciário é uma das importantes vias que dão acesso à Justiça, pois o Poder Executivo, o Poder Legislativo, as instituições governamentais e não governamentais, o mercado e a sociedade civil também possuem um compromisso constante com a promoção e a democratização do acesso à Justiça.

Especificamente no tocante ao Judiciário, a Resolução nº 125/2010, do Conselho Nacional de Justiça, que cuida da Política Judiciária Nacional de tratamento adequado dos conflitos de interesses no âmbito do Poder Judiciário, reconhece a conciliação, a mediação e outros métodos consensuais como instrumentos efetivos de pacificação social, solução e prevenção de demandas, visto serem aptos a reduzir a judicialização, a interposição de recursos e a execução de sentenças e a preencher o requisito do acesso à Justiça.

Essa Resolução CNJ nº 125/2010 traz uma grande contribuição ao Poder Judiciário e, sobretudo, à sociedade brasileira, porque promove uma Justiça que, não obstante prescinda de certos formalismos, passa a ser muito qualificada, acessível e oferecida em tempo hábil, sem abandonar os critérios da eficiência e da pacificação social.

Por sua vez, a Resolução CNJ nº 225/2016 considera que o direito constitucional de acesso à Justiça não abrange apenas as decisões adjudicadas pelos órgãos judiciários, mas também soluções efetivas de conflitos por meio de uma ordem jurídica justa.

A Resolução CNJ nº 225/2016 permite, assim, meios consensuais, voluntários e mais adequados para atingir o acesso à Justiça e a pacificação em matéria de fatores relacionais, institucionais e sociais motivadores de conflitos e violência, podendo o procedimento restaurativo ocorrer "de forma alternativa ou concorrente com o processo convencional" (§2º do art. 1º) e devendo suas implicações ser analisadas caso a caso.

## 4 Conclusão

A imagem daquele que pratica um ilícito penal (de menor ou maior gravidade) é a pior possível: todos clamam por justiça e, se possível, por uma punição para o *causador* de traumas, individuais e sociais.

Automaticamente, na esfera estatal, o injusto penal desperta o *ius puniendi* para, em tese, proteger o bem jurídico violado.

De um lado, sem adentrar em questões de crise de legitimação, o sistema penal é necessário, pois existem crimes que afrontam inexoravelmente interesses individuais e coletivos ou que, pelo menos, trazem grande insegurança à sociedade e ferem a paz pública.

De outro lado, por que não possibilitar a reparação nos casos em que o dano é pessoal ou personalíssimo, e não social? Se a própria vítima estiver disposta a perdoar o agressor ou a aceitar uma proposta de restauração, por que deveria o Estado intervir nessa comunicação? Se vítima e ofensor fizerem um acordo, qual interesse a sociedade teria em exigir um processamento e uma condenação judicial do ofensor?

Nesse cenário, a Justiça Restaurativa não funciona como uma substituta do sistema punitivo tradicional, mas, sim, almeja:
- (i) numa perspectiva mais ampliada, prevenir e evitar que essa desigualdade socioeconômica seja uma eterna barreira para a igualdade jurídico-formal, quer em termos de acesso à justiça e de celeridade, quer em termos de amenizar os reflexos do meio na prática da criminalidade e da violência; e
- (ii) numa perspectiva mais estreita, satisfazer a vítima e a comunidade, bem como incutir o sentido de responsabilidade no ofensor pelo desvalor que sua conduta alcançou, chegando-se a um consenso restaurativo e evitando-se a

judicialização (e osconsectários do modelo criminal tradicional) e a reincidência do injusto.

Na contemporaneidade, o direito constitucional de acesso à Justiça é um dos pilares do Estado Democrático de Direito, exatamente porque é uma das garantias que mais observa a igualdade jurídico-formal, considera a desigualdade socioeconômica e traz em seu bojo a fraternidade.

Marcado pela crescente judicialização de conflitos e pelo fenômeno cunhado de "explosão da litigiosidade",[10] o cenário atual do Direito é um ambiente ideal para a utilização e revisitação de meios adequados de solução de controvérsias, a exemplo da Justiça Restaurativa, a qual não somente é bem-vinda como também necessária.

As sessões dos procedimentos restaurativos, por meio de métodos consensuais na forma autocompositiva, trabalharão, após a escuta e o diálogo entre os envolvidos, a compreensão das causas e consequências (atuais e futuras) do conflito e o valor social da norma ofendida, numa assunção de responsabilidade e busca de solução pertinente e eficaz, inclusive com finalidade prospectiva.

Desconsiderar os métodos alternativos de solução de controvérsias – autênticos espaços de acesso à Justiça e de soluções céleres e efetivas – implicaria ignorar importantes parceiros do Poder Judiciário na nobre tarefa de promover a paz social e de fortalecer a cidadania (equívoco que, nos dias de hoje, já não se pode admitir ou permitir).

## Referências

AERTSEN, Ivo. *Justiça restaurativa na perspectiva das organizações comunitárias*. Disponível em: http://cdhep.org.br/wp-content/uploads/2019/02/Publica%C3%A7%C3%A3o_Justi%C3%A7a-Restaurativa-na-perspectiva-de-organiza%C3%A7%C3%B5es-comunit%C3%A1rias_IvoAesten.pdf. Acesso em: 11 out. 2020.

CAPPELLETTI, Mauro; GARTH, Bryant. *Acesso à Justiça*. Tradução de Ellen Gracie Northfleet. Porto Alegre: Sérgio Antônio Fabris, 1988.

EGLASH, Albert. *Creative restitution* – a broader meaning for an old term. Disponível em: https://core.ac.uk/download/pdf/231010306.pdf. Acesso em: 10 out. 2020.

GIMENEZ, Charlise Paula Colet. A Justiça Restaurativa como instrumento de paz social e tratamento de conflitos. *In: Revista do Instituto do Direito Brasileiro – RIDB*, ano I, n. 10, p. 6.055-6.094, 2012.

SANTOS, Boaventura de Sousa. *Pela mão de Alice*. O social e o político na pós-modernidade. São Paulo: Cortez, 1995.

ZEHR, Howard. *Justiça restaurativa*. São Paulo: Palas Athena, 2017.

---

Informação bibliográfica deste texto, conforme a NBR 6023:2018 da Associação Brasileira de Normas Técnicas (ABNT):

MARTINS, Humberto. Justiça Restaurativa – um importante instrumento para a solução consensual de conflitos. In: ASSOCIAÇÃO DOS MAGISTRADOS BRASILEIROS; SALOMÃO, Luis Felipe; FONSECA, Reynaldo Soares da; VIDEIRA, Renata Gil de Alcantara; SZPORER, Patrícia Cerqueira Kertzman; COSTA, Daniel Castro Gomes da (Coord.). *Sistema penal contemporâneo*. Belo Horizonte: Fórum, 2021. p. 53-62. ISBN 978-65-5518-205-7.

---

[10] SANTOS, Boaventura de Sousa. *Pela mão de Alice*. O social e o político na pós-modernidade. São Paulo: Cortez, 1995, p. 167.

# INTEGRAÇÃO NA ÁREA DA SEGURANÇA PÚBLICA: O GRANDE DESAFIO CONSTITUCIONAL

ALEXANDRE DE MORAES

## I Introdução

O grande desafio institucional brasileiro da atualidade é evoluir nas formas de combate à criminalidade, efetivando um maior entrosamento dos diversos órgãos governamentais na investigação à criminalidade organizada, na repressão à impunidade e na punição da corrupção, e, consequentemente, estabelecer uma legislação que fortaleça a união dos poderes Executivo, Legislativo e Judiciário, bem como do Ministério Público na área de persecução penal, no âmbito dos Estados da Federação.

O Poder Público no exercício de suas atribuições constitucionais e legais precisa ser *eficiente*, ou seja, deve produzir o efeito desejado, o efeito que gera bom resultado, exercendo suas atividades sob o manto da igualdade de todos perante a lei, velando pela objetividade e imparcialidade; bem como zelando pela vida e integridade física de seus agentes, que são os verdadeiros instrumentos de atuação estatal em defesa da sociedade.

Nosso texto constitucional consagrou o *princípio da eficiência* como aquele que impõe à Administração Pública direta e indireta e a seus agentes a persecução do bem comum, por meio do exercício de suas competências de forma imparcial, neutra, transparente, participativa, eficaz, sem burocracia e sempre em busca da qualidade, primando pela adoção dos critérios legais e morais necessários para a melhor utilização possível dos recursos públicos, de maneira a evitar desperdícios e garantir uma maior rentabilidade social.

O *princípio da eficiência* dirige-se para a razão e fim maior do Estado, a prestação dos serviços sociais essenciais à população, visando à adoção de todos os meios legais e morais possíveis para satisfação do bem comum. A *eficiência* no serviço público, portanto, está constitucionalmente direcionada tanto para as finalidades pretendidas pela atividade estatal como para as condições necessárias para o agente público bem exercer suas funções.

Esse mínimo exigido para a satisfação da *eficiência* pelo Poder Público adquire contornos mais dramáticos quando a questão a ser tratada é a segurança pública, em virtude de estar em jogo a vida, a dignidade, a honra, a incolumidade física e o patrimônio dos indivíduos.

No exercício da atividade de segurança pública do Estado, a *eficiência* exigida baseia-se na própria Constituição Federal, que consagrou a segurança pública como dever do Estado, direito e responsabilidade de todos, e determinou que seja exercida com a finalidade de preservação da ordem pública e da incolumidade das pessoas e do patrimônio, por meio de seus dois grandes ramos, a polícia judiciária e polícia administrativa.

A ruptura da segurança pública é tão grave que a Constituição Federal permite a decretação do Estado de Defesa para preservar ou prontamente restabelecer, em locais restritos e determinados, a ordem pública ou a paz social ameaçadas por grave e iminente instabilidade institucional; inclusive, com a restrição de diversos direitos fundamentais, conforme previsto no artigo 136 do texto constitucional. Caso o próprio Estado de defesa se mostre ineficaz, haverá, inclusive, a possibilidade de decretação do Estado de Sítio, nos termos do inciso I do artigo 137 da Carta Magna.

A *eficiência* na prestação da atividade de segurança pública é garantia essencial para a estabilidade democrática no País, devendo, portanto, caracterizar-se pelo direcionamento da atividade e dos serviços públicos à efetividade do bem comum, eficácia e busca da qualidade.

O pleno atendimento dessas metas somente será possível se a interpretação constitucional e o exercício das competências legislativas e administrativas garantirem a cooperação entre todos os poderes da República nos três níveis da Federação, com o financiamento, estruturação e infraestrutura necessários para o eficaz cumprimento dessas complexas tarefas, buscando a otimização dos resultados pela aplicação de razoável quantidade de recursos e esforços.

## II Necessidade de integração operacional e de inteligências

A realidade exige maior entrosamento dos diversos órgãos governamentais no combate à criminalidade organizada, à impunidade e à corrupção, e, consequentemente, há a necessidade de maior união dos Poderes Executivo, Legislativo e Judiciário, bem como do Ministério Público, no âmbito de toda a Federação.

O combate à criminalidade organizada e transnacional vem sendo aperfeiçoado nos diversos países europeus e americanos, uma vez que as antigas formas de investigação, atuação e interação POLÍCIA/JUSTIÇA demonstraram total ineficácia para sua repressão.

Desde 2002, o CONSELHO DA UNIÃO EUROPEIA instituiu a EUROJUSTIÇA para reforçar o combate e controle às graves formas de criminalidade organizada (2002/187/GAI), inclusive com a criação de um órgão transnacional de cooperação judiciária/policial entre os diversos Estados da União Europeia para o combate à criminalidade organizada e transnacional, com a melhora e efetivação da cooperação policial e judiciária entre as diversas esferas, com a adoção de padrões instrumentais de combate à criminalidade e autonomia financeira, garantida pela própria União Europeia.

Entre outros importantes pontos, se fortalece a cooperação entre Polícia, Ministério Público e Poder Judiciário, bem como os modernos mecanismos de investigação – principalmente, em relação à inteligência, combate à lavagem de dinheiro e recuperação de ativos financeiros.

Em seu artigo 4º, o Ato do Conselho prevê como competência da Eurojustiça todos os crimes de competência da Interpol, a criminalidade de informática, as fraudes, corrupções e quaisquer outros golpes financeiros contra a Comunidade Europeia, a lavagem de dinheiro, a criminalidade ambiental, a participação em organizações criminosas e outras formas de criminalidade organizada.

Essa medida europeia deixa evidente a necessidade de união de esforços para o combate à criminalidade organizada, não se justificando, atualmente da realidade brasileira, a atuação separada e estanque de cada uma das Polícias Federal, Civis e Militares; bem como seu total distanciamento em relação ao Ministério Público e ao Poder Judiciário.

Se a união de esforços foi possível em países europeus soberanos, nada justifica sua inexistência em um Estado Federativo como o Brasil, sendo necessária a criação de uma Agência Nacional para o Combate à Criminalidade Organizada, na forma de *autarquia de regime especial,* integrante da administração indireta, vinculada ao Ministério da Segurança Pública, porém para tratar da específica atividade de coordenação operacional e de inteligências entre todos os órgãos dos entes federativos, caracterizada pela independência administrativa e financeira, mandato do Diretor, além da possibilidade de estabelecimento de planos plurianuais de combate à criminalidade organizada (da mesma maneira, analogicamente, das previsões diretas no texto constitucional da ANATEL e da ANP, com referência expressa à função de "órgão regulador", contida nos artigos 21, XI, e 177, §2º, III; além da previsão do CNJ e do CNMP, nos artigos 103-B e 130-A).

A importância da criação dessa AGÊNCIA NACIONAL PARA O COMBATE À CRIMINALIDADE ORGANIZADA, que não se confundiria com a Polícia Federal, seria a possibilidade de integração de inteligências, informações, planejamento e rastreamento de ativos referentes ao crime organizado, podendo, inclusive, requisitar servidores dos outros poderes e outros órgãos, bem como ter representantes indicados dos Ministérios da Justiça e Segurança Pública, Polícia Federal e Rodoviária Federal, Ministérios Públicos da União e dos Estados, das Secretarias de Segurança, Justiça e Assuntos Penitenciários de cada um dos Estados, bem como das Polícias Militares e Civis, para planejamento estratégico nacional e não somente federal e um contato direto com os Presidentes de Tribunais e com os Juízes de 1º e 2º graus que atuam no combate à criminalidade organizada.

Juridicamente, bastaria a complementação do artigo 144 da Constituição Federal, criando a AGÊNCIA NACIONAL DE COMBATE À CRIMINALIDADE ORGANIZADA e permitindo a regulamentação por lei específica, nos moldes da regulamentação estabelecida pela Lei nº 9.986, de 18 de julho de 2000, para as demais agências.

Ao defini-la como Órgão de Direção Nacional, poderia fixar diretrizes para o combate ao crime organizado, com a participação dos Estados-membros, sem que houvesse qualquer ferimento ao Pacto Federativo, da mesma forma como foram criados os Conselhos Nacional de Justiça e do Ministério Público, cujo compromisso nacional e respeito à Federação foram reconhecidos pelo Supremo Tribunal Federal.

A AGÊNCIA NACIONAL DE COMBATE À CRIMINALIDADE ORGANIZADA teria como competência constitucional o planejamento geral e a fixação de metas para o combate da criminalidade organizada e transnacional e dotada de autonomia financeira, poderia ser prevista a obrigatoriedade do cumprimento de determinadas metas pelos Estados-membros, para que recebessem repasses orçamentários destinados à área da segurança.

A AGÊNCIA realizaria a integração de um sistema de dados, estatísticas e informatização de todas as polícias, Ministérios Públicos e Poder Judiciário, controlando eletronicamente todas as investigações, desde a abertura do BO ou do inquérito até as progressões e cumprimento das penas, pois o momento é de somar esforços, de maneira inteligência e sem vaidades, para combater a chaga do crime organizado.

## III Competência legislativa federal e segurança pública

O combate ao crime organizado exige racionalidade instrumental e priorização de recursos financeiros e humanos direcionados diretamente para a persecução da macrocriminalidade.

As organizações criminosas ligadas aos tráficos de drogas e armas têm ligações interestaduais e transnacionais e são responsáveis direta ou indiretamente pela grande maioria dos crimes graves, praticados com violência e grave ameaça à pessoa, como o homicídio, latrocínio, roubos qualificados, entre outros; com ostensivo aumento da violência urbana e insegurança na sociedade.

Esse quadro tornou imprescindível uma clara e expressa opção de combate à macrocriminalidade, pois seu crescimento é atentatório à vida de dezenas de milhares de brasileiros e ao próprio desenvolvimento socioeconômico do Brasil.

Imprescindível, portanto, racionalizar de maneira diversa, porém proporcional, de um lado, o combate ao crime organizado e a criminalidade violenta que mantém forte ligação com as penitenciárias e, de outro lado, a criminalidade individual, praticada sem violência ou grave ameaça; inclusive no tocante ao sistema penitenciário.

Hoje, há uma divisão em três partes muito próximas nos aproximadamente 700 mil presos no Brasil: 1/3 corresponde aos crimes praticados com violência ou grave ameaça, 1/3 aos crimes sem violência ou grave ameaça e 1/3 relacionados ao tráfico de drogas.

Em que pese quase 40% serem presos provisórios, há necessidade de reservar as sanções privativas de liberdade para a criminalidade grave, violenta e organizada; aplicando-se, quando possível, as sanções restritivas de direitos e de serviços à comunidade para as infrações penais não violentas.

Na proposta encaminhada às Presidências da Câmara dos Deputados e Senado Federal pela Comissão de Juristas por mim presidida, sugerimos a adoção de "acordos de não persecução penal", criando nas hipóteses de crimes cometidos sem violência ou grave ameaça a figura do acordo de não persecução penal, por iniciativa do órgão do Ministério Público e com participação da defesa, submetida a proposta à homologação judicial. Será possível, inclusive, aproveitar a estrutura criada para a realização de milhares de audiências de custódia para que, em 24 horas, a defesa e acusação façam um acordo que, devidamente homologado pelo Judiciário, permitirá o cumprimento imediato de medidas restritivas ou prestações de serviço a comunidade.

A Justiça consensual para os delitos leves será prestada em 24 horas, permitindo o deslocamento de centenas de magistrados, membros do Ministério Público e defensores públicos para os casos envolvendo a criminalidade organizada e as infrações praticadas com violência e grave ameaça a pessoa.

Trata-se de inovação que objetiva alcançar a punição célere e eficaz em grande número de práticas delituosas, oferecendo alternativas ao encarceramento e buscando desafogar a Justiça Criminal, de modo a permitir a concentração de forças no efetivo combate ao crime organizado e às infrações penais mais graves. São previstas condições que assegurem efetiva reparação do dano causado e a imposição de sanção penal adequada e suficiente, oferecendo alternativas ao encarceramento. Excluem-se da proposta os crimes de competência dos Juizados Especiais Criminais, os crimes hediondos ou equiparados, os crimes militares e aqueles que envolvam violência doméstica ou cometida por funcionário público contra a Administração Pública. Com vistas a evitar a impunidade, o mesmo anteprojeto institui nova causa impeditiva do curso da prescrição, enquanto não for integralmente cumprido o acordo de não persecução.

A racionalização da Justiça Criminal com a adoção do acordo de não persecução penal para os delitos não violentos possibilitará a readequação de magistrados para o combate à criminalidade organizada, com a necessidade de medidas protetivas aos agentes estatais responsáveis por seu processo e julgamento. Propõe-se a instalação de Varas Colegiadas, pelos Tribunais de Justiça e pelos Tribunais Regionais, de caráter permanente com competência para o processo e julgamento dos crimes praticados por organizações criminosas e conexos, de maneira a alcançar maior eficiência nos julgamentos, ao mesmo tempo em que se busca proteger o Poder Judiciário e os magistrados.

Igualmente, para tornar mais eficiente o combate à criminalidade organizada, sugerimos ampliar as hipóteses de prisão preventiva como forma de combate mais efetivo às organizações criminosas, bem como aos crimes cometidos com violência ou grave ameaça, e ainda para maior efetividade das medidas cautelares diversas da prisão.

Há, também, evidente necessidade de serem criados novos instrumentos de investigação voltados para a prevenção de delitos praticados por organizações criminosas. Dentre as principais alterações e inovações, destacam-se: previsão de meios de acesso à troca de mensagens de membros de organizações criminosas pela internet, redes sociais ou aplicativos de mensagens, inclusive com a possibilidade de infiltração de agentes policiais; a figura do cidadão colaborador; a possibilidade de indicação, na denúncia, de bens ou vantagens obtidas com a atividade criminosa, para o fim de perda em favor do Estado.

A disciplina da cadeia de custódia para maior eficiência da perícia criminal e consequente combate à criminalidade também é essencial. A cadeia de custódia é fundamental para garantir a idoneidade e a rastreabilidade dos vestígios, com vistas a preservar a confiabilidade e a transparência da produção da prova pericial até a conclusão do processo judicial. A garantia da cadeia de custódia confere aos vestígios certificação de origem e destinação e, consequentemente, atribui à prova pericial resultante de sua análise credibilidade e robustez suficientes para propiciar sua admissão e permanência no elenco probatório. Com a criação de centrais de custódia, é possível garantir que os materiais relacionados a crimes estarão sempre à disposição da polícia e da Justiça quando for necessária a realização de novas perícias a fim de dirimir dúvidas que surjam no decorrer do inquérito policial ou processo criminal.

Dentro do objetivo de modernizar a legislação penal e processual penal para um melhor combate à criminalidade organizada, são necessárias alterações específicas em dispositivos do Código Penal, do Código de Processo Penal, da Lei dos Crimes Hediondos e da Lei de Armas, precipuamente voltadas à efetiva repressão da criminalidade organizada. Nessa linha, encaminhamos a proposta de agravamento específico das formas qualificadas de homicídio e roubo, quando a violência ou grave ameaça é exercida com emprego de arma de fogo de uso restrito ou proibido, de maneira a coibir mais severamente os criminosos que adquirem ou "alugam" armamento pesado para a prática de tais infrações, ampliando consideravelmente o mercado do tráfico de armas; incluindo-as no rol dos crimes hediondos.

Da mesma forma, foi proposto o mesmo tratamento diferenciado e mais severo a outras gravíssimas condutas delituosas: roubo qualificado, quando o agente mantém a vítima em seu poder, restringindo sua liberdade, ou quando da violência resulta lesão corporal grave (neste caso, com aumento de pena), ou ainda quando a violência ou grave ameaça é exercida com emprego de arma de fogo de uso restrito ou proibido; extorsão cometida mediante restrição da liberdade da vítima, lesão corporal grave ou morte; posse ou porte ilegal de arma de fogo de uso proibido, comércio ilegal de armas de fogo e tráfico internacional de arma de fogo, acessório ou munição, além de figuras especialmente graves de organização criminosa, adequando-se a Lei nº 8.072/1990 à realidade atual, fornecendo instrumentos para enfrentar de maneira mais eficaz a criminalidade organizada e coibir a violência urbana.

A constrição financeira das organizações criminosas é medida essencial para a eficaz persecução penal, retendo e decretando o perdimento dos bens e valores obtidos pela prática de infrações penais. Propostas de projeto de lei instituindo a "Perda alargada" e a "Ação Civil Pública de Perdimento de Bens" estão sendo encaminhadas nesse sentido.

O sistema de execução penal, igualmente, necessita de alterações que possam permitir um tratamento mais racional e necessário ao cumprimento de penas privativas de liberdade relacionadas aos delitos praticados pela criminalidade organizada.

E imperioso sintonizar a Lei de Execuções Penais com a necessidade de se combater de maneira efetiva a criminalidade organizada, que amplia a cada dia sua esfera de atuação e o recrutamento de novos membros, notadamente no sistema prisional. Não é preciso enfatizar que a ampliação do poder das organizações criminosas, notadamente quando ligadas ao tráfico de entorpecentes, passa pela obtenção e distribuição de armamento pesado, utilizado diretamente para a prática de homicídios e outros atos de extrema violência, para demonstração de poder e intimidação de forças policiais e de concorrentes na seara criminosa. E constata-se que, não raras vezes, a ordem para cometimento desses crimes parte de dentro das próprias prisões. Nenhuma política de combate a essas organizações será bem-sucedida, portanto, sem a adoção de medidas que propiciem o efetivo e real isolamento de suas lideranças.

Experiências nesse sentido receberam o endosso da Corte Europeia de Direitos Humanos (por exemplo, nos casos Labita c. Itália, de 2000, e Paolello c. Itália, de 2015), que considerou que a imposição de medidas especiais e mais rigorosas na execução da pena, no caso de integrantes de organizações criminosas, é perfeitamente compatível com os postulados da defesa dos direitos humanos.

Observado o absoluto respeito à dignidade humana e a vedação a penas cruéis, estabelecidas pela Constituição (art. 1º, III, e art. 5º, XLVII, "e"), bem como com base em bem-sucedidas experiências de diversos países democráticos, são propostas regras mais rigorosas para o Regime Disciplinar Diferenciado (art. 52 da LEP) e ainda o aumento dos prazos mínimos para progressão de regime no caso dos crimes hediondos ou assemelhados, bem como dos crimes cometidos com violência ou grave ameaça, atentando-se para diferenciar a hipótese de reincidência. Lembrando-se, novamente, que para os delitos sem violência ou grave ameaça será possível acordo de não persecução penal, com aplicação de sanções não privativas de liberdade.

Necessária, da mesma maneira, a atualização dos requisitos para concessão do livramento condicional, adequando o instituto às alterações propostas e, não menos importante, prevendo o bom comportamento (e não apenas o "comportamento satisfatório") como requisito à sua concessão, além de estabelecer o cometimento de falta grave nos últimos doze meses como fator impeditivo do benefício, mecanismo importante para manter a disciplina em estabelecimentos prisionais.

De outra parte, impõe-se a atualização do limite máximo de cumprimento das penas à atual expectativa de vida dos brasileiros, muito superior àquela existente quando promulgado o Código Penal, que estabeleceu o prazo máximo de cumprimento em trinta anos (art. 55 da redação original e art. 75 da atual Parte Geral, com a redação determinada pela Lei nº 7.209/1984). De fato, segundo dados oficiais do Instituto Brasileiro de Geografia e Estatística, de 1940 a 2016 a expectativa de vida cresceu exponencialmente, passando de 45,5 anos para 75,8 anos (Tabela 2 da Tábua completa de mortalidade para o Brasil – 2016 – disponível do site oficial do IBGE).

Por fim, o real e efetivo financiamento para a área de segurança pública é a medida primordial para possibilitar o desenvolvimento do setor de inteligência e melhor estruturação e remuneração das polícias de todo o País. A proposta apresentada encaminhou, principalmente, uma readequação de distribuição de recursos já existentes, priorizando uma das áreas mais demandadas pela sociedade.

Dessa maneira, além de permitir a utilização de recursos provenientes de convênios, contratos ou acordos firmados com entidades públicas ou privadas, nacionais, internacionais ou estrangeiras; recursos confiscados ou provenientes da alienação dos bens perdidos em favor da União Federal, nos termos da legislação penal ou processual penal; multas decorrentes de sentenças penais condenatórias com trânsito em julgado; fianças quebradas ou perdidas, em conformidade com o disposto na lei processual penal; propõe-se alteração legislativa que destine ao Fundo Nacional de Segurança pública parcela equivalente a 25% (vinte e cinco por cento) do total dos recursos arrecadados com a incidência das contribuições sociais de interesse de categorias profissionais ou econômicas, incluídas iniciativas voltadas à formação, treinamento e aperfeiçoamento de pessoal, e de suprimento de materiais e de equipamentos e percentual equivalente a 4% (quatro por cento) do total dos recursos arrecadados com loterias oficiais.

A União deverá repassar aos fundos de segurança dos Estados, do Distrito Federal e dos Municípios, a título de transferência obrigatória e independentemente de convênio ou instrumento congênere, todas as dotações e recursos anualmente auferidos pelo FNSP.

Esses repasses serão partilhados conforme as seguintes regras: (I) 75% aos Estados e Distrito Federal, sendo distribuídos da seguinte maneira: 60% proporcionalmente à população definida no último censo do IBGE; 40% de acordo com os índices oficiais de número anual de homicídios por 100.000 (cem mil) habitantes, divulgados no ano anterior pelo Ministério responsável pela área de segurança pública; (II) 25% aos Municípios, sendo distribuídos proporcionalmente à população e da seguinte maneira: a) 50% para as Capitais dos Estados e b) 50% para os Municípios com mais de 200 mil habitantes.

## IV Competências delegada e concorrente dos Estados membros e segurança pública

O principal pilar de sustentação do Estado federal é o exercício autônomo, pelos entes federativos, das competências legislativas e administrativas constitucionalmente distribuídas. Para atingir essa finalidade, é imprescindível a recuperação do exercício de competências legislativas pelos Estados em matérias importantes e adequadas às peculiaridades locais, afastando nosso federalismo de seu tradicional centralismo.

Se, teoricamente, a Constituição republicana de 1988 adotou a clássica repartição de competências federativas, prevendo um rol taxativo de competências legislativas para a União e, dessa forma, mantendo os poderes remanescentes dos Estados, na prática, não se verifica tal equilíbrio, exatamente, pelas matérias descritas no artigo 22 do Texto Constitucional e pela interpretação política e jurídica que, tradicionalmente, se dá ao seu artigo 24. Ao verificarmos as matérias do rol de 69 e seus incisos e um parágrafo do artigo 22 da Constituição de 1988, é facilmente perceptível o desequilíbrio federativo no tocante à competência legislativa entre União e Estados, uma vez que há a previsão de quase a totalidade das matérias de maior importância para a União.

Além disso, a tradicional interpretação política e jurídica que vem sendo dada ao artigo 24 do Texto Constitucional, no sentido de que, nas diversas matérias de competência concorrente entre União e Estados, a União pode discipliná-las quase que integralmente, acarreta como resultado uma diminuta competência legislativa dos Estados, gerando a excessiva centralização nos Poderes Legislativos na União, o que caracteriza um grave desequilíbrio federativo.

Há necessidade de algumas alterações constitucionais, com a possibilidade, dentro de um grande acordo político que preserve a autonomia dos entes federativos, da edição de emenda constitucional com a migração de algumas competências relacionadas a Direito Penal e Processual Penal, definidas atualmente como privativas da União, para o rol de competências remanescentes dos Estados e outras para as competências concorrentes entre União e Estados, para que nesses assuntos as peculiaridades regionais sejam consideradas.

Além disso, sem qualquer necessidade de alteração constitucional, o exercício das competências delegadas poderia encontrar um ponto de equilíbrio federativo entre União e Estados, pois o art. 22, parágrafo único, do Texto Constitucional prevê que lei complementar poderá autorizar os Estados a legislar sobre questões específicas das matérias relacionadas neste artigo desde que não gere discriminação entre os Estados. Esse instrumento seria importantíssimo para que cada Estado, atento às suas peculiaridades, pudesse disciplinar pontos específicos das diversas matérias, em especial, a delegação para matéria processual penal referente à criminalidade organizada (inciso I, do artigo 22).

No âmbito da legislação concorrente, a CF estabeleceu a chamada repartição vertical, pois, dentro de um mesmo campo material, reserva-se um nível superior ao ente federativo União, que deve somente fixar os princípios e normas gerais, deixando-se ao Estado a complementação, com a edição de regras complementares e específicas. Ocorre, entretanto, que os Estados são extremamente tímidos na edição da legislação complementar, aceitando sem qualquer contestação a legislação federal, que – em matéria concorrente – acaba por disciplinar tanto os princípios e regras gerais quanto as normas específicas.

No intuito de conceder maior autonomia para o combate à criminalidade, levando em conta as condições e circunstâncias locais, há necessidade de exercício mais ousado pelas Assembleias Legislativas para legislar na matérias previstas nos incisos I (Direito Penitenciário), X (criação, funcionamento e processo do juizado de pequenas causas), XI (procedimentos em matéria processual), XIII (assistência jurídica e defensoria pública), XV (proteção à infância e juventude), XVI (organização, garantias, direitos e deveres das policiais civis).

A Constituição Federal prevê as atribuições para as funções de polícia judiciária e para a polícia ostensiva e de preservação da ordem pública aos governos estaduais (CF, artigo 144, parágrafos 4º e 5º), enquanto a competência privativa para legislar sobre Direito Penal e Processual vem atribuída à União (CF, artigo 22, inciso I).

Essa situação se verifica exatamente nesse paradoxo existente entre a competência federal para legislar sobre matéria penal e processual penal, inclusive investigações policiais, e a competência administrativa estadual para os serviços de segurança pública e sistema penitenciário. Há necessidade de alterações constitucionais, com a migração de algumas competências definidas atualmente como privativas da União para o rol de competências remanescentes dos Estados, para que na matéria de segurança pública e assuntos penitenciários as peculiaridades regionais sejam consideradas, principalmente no tocante à regulamentação legislativa de atuação das polícias preventiva e judiciária.

Esse paradoxo, porém, não deveria impedir que os diversos Estados membros abandonassem sua costumeira inércia legislativa em estabelecer mecanismos legais mais eficientes para o combate à criminalidade, utilizando-se do princípio da subsidiariedade e de sua competência concorrente, uma vez que o combate à criminalidade organizada e às formas de corrupção vem sendo aperfeiçoado inclusive com a união de diversos países europeus soberanos, pois as antigas formas de investigação, atuação e interação entre Polícia, Ministério Público e Justiça demonstraram total ineficácia para sua repressão.

Existe, principalmente para os Estados membros, uma grande possibilidade de ousar no combate à criminalidade, com criatividade e eficiência, por meio da combinação dos artigos 24, inciso XI (competência concorrente em matéria procedimental), 125, parágrafo 1º (competência legislativa estadual para organização judiciária), 144, parágrafos 4º e 5º (competência legislativa estadual em matéria de Polícia Civil e Militar) e 128, parágrafo 5º (competência legislativa estadual em matéria de organização do Ministério Público), afastando os atuais mecanismos arcaicos de combate a organizações criminosas e à corrupção e atendendo as peculiaridades de cada um dos Estados.

Os citados artigos constitucionais permitem a criação de legislação estadual que concretizasse instrumentos procedimentais efetivos para a realização de planejamento estratégico entre os órgãos da persecução penal, para o combate à criminalidade organizada e à corrupção (inclusive a eleitoral). Para tanto, por exemplo, poderiam ser criados órgãos colegiados de 1ª instância, tanto no Poder Judiciário quanto no Ministério Público, que atuassem diretamente com equipes de policiais civis na investigação e fornecessem auxílio nas diretrizes aos policiais militares na prevenção de locais atacados pelas organizações criminosas.

Medida de reflexos imediatos consistiria na atuação dos Estados membros perante o STF no sentido de evolução jurisprudencial que valorizasse a competência concorrente dos Estados e, em pouco tempo, seria possível garantir um maior equilíbrio entre os entes federativos.

Por fim, o Texto Constitucional oferece mecanismos para que passe a ser adotado no Brasil, com as devidas adaptações, o princípio da subsidiariedade, já em prática na União Europeia. O Conselho Europeu de Birminghan, em dezembro de 1992, reafirmou que as decisões da União Europeia deveriam ser tomadas o mais próximo possível do cidadão, sempre com a finalidade de prestigiar as comunidades regionais, de maneira que suas propostas legislativas analisem se os objetivos da ação proposta podem ser suficientemente realizados pelos Estados, bem como quais serão seus reflexos e efeitos regionais. A ideia aplicada à federação brasileira seria prestigiar a atuação preponderante do ente federativo em sua esfera de competências na proporção de sua maior capacidade para solucionar a matéria de interesse do cidadão que reside em seu território, levando em conta as peculiaridades locais.

A maior autonomia estadual para legislar em matérias relacionadas à segurança pública e penitenciária possibilitará maior observância das peculiaridades locais, auxiliando, principalmente, no combate ao crime organizado, inclusive dentro dos estabelecimentos penitenciários.

Igualmente, os Estados membros precisam ousar no exercício de suas competências legislativas e administrativas. O objetivo deve ser possibilitar a integração de um sistema de dados, estatísticas e informatização das polícias, Ministério Público e Poder Judiciário (inclusive o eleitoral), controlando eletronicamente todas as investigações, desde a abertura do Boletim de Ocorrência ou do inquérito até as progressões e cumprimento das penas — isso porque Direito Penitenciário também é matéria de competência concorrente (CF, artigo 24, inciso I).

## V Conclusão

A sociedade brasileira está farta da inércia legislativa, de discussões estéreis e de vaidades corporativas. É preciso a soma inteligente de esforços institucionais para combater as organizações criminosas e a corrupção, que, lamentavelmente, ceifam milhares de vidas todos os anos e atrapalham o crescimento de nosso país.

A consagração do reequilíbrio na distribuição das competências administrativas e legislativas tocantes à segurança pública é essencial para a maior eficiência no combate à criminalidade organizada, podendo ser realizada em seis tópicos: (1) criação da Agência Nacional de Combate à Criminalidade Organizada; (2) alterações constitucionais e na própria interpretação da atual Constituição Federal; (3) real exercício das competências delegadas (parágrafo único do artigo 22 da CF); (4) efetivo exercício das competências concorrentes (artigo 24 da CF) entre União e Estados membros; (5) maior atuação perante o Supremo Tribunal Federal no sentido de evolução jurisprudencial que valorize os poderes remanescentes dos Estados membros e o exercício de suas competências concorrentes, de maneira a reequilibrar os entes federativos; e (6) adoção do princípio da subsidiariedade, em prática na União Europeia.

O sucesso na implantação estratégica de uma nova concepção de segurança pública, entretanto, passa pela imprescindível valorização da carreira policial.

A carreira policial é uma carreira diferenciada, como o próprio artigo 144 da Constituição Federal reconhece, ao afirmar que tem a função de exercer "a segurança pública, dever do Estado, direito e responsabilidade de todos", com a finalidade de "preservação da ordem pública e da incolumidade das pessoas e do patrimônio", estando, inclusive, destacada do capítulo específico dos servidores públicos.

A carreira policial é o braço armado do Estado para a segurança pública, assim como as Forças Armadas são para a segurança nacional. É inegável que há um paralelismo importante aqui entre segurança interna e segurança nacional, inclusive pela inexistência de atividades paralelas na iniciativa privada.

A atividade policial é carreira de Estado sem paralelo na atividade privada, o que a diferencia de várias outras atividades essenciais, como educação e saúde, que também são absolutamente essenciais para o Estado, mas apresentam paralelo na iniciativa privada, por expressa autorização constitucional.

A carreira policial é o braço armado do Estado para questões internas, sendo responsável pela garantia da segurança interna, ordem pública e paz social. A previsão e a essencialidade dos órgãos de defesa da segurança pública pela Constituição Federal de 1988 demonstraram a imprescindibilidade de suas funções, com dupla finalidade nos valores a serem protegidos: (a) atendimento aos reclamos sociais por maior proteção; (b) redução de possibilidade de intervenção das Forças Armadas na segurança interna como importantes mecanismos de freios e contrapesos para a garantia da democracia.

No exercício da segurança pública, manutenção da ordem pública e da paz social, não há possibilidade de complementação ou substituição das carreiras policiais pela atividade privada, seja na segurança pública ostensiva, realizada pela Polícia Militar e Polícia Rodoviária Federal, com auxílio da Guarda Civil, seja na atividade de polícia judiciária, que é a função realizada pela Polícia Civil e pela Polícia Federal, no âmbito da União; ou ainda pela difícil função exercida pelos agentes do sistema penitenciário. Não há possibilidade de algum outro órgão da iniciativa privada suprir essa atividade estatal essencial exercida pela Polícia em prol da sociedade. Atividade essa que, por si só, é relevantíssima e imprescindível ao Estado de Direito e à democracia, mas também tem reflexos importantíssimos para o exercício da titularidade da ação penal pública pelo Ministério Público e a efetividade da prestação jurisdicional pelo Poder Judiciário.

É realmente uma carreira diferenciada, com direitos e deveres diferenciados, que merece o devido prestígio e reconhecimento, tanto pelas autoridades estatais quanto por toda a sociedade, pois é a única carreira de Estado em que seus integrantes saem todos os dias de casa sabendo que a qualquer momento poderão morrer, não só por casos fortuitos ou força maior, como todos os demais seres humanos, mas também para defender a vida, a integridade física e o patrimônio de outras pessoas que nem ao menos conhecem, mas têm a missão constitucional e legal de protegê-los.

# Referências

BADIA, Juan Bernardo. *El estado unitario*: el federal y el estado regional. Madri: Tecnos, 1978.

BARACHO, José Alfredo de Oliveira. Constituinte e segurança pública. *Revista de Informação Legislativa*, Brasília, ano 24, n. 94, p. 79, abr./jun. 1987.

BRITO, Edivaldo. Constitucionalidade de integração das polícias civis nas Secretarias de Estado de Segurança Pública. *Cadernos de Direito Constitucional e Ciência Política*, São Paulo, ano 2, n. 5, p. 180, out./dez. 1993.

CRETELLA JÚNIOR, J. Polícia e poder de polícia. *Revista de Informação Legislativa*, Brasília, ano 22, n. 88, p. 105, out./dez. 1985.

DALLARI, Adilson Abreu. Competência constitucional da Polícia Rodoviária Federal. *Revista de Informação Legislativa*, Brasília, ano 34, n. 135, p. 253, jul./set. 1997.

DROMI, José Roberto. *Derecho administrativo*. 6. ed. Buenos Aires: Ciudad Argentina, 1997.

GASPARINI, Diógenes. As Guardas Municipais na Constituição Federal de 1988. *Revista de Informação Legislativa*, Brasília, ano 29, n. 113, p. 229, jan./mar. 1992.

HORTA, Raul Machado. Estruturação da federação. *Revista de Direito Público*, n. 81.

LAZZARINI, Álvaro. Da defesa do Estado e das instituições democráticas na revisão constitucional de 1993. *Revista de Informação Legislativa*, Brasília, ano 28, n. 111, p. 61, jul./set. 1991.

LAZZARINI, Álvaro. Da segurança pública na Constituição de 1988. *Revista de Informação Legislativa*, Brasília, ano 26, n. 104, p. 233, out./dez. 1989.

LOEWESTEIN, Karl. *Teoría de la constitución*. Barcelona: Ariel, 1962.

MACHADO, João Baptista. *Participação e descentralização*: democratização e neutralidade na Constituição de 1967. Coimbra: Almedina, 1982.

MARANHÃO, Jarbas. Autoaplicabilidade do art. 144, §4º da Constituição. *Revista de Informação Legislativa*, Brasília, ano 17, n. 65, p. 147, jan./mar. 1980.

MARINHO, Josaphat. Rui Barbosa e a federação. *Revista de Informação Legislativa*, n. 130.

MOREIRA NETO, Diogo de Figueiredo. A segurança pública na Constituição. *Revista de Informação Legislativa*, Brasília, ano 28, n. 109, p. 137, jan./mar. 1991.

NIETO, Alejandro. La inactividad material de la administración: veinticinco años después. *Documentación Administrativa*, Madri, n. 208, p. 16, 1986.

RIBEIRO, Maria Teresa de Melo. *O princípio da imparcialidade da administração pública*. Coimbra: Almedina, 1996.

TAWIL, Guido Santiago. *Administración y justicia*. Buenos Aires: Depalma, 1993.

---

Informação bibliográfica deste texto, conforme a NBR 6023:2018 da Associação Brasileira de Normas Técnicas (ABNT):

MORAES, Alexandre de. Integração na área da segurança pública: o grande desafio constitucional. *In*: ASSOCIAÇÃO DOS MAGISTRADOS BRASILEIROS; SALOMÃO, Luis Felipe; FONSECA, Reynaldo Soares da; VIDEIRA, Renata Gil de Alcantara; SZPORER, Patrícia Cerqueira Kertzman; COSTA, Daniel Castro Gomes da (Coord.). *Sistema penal contemporâneo*. Belo Horizonte: Fórum, 2021. p. 63-74. ISBN 978-65-5518-205-7.

# A FORMAÇÃO DE PRECEDENTES NO SUPERIOR TRIBUNAL DE JUSTIÇA E SUA EFICÁCIA VERTICAL NO SISTEMA DE JUSTIÇA PENAL BRASILEIRO

OG FERNANDES

FREDERICO AUGUSTO LEOPOLDINO KOEHLER

JORGE ANDRÉ DE CARVALHO MENDONÇA

## Introdução

O CPC trouxe para o centro do debate – tanto na academia quanto nos tribunais – os precedentes vinculantes, temática que, embora não seja absolutamente nova no Brasil, ganhou muita força com o advento da nova legislação processual.

É imprescindível avaliar qual o alcance desse recém-implantado sistema de precedentes, mormente considerando a nossa tradição jurídica estar incluída na família do *civil law*.

Alguns questionamentos têm que ser enfrentados nessa jornada: 1) A eficácia obrigatória dos precedentes dos tribunais superiores é algo que pode ser depreendido diretamente da Constituição Federal? 2) O rol de precedentes vinculantes previsto no art. 927 do CPC é exemplificativo ou taxativo? 3) O Brasil possui um sistema completo de precedentes obrigatórios que se estende ao sistema de justiça criminal? 4) Há aplicação subsidiária ou supletiva do CPC no CPP, especialmente no que tange ao sistema de precedentes? 5) Qual a posição da Terceira Seção do STJ, órgão responsável pela uniformização da interpretação da legislação federal na área criminal (art. 12, parágrafo único, do RISTJ), sobre a formação e aplicação de precedentes vinculantes no Direito Penal? 6) Os julgados proferidos pela Terceira Seção do STJ em sede de competência originária são dotados de força vinculante, em face do disposto no art. 927, V, do CPC, que faz menção apenas a "plenário" e a "órgão especial"? 7) Afigura-se correta a assertiva de serem o *habeas corpus* e o mandado de segurança criminal destinados apenas a garantir o direito fundamental à liberdade individual, não podendo gerar precedentes vinculantes para terceiros?

Enfrentaremos essas questões no presente artigo, apresentando, ao final, nossas conclusões.

## 1 A legitimidade filosófica do *stare decisis*

Embora não possamos tomar a afirmação como absoluta, nem devamos colocá-la com uma verdade ao longo de toda a história do mundo ocidental, a literatura relativa à família do *civil law,* desde o final do século XVIII, tem dado grande ênfase à importância dos valores "certeza" e "verdade", os quais seriam obtidos por meio da legislação, cabendo ao magistrado *revelar* os referidos valores no caso concreto por meio da mais ampla cognição;[1] em contraste, no *common law* "certeza" e "verdade" seriam oriundas da força jurídica atribuída às decisões judiciais.[2]

Porém, engana-se quem pensa que essas duas influentes tradições jurídicas do mundo contemporâneo[3] se diferenciam apenas pelo critério das fontes do direito. Além de existirem várias outras maneiras de distingui-las, há muitos e muitos anos a edição de atos legislativos abstratos e gerais está presente no *common law*, sobretudo no sistema de justiça penal, bastando perceber que desde 1812, no julgamento do caso *The United States v. Hudson and Goodwin,* a Suprema Corte dos Estados Unidos baniu a criação de crimes por precedentes, entendendo que apenas o Congresso teria essa atribuição.[4]

Assim, para o *common law*, a adesão ao positivismo jurídico também consiste na observância da lei, dos atos oriundos do Poder Legislativo, assim como no uso de técnicas de avaliação das provas, de interpretação de textos legais ou previsões contratuais, na aplicação de regras para os fatos da causa – podendo significar aplicá-la a uma nova e imprevista situação, na escolha entre estabelecer normas amplas, chamadas de padrões, ou normas estreitas ou específicas. Além disso, como não poderia deixar de ser, consiste igualmente em efetuar analogias e distinções entre precedentes para aplicação no caso em análise (aplicando-os ou efetuando distinções). O uso de precedentes em um novo caso, para eles, tem um papel central no sistema jurídico, havendo um domínio do raciocínio por analogia, ainda que, na prática, o rigor intelectual seja somente aparente em muitos exemplos.[5]

Não sem a crítica filosófica de muitos, a vinculação a precedentes sob o ponto de vista vertical, de cima para baixo, surgiu no século XVIII, ou mesmo antes, mas o constrangimento a observá-los sob o ponto de vista horizontal não se tornou aceito antes do século XIX,[6] o que, no *common law*, não teve nenhuma relação com uma determinação oriunda do Poder Legislativo.

---

[1] FERRAZ, Taís Schilling. Os desafios do modelo brasileiro de precedentes. *Revista Jurídica*, São Paulo, v. 65, n. 473, p. 11-12, mar. 2017.

[2] MERRYMAN, John Henry; PÉREZ-PERDOMO, Rogelio. *The Civil Law Tradition*: An Introduction to the Legal Systems of Europe and Latin America. 3. ed. Stanford: Stanford University Press, 2007, p. 48 e 49.

[3] MERRYMAN, John Henry; PÉREZ-PERDOMO, Rogelio. *The Civil Law Tradition*: An Introduction to the Legal Systems of Europe and Latin America. 3. ed. Stanford: Stanford University Press, 2007, p. 1.

[4] Disponível em: https://supreme.justia.com/cases/federal/us/11/32/. Acesso em: 17 out. 2020.

[5] POSNER, Richard A. *How Judges Think*. Cambridge: Harvard University Press, 2010, p. 175 e 176.

[6] SCHAUER, Frederick. *Thinking like a Lawyer*: a new Introduction to Legal Reasoning. Harvard University Press: Massachusetts, 2009, p. 42.

Tushnet enfatiza duas diretrizes que justificam a vinculação a precedentes: eficiência e humildade. Ressaltando uma maior importância da primeira para o sentido vertical, ele diz o seguinte:

> Imagine a hipótese na qual um juiz ou tribunal de grau inferior receba uma causa contendo questão jurídica idêntica à que já foi submetida e resolvida no âmbito de um juiz ou tribunal de instância hierarquicamente superior. Suponha também que o julgador da instância inferior desconsidere a lógica do sistema de precedentes e, ao contrário, examine o mérito da questão jurídica sob uma ótica jurídica exclusivamente pessoal. Se a solução dada à causa pelo julgador originário, nesta hipótese, seguir a mesma linha de orientação já estabelecida pelo juiz ou tribunal de instância superior, tanto esse julgador quanto às partes litigantes terão despendido o seu tempo e os seus esforços inutilmente. Assim, parece simplesmente eficiente solucionar-se a questão mediante remissão ao precedente já estabelecido em decisão da Corte superior. Por outra, se o julgador originário soluciona a questão de maneira contrária àquela com que operou o julgador da instância superior, a parte vencida pode recorrer e o órgão julgador da instância superior reformará a decisão originária por ter cometido (sob o prisma do julgador da instância superior) um equívoco jurídico. Mas, se a parte vencida não apelar por lhe faltarem recursos materiais para tanto – é difícil imaginar que outro motivo haveria para impedir um recurso da parte vencida ao grau apelação disponível nessas circunstâncias – o princípio do Estado de Direito resta violado. Assim, ou bem o tempo e a energia das partes litigantes serão consumidos desnecessariamente, ou os valores que inspiram o Estado de Direito ficarão comprometidos.

Quanto à segunda diretriz (a humildade), o professor de Harvard a relaciona mais fortemente ao precedente horizontal. Diz não haver razão para um juiz subsequente supor que ele seja melhor do que o anterior, ou que chegará a uma conclusão melhor do que a dele, podendo poupar o tempo e a energia de todos simplesmente ao seguir a orientação do precedente. Se assim não agir, disso não decorre, de qualquer modo, a certeza de que a causa terá um resultado mais consonante com aquilo que o direito "verdadeiramente" prevê. Em acréscimo, diz ele, as razões de humildade operam em qualquer nível do sistema judiciário, desde o juiz de primeiro grau ao juiz da mais alta Corte. Mesmo Ministros da Suprema Corte devem ter em conta que, em linha de princípio, eles não têm motivos específicos para pensar que são melhores, ao produzir interpretação jurídica, do que os seus predecessores.[7]

Mas há ainda outras razões que levam à aplicação do *stare decisis*. Embora na prática isso seja complexo, sendo também objeto de divergências acadêmicas, para Schauer, ao exigir que as decisões sigam precedentes, o direito se compromete com a visão de que muitas vezes é melhor concordar com ele do que estar "certo", sendo importante ressaltar que o instituto serve para instruir os juízes a alcançarem justamente o que eles pensam ser a decisão errada. Não só no Direito, mas na vida, frequentemente é mais importante ter as coisas resolvidas do que tê-las decididas corretamente, para que as pessoas possam confiar no que ficou resolvido e orientar seu comportamento nesse sentido. Da perspectiva daqueles que estão sujeitos às restrições do direito, os ganhos

---

[7] TUSHNET, Mark. Os precedentes judiciais nos Estados Unidos. Tradução de Flavio Portinho Sirangelo. *Revista de Processo*, São Paulo, v. 38, n. 218, p. 99-110, abr. 2013.

decorrentes de melhorias marginais raramente são suficientes para compensar as perdas oriundas da incapacidade de confiar mesmo em regras e precedentes imperfeitos.[8]

Embora defendendo mais limitações ao *stare decisis* e pedindo exame e reexame da sua aplicabilidade, Edward D. Re não deixa de admitir que ele continua a possuir uma função útil e benéfica, acrescentando outros valores também inerentes à sua teoria. Diz que ele prestigia a estabilidade, permitindo o desenvolvimento de um direito consistente e coerente, além de preservar a continuidade, manifestando respeito pelo passado, assegurando igualdade de tratamento aos litigantes em idêntica situação e uma desejável medida de previsibilidade.[9]

Diante de tal base filosófica, independentemente de determinação constitucional ou legal expressa, o *stare decisis* tem sido entendido como razoavelmente objetivo e bastante convincente nos Estados Unidos, a despeito de algumas posições em sentido contrário. Ele tem sido compreendido como algo importante ao ponto de ser difícil entender como poderia funcionar um sistema jurídico, ou, pelo menos, um sistema jurídico dotado de um número substancial de casos por resolver, sem contar com algo que seja minimamente similar ao sistema de precedentes.[10]

Parecendo desejar seguir uma trilha semelhante, o art. 926, *caput*, do CPC, prescreveu que os tribunais devem uniformizar sua jurisprudência e mantê-la estável, íntegra e coerente. Já seu art. 927, §4º, ainda que limitado a uma específica situação, prestigia os princípios da segurança jurídica, proteção da confiança e isonomia. Porém, fora o problema de o direito ser ou não apto a impor determinada cultura, é importante avaliar qual o alcance do nosso recém-implantado sistema de precedentes, mormente considerando nossa tradição jurídica do *civil law*.

## 2 A teoria dos precedentes sob o ponto de vista dogmático

Parte da doutrina nacional defende que no Brasil há um completo sistema de precedentes obrigatórios, o que se estenderia ao sistema de justiça criminal. A afirmação tem sido feita principalmente com base em três argumentos gerais: 1) interpretação da CF; 2) interpretação do próprio CPC; 3) interpretação do ordenamento jurídico como um todo.

A corrente que defende a eficácia obrigatória de "todos" os precedentes dos tribunais superiores sustenta, em primeiro lugar, que isso é algo que "logicamente" defluiria da leitura da Constituição.[11] Consoante Mitidiero, a necessidade de formação de precedentes decorre de imposição do Estado Constitucional, existente para promover a dignidade da pessoa humana e a consequente tutela de direitos. Esta, por sua vez, estaria longe de uma dimensão puramente particular, como se a ordem jurídica não fosse impactada pelas razões elaboradas pelos juízes em suas decisões, de onde resultaria

---

[8] SCHAUER, Frederick. *Thinking like a Lawyer*: a new Introduction to Legal Reasoning. Harvard University Press: Massachusetts, 2009, p. 41 e 43.

[9] RE, Edward D. *Stare Decisis*. Tradução de Ellen Gracie Northfleet. *Revista dos Tribunais*, São Paulo, v. 702, p. 8, abr. 1994.

[10] TUSHNET, Mark. Os precedentes judiciais nos Estados Unidos. Tradução de Flavio Portinho Sirangelo. *Revista de Processo*, São Paulo, v. 38, n. 218, p. 99-110, abr. 2013.

[11] MARINONI, Luiz Guilherme. *Julgamento nas Cortes Supremas*: precedente e decisão do recurso diante do novo CPC. São Paulo: Revista dos Tribunais, 2015, p. 24.

a necessidade de afirmação e respeito aos precedentes. E, por debaixo da questão ligada ao precedente judicial, pulsaria a questão, de radical importância, atinente ao apropriado delineamento do papel das cortes judiciárias. O precedente judicial, então, converter-se-ia no instrumento a partir do qual o STJ pode desempenhar com maior eficiência as suas altas funções.[12]

Entendimento semelhante é apresentado por Lucas Buril, para quem, em respeito à segurança jurídica e à igualdade, é imprescindível que se estabeleça também o respeito aos órgãos fracionários do STJ, não mencionados no art. 927, V, do CPC, quando inexista precedente dos órgãos maiores em sentido contrário. Assim, em matéria infraconstitucional, defende a observância obrigatória aos precedentes da Corte Especial daquele Tribunal e, não havendo nenhum, entende que seja necessário seguir o tratamento da matéria pela Seção competente ou mesmo por alguma das suas Turmas.[13]

Não pensamos da mesma forma. Se a doutrina dos precedentes obrigatórios decorresse da Constituição atual, desde 1988, o sistema teria sido implementado no Brasil, o que evidentemente não aconteceu. Naquela época, em que a tradição jurídica brasileira estava ainda mais enraizada na tradição do *civil law*, por aqui pouco se falava em *stare decisis*. Além disso, se estivesse correto o raciocínio, não haveria necessidade da previsão do §2º do seu art. 102, que atribuiu "eficácia contra todos e efeito vinculante" às decisões do STF proferidas em controle abstrato de constitucionalidade.

Seria possível defender que uma interpretação evolucionista autorizaria uma "mutação constitucional", a qual permitiria a conclusão atual de que o *stare decisis* decorre da Carta Magna. Ocorre que as normas constitucionais que justificariam a sua previsão são extremamente vagas, admitindo qualquer interpretação que se queira, tanto que existe uma corrente doutrinária contrária à vinculação a precedentes, fundamentada justamente na inconstitucionalidade desse entendimento. Embora ao nosso ver ela seja igualmente equivocada, argumenta defender uma mudança de racionalidade no uso de julgados dos tribunais que não desmonte o devido processo constitucional e que evite o isolamento de cortes supremas em relação ao restante da comunidade jurídica, não aceitando que vivamos em um sistema de precedentes, nem que o "Judiciário possa legislar".[14]

Para Marinoni, as decisões proferidas em todo e qualquer recurso, não apenas em recursos repetitivos, obrigam os juízes e tribunais, porque "a restrição do CPC é absurda", já que implicaria a conclusão de que pudessem ser ignoradas decisões relevantes tomadas em recurso que não têm facilidade para se repetir. Segundo ele, a letra da norma legal parece supor que a função das cortes supremas é resolver litígios que podem se repetir em massa para, dessa forma, otimizar a administração da justiça.[15] Entretanto, o conteúdo da sua argumentação parece demonstrar que a discordância

---

[12] MITIDIERO, Daniel. *Cortes Superiores e Cortes Supremas*: do Controle à Interpretação da Jurisprudência ao Precedente. 2. ed. São Paulo: Revista dos Tribunais, 2014, p. 27, 28, 31 e 98.

[13] MACÊDO, Lucas Buril. A Disciplina dos Precedentes Judiciais no Direito Brasileiro: do Anteprojeto ao Código de Processo Civil. In: DIDIER JR., Fredie *et al.* (Coord.). *Precedentes*. Salvador: Juspodivm, 2015, p. 482.

[14] STRECK, Lenio Luiz. *Precedentes Judiciais e Hermenêutica*: o sentido da vinculação no CPC/2015. 2. ed. Salvador: Juspodívm, 2019, p. 17. O autor cita Dierle Nunes, Marcelo Cattoni, Francisco Borges Motta, Rafael Tomás de Oliveira, André Karam Trindade, Lucio Delfino, Georges Abboud e Nelson Nery Jr. no mesmo sentido.

[15] MARINONI, Luiz Guilherme. *Julgamento nas Cortes Supremas*: precedente e decisão do recurso diante do novo CPC. São Paulo: Editora Revista dos Tribunais, 2015, p. 21, 22 e 24.

está mais dirigida à própria norma, não à interpretação do texto correspondente, sendo mais ideológica do que dogmática.

Ravi Peixoto, chegando à mesma conclusão que Marinoni, sustenta que o rol do art. 927 do CPC é meramente exemplificativo,[16] mas dogmaticamente entendemos ser difícil que as situações ali previstas não sejam taxativas. Se antes do CPC/2015 nós não tínhamos um sistema de precedentes obrigatórios, a inovação legal, ao descrever hipóteses específicas que o abraçaram, não permite uma extensão para situações outras não previstas.

Aliás, a mesma corrente traz ainda outro argumento, no sentido de que a força vinculante do precedente judicial nem sequer depende de uma manifestação específica do direito positivo, resultando da consideração do ordenamento jurídico como um todo.[17]

Parecendo seguir esta trilha de dispensar a previsão no direito positivo, Kircher entende que a vinculação instituída pelo sistema de precedentes é justificada pela dupla indeterminação do direito e não pela sua disposição textual formal em lei. Para ele, a regulamentação legal é útil apenas para especificar metodologicamente a forma de sua aplicação, simplificando a sua própria compreensão e operacionalização prática, o que afasta a hipótese de que é a previsão do CPC que constitui o fundamento do sistema.[18]

Todavia, se o *stare decisis* decorresse logicamente de um mínimo consenso científico atual sobre a teoria da linguagem, teríamos que concluir que o instituto seria inerente a todos os países do mundo. Ademais, ele teria surgido no Brasil antes mesmo da atual Constituição, na época da virada linguística, o que obviamente não aconteceu. Por sua vez, a sistemática de vinculação a precedentes não é típica de nossa tradição jurídica,[19] já que historicamente fazemos parte dos ordenamentos da família do *civil law*,[20] não do *common law*.[21] Além disso, o raciocínio dispensaria a previsão, ainda que parcial, do sistema de vinculação de precedentes no âmbito do Código de Processo Civil de 2015, o que, como se sabe, não procede.

Destarte, na nossa avaliação é fato que o ordenamento jurídico brasileiro não adotou integralmente a teoria dos precedentes obrigatórios, como algo desvinculado dos arts. 926 e seguintes do CPC/2015. Porém, resta-nos avaliar a possibilidade de sua extensão e, se for o caso, o seu alcance, no sistema de justiça penal, de forma sobretudo relacionada ao papel do STJ, objetivo deste trabalho.

---

[16] PEIXOTO, Ravi. Aspectos materiais e processuais da superação de precedentes no direito brasileiro. *In:* DIDIER JR., Fredie *et al.* (Coord.). *Precedentes.* Salvador: Juspodivm, 2015, p. 539.

[17] MITIDIERO, Daniel. *Cortes Superiores e Cortes Supremas*: do Controle à Interpretação da Jurisprudência ao Precedente. 2. ed. São Paulo: Revista dos Tribunais, 2014, p. 78.

[18] KIRCHER, Luís Felipe Schneider. *Uma teoria dos precedentes vinculantes no processo penal.* Salvador: Juspodivm, 2018, p. 134.

[19] Embora não desconheçamos a existência de precedentes vinculantes na história de nosso país, como os assentos da Casa de Suplicação (na época do Brasil Colônia), tais exemplos contam mais como exceções à regra geral, sendo lícito dizer que a observância aos precedentes obrigatórios não é algo profundamente enraizado em nossa tradição jurídica. Sobre o tema, confira-se: SOUZA, Marcus Seixas. *Os precedentes na história do Direito Processual Civil brasileiro*: Colônia e Império. Dissertação apresentada à Universidade Federal da Bahia – UFBA, como exigência parcial para obtenção do título de Mestre em Direito Processual Civil. Salvador: 2014.

[20] Disponível em: http://www.juriglobe.ca/eng/. Acesso em: 9 jan. 2018.

[21] O direito é uma prática social profundamente tradicional, o que exige o entendimento sobre a natureza e comportamento das tradições na vida social. Em todo sistema legal, o passado é central para o presente, porque o Direito preserva uma série de crenças, opiniões, valores, mitos, rituais, que são depositados ao longo de gerações (KRYGIER, Martin. Law as Tradition. *In:* Law and Philosophy, Aug, 1986, p. 239 e 241. Disponível em: https://www.jstor.org. Acesso em: 6 set. 2018.

## 3 A teoria dos precedentes no sistema de justiça penal

Agora entramos na análise da aplicação do sistema de precedentes, tal como previsto no CPC, ao processo penal brasileiro, iniciando pela previsão do art. 15, daquele diploma, segundo o qual, na ausência de normas que regulem processos eleitorais, trabalhistas ou administrativos, as suas disposições lhes serão aplicadas supletiva e subsidiariamente. Como se vê, o dispositivo não se refere ao processo penal, de maneira que sua interpretação literal e isolada poderia caminhar no sentido da completa separação entre os dois ramos do Direito Processual. Mas esta não parece a melhor solução.

Para Renato Brasileiro de Lima, a interpretação literal do referido dispositivo não apresenta nenhuma razão lógica para afastar a aplicação supletiva e subsidiária do novo CPC ao processo penal, até mesmo porque tal prática já era – e continuará sendo – recorrente na vigência do antigo (e do novo) CPC. Quando o art. 15 do CPC faz referência apenas aos processos *eleitorais, trabalhistas ou administrativos*, cometeu uma omissão involuntária, que deve ser suprida pela interpretação extensiva para fins de ser reconhecida a possibilidade de aplicação supletiva e subsidiária do novo diploma processual civil ao processo penal.[22] Além disso, embora não tenha sido muito preciso, dispondo apenas que a lei processual penal admitirá interpretação extensiva e aplicação analógica, bem como o suplemento dos princípios gerais de Direito, o art. 3º, do CPP, sempre foi utilizado como fundamento para fazer incidir as disposições do CPC ao processo penal. Em outras palavras, apesar de o art. 15 do CPC não elencar expressamente o Direito Processual Penal dentre as matérias passíveis de sua aplicação subsidiária e supletiva, a possibilidade é garantida pela própria legislação processual penal.[23]

Aliás, como lembra Kircher, a legislação processual penal nem sequer versa acerca das regras procedimentais que regula os recursos especial e extraordinário, sendo admitidos tais meios de impugnação da decisão judicial, atualmente, justamente diante da sua previsão no CPC.[24] Já Mazzei nos recorda da essencial aplicação até mesmo do antigo art. 132, do CPC de 1973, como complemento necessário ao art. 399, §2º, do CPP, relativo à identidade física do juiz, lembrando ainda da existência de várias referências expressas do CPP ao CPC.[25]

Aury Lopes Jr. critica a existência de uma teoria geral do processo, afirmando tratar-se de pancivilismo, de uma teoria geral do "processo civil" aplicada de forma descabida ao processo penal. Sustentando uma diferença entre os valores em jogo – na área cível, a propriedade, na criminal, a liberdade – e enfatizando uma relação de poder

---

[22] LIMA, Renato Brasileiro de. *Código de Processo Penal Comentado*. 2. ed. Salvador: Juspodivm, 2017, p. 34 e 35.
[23] GALVÃO, Danyelle da Silva; PEIXOTO JR., Hélio; LOBO, Ricardo. O art. 489 do Novo Código de Processo Civil (Lei 13.105/2015) e suas implicações no Direito Processual Penal. In: *Revista dos Tribunais*, São Paulo, v. 971, set. 2016. Baseando-se, igualmente, na interpretação do art. 15, do CPC, como também do art. 3º, do CPP, dentre outros: MAZZEI, Rodrigo; CERQUEIRA, Maira Ramos. Precedentes, CPC/15 e o processo penal: breves considerações. In: *Revista Forense*, Rio de Janeiro, v. 426, p. 225 e 226, jul./dez. 2017; ARRUDA, Élcio. O sistema de precedentes no sistema de justiça criminal brasileiro. In: *Revista Brasileira de Direito Processual – RBDPro*, Belo Horizonte, v. 26, n. 104, p. 117, out./dez. 2018.
[24] KIRCHER, Luís Felipe Schneider. *Uma teoria dos precedentes vinculantes no processo penal*. Salvador: Juspodivm, 2018, p. 135.
[25] MAZZEI, Rodrigo; CERQUEIRA, Maira Ramos. Precedentes, CPC/15 e o processo penal: breves considerações. In: *Revista Forense*, Rio de Janeiro, v. 426, p. 226, jul./dez. 2017.

necessária e inafastável inerente apenas no processo penal, apresenta onze exemplos de distorções conceituais e absurdos processuais, mas dizendo existirem vários outros.[26]

Além de serem questionáveis algumas das diferenças apontadas pelo autor, o que não vem ao caso neste trabalho, não nos parece haver motivo para preocupações com as diferenças existentes entre tais ramos do Direito Processual. A aplicação subsidiária e supletiva do CPC não é automática e acrítica, havendo a necessidade de atendimento a dois filtros de adaptação: as suas normas não podem estar em conflito com os princípios e a lógica próprios do Direito Processual que será completado; há necessidade de conformação constitucional no resultado obtido com a aplicação.[27] Mas o fato é que a teoria dos precedentes passa facilmente por esses dois testes, não sendo ela incompatível com o processo penal.

Nesse sentido caminhou a I Jornada de Direito Processual Civil do Conselho da Justiça Federal – Centro de Estudos Jurídicos, evento que contou com a presença de vários ministros e outros juristas renomados nas comissões de trabalho, tendo ainda a participação de inúmeros profissionais do Direito espalhados pelo país, tanto na submissão de propostas quanto na participação nos debates e na votação. Naquela ocasião, em 2017, foi aprovado o Enunciado nº 3, segundo o qual "as disposições do CPC aplicam-se supletiva e subsidiariamente ao Código de Processo Penal, no que não forem incompatíveis com esta Lei".[28]

Outro não foi o entendimento da Terceira Seção do STJ, responsável pela uniformização da interpretação da legislação federal na área criminal (art. 12, parágrafo único, do RISTJ). No julgamento do RMS 62.452 – PR, ao entender possível a fixação de multa diária para compelir as partes e terceiros ao cumprimento de decisão judicial, o primeiro argumento utilizado foi justamente o da aplicabilidade subsidiária do CPC, quando ratificou o seguinte:

> (...) é interessante ressaltar que o novo Código de Processo Civil não prevê expressamente o suprimento do processo penal por suas normas. Isso porque o artigo 15 do CPC traz a seguinte redação: (...). Da leitura do artigo, percebe-se que não há menção aos processos penais, o que trouxe duas correntes sobre a sua possibilidade de aplicação: a primeira determina que o rol trazido pelo CPC é exemplificativo, o que permite o acréscimo dos processos penais às possibilidades de aplicação analógica; a segunda, por sua vez, defende a taxatividade do rol, excluindo os processos penais e determinando o preenchimento de suas possíveis lacunas com a aplicação do Código de Processo Penal Militar. Prevalece, no entanto, o entendimento de que o rol é meramente exemplificativo, permitindo o preenchimento de lacunas ou complementação do CPP com os dispositivos do CPC." (*Idem*). A jurisprudência desta Corte, seguindo a doutrina majoritária, não titubeia quanto à aplicabilidade das normas processuais civis ao processo penal, desde que haja lacuna a ser suprida.

---

[26] LOPES JR., Aury. Quando Cinderela terá suas próprias roupas? A necessária recusa à teoria geral do processo. In: *Revista Brasileira de Direito Processual Penal*, Porto Alegre, vol. 1, n. 1, p. 231-233, 2015. Disponível em: http://dx.doi.org/10.22197/rbdpp.v1i1.13. Acesso em: 5 nov. 2020.

[27] ZANETI JÚNIOR, Hermes. Aplicação supletiva, subsidiária e residual do CPC ao CPP. Precedentes normativos formalmente vinculantes no processo penal e sua dupla função. *Pro futuro in malam partem* (matéria penal) e *tempus regit actum* (matéria processual penal). In: CABRAL, Antônio do Passo; PACELLI, Eugênio; CRUZ, Rogério Schietti (Org.). *Processo penal* (Coleção repercussões do novo CPC, v. 13). Salvador: Juspodivm, 2016, p. 453-467.

[28] Disponível em: https://www.cjf.jus.br/enunciados/pesquisa/resultado. Acesso em: 21 out. 2020.

Importante observar, outrossim, que a despeito de três votos vencidos no referido julgamento, eles não foram genericamente contrários à aplicação supletiva do CPC, apenas entendendo que as *astreintes* seriam exclusivas da legislação processual civil ou que elas não poderiam ser executadas diretamente no juízo criminal.[29]

A compatibilidade entre o *stare decisis*, tal como previsto no CPC, e o processo penal brasileiro foi confirmada por nosso próprio legislador, ainda que indiretamente, no chamado "pacote anticrime" (Lei nº 13.964/2019). A nova redação que atribuiu ao art. 315, §2º, do CPP passou a tratar do instituto expressamente em duas oportunidades. Seguindo a mesma linha do CPC, estabeleceu não ser considerada fundamentada a decisão judicial que: se limitar a invocar "precedente" ou enunciado de súmula, sem identificar seus fundamentos determinantes nem demonstrar que o caso sob julgamento se ajusta àqueles fundamentos (inciso V); deixar de seguir enunciado de súmula, jurisprudência ou "precedente" invocado pela parte, sem demonstrar a existência de distinção no caso em julgamento ou superação do entendimento (inciso VI). Embora a inovação tenha sido apresentada apenas no capítulo que trata da prisão preventiva, corresponde à reprodução fiel do art. 489, §1º, do CPC, como bem lembrado por Sanches Cunha,[30] sugerindo um intercâmbio entre os dois ramos do Direito Processual quanto ao tema.

Mas não é só. Como sabemos, o *stare decisis* não é um instituto originalmente brasileiro, tendo sido importado do *common law*, não obstante também tivesse sido utilizado no *civil law*, de alguma maneira, entre os séculos XVI e XVIII.[31] Aqui tem sido estudado no âmbito do processo civil, até diante da sua positivação no CPC, mas o fato é que no exterior o tema é trabalhado na teoria do direito, não sendo específico, muito menos exclusivo, de nenhum ramo do Direito Processual. Os filósofos do Direito que trabalham com o assunto, inclusive, o relacionam geralmente a atos da vida cotidiana, não se restringindo à abordagem de casos jurídicos.

Hart, no seu "O conceito de direito", tratou dos precedentes como estratégia de comunicação de padrões gerais de conduta em algumas passagens;[32] Dworkin também abordou a temática, por exemplo, ao tratar da sua concepção de casos difíceis *(hard cases)*, no seu "Levando os direitos a sério";[33] Neil MacCormick, da mesma forma, os explanou ao longo do seu "Rhetoric and the rule of law: a theory of legal reasoning", de forma bem específica no seu capítulo 8,[34] sendo um dos organizadores de um livro com vários autores, de diversos países, escrevendo sobre a matéria, oportunidade em que foi um dos responsáveis pela introdução e pela conclusão;[35] também Frederick

---

[29] Disponível em https://scon.stj.jus.br/SCON/. Acesso em: 21 out. 2020.

[30] CUNHA, Rogério Sanches. *Pacote Anticrime*: Lei 13.964/2019 – Comentários às alterações no CP, CPP e LEP. Salvador: Juspodivm, 2020, p. 296.

[31] GORLA, Gino. A decision of the rota Fiorentina of 1780 on liability for damages caused by the "Ball Game". In: *Tulane Law Review*, 1974-1975, p. 348. Disponível em: https://heinonline.org/HOL/P?h=hein.journals/tulr49&i=388. Acesso em: 17 dez. 2018.

[32] HART, H. L. A. *O conceito de direito*. São Paulo: Martins Fontes, 2018, p. 161 a 165, 174 e 175, etc.

[33] DWORKIN, Ronald. *Levando os direitos a sério*. 3. ed. São Paulo: Martins Fontes, 2010, p. 171-180.

[34] MACCORMICK, Neil. *Rhetoric and the Rule of Law*: a Theory of Legal Reasoning. New York: Oxford University Press, 2005, n.p.

[35] MACCORMICK, Neil; SUMMERS, Roberts. Introduction. In: GOODHART, Arthur L; MACCORMICK. Neil; SUMMERS, Robert S. (Ed.). *Interpreting precedents*: a comparative study. Routledge: Londres e Nova York, 2016, n.p.; MACCORMICK, Neil; SUMMERS, Roberts. Further General Reflections and Conclusions. In: GOODHART, Arthur L; MACCORMICK. Neil; SUMMERS, Robert S. (Ed.). *Interpreting precedents*: a comparative study. Routledge: Londres e Nova York, 2016, n.p.

Schauer, em inúmeras obras, dentre elas seu já citado "Thinking like a lawyer";[36] outra não sendo a situação de Waldron no seu "Stare Decisis and the Rule of Law: A Layered Approach",[37] os três últimos adeptos de um positivismo normativo, uma corrente de pensamento ligada à filosofia do direito.

Não fosse o bastante, se o *stare decisis* deve ser aplicado na área cível, com maior razão deve incidir no sistema de justiça criminal. Aquilo que se busca com o princípio da legalidade penal também se deseja com a doutrina dos precedentes, havendo grande coincidência entre seus fundamentos. Ambos pretendem um aumento de segurança jurídica, de proteção da confiança, de previsibilidade e isonomia.

A ausência de isonomia e previsibilidade das decisões judiciais interfere diretamente na esfera de liberdade individual, além de não estabelecer limites precisos à atuação do Estado. No âmbito criminal, os postulados da igualdade e da segurança jurídica apresentam relevância ainda maior, uma vez que os indivíduos devem conhecer os limites de sua atuação e quais as possíveis consequências de seus atos. Corroborando essa lógica, o princípio da legalidade determina que as leis devem ser anteriores aos crimes e que a sanção penal já deve estar previamente estabelecida quando de sua concreta aplicação. Pelas mesmas razões, o poder estatal de intervenção na esfera de liberdade individual não deve ficar a cargo da variação casuística do entendimento do intérprete mesmo em casos iguais. Não se pode pensar em um sistema de justiça penal que não confira tratamento isonômico a casos idênticos, e segurança jurídica, possibilitando aos cidadãos a mínima previsibilidade na aplicação das leis.[38]

É verdade que a legalidade penal também decorre da separação de poderes e do princípio democrático, mas tais normas não são violadas pelo *stare decisis*, salvo nos casos de formação e superação *contra-legem* de precedente, o que não defendemos, ressalvadas as hipóteses de inconstitucionalidade da lei. Por sua vez, se a ideia de estabilidade, humildade e eficiência não corresponde à base principal da legalidade penal, também não se pode falar que haja incompatibilidade entre ela e tais fundamentos.

Então, estabelecida a adequação da ampliação da teoria dos precedentes ao sistema de justiça penal, vejamos como se encontra a situação no âmbito das decisões do STJ.

## 4 Os precedentes criminais oriundos do Superior Tribunal de Justiça

Na forma do art. 927 do CPC, os juízes e os tribunais observarão precedentes em cinco hipóteses previstas em seus incisos. No que toca às decisões do STJ, a vinculação ocorre quanto aos seus acórdãos proferidos em incidente de assunção de competência ou de resolução de demandas repetitivas (inciso III, 1ª e 2ª partes), em recurso especial repetitivo (inciso III, parte final), prolatados no "plenário" ou "órgão especial" (inciso V), bem como em relação aos enunciados das suas súmulas em matéria infraconstitucional (inciso IV).

---

[36] SCHAUER, Frederick. *Thinking like a Lawyer*: a new Introduction to Legal Reasoning. Harvard University Press: Massachusetts, 2009.

[37] WALDRON, Jeremy. *Stare Decisis and the Rule of Law*: A Layered Approach. Disponível em: http://ssrn.com/abstract=1942557. Acesso em: 27 out. 2020.

[38] NERI, Bianca Garcia; LIMA, Barbara Gaeta Dornellas de. A força dos precedentes judiciais no processo penal: uma busca pela igualdade e segurança jurídica. *In: Revista de Direito Penal, Processo Penal e Constituição*, Brasília, v. 2, n. 1, p. 635, 636, 638 e 641, jan./jun.2016.

No âmbito do sistema de justiça penal, o STJ, por força de determinação constitucional, atua em várias situações, seja com competência originária (art. 105, I), seja com competência recursal ordinária (art. 105, II), seja, por fim, com competência recursal extraordinária (art. 105, III). O detalhamento de cada uma não tem como ser realizado neste estudo, mas é importante abordarmos, de alguma forma, a competência dos seus órgãos fracionários, considerando que o Plenário não tem competência jurisdicional, mas apenas administrativa, consoante o art. 10 do RISTJ.

A maior parte das hipóteses regimentais de competência da Corte Especial é originária (art. 11 do RISTJ), a qual sempre produz decisões com força vinculante, em face do disposto no art. 927, V, do CPC. A questão começa a complicar, porém, quando verificamos a competência da Terceira Seção, a principal responsável pelo julgamento dos feitos criminais (art. 9º, §3º, do RISTJ), considerando que o aludido inciso V do art. 927 da legislação processual civil faz menção apenas a "plenário" e a "órgão especial".

A dificuldade não existe nas hipóteses da competência da Terceira Seção para julgar o incidente de assunção de competência (art. 12, IX, RISTJ), o recurso especial repetitivo (art. 12, X, RISTJ), ou quando edita súmula relativa à jurisprudência uniforme da Quinta e Sexta Turmas (art. 2º, §4º, c/c o art. 9º, §3º, e art. 12, parágrafo único, III, todos do RISTJ), porque em todos esses casos haverá formação de precedente obrigatório, na forma claramente prevista nos incisos III e IV do art. 927 do CPC.

Todavia, existe uma imprecisão normativa no tocante às demais previsões regimentais relativas à competência das Seções. Elas não estão incluídas expressamente na regra legal atinente aos precedentes vinculantes, mas aqui pensamos ser possível afastar a sua literalidade, interpretando-a de forma teleológica e sistemática, em conjunto com o RISTJ. Quando a decisão final sobre o tema criminal couber à Terceira Seção, não ao Plenário ou à Corte Especial, conforme as normas regimentais, o objetivo do diploma processual civil estará atendido, não havendo razão para restringir a sua finalidade a causas numericamente muito reduzidas. Nesta linha, entendemos que a decisão da Terceira Seção também terá força vinculante horizontal e vertical, salvo quando ela for de encontro a algum julgado da Corte Especial sobre a mesma matéria, o que inclusive deve ser evitado.

Neste caminho, permanece válida a assertiva, tradicionalmente feita no Brasil, de que o propósito do recurso especial é tutelar e controlar a aplicação da legislação infraconstitucional, embora a missão não lhe seja exclusiva. De outro lado, porém, não nos parece mais totalmente correta a assertiva de ser o *habeas corpus* destinado "apenas" a garantir o direito fundamental à liberdade individual, tampouco a de que o mandado de segurança criminal visa "somente" a tutela de direito subjetivo individual.[39] Em consequência, também não conseguimos mais dizer que o recurso ordinário interposto contra o julgamento efetuado em tais ações se afaste completamente do foco no direito objetivo.

Além dos argumentos filosóficos e dogmáticos anteriormente apresentados, nosso pensamento também tem se confirmado empiricamente, ao menos sob o ponto de vista qualitativo e de forma mais explícita no âmbito do STF. Vinicius Vasconcellos nos lembra de decisão do Ministro Gilmar Mendes em que afetou o *Habeas Corpus* 185.913/DF ao Plenário do STF, ocasião em que Sua Excelência destacou uma lista de

---

[39] LOPES JR., Aury. *Direito Processual Penal*. 11. ed. São Paulo: Saraiva, 2014, n.p.

julgados recentes daquele colegiado fixando teses abstratas e generalizáveis mesmo em remédio constitucional:[40]

> Sem dúvidas, ao se analisar a postura desta Corte nos últimos anos, percebe-se uma valorização das decisões tomadas pelo Plenário em sede de *habeas corpus*, a partir de dois fenômenos marcantes: a fixação de teses e a modulação de efeitos. Ao fixar-se uma tese no julgamento de *habeas corpus*, reconhece-se a sua potencial aplicação a outros processos, por outros juízos. No âmbito do HC 166.373 (Rel. Min. Edson Fachin, j. 2.10.2019), o Plenário, ao analisar a questão da ordem de alegações finais em casos com colaboradores premiados, concedeu a ordem e, por maioria ampla, decidiu pela formulação de tese em relação ao tema discutido e votado no *habeas corpus*. Em casos anteriores, tal prática também foi aceita e implementada, como no RHC 163.334 (Plenário, Rel. Min. Roberto Barroso, j. 18.12.2019), que fixou tese sobre a tipicidade do não recolhimento de ICMS; e no HC 176.473 (Plenário, Rel. Min. Alexandre de Moraes, j. 27.4.2020), que fixou tese sobre interrupção da prescrição pelo acórdão em segundo grau. Vale notar que, no RHC 163.334, foram inclusive admitidos *amici curiae* para o debate da questão, o que também pode ser descrito como marcante sinal no sentido da ampliação dos efeitos da decisão para outros casos. Além da fixação de tese, este Plenário também já realizou modulação de efeitos de declaração de inconstitucionalidade em *habeas corpus*. No HC 82.959, de 23.2.2006, ao declarar a inconstitucionalidade "incider tantum" do cumprimento de pena em regime integralmente fechado, por votação unânime, realizou-se uma espécie de modulação de efeitos para explicitar que "a declaração incidental de inconstitucionalidade do preceito legal em questão não gerará consequências jurídicas com relação às penas já extintas nesta data".[41]

E sob a ótica doutrinária, disse o Ministro que sustentava a possibilidade de modulação de efeitos da decisão de inconstitucionalidade proferida no âmbito do controle incidental como consequência do fenômeno da abstrativização do controle difuso, que ele preferiu denominar como uma tendência de "dessubjetivação" das formas processuais.[42]

O mesmo raciocínio vale, *mutatis mutandis*, para o STJ. O problema é que, na forma do art. 13, do RISTJ, cabe tanto à Quinta quanto à Sexta Turmas julgar originariamente *habeas corpus* (inciso I), como também os recursos ordinários (inciso II) e os recursos especiais (inciso III), o que lhes confere exatamente a mesma competência. E mais: ao relator, monocraticamente, cabe tomar as decisões em agravo interposto de decisão que inadmitir recurso especial, competindo-lhe ainda tomar a decisão, fora do colegiado, quando faltar algum requisito de admissibilidade, como também, no mérito, quando já existir precedente vinculante, ou, até mesmo, ao menos de acordo com a norma regimental, quando sobre a matéria houver jurisprudência dominante (art. 34, VII, XVIII, XIX, XX e XXII, do RISTJ). Essas normas são imprescindíveis para a administração do grande fluxo diário de processos na Corte, mas seu frequente uso pode dificultar a formação de precedentes vinculantes.

---

[40] VASCONCELLOS, Vinicius Gomes de. O Habeas Corpus como formador de precedentes penais no STF. *In: Consultor Jurídico*, out. 2020. Disponível em: https://www.conjur.com.br/secoes/colunas/pensando-em-habeas. Acesso em: 12 nov. 2020.

[41] Disponível em: http://portal.stf.jus.br/processos/detalhe.asp?incidente=5917032. Acesso em: 12 nov. 2020.

[42] Disponível em: http://portal.stf.jus.br/processos/detalhe.asp?incidente=5917032. Acesso em: 12 nov. 2020.

Corroborando o afirmado, colacionamos precedente da Terceira Seção do STJ entendendo, em embargos de divergência, que "a jurisprudência deste Superior Tribunal de Justiça é pacífica quanto à impossibilidade de acórdão proferido em sede de *habeas corpus*, mandado de segurança e recurso ordinário servir de paradigma para fins de alegado dissídio jurisprudencial, ainda que se trate de dissídio notório, eis que os remédios constitucionais não guardam o mesmo objeto/natureza e a mesma extensão material almejados no recurso especial". Leia-se a ementa:

> AGRAVO REGIMENTAL. EMBARGOS DE DIVERGÊNCIA. FALTA DOS PRESSUPOSTOS. ACÓRDÃOS PARADIGMA. PROLAÇÃO NO ÂMBITO DE HABEAS CORPUS E DE RECURSO EM HABEAS CORPUS. IMPOSSIBILIDADE. PRECEDENTES. DECISÃO MONOCRÁTICA NÃO SERVE PARA DEMONSTRAR DISSÍDIO.
>
> 1. A jurisprudência deste Superior Tribunal de Justiça é pacífica quanto à impossibilidade de acórdão proferido em sede de habeas corpus, mandado de segurança e recurso ordinário servir de paradigma para fins de alegado dissídio jurisprudencial, ainda que se trate de dissídio notório, eis que os remédios constitucionais não guardam o mesmo objeto/natureza e a mesma extensão material almejados no recurso especial. Precedentes (AgRg nos EREsp n. 1.265.884/RS, Ministro Jorge Mussi, Terceira Seção, DJe 21/6/2012).
>
> 2. Decisões monocráticas também não servem para demonstrar eventual divergência.
>
> 3. Cumpre à parte, no momento da interposição dos embargos de divergência, fazer a demonstração do apontado dissídio, juntando o inteiro teor do acórdão tido por divergente, prolatado no âmbito de recurso especial, e fazendo o indispensável cotejo analítico, o que, na espécie, não ocorreu.
>
> 4. Agravo regimental improvido.
>
> (AgRg nos EREsp 998.249/RS, Rel. Min. SEBASTIÃO REIS JÚNIOR, TERCEIRA SEÇÃO, julgado em 12/9/2012, DJe 21/9/2012)

Tal fato é agravado sob o prisma quantitativo, ao se perceber que uma enorme quantidade de processos examinados pelas Turmas com competência criminal do STJ consiste nas classes HC (68.183 impetrados em 2019) ou RHC (15.191 protocolados em 2019). A título de comparação, chegaram 63.287 à classe REsp em todo o STJ no mesmo ano.[43]

Diante disso, seria interessante que os ministros e turmas criminais do STJ tentassem aumentar o uso da faculdade de submeter mais temas ao julgamento da Terceira Seção, seja diante da relevância da matéria devolvida, seja para prevenir divergência nos órgãos fracionários menores (art. 14, II, c/c o art. 127, *caput*, do RISTJ). De preferência afetando o tema à sistemática dos recursos repetitivos, para evitar dúvidas quanto ao caráter vinculante da decisão, quando ele surgir no bojo de recurso especial. Isso, inclusive, impediria nova subida do mesmo tema ao Tribunal Superior, porque nestes casos a Presidência ou Vice-Presidência da Corte de origem teria que negar seguimento ao recurso, o que não desafiaria agravo em recurso especial, mas agravo interno, julgado na própria origem, nos termos do art. 1.030, §2º, do CPC.

O sistema jurídico precisa determinar da forma mais clara possível as hipóteses em que estamos diante de um precedente vinculante ou meramente persuasivo. Se ele

---

[43] Disponível em: https://paineis.cnj.jus.br/QvAJAXZfc/opendoc.htm?document=qvw_1%2FPainelCNJ.qvw&host =QVS%40neodimio03&anonymous=true&sheet=shResumoDespFT. Acesso em: 26 nov. 2020.

for vinculante, o princípio estabelecido no caso antecedente deverá necessariamente ser aplicado – salvo hipótese de distinção – e definirá o resultado do julgamento do caso subsequente. Se for apenas persuasivo, uma variedade de fatores adicionais deve ser considerada para que se decida sobre sua aplicação e sobre a extensão e o grau desta aplicação.

Dogmaticamente não vemos como defender a existência de um completo *stare decisis* no Brasil, porque, sob o ponto de vista legislativo, adotamos o instituto de modo apenas parcial, mesmo quando pensado nas cortes superiores. Mas isso não nos impede de pensar, no plano ideológico, que a opção adotada não foi a melhor. Para nós, o ideal, de *lege ferenda*, parece a adoção da proposta de Zaneti, de uma teoria normativa formalmente vinculante dos precedentes judiciais, diante da constatação do grande equívoco de práticas contemporâneas de acentuar o ativismo judicial e de usar a distinção entre princípios e regras como uma válvula de abertura do ordenamento jurídico.[44] Se temos normas abertas, inclusive no sistema de justiça penal, que não foge à imperfeição humana, sua insegurança deveria ser diminuída justamente por meio da observância da teoria dos precedentes criminais.

Em inúmeras ocasiões, como se tentou demonstrar, o STJ decide assuntos que até poderão ser seguidos por ele próprio e pelos outros juízes nacionais (caráter persuasivo), mas não o serão obrigatoriamente, de forma vinculante. Neste caso, eventual reforma do diploma processual penal deveria ir além daquilo previsto na lei processual civil, determinando a força vinculante de todos os precedentes superiores naquele ramo do Direito. Dificilmente isso resolveria imediatamente o nosso problema, mas talvez contribuísse para uma evolução paulatina da nossa cultura jurídica.[45]

## Conclusões

Apresentamos algumas conclusões a que chegamos após o término do estudo.

A eficácia obrigatória dos precedentes dos tribunais superiores, em nossa opinião, não é algo que pode ser depreendido diretamente da Constituição Federal. Essa a razão da previsão do art. 102, §2º, da CF, que atribuiu "eficácia contra todos e efeito vinculante" às decisões do STF proferidas em controle abstrato de constitucionalidade, bem como dos arts. 926 e 927 do CPC, que regulamentaram o sistema de precedentes em nosso país.

De acordo com essa premissa, o rol de precedentes vinculantes previsto no art. 927 do CPC é taxativo, não se podendo entender como incluídos nele outros tipos de decisão que não as expressamente referidas.

Decorre disso também que o Brasil não possui um sistema completo de precedentes obrigatórios que se estende automaticamente ao sistema de justiça criminal. Essa área do Direito possui precedentes vinculantes em virtude da aplicação supletiva e subsidiária do CPC. A propósito, o "pacote anticrime" (Lei nº 13.964/2019), ao dar

---

[44] ZANETI JR., Hermes. *O valor vinculante dos precedentes*: teoria dos precedentes normativos formalmente vinculantes. 2. ed. Salvador: Juspodivm, 2016, p. 17.

[45] RE, Edward D. *Stare Decisis*. Tradução de Ellen Gracie Northfleet. *Revista dos Tribunais*, São Paulo, v. 702, p. 8, abr. 1994. Não obstante o autor pareça estar fazendo a distinção de forma relacionada a partes da mesma decisão, isto é, a *obiter dictum* e *ratio decidendi*, pensamos que o mesmo raciocínio se aplica, *mutatis mutandis*, aos precedentes brasileiros que não possuem força vinculante.

nova redação ao art. 315, §2º, do CPP, passou a tratar expressamente dos precedentes vinculantes, em reprodução fiel do art. 489, §1º, do CPC.

Além disso, o instituto do *stare decisis* não é tema específico, muito menos exclusivo, do processo civil ou de qualquer ramo do Direito Processual, sendo trabalhado no exterior dentro da teoria geral do direito e da filosofia do direito. É assunto comumente relacionado aos atos da vida cotidiana, não se restringindo à abordagem de casos jurídicos.

Em suma, se o *stare decisis* deve ser aplicado na área cível, com maior razão deve incidir no sistema de justiça criminal. Aquilo que se busca com o princípio da legalidade penal é precisamente o que se persegue com a doutrina dos precedentes. Ambos pretendem um incremento de segurança jurídica, de proteção da confiança, de previsibilidade e de isonomia.

A Terceira Seção do STJ, órgão responsável pela uniformização da interpretação da legislação federal na área criminal (art. 12, parágrafo único, do RISTJ), vem formando precedentes vinculantes no Direito Penal, sem percalços, quando se trata de incidente de assunção de competência (art. 12, IX, RISTJ), recurso especial repetitivo (art. 12, X, RISTJ) ou de súmula relativa à jurisprudência uniforme da Quinta e Sexta Turmas (art. 2º, §4º, c/c o art. 9º, §3º, e art. 12, parágrafo único, III, todos do RISTJ), nos moldes dos incisos III e IV do art. 927 do CPC.

Por meio de uma interpretação teleológica e sistemática do CPC em conjunto com o RISTJ, os julgados proferidos pela Terceira Seção do STJ em competência originária são dotados de força vinculante, mesmo em face da literalidade do art. 927, V, do CPC, que faz menção apenas a "plenário" e a "órgão especial". A decisão da Terceira Seção terá força vinculante horizontal e vertical, salvo quando ela for de encontro a algum julgado da Corte Especial sobre a mesma matéria.

Tradicionalmente, há um entendimento de serem o *habeas corpus* e o mandado de segurança criminal destinados apenas a garantir o direito fundamental à liberdade individual, não podendo gerar precedentes vinculantes para terceiros. O STF, entretanto, vem evoluindo no sentido de considerar que o colegiado pode fixar teses abstratas e generalizáveis mesmo nos remédios apontados. Tal questão é de grande relevância quando se percebe que uma enorme quantidade de processos examinados pelas Turmas com competência criminal do STJ consiste nas classes HC (68.183 impetrados em 2019) ou RHC (15.191 protocolados em 2019).

O sistema jurídico precisa determinar da forma mais clara possível as hipóteses em que estamos diante de um precedente vinculante ou meramente persuasivo. Eventual reforma do diploma processual penal deveria ir além do previsto na lei processual civil, determinando a vinculatividade de todos os precedentes superiores no ramo do Direito Penal.

# Referências

ARRUDA, Élcio. O sistema de precedentes no sistema de justiça criminal brasileiro. *In: Revista Brasileira de Direito Processual – RBDPro*, Belo Horizonte, v. 26, n. 104, p. 83-123, out./dez. 2018.

CUNHA, Rogério Sanches. *Pacote Anticrime*: Lei 13.964/2019 – Comentários às alterações no CP, CPP e LEP. Salvador: Juspodivm, 2020.

GALVÃO, Danyelle da Silva; PEIXOTO JR., Hélio; LOBO, Ricardo. O art. 489 do Novo Código de Processo Civil (Lei 13.105/2015) e suas implicações no Direito Processual Penal. *In: Revista dos Tribunais*, São Paulo, v. 971, p. 283-312, 2016.

GORLA, Gino. A decision of the rota Fiorentina of 1780 on liability for damages caused by the "Ball Game". *In: Tulane Law Review*, 1974-1975, p. 348. Disponível em: https://heinonline.org/HOL/P?h=hein.journals/tulr49&i=388. Acesso em: 17 dez. 2018.

HART, H. L. A. *O conceito de direito*. São Paulo: Martins Fontes, 2018.

LOPES JR., Aury. *Direito Processual Penal*. 11. ed. São Paulo: Saraiva, 2014.

KRYGIER, Martin. Law as Tradition. *In: Law and Philosophy*, Aug, 1986, p. 239 e 241. Disponível em: https://www.jstor.org. Acesso em: 6 set. 2018.

LIMA, Renato Brasileiro de. *Código de Processo Penal Comentado*. 2. ed. Salvador: Juspodivm, 2017.

LOPES JR., Aury. Quando Cinderela terá suas próprias roupas? A necessária recusa à teoria geral do processo. In: Revista Brasileira de Direito Processual Penal, vol. 1, n. 1, Porto Alegre, 2015, pp. 230-237. Disponível em: http://dx.doi.org/10.22197/rbdpp.v1i1.13. Acesso em: 05 nov. 2020.

MACCORMICK, Neil. *Rhetoric and the Rule of Law*: a Theory of Legal Reasoning. New York: Oxford University Press, 2005.

MACCORMICK, Neil; SUMMERS, Roberts. Introduction. *In:* GOODHART, Arthur L.; MACCORMICK. Neil; SUMMERS, Robert S. (Ed.). *Interpreting precedents*: a comparative study. Routledge: Londres e Nova York, 2016.

MACCORMICK, Neil; SUMMERS, Roberts. Further General Reflections and Conclusions. *In:* GOODHART, Arthur L.; MACCORMICK. Neil; SUMMERS, Robert S. (Ed.). *Interpreting precedents*: a comparative study. Routledge: Londres e Nova York, 2016.

MACÊDO, Lucas Buril. A Disciplina dos Precedentes Judiciais no Direito Brasileiro: do Anteprojeto ao Código de Processo Civil. *In:* DIDIER JR., Fredie *et al.* (Coord.). *Precedentes*. Salvador: Juspodivm, 2015.

MARINONI, Luiz Guilherme. *Julgamento nas Cortes Supremas*: precedente e decisão do recurso diante do novo CPC. São Paulo: Revista dos Tribunais, 2015.

MAZZEI, Rodrigo; CERQUEIRA, Maira Ramos. Precedentes, CPC/15 e o processo penal: breves considerações. *In: Revista Forense*, Rio de Janeiro v. 426, p. 217-237, jul./dez. 2017.

MERRYMAN, John Henry; PÉREZ-PERDOMO, Rogelio. *The Civil Law Tradition*: An Introduction to the Legal Systems of Europe and Latin America. 3. ed. Stanford: Stanford University Press, 2007.

MITIDIERO, Daniel. *Cortes Superiores e Cortes Supremas:* do Controle à Interpretação da Jurisprudência ao Precedente. 2. ed. . São Paulo: Revista dos Tribunais, 2014.

NERI, Bianca Garcia; LIMA, Barbara Gaeta Dornellas de. A força dos precedentes judiciais no processo penal: uma busca pela igualdade e segurança jurídica. *In: Revista de Direito Penal, Processo Penal e Constituição*, Brasília, v. 2, n. 1, p. 634-654, jan./jun.2016.

PEIXOTO, Ravi. Aspectos materiais e processuais da superação de precedentes no direito brasileiro. *In:* DIDIER JR., Fredie *et al.* (Coord.). *Precedentes*. Salvador: Juspodivm, 2015.

POSNER, Richard A. *How Judges Think*. Cambridge: Harvard University Press, 2010.

RE, Edward D. Stare Decisis. Tradução de Ellen Gracie Northfleet. *Revista dos Tribunais,* São Paulo, v. 702, p. 7-13, abr. 1994.

SCHAUER, Frederick. *Thinking like a Lawyer*: a new Introduction to Legal Reasoning. Harvard University Press: Massachusetts, 2009.

STRECK, Lenio Luiz. *Precedentes Judiciais e Hermenêutica*: o sentido da vinculação no CPC/2015. 2. ed. Salvador: Juspodivm, 2019.

TUSHNET, Mark. Os precedentes judiciais nos Estados Unidos. Tradução de Flavio Portinho Sirangelo. *Revista de Processo*, São Paulo, v. 38, n. 218, p. 99-110, abr. 2013.

VASCONCELLOS, Vinicius Gomes de. O *Habeas Corpus* como formador de precedentes penais no STF, *In: Consultor Jurídico*, Out. 2020. Disponível em: https://www.conjur.com.br/secoes/colunas/pensando-em-habeas. Acesso em: 12 nov. 2020.

ZANETI JÚNIOR, Hermes. Aplicação supletiva, subsidiária e residual do CPC ao CPP. Precedentes normativos formalmente vinculantes no processo penal e sua dupla função. Pro futuro *in malam partem* (matéria penal) e *tempus regit actum* (matéria processual penal). *In:* CABRAL, Antônio do Passo; PACELLI, Eugênio; CRUZ, Rogério Schietti (Org.). *Processo penal* (Coleção repercussões do novo CPC, v. 13). Salvador: Juspodivm, 2016, p. 453-467.

ZANETI JR., Hermes. *O valor vinculante dos precedentes*: teoria dos precedentes normativos formalmente vinculantes. 2. ed. Salvador: Juspodivm, 2016.

---

Informação bibliográfica deste texto, conforme a NBR 6023:2018 da Associação Brasileira de Normas Técnicas (ABNT):

FERNANDES, Og; KOEHLER, Frederico Augusto Leopoldino; MENDONÇA, Jorge André de Carvalho. A formação de precedentes no Superior Tribunal de Justiça e sua eficácia vertical no sistema de justiça penal brasileiro. *In:* ASSOCIAÇÃO DOS MAGISTRADOS BRASILEIROS; SALOMÃO, Luis Felipe; FONSECA, Reynaldo Soares da; VIDEIRA, Renata Gil de Alcantara; SZPORER, Patrícia Cerqueira Kertzman; COSTA, Daniel Castro Gomes da (Coord.). *Sistema penal contemporâneo*. Belo Horizonte: Fórum, 2021. p. 75-91. ISBN 978-65-5518-205-7.

# A ADOÇÃO DO SISTEMA ACUSATÓRIO NA PERSECUÇÃO DAS INFRAÇÕES PENAIS PERPETRADAS NO ÂMBITO DE EMPRESAS E DE ORGANIZAÇÕES CRIMINOSAS E O SEU IMPACTO NO EXERCÍCIO DA JURISDIÇÃO

NILSON SOARES CASTELO BRANCO

## 1 Introdução

A persecução às infrações penais perpetradas no âmbito de empresas e de organizações criminosas revela-se como atividade especialmente complexa, que apresenta grandes desafios no desempenho da atividade jurisdicional.

Tanto na fase inicial da investigação – cujos métodos e estratégias persecutórias podem ser submetidos a controle – como na fase tipicamente processual, em que se delineiam as partes, haja vista os interesses que serão confrontados em Juízo, a multiplicidade de eventos, contextos e dilemas desponta como importante campo da atuação judicante, cotidianamente posta à prova em face da necessidade premente de estabilização normativa e da almejada pacificação dos conflitos vivenciados em sociedade.

Pensar o exercício da atividade jurisdicional à luz da Constituição Federal de 1988, na qual se vê consagrado o sistema acusatório, o direito ao devido processo legal, ao contraditório e à ampla defesa, apresenta-se como um imperativo, notadamente quando situado o papel da jurisdição em momento histórico de grandes mudanças, marcadas pelo avanço tecnológico e pela reinvenção das relações econômicas, sociais e de trabalho, com significativo impacto no campo da articulação política.

Em se tratando de infrações penais praticadas no âmbito de empresas e de organizações criminosas, há de se refletir sobre a metodologia de trabalho mais adequada, especialmente sobre o caminho hermenêutico e epistêmico apto à operatividade da atividade judicante quando chamada a apreciar a legalidade das práticas investigativas, a admissibilidade da acusação e seus limites, o impacto do procedimento persecutório sobre as garantias relacionadas ao exercício da jurisdição, bem como sobre a demonstração ou a refutabilidade da pretensão acusatória, analisada em confronto com as provas e as teses defensivas.

Por esta senda, há de se destacar o valor basilar da motivação das decisões judiciais, essencial à identificação e à análise crítica das razões da opção por determinada forma de julgamento (*ratio decidendi*) e sua conseguinte refutabilidade pelas partes. A compreensão do critério jurídico erigido pelo magistrado e da valoração contrastável de sua eficácia constitui valiosa ferramenta para o aprimoramento dos precedentes judiciais, com vistas à estabilidade dos padrões decisórios na apreciação de casos similares, de tal modo que a aplicação e a interpretação de determinado dispositivo legal não se transformem em artifício ou subterfúgio para o arbítrio.

Não por outro motivo, ao se indagar se "os juízes podem jogar dados para decidir os processos?", a resposta negativa, como bem pontuado por Gustavo Badaró, "parece óbvia".[1]

A dialeticidade do processo em um sistema acusatório conduz à necessidade de que as decisões judiciais contemplem justificação razoável para os atos que repercutem sobre a liberdade individual, nas diversas etapas do procedimento persecutório e, do ponto de vista qualitativo, redobrado cuidado e rigor valorativo para a afirmação ou a refutação, ao final, da responsabilidade penal do sujeito como autor ou partícipe de um crime.

Assim, considerado o breve espaço de interlocução que este trabalho possibilita, pretendo demonstrar, a partir do estudo de casos nos quais atuei como julgador, em cotejo com precedentes dos Tribunais Superiores, como a adoção dos postulados do sistema acusatório, orientados a partir de uma visão instrumental do processo, de matriz constitucional democrática, liberal e republicana, contribui para a consolidação de critérios jurídicos na valoração de casos concretos em prol do incremento da segurança jurídica das decisões judiciais e, também, como essa adoção conduz à melhor elucidação dos fatos apresentados pelos agentes estatais encarregados da persecução penal.

## 2 O ponto de partida: a matriz constitucional do sistema acusatório brasileiro

O exercício da jurisdição na seara penal precisa de um norte, isto é, de um postulado epistêmico e valorativo capaz de afiançar e promover a plena eficácia das garantias e direitos individuais previstos na Constituição Federal de 1988, notadamente a primazia do direito à vida e à liberdade.

Se observada a autodeclaração constitutiva do Estado Brasileiro, como Estado Democrático de Direito, fundado no reconhecimento da dignidade da pessoa humana e que tem o propósito de assegurar, entre outros aspectos essenciais, a igualdade e a justiça como valores supremos de uma sociedade fraterna, não pode o Magistrado, no desempenho de suas funções institucionais, desvincular-se dos valores, das normas e dos princípios que conformam a concepção constitucional do Direito Penal e do Direito Processual Penal, a pretexto de "punir criminosos".

---

[1] BADARÓ, Gustavo. Editorial dossiê "Prova penal: fundamentos epistemológicos e jurídicos". In: *Revista Brasileira de Direito Processual Penal*, Porto Alegre, vol. 4, n. 1, jan./abr. 2018.

Como já tive a oportunidade de destacar ao longo da minha atividade judicante, a Constituição Federal de 1988 atribuiu ao Ministério Público a titularidade da ação penal (art. 129, I). Mais recentemente, na apreciação dos Habeas Corpus 8009925-68.2020.8.05.0000 e 8012222-48.2020.8.05.0000, ambos da minha relatoria, no âmbito da Segunda Turma da Primeira Câmara Criminal do Tribunal de Justiça do Estado da Bahia, mantive firme o posicionamento pela impossibilidade da decretação da prisão preventiva de ofício.

O dispositivo referenciado estabelece a conformação acusatória do sistema de justiça penal e, correlativamente, do processo penal brasileiro, consagrando a nítida separação entre os poderes de acusar e de julgar. Ademais, observado o disposto no art. 144, §§1º e 4º, da Carta Constitucional, tem-se por evidenciada a atribuição – prioritária e preponderante – da atividade investigativa aos órgãos de polícia judiciária.

O entendimento, fortemente encampado pela doutrina nacional,[2] é também reconhecido expressamente pelo Supremo Tribunal Federal, que assim o declarou em repetidas oportunidades:

> A Constituição de 1988 fez uma opção inequívoca pelo sistema penal acusatório. Disso decorre uma separação rígida entre, de um lado, as tarefas de investigar e acusar e, de outro, a função propriamente jurisdicional. Além de preservar a imparcialidade do Judiciário, essa separação promove a paridade de armas entre acusação e defesa, em harmonia com os princípios da isonomia e do devido processo legal.[3]
>
> EMENTA: I. STF: competência originária: habeas corpus contra decisão individual de ministro de tribunal superior, não obstante susceptível de agravo. II. Foro por prerrogativa de função: inquérito policial. 1. A competência penal originária por prerrogativa não desloca por si só para o tribunal respectivo as funções de polícia judiciária. 2. A remessa do inquérito policial em curso ao tribunal competente para a eventual ação penal e sua imediata distribuição a um relator não faz deste "autoridade investigadora", mas apenas lhe comete as funções, jurisdicionais ou não, ordinariamente conferidas ao juiz de primeiro grau, na fase pré-processual das investigações. III. Ministério Público: iniciativa privativa da ação penal, da qual decorrem (1) a irrecusabilidade do pedido de arquivamento de inquérito policial fundado na falta de base empírica para a denúncia, quando formulado pelo Procurador-Geral ou por Subprocurador-Geral a quem delegada, nos termos da lei, a atuação no caso e também (2) por imperativo do princípio acusatório, a impossibilidade de o juiz determinar de ofício novas diligências de investigação no inquérito cujo arquivamento é requerido.[4]

---

[2] PRADO, Geraldo. *Sistema Acusatório. A Conformidade Constitucional das Leis Processuais Penais*. 3. ed. Rio de Janeiro: Lumen Juris, 2005. BADARÓ, Gustavo Henrique. *Processo penal* [livro eletrônico] 6. ed. São Paulo: Thomson Reuters Brasil, 2020. GLOECKNER, Ricardo Jacobsen. *Nulidades no Processo Penal*. 3. ed. 2ª tiragem. Saraiva: São Paulo, 2018. LIMA, Renato Brasileiro de. *Manual de Processo Penal*. Volume único. 8. ed. Salvador: Juspodivm, 2020; o mesmo, *Pacote Anticrime*: comentários à lei 13.964/2019. Artigo por artigo. Salvador: Juspodivm, 2020. LOPES JR., Aury. *Direito Processo Penal*. 17. ed. São Paulo: Saraiva, 2020. Edição do Kindle. NICOLITT, André. *Manual de Processo Penal*. 10 ed. Belo Horizonte, São Paulo: D'Plácido: 2020. ASSUMPÇÃO, Vinícius. *Pacote Anticrime* – comentários à Lei n. 13.964/2019. São Paulo: Saraiva. Edição do Kindle, 2020. JARDIM, Afrânio Silva; AMORIM, Pierre Souto Maior Coutinho de. *Direito Processual Penal. Estudos e Pareceres*. 14. ed. Salvador: Juspodivm, 2016.

[3] STF. ADI 5104 MC. Órgão julgador: Tribunal Pleno. Relator(a): Min. ROBERTO BARROSO. Julgamento: 21.05.2014. Publicação: 30.10.2014.

[4] STF. HC 82507. Órgão julgador: Primeira Turma. Relator(a): Min. SEPÚLVEDA PERTENCE. Julgamento: 10.12.2002. Publicação: 19.12.2002.

EMENTA: AÇÃO DIRETA DE INCONSTITUCIONALIDADE. LEI 9034/95. LEI COMPLEMENTAR 105/01. SUPERVENIENTE. HIERARQUIA SUPERIOR. REVOGAÇÃO IMPLÍCITA. AÇÃO PREJUDICADA, EM PARTE. "JUIZ DE INSTRUÇÃO". REALIZAÇÃO DE DILIGÊNCIAS PESSOALMENTE. COMPETÊNCIA PARA INVESTIGAR. INOBSERVÂNCIA DO DEVIDO PROCESSO LEGAL. IMPARCIALIDADE DO MAGISTRADO. OFENSA. FUNÇÕES DE INVESTIGAR E INQUIRIR. MITIGAÇÃO DAS ATRIBUIÇÕES DO MINISTÉRIO PÚBLICO E DAS POLÍCIAS FEDERAL E CIVIL. 1. Lei 9034/95. Superveniência da Lei Complementar 105/01. Revogação da disciplina contida na legislação antecedente em relação aos sigilos bancário e financeiro na apuração das ações praticadas por organizações criminosas. Ação prejudicada, quanto aos procedimentos que incidem sobre o acesso a dados, documentos e informações bancárias e financeiras. 2. Busca e apreensão de documentos relacionados ao pedido de quebra de sigilo realizadas pessoalmente pelo magistrado. Comprometimento do princípio da imparcialidade e consequente violação ao devido processo legal. 3. Funções de investigador e inquisidor. Atribuições conferidas ao Ministério Público e às Polícias Federal e Civil (CF, artigo 129, I e VIII e §2o; e 144, §1o, I e IV, e §4o). A realização de inquérito é função que a Constituição reserva à polícia. Precedentes. Ação julgada procedente, em parte.[5]

A consagração do sistema acusatório no ordenamento jurídico nacional tornou-se ainda mais evidente com a introdução do art. 3º-A, no CPP, pela Lei nº 13.964/2019, o qual declara, de forma objetiva, que: "O processo penal terá estrutura acusatória, vedadas a iniciativa do juiz na fase de investigação e a substituição da atuação probatória do órgão de acusação".

Embora a eficácia do aludido dispositivo se encontre suspensa, desde 22.01.2020, por força da decisão monocrática proferida no âmbito das Ações Diretas de Inconstitucionalidade (ADI) nºs 6.298, 6.299, 6.300, em trâmite ante o Supremo Tribunal Federal, nas quais se questiona, notadamente, a implementação do juiz das garantias, extrai-se, do texto legal, a nítida materialização infraconstitucional da separação entre as tarefas de investigar, acusar e julgar.

O reconhecimento do sistema acusatório é, portanto, orientador da vedação da atividade probatória de iniciativa do juiz, a qual compete às partes, notadamente quando a prova se presta aos interesses da acusação, em detrimento da liberdade do acusado.

Embora se alcem vozes em prol de uma certa mitigação da referida vedação, em virtude da existência de previsão, no Código de Processo Penal brasileiro, da interferência direta do magistrado para o esclarecimento dos fatos postos em análise no curso de uma ação penal,[6] o certo é que, por força da conformação do sistema acusatório, o réu deixa de ser visto com o caráter de mero objeto de prova e a participação da defesa adquire especial protagonismo, como óbice às tentações inquisitoriais.

Nesse aspecto, há de se destacar a importância do reconhecimento da garantia constitucional do direito ao contraditório e à ampla defesa (art. 5º, LV, da CF/1988), que representa o espectro nuclear da garantia do devido processo legal (art. 5º, LIV, da CF/1988), bem como a consagração do princípio da presunção de inocência, presente no art. 5º, LVII, da CF/1988.

---

[5] STF. ADI 1570. Órgão julgador: Tribunal Pleno. Relator(a): Min. Maurício Corrêa. Julgamento: 12.02.2004 – Publicação: 22.10.2004.

[6] Nesse sentido: NUCCI, Guilherme de Souza. *Manual de Direito Penal*. 15. ed. São Paulo: Forense, 2019; o mesmo, *Pacote Anticrime Comentado*: lei 13.964 de 24.12.2019. Rio de Janeiro: Forense, 2020; CRUZ, Rogerio Schietti. *Prisão cautelar. Dramas, Princípios e Alternativas*. 5. ed. Salvador: Juspodivm, 2020, p. 152-162.

A compreensão sistemática das referidas garantias, atrelada à nítida separação dos atores processuais e suas atribuições, acrescenta características específicas ao nosso sistema acusatório, sendo possível delas extrair de modo claro:

a) A identificação do juiz como um terceiro imparcial, alheio aos interesses das partes;
b) Vedação à iniciativa probatória do juiz, decorrente da nítida separação das tarefas de investigar, acusar e julgar;
c) O dever de tratamento igualitário, por parte do Estado, às partes envolvidas no procedimento persecutório;
d) A possibilidade de participação ativa das partes em todas as fases do processo e dos procedimentos preparatórios à deflagração da ação penal, notadamente aqueles que impliquem a limitação de direitos e garantias individuais do acusado;
e) O pleno exercício do direito de defesa e ao contraditório como condição de validade dos atos praticados no curso de uma ação penal;
f) A distinta distribuição do ônus probatório entre as partes, recaindo sobre o acusador a incumbência de apresentar e produzir provas para a admissibilidade da acusação em juízo;
g) A exigência de um *standard* de prova suficientemente rigoroso para a superação da dúvida acerca do estado de inocência do acusado e sua condenação.

Em semelhante contexto, entre os estudiosos das matrizes teóricas e filosóficas do processo penal, destaco a valiosa doutrina do professor português Paulo de Sousa Mendes, que, em aprofundo trabalho teórico, resgata a tradição da retórica aristotélica e, outorgando especial valor à controvérsia judicial entre a acusação e a defesa, nos exorta a refletir sobre a origem clássica do procedimento de atribuição de responsabilidade penal, especialmente sobre a tradição clássica das imputações como procedimento retórico e adversarial de realização da justiça penal:

> O modelo de liberdade dos antigos encontrava-se estreitamente ligado à ideia de responsabilidade-resposta, enquanto capacidade que todo o cidadão deveria ter para assumir suas ações e justificá-la diante dos seus concidadãos se fosse levado à Justiça, ainda que a sua justificação fosse protagonizada por um ou mais oradores (Lat. *patroni*) (...)
> Nenhuma imputação-acusação do facto ao agente moral poderia transformar-se automaticamente em imputação-punição sem passar pelos estádios intermédios da constituição da controvérsia.[7]

Assim é que, no âmago da extraordinária pesquisa realizada sobre a causalidade jurídica, no qual se reconhece a importância do tratamento integrado do Direito Penal, do Direito Processual Penal e do Direito Probatório, Paulo de Sousa Mendes manifesta sua preferência amplamente fundamentada, inclusive sob a perspectiva histórica, por "uma teoria processual da infração criminal inspirada na retórica adversarial". Entre as justificativas atuais da proposta por ele formulada, delineia que:

---

[7] MENDES, Paulo de Sousa. *Causalidade complexa e prova penal*. São Paulo: Marcial Pons, 2019, p. 66.

Num Estado de direito liberal e democrático, a garantia da autonomia, independência e vinculação à legalidade da promotoria pública nunca é suficiente para os seus agentes servirem simultaneamente os interesses da sociedade, da vítima, e do arguido. São interesses conflituantes: o interesse do arguido não coincide a punição, nem mesmo se for justamente condenado. Ora, a promotoria pública nunca poderá ser parte no processo e, ao mesmo tempo, imparcial. Muito mal andaria o arguido se confiasse a sua defesa à promotoria pública. O arguido tem de confiar a sua defesa a um mandatário judicial e é isso que o sistema penal lhe deve garantir em quaisquer circunstâncias.[8]

Além disso, salienta como o resgate da retórica adversarial é útil e operativo, do ponto de vista epistêmico, ao esclarecimento da *verdade* no processo penal:

A verdade no processo não é encontrada, mas é construída através de um autêntico procedimento retórico de produção dos factos. Ademais, a verdade do julgamento é conscientemente assumida como um produto contingente do confronto entre as provas concorrentes apresentadas pelas partes, as quais têm de ser, por fim, escrutinadas pelo juiz de facto segundo critérios probabilísticos. A epistemologia subjacente à retórica adversarial quadra bem com o estabelecimento de graus de probabilidade, afastando assim o conceito de prova da ideia escolástica de verdade lógica ou da ideia positivista de verdade empírica e, ao invés, aproximando-a da ideia de máximo grau de probabilidade (...).[9]

Embora não seja este o espaço mais adequado para o escrutínio das diferentes conformações que um sistema processual acusatório ou adversarial pode chegar a alcançar, nem se apresente viável a explicitação teórica acerca da distribuição do ônus da prova entre as partes e, correlativamente, sobre os *standards* jurídicos de valoração probatória,[10] fica evidenciada, na obra do festejado professor português, a importância da participação dialética da acusação e da defesa na elucidação dos fatos que serão apreciados pelo juiz, notadamente quando reflete sobre a condição de legitimidade da função desempenhada pelo Magistrado como autoridade epistêmica do tribunal:

(...) a autoridade epistêmica não depende apenas da competência cognitiva do juiz de fato, mas sobretudo da sua imparcialidade na apreciação da matéria de fato. Aquilo que define

---

[8] MENDES, 2019, p. 81. O autor também refere-se à questão no artigo O standard de prova e as probabilidades: Uma proposta de interpretação inspirada no direito comparado. In: AA.VV. *Fundamentos de Direito Probatório em Matéria Penal* (org.: Kai Ambos e Ezequiel Malarino). São Paulo: Tirant lo Blanch, 2020, p. 95-115.

[9] MENDES, 2019, p. 81-82.

[10] Para uma aproximação ao estudo das aludidas temáticas, confira-se, entre outros, MATIDA, Janaína; VIEIRA, Antônio. Para além do *bard*: uma crítica à crescente adoção do standard de prova "para além de toda a dúvida razoável" no processo penal brasileiro. In: Revista Brasileira de Ciências Criminais, vol. 156, p. 221-248, jun. 2019. LUCCHESI, Guilherme Brenner. O necessário desenvolvimento de standards probatórios compatíveis com o direito processual penal brasileiro. In: Revista Brasileira de Ciências Criminais, vol. 156, p. 165-188, jun. 2019. GUSMÁN, Nicolás. O papel da verdade no processo penal e seu impacto na dinâmica probatória. In: AA.VV., *Fundamentos de Direito Probatório em Matéria Penal* (org.: Kai Ambos e Ezequiel Malarino), São Paulo: Tirant lo Blanch, 2020, p. 41-60. VASCONCELOS, Vinícius Gomes de. Standard probatório para condenação e dúvida razoável no processo penal: análise das possíveis contribuições ao ordenamento brasileiro. In: *Rev. Direito GV*, São Paulo, vol. 16, n. 2, 2020. Epub Aug 21, 2020. Publication of Fundação Getulio Vargas, Escola de Direito de São Paulo. On-line version ISSN 2317-6172. Disponível em: https://doi.org/10.1590/2317-6172201961. Acesso em: 5 out. 2020. FERRER BELTRÁN, Jordi. Uma concepção minimalista e garantista de presunção de inocência. *Revista Brasileira de Direito Processual Penal*, Porto Alegre, vol. 4, n. 1, p. 149-182, jan./abr. 2018. https://doi.org/10.22197/rbdpp.v4i1.131. JARDIM; AMORIM, 2016, p. 309-327.

os tribunais como autoridades epistêmicas é o caráter desinteressado (disinterestedness) das razões que sustentam as suas decisões sobre a matéria de fato.[11]

O texto nos conduz à convicção de que um sistema processual penal de natureza inquisitorial, no qual se veja comprometida a imparcialidade do juiz e se imponham reduções ao exercício do direito de defesa e ao contraditório, apresenta maiores desvantagens ao exercício da jurisdição, comprometendo o ideal de justiça e estabilização normativa almejado.

Significativa nesse sentido também é a obra de Geraldo Prado, que evidencia, para além das matrizes teóricas e históricas do sistema acusatório, o sentido pragmático de sua aplicação na atuação cotidiana dos tribunais:

> o Sistema Acusatório é isso: ausência de vínculo de subordinação das partes ao juiz e compreensão de que, se o juiz tem o poder de decidir, as partes têm o direito de participar do processo e cooperar no sentido de que se produza a melhor (mais justa) decisão possível.[12]

Destarte, como conclusão desse tópico, é possível afirmar que as características extraídas do sistema acusatório que consideramos, em linhas gerais, derivadas da Constituição Federal de 1988 representam o almejado norte ao exercício da atividade jurisdicional na seara penal.

## 3 A importância da confrontação dos postulados do sistema acusatório à práxis judicial

Tão insuficiente quanto a enunciação de critérios jurídicos esparsos, colhidos aleatoriamente da doutrina, é a manifestação do conhecimento das diferentes correntes do pensamento que orientam a dogmática penal e processual penal sem a confrontação dos seus postulados ao desafio da aplicação prática, para a solução de casos concretos.

Elucubrações teóricas, sem ressonância no desempenho da práxis judicial, não servem ao Magistrado, exceto quando voltadas ao próprio deleite e estímulo intelectual. O enriquecimento da mente criativa, a partir das mais diversas fontes do conhecimento, é sempre benéfico, mas, para o desempenho da atividade judicante, há de se ter o cuidado de observar e ponderar os efeitos da aplicação de construções teóricas que possam impactar na restrição de garantias e direitos individuais, notadamente o cerceamento do direito à defesa e à liberdade.

Sendo a liberdade a regra, e não a exceção, e tendo como valor primordial da autuação do Estado e de seus agentes a realização de ações tendentes a assegurar a igualdade e a justiça como valores supremos de uma sociedade fraterna, há de se ponderar os efeitos dos postulados do sistema acusatório sobre a atuação jurisdicional, na resolução de casos concretos, e possibilitar às partes afetadas meios eficazes de refutação.

A viabilidade dessa tarefa pressupõe, no entanto, o atendimento ao dever de motivação das decisões judiciais (art. 93, IX, da CF/1988), assim como o respeito à publicidade dos atos processuais não protegidos, em condições excepcionais, pelo sigilo

---

[11] MENDES, 2020, p. 103.
[12] PRADO, 2005, p. 295.

(art. 5º, LX, da CF/1988, observado o teor do enunciado da Súmula Vinculante nº 14 do STF), bem como o acesso às partes às vias impugnativas (art. 5º, LXVIII, LXVIX e LXXI) e recursais, efetivando o duplo grau de jurisdição (art. 5º, LV, da CF/1988).

A publicidade do processo e das decisões e a apresentação do(s) critério(s) jurídico(s) e da(s) justificativa(s) legal(is) ao alcance de uma determinada conclusão na análise de um caso concreto deduzido em juízo, atreladas à possibilidade, pelas partes, de confrontação e refutação das deliberações, constituem autênticas garantias à sobrevivência e à efetividade do sistema acusatório, precavendo e corrigindo eventuais burlas e distorções aos seus postulados estruturantes.

Impende, portanto, segundo as premissas aqui estabelecidas, evidenciar, a partir do estudo de casos concretos nos quais tive a oportunidade de atuar na condição de julgador, o efeito prático e operativo da adoção, na interpretação da lei penal e processual penal, dos postulados norteadores do sistema penal acusatório.

Destaco, nesse particular, os casos que demandaram grande esforço de conformação constitucional na aplicação da lei na resolução do conflito deduzido em juízo, em razão da complexidade dos feitos envolvendo a prática de infrações penais perpetradas no âmbito de empresas e de organizações criminosas.

## 4 O controle judicial de práticas persecutórias que violem direitos e garantias individuais

A possibilidade de acesso às vias impugnativas para a tutela de direitos e garantias individuais representa uma grande conquista frente aos abusos, omissões e excessos que venham a ser praticados por agentes estatais, e se encontra amplamente reconhecida na Constituição Federal de 1988 (art. 5º, LXVIII, LXVIX e LXXI).

No exercício da atividade jurisdicional, é trivial a apreciação de *habeas corpus* quando a atividade persecutória do Estado afeta ou constitui ameaça à liberdade de locomoção de alguém investigado ou acusado da prática de um crime.

No entanto, não raras vezes é pela via do mandado de segurança que se possibilita, com o acesso ao Poder Judiciário, a tutela de outros direitos que, também, podem ser afetados como consequência das estratégias e das medidas persecutórias adotadas, inclusive quando a restrição se estabelece, em instâncias prévias, por ordem judicial.

Assim é que, deflagrado procedimento persecutório para a apuração de crimes contra a ordem tributária, no âmbito empresarial, concretamente relacionados à supressão fraudulenta de ICMS, por agentes supostamente associados, de modo estruturado e com divisão de tarefas, dando causa a vultoso prejuízo às arcas do Estado, tive a oportunidade de apreciar e constatar, em sede de mandado de segurança, o equívoco no deferimento, pelo Juízo de Primeiro Grau, de medida cautelar de sequestro de valores depositados na conta bancária de um dos acusados, por se tratar do bloqueio de salário, fruto de atividade laborativa lícita, na função de servidor público.

Na decisão, por mim proferida liminarmente (MS nº 0008319-49.2017.8.05.0000), evidenciei que, a despeito da plausibilidade da imposição de medida cautelar de natureza patrimonial – dirigida ao ressarcimento de prejuízos eventualmente ocasionados pelos crimes supostamente cometidos –, foi possível constatar a plausibilidade da arguição defensiva, uma vez que o sequestro, no caso, caracterizou violação ao direito líquido e certo do impetrante à impenhorabilidade dos seus vencimentos, conforme previsto no art. 833, inciso IV, do novo Código de Processo Civil, haja vista a natureza alimentar da verba salarial e a consequente necessidade de se assegurar o mínimo existencial e a dignidade da pessoa humana, tanto mais porque não havia vinculação aparente entre o desempenho das funções como servidor público e os crimes em investigação.

Referenciei, inclusive, sobre o tema, precedente do Pleno do Tribunal Regional Federal da 5ª Região, no julgamento do MS81701/CE, que já se posicionou favoravelmente à suspensão do bloqueio de verbas alimentares.[13]

Por essas razões, concedi a liminar postulada, tão somente para determinar o desbloqueio da quantia referente à verba salarial, depositada na conta bancária de titularidade do impetrante, bem como dos valores que viessem a ser depositados na mesma conta bancária, recebidos a título de remuneração como servidor. A liminar concedida foi, ao final, integralmente confirmada pelo Colegiado no julgamento do *mandamus*, que resultou na concessão parcial da segurança pretendida, nos limites aqui descritos.

O feito originário foi, ademais, alcançado pelos efeitos do questionamento relacionado à "possibilidade de compartilhamento com o Ministério Público, para fins penais, dos dados bancários e fiscais do contribuinte, obtidos pela Receita Federal no legítimo exercício de seu dever de fiscalizar, sem autorização prévia do Poder Judiciário", cuja repercussão geral foi reconhecida pelo Pleno do Supremo Tribunal Federal, em 12.04.2018, no bojo do RE 1.055.941, estabelecendo-se o tema 990:

> EMENTA CONSTITUCIONAL. PROCESSUAL PENAL. COMPARTILHAMENTO COM O MINISTÉRIO PÚBLICO, PARA FINS PENAIS, DOS DADOS BANCÁRIOS E FISCAIS DO CONTRIBUINTE, OBTIDOS PELO FISCO NO LEGÍTIMO EXERCÍCIO DE SEU DEVER DE FISCALIZAR, SEM A INTERMEDIAÇÃO DO PODER JUDICIÁRIO. TRANSFERÊNCIA DE INFORMAÇÕES EM FACE DA PROTEÇÃO CONSTITUCIONAL DA INTIMIDADE E DO SIGILO DE DADOS. ART. 5º, INCISOS X E XII, DA CONSTITUIÇÃO FEDERAL. QUESTÃO EMINENTEMENTE CONSTITUCIONAL. MATÉRIA PASSÍVEL DE REPETIÇÃO EM INÚMEROS PROCESSOS, A REPERCUTIR NA ESFERA DO INTERESSE PÚBLICO. TEMA COM REPERCUSSÃO GERAL.[14]

A discussão estabelecida no âmbito da Suprema Corte foi, finalmente, dirimida no julgamento do RE 1.055.941, realizado no dia 04.12.2019, cujo resultado somente foi publicado em 06.10.2020, fixando-se as seguintes teses:

> Ementa Repercussão geral. Tema 990. Constitucional. Processual Penal. Compartilhamento dos Relatórios de inteligência financeira da UIF e da íntegra do procedimento fiscalizatório da Receita Federal do Brasil com os órgãos de persecução penal para fins criminais. Desnecessidade de prévia autorização judicial. Constitucionalidade reconhecida. Recurso ao qual se dá provimento para restabelecer a sentença condenatória de 1º grau. Revogada a liminar de suspensão nacional (art. 1.035, §5º, do CPC). Fixação das seguintes teses: 1. É constitucional o compartilhamento dos relatórios de inteligência financeira da UIF e da íntegra do procedimento fiscalizatório da Receita Federal do Brasil – em que se define o lançamento do tributo – com os órgãos de persecução penal para fins criminais sem prévia autorização judicial, devendo ser resguardado o sigilo das informações em

---

[13] TRF 5. MSPL 81701 CE 2002.05.00.022852-6, Órgão Julgador: Pleno. Relator: Desembargador Federal Paulo Roberto de Oliveira Lima. Diário da Justiça. Data: 03.06.2003. Julgamento: 30.12.2002.
[14] STF. RE 1055941 RG – Órgão julgador: Tribunal Pleno – Relator(a): Min. DIAS TOFFOLI – Julgamento: 12.04.2018 – Publicação: 30.04.2018.

procedimentos formalmente instaurados e sujeitos a posterior controle jurisdicional; 2. O compartilhamento pela UIF e pela RFB referido no item anterior deve ser feito unicamente por meio de comunicações formais, com garantia de sigilo, certificação do destinatário e estabelecimento de instrumentos efetivos de apuração e correção de eventuais desvios.[15]

Como se pode constatar, o debate salutar, estabelecido entre as partes do processo, conduziu ao delineamento, pelo Poder Judiciário, dos limites à atividade persecutória desenvolvida pelos agentes estatais, de modo a preservar o respeito aos direitos e às garantias individuais dos acusados, sem, com isso, inviabilizar o próprio deslinde dos fatos tidos como criminosos, que haverá de observar, de agora em diante, os critérios de estabilização normativa fixados pelo Supremo Tribunal Federal.

## 5 A admissibilidade da acusação e seus limites

O exercício da ação penal, compreendido o direito de ação, segundo o art. 5º, XXXV, da CF/1988, como direito potestativo de formular pretensão acusatória contra alguém diante da existência de *fumus comissi delicti* comporta limites.

A deflagração de uma ação penal representa, inequivocamente, risco à liberdade ambulatorial daquele que venha a ser considerado, pelo órgão da acusação, como responsável pela prática de um crime. E é precisamente por esse motivo que o ato decisório conformador do recebimento da denúncia ou da queixa se apresenta como momento de grande importância, no qual há de se observar, entre outros aspectos, se a pretensão acusatória deduzida é dotada de justa causa, ou seja, se a acusação apresenta lastro probatório mínimo indicativo de que a acusação tem verossimilitude, como condição de garantia contra o uso abusivo do direito de acusar.

Não raras vezes, a complexidade dos fatos investigados e a multiplicidade de agentes envolvidos conduzem a contextos de incertezas sobre os próprios limites do poder de acusar.

Refiro-me, concretamente, ao tema concernente à análise da suficiência das provas e dos indícios apresentados e ao grau de convencimento necessário à legítima dedução de uma pretensão acusatória. Na prática, deve ser possível antever nítida diferenciação entre os casos em que existe possibilidade factível e razoável de condenação, a legitimar o exercício do direito de ação penal frente aos que não é possível estabelecer uma prognose objetiva de condenação, segundo os elementos que instruem a inicial acusatória, de modo a deslegitimar o exercício do poder de acusar, concitando o magistrado a rejeitar a denúncia ou a queixa.

Valiosas, nesse aspecto, as considerações do Prof. Paulo de Sousa Mendes, quando tenta responder, a partir do estudo comparado de distintos ordenamentos jurídicos, inclusive o brasileiro, à seguinte indagação: "Quem deve suportar o risco das dúvidas residuais da acusação e sobre que espécie de factos?"[16]

O tema, visto em profundidade, se apresenta como espinhoso, mas vem sendo cotidianamente enfrentado por magistrados, na tentativa de conformar os limites do exercício legítimo e seguro do poder de acusar.

---

[15] STF. RE 1055941. Órgão julgador: Tribunal Pleno. Relator(a): Min. Dias Toffoli. Julgamento: 04.12.2019. Publicação: 06.10.2020. Acesso em: https://jurisprudencia.stf.jus.br. Consultado em 07.10.2020.
[16] MENDES, 2019, p. 88.

Os tribunais superiores, a respeito da matéria, indicam, sem adentrar na fixação de parâmetros específicos de valoração da prova, os contornos mínimos da discussão, ao sustentar, reiteradamente, a necessidade de que a acusação esteja lastreada em prova da materialidade e dos indícios suficientes de autoria.[17]

Importante destacar a compreensão de que:

> A denúncia deve vir acompanhada com o mínimo embasamento probatório, ou seja, com lastro probatório mínimo apto a demonstrar, ainda que de modo indiciário, a efetiva realização do ilícito penal por parte do denunciado. Em outros termos, é imperiosa existência de um suporte legitimador que revele de modo satisfatório e consistente, a materialidade do fato delituoso e a existência de indícios suficientes de autoria do crime, a respaldar a acusação, de modo a tornar esta plausível. Não se revela admissível a imputação penal destituída de base empírica idônea o que implica a ausência de justa causa a autorizar a instauração da *persecutio criminis in iudicio*.[18]

Assim é que me defrontei, no julgamento do HC 0011706-43.2015.8.05.0000, com a análise da existência de justa causa para a deflagração de ação penal na qual se atribuía aos agentes denunciados, segundo descrito pelo Ministério Público, a prática de conduta constitutiva do crime de supressão fraudulenta de ICMS, nos termos do art. 1º, I e II, da Lei nº 8.137/1990, decorrente da realização de operação de *leasing* internacional.

Na profícua lição de Elmir Duclerc, a noção de justa causa, vista como condição para o exercício da ação penal,

> resulta da compreensão geral quanto à gravidade dos interesses discutidos no âmbito do processo penal e quanto às consequências extremamente danosas que surgem para o acusado a partir da simples instauração do processo de conhecimento condenatório (...). Assim, para evitar a propositura de ações temerárias, exige-se que o autor demonstre, a priori, a plausibilidade do pedido de condenação do réu. A noção de justa causa, portanto, da forma como foi construída pela dogmática processual penal, tem a ver com a presença ou ausência de uma base probatória mínima, trazida através do inquérito policial ou outras peças de informação, que permitam pelo menos um juízo de probabilidade sobre a existência e a autoria do fato, bem como a respeito do próprio caráter criminoso do referido evento. É o que se depreende, inclusive, da leitura dos arts. 12, 39, §5º, e 46, §1º, do CPP.[19]

---

[17] Segundo sedimentado na jurisprudência do STJ: "Está consagrada, na jurisprudência nacional, que o trancamento da ação penal, na via estreita do habeas corpus, faz-se possível, em caráter excepcional, quando se comprovar, de plano, a atipicidade da conduta, a incidência de causa de extinção da punibilidade, a ausência de indícios de autoria e a prova da materialidade do delito ou a inépcia da denúncia". Nesse sentido o posicionamento do STJ no julgamento do HC 283215/AL, *DJe* 05.06.2015; RHC 45167/SC, *DJe* 25.06.2015; HC 282610/RS, *DJe* 06.04.2015; AgRg no RHC 113988/PA, *DJe* 22.09.2020. Confiram-se, também, os seguintes precedentes do STJ: HC 91614 MG 2007/0232167-9, *DJe* 26.05.2008; RHC 51.491/SC, *DJe* 29.04.2015; RHC 51.498/SP, *DJe* 25.03.2015; RHC 55.255/AL, *DJe* 16.03.2015; HC 595194/MG, *DJe* 21.09.2020, entre outros.

[18] STJ. RHC 51.491/SC, Rel. Ministro Felix Fischer, Quinta Turma, julgado em 07.04.2015, *DJe* 29.04.2015. Confiram-se, ainda, os seguintes precedentes: RHC 51.498/SP, *DJe* 25.03.2015; RHC 55.255/AL, *DJe* 16.03.2015; HC 595194/MG, *DJe* 21.09.2020, entre outros. De modo similar, os precedentes do Pleno do Supremo Tribunal Federal: Inq 3228, Publicação: 03.06.2013; Inq 3412 ED, Publicação: 08.10.2014; Inq 2667, Publicação: 21.08.2014; Inq 2792, Publicação: 13.10.2015. A compreensão encampada pelo Pleno do STF vem sendo reiterada, consoante se observa no julgamento do HC 173460 AgR, Publicação: 23.06.2020.

[19] DUCLERC, Elmir. *Introdução aos fundamentos do direito processual penal*. Florianópolis: Empório do Direito, 2016, p. 183.

De modo similar, Aury Lopes Jr. refere-se à natureza jurídica da justa causa como "uma importante condição da ação processual penal", assim prevista no art. 395, III, do CPP, que constitui uma "condição de garantia contra o abuso do direito de acusar", que está relacionada com "a existência de indícios razoáveis de autoria e materialidade de um lado, e, de outro, com o controle processual do caráter fragmentário da intervenção penal".[20]

Na dicção de Gustavo Badaró:

> A ausência desse lastro probatório ou da *probable cause* autoriza a rejeição da denúncia e, em caso de seu recebimento, faltará justa causa para a ação penal, caracterizando constrangimento ilegal apto a ensejar a propositura de habeas corpus para o chamado "trancamento da ação penal".[21]

Conforme apontei no voto vista, a matéria enfrentada cingiu-se ao exame do lastro sobre o qual se erigiu a afirmação taxativa, contida na exordial acusatória, de que os pacientes empreenderam manobra fraudulenta consistente na prestação de informações falsas às autoridades fazendárias ao importar mercadoria e não realizar o pagamento do ICMS devido no momento do desembaraço aduaneiro.

Na narrativa dos fatos, pelo Ministério Público, os denunciados utilizaram-se de arrendamento mercantil, ou *leasing*, para mascarar um verdadeiro contrato de compra e venda com financiamento, ocasionando, com essa prática dita fraudulenta, a supressão do ICMS considerado devido.

A defesa apresentada perante o juízo de primeiro grau não foi suficiente para modificar o convencimento no sentido da admissibilidade da pretensão acusatória deduzida, motivo pelo qual se impetrou o *habeas corpus* no intuito de se alcançar uma melhor apreciação dos fatos em deslinde, desta feita, levando-se em consideração os argumentos apresentados pelos acusados, que, de forma substancial e com lastro em provas, apontavam, no sentido oposto da acusação, para a inexistência de crime.

A impugnação defensiva causou efetiva perplexidade, na medida em que os argumentos manejados, com base em provas, desconstituíam toda e qualquer prognose objetiva de condenação, ante a evidência da atipicidade da conduta praticada.

Com efeito, segundo firmemente sustentado, não existiria nenhum elemento apto a demonstrar o cometimento de fraude, dada a licitude da operação de *leasing* internacional realizada, bem como não estaria configurada a hipótese de incidência do ICMS que a fazenda estadual considerava devido, inclusive porque houve o acolhimento dos Embargos à Execução Fiscal que tramitaram perante a Vara da Fazenda Pública da Comarca de Salvador/BA, com a anulação do crédito tributário em razão da não incidência do ICMS.

Há de ressaltar o rigor técnico da insurgência defensiva ao evidenciar a consolidação do entendimento do Supremo Tribunal Federal, em Repercussão Geral, no julgamento do RE 226899, no sentido da não incidência do ICMS quando da entrada de mercadoria importada, sob a forma de arrendamento mercantil internacional (*leasing*)

---

[20] LOPES JR., Aury. *Direito Processual Penal*. 9. ed. São Paulo: Saraiva, 2012, p. 379.
[21] BADARÓ, Gustavo Henrique. *Processo Penal* [livro eletrônico] 4. ed. São Paulo: Thomson Reuters, Brasil, 2018, capítulo 4.

em que não se tenha exercida a opção de compra, dada a possibilidade, nesta espécie contratual de natureza complexa, de devolução do bem ao arrendador.[22]

Assim, por não estar demonstrada a existência de fraude no ato de contratação da operação de *leasing*, ou seja, de não ser demonstrada a sua inautenticidade, adulteração ou desconformidade legal com as normas reguladoras da aludida espécie contratual, a simples avença sem opção de compra implementada, como negócio jurídico válido, não poderia servir como lastro para a demonstração da indicada supressão de ICMS, nos termos descritos na denúncia.

A confrontação do lastro probatório que acompanhou a exordial, frente à descrição dos fatos pelo acusador, evidenciou, de plano, a ausência de referencial empírico capaz de demonstrar a materialidade do delito imputado aos acusados.

A partir da análise capitaneada no voto vista por mim apresentado, restou clara, para os integrantes da Turma Julgadora, a inexistência de prova da materialidade, deliberando o Colegiado, ao final, por maioria de votos, no sentido da concessão da ordem, determinando-se o trancamento da ação penal por falta de justa causa, ficando vencida, à época, a Relatora. O julgamento foi concluído com a seguinte ementa:

> HABEAS CORPUS TRANCATIVO – CRIME CONTRA A ORDEM TRIBUTÁRIA – FALTA DE JUSTA CAUSA PARA DEFLAGRAÇÃO DA AÇÃO PENAL – AUSÊNCIA DE LASTRO PROBATÓRIO DA MATERIALIDADE DELITIVA – ACOLHIMENTO – FRAUDE EM CONTRATO DE LEASING INTERNACIONAL PARA SUPRESSÃO DO PAGAMENTO DE ICMS CARENTE DE BASE EMPÍRICA – ORDEM CONCEDIDA.[23]

O caso, em comento, deixou evidente como a dúvida existente sobre a materialidade do delito deve ser necessariamente superada para a propositura da ação penal, sem o que não se estabelece, de forma minimamente razoável, o juízo de probabilidade acerca do êxito da persecução penal.

Confluindo no sentido da postura por mim assumida, em prol da fixação de parâmetros à valoração da suficiência das provas e dos indícios apresentados e ao correlativo grau de convencimento necessário para o recebimento de denúncia, está a clara manifestação, pela Quinta Turma do Superior Tribunal de Justiça, no recente julgamento do AgRg no RHC 124.867/PR, da compreensão de que a acusação deve ser dotada de suporte probatório mínimo, compreendido como o conjunto de elementos de fato e de direito (*fumus comissi delicti*) que evidencia a probabilidade de confirmar-se a hipótese acusatória deduzida em juízo, de modo a revelar a plausibilidade do direito de punir, extraída dos elementos objetivos coligidos nos autos, os quais devem demonstrar, satisfatoriamente, a prova de materialidade e os indícios de que o denunciado foi o autor de conduta típica, ilícita (antijurídica) e culpável.[24]

O julgado, por sua especial transcendência na enunciação de um claro parâmetro de valoração fincado na análise da probabilidade de êxito da pretensão acusatória deduzida em juízo, no âmbito de crimes dotados de complexidade praticados no meio empresarial, merece destaque. Tanto mais porque atende ao sentido e ao alcance

---

[22] STF. RE 226899. Órgão julgador: Tribunal Pleno. Relator(a): Min. Rosa Weber. Redator(a) do acórdão: Min. Cármen Lúcia. Julgamento: 01.10.2014. Publicação: 12.12.2014.
[23] TJBA. HC nº 0011706-43.2015.8.05.0000. Segunda Turma. Primeira Câmara Criminal. Relator para Acórdão. Des. Nilson Soares Castelo Branco. Julgado em 01.12.2015.
[24] STJ. AgRg no RHC 124.867/PR. Rel. Ministro Felix Fischer. Quinta Turma, julgado em 18.08.2020, *DJe* 04.09.2020.

das recentes inovações introduzidas pela Lei nº 13.964/2019, conhecida como Pacote Anticrime, à Lei nº 12.850/2013, que define organização criminosa, que passou a vedar, expressamente, no §16, II, do art. 4º, a possibilidade de recebimento de denúncia ou queixa-crime que esteja lastreada, unicamente, nas declarações do colaborador.

## 6 A análise das provas apresentadas pela acusação e o impacto sobre o exercício da jurisdição

A multiplicidade de questionamentos levantados acerca da legalidade das práticas persecutórias e da via procedimental eleita pelo Ministério Público para a propositura da ação penal pode chegar a afetar a própria regularidade do exercício da jurisdição, quando as escolhas do acusador na formação da *opinio delicti* e sua narrativa acerca dos fatos não se dirigem de forma adequada, dificultando a própria identificação do juízo competente para o conhecimento e julgamento do pedido condenatório.

A despeito das dificuldades que podem ser encontradas pelos agentes estatais encarregados da persecução penal, no desempenho honesto e legítimo de seu mister, quando atuantes em feitos complexos, de grande envergadura, relacionados a crimes praticados no âmbito empresarial ou por organização criminosas, não é possível admitir, sem expresso permissivo legal, a relativização de regras atinentes à divisão de competência.

Como tive a oportunidade de manifestar, no julgamento do Recurso em Sentido Estrito de nº 0577821-78.2018.8.05.0001, a jurisdição, concebida tradicionalmente como um poder-dever do Estado, é, acima de tudo, um direito fundamental sob a ótica constitucional vigente.

Para Aury Lopes Júnior, a jurisdição está intrinsecamente vinculada ao direito fundamental de todo cidadão "de ser julgado por um juiz, natural (cuja competência está prefixada em lei), imparcial e no prazo razoável. É nessa dimensão que a jurisdição deve ser tratada como direito fundamental, e não apenas como um poder-dever do Estado".[25]

Prossegue o festejado jurista na explicitação do sentido e do alcance da garantia da jurisdição, indicando que:

> Essa concepção decorre, ainda, do princípio da necessidade do processo em relação à pena, pois, como visto, não há pena sem processo anterior. Logo, ação, jurisdição e processo formam um núcleo de direitos fundamentais que impedem a aplicação imediata e ilegítima da pena.
> Como consequência, a própria conceituação de competência também é afetada.
> A competência, ao mesmo tempo em que limita o poder, cria condições de eficácia para a garantia da jurisdição (juiz natural e imparcial).[26]

Por esta senda, a análise da competência se apresenta como matéria vinculada a "um conjunto de regras que asseguram a eficácia da garantia da jurisdição e, especialmente, do juiz natural".[27]

---

[25] LOPES JR., Aury. *Direito Processual Penal*. 11. ed. São Paulo: Saraiva, 2014, p. 448.
[26] LOPES JR., 2014, p. 448, grifou-se.
[27] LOPES JR., 2014, p. 453.

Não é demais consignar que a garantia do juiz natural ostenta acento próprio entre os direitos e as garantias fundamentais, previstos na CF de 1988, encontrando-se expressamente referida no seu art. 5º, incisos XXXVII e LIII, em seu duplo aspecto: a) positivo, assegurando o direito de toda pessoa ser julgada por um juiz competente, com atribuições previamente definidas; e b) negativo, no sentido de que não haverá juízo ou tribunal de exceção.

Como bem pontua Gustavo Badaró,[28] a garantia do juiz natural desdobra-se em outros aspectos, dentre os quais está a compreensão de que a) ninguém pode ser julgado por um órgão jurisdicional constituído após a ocorrência do fato; e de que b) entre os juízes pré-constituídos vigora uma ordem taxativa de competência que não se decide de modo aleatório nem discricionário, mas a partir de critérios de atribuição.

Nesse ponto, vale ressaltar que a delimitação e a definição da competência, para o exercício legítimo da jurisdição, estão previstas em diversas órbitas ou esferas do ordenamento jurídico nacional, havendo previsão de critérios de atribuição de competência na Constituição Federal de 1988 e na legislação infraconstitucional.

A matéria, que pode parecer de fácil compreensão, tornou-se especialmente controvertida no caso por mim analisado, no Recurso em Sentido Estrito nº 0577821-78.2018.8.05.0001, em razão da específica forma de atuação dos agentes estatais encarregados da investigação preliminar e da interpretação dada aos fatos pelo Ministério Público.

No feito originário, o juízo de primeiro grau alcançou a conclusão, após o diálogo estabelecido entre as partes, pela via do devido processo legal, de que não seria competente para processar e julgar os crimes relativos à organização criminosa, à falsidade ideológica e à lavagem de dinheiro atribuídos aos réus, cuja denúncia já havia sido por ele recebida.

Os fatos, em apuração, estavam relacionados à prática de diversas ilegalidades, entre as quais se destacaram as fraudes ao caráter competitivo de licitações, à execução dos correlatos contratos e aos sequenciais processos de pagamento, de forma orientada à suposta consumação de sistemáticos desvios de recursos públicos destinados à promoção da saúde de determinado município baiano.

A cuidadosa incursão, nos elementos de prova que subsidiaram a denúncia, tornou evidente que a empresa, à qual estavam os réus vinculados, recebeu, por meio de suas contratações destinadas à prestação de serviços na área da saúde, verbas públicas de origem federal, repassadas pelo Sistema Único de Saúde, bem como verbas públicas de origem estadual. Assim, considerado o interesse concorrente da União na fiscalização das ações e serviços de saúde pagos com recursos federais, entendeu o juiz, em face do disposto no art. 109, IV, da CF/1988, que seria prevalente a competência da Justiça Federal para processar e julgar as aludidas infrações penais, para onde foram os autos encaminhados.

O Ministério Público, então, interpôs o Recurso em Sentido Estrito aqui referido.

A apreciação das provas e dos argumentos apresentados, de parte a parte, conduziu à constatação de que a descrição dos fatos tidos como criminosos pelo parquet não estabeleceu diferenciação entre a origem das verbas supostamente desviadas.

---

[28] BADARÓ, 2018, capítulo 1.

Consoante apontados na análise do mérito recursal, as irregularidades e o superfaturamento globalmente detectados pelos agentes encarregados da persecução penal seriam fruto de ações fraudulentas praticadas, indistintamente, com independência da origem dos recursos destinados ao pagamento dos contratos firmados com a empresa a que os réus estavam vinculados.

Também ficou demonstrado que os valores auferidos, provenientes de contratos diversos, tinham como destinação, com lastro na prova apresentada pelo parquet, uma conta única, do Banco do Brasil, a partir da qual se produziam movimentações diversas, entre as quais foram identificadas operações anômalas, consideradas pelo acusador como constitutivas de lavagem de dinheiro.

Diante do cenário apresentado pelo próprio acusador, tornou-se nítida a conexão intersubjetiva e probatória, nos termos do art. 76, I e III, do CPP, entre os fatos para a) subsunção das condutas narradas aos tipos penais invocados; b) correlativa deflagração da ação penal e c) deferimento das medidas cautelares incidentes na espécie, de modo que todas as questões relacionadas à persecução penal, em sua configuração global, dado o concomitante desvio de verbas estaduais e federais, deveriam ser submetidas ao juízo cuja competência se mostrasse preponderante.

Para o deslinde da matéria, foram decisivos o estudo da doutrina e, notadamente, a utilização dos critérios valorativos estabelecidos pelos Tribunais Superiores em prol da estabilidade normativa.

A esse respeito, destaco a autorizada doutrina de Renato Brasileiro no sentido de que:

> (...) *compete à Justiça Federal processar e julgar as ações penais relativas a desvio de verbas originárias do Sistema Único de Saúde (SUS), independentemente de se tratar de valores repassados aos Estados ou Municípios por meio da modalidade de transferência "fundo a fundo" ou mediante realização de convênio.* Isso porque há interesse da União na regularidade do repasse e na correta aplicação desses recursos, que, conforme o art. 33, §4º, da Lei 8.080/1990, estão sujeitos à fiscalização federal, por meio do Ministério da Saúde e de seu sistema de auditoria. De mais a mais, o fato de os Estados e Municípios terem autonomia para gerenciar a verba destinada ao SUS não elide a necessidade de prestação de contas ao TCU, tampouco exclui o interesse da União na regularidade do repasse e na correta aplicação desses recursos.[29]

O entendimento é, também, incontroverso e pacificado na jurisprudência, em consonância com o teor do enunciado da Súmula nº 208 do Superior Tribunal de Justiça, segundo o qual: "Compete à Justiça Federal processar e julgar prefeito municipal por desvio de verba sujeita a prestação de contas perante órgão federal",[30] cujo teor vem sendo reiterado em casos similares, tal como se dá no desvio de verbas provenientes do Sistema Único de Saúde (SUS).[31]

---

[29] LIMA, Renato Brasileiro de. *Manual de Processo Penal*. Volume único. 4. ed. Salvador: Juspodivm, 2016, p. 416, grifou-se.

[30] STJ. Súmula 208, TERCEIRA SEÇÃO, julgado em 27.05.1998, DJ 03.06.1998.

[31] Confiram-se, nesse sentido, os seguintes precedentes: STJ. AgRg no CC 122.555/RJ. Rel. Ministro Og Fernandes, Terceira Seção, julgado em 14.08.2013, DJe 20.08.2013; STJ. RHC 56.162/RS. Rel. Ministro Ericson Maranho (Desembargador Convocado do TJ/SP), Sexta Turma, julgado em 10.03.2016, DJe 29.03.2016; STJ. HC 198.375/BA, Rel. Ministro Joel Ilan Paciornik, Quinta Turma, Julgado em 15.12.2016, DJe 10.02.2017; STJ. REsp 1597460/PE, Rel. Ministro Sebastião Reis Júnior, Sexta Turma, julgado em 21.08.2018, DJe 03.09.2018. O entendimento é, também, encampado pelo Supremo Tribunal Federal, no julgamento do RE 696533 AgR, DJe-204, publicado em 26.09.2016.

Ademais, firme é o entendimento do Superior Tribunal de Justiça, fixado no Enunciado nº 122 da Súmula da sua jurisprudência, no sentido de que "Compete à Justiça Federal o processo e julgamento unificado dos crimes conexos de competência federal e estadual, não se aplicando a regra do art. 78, II, "a", do CPP".[32]

Nesses termos, muito embora seja inegável, no caso, a concorrência do interesse local ao lado do interesse da União na apuração dos crimes noticiados na denúncia, o reconhecimento da conexão intersubjetiva e probatória entre os fatos em apuração demandou a unidade da apreciação da pretensão acusatória, na medida em que deduzida globalmente sem distinção das fontes de custeio das verbas desviadas.

Destarte, tendo como critério de decisão as regras de atribuição de competência analisadas – art. 109, IV, da CF/1988, c/c art. 76, I e III, do CPP – bem como a unificação do entendimento sobre a matéria, em consonância com o teor dos enunciados das Súmulas nº 122 e 208 do STJ, o Colegiado, à unanimidade de votos, alcançou a conclusão de que o feito era de competência da Justiça Federal, negando, portanto, provimento ao recurso ministerial.

## 7 A valoração das provas e a refutabilidade da pretensão acusatória em confronto com as teses defensivas

Como venho sustentando ao longo deste trabalho, a decisão judicial deve representar o resultado de uma relação dialética que se estabelece pela via do devido processo legal, de matriz acusatória, na qual se efetiva o direito ao contraditório e à ampla defesa.

Chegado o momento de deliberar, em cognição exauriente, sobre o mérito da acusação, depara-se o magistrado com a tarefa de confrontar as teses sustentadas pelas partes e apreciar as provas por elas produzidas.

Muito se discute, nessa seara, sobre a possibilidade do alcance da verdade real ou substancial por meio do processo penal.

Certamente, no sentido já preceituado por Michele Taruffo, "a verdade é objetiva, é boa, é um objeto digno de indagações e merece ser perseguida".[33]

No entanto, há verdade possível no processo penal? De que verdade tratamos quando se declara um fato da vida como provado no processo criminal?

Inicialmente, há de se sinalizar, a partir da doutrina de Michele Taruffo, que não é a realidade de que se fala que faz verdadeiro ou falso aquilo que dela se diz. Em outras palavras, não é possível demonstrar a veracidade de um enunciado pautando-se, unicamente, na escolha e na apresentação de justificativas convenientes, sem que haja correspondência do enunciado com os eventos do mundo real.

Como preceituado pelo mestre italiano,

> (...) embora seja verdade que a linguagem não é o espelho fiel da realidade, assim como não o é o pensamento, é possível reconhecer-se, com base em conhecimentos empíricos e em justificativas lógicas adequadas, quando um enunciado é verdadeiro ou falso com base na realidade que pretende descrever.

---

[32] Terceira Seção, em 01.12.1994, *DJ* 07.12.1994, p. 33.970.
[33] TARUFFO, Michele. *A prova*. Tradução João Gabriel Couto. Marcial Pons: São Paulo, 2014, p. 254.

No contexto do processo isso implica que se admita a possibilidade de se conseguir uma elucidação verídica dos fatos relevantes para a decisão através de instrumentos probatórios adequados.[34]

Sob essa perspectiva, consideradas a diferente distribuição do ônus da prova no processo penal e a aplicação do princípio da presunção da inocência, de matriz constitucional, é de rigor concluir que, se o magistrado, no marco do sistema penal acusatório, dissociado, portanto, do papel de inquisidor, não vislumbrar no processo o lastro probatório para a demonstração da hipótese fática sustentada pela acusação, deve se posicionar, necessariamente, no sentido da absolvição, outorgando primazia à liberdade, porque ela é a regra e, em semelhante contexto, se mostra como a decisão justa.

Como enuncia Michele Taruffo, "uma decisão é justa se fundada sobre a apuração verídica dos fatos relevantes".[35]

Se os fatos postos como relevantes, a partir do objeto da acusação, não logram ser demonstrados, não há como sustentar conclusão no sentido da condenação.

Conheço de perto a atuação de magistrados que empregam grandes esforços para imprimir coerência ao trabalho que realizam no campo criminal, no intuito de apresentar uma resposta jurisdicional efetivamente alinhada às proposições que foram aqui apresentadas, de onde se extraem a cuidadosa análise da prova, o rigor na utilização de critérios técnicos e de vasto referencial teórico na árdua tarefa de interpretação e a aplicação das normas penais ao caso concreto.

Nada obstante, ainda se observa alguma condescendência com as limitações e as deficiências do aparato repressor do Estado, que conduzem a soluções insatisfatórias e injustas, notadamente quando dirigidas contra setores vulneráveis da sociedade, retroalimentando o velho jargão de que "a justiça foi feita" no "combate à criminalidade", mesmo quando a condenação se impõe a despeito da dúvida e da precariedade do manancial probatório.

Nesse âmbito, a persecução ao crime de tráfico de drogas e à associação para o tráfico tem se revelado, não raras vezes, palco de grandes injustiças.

Tive a oportunidade de analisar, como julgador na apreciação de inúmeras apelações criminais, casos em que se logrou demonstrar a prática criminosa. No entanto, continua sendo significativo o volume de recursos que, associados a tais espécies delitivas, resultam na absolvição, com fundamento no art. 386, VII, do CPP, em razão da constatação da precariedade do acervo probatório e, consequentemente, da fragilidade da tese acusatória.

Paradigmático, nesse sentido, o resultado alcançado no julgamento da Apelação Criminal nº 0508764-75.2015.8.05.0001, no qual foi evidenciada a deficiência do acervo probatório, conduzindo à absolvição dos réus, que eram acusados da prática de tráfico de drogas e de associação voltada para o tráfico, por estarem supostamente encarregados da contabilidade, do ocultamento e da guarda do dinheiro auferido com a prática ilícita.

A meticulosa análise do processo evidenciou que a denúncia foi oferecida e a ação penal foi deflagrada, sem que se houvessem reunidos dados suficientes à demonstração do envolvimento dos acusados na atividade criminosa.

---

[34] TARUFFO, 2014, p. 255.
[35] TARUFFO, 2014, p. 258.

Conquanto a autoridade policial tenha comandado buscas e apreensões, requisitado a quebra do sigilo bancário e fiscal dos investigados e encontrado farta documentação suspeita, não logrou alcançar nenhuma conclusão lógica acerca da participação dos réus nos crimes que lhe foram atribuídos.

Chamou à atenção, neste feito, o dado objetivo de que em nenhum momento foi juntada aos autos do inquérito policial, nem foi apresentada, ao longo da instrução criminal, a prova documental apreendida no momento da diligência que, supostamente, revelaria a existência de movimentação financeira ilícita vinculada à contabilidade do tráfico de drogas.

Ademais, somente após a apresentação de alegações finais, anexou-se aos autos o Relatório Técnico elaborado pela Superintendência de Inteligência da Secretaria de Segurança Pública do Estado da Bahia, que, embora tenha sinalizado a suspeita de vinculação dos réus com a contabilidade do tráfico, indicou não haver demonstração do envolvimento daqueles com os crimes, na medida em que em nenhum momento foi enviada, para análise técnica, a informação bancária ou fiscal dos suspeitos.

Ao final, remanesceu, unicamente, como fato penal relevante, a apreensão de 56,18g (cinquenta e seis gramas e dezoito gramas) de "maconha" (*Cannabis sativa*) na casa dos réus, motivo pelo qual se procedeu à tipificação da conduta como sendo constitutiva do delito previsto no art. 28 da Lei nº 11.343/2006.

O reconhecimento da dúvida, que conduz o magistrado à absolvição com a adoção do princípio *in dubio pro reo*, pode ser indicativo, entre outros aspectos, de duas questões fundamentais, intrinsecamente relacionadas: a) de um lado, a deficiência das práticas persecutórias, se considerado que algum crime pode ter sido praticado e não se logrou demonstrar; e b) de outro lado, o grau de incerteza com que a acusação às vezes atua no momento da propositura da ação penal, com a tolerância do Poder Judiciário, ao ponto de ensejar o significativo percentual de êxito da defesa quando resiste aos termos da imputação.

Os fatos postos em análise com a apreciação da Apelação Criminal referida representam um exemplo claro de tais inconsistências.

A identificação da problemática não deve, contudo, conduzir à flexibilização das garantias processuais que, ao final, conduzem à absolvição pelo reconhecimento da dúvida, mas, sim, ao aprimoramento técnico dos agentes e dos órgãos encarregados da persecução, em colaboração com o Poder Judiciário, de modo a alcançar uma decisão justa que, de fato, contribua com a estabilização normativa e com a almejada pacificação dos conflitos vivenciados em sociedade e que confluem para o incremento da criminalidade.

Com efeito, segundo a dicção magistral de Michele Taruffo, a justa decisão pode ser alcançada e definida "através de três condições, separadamente necessárias e conjuntamente suficientes, quais sejam: a correção do procedimento, a justa interpretação e aplicação da lei substantiva e a veracidade da apuração dos fatos".[36]

Note-se, por oportuno, que, admitida como certa a predição no sentido de que "dispondo de um sistema probatório eficiente seria possível elucidar a verdade real

---

[36] TARUFFO, 2014, p. 257-258.

(histórica, empírica, material) dos fatos que estão à base da controvérsia",[37] ela não conduz o magistrado a uma encruzilhada, que o encaminhe pela senda da inquisitoriedade.

Se falhas são identificadas, a revelar a fragilidade da tese sustentada pela acusação, elas não devem ser relativizadas nem desconsideradas, mas, sim, conduzir à absolvição, pois "uma decisão é justa se fundada sobre a apuração verídica dos fatos relevantes" (fl. 258).

Com isso, pretendo evidenciar que a atividade cognitiva do magistrado, que concerne à elucidação de fatos relevantes acerca do objeto da disputa entre as partes no processo, sobre os quais se funda a possibilidade de aplicação da lei penal, não conduz ao compromisso daquele de declarar a verdade substancial sobre os fatos em si, mas ao alcance de uma conclusão acerca da demonstração ou da refutação da pretensão acusatória, segundo os postulados do sistema acusatório e a partir da valoração das provas apresentadas.

Como fartamente historiado por Salah Khaled Jr., "a ambição da verdade", de claro signo inquisitorial, reporta ao cometimento de excessos e abusos no exercício do poder punitivo do Estado.[38]

Sob essa perspectiva, é dado ao Magistrado reconhecer, inclusive por expressa previsão legal, no art. 386, VII, do CPP, como verdadeira no processo tão somente a existência da dúvida, de tal modo que, em semelhante contexto, a resposta estatal possível, por imperativo legal, é a absolvição.

Valiosa, nesse sentido, a análise de Nicolás Guzmán:

> (...) não parece que a determinação da verdade seja realmente uma condição necessária da justiça de toda decisão, ao menos não sempre. Poderia sertão justa uma condenação baseada na verdade da acusação como, por exemplo, uma absolvição tomada como consequência de um estado de dúvida insuperável (que é o mesmo que dizer que não é injusta uma decisão por mais que não se haja logrado o conhecimento dos fatos). O que considero injusto é que se condene sem que seja verdadeira a hipótese acusatória, isto é, sem que tenha sido provada (para além de toda a dúvida razoável) a verdade do dito enunciado. A diferença aqui é que, em um caso semelhante, não somente haverá injustiça como também não haverá decisão correta ou legal, porque o pressuposto normativo é que para condenar se verifiquem os fatos descritos no tipo penal. Isso talvez demonstre que, em caso de condenações equivocadas, não pode haver justiça (a menos que alguém considere que é justo condenar um inocente) nem legalidade (que talvez seja o mais importante).[39]

A outra conclusão não se pode chegar levando em consideração o valor imanente do princípio *in dubio pro reo* na sistemática processual penal vigente.

Destaque-se, oportunamente, a precisa dicção de Maria Lúcia Karan acerca da distribuição do ônus da prova no processual, por mim tantas vezes enunciada na apreciação de casos concretos:

> Originando-se dos fundamentos do Estado Democrático de Direito, tanto a garantia da presunção de inocência ou de não-culpabilidade quanto o princípio in dubio pro reo dela

---

[37] TARUFFO, 2014, p. 256.
[38] KHALED JR., Salah. *A busca da verdade no processo penal*. Para além da ambição inquisitorial. 2. ed. Belo Horizonte: Letramento: Casa do Direito, 2016, p. 148/164.
[39] GUSMÁN, 2020, p. 51.

derivado, rigorosa e efetivamente aplicados, constituem importantíssimos instrumentos de contenção do poder de punir e, assim, de contenção do Estado policial.

A garantia da presunção de inocência ou de não-culpabilidade e o princípio in dubio pro reo dela derivado implicam na atribuição ao autor da ação penal condenatória – isto é, àquele que ocupa a posição da Acusação – do ônus de demonstrar, de forma induvidosa, a existência da infração penal e de sua autoria, na medida em que somente a certeza quanto a esta existência poderá conduzir a um pronunciamento de procedência do pedido de condenação.

Como assinala, aqui também, Julio Maier, a ausência da certeza representa a impossibilidade do Estado de destruir a situação de inocência, construída pela lei (presunção), que ampara o acusado, razão por que conduz à absolvição qualquer outra posição do juiz a respeito da verdade, a dúvida, ou mesmo a probabilidade, impedindo a condenação e havendo de desembocar na absolvição.

Esta exigência da certeza para a condenação, materializadora do princípio in dubio pro reo, vem concretizada, em nosso ordenamento jurídico, nas regras que, assegurando a efetividade da garantia constitucional inscrita no art. 5º, LVII, da CF/88 (LGL\1988\3), determinam que seja o réu absolvido quando insuficientes as provas para a condenação (art. 386, VI, do CPP (LGL\1941\8) e art. 439, do CPPM (LGL\1969\5)).[40]

Argumento, firmemente, nutrindo-me da compreensão de Nereu José Giacomolli, que devem ser afastadas do processo decisório "as convicções e as hipóteses criadas ou construídas artificialmente",[41] as quais, nessa condição, se apresentam como introjeções que não são passíveis de verificação empírica com base na prova dos autos. Valendo-me aqui da valiosa percepção do festejado professor Giacomolli, comungo do entendimento de que:

> A decisão insere-se no devido processo quando se pode acreditar nela, quando é aceitável e possa ser controlada através da crítica. A decisão judicial não é uma declaração de verdade, não é uma certidão do que ocorreu no mundo fático, mas uma declaração na qual se pode crer, com base no que está no processo.[42]

A problemática, no entanto, convida os agentes e os órgãos encarregados da persecução penal a redobrar os esforços no sentido do aperfeiçoamento de suas práticas, como garantia de que somente se apresentem demandas penais dotadas de lastro probatório e efetiva plausibilidade jurídica, e os magistrados e magistradas a zelar pela observância dos direitos e das garantias relativas ao devido processo legal, que permeiam o sistema acusatório no Brasil, de modo a reduzir os possíveis excessos e a violência estatal exercida a pretexto de combater a criminalidade, notadamente em casos de complexidade, cuja apuração normalmente se apresenta rodeada de incertezas.

---

[40] KARAN, Maria Lúcia. Sobre o ônus da prova na ação penal condenatória. *In: Revista Brasileira de Ciências Criminais*, vol. 35, p. 55-73, jul./set. 2001. Também publicado *In: Revista Brasileira de Ciências Criminais. Doutrinas Essenciais Processo Penal*, vol. 3, p. 1033-1054, jun. 2012.

[41] GIACOMOLLI, Nereu José. Valoração da prova no âmbito da cooperação jurídica internacional em matéria criminal. *In: Prova Penal. Estado democrático de direito*. Empório do Direito. Rei dos Livros, 2015, p. 47.

[42] GIACOMOLLI, 2015, p. 47.

## 8 Conclusão

A análise dos casos propostos, resultantes de parte do trabalho por mim desenvolvido como Desembargador do Tribunal de Justiça do Estado da Bahia, conduz à compreensão de que a apreciação de casos complexos, nos quais se desenvolve a atividade persecutória do Estado no combate a infrações penais perpetradas no âmbito de empresas e de organizações criminosas, atinge resultados satisfatórios com a adoção dos postulados do sistema acusatório.

Os critérios analíticos e interpretativos estruturados, segundo as regras do sistema acusatório, em consonância com a jurisprudência dos tribunais superiores, possibilitam a eficácia das garantias e dos direitos individuais previstos na Constituição Federal de 1988, viabilizando, na prática, o regular desenvolvimento do devido processo legal, no qual se vê respeitado o direito ao contraditório e à ampla defesa, em prol da racionalidade e segurança jurídica das decisões.

A valorização da dialética processual e da imparcialidade do juiz se mostra produtiva no controle da legalidade das práticas persecutórias, na delimitação dos fatos dotados de relevância penal, na reconstituição do passado por meio da atividade probatória das partes e na confrontação das hipóteses fáticas apresentadas, para o alcance de uma decisão imparcial e justa.

Correlativamente, atinge-se uma melhor compreensão das causas do conflito e propicia-se um ambiente mais favorável à busca, por parte dos agentes estatais, do aperfeiçoamento e do aprimoramento das práticas investigativas e persecutórias, com vistas à estabilização normativa e ao alcance de soluções mais adequadas aos dilemas vivenciados em sociedade como consequência dos efeitos deletérios da criminalidade no âmbito de empresas e de organizações criminosas.

## Referências

ASSUMPÇÃO, Vinícius. *Pacote Anticrime* – comentários à Lei n. 13.964/2019. São Paulo: Saraiva. Edição do Kindle, 2020.

BADARÓ, Gustavo Henrique. *Processo penal* [livro eletrônico] 4. ed. São Paulo: Thomson Reuters Brasil, 2018; 6. ed. 2020.

BADARÓ, Gustavo Henrique. Editorial dossiê "Prova penal: fundamentos epistemológicos e jurídicos". In: *Revista Brasileira de Direito Processual Penal*, Porto Alegre, vol. 4, n. 1, jan./abr. 2018.

BAHIA. Tribunal de Justiça do Estado da Bahia. Acórdãos. Disponível em: https://jurisprudencia.tjba.jus.br/. Acesso em: 5 out. 2020.

BRASIL. Superior Tribunal de Justiça. Acórdãos. Disponível em: https://processo.stj.jus.br/. Acesso em: 8 out. 2020.

BRASIL. Supremo Tribunal Federal. Acórdãos. Disponível em: http://www.stf.jus.br/portal/processo/pesquisarProcesso.asp. Acesso em: 8 out. 2020.

BRASIL. Tribunal Regional Federal. 5ª Região. Acórdãos. Disponível em: https://julia-pesquisa.trf5.jus.br/julia-pesquisa/#consulta. Acesso em: 8 out. 2020.

CRUZ, Rogerio Schietti. *Prisão cautelar*. Dramas, Princípios e Alternativas. 5. ed. Salvador: Juspodivm, 2020.

DUCLERC, Elmir. *Introdução aos fundamentos do direito processual penal*. Florianópolis: Empório do Direito, 2016.

FERRER BELTRÁN, Jordi. Uma concepção minimalista e garantista de presunção de inocência. *Revista Brasileira de Direito Processual Penal*, Porto Alegre, vol. 4, n. 1, p. 149-182, jan./abr. 2018. Disponível em: https://doi.org/10.22197/rbdpp.v4i1.131.

GIACOMOLLI, Nereu José. Valoração da prova no âmbito da cooperação jurídica internacional em matéria criminal. In: *Prova Penal. Estado democrático de direito*. Empório do Direito. Rei dos Livros, 2015.

GLOECKNER, Ricardo Jacobsen. *Nulidades no Processo Penal*. 3. ed. 2ª tiragem. Saraiva: São Paulo, 2018.

GUSMÁN, Nicolás. O papel da verdade no processo penal e seu impacto na dinâmica probatória. In: AA.VV., *Fundamentos de Direito Probatório em Matéria Penal* (org.: Kai Ambos e Ezequiel Malarino). São Paulo: Tirant lo Blanch, 2020.

JARDIM, Afrânio Silva; AMORIM, Pierre Souto Maior Coutinho de. *Direito Processual Penal. Estudos e Pareceres*. 14. ed. Salvador: Juspodivm, 2016.

KHALED JR., Salah. *A busca da verdade no processo penal*. Para além da ambição inquisitorial. 2. ed. Belo Horizonte: Letramento: Casa do Direito, 2016.

KARAN, Maria Lúcia. Sobre o ônus da prova na ação penal condenatória. In: *Revista Brasileira de Ciências Criminais*, vol. 35, p. 55-73, jul./set. 2001.

KARAN, Maria Lúcia. Sobre o ônus da prova na ação penal condenatória. In: *Revista Brasileira de Ciências Criminais. Doutrinas Essenciais Processo Penal*, vol. 3, p. 1033-1054, jun. 2012.

LIMA, Renato Brasileiro de. *Manual de Processo Penal*. Volume único. 4. ed. Salvador: Juspodivm, 2016; 8. ed. 2020.

LIMA, Renato Brasileiro de. *Pacote Anticrime*: comentários à lei 13.964/2019. Artigo por artigo. Salvador: Juspodivm, 2020.

LOPES JR., Aury. *Direito Processual Penal*. 9. ed. São Paulo: Saraiva, 2012; 11. ed. 2014; 17. ed. 2020, Edição do Kindle.

LUCCHESI, Guilherme Brenner. O necessário desenvolvimento de standards probatórios compatíveis com o direito processual penal brasileiro. In: *Revista Brasileira de Ciências Criminais*, vol. 156, p. 165-188, jun. 2019.

MATIDA, Janaína; VIEIRA, Antônio. Para além do *bard*: uma crítica à crescente adoção do standard de prova "para além de toda a dúvida razoável" no processo penal brasileiro. In: *Revista Brasileira de Ciências Criminais*, vol. 156, p. 221-248, jun. 2019.

MENDES, Paulo de Sousa. *Causalidade complexa e prova penal*. São Paulo: Marcial Pons, 2019.

MENDES, Paulo de Sousa. O standard de prova e as probabilidades: Uma proposta de interpretação inspirada no direito comparado. In: AA.VV. *Fundamentos de Direito Probatório em Matéria Penal* (org.: Kai Ambos e Ezequiel Malarino). São Paulo: Tirant lo Blanch, 2020, p. 95-115.

NICOLITT, André. *Manual de Processo Penal*. 10. ed. Belo Horizonte, São Paulo: D'Plácido: 2020.

NUCCI, Guilherme de Souza. *Manual de Direito Penal*. 15. ed. São Paulo: Forense, 2019.

NUCCI, Guilherme de Souza. *Pacote Anticrime Comentado*: lei 13.964 de 24.12.2019. Rio de Janeiro: Forense, 2020.

PRADO, Geraldo. *Sistema Acusatório. A Conformidade Constitucional das Leis Processuais Penais*. 3. ed. Rio de Janeiro: Lumen Juris, 2005.

TARUFFO, Michele. *A prova*. Tradução João Gabriel Couto. São Paulo: Marcial Pons.

VASCONCELOS, Vinícius Gomes de. Standard probatório para condenação e dúvida razoável no processo penal: análise das possíveis contribuições ao ordenamento brasileiro. In: *Rev. Direito GV*, São Paulo, vol. 16, n. 2, 2020. Epub Aug 21, 2020. Publication of Fundação Getúlio Vargas, Escola de Direito de São Paulo. On-line version ISSN 2317-6172. Disponível em: https://doi.org/10.1590/2317-6172201961. Acesso em: 5 out. 2020.

---

Informação bibliográfica deste texto, conforme a NBR 6023:2018 da Associação Brasileira de Normas Técnicas (ABNT):

CASTELO BRANCO, Nilson Soares. A adoção do sistema acusatório na persecução das infrações penais perpetradas no âmbito de empresas e de organizações criminosas e o seu impacto no exercício da jurisdição. In: ASSOCIAÇÃO DOS MAGISTRADOS BRASILEIROS; SALOMÃO, Luis Felipe; FONSECA, Reynaldo Soares da; VIDEIRA, Renata Gil de Alcantara; SZPORER, Patrícia Cerqueira Kertzman; COSTA, Daniel Castro Gomes da (Coord.). *Sistema penal contemporâneo*. Belo Horizonte: Fórum, 2021. p. 93-115. ISBN 978-65-5518-205-7.

# A PERSECUÇÃO DA LAVAGEM DE CAPITAIS COMO POLÍTICA PÚBLICA FOMENTADA PELO MINISTÉRIO PÚBLICO PARA A TUTELA DO MEIO AMBIENTE

RAFAEL SCHWEZ KURKOWSKI

FRANCISCO DE ASSIS MACHADO CARDOSO

## Introdução

O meio ambiente é marcado pelas seguintes características: ubiquidade, complexidade, fragilidade, escassez e transindividualidade.[1] Todas essas qualidades, uma vez reunidas, evidenciam a essencialidade e a correlata indisponibilidade do bem ambiental.

Dado que o direito ao meio ambiente equilibrado pertence também às gerações futuras, as quais, por ainda não existirem, são consideradas vulneráveis, impõe-se a máxima proteção do meio ambiente. Este, enquanto bem jurídico, deve ser tutelado por todas as áreas do Direito: Administrativo, Civil (com destaque para a perspectiva coletiva) e Penal.

Em razão do hiperconsumismo, o meio ambiente natural tem sido degradado e consumido em proporções muito superiores à sua capacidade de regeneração natural, o que tem gerado riscos globais. A busca desenfreada pelo crescimento econômico e pelo desenvolvimento[2] – características da sociedade de risco – tem levado à devastação dos recursos naturais, muitas vezes mediante a prática de crimes ambientais. Exemplificativamente, na Amazônia Legal Brasileira,[3] houve, no ano de 2019, um

---

[1] ABI-EÇAB, Pedro; GAIO, Alexandre. Tutela do Meio Ambiente. *In*: VITORELLI, Edilson (Org.). *Manual de Direitos Difusos*. 2. ed. Salvador: Juspodivm, 2019. p. 678.

[2] O crescimento econômico designa apenas a acumulação de riqueza. Já o desenvolvimento de uma nação implica a redução da pobreza e a diminuição das desigualdades sociais (COUTINHO, Diogo R. *Direito, desigualdade e desenvolvimento*. São Paulo: Saraiva, 2013. p. 27-36).

[3] A Amazônia Legal Brasileira está definida no artigo 3º, I, da Lei nº 12.651/2012: "Art. 3º Para os efeitos desta Lei, entende-se por: I - Amazônia Legal: os Estados do Acre, Pará, Amazonas, Roraima, Rondônia, Amapá e Mato Grosso e as regiões situadas ao norte do paralelo 13º S, dos Estados de Tocantins e Goiás, e ao oeste do meridiano de 44º W, do Estado do Maranhão".

desmatamento equivalente a 9.762 metros quadrados;[4] apenas em janeiro de 2020, o Sistema de Alerta de Desmatamento – SAD detectou o desmatamento equivalente a 188 metros quadrados.[5] Esse nível de desmatamento pode ser associado ao conceito de *ecocídio*: "a morte ou destruição de todo um fenômeno natural de ressonância projetado pelas relações entre o meio ambiente e os seres vivos".[6]

Segundo Ulrich Beck, na passada sociedade industrial, os riscos eram pessoais – afetavam apenas os envolvidos na atividade – e externos – provinham de outras fontes que não o homem. Havia uma relação de oposição entre, de um lado, a sociedade e, do outro lado, a natureza, a qual era explorada por aquela. Já na atual sociedade moderna (*sociedade de risco*), os riscos são supranacionais e globais – afetam toda a humanidade – e internos – provêm do próprio homem, em vez de fatores externos. Há uma relação de integração entre a sociedade e a natureza, razão por que o dano à natureza, além de ser um dano ambiental, constitui um dano à própria sociedade, ou seja, um dano social.[7]

Na modernidade, afigura-se essencial compreender a relevância de os riscos provirem do próprio homem. Anthony Giddens observa que um "mundo estruturado principalmente por riscos humanamente criados tem muito pouco lugar para influências divinas, ou de fato para as propiciações mágicas de forças ou espíritos cósmicos".[8] Por isso, as ameaças ecológicas "são o resultado de conhecimento socialmente organizado, medido pelo impacto do industrialismo sobre o meio ambiente material".[9]

Com efeito, as forças exponencialmente crescentes no processo de modernização desencadeiam riscos e potenciais de autoameaça numa medida até então desconhecida. Por isso, o processo de modernização torna-se reflexivo: converte-se a si mesmo em tema e em problema.[10]

A exploração criminosa da natureza ocorre, geralmente, por motivo econômico: preparar o terreno para o plantio ou para construções, empregar a madeira decorrente do desmatamento florestal em atividade econômica, esgotar os recursos minerais de determinada região etc.

Em todo o mundo, os crimes ambientais ocorrem, preponderantemente, em razão de fins econômicos. Esse móvel, em Angola, por exemplo, está presente na "caça furtiva"[11] de elefantes e rinocerontes, que, no primeiro semestre de 2017, movimentou

---

[4] INSTITUTO NACIONAL DE PESQUISAS ESPECIAIS. *Monitoramento do Desmatamento da Floresta Amazônica Brasileira por Satélite*. Disponível em: http://www.obt.inpe.br/OBT/assuntos/programas/amazonia/prodes. Acesso em: 3 mar. 2020.

[5] IMAZON. *Boletim do Desmatamento da Amazônia Legal (janeiro 2020) SAD*. Disponível em: https://imazon.org.br/publicacoes/boletim-do-desmatamento-da-amazonia-legal-janeiro-2020-sad/. Acesso em: 3 mar. 2020.

[6] DOTTI, Renê Ariel. Meio ambiente e proteção penal. *Revista dos Tribunais*, São Paulo, v. 655, ano 1990, p. 245-257, maio 1990.

[7] BECK, Ulrich. *Sociedade de risco*: rumo a uma outra modernidade. Tradução de Sebastião Nascimento. 2. ed. São Paulo: Editora 34, 2011. p. 25, 98, 232.

[8] GIDDENS, Anthony. *As consequências da modernidade*. Tradução de Raul Fiker. São Paulo: Unesp, 1991. p. 123.

[9] GIDDENS, Anthony. *As consequências da modernidade*. Tradução de Raul Fiker. São Paulo: Unesp, 1991. p. 122.

[10] BECK, Ulrich. *Sociedade de risco*: rumo a uma outra modernidade. Tradução de Sebastião Nascimento. 2. ed. São Paulo: Editora 34, 2011. p. 23, 24.

[11] O artigo 282 do novo Código Penal Angolano, ainda em *vacatio legis*, e o artigo 33 da Lei nº 3/14 da Angola proíbem a caça de espécimes da fauna que provoque o risco da sua extinção.

cerca de 220 milhões de euros[12] com a exploração, principalmente, do marfim[13] das presas do elefante e dos chifres do rinoceronte. Além disso, para o ano de 2015, o Programa das Nações Unidas para o Meio Ambiente estimou que os crimes ambientais praticados no mundo movimentaram entre 92 e 258 bilhões de dólares.[14]

Além do móvel econômico dos crimes ambientais, a estrutura material e financeira envolvida na prática desses ilícitos envolve, amiúde, a atuação de organizações criminosas chefiadas por indivíduos "poderosos".[15] Estes, bem assessorados e advogando teses no sentido da desnecessidade do Direito Penal para fins da tutela de interesses difusos, contando também com um certo senso comum[16] presente em parte do Poder Judiciário, segundo o qual os danos ambientais não passariam de ilícitos administrativos, muitos dois quais simples crimes de "bagatela", escapam das raias do Direito Penal.

As políticas públicas desenvolvidas pelo Poder Público, ao redor do mundo, não têm logrado reduzir os crimes ambientais.[17]

Nesse sentido, o presente trabalho apresenta a seguinte problematização: o Ministério Público pode fomentar a persecução penal da *lavagem*[18] de capitais como

---

[12] DEUTSCHE WELLE. *Angola quer apertar cerco à caça furtiva*. Disponível em: https://www.dw.com/pt-002/angola-quer-apertar-cerco-%C3%A0-ca%C3%A7a-furtiva/a-39199747. Acesso em: 20 dez. 2019.

[13] A demanda pelo marfim africano é antiga. Segundo Martin Meredith: "Durante séculos, a principal demanda de marfim africano vinha da Ásia, dos mercados indianos e chineses. Mas, no século XIX, quando a revolução industrial na Europa e América do Norte ganhou força, o uso de marfim em teclas de piano, bolas de bilhar, instrumentos científicos e numa vasta gama de artigos para o lar tornou-o uma das mercadorias mais rentáveis do planeta" (MEREDITH, Martin. *O destino da África*: cinco mil anos de riquezas, ganâncias e desafios. Tradução de Marlene Suano. Zahar. Livro digital. Posição 149).

[14] NAÇÕES UNIDAS. *Valor movimentado por crimes ambientais sobe 26% em 2015, para até US$258 bi, diz PNUMA*. Disponível em: https://nacoesunidas.org/valor-movimentado-por-crimes-ambientais-sobe-26-em-2015-para-ate-us258-bi-diz-pnuma/. Acesso em: 17 out. 2019.

[15] Coleman, em sua célebre obra *The Criminal Elite: the sociology of white collar crime*, já classificava tais agentes delitivos como a "elite do crime", afirmando que *"in comparison with other criminals, they make more money from their crimes, they run fewer physical risks, their chances of arrest or conviction are lower, and if convicted they receive lighter penalties"* (COLLEMAN, James William. *The criminal elite*: the sociology of white collar crime. 2. ed. New York: St. Martin's Press, 1989).

[16] Na dogmática jurídica, predomina o "senso comum teórico dos juristas", um conjunto de discursos e práticas produzidos por órgãos institucionais jurídicos que influenciam, despercebidamente, os operadores do Direito (STRECK, Lenio Luiz. *Hermenêutica jurídica (e)m crise*: uma exploração hermenêutica da construção do direito. 11. ed. Porto Alegre: Livraria do Advogado, 2014. p. 85). Esse conjunto de conhecimentos é privativo dos juristas, constituindo o seu campo, que somente pode ser construído e alterado por eles. Dessa sorte, eles logram impor, de forma oculta, às demais pessoas a sua concepção sobre o mundo contida nesse campo. Essa influência despercebida e oculta de discursos e práticas visa à manutenção do poder do grupo dominante responsável pela sua existência. Caracteriza uma verdadeira ideologia: "a noção imanente da ideologia como doutrina, conjunto de ideias, crenças, conceitos e assim por diante, destinada a nos convencer de sua 'veracidade', mas, na verdade, servindo a algum inconfesso interesse particular do poder" (ZIZEK, Slavoj. Introdução: O espectro da ideologia. *In*: ZIZEK, Slavoj (Org.). *Um mapa da ideologia*. Tradução de Vera Ribeiro. Rio de Janeiro: Contraponto, 1996. p. 7-38. p. 15).

[17] NELLEMANN, Christian et al. *The Rise of Environmental Crime*: A Growing Threat to Natural Resources Peace, Development and Security. A UNEP/INTERPOL Rapid Response Assessment. [S.l.] United Nations Environment Programme, 2016. Disponível em: https://wedocs.unep.org/bitstream/handle/20.500.11822/7662/-The_rise_of_environmental_crime_A_growing_threat_to_natural_resources_peace%2C_development_and_security-2016environmental_crimes.pdf.pdf?sequence=3&isAllowed=y. Acesso em: 20 out. 2019.

[18] Luiz Régis Prado observa que várias são as terminologias empregadas para designar a lavagem de capitais: "na França utiliza-se a expressão *blanchiment d'argent*; em Portugal, branqueamento de capitais; na Itália, *riciclaggio del denaro*; nos Estados Unidos, *money laundering*; na Alemanha, *Geldwäsche*; na Espanha, *blanqueo de dinero* ou *de capitales*; na América hispânica, *lavado de dinero*; no Japão, *Shikin no sentaku*; na Rússia, *otmyvanige*" (PRADO, Luiz Régis. *Delito de lavagem de capitais*: um estudo introdutório. Centro de Investigación Interdisciplinaria en Derecho Penal Económico, 2010. Disponível em: http://www.ciidpe.com.ar/area2/lavagem%20de%20capitais.pdf. Acesso em: 17 jul. 2019. p. 1).

política pública para a proteção do meio ambiente? Para a resposta, sustentam-se duas hipóteses. A primeira advoga que o Ministério Público, enquanto titular da persecução penal judicial, pode induzir políticas públicas. A segunda hipótese afirma que a persecução da lavagem de capitais, a impedir o aproveitamento do ganho obtido com o crime ambiental, constitui política pública efetiva para reduzir a prática desse tipo de delito.

A metodologia empregada na presente pesquisa envolve a revisão bibliográfica nacional e estrangeira, bem como a análise documental, principalmente da legislação.

Ao perquirir o emprego da persecução penal da lavagem de capitais como instrumento para a tutela do meio ambiente, o presente trabalho, do ponto de vista da criminologia, prima pelo controle social exercido pelo Direito Penal. Segundo Hassemer e Muñoz Conde,[19] bem como Díez Ripollés[20], a criminologia, inicialmente, orientou-se sob o enfoque etiológico, preocupada com o esclarecimento das causas da criminalidade que poderiam ser biológicas, psicológicas ou sociais. Na década de 1970, a criminologia assumiu o enfoque definicionista ou etiquetista, cujo expoente foi a teoria do etiquetamento, a qual considerava a criminalidade como o resultado de um processo de definição e atribuição dessa qualidade pelos órgãos encarregados da persecução penal. A partir da década de 1990, a criminologia, mais do que das causas da criminalidade, passou a ocupar-se, principalmente, do seu controle social. Enfatiza, por consequência, a necessidade de um maior e mais eficaz controle da criminalidade. Para tanto, confere destaque aos controles repressivos em detrimento dos preventivos, exatamente a proposta deste trabalho: utilizar o controle repressivo da lavagem de capitais como forma de controlar – e reduzir – a criminalidade ambiental.

Do ponto de vista da dogmática penal, este trabalho insere-se na linha da modernização do Direito Penal. Esta modernização, conforme Díez Ripollés, cuida da ampliação da intervenção penal a âmbitos socioeconômicos e comunitários até pouco considerados alheios à política criminal. Como resultado, essa tarefa expansiva do Direito Penal atinge os "poderosos" também e termina por arrostar alguns lugares comuns no âmbito do princípio da subsidiariedade.[21]

No mesmo sentido, Gracia Martín explica que o Direito Penal moderno abarca a totalidade da criminalidade material da sociedade, é dizer, também a criminalidade característica das camadas sociais poderosas.[22] Além disso, dadas a transcendência e a importância do meio ambiente, o Direito Penal Ambiental "não só é o setor por excelência do direito penal moderno, senão também o campo em que se desenvolve, de modo preferente e especialmente intenso, a polêmica atual sobre a modernização do direito penal" (tradução livre).[23] [24]

---

[19] HASSEMER, Winfried; MUÑOZ CONDE, Francisco. *Introducción a la criminología y a la política criminal*. Valencia: Tirant lo Blanch, 2012. p. 34.
[20] DÍEZ RIPOLLÉS, José Luis. *La política criminal en la encrucijada*. Buenos Aires: B de F, 2007. p. 96-98.
[21] DÍEZ RIPOLLÉS, José Luis. *La política criminal en la encrucijada*. Buenos Aires: B de F, 2007. p. 122-123.
[22] GRACIA MARTÍN, Luis. *Prolegómenos para la lucha por la modernización y expansión del derecho penal y para la crítica del discurso de resistencia*. Valencia: Tirant lo Blanch, 2003. p. 162.
[23] GRACIA MARTÍN, Luis. *Prolegómenos para la lucha por la modernización y expansión del derecho penal y para la crítica del discurso de resistencia*. Valencia: Tirant lo Blanch, 2003. p. 80-81.
[24] Este trabalho não segue a linha sustentada por Silva Sánchez, o qual, apesar de reconhecer a expansão do direito penal, atualmente, nega que o direito penal seja adequado para a proteção do meio ambiente (SILVA SÁNCHEZ, Jesús-María. *La expansión del derecho penal*: aspectos de la política criminal en las sociedades postindustriales. 3. ed. Montevidéu: B de F, 2011. p. 131, 141).

## 1 O Ministério Público como fomentador de política pública

A expressão "políticas públicas" não possui uma definição única ou melhor. Neste trabalho, adota-se o conceito de Maria Dalari Bucci:

> Política pública é o programa de ação governamental que resulta de um processo ou conjunto de processos juridicamente regulados – processo eleitoral, processo de planejamento, processo de governo, processo orçamentário, processo legislativo, processo administrativo, processo judicial – visando coordenar os meios à disposição do Estado e as atividades privadas, para a realização de objetivos socialmente relevantes e politicamente determinados. Como tipo ideal, a política pública deve visar a realização de objetivos definidos, expressando a seleção de prioridades, a reserva de meios necessários à sua consecução e o intervalo de tempo em que se espera o atingimento de resultados.[25]

Segundo a definição apresentada, afigura-se necessária a presença do Estado como elemento essencial da política pública.

Deve-se trazer à tona também a seguinte diferença. *Politics* são um conjunto de interações ou a busca de um consenso e luta pelo poder; é o processo de negociações, conflitos e imposições de objetivos. Já *policy* consiste na ação governamental ou na política pública em si. Trata-se da atuação da autoridade legitimada que realoca recursos escassos em benefício da sociedade. E *polity* cuida das instituições políticas, ou seja, da estrutura político-administrativa do sistema.[26]

*Policy* também pode ser vista como arranjo institucional, o qual, segundo Suxberger, cuida da exteriorização de toda ação estatal – não limitada ao Poder Executivo – a que se incumbe a realização de uma política pública. Tal ação estatal "pode derivar tanto do Poder Executivo quanto do Poder Judiciário e das instituições próximas a ele que atuam na realização do sistema de justiça".[27] Como o Ministério Público compõe o arranjo institucional do Estado considerado em sentido amplo, ele pode atuar em políticas públicas.

Mas essa legitimidade do Ministério Público para atuar em sede de políticas públicas tem contornos. O Ministério Público não é idealmente habilitado para *politics* em razão das suas funções. Nos países em que os seus membros não são investidos na função mediante eleições ou indicações dos governantes, como ocorre no Brasil, em que o membro do Ministério Público é investido mediante aprovação em concurso público, o déficit democrático na composição da instituição não o habilita para a *politics*.

Em contrapartida, o Ministério Público tem perfil para *policy* e para *polity*, pois, inserido na estrutura político-administrativa do Estado considerado em sentido amplo, ele emprega os seus recursos limitados no desempenho da sua atividade-fim, a qual se destina à promoção e à tutela dos direitos fundamentais, destacadamente os de natureza difusa.[28] Aliás, porque o meio ambiente é um bem difuso, cuja manutenção

---

[25] BUCCI, Maria Paula Dallari. O conceito de políticas públicas em direito. *In*: BUCCI, Maria Paula Dallari (Org.). *Políticas Públicas*: reflexões sobre o conceito jurídico. São Paulo: Saraiva, 2006. p. 39.
[26] DIAS, Reinaldo; MATOS, Fernanda. *Políticas públicas*: princípios, propósitos e processos. São Paulo: Atlas, 2012.
[27] SUXBERGER, Antonio Henrique Graciano. *Acordo de não persecução penal*: O exercício da ação penal e a questão prisional como problema público. Brasília: Fundação Escola, 2019. p. 22.
[28] O artigo 129, III, da Constituição Federal, prevê como função do Ministério Público a proteção do meio ambiente e de outros "interesses difusos e coletivos".

saudável é um direito de todos, é certa a capacidade para a sua defesa por parte do Ministério Público.

Pontua-se que o Ministério Público não inicia a política pública, pois essa incumbência é do agente democraticamente eleito. De fato, a função de "fixar as políticas públicas é primariamente dos Poderes eleitos, que estão munidos de inegável legitimidade democrática e dos dados técnicos para analisar as circunstâncias concretas".[29]

Todavia, o Ministério Público pode – e deve – fomentar a criação e o desenvolvimento de políticas públicas cuja necessidade identifica quando do exercício de sua atuação funcional. Exemplo palpitante consiste na criação e no exercício efetivo de uma política pública para a coleta e tratamento de resíduos sólidos, com a consequente eliminação dos "lixões a céu aberto", o que é objeto da Lei nº 12.305/2010.

A política criminal, por sua vez, "se insere dentro do conjunto de políticas públicas, singularmente no âmbito das políticas sociais e, consequentemente, não pode ser entendida ignorando a interação e o apoio recíprocos entre elas".[30] Especificamente, a política criminal pode ser analisada em dois sentidos, segundo Suxberger: o ramo do conhecimento penal destinado à observação para determinar quais são os objetivos dos sistemas penais e em que medida eles são cumpridos; e "o mister de legislar ou aplicar a lei penal, a fim de obter os melhores resultados no enfrentamento do delito". E a política criminal vale-se do Direito Penal como seu instrumento para cumprir as suas finalidades.[31]

Na seara criminal, a legitimidade do Ministério Público brasileiro como indutor de política pública é certa, dada a titularidade privativa que ele exerce sobre a ação penal pública, conforme o artigo 129, I, da Constituição Federal do Brasil.

A titularidade privativa da ação penal pública por parte do Ministério Público implica que, observado o princípio da inércia da jurisdição, apenas ele inicie o procedimento (processo criminal) que resultará na aplicação da sanção penal (que é instrumento de política criminal) a refletir o cumprimento dos objetivos do sistema penal. Logo, o Ministério Público é o termômetro ideal para a aferição dos dois sentidos já expostos sobre política criminal: avaliar o cumprimento dos objetivos do sistema penal e a aplicação da lei penal para a obtenção dos melhores resultados no enfrentamento da criminalidade.

Renee Souza e Rogério Sanches, ao comentarem o instituto do acordo de não persecução penal, observam que, "ao Ministério Público, titular exclusivo da ação penal, é franqueado inegável protagonismo do agente definir políticas criminais, notadamente na fase inquisitorial".[32] De fato, o acordo de não persecução penal, instituído originalmente pela Resolução CNMP nº 181/2017 e positivado no ordenamento jurídico brasileiro, num segundo momento, pela Lei nº 13.964/2019, que acrescentou o artigo 28-A ao Código de Processo Penal, constitui instrumento à disposição do Ministério Público para a

---

[29] SIQUEIRA, Lia de Souza. *Segurança pública e Ministério Público*: judicialização e participação social para a prevenção do crime. Rio de Janeiro: Lumen Juris, 2017. p. 93.

[30] DÍEZ RIPOLLÉS, José Luiz. *A política criminal na encruzilhada*. Tradução de André Luís Callegari. Porto Alegre: Livraria do Advogado, 2015. p. 103.

[31] SUXBERGER, Antonio Henrique Graciano. *Ministério Público e política criminal*: uma segurança pública compromissada com os direitos humanos. Curitiba: Juruá, 2012. p. 51, 101.

[32] SOUZA, Renee do Ó; CUNHA, Rogério Sanches. A legalidade do acordo de não persecução penal: uma opção legítima de política criminal. *In*: CUNHA, Rogério Sanches *et al*. (Org.). *Acordo de Não Persecução Penal*: Resolução 181/2017 do CNMP com as alterações feitas pela Res. 183/2018. 2. ed. Salvador: Juspodivm, 2018. p. 123-130. p. 128.

realização de política criminal. No caso, desde que atendidos determinados requisitos objetivos e subjetivos, o Ministério Público, após a confissão do investigado contra quem existem elementos de prova suficientes para deflagrar a ação penal, em vez de levar o caso a juízo, opta por fiscalizar o cumprimento pelo investigado de algumas condições aceitas em acordo para então arquivar a investigação. Ao proceder dessa maneira, o Ministério Público demonstra à população a atuação do Estado frente à criminalidade e colabora com a pauta do Poder Judiciário, reservando para este os casos mais graves que demandam a instauração de um processo judicial.

Ao comentar o processo penal francês, Edmundo Hendler pondera que o Ministério Público exerce o papel de executor de políticas criminais orientadas pela prática de subordinar a decisão de não acusar ao cumprimento de alguma prestação por parte do imputado, como a indenização da vítima ou o pagamento de uma pensão.[33]

A ausência de limites legais quanto à motivação para o Ministério Público promover o arquivamento da investigação policial evidencia a possibilidade de ele participar ativamente das políticas criminais. Com efeito, a literalidade do artigo 28 do Código de Processo Penal não especifica as razões pelas quais o membro do Ministério Público pode promover o referido arquivamento,[34] como se percebe da sua literalidade.[35] É possível, portanto, que o Ministério Público, a título de política criminal, promova o arquivamento de uma investigação policial em razão de ela apurar um fato de somenos gravidade que pode ser equacionado pela jurisdição civil, por exemplo.

No campo específico dos crimes ambientais, há outro fundamento para legitimar a atuação do Ministério Público para a política criminal voltada à tutela do meio ambiente. As gerações futuras têm direito ao meio ambiente ecologicamente equilibrado, segundo o *caput* do artigo 225 da Constituição da República Federativa do Brasil. Como as gerações futuras ainda não existem, elas são vulneráveis e necessitam de um representante.[36] Quanto à proteção penal e extrapenal dessas gerações futuras, nos países em que o Ministério Público é titular da ação penal pública e exerce a função de promover a tutela dos direitos fundamentais, como é o caso do Brasil, ele tem o verdadeiro dever (obrigação) de exercitar essas duas formas de tutela. No campo cível, a diferença entre a atuação para a defesa do meio ambiente pelo Ministério Público e por outro ente é perceptível: enquanto o Ministério Público tem a obrigação de promover as medidas para a tutela, pois é a sua função, os entes que também têm legitimação para tanto, a exemplo de uma associação civil, têm a simples faculdade de tutelar o meio ambiente.

---

[33] HENDLER, Edmundo S. *Sistemas penais comparados*. Buenos Aires: Didot, 2014. p. 70.

[34] No mesmo sentido: ARAS, Vladimir. Acordos penais no Brasil: uma análise à luz do Direito Comparado. *In*: CUNHA, Rogério Sanches *et al.* (Org.). *Acordo de Não Persecução Penal*: Resolução 181/2017 do CNMP com as alterações feitas pela Res. 183/2018. 2. ed. Salvador: Juspodivm, 2018. p. 273-343. p. 285.

[35] A conclusão é a mesma, seja na redação original do art. 28 ("Se o órgão do Ministério Público, ao invés de apresentar a denúncia, requerer o arquivamento do inquérito policial ou de quaisquer peças de informação, o juiz, no caso de considerar improcedentes as razões invocadas, fará remessa do inquérito ou peças de informação ao procurador-geral, e este oferecerá a denúncia, designará outro órgão do Ministério Público para oferecê-la, ou insistirá no pedido de arquivamento, ao qual só então estará o juiz obrigado a atender."), seja na redação alterada pela Lei nº 19.964/2019 ("Ordenado o arquivamento do inquérito policial ou de quaisquer elementos informativos da mesma natureza, o órgão do Ministério Público comunicará à vítima, ao investigado e à autoridade policial e encaminhará os autos para a instância de revisão ministerial para fins de homologação, na forma da lei."), a qual se encontra suspensa por força da medida liminar concedida na Ação Declaratória de Inconstitucionalidade nº 6299 MC/DF.

[36] SARLET, Ingo Wolfgang; FENSTERSEIFER, Tiago. *Direito constitucional ambiental*. 5. ed. São Paulo: Revista dos Tribunais, 2017. p. 60.

Logo, se o Ministério Público tem a função de representar a geração futura quanto à tutela do meio ambiente, consectariamente, ele pode intervir nas políticas públicas destinadas à manutenção da qualidade do bem ambiental.

Aliás, é a capacidade de ser o único sujeito a movimentar o Direito Penal mediante a ação penal pública que confere a expertise e a habilidade necessárias ao Ministério Público para conjugar os esforços da política pública ambiental com a política pública do enfrentamento à lavagem de capitais como verdadeira ferramenta para a efetiva tutela do meio ambiente.

A política pública ambiental pode ser identificada no artigo 225 da Constituição brasileira ao determinar a todos o dever de preservação do meio ambiente ecologicamente equilibrado. Além disso, há uma verdadeira política pública mundial de proteção ao meio ambiente decorrente de inúmeros diplomas internacionais, muitos dos quais o Brasil é signatário, por exemplo: Declaração sobre o Meio Ambiente Humano ("Declaração de Estocolmo") de 1972; Conferência das Nações Unidas sobre o Meio Ambiente e Desenvolvimento (ECO-92 ou Rio-92); Declaração Universal dos Direitos dos Animais, elaborada pela UNESCO; Convenção sobre Comércio Internacional das Espécies da Flora e Fauna Selvagens em Perigo de Extinção – CITIES; Convenção da Mudança do Clima, adotada em Nova York (1992); Convenção para a Proteção da Flora, da Fauna e das Belezas Cênicas Naturais dos Países da América; Convenção sobre Diversidade Biológica – CDB.

Quanto à política de combate à lavagem de capitais, todo o balizamento internacional na atuação internacional antilavagem de dinheiro é definido com base nas conhecidas Recomendações do Grupo de Ação Financeira Internacional – GAFI. Nesse contexto, após as alterações realizadas no ano de 2012, o GAFI passou a prever, já na primeira de suas recomendações, que os países devem adotar todas as medidas necessárias a fim de que as instituições financeiras e as atividades e profissões não financeiras designadas estejam obrigadas a identificar e a avaliar os respectivos riscos de branqueamento de capitais e do financiamento do terrorismo *(national risk assessment)*, adotando as medidas eficazes para a sua mitigação *(risk based approach)*. Em sentido amplo, trata-se de verdadeira política pública, aplicada em cenário mundial, sobre as medidas de prevenção e repressão à lavagem de capitais.

Deve ser examinada a função do Direito Penal para verificar a sua utilização enquanto mecanismo de política pública[37] para a proteção do meio ambiente. Nesse quesito, não é exagero afirmar que "toda teoria da pena é uma teoria da função que deve cumprir o direito penal".[38]

As teorias da pena dividem-se entre as absolutas, que têm caráter retributivo, e as relativas, que se orientam para a prevenção.[39] A classificação como absoluta designa

---

[37] Para Coutinho, o direito pode exercer quatro papéis quanto à política pública: "apontar fins e situar as políticas no ordenamento (direito como objetivo), criar condições de participação (direito como vocalizador de demandas), oferecer meios (direito como ferramenta) e estruturar arranjos complexos que tornem eficazes essas políticas (direito como arranjo institucional)" (COUTINHO, Diogo R. O direito nas políticas públicas. *In*: MARQUES, Eduardo; FARIA, Carlos Aurélio Pimenta (Org.). *A política pública como campo multidisciplinar*. São Paulo: UNESP, 2013. p. 181-200. p. 194). O presente artigo sustenta o direito penal como ferramenta e arranjo institucional da política pública de proteção ambiental.

[38] BACIGALUPO, Enrique. *Direito Penal*: Parte Geral. Tradução de André Estefam. São Paulo: Malheiros, 2005. p. 21.

[39] JAKOBS, Günther. *La pena estatal*: Significado y finalidad. Tradução de Manuel Câncio Meliá e Bernardo Feijoo Sanchez. Cizur Menor: Civitas, 2006. p. 87-88.

que a justiça que se busca com a pena é absoluta, não dependendo de conveniências utilitaristas de cada momento, enquanto a classificação como relativa indica que a necessidade de prevenção buscada pela pena é relativa e circunstancial.[40]

Das teorias relativas, advêm formas específicas de prevenção. A prevenção geral (direcionada a todos) pode ser negativa, quando exerce um efeito intimidatório sobre a população, mormente sobre os potenciais criminosos, ou positiva, quando reafirma a confiança dos cidadãos na vigência das normas, tendo como destinatários, portanto, os cidadãos fiéis ao Direito. Já a prevenção especial (direcionada ao agente) pode ser negativa, quando visa à inocuização do agente criminoso enquanto ele está segregado, ou positiva, quando objetiva a ressocialização do criminoso.[41]

Descartam-se, de pronto, as teorias absolutas. Acompanham-se as críticas tecidas por Roxin para tanto. As teorias absolutas não fundamentam a necessidade da pena, bem como não explicam por que o crime praticado não pode ser compensado por outras medidas que não a pena. Tampouco elas demonstram empiricamente a culpabilidade do agente. Ademais, não explicam como uma pena (mal posterior) pode realmente compensar o crime (mal anterior).[42]

Já as teorias da prevenção especial, negativa ou positiva, têm por denominador comum a "ideia de que a pena é um instrumento de atuação preventiva sobre a pessoa do delinquente, com o fim de evitar que, no futuro, ele cometa novos crimes".[43] Essa prevenção pode suceder por intermédio da (res)socialização do criminoso (prevenção especial positiva) ou da inocuização temporária ou permanente (prevenção especial negativa).

Também se descartam as teorias da prevenção especial sob os seguintes fundamentos. A prevenção especial promove um *direito penal do autor* no lugar do *direito penal do fato*, deixando de focar a reprovabilidade da conduta praticada para se concentrar nas características pessoais do agente. Ao pretender incutir no agente criminoso determinados valores de conteúdo moral, a teoria em questão termina por violar a dignidade humana traduzida na autonomia de cada pessoa. Da prevenção especial também exsurge, como observa Figueiredo Dias, o risco de o Direito Penal ter uma finalidade terapêutica, ou seja, de tratamento médico do criminoso.[44] Em crítica que se mostra em sintonia com a realidade penitenciária de países rotulados como subdesenvolvidos, Baratta argumenta pela impossibilidade estrutural de uma instituição carcerária cumprir a função de reeducação e de reinserção social.[45]

---

[40] MIR PUIG, Santiago. *Bases constitucionales del derecho penal*. Madri: Iustel, 2011. p. 38-40.
[41] GRECO, Luís. Introdução à dogmática funcionalista do delito. *In*: POLETTI, Ronaldo Rebello de Britto (Org.). *Revista Notícia do Direito Brasileiro*, Brasília, nova série, n. 7, p. 307-362, 2000, p. 322.
[42] ROXIN, Claus. *Problemas fundamentais de direito penal*. Tradução de Ana Paula dos Santos Luís Natscheradet; Maria Fernanda Palma; Ana Isabel de Figueiredo. 3. ed. Lisboa: Vega, 1998. p. 17-20.
[43] DIAS, Jorge Figueiredo. *Questões fundamentais de direito penal revisitadas*. São Paulo: Revista dos Tribunais, 1999. p. 102.
[44] DIAS, Jorge Figueiredo. *Questões fundamentais de direito penal revisitadas*. São Paulo: Revista dos Tribunais, 1999. p. 105-106.
[45] BARATTA, Alessandro. *Criminologia crítica e crítica do direito penal*: introdução à sociologia do direito penal. 6. ed. Rio de Janeiro: Revan, 2016. p. 8.

Tangenciando a análise detida das teorias da pena,[46] por não ser a finalidade do presente trabalho, foca-se nas teorias da prevenção geral, tanto a negativa quanto a positiva.

Dessa forma, sustenta-se que o Ministério Público pode fomentar e entrecruzar políticas criminais que intimidem potenciais criminosos (prevenção geral negativa), bem como demonstrem, aos cidadãos fiéis ao Direito, a vigência da norma arrostada pela prática do crime (prevenção geral positiva).

Expor-se-á, na seção subsequente, que uma dessas políticas consiste no enfrentamento do crime de lavagem de capitais como instrumento para a proteção do meio ambiente.

## 2 A efetividade da persecução da lavagem de capitais como política pública para a tutela do meio ambiente

A maioria dos crimes ambientais tem motivação econômico-financeira, ligada à obtenção de lucro. É a hipótese, meramente exemplificativa, dos seguintes crimes: exportação de peles e couros de anfíbios e répteis em bruto, sem a autorização da autoridade ambiental competente (artigo 30 da Lei nº 9.605/1998); pesca em época proibida ou mediante utilização de instrumentos proibidos (artigos 34 e 35 da Lei nº 9.605/1998); pesca de cetáceos (artigo 2º da Lei nº 7.643/1987); corte de árvores de floresta de preservação permanente (artigo 39 da Lei nº 9.605/1998); extração de florestas de domínio público ou consideradas de preservação permanente, sem prévia autorização, de pedra, areia, cal ou qualquer espécie de minerais (artigo 44 da Lei nº 9.605/1998); poluição derivada do lançamento de resíduos sólidos, líquidos ou gasosos, ou detritos, óleos ou substâncias oleosas, em desacordo com as exigências estabelecidas em leis ou regulamentos (artigo 54, §2º, IV, da Lei nº 9.605/1998);[47] construção em solo não edificável, ou no seu entorno, assim considerado em razão de seu valor paisagístico, ecológico, artístico, turístico, histórico, cultural, religioso, arqueológico, etnográfico ou monumental, sem autorização da autoridade competente ou em desacordo com a concedida (artigo 64 da Lei nº 9.605/1998); e elaboração ou apresentação, no licenciamento, concessão florestal ou qualquer outro procedimento administrativo, de estudo, laudo ou relatório ambiental total ou parcialmente falso ou enganoso, inclusive por omissão (artigo 69-A da Lei nº 9.605/1998). Esse rol exemplificativo abarca os mais variados bens jurídicos: flora, fauna, ordenamento urbano, patrimônio cultural e administração pública ambiental.

Verifica-se a ilicitude do produto do crime ambiental tendo em vista a sua origem criminosa. Por exemplo, é certo que a madeira proveniente do corte ilegal de árvores da Floresta Amazônica tem natureza ilícita.

Por sua vez, o crime de lavagem de dinheiro respeita, em termos simples, à conduta praticada pelo criminoso com a intenção de ocultar ou dissimular a origem, localização, disposição ou movimentação de ativos provenientes da prática de uma

---

[46] Para conferir uma análise mais completa sobre as teorias da pena, ver: KURKOWSKI, Rafael Schwez. A justificativa funcionalista sistêmica para a execução provisória da pena no Tribunal do Júri. *Revista Eletrônica de Direito do Centro Universitário Newton Paiva*, Belo Horizonte, n. 36, p. 94-111, set./dez. 2018. Disponível em: http://blog.newtonpaiva.br/direito/wp-content/uploads/2019/04/DIR36-07.pdf. Acesso em: 3 abr. 2019.

[47] O ganho, na poluição nesses termos, ocorre porque o poluidor realiza economia dos seus recursos ao não promover o necessário investimento em tecnologias de tratamento de resíduos.

infração penal, tendo por finalidade sua futura reinserção na economia formal, revestidos de aparência de licitude. Em síntese, a lavagem de dinheiro objetiva a transformação de valores financeiros, maculados desde o nascedouro por sua origem criminosa, em recursos que possam ser apresentados como algo "aparentemente legal". Na verdade, quando de posse do recurso ilícito, o agente criminoso precisa necessariamente fazer com que o dinheiro "sujo" passe a ser considerado "usufruível" do ponto de vista financeiro. Nesse sentido, em leitura própria, excluindo-se os casos de "uso pulverizado" – em valores baixos e que não atinjam os limites previstos nas diversas normas que regulam a obrigação de comunicar por parte dos sujeitos obrigados –, a introdução direta de recursos de origem ilícita na economia formal certamente acionaria os mecanismos de controle existentes – os conhecidos sinais de alerta financeiro ou *red flags* – permitindo-se a rápida identificação do agente criminoso. Por tal razão, para o delinquente, uma nova etapa precisa necessariamente ser iniciada: a prática de conduta cuja finalidade específica consiste em "maquiar" ou "reciclar" a vantagem financeira ilícita, permitindo a sua regular utilização na economia formal. Nesse momento, ocorre a lavagem de dinheiro.

Na lavagem de dinheiro, há sempre uma relação entre o crime antecedente e o crime de branqueamento. O crime ambiental preenche essa relação, ou seja, caracteriza o crime antecedente,[48] considerando a ilicitude do seu produto, como exposto antes. No caso brasileiro, qualquer crime pode figurar como crime antecedente; desde a alteração do artigo 1º da Lei nº 9.613/1998[49] promovida pela Lei nº 12.683/2012, não há mais um rol fechado de crimes específicos que podem caracterizar a lavagem de dinheiro. Nesse ponto, o Brasil segue as Recomendações do GAFI,[50] especialmente a Recomendação nº 3, que cuida da definição do delito de branqueamento de capitais. Esta, ao traçar os balizamentos internacionais para os crimes que devem ser considerados crimes antecedentes da lavagem, estabelece que, no mínimo, deve fazer-se presente o conteúdo do glossário básico de crimes do GAFI, entre os quais se incluem justamente os crimes ambientais como categoria de crimes designados para a lavagem.

Se o sujeito ativo do crime ambiental ocultar ou dissimular a natureza, origem, localização, disposição, movimentação ou propriedade de bens, direitos ou valores provenientes, direta ou indiretamente, do crime ambiental, incorrerá na prática do crime de lavagem de capitais (artigo 1º, *caput*, da Lei nº 9.613/1998), apenado com pena privativa de liberdade de três a dez anos e multa. Também comete a lavagem o sujeito ativo do crime ambiental que, para ocultar ou dissimular a utilização de bens, direitos ou valores provenientes de infração penal, os converte em ativos lícitos; os adquire, recebe, troca, negocia, dá ou recebe em garantia, guarda, tem em depósito, movimenta ou transfere; e importa ou exporta bens com valores não correspondentes aos verdadeiros (artigo 1º, §1º, da Lei nº 9.613/1998).

---

[48] "Assim, desde 2012, é possível que crimes contra o meio ambiente configurem infração penal antecedente para fins de caracterização de crime de lavagem de dinheiro. Trata-se de prática mais comum do que se imagina, pois os crimes ambientais, em sua grande maioria, possibilitam o enriquecimento ilícito do infrator, e estes capitais são passíveis de branqueamento" (ABI-EÇAB, Pedro; GAIO, Alexandre. Tutela do Meio Ambiente. *In*: VITORELLI, Edilson (Org.). *Manual de Direitos Difusos*. 2. ed. Salvador: Juspodivm, 2019. p. 661-845; p. 816).

[49] "Art. 1º Ocultar ou dissimular a natureza, origem, disposição, movimentação ou propriedade de bens, direitos ou valores provenientes, direta ou indiretamente, de infração penal. (Redação dada pela Lei nº 12.683, de 2012)."

[50] GRUPO DE AÇÃO FINANCEIRA. *As recomendações do GAFI*. Tradução de Controle de Atividades Financeiras (CAOF). 2012. Disponível em: http://www.fazenda.gov.br/orgaos/coaf/arquivos/as-recomendacoes-gafi. Acesso em: 5 mar. 2020.

O próprio indivíduo que, mesmo não tendo praticado o crime ambiental, utiliza, na atividade econômica ou financeira, bens, direitos ou valores provenientes do crime ambiental comete o crime de lavagem de capitais (artigo 1º, §2º, I, da Lei nº 9.613/1998[51]). Claro que é necessária a ciência desse sujeito sobre a origem ilícita dos bens a serem utilizados por ele, para fins do estabelecimento do dolo. Exemplificativamente, se um empresário, de forma consciente, utiliza madeira extraída criminosamente na sua atividade de produção de móveis, praticará o crime de lavagem de capitais. Incrimina-se, vulgarmente falando, a conduta do "receptador" do produto do crime ambiental.

A Lei nº 9.613/1998 também recrudesce a repressão às organizações criminosas, ao tipificar a conduta do sujeito ativo que participa de grupo, associação ou escritório tendo conhecimento de que sua atividade principal ou secundária é dirigida à prática de crimes previstos na lei em questão (artigo 1º, §2º, II, da Lei nº 9.613/1998). Além disso, se os crimes tipificados na Lei nº 9.613/1998 forem cometidos de forma reiterada ou por intermédio de organização criminosa, a pena é aumentada de um a dois terços (artigo 1º, §4º, da Lei nº 9.613/1998). É cediça, como já visto, a atuação de organizações criminosas, contando inclusive com pessoas jurídicas, na prática de crimes ambientais, principalmente quando a empreitada criminosa exige vultosos investimentos, a exemplo do corte ilegal de madeira ou da extração irregular de minério, nos quais, para a obtenção de lucros expressivos, é necessário o emprego de várias pessoas, maquinários e instrumentos.

Contudo, observada a concepção antropocêntrica sobre o meio ambiente, segundo a qual este apenas merece proteção quando representa alguma utilidade para o ser humano,[52] as penas para os crimes ambientais, no Brasil, são baixas. Quase todos os crimes ambientais admitem alguma forma de benefício: transação penal prevista no artigo 76 da Lei nº 9.099/1995, acordo de não persecução penal (artigo 28-A do CPP), suspensão condicional do processo (artigo 89 da Lei nº 9.099/1995), institutos que evitam que a persecução penal atinja a condenação do sujeito ativo; e substituição da pena privativa de liberdade por penas restritivas de direito (artigo 44 do CP) e suspensão condicional da pena (artigo 77 do CP e artigo 156 da LEP).

Essa forma de tratamento aos crimes ambientais pode representar um entrave ao cumprimento das funções de prevenção geral negativa e positiva da pena. Com efeito, os potenciais criminosos não encontrarão desestímulo à prática dos crimes ambientais tendo em vista a baixa punição destes. Sob a análise econômica do crime, considerando ainda a expressividade do lucro decorrente do sucesso do crime ambiental, o sujeito ativo tentará a sorte na sua prática: se não for descoberto, o seu ganho é expressivo; se ele for descoberto, a punição é baixa. O crime compensa portanto.

Também nesse contexto, os cidadãos fiéis ao Direito duvidarão da vigência das normas que tipificam os crimes ambientais, porque, na prática, os crimes ocorrerão em elevados números, como se a proibição penal não existisse. Logo, a prevenção geral positiva também falhará.

---

[51] "Art. 1º Ocultar ou dissimular a natureza, origem, localização, disposição, movimentação ou propriedade de bens, direitos ou valores provenientes, direta ou indiretamente, de infração penal. [...] §2º Incorre, ainda, na mesma pena quem: I - utiliza, na atividade econômica ou financeira, bens, direitos ou valores provenientes de infração penal; (Redação dada pela Lei nº 12.683, de 2012)".

[52] ABI-EÇAB, Pedro; GAIO, Alexandre. Tutela do Meio Ambiente. *In*: VITORELLI, Edilson (Org.). *Manual de Direitos Difusos*. 2. ed. Salvador: Juspodivm, 2019. p. 661-845; p. 665.

É justamente nesse ponto que o Ministério Público deve fazer o entrecruzamento da lavagem de dinheiro e da tutela criminal do meio ambiente. O Direito Penal deve funcionar como instrumento para o funcionamento da política criminal.[53]

Pretende-se fomentar a aplicação dos institutos e da própria metodologia de atuação antilavagem de dinheiro na seara dos crimes ambientais. Ao reduzir a relação *custo x benefício* do crime, objetiva-se desestimular a prática de ilícitos ambientais reforçando-se o combate à destinação dada aos valores que os criminosos auferem com o cometimento de tais crimes. Nessa linha, "fazer com que o agente não consiga, ao final de sua saga delitiva, usufruir daquilo que justamente o motivou para praticar o ilícito penal, tem de ser, a nosso sentir, a mola propulsora de toda a atuação dos órgãos de aplicação da lei e de persecução criminal".[54]

Dada a amplitude da lavagem de capitais no Brasil, infere-se que o sujeito ativo do crime ambiental está impedido de utilizar, por qualquer forma, o ganho decorrente da sua conduta criminosa. Dessa sorte, o sujeito ativo não pode usufruir do produto ou do proveito obtido com a prática do crime ambiental se não criar uma manobra, ainda que minimamente estruturada, para dar aparência de licitude aos valores por ele obtidos, permitindo-se sua utilização na economia formal.

A persecução penal da lavagem dos capitais decorrente dos crimes ambientais apresenta efetividade para o cumprimento da prevenção geral negativa e positiva. Frente ao tratamento mais severo do crime de branqueamento, os potenciais criminosos serão desestimulados a praticar as condutas que dão azo à lavagem de capitais, ou seja, os crimes ambientais. Na medida em que o sujeito ativo não poderá, por qualquer forma, aproveitar o ganho ou o produto do crime ambiental, porque, se o fizer, incorrerá na prática do crime de lavagem de capitais, cuja pena é significativamente elevada, ele deixará de praticar a infração antecedente, qual seja, o crime ambiental. Vale dizer: o cometimento do crime ambiental será estéril ao sujeito ativo, pois este não poderá aproveitar o ganho que obtiver com a sua prática.

Não só o autor do crime ambiental incorre na lavagem de dinheiro, mas o "receptador" do produto do crime ambiental também. Reitera-se que o grande empresário que recebe a madeira ilegalmente extraída e a emprega em atividade industrial ou econômica incorre na prática da lavagem (artigo 1º, §2º, II, da Lei nº 9.613/1998).

A persecução penal da conduta do agente que "utiliza, na atividade econômica ou financeira, bens, direitos ou valores provenientes de infração penal" também é mais efetiva para a proteção do meio ambiente em comparação com a persecução do autor do crime ambiental de pequenas proporções. Dadas as grandes dimensões da Floresta Amazônica,[55] é impossível fiscalizar cada metro quadrado para evitar, por exemplo, a

---

[53] A propósito, Roxin observa que o "direito penal é muito mais a forma, através da qual as finalidades político-criminais podem ser transferidas para o modo de vigência jurídica" (ROXIN, Claus. *Política Criminal e Sistema Jurídico-Penal*. Tradução: Luís Greco. Rio de Janeiro: Renovar, 2000. p. 82).

[54] CARDOSO, Francisco de Assis Machado. O confisco alargado e demais medidas para aprimorar o perdimento do produto do crime. In: SOUZA, Renee do Ó (Org.). *Lei anticrime*: comentários à lei 13.964/2019. Belo Horizonte: D'Plácido, 2020. p. 298.

[55] No Brasil, a Floresta Amazônica tem a extensão de 4.196.943 km² (INSTITUTO BRASILEIRO DE FLORESTAS. *Bioma Amazônico*. Disponível em: https://www.ibflorestas.org.br/bioma-amazonico?utm_source=google-ads&utm_medium=cpc&utm_campaign=biomas&keyword=%2Bfloresta%20%2Bamazonica&creative=255512975941&gclid=CjwKCAiA44LzBRB-EiwA-jJipI-Jip3fLDv_wIIlsyWCJgyv872EbhkkFZlVB6pdpOc53tKCX-DH-8hoCjhAQAvD_BwE. Acesso em: 5 mar. 2020).

extração ilegal de madeira e minério, conduta que pode ser isolada e pequena porque desempenhada por pessoas desprovidas de condições econômicas. Revela-se mais racional a persecução dos grandes empresários que adquirem a madeira e o minério. Se o grande empresário, o "receptador", desaparecer, o autor do crime ambiental não poderá ter a vantagem econômica com a prática desse crime, razão por que não mais o cometerá.

Há outro efeito benéfico para a tutela do meio ambiente decorrente da persecução do crime de lavagem. Pela investigação inicial do crime de branqueamento (ex.: expressiva e inédita movimentação de capitais nunca feita por determinada pessoa), que é o crime posterior, desvenda-se a prática do crime anterior (ex.: pequenos crimes ambientais cometidos por terceiros que repassaram o produto desses crimes ao agente lavador).[56] O *money trail* pode elucidar, além do próprio crime de lavagem, o crime ambiental que deu origem àquele. Trata-se, portanto, de mais um mecanismo para apurar crimes ambientais e punir os seus autores.

Nesse novo contexto de desestímulo, o número dos crimes ambientais diminuirá sensivelmente, o que demonstrará, aos cidadãos fiéis ao Direito, que as normas que tipificam os crimes ambientais mantêm a sua vigência.

Sustenta-se a cogência da persecução da lavagem de capitais, no âmbito dos crimes ambientais, em decorrência do mandado de criminalização contido no artigo 225, §3º, da Constituição Federal do Brasil.[57] Esse dispositivo constitucional determina que as condutas e atividades consideradas lesivas ao meio ambiente sujeitem os infratores, pessoas físicas ou jurídicas,[58] a sanções penais e administrativas, independentemente da obrigação de reparar os danos causados.

O constituinte originário, que exercita um poder ilimitado, ordenou a aplicação da punição criminal como forma de tutela do meio ambiente. Nessa linha, a punição da lavagem dos capitais derivados dos crimes ambientais tutela o meio ambiente.

Dessa sorte, a persecução penal da lavagem de capitais revela-se efetiva enquanto política pública para desestimular a prática dos crimes ambientais, o que resulta na tutela do meio ambiente. Na condição de titular privativo da ação penal pública do crime de lavagem de capitais, o Ministério Público tem o dever de fomentar essa política.

## Conclusões

Todos têm direito ao meio ambiente ecologicamente equilibrado. Paralelamente, todos têm o dever de proteger e conservar o meio ambiente, inclusive para as gerações futuras.

---

[56] Teixeira sustenta a mesma ideia: "Puxando os fios de uma apuração, muitas vezes é através de certa lavagem de dinheiro em larga escala que se consegue chegar à decifração dos crimes antecedentes que, numa escala proporcional, foram operados" (TEIXEIRA, Bruno Cezar da Cunha. Ação controlada e infiltração de agentes na lavagem de bens e ativos. *In*: SOUZA, Renee do Ó (Org.). *Lei anticrime*: comentários à lei 13.964/2019. Belo Horizonte: D'Plácido, 2020. p. 271).

[57] "Art. 225. Todos têm direito ao meio ambiente ecologicamente equilibrado, bem de uso comum do povo e essencial à sadia qualidade de vida, impondo-se ao Poder Público e à coletividade o dever de defendê-lo e preservá-lo para as presentes e futuras gerações. [...] §3º As condutas e atividades consideradas lesivas ao meio ambiente sujeitarão os infratores, pessoas físicas ou jurídicas, a sanções penais e administrativas, independentemente da obrigação de reparar os danos causados."

[58] Em cumprimento do artigo 225, §3º, da Constituição do Brasil, o artigo 21 da Lei nº 9.605/1998 prevê as seguintes penas cabíveis para as pessoas jurídicas condenadas pela prática de crime ambiental: I - multa; II - restritivas de direitos; e III - prestação de serviços à comunidade.

Nesse contexto, devem ser empregadas todas as ferramentas do Direito. A política ambiental deve ser contextualizada, de forma a reconhecer a exigência de integração entre os vários meios de defesa ambiental.[59]

Particularmente, a utilização do Direito Penal para a tutela do meio ambiente – providência ordenada pelo art. 225, §3º, da Constituição Federal – é medida necessária e constitui uma ferramenta para a política pública ambiental. Essa proteção ocorre mediante a tipificação dos crimes ambientais, cuja apuração e punição constituem um poder-dever das autoridades públicas.

A persecução do crime de lavagem dos capitais decorrentes dos delitos ambientais confere efetividade à tutela do meio ambiente. Essa medida contribui para a prevenção geral negativa desempenhada pela pena, pois desestimula os potenciais criminosos quanto ao cometimento do crime ambiental: para aproveitar o ganho decorrente do crime ambiental em si, o sujeito ativo incorrerá, necessariamente, na prática do crime de lavagem de capitais, o qual é mais severamente apenado. Na outra ponta, o indivíduo que empregar o produto do crime ambiental em atividade econômica ou financeira também incidirá no crime de lavagem, cuja pena é elevada, o que servirá de desestímulo também.

Ademais, o desaparecimento ou a redução do número de agentes que empregam o produto do crime ambiental em atividade econômica ou financeira provoca um desestímulo aos autores dos crimes ambientais, pois estes não terão como aproveitar economicamente o produto do crime ambiental. Logo, a tendência é de redução dos crimes ambientais.

Esse contexto de desincentivo também colabora para a prevenção geral positiva da pena: os cidadãos fiéis ao Direito perceberão que se mantêm vigentes as normas que tutelam penalmente o meio ambiente, pois os crimes ambientais deixarão de ser praticados (ou terão drástica redução), tendo em vista o risco de o autor do crime ambiental ser punido pelo crime de lavagem de capitais.

Constata-se que a persecução da lavagem dos capitais derivados dos crimes ambientais representa verdadeira política pública voltada à defesa do meio ambiente, em razão da presença do Poder Público, inclusive na figura do Ministério Público, e do emprego de recursos limitados pelo Estado na promoção do direito fundamental difuso ao meio ambiente equilibrado.

Além disso, como a tutela cível e penal do direito fundamental ao meio ambiente equilibrado é função do Ministério Público, este, como titular privativo da ação penal pública, deve fomentar políticas públicas para a defesa do meio ambiente, entre as quais está a utilização do crime de lavagem de capitais.

# Referências

ABI-EÇAB, Pedro; GAIO, Alexandre. Tutela do Meio Ambiente. *In*: VITORELLI, Edilson (Org.). *Manual de Direitos Difusos*. 2. ed. Salvador: Juspodivm, 2019. p. 661-845.

---

[59] SUXBERGER, Antonio Hemrique Graciano; REIS, Rhuan. Criminalidade organizada em crimes ambientais: marcos normativos internacionais e possíveis respostas. *Revista direito ambiental e sociedade*, Caxias do Sul, v. 10, n. 1, p. 133-154, jan./abr. 2020. p. 149.

ARAS, Vladimir. Acordos penais no Brasil: uma análise à luz do Direito Comparado. *In*: CUNHA, Rogério Sanches et al. (Org.). *Acordo de Não Persecução Penal*: Resolução 181/2017 do CNMP com as alterações feitas pela Res. 183/2018. 2. ed. Salvador: Juspodivm, 2018. p. 273-343. p. 285.

BACIGALUPO, Enrique. *Direito Penal*: Parte Geral. Tradução de André Estefam. São Paulo: Malheiros, 2005.

BARATTA, Alessandro. *Criminologia crítica e crítica do direito penal:* introdução à sociologia do direito penal. 6. ed. Rio de Janeiro: Revan, 2016.

BECK, Ulrich. *Sociedade de risco*: rumo a uma outra modernidade. Tradução de Sebastião Nascimento. 2. ed. São Paulo: Editora 34, 2011.

BUCCI, Maria Paula Dallari. O conceito de políticas públicas em direito. *In*: BUCCI, Maria Paula Dallari (Org.). *Políticas Públicas*: reflexões sobre o conceito jurídico. São Paulo: Saraiva, 2006.

CARDOSO, Francisco de Assis Machado. O confisco alargado e demais medidas para aprimorar o perdimento do produto do crime. *In*: SOUZA, Renee do Ó (Org.). *Lei anticrime*: comentários à lei 13.964/2019. Belo Horizonte: D'Plácido, 2020.

COLLEMAN, James William. *The criminal elite*: the sociology of white collar crime. 2. ed. New York: St. Martin's Press, 1989.

COUTINHO, Diogo R. *Direito, desigualdade e desenvolvimento*. São Paulo: Saraiva, 2013.

COUTINHO, Diogo R. O direito nas políticas públicas. *In*: MARQUES, Eduardo; FARIA, Carlos Aurélio Pimenta (Org.). *A política pública como campo multidisciplinar*. São Paulo: UNESP, 2013. p. 181-200.

DEUTSCHE WELLE. *Angola quer apertar cerco à caça furtiva*. Disponível em: https://www.dw.com/pt-002/angola-quer-apertar-cerco-%C3%A0-ca%C3%A7a-furtiva/a-39199747. Acesso em: 20 dez. 2019.

DIAS, Jorge Figueiredo. *Questões fundamentais de direito penal revisitadas*. São Paulo: Revista dos Tribunais, 1999.

DIAS, Reinaldo; MATOS, Fernanda. *Políticas públicas*: princípios, propósitos e processos. São Paulo: Atlas, 2012.

DÍEZ RIPOLLÉS, José Luis. *A política criminal na encruzilhada*. Tradução de André Luís Callegare. Porto Alegre: Livraria do Advogado, 2015.

DÍEZ RIPOLLÉS, José Luis. *La política criminal en la encrucijada*. Buenos Aires: B de F, 2007.

DOTTI, Renê Ariel. Meio ambiente e proteção penal. *Revista dos Tribunais*, São Paulo, v. 655, ano 1990, p. 245-257, maio 1990.

GIDDENS, Anthony. *As consequências da modernidade*. Tradução de Raul Fiker. São Paulo: Unesp, 1991.

GRACIA MARTÍN, Luis. *Prolegómenos para la lucha por la modernización y expansión del derecho penal y para la crítica del discurso de resistencia*. Valencia: Tirant lo Blanch, 2003.

GRECO, Luís. Introdução à dogmática funcionalista do delito. *In*: POLETTI, Ronaldo Rebello de Britto (Org.). *Revista Notícia do Direito Brasileiro*, Brasília, nova série, n. 7, p. 307-362, 2000.

GRUPO DE AÇÃO FINANCEIRA. *As recomendações do GAFI*. Tradução de Controle de Atividades Financeiras (CAOF). 2012. Disponível em: http://www.fazenda.gov.br/orgaos/coaf/arquivos/as-recomendacoes-gafi. Acesso em: 5 mar. 2020.

HASSEMER, Winfried; MUÑOZ CONDE, Francisco. *Introducción a la criminología y a la política criminal*. Valencia: Tirant lo Blanch, 2012.

HENDLER, Edmundo S. *Sistemas penales comparados*. Buenos Aires: Didot, 2014.

IMAZON. *Boletim do Desmatamento da Amazônia Legal (janeiro 2020) SAD*. Disponível em: https://imazon.org.br/publicacoes/boletim-do-desmatamento-da-amazonia-legal-janeiro-2020-sad/. Acesso em: 3 mar. 2020.

INSTITUTO BRASILEIRO DE FLORESTAS. *Bioma Amazônico*. Disponível em: https://www.ibflorestas.org.br/bioma-amazonico?utm_source=google-ads&utm_medium=cpc&utm_campaign=biomas&keyword=%2Bfloresta%20%2Bamazonica&creative=255512975941&gclid=CjwKCAiA44LzBRB-EiwA-jJipI-Jip3fLDv_wIIlsyWCJgyv872EbhkkFZlVB6pdpOc53tKCX-DH8hoCjhAQAvD_BwE. Acesso em: 5 mar. 2020.

INSTITUTO NACIONAL DE PESQUISAS ESPECIAIS. *Monitoramento do Desmatamento da Floresta Amazônica Brasileira por Satélite*. Disponível em: http://www.obt.inpe.br/OBT/assuntos/programas/amazonia/prodes. Acesso em: 3 mar. 2020.

JAKOBS, Günther. *La pena estatal*: Significado y finalidad. Tradução de Manuel Câncio Meliá e Bernardo Feijoo Sanchez. Cizur Menor: Civitas, 2006.

KURKOWSKI, Rafael Schwez. A justificativa funcionalista sistêmica para a execução provisória da pena no Tribunal do Júri. *Revista Eletrônica de Direito do Centro Universitário Newton Paiva*, Belo Horizonte, n. 36, p. 94-111, set./dez. 2018. Disponível em: http://blog.newtonpaiva.br/direito/wp-content/uploads/2019/04/DIR36-07.pdf. Acesso em: 3 abr. 2019.

MEREDITH, Martin. *O destino da África*: cinco mil anos de riquezas, ganâncias e desafios. Tradução de Marlene Suano. Zahar. Livro digital. Posição 149.

MIR PUIG, Santiago. *Bases constitucionales del derecho penal*. Madri: Iustel, 2011.

NAÇÕES UNIDAS. *Valor movimentado por crimes ambientais sobe 26% em 2015, para até US$258 bi, diz PNUMA*. Disponível em: https://nacoesunidas.org/valor-movimentado-por-crimes-ambientais-sobe-26-em-2015-para-ate-us258-bi-diz-pnuma/. Acesso em: 17 out. 2019.

NELLEMANN, Christian et al. *The Rise of Environmental Crime*: A Growing Threat To Natural Resources Peace, Development and Security. A UNEPINTERPOL Rapid Response Assessment. [S.l.] United Nations Environment Programme, 2016. Disponível em: https://wedocs.unep.org/bitstream/handle/20.500.11822/7662/-The_rise_of_environmental_crime_A_growing_threat_to_natural_resources_peace%2C_development_and_security-2016environmental_crimes.pdf.pdf?sequence=3&isAllowed=y. Acesso em: 20 out. 2019.

PRADO, Luiz Régis. *Delito de lavagem de capitais:* um estudo introdutório. Centro de Investigacion Interdisciplinaria en Derecho Penal Económico, 2010. Disponível em: http://www.ciidpe.com.ar/area2/lavagem%20de%20capitais.pdf. Acesso em: 17 jul. 2019.

ROXIN, Claus. *Política Criminal e Sistema Jurídico-Penal*. Tradução: Luís Greco. Rio de Janeiro: Renovar, 2000.

ROXIN, Claus. *Problemas fundamentais de direito penal*. Tradução de Ana Paula dos Santos Luís Natscheradet; Maria Fernanda Palma; Ana Isabel de Figueiredo. 3. ed. Lisboa: Vega, 1998.

SARLET, Ingo Wolfgang; FENSTERSEIFER, Tiago. *Direito constitucional ambiental*. 5. ed. São Paulo: Revista dos Tribunais, 2017.

SILVA SÁNCHEZ, Jesús-María. *La expansión del derecho penal*: aspectos de la política criminal en las sociedades postindustriales. 3. ed. Montevidéu: B de F, 2011.

SIQUEIRA, Lia de Souza. *Segurança pública e Ministério Público*: Judicialização e participação social para a prevenção do crime. Rio de Janeiro: Lumen Juris, 2017.

SOUZA, Renee do Ó; CUNHA, Rogério Sanches. A legalidade do acordo de não persecução penal: uma opção legítima de política criminal. *In*: CUNHA, Rogério Sanches *et al.* (Org.). *Acordo de Não Persecução Penal*: Resolução 181/2017 do CNMP com as alterações feitas pela Res. 183/2018. 2. ed. Salvador: Juspodivm, 2018. p. 123-130.

STRECK, Lenio Luiz. *Hermenêutica jurídica (e)m crise*: uma exploração hermenêutica da construção do direito. 11. ed. Porto Alegre: Livraria do Advogado, 2014.

SUXBERGER, Antonio Hemrique Graciano; REIS, Rhuan. Criminalidade organizada em crimes ambientais: marcos normativos internacionais e possíveis respostas. *Revista direito ambiental e sociedade*, Caxias do Sul, v. 10, n. 1, p. 133-154, jan./abr. 2020.

SUXBERGER, Antonio Henrique Graciano. *Acordo de não persecução penal*: o exercício da ação penal e a questão prisional como problema público. Brasília: Fundação Escola, 2019.

SUXBERGER, Antonio Henrique Graciano. *Ministério Público e política criminal*: uma segurança pública comprometida com os direitos humanos. Curitiba: Juruá, 2012.

TEIXEIRA, Bruno Cezar da Cunha. Ação controlada e infiltração de agentes na lavagem de bens e ativos. *In*: SOUZA, Renee do Ó (Org.). *Lei anticrime*: comentários à lei 13.964/2019. Belo Horizonte: D'Plácido, 2020.

ZIZEK, Slavoj. Introdução: O espectro da ideologia. *In*: ZIZEK, Slavoj (Org.). *Um mapa da ideologia*. Tradução de Vera Ribeiro. Rio de Janeiro: Contraponto, 1996. p. 7-38.

---

Informação bibliográfica deste texto, conforme a NBR 6023:2018 da Associação Brasileira de Normas Técnicas (ABNT):

KURKOWSKI, Rafael Schwez; CARDOSO, Francisco de Assis Machado. A persecução da lavagem de capitais como política pública fomentada pelo Ministério Público para a tutela do meio ambiente. *In*: ASSOCIAÇÃO DOS MAGISTRADOS BRASILEIROS; SALOMÃO, Luis Felipe; FONSECA, Reynaldo Soares da; VIDEIRA, Renata Gil de Alcantara; SZPORER, Patrícia Cerqueira Kertzman; COSTA, Daniel Castro Gomes da (Coord.). *Sistema penal contemporâneo*. Belo Horizonte: Fórum, 2021. p. 117-134. ISBN 978-65-5518-205-7.

# "AUTORICICLAGGIO": NOTAS DE DIREITO COMPARADO SOBRE O CRIME DE AUTOLAVAGEM NO DIREITO ITALIANO

NEY DE BARROS BELLO FILHO
BRUNO HERMES LEAL

> *"Contrariamente, dunque, a quanto avveniva nel passato, non vi è più una netta distinzione tra organizzazioni criminali dedite al compimento delle attività illecite e altri soggetti e organizzazioni dediti al riciclaggio di denaro di provenienza illecita; la tendenza sembra infatti, quella di organizzazioni dedite, allo stesso tempo, al compimento di attività illecite e al riciclaggio del provento delle stesse."*[1]

## Introdução

Em um de seus célebres ensaios, Michel de Montaigne dissecou a força inercial do costume e da manutenção das leis dadas aos povos. Passando em revista a tradição greco-latina e as glosas de Tucídides, Marco Túlio Cícero, Ovídio e Tito Lívio, o escritor renascentista arremata: há muito a dizer sobre a diferença entre quem segue as formas e as leis de seu país e quem empreende no modificá-las. Aquele alega em seu favor a simplicidade da obediência, enquanto este se expõe à pecha de usurpador da autoridade, a menos que aponte claramente a falha daquilo que cassa e o bem daquilo que impõe.[2]

---

[1] FALCONE, Giovanni. Criminalità organizzata e gestione del flusso degli affari. In: *La posta in gioco.* Interventi e proposte per la lotta alla mafia. A cura di Giuseppe D'Avanzo. Milano: BUR Rizzoli, 2010. p. 217.

[2] A saborosa crônica histórica se encontra no capítulo XXIII do Livro Primeiro dos "Ensaios", intitulado "De la coutume et de ne changer aisément une loi reçue" (MONTAIGNE, Michel de. *Essais I.* Paris: Gallimard, 2007. p. 188).

Os graves encargos emergentes desse patamar de responsabilidade institucional foram assumidos pela Câmara dos Deputados, em 08.09.2020, quando o seu Presidente formalizou a instituição da Comissão de Juristas responsável pela elaboração de anteprojeto de reforma da Lei nº 9.613/1998. Superar empreitada tão relevante quanto complexa exigiu a composição heterogênea de juristas oriundos das mais qualificadas ambiências profissionais (acadêmicos, advogados, membros do Ministério Público e magistrados), cujas atividades vêm conduzidas sob a competentíssima presidência do Ministro Reynaldo Soares da Fonseca.[3]

Toma-se por auspicioso o momento para sumariar algumas das contribuições que a dogmática penal italiana pode fornecer aos debates envolvendo o anteprojeto de reforma da Lei nº 9.613/1998, pretensão essa cujo desenvolvimento fecundo, entretanto, exige severas restrições metodológicas, principiando pelo recorte temático focado no crime de autolavagem (*autoriciclaggio*) introduzido no Código Penal italiano em 2014.

Muitos antes disso, todavia, abundante literatura dedicada ao mapeamento da normativa internacional sobre as diversas técnicas e fases da reciclagem foi produzida em solo europeu[4] e norte-americano,[5] sobretudo desde a Recomendação R(80) 10 do Comitê de Ministros do Conselho da Europa, em 27.06.1980, e da instituição dos marcos institucionais que se lhe seguiram. Os foros de consensualidade internacional assumidos pelas medidas de contraste à livre manipulação dos proventos da criminalidade organizada parecem inserir mais um cânone à gramática do Direito Penal moderno: *"nullum crimen sine confiscatione"*.[6]

Mesmo depois de tantas décadas ao longo das quais as tipologias delitivas relacionadas à lavagem ganharam em diversidade e sofisticação,[7] ainda hoje seguem atuais

---

[3] O ato foi publicado no Diário da Câmara dos Deputados – Suplemento – 10.9.2020, Página 3 (publicação original) e pode ser conferido no sítio oficial daquela instituição (disponível em: https://www2.camara.leg.br/legin/int/atoprt_sn/2020/atodopresidente-58221-8-setembro-2020-790615-publicacaooriginal-161463-cd-presi.html. Acesso em: 05 out. 2020).

[4] As citações históricas, no ponto, não podem ser mais do que exemplificativas. Em solo europeu, compendiando as iniciativas comunitárias na matéria, BERNASCONI, P. Les infractions transfrontières: terrorisme, trafic de stupéfiants, délits financiers. *In*: DELMAS-MARTY, Mireille (Org.). *Quelle politique pénale pour l'Europe?* Paris: Economica, 1993. p. 75 *et seq.*; e BACIGALUPO, Enrico. Studio comparativo del diritto penale degli Stati membri della EU sulla repressione o 'lavaggio' di denaro illecitamente ottenuto. *In: Il riciclaggio dei proventi illeciti. Tra politica criminale e diritto vigente*. A cura di Elio Palombi. Napoli: Edizioni Scientifiche Italiane, 1996. p. 99 *et seq.* Sobre o desenvolvimento da temática em solo alemão, ZOPPEI, Verena. *Anti-money laundering law*. Socio-legal perspectives on the effectiveness of german practices. New York: Springer, 2017. p. 69 *et seq.* Mais recentemente, com ampla digressão bibliográfica sobre a normativa internacional e desenhando a cartografia de um *"nuovo fenomeno criminale"*, o primeiro capítulo de DELL'OSSO, Alain Maria. *Riciclaggio di proventi illeciti e sistema penale*. Torino: G. Giappichelli, 2017. p. 05-49 *passim*.

[5] Em perspectiva histórica, DE FEO, Michael. Il riciclaggio dei proventi illeciti: le esperienze statunitense. *In: Il riciclaggio dei proventi illeciti. Tra politica criminale e diritto vigente*. A cura di Elio Palombi. Napoli: Edizioni Scientifiche Italiane, 1996. p. 69 *et seq.* Ainda, o trabalho paradigmático de ALLDRIDGE, Peter. *Money laundering law*. Oxford: Hart Publishing, 2003, em especial os panorâmicos capítulos quarto e quinto (p. 71-107). Mais recentemente, VAN DUYNE, Petrus; HARVEY, Jackie; GELEMEROVA, Liliya. *The critical handbook of money laundering*. Policy, analysis and myths. London: Palgrave Macmillan, 2018. p. 41 *et seq.*

[6] A paternidade da feliz expressão é atribuída ao professor da *Università di Bologna*, Vittorio Manes, por DELL'OSSO, Alain Maria. *Riciclaggio di proventi illeciti e sistema penale*. Torino: G. Giappichelli, 2017. p. 01.

[7] Cite-se, exemplificativamente, a utilização das complexas engrenagens comerciais dos esportes de grande rentabilidade (notadamente o futebol) para fins de reciclagem de valores ilícitos, consoante registra o documentado estudo de DE SANCTIS, Fausto Martin. *Football, gambling, and money laundering*. A global criminal justice perspective. New York: Springer, 2014. p. 29-63 *passim*. Em língua francesa, mapeando a transição entre *"les techniques artisanales"* e *"les techniques financières"*, o capítulo quarto de VERNIER, Éric. *Tecniques de blanchiment et moyens de lutte*. 4ème éd. Paris: Dunod, 2017.

as observações da professora honorária do *Collège de France*, Mireille Delmas-Marty, segundo a qual a lavagem de capitais se apresenta como "típico campo de intervenção da política criminal", entendida como conjunto integrado dos instrumentos de controle e de combate aos fenômenos delinquenciais. Neste cenário, o Direito Penal concorre com outros vetores de controle social, sejam aqueles não penais (*v.g.*, vértices administrativos de fiscalização das atividades econômicas), sejam aqueles não estatais (*v.g.*, agências privadas de transparência pública).[8]

Em face de uma temática de proporções tão vastas, percebe-se de pronto quanto seja difícil a exposição exauriente dos caracteres, técnicas e estrutura da disciplina legal da lavagem de capitais em contextos geopolíticos tão variados. Não é possível, na dicção de Stefano Manacorda, fotografar todas as cenas evolutivas de uma *"normativa a vocazione universale"*.[9]

A opção de examinar a experiência do Direito Comparado se deve ao inequívoco potencial enriquecedor dos debates que nortearão a reforma legislativa brasileira em matéria de lavagem, sendo oportuno recordar, nada obstante, que o mero cotejo de tipos penais vigentes em países diversos tem sido minimizado pela doutrina especializada, a qual conclama a dogmática a penetrar em camadas mais profundas da vivificação doutrinária e pretoriana daqueles dispositivos.[10]

Diante dessa riqueza conteudística, convém adotar a prudência recomendada pela boa metodologia: segundo o acadêmico francês Jean Guitton, negligenciar deliberadamente, em ciência, é uma virtude intelectual.[11] Por isso que, excedendo os propósitos deste artigo a resenha abrangente de um fenômeno tão complexo, concentram-se os esforços analíticos sob o crivo rigoroso de duas opções metodológicas: sob análise, exclusivamente a experiência italiana e, com maior especificidade, a recente modificação legislativa que fez inserir, ao final de 2014, o crime de autolavagem no Código Penal daquela nação.

De saída, um dado histórico: no rescaldo do Acordo de Basileia I (1988) e da Convenção de Viena (1988), a administração da *"Banca d'Italia"* expediu nota explicativa das medidas de conformação às práticas de gerenciamento do risco creditício.[12] Já naquela época, segundo a literatura especializada, o ordenamento jurídico italiano despontava como o único exemplar da comunidade europeia que, antes mesmo da Convenção de Estrasburgo (1990) e da Diretiva Comunitária nº 308/1991, incriminara a lavagem de capitais no art. 648-*bis* de seu Código Penal (CPIt).[13]

---

[8] DELMAS-MARTY, Mireille. *Les grands systèmes de politique criminelle*. Paris: Economica, 1992. p. 13.

[9] MANACORDA, Stefano. L'incriminazione del riciclaggio in Europa. In: *Criminalità organizzata e risposte ordinamentali*. A cura di Sergio Moccia. Napoli: Edizioni Scientifiche Italiane, 1999. p. 457.

[10] Sobre o tema, por todos, as preciosas monografias de CADOPPI, Alberto. *Tra storia e comparazione. Studi sul diritto penale comparato*. Padova: CEDAM, 2004. p. 101; além de PALAZZO, Francesco; PAPA, Michele. *Lezioni di diritto penale comparato*. Torino: G.Giappichelli, 2013. p. 36.

[11] GUITTON, Jean. *Le travail intellectuel. Conseils a ceux qui étudient et a ceux qui écrivent*. Paris: Aubier, 1951. p. 38.

[12] Para uma aprofundada análise histórica da interação legislativa italiana e comunitária em matéria de lavagem, confira-se PASQUARIELLO, Carlo. La cooperazione europea in materia di riciclaggio. In: *Criminalità organizzata e risposte ordinamentali*. A cura di Sergio Moccia. Napoli: Edizioni Scientifiche Italiane, 1999. p. 480 *et seq*.

[13] A introdução originária da *fattispecie* delitiva monta ao Decreto-Lei nº 59, de 21 de março de 1978, posteriormente convertido na Lei nº 191, de 18 de maio de 1978, e já recebia análise consistente por parte da doutrina nacional (DALIA, Andrea. *L'attentato agli impianti e il delitto di riciclaggio*. Milano: Giuffrè, 1979. p. 60 *et seq*). Para uma análise histórica, MANACORDA, Stefano. L'incriminazione del riciclaggio in Europa. In: *Criminalità organizzata e risposte ordinamentali*. A cura di Sergio Moccia. Napoli: Edizioni Scientifiche Italiane, 1999. p. 472.

Raízes históricas bastante profundas explicam essa fenomenologia institucional pioneira em solo italiano: a simbiótica infiltração da máfia nos setores econômicos mais diversificados, com especial destaque à construção civil a partir da década de 1980, inaugurou um "capitalismo mafioso" em que os concorrentes apresentam aquela duplicidade estrutural típica de quem opera em "dois mundos".[14]

A metodologia comparatista privilegiou a revisão bibliográfica e jurisprudencial de fontes italianas e o plano do trabalho vem desdobrado em dois capítulos. O primeiro deles aborda (1) a latência conceitual da autolavagem como "privilégio anacrônico" e perpassa, em sua primeira parte, (1.1) a síntese histórica da qual deriva a novidade legislativa, mapeando os itinerários normativos da lavagem de capitais até a positivação do art. 648-ter.1 no Código Penal italiano; em sua segunda parte, (1.2) a análise dogmática da autolavagem à luz da doutrina e jurisprudência da Corte de Cassação italiana, a qual figura como órgão de cúpula da jurisdição infraconstitucional italiana, regulado pelo art. 65 da *Legge Fondamentale sull'ordinamento Giudiziario del 30 gennaio 1941* e com atribuições análogas ao Superior Tribunal de Justiça brasileiro.[15]

O segundo capítulo, de sua vez, se endereça a congregar essas premissas de ordem comparativa para delas arrancar conclusões frutíferas à reforma da Lei nº 9.613/1998, notadamente no âmbito da implementação dos princípios da legalidade estrita, da vedação do *bis in idem* substancial e da individualização da pena.

## 1 "Privilégios anacrônicos"

Superficial análise da ambiência doutrinária e jurisprudencial italiana revela um coreto de vozes reverberantes da insatisfação com aspectos parcelares do tratamento da lavagem de capitais. Expressivo segmento dessas críticas se concentrou sobre as modificações introduzidas pela *Legge 186*, de 15.12.2014, a partir das quais o Código Penal italiano passou a contar com o art. 648-ter.1, incriminante do fenômeno conhecido por autolavagem (*autoriciclaggio*).

Saudado por aqueles autores que acusavam a existência de um "privilégio anacrônico"[16] ao agente que reciclava os proventos de seu próprio delito, o dispositivo penal foi igualmente criticado por criminalizar um "privilégio matematicamente

---

[14] A multifacetada literatura sobre o tema possui volume oceânico e não seria possível retomá-la, aqui, em sua profundidade total. Citem-se, a título meramente exemplificativo, os clássicos SCIARRONE, Rocco. *Mafie vecchie, mafie nuove*. Radicamento ed espansione. 2. ed. Roma: Donzelli, 2009. p. 45 *et seq.*; e ARLACCHI, Pino. *La mafia imprenditrice*. Dalla Calabria al centro dell'inferno. Milano: Il Saggiatore, 2010. p. 101-124 *passim*. Mais recentemente, a obra conjunta de SALES, Isaia; MELORIO, Simonia. *Le mafie nell'economia globale*. Fra la legge dello Stato e le leggi di mercato. Milano: Guida Editori, 2017, *passim*. Com múltiplas referências ao paralelismo histórico entre a *imprenditorialità* mafiosa e o desenvolvimento da legislação antilavagem, confira-se LO MONTE, Elio. Osservazioni sul possibile contributo del sistema creditizio in materia di 'lotta' alla criminalità organizzata. In: *Criminalità organizzata e risposte ordinamentali*. A cura di Sergio Moccia. Napoli: Edizioni Scientifiche Italiane, 1999. p. 389 *et seq.*

[15] Os julgados oriundos da Corte de Cassação serão referidos, ao longo deste artigo, em tradução livre de seus principais excertos e segundo o modelo em que o faz a doutrina italiana, indicando, nesta ordem, a ramificação penal da Corte, a seção prolatora da decisão, o número da *"sentenza"* e seu ano de publicação, além da data em que foi lavrada. Ademais, todas as referências jurisprudenciais italianas constantes deste artigo estão disponíveis à livre consulta em: http://www.italgiure.giustizia.it/sncass/.

[16] LA MANNA, Federica. Autoriciclaggio: un privilegio da abolire. In: *Rivista della Guardia di Finanza*, n. 3/2014, p. 862; PALAZZI, Mario. I rapporti tra il delitto di autoriciclaggio e quello di trasferimento fraudolento di valori. In: *Punire l'autoriciclaggio*. A cura di Enrico Mezzetti e Daniele Piva. Torino: G. Giappichelli, 2016. p. 73.

sustentável".[17] Apondo ressalvas à validade científica de *slogans* – sejam eles de natureza censória, sejam de natureza apologética –, o plano do primeiro capítulo deste artigo vem desdobrado em duas partes.

A primeira delas perpassa (1.1) a síntese histórica da qual deriva a novidade legislativa, mapeando os itinerários normativos da lavagem de capitais até a positivação do art. 648-ter.1 no Código Penal italiano; ao passo que a segunda privilegia (1.2) a exposição dogmática da autolavagem à luz da penalística italiana e da jurisprudência da Corte de Cassação.

## 1.1 Itinerários normativos

Embora a reflexão da criminalística peninsular a respeito do destino dos proventos ilícitos estenda suas raízes ao séc. XIX,[18] atribui-se ao primeiro Código Penal da Itália unificada (*"Codice Zanardelli"*) o mérito de ter conferido autonomia conceitual à receptação, "ceifando-lhe o cordão umbilical" com os crimes antecedentes.[19]

Já na vigência do Código Penal de 1930 (*"Codice Rocco"*), a primeva incriminação do movimento de proventos ilícitos monta a 18.03.1978, quando a *Legge 191* fez nele introduzir a conduta de "substituição de dinheiro ou valores provenientes da rapina agravada, extorsão agravada ou sequestro de pessoa com o fim de extorsão". A despeito de sua relevância histórica, a doutrina predominante ressalta que o dispositivo ainda não reconhecia autonomia penal à lavagem, exaurindo-se na funcionalidade reflexamente punitiva à precedente situação de ilicitude.[20]

Ainda na década de 1980, a Corte de Cassação teve oportunidade de lapidar as arestas primeiras daquela nova modalidade típica, assentando a prescindibilidade do evento lesivo para consumação delitiva e que, sendo-lhe vedada a retroatividade, os fatos a ela anteriores atrairiam a incidência das veteranas hipóteses da receptação (art. 648, CPIt) e do favorecimento real (art. 379, CPIt).[21] A partir da vigência do art. 648-*bis*, seus diferenciais característicos em oposição àquelas tipologias delitivas consistiriam na definição bem precisa do catálogo de crimes antecedentes passíveis de terem seus proventos submetidos à lavagem, de cuja enumeração emergiria um elemento especializante do dolo.[22]

Em 19.03.1990, a *Legge 55* engendra a primeira reforma no dispositivo com vistas a adaptá-lo às exigências da Convenção de Viena contra o Tráfico Ilícito de Entorpecentes e Substâncias Psicotrópicas (20.12.1988). Entre outras modificações menos importantes à

---

[17] NADDEO, Marco; MONTEMURRO, Domenico. Autoriciclaggio e teoria degli insiemi: un 'privilegio' matematicamente sostenibile. In: *Rivista Trimestrale di Diritto Penale Economico*. 2011. p. 237 et seq.

[18] Vem do oitocentista clássico Francesco Carrara a percepção crítica de que a participação somente se poderia dar até a consumação e que a prática de delitos dos quais proviessem recursos materiais consistiria, com a ação de lhes dar aplicação e direcionamento em seu proveito, uma só conduta criminosa (CARRARA, Francesco. *Ricettazione dolosa di cose furtive*. Lucca: [s. ed.], 1870. p. 436).

[19] COCCO, Giovanni. Una introduzione ai reati contro il patrimonio e l'economia pubblica. In: *Studi in onore di Mario Romano*. Napoli: Jovene, 2011. p. 1.462.

[20] CORNETTA, M. Lo stato e le prospettive del sistema antiriciclaggio. In: *Il riciclaggio dei proventi illeciti. Tra politica criminale e diritto vigente*. A cura di Elio Palombi. Napoli: Edizioni Scientifiche Italiane, 1996. p. 26.

[21] As referências jurisprudenciais podem ser amplamente conferidas em LONGOBARDO, Carlo. Il delitto di riciclaggio: l'esperienza italiana. In: *Criminalità organizzata e risposte ordinamentali*. A cura di Sergio Moccia. Napoli: Edizioni Scientifiche Italiane, 1999. p. 418.

[22] DALIA, Andrea. *L'attentato agli impianti e il delitto di riciclaggio*. Milano: Giuffrè, 1979. p. 63 et seq.

resenha histórica de que cuidamos, o art. 648-*bis* do Código Penal italiano (CPIt) assume a nomenclatura de *"riciclaggio"* e passa a agasalhar em sua tipicidade objetiva o tráfico de entorpecentes como delito antecedente.

A doutrina identificava nesse perfil modificativo a firme intenção de sublinhar o caráter pluriofensivo do delito de lavagem, a proclamação de sua independência em relação à receptação e ao favorecimento, o abandono da natureza ancilar à punição dos crimes antecedentes e a inequívoca vocação de sua estrutura típica à qualidade de *"strumento di lotta alla grande criminalità organizzata"*.[23]

Noutras palavras, "a previsão da conduta de *obstaculizar* a identificação da proveniência dos bens atinge, finalmente, o coração do fenômeno da lavagem. A precedente formulação, ancorada no genérico conceito de *substituição*, não tornava ainda clara a ideia do que a lavagem efetivamente é: um processo que mira à interrupção do *paper trail*, com o fito de consentir a reutilização do quanto ilicitamente obtido".[24]

A reboque das conquistas implementadas por força da Convenção relativa ao branqueamento, detecção, apreensão e perda dos produtos do crime, firmada em Estrasburgo (08.11.1990), o art. 648-*bis* do Código Penal italiano (CPIt) se submete a novas alterações. Com especial observância à recomendação nº 04 do relatório GAFI de 1990, a *Legge 328*, de 09.08.1993, suprimiu o catálogo de crimes antecedentes (*"delitti a monte"*), condicionou a tipicidade da lavagem à preexistência de "dinheiro, bens ou outras utilidades provenientes de delitos não culposos" e enfatizou, sob a ótica da tipicidade subjetiva, a finalidade de obstar a identificação da sua proveniência delituosa.[25]

A cláusula "fora dos casos de concurso no crime" apartava essa figura delitiva da criminalidade primária, implicando, então, que o reciclador não poderia ser o mesmo autor ou concorrente no crime principal, em relação ao qual a reciclagem constitui um *post factum* impunível.[26]

À vista desse quadro normativo, o professor da *Università Cattolica del Sacro Cuore* de Milão, Cesare Pedrazzi, já ao final da década de 1990, profetizou que "a normativa antilavagem não é feita para recolher aplausos dos juristas, por força de seu conteúdo caótico e de seu estilo inelegante. Mas não é apenas uma exigência estética a permanecer insatisfeita: a censura investe contra sua inaplicabilidade e carente eficácia preventiva. É previsível que o legislador, em um futuro não distante, deverá reexaminar a matéria".[27]

Naquela quadra histórica, com efeito, as cifras estatais de apreensão e confisco no contexto de investigações criminais representavam menos de um por cento do total

---

[23] FLICK, Giovanni Maria. La repressione del riciclaggio ed il controllo dell'intermediazione finanziaria. In: *Rivista Italiana di Diritto e Procedura Penale*. 1990. p. 1.255.

[24] DELL'OSSO, Alain Maria. *Riciclaggio di proventi illeciti e sistema penale*. Torino: G. Giappichelli, 2017. p. 65. Tradução livre.

[25] Para uma crônica histórica dessa evolução, confiram-se as sempre ponderosas observações de FIANDACA, Giovanni; MUSCO, Enzo. *Diritto penale*. I delitti contro il patrimonio. 7. ed. Bologna: Zanichelli, 2019. p. 257 *et seq*. Volume II. Tomo secondo.

[26] PEDRAZZI, Cesare. L'alterazione del sistema economico: riciclaggio e reimpieghi di capitali di provenienza illecita. In: *Criminalità organizzata e risposte ordinamentali*. A cura di Sergio Moccia. Napoli: Edizioni Scientifiche Italiane, 1999. p. 370.

[27] PEDRAZZI, Cesare. L'alterazione del sistema economico: riciclaggio e reimpieghi di capitali di provenienza illecita. In: *Criminalità organizzata e risposte ordinamentali*. A cura di Sergio Moccia. Napoli: Edizioni Scientifiche Italiane, 1999. p. 373. Tradução livre.

estimado da movimentação financeira da máfia italiana. O ceticismo da doutrina vinha confirmado pela inefetividade estatística do instrumentário jurídico disponível.[28]

Sem embargo de outras medidas extrapenais adotadas, a redação do art. 648-*bis* do CPIt se manteve inalterada até que a República Italiana, no rescaldo das discussões sobre a conveniência de que fosse disciplinada a repatriação de valores irregularmente mantidos no exterior,[29] promulgou a *Legge 186*, de 15.12.2014, através da qual pretendeu regular *"materia di emersione e rientro di capitali detenuti all'estero nonché per il potenziamento della lotta all'evasione fiscale"* e *"materia di autoriciclaggio"*.

Daquele diploma normativo relevantes alterações nos mecanismos antilavagem poderiam ser destacadas, contudo, obsequiando a setorialidade temática demarcada pelos objetivos deste artigo, enfocamos a nova modalidade típica inserida no art. 648-ter.1 do Código Penal italiano, cuja redação dispõe:

> Art. 648-ter.1.
> 
> Autolavagem
> 
> Se aplica a pena de reclusão de dois a oito anos e multa entre € 5.000 e € 25.000 a quem, tendo cometido ou concorrido para a prática de um delito não culposo, emprega, substitui, transfere, em atividades econômicas, financeiras, empresariais ou especulativas, dinheiro, bens ou outros benefícios provenientes da prática de tal delito, de forma a obstar concretamente a identificação da sua proveniência delituosa.
> 
> Se aplica pena de reclusão de um a quatro anos e multa entre € 2.500 e € 12.500 se o dinheiro, bens ou outros benefícios provierem da prática de delito não culposo punido com reclusão e pena máxima inferior a cinco anos.
> 
> Em todo o caso, aplicam-se as penas previstas no primeiro parágrafo se o dinheiro, bens ou outros benefícios provenham do delito cometido nas condições ou fins a que se refere o artigo 7º do decreto-lei de 13 de maio de 1991, n. 152, convertido, com modificações, pela lei de 12 de julho de 1991, n. 203, e emendas subsequentes.
> 
> Fora dos casos a que se referem os parágrafos precedentes, não são puníveis as condutas por força das quais o dinheiro, os bens ou outros benefícios sejam destinados à mera utilização ou ao gozo pessoal.
> 
> A pena é aumentada quando os fatos são cometidos no exercício de atividade bancária ou financeira ou outra atividade profissional.
> 
> A pena é diminuída à metade para quem se tenha empenhado eficazmente para evitar que as condutas sejam levadas a consequências ulteriores ou para assegurar as provas do delito e a identificação de bens, do dinheiro e dos outros benefícios provenientes do delito.
> 
> Aplica-se o último parágrafo do artigo 648.[30]

---

[28] Os dados foram retirados do mesmo referencial bibliográfico onde se pode ler a seguinte conclusão: *"Come si vede, cifre del tutto irrisorie che non intaccano minimamente gli enormi capitali illeciti e, pertanto, la capacità dei gruppi di occupare e stravolgere il mercato. Dati che testimoniano la scarsa efficacia dei rimedi apprestati dall'ordinamento in materia patrimoniale"* (LO MONTE, Elio. Osservazioni sul possibile contributo del sistema creditizio in materia di 'lotta' alla criminalità organizzata. In: *Criminalità organizzata e risposte ordinamentali*. A cura di Sergio Moccia. Napoli: Edizioni Scientifiche Italiane, 1999. p. 393).

[29] Movimento análogo ocorreu no Brasil a partir da Lei nº 13.254/2016, instituidora do Regime Especial de Regularização Cambial e Tributária (RERCT) de recursos, bens ou direitos de origem lícita, não declarados ou declarados incorretamente, remetidos, mantidos no exterior ou repatriados por residentes ou domiciliados no País.

[30] Tradução livre do texto contido no sítio oficial da *"Gazzetta Ufficiale della Repubblica Italiana"* (disponível em: https://www.gazzettaufficiale.it/eli/id/2014/12/17/14G00197/sg. Acesso em: 06/10/2020).

Sumariados os itinerários normativos de abrangência da lavagem em solo italiano até o advento de um tipo penal incriminante da *autoriciclaggio*, a segunda seção deste primeiro capítulo vai dedicada à análise de sua morfologia típica, segundo a entendem a penalística italiana e a jurisprudência da Corte de Cassação.

## 1.2 Morfologia típica

As condutas incriminadas no art. 648-ter.1 do Código Penal italiano guardam parcial identidade com os verbos típicos utilizados pelo legislador no delito de lavagem: *empregar, substituir e transferir*. Ao passo que o *emprego* vem entendido como aplicação capaz de gerar lucro, a *substituição* envolve tanto a troca de um bem por outro quanto a transformação em um bem diverso. A incriminação da *transferência* dos proveitos ilícitos, por fim, conota aquele propósito legislativo de arrostar as operações de *layering* e as sucessivas alterações de titularidade patrimonial, as quais recrudescem a dificuldade de rastrear suas origens.[31]

Substancial diferença entre o tipo penal de que cuidamos (art. 648-ter.1., CPIt) com o tipo penal da lavagem (art. 648-bis, CPIt) consiste na eloquente omissão, no primeiro, da cláusula segundo a qual é punível, além da *substituição* e da *transferência* de dinheiro, bens ou outros benefícios, "qualquer operação em relação a eles de modo a obstar a identificação de sua proveniência delituosa".[32]

Em reforço às garantias da legalidade estrita, a estrutura dogmática da autolavagem apresenta caracteres mais exigentes que a lavagem pura e simples: o tipo penal estabelece uma relação de condicionalidade subjetiva com o crime antecedente de modo que só a consuma quem tenha ingressado no terreno típico precedente. Em síntese, a imputação do primeiro supõe grau mais elevado de demonstração do segundo.[33]

Nessa ordem de considerações, fica claro que a *subjetividade ativa* delineada pelo art. 648-ter.1 do Código Penal italiano (CPIt) indica tratar-se de *delito próprio*, atacando, dessa forma, o núcleo do "privilégio anacrônico": a conduta típica somente se oferece à perpetração para aquele envolvido na prática do crime antecedente não culposo, do qual se originem os proveitos ilícitos.[34]

Quanto à *tipicidade subjetiva*, exige-se a efetiva representação, consciente e voluntária, da obstaculização da gênese patrimonial delituosa, elemento indispensável para que venha sublinhado, subjetivamente, a distância entre o mero exaurimento da ilicitude precedente e o crime de autolavagem. Esse dolo genérico deve contemplar, pois, tanto a realização de um dos verbos típicos quanto a concreta obstaculização da rastreabilidade dos proveitos ilícitos.[35] Posto que a redação pareça sinalizar um elemento subjetivo especializante, parcela da doutrina entende que "*il dolo specifico sia un*

---

[31] DELL'OSSO, Alain Maria. *Riciclaggio di proventi illeciti e sistema penale*. Torino: G. Giappichelli, 2017. p. 195.

[32] A redação onívora revela, quanto à lavagem, a pretensão construtiva de "*un tessuto repressivo tendenzialmente privo di lacune*" e, portanto, de difícil compatibilidade com o princípio da legalidade estrita (FIANDACA, Giovanni; MUSCO, Enzo. *Diritto penale*. I delitti contro il patrimonio. 7. ed. Bologna: Zanichelli, 2019. p. 262. Volume II. Tomo secondo).

[33] DELL'OSSO, Alain Maria. *Riciclaggio di proventi illeciti e sistema penale*. Torino: G. Giappichelli, 2017. p. 188.

[34] MUCCIARELLI, Francesco. La struttura del delitto di autoriciclaggio. Appunti per l'esegesi della fattispecie. *In: Punire l'autoriciclaggio*. A cura di Enrico Mezzetti e Daniele Piva. Torino: G. Giappichelli, 2016. p. 13.

[35] FORTI, Gabrio; SEMINARA, Sergio; ZUCCALÀ, Giuseppe. *Commentario breve al codice penale*. 6. ed. Padova: CEDAM, 2017. p. 2.332.

*quid minoris rispetto all'oggettivizzazione del fine nel fatto, che immancabilmente ne determina par ricochet un'inclusione nel fuoco del dolo"*.[36]

O dolo eventual, admitido pela Corte de Cassação em relação ao tipo penal da lavagem (art. 648-bis, CPIt) – quando "o agente dispõe da concreta possibilidade de representar, aceitando o risco, a proveniência delituosa do dinheiro segundo as circunstâncias factuais da ação"[37] –, não encontra no tipo penal da autolavagem (art. 648-ter.1., CPIt) qualquer aplicabilidade, exatamente por força da mesmidade subjetiva que o conecta ao crime antecedente.

O advérbio empregado pelo legislador ao predicar a ação ilícita ("de forma a obstar *concretamente* a identificação da sua proveniência delituosa") colore com tintas fortes a tipicidade de um *delito de perigo concreto*, à luz do qual somente assumem relevância penal o *emprego*, a *substituição* e a *transferência* que se apresentem como meios aptos, no caso específico, à redução *concreta* do efeito ou do alcance dos instrumentos de investigação.[38]

Embora alguns julgados explicitem que "obstaculizar não significa impedir de modo intransponível, mas somente tornar difícil a certificação da proveniência da *res*, através de qualquer expediente",[39] é necessário que essa rastreabilidade tenha sido efetivamente dificultada por força e obra dos verbos selecionados pelo tipo penal, constrangendo os investigadores a reconstruí-la através da dispersão da neblina dissimulatória anteposta pelo coautor ou partícipe do crime antecedente.

Apenas a concreta idoneidade na ocultação da proveniência ilícita é que possui o condão de acomunar as condutas típicas – empregar, substituir, transferir – ao abrigo do desvalor autêntico do crime em questão e expungir, dessa forma, a suspeita de vagueza e indeterminação que lhe contaminariam a higidez normativa e constitucional.[40]

A orientação jurisprudencial subsequente à vigência do tipo penal da autolavagem salientou, com efeito, que sua consumação não depende, como se poderia supor, da contaminação do tecido econômico através da infiltração de capital ilícito, senão que pressupõe o ofuscamento da rastreabilidade desse capital.[41]

Em recentes julgados, a Corte de Cassação tem repisado essa conclusão, afirmando que "não integra o crime de autolavagem o direcionamento do lucro do furto para uma conta corrente ou cartão de crédito pré-pago, em nome do mesmo autor do crime anterior".[42] Em se tratando de *"fattispecie a pericolo concreto"*, portanto, ao juiz criminal compete avaliar a idoneidade específica da conduta posta em movimento e perscrutar

---

[36] DELL'OSSO, Alain Maria. *Riciclaggio di proventi illeciti e sistema penale*. Torino: G. Giappichelli, 2017. p. 202.

[37] *Cass. Pen., sez. V, Sentenza 12737/2020* de 17.02.2020.

[38] D'ALESSANDRO, Francesco. Il delitto di autoriciclaggio (art. 648-ter.1 c.p.), ovvero degli enigmi legislativi riservati ai solutori "più che abili". In: *Il nuovo volto della giustizia penale*. A cura di Gian Marco Baccari, Katia La Regina e Enrico Maria Mancuso. Padova: CEDAM, 2015. p. 21. Ferrando Mantovani afirma, ao contrário, que o advérbio "concretamente" assinalaria sua natureza de "crime de dano" (MANTOVANI, Ferrando. *Diritto penale. Delitti contro il patrimonio*. 7. ed. Padova: CEDAM, 2018. p. 304).

[39] *Cass. Pen., sez. II, Sentenza 29652/2019* de 14.03.2019.

[40] Demarcando essas premissas com absoluta propriedade: CERQUA, Luigi Domenico. Il delitto di riciclaggio nel sistema penale italiano. In: *Normativa antiriciclaggio e segnalazione di operazioni sospette*. A cura di Ermanno Cappa e Umberto Morera. Bologna: Il Mulino, 2008. p. 55 *et seq*; e PAGLIARO, Antonio. *Principi di diritto penale. I delitti contro il patrimonio*. Milano: Giuffrè, 2003. p. 507.

[41] PIERGALLINI, Carlo. Autoriciclaggio, concorso di persone e responsabilità dell'ente. In: MANTOVANI, Ferrando et al. (Org.). *Scritti in onore di Luigi Stortoni*, Bologna: BUP, 2016. p. 743.

[42] *Cass. Pen., sez. II, Sentenza 16059/2020* de 18.12.2019.

a ocorrência, ou não, da existência de um *"quid pluris eloquente, de uma particular eficácia dissimulatória em relação à origem dos bens"*.[43]

Segundo o autorizado professor da *Università degli Studi di Palermo*, Giovanni Fiandaca, a tautológica enumeração de que se vale o art. 648-ter.1 do Código Penal italiano para indicar os destinos típicos dos proventos ilícitos – "atividades econômicas, financeiras, empresariais ou especulativas" – enfatiza que *"ai fini della configurabilità di un autoriciclaggio punibile, le disponibilità illecite devono ricevere un tipo di utilizo consistente in ogni caso in forme di re-investimento a fine speculativi"*.[44]

*Entre as várias possibilidades de síntese das experiências comparadas, se afigura mais adequado aos propósitos metodológicos deste artigo enfatizar, a modo de síntese deste primeiro capítulo, a constatação premonitória de que o combate à lavagem navega em sinuosas entrâncias que extremam a inefetividade persecutória da indeterminação típica, tratando-se de um vértice de política criminal altamente desafiador porquanto a ele incumbe conciliar a versatilidade inerente ao fenômeno com as exigências de certeza em matéria penal.*

*Se a legislação está dada, toca ao intérprete "farsi carico di contenere l'esuberanza della fattispecie, tenendo nella dovuta considerazione gli indici testuali rilevanti e il coefficiente di dannosità dei singoli fatti";*[45] se, ao contrário, sua modificação se avizinha, incumbe à doutrina fornecer ao legislador elementos dogmáticos que, se não garantem, ao menos elevam as chances de bom êxito à empreitada.

A esta segunda missão é que se dedica o segundo capítulo deste artigo, examinando as possíveis contribuições dogmáticas que a experiência italiana pode oferecer, no que tange à tipificação da autolavagem, ao anteprojeto de reforma da Lei nº 9.613/1998.

## 2 "Ainda o silêncio..."

Nas linhas últimas com as quais o professor da *Università Cattolica del Sacro Cuore* de Milão arremata sua volumosa monografia endereçada à lavagem no Direito Penal italiano, Alain Maria Dell'Osso registra os promissores acordes da normativa vigente numa partitura repleta de silêncios. O art. 648-ter.1 do Código Penal italiano, epiloga o autor, demarca um avanço institucional da antilavagem peninsular; contudo, sua estrutura típica está a merecer aperfeiçoamentos no plano garantístico da legalidade estrita e da vedação do *bis in idem* substancial.[46]

Essa madura disposição corretiva das instituições reverbera, doutro lado do Atlântico, nos *considerando* do Ato do Presidente da Câmara dos Deputados de 08.09.2020, a partir do qual Sua Excelência instituiu Comissão de Juristas responsável pela elaboração de anteprojeto de reforma da Lei nº 9.613/1998.[47]

---

[43] *Cass. Pen., sez. V, Sentenza 38919/2019* de 05.07.2019.

[44] FIANDACA, Giovanni; MUSCO, Enzo. *Diritto penale*. I delitti contro il patrimonio. 7. ed. Bologna: Zanichelli, 2019. p. 273. Volume II. Tomo secondo.

[45] DELL'OSSO, Alain Maria. *Riciclaggio di proventi illeciti e sistema penale*. Torino: G. Giappichelli, 2017. p. 113.

[46] DELL'OSSO, Alain Maria. *Riciclaggio di proventi illeciti e sistema penale*. Torino: G. Giappichelli, 2017. p. 290.

[47] O ato foi publicado no Diário da Câmara dos Deputados – Suplemento – 10.9.2020, Página 3 (publicação original) e pode ser conferido no sítio oficial daquela instituição (disponível em: https://www2.camara.leg.br/legin/int/atoprt_sn/2020/atodopresidente-58221-8-setembro-2020-790615-publicacaooriginal-161463-cd-presi.html. Acesso em: 05 out. 2020). Os instigantes *considerando* dispõem: "CONSIDERANDO que a reforma parcial promovida pela Lei nº 12.683/12, embora tenha trazido alguns ajustes indispensáveis para possibilitar o eficaz enfrentamento à lavagem de dinheiro, deixou de cuidar de algumas situações que demandam aprofundado

O conjunto das premissas aplicativas a cujo esclarecimento se dedicou o primeiro capítulo permite que o objetivo metodológico evolua, neste segundo capítulo, até o desenvolvimento de considerações propositivas à reforma da Lei nº 9.613/1998, pertinentes à disciplina penal da autolavagem.

A articulação dessas considerações propositivas em consonância com as diretrizes expostas no ato constitutivo da Comissão de Juristas pode se desdobrar, com fôlego ilustrativo, em três dimensões normativas: (2.1) o princípio da legalidade estrita em matéria penal; (2.2) o princípio do *ne bis in idem* substancial; e (2.3) o princípio da individualização da pena em sede legislativa. Sem prejuízo de outras abordagens, parece que essa distribuição ternária de nossas considerações propositivas atende, ao menos em parte, três dos pressupostos com os quais relevantes autores se têm dedicado a formatar um "modelo estrutural de racionalidade ética" para a legislação penal.

Sobrepondo ambas as grelhas classificatórias à luz da metodologia proposta pelo catedrático de Direito Penal da *Universidad de Málaga*, Díez Ripollés, tem-se que o aperfeiçoamento normativo (2.1) do princípio da legalidade estrita robustece, sob a ótica da *responsabilidade penal*, o princípio da segurança jurídica. Já o aperfeiçoamento normativo (2.2) do princípio do *ne bis in idem* substancial reforça, no setor da *proteção penal de interesses ou bens jurídicos*, o princípio da lesividade. Por fim, o aperfeiçoamento normativo (2.3) do princípio da individualização da pena tonifica, relativamente à *punição*, o princípio da proporcionalidade sancionatória.[48]

## 2.1 Segura responsabilização

Quanto à dimensão do princípio da legalidade estrita em matéria penal e suas zonas de atrito com a liberdade aplicativa do Judiciário, trata-se de querela multissecular e os limites temáticos deste artigo não permitem abordar com profundidade – merecidamente recebida em solo italiano,[49] tedesco,[50] francófono,[51]

---

tratamento legislativo; CONSIDERANDO que incumbe ao legislador definir os limites da norma penal incriminadora, conferindo maior segurança jurídica ao intérprete e diminuindo lacunas na legislação que possam dar origem a decisões contraditórias; CONSIDERANDO que decisões judiciais têm promovido um alargamento do tipo objetivo do crime de lavagem contrário à lei e em afronta ao princípio da subsidiariedade do direito penal, promovendo condenações em casos que extrapolam a previsão legislativa; CONSIDERANDO o debate existente sobre a natureza jurídica do delito de lavagem de capitais, se instantâneo ou permanente, cuja definição pende de julgamento pelo Supremo Tribunal Federal; CONSIDERANDO a problemática concernente ao crime de lavagem de dinheiro e ao denominado caixa 2 eleitoral, o qual produz decisões judiciais conflitantes e traz insegurança ao processo eleitoral".

[48] Empregamos aqui a nomenclatura utilizada pelo autor na instigante monografia dedicada à legislação penal: DÍEZ RIPOLLÉS, José Luis. *A racionalidade das leis penais*. Traduzido por Luiz Regis Prado. 2. ed. São Paulo: RT, 2016. p. 131 *et seq.*

[49] Por todos, confira-se MOCCIA, Sergio. *La promessa non mantenuta. Ruolo e prospettive del principio di determinatezza/tassatività nel sistema penale italiano*. Napoli: Edizioni Scientifiche Italiane, 2001. p. 11 *et seq.*

[50] Para uma riquíssima anamnese dos fundamentos da legalidade penal na teoria de Paul Johann Anselm Feuerbach (1775-1833), confiram-se as páginas 194 e seguintes da tese doutoral de GRECO, Luís. *Lo vivo y lo muerto en la teoría de la pena de Feuerbach. Una contribución al debate actual sobre los fundamentos del Derecho penal*. Traducción de Paola Dropulich y José Béguelin. Madrid: Marcial Pons, 2015. Ainda nesse sentido, mais recentemente, confira-se a análise de WALTHER, Julien. L'interprétation en droit pénal allemand: considérations comparatistes sur les frontières du processus créateur de droit par le juge. *In*: STASIAK, Frédéric (Coord.). *Histoires et méthodes d'interprétation en droit criminel*. Paris: Dalloz, 2015. p. 79-94 *passim.*

[51] Com diversas indicações bibliográficas, DECHENAUD, David. Interprétation téléologique ou interprétation par analogie? *In*: STASIAK, Frédéric (Coord.). *Histoires et méthodes d'interprétation en droit criminel*. Paris: Dalloz, 2015.

hispânico⁵² e brasileiro⁵³ – as nuances do fenômeno, que tem sido analisado inclusive sob a ótica de uma tutela estratificada nas dimensões da jurisdição internacional ("tutela multinível do princípio da legalidade"⁵⁴). Esse panorama teórico, todavia, apresenta notável utilidade para que se rememore, em primeiro lugar, a inadmissibilidade cogente de qualquer retrocesso na conquista civilizatória segundo a qual não existe crime sem lei escrita, prévia, certa e estrita que o defina.⁵⁵

Ao respeito, duas reflexões hauridas da experiência italiana se impõem.

A primeira delas concerne à opção brasileira em tipificar o crime de lavagem em diploma especial e apartado do Código, desviando, assim, dos inconvenientes teóricos e pragmáticos com os quais se debate, ainda hoje, a penalística italiana. Na península, a topografia codificante enxertou o crime do art. 648-ter.1 do CPIt na setorialidade dedicada aos delitos contra o patrimônio, desconsiderando a algaravia literária sobre a afetação extravasante da ordem econômica, da administração da justiça e da concorrência leal.⁵⁶

A experiência comparatista revela, portanto, que o legislador brasileiro faria bem em preservar a compostura normativa da legislação antilavagem em sede autônoma. E isso por duas razões principais. A primeira delas liga-se ao fato de que a capacidade de rendimento dogmático do "bem jurídico penal" – a "estrela polar da ofensividade"⁵⁷ – depende de unanimidades teóricas improváveis, convindo que a crítica doutrinária, exercendo seu irrenunciável controle da justiça criminal, se projete sobre a atuação jurisdicional mediante critérios independentes da rigidez legislativa.⁵⁸

Nas palavras de um eminente penalista brasileiro, "[A] relação entre ciência, jurisprudência e legislação é outra temática fundamental em momentos de reforma e

---

52 Exemplificativamente, VILLAVERDE MENÉNDEZ, Ignacio. Principio de taxatividad. In: MANZANO, Mercedes Pérez; LUSCARAÍN SÁNCHEZ, Juan Antonio (Org.). *La tutela multinivel del principio de legalidad penal*. Madrid: Marcial Pons, 2016. p. 81 et seq.

53 Sem prejuízo de outras louváveis iniciativas doutrinárias, merece destaque a monografia específica de SCHMIDT, Andrei Zenkner. *O princípio da legalidade penal no Estado Democrático de Direito*. Porto Alegre: Livraria do Advogado, 2001, especialmente seus capítulos terceiro e quarto.

54 LUSCARAÍN SÁNCHEZ, Juan Antonio. La protección multinivel de la garantía de tipicidad penal. In: MANZANO, Mercedes Pérez; LUSCARAÍN SÁNCHEZ, Juan Antonio (Org.). *La tutela multinivel del principio de legalidad penal*. Madrid: Marcial Pons, 2016. p. 119 et seq.

55 Para uma ampla digressão teórica, com efeitos clamorosamente práticos, a respeito dos subsistemas de legalidade decaída no Direito Penal italiano, confira-se FERRAJOLI, Luigi. *Diritto e ragione*. Teoria del garantismo penale. 11. ed. Bari: Laterza, 2018. p. 730 et seq.

56 Para uma crítica severa às subordinações dogmáticas emergentes dessa localização topográfica, sugestiva de uma operatividade vicária e ancilar aos crimes antecedentes, imprescindíveis as considerações de MEZZETTI, Enrico. Reati contro il patrimonio. In: GROSSO, Carlo Federico; PADOVANI, Tullio; PAGLIARO, Antonio (Coord.). *Trattato di diritto penale*. Milano: Giuffrè, 2013. p. 615. Sobre as consequencias jurídicas dessa escolha em relação à matriz típica da lavagem e *"la continuità di offesa rispetto al primo delitto"*, confira-se MOCCIA, Sergio. *Tutela del patrimonio e principi costituzionali*. Padova: CEDAM, 1988. p. 13 et seq.

57 Preciosas referências bibliográficas a respeito do assunto na dogmática italiana podem ser encontradas em DELL'OSSO, Alain Maria. *Riciclaggio di proventi illeciti e sistema penale*. Torino: G. Giappichelli, 2017. p. 69 et seq.

58 As críticas e réplicas à serventia do bem jurídico penal na ambiência doutrinária alemã podem ser amplamente consultadas em ROXIN, Claus. Sobre o recente debate em torno do bem jurídico. In: GRECO, Luís; TÓRTIMA, Fernanda Lara (Org.). *O bem jurídico como limitação do poder de incriminar?* 2. ed. Rio de Janeiro: Lumen Juris, 2016. p. 233. Mais recentemente, com prolífica revisão da jurisprudência do Tribunal Constitucional alemão, a documentada monografia de SANTOS, Humberto Souza. *Ainda vive a teoria do bem jurídico?* Uma contribuição ao debate sobre a teoria do bem jurídico e os limites materiais do poder estatal de incriminar. São Paulo: Marcial Pons, 2020. p. 91-140 passim. No Direito italiano, ANGIONI, Francesco. *Contenuto e funzioni del concetto di bene giuridico*. Milano: Giuffrè, 1983; e, mais recentemente, MANES, Vittorio. *Il principio di offensività nel diritto penale*. Canone di politica criminale, criterio ermeneutico, parametro di ragionevolezza. Torino: G. Giappichelli, 2005. p. 158 et seq.

demandaria um estudo à parte. Dito de forma abreviada, a legislação que desconfia da ciência e da jurisprudência tende ao excesso definitório, tende a ser prolixa, o que, sendo já um defeito grave para ciência e jurisprudência, é simplesmente inaceitável para a legislação".[59]

A segunda razão, de sua vez, repristina a controvérsia que se estabeleceu no Brasil quando a relatoria do PL nº 236/2012 adiantou a intenção de aglutinar no corpo do Código Penal "toda a legislação extravagante que, nestes mais de setenta anos de vigência do diploma de 1940, foi sendo editada em nosso país". O reproche então verbalizado pela comunidade científica ganha atualidade e pertinência à proposta de atualizar a Lei nº 9.613/1998:

> algumas leis especiais se justificam pois não se mostram unicamente como tipos penais incriminadores, mas, sim, apresentam políticas públicas de prevenção e repressão, quando não de tratamento de determinada situação. Essas leis vão muito além de incriminação, pura e simples.[60]

Outra reflexão inspirada pelo exemplo italiano, ainda sob a luz exigente do princípio da legalidade estrita, concerne à dessemelhança entre os ordenamentos jurídicos: o art. 648-*bis* do CPIt, diferentemente do art. 1º da Lei nº 9.613/1998, pré-exclui da tipicidade da lavagem os casos de concurso no crime antecedente, restando clara a razão pela qual o Direito brasileiro não esbarrou na questão do "privilégio anacrônico da autolavagem".

A essa conclusão, basta aferir a origem predominantemente doutrinária e jurisprudencial da autolavagem no Direito brasileiro. A produção bibliográfica nacional tangencia o tema, quer sob a ótica de delitos especiais,[61] quer sob perspectiva mais genérica, partindo da interpretação que a natureza comum do delito, associada à ausência de vedação expressa da incriminação da autolavagem e à imposição de condicionantes extraídas do princípio da ofensividade, bastaria para sua admissão.[62]

---

[59] LEITE, Alaor. Erro, causas de justificação e causas de exculpação no novo Projeto de Código Penal. *In:* LEITE, Alaor (Org.). *Reforma penal*. A crítica científica à Parte Geral do Projeto de Código Penal (PLS 236/2012). São Paulo: Atlas, 2015. p. 127/128.

[60] O trecho foi publicado no editorial do Boletim IBCCrim de outubro de 2012 e a ele, como também a várias outras referências documentais sobre aqueles eventos, se refere DOTTI, René Ariel. Reforma penal: codificação ou consolidação? *In:* LEITE, Alaor (Org.). *Reforma penal*. A crítica científica à Parte Geral do Projeto de Código Penal (PLS 236/2012). São Paulo: Atlas, 2015. p. 253 *et seq.*

[61] Confira-se, nesse sentido, a fundamentada recusa à atribuição típica, a título de "autolavagem", ao evasor de divisas cuja remessa de valores ao exterior, segundo os autores, exaure a lesividade da conduta e defenestra o concurso material entre o art. 22, parágrafo único, da Lei nº 7.492/1986 com o art. 1º da Lei nº 9.613/1998 (RODRÍGUEZ, Víctor Gabriel; LAW, Thomas. Autolavagem e evasão de divisas. *In:* OLIVEIRA, William Terra de *et al.* (Org.). *Direito penal econômico*: estudos em homenagem aos 75 anos do Professor Klaus Tiedemann. São Paulo: LiberArs, 2013. p. 254).

[62] Aludindo à ausência de vedação legal, BITENCOURT, Cezar Roberto. *Tratado de direito penal econômico*. São Paulo: Saraiva, 2016. p. 457-459. Volume 02; CALLEGARI, André Luís; WEBER, Ariel. *Lavagem de dinheiro*. 2. ed. São Paulo: Atlas, 2017. p. 61; LIMA, Renato Brasileiro de. *Legislação criminal especial comentada*. 8. ed. Salvador: Juspodivm, 2020. p. 657 *et seq.*; NUCCI, Guilherme de Souza. *Leis penais e processuais penais comentadas*. 8. ed. Rio de Janeiro: Forense, 2014. p. 514. Volume 02; SIQUEIRA, Flávio Augusto. *O delito de lavagem de capitais no direito penal brasileiro e espanhol*. Belo Horizonte: D'Plácido, 2018. p. 301-305. O professor Pierpaolo Bottini afirma, acrescendo ainda outras observações, que "[A] lei brasileira não veda expressamente a autolavagem. E tal silêncio parece advogar pela possibilidade de dupla punição" (BADARÓ, Gustavo Henrique; BOTTINI, Pierpaolo Cruz. *Lavagem de dinheiro*. Aspectos penais e processuais penais. 3. ed. São Paulo: RT, 2016. p. 131). Notável posicionamento em sentido contrário é sustentado, por exemplo, por DELMANTO, Roberto *et al*. *Leis penais especiais comentadas*. Rio de Janeiro: Renovar, 2006. p. 552.

As manifestações do Poder Judiciário sobre o tema, de sua vez, recobrem a carência de previsão legislativa com o verniz opaco da "autonomia dos atos posteriores", cuja configuração somente será aferida mesmo em cada julgamento penal. Com efeito, restringindo a análise apenas aos vértices culminantes da estrutura judiciária brasileira, são reiterados os acórdãos do Supremo Tribunal Federal[63] e do Superior Tribunal de Justiça[64] que reconhecem como fiel definitivo da ocorrência de autolavagem a existência de "atos de ocultação autônomos do crime antecedente".

Tal engenharia argumentativa, elegante que seja a formulação enunciativa de seu princípio e os louváveis esforços garantísticos dos exemplares magistrados que a ela recorrem, não supre a potestade normativa exigida em matéria penal, cuja densidade legal, quando menos, assegura a estabilidade dos pressupostos típicos selecionados pela norma abstrata. Não parece adequado que essa inadimplência legislativa sobreviva a mais uma importante onda reformatória da Lei de Lavagem.

Que a redação do art. 1º da Lei nº 9.613/1998 tenha bastado à incriminação dos autores ou partícipes dos crimes antecedentes é fato que somente confirma a natureza fugidia dos contornos típicos da conduta e a mutabilidade indesejada dos critérios de sua documentação processual. Noutras palavras, pende de calibração legislativa o perímetro típico da conduta ofensiva – sobretudo quando, conforme abordaremos no próximo item, as condutas reentram em atividades conotadas de desvalor unitário (*ne bis in idem*) –, sob pena de que a imposição punitiva dependa, apenas, de critérios hermenêuticos inerentemente variáveis a depender da composição das Cortes e das preferências da doutrina.

Assim como a Itália, onde se inaugurou tipo penal específico para a autolavagem, também o Brasil poderia fazê-lo com semelhante redação ao art. 648-ter.1 do Código Penal italiano e com identidade de propósitos – ocluir espaços de vácuo normativo que permitem, à falta de disciplina, *"una eccessiva espansione del penalmente rilevante"*.[65]

Convém destacar, preventivamente, aspecto típico digno de relevo: sob o influxo dogmático do art. 117 do Código Penal italiano, que disciplina rigidamente

---

[63] Cito, exemplificativamente, dois acórdãos paradigmáticos proferidos pelo Supremo Tribunal Federal, num dos quais se definiu que a "autolavagem pressupõe a prática de atos de ocultação autônomos do produto do crime antecedente (já consumado)" (AP 470 EI-sextos, Pleno, Rel. p/ Acórdão Min. Roberto Barroso, julgado em 13.03.2014, PUBLIC 21.08.2014); noutro, que "quando a ocultação configura etapa consumativa do delito antecedente – caso da corrupção passiva recebida por pessoa interposta – de autolavagem se cogita apenas se comprovados atos subsequentes, autônomos, tendentes a converter o produto do crime em ativos lícitos, e capazes de ligar o agente lavador à pretendida higienização do produto do crime antecedente" (AP 694, 1ª Turma, Rel. Min. Rosa Weber, julgado em 02.05.2017, PUBLIC 31.08.2017). Mais recentemente, a 2ª Turma do Supremo Tribunal Federal decidiu que "[O] sistema jurídico brasileiro não exclui os autores do delito antecedente do âmbito de incidência das normas penais definidoras do crime de lavagem de bens, direitos ou valores, admitindo, por consequência, a punição da chamada autolavagem. É possível, portanto, em tese, que um mesmo acusado responda, concomitantemente, pela prática dos delitos antecedente e de lavagem, inexistindo bis in idem decorrente de tal proceder. 3. Nada obstante, a incriminação da autolavagem pressupõe a prática de atos de ocultação, dissimulação ou integração autônomos ao delito antecedente, ainda que se verifique, eventualmente, consumações simultâneas" (HC 165036/PR, Rel. Min. Edson Fachin, julgado em 09.04.2019, PUBLIC 10.03.2020).

[64] No âmbito do Superior Tribunal de Justiça, exemplificativamente, a Corte Especial teve o ensejo de assentar que, "[E]mbora a tipificação da lavagem de dinheiro dependa da existência de um crime antecedente, é possível a autolavagem - isto é, a imputação simultânea, ao mesmo réu, do delito antecedente e do crime de lavagem -, desde que sejam demonstrados atos diversos e autônomos daquele que compõe a realização do primeiro crime, circunstância na qual não ocorrerá o fenômeno da consunção" (APn 856/DF, Corte Especial, Rel. Min. Nancy Andrighi, julgado em 18.10.2017, DJe de 06.02.2018).

[65] MANTOVANI, Ferrando. *Diritto penale*. Delitti contro il patrimonio. 7. ed. Padova: CEDAM, 2018. p. 302.

a unitariedade do título criminoso, a doutrina apresentou grande resistência ao concurso de agentes no crime de autolavagem, tomando-a, em algumas sedes, como *"parcellizzazione normativa di un fenomeno almeno fenomenologicamente (se non addirittura ontologicamente) unitario"*.[66]

Ao respeito, a Corte de Cassação encampou a tese de que *"em tema de autolavagem, o sujeito que, não tendo concorrido no crime antecedente não culposo, desenvolva conduta típica de autolavagem ou contribua à realização, pelo autor do crime antecedente, das condutas indicadas no art. 648-ter.1 do Código Penal italiano, responde por lavagem de dinheiro e não por concurso no crime de autolavagem, o qual se configura somente em relação ao intraneus"*. Isso porque a "introdução da norma não pode ter efeitos paradoxais, punindo mais levemente condutas precedentemente punidas a título de lavagem e mortificando o escopo da intervenção normativa de perfil aditivo".[67]

Idêntica construção poderia ser desenvolvida no Brasil na hipótese de ser acatada a tipificação autônoma da autolavagem, sem qualquer prejuízo à imputação do patamar sancionatório da lavagem ao *extraneus*, que concorre com a reciclagem efetuada pelo sujeito ativo da infração penal antecedente. Em linha de princípio, essa solução diferenciadora não levantaria divergências conciliares no Direito pátrio, já que múltiplas as exceções legisladas à teoria monista proclamada pelo art. 29 do Código Penal brasileiro.

Sob a perspectiva da racionalidade ética da legislação penal, por fim, essa modificação na Lei nº 9.613/1998 robusteceria o *princípio da segurança jurídica* no sentido de permitir que "o cidadão saiba com precisão em que circunstâncias se lhe exigirá responsabilidade, e com que consequências".[68]

## 2.2 Unitário desvalor

Já o princípio do *ne bis in idem* substancial, consoante expressivas manifestações doutrinais, experimentaria lesão conspícua caso a *fattispecie* da autolavagem culminasse na dupla punição do fato e de seus desdobramentos imediatos no tempo e no espaço.

Que o crime não deve compensar e o criminoso pode ser impedido de gozar dos proventos ilícitos são afirmações cuja obviedade torna supérflua qualquer consideração ulterior.[69] É certeira, igualmente, a proverbial ironia italiana no sentido de que *"i ramoscelli di ulivo sono in genere insufficienti contro chi se presenta con le autobombe"*.[70] O ponto crítico, todavia, reside em punir condutas que se insiram no deslizamento consumativo da ilicitude precedente no tempo e no espaço.

Sob esse ângulo de visão, convém destacar a grande controvérsia ao redor do quarto parágrafo do art. 648-ter.1 do Código Penal italiano, segundo o qual "[F]ora dos casos a que se referem os parágrafos precedentes, não são puníveis as condutas

---

[66] D'ALESSANDRO, Francesco. Il delitto di autoriciclaggio (art. 648-ter.1 c.p.), ovvero degli enigmi legislativi riservati ai solutori "più che abili". In: Il nuovo volto della giustizia penale. A cura di Gian Marco Baccari, Katia La Regina e Enrico Maria Mancuso. Padova: CEDAM, 2015. p. 39.
[67] Cass. Pen., sez. II, Sentenza 22020/2019 de 10.04.2019.
[68] DÍEZ RIPOLLÉS, José Luis. A racionalidade das leis penais. Traduzido por Luiz Regis Prado. 2. ed. São Paulo: RT, 2016. p. 141.
[69] Refinada coletânea de argumentos a propósito das razões primeiras por força das quais a lavagem de capitais deve ser criminalizada se pode encontrar na lúcida monografia de ALLDRIDGE, Peter. What went wrong with money laundering law? London: Palgrave Macmillan, 2016. p. 34 et seq.
[70] VIOLANTE, Luciano. Non è la piovra. Dodici tesi sulle mafie italiane. Torino: Einaudi, 1994. p. 287.

por força das quais o dinheiro, os bens ou outros benefícios sejam destinados à mera utilização ou ao gozo pessoal".

Superando o aparente lapso textual, cuja interpretação no contexto em que inserido o dispositivo suscitou perplexidades interpretativas, a doutrina predominante assinou-lhe relevante "função hermenêutica" do tipo penal de autolavagem, desdobrada numa "função delimitativa do âmbito de aplicabilidade da *fattispecie*" e num "limite negativo do tipo, enquanto descreve modalidade de conduta expressamente excluída da relevância penal".[71]

Denominando-a de *"clausola oggettiva di esclusione del fatto tipico"*, Fiandaca lhe outorga a elevada missão de atenuar os riscos de que a autolavagem comporte, desarrazoadamente, uma punição aditiva a condutas privadas de um coeficiente de ofensividade suplementar, cujo desvalor penal foi exaustivamente coberto pela norma relativa ao crime antecedente. A sucessiva utilização para fins pessoais dos bens adquiridos criminosamente traduz a normal eficácia da precedente ilicitude, cuja motivação determinante, aliás, sói residir exatamente na extração de proveitos ao agente.[72]

A despeito da ausência de consenso doutrinal, a Corte de Cassação teve oportunidade de solver a controvérsia, assentando que "o agente pode ser isento de responsabilidade criminal apenas e somente se utilize ou goze dos bens provenientes do delito de modo direto e sem desempenhar sobre eles qualquer operação apta a dificultar concretamente a identificação de sua origem criminosa".[73]

Essa percepção vai ao encontro, ademais, da jurisprudência da Corte Europeia de Direitos Humanos (CEDU) e propicia uma interpretação convencionalmente orientada do tipo de autolavagem, a qual não deve punir em dobro condutas vinculadas umbilicalmente por um nexo de acessoriedade que, em seu conjunto, traduzem um desvalor unitário.[74] Não se pode olvidar, na feliz síntese de Francesco Mucciarelli, que *"l'identità soggettiva dell'autore del delitto-presupposto, dell'autoriciclaggio non è di per sé ragion sufficiente a far svanire la radicale alterità delle condotte (naturalisticamente intese)"*.[75]

Figure-se a hipótese: do evasor de divisas que adquire valiosas esculturas com os proventos ilícitos e com elas guarnece sua própria residência;[76] do servidor público

---

[71] MUCCIARELLI, Francesco. La struttura del delitto di autoriciclaggio. Appunti per l'esegesi della fattispecie. In: *Punire l'autoriciclaggio*. A cura di Enrico Mezzetti e Daniele Piva. Torino: G. Giappichelli, 2016. p. 15.

[72] FIANDACA, Giovanni; MUSCO, Enzo. *Diritto penale. I delitti contro il patrimonio*. 7. ed. Bologna: Zanichelli, 2019. p. 278. Volume II. Tomo secondo.

[73] *Cass. Pen., sez. II, Sentenza 30399/2018* de 07.06.2018.

[74] O art. 4º do Protocolo nº 7 da Convenção Europeia de Direitos Humanos dispõe, em uma de suas línguas oficiais, que *"[N]ul ne peut être poursuivi ou puni pénalement par les juridictions du même État en raison d'une infraction pour laquelle il a déjà été acquitté ou condamné par un jugement définitif conformément à la loi et à la procédure pénale de cet État"* (disponível em: https://www.echr.coe.int/Documents/Convention_FRA.pdf. Acesso em: 11 out. 2020). A respeito das aplicações mais genéricas desta disposição, confira-se VIGANÒ, Francesco. *Diritto a non essere giudicato o punito due volte*. In: *Corte di Strasburgo e giustizia penale*. A cura di Giulio Ubertis e Francesco Viganò. Torino: G. Giappichelli, 2016. p. 375 *et seq*. Especificamente sobre o tema deste artigo, CONSULICH, Federico. La norma penale doppia. Ne bis in idem sostanziale e politiche di prevenzione generale: il banco di prova dell'autoriciclaggio. In: *Rivista Trimestrale di Diritto Penale Economico*. 2015. p. 86.

[75] MUCCIARELLI, Francesco. La struttura del delitto di autoriciclaggio. Appunti per l'esegesi della fattispecie. In: *Punire l'autoriciclaggio*. A cura di Enrico Mezzetti e Daniele Piva. Torino: G. Giappichelli, 2016. p. 11.

[76] Bem entendido que não se está a cogitar aqui daquelas hipóteses mais sofisticadas, seguramente merecedoras de sanções autônomas, concernentes, por exemplo, à manipulação fraudulenta de preços no mercado de securitização e aquisição de obras de arte. Nesse sentido, *"[A]s in real estate, art makes it possible to appraise an asset so as to facilitate laundering, through the resulting substantial increase in insurance (or the mortgage, in the case of real property). Fake documentation makes it possible to obtain an incorrect property appraisal to secure hefty financing.*

corrompido que adquire com a "renda extra" uma unidade residencial em luxuosa costa brasileira e, registrando-a em seu próprio nome, dela se utiliza para o gozo de férias em família; da sociedade empresária que derrama os valores sonegados à tributação federal na distribuição de dividendos a seus acionistas, disto fazendo constar registro contábil.

Nenhuma dessas hipóteses deve ingressar no território penalmente tutelado porque nenhuma delas, em linha de princípio, agride a administração da justiça ou mesmo a higidez concorrencial. Na elegante expressão do juiz da Corte de Cassação, Giorgio Santacroce, não se vê aqui a razão de *"alzare il firewall fra mercato legale e capitali criminali"*.[77] Fazê-lo, nessas hipóteses, seria tomar o *"money spending"* por *"money laundering"*.[78]

A qualificação penal dessas condutas se altera, a olhos vistos, caso: o evasor de divisas tenha adquirido as esculturas por intermédio de pessoas jurídicas interpostas que participem de fundos de investimento especializados no mercado da arte; o servidor público corrompido invista a propina recebida para transformar o imóvel em *hostel* aberto à locação; a sociedade empresária disperse os valores sonegados à tributação federal em operações de modificação do controle acionário sobre entidades coligadas.[79]

Esta segunda ordem de exemplos eviscera o potencial extravasante das operações de mimetização patrimonial sobre interesses alheios ao crime antecedente: seja sob o viés da rastreabilidade dos bens pelas autoridades investigativas, seja sob a ótica da integridade do sistema concorrencial e econômico, interesses/bens jurídicos outros foram alvejados pelas condutas subsequentes, as quais, somente então, adquirem punibilidade autônoma caso seja aferida, em concreto, a eficácia obstativa conjurada pelos agentes.

A doutrina brasileira converge a essa conclusão. Fausto de Sanctis afirma que condutas como "guardar dinheiro em colchão" são impuníveis a título de lavagem porque traduzem "aproveitamento normal das vantagens ilicitamente obtidas".[80] Marcelo Batlouni Mendroni, de sua vez, assere que "a simples utilização de valores ou bens, com o intuito de utilizá-los, desfrutar-lhes ou mesmo acomodá-los, mas sem intenção de escondê-los, não configura o delito".[81] O professor Pierpaolo Cruz Bottini, por fim, reconhece que "[D]o agente do crime anterior se espera que atue para tornar seguro o proveito do crime, mas não que o faça por meio de manobras para conferir a ele aparência ilícita".[82]

---

*Laundering through artworks is accomplished by incorrectly stating prices, quantity and quality, and by overseas transportation, all in an effort to convey some legitimacy to illegal money"* (DE SANCTIS, Fausto Martin. *Money laundering through art. A criminal justice perspective.* New York: Springer, 2013. p. 62).

[77] SANTACROCE, Giorgio. Prefazione. In: *Punire l'autoriciclaggio*. A cura di Enrico Mezzetti e Daniele Piva. Torino: G. Giappichelli, 2016. p. XIII.

[78] A elucidativa provocação consta de MAUGERI, Anna Maria. L'autoriciclaggio dei proventi dei delitti tributari. In: *Punire l'autoriciclaggio*. A cura di Enrico Mezzetti e Daniele Piva. Torino: G. Giappichelli, 2016. p. 139.

[79] Parcela dos ilustrativos exemplos vem colhida de MUCCIARELLI, Francesco. La struttura del delitto di autoriciclaggio. Appunti per l'esegesi della fattispecie. In: *Punire l'autoriciclaggio*. A cura di Enrico Mezzetti e Daniele Piva. Torino: G. Giappichelli, 2016. p. 17-18. Em outro escrito da mesma obra coletiva, enfatiza-se que *"l'autoriciclaggio protegge il bene giuridico dell'ordine economico sotto la specie del risparmio-investimento, venendo a coincidere con la par condicio degli investitor, cioè con il diritto fondamentale di ciascuno alla parità di condizioni di rischio negli investimenti nell'ambito di un'economia di mercato: l'autoriciclaggio è un comportamento di concorrenza sleale"* (MAUGERI, Anna Maria. L'autoriciclaggio dei proventi dei delitti tributari. In: *Punire l'autoriciclaggio*. A cura di Enrico Mezzetti e Daniele Piva. Torino: G. Giappichelli, 2016. p. 100).

[80] DE SANCTIS, Fausto. *Delinquência econômica e financeira:* colarinho branco, lavagem de dinheiro, mercado de capitais. Rio de Janeiro: Forense, 2015. p. 209.

[81] MENDRONI, Marcelo Batlouni. Destaques sobre aspectos importantes da Lei 9.613/98. In: PEDROSO, Fernando Gentil; HERNANDES, Luiz Eduardo (Org.). *Direito penal econômico*. Salvador: Juspodivm, 2017. p. 104.

[82] BADARÓ, Gustavo Henrique; BOTTINI, Pierpaolo Cruz. *Lavagem de dinheiro*. Aspectos penais e processuais penais. 3. ed. São Paulo: RT, 2016. p. 132.

Sem embargo da razoabilidade dessas posições, não convém que a iluminação dos lindes dominiais da punibilidade a título de autolavagem dependa da luz bruxuleante de interpretações ortopédicas. A reforma da Lei nº 9.613/199/8 enseja ao Parlamento a reivindicação do protagonismo que lhe cabe no sepultamento dessa formulação textual que permite a mais dissimulada espécie de agressão ao princípio da legalidade – a "analogia antecipada".[83]

Sob a perspectiva da racionalidade ética da legislação penal, por fim, essa modificação na Lei nº 9.613/1998 reforçaria o *princípio da lesividade* no sentido de erigir diques contra os extravasamentos sancionatórios em relação a condutas que não obstaculizam a "realização dos planos vitais individuais alheios", tampouco cerceiam a "autorrealização pessoal de terceiros".[84]

## 2.3 Sanções individualizadas

O princípio da individualização da pena, por fim, efervesceu a doutrina italiana ao redor da passividade dos estratos punitivos em face das sucessivas modificações legislativas e a respectiva "mutação do fenótipo criminológico de referência", isto é, com a supressão do catálogo de crimes antecedentes. Como se viu no primeiro capítulo, a conformação originária do delito de lavagem exibia função eminentemente vicária, como que um sub-rogado punitivo à vista da impossibilidade de se chegar ao crime antecedente, o que poderia explicar, então, a elevada sanção cominada.[85]

Referido equilíbrio incriminante abandona os domínios da proporcionalidade a partir da reforma de 1993, quando o tipo penal deixa de contar com o catálogo de crimes antecedentes cuja gravidade abstrata penhorava, até a modificação legislativa, um coeficiente mínimo de justificação das elevadas penas cominadas no art. 648-bis do Código Penal italiano. A conclusão tuitiva é que fatos típicos de inexpressiva relevância penal dos quais derivem proventos recicláveis podem implicar a submissão dos agentes a sanções clamorosamente desprovidas de razoabilidade à luz da culpabilidade pressuposta pelo fato originário, ainda quando incida a causa diminuição de pena no parágrafo terceiro daquele dispositivo.[86]

Dentre as modificações introduzidas pela *Legge 186*, de 15.12.2014, ponto festejado pela doutrina italiana consiste na positivação de que a comum subjetividade ativa entre o crime antecedente e o crime de autolavagem mitiga a reprovabilidade do comportamento sob a ótica da culpabilidade e do merecimento de pena. No vernáculo, *"il fato dell'autoriciclatore è meno riprovevole perché sviluppo naturale di una precedente deliberazione criminosa"*.[87]

---

[83] A expressão remete ao *maestro* da *Università di Bologna*, Franco Bricola, e vem utilizada por Luigi Ferrajoli em ordem a proscrever, em matéria de legislação penal, a adoção de fórmulas textuais que atalhem, através de sua obliquidade redacional, a vedação de analogia. Para essas observações, confira-se FERRAJOLI, Luigi. *Diritto e ragione*. Teoria del garantismo penale. 11. ed. Bari: Laterza, 2018. p. 378.

[84] DÍEZ RIPOLLÉS, José Luis. *A racionalidade das leis penais*. Traduzido por Luiz Regis Prado. 2. ed. São Paulo: RT, 2016. p. 133.

[85] CASTALDO, Andrea; NADDEO, Marco. *Il denaro sporco*. Prevenzione e repressione nella lotta al riciclaggio. Padova: CEDAM, 2010. p. 195.

[86] DELL'OSSO, Alain Maria. *Riciclaggio di proventi illeciti e sistema penale*. Torino: G. Giappichelli, 2017. p. 134.

[87] BRUNELLI, David. Autoriciclaggio: profili del concorso di persone. *In: Punire l'autoriciclaggio*. A cura di Enrico Mezzetti e Daniele Piva. Torino: G. Giappichelli, 2016. p. 38. Em sentido idêntico, TRAPASSO, Maria Teresa. *La punibilità delle condotte autoriciclatorie*. Napoli: Jovene, 2017. p. 55.

Maior gravidade se percebe na legislação brasileira: a redação original do art. 1º da Lei nº 9.613/1998 cominava pena de reclusão de 03 (três) a 10 (dez) anos, além de multa, para a conduta de ocultar ou dissimular a natureza, origem, localização, disposição, movimentação ou propriedade de bens, direitos ou valores provenientes, direta ou indiretamente, de crimes severamente apenados pelo ordenamento jurídico brasileiro.[88] O advento da Lei nº 12.683/2012 manteve o patamar punitivo de 03 (três) a 10 (dez) anos de reclusão, além de multa, substituindo o rol taxativo de crimes antecedentes pela genérica menção a "direitos ou valores provenientes, direta ou indiretamente, de infração penal".

A literalidade do preceito implicaria admitir, entre outras extravagâncias, que o agente contratado pela esposa traída para agredir superficialmente o ex-marido, tendo recebido seus "honorários" e os emprestado ao dono da padaria, ver-se-ia submetido à pena de quinze dias a três *meses* pelo recurso contravencional às vias de fato (art. 21 do Decreto-Lei nº 3.688/1941) e três a dez *anos* pelo crime de lavagem de valores em concurso material. O leque de outros exemplos imagináveis é variado e a absurdidade da conclusão prova o absurdo das premissas.

Daí ser oportuna, independentemente da admissão do tipo penal autônomo de autolavagem, a previsão da "lavagem privilegiada" ou de uma causa especial de diminuição de pena na Lei nº 9.613/1998 para agasalhar, no que tange a crimes antecedentes de menor ofensividade, patamares condizentes com o seu grau de culpabilidade e com o princípio constitucional de individualização da pena (art. 5º, XLVI, CRFB/88).

Sob a perspectiva da racionalidade ética da legislação penal, por fim, essa modificação na Lei nº 9.613/1998 tonificaria o *princípio da individualização da pena* no sentido de permitir, já no plano da confecção abstrata da norma, "sua acomodação às variações que a afecção do objeto de proteção e à estrutura da responsabilidade possam experimentar no caso concreto".[89]

## Conclusões

Ao dissertar a respeito das sincronicidades do fenômeno jurídico, François Ost entreviu, na galáxia das relações subordinantes do Direito ao Tempo, uma estrela fulgurante que ilumina a terceira via aos eixos ordinários do "risco" e da "necessidade", o momento histórico carregado de peso e significado que promete descortinar ineditismos – o *"kairos"* grego, *"l'instant propice qui bouleverse la continuité chronologique"*.[90]

Essa disposição cronológica foi assumida pela Câmara dos Deputados e dela se ergue um repto dirigido à comunidade jurídica para que empreste à reforma da Lei nº 9.613/1998 uma colaboração desengajada e prenhe da disposição firme em aprimorar os mecanismos antilavagem. Nos domínios temáticos do Direito Penal, a experiência

---

[88] Eram eles: de tráfico ilícito de substâncias entorpecentes ou drogas afins; de terrorismo; de contrabando ou tráfico de armas, munições ou material destinado à sua produção; de extorsão mediante sequestro; contra a Administração Pública, inclusive a exigência, para si ou para outrem, direta ou indiretamente, de qualquer vantagem, como condição ou preço para a prática ou omissão de atos administrativos; contra o sistema financeiro nacional; e praticado por organização criminosa.

[89] DÍEZ RIPOLLÉS, José Luis. *A racionalidade das leis penais*. Traduzido por Luiz Regis Prado. 2. ed. São Paulo: RT, 2016. p. 155.

[90] OST, François. *Le temps du droit*. Paris: Odile Jacob, 1999. p. 27.

comparatista seguramente tem muito a colaborar e a cornucópia de reflexões emergentes da introdução do delito de autolavagem no Código Penal italiano bem o demonstra.

A metodologia empregada neste artigo para a demonstração dessa assertiva contemplou dois capítulos, o primeiro dos quais se endereçou, na primeira seção, ao itinerário da legislação penal italiana sobre o assunto e à forma através da qual a evolução do art. 648-bis (lavagem) até a inclusão do art. 648-ter.1. no Código Penal italiano (autolavagem) espelha o amadurecimento, em doutrina e jurisprudência, do contraste estatal a este fenômeno criminológico de natureza poliédrica. Já na segunda seção do primeiro capítulo vem exposta a morfologia típica do crime de autolavagem na Itália e as principais controvérsias dogmáticas concernentes ao seu âmbito de aplicabilidade, com especial ênfase aos déficits garantísticos sobre os quais se debruçaram a doutrina e os precedentes da Corte de Cassação.

O segundo capítulo, de sua vez, exibe segmentação ternária das dimensões normativas – tangentes da *responsabilidade penal*, da *proteção penal de interesses ou bens jurídicos* e da *punição* – que podem coagular a experiência italiana com as razões de política criminal que inspiraram a Presidência da Câmara dos Deputados a instituir uma Comissão de Juristas para reforma da Lei nº 9.613/1998, visando à obtenção de uma síntese harmônica e frutífera à luz do Direito Penal Comparado.

As considerações propositivas que densificam o núcleo argumentativo deste artigo podem, então, ser conjugadas de três formas conexas ao aperfeiçoamento da Lei nº 9.613/1998: (1) sob a ótica princípio da legalidade estrita e da segurança jurídica, seja mantida a disciplina da lavagem em legislação apartada do Código Penal, agregando-se tipo penal específico para a autolavagem, com pena cominada em patamar inferior à lavagem pura e simples; (2) sob a ótica do princípio do *ne bis in idem* substancial e da lesividade, seja prevista cláusula excludente da tipicidade das condutas por força das quais os bens, direitos e valores sejam destinados à mera utilização ou ao gozo pessoal; por fim, (3) sob a ótica do princípio da individualização da pena e da proporcionalidade sancionatória, seja positivada causa especial de diminuição da pena de lavagem e de autolavagem para as hipóteses em que a infração penal antecedente seja de menor potencial ofensivo, de acordo com as penas a ela cominadas.

## Referências

ALLDRIDGE, Peter. *What went wrong with money laundering law?* London: Palgrave Macmillan, 2016.

ALLDRIDGE, Peter. *Money laundering law*. Oxford: Hart Publishing, 2003.

BACIGALUPO, Enrico. Studio comparativo del diritto penale degli Stati membri della EU sulla repressione o 'lavaggio' di denaro illecitamente ottenuto. *In: Il riciclaggio dei proventi illeciti*. Tra politica criminale e diritto vigente. A cura di Elio Palombi. Napoli: Edizioni Scientifiche Italiane, 1996.

BADARÓ, Gustavo Henrique; BOTTINI, Pierpaolo Cruz. *Lavagem de dinheiro*. Aspectos penais e processuais penais. 3. ed. São Paulo: RT, 2016.

BERNASCONI, Paolo. Les infractions transfrontières: terrorisme, trafic de stupéfiants, délits financiers. *In*: DELMAS-MARTY, Mireille (Org.). *Quelle politique pénale pour l'Europe?* Paris: Economica, 1993.

BRUNELLI, David. Autoriciclaggio: profili del concorso di persone. *In: Punire l'autoriciclaggio*. A cura di Enrico Mezzetti e Daniele Piva. Torino: G. Giappichelli, 2016.

CADOPPI, Alberto. *Tra storia e comparazione*. Studi sul diritto penale comparato. Padova: CEDAM, 2004.

CALLEGARI, André Luís; WEBER, Ariel. *Lavagem de dinheiro*. 2. ed. São Paulo: Atlas, 2017.

CARRARA, Francesco. *Ricettazione dolosa di cose furtive*. Lucca: [s. ed.], 1870.

CASTALDO, Andrea; NADDEO, Marco. *Il denaro sporco*. Prevenzione e repressione nella lotta al riciclaggio. Padova: CEDAM, 2010.

CERQUA, Luigi Domenico. Il delitto di riciclaggio nel sistema penale italiano. *In: Normativa antiriciclaggio e segnalazione di operazioni sospette*. A cura di Ermanno Cappa e Umberto Morera. Bologna: Il Mulino, 2008.

COCCO, Giovanni. Una introduzione ai reati contro il patrimonio e l'economia pubblica. *In: Studi in onore di Mario Romano*. Napoli: Jovene, 2011.

CONSULICH, Federico. La norma penale doppia. Ne bis in idem sostanziale e politiche di prevenzione generale: il banco di prova dell'autoriciclaggio. *In: Rivista Trimestrale di Diritto Penale Economico*. 2015.

CORNETTA, M. Lo stato e le prospettive del sistema antiriciclaggio. *In: Il riciclaggio dei proventi illeciti*. Tra politica criminale e diritto vigente. A cura di Elio Palombi. Napoli: Edizioni Scientifiche Italiane, 1996.

D'ALESSANDRO, Francesco. Il delitto di autoriciclaggio (art. 648-ter.1 c.p.), ovvero degli enigmi legislativi riservati ai solutori "più che abili". *In: Il nuovo volto della giustizia penale*. A cura di Gian Marco Baccari, Katia La Regina e Enrico Maria Mancuso. Padova: CEDAM, 2015.

DALIA, Andrea. *L'attentato agli impianti e il delitto di riciclaggio*. Milano: Giuffrè, 1979.

DE SANCTIS, Fausto. *Delinquência econômica e financeira*: colarinho branco, lavagem de dinheiro, mercado de capitais. Rio de Janeiro: Forense, 2015.

DE SANCTIS, Fausto Martin. *Football, gambling, and money laundering*. A global criminal justice perspective. New York: Springer, 2014.

DE SANCTIS, Fausto Martin. *Money laundering through art*. A criminal justice perspective. New York: Springer, 2013.

DECHENAUD, David. Interprétation téléologique ou interprétation par analogie? *In:* STASIAK, Frédéric (Coord.). *Histoires et méthodes d'interprétation en droit criminel*. Paris: Dalloz, 2015.

DELMAS-MARTY, Mireille. *Les grands systèmes de politique criminelle*. Paris: Economica, 1992.

DELMANTO, Roberto et al. *Leis penais especiais comentadas*. Rio de Janeiro: Renovar, 2006. DELL'OSSO, Alain Maria. *Riciclaggio di proventi illeciti e sistema penale*. Torino: G. Giappichelli, 2017.

DÍEZ RIPOLLÉS, José Luis. *A racionalidade das leis penais*. Traduzido por Luiz Regis Prado. 2. ed. São Paulo: RT, 2016.

FALCONE, Giovanni. Criminalità organizzata e gestione del flusso degli affari. *In: La posta in gioco*. Interventi e proposte per la lotta alla mafia. A cura di Giuseppe D'Avanzo. Milano: BUR Rizzoli, 2010.

FERRAJOLI, Luigi. *Diritto e ragione*. Teoria del garantismo penale. 11. ed. Bari: Laterza, 2018.

FIANDACA, Giovanni; MUSCO, Enzo. *Diritto penale*. I delitti contro il patrimonio. 7. ed. Bologna: Zanichelli, 2019. Volume II. Tomo secondo.

FLICK, Giovanni Maria. La repressione del riciclaggio ed il controllo dell'intermediazione finanziaria. *In: Rivista Italiana di Diritto e Procedura Penale*. 1990.

FORTI, Gabrio; SEMINARA, Sergio; ZUCCALÀ, Giuseppe. *Commentario breve al codice penale*. 6. ed. Padova: CEDAM, 2017.

GRECO, Luís. *Lo vivo y lo muerto en la teoría de la pena de Feuerbach*. Una contribución al debate actual sobre los fundamentos del Derecho penal. Traducción de Paola Dropulich y José Béguelin. Madrid: Marcial Pons, 2015.

GUITTON, Jean. *Le travail intellectuel*. Conseils a ceux qui étudient et a ceux qui écrivent. Paris: Aubier, 1951.

LA MANNA, Federica. Autoriciclaggio: un privilegio da abolire. *In: Rivista della Guardia di Finanza*, n. 3, 2014.

LEITE, Alaor. Erro, causas de justificação e causas de exculpação no novo Projeto de Código Penal. *In:* LEITE, Alaor (Org.). *Reforma penal*. A crítica científica à Parte Geral do Projeto de Código Penal (PLS 236/2012). São Paulo: Atlas, 2015.

LIMA, Renato Brasileiro de. *Legislação criminal especial comentada*. 8. ed. Salvador: Juspodivm, 2020.

LO MONTE, Elio. Osservazioni sul possibile contributo del sistema creditizio in materia di 'lotta' alla criminalità organizzata. In: *Criminalità organizzata e risposte ordinamentali*. A cura di Sergio Moccia. Napoli: Edizioni Scientifiche Italiane, 1999.

LONGOBARDO, Carlo. Il delitto di riciclaggio: l'esperienza italiana. In: *Criminalità organizzata e risposte ordinamentali*. A cura di Sergio Moccia. Napoli: Edizioni Scientifiche Italiane, 1999.

LUSCARAÍN SÁNCHEZ, Juan Antonio. La protección multinivel de la garantía de tipicidad penal. In: MANZANO, Mercedes Pérez; LUSCARAÍN SÁNCHEZ, Juan Antonio (Org.). *La tutela multinivel del principio de legalidad penal*. Madrid: Marcial Pons, 2016.

MANACORDA, Stefano. L'incriminazione del riciclaggio in Europa. In: *Criminalità organizzata e risposte ordinamentali*. A cura di Sergio Moccia. Napoli: Edizioni Scientifiche Italiane, 1999.

MANES, Vittorio. *Il principio di offensività nel diritto penale*. Canone di politica criminale, criterio ermeneutico, parametro di ragionevolezza. Torino: G. Giappichelli, 2005.

MANTOVANI, Ferrando. *Diritto penale*. Delitti contro il patrimonio. 7. ed. Padova: CEDAM, 2018.

MAUGERI, Anna Maria. L'autoriciclaggio dei proventi dei delitti tributari. In: *Punire l'autoriciclaggio*. A cura di Enrico Mezzetti e Daniele Piva. Torino: G. Giappichelli, 2016.

MENDRONI, Marcelo Batlouni. Destaques sobre aspectos importantes da Lei 9.613/98. In: PEDROSO, Fernando Gentil; HERNANDES, Luiz Eduardo (Org.). *Direito penal econômico*. Salvador: Juspodivm, 2017.

MEZZETTI, Enrico. Reati contro il patrimonio. In: GROSSO, Carlo Federico; PADOVANI, Tullio; PAGLIARO, Antonio (Coord.). *Trattato di diritto penale*. Milano: Giuffrè, 2013.

MOCCIA, Sergio. *La promessa non mantenuta*. Ruolo e prospettive del principio di determinatezza/tassatività nel sistema penale italiano. Napoli: Edizioni Scientifiche Italiane, 2001.

MOCCIA, Sergio. *La perenne emergenza*. Tendenze autoritarie nel sistema penale. Napoli: Edizioni Scientifiche Italiane, 1995.

MOCCIA, Sergio. *Tutela del patrimonio e principi costituzionali*. Padova: CEDAM, 1988.

MONTAIGNE, Michel Eyquem de. *Essais*. Livre premier. Paris: Gallimard, 2007.

NADDEO, Marco; MONTEMURRO, Domenico. Autoriciclaggio e teoria degli insiemi: un 'privilegio' matematicamente sostenibile. In: *Rivista Trimestrale di Diritto Penale Economico*. 2011.

NUCCI, Guilherme de Souza. *Leis penais e processuais penais comentadas*. 8. ed. Rio de Janeiro: Forense, 2014. Volume 02.

OST, François. *Le temps du droit*. Paris: Odile Jacob, 1999.

PAGLIARO, Antonio. *Principi di diritto penale*. I delitti contro il patrimonio. Milano: Giuffrè, 2003.

PALAZZI, Mario. I rapporti tra il delitto di autoriciclaggio e quello di trasferimento fraudolento di valori. In: *Punire l'autoriciclaggio*. A cura di Enrico Mezzetti e Daniele Piva. Torino: G. Giappichelli, 2016.

PALAZZO, Francesco; PAPA, Michele. *Lezioni di diritto penale comparato*. Torino: G.Giappichelli, 2013.

PASQUARIELLO, Carlo. La cooperazione europea in materia di riciclaggio. In: *Criminalità organizzata e risposte ordinamentali*. A cura di Sergio Moccia. Napoli: Edizioni Scientifiche Italiane, 1999.

PEDRAZZI, Cesare. L'alterazione del sistema economico: riciclaggio e reimpieghi di capitali di provenienza illecita. In: *Criminalità organizzata e risposte ordinamentali*. A cura di Sergio Moccia. Napoli: Edizioni Scientifiche Italiane, 1999.

PIERGALLINI, Carlo. Autoriciclaggio, concorso di persone e responsabilità dell'ente. In: MANTOVANI, Ferrando et al (Org.). *Scritti in onore di Luigi Stortoni,* Bologna: BUP, 2016.

RODRÍGUEZ, Víctor Gabriel; LAW, Thomas. Autolavagem e evasão de divisas. In: OLIVEIRA, William Terra de et al (Org.). *Direito penal econômico*: estudos em homenagem aos 75 anos do Professor Klaus Tiedemann. São Paulo: LiberArs, 2013.

ROXIN, Claus. Sobre o recente debate em torno do bem jurídico. In: GRECO, Luís; TÓRTIMA, Fernanda Lara (Org.). *O bem jurídico como limitação do poder de incriminar?* 2. ed. Rio de Janeiro: Lumen Juris, 2016.

SANTOS, Humberto Souza. *Ainda vive a teoria do bem jurídico?* Uma contribuição ao debate sobre a teoria do bem jurídico e os limites materiais do poder estatal de incriminar. São Paulo: Marcial Pons, 2020.

SCHMIDT, Andrei Zenkner. *O princípio da legalidade penal no Estado Democrático de Direito.* Porto Alegre: Livraria do Advogado, 2001.

SCIARRONE, Rocco. *Mafie vecchie, mafie nuove.* Radicamento ed espansione. 2. ed. Roma: Donzelli, 2009.

SIQUEIRA, Flávio Augusto. *O delito de lavagem de capitais no direito penal brasileiro e espanhol.* Belo Horizonte: D'Plácido, 2018.

TRAPASSO, Maria Teresa. *La punibilità delle condotte autoriciclatorie.* Napoli: Jovene, 2017. WALTHER, Julien. L'interprétation en droit pénal allemand: considérations comparatistes sur les frontières du processus créateur de droit par le juge. *In:* STASIAK, Frédéric (Coord.). *Histoires et méthodes d'interprétation en droit criminel.* Paris: Dalloz, 2015.

VILLAVERDE MENÉNDEZ, Ignacio. Principio de taxatividad. *In:* MANZANO, Mercedes Pérez; LUSCARAÍN SÁNCHEZ, Juan Antonio (Org.). *La tutela multinivel del principio de legalidad penal.* Madrid: Marcial Pons, 2016.

VAN DUYNE, Petrus; HARVEY, Jackie; GELEMEROVA, Liliya. *The critical handbook of money laundering.* Policy, analysis and myths. London: Palgrave Macmillan, 2018.

VERNIER, Éric. *Tecnhiques de blanchiment et moyens de lutte.* 4. éd. Paris: Dunod, 2017.

---

Informação bibliográfica deste texto, conforme a NBR 6023:2018 da Associação Brasileira de Normas Técnicas (ABNT):

BELLO FILHO, Ney de Barros; LEAL, Bruno Hermes. "Autoriciclaggio": notas de Direito Comparado sobre o crime de autolavagem no Direito italiano. *In:* ASSOCIAÇÃO DOS MAGISTRADOS BRASILEIROS; SALOMÃO, Luis Felipe; FONSECA, Reynaldo Soares da; VIDEIRA, Renata Gil de Alcantara; SZPORER, Patrícia Cerqueira Kertzman; COSTA, Daniel Castro Gomes da (Coord.). *Sistema penal contemporâneo.* Belo Horizonte: Fórum, 2021. p. 135-157. ISBN 978-65-5518-205-7.

# CONFISCO DE BENS TRAVESTIDO DE EFEITO DA CONDENAÇÃO

CEZAR ROBERTO BITENCOURT

## 1 Considerações introdutórias

A criação e a inclusão no Código Penal, desordenadamente, de grande quantidade de novos tipos penais, nos últimos anos, destroem a *metodologia* utilizada pelo legislador de 1940 na elaboração criteriosa do Código Penal, que o dividiu, criteriosamente, em duas partes, uma geral e outra especial. Construiu cada uma dessas partes em vários títulos e dividiu cada um deles em capítulos e, alguns destes, ainda em secções. Nessa *sistematização* o legislador, cuidadosamente, selecionou e agrupou matérias da mesma natureza ou de natureza similar para constituir cada título e cada capítulo desse diploma legal.

A reiteração desse procedimento do legislador contemporâneo, em inúmeras oportunidades, nos últimos anos, destrói aquela *metodologia harmoniosa* utilizada na elaboração do Código Penal de 1940. Nessa *sistematização* o legislador de 1940 facilita, inclusive, sua disciplina, o seu estudo e sua compreensão estrutural. Esse trabalho criterioso do legislador penal de 1940, que editou um dos melhores diplomas legais da história brasileira, elogiado, inclusive, por inúmeros países do continente europeu, lamentavelmente, vem sendo destruído paulatinamente pelo atual legislador com permanente e frequente reformas *ad hoc*, incluindo aqui e acolá novos tipos penais, inobservando a metodologia adotada na elaboração do referido diploma legal, cuja parte especial encontra-se em vigor há oitenta anos.

Historicamente têm sido objeto de nossas preocupações acadêmico-doutrinárias os limites constitucionais (ou ausência deles) nessas edições torrenciais de novas leis penais, quer para criar novos tipos penais, quer para agravar abusivamente as cominações penais de vários crimes já codificados. Não há necessidade de ser um *expert* em dogmática penal ou em política criminal para constatar o *empobrecimento* dos textos legais, sacrificando, não raro, inclusive o nosso vernáculo, nessa enxurrada anual de alterações, sem olvidar que, em sua maioria, seria absolutamente desnecessário.

O modelo político consagrado pelo Estado Democrático de Direito determina que todo o Estado – em seus três poderes, bem como nas funções essenciais à Justiça – resulta *vinculado* em relação aos *fins eleitos* para a prática dos atos legislativos, judiciais e administrativos. Em outros termos, toda a atividade estatal é sempre *vinculada axiomaticamente* pelos princípios constitucionais explícitos e implícitos. As consequências jurídicas dessa *constituição dirigente* são visíveis. A primeira delas verifica-se pela consagração do *princípio da proporcionalidade*, não apenas como simples critério interpretativo, mas como garantia legitimadora/limitadora de todo o ordenamento jurídico infraconstitucional. Assim, deparamo-nos com um *vínculo constitucional* capaz de limitar os *fins* de um ato estatal e os *meios* eleitos para que tal finalidade seja alcançada. Conjuga-se, pois, a união harmônica de três fatores essenciais: a) *adequação teleológica*: todo ato estatal passa a ter uma finalidade política ditada não por princípios do próprio administrador, legislador ou juiz, mas sim por valores éticos deduzidos da Constituição Federal – vedação do arbítrio; b) *necessidade*: o meio não pode exceder os limites indispensáveis e menos lesivos possíveis à conservação do fim legítimo que se pretende; e c) *proporcionalidade "stricto sensu"*: todo representante do Estado está obrigado, ao mesmo tempo, a fazer uso de meios adequados e de abster-se de utilizar recursos (ou meios) desproporcionais.[1]

O campo de abrangência, e por que não dizer de influência do *princípio da proporcionalidade*, vai além da simples confrontação das consequências que podem advir da aplicação de leis que não observam dito princípio. Modernamente a aplicação desse princípio atinge o *exercício imoderado de poder*, inclusive do próprio Poder Legislativo no ato de legislar. Não se trata, evidentemente, de questionar a motivação interna da *voluntas legislatoris*, tampouco de perquirir a finalidade da lei, que é *função privativa* do Parlamento. Na realidade, a evolução dos tempos tem-nos permitido constatar, com grande frequência, o uso abusivo do "poder de fazer leis *ad hocs*", revelando, muitas vezes, contradições, ambiguidades, incongruências e falta de razoabilidade, que contaminam esses diplomas legais com o *vício de inconstitucionalidade*. Segundo o magistério do Ministro Gilmar Mendes,

> a doutrina identifica como típica manifestação do excesso de poder legislativo a violação do *princípio da proporcionalidade* ou da proibição de excesso (*Verhältnismässigkeitsprinzip*; *Übermassverbot*), que se revela mediante contraditoriedade, incongruência e irrazoabilidade ou inadequação entre meios e fins. No Direito Constitucional alemão, outorga-se ao princípio da proporcionalidade (*Verhältnismässigkeit*) ou ao princípio da proibição de excesso (*Übermassverbot*) qualidade de norma constitucional não escrita, derivada do Estado de Direito.[2]

Esses excessos precisam encontrar, dentro do sistema político-jurídico, alguma forma ou algum meio de, se não combatê-los, pelo menos questioná-los. A única possibilidade, no Estado Democrático de Direito, sem qualquer invasão das atribuições da esfera legislativa, é por meio do *controle de constitucionalidade* exercido pelo Poder Judiciário. Adverte o doutrinador e magistrado argentino Guillermo Yacobucci que:

---

[1] BONAVIDES, Paulo. *Curso de Direito Constitucional*. 6. ed. São Paulo: Malheiros, 1994, p. 356-397.
[2] MENDES, Gilmar. *Direitos Fundamentais e Controle de Constitucionalidade*. 3. ed. São Paulo: Saraiva, 2004, p. 47.

A função jurisdicional, nesse controle, pondera se a decisão política ou jurisdicional em matéria penal ou processual penal, restritiva de direitos, está justificada constitucionalmente *pela importância do bem jurídico protegido e a inexistência, dentro das circunstâncias, de outra medida de menor lesão particular*.³

O exame do respeito ou violação do princípio da proporcionalidade passa pela observação e apreciação de necessidade e adequação da providência legislativa, numa espécie de relação "custo-benefício" para o cidadão e para a própria ordem jurídica. *Pela necessidade* deve-se confrontar a possibilidade de, com meios menos gravosos, atingir igualmente a mesma eficácia na busca dos objetivos pretendidos; e *pela adequação* espera-se que a providência legislativa adotada apresente aptidão suficiente para atingir esses objetivos. Nessa linha, destaca Gilmar Mendes,⁴ a modo de conclusão que:

> em outros termos, o meio não será necessário se o objetivo almejado puder ser alcançado com a adoção de medida que se revele a um só tempo adequada e menos onerosa. Ressalte-se que, na prática, adequação e necessidade não têm o mesmo *peso* ou *relevância* no juízo de ponderação. Assim, apenas o que é *adequado* pode ser *necessário*, mas o que é *necessário* não pode ser *inadequado*, e – completa Gilmar Mendes – de qualquer forma, um juízo definitivo sobre a proporcionalidade da medida há de resultar da rigorosa ponderação e do possível equilíbrio entre o significado da intervenção para o atingido e os objetivos perseguidos pelo legislador (*proporcionalidade em sentido estrito*).

Os princípios da *proporcionalidade* e da *razoabilidade* não se confundem, embora estejam intimamente ligados e, em determinados aspectos, completamente identificados. Na verdade, há que se admitir que se trata de *princípios fungíveis* e que, por vezes, utiliza-se o termo "razoabilidade" para identificar o princípio da proporcionalidade, a despeito de possuírem origens completamente distintas: o *princípio da proporcionalidade* tem origem germânica, enquanto a *razoabilidade* resulta da construção jurisprudencial da Suprema Corte norte-americana. *Razoável* é aquilo que tem aptidão para atingir os objetivos a que se propõe, sem, contudo, representar excesso algum. Pois é exatamente o *princípio da razoabilidade* que afasta a invocação do exemplo concreto mais antigo do princípio da proporcionalidade, qual seja, a "lei do talião", que, inegavelmente, sem qualquer razoabilidade, também adotava o princípio da proporcionalidade. Assim, *a razoabilidade exerce função controladora* na aplicação do princípio da proporcionalidade. Com efeito, é preciso perquirir se, nas circunstâncias, é possível adotar outra medida ou outro meio menos desvantajoso e menos grave para o cidadão.

Em matéria penal, mais especificamente, segundo Hassemer, a exigência de *proporcionalidade* deve ser determinada mediante "um juízo de ponderação entre a carga 'coativa' da pena e o fim perseguido pela cominação penal".⁵ Com efeito, pelo princípio da proporcionalidade na relação entre crime e pena deve existir um equilíbrio – *abstrato* (legislador) e *concreto* (judicial) – entre a gravidade do injusto penal e a pena aplicada.⁶

---

³ YACOBUCCI, Guillermo. *El sentido de los principios penales*. Buenos Aires: Depalma, 1998, p. 339.
⁴ MENDES, Gilmar. *Direitos Fundamentais e Controle de Constitucionalidade*, cit., p. 50.
⁵ HASSEMER, Winfried. *Fundamentos del Derecho Penal*. Trad. Francisco Muñoz Conde y Luís Arroyo Sapatero. Barcelona: Bosch, 1984, p. 279.
⁶ PRADO, Luiz Regis. *Curso de Direito Penal Brasileiro*. Parte Geral. 3. ed. São Paulo: Revista dos Tribunais, 2002, p. 122.

Ainda segundo a doutrina de Hassemer, o *princípio da proporcionalidade* não é outra coisa senão "uma concordância material entre ação e reação, causa e consequência jurídico-penal, constituindo parte do postulado de Justiça: ninguém pode ser incomodado ou lesionado em seus direitos com medidas jurídicas desproporcionadas".[7]

Para Ferrajoli,[8] as questões que devem ser resolvidas por meio desse princípio no âmbito penal podem ser subdivididas em três grupos de problemas: em primeiro lugar, o da predeterminação por parte do legislador das condutas incriminadas e da medida mínima e máxima de pena cominada para cada tipo de injusto; em segundo lugar, o da determinação por parte do juiz da natureza e medida da pena a ser aplicada no caso concreto, uma vez que o crime é praticado; e, em terceiro lugar, o da pós-determinação da pena durante a fase de execução.

Quanto ao primeiro problema, isto é, o da *proporcionalidade* que deve existir entre o injusto tipificado e a medida da pena em abstrato, é evidente a *desproporcionalidade* da previsão legal, em muitas previsões legais, *v.g.*, no que diz respeito ao art. 273, como demonstra uma singela comparação entre as sanções cominadas a algumas infrações penais semelhantes. Assim, por exemplo, se considerarmos o *crime de tráfico de drogas*, tipificado no art. 33 da Lei nº 11.343/2006, que também se encontra entre os crimes que afetam o bem jurídico saúde pública, vemos que o marco penal é distinto: o legislador penal é *exageradamente* mais severo com o autor das condutas descritas no art. 273, ao estabelecer, como pena mínima, dez anos de reclusão, do que com aquele que pratica algumas das condutas descritas no art. 33 da Lei nº 11.343/2006 (tráfico de drogas), em que a pena mínima é de cinco anos de reclusão, ou seja, metade daquele.

Esse argumento poderia ser rebatido, em virtude da finalidade terapêutica e medicinal que os produtos referidos no art. 273 podem vir a ter, para justificar, nesses casos, maior zelo do legislador na proteção da saúde pública. Contudo, a *desproporção* manifesta-se evidente quando constatamos que, no panorama atual da nossa legislação penal, as *ações perigosas* tipificadas no art. 273 são punidas com muito mais rigor que as condutas que geram efetivo resultado de dano ou de perigo concreto para a saúde e a integridade física dos indivíduos, como ocorre, por exemplo, com o tráfico de drogas, a lesão corporal grave (art. 129, §1º) e os crimes de perigo concreto, contra a vida e a saúde (arts. 130 a 136). Superam-se, assim, todos os limites toleráveis da *razoabilidade* exigidos por um Estado Democrático de Direito, que tem como norte o respeito aos princípios da dignidade humana e da proporcionalidade.

Ante todo o exposto, por mais que se procure salvar o texto legal, tentando dar-lhe uma interpretação conforme a Constituição Federal, não vemos, muitas vezes, outra *alternativa razoável* que não a declaração de inconstitucionalidade de alguns dispositivos legais em nosso ordenamento jurídico, como ocorre, por exemplo, também com a previsão do art. 91-A, acrescentado ao Código Penal pela Lei nº 13.964/19, que, a seguir, passamos a examinar.

## 2 Inconstitucionalidade do art. 91-A (art. 5º, XLV)

Nesse dispositivo legal, o legislador contemporâneo, com a Lei nº 13.964, de 24 de dezembro de 2019, introduziu no Código Penal o art. 91-A, e, mais uma vez,

---

[7] HASSEMER, Winfried. *Fundamentos del Derecho Penal, cit.*, p. 279.
[8] FERRAJOLI, Luigi. *Derecho y razón, teoría del garantismo penal*. Madrid: Trotta, 1995, p. 398-399.

*disfarçadamente*, adota o inconstitucional "confisco de bens e valores" travestido, nessa hipótese, como se fora "efeito da condenação", *a perda*, como produto ou proveito do crime, "dos bens correspondentes à diferença entre o valor do patrimônio do condenado e aquele que seja compatível com o seu rendimento lícito". Vejamos o conteúdo integral desse dispositivo legal, *verbis*:

> Art. 91-A. Na hipótese de condenação por infrações às quais a lei comine pena máxima superior a 6 (seis) anos de reclusão, poderá ser decretada a perda, como produto ou proveito do crime, dos bens correspondentes à diferença entre o valor do patrimônio do condenado e aquele que seja compatível com o seu rendimento lícito. §1º Para efeito da perda prevista no *caput* deste artigo, entende-se por patrimônio do condenado todos os bens: I – de sua titularidade, ou em relação aos quais ele tenha o domínio e o benefício direto ou indireto, na data da infração penal ou recebidos posteriormente; e II – transferidos a terceiros a título gratuito ou mediante contraprestação irrisória, a partir do início da atividade criminal.

E o legislador faz em seu §1º e incisos uma espécie *sui generis* de "interpretação autêntica" do que deve ser entendido como "patrimônio do condenado", ou seja, não se trata, propriamente, de "produto ou proveito do crime", o que, se fosse verdadeiro, em nosso sistema jurídico-constitucional legitimaria tal *confisco*. Com efeito, o texto do §1º do referido art. 91-A destaca que: "Para efeito da perda prevista no *caput* deste artigo, entende-se por patrimônio do condenado todos os bens: de sua titularidade, ou em relação aos quais ele tenha o domínio e o benefício direto ou indireto, na data da infração penal ou recebidos posteriormente; e transferidos a terceiros a título gratuito ou mediante contraprestação irrisória, a partir do início da atividade criminal". Na primeira oportunidade, o legislador, lá no passado com a Lei nº 9.714/98, *sorrateiramente*, criou duas *penas alternativas inconstitucionais*, uma delas, aberrantemente inconstitucional, qual seja, a "perda de bens e valores", em, digamos, *doses homeopáticas*, assim tipo experimental, tateando, se pegar pegou, começando com penas alternativas. Nessa primeira experiência, o legislador pareceu meio inseguro, procurando esconder-se, constrangido, por trás de *penas alternativas*, cujos danos, em tese, não seriam assim tão graves. Enfim, iniciou com medidas de *pequeno porte*, algo do tipo para não chamar muita atenção, procurando apenas ganhar terreno, perscrutando a fertilidade da área a operar.

Nessa oportunidade, isoladamente, *levantamos* doutrinariamente essa acanhada *inconstitucionalidade* em uma monografia (*Penas alternativas*),[9] no âmbito acadêmico, abordando as então denominadas "novas penas alternativas". Agora, no entanto, com mais desenvoltura, parece que o legislador contemporâneo, com a Lei nº 13.964/2019, "perdeu a modéstia", parodiando, de certa forma, Nelson Rodrigues, e criou uma *inconstitucionalidade absurdamente grave* nunca dantes experimentada nesta maltratada República latino-americana. Na verdade, a pretexto de alterar alguns dispositivos do Código Penal, além de outros diplomas legais, o legislador desrespeita a Carta Constitucional, invade a privacidade dos cidadãos, viola garantias constitucionais, inclusive o sigilo bancário-fiscal e, sem causa justa, chafurda a vida pregressa, revolve as declarações de imposto de renda, cria o mais escancarado e ilegal "confisco de bens e valores" do cidadão, procurando acobertá-lo sob a denominação de "efeitos da condenação", *mesmo sem qualquer vínculo com determinada infração penal específica, a que porventura alguém possa*

---

[9] BITENCOURT, Cezar Roberto. *Penas alternativas*. 5. ed. São Paulo: Saraiva, 2017.

*ter sido condenado*. Em outros termos, usa eventual condenação por qualquer crime como desculpa para realizar as invasões e violações suprarreferidas, injustificadamente, inclusive incorrendo em *inconstitucionalidade*, como estamos demonstrando.

Dito de outra forma, insere no âmbito do Direito Penal, que é sancionador, preventivo e garantista, matéria de *Direito Fiscal-Tributário* para "confiscar patrimônio individual", mesmo sem relação com eventual condenação por qualquer crime a pena superior a seis anos, atribuindo, ilícita e imoralmente, a denominação inverídica e falaciosa de "produto ou proveito" de crime, sem exigir qualquer vínculo ou relação com o crime da condenação. Nem a *Receita Federal* tem esse direito de, sem causa efetiva, vasculhar o passado, a privacidade e o patrimônio de qualquer cidadão, a pretexto de obrigá-lo a comprovar, aleatoriamente, o seu patrimônio, principalmente ante a inexistência de vínculo com alguma infração penal a que, porventura, possa ser condenado.

Trata-se, na verdade, da odiosa "pena de confisco", que, de há muito, foi proscrita do Direito Penal moderno, inclusive com previsão expressa em textos constitucionais, para assegurar sua extirpação para sempre dos Estados Democráticos de Direito, como pretende ser a República Federativa do Brasil. O legislador atual, provavelmente, *induzido a erro* por alguns, digamos, "mais letrados", aprova um autêntico "confisco de bens", com a seguinte locução, *verbis*: "poderá ser decretada a perda, como produto ou proveito do crime, dos bens correspondentes à diferença entre o valor do patrimônio do condenado e aquele que *seja compatível com o seu rendimento lícito*" (*caput* do art.91-A). De notar-se que não se trata, como deveria, de *produto ou proveito do crime*, como prevê, corretamente, o artigo anterior, o de nº 91 do mesmo diploma legal.

Sob essa disfarçada e eufemística expressão "perda de bens", a *liberal Constituição cidadã*, em verdadeiro retrocesso, criou a possibilidade dessa suposta pena, que serve para *disfarçar verdadeiros confiscos de bens*, a exemplo do que ocorreu com esse recente diploma legal, figura já extirpada das modernas constituições dos países ocidentais, de um modo geral. Os ilustres e democratas constituintes não tiveram a coragem de denominá-la corretamente: *pena de confisco*! O Código Penal brasileiro de 1940 não o consagrava e a própria Constituição de 1969 (art. 153, §11) o proibia, restando somente, como *efeitos da condenação*, o "*confisco dos instrumentos e produtos do crime*", em determinadas circunstâncias. O próprio Carrara[10] (1805 a 1888), a seu tempo, já afirmava que o "confisco de bens é desumano, impolítico e aberrante". Aliás, até a Constituição paraguaia de 1992, muito mais democrática que a nossa, em seu art. 20, proíbe o *confisco de bens* como sanção criminal.

Aliás, cumpre destacar que a Emenda Constitucional nº 1, de 17 de outubro de 1969 (Constituição de 1969), em art. 153, §11, destacava expressamente que: "Não haverá pena de morte, de prisão perpétua, de banimento, ou confisco". Veja-se que aquela Constituição dos denominados "anos de chumbo" não apenas consagrou a *proibição do confisco*, mas também o equiparou, em termos de danosidade social e importância, aos direitos e às garantias fundamentais, a "pena de morte, de prisão perpétua e de banimento"! Essa garantia de "proibição ao confisco" integra-se ao consagrado *princípio da personalidade da pena* (que não pode passar da pessoa do condenado), igualmente assegurado na atual Constituição Federal (art. 5º, XLV), somando-se à garantia da *função social da propriedade* (art. 5º, XXIII), todos princípios que se complementam e completam

---

[10] CARRARA, Francesco. *Programa de Derecho Criminal*. Bogotá: Temis, 1979, v. 2, p. 133.

*a proibição da pena de confisco*, ainda que transvestido de outros institutos jurídicos, *v.g.*, "efeitos da condenação" ou "perda de bens", como fez o legislador contemporâneo. *A pena, repetindo, não pode passar da pessoa do condenado!*

A *função social da propriedade*, por sua vez, é reconhecida pela Constituição Federal em seu art. 5º, XXIII, no qual declara que "a propriedade atenderá a sua função social", e, no inciso anterior, garante o direito de propriedade (XXII). O constituinte brasileiro, pela importância que atribui a esses dois direitos-garantias, volta a reafirmá-los no art. 170, II e III, quando disciplina "os princípios da ordem econômica", nos seguintes termos: "A ordem econômica, fundada na valorização do trabalho humano e na livre-iniciativa, tem por fim assegurar a todos existência digna, conforme os ditames da justiça social, observando" (170), dentre outros, *os princípios da propriedade privada (II) e da função social da propriedade* (III). Prosseguindo, nessa linha, no capítulo relativo "à política urbana", o constituinte, igualmente, insere o *princípio da função social da propriedade* concernente à propriedade urbana no art. 182, §2º, destacando que "a propriedade urbana cumpre sua função social quando atende às exigências expressas no plano diretor". O constituinte desincumbiu-se, igualmente, de disciplinar a função social da *política agrícola e fundiária* no art. 186 e respectivos incisos da Carta Magna.

Da mesma forma, o constituinte, para assegurar a garantia da *função social da propriedade rural*, determinou no *caput* do art. 184 que: "Compete à União desapropriar por interesse social, para fins de reforma agrária, o imóvel rural que não esteja cumprindo sua função social, mediante prévia e justa indenização em títulos da dívida agrária, com cláusula de preservação do valor real, resgatáveis no prazo de até vinte anos, a partir do segundo ano de sua emissão, e cuja utilização será definida em lei".

O Código Civil, por sua vez, disciplinou o direito de usar, gozar e dispor da propriedade no art. 1.228, nos seguintes termos: "O proprietário tem a faculdade de usar, gozar e dispor da coisa, e o direito de reavê-la do poder de quem quer que injustamente a possua ou detenha". Em seu §1º, complementa a obrigação de exercê-lo observando as finalidades econômicas e sociais, preservando a flora, a fauna, as belezas naturais, o equilíbrio ecológico e o patrimônio histórico e artístico, bem como evitando a poluição do ar e das águas. Em outros termos, a *função social da propriedade* está disciplinada de forma abrangente no ordenamento jurídico brasileiro, quer no âmbito constitucional, quer no âmbito infraconstitucional, sem, contudo, definir, com segurança, o que realmente significa esse poderoso princípio da "função social da propriedade", por vezes, tão maltratado no meio sociojurídico.

A má utilização da terra e do espaço urbano gera violência e injustiça e, ao mesmo tempo, desatende a tão desejada *função social constitucional da propriedade*. O instituto da *desapropriação* para finalidade social, devidamente fundamentada, deve auxiliar e preencher o desiderato da justa utilização dos bens para tal finalidade. Mas não se pode, de forma alguma, fora das hipóteses previstas em lei, ver *a função social da propriedade como uma limitação ao direito desta*. A *função social*, a rigor, relaciona-se com a própria propriedade, no sentido de ela própria ser vista como operativa, utilitária e servindo em benefício da sociedade, mesmo que seja somente em benefício do próprio proprietário, que também é um *ser social* e merece ser atendido pela função social da propriedade, especialmente daquela que é sua.

O que desatende efetivamente essa *função social* é o abandono, o mau uso ou desuso da propriedade ou mesmo o seu uso para fins criminosos. Nesses casos, como ocorre, por exemplo, na hipótese de *crime de trabalho escravo* ou *tráfico de entorpecentes*, observando-se adequada e comprovadamente o uso da propriedade como meio para a prática desses crimes, pode ensejar *o seu sequestro*.

Enfim, o constituinte brasileiro de 1988 tergiversou nesse tema e autorizou a "perda de bens", ou seja, não se omitiu e instituiu mais uma "fonte de arrecadação", despreocupando-se com o mau uso que o legislador convencional poderia fazer e está fazendo, qual seja, usando a locução "perda de bens" para realizar verdadeiros confiscos, sem causa, como acaba de fazer no art. 91-A, que ora examinamos. Nesses casos, considerando "efeitos da condenação", por vezes, o legislador infraconstitucional descuida-se e ultrapassa o limite do permitido, do razoável e, não raramente, ultrapassa as barreiras do constitucionalmente permitido, prejudicando os cidadãos contribuintes, desnecessariamente, caracterizando *verdadeiros confiscos*, ainda que com roupagem de legalidade.

## 3 Ilegalidade e inconstitucionalidade do confisco de bens de terceiros

Deve-se destacar, ademais, que o legislador aqui está *confiscando também o patrimônio de terceiros*, sem qualquer notificação ou intimação dessa violência estatal, e tampouco sugere a necessidade de algum envolvimento no fato delituoso, ignorando seus direitos e, inclusive, a forma como adquiriram referido patrimônio. E, o mais grave, sem oportunizar direito à defesa, garantia, segurança ou qualquer contraprestação, bem como mecanismo jurídico para, pelo menos, assegurar-lhes direito de regresso. Essa inconstitucionalidade, neste aspecto, é incontestável.

Aliás, com tantas questões interessantes decorrentes do acréscimo deste art. 91-A ao Código Penal, altamente questionável, a *I Jornada de Direito Penal e Processo Penal* limitou-se a elaborar o Enunciado nº 15 nos seguintes termos: "Para fins de aplicação do art. 91-A do Código Penal, cabe ao Ministério Público, e não à Defesa, a comprovação de incompatibilidade entre o patrimônio e os rendimentos lícitos do réu". A despeito da importância do referido enunciado, considerando-se as dificuldades e incongruências apresentadas pelo referido dispositivo legal, consideramos que mereceria maior atenção da I Jornada de Direito Penal e Processo Penal, pela relevância das consequências que referido dispositivo legal trouxe para o ordenamento jurídico-penal brasileiro, como, por exemplo, a forma procedimental desse "confisco", meios de provas, sua instrumentalidade etc. Mas esses aspectos, precisamos abordar em tópico separado, logo em seguida a este voltaremos ao assunto.

## 4 Indispensável instrução paralela e forma procedimental desse confisco do art. 91-A

O legislador brasileiro pouco afeito a processo e procedimento, particularmente, à distinção entre ambos, limita-se a criar novos institutos, novas restrições ao direito de liberdade, sem, contudo, preocupar-se com a forma procedimental, com o seu processamento e, principalmente, com o exercício da indispensável ampla defesa do acusado, ignorando que vivemos em um Estado Democrático de Direito.

Na previsão desse *confisco especial de bens* – sem qualquer vínculo com a infração penal – o legislador limitou-se a dispor no §3º do art. 91-A que "a perda prevista neste artigo deverá ser requerida expressamente pelo "Ministério Público, por ocasião do oferecimento da denúncia, com indicação da diferença apurada". Complementa esse mandamento legal no §4º, determinando que o juiz deverá declarar, na sentença, o valor da diferença apurada, além de especificar os bens cuja perda for decretada.

Mas como será o procedimento, como se efetuará o seu processamento, como se notificará a defesa, como e quando ela será feita etc.? E quando envolver *patrimônio de terceiros*, como será o procedimento, citação, defesa etc.? Não há absolutamente nada na lei, a despeito de ser uma grande péssima novidade no âmbito criminal. Refere, apenas, que essa "perda" será requerida expressamente "por ocasião do oferecimento da denúncia". Tampouco disse que referido pedido deverá constar da denúncia, mas apenas que deverá ser requerida "por ocasião do oferecimento da denúncia", que são coisas diferentes. Consequentemente, deverá ser objeto de petição em separado, distribuída, concomitantemente, com a denúncia, e autuada em autos apartados, apensos aos principais.

Ademais, a despeito da omissão do legislador, algumas premissas são determinantes, dentre as quais, destacamos as seguintes: a) não pode integrar a própria denúncia; b) mas deve ser ofertada no mesmo prazo; c) necessariamente deverá ser autuada em separado, embora apensa aos autos da ação penal; d) o prazo para resposta da defesa não pode ser coincidente com o prazo da defesa, considerando-se que o Ministério Público, além de não especificar a prova, junta milhares de páginas e arquivos com a denúncia, inviabilizando o exercício da ampla defesa, no exíguo prazo de dez dias; d) determinação de intimação do eventual terceiro envolvido pela inicial de confisco de seus bens, assegurando-lhe sua defesa processual no procedimento próprio e, na sua ausência, a possibilidade de embargos de terceiros.

Embora pareça que o legislador tenha tentado inverter o *ônus da prova* pelo texto do §2º, o que redundaria em abusiva e intolerável inconstitucionalidade, resultou, portanto, sem qualquer sentido. É inegável que o *ônus da prova* cabe à acusação, aliás, sem prova básica (indícios veementes), principalmente documentais, pré-constituídos, a inicial não pode sequer ser recebida, pelo magistrado, juntamente com a denúncia. Não se admite "achismo" ou simples alegação de evolução patrimonial para justificar a propositura inicial junto com a denúncia. Aliás, nesse sentido, também foi a preocupação manifestada pela I Jornada de Direito Penal e Processual Penal, em seu Enunciado nº 15, nos seguintes termos: "para fins de aplicação do art. 91-A do Código Penal, *cabe ao Ministério Público*, e não à Defesa, a comprovação de incompatibilidade entre o patrimônio e os rendimentos lícitos do réu".

## 5 Distinção entre "confisco-pena" e "confisco-efeito da condenação"

O produto de uma sanção penal – pena criminal de natureza pecuniária – *destina-se* ao *Fundo Penitenciário Nacional*, assim como, *v.g.*, o produto da pena de multa, ao contrário da "prestação pecuniária", que, já afirmamos repetidamente em nosso *Tratado de Direito Penal*, ou mesmo em outras obras, tem *caráter indenizatório*. O objeto desse "confisco" do art. 91-A, no entanto, não serão os *instrumentos* ou *produtos do crime*, como ocorre no confisco-efeito da condenação" constante do art. 91, propriamente, mas é o próprio *patrimônio do condenado*, em qualquer crime com pena superior a seis anos, mesmo que não seja daqueles praticados contra a Administração Pública. Cuida-se, dito em bom português, de *locupletação indevida dos cofres públicos*, nesses casos, para não usar um termo mais forte, ou, como dizia, com muita propriedade, Basileu Garcia, inconformado com a destinação do produto arrecadado com a pena pecuniária. Após afirmar que a pena de multa não sobrecarrega o Estado, mas, ao contrário, "abastece as arcas do Tesouro Nacional", sentencia: "percebe-se, porém, certa nota de imoralidade nesse enriquecimento do Estado às expensas do crime, que lhe compete prevenir, dir-se-ia que se locupleta invocando a sua própria ineficiência, para não mencionar a sua própria torpeza, conforme brocardo proibitivo. Daí – prossegue Basileu Garcia – a impreterível necessidade de se canalizarem os proventos originários dessa fonte impura unicamente para as salvadoras funções de prevenção geral e especial, buscando com eles atenuar a criminalidade e sanar as chagas deixadas por esse flagelo no organismo social".[11]

Ademais, o objeto desse novo "confisco" previsto pelo art. 91-A *não é o produto ou proveito do crime*, o que seria mais do que razoável (como já prevê o art. 91), além de inconstitucional, mas sim "os bens correspondentes à diferença entre o valor do patrimônio do condenado e aquele que seja compatível com o seu rendimento lícito", segundo valoração do Judiciário, portanto, *independentemente de qualquer vínculo ou relação com o crime pelo qual fora condenado*! Trata-se, repetindo, de absurdo e inconstitucional *confisco de bens* do cidadão, sem causa legítima. O que será isso, essa "perda de bens", *senão um autêntico, odioso e vergonhoso confisco do patrimônio do cidadão sem justa causa*, na medida em que não é *produto* nem *proveito* do crime, visto que não condiciona a essa circunstância, apenas adota como motivação a condenação, por qualquer crime, a pena superior a seis anos?

Há, basicamente, três distinções entre "confisco-pena" e "confisco-efeito da condenação": 1ª) o *confisco-efeito* destina-se à *União*, como receita não tributária, enquanto o *confisco-pena* destina-se ao *Fundo Penitenciário Nacional*; 2ª) o objeto do *confisco-efeito* são os *instrumentos* e *produtos do crime* (art. 91, II, do CP), enquanto o objeto do *confisco-pena* é o *patrimônio* pertencente ao condenado (art. 45, §3º, e agora o art. 91-A do CP); 3ª) o *confisco-pena* é limitado pelo princípio da *personalidade da pena*, enquanto o *confisco-efeito* da condenação pode ultrapassar a pessoa do condenado, para atingir seus herdeiros ou sucessores, desde que não seja *travestido de efeito da condenação*, como é o caso desta previsão do art. 91-A.

Com efeito, a finalidade do *confisco-pena* não é, lamentavelmente, nem a *reparação do prejuízo causado* pela infração penal, nem a eliminação do *proveito obtido com o crime*. Esses dois fatores – *prejuízo causado* e *proveito obtido com o crime* – servem apenas de parâmetro para o cálculo do *quantum* a confiscar. No entanto, a previsão constante do novel dispositivo (art. 91-A), ora combatido, não tem nenhum desses dois parâmetros para servir de baliza, e, principalmente, de fundamento do quanto a confiscar e de quem confiscá-lo, daí a sua flagrante *inconstitucionalidade*, pois também pode servir para "aniquilar" desafetos pessoais, do próprio regime político ou mesmo do criminoso, ou seja, do inimigo da lei, da ordem jurídica ou da sociedade. Ademais, referido *confisco* tampouco tem fundamento jurídico-constitucional, além de antiético e imoral, pois o Estado apenas aproveita-se da oportunidade de alguém ser condenado por qualquer crime, inclusive crime passional, cuja pena máxima seja superior a seis anos, *para locupletar-se indevida e imoralmente*, configurando autêntico *confisco-pena*, proscrito das democracias contemporâneas pelos fundamentos que exporemos adiante.

---

[11] GARCIA, Basileu. *Instituições de Direito Penal*. 6. ed. São Paulo: Max Limonad, 1982, v. 1, t. 2, p. 506.

## 5.1 A inexistência de limites no "confisco" previsto no art. 91-A

A "pena-confisco" da lei anterior antes referida (Lei nº 9.714/98, relativa I às penas alternativas), pelo menos, tentando minimizar sua aberração e inconstitucionalidade, ao contrário dessa lei atual, apresenta dois limites: 1º) *limitação do* quantum *a confiscar* – estabeleceu-se, como teto, o maior valor entre o *montante do prejuízo causado* ou *do proveito obtido* com a prática do crime; 2º) *limitação em razão da quantidade de pena aplicada* – esta sanção somente pode ser aplicada na hipótese de condenações que não ultrapassem o limite de quatro anos de prisão. E somente caberá essa pena de "perda de bens e valores" quando for possível a *substituição* da pena privativa de liberdade por pena restritiva de direitos, segundo a previsão do art. 45 e seus parágrafos. Como se trata de sanção penal, não será admissível *interpretação extensiva*, quer para aplicá-la em condenação superior a quatro anos, quer para aplicá-la em condenação de até quatro anos que não satisfaça os requisitos legais da *substituição*.

O "novo confisco" – art. 91-A – não tem nenhum parâmetro, seja da limitação do quanto a confiscar, seja quanto à natureza do produto a ser confiscado, visto que todo ele *não é vinculado à infração penal* pela qual o sujeito foi condenado (natureza, espécie ou gênero). Ademais, como proceder à *apuração do patrimônio lícito* ou separá-lo daquele que as autoridades repressoras *consideram mal havido*? E cujos cálculos e avaliações de patrimônios passados são sempre exasperados contra os cidadãos, condenados ou não, como se constata na *praxis* do sistema público brasileiro.

Logicamente, a apuração dessa suposta diferença tem que ser sob os auspícios do Poder Judiciário e do contraditório, mas seria feita uma instrução paralela à instrução criminal? Seria nos próprios autos ou seria em autos apartados? Haveria contraditório específico sobre essa parte patrimonial, com instrução específica paralela ao processo criminal, ou como se faria? Haveria necessidade indeclinável de perícia fiscal-contábil, no mínimo, sendo inadmissível o simples "achismo"!

Necessariamente deverá ser apurado *em autos apartados, com instrução e contraditório assegurados*, além da existência indispensável de *perícia* indicada pelo próprio investigado, enquanto não for declarada a sua inconstitucionalidade. Logicamente, porque essa apuração não poderá fugir do contraditório dentro do devido processo legal, no qual se permita a mais ampla e legítima defesa, fora do espectro da seara criminal, pois de crime não se trata e tampouco de produto dele, como deixa claro o dispositivo legal, mas do "patrimônio do condenado" (§1º), pelo simples fato de ter sido condenado em crime cuja pena máxima cominada é superior a seis anos de reclusão, sem qualquer vínculo com o patrimônio do cidadão. Inegavelmente, a acusação, a apuração e a defesa não poderão ser realizadas dentro da própria ação penal, que tem suas próprias regras e determinadas limitações. Precisa-se, ademais, permitir a celebração de *acordo*, da parte condenada, se o for, com a receita federal, ainda que representada pelo Ministério Público.

Configura a previsão do art. 91-A, a rigor, verdadeira *expropriação abusiva*, ilegítima e *sem causa justa* de alguém condenado, por qualquer crime, mesmo que não lhe tenha rendido qualquer proveito econômico ou produzido nenhum prejuízo a ninguém! Demanda, necessariamente, profunda reflexão dos *experts* nos próximos meses, quiçá anos, para entender esse fenômeno ignóbil e inadmissível em um Estado constitucional de democrático de direito. Com efeito, repetindo, eventual condenação por qualquer crime com pena cominada superior a seis anos representa apenas uma "desculpa esfarrapada" para o *Poder Público apropriar-se, indevidamente, do patrimônio do contribuinte*, constituindo verdadeiro escárnio, que o Poder Judiciário deverá, necessariamente, se encontrar atento para impedir aberração dessa natureza. Aliás, sustentando essa *inconstitucionalidade*, a ABRACRIM – Associação Brasileira dos Advogados Criminalistas – ajuizou a ADI nº 6.304, a qual temos a honra de subscrever, sob a relatoria do digníssimo Presidente do STF, Ministro Luiz Fux, o qual já adotou o procedimento simplificado previsto no art. 12 da Lei nº 9.868/89, já concluso para pauta de julgamento.

Por outro lado, a previsão constante do art. 91-A, ora questionado, não se confunde com a previsão do art. 243 da Constituição Federal, que prevê, por exemplo, a *expropriação de glebas de terras destinadas ao cultivo de drogas*, destinando-as ao assentamento de "colonos sem-terra", ou com a previsão da Lei nº 9.804/99, que alterou o art. 34 da Lei nº 6.368/76, para permitir a apreensão e o leilão de bens relacionados com o tráfico de drogas. Pois, nesses casos, está vinculado a um crime grave, e as previsões legais referem-se ao produto ou proveito desses crimes, os quais, naturalmente, seriam alcançados pelo disposto no art. 91 deste Código Penal.

Como os §§2º e 5º desse art. 91-A preocupam-se apenas com aspectos puramente procedimentais, perderão toda sua importância se for reconhecida a *inconstitucionalidade* deste dispositivo legal, como imaginamos que o será.

## 6 Natureza jurídica dessa expropriação sem causa material

Essa previsão legal configura, a rigor, verdadeira *expropriação abusiva*, ilegítima e *sem causa justa*, pelo Estado, de alguém condenado, por qualquer crime, mesmo que não lhe tenha rendido qualquer proveito econômico ou produzido nenhum prejuízo a ninguém! Pois essa abusiva *expropriação sem causa justa* constitui, repetindo, o odioso *confisco de bens*, proscrito das modernas comunidades democráticas do mundo contemporâneo. Demanda, necessariamente, se for superada eventual inconstitucionalidade, profunda reflexão dos *experts* nos próximos meses, quiçá anos, para entenderem esse fenômeno ignóbil e inadmissível em um Estado constitucional e democrático de direito, pois configura verdadeira expropriação ilegal, decorrente de mera presunção legal, que, pelo menos, é *juris tantum*.

Legislação especial pode, relativamente ao *confisco penal*, dar-lhe destinação diversa. O art. 243 da Constituição Federal, por exemplo, prevê a *expropriação de glebas de terras* utilizadas para o cultivo de drogas, destinando-as ao assentamento de colonos sem-terra, ou como ocorreu com a Lei nº 9.804/99, que alterou o art. 34 da antiga Lei nº 6.368/76, para permitir a apreensão e o leilão de bens relacionados com o tráfico de drogas. Mas nesses casos já há um crime grave relacionado, e a previsão legal refere-se ao produto desses crimes, que, naturalmente, será alcançado pela previsão do art. 91 do Código Penal, não sendo o caso do novo artigo que ora examinamos.

## 7 A indispensável instrução paralela sobre a origem dos bens

Nos §§2º a 5º do art. 91-A, o legislador esboça uma tentativa de *criar* um certo "contraditório" para *apurar* a "perda-confisco" de *suposto* "produto ou proveito do crime". Conforme o texto legal, "dos bens correspondentes à diferença entre o valor do patrimônio do condenado e aquele que seja compatível com o seu rendimento lícito" (*caput* do referido artigo), segundo a ótica do Ministério Público. Essa *suposição* é tentada explicar pelo próprio legislador nos dois incisos do §1º do art. 91-A, no qual se afirma que "entende-se por patrimônio do condenado todos os bens: *I – de sua titularidade, ou em relação aos quais ele tenha o domínio e o benefício direto ou indireto, na data da infração penal ou recebidos posteriormente; e II – transferidos a terceiros a título gratuito ou mediante contraprestação irrisória, a partir do início da atividade criminal*".

Com essa locução "entende-se por patrimônio do condenado", constante do *caput*, o legislador institui uma *ficção*, uma *suposição*, faz uma *interpretação* considerando ser algo que, concretamente, não é real, não é verdadeiro, não ocorre. É equivocada a utilização da locução "entende-se por patrimônio do condenado" na medida em que o legislador faz uma *interpretação hipotética*, cria uma *presunção legal*, embora reconheça que necessitará de demonstração fático-concreta, sobre o que seriam, efetivamente, esses "bens do condenado", dependente, logicamente, de procedimento instrutório exitoso. Mas o legislador, a despeito de tudo, "considera", antecipadamente, patrimônio do condenado e, o mais grave, *presume* mal havido, ou seja, havido ilicitamente, sem prova de nada e sem vínculo com o crime, bastando tratar-se de crime com *pena superior a seis anos de reclusão*. Para determinar esse "confisco", seria indispensável que resultasse desse crime *produto ou proveito pelo agente*, o que não ocorre pela previsão legal, tanto que determina uma "revisão histórica" do seu patrimônio anterior, sem nenhuma conexão com referida infração penal, o que é gravíssimo, senão inconstitucional.

Por outro lado, o fato de o legislador "entender" como "se fosse produto ou proveito" *do crime* não o torna, concretamente, produto ou proveito de tal infração penal. Com efeito, quando o legislador utiliza-se de uma *linguagem comparativa*, de *suposição* ou puramente conceitual, como o fez no §1º e em seus dois incisos, além de não ser verdadeiramente o que o legislador *supõe ser*, representa a prova provada de que não é o que o legislador diz ser, ou seja, *não é produto nem proveito do crime*. Não se pode determinar, convenhamos, *sequestro ou perda de bens* em favor do Estado ou de terceiros por mera *presunção legal*, mas deve, necessariamente, decorrer da própria infração penal produto ou proveito do crime, demonstrado pela investigação criminal que sustenta uma denúncia. Afinal, ser ou não ser patrimônio ilícito do agente necessita decorrer de infração penal comprovada, e, sendo, não tem o legislador que "entender ou não entender" lícito ou ilícito, por *presunção legal*, isto é, *presumir ilícito* tão somente pela quantidade de pena cominada ao crime, mas deve ser, necessariamente, decorrência do crime. Convenhamos que a gravidade da pena cominada não é um critério adequado para o "legislador concluir" sobre a licitude ou ilicitude da totalidade ou parcialidade do patrimônio de alguém para *confiscá-lo*.

E, inexplicavelmente, o mesmo fato delituoso, se tiver cominação de pena máxima não superior a seis anos, não será "considerado" ilícito na parcela do *patrimônio do condenado* e não recairá sobre ele essa injustificável e injustificada *suspeita* sobre a origem do seu patrimônio. Afinal, que critério absurdo e desproposital é esse? O único fundamento, e ao mesmo tempo pressuposto, *iuri et de iuri*, é a pena cominada ser superior a seis anos de reclusão. Só! Sabidamente se trata de uma *construção engenhosa*, infundada, irracional e geradora de grande insegurança jurídica desse diploma legal, além de sua *inconstitucionalidade*, pois configura *confisco-pena*. Portanto, é absolutamente equivocada essa "interpretação" *ex vi legis* do que seja *patrimônio ilícito* (ou lícito) do denunciado, e, principalmente, em casos nos quais o crime não produza proveito para si ou dano material para alguém, cujo definidor seja, simplesmente, a pena máxima superior a seis anos de reclusão.

Além disso, *a contrario sensu*, nos demais crimes com pena não superior a seis anos o patrimônio do condenado não será "considerado" ilícito, isto é, estará fora da "suspeita" do legislador! Nesses casos, não haverá *suspeita* sobre a licitude do patrimônio do condenado? Legalmente, não. Vejamos o ridículo dessa *presunção legal*, imoral e equivocada e a que absurdos pode chegar: imagine-se um *crime de furto*, cuja pena é de um a quatro anos de reclusão. Pela pena cominada está excluído desse ridículo confisco-pena (não se fala daquele do art. 91, lógico)! No entanto, o mesmo *crime de furto*, com um simples rompimento de obstáculo (força a entrada ou derruba uma tábua qualquer, para a subtração), será "furto qualificado", cuja pena máxima será de oito anos de reclusão e, consequentemente, caberá o malfadado confisco! Qual é, afinal, o fundamento ético, moral, político, jurídico ou sociológico da previsão desse confisco de bens senão apenas abastecer a Arca do Tesouro Nacional?!

Por que, afinal, essa diferença de tratamento das pessoas, apenas pela quantidade de pena de eventual crime? Não seria melhor investigar primeiro, como sempre se fez, sem *presumir* antecipadamente, por lei, sobre a licitude ou ilicitude do patrimônio de eventual infrator? Ora, ocorridos os fatos, investiga-se, *sem presumir*, antecipadamente, a ilicitude de todo patrimônio para efeito da *perda* prevista no *caput* do artigo. Realizada a investigação devida, conclui-se: afinal, é ou não é patrimônio lícito do agente e, sendo, não tem que o legislador "entender ou não entender" ser seu patrimônio, para efeito dessa *perda* (confisco), pois aqui não é questão do "ser ou não ser", como sugere a lendária dúvida *shakespeariana* no personagem de *Hamlet*. Ou é lícito o patrimônio ou não, de acordo com a prova produzida, *sem presunção legal*, como exige o Direito Penal da culpabilidade em um Estado Constitucional e Democrático de Direito. Sendo ilícito, apura-se, nesse caso, independentemente da quantidade de pena cominada, cabendo a *perda de bens*, aliás, como previsto corretamente no artigo anterior, o 91 do Código Penal.

Por outro lado, o fato de ser patrimônio do acusado não legitima o legislador a autorizar o "seu confisco" travestido de "perda de bens" somente por responder por qualquer crime que tenha pena cominada superior a seis anos de reclusão. No entanto, é legítima a *perda* em favor da União do produto ou proveito do crime, ressalvado o direito do lesado ou do terceiro de boa-fé, em quaisquer crimes que resultarem comprovados. Com efeito, nesse sentido, o art. 91 do Código Penal autoriza, corretamente, a perda em favor da União do produto ou proveito do crime (art. 91, II, "b"), independentemente da quantidade da pena cominada, exatamente como deve ser, e, por tais razões, o discutível art. 91-A não fazia falta em nosso ordenamento jurídico.

Chama atenção que em momento algum o texto legal vincula os bens do "condenado" ao crime do qual resulta a condenação, quer como *proveito*, quer como *produto* do crime, aspectos que, digamos, *legitimariam* a sua perda em favor do ente público ou de terceiro. E, mais do que isso, o dispositivo legal ora questionado não se refere a *crimes contra a Administração Pública*, nem mesmo *lato sensu*, tampouco a *crimes de resultado*, bastando que se trate, como diz o texto legal, de "condenação por infrações às quais a lei comine pena máxima superior a 6 (seis) anos de reclusão" (*caput* do art. 91-A). Onde está a referência ou inferência de que se trata de crime contra instituições públicas ou mesmo de crime com produção de resultado danoso a terceiro? Só uma coisa é certa:

tratando-se de infração penal com previsão de pena superior a seis anos de reclusão, *presume*-se a ilicitude de parte do seu patrimônio, devendo-se realizar *investigação especial* sobre sua origem, mesmo sem qualquer produção ou repercussão material, como produto ou proveito do crime.

Enfim, tratar-se de *crime com cominação de pena superior a seis anos de reclusão* bastará para justificar, na visão do texto legal, a "perda", como *produto ou proveito do crime*, dos bens correspondentes à diferença entre o valor do patrimônio do condenado e aquele que seja compatível com o seu rendimento lícito (*caput* do artigo), independentemente de qualquer vínculo do patrimônio com referido crime. Tanto que, se a pena for inferior a essa apenação de seis anos, repetindo, não ocorrerá referida *perda de bens* e tampouco sua investigação. Logo, teoricamente, para essas infrações com pena superior a seis anos, o dispositivo ora questionado estará revogando, tacitamente, a previsão constante da alínea "d" do inciso II do art. 91 do Código.

## 8 Alguns aspectos procedimentais nos casos suspeitos

Nos §§2º a 5º do art. 91-A, o legislador estabelece alguns aspectos procedimentais confusos, obscuros, contraditórios e de difícil aplicação. Contudo, faz-se necessário buscar sistematizá-los para tentar dar-lhes aplicabilidade, qual seja, a instauração de uma investigação paralela especificamente sobre o patrimônio anterior do sujeito a ser denunciado. Nesse sentido, o §3º determina que o Ministério Público, por ocasião da denúncia, deverá requerer, expressamente, a perda patrimonial prevista no *caput* do referido art. 91-A. Com efeito, esse parágrafo determina que a *perda* prevista nesse artigo deverá ser requerida expressamente pelo Ministério Público, "por ocasião do oferecimento da denúncia", sem, contudo, indicar se poderá fazê-lo na mesma inicial ou se deverá peticionar em separado. A despeito dessa omissão, deve-se, a nosso juízo, peticionar em separado, por sua complexidade e para permitir a ampla defesa do investigado. Deverá o acusador instruir seu petitório com prova específica que houver sido produzida e requerer, especificamente, nessa peça, a citação do acusado para se defender e produzir provas ou a contraprova. Por outro lado, deverá ser fixado, na decisão, qual período retroativo a investigação poderá abranger, pois precisa ser delimitada, não podendo essa invasão fiscal ser ilimitada no tempo, porque se trata de devassa, sem qualquer vínculo concreto com a infração penal em julgamento.

No entanto, é fundamental que o Ministério Público, nessa petição, paralelamente à denúncia, *demonstre a diferença apurada no patrimônio do denunciado*, especialmente "dos bens correspondentes à diferença entre o valor do patrimônio do condenado e aquele que seja compatível com o seu rendimento lícito", explicitando em *qual período tal diferença teria ocorrido*. Deverá, ademais, demonstrar, quando, onde e como o denunciado teria adquirido a *supostamente ilícita diferença* de bens, no passado, e em que consiste tal diferença, afinal, ele é o acusador, pois a defesa não pode ser obrigada a produzir provas negativas.

Logicamente, o denunciado, e aqui representado, deverá, para formalizar o contraditório, receber prazo específico, distinto e não simultâneo, para contestar essa petição, formalmente, e produzir provas, inclusive pericial e fiscal-tributárias, juntando com a sua contestação, em petição própria, para formar autos apartados. Considerando-se a demora que as perícias exigem, deve-lhe ser permitida a juntada do laudo pericial *a posteriori*. Acreditamos que, se o requerer, deverá ser designada, inclusive, audiência de instrução e julgamento sobre essa matéria, distinta das audiências relativas à instrução criminal. Não se pode ignorar que revisar todo um histórico de conquista patrimonial não será tarefa simples, demandando complexa investigação, inclusive para o próprio investigado.

Por fim, o *juízo da causa criminal* deverá julgar, concomitantemente, esse procedimento paralelo, ainda que, eventualmente, tenha que retardar a prolatação da sentença penal. Resultando em decisão condenatória, o magistrado, na sentença, deverá – se for comprovada ilicitude de parte do patrimônio – declarar o valor da diferença apurada e especificar os bens (e respectivos valores) cuja *perda* for decretada (§4º). Porém, eventual condenação no processo criminal não implicará, automaticamente, condenação relativamente ao patrimônio, ou seja, não haverá declaração da diferença apurada se, no caso, não tiver existido ou sido comprovada pela acusação.

Dito de outra forma, poderá haver condenação criminal pelo fato criminoso imputado, sem, contudo, ser constatada ilicitude em parte do patrimônio. Logo, não havendo tal ilicitude, não há razão nem fundamento para o juízo criminal declarar diferença apurada, pois ela não existiu. Com efeito, poder-se-á concluir, evidentemente, que não há diferença ilícita no patrimônio do denunciado. O inverso, no entanto, não é verdadeiro, isto é, sendo absolvido o investigado no processo criminal, não poderá resultar procedente a investigação patrimonial, por faltar-lhe o pressuposto da condenação criminal.

Por fim, o §5º determina que "Os instrumentos utilizados para a prática de crimes por organizações criminosas e milícias deverão ser declarados perdidos em favor da União ou do Estado, dependendo da Justiça onde tramita a ação penal, ainda que não ponham em perigo a segurança das pessoas, a moral ou a ordem pública, nem ofereçam sério risco de ser utilizados para o cometimento de novos crimes". Dispositivo basicamente sem novidade, ressalvado o aspecto que restringe essa *perda* aos crimes praticados "por organizações criminosas e milícias" e a inclusão do Estado onde tramitar a ação penal como destinatário desses "instrumentos utilizados para prática do crime".

## 9 A modo de conclusão

Como procuramos demonstrar ao longo deste artigo, trata-se de verdadeiro *confisco de bens*, proscrito nos Estados Democráticos de Direito, sem qualquer fundamento moral, ético, jurídico ou constitucional, travestido em "efeitos da condenação", um verdadeiro eufemismo escolhido pelo "democrático" constituinte brasileiro, para autorizar, disfarçadamente, o *confisco de bens*, oportunizando ao Estado *apropriar-se*, indevidamente, do patrimônio do contribuinte. Previsões dessa natureza são muito afeitas aos Estados ditatoriais, dos quais queremos ficar longe, em todos os aspectos.

Nesses termos, para finalizar, pela previsão legal do questionado art. 91-A, deverá o Ministério Público – sem qualquer fundamento fático-jurídico e, mesmo, sem vínculo com qualquer crime – postular *a revisão patrimonial do acusado*, desde a data do crime imputado, e valorar, abstratamente, qual deveria ser o patrimônio lícito do indivíduo. Essa previsão legal *abusiva, arbitrária e inconstitucional* viola a privacidade fiscal-tributária, *a proibição do confisco como pena*, bem como o direito constitucional de propriedade, pois o simples fato de a pena cominada ser superior a seis anos de reclusão autoriza a odiável "perda de bens" (leia-se: confisco). Autoriza à acusação obrigar eventual condenado, abusivamente, a revisar todas as suas declarações de renda, submeter-se a valorações espúrias para contrapor-se às afirmações abstratas do *parquet*, apenas porque responde por um crime qualquer, cuja pena cominada seja superior a seis anos, independentemente de qualquer repercussão material como produto ou proveito do crime.

Por outro lado, o fato de o legislador *considerar como se fosse produto ou proveito do crime* não o torna, concretamente, consequência ou resultado de tal infração. Com efeito, quando o legislador utiliza-se de uma linguagem comparativa, de suposição ou puramente conceitual, como o fez no §1º e em seus dois incisos, além de não ser verdadeiramente o que o legislador supõe ser, representa a prova provada de que não é o que o legislador diz ser, ou seja, não é produto nem proveito do crime. Não se trata, convenhamos, de *confisco-efeito da condenação*, como previsto no art. 91, mas do proscrito *confisco-pena*, de puro sequestro ou *perda de bens* em favor do Estado, que apenas se aproveita da prática de qualquer infração penal com pena superior a seis anos para *locupletar-se imoral e inconstitucionalmente* do patrimônio de um cidadão que paga seus impostos, para abarrotar a "arca do Tesouro Nacional", como dizia Basileu Garcia.

## Referências

BITENCOURT, Cezar Roberto. *Tratado de Direito Penal* – Parte Geral. 26. ed. São Paulo: Editora Saraivajur, 2020, vol. 1.

BITENCOURT, Cezar Roberto. *Penas alternativas*. 5. ed. São Paulo: Saraiva, 2017.

BITENCOURT, Cezar Roberto. *Reforma Penal da Lei Anticrime*. São Paulo: Editora Saraivajur, 2020 (no prelo).

BONAVIDES, Paulo. *Curso de Direito Constitucional*. 6. ed. São Paulo: Malheiros, 1994.

CARRARA, Francesco. *Programa de Derecho Criminal*. Bogotá: Temis, 1979, v. 2.

FERRAJOLI, Luigi. *Derecho y razón, teoría del garantismo penal*. Madrid: Ed. Trotta, 1995.

GARCIA, Basileu. *Instituições de Direito Penal*. 6. ed. São Paulo: Max Limonad, 1982, v. 1, t. 2.

HASSEMER, Winfried. *Fundamentos del Derecho Penal*. Trad. Francisco Muñoz Conde y Luís Arroyo Sapatero. Barcelona: Bosch, 1984.

MENDES, Gilmar. *Direitos Fundamentais e Controle de Constitucionalidade*. 3. ed. São Paulo: Saraiva, 2004.

PRADO, Luiz Regis. *Curso de Direito Penal Brasileiro*. Parte Geral, 3. ed. São Paulo: Revista dos Tribunais, 2002.

YACOBUCCI, Guillermo. *El sentido de los principios penales*. Buenos Aires: Depalma, 1998.

---

Informação bibliográfica deste texto, conforme a NBR 6023:2018 da Associação Brasileira de Normas Técnicas (ABNT):

BITENCOURT, Cezar Roberto. Confisco de bens travestido de efeito da condenação. *In*: ASSOCIAÇÃO DOS MAGISTRADOS BRASILEIROS; SALOMÃO, Luis Felipe; FONSECA, Reynaldo Soares da; VIDEIRA, Renata Gil de Alcantara; SZPORER, Patrícia Cerqueira Kertzman; COSTA, Daniel Castro Gomes da (Coord.). *Sistema penal contemporâneo*. Belo Horizonte: Fórum, 2021. p. 159-175. ISBN 978-65-5518-205-7.

# CRIMEN ORGANIZADO TRANSNACIONAL Y ESTRATEGIAS PROCESALES EN SU PERSECUCIÓN

PAULA ANDREA RAMÍREZ BARBOSA

## 1 Introducción

El 22 de septiembre de 2020, el Departamento de Justicia de los Estados Unidos, mediante el trabajo del equipo de Aplicación Penal Conjunta de Opioides y Darknet (JCODE) y la Europol dieron a conocer los resultados de la Operación Disruptor, contra el crimen organizado trasnacional. La operación, se llevó a cabo en los Estados Unidos y Europa, contra la venta ilegal de drogas, otros bienes y servicios ilícitos del Wall Street Market, uno de los mercados ilegales en línea más grandes de la web oscura.[1]

Esta acción conjunta contra el crimen, resultó en la incautación de más de $6.5 millones en efectivo y monedas virtuales; aproximadamente 500 kilogramos de drogas en todo el mundo; 274 kilogramos de drogas, incluidos fentanilo, oxicodona, hidrocodona, metanfetamina, heroína, cocaína, éxtasis y medicamentos que contienen sustancias adictivas, junto a 63 armas de fuego. Las cuentas de los proveedores de Darknet se identificaron y atribuyeron a personas reales que vendían productos ilícitos en sitios del mercado de Darknet como AlphaBay, Dream, WallStreet, Nightmare, Empire, White House, DeepSea, Dark Market y otros. La Operación DisrupTor se utilizó para interrumpir significativamente el comercio de opioides en línea y enviar un mensaje contundente de que los delincuentes que operan en la Darknet no están fuera del alcance de la justicia.[2] Con la Operación DisrupTor se presentaron 121 arrestos en los Estados Unidos, dos en Canadá, 42 en Alemania, ocho en los Países Bajos, cuatro en el Reino Unido, tres en Austria y uno en Suecia, entre otros.

---

[1] Disponible en: https://www.justice.gov/opa/speech/deputy-attorney-general-jeffrey-rosen-delivers-remarks-announcement-results-operation.

[2] Disponible en: https://www.justice.gov/opa/speech/deputy-attorney-general-jeffrey-rosen-delivers-remarks-announcement-results-operation.

El caso Disruptor pone de manifiesto las características del Derecho penal en la actualidad, la cual, se ha visto impactado por la trasnacionalidad del delito, el uso de las nuevas tecnologías de la información, el carácter organizado de las estructuras dedicadas al crimen, el movimiento internacional de los productos y efectos del delito, la vigencia de los paraísos fiscales, las nuevas formas de blanqueo de capitales y la expansión del soborno trasnacional, las monedas virtuales, entre otros. Realidades, en las que se interrelacionan formas de corrupción pública y privada al más alto nivel con el crimen organizado trasnacional. Escenarios, donde el principio de extraterritorialidad de la ley penal, los instrumentos de cooperación judicial multilateral, la homologación de medidas para combatir la criminalidad trasnacional y *compliance*, cobran mayor utilidad y discusión.

Las finanzas ilícitas son una parte esencial del crimen organizado a gran escala. Los bienes ilícitos generados por la delincuencia trasnacional afectan de manera drástica las economías globales, desnivelando la libre competencia y desarrollando un mercado ficticio a través del lavado de activos, donde no rige el mercado libre a través de los mejores precios, la calidad de productos y servicios. En los Estados con mayor impacto del crimen organizado transnacional, el producto bruto doméstico está influenciado por el blanqueo de capitales provenientes de delitos como el tráfico humano, explotación sexual, contrabando, narcotráfico, tráfico de armas, minería ilegal. Las ganancias ilícitas entran a las economías, desarrollando grandes riesgos de corrupción a todo nivel en la vida política y judicial del país, con graves riesgos para la gobernanza y la democracia de las naciones.

En este artículo se abordará el concepto, alcance, los principios y algunas de las principales herramientas procesales contra el crimen organizado trasnacional, cómo los agentes encubiertos, entregas vigiladas, comiso de bienes y extinción de dominio. También la necesidad de fortalecer las herramientas de cooperación internacional como un instituto imprescindible en este ámbito.

## 2 Concepto y delimitación del crimen organizado trasnacional

La criminalidad contemporánea presenta un panorama cada vez más distinto, tecnificado, sofisticado y especializado de aquella inicial que orientó a los Estados a establecer sistemas de sanción para combatirla. La conocida delincuencia de la globalización, trasnacional y organizada se caracteriza por la aparición de nuevas formas delictivas, que aprovecha los avances de la ciencia, industria y tecnología para llevarla a cabo que precisa de la cooperación multilateral para prevenirla y combatirla.

Así, en la Declaración Política y Plan de Acción Mundial de Nápoles contra la Delincuencia Transnacional Organizada, aprobada mediante Resolución 49/159, de la Asamblea General de Naciones Unidas de 23 de Diciembre de 1994, señaló como posibles manifestaciones de criminalidad organizada las siguientes: 1. La formación de grupos para dedicarse a la delincuencia 2. Los vínculos jerárquicos o las relaciones personales que permitan el control del grupo por sus jefes. 3. El recurso a la violencia, intimidación o corrupción para obtener beneficios, o ejercer el control de algún territorio o mercado. 4. El blanqueo de fondos de procedencia ilícita para los fines de alguna actividad delictiva o para infiltrar alguna actividad económica legítima. 5. El potencial para introducirse en alguna nueva actividad o para extenderse más allá de las fronteras nacionales. 6. La cooperación con otros grupos organizados de delincuentes trasnacionales.

De otra parte, la Convención de las Naciones Unidas contra la Delincuencia Organizada Transnacional en el art. 2 contiene una definición de "grupo delictivo organizado". Se trata de un grupo de tres o más personas, organizado o estructurado en forma no aleatoria aunque no necesariamente jerárquica; su existencia debe ser durable por oposición a instantánea; debe cometer delitos graves, es decir, de aquellos cuya pena sea de al menos cuatro años; debe tener un fin económico lucrativo, aunque puede ser simplemente material como ocurre con los grupos terroristas que financian sus actividades con una gran diversidad de delitos. Lo que se castiga es la pertenencia a una organización que comete delitos. La Convención permite que la penalización sea por la vía de "conspiración" o por vía de "participación en un grupo delincuencial organizado" o "ambas". La convención, reconoce implícitamente que la delincuencia organizada se alimenta de la protección interna, basada en el secreto, y la protección externa, basada en el trípode de violencia, corrupción y obstrucción a la justicia.[3]

Como lo señaló en su oportunidad el entonces Secretario General de Naciones Unidas, Kofi A. Annan, al suscribir la Convención de Palermo, si la delincuencia atraviesa las fronteras, lo mismo debe hacer la acción de la ley, que si el imperio de la ley se ve socavado no sólo en un país, sino en muchos países, quienes lo defienden no pueden limitarse a ampliar únicamente medios y arbitrios nacionales. Destacaba también, que los grupos delictivos no han perdido el tiempo en sacar partido de la economía mundializada actual y de la tecnología sofisticada que la acompaña. En cambio, nuestros esfuerzos por combatirlos han sido hasta ahora muy fragmentarios y nuestras armas casi obsoletas. Por ello, la Convención es un instrumento para hacer frente al flagelo de la delincuencia como problema mundial.[4]

El crimen organizado se comete por un grupo de personas, quienes cometen delitos graves, durante un período prolongado, impulsadas por el lucro o el poder cuyos resultados pueden superar las fronteras de los Estados. Los efectos de estas expresiones complejas de delincuencia resultan desestabilizadoras en la seguridad, economías y desarrollo social de los Estados que lo padecen. La delincuencia organizada hace que aumente el gasto público en conceptos de servicios de seguridad, policiales y jurídicos, socavando de forma adicional los Derechos humanos cuando sus consecuencias se relacionan con graves afectaciones de la vida, libertad y autonomía de los individuos.[5]

## 3 Características relevantes del crimen organizado trasnacional

El crimen organizado trasnacional evoluciona de forma constante, se aprovecha de los cambios tecnológicos, expansión de los negocios, avances sociales, corrupción, economías frágiles y debilidades jurídicas de los Estados, entre otros. Para delimitar las

---

[3] Vid. CALVANI, S., "La Convención de Naciones Unidas contra la Delincuencia Organizada Trasnacional", UNODOC, Bogotá. Disponible en: http://www.sandrocalvani.com/speech/Conv.%20Palermo.pdf.
[4] Convención de las Naciones Unidas contra la Delincuencia Organizada Trasnacional y sus Protocolos. New York, 2004. Prefacio. Disponible en: https://www.unodc.org/pdf/cld/TOCebook-s.pdf.
[5] Vid. https://www.unodc.org/toc/es/crimes/organized-crime.html.

principales peculiaridades de la delincuencia organizada trasnacional, consideramos las características más destacadas las siguientes:

1. Cuentan con modelos operativos, estrategias a largo plazo, jerarquías con división de trabajo, roles y responsabilidades individuales y colectiva, e incluso alianzas estratégicas con otros grupos o el sector público, para generar un máximo de beneficios con un mínimo de riesgo. Su conformación varía de acuerdo a las capacidades logísticas, presupuestales y técnicas para expandir su objeto delictivo.[6]
2. Los miembros que conforman los grupos de delincuencia organizada suelen compartir vínculos comunes como, como lazos geográficos, étnicos o incluso de sangre. En el marco de esa conexión se encuentran relaciones sólidas y frecuentemente inquebrantable, que promueve la devoción y la lealtad.[7] Estos vínculos pueden verse afectados cuando un miembro de la organización actúa como delator o arrepentido y descubre a las autoridades el modo de operación y actividades del grupo criminal conjunto.[8]
3. Se trata de una delincuencia sofisticada que genera importantes movimientos de recursos producto de la actividad ilícita las organizaciones. El dinero en efectivo aumenta la probabilidad de que los delincuentes sean descubiertos por su fácil individualización. Por lo cual, suelen trasladarlo al extranjero, utilizarlo para adquirir otros bienes, o tratar de introducirlo en la economía legítima por medio de negocios que generen grandes beneficios. El blanqueo de capitales producto del crimen organizado se vale del sistema financiero, alrededor del 70% de las ganancias ilícitas se mueven por este medio, menos del 1% del producto blanqueado es objeto de intervención del Estado.[9]
4. Utilizan métodos que combinan actividades licitas con negocios criminales que permiten disfrazar los dineros derivados del delito. Tiene una alta rentabilidad. Como lo destaca la UNODC, los delitos financieros, entre ellos los delitos fiscales, el lavado de activos y la financiación del terrorismo, lesionan los intereses políticos y económicos de los países y representan una grave amenaza para la seguridad nacional. Destaca que para combatir estos delitos es preciso adoptar un "enfoque pangubernamental" según el cual las diferentes autoridades encargadas de perseguir la delincuencia financiera puedan poner en común sus conocimientos y aptitudes a fin de prevenir, detectar y reprimir de manera colectiva tales delitos.[10]

---

[6] Vid. ROJAS, ARAVENA, F, (2006), "II Informe del Secretario General de Flacso. El crimen organizado internacional: Una grave amenaza a la democracia de América Latina y el Caribe", Costa Rica, pág. 10.

[7] Vid. https://www.interpol.int/es/Delitos/Delincuencia-organizada.

[8] MARTÍNEZ, J. (2015). Estrategias multidisciplinarias de seguridad para prevenir el crimen organizado (tesis doctoral), España: Universidad de Barcelona, Disponible en: http://hdl.handle.net/10803/298308.

[9] Vid. Oficina de las Naciones Unidas contra la Droga y el Delito: *Estimating Illicit Financial Flows Resulting from Drug Trafficking*.

[10] Vid. OECD, (2019), Lavado de activos y financiación del terrorismo. Manual para Inspectores y Auditores fiscales. OCDE, Paris. Disponible en: https://www.oecd.org/ctp/crime/lavado-de-activos-y-financiacion-del-terrorismo-manual-para-inspectores-y-auditores-fiscales.pdf.

5. Emplean la violencia, la intimidación y un ambiente de coacción para garantizar el éxito de los planes criminales. El crimen organizado tiene un objetivo esencialmente económico, sin embargo, para lograr sus objetivos suele recurrir entre otros a delitos asociados con la extorsión, la violencia física y psicológica, homicidios y amenazas como instrumentos fundamentales.[11]
6. Recurren a la internacionalización y transnacionalización, se extiende a varios Estados. Utilizan paraísos fiscales, empresas fantasma para garantizar la opacidad de los frutos económicos del crimen.[12] Los grupos criminales en el desarrollo de su actividad criminal suelen adoptar formas de carácter empresarial. Para ello, las organizaciones criminales explotan diversas estructuras legales de negocios y frecuentemente están asesoradas por expertos profesionales para mantener una fachada de legitimidad. De esta forma se le permite operar en la economía legal e integrar sus beneficios legales e ilegales, recurriendo entre otros a los paraísos fiscales caracterizados por el secreto y la opacidad administrativa y contable cuando la procedencia de los recursos se vincula con las actividades de organizaciones terroristas, blanqueo de dinero, narcotráfico y tráfico de armas entre otros.[13]
7. La criminalidad organizada transnacional se nutre de otros crímenes como la corrupción y el soborno internacional para facilitar la clandestinidad de los negocios. Recurren al financiamiento de campañas, el testaferrato y a otros crímenes comunes y financieros.[14] El fenómeno delincuencial tiene un amplio impacto en el sistema financiero, de una parte, por la facilidad con la que los negocios ilícitos pueden mezclarse con los legales, y de otra, por el uso de las nuevas tecnologías de la información, que permiten que acciones ilegales y transacciones financieras ilícitas crucen fronteras en cuestión de segundos. Los vínculos criminales entre el narcotráfico, corrupción, delitos corporativos y el lavado de dinero son más amplios que nunca y cada día atentan con mayor impacto la integridad de los sistemas financieros y el orden económico y social.[15]

---

[11] Vid. ROJAS, ARAVENA, F, (2006), "II Informe del Secretario General de Flacso. El crimen organizado internacional: Una grave amenaza a la democracia de América Latina y el Caribe", Costa Rica, pág. 26.

[12] DE LA TORRE LASCANO, C, (2017), "Relación existente entre paraísos fiscales, lavado de activos y defraudación tributaria. Un análisis desde la normativa de Ecuador. http://www.scielo.edu.uy/scielo.php?script=sci_arttext&pid=S2301-06652017000200003.

[13] PÉREZ, A, (2019) "Transparencia Financiera Internacional", Disponible en: http://www.realinstitutoelcano.org/wps/wcm/connect/71b73e8c-cec1-4829-b42c-bf005ca4d3e3/DT12-2019-Perez-transparencia-financiera-internacional.pdf?MOD=AJPERES&CACHEID=71b73e8c-cec1-4829-b42c-bf005ca4d3e3. Pág. 29.

[14] COOLEY, A, HEATHERSHAW, J, y SHARMAN, J, (2018), "The Rise of Kleptocracy: Laundering Cash, Whitewashing Reputations." *Journal of Democracy* 29, No. 1. 39–53. El crimen organizado y la gran corrupción permiten que las élites, sus cómplices y sus familias saqueen sistemáticamente los recursos públicos con graves afectaciones en los servicios ciudadanos. Sin embargo, se está comenzando a prestar atención a la amplia gama de actividad cleptocrática, con casos como el vicepresidente de Guinea Ecuatorial y su juicio en Francia por corrupción, la hija del ex presidente de Uzbekistán que enfrenta investigaciones, entre otros.
r dinero lavado de dinero en media docena de países, o el primer ministro de Malasia bajo sospecha en relación con la desviación de más de 4.500 millones de dólares del fondo soberano de su país a cuentas bancarias personales en todo el mundo.

[15] RAMÍREZ BARBOSA, P, y FERRÉ OLIVÉ, J, "*Compliance*, Derecho penal corporativo y buena gobernanza empresarial", Tirant lo Blanch, 2019, págs. 51 y ss.

8. Utilizan las nuevas tecnologías de la información y la virtualidad:[16] criptomonedas, transacciones electrónicas, medios de comunicación encriptados, contactos virtuales para expandir sus actividades. En efecto, como lo destaca Escudero, el crimen organizado recurren a la criptografía para blanquear dinero, aprovechando los avances tecnológicos en la banca digital y las transferencias electrónias. En este ámbito de destacan los servicios de coinjoin o mezclado de criptomonedas, cuando se envían fondos a un servicio en el que varias partes también depositan sus fondos, se realizan varias transacciones que al final impiden rastrear los fondos a una transacción ilícita. Posteriormente los criminales toman esos fondos lavados y los cambian a altcoins en plataformas de intercambio de criptomonedas. De igual forma, el blanqueo de capitales mediante Plataformas Exchange no reguladas, en una sola sesión fondos criminales se mutan a otras criptomonedas sin necesidad de cumplir con los requisitos de las plataformas centralizadas tradicionales. También, el cambio de fondos mediante los portales de trades Peer to Peer, que incoporan plataformas como Localbitcoins, Paxul, Localcryptos o Hod Hodl.[17]

9. Suelen contratar expertos que les asesore sobre la forma de manejar los frutos económicos de esta delincuencia, cooptar servidores públicos, particulares con reputación o utilizar negocios lícitos para distraer sus efectos. El asesoramiento mercantil, fiscal, operaciones inmobiliarias pueden implicar a profesionales para dar blanquear dinero de grupos delincuenciales. Como señala la Sentencia del Tribunal Supremo español 34/2007, 1 febrero, hay relevancia penal cuando la "acción… favorezca el hecho principal en la que el autor exteriorice un fin delictivo manifiesto, o que revele una relación de sentido delictivo, o que supere los límites del papel social profesional".

10. Tienen códigos de conducta que castigan con severidad a los delatores o arrepentidos, lo cual puede obstaculizar el flujo de la información a las autoridades, entre otros. Involucran sujetos de diversas nacionales y trabajan conjuntamente en diferentes sitios del mundo.[18] La gran sofisticación de las organizaciones dedicadas al crimen organizado funcionan con compartimentación de la información sobre la estructura, manera como se llevan a cabo las operaciones, enlaces, relaciones y demás peculiaridades.

---

[16] Departamento de Información Pública de la ONU, Crime Goes Global, Nueva York, en http://interamerican-usa.com/articulos/Crim-org-terr/Crm-org-Glob-fin.htm, donde se señala que: "La privacidad, tecnología y falta de regulación que atraen a los criminales son las mismas que facilitan el flujo de dinero legal entre una empresa matriz y una subsidiaria-fachada. En Luxemburgo, las islas del Canal de la Mancha, las islas Caimán, Vanuatu, las Islas Cook y otros 50 lugares, muchos de los principales bancos del mundo establecen filiales privadas que ofrecen "un servicio discreto y personalizado" para la creación de cuentas exentas de impuestos. Además, se puede acceder a estas cuentas mediante una tarjeta Visa y cajeros automáticos desde cualquier parte del mundo. Pese a su ubicación geográfica, estos paraísos offshore son esencialmente apéndices del sistema bancario occidental. Los del Caribe, por ejemplo, fueron establecidos bajo la legislación bancaria británica, con asesoramiento técnico de bancos occidentales. Estas filiales son idénticas entre sí y se basan en leyes británicas que aseguran total privacidad y establecen sanciones penales para los empleados del banco que revelen información sobre clientes o el propio banco. De esta forma, en el sórdido ambiente de la banca offshore, los bienes de la mafia están protegidos por el código penal".

[17] ESCUDERO, D, (2020), "El uso de criptomonedas es cada vez más popular entre los delincuentes latinos", Disponible en: https://es.beincrypto.com/uso-criptomonedas-mas-popular-entre-delincuentes-latinos/.

[18] FERNANDEZ LAREDO, A, (2009), "El arrepentimiento en la criminalidad organizada", págs. 208 y ss.

Por ello, recurren a sanciones implacables cuando se rompen los lazos de confianza.[19]

## 4 Principales tipologías de la delincuencia organizada trasnacional

La Delincuencia Organizada Transnacional y sus diversas expresiones, se ven representadas en el narcotráfico, tráfico de armas de fuego, municiones y explosivos; la trata de personas; el tráfico ilícito de migrantes; el contrabando de mercancías; el lavado de activos; la extorsión, la pornografía infantil, productos adulterados, flora y fauna silvestres y bienes culturales, e incluso el soborno trasnacional.[20] Tipologías que sobresalen por el entorno en el que se desarrollan las conductas criminales caracterizadas por la búsqueda y obtención del rendimiento económico, las estructuras jerárquicas de gestión de las actividades, los enlaces internacionales y sus vínculos con la corrupción. Sus métodos son cambiantes que se ajustan a los mercados, sofisticados y controlados por los líderes de la organización respectiva. Algunas de sus expresiones más destacadas son las siguientes:

a. El narcotráfico o tráfico de drogas continúa siendo un fenómeno delincuencial altamente rentable, expansivo y lucrativo.[21] El narcotráfico se relaciona con otros crímenes como la extorsión, el blanqueo de capitales y delitos vinculados con las afectaciones a la seguridad ciudadana. La dificultad de su persecución se debe a sus enlaces en la globalización económica, las facilidades de transporte, la desregularización bancaria, la cibercriminalidad que han facilitado sus relaciones globales y la expansión de sus ganancias a gran escala.[22] Existe una creciente transnacionalización de los mercados ilícitos y presencia de las organizaciones criminales que recurren a sistemas sofisticados para lograr sus objetivos invirtiendo sus beneficios en sistemas de blanqueo que facilitan la opacidad de los efectos alcanzados.

b. Blanqueo de capitales: es un delito transversal que facilita el lucro de los grupos criminales, mediante el lavado de sus ganancias ilícitas, explotando diversas estructuras legales de negocios con afectación de la economía de los países. El blanqueo de capitales consiste en ocultar o encubrir la identidad de beneficios obtenidos de forma ilegal, para darle una apariencia transparente que no tienen. El crimen organizado transfiere fondos obtenidos ilícitamente utilizando bancos, sociedades ficticias, compraventas, asesorias,

---

[19] UMBRIA ACOSTA, L, "2018). Un preámbulo de política criminal frente a la delincuencia organizada. *Revista Criminalidad*, 60 (3): 235-249.

[20] Vid. Basado en estimaciones de 2005 de la Organización Internacional del Trabajo (OIT). No obstante, las estimaciones más recientes y precisas de la OIT sobre las tendencias generales del trabajo forzoso nos inducirían a pensar que el alcance del problema es mucho mayor. Organización Internacional del Trabajo: Una alianza global contra el trabajo forzoso: informe mundial en el marco del seguimiento de la Declaración de la OIT sobre los principios y derechos fundamentales en el trabajo (Ginebra, OIT, 2005). Figura disponible en: www.ilo.org/wcmsp5/groups/public/@ed_norm/@declaration/documents/publication/wcms_081882.pdf.

[21] Oficina de las Naciones Unidas contra la Droga y el Delito, Estimación de las corrientes ncieras ilícitas provenientes del tráfico de drogas y otros delitos organizados transnacionales: informe de investigación (Viena, octubre de 2011). Figura disponible en: www.unodc.org/documents/data and analysis/Studies/Illicit_ nancial_ ows_2011_web.pdf.

[22] Vid. MAIHOLD, G, y JOST, S, (eds.), (2014), "el narcotráfico y su combate sus efectos sobre las relaciones internacionales", págs. 11 y ss.

intermediarios y empresas de envío de dinero, intentando integrar los fondos ilícitos en negocios y economías formales e informales. a investigación sobre el blanqueo de capitales normalmente se realiza de forma paralela a la investigación sobre el delito original generador del beneficio. Este crimen se persigue mediante especializadas investigaciones financieras cuya finalidad es identificar los orígenes, autores, cooperadores, flujos y destino de las ganancias obtenidas.[23]

c. Tráfico humano: según la UNODC, la trata de personas es un mercado ilícito que afecta a millones de víctimas alrededor del mundo, tiene unos beneficios anuales estimados de 32.000 millones de dólares. Es un crimen de especial gravedad por la naturaleza de los derechos que son afectados con su comisión y la vulneración de la dignidad de las víctimas. Tiene además implicaciones sociales y económicas de carácter trasnacional donde sobresalen las modalidades de explotación sexual, traslados para trabajo forzoso, servidumbre doméstica, mendicidad infantil o extracción de órganos.[24]

d. Tráfico de especies: La delincuencia organizada transnacional tiene una fuente de ingresos en el delito ambiental, en particular en el tráfico ilícito de fauna silvestre y madera. El delito ambiental es un fenómeno mundial, por ejemplo, la venta de marfil de elefantes, cuernos de rinocerontes y partes del cuerpo de tigres en Asia solamente tuvo un valor estimado de 75 millones de dólares de los Estados Unidos en 2010.[25] Según las estimaciones de Interpol y el Programa de las Naciones Unidas para el Medio Ambiente (UNEP, por sus siglas en inglés), los delitos medioambientales se han convertido en el tercer delito más lucrativo del mundo, superado por el narcotráfico y el contrabando. En la actualidad existen organizaciones criminales especializadas en minería ilegal, deforestación y tráfico de especies protegidas, entre otros, y delitos conexos como la corrupción, el lavado de activos, el sicariato y la explotación laboral, entre otros.[26]

e. Ciberdelincuencia: existen métodos como el dominio malicioso, ransomware y Malware destinados a la obtención de datos, botnets, cryptojacking (extracción de criptomonedas) y red oscura, en las cuales actúan los ciberdelincuentes, mediante las nuevas tecnologías se cometen diversos tipos de delitos que superan las fronteras, generan daños de gran magnitud.[27] En el Informe anual de Europol sobre la Evaluación de Amenazas del Crimen Organizado por Internet (IOCTA) del 2019, indica que en el crimen ciberdependiente, el Ransomware sigue siendo una de las mayores amenazas, donde los atacantes se centran en objetivos menores pero más rentables. En el referido informe se

---

[23] https://www.interpol.int/es/Delitos/Delincuencia-financiera/Blanqueo-de-capitales.

[24] UNODC, (2012), "Trata de personas: delincuencia organizada y venta multimillonaria de personas", disponible en: https://www.unodc.org/unodc/es/frontpage/2012/July/human-trafficking_-organized-crime-and-the-multibillion-dollar-sale-of-people.html.

[25] UNODC, "Delincuencia organizada trasnacional", disponible en: https://www.unodc.org/toc/es/crimes/environmental-crime.html.

[26] REINA, M, (2019), "¿Por qué está el crimen organizado detrás de los delitos medioambientales? Disponible en: https://www.elpaccto.eu/por-que-esta-el-crimen-organizado-detras-de-los-delitos-medioambientales/.

[27] Disponible en: https://www.interpol.int/es/Delitos/Ciberdelincuencia.

destaca frente a la convergencia de Ciber y Terrorismo, que: "La amplia gama de proveedores de servicios en línea (OSP) explotados por grupos terroristas presenta un desafío importante para los esfuerzos de interrupción. Los grupos terroristas suelen ser los primeros en adoptar las nuevas tecnologías, explotando plataformas emergentes para sus estrategias de comunicación y distribución en línea. Con suficiente planificación y apoyo de comunidades simpatizantes en línea, los ataques terroristas pueden volverse virales rápidamente, antes de que los OSP y la policía puedan responder".[28]

## 5 Los principios rectores de las estrategias procesales contra el crimen organizado trasnacional (TEIs)

La Convención de Naciones Unidas sobre Crimen Organizado de 2000, y la Convención contra la Corrupción de 2003, señalan que en atención a los principios y garantías fundamentales de los Estados, estos deben reconocer Técnicas de Investigación Especial, entre las que se destacan, la vigilancia electrónica, los agentes encubiertos, las entregas vigiladas, justicia negociada, extinción de dominio y otras similares, las cuales, posibilitan la persecución del crimen organizado, el desmantelamiento de estructuras criminales, la detección de activos de procedencia ilegal, entre otras.

Existen tratados internacionales que hacen referencia a las Técnicas Especiales de Investigación, como las entregas vigiladas, el agente encubierto y la vigilancia electrónica, cuyo objeto principal es prevenir, detectar, controlar e investigar actividades ilícitas e ilegales que continuamente desarrollan las organizaciones criminales. En algunas legislaciones internas se delega la facultad de autorizar la práctica de las Técnicas Especiales de Investigación a la Autoridad Judicial o a la Autoridad Fiscal o Ministerio Público, las cuales se caracterizan por ser pertinentes, reservadas, cumplir con el principio de proporcionalidad y legalidad.[29]

### 5.1 Principios rectores de las Técnicas Especiales de Investigación:

**a. Principios de legalidad y debido proceso**

Las Técnicas Especiales deben sujetarse al marco normativo de cada país en observancia con la Constitución Política del Estado, las Convenciones y Tratados Internacionales y demás normas relacionadas, lo cual implica la determinación legal en su alcance, contenido y peculiaridades. Estas técnicas se fundamentan en el principio de legalidad y el debido proceso como una garantía que límita los poderes investigativos del Estado en la persecución contra el crimen organizado.[30]

---

[28] INTERNET ORGANISED CRIME THREAT ASSESSMENT, (IOCTA) 2019, pág. 12.
[29] OEA, (2019), "Guía Práctica de Técnicas Especiales de Investigación en casos de Delincuencia Organizada Trasnacional". Disponible en: https://www.oas.org/es/ssm/ddot/publicaciones/MANUAL%20GUÍA%20PRÁCTICA%20WEB.PDF.
[30] OEA, (2019), "Guía Práctica de Técnicas Especiales de Investigación en casos de Delincuencia Organizada Trasnacional". Disponible en: https://www.oas.org/es/ssm/ddot/publicaciones/MANUAL%20GUÍA%20PRÁCTICA%20WEB.PDF. pág. 19.

### b. Principios de excepcionalidad y subsidiariedad

Su uso es excepcional, ante la ausencia o limitación de otros medios de prueba. Su destinación se enfoca en garantizar el interés de la sociedad frente a las repercusiones del crimen organizado. Si resulta posible obtener la evidencia por otros medios, éstos deben aplicarse sobre las técnicas especiales de investigación.[31]

### c. Principios de reserva y confidencialidad

Son técnicas caracterizadas por la reserva y confidencialidad, lo anterior, para lograr de una parte, la protección de la seguridad, la vida e integridad física de quienes las realizan y de otra, el éxito de las actividades vinculadas con la obtención de información y fines propuestos.[32]

### d. Principios de pertinencia y especialidad

El uso de las técnicas especiales debe resultar de utilidad en la investigación de las expresiones concretas de la delincuencia, lo cual supone, una relación entre su puesta en marcha y el propósito específico. Quienes las desarrollan deben contar con la preparación, entrenamiento, experiencia, idoneidad, competencia, habilidad, destreza y perfil psicológico suficientes, que posibiliten la eficacia de su aplicación y el respeto de los derechos involucrados.[33]

### e. Principios de proporcionalidad, razonabilidad y utilidad

Para utilizar las técnicas especiales de investigación se precisa analizar la naturaleza de la organización, su complejidad y peculiaridades para considerar las medidas que resultan necesarias. Lo anterior, debe ponderarse en atención a los derechos que puedan resultar vulnerados, para lo cual se precisa que su aplicación se funde en su necesidad, razones objetivas, razonables y de utilidad para la persecución de la delincuencia organizada junto a sus diversas expresiones.[34]

## 6 Algunas técnicas especiales de investigación contra el crimen organizado trasnacional

## 6.1 El agente encubierto

El agente encubierto es una de las medidas de mayor eficacia en la lucha contra la criminalidad organizada, es un instrumento caracterizado por la infiltración de miembros de las fuerzas de seguridad en las organizaciones criminales, quienes ocultan

---

[31] OEA, (2019), "Guía Práctica de Técnicas Especiales de Investigación en casos de Delincuencia Organizada Trasnacional". Disponible en: https://www.oas.org/es/ssm/ddot/publicaciones/MANUAL%20GUÍA%20PRÁCTICA%20WEB.PDF, págs. 19 y 20.

[32] OEA, (2019), "Guía Práctica de Técnicas Especiales de Investigación en casos de Delincuencia Organizada Trasnacional". Disponible en: https://www.oas.org/es/ssm/ddot/publicaciones/MANUAL%20GUÍA%20PRÁCTICA%20WEB.PDF. págs. 19 y 20.

[33] OEA, (2019), "Guía Práctica de Técnicas Especiales de Investigación en casos de Delincuencia Organizada Trasnacional". Disponible en: https://www.oas.org/es/ssm/ddot/publicaciones/MANUAL%20GUÍA%20PRÁCTICA%20WEB.PDF. págs. 19 y 20.

[34] OEA, (2019), "Guía Práctica de Técnicas Especiales de Investigación en casos de Delincuencia Organizada Trasnacional". Disponible en: https://www.oas.org/es/ssm/ddot/publicaciones/MANUAL%20GUÍA%20PRÁCTICA%20WEB.PDF, págs. 19 y 20.

su auténtica identidad con el propósito de detectar y perseguir delitos. Del mismo modo, este tipo de medidas buscan la verificación de ideólogos y dirigentes de tales organizaciones.[35]

La actividad del agente encubierto está dirigida a tareas de información y verificación de las actividades criminales, para de tal forma descubrir los delitos y garantizar los elementos probatorios. Al respecto, la Convención de Naciones Unidas contra el Crimen Organizado de 2000, y la Convención contra la Corrupción de 2003, prevén que en atención con los principios y garantías fundamentales previstas en los ordenamientos de los Estados, el reconocimiento de las técnicas especiales de investigación como las operaciones encubierto. La Convención contra la corrupción señala que los Estados tomaran las medidas necesarias para posibilitar la admisión de las pruebas emanadas de dicha técnica.[36]

La utilización de esta técnica de investigación debe ser considerada como herramienta de investigación y como tal, es autorizada por el Juez competente o fiscal, la que debe ser gestionada a solicitud fundada por los policías investigadores, teniendo como requisito: a. Identificar a los participantes de la estructura delictual. b. Descubrir a los involucrados. c. Conocer los planes de la organización para evitar el ilícito investigado, permitiéndose al agente bajo identidad supuesta, infiltrarse y actuar dentro de una organización criminal, evitando el riesgo para el funcionario respectivo, El Agente Encubierto estará exento de responsabilidad penal en aquellas actuaciones que sean consecuencia necesaria y proporcional del desarrollo de su intervención, siempre que su actuación guarde la utilidad, razonabilidad y proporcionalidad correspondiente.[37]

## 6.2 La entrega vigilada

En la Convención de Naciones Unidas contra la delincuencia trasnacional de 2000, art. 2. i. se define la entrega vigilada como la técnica consistente en posibilitar que remesas ilícitas o sospechosas de serlo, circulen por el territorio de un Estado con el conocimiento y bajo la supervisión de las autoridades competentes, ello con la finalidad de investigar delitos e identificar a los involucrados en la comisión de los mismos. Esta misma técnica especial de investigación se haya contenida en la Convención de la ONU contra la corrupción de 2003, art. 50.1, que prevé además, que los Estados adoptaran las medidas necesarias para posibilitar la admisibilidad de las pruebas emanadas de esta técnica.[38]

Lo anterior supone la aplicación de la técnica cuando existan motivos fundados para creer que el indiciado o el imputado dirige, o de cualquier forma interviene en el transporte de armas, explosivos, municiones, moneda falsificada, drogas, entre otras.

---

[35] CALLEGARI, A., MOURA MASIERO, C., CANCIO MELIÁ y RAMÍREZ BARBOSA, P. (2016), "Crime Organizado: Tipicidade, Política Criminal, Investigação e proceso", Porto Alegre: ed. Livraria do Advogado.

[36] UNODC, (2006), "Manual de Técnicas Especiales de Investigación. Agente encubierto y entrega vigilada", págs. 14 y ss.

[37] RAMÍREZ BARBOSA, P, (2008), "Nuevas tendencias político criminales en la lucha contra la criminalidad organizada. El modelo de Colombia en este ámbito, en "Crime Organizado: Tipicidade, Política Criminal, Investigação e proceso", Porto Alegre: ed. Livraria do Advogado, págs. 63 y ss.

[38] CALLEGARI, A., MOURA MASIERO, C., CANCIO MELIÁ y RAMÍREZ BARBOSA, P. (2016), "Crime Organizado: Tipicidade, Política Criminal, Investigação e proceso", Porto Alegre: ed. Livraria do Advogado.

Para utilizar con éxito la Entrega Vigilada, necesariamente deben ser acompañadas y apoyadas con otras técnicas especiales investigativas y/o figuras afines que han sido desarrolladas por la legislación interna de los países, entre las cuales se encuentran las vigilancias electrónicas, los agentes encubiertos, informantes y arrepentidos, entre otros.[39]

Además, en atención a la amplitud que despliega el crimen organizado, y tomando como fundamento a las Convenciones de Naciones Unidas de Viena, Palermo y Mérida, los fiscales o las autoridades competentes podrán autorizar la entrega vigilada o remesa controlada de aquellos bienes ilegales, o de procedencia o tráfico ilícito, o que estén destinados a fines delictivos, mediante una orden o disposición, en la que se determine explícitamente, en cuanto sea posible, los objetos y sus características para la autorización respectiva. Para autorizarla, se tendrá en cuenta los fines que tiene la investigación con relación a la importancia del delito y las posibilidades de su vigilancia por los agentes policiales a cargo.[40]

## 6.3 La vigilancia electrónica

La Vigilancia Electrónica es "la acción realizada por los agentes policiales, previa autorización de las autoridades competentes, para retener e incautar correspondencia, obtener copias de comunicaciones o transmisiones e interceptar comunicaciones telefónicas, usando medios técnicos y tecnológicos para investigar organizaciones criminales, obtener medios de prueba y establecer luego la responsabilidad penal o criminal de sus integrantes".[41]

La regulación, legalidad y requisitos son de suma importancia al momento de implementar la vigilancia electrónica, ya que guarda relación con el secreto y el derecho de las personas a su intimidad, vida privada, de sus familias, domicilios y correspondencias, los cuales, gozan de protección constitucional. Sin embargo, se justifica, de modo excepcional, en que la propia Constitución Política de los Estados, también demandan, a su vez, la protección de la población de las amenazas contra su seguridad.[42]

Por tratarse de una técnica intrusiva, y que puede transgredir los derechos fundamentales de intimidad y protección a la vida privada, esta autorización deber ser: excepcional, en casos fundados relacionados con investigaciones de crimen organizado o investigaciones criminales complejas, debe estar prevista y señalada expresamente en una ley, y, autorizada por autoridad competente y/o a solicitud del Fiscal del caso, siguiendo los rituales previstos para su aplicación.[43]

---

[39] OEA, (2019), "Guía Práctica de Técnicas Especiales de Investigación en casos de Delincuencia Organizada Trasnacional". Disponible en: https://www.oas.org/es/ssm/ddot/publicaciones/MANUAL%20GUÍA%20PRÁCTICA%20WEB.PDF, págs. 82 y ss.

[40] RAMÍREZ BARBOSA, P, (2008), "Nuevas tendencias político criminales en la lucha contra la criminalidad organizada. El modelo de Colombia en este ámbito, op. cit., págs. 63 y ss.

[41] OEA, (2019), "Guía Práctica de Técnicas Especiales de Investigación en casos de Delincuencia Organizada Trasnacional". Disponible en: https://www.oas.org/es/ssm/ddot/publicaciones/MANUAL%20GUÍA%20PRÁCTICA%20WEB.PDF, págs. 98 y ss.

[42] RAMÍREZ BARBOSA, P, (2008), "Nuevas tendencias político criminales en la lucha contra la criminalidad organizada. El modelo de Colombia en este ámbito, op. cit., págs. 85 y ss.

[43] OEA, (2019), "Guía Práctica de Técnicas Especiales de Investigación en casos de Delincuencia Organizada Trasnacional". Disponible en: https://www.oas.org/es/ssm/ddot/publicaciones/MANUAL%20GUÍA%20PRÁCTICA%20WEB.PDF, págs. 98 y ss.

## 6.4 La cooperación internacional

Existe conjunto de convenios y tratados internacionales, regionales y mundiales, orientados a crear condiciones vinculantes relacionadas a la naturaleza jurisdiccional, diplomática o administrativa, que involucra a dos o más Estados en el ámbito de cooperación judicial. Las cuales, tienen por finalidad favorecer la aplicación de la justicia a los integrantes de una organización criminal que han cometido actividades ilícitas en un determinado territorio y pretenden trasladarlas a otros Estados.[44]

Sin lugar a dudas, la cooperación constituye un instrumento eficaz en la unión de esfuerzos "entre Estados para optimizar tareas de investigación y persecución de las actividades criminales. La Convención de Naciones Unidas contra la criminalidad trasnacional organizada de 2000, en los artículos 16 a 19 señala entre otras formas de cooperación y asistencia judicial reciproca en materia de investigaciones, procesos y actuaciones judiciales las siguientes: la transmisión espontánea de informaciones sobre cuestiones penales que afecten a otro Estado parte cuando las mismas permitan emprender o concluir indagaciones o procesos penales, el traslado de los detenidos o condenados para colaborar en investigaciones, la audición de testigos o peritos por videoconferencia, y la creación de órganos mixtos de investigación para procesos o investigaciones que afecten a dos o más Estados parte, mecanismos de facilitación de las extradiciones, y el traslado de personas condenadas a cumplir pena.[45]

Según la doctrina los pilares de cooperación judicial pueden clasificarse en tres frentes:[46] 1. La extradición 2. Asistencia judicial en sentido estricto: transferencia de un proceso penal pendiente en el extranjero, la restitución de objetos obtenidos por medios ilícitos, el traslado temporal a otro Estado de detenidos con fines de investigación, la audición de conferencia telefónica y por videoconferencia de testigos y peritos en el extranjero, las entregas vigiladas en territorios de otros Estados, los equipos conjuntos de investigación con un fin y una vigencia temporal determinados, la intervención de comunicaciones en el extranjero, la facilitación de información, documentos u otros elementos de prueba en el extranjero, etc. 3. El auxilio en la ejecución de decisiones extranjeras: transferencia de personas condenadas, ejecución de condenas a privación del permiso de conducir, de condenas pecuniarias, de comiso o incautación de productos del delito, vigilancia de personas condenadas condicionalmente en el extranjero.

Por su parte, los ordenamientos jurídicos internos establecen los siguientes instrumentos de cooperación en materia penal, como los siguientes: 1. Cartas rogatorias: Son las solicitudes de asistencia judicial que se dirigen a las autoridades judiciales extranjeras para la obtención de información o pruebas o para la práctica de diligencias. Las cartas rogatorias que se dirijan a las autoridades extranjeras se formularán de manera ordenada, breve, clara y concisa 2. Exhortos: Comisiones que libran las autoridades judiciales a un agente diplomático o consular para que adelante determinadas diligencias, las cuales serán aportadas a un proceso o investigación. Las

---

[44] RAMÍREZ BARBOSA, P, (2008), "Nuevas tendencias político criminales en la lucha contra la criminalidad organizada. El modelo de Colombia en este ámbito, op. cit., págs. 101 y ss.
[45] OEA, (2019), "Guía Práctica de Técnicas Especiales de Investigación en casos de Delincuencia Organizada Trasnacional". Disponible en: https://www.oas.org/es/ssm/ddot/publicaciones/MANUAL%20GUÍA%20PRÁCTICA%20WEB.PDF, págs. 160 y ss.
[46] SÁNCHEZ GARCÍA DE PAZ, I, (2005), "La criminalidad organizada. Aspectos penales, procesales, administrativos y policiales", ed. Dykinson, págs. 256 y 257.

autoridades colombianas libran exhortos para diferentes diligencias, entre las que se encuentran: la notificación personal de decisiones judiciales, interrogatorios de partes, entrevistas, recepción de elementos materiales probatorios, testimonios, presentaciones personales, videoconferencias, entre otros. 3. Notas suplicatorias: Son las solicitudes de asistencia judicial elevadas a las representaciones diplomáticas acreditadas ante el Gobierno Colombiano. Se tienen que surtir por la vía diplomática es decir a través del Ministerio de Relaciones Exteriores. Su finalidad principal radica en la obtención de información o elementos probatorios como en el caso del otorgamiento de visas a ciudadanos, recepción de testimonios de un Ministro o Agente Diplomático de nación extranjera acreditado etc.[47]

A través de los instrumentos de cooperación y asistencial judicial internacional, se han fortalecido las estrategias en la persecución contra el crimen trasnacional y organizado, toda vez que los delitos no conocen fronteras, y sus formas de actuación son dinámicas y globales, las alianzas entre Estados y la adopción de políticas comunes, posibilitan la unión de esfuerzos que resultan de mayor eficacia en la persecución y sanción del delito.

## 6.5 La extinción del derecho de dominio

La extinción de dominio es una de las medidas que puede resultar más eficaz en el desmantelamiento de la delincuencia organizada, no sólo por las características que le son propias al procedimiento previsto para perseguir los bienes de procedencia ilegal y por tanto el ataque frontal a los insumos de las organizaciones delictivas. Se trata de una acción que tiene su origen en la Convención de las Naciones Unidas contra el tráfico ilícito de estupefacientes y sustancias psicotrópicas, suscrita en Viena el 20 de diciembre de 1988.

La extinción de dominio es una acción definida como la pérdida del derecho de dominio a favor del Estado, sin contraprestación ni compensación de naturaleza alguna para su titular. Se caracteriza por ser una acción autónoma, de "naturaleza jurisdiccional, de carácter real y de contenido patrimonial, y procederá sobre cualquier derecho real, principal o accesorio, independientemente de quien los tenga en su poder, o los haya adquirido y sobre los bienes comprometidos. Esta acción es distinta e independiente de cualquier otra de naturaleza penal que se haya iniciado simultáneamente, o de la que se haya desprendido, o en la que tuviere origen, sin perjuicio de los terceros de buena fe exentos de culpa".[48] Se otorga al Estado la facultad de perseguir, incautar y disponer de los bienes sospechosos de provenir de actividades ilícitas o cuyo origen este directamente vinculado a este tipo de actividades ilegales, buscando además evitar el testaferrato. Es un instrumento eficaz en la investigación del entorno delictivo y financiero de los criminales organizados, a través de la pérdida de derechos patrimoniales respecto de bienes cuya procedencia no sea debidamente aclarada por su poseedor.[49]

---

[47] RAMÍREZ BARBOSA, P, (2008), "Nuevas tendencias político criminales en la lucha contra la criminalidad organizada. El modelo de Colombia en este ámbito, op. cit., págs. 79 y ss.

[48] RAMÍREZ BARBOSA, P, (2008), "Nuevas tendencias político criminales en la lucha contra la criminalidad organizada. El modelo de Colombia en este ámbito, op. cit., págs. 101 y ss.

[49] Con referencia a la acción de extinción de dominio, la Corte Constitucional de Colombia en Sentencia C- 1096 de 2003, puso de manifiesto: "La extinción de dominio es acción constitucional pública, jurisdiccional, autónoma,

En definitiva, la acción de extinción de dominio ha permitido la transferencia al Estado de bienes adquiridos a través del desarrollo de actividades ilícitas, a fin de que estos sean utilizados en programas de inversión social, fortalecimiento del sector justicia y lucha en todos los frentes contra el crimen organizado.

## 6.6 Justicia negociada y consensuada

Las finalidades de los acuerdos y preacuerdos, son humanizar la actuación procesal y la pena; obtener pronta y cumplida justicia; activar la solución de los conflictos sociales que genera el delito; propiciar la reparación integral de los perjuicios ocasionados con el injusto y lograr la participación del imputado en la definición de su caso, la Fiscalía y el imputado o acusado podrán llegar a preacuerdos que impliquen la terminación del proceso. La denominada justicia consensuada, fundada en los preacuerdos y las negociaciones debe estar asistida por unas *finalidades* como son la de *(i) humanizar* la actuación procesal y la pena; *(ii)* la *eficacia* del sistema reflejada en la obtención pronta y cumplida justicia; *(iii)* propugnar por la solución de los conflictos sociales que genera el delito; *(iv)* propiciar la *reparación integral* de los perjuicios ocasionados con el injusto; *(v)* promover la *participación* del imputado en la definición de su caso".[50]

En efecto, las negociaciones y preacuerdos suponen el reconocimiento de responsabilidad por parte del imputado o acusado; la coexistencia de un fundamento probatorio sobre el cual se produce el acuerdo; la renuncia libre, consciente, voluntaria y formalmente comunicada del imputado o acusado al juicio público, oral, concentrado y contradictorio; los descuentos punitivos derivados del acuerdo. Una vez aprobada la negociación, se convocará a audiencia para dictar la sentencia correspondiente, mediante la cual se produce la terminación anticipada al proceso. Ello en definitiva, implica por una parte economía procesal, celeridad y eficacia de la justicia, este tipo de medidas procesales pueden propiciar el desmantelamiento de redes criminales, persecución de los delitos y sanción de los autores y participes de los mismos. Sin lugar a duda las posibilidades legales de negociación entre los acusados o imputados por el delito y la Fiscalía General de la Nación, es un instrumento clave en la lucha contra la criminalidad

---

directa y expresamente regulada por el constituyente y relacionada con el régimen constitucional del derecho de propiedad, en virtud del cual se le asigna un efecto a la ilegitimidad del título del que se pretende derivar el dominio, independientemente de que tal ilegitimidad genere o no un juicio de responsabilidad penal. A ella no le son trasladables las garantías constitucionales referidas al delito, al proceso penal y a la pena por no tratarse de una institución que haga parte del ejercicio del poder punitivo del Estado. ii) Si bien a ella no le resulta aplicable la presunción de inocencia, el Estado no se encuentra legitimado para presumir la ilícita procedencia de los bienes objeto de extinción de domino, pues éste se halla en la obligación ineludible de recaudar un compendio probatorio que le permita concluir, de manera probatoriamente fundada, que el dominio sobre unos bienes no tiene una explicación razonable en el ejercicio de actividades lícitas sino ilícitas. iii) Satisfecha esa exigencia el afectado tiene derecho a oponerse a la declaratoria de la extinción del dominio, pues ésta es una facultad legítima que está llamada a materializar el derecho de defensa del afectado y en virtud de la cual puede oponerse a la pretensión estatal de extinguir el dominio que ejerce sobre los bienes objeto de la acción. v) Al ejercer ese derecho, el actor debe aportar las pruebas que acrediten la legítima procedencia de los bienes objeto de la acción pues, como titular del dominio, es quien se encuentra en mejor condición de probar ese hecho. En ese marco, el reconocimiento al afectado del derecho a probar el origen legítimo de los bienes, a probar que éstos no se adecuan a las causales de extinción y a probar la existencia de cosa juzgada, constituye una manifestación de la distribución de la carga probatoria a que hay lugar en el ejercicio de la acción de extinción de dominio y tal manifestación no es contraria al artículo 29 constitucional".

50   RAMÍREZ BARBOSA, P., (2008), "Nuevas tendencias político criminales en la lucha contra la criminalidad organizada. El modelo de Colombia en este ámbito, op. cit., págs. 96 y ss.

organizada, y en particular, en la mayor eficacia persecutora del Estado a través de la sanción del delito, búsqueda de la justicia y control de la impunidad.[51]

## 7 Retos y propuestas

La persecución contra el crimen organizado trasnacional por la complejidad y sofisticación precisa la adopción de medidas integrales en el combate de las estructuras delincuenciales. Lo anterior, implica dotar a las entidades encargadas de esta difícil labor de recursos suficientes, los cuales, deben recoger los ámbitos presupuestales, técnicos y humanos. De igual forma, resulta necesario, la capacitación y preparación permanente de los funcionarios encargados de estas difíciles actividades, esa formación debe ser periódica y actualizada a los cambios normativos y las dinámicas nacionales e internacionales que precisan ser conocidas y abordadas con rigor.

De igual forma, las estrategias nacionales en la persecución de la delincuencia organizada deben ser de alcance territorial que incluyan a todas las autoridades y consideren especialmente las realidades, necesidades y peculiaridades de los territorios. Las medidas de combate al crimen organizado deben ser eficaces, proporcionales y útiles, sin que su ámbito de acción excluya a las autoridades locales, pues estas zonas se pueden convertir en el foco donde se nutren estas formas de criminalidad.

La persecución efectiva de bienes de procedencia ilícita debe ser priorizada, mediante la extinción del derecho de dominio y el comiso. Perseguir las finanzas de las organizaciones ataca los efectos obtenidos de los delitos realizados y el principal objetivo que impulsa la actuación de la delincuencia. Este tipo de medidas tienen un triple ámbito, sancionatorios, preventivos y disuasivos, lo cual, permite neutralizar el poder económico de la criminalidad y atacar todos los bienes de procedencia ilegal.

De otra parte, es imprescindible la protección eficaz de los testigos y arrepentidos, quienes pueden suministrar información muy valiosa sobre el funcionamiento de la estructura criminal. Los testigos precisan contar con la confianza y protección suficiente para entregar a las autoridades datos, relatos y demás detalles que son de su conocimiento y que permitan desmantelar, perseguir y probar el actuar criminal. Por la trascendencia de la información requieren apoyo en su seguridad, protección e incluso cuando es requerido medidas más urgentes y extraordinarias como el cambio de identidad, traslados de residencia y secreto sobre su paradero como alternativas efectivas.

La eficacia comprobada de la justicia negocial y las rebajas por colaboración ha sido notorio en el combate al crimen organizado. Esto supone fomentar la cooperación con las autoridades y el reconocimiento de responsabilidades penales que faciliten la investigación y sanción de los delitos de forma celera, efectiva y precisa.

El fortalecimiento en la cooperación internacional y las alianzas globales entre Estados para compartir información, experiencias e intercambio de pruebas, entre otros. El combate al crimen organizado precisa la acción conjunta de los países de forma armónica, integral y dinámica que permita el impulso de modelos unificados en las acciones estratégicas que se adopten.

---

[51] RAMÍREZ BARBOSA, P., (2008), "Nuevas tendencias político criminales en la lucha contra la criminalidad organizada. El modelo de Colombia en este ámbito, op. cit., págs. 96 y ss.

A lo anterior, debe sumarse el fortalecimiento de las investigaciones financieras y las Unidades de Análisis e inteligencia financiera. Los grandes movimientos de capital y las transacciones virtuales se integran con el destino de dineros a paraísos fiscales y empresas fantasma para garantizar la opacidad de los beneficios obtenidos, resultado de los crímenes. También es eficaz como medida procesal la suspensión y cancelación de la personería jurídica en empresas relacionadas con este tipo de delitos cuando facilitan que su objeto social se conecte con las actividades de las redes de delincuencia organizada y se disfracen con apariencia de legalidad sus efectos.

El combate a la corrupción nacional e internacional y sus alianzas con la delincuencia organizada trasnacional, debe priorizarse por parte de las autoridades de justicia. La corrupción es un flagelo expansivo y corrosivo de las instituciones nacionales, los pilares del Estado de Derecho y la democracia de las naciones. Por tanto, los enlaces de la delincuencia organizada, los sobornos, el abuso de poder y fraudes en los recursos públicos precisa de acciones decisivas y contundentes frente a la magnitud de los resultados lesivos que producen a todo nivel.

# 8 Conclusiones

La lucha contra la criminalidad organizada ha inquietado y continúa preocupando a la comunidad internacional, no sólo por los efectos sociales y económicos que generan las conductas delictivas de esta naturaleza, sino además por sus repercusiones negativas en las instituciones, desarrollo democrático, ordenamientos jurídicos, en definitiva por su impacto en la estabilidad y gobernabilidad de los Estados que resultan afectados. Las iniciativas internacionales en la prevención, persecución y represión de la criminalidad organizada han sido muy importantes en la adopción de medidas e instrumentos comunes al interior de los Estados y la comunidad internacional.

Instrumentos como la Convención de las Naciones Unidas contra la Delincuencia Organizada Transnacional, las Directivas y Recomendaciones de la Unión Europea han supuesto la adopción de instrumentos supranacionales encaminados a la lucha contra la criminalidad a gran escala. Dentro de las conductas criminales vinculadas a esta forma de delincuencia, se encuentran delitos como el narcotráfico, blanqueo de dinero, tráfico de especies protegidas, tráfico humano, soborno trasnacional, contrabando y ciberdelincuencia, entre otros. Estos delitos tienen como elementos comunes la magnitud de los bienes jurídicos que resultan afectados, sus efectos trasnacionales, el uso de las tecnologías, la alta rentabilidad, los movimientos financieros a gran escala y las dificultades en su persecución y prueba.

Las técnicas especiales de investigación han resultado en un conjunto de medidas eficaces para perseguir las redes de delincuencia organizada en los ámbitos nacional e internacional. Su uso y aplicación debe sujetarse a la observancia de los Derechos fundamentales y garantías procesales previstas en los ordenamientos jurídicos internos y en las normas internacionales. Técnicas como el agente encubierto, entregas vigiladas, extinción de dominio, justicia negociada, intervenciones electrónicas y cooperación internacional son algunas de las más destacadas a escala global.

Los principios de proporcionalidad, necesidad, razonabilidad y utilidad, fijan las pautas que suponen su puesta en marcha y los criterios de interpretación que deben aplicarse por las autoridades encargadas. La preparación de los funcionarios y su capacitación permanente contribuye en el cumplimiento de los fines que persiguen que no es otro que la persecución y sanción de las organizaciones de delincuencia organizada

## Referencias

ANAYA, B, ALONSO, L, "El crimen organizado", Editorial Porrúa, México, 2001.

BECK, U, (2002), La sociedad del riesgo global, Siglo XXI de España Editores, España.

BERDAL M, Y SERRANO M, (2005), "Crimen trasnacional organizado y seguridad internacional – Cambio y Continuidad", Fondo de Cultura Económica, México.

BLANCO C, (2015), "El delito de blanqueo de capitales". Navarra: Aranzadi.

BLANCO C., FABIÁN C, E., PRADO SALDARRIAGA, V. y ZARAGOZA AGUADO, J. (2014), "Combate al Lavado de Activos desde el Sistema Judicial". Washington DC: CICAD.

BLICKMAN, T. (2009), "Lucha contra flujos capitales no regulados e ilícitos. Blanqueo de capitales, evasión fiscal y regulación financiera". Disponible en: https://www.tni.org/files/download/crime3s.pdf.

BUSCAGLIA E Y GONZÁLEZ S, (Coordinadores) Reflexiones en torno a la delincuencia organizada. ITAM / Instituto Nacional de Ciencias Penales. México, 2005.Correa Gomero, Manuel (et al.), Blanqueo de capitales. Fuentes de dinero negro. Publicaciones de la Fundación Policía Española (Colección Estudios de Seguridad), Madrid, 2003.

CALLEGARI, A., MOURA MASIERO, C., CANCIO MELIÁ y RAMÍREZ BARBOSA, P. (2016), "Crime Organizado: Tipicidade, Política Criminal, Investigação e proceso", Porto Alegre: ed. Livraria do Advogado.

CALVANI, S, "La Convención de Naciones Unidas contra la Delincuencia Organizada Trasnacional", UNODOC, Bogotá. Disponible en: http://www.sandrocalvani.com/speech/Conv.%20Palermo.pdf.

CARPIZO, J. Y SANTAELLA, M. (2007). De los paraísos fiscales y la competencia fiscal perjudicial al Global Level Playing Field. La evolución de los trabajos de la OCDE. Instituto de Estudios Fiscales, Cuadernos de Formación (3), 27-45. Disponible en: http://www.ief.es/documentos/recursos/publicaciones/revistas/cuadernos_formacion/03_2007/02_07.pdf.

CHÁVEZ, J. (2014), "Los paraísos fiscales y su impacto global en América Latina". CIMEXUS, 9(2), 13-30. Disponible en: http://cimexus.umich.mx/index.php/cim1/article/view/190/159.

COOLEY, A, HEATHERSHAW, J, y SHARMAN, J, (2018),"The Rise of Kleptocracy: Laundering Cash, Whitewashing Reputations." *Journal of Democracy* 29, No. 1.

DE LA TORRE LASCANO, C, (2017), "Relación existente entre paraísos fiscales, lavado de activos y defraudación tributaria. Un análisis desde la normativa de Ecuador". Ecuador.

ESCUDERO, D, (2020), "El uso de criptomonedas es cada vez más popular entre los delincuentes latinos". Disponible en: https://es.beincrypto.com/uso-criptomonedas-mas-popular-entre-delincuentes-latinos/.

ETZIONI, A. y MITCHELL, D. (2007). "Corporate Crime. En H. Pontel y G. Geis, International Handbook of White-Collar and Corporate Crime", (pp. 187-199). New York: Springer.

FERNANDEZ LAREDO, A, (2009), "El arrepentimiento en la criminalidad organizada", págs. 208 y ss.

HERNÁNDEZ V, (2009). Al rescate de los paraísos fiscales. La cortina de humo del G-20. Barcelona: Icaria.

INTERNET ORGANISED CRIME THREAT ASSESSMENT, (IOCTA) 2019.

MAIHOLD, G, y JOST, S, (eds.), (2014), "el narcotráfico y su combate sus efectos sobre las relaciones internacionales", págs. 11 y ss.

MALLADA FERNÁNDEZ, C. (2012). "Fiscalidad y blanqueo de capitales", (tesis doctoral). España: Universidad de Oviedo. Disponible en: http://hdl.handle.net/10651/12737.

MARTÍNEZ, J. (2015), "Estrategias multidisciplinarias de seguridad para prevenir el crimen organizado" (tesis doctoral). España: Universidad de Barcelona. Disponible en: http://hdl.handle.net/10803/298308.

NAIM M, (2005), "How smugglers, traffickers, and copycats are hijacking the global economy". Doubleday/ Random House, Inc. New York.

OEA, (2019), "Guía Práctica de Técnicas Especiales de Investigación en casos de Delincuencia Organizada Trasnacional". Disponible en: https://www.oas.org/es/ssm/ddot/publicaciones/MANUAL%20GUÍA%20 PRÁCTICA%20WEB.PDF.

RAMÍREZ BARBOSA, P, (2018), "La Ley contra las Prácticas Corruptas en el Extranjero. La FCPA de los Estados Unidos: *"Compliance"*, Extraterritorialidad y Responsabilidad Penal de la Persona Jurídica. Reflexiones acerca del caso Odebrecht", en *Desafíos del Derecho Penal en la Sociedad del Siglo XXI*, ed. Temis, Bogotá.

RAMIREZ BARBOSA, P, (2018), "Responsabilidad Penal Corporativa y *Compliance*. Un nuevo marco regulatorio de ética, Gobernanza y control de los riesgos en las empresas". En revista Paradigma, Brasil, 2018.

RAMÍREZ BARBOSA, P, (2019), "El delito de Corrupción Trasnacional en Estados Unidos y Colombia: alcance del principio de extraterritorialidad de la Ley Penal Norteamericana y *Compliance"*, en Derecho Penal, Parte Especial, Universidad Externado de Colombia, Bogotá, 2019.

REINA, M, (2019), "¿Por qué está el crimen organizado detrás de los delitos medioambientales? Disponible en: https://www.elpaccto.eu/por-que-esta-el-crimen-organizado-detras-de-los-delitos-medioambientales/ y en: https://www.interpol.int/es/Delitos/Ciberdelincuencia.

ROJAS, ARAVENA, F, (2006), "II Informe del Secretario General de Flacso. El crimen organizado internacional: Una grave amenaza a la democracia de América Latina y el Caribe", Costa Rica.

ROSE-ACKERMAN, S. y SØREIDE, T. (2011), "Introduction. En S. Rose-Ackerman y T. Søreide, International Handbook on the Economics of Corruption", Volume Two (pp. 14-21). Northampton: Edward Elgar.

SÁNCHEZ GARCÍA DE PAZ, I, (2005), "La criminalidad organizada. Aspectos penales, procesales, administrativos y policiales", ed. Dykinson.

SARRABAYROUSE, D. (2012), "Lavado de activos y paraísos fiscales". En D. Sarrabayrouse y M. Degoumois, Lavado de Activos: prevención y sanción (pp. 69-87). Buenos Aires: Infojus.

UMBRIA ACOSTA, L, "2018). Un preámbulo de política criminal frente a la delincuencia organizada. *Revista Criminalidad*, 60 (3): 235-249.

VALLEJO, J. (2005). La competencia fiscal perniciosa en el seno de la OCDE y la Unión Europea. Revista de Economía, (825), 147-160. Disponible en: http://www.revistasice.com/CachePDF/ICE_825_147-160__713157213A437FCC4C4C18F82FFA4895.pdf.

---

Informação bibliográfica deste texto, conforme a NBR 6023:2018 da Associação Brasileira de Normas Técnicas (ABNT):

RAMÍREZ BARBOSA, Paula Andrea. Crimen organizado transnacional y estrategias procesales en su persecución. *In*: ASSOCIAÇÃO DOS MAGISTRADOS BRASILEIROS; SALOMÃO, Luis Felipe; FONSECA, Reynaldo Soares da; VIDEIRA, Renata Gil de Alcantara; SZPORER, Patrícia Cerqueira Kertzman; COSTA, Daniel Castro Gomes da (Coord.). *Sistema penal contemporâneo*. Belo Horizonte: Fórum, 2021. p. 177-195. ISBN 978-65-5518-205-7.

# DAS VISITAS DA COMISSÃO INTERAMERICANA DE DIREITOS HUMANOS À RECOMENDAÇÃO Nº 62 DO CONSELHO NACIONAL DE JUSTIÇA: OS PROBLEMAS E MAZELAS DO SISTEMA CARCERÁRIO BRASILEIRO

EDSON MEDEIROS BRANCO LUIZ
LUIZ HENRIQUE CAMANDAROBA CASTELO REQUIÃO

I Introdução

1 A Organização dos Estados Americanos

Em 30 de abril de 1948, através da nona Conferência Internacional Americana, foi pactuada, a partir do remodelamento proposto pela Organização das Nações Unidas (ONU), a Organização dos Estados Americanos (OEA), como organização regional vinculada à ONU. Vigente a partir de dezembro de 1951, teve sua estrutura normativa reformada, em 27 de fevereiro de 1967, através do Protocolo de Buenos Aires, posteriormente pelo Protocolo de Cartagena das Índias, assinado em 5 de dezembro de 1985, e ainda através do Protocolo de Washington, em 14 de dezembro de 1992, sendo a última reforma conferida através do Protocolo de Manágua, assinado em 10 de junho de 1993.

Os propósitos da organização hemisférica demonstram a sua amplitude, partindo desde garantir a paz e segurança continentais, passando pela promoção dos valores democráticos e cooperativos até a erradicação da pobreza crítica como a limitação de armamentos convencionais dos seus Estados membros. Muitos propósitos se assemelham aos mencionados da ONU.

Entre os dispositivos da Carta Regional, fica vedada a aplicação ou estímulo de medidas coercitivas de ordem econômica e política, forçando assim a vontade do Estado soberano coagido e obtendo vantagens de qualquer natureza.

Através dos princípios da solidariedade e cooperação internacionais se comprometem a unir esforços em prol da justiça social internacional, favorecendo que seus povos alcancem o desenvolvimento integral, que abrange as searas econômica, social, educacional, cultural, científica e tecnológica, onde cada país definirá suas metas: a cooperação interamericana para esse propósito deve ser contínua e encaminhada preferencialmente através de organismos multilaterais. "O desenvolvimento é responsabilidade primordial de cada país e deve constituir um processo integral e continuado para a criação de uma ordem econômica e social justa que permita a plena realização da pessoa humana e para isso contribua".

Corroboram os Estados acerca da igualdade de oportunidades, eliminação da pobreza crítica, distribuição equitativa de riqueza e renda, além de outros objetivos básicos do desenvolvimento integral, e conferem um rol de metas básicas voltadas para os direitos sociais mínimos.

O artigo 37 pode gerar diversas compreensões, uma vez que seus Estados componentes estão acordes em buscar, de forma coletiva, "solução para os problemas urgentes ou graves que possam se apresentar quando o desenvolvimento ou estabilidade econômicos de qualquer [...] se virem seriamente afetados por situações que não puderem ser solucionadas pelo esforço desse Estado".

O artigo 45 aponta que as pessoas somente alcançarão suas aspirações dentro de uma ordem social justa, atrelada de desenvolvimento econômico e da verdadeira paz, promoverão esforços na aplicação dos seguintes princípios e mecanismos, entre os quais se destacam:

> a) Todos os seres humanos, sem distinção de raça, sexo, nacionalidade, credo ou condição social, têm direito ao bem-estar material e a seu desenvolvimento espiritual em condições de liberdade, dignidade, igualdade de oportunidades e segurança econômica;
> b) O trabalho é um direito e um dever social; confere dignidade a quem o realiza e deve ser exercido em condições que, compreendendo um regime de salários justos, assegurem a vida, a saúde e um nível econômico digno ao trabalhador e sua família, tanto durante os anos de atividade como na velhice, ou quando qualquer circunstância o prive da possibilidade de trabalhar;
> [...]
> d) Sistemas e processos justos e eficientes de consulta e colaboração entre os setores da produção, levada em conta a proteção dos interesses de toda a sociedade;
> [...]
> f) A incorporação e crescente participação dos setores marginais da população, tanto das zonas rurais como dos centros urbanos, na vida econômica, social, cívica, cultural e política da nação, a fim de conseguir a plena integração da comunidade nacional, o aceleramento do processo de mobilidade social e a consolidação do regime democrático. O estímulo a todo esforço de promoção e cooperação populares que tenha por fim o desenvolvimento e o progresso da comunidade;
> [...]
> i) Disposições adequadas a fim de que todas as pessoas tenham a devida assistência legal para fazer valer seus direitos.[1]

Tais dispositivos conferem condições mínimas para lidar com a democracia, favorecendo o indivíduo enquanto cidadão a ter acesso aos direitos civis, políticos e sociais. Cabe expor ainda que há forte apelo "ao estímulo da educação, da ciência, da

---

[1] Artigo 45 da Carta da Organização dos Estados Americanos.

tecnologia e da cultura, orientadas no sentido do melhoramento integral da pessoa humana e como fundamento da democracia, da justiça social e do progresso".

A OEA realiza seus fins através dos seguintes órgãos: Assembleia Geral, Reunião de Consulta dos Ministros das Relações Exteriores; Conselhos; Comissão Jurídica Interamericana; Comissão Interamericana de Direitos Humanos; Secretário-Geral; Conferências Especializadas, Organismos Especializados, além de outros órgãos e organismos que forem entendidos como necessários. Observa-se que não há citação da Corte Interamericana de Direitos Humanos, que somente será apresentada na Convenção Interamericana de Direitos Humanos.

A Comissão Interamericana de Direitos Humanos, prevista no artigo 106, que será vista adiante, tem por atributo "promover o respeito e defesa dos direitos humanos e servir como órgão consultivo da organização em tal matéria". Estipula o artigo a ocorrência de convenção com o propósito de determinar a estrutura, a competência e as normas de funcionamento.

## II Desenvolvimento

## 2 Sistema Interamericano de Direitos Humanos e a incorporação da Convenção Interamericana de Direitos Humanos

A OEA tem elaborado, ao longo das décadas, uma série de documentos internacionais que têm formado a base do sistema de promoção e proteção dos direitos humanos, levando ao surgimento e consolidação do Sistema Interamericano de Direitos Humanos. Atualmente, é composto por oito documentos (convenções e protocolos), que são: a Convenção Interamericana de Direitos Humanos; Aceitação da Jurisdição da Corte Interamericana de Direitos Humanos; Protocolo Adicional à Convenção Interamericana em Matéria de Direitos Econômicos, Sociais e Culturais; Protocolo Relativo à Abolição da Pena de Morte; Convenção Interamericana para Prevenir e Punir a Tortura; Convenção Interamericana para Prevenir, Punir e Erradicar a Violência contra a Mulher; Convenção Interamericana sobre o Tráfico Internacional de Menores e Convenção Interamericana para Eliminação de todas as Formas de Discriminação contra as Pessoas Portadoras de Deficiência.

Cada país tem a sua forma de internalizar os documentos internacionais, porém a Convenção de Viena estipula as balizas admissíveis sobre os tratados e convenções. A Convenção Interamericana de Direitos Humanos prima por essa diretriz e corrobora que as obrigações internacionais são contraídas mediante depósito da convenção devidamente ratificada ou aderida. Dessa forma, constata-se que: Antígua e Barbuda, Bahamas, Belize, Canadá, Estados Unidos, Guiana, Saint Kitts e Nevis, Santa Lúcia, São Vicente e Granadinas não referendaram o documento. Interessante destacar que os Estados Unidos assinaram a Convenção, ainda sob a gestão de Gerald Ford; contudo, não promoveram a devida dinâmica interna para que o documento tivesse implicações junto ao Sistema Regional de Direitos Humanos.

Acerca dos termos "ratificação" e "adesão", é possível esclarecer que a 'ratificação' é a aceitação total do documento internacional, apesar da prática internacional admitir a possibilidade de reserva sobre determinados dispositivos do documento. Já a 'adesão' significa a adoção parcial do tratado, convenção ou junto ao ordenamento jurídico pátrio. Cabe destacar que alguns documentos não admitem a possibilidade dos Estados soberanos realizarem adesão. Feitas essas considerações, cumpre apontar que dos 34 (trinta e quatro) países que integram a OEA (excluído Cuba), 19 (dezenove) ratificaram, 6 (seis) aderiram e 9 (nove) não compõem o Sistema Interamericano de Direitos Humanos.

O Brasil realizou a adesão em 25 de setembro de 1992, durante o governo Itamar Franco, conferindo restrições sobre o direito automático de visitas e inspeções *in loco* da Comissão Interamericana de Direitos Humanos.

A dinâmica internacional não coage nenhum Estado soberano a integrar organização internacional ou mesmo ser signatário de eventual tratado. Além disso, conforme se inferiu anteriormente, mesmo a aceitação do documento internacional poderá ser feita de maneira parcial, restringindo os efeitos das cláusulas. O artigo 45 da Convenção em análise assim dispõe:

> Artigo 45 - 1. Todo Estado-parte pode, no momento do depósito do seu instrumento de ratificação desta Convenção, ou de adesão a ela, ou em qualquer momento posterior, declarar que reconhece a competência da Comissão para receber e examinar as comunicações em que um Estado-parte alegue haver outro Estado-parte incorrido em violações dos direitos humanos estabelecidos nesta Convenção.
> 2. As comunicações feitas em virtude deste artigo só podem ser admitidas e examinadas se forem apresentadas por um Estado-parte que haja feito uma declaração pela qual reconheça a referida competência da Comissão. A Comissão não admitirá nenhuma comunicação contra um Estado-parte que não haja feito tal declaração.
> 3. As declarações sobre reconhecimento de competência podem ser feitas para que esta vigore por tempo indefinido, por período determinado ou para casos específicos.
> 4. As declarações serão depositadas na Secretaria Geral da Organização dos Estados Americanos, a qual encaminhará cópia das mesmas aos Estados-membros da referida Organização.

Dessa forma, fica estabelecido que Estado-parte possa alegar junto à CIDH violações de direitos humanos por outro Estado-parte. Tal dispositivo tende a gerar impasses nas relações internacionais, podendo até ser alegada uma colisão de princípios gerais do Direito Internacional, como, por exemplo, 'independência nacional', 'autodeterminação dos povos', 'não intervenção' *versus* 'prevalência dos direitos humanos', 'defesa da paz' e 'solução pacífica dos conflitos'.

Para evitar tal prejuízo junto à dinâmica regional, o segundo parágrafo do referido artigo é claro quanto à necessidade de declaração expressa do Estado-parte reconhecendo a competência da referida Comissão. Ao analisar a tabela I, constata-se que poucos países aceitaram tal dispositivo, no total de 10 (dez), a saber, Argentina, Chile, Colômbia, Costa Rica, Equador, Jamaica, Nicarágua, Peru, Uruguai e Venezuela. Aliás, estes foram os únicos países que aceitaram toda a dinâmica envolvida na Convenção.

De forma diversa do dispositivo anterior, a aceitação da Corte Interamericana de Direitos Humanos tem maior participação dos signatários, contando com 22 (vinte e dois) países, a saber: Argentina, Barbados, Bolívia, Brasil, Chile, Colômbia, Costa Rica, El Salvador, Equador, Guatemala, Haiti, Honduras, México, Nicarágua, Panamá, Paraguai, Peru, República Dominicana, Suriname, Trinidad e Tobago, Uruguai e Venezuela. Esses países reconheceram expressamente, através do artigo 62, que a referida Corte terá competência para julgar processos que envolvam casos de violações de direitos humanos em face das ações e omissões dos signatários. É bem verdade que somente serão processados e julgados os casos posteriores à aceitação deste artigo pelo Estado interessado.

O ponto nevrálgico sobre o Sistema Interamericano de Direitos Humanos é justamente a atribuição de que um terceiro interessado possa julgar a conduta do Estado em face das violações de direitos humanos cometidas dentro de seu território sobre seus cidadãos ou mesmo estrangeiros. Afinal, há violação da soberania dos países, compreendido esse instituto como "Poder supremo que não reconhece outro acima"?[2] Apesar das diversas facetas que podem ser conferidas à 'soberania', se faz clássica a compreensão em exame, tão tradicional quanto a ideia do 'Estado Nacional moderno'. Luigi Ferrajoli aponta que "o princípio da soberania estatal ilimitada se expande mundialmente, sujeitando e homologando povos e culturas".[3] Essa compreensão exposta por Ferrajoli alcança seu ápice e, "simultaneamente, sua trágica falência na primeira metade do século XX com aquela nova guerra europeia dos trinta anos (1914-1945)".[4]

Para o autor, o fim desse entendimento no âmbito internacional teve data certa em 26 de junho de 1945 com a Carta da ONU e foi sacramentado pela Declaração Universal dos Direitos Humanos, em 10 de dezembro de 1948. Isso porque a soberania estatal deixa de ser uma liberdade absoluta e selvagem para ser subordinada ao imperativo da paz e à tutela dos direitos humanos. Os moldes traçados com a Paz de Westfália são afetados em sua essência com a Carta da ONU, que transforma em sujeitos de direito internacional os Estados – tradicionais por natureza –, indivíduos e os povos. Todavia, a ONU se sustenta, entre outros aspectos, sobre o pilar da soberania dos Estados. Ferrajoli assevera que "o ordenamento internacional hodierno é ineficaz pelo fato de que os seus órgãos não mais equivalem a um 'terceiro ausente', mas sim a um 'terceiro impotente".[5]

Por certo olhar, soberania e direito são faces opostas de uma moeda, uma vez que a primeira é a negação do direito, por ser a ausência de limites e regras. No plano interno, essa antinomia se resolveu com o Estado Constitucional. Aqui, soberania é artifício retórico. Assim, a questão sobre a soberania desloca seu eixo para o plano internacional; por tal deve mudar seu entendimento, onde os valores e princípios internacionais não cumpridos criam crise de legitimidade sobre a soberania estatal. E para o autor essa crise dos Estados pode ser superada progressivamente no caso de aceitar a redução e o deslocamento (também) para o "plano internacional das sedes do constitucionalismo tradicionalmente ligadas aos Estados [...]".[6]

Para melhor compreender o Sistema Interamericano, se faz necessária uma análise dos principais aspectos da Convenção. Ainda no preâmbulo, é mencionado o interesse em consolidar, através das instituições democráticas, regime de liberdades e de justiça social; destaca que os direitos essenciais das pessoas não são derivados da sua respectiva nacionalidade, mas como atributo da pessoa, "razão por que justificam uma proteção internacional, de natureza convencional, coadjuvante ou complementar da que oferece

---

[2] Da expressão latina *"Potestas superiorem non recognoscens"*.
[3] FERRAJOLI, Luigi. *A soberania no mundo moderno*: nascimento e crise do Estado Nacional. 2. ed. São Paulo: Martins Fontes, 2007. p. 38.
[4] *Ibid.*, p. 39.
[5] *Ibid.*, p. 42.
[6] *Ibid.*,. p. 53.

o direito interno dos Estados Americanos".⁷ Esclarece ainda que esses princípios foram registrados em diversos tratados e declarações, tanto em âmbito global como regional.

A Convenção é dividida em três partes, a saber, 'Deveres do Estado e Direitos Protegidos', 'Meios de Proteção' e 'Disposições Gerais e Transitórias'. A primeira parte apresenta cinco capítulos, a segunda tem três capítulos e a última parte conta com dois capítulos. Ainda no primeiro capítulo ficam os Estados-partes comprometidos a respeitar os diversos direitos e liberdades previstos no documento, não podendo discriminá-los por qualquer motivo, origem ou condição social.⁸ Caso tais direitos e liberdades não estejam garantidos pela norma interna, os signatários assumem o compromisso, em conformidade com suas disposições constitucionais, de torná-los efetivos.⁹

O segundo capítulo aborda os direitos civis e políticos, considerados como a primeira geração dos direitos humanos, garantindo o 'direito ao reconhecimento da personalidade jurídica', 'direito à vida', 'direito à integridade pessoal', 'proibição da escravidão e da servidão', 'direito à liberdade pessoal', 'garantias judiciais', 'princípio da legalidade e da retroatividade', 'direito à indenização', 'proteção da honra e da dignidade', 'liberdade de consciência e de religião', 'liberdade de pensamento e de expressão', 'direito de retificação ou resposta', 'direito de reunião', 'liberdade de reunião', 'proteção da família', 'direito a nome', 'direitos da criança', 'direito à nacionalidade', 'direito à propriedade privada', 'direito de circulação e residência', 'direitos políticos', 'igualdade perante a lei' e 'proteção judicial'.¹⁰

O Pacto de San José da Costa Rica não estipula regras sobre eventuais processos de transições políticas, seja por reformas ou revoluções, nem tem tal pretensão; sua existência visa resguardar os direitos humanos no continente americano. Como visto ainda no preâmbulo, há garantia de vincular os direitos em suas diversas dimensões como inerentes aos seres humanos e não como uma concessão do Estado. Assim, os direitos civis e políticos mencionados são aplicados aos Estados signatários do Pacto através das instituições democráticas.

Assim, quando se depara com as violações de direitos humanos durante períodos de exceção, alguns direitos contemplados nesse capítulo se fazem relevantes para pontuar alguns aspectos, a começar pelo direito à vida, que estabelece entre seus pormenores que ninguém pode ter sua vida retirada de forma arbitrária, isto é, sem o devido processo legal; além disso, não há brecha para possível pena de morte para os delitos políticos ou delitos comuns conexos com os delitos políticos.

Outra violação dos direitos e garantias fundamentais está relacionada ao desrespeito da manutenção da integridade física dos cidadãos durante os regimes ditatoriais, isso porque toda e qualquer pessoa tem o direito a ter sua integridade física, psíquica e moral respeitada, segundo o qual ninguém deve ser torturado ou sofrer penas cruéis, desumanas e degradantes. Aqueles que tiverem penas restritivas de liberdade devem ser devidamente respeitados em conformidade à dignidade da pessoa humana. "Essas penas visam à reforma e à readaptação social dos condenados".¹¹

---

⁷   Preâmbulo da Convenção Interamericana de Direitos Humanos, de 22 de novembro de 1969.
⁸   Artigo 1º da referida Convenção.
⁹   Artigo 2º da referida Convenção.
¹⁰  Artigos 3º ao 25 da referida Convenção.
¹¹  Artigo 5º, inciso 6º, da referida Convenção.

O Direito à liberdade pessoal restringe as privações deste direito mediante condições fixadas pelas Constituições dos Estados-partes ou em conformidade com as leis pertinentes, onde ninguém pode ser detido ou encarcerado arbitrariamente, recebendo as informações que motivam tal prisão, sendo garantida a presença de autoridade judicial competente para o devido processamento e julgamento.

Há diversas garantias judiciais, entre as quais o prazo razoável do acusado ser ouvido pela autoridade judicial competente e imparcial. Também se garante o princípio da legalidade e da retroatividade, onde ninguém poderá ser condenado por ações e omissões que no momento da ocorrência não eram estipuladas como delito. Além disso, caso ocorra abrandamento da lei penal, o culpado por tal situação será beneficiado. Toda pessoa tem direito a ser respeitada em sua honra e ao reconhecimento desta.

A liberdade de pensamento e de expressão é garantida pela Convenção, e esta dispõe que "Esse direito inclui a liberdade de procurar, receber e difundir informações e ideias de qualquer natureza, sem considerações de fronteiras, verbalmente ou por escrito, ou em forma impressa ou artística, ou por qualquer meio de sua escolha",[12] respeitados os direitos das demais pessoas, bem como a proteção da segurança nacional, da ordem pública. Ademais, é assegurada a proibição de propaganda belicosa, apologia ao ódio nacional ou outros que incitem à discriminação, à hostilidade, ao crime ou à violência.

Os direitos de reunião e liberdade de associação também permeiam o documento; da mesma forma, o direito à nacionalidade, onde todos têm direito a uma nacionalidade, não devendo ser privados arbitrariamente desse direito. O direito de circulação garante à pessoa que estiver legalmente no território o direito de circular e residir. Nacional não pode ser expulso do seu Estado de origem e os estrangeiros legais perante aquele Estado, somente mediante decisão em conformidade com a lei. A isso se acresce a proibição da expulsão coletiva. Os direitos políticos são garantidos a todos os cidadãos, podendo participar da condução dos assuntos públicos, entre outros direitos e corolários que visam resguardar os seres humanos.

Enquanto vinte e três artigos estão contemplados no segundo capítulo, que trata dos direitos civis e políticos, há apenas um artigo para os direitos econômicos, sociais e culturais, no capítulo terceiro da Convenção, e estabelece apenas o compromisso dos Estados em providenciar condições domésticas e internacionais para alcançar "progressivamente a plena efetividade dos direitos que decorrem das normas econômicas, sociais e sobre educação, ciência e cultura, constantes da Carta da Organização dos Estados Americanos...".[13] Fica perceptível a escolha dos elaboradores da Convenção em prestigiar, de forma minuciosa, os mencionados direitos de primeira geração em face dos de segunda geração, que apenas apresentam a percepção de desenvolvimento progressivo.

O quarto capítulo aborda as dinâmicas para a suspensão de garantias, interpretação e aplicação, expondo o rol de motivos que permitem a suspensão das obrigações contraídas decorrentes da Convenção, desde que não sejam incompatíveis com o Direito Internacional e se fundamentem em alguma forma de discriminação, sendo vedada a suspensão de alguns direitos, como os direitos à vida, integridade pessoal, legalidade e retroatividade, à nacionalidade e políticos. Confere as balizas de interpretação da Convenção; por fim, destaca a possibilidade de outros direitos e liberdades serem reconhecidos.

---

[12] Artigo 13, inciso 1º, da referida Convenção.
[13] Artigo 26 da referida Convenção.

O quinto capítulo, e último da primeira parte, aborda os deveres das pessoas, contendo apenas um artigo, que confere a toda e qualquer pessoa deveres para com a família, a comunidade e a humanidade, além de deixar claro que os direitos são comuns a todos, limitados pela segurança de todos, as exigências do bem comum, em uma sociedade democrática.[14]

A segunda parte confere os meios de proteção, atribuindo a dois órgãos a competência de conhecer dos assuntos pertinentes ao cumprimento dos compromissos assumidos pelos Estados-partes, a saber, a Comissão Interamericana de Direitos Humanos e Corte Interamericana de Direitos Humanos.

## 3 A Comissão Interamericana de Direitos Humanos e a Corte Interamericana de Direitos Humanos

A citada Comissão é composta por sete membros com elevada autoridade moral e de reconhecido saber sobre a temática de direitos humanos. Representa ainda todos os membros da OEA. Seus membros são eleitos a título pessoal pela Assembleia Geral da OEA, a partir da lista de candidatos indicados pelos Estados-partes. O mandato é de quatro anos. A Comissão tem a função precípua de "promover a observância e a defesa dos direitos humanos e, no exercício de seu mandato, tem as seguintes funções e atribuições":

a) estimular a consciência dos direitos humanos nos povos da América;

b) formular recomendações aos governos dos Estados-membros, quando considerar conveniente, no sentido de que adotem medidas progressivas em prol dos direitos humanos no âmbito de suas leis internas e seus preceitos constitucionais, bem como disposições apropriadas para promover o devido respeito a esses direitos;

c) preparar estudos ou relatórios que considerar convenientes para o desempenho de suas funções;

d) solicitar aos governos dos Estados-membros que lhe proporcionem informações sobre as medidas que adotarem em matéria de direitos humanos;

e) atender às consultas que, por meio da Secretaria Geral da Organização dos Estados Americanos, lhe formularem os Estados-membros sobre questões relacionadas com os direitos humanos e, dentro de suas possibilidades, prestar-lhes o assessoramento que lhes solicitarem;

f) atuar com respeito às petições e outras comunicações, no exercício de sua autoridade, de conformidade com o disposto nos artigos 44 a 51 desta Convenção; e

g) apresentar um relatório anual à Assembleia Geral da Organização dos Estados Americanos.[15]

As atribuições referidas dimensionam o papel da Comissão junto à OEA e aos Estados-partes e, como se constata, são diversas as atribuições e responsabilidades deste órgão, cuja competência admite receber petições de pessoas ou grupo de pessoas, ou mesmo organizações não governamentais devidamente reconhecidas por algum Estado-membro que contenham denúncias ou queixas de violação da Convenção por algum signatário.

---

[14] Artigo 32 da referida Convenção.
[15] Artigo 41 da referida Convenção.

Para que as petições apresentadas por terceiros à Comissão sejam admitidas, se faz necessário o exaurimento dos recursos jurisdicionais internos; lapso temporal de até seis meses para a eventual notificação de decisão definitiva ao prejudicado; a não existência de outra decisão internacional sobre a matéria, conter os dados de identificação. O não cumprimento desses elementos levará a Comissão a declarar inadmissibilidade da petição ou comunicação.

Mediante o recebimento da petição ou comunicação, o órgão tem seis possibilidades a deliberar: primeira, ao admitir a petição, requisitará informações ao governo do Estado a que pertença a autoridade coatora, entre outros aspectos; segunda, prestadas as informações ou se o Estado-parte permanecer inerte, a Comissão verificará se há motivos para tal exordial – caso não ocorra, será arquivada; terceira, poderá declarar inadmissibilidade ou improcedência da inicial; com fundamento em informações supervenientes; quarta, caso não tenha sido arquivado e com o intuito de demonstrar os fatos, a Comissão realizará, com a ciência das partes, uma análise do exposto na inicial, caso necessário, o órgão poderá promover investigação para alcançar resultado eficaz, com o devido auxílio do Estado-parte; quinta, poderá solicitar aos Estados interessados informações pertinentes sobre o alegado na petição; por fim, sexta possibilidade, a Comissão se colocará à disposição dos interessados para alcançar uma solução amistosa.

Caso alcance uma solução amistosa, será expedido relatório, que constará síntese dos fatos e a solução acordada pela Comissão endereçada ao peticionário e aos Estados-partes. Em caso oposto, será realizado relatório contendo as informações necessárias, formulando proposições e recomendações pertinentes ao caso peticionado, podendo inclusive ser submetido à decisão da Corte Interamericana de Direitos Humanos.

O sétimo capítulo trata do outro órgão previsto nesta Convenção, que é a Corte IDH. Composto por sete juízes, advindos dos países signatários da OEA, que são eleitos em votação secreta e pelo voto da maioria absoluta dos Estados. Os respectivos mandatos têm duração de seis anos, admitida apenas uma reeleição. Admite o conhecimento de assunto que envolva seu país.

Apenas os Estados-partes e a Comissão têm direito de encaminhar algum caso para a decisão da Corte, que só poderá conhecer mediante exaurimento dos processos domésticos. A aceitação da jurisdição da Corte pode ser admitida a qualquer momento, podendo ser incondicional, por condição de reciprocidade, por prazo determinado ou casos específicos. Será apresentado ao Secretário-Geral da Organização, que remeterá cópias aos signatários da OEA e ao Secretário da Corte. Compete ainda à Corte o controle de convencionalidade, isto é, conhecer os casos relacionados à interpretação e aplicação da Convenção; logo, não compete aos tribunais internos, ainda que tenham a missão precípua de interpretar as respectivas constituições, interpretar a Convenção Interamericana de Direitos Humanos.

A Corte, ao decidir que ocorreu violação de direito ou liberdade resguardados pela Convenção, determinará que seja assegurado ao prejudicado o gozo do seu direito ou liberdade prejudicada e "determinará também, se isso for procedente, que sejam reparadas as consequências da medida ou situação que haja configurado a violação desses direitos, bem como o pagamento de indenização justa à parte lesada".[16]

---

[16] Artigo 63 da referida Convenção.

Para que não ocorram danos irreparáveis às pessoas, durante o conhecimento da causa, a Corte terá a possibilidade de conferir medidas provisórias, e se o assunto não estiver sob os cuidados da Corte, a Comissão poderá solicitar que aquele órgão expeça medidas provisórias.

Os Estados componentes da OEA poderão consultar a Corte sobre a devida interpretação da Convenção ou de tratados pertinentes ao tema junto ao Continente Americano. Além disso, o Estado-membro poderá solicitar à Corte a emissão de pareceres "sobre a compatibilidade entre qualquer de suas leis internas e os mencionados instrumentos internacionais".[17]

O que deixa evidente o papel consultivo e decisório da Corte acerca dos julgamentos das violações de direitos humanos por parte de determinado Estado-membro em face da Convenção. A sentença da Corte se demonstra definitiva e inapelável, destacando que os Estados-partes se comprometeram "a cumprir a decisão da Corte em todo caso em que forem partes".[18] Em síntese, os países signatários poderão ser processados e punidos por violações de direitos humanos ocorridas em seu território, caso seja demonstrado o descumprimento da Convenção recepcionada.

## 4 Visitas da Comissão à República Federativa do Brasil

Em conformidade com o que foi visto acerca da Comissão Interamericana e a dinâmica de ser recebida pelos países signatários da Convenção, a República Federativa do Brasil foi expressa em não admitir a visita automática da Comissão, sem a expressa anuência do Poder Legislativo brasileiro.

Ao longo desses quase vinte anos, é possível destacar que a Comissão foi recebida pelo país, em dois momentos distintos, a saber: entre 27 de novembro a 8 de dezembro de 1995 e entre 5 e 12 de novembro de 2018. Cabe destacar que entre 28 de junho e 2 de julho de 2010, o país recebeu o Presidente da Comissão Interamericana, que serviu das tratativas de futura visita, que, de fato, ocorreu em 2018.

O primeiro relatório, referente ao ano de 1995, foi aprovado pela referida Comissão, em 29 de setembro de 1997, constituído por doze capítulos, dos quais se destaca o quarto capítulo, que tratou sobre "As Condições de Detenção e Tratamento no Sistema Penitenciário Brasileiro". É possível extrair do capítulo citado que:

> Nos últimos anos, a Comissão recebeu informação denunciando as condições de detenção e reclusão que violam os direitos humanos nas prisões brasileiras e a consequente situação de rebelião constante, a que em muitos casos os agentes governamentais reagem com violência excessiva e imprevista e fora de controle.
>
> 2. A Constituição Federal e as leis brasileiras contêm prescrições antecipadas e respeitosas sobre os direitos e tratamento que devem ser dados aos reclusos, e no que diz respeito ao cumprimento da pena. (1) O Conselho Nacional de Política Penal e Penitenciária, órgão subordinado ao Ministério da Justiça federal, emite políticas e diretrizes relativas à prevenção do crime, administração da justiça criminal, execução de sentenças, medidas de segurança e preparação do programa penitenciário nacional. (2) A administração dos centros penais, Está a cargo do Poder Executivo de cada Estado da Federação, por meio

---

[17] Artigo 64, inciso 2º, da referida Convenção.
[18] Artigo 68 da referida Convenção.

dos Secretários de Justiça ou de Segurança Pública; a supervisão externa do sistema prisional é da competência dos Poderes Judiciários do Estado.

3. Em 1994, um censo oficial indicou que dos 297 estabelecimentos penais existentes no Brasil, 175 se encontram em situação precária e 32 em construção. A população carcerária é de cerca de 130.000 presos, 96,31% são homens e 3,69% são mulheres. 51% dos presos são por furto ou roubo, 17% por homicídio, 10% por tráfico de drogas e o restante por outros crimes. (4) É importante notar que 95% dos presos são indigentes e 97% são analfabetos ou semianalfabetos. Há 85% de reincidência na população carcerária, o que mostra que os presídios não estão cumprindo uma função reabilitadora dos presos.

[...]

5. A capacidade penitenciária brasileira está oficialmente estimada em 51.639 vagas, ou seja, com um total de 130.000 presos, há um déficit em torno de 75.000 vagas e cerca de 2,5 presos por vaga. (5) Segundo esses números oficiais, é necessária a criação de pelo menos 150 novos presídios para amenizar a falta de vagas. Outras fontes indicam uma situação numérica ainda mais grave, indicando que as prisões estão abrigando entre 5 a 6 vezes mais detentos do que sua capacidade real.

6. Essa falta de espaço, superlotação e superlotação foram constatadas pela Comissão em visita à Casa de Detenção do Carandiru (8) e a 3ª Distrito policial ("Delegacia") da cidade de São Paulo, onde um policial deste centro afirmou que se tratava de um verdadeiro "depósito de presos". Aí, a Comissão pôde constatar que num espaço de cerca de três metros por quatro (12 m2), destinado a alojar seis reclusos, se alimentam e dormem, sem camas ou qualquer mínimo conforto, muitas vezes sentados ou em pé por falta de espaço, quase vinte prisioneiros. (9) O pátio central, onde a Comissão entrou, tinha uma aparência impressionante, uma vez que os prisioneiros estavam de pé, ocupando quase cada centímetro de sua superfície. A falta de espaço era tanta que, para que os membros da Comissão se deslocassem e conversassem com os reclusos, era necessário que se deslocassem entre eles. De acordo com o que foi informado à Comissão, esse pátio serve de abrigo a muitos reclusos, que dormem em multidão, por vezes sentados, em pé, à mercê da chuva ou do mau tempo. Alguns prisioneiros mostraram suas pernas doloridas de dormir no chão.[19]

Além do reportado acerca das péssimas condições dos presos, o relatório apontou problemas relacionados a "higiene e saúde", "alimentação, saúde e dormitórios", "assistência judicial e solicitações de benefícios dos reclusos", "vínculos e visitas familiares", "reabilitação, falta de oportunidade de trabalho e recreação no interior das penitenciárias", "separação dos detentos por categorias", "sanções disciplinares", "agentes penitenciários", "falta de recursos", bem como "as rebeliões e matanças nos centros penais". O Relatório da Comissão Interamericana de Direitos Humanos concluiu que: o objetivo das penas privativas de liberdade é, entre outros, separar os indivíduos perigosos da sociedade, a fim de protegê-la contra o crime e a reabilitação social dos condenados. Para isso, o regime prisional deve utilizar todos os meios curativos, educacionais, morais, espirituais, entre outros, e todas as formas de assistência de que dispõe, de maneira a reduzir ao máximo as condições que fragilizam o sentido de responsabilidade do indivíduo prisioneiro ou o respeito pela dignidade de sua pessoa e sua capacidade de reinserção social.

---

[19] Organização dos Estados Americanos. *Relatório da Comissão Interamericano de Direitos Humanos*, de 29 de setembro de 1997.

38. A partir da análise que realizamos sobre a realidade carcerária no Brasil, verifica-se que em muitas prisões os reclusos se encontram em condições subumanas, o que constituiria uma violação da Convenção Americana sobre Direitos Humanos e de outros instrumentos internacionais de direitos humanos. A maioria dos presos no Brasil é praticamente maltratada e desamparada, e sua efetiva reabilitação e reajuste não é muito viável, dadas as condições físicas e humanas dos presídios e do pessoal carcerário a seu cargo.

39. Diante dessa realidade, a Comissão considera que os esforços que o Governo brasileiro pretende realizar em matéria penitenciária a curto, médio e longo prazo, conforme preconiza o Programa Nacional de Direitos Humanos, são indispensáveis, requerem toda energia política. necessárias técnicas e financeiras, e devem ser tratadas com urgência absoluta.[20]

A Comissão, além de estimular o país a aperfeiçoar o sistema penitenciário, fez uma série de recomendações. Vinte e três anos depois, em novembro de 2018, a Comissão Interamericana realizou a segunda visita *in loco*, após ter recebido convite do país, ainda no ano de 2017. Também acolheu a presidência da referida entidade, no ano de 2010, para os preparativos da visita, que de fato se consolidou em 2018.

Das "observações preliminares da visita *in loco* da Comissão ao Brasil", se extrai a dinâmica do trabalho:

> A Comissão Interamericana realizou reuniões com autoridades federais, como o Ministério dos Direitos Humanos, Ministério das Relações Exteriores, Conselho Nacional de Direitos Humanos, Procuradora Geral da República, Procurador Federal dos Direitos dos Cidadãos, Defensoria Pública da União, o Ministério Público Federal, Supremo Tribunal Federal e várias autoridades estaduais; assim como representantes e da sociedade civil, movimentos sociais, moradores de favelas, pessoas defensoras de direitos humanos, autoridades indígenas e de comunidades quilombolas, bem como agências internacionais do sistema das Nações Unidas e representantes do corpo diplomático. Da mesma forma, coletou depoimentos de vítimas de violações de direitos humanos e seus familiares.
>
> A CIDH visitou várias cidades e estados do Brasil, incluindo Brasília, Minas Gerais, Pará, São Paulo, Maranhão, Roraima, Bahia, Mato Grosso do Sul e Rio de Janeiro; e visitou várias instituições estatais, incluindo centros de detenção; centros de atendimento para pessoas em situação de rua; centros de recepção e assistência a migrantes e refugiados e o centro de acolhimento de migrantes em Pacaraima, Roraima. Também visitou quilombos, territórios de comunidades indígenas e bairros periféricos. Igualmente, teve a oportunidade de assinar acordos de cooperação tanto com o Ministério Público Federal quanto com o Conselho Nacional do Ministério Público.[21]

Acerca do sistema carcerário brasileiro, a Comissão reconheceu os esforços do Estado Brasileiro em reduzir as prisões preventivas, bem como aumentar a eficácia judicial sobre as audiências de custódia e na promoção das medidas alternativas. Além disso, o documento aponta que:

> Apesar disso, o Brasil é o quarto país com a maior população carcerária do mundo, com um total de 726,712 pessoas privadas de liberdade em 2016, relata uma taxa de 197,4% de superlotação e entre 2000 e 2016 sua população aumentou em 212%. Do total da população

---

[20] Idem.
[21] Organização dos Estados Americanos. *Observações Preliminares da visita in loco da CIDH ao Brasil.* Disponível em: https://www.oas.org/es/cidh/prensa/comunicados/2018/238OPport.pdf, acesso em: 10 nov. 2020.

privada de liberdade, 91,2% são homens e 5,8% mulheres. O crescimento da população carcerária feminina é de particular preocupação para a CIDH, pois no mesmo período aumentou o dobro em comparação com o crescimento da porcentagem de homens presos.

A Comissão também observa com preocupação a predominância de afrodescendentes no sistema penitenciário, constituindo 64% do total da população carcerária. A este respeito, o relator especial da ONU sobre tortura e outros maus-tratos, estabeleceu que o alto racismo institucional no Brasil se reflete em que pessoas afrodescendentes correm um risco significativamente maior de encarceramento em massa, tortura e maus-tratos e discriminação na prisão. Além disso, recebem sentenças mais altas pelos mesmos crimes, em comparação com aqueles que não são negros. Por outro lado, um dos esforços feitos pelo Estado para reduzir o número de pessoas privadas de liberdade tem sido a construção de novas prisões. A esse respeito, a Comissão lembra que a construção de mais vagas não é uma solução necessariamente adequada para os problemas atuais do sistema penitenciário brasileiro, nem representa uma solução sustentável ao longo do tempo. Isso se deve ao fato de que o crescimento da população penal é, em última análise, uma consequência direta da implementação da política criminal do Estado. No entanto, em alguns casos, para enfrentar a situação de superlotação, é necessário aumentar as vagas de prisão ou melhorar a infraestrutura.

[...]

As deploráveis condições de detenção que caracterizam as prisões constituem riscos para a vida e a integridade das pessoas presas e são, per se, um tratamento cruel, desumano e degradante. Essas condições apresentam níveis alarmantes de superlotação, infraestrutura precária, falta de separação entre pessoas processadas e sentenciadas e uma escassez considerável de agentes penitenciários de custódia. Do mesmo modo, foram recebidas queixas de centros penitenciários onde prevalece a negligência na atenção médica; completa falta de higiene; ausência de artigos de necessidades básicas; alimentação inadequada considerando sua escassez e deficiências nutricionais; ausência de programas efetivos de reintegração social e falta de tratamento diferenciado em relação aos diferentes tipos de população carcerária. Da mesma forma, em alguns centros penitenciários surgem situações que ameaçam a integridade pessoal dos visitantes dos detidos, através da obstrução de visitas, a falta de espaços decentes para realizá-las e a realização de inspeções vexatórias. Neste contexto, a Comissão recorda que as buscas corporais de visitantes a locais de privação de liberdade devem ser realizadas em condições sanitárias apropriadas, por pessoal qualificado do mesmo sexo e devem ser compatíveis com a dignidade humana e com respeito aos direitos fundamentais. Para tanto, o Estado deve utilizar meios alternativos que levem em consideração procedimentos e equipamentos tecnológicos ou outros métodos apropriados.[22]

Como se constata, os relatórios da Comissão Interamericana, em pouco mais de vinte e três anos, não apresentam muitas diferenças entre si. Apesar de demonstrarem diversos esforços e avanços qualitativos do Poder Público sobre o sistema carcerário, ainda apresentam uma constante acerca das violações sistemáticas a esse sistema.

## 5 Conselho Nacional de Justiça: Recomendação nº 62

Com o advento da pandemia do coronavírus, o Poder Judiciário foi instado a ter que se adaptar à nova realidade social, e um dos problemas a serem resolvidos e/ou

---

[22] *Ibidem.*

minorados trata do sistema carcerário brasileiro, buscando evitar a propagação dentro dos presídios brasileiros, nos quais é cediça a total falta de estrutura sanitária.

Desta forma, o Conselho Nacional de Justiça divulgou, no dia 17 de março de 2020, a Recomendação nº 62, que padroniza as medidas que podem ser tomadas pelos entes do Judiciário para combater a proliferação da covid-19.

As medidas têm por objetivo proteger a saúde dos presos, dos magistrados e de todos os agentes públicos que integram o sistema de justiça penal, em especial os que se enquadram nos grupos de risco, como idosos, gestantes e pessoas com problemas respiratórios, já que as aglomerações facilitam a propagação da doença.

É importante colacionarmos um trecho da referida recomendação:

> […]. Art. 4º Recomendar aos magistrados com competência para a fase de conhecimento criminal que, com vistas à redução dos riscos epidemiológicos e em observância ao contexto local de disseminação do vírus, considerem as seguintes medidas: I – a reavaliação das prisões provisórias, nos termos do art. 316, do Código de Processo Penal, priorizando-se: a) mulheres gestantes, lactantes, mães ou pessoas responsáveis por criança de até doze anos ou por pessoa com deficiência, assim como idosos, indígenas, pessoas com deficiência ou que se enquadrem no grupo de risco; b) pessoas presas em estabelecimentos penais que estejam com ocupação superior à capacidade, que não disponham de equipe de saúde lotada no estabelecimento, que estejam sob ordem de interdição, com medidas cautelares determinadas por órgão do sistema de jurisdição internacional, ou que disponham de instalações que favoreçam a propagação do novo coronavírus; c) prisões preventivas que tenham excedido o prazo de 90 (noventa) dias ou que estejam relacionadas a crimes praticados sem violência ou grave ameaça à pessoa; II – a suspensão do dever de apresentação periódica ao juízo das pessoas em liberdade provisória ou suspensão condicional do processo, pelo prazo de 90 (noventa) dias; III – a máxima excepcionalidade de novas ordens de prisão preventiva, observado o protocolo das autoridades sanitárias. […].[23]

Nesse momento, urge salientar que o quanto descrito na orientação do CNJ é uma mera cópia do quanto exposto nas normatizações presentes no Código de Processo Penal, após as reformas de 2008, 2012 e 2019, logo, se os agentes públicos já cumprissem a legislação processual, os impactos da proliferação da covid-19 seriam menores.

Entretanto, a sanha punitista que, infelizmente, ainda está arraigada ao sistema penal brasileiro, mesmo diante do quadro de calamidade pública, obriga o Presidente do Supremo Tribunal Federal Luiz Fux a reforçar a determinação para que o Superior Tribunal de Justiça, os Tribunais de Justiça estaduais e os juízos criminais e de execução penal observem a Recomendação nº 62/2020 do Conselho Nacional de Justiça no exame de *habeas corpus* impetrados por detentas gestantes, lactantes e com filhos recém-nascidos.

> A decisão foi proferida no exame do HC 186.185, em que Defensorias Públicas de 16 estados e o Grupo de Atuação Estratégica das Defensorias Públicas Estaduais e Distrital nos Tribunais Superiores pediam a concessão de liberdade provisória ou de prisão domiciliar para todas as mulheres nessas condições. O HC foi julgado inviável, mas, de ofício, o relator concedeu parcialmente a ordem com a determinação aos órgãos do Judiciário.[24]

---

[23] Conselho Nacional de Justiça. Recomendação nº 62.
[24] *Revista Consultor Jurídico*, 30 de junho de 2020.

É importante frisar que esta mudança de posicionamento, de cunho mais garantista e humano, sobre as medidas de segregação a liberdade, agora amplificadas por conta da pandemia, vem trazendo inúmeros elogios de órgãos internacionais, como, por exemplo, a Comissão Interamericana de Direitos Humanos (CIDH), afirmando que "no contexto da pandemia global da covid-19, a CIDH parabeniza a iniciativa do Conselho Nacional de Justiça, que propõe medidas para prevenir a propagação do vírus nos sistemas carcerários e socioeducativos".[25]

A CIDH não foi a única organização voltada à promoção dos direitos humanos que difundiu a recomendação do CNJ. O Programa das Nações Unidas para o Desenvolvimento (PNUD) também elogiou a medida, utilizando como parâmetro para os demais países as diretrizes estabelecidas pelo CNJ, ressaltando:

> O PNUD conta com uma ampla rede de escritórios que busca sempre compartilhar as melhores práticas para fortalecer o desenvolvimento dos países. Nesse sentido, compartilhamos também a experiência do CNJ, que é pioneira em relação à prevenção da Covid-19 no sistema prisional e socioeducativo.[26]

E continua:

> [...]. Nós reportamos o que o CNJ está fazendo para que possa servir de referência e inspiração para outros países que buscam adotar medidas nesse sentido. [...]. Estamos diante de uma pandemia com efeitos ainda desconhecidos. Mas não há dúvidas quanto à urgência de medidas imediatas e de natureza preventiva para os sistemas prisional e socioeducativo, considerando o potencial de contaminação em situação de confinamento de pessoas que se encontram sob a tutela do Estado. É imperativo que o Judiciário não se omita e adote uma resposta rápida e uniforme, evitando danos irremediáveis.

Dessa forma, é de clareza alabastrina, que a aplicação das medidas proferidas pelo CNJ tem um caráter humano, o qual deveria ser aplicado, independentemente de pandemia, conforme já exposto no Código Penal Brasileiro, devendo ser *sempre* a regra e nunca uma exceção, logo, caso estes atos fossem devidamente aplicados ao nosso sistema carcerário regularmente, teríamos um déficit de vagas nas penitenciárias menor, afinal, como veremos a seguir, o encarceramento no Brasil cresce, vertiginosamente, a cada dia.

## 6 Sistema carcerário brasileiro

Iniciamos esse tópico expondo os problemas do excessivo encarceramento que assola o nosso país, sendo esta uma das doenças mais graves na área criminal e a vacina existente não é aplicada, conforme determinado nas leis pelo Estado brasileiro.

O processo penal brasileiro e o respectivo sistema de administração de Justiça produzem 'misérias', *a la Carnelutti*, de forma contínua e ininterrupta. Prisões cautelares injustas e processos que se arrastam por anos infelizmente não são fatos isolados.

---

[25] *Revista Consultor Jurídico*, 26 de março de 2020.
[26] *Ibidem*.

A "política do encarceramento" constantemente é criticada por Ministros do Supremo Tribunal Federal, os quais atacam o excesso de prisões no país e a ideia de que, quanto mais gente presa, mais segurança a sociedade terá. Os números comprovam isso: o país tem, em média, 700 mil presos, sendo 40% deles provisórios. Isso equivale a 280 mil presos que não tiveram seus casos julgados, mas estão atrás das grades.

É cediço que a própria estrutura do Judiciário faz com que o juiz esteja mais sujeito à pressão externa do que deveria. O Ex-Presidente do Tribunal de Justiça de São Paulo, José Renato Nalini, já afirmou que:

> A Magistratura é vulnerável à cultura da prisão. O juiz reflete o desejo da sociedade [...], que a grande quantidade de penas de prisão aplicadas por juízes se dá, muitas vezes, porque os Magistrados estão sujeitos à pressão popular, que exige atitudes como o aumento das penas e a redução da maioridade penal.

No mesmo sentido, os dizeres de Alexandre Morais da Rosa e Aury Lopes Jr.:

> Parece uma máxima comum a resposta 'dente por dente'. Entretanto, sabemos que a espiral da violência leva a tragédia. Se toda vítima buscar praticar o mesmo mal, chegaremos ao fim. Abdicar, todavia, deste modelo do senso comum não é tarefa fácil. Especialmente porque há pressão macro (comunidade, mídia, grupos, etc.). Daí a importância de estudarmos um pouco mais a regra da reciprocidade.[27]

Contudo, é necessário ilustrar, também, e disto nunca o magistrado deve se obliterar, que o papel do juiz, para se legitimar democraticamente como agente público, no Estado Democrático de Direito, tem, sob essa ótica, não uma missão cotidiana de conteúdo positivo – no sentido de ser aquele que condena, aquele que manda encarcerar – mas, ao contrário, uma atividade fiscalizadora da legalidade, a verdadeira função da justiça criminal é tornar efetivo o princípio do devido processo legal com todas as suas nuances e garantias.

Na mesma esteira a doutrina e a jurisprudência se prontificam:

> [...]. No Estado de Direito, Juiz Criminal não é policial de trânsito; não é vigia de esquina; não é zelador do patrimônio alheio; não é guarda do sossego de cada um; não é sentinela do Estado leviatânico. *Não tem o encargo de bloquear a maré montante da violência ou de frear a criminalidade agressiva e ousada (...). A missão do Juiz Criminal é bem outra:* é exercer a função criativa nas balizas da norma incriminadora, é infundir, em relação a determinadas normas punitivas, o sopro do social; *é zelar para que a lei ordinária nunca elimine o núcleo essencial dos direitos do cidadão; é garantir a ampla e efetiva defesa do contraditório e a isonomia de oportunidades, favorecendo o concreto exercício da função de defesa*; é invalidar as provas obtidas com a violação da autonomia ética da pessoa; é livrar-se do círculo fechado do dogmatismo conceitual, abrindo-se ao contato das demais ciências humanas e sociais; *é compatibilizar o Estado de Direito com o Estado Social que lhe é subjacente*; é, em resumo, *ser o garante da dignidade da pessoa humana e da estrita legalidade do processo*. Por isto, como afirma, P. Costa Manso (TACrimSP, EI 487.525, RJD 1/156), '*a lei penal e a lei processual penal existem não para assegurar ao Estado o direito de punir mas para assegurar ao acusado o direito de não ser punido*, a menos que o comportamento a ele imputado se ajuste , capilarmente, a urna

---

[27] REVISTA CONSULTOR JURÍDICO. *Inocente preso 13 anos sem sentença é retrato da falência do Estado*, por Aury Lopes Jr. e Alexandre Morais da Rosa, 20 mar. 2015.

definição normativa de ilícito penal e que esse comportamento venha a ser cumpridamente demonstrado [...]'.[28] (Grifamos)

[...]. *O combate à criminalidade é missão típica e privativa da Administração (não do judiciário)*, seja através da polícia, como se lê nos incisos do art. 144 da Constituição, quanto do Ministério Público, a quem compete, privativamente, promover a ação penal pública (art.129, I). [...]. 'A mais importante missão do juiz criminal é resguardar os direitos fundamentais do cidadão frente ao poder do Estado. *Ao juiz criminal cabe a função de resguardar e proteger os direitos individuais do homem diante do poder punitivo do Estado.* Este o sentido desta decisão nesse *writ. Impedir que o poder punitivo do Estado violente os direitos individuais do paciente'* (Tribunal de Alçada Criminal de São Paulo, HC n. 362.090, rel. Juiz Marco Nahum)". (BRASIL, Supremo Tribunal Federal. Processual Penal. Habeas Corpus. Constrangimento Ilegal. *Habeas Corpus* n. 95.0009-4, Relator Ministro Eros Grau, Brasília, DF, 06 nov. 2008). (Gizamos).

Por fim, Nelson Hungria, nos idos de 1959, já afirmava:

[...]. *Perante o novo direito brasileiro*, o juiz criminal é, assim, chamado a exercer o seu nobre ofício, com a sua própria consciência, com o seu próprio raciocínio, com a sua livre crítica. *Já não será um interprete escolástico*, aplicador de justiça tarifada, um órgão de pronunciamento automático de formulas sacramentais; *mas uma consciência livre a regular destinos humanos.* [...]. [29] (Grifamos).

Assim, nos Estados Democráticos de Direito, como o Brasil, há, à disposição dos cidadãos, um Poder Judiciário independente, com a função de arbitrar esses conflitos, declarando ao indivíduo quais constrangimentos o ordenamento jurídico o obriga a suportar, quais os que se não lhe pode impor, não se permitindo que o direito do homem à liberdade seja colocado em segundo plano.

Logo, é indiscutível que o encarceramento em massa perpassa por questões culturais dos agentes judiciários, que continuam a acreditar ser a prisão a principal resposta penológica na prevenção e repressão ao crime. Vale a pena citar o grande advogado Evandro Lins e Silva, que diz:

Muitos acham que a severidade do sistema intimida e acovarda os criminosos, mas eu não tenho conhecimento de nenhum que tenha feito uma consulta ao Código Penal antes de infringi-lo. O mesmo jurista, Ministro aposentado do Supremo Tribunal Federal, em outra oportunidade afirmou: "precisamos despenalizar alguns crimes e criar punições alternativas, que serão mais eficientes no combate à impunidade e na recuperação do infrator (...). Já está provado que a cadeia é a universidade às avessas, porque fabrica criminosos, ao invés de recuperá-los". (Ciência Jurídica – Fatos – nº 20 de maio de 1996).[30]

A nossa realidade carcerária é preocupante; os nossos presídios e as nossas penitenciárias, abarrotados, recebem a cada dia um sem-número de indiciados, processados ou condenados, sem que se tenha a mínima estrutura para recebê-los; e há,

---

[28] FRANCO, Alberto Silva. *Crimes hediondos*. 7. ed. São Paulo: Revista dos Tribunais, 2011.
[29] HUNGRIA, Nelson. *Comentários ao Código Penal*, Vol. III, 4. ed. Rio de Janeiro: Forense, 1956.
[30] SILVA, Evandro Lins e. *Ciência Jurídica* – Fatos – n. 20, maio 1996.

ainda, milhares de mandados de prisão a serem cumpridos; ao invés de lugares de ressocialização do homem, tornam-se, ao contrário, fábricas de criminosos, de revoltados, de desiludidos, de desesperados; por outro lado, a volta para a sociedade (através da liberdade), ao invés de solução, muitas das vezes, torna-se mais uma *via crucis*, pois são homens fisicamente libertos, porém, de tal forma estigmatizados que tornam-se reféns do seu próprio passado.

Ademais, as condições atuais do cárcere, especialmente na América Latina, fazem com que, a partir da ociosidade em que vivem os detentos, estabeleça-se o que se convencionou chamar de "subcultura carcerária", um sistema de regras próprias no qual não se respeita a vida, nem a integridade física dos companheiros, valendo *intra muros* a "lei do mais forte", insusceptível, inclusive, de intervenção oficial de qualquer ordem.

O professor de Sociologia da Universidade de Oslo Thomas Mathiesen avalia que:

> [...], se as pessoas realmente soubessem o quão fragilmente a prisão, assim como as outras partes do sistema de controle criminal, as protegem – de fato, se elas soubessem como a prisão somente cria uma sociedade mais perigosa por produzir pessoas mais perigosas -, um clima para o desmantelamento das prisões deveria, necessariamente, começar já. Porque as pessoas, em contraste com as prisões, são racionais nesse assunto. Mas a informação fria e seca não é suficiente; a falha das prisões deveria ser 'sentida' em direção a um nível emocional mais profundo e, assim fazer parte de nossa definição cultural sobre a situação.[31]

Na mesma esteira o doutrinador e jurista Eugenio Raúl Zaffaroni expõe:

> As prisões são sempre reprodutoras. São máquinas de fixação das condutas desviantes. Por isso devemos usá-las o menos possível. E, como muitas prisões latino-americanas, além disso, estão superlotadas e com altíssimo índice de mortalidade, violência etc., são ainda mais reprodutoras. O preso, subjetivamente, se desvalora. É um milagre que quem egresse do sistema não reincida. Enquanto não podemos eliminar a prisão, é necessário usá-la com muita moderação. Cada país tem o número de presos que decide politicamente ter. Isso explica que os EUA tenham o índice mais alto do mundo e o Canadá quase o mais baixo de todo o mundo. Não porque os canadenses soltem os homicidas e estupradores, mas porque o nível de criminalidade média é escolhido de forma política. Não há regra quando se trata de casos de delinquência mediana, a decisão a respeito é política, portanto, pode ser arbitrária ou não. Ademais, a maioria de nossos presos latino-americanos não estão condenados, são processados no curso da prisão preventiva. Como podemos discutir o tratamento, quando não sabemos se estamos diante de um culpado?

Destarte, é urgente esquecermos o modelo clássico de justiça penal e cedermos espaço para um novo modelo penal, este baseado na ideia da prisão como *extrema ratio* e que só se justificaria para casos de efetiva gravidade. Em todo o mundo, passa-se gradativamente de uma política paleorrepressiva ou de *hard control*, de cunho eminentemente simbólico (consubstanciada em uma série de leis incriminadoras, muitas das quais eivadas com vícios de inconstitucionalidade, aumentando desmesurada e desproporcionalmente a duração das penas, inviabilizando direitos e garantias fundamentais

---

[31] MATHIESEN, Thomas. *Conversações Abolicionistas* – uma crítica do sistema penal e da sociedade punitiva. São Paulo: IBCCrim, 1997, p. 275.

do homem, tipificando desnecessariamente novas condutas, etc.), para uma tendência despenalizadora.

O Direito Penal não deve ser utilizado para incriminar toda e qualquer conduta ilícita, devendo, diversamente, ser resguardado para situações limites, posicionamo-nos contrariamente à nova criminalização, afastando a incidência do Direito Penal, pois só assim ele (o Direito Penal) terá "um papel bastante modesto e subsidiário de uma política social de largo alcance, mas nem por isso menos importante. Uma boa política social (inclusive ambiental, diríamos nós) ainda é, enfim, a melhor política criminal", como afirma Paulo de Souza Queiróz.[32]

Entretanto, insta salientar, ainda, a questão relativa à mora processual, especialmente em ações penais públicas condenatórias, algo extremamente preocupante em nosso País, particularmente porque aqui há uma banalização da prisão provisória, mantendo-se com bastante frequência preso o réu, quando ainda não definitivamente julgado e condenado. O que deveria ser uma excepcionalidade passou a ser uma banalidade.

Nesta seara do excesso prazal há precedentes, inclusive, da Corte Europeia de Direitos Humanos, ordenando indenização pelos países que foram vítimas da lentidão judicial. É o caso ocorrido nos idos de 2012 na Itália, condenada a indenizar um inspetor de Polícia que teve que esperar dez anos para a conclusão do processo criminal contra ele. O motivo da condenação, no entanto, não foram os dez anos, mas sim a espera de cinco anos no processo que ele moveu contra o Estado justamente pela demora judicial. A Corte Europeia de Direitos Humanos, que analisou a reclamação do inspetor, julgou que a demora acabou beneficiando o acusado. Por conta dela, crimes prescreveram e a pena imposta foi reduzida. Já a espera de quase cinco anos no pedido de indenização foi considerada inaceitável pelos juízes europeus. Eles decidiram que, via de regra, pedido de reparação pela demora judicial deve ser concluído em dois anos e meio, no máximo. Na Itália, o que garante reparação aos prejudicados pela morosidade da Justiça é a Lei nº 89, de março de 2001, apelidada de Lei Pinto, em referência ao redator da norma. A lei foi aprovada em resposta à exigência do Conselho da Europa de que a demora injustificada de processos judiciais prejudica os cidadãos e estes têm direito de receber indenização do Estado.

Aliás, anteriormente, em dezembro de 2010, a Itália foi repreendida pela Corte Europeia de Direitos Humanos por causa da pouca efetividade da lei. Os juízes consideraram que a Justiça italiana estava demorando demais para julgar os pedidos de indenização das vítimas da lentidão judicial. Na ocasião, a Corte mandou o país rever a sua lei e criar um fundo para garantir indenização aos prejudicados (Fonte: *Revista Consultor Jurídico*, 8 de março de 2012, 13h11 (http://www.conjur.com.br/2012-mar-08/corte-europeia-demora-cinco-anos-condenar-italia-lentidao-judicial, acesso em: 3 jun. 2015).

Da mesma forma, a morosidade da Justiça vai custar caro para os poloneses. A Corte Europeia de Direitos Humanos fixou um prazo de dois anos para a Polônia indenizar aqueles que foram vítimas da lentidão judicial. A decisão foi tomada depois de os juízes europeus constatarem que já receberam cerca de 650 reclamações de pessoas que se dizem prejudicadas pelo ritmo lento da Justiça polonesa. Porém, em vez de julgar

---
[32] QUEIROZ, Paulo de Souza. *Do caráter subsidiário do Direito Penal*. Belo Horizonte: Del Rey, 1998.

cada uma delas, a Corte considerou ser mais razoável comunicar a medida ao Governo da Polônia e passar essa função aos juízes poloneses. Se o prazo não for cumprido, aí sim os juízes da Corte voltam a entrar em ação.[33]

Assim, os doutrinadores brasileiros sempre buscaram, de alguma forma, quantificar um prazo razoável para a duração do processo penal, afinal, nunca podemos olvidar o quanto descrito na Carta Magna em seu art. 5º, inc. LXXVIII, que "a todos, no âmbito judicial e administrativo, são assegurados a razoável duração do processo e os meios que garantam a celeridade de sua tramitação".

Logo, o princípio em questão fundamenta-se no *dever do Estado*, e não na faculdade *de administrar uma Justiça completa e ágil*; no direito que o acusado tem de não permanecer na situação de indefinição, pois o processo em si é causa de aflição e de grande estigma social; e, ainda, no direito que todos têm de conhecer a solução dada ao caso, por força do caráter publicístico ínsito à questão criminal.

Necessário, então, se faz explanar as lições de Aury Lopes Jr.:

> Deve haver um marco normativo interno de duração máxima do processo e da prisão cautelar, construído a partir das especificidades do sistema processual de cada país, mas tendo como norte um prazo fixado pela Corte Americana de Direitos Humanos. Com isso, os tribunais internacionais deveriam abandonar a doutrina do não-prazo, deixando de lado os axiomas abertos, para buscar uma clara definição de "prazo razoável", ainda que admitisse certo grau de flexibilidade atendendo as peculiaridades do caso. Inadmissível é a total abertura conceitual, que permite ampla manipulação dos critérios. São insuficientes as soluções compensatórias (reparação dos danos) e atenuação da pena (sequer aplicada pela imensa maioria de juízes e tribunais brasileiros), pois produz pouco ou nenhum efeito inibitório da arbitrariedade estatal. É necessário que o reconhecimento da dilação indevida também produza a extinção do feito, enquanto inafastável consequência processual. O poder estatal de perseguir e punir deve ser estritamente limitado pela Legalidade, e isso também inclui o respeito a certas condições temporais máximas. Entre as regras do jogo, também se inclui a limitação temporal para exercício legítimo do poder de perseguir e punir. Tão ilegítima como é a admissão de uma prova ilícita, para fundamentar uma sentença condenatória, é reconhecer que um processo viola o direito de ser julgado num prazo razoável e, ainda assim, permitir que ele prossiga e produza efeitos. É como querer extrair efeitos legítimos de um instrumento ilegítimo, voltando a (absurda) máxima de que os fins justificam os meios. O processo penal deve ser agilizado. Insistimos na necessidade de acelerar o tempo do processo, mas desde a perspectiva de quem o sofre, enquanto forma de abreviar o tempo de duração da pena-processo. Não se trata da aceleração utilitarista como tem sido feito, através da mera supressão de atos e atropelo de garantias processuais, ou mesmo a completa supressão de uma jurisdição de qualidade, como ocorre na justiça negociada, senão de acelerar através da diminuição da demora judicial com caráter punitivo. É diminuição de tempo burocrático, através da inserção de tecnologia e otimização de atos cartorários e mesmo judiciais. Uma reordenação racional do sistema recursal, dos diversos procedimentos que o CPP e leis esparsas absurdamente contemplam e ainda, na esfera material, um (re)pensar os limites e os fins do próprio direito penal, absurdamente maximizado e inchado. Trata-se de reler a aceleração não mais pela perspectiva utilitarista, mas sim pelo viés garantista, o que não constitui nenhum paradoxo. (...) Em suma, um capítulo a ser escrito no processo penal brasileiro é o direito de ser julgado num prazo razoável, num processo sem dilações indevidas, mas também sem atropelos. Não estamos aqui buscando soluções, ou definições cartesianas

---

[33] *Revista Consultor Jurídico*, 8 de julho de 2015.

em torno de tão complexa temática, senão dando um primeiro e importante passo em direção a solução de um grave problema, e isso passa pelo necessário reconhecimento desse "jovem direito fundamental.[34]

Então, como forma de controle da razoabilidade prazal às prisões cautelares, mais especificamente, a prisão preventiva, foi incluído, pela Lei nº 13.964/2019 (Pacote Anticrime), o parágrafo único ao art. 316, do Código de Processo Penal, *in verbis*:

> Decretada a prisão preventiva, deverá o órgão emissor da decisão revisar a necessidade de sua manutenção a cada 90 (noventa) dias, mediante decisão fundamentada, de ofício, sob pena de tornar a prisão ilegal.

Desta forma, a ideia do texto normativo é óbvia, estabelecer diretrizes mínimas de duração da prisão cautelar, com o escopo de evitar prisões provisórias com prazos indeterminados, evitando-se, assim, o encarceramento de pessoas sem termo final.

Não se pode olvidar, também, que a falta de estrutura e investimentos estatais na Justiça pelo Estado brasileiro não pode se transformar em justificativas plausíveis para manter qualquer cidadão encarcerado, por mais tempo que a lei determina, independentemente do delito penal cometido.

Sobre o tema, Roberto Delmanto Junior em seu livro "As modalidades de prisão provisória e seu prazo de duração", com maestria, relata:

> [...]. Tudo indica que essas ditas mudanças identificam-se, ai sim, com excesso de trabalho e com a falta de aparelhamento das polícias e do Poder Judiciário, *não podendo o acusado, pela falta de estrutura e investimentos estatais, ficar preso por mais tempo que determina a lei.* [...].[35] (Grifamos).

Infelizmente, em outubro do corrente ano, o Supremo Tribunal Federal proferiu entendimento diverso do quanto exposto no artigo supracitado, tornando, na prática interpretativa, sem efeito a punição de ilegalidade da prisão por descumprimento da regra procedimental.

Neste ponto, finalizamos com os dizeres do Prof. Lenio Luiz Streck:

> O STF, ao reescrever o parágrafo único, criou mais um problema, pelo qual, a partir de agora, a prisão cautelar pode ser infinita, desde que renovada a cada 90 dias. Alguém se deu conta disso? A cada habeas corpus pela falta de fundamentação (ratificação), *o juiz será avisado para que diga se deve ou não o paciente permanecer preso.* Mais: liminar em HC com fundamento na falta de fundamentação nos 90 dias já não haverá. Por quê? Porque tem de primeiro, consultar o juiz, que dará vista ao MP. E a liminar? Já será outra coisa. No fundo, o HC, com fundamento na não renovação nos 90 dias, será decidido pela própria autoridade coatora, porque, ao ser instada a falar da "ratificação", já saberá os argumentos da defesa. E também o MP saberá. Como não há limite de rerratificações, a prisão não prazo de término. O STF tirou a sanção de ilegalidade, ao reescrever o parágrafo.

---

[34] LOPES JUNIOR, Aury. *Direito Processual Penal*. 9. ed. São Paulo: Saraiva, 2012.
[35] DELMANTO JUNIOR, Roberto. *As modalidades de prisão provisória e seu prazo de duração*. 2. ed. Rio de Janeiro: Renovar, 2001.

Assim, o prazo de prisão, que já foi – de forma duramente construída doutrinariamente - de 81 dias, passou, depois, para 169 e, agora, é infinito.

Na prática, o STF reescreveu um parágrafo e criou um outro artigo no CPP, pelo qual *fica abolido o argumento do excesso de prazo*. Eis o pescoço curto da girafa.[36]

É preciso relatar, ainda, que muitos juízes possuem a cultura de negar a liberdade de acusados arguindo que a demora na realização de algumas diligências processuais foi originária de requerimento da defesa ou verse sobre prova do seu interesse, não constituindo, então, constrangimento ilegal por excesso de prazo, com fulcro na Súmula nº 64 do Superior Tribunal de Justiça, *in verbis:* "Não constitui constrangimento ilegal o excesso de prazo na instrução, provocado pela defesa".

Contudo, a interpretação tratada é totalmente desarrazoada, mesmo porque, se assim fosse, seguramente, a garantia da ampla defesa ficaria conspurcada, cerceando-se a atividade do advogado em detrimento da realização de uma fictícia "Justiça", havendo, dessa forma, um completo desvirtuamento também do princípio da presunção de inocência, pois o acusado estaria "pagando um preço", já que ficaria preso até que a "sua prova" fosse produzida.

Destarte, insta salientar que *a prova requerida pela defesa tem de ser deferida pelo juiz e, ao sê-lo, passa a ser prova de interesse do juízo, na busca da verdade, para viabilizar a efetiva realização da Justiça, que importa ao próprio Estado, e não só ao acusado.*

No mesmo caminho Roberto Delmanto Junior assevera com propriedade e genialidade:

> [...]. Sob outro prisma, há que se distinguir a desídia ou má-fé do advogado, como no caso de demora no oferecimento da defesa ou de manobra ou embaraço por ela provocada, *do legítimo exercício do direito de defesa, requerendo perícias, oitiva de testemunhas, seja onde estiverem* etc. [...]. De nada, porém, adiantariam os prazos se, *do efetivo e legítimo exercício da garantia constitucional da ampla defesa, decorresse a manutenção do acusado no cárcere por tempo além do previsto em lei.* [...].[37] (Grifamos).

Logo, no momento em que a defesa solicita uma diligência ou a produção de uma determinada prova, está, claramente, realizando o seu puro exercício do direito de defesa e, caso atuasse de forma contrária, estaria sendo, aí sim, totalmente desidiosa em seu *munus*.

Então, observa-se que as prisões cautelares, infelizmente, sempre foram aplicadas, cotidianamente, de maneira arbitrária, desrespeitando por completo os direitos e garantias do cidadão sob o pálio, muitas vezes, de estar praticando justiça, contudo, diante da pandemia, o Poder Judiciário foi instado a derrubar os pilares do punitivíssimo exacerbado, conforme já tratado na Recomendação nº 62/2020 do CNJ.

Ante tudo aqui exposto, observa-se que a solução para diminuir o impacto do nosso encarceramento em massa tramita, muito mais, no campo da cultura jurídica de aplicação do Direito Penal máximo, quando deveríamos ter um direito criminal

---

[36] STRECK, Lenio Luiz. Ao reescrever o art. 316, STF torna prisão preventiva sem prazo. *Revista Consultor Jurídico*, 19 de outubro de 2020.

[37] DELMANTO JUNIOR, Roberto. *As modalidades de prisão provisória e seu prazo de duração*. 2. ed. Rio de Janeiro: Renovar, 2001.

mínimo. Encerramos com as lições de Antônio Cláudio Mariz de Oliveira: "Ao clamar pelo encarceramento e por nada mais, a sociedade se esquece de que o homem preso voltará ao convívio social, cedo ou tarde. Portanto, prepará-lo para sua reinserção, se não encarado como um dever social e humanitário, deveria ser visto, pelo menos, pela ótica da autopreservação" (*Folha de São Paulo*, 06.06.2005).

## III Conclusão

Em síntese apertada, é possível afirmar que o sistema carcerário brasileiro apresenta problemas constantes, não alcançando a devida e esperada ressocialização dos presos, que, na maioria das vezes, vivem em situações degradantes, com violações sistemáticas sobre seus direitos, piorando ainda mais. As visitas da Comissão Interamericana de Direitos Humanos corroboram essa triste perspectiva que assola a presente temática. A Recomendação nº 62 do Conselho Nacional de Justiça atenua, ainda que um pouco, as mazelas e os problemas do sistema carcerário.

## Referências

DELMANTO JUNIOR, Roberto. *As modalidades de prisão provisória e seu prazo de duração*. 2. ed. Rio de Janeiro: Renovar, 2001.

FERRAJOLI, Luigi. *A soberania no mundo moderno*: nascimento e crise do Estado Nacional. 2. ed. São Paulo: Martins Fontes, 2007.

FRANCO, Alberto Silva. *Crimes hediondos*. 7. ed. São Paulo: Revista dos Tribunais, 2011.

HULSMAN, Louk; CELIS, Jacqueline Bernat de. *Penas perdidas* – o sistema penal em questão. Niterói: Luam, 1997.

HUNGRIA, Nelson. *Comentários ao Código Penal*. Vol. III, 4. ed. Rio de Janeiro: Forense, 1956.

INSTITUTO BRASILEIRA DE CIÊNCIAS CRIMINAIS. *Conversações Abolicionistas* – uma crítica do sistema penal e da sociedade punitiva. São Paulo: IBCCrim, 1997, p. 275.

KARAM, Maria Lúcia. A Ilegalidade das Prisões. *Revista da PGE*, n. 41, jun. 94.

KARAM, Maria Lúcia. *De crimes, penas e fantasias*. Rio de Janeiro: Luan, 1991.

LOPES JUNIOR, Aury. *Direito Processual Penal*. 9. ed. São Paulo: Saraiva, 2012.

MATHIESEN, Thomas. *Conversações Abolicionistas* – uma crítica do sistema penal e da sociedade punitiva. São Paulo: IBCCrim, 1997.

ORGANIZAÇÃO DOS ESTADOS AMERICANOS. *Carta da Organização dos Estados Americanos*.

ORGANIZAÇÃO DOS ESTADOS AMERICANOS. *Convenção Interamericana de Direitos Humanos*.

QUEIROZ, Paulo de Souza. *Do caráter subsidiário do Direito Penal*. Belo Horizonte: Del Rey, 1998.

REVISTA ÂMBITO JURÍDICO. Disponível em: http://www.ambito-juridico.com.br/site/index.php?n_link=revista_artigos_leitura&artigo_id=458, acesso em: 3 jun. 2015.

REVISTA CONSULTOR JURÍDICO. *Inocente preso 13 anos sem sentença é retrato da falência do Estado*, por Aury Lopes Jr. e Alexandre Morais da Rosa, 20 mar. 2015.

REVISTA CONSULTOR JURÍDICO, 8 mar. 2012, 13h11, disponível em: http://www.conjur.com.br/2012-mar-08/corte-europeia-demora-cinco-anos-condenar-italia-lentidao-judicial, acesso em: 3 jun. 2015.

REVISTA CONSULTOR JURÍDICO, 8 jul. 2015, 10h15, disponível em: http://www.conjur.com.br/2015-jul-08/polonia-dois-anos-indenizar-vitimas-lentidao-judicial.

SILVA, Evandro Lins e. *Ciência Jurídica* – Fatos – n. 20, maio 1996.

STRECK, Lenio Luiz. Ao reescrever o art. 316, STF torna prisão preventiva sem prazo. *Revista Consultor Jurídico*, 19 out. 2020.

---

Informação bibliográfica deste texto, conforme a NBR 6023:2018 da Associação Brasileira de Normas Técnicas (ABNT):

LUIZ, Edson Medeiros Branco; REQUIÃO, Luiz Henrique Camandaroba Castelo. Das visitas da Comissão Interamericana de Direitos Humanos à Recomendação nº 62 do Conselho Nacional de Justiça: os problemas e mazelas do sistema carcerário brasileiro. *In*: ASSOCIAÇÃO DOS MAGISTRADOS BRASILEIROS; SALOMÃO, Luis Felipe; FONSECA, Reynaldo Soares da; VIDEIRA, Renata Gil de Alcantara; SZPORER, Patrícia Cerqueira Kertzman; COSTA, Daniel Castro Gomes da (Coord.). *Sistema penal contemporâneo*. Belo Horizonte: Fórum, 2021. p. 197-220. ISBN 978-65-5518-205-7.

# DEMOCRACIA V. CORRUPÇÃO ELEITORAL. INTEGRIDADE DAS ELEIÇÕES, GENUINIDADE DO VOTO POPULAR E VERDADE ELEITORAL

MARIA BENEDITA MALAQUIAS PIRES URBANO

## 1 Notas introdutórias

As acusações de manipulação das eleições são bastante comuns, em especial quando o resultado de uma determinada eleição mostra uma margem mínima de votos entre o vencedor das eleições e o perdedor, sejam eles candidatos individuais ou partidos políticos. Como se verá adiante, uma das formas que assume a manipulação eleitoral é a da corrupção eleitoral, figura que irá assumir uma maior relevância neste nosso trabalho.

A corrupção eleitoral constitui um dos denominados crimes (ou ilícitos) eleitorais, tratando-se de crime relacionado com eleições que interfere com a livre formação e manifestação da vontade popular, podendo condicioná-la ou mesmo subvertê-la. Não obstante, configurar um crime é um fenómeno que não pode ser estudado num plano estritamente jurídico-penal ou mesmo jurídico-eleitoral. Efetivamente, as eleições têm um papel-chave nos regimes democráticos ocidentais contemporâneos assentes no dualismo soberania da vontade popular/representação política, consubstanciando o meio mais usado para escolher de forma pacífica os nossos representantes[1] e para legitimar a sua autoridade. Por assim ser, a sua proteção constitui simultaneamente a proteção do direito de sufrágio ativo (direito de voto), em particular na sua dimensão de liberdade de voto,[2] mas também do passivo (direito de ser eleito ou votado). Num

---

[1] Embora se referindo de forma genérica à democracia, Canotilho fala em seleção e destituição pacífica de dirigentes, socorrendo-se da "fórmula de Popper". Cfr. CANOTILHO, J. J. Gomes. *Direito Constitucional e Teoria da Constituição*. Coimbra: Almedina. 2003. p. 291.

[2] A liberdade do voto, como é sabido, é apenas uma das várias características que devem acompanhar o voto. A Constituição portuguesa de 1976, por exemplo, além da liberdade do voto, dispõe nos seus artigos 10º e 49º que ele deve ser universal, periódico, secreto, direto e igual (o que pressupõe uma igualdade quanto ao seu peso) –

Estado que pretende ser um Estado de direito democrático os cidadãos eleitores devem poder formar e manifestar livremente, sem interferências indevidas, as suas próprias preferências políticas, sejam elas materializadas na escolha de um partido político ou de um candidato individual.[3]

Bem assim, a proteção das eleições acaba por funcionar como proteção da própria legitimidade democrática dos nossos governantes, da sua representatividade e da sua responsividade (*responsiveness*). Com efeito, e como facilmente se compreende, um governante que deva a sua eleição à utilização de práticas eleitorais corruptas e/ou de esquemas fraudulentos é um governante que, à partida, não se mostrará tão sensível e disponível para escutar e atender aos interesses, preocupações e desejos da população, pois sabe que a sua eleição e a sua reeleição não dependem, afinal, das escolhas feitas pelos eleitores. Em casos extremos, felizmente raros, um governante que procura a reeleição pode recusar-se a abandonar o seu cargo ou mandato caso o resultado eleitoral não lhe seja favorável, invocando, para o efeito, a ocorrência de manipulação das eleições.[4]

Por tudo isto, a análise do fenómeno da corrupção eleitoral e da manipulação eleitoral em geral exige sempre um cruzamento de saberes: cruzamento de ramos do Direito e, de igual forma, cruzamento do Direito com outras disciplinas científicas como, desde logo, a Ciência e a Sociologia políticas. Basta pensar, por exemplo, que a Ciência Política e, em especial, os estudos sobre sistemas eleitorais podem dar o seu precioso contributo na luta contra a corrupção eleitoral. Já era sabido que os sistemas eleitorais podem distorcer os resultados das eleições, pondo em causa a igualdade de valor do voto quanto ao resultado, ou seja, fazendo com que votos com igual peso numérico contribuam de forma desigual para o resultado das eleições.[5] Agora, o que alguns cientistas políticos têm tentado perceber é que tipo de sistema eleitoral favorece mais a corrupção eleitoral. Embora não haja um total consenso entre os cientistas políticos, parece haver uma inclinação para a tese de que os sistemas eleitorais maioritários, em especial o *first past the post*, a favorecem menos. E isto, por vários motivos, dos quais destacamos os seguintes: porque promovem uma maior alternância no poder, sendo que a permanência prolongada no poder favorece fenómenos de corrupção, seja ela corrupção eleitoral ou, mais amplamente, corrupção política; porque funcionam em círculos eleitorais pequenos, em que as pessoas se conhecem e podem denunciar mais facilmente práticas ou esquemas de corrupção; porque os resultados eleitorais em cada círculo, dada a sua limitação geográfica e populacional, dependem de menos

---

os votos valem todos o mesmo, não havendo votos de qualidade –, mas, de igual forma, quanto ao seu valor de resultado, ou seja, quanto ao modo como o voto de cada cidadão deve contribuir para o resultado eleitoral.

[3] Neste mesmo sentido, veja-se Luca Buscema. Reati elettorali e principio di democraticità dell'ordenamento: profili assiologici e ricostruttivi, em *Rivista Diritto Penale Contemporaneo*. p. 1-30 (www.penalecontemporaneo.it).

[4] Raras, mas não mera hipótese académica. Vejam-se as declarações do Presidente norte-americano Donald Trump na recente corrida presidencial, em que ele ameaçava não abandonar o seu cargo caso o resultado eleitoral fosse, segundo a sua opinião, manipulado. Ameaça que agora se concretizou com um resultado que lhe é desfavorável e que tentará contestar nos tribunais.

[5] Com efeito, os próprios sistemas eleitorais, pelo modo como funcionam, podem distorcer os resultados eleitorais, com os sistemas eleitorais maioritários, sobretudo o *first past the post* utilizado, por exemplo, na Grã-Bretanha, a ser particularmente distorsivo. Este específico sistema eleitoral sobrerepresenta o resultado eleitoral do candidato ou partido vencedor (conferindo-lhe um bónus), subrepresenta o resultado eleitoral do candidato ou partido que fica em segundo lugar na corrida eleitoral, e praticamente reduz à insignificância os restantes candidatos e partidos. Apesar desta clara desvantagem, a opção por este tipo de sistemas eleitorais tem que ver com vantagens a eles associadas, como a alternância no poder, a robustez da oposição e o contacto mais direto entre eleitores e candidatos e, num momento ulterior, entre população e representantes.

votos, sendo mais fácil controlar a votação e os correspondentes resultados. Como *supra* se afirmou, nem todos os cientistas políticos compartilham esta conclusão e há quem, pelo contrário, dê conta de que em círculos eleitorais menores, em que todos se conhecem ou em que o contacto humano é mais fácil de estabelecer, também é mais fácil criar redes clientares, comprar votos, prometer favores, entre outras coisas; além de que basta manipular um menor número de votos para adulterar um resultado eleitoral.[6] Num outro plano, os cientistas políticos têm procurado encontrar uma conexão entre a dimensão e a delimitação dos círculos eleitorais e o fenómeno da corrupção eleitoral. Já era por demais conhecida a ligação entre o *Gerrymandering*[7] e a distorção dos resultados eleitorais, mas agora investiga-se a provável relação entre a magnitude dos círculos eleitorais e a facilitação da corrupção eleitoral. Uma vez mais, as opiniões divergem, havendo a convicção, por parte de alguns, de que a corrupção eleitoral está mais facilitada em grandes círculos eleitorais, enquanto que outros sustentam que os círculos eleitorais mais exíguos, como são aqueles utilizados nos sistemas eleitorais maioritários, favorecem a fraude eleitoral, pois para falsificar o resultado eleitoral não é necessário fabricar ou adulterar tantos votos.

Ainda em jeito de nota introdutória, não pode deixar de mencionar-se a ligação entre o fenómeno mais amplo da corrupção política e o da corrupção eleitoral. Fundamentalmente, e além do que já foi dito *supra*, o que há a reter é que os políticos corruptos, na medida em que colhem benefícios dos cargos e mandatos políticos que exercem, têm grandes incentivos e, mais ainda, têm os meios necessários e adequados, inclusivamente meios do Estado, para enveredar pela corrupção e a fraudes eleitorais, vale por dizer, para levar a cabo os seus intentos de manipulação das eleições e, com isso, para manter-se em lugares de poder.

Não pode deixar de aludir-se, igualmente, ao papel que a sociedade civil e os *media* podem ter no combate à corrupção eleitoral e à corrupção política em geral. Em termos abstratos, a ideia é, quanto aos cidadãos, que eles usem o seu voto para afastar os políticos corruptos, não permitindo as suas sucessivas reeleições. Infelizmente, o que se tem verificado é que, sendo habitual as pessoas criticarem a corrupção e os políticos corruptos, ainda assim, surpreendentemente, não quantas vezes governantes que estiveram envolvidos em escândalos de corrupção acabam por ser reeleitos. Porventura este estranho fenómeno terá que ver com a circunstância de a corrupção política, em geral, e a corrupção eleitoral, em especial, estarem profundamente enraizadas na cultura política de certos países, pelo que o seu combate necessária e incontornavelmente passará pela educação e formação política dos cidadãos.

Já o papel dos meios de comunicação social no combate à corrupção é por demais conhecido, dispensando-nos de sobre ele falar. Cabe tão somente referir que se trata dos meios de comunicação tradicionais e não tanto das novas tecnologias de informação, ou, talvez melhor, das redes sociais, mais propensas à transmissão de *fake news*, em virtude da muita informação que propagam sem qualquer tipo de controlo sobre as respetivas fontes.

---

[6] Sarah Birch. Electoral Systems and Electoral Misconduct, em *Comparative Political Studies*. Vol. 40. December 2007. Pp. 1533-1556 – https://doi.org/10.1177/00.10414006292886.

[7] *Gerrymandering* é uma técnica de engenharia eleitoral ilícita mediante a qual se procura desenhar os círculos eleitorais de modo a dar vantagem em termos de votação a um determinado partido político ou candidato individual.

Por último, e também de forma muito breve, há que não esquecer a extrema importância que os direitos políticos, em particular o direito de voto, e as eleições têm para a concretização dos direitos económicos, sociais e culturais, a qual há de ser resumida na frase de Nelson Mandela:

> We must address the issue of poverty, want, deprivation and inequality in accordance with international standards which recognise the indivisibility of human rights. The right to vote, without food, shelter and health care will create the appearance of equality and justice, while actual inequality is entrenched. We do not want freedom without bread, nor do we want bread without freedom.

## 2 A corrupção eleitoral e outras realidades afins: manipulação, fraude e pressão sobre o eleitor

Como é habitual quando se trata de definir fenómenos ou realidades fáticas, nem sempre existe coincidência nas arrumações dogmáticas propostas pelos diferentes autores. No entanto, a necessidade de conceitos, como desde logo o de corrupção eleitoral, é fundamental, e isto por duas distintas ordens de razão. Antes de mais, um estudo académico sobre a corrupção eleitoral não pode prescindir de uma sua definição, ainda que básica e algo genérica. Por outro lado, não nos podemos esquecer que estamos a falar de um crime, pelo que o seu recorte e enquadramento jurídicos estão sujeitos a particulares cuidados e exigências em nome, entre outros, dos princípios da legalidade e da tipicidade. Cumpre assim tentar definir o que seja corrupção eleitoral e, de igual forma, outras figuras com ela conexionadas.

Sem entrar ainda no domínio jurídico propriamente dito, poderíamos começar por adiantar que o conceito naturalístico de corrupção eleitoral integra um conceito mais amplo, qual seja, o de manipulação eleitoral. Esta última pode ser compreendida genericamente como o modo de influenciar de forma indevida e abusiva as eleições com vista à obtenção de ganhos pessoais, materiais ou não, ou políticos. Esta definição, apesar da sua vagueza, já permite ulteriores arrumações dogmáticas.

Por um lado, dentro da manipulação eleitoral pode distinguir-se a ilícita (*v.g.*, fraude, corrupção ou violência sobre os eleitores) da lícita – ou, pelo menos, não criminalmente perseguida de forma direta e autónoma (*v.g.*, clientelismo, desinformação, rumores). Além disso, a manipulação pode ser coerciva ou não. Ainda, a manipulação eleitoral pode ocorrer antes das eleições (pré-eleitoral), durante o processo eleitoral, no dia das eleições ou, ainda, depois do ato eleitoral. Mais ainda, pode consistir na manipulação das regras do jogo, ou seja, do enquadramento legal das eleições,[8] na manipulação dos eleitores (na formação ou na manifestação da sua vontade)[9] ou na

---

[8] Por exemplo, retirando o direito de voto a cidadãos, grupos ou setores da população, não permitindo a certos candidatos ou partidos concorrer às eleições, reduzindo ou eliminando as possibilidades legais de contestar contenciosamente os resultados eleitorais, estabelecendo cláusulas-barreira de modo a esvaziar o resultado eleitoral de certos partidos (como sucede na Turquia como forma de anular o peso político do PKK, partido que representa a população curda deste país).

[9] A manipulação dos eleitores também pode tomar variadas formas que podem ser agrupadas em duas realidades: distorção da formação da vontade dos eleitores e distorção/alteração da manifestação da vontade dos eleitores. Na primeira podemos inserir o fenómeno da desinformação, na segunda o da intimidação dos eleitores ou a compra de votos. No que respeita à primeira, as pressões ou ameaças podem provir não apenas dos candidatos,

manipulação da votação ou do processo eleitoral.[10] [11] Por fim, a manipulação eleitoral pode partir de candidatos, de partidos, de eleitores ou do próprio Estado, designadamente dos funcionários da administração eleitoral.

Dados os limites que sempre se impõem a trabalhos como o presente, iremos ocupar-nos, em particular, da corrupção eleitoral. Todavia, não podemos deixar de mencionar a fraude eleitoral, pois que, sendo figuras concetualmente distintas, consubstanciando ilícitos estruturalmente diferentes, sempre têm em comum a circunstância de representarem as mais importantes manifestações de manipulação eleitoral.

Começaremos pela fraude eleitoral, que, por comparação com a corrupção eleitoral, se mostra mais rica do ponto de vista fenomenológico, sendo várias e distintas as formas que pode tomar. Assim, e em termos meramente aproximativos, a fraude eleitoral pode ser vista como um modo de manipulação que consiste em procurar, mediante ações clandestinas ilegais, moldar ou adulterar o resultado eleitoral. Como exemplos de condutas fraudulentas no plano eleitoral temos as seguintes: adulteração das listas de recenseamento/registo dos eleitores, má impressão ou mesmo falsificação de boletins de voto, introdução indevida de votos nas urnas ou eliminação de boletins de voto aí descarregados, alteração de boletins de voto, contagem inexata dos boletins de voto, registo incorreto dos resultados eleitorais. Conforme se pode constatar, as condutas fraudulentas podem ter lugar antes mesmo do início do processo eleitoral que irá desembocar numa determinada eleição.

A ilicitude associada à fraude eleitoral faz com que não possam ser consideradas como tal certas condutas que, sendo moralmente repreensíveis ou inaceitáveis (porque as pessoas foram induzidas em erro ou ameaçadas de forma mais ou menos velada), não são consideradas ilícitas, como são, manifestamente, os casos de pressão, *v.g*, dos patrões sobre os respetivos trabalhadores. De idêntico modo, não podem ser consideradas como fraude eleitoral irregularidades que têm mais que ver com erros ou enganos negligentemente cometidos por funcionários da administração eleitoral (*vide* nota 11) ou pelos próprios eleitores (*v.g.*, mostrar inadvertidamente o seu boletim de voto já com a escolha assinalada[12]) sem qualquer intenção de distorcer os resultados eleitorais.[13] É do maior interesse assinalar, a este propósito, que quanto mais complexas e obscuras

---

mas, de igual forma, de patrões, autoridades públicas, etc. Ver Alain Garrigou. *Le vote et la vertu*. Comment les français sont devenus électeurs. Paris: Presses de Sciences Po. 1992. pp. 131-172 - https://www.cairn-int.info/le-vote-et-la-vertu-9782724606159.

[10] Aqui podemos enquadrar formas mais subtis, como abrir mais tarde ou fechar mais cedo certas assembleias de voto ou nem sequer abri-las, não publicitar antecipadamente os locais de voto e a falta de boletins de voto, até formas menos subtis, como a fraude eleitoral propriamente dita, como a subtração ou adulteração de boletins de voto.

[11] Como afirma Sarah Birch, nem sempre é fácil estabelecer a destrinça entre manipulação do processo eleitoral enquanto expressão de uma intenção de distorcer as eleições e a vontade do povo expressa através do voto, e a incompetência ou negligência da administração eleitoral, na qual não está presente essa específica intencionalidade. Um exemplo bem claro disso é a falta de boletins de voto em certas assembleias de voto, que tanto pode ser o resultado de má administração do processo eleitoral como de verdadeira e autêntica tentativa de manipulação eleitoral. Cfr. Sarah Birch. *Electoral corruption*. Institute for Democracy & Conflit Resolution Briefing Paper (IDCR-BP-05/11). 2011. Pp. 1-12, e, ainda, Rafael López-Pintor. *Assessing Electoral Fraud in New Democracies. A Basic Conceptual Framework*. December 2010. Pp. 1-23 -rlp_electoral_fraud_white_paper_web.pdf.

[12] Já dificilmente será considerada mera irregularidade a prestação de informações falsas no âmbito do processo de recenseamento eleitoral e, de igual modo, a votação múltipla em distintas assembleias ou secções de voto.

[13] Cfr. Sarah Birch. *Electoral corruption*. Institute for Democracy & Conflict Resolution Briefing Paper (IDCR-BP-05/11). 2011. pp. 1-12.

forem as normas que regulam o processo eleitoral e a votação maior é a possibilidade de ocorrência deste tipo de irregularidades.

Passando agora à corrupção eleitoral, como se viu, trata-se também de uma forma de manipulação eleitoral, mas, ao contrário da fraude, configura uma conduta mais centrada na pessoa do corruptor e dos seus interesses egoísticos. É habitual verem-se mencionados atos de corrupção praticados por candidatos e partidos políticos, mas a verdade é que a corrupção eleitoral tanto pode ser ativa como passiva – ou seja, onde há um corruptor há também um corrompido, que é aquele que aceita, *v.g.*, dinheiro ou bens para votar num determinado candidato ou partido –, ambas as formas de corrupção eleitoral devendo ser banidas. Por outro lado, é igualmente comum ver-se a corrupção eleitoral reduzida ao fenómeno da compra de votos, quando, na realidade, existem outras formas de corrupção eleitoral além desta. Vejam-se as promessas feitas a troco de apoio monetário para as campanhas eleitorais (*v.g.*, a promessa de adjudicação de obras públicas ou de contratos de fornecimento de bens e serviços) e a oferta de dinheiro ou outro tipo de vantagens a adversários políticos para desistirem das respetivas candidaturas. No que se refere especificamente à compra de votos, o caráter secreto do voto deveria ter erradicado esta forma de corrupção eleitoral, haja em vista que o corruptor não tem como saber qual foi o sentido do voto. Ainda assim, ela não foi erradicada, sendo que, por vezes, o que se "compra" é a abstenção do eleitor, evitando que ele não cumpra o "contratualizado" (*v.g.*, o cidadão entrega ao corruptor o seu cartão eleitor durante o ato eleitoral).

Por último, de forma brevíssima, a pressão política pode ser vista como uma má prática eleitoral, na medida em que moralmente repreensível, sem que chegue a ser enquadrada juridicamente como uma infração, eleitoral ou penal.[14] Em termos simplísticos, trata-se de pressão indevida e não, ainda, de ingerência ou influência ilícita. Um exemplo clássico de pressão política, que mostra quão ténue é a linha que separa este fenómeno daquele já criminalizado da violência sobre eleitores (em que a intensidade da pressão tem como consequência a manifestação de um sentido do voto que não corresponde à real vontade do eleitor), é o dos grandes proprietários de terras, cujos assalariados e criados votavam no seu partido, ainda que por serem induzidos pelo seu patrão a votar deste modo ou ainda que o tenham feito com medo de represálias.[15]

Esta figura da pressão política leva-nos para outra questão, que é a de que nem todas as más práticas eleitorais devem ser consideradas corrupção ou fraude. Temos em mente, antes de mais, irregularidades relacionadas com falhas, ineficiências e enganos na administração do processo eleitoral e que podem ocorrer em todas as suas fases e em relação às várias operações eleitorais: erros no nome dos eleitores nas listas eleitorais,

---

[14] Recentemente, em Portugal, no contexto do processo eleitoral para os órgãos de governo próprio das Regiões Autónomas dos Açores e da Madeira, a Comissão Nacional de Eleições (CNE), depois de ter recebido várias queixas de cidadãos, condenou o envio aos eleitores açoreanos, por parte da Autoridade Tributária (AT), de um mail em que se apelava ao voto com a seguinte mensagem: "O futuro dos Açores está nas suas mãos". A CNE advertiu a AT "que se abstenha de intervir, por qualquer forma, nos processos eleitorais, seja porque tal intervenção não é legitimada por nenhuma norma de direito eleitoral, seja ainda e acessoriamente por força do que comanda o princípio da especialidade das competências administrativas". Mais ainda, a CNE chamou a atenção para a circunstância de que o Executivo "está sujeito a especiais deveres de neutralidade e imparcialidade", não podendo emitir documentos, excetuados aqueles que a lei permite em períodos eleitorais (cfr. jornal *online Observador*, edição de 16.10.2020).

[15] Dá-nos este exemplo Fabrice Lehoucq. Electoral Fraud: Causes, Types, and Consequences, em *Annu.Rev.Polit. Sci.2003.vol* 6:233-256 – https://doi.org/10.1146/annurevpolsci.6.121901.085655.

atrasos no recebimento de queixas, boletins mal impressos, etc. De igual modo, temos em mente práticas eleitorais que, sendo desleais e mesmo injustas, não estão configuradas como ilícitas, sendo certo, como já se disse, que nem sempre é fácil, em relação a cada uma delas, traçar a exata fronteira entre o que ainda se pode considerar lícito e o que já não é ilícito. Vejam-se as campanhas negativas de enxovalhamento de candidatos opositores com recurso a truques baixos, mentiras e calúnias,[16] que sempre poderão encontrar algum respaldo legal na liberdade de expressão, pelo menos para alguns.

Finalmente, não pode deixar de mencionar-se outra questão que consideramos relevante, qual seja, a das motivações por detrás da fraude e da corrupção eleitoral – questão não jurídica, mas que é da maior utilidade para o legislador na hora de regular os dois ilícitos em apreço. Três tipos de interesses são habitualmente identificados: interesses económicos, interesses político-partidários e interesses estritamente pessoais, sendo certo que por vezes estes se cruzam. Tal como previamente afirmado, no caso da corrupção eleitoral os interesses são sobretudo egoísticos. Mas vejamos em termos genéricos.

Ainda que hoje em dia se registe o declínio da ideologia enquanto elemento identificador dos diferentes partidos políticos (exceto, porventura, no que se refere aos partidos que ocupam os extremos do espetro partidário), cada um deles apresenta o seu específico programa de governação, designadamente no domínio económico. Aqueles que lançam mão de formas de manipulação eleitoral têm não quantas vezes como objetivo a preservação de uma ordem jurídico-económica que continue a favorecer os seus interesses económicos e, por isso, interessa-lhes escolher partidos que especificamente os representem.

No respeitante aos interesses pessoais não económicos (ou não primordialmente económicos), o que leva muitas vezes à manipulação eleitoral é o desejo de criar redes clientelares – mediante a distribuição de benefícios e vantagens, monetários ou não – como primeiro passo para garantir a reeleição e, com isso, a manutenção ou perpetuação em lugares de poder. Por vezes, o que se pretende mesmo é a patrimonialização do poder político, com a sua preservação dentro da mesma família de geração em geração.

Por último, restam os interesses político-partidários que, verdadeiramente, podem servir vários propósitos (nomeadamente, obter vantagens económicas), mas cujo fim genérico é o de alcançar e manter o poder político nas mãos do mesmo partido para, através da governação, impor a sua mundividência própria.

Todos estes propósitos são contrários e impedem o regular desenrolar das eleições e, com isso, atentam contra a genuinidade da vontade popular (e concomitante atentam contra os direitos políticos dos cidadãos) e, em última análise, desrespeitam o princípio da soberania popular e, mais amplamente, o princípio do Estado de Direito Democrático.

---

[16] Aparentemente diferente é o caso, muito frequente nas eleições norte-americanas, dos contributos bastante generosos de milhões de dólares a determinados candidatos, os quais podem ser vistos como uma forma encoberta de corrupção eleitoral. Segundo Roussin, este é um fenómeno que, infelizmente, continua a ser visto pela *Supreme Court* como uma manifestação de livre concorrência no âmbito político. Reagindo, precisamente, a esta tomada de posição do órgão judicial supremo dos EUA, Roussin estima que "compreender a democracia a partir do seu imperativo de igualdade permite, inversamente, tornar visível a corrupção à qual o seu sistema de financiamento eleitoral expõe a democracia americana". Cfr. Roussin, J. (2014). La démocratie sans limites: corruption et publicités dans les campagnes électorales américaines, em *The Ethics Forum*. 9 (1), 146-166 - https://doi.org/10.7202/1024299ar.

## 3 Instrumentos de combate à corrupção eleitoral e à manipulação eleitoral em geral

O combate da corrupção eleitoral, como o da corrupção política em geral, deve constituir um propósito sério e essencial se se quer garantir o próprio sistema democrático-representativo num determinado país. São vários os mecanismos de que se pode lançar mão para combater a corrupção eleitoral, uns mais diretamente vocacionados e apropriados para atingir esse propósito, outros apenas indiretamente adequados a esse fim.

Quanto a estes últimos, pense-se, entre outros, no assegurar a independência dos meios de comunicação social, em promover a sensibilização das populações, e no hetero ou autocontrolo das novas tecnologias de comunicação, *v.g.*, as redes sociais.[17]

Já quanto aos primeiros, seguidamente irão ser dados alguns exemplos, sem que haja a preocupação de fornecer uma lista exaustiva destes:

a) Sob pena de estarmos a dar conta de uma evidência que nem mereceria ser nomeada, não podemos deixar de mencionar, por prudência, a importância extrema da existência de uma disciplina jurídica reguladora das eleições políticas, com normas precisas e claras que regulem, sem falhas e lacunas, todo o procedimento eleitoral. A título meramente exemplificativo, devem estar claramente disciplinadas questões como: a elaboração dos cadernos eleitorais; a composição das secções e mesas de votos, a designação dos respetivos membros e suas eventuais substituições; os poderes dos membros das mesas; a designação dos delegados dos partidos e dos observadores independentes que podem acompanhar e fiscalizar o procedimento de votação e de apuramento dos resultados; o voto não presencial; o transporte de eleitores com mobilidade reduzida; os acompanhantes de eleitores invisuais ou com outros tipos de incapacidade física; o modo de elaboração das atas das operações eleitorais; o momento da declaração e publicitação dos resultados eleitorais; os tipos de queixas e reclamações que podem ser interpostos pelos cidadãos eleitores, etc.

Bem assim, mostra-se indispensável a criação de instituições de supervisão fiáveis, pois não basta, para assegurar eleições livres e justas, a elaboração de normas que regulem o processo eleitoral, sendo igualmente importante assegurar a sua correta e efetiva aplicação.

b) A existência de uma administração eleitoral autónoma, de modo a garantir a independência e imparcialidade da sua atuação.[18] O seu papel é deveras importante, sendo ela em grande medida a garante da regularidade e integridade das eleições. São vários os domínios e as fases do processo eleitoral sobre que recaem as suas competências.

---

[17] Veja-se o exemplo dado pelo *Twitter* e pelo *Facebook*, que têm apagado algumas mensagens difundidas no âmbito da presente corrida eleitoral para o lugar de chefe de Estado a ter lugar nos EUA, as quais foram consideradas falsas ou enganadoras para a população em geral e para os eleitores em especial. Em particular, foram visadas mensagens do Presidente Trump sobre a epidemia da COVID 19 destinadas a menorizar a sua gravidade e, com isso, a amenizar as críticas ao modo como a Administração Trump tem vindo a gerir este dossiê.

[18] Particularmente importante, para efeitos de garantir essa autonomia, se revela o modo de designação dos seus membros, devendo evitar-se o mecanismo da nomeação política.

Assim, cabe à administração eleitoral levar a cabo a realização das eleições e tratar de tudo a ela necessário, como, por exemplo, o prévio recenseamento dos eleitores (recenseamento que deve ser regularmente atualizado e publicitado com recurso aos meios mais modernos[19] [20]). Além das suas competências em matéria de recenseamento eleitoral, cabe-lhe, ainda, entre outras tarefas, assegurar o carácter secreto do voto, a regularidade e transparência das operações de contagem dos votos, um número suficiente de boletins de votos, a publicitação dos locais onde vão funcionar as assembleias de voto,[21] o cumprimento dos horários de funcionamento dos locais de voto, a operatividade de procedimentos expeditos de reclamação e protesto e, de igual modo, de esclarecimento de dúvidas dos eleitores, a composição das mesas nas assembleias de voto e a presença de delegados das candidaturas ou dos partidos políticos.

Os órgãos que a compõem devem estar previstos na lei, as suas competências bem definidas e de forma clara.

c) Como pré-condição da já mencionada regularidade e integridade das eleições, e, em particular, da genuinidade e da garantia de igualdade dos votos, temos a necessidade do estabelecimento de regras precisas e claras relativamente à contagem dos votos.[22] Em especial, quando é que um voto é nulo e deve ser descartado? Como facilmente se compreende, essas regras que determinam quando se pode considerar um boletim de voto válido ou não devem ser estabelecidas por lei, de forma geral e abstrata, e não ficar nas mãos das secções locais da administração eleitoral e de qualquer apreciação casuística sem base legal. Uma vez mais, a clareza das referidas regras é fundamental para que delas se possa fazer uma aplicação útil.

d) O controlo de financiamento das campanhas eleitorais também tem um papel importante na prevenção e combate à corrupção e fraude eleitorais. Especial atenção deve ser dada ao financiamento privado dos partidos políticos e das campanhas eleitorais, quando legalmente permitido, devendo ser individualizados os tipos de contribuições, previstas formas de assegurar o correspondente controlo e, de igual modo, as sanções para quem não cumpra as determinações legais.

e) A proibição, em termos absolutos, de os candidatos e partidos ou associações políticas oferecerem ou prometerem dinheiro, presentes ou favores em troca de votos.

---

[19] Para a identificação de cada eleitor devem existir controlos de tipo biométrico que substituam o tradicional cartão de eleitor, devendo esse controlo ser cruzado, no local de voto, com registos de recenseamento fidedignos.

[20] Ou, pelo menos, deve ser facilitado o seu acesso como forma de possibilitar o controlo de eleitores falsos, a não remoção de eleitores já falecidos, etc.

[21] Recentemente foi notícia que na recente corrida eleitoral para a Presidência dos EUA, apoiantes do Partido Republicano teriam criado locais de votação falsos, o que, a não ter sido denunciado este esquema fraudulento, poderia ter levado ao desaproveitamento de milhares de votos expressos pelos cidadãos que foram induzidos em erro.

[22] Para termos uma ideia da crucialidade desta questão basta pensar nas eleições presidenciais norte-americanas que puseram em confronto George V. Bush e Al Gore, em 2000, em que, justamente, a desqualificação de votos considerados como dúbios em termos de escolha eleitoral foi determinante para a vitória eleitoral do primeiro. Para uma melhor compreensão do imbróglio judicial que circundou a mencionada corrida eleitoral, em especial a contagem dos votos, veja-se a decisão da *Supreme Court* Bush v. Gore, 531 US 98 (2000), por alguns considerado o mais vergonhoso exemplo de ativismo judicial (tal como tivemos ocasião de aludir no nosso *Curso de Justiça Constitucional*. Coimbra: Almedina. 2016. p. 138.

f) O controlo das eleições, não apenas do ato eleitoral propriamente dito (ou seja, o ato de votação), mas de todo o processo eleitoral, prévio, contemporâneo e posterior ao ato eleitoral, é essencial para efeitos de averiguar se ocorreram ou não fenómenos de corrupção eleitoral. Há pouco foi mencionada a necessária existência de uma administração eleitoral autónoma a quem cumpre, entre outras funções, prevenir, através de variados modos colocados à sua disposição, a corrupção eleitoral. Além dela, no entanto, é, mais do que importante, fundamental permitir a supervisão das eleições por entidades externas, neutrais e credíveis, sejam elas nacionais ou estrangeiras, ONGs, grupos cívicos ou entidades internacionais, como a União Europeia, que tem promovido com regularidade missões de observação eleitoral.[23]

Além do óbvio controlo das eleições, a aceitação desta supervisão externa mostra-se igualmente vantajosa na medida em que dá publicidade aos atos de corrupção eleitoral, designadamente identificando os seus atores, sejam eles candidatos individuais ou partidos políticos.

g) O controlo das despesas dos partidos políticos, nomeadamente por ocasião da sua participação, ou de candidatos seus, em atos eleitorais.
h) O estabelecimento de sanções adequadas para aqueles que pratiquem ou tentem praticar atos de corrupção eleitoral constitui o derradeiro passo para garantir a integridade das eleições, servindo não apenas para condenar aqueles que efetivamente os praticaram, mas, de igual forma, para prevenir a ocorrência, no futuro, de novos casos de corrupção eleitoral.
i) A previsão de mecanismos de denúncia de atos de corrupção eleitoral, mecanismos esses que sejam de fácil acesso e utilização e que assegurem o anonimato dos denunciantes, se estes assim o desejarem.

## 4 A corrupção eleitoral no ordenamento jurídico português

Uma primeira nota a destacar é a de que, em Portugal, contrariamente ao que sucede no Brasil, não existe, porque não se justifica, uma jurisdição eleitoral independente. Assim sendo, o controlo das eleições é deixado fundamentalmente aos tribunais comuns e, em parte, ao Tribunal Constitucional (TC).

Uma segunda nota a reter é a de que não existe em Portugal um código eleitoral, pelo que as normas sobre corrupção eleitoral, em particular aquelas que identificam as condutas que preenchem este específico ilícito, terão de ser encontradas na legislação especial que regula cada uma das eleições: Lei Eleitoral do Presidente da República (LEPR), DL nº 319-A/76, de 03.05, com as sucessivas alterações; Lei Eleitoral da Assembleia da República (LEAR), Lei nº 14/79, de 16.05, com as sucessivas alterações; Lei Eleitoral para as Assembleias Legislativas das Regiões Autónomas dos Açores e da Madeira,[24] DL

---

[23] Independentemente de levarem a cabo missões de monitorização de eleições, há grupos/entidades internacionais que se dedicam ao estudo e combate à corrupção, como o *Grupo de Estados Contra a Corrupção* (GRECO), criado no âmbito do Conselho da Europa.

[24] Que, justamente, em função da autonomia política de que gozam, possuem órgãos de governo próprio, como uma assembleia legislativa e um governo regional, nos termos do artigo 231º da Constituição da República Portuguesa (CRP). As respetivas leis eleitorais não preveem expressamente a figura da corrupção eleitoral.

nº 267/80, de 08.08 (LEAL/RAA), e Lei Orgânica nº 1/2006, 13.02 (LEAL/RAM), ambas com as sucessivas alterações; Lei Eleitoral dos órgãos das autarquias locais (LEOAL), Lei Orgânica nº 1/2001, de 14.08; e Lei Eleitoral do Parlamento Europeu (LEPE), Lei nº 14/87, de 29.04. Além destas leis eleitorais acabadas de mencionar, o Código Penal (CP) tem uma secção dedicada aos crimes eleitorais.

No que toca à definição de corrupção eleitoral, o artigo 143º da LEPR dispõe, no seu nº 1, que "Aquele que, por causa da eleição, oferecer, prometer ou conceder emprego público ou privado ou outra coisa ou vantagem a um ou mais eleitores ou, por acordo com estes, a uma terceira pessoa, mesmo quando a coisa ou vantagem utilizadas, prometidas ou conseguidas forem dissimuladas a título de indemnização pecuniária dada ao eleitor para despesas de viagem ou de estada ou de pagamento de alimentos ou bebidas ou a pretexto de despesas com a campanha eleitoral, será punido com prisão até dois anos e multa de 5.000$00 a 50.000$00". Já o seu nº 2 determina que "A mesma pena será aplicada ao eleitor que aceitar qualquer dos benefícios previstos no número anterior". Com um teor em tudo idêntico, o artigo 155º da LEAR determina que "Aquele que, para persuadir alguém a votar ou deixar de votar em determinada lista, oferecer, prometer ou conceder emprego público ou privado ou outra coisa ou vantagem a um ou mais eleitores ou, por acordo com estes, a uma terceira pessoa, mesmo quando a coisa ou vantagens utilizadas, prometidas ou conseguidas forem dissimuladas a título de indemnização pecuniária dada ao eleitor para despesas de viagem ou de estada ou de pagamento de alimentos ou bebidas ou a pretexto de despesas com a campanha eleitoral, será punido com prisão até dois anos e multa de 5.000$00 a 50.000$00". O seu nº 2 dispõe que "A mesma pena será aplicada ao eleitor que aceitar qualquer dos benefícios previstos no número anterior".[25] A LEOAL, contrariamente ao que sucede com os anteriores diplomas legislativos, junta fraude e corrupção de eleitor no mesmo preceito, o artigo 187.º, o qual determina, no nº 1, que "Quem, mediante artifício fraudulento, levar eleitor a votar, o impedir de votar, o levar a votar em certo sentido ou comprar ou vender voto é punido com pena de prisão até 1 ano ou com pena de multa até 120 dias". Já o seu nº 2 dispõe que "Nas mesmas penas incorre o eleitor aceitante de benefício proveniente de transacção do seu voto".

Passando ao modo como é tratada a figura da corrupção eleitoral nos diplomas mencionados, pode constar-se, desde logo, que são em maior número os preceitos relacionados com a fraude eleitoral do que com a corrupção eleitoral, o que não surpreende, dada a maior riqueza fenomenológica da primeira já atrás mencionada. Ainda assim, cremos que o legislador não captou toda a riqueza do fenómeno da corrupção eleitoral, uma vez que da leitura dos preceitos *supra* transcritos se retira numa leitura ao pé da letra que ela se resume a uma negociação do direito de voto entre pessoas (ver *supra* 2.) Já nos parece claro que não é qualquer proposta genérica, pouco ou nada concretizada, que deve ser encarada como uma conduta corrupta.

Em segundo lugar, em todas as leis eleitorais claramente se prevê a figura do corruptor – primordialmente, o candidato individual ou o partido (ou quem aja em nome deles) – e do corrompido – o eleitor –, sendo que a conduta de ambos é considerada ilícita.

De mencionar, em terceiro lugar, a ideia, igualmente presente em todas as leis eleitorais, de que também a tentativa é punível, pelo que se deve entender, em relação

---

[25] A LEPE remete o tratamento desta questão e de outras questões para a LEAR.

à corrupção eleitoral, que a sua prática se consuma logo com a oferta de uma qualquer vantagem ou com a sua promessa. A título de exemplo, no artigo 123º (Punição da tentativa e do crime frustrado) da LEAR dispõe-se do seguinte modo: "A tentativa e o crime frustrado são punidos da mesma forma que o crime consumado".

Em quarto lugar, cumpre destacar a previsão em todas as leis eleitorais de circunstâncias agravantes, uma delas sendo a influência que a manipulação eleitoral teve no resultado eleitoral. Novamente a título exemplificativo, temos que a LEAR, no seu artigo 122º, sob a epígrafe "Circunstâncias agravantes gerais", determina que, "Para além das previstas na lei penal, constituem circunstâncias agravantes gerais do ilícito eleitoral: a) O facto de a infracção influir no resultado da votação; b) O facto de a infração ser cometida por membro de mesa de assembleia ou secção de voto ou agente da administração eleitoral; c) O facto de o agente ser candidato, delegado de partido político ou mandatário de lista".

Por fim, e em quinto lugar, sublinha-se que a invalidade, mais concretamente, a nulidade da votação numa determinada assembleia de voto ou em determinado círculo eleitoral, só ocorrerá na medida em que o ilícito cometido tenha tido influência no respetivo resultado (cfr. arts. 116º da LEPR; 119º da LEAR; 122º da LEAL/RAA; 126º LEAL/RAM; e 160º da LEOAL).

No que concerne às normas do Código Penal português, temos que nele estão previstos sete tipos de crime eleitoral: Falsificação do recenseamento eleitoral (art. 336.º); Obstrução à inscrição do eleitor (art. 337.º); Perturbação da assembleia eleitoral (art. 338.º); Fraude em eleição (art. 339.º); Coação de eleitor (art. 340.º); Fraude e corrupção de eleitor (art. 341.º) e Violação do segredo de escrutínio (art. 342.º). O artigo 341º dispõe do seguinte modo no seu nº 1: "Quem, em eleição referida no nº 1 do artigo 338.º: a) Mediante artifício fraudulento, levar eleitor a votar, o impedir de votar, ou o levar a votar em certo sentido; ou, b) Comprar ou vender voto; é punido com pena de prisão até um ano ou com pena de multa até 120 dias". O seu nº 2 determina a punibilidade da tentativa. A mencionar, ainda, o artigo 343.º, que prevê a existência de circunstâncias agravantes, sendo de realçar que, ao contrário do que sucede na legislação eleitoral, não está prevista a agravação pelo resultado. Com efeito, apenas funcionam como agravantes as circunstâncias de o agente ser membro de comissão recenseadora, de secção ou assembleia de voto, ou ser delegado de partido político à comissão, secção ou assembleia.

Resta dar conta de que, em Portugal, os fenómenos de corrupção eleitoral não são expressivos e nem atingem qualquer mediatismo digno de nota.

## 5 Notas conclusivas

Chegados aqui, é possível extrair de tudo o que foi dito algumas conclusões, nem todas elas muito animadoras para aqueles que prezam a democracia e os valores que ela protege.

Em primeiro lugar, existe e existirá sempre algum grau de manipulação eleitoral. Existem múltiplas formas de manipulação eleitoral, em especial de fraude, e, dada a clandestinidade das condutas manipulativas, não é humanamente possível controlá-las a todas.

Em segundo lugar, no que concerne especificamente à corrupção eleitoral, se é certo que nunca será possível eliminá-la completamente, ela sempre poderá ser controlada, podendo reduzir-se as oportunidades e os incentivos e, com isso, a tentação de enveredar por esquemas corruptos ou, de forma mais ampla, pela manipulação eleitoral nas suas variadas manifestações.

Por fim, não podemos deixar de notar que há quem chame a atenção para a sobrevalorização que tem havido do fenómeno da corrupção eleitoral partindo da ideia de que o seu impacto real e efetivo no resultado das eleições é, na realidade, muito raro. Há também quem questione a necessidade do seu estudo, não apenas pela dificuldade em analisar fenómenos clandestinos ou ocultos, mas, precisamente, dado o seu impacto reduzido e esporádico nos resultados eleitorais. No caso específico da corrupção eleitoral, há quem refira que se trata de fenómeno pouco expressivo, pois, por um lado, pressupõe, no que se refere ao corruptor, um poder económico considerável e, por outro, porque se trata de um "investimento" pouco seguro na medida em que é difícil ao corruptor controlar em quem os corrompidos realmente votaram. Seja como for, ainda que a manipulação eleitoral possa ser considerada um tema menor ou marginal para os cientistas políticos, ela não pode de modo algum ser negligenciada pelos juristas que prezam o Estado de Direito Democrático e os valores que ele representa e tutela. E a verdade é que não só há casos em que a competição eleitoral é renhida e em que a manipulação eleitoral pode, efetivamente, afetar o resultado eleitoral, interferindo indevidamente na formação e manifestação da vontade dos eleitores,[26] como, ainda que se verifique que a manipulação não foi eficaz numa determinada eleição, no sentido de que não foi decisiva para a construção do resultado eleitoral, sempre houve subversão da vontade dos eleitores que, por exemplo, foram intimidados a votar num determinado sentido ou não viram os seus votos ser corretamente contabilizados, o que pode levar à descrença nas eleições, e, em mais larga escala, no sistema democrático e respetivas instituições, macula a legitimidade dos governantes e mina a estabilidade política.

## Referências

BIRCH, Sarah. Electoral Systems and Electoral Misconduct, em *Comparative Political Studies*. Vol. 40. December 2007. Pp. 1533-1556 – https://doi.org/ 10.1177/00.10414006292886.

BIRCH, Sarah. *Electoral corruption*. Institute for Democracy & Conflit Resolution Briefing Paper (IDCR-BP-05/11). 2011. Pp. 1-12.

BUSCEMA, Luca. Reati elettorali e principio di democraticità dell'ordenamento: profili assiologici e ricostruttivi, em *Rivista Diritto Penale Contemporaneo*. p. 1-30 (www.penalecontemporaneo.it).

CANOTILHO, J. J. Gomes. *Direito Constitucional e Teoria da Constituição*. Coimbra: Almedina. 2003.

Garrigou, Alain. *Le vote et la vertu. Comment les français sont devenus électeurs*. Paris: Presses de Sciences Po. 1992. pp. 131-172. Disponível em: https://www.cairn-int.info/le-vote-et-la-vertu-9782724606159.

LEHOUCQ, Fabrice. Electoral Fraud: Causes, Types, and Consequences, em *Annu.Rev.Polit.Sci.2003.vol 6:233-256* - https://doi.org/10.1146 /annurevpolsci. 6.121901.085655.

LÓPEZ-PINTOR, Rafael. *Assessing Electoral Fraud in New Democracies. A Basic Conceptual Framework*. December 2010. Pp. 1-23 -rlp_electoral_fraud_white_paper_web.pdf.

---

[26] Veja-se, em especial, Fabrice Lehoucq. Electoral Fraud: Causes, Types, and Consequences, em *Annu.Rev.Polit. Sci*.2003.vol 6:233-256 – https://doi.org/10.1146/annurevpolsci.6.121901.085655.

ROUSSIN, J. La démocratie sans limites: corruption et publicités dans les campagnes électorales américaines, em *The Ethics Forum*. 9 (1), 146-166, 2014. - https://doi.org/10.7202/1024299ar.

URBANO, Maria Benedita. *Curso de Justiça Constitucional*. Coimbra: Almedina, 2016.

---

Informação bibliográfica deste texto, conforme a NBR 6023:2018 da Associação Brasileira de Normas Técnicas (ABNT):

URBANO, Maria Benedita Malaquias Pires. Democracia v. corrupção eleitoral. Integridade das eleições, genuinidade do voto popular e verdade eleitoral. *In*: ASSOCIAÇÃO DOS MAGISTRADOS BRASILEIROS; SALOMÃO, Luis Felipe; FONSECA, Reynaldo Soares da; VIDEIRA, Renata Gil de Alcantara; SZPORER, Patrícia Cerqueira Kertzman; COSTA, Daniel Castro Gomes da (Coord.). *Sistema penal contemporâneo*. Belo Horizonte: Fórum, 2021. p. 221-234. ISBN 978-65-5518-205-7.

---

# ESTADO DE DIREITO E A FUNÇÃO DE PROTEÇÃO DOS BENS JURÍDICOS MAIS RELEVANTES COMO ALICERCE DE UMA CONCEPÇÃO DEMOCRÁTICA DE DIREITO PENAL E DE PENA JUSTA

GABRIEL WEDY

MIGUEL TEDESCO WEDY

## 1 Introdução

O presente artigo objetiva vivificar uma relevante discussão da ciência conjunta do Direito Penal: qual a função do Direito Penal e qual o sentido de uma pena justa?

Assim, em contraponto ao pensamento sistêmico e funcional, que vê a pena como reafirmação contrafática da norma, o que se propõe é uma visão com um espectro mais apurado, capaz de proteger efetivamente aqueles "pedaços de realidade comunitária" ou "interesses" de maior envergadura, que necessitem de tutela penal.

O que se almeja é propugnar uma ideia que começa e arranca embasada numa noção de bem jurídico condizente com os tempos atuais, de uma sociedade de risco, hipercomplexa e fragmentária.

Como diz Faria Costa, os homens sempre puniram institucionalmente os comportamentos que se afastavam da regra ou com ela se cruzavam.[1] Sempre foi, através do Direito Penal, que as sociedades organizadas distribuíram as penas. Por isso, a noção

---

[1] COSTA, José Francisco de Faria. Habeas Corpus. *In*: COSTA, José Francisco de Faria. *Linhas de direito penal e de filosofia*. Coimbra: Coimbra Editora, 2005. p. 69.

de *ubi societas, ibi crimen*.² Isto é, foi pelo Direito Penal que distribuíram um "mal",³ não obstante a generosidade de pretensos fins. O crime, dentro dessa ótica, há de ser visto não apenas como o conjunto dos comportamentos legalmente proibidos por uma lei certa, escrita e anterior à prática dos factos (o chamado princípio da legalidade – *nullum crimen sine lege*); em relação ao crime, nessa visão, urge salientar que esses mesmos comportamentos provocaram uma violação de um bem jurídico. Isto é: essas precisas condutas que a lei proíbe determinaram, no caso concreto, uma violação, uma limitação, uma restrição de um direito fundamental de outra pessoa (a vítima). O que implica que, sociologicamente, o mal do crime se não deva, nesta ótica, ver, em exclusivo, como a pura violação de um bem jurídico-penal, mas antes como manifestação vivencial de alguém (no caso o infrator) que, de modo voluntário, provoca no 'outro' dor, sofrimento ou mesmo nadificação. Em suma: que provoca na vítima um mal existencialmente vivido, porque existencialmente sofrido".⁴

Impõe-se, assim, reapreciar a discussão acerca dos bens jurídicos, da busca de uma pena justa e de como a ideia de "cuidado de perigo" pode ser relevante nessa discussão.

## 2 Proteção dos bens jurídicos mais relevantes como função do Direito Penal, relação de cuidado de perigo e a busca de uma pena justa

A noção de bem jurídico foi aprofundada com as polêmicas entre Binding e Liszt.⁵

Assim, para Figueiredo Dias, embora não haja nem possa haver uma noção fechada de bem jurídico, há hoje como que um núcleo essencial acerca dessa noção, que seria a "expressão de um interesse, da pessoa ou da comunidade, na manutenção ou

---

² Na lição de Faria Costa: "Se a comunidade de homens só atingiu esse estatuto – isto é – só ascendeu à qualificação sociológica de comunidade de homens – através de uma norma de proibição – a proibição do incesto, observação antropológica veiculada de vários quadrantes mas sobretudo sustentada por Levi-Strauss – quer isso significar que o direito penal, enquanto conjunto de normas de proibição, é conatural ao nosso mais profundo modo-de-ser com os outros. O que implica, por outro lado, que se tenha também que ver o crime como uma realidade conatural ao nosso modo-de-ser. Observação ou verificação proposicional que se coaduna ou compagina, sem resto, com a ideia – agora de tonalidade positivista – de que cada 'sociedade' está sempre ligada a um determinado tipo de criminalidade ou ainda – talvez de maneira menos impressiva mas nem por isso eivada de menor significado – *ubi societas, ibi jus*. Sendo certo que neste *jus* está, por direito próprio e em lugar fundamental, o próprio direito penal. O que nos permite dizer em sentido translato mas absolutamente legítimo: *ubi societas, ibi crimen*". COSTA, José Francisco de Costa. *Noções fundamentais de direito penal*. Coimbra: Coimbra Editora, 2007. p. 15.

³ COSTA, José Francisco de Faria. Um olhar doloroso sobre o direito penal. In: *Linhas de direito penal e de filosofia*. Coimbra: Coimbra Editora, 2005. p. 77-78. Entretanto, tal expressão de Faria Costa não deve ser tomada no vazio, posto que assevera tratar-se de um mal da pena secularizado ou mais além: "Com efeito, como compreender um instrumento essencial de realização da nossa vida social que quer evitar o mal do crime – porque o crime, não o esqueçamos, é também um mal – levando a cabo o mal da pena?". *Ibid.*, p. 78. Porém, pondera: "É óbvio que só a sustentação, por meio de fins ou finalidades relevantes de um ponto de vista ético, pode fazer com que o mal da pena tenha uma justificação ou uma legitimidade ético-social e, portanto, torne racionalmente aceitável a aplicação de uma pena. Pensar de outro modo seria qualquer coisa de absurdo e eticamente insustentável. Ou seja: seria conceber que o Estado detinha o poder de punir e o usava arbitrariamente e sem qualquer sentido ou lógica material. Seria a aceitação da mais pura irracionalidade ainda que coberta pela formulação de regras". Como já se deixou atrás insinuado, o mal da pena, para não ser unicamente expressão de um puro aumento ou acrescento ao mal do crime, tem de se justificar como um bem". *Ibid.*, p. 78 e 82.

⁴ COSTA, José Francisco de Faria. Um olhar doloroso sobre o direito penal. In: *Linhas de direito penal e de filosofia*. Coimbra: Coimbra Editora, 2005. p. 78.

⁵ Sobre o tema: ANDRADE, Manuel da Costa. *Consentimento e acordo em direito penal*. Coimbra: Coimbra Editora, 2004. p. 70-71.

integridade de um certo estado, objecto ou bem em si mesmo socialmente relevante e por isso juridicamente reconhecido como valioso".[6]

Com isso, não se quer tornar pálida uma visão bem clara, concreta e delineada de direitos individuais. Isso não significa dizer, *a priori*, que bens jurídicos individuais perderam o seu significativo valor. Ao contrário, pois, como salienta Figueiredo Dias, é "claro que bens jurídicos colectivos só existem por causa do homem".[7]

Entretanto, a ciência penal não pode desconsiderar que algumas das maiores ameaças à vida humana provêm não de lesões ou perigos individualizados, mas coletivos e supraindividuais. Basta observar os riscos atinentes à energia atômica, às lesões ao meio ambiente com múltipla incidência sobre um número indeterminado de pessoas.[8] Enfim, dizer que o Direito Penal não pode ficar cego às novas realidades da sociedade de risco não significa, de forma alguma, que, com isso, se deva reduzir garantias e expandir, de forma infinita e desarrazoada, a ciência penal.

Admite-se, assim, a possibilidade de criminalização de bens supraindividuais. Como aduz Figueiredo Dias, a criminalização de condutas que atentam contra bens coletivos se impõe como legítima, pois tais bens possuem, invariavelmente, uma expressa referência constitucional, como se depreende, por exemplo, do meio ambiente.[9]

Para avante disso, não se pode esquecer de que haverá uma confluência, não raro, entre bens individuais e supraindividuais, o que alberga, de certa forma, a ideia

---

[6] DIAS, Jorge de Figueiredo. *Direito penal:* parte geral. Coimbra: Coimbra Editora: 2004. t. 1, p. 109-110. Não se pode esquecer a ponderação de Luís Greco acerca do perigo do conceito de bem jurídico legitimar uma ultrapenalização. GRECO, Luís. Princípio da ofensividade e crimes de perigo abstrato: uma introdução ao debate sobre o bem jurídico e as estruturas do delito. *Revista Brasileira de Ciências Criminais*, São Paulo, ano 12, n. 49, jul./ago. 2004. Na Alemanha, há entendimentos de que a proibição sem bem jurídico seria uma violação estatal. HEFENDEHL, Roland. *Kollektive Rechtsgüter im Strafrecht.* Köln: Heymanns etc., 2002. p. 18 e ss. Outros rechaçam vigorosamente tal pensamento, como KUHLEN, Lothar. Strafrechtsbegrenzung durch einen materiellen Straftatbegriff? *In:* WOLTER, Freund (Ed.). *Straftat, Strafzumessung und Strafprozeβ im gesamtem Strafrechtssystem.* Heidelberg: CF Müller, 1996. p. 89 e 96; STRATENWERTH, Zukunftssicherung mit den Mitteln des Strafrechts, *ZstW*, 105-692, 1993 e WOHLERS, *Deliktstypen des Präventionsstrafrechts – zur Dogmatik "moderner" Gefährdungsdelikte.* Berlin: Duncker & Humblot, 1999. p. 279. Relevante também o que diz Hefendehl acerca do conceito de bem jurídico: "Para algunos, los bienes jurídicos suponen aquellos presupuestos valiosos y necesarios para la existencia (*Mayer*). También son definidos como aquellas circunstancias dadas o finalidades que son útiles para el individuo y su libre desarrollo en el marco de un sistema social global estructurado sobre la base de la concepción de esos fines o para el funcionamiento del propio sistema (*Roxin*). Otros los han descrito como presupuestos instrumentales necesarios para el funcionamiento y para que éste sobreviva. (*Rudolphi*). También están los que los definen como aquellos presupuestos que aseguran las posibilidades de participación del individuo en la sociedad (*Callies*)". HEFENDEHL, Roland. Debe ocuparse el derecho penal de riesgos futuros? Bienes jurídicos colectivos y delitos de peligro abstracto. *Revista Electrónica de Ciencia Penal y Criminología*, v. 4, n. 14, p. 2, 2002.

[7] *Ibid.*, p. 135.

[8] Basta se observar as ocorrências ambientais (o rompimento de barragens de contenção de detritos de exploração de minérios) de Mariana e Brumadinho, no Brasil, que ocasionaram mais de duas centenas de mortes. No primeiro caso, de Mariana, já houve denúncia criminal. No segundo, ocorrido em janeiro de 2019, já há investigação criminal e prisões preventivas foram decretadas. Tudo a revelar a incapacidade do Direito e, em especial, do Direito Ambiental e do Direito Penal de se anteciparem a tais fatos, em que pesem os riscos que já estavam envolvidos.

[9] DIAS, Jorge de Figueiredo. *Direito penal:* parte geral. Coimbra: Coimbra Editora: 2004. t. 1, p. 137. Na defesa da proteção penal ponderada de bens jurídicos supraindividuais: SILVEIRA, Renato de Mello Jorge. *Direito penal supra-individual:* interesses difusos. São Paulo: RT, 2003. Também importa relatar a ponderação de Hefendehl sobre os bens jurídicos coletivos, isto é, aqueles bens que servem aos interesses de muitas pessoas e que se caracterizam pela não distributividade, ou seja, quando é real, conceitual e juridicamente impossível dividir o bem em partes e dividi-las entre os indivíduos. HEFENDEHL, Roland. Debe ocuparse el derecho penal de riesgos futuros? Bienes jurídicos colectivos y delitos de peligro abstracto. *Revista Electrónica de Ciencia Penal y Criminología*, v. 4, n. 14, p. 4, 2002. Disponível em: http://criminet.uger.es/recpc. Acesso em: 29 ago. 2007.

de Hassemer, de que os bens jurídicos devem conter um referente pessoal.[10] Contudo, nem sempre essa notável realidade estará presente, de forma que se há de respeitar, também, a altivez de bens jurídicos coletivos, por si só, desde que albergados na axiologia constitucional e estruturados a partir de uma visão humanista do Direito Penal. Humanista não no sentido apenas da referência pessoal e de um antropocentrismo estreito, mas humanista a partir de um antropocentrismo alargado, com a percepção do dever que o homem tem para com o outro-homem-pessoa e também para com a preservação das gerações futuras e das outras espécies, por exemplo.[11]

O homem-pessoa não pode se esquecer de seus deveres. Como diz Castanheira Neves, "[...] hoje temos o homem coletivo. Todos os problemas do homem são problemas sociais. O Homem não reconhece hoje os seus direitos medidos pelos seus deveres".[12] O fato de o homem não se ver atingido ou ameaçado diretamente por um dano, veja-se o caso de um desastre ambiental, não retira do bem jurídico uma "correspondência" com os deveres do homem.

Mais do que o vilipêndio contra a "possibilidade de gozo comum", como bem salienta Figueiredo Dias,[13] o que caracteriza a afetação do bem jurídico coletivo é uma violação daqueles valores comunitários essenciais já assentados na sociedade hodierna, em que o homem pessoa possui uma responsabilidade de cuidado e também de dever para com outras pessoas ou outras espécies. Isso em razão de que só o homem-pessoa e do homem-pessoa se pode exigir responsabilidade para com os outros e para com as demais espécies.

Ainda assim, impõe-se ir avante. Mas não se deve esquecer de que uma concepção assim, como pondera Figueiredo Dias, não dispensa o critério da "necessidade" ou "carência" de tutela penal, pelo qual a violação de um bem jurídico-penal não basta

---

[10] HASSEMER, NStZ, 1989, p. 90 e ss., e em AK, 1990, antes do parágrafo 1º, nº 274 e ss. Citação apontada por DIAS, Jorge de Figueiredo. *Direito penal*: parte geral. Coimbra: Coimbra Editora: 2004. t. 1, p. 135.

[11] Sobre a preservação ecológica e uma visão do Direito ambiental trans-geracional, leia-se KISS, Alexandre. Justiça ambiental e religiões cristãs. *In*: KISHI, Sandra; SILVA, Solange; SOARES, Inês Prado (Org.). *Desafios do direito ambiental no século XXI*: estudos em homenagem a Paulo Affonso Leme Machado. São Paulo: Malheiros, 2005. p. 47-58. E, de grande relevância, o estudo de Gomes Canotilho. Direito Constitucional Ambiental Português e da União Europeia. *In*: CANOTILHO, José Joaquim Gomes; LEITE, José Rubens Morato (Org.). *Direito constitucional ambiental brasileiro*. 2. ed. São Paulo: Saraiva, 2008. p. 1-11. Vê-se aí a reflexão muito clara no sentido da essencialidade da ideia da *responsabilidade de longa duração*, que convocaria os princípios "do desenvolvimento sustentável", "do aproveitamento racional dos recursos", da "salvaguarda da capacidade de renovação e estabilidade ecológica" e o princípio da "solidariedade entre gerações". Também, para Faria Costa, mais do que responsáveis pelas gerações futuras, "somos responsáveis pelos homens e mulheres reais, concretos, que o futuro há-de trazer dentro dessa categoria formal a que chamamos gerações. São essas pessoas de carne e osso que nos interrogam do futuro e não uma qualquer abstracção, mesmo que densificada na categoria da geração futura. COSTA, José Francisco de Faria. A Linha: algumas reflexões sobre a responsabilidade em um tempo de 'técnica' e de 'bio-ética'. *In*: COSTA, José Francisco de Faria. *Linhas de direito penal e de filosofia*. Coimbra: Coimbra Editora, 2005. p. 41. Relevante, sob outro aspecto, a ponderação de Paulo Sousa Mendes, acerca da eficiência do Direito Penal ambiental: Vale a pena o direito penal do ambiente? *Associação Acadêmica da Faculdade de Direito da Universidade de Lisboa*, Lisboa, p. 177-178, 2000. E também GRECO, Luís. A relação entre o direito penal e o direito administrativo no direito penal ambiental: uma introdução aos problemas da acessoriedade administrativa. *Revista Brasileira de Ciências Criminais (IBCCRIM)*, São Paulo, ano 14, n. 58, p. 156-194, jan./fev. 2006.

[12] NEVES, António Castanheira. A imagem do homem no universo prático. *In*: NEVES, António Castanheira. *Digesta*: escritos acerca do pensamento jurídico, da sua metodologia e outros. Coimbra: Coimbra Editora, 1995. p. 333.

[13] DIAS, Jorge de Figueiredo. *Direito penal:* parte geral. Coimbra: Coimbra Editora: 2004. p. 138-139. E aqui releva muito citar Figueiredo Dias em outro texto, no qual refere à relevância do bem ambiental para muito além de uma perspectiva de uma teoria pessoal do bem jurídico. DIAS, Jorge de Figueiredo. Sobre o papel do direito penal na protecção do ambiente. *RDE*, ano 4, n. 1, p. 8 e ss., 1978.

por si para desencadear a intervenção, antes se requerendo que essa seja absolutamente indispensável à livre realização da personalidade de cada um na comunidade.[14] Como também não dispensa a ideia de proporcionalidade em sentido amplo, sob a forma da proibição do excesso, tendo em vista que o direito penal utiliza os meios mais onerosos para a proteção dos direitos e das liberdades das pessoas, de modo que ele só pode intervir nos casos em que todos os outros meios da política social, em particular da política jurídica não penal, se revelem *"insuficientes"* (grifo nosso) ou *inadequados*.[15]

Mais relevante, ainda, a assertiva que faz Figueiredo Dias de que tal concepção traz uma proposição político-criminal fundamental: "a de que, para um *eficaz* (grifo nosso) domínio do fenómeno da criminalidade dentro de cotas socialmente suportáveis, o Estado e o seu aparelho formalizado de controle do crime devem intervir o *menos possível;* e devem intervir só na precisa medida requerida pelo asseguramento das condições essenciais de funcionamento da sociedade. A esta proposição se dá o nome de *princípio da não intervenção moderada* de forma que do âmbito deste conceito têm de ser expurgados todos os comportamentos que *não acarretem lesão (ou perigo de lesão) para bens jurídicos* claramente definidos; ou que, ainda quando a acarretem, possam razoavelmente ser *contidos ou controlados por meios não penais* de política jurídica ou mesmo de política social não jurídica".[16]

Buscar uma via alternativa não significa pugnar pelo anarquismo metodológico, mas, sim, erigir uma concepção também com profundidade, em nossa opinião. Uma concepção em que o fundamental está no bem jurídico.[17]

Assim, só haverá efetiva e verdadeira legitimidade e justiça em Direito Penal se o que estiver em disputa for de fato um bem jurídico. Onde se estiver a tratar de meros comportamentos imorais ou desviados, de condutas que não extrapolem o âmbito do próprio autor ou do espectro de proteção do bem jurídico, de atos que não condigam, de qualquer modo, com uma situação de cuidado de perigo, haverá significativa margem de ineficiência penal, mormente quando houver um desapego à própria Constituição.

De outra parte, pugnar pela restrição efetiva do campo de abrangência penal não significa deixar de apontar a necessidade de criminalização de certas condutas que afetam bens coletivos, transindividuais ou difusos. O que se há de almejar é a circunscrição do Direito Penal para a proteção dos bens jurídicos de maior envergadura, em casos de necessidade comprovada.

De outra parte, a circunscrição do Direito Penal à proteção subsidiária e efetiva dos bens jurídicos, em casos de real necessidade, fortifica a própria legitimidade da ciência criminal. Uma aplicação que se há de constatar concretamente naquelas situações de real proteção do bem jurídico. E legitimidade haverá aí, pois uma decisão legislativa ou judicial que opte pela proteção proporcional e subsidiária do bem jurídico, ainda

---

[14] *Ibid.*, p. 121.
[15] *Ibid.*, p. 121.
[16] *Ibid.*, p. 124.
[17] COSTA, José Francisco de Costa. *O perigo em direito penal.* Coimbra: Coimbra Editora, 2000. p. 168. E assim julgamos nos afastar daquelas críticas de Tobias Barreto, acerca dos "Metafísicos do Direito", "que encontram não sei que delícia na discussão de problemas insolúveis", pois não estamos a tratar de "bolhas de sabão teoréticas", mas de conceitos fortes, duros e concretos. BARRETO, Tobias. *Fundamento do direito de punir: estudos de direito.* 1. ed. Campinas: Bookseller, 2000. p. 163.

mais aquele com relevo constitucional, em casos de necessidade, estará muito próxima daquilo que se poderia depreender como justiça. E assim, o problema de saber como deve um Estado ser configurado para viabilizar o conhecimento do direito justo deixa de ser uma questão de mera crítica da Constituição, para se converter em elemento de uma dogmática construtiva, nos limites instransponíveis do texto constitucional, dado o seu valor democrático.[18] Ademais, o

> Direito Penal, devido às sanções que historicamente o caracterizam (e, hoje, a pena de prisão acima de tudo) não se apresenta como um simples factor de organização da vida em sociedade em torno de fins ou valores específicos (tais como um projecto concreto de sociedade ou a realização de quaisquer objectivos políticos).[19]

Poder-se-ia dizer: mas é difícil medir esse critério. De fato, muito há que não se pode medir. Mas há o que se pode sentir. E sentir, de forma muito próxima entre aquilo que é o comum dos homens, que uma lei injusta é aquela que não permite ou não realiza a ideia de direito.[20]

E é aí que se começa a aquilatar um pensamento que imbrica numa unidade de sentido, o fundamento, a função e a finalidade do Direito Penal. Um pensamento que vê na proteção proporcional, subsidiária e necessária daqueles interesses, objetos ou bens relevantes e valiosos, uma função primordial e uma expressão de justiça.

Ou, como diz Sergio Moccia, é preciso um sistema penal que privilegie uma perspectiva de redução da área de intervenção penal, com o respeito aos ditames da dignidade da pessoa humana, da proporcionalidade, da subsidiariedade, da legalidade e da ofensividade. Assim, será possível evitar talvez o perigo de propagação da ilusão repressiva de caráter emergencial[21] e se assistirá oxalá à oportunidade de uma política de despenalização válida e plena de legitimação.[22] E mais, assim não se estará "coisificando" a pessoa. O fato deve ser ofensivo ao bem jurídico, e não útil para outro objetivo.[23]

Sob essa ótica, o arranque dessa noção a partir da ideia de bem jurídico permite uma construção decente e honesta. Isso em razão de que o direito há de solver os problemas concretos e terríveis que se colocam à sua frente.

Não se deve confundir, em nenhuma hipótese, o tipo penal com o seu *substratum*, o objeto de proteção. É imperioso que se continue a estabelecer uma diferenciação entre bem jurídico e tipo penal.[24]

E, para que se reforce essa ideia de bem jurídico como função fundamental do Direito Penal, impõe-se que se revisite a ideia da "relação de cuidado de perigo" de Faria Costa.

---

[18] PALMA, Maria Fernanda. *Direito constitucional penal*. Coimbra: Almedina, 2006. p. 43.
[19] *Ibid.*, p. 47.
[20] NEVES, António Castanheira. O papel do jurista no nosso tempo. In: NEVES, António Castanheira. *Digesta*: escritos acerca do pensamento jurídico, da sua metodologia e outros. Coimbra: Coimbra Editora, 1995. p. 44.
[21] MOCCIA, Sergio. L'Illusione repressiva. La politica criminale e giudiziaria nell'Italia degli anni novanta. *Dei Delitti e delle Pene*: Rivista di Studi Sociali, Storici e Giuridici sulla Questione Criminale, Bologna, ano 5, n. 1, p. 91-92, genn./apr. 1998.
[22] *Ibid.*, p. 96.
[23] *Ibid.*, p. 100.
[24] *Ibid.*, p. 185.

E qual é tal ideia matriz? É justamente a noção de que o rompimento da relação matricial onto-antropológica de cuidado de perigo é o elemento catalizador primordial para a existência do crime e para o desenvolvimento da ciência penal.[25]

Se a ideia que se quer deve partir da noção de bem jurídico, impõe-se também que ela se estruture de forma robusta. Uma estrutura matriz que norteie o processo de criminalização/descriminalização. É preciso, como lembra Gomes Canotilho, voltar "às raízes ônticas do Direito Penal".[26]

Uma estrutura que alcance uma tal forma modelar que seja capaz de atingir aquilo que se pretende de forma altaneira, e não aquela ideia utilitarista. Uma estrutura que permita a existência de uma função, a proteção subsidiária dos bens jurídicos em casos de extrema necessidade, sempre com respeito à Constituição, mas também de uma finalidade, a justiça que leva até a paz jurídica. Uma estrutura, por fim, que permita alcançar tudo isso, preservando garantias de forma eficiente.

Uma concepção que parte do ilícito-típico como ofensa a interesses objetivos e não a mera violação de deveres ou dispositivos legais e que entende o cuidado como elemento fundamental da convivencialidade humana. Uma noção que recorda Heidegger, citado por Ernildo Stein: "o estar-no-mundo possui a marca ontológica do cuidado".[27] Um cuidado do eu para consigo mesmo e também um cuidado com os outros e para além dos outros, como o meio ambiente, pois só aí, apenas nessa relação única e magnífica para consigo e para com os outros, é que se encontram, como refere Faria Costa, "a segurança, a ausência de cuidado, a carência de perigo".[28]

E aqui é importante referir que essa relação matricial onto-antropológica de cuidado de perigo encontra sua *ratio essendi* justamente na mediação do já referido bem jurídico.[29]

É justamente na mediação do bem jurídico que está o epicentro desse pensamento. É na relação de cuidado do eu para com o outro que se estrutura essa criação. Uma criação que se desdobra posteriormente no tipo penal.

Prova disso é a circunscrição que deve haver na interface entre a mundividência constitucional e o microcosmo penal.

A ordem constitucional e a ordem penal são fragmentárias. A ordem constitucional não protege todos os bens jurídicos. Não há uma determinação expressa de ampla criminalização. O Direito Penal não pode ficar acorrentado e subjugado pela ordem constitucional,[30]

---

[25] Inegável é que aqui nos estribamos em COSTA, José Francisco de Faria. *Noções fundamentais de direito penal*. Coimbra: Coimbra Editora, 2007. p. 20.

[26] CANOTILHO, José Joaquim Gomes. Justiça constitucional e justiça penal. *Revista Brasileira de Ciências Criminais (IBCCRIM)*, São Paulo, ano 14, n 58, p. 156, 152-194. É importante é aqui referir a lição de João Maurício Adeodato, de que "ontologia não é objetologia estática, não significa descrever objetos para o todo e sempre". ADEODATO, João Maurício. *Filosofia do direito*: uma crítica à verdade na ética e na ciência. São Paulo: Saraiva, 1996. p. 207.

[27] STEIN, Ernildo. *Seis estudos sobre "ser e tempo" (Martin Heidegger)*. Petrópolis: Vozes, 1988. p. 87.

[28] COSTA, José Francisco de Faria. *O perigo em direito penal*. Coimbra: Coimbra Editora, 1992. p. 319. Na mesma linha o pensamento de D'AVILA, Fabio. *Ofensividade em direito penal*: escritos sobre a teoria do crime como ofensa a bens jurídicos. Porto Alegre: Livraria do Advogado, 2009.

[29] Assim também para Fabio D'Avila em *Ofensividade e crimes omissivos próprios* (contributo à compreensão do crime como ofensa ao bem jurídico). Coimbra: Coimbra Editora, 2005. p. 160.

[30] COSTA, José Francisco de Faria. *O perigo em direito penal*. Coimbra: Coimbra Editora, 2000. p. 189.

[...] a Constituição desenvolve, neste particular como em tantos outros, uma função sistemática e uma função de orientação que ninguém ousa contestar; mas daí admitir, como o faz alguma doutrina italiana, que só é legítima a incriminação de comportamentos lesivos de bens jurídicos com relevo constitucional, é coisa que consideramos como manifestamente errada.[31]

Entender o contrário seria querer dar aos bens jurídicos uma natureza estática e inerte, o que não se coaduna com a realidade do Direito Penal.

Com isso, não se quer apontar uma desconsideração pelas prescrições constitucionais.[32] Ao contrário, quer-se fortalecer justamente aquelas noções expressas e claras de incriminação constitucional (por exemplo, a criminalização da pessoa jurídica, no Brasil, conforme o art. 225, parágrafo 3º, da Carta Constitucional de 1988). Por via reversa, também só se pode afirmar, como bem faz Figueiredo Dias, em referência já expressa, que não existem imposições constitucionais implícitas de incriminação. E, para lá de tudo isso, não se esquece também de que o bem jurídico protegido pelo tipo penal não pode ofender ou fustigar a Constituição. O fato é que "toda e qualquer norma incriminadora, independentemente do respeito formal que constitucionalmente a cubra, não pode desrespeitar os princípios materiais da Lei Fundamental".[33] E, assim, se percebe um duplo efeito da Constituição,

[...] o de ser, em primeiro lugar, o limite material instransponível de qualquer norma incriminadora, mesmo que formalmente correcta e de, em segundo lugar, por isso mesmo, desencadear um esforço de interpretação e aprofundamento que muito têm feito desenvolver a disciplina que todos cultivamos.[34]

Desse modo, a relação matricial de cuidado de perigo define e amolda a intervenção penal para aqueles casos mais excepcionais. Ela reduz a expansão atual da ciência penal. Ela salienta o caráter fragmentário da ciência penal, moldando-o à realidade da vida, ao altiplano que é defender a intervenção penal apenas para aqueles casos mais relevantes, a fim de se proteger, com um agir subsidiário, o bem jurídico.

E essa noção não apenas apregoa a bondade da ideia de bem jurídico, como a qualifica, vendo nela aquilo que se definiria como o mínimo ético dos valores comunitários assumidos.[35] Como assinala Faria Costa,

A tutela de todos os bens jurídico-penais manifesta-se precisamente como o limite do âmbito do mínimo ético. Assumir-se a representação de um mínimo ético para o direito penal não é, nem de longe nem de perto, querer que o direito penal tutele ou defenda

---

[31] Ibid., p. 199.
[32] Negar a essencialidade e necessidade da relação entre Constituição e Direito Penal é querer repudiar o mais óbvio. Ter-se-ia que negar a relevante expressão "Constituição penal", que apela para uma ideia material de Constituição. MIRANDA, Jorge. *Manual de direito constitucional*. 5. ed. Coimbra: Coimbra Editora, 2003. v. 2, p. 10 e ss. CANOTILHO, José Joaquim Gomes. *Direito constitucional e teoria da Constituição*. 7. ed. Coimbra: Almedina, 2003. p. 1336 e ss.
[33] COSTA, José Francisco de Faria. *O Perigo em direito penal*. Coimbra: Coimbra Editora, 2000. p. 363.
[34] Ibid., p. 363.
[35] COSTA, José Francisco de Faria. Uma ponte entre o direito penal e a filosofia penal: lugar de encontro sobre o sentido da pena. In: COSTA, José Francisco de Faria. *Linhas de direito penal e de filosofia*. Coimbra: Coimbra Editora, 2005. p. 223.

qualquer vector ou segmento de moralidade. É antes dizer que os bens jurídico-penais que se defendem são o património mínimo ético-social que permite que nos assumamos como comunidade de homens e mulheres historicamente situada. Mas também nada menos. O que, por conseguinte – quando olhamos para esse nada menos -, faz com que se possa e deva – sublinhe-se – continuar a afirmar que o direito penal se insere nessa linha de limite em que o mínimo ético é fronteira intransponível.[36]

É, por conseguinte, o esgarçamento ou a ruptura da relação onto-antropológica de cuidado de perigo que constitui o "elemento ou segmento fundante para a existência do crime. E esse momento de ruptura, de fractura de convulsão no cuidado genésico só se refaz com a pena. A aplicação da pena, nesta compreensão fundante, repõe o sentido primevo da relação de cuidado-de-perigo".[37]

A pena, se quisermos, assume, assim, o papel de reposição, da repristinação e, por conseguinte, *da eficácia de um bem*. Ou, se ousarmos ser ainda mais radicais, ela é um bem".[38] Ou como diz Ost, "punir é também recordar".[39]

E, dessa forma, é na manutenção e na recomposição da relação de cuidado de perigo que está o elemento fulcral capaz de trazer à baila a pena criminal, é

> [...] no lugar passado do rompimento da primeva relação de cuidado-de-perigo que está a causa, o cerne de tudo. É, por conseguinte, a partir deste enquadramento, que é ilógico ou incompreensível aplicar-se uma pena dizendo que se o faz na mira de que os outros não pratiquem crimes ou com o fito de repor a validade contra-fáctica da norma. Uma tal projecção teórica admite a possibilidade da punição de inocentes e admite, mesmo que se ponha limite a prática de um facto censurável (punível com culpa), uma medida concreta da pena que ultrapasse, efectivamente, o limite da culpa.[40]

No dealbar dessa construção surge um direito a uma pena justa. Direito a uma pena justa que, para Faria Costa, decorre "da primeira relação de cuidado-de-perigo que nada tem de dialéctico e se entrega antes à espessura do ser que é, em sentido onto-antropológico. A exigência de 'minha' identidade de ser-com-os-outros pressupõe que ela também só se efective se 'eu', ao ter violado aquela específica e fundante relação de cuidado-de-perigo, reivindique, na total autonomia de ser aberto e em projecto, o direito a uma pena justa.[41] A ser pessoa responsável".[42]

Isto é, a relação matricial de cuidado-de-perigo se refaz, em concreto, com a aplicação de uma pena justa, que esteja de acordo com as leis e a Constituição. E, para além de tudo, importa asseverar que tal pena só haverá de ser imposta ou prevista em virtude da ofensa de um bem jurídico protegido de forma subsidiária.

---

[36] *Ibid.*, p. 223.
[37] *Ibid.*, p. 224.
[38] COSTA, José Francisco de Faria. Uma ponte entre o direito penal e a filosofia penal: lugar de encontro sobre o sentido da pena. In: COSTA, José Francisco de Faria. *Linhas de direito penal e de filosofia*. Coimbra: Coimbra Editora, 2005. p. 224.
[39] OST, François. *O tempo do direito*. Lisboa: A Triunfadora Artes Gráficas, 2001. p. 128.
[40] COSTA, *op. cit.*, p. 227.
[41] *Ibid.*, p. 233.
[42] *Ibid.*, p. 231.

## 3 Conclusão

E, assim, é possível um conceito com legitimidade em Direito Penal que parte e arranca da ideia de bem jurídico. Um conceito que, de forma expressa e cristalina, impõe a redução do campo de luta do Direito Penal. Um conceito que apregoa uma redução ética e ponderada da intervenção penal para aqueles casos mais graves e impactantes, quando outros estratos do ordenamento jurídico não forem mais capazes de intervir a fim de proteger o bem jurídico.

O fato é que essa concepção dá ao Direito Penal a necessária serenidade que permite o enfrentamento ante a *ratio calculatrix, o pensamento que nunca para, que nunca chega a meditar*. A serenidade que penetra tal pensamento edifica uma visão redutora do espaço penal.

E, de modo mais direto e significativo, a serenidade desse pensamento é que permite a sua interface com uma pena justa, isto é, uma pena que respeite as leis e a Constituição. E, de maneira mais precisa, a conexão entre o pensamento onto-antropológico do cuidado de perigo, o bem jurídico e uma pena justa. Na prática, a responsabilidade só surge quando o homem pisa a linha, isto é, quando aquela relação é abalada de fato, pois o "nosso modo-de-ser onto-antropológico é o de sermos seres em perigo, seres em cuidado-de-perigo que só existem porque são responsáveis perante si mesmos e perante os outros".[43]

É o pensamento onto-antropológico do cuidado de perigo que permite trabalhar, legítima e democraticamente, a noção de bem jurídico e a ideia de uma pena justa, isto é, uma pena que respeite as leis e a Constituição nos casos concretos. Trata-se, pois, de se tentar alcançar aquela finalidade eficiente que busca a justiça e a paz, por intermédio da conservação e do refazimento daquela relação fundamental onto-antropológica de cuidado de perigo. E o sim, também se impõe apontar, para uma ideia que limita a criminalização e a punibilidade em Direito Penal.

Inegável que aqui nos embasamos em Heidegger, especialmente no seu discurso em homenagem ao centenário da morte do maestro Conradim Kreutzer. Como salienta Heidegger, há dois tipos de pensamento, o pensamento que calcula e a reflexão que medita. No atual estágio, "o homem é, assim, transposto para uma outra realidade. Esta revolução radical da visão do mundo é consumada na filosofia moderna. Daí resulta uma posição totalmente nova do homem no mundo e em relação ao mundo. O mundo aparece agora como um objeto sobre o qual o pensamento que calcula investe, nada mais devendo poder resistir aos seus ataques", de forma que "a evolução da técnica decorrerá cada vez mais rapidamente e não será possível detê-la em parte alguma. Em todos os domínios da existência as forças dos equipamentos técnicos e dos autómatos apertarão cada vez mais o cerco". Assim, "o pensamento que medita exige de nós que não fiquemos unilateralmente presos a uma representação, que não continuemos a correr em sentido único na direcção de uma representação". E prossegue Heidegger, afirmando que devemos dizer, simultaneamente, o 'sim' e o 'não' aos objetos técnicos. E o dizer o sim e o não ao mesmo tempo é o que se define como "serenidade". Assim:

---

[43] COSTA, José Francisco de Faria. A linha: algumas reflexões sobre a responsabilidade em um tempo de 'técnica' e de 'bio-ética'. *In:* COSTA, José Francisco de Faria. *Linhas de direito penal e de filosofia.* Coimbra: Coimbra Editora, 2005. p. 35.

"A serenidade em relação às coisas e a abertura ao segredo são inseparáveis. Concedem-nos a possibilidade de estarmos no mundo de um modo completamente diferente. A serenidade em relação às coisas e a abertura ao mistério dão-nos a perspectiva de um novo enraizamento. Que um dia poderá mesmo conseguir recordar, de uma nova forma, o velho enraizamento, que agora se desvanece rapidamente. Por isso, o importante é manter desperta a reflexão".[44]

Por tudo isso, o Direito Penal deve continuar firme na defesa da ideia de bem jurídico, mas com a abertura necessária para permitir alguns bens supraindividuais. E, tudo isso, sem esquecer o propósito da busca de uma pena justa, dentro dos limites da lei e da Constituição.

## Referências

ADEODATO, João Maurício. *Filosofia do direito*: uma crítica à verdade na ética e na ciência. São Paulo: Saraiva, 1996.

ANDRADE, Manuel da Costa. *Consentimento e acordo em direito penal*. Coimbra: Coimbra Editora, 2004.

BARRETO, Tobias. *Fundamento do direito de punir:* estudos de direito. 1. ed. Campinas: Bookseller, 2000.

CANOTILHO, José Joaquim Gomes. Justiça constitucional e justiça penal. *Revista Brasileira de Ciências Criminais (IBCCRIM)*, São Paulo, ano 14, n 58, p. 156, 152-194.

CANOTILHO, José Joaquim Gomes; LEITE, José Rubens Morato (Org.). *Direito constitucional ambiental brasileiro*. 2. ed. São Paulo: Saraiva, 2008.

CANOTILHO, José Joaquim Gomes. *Direito constitucional e teoria da Constituição*. 7. ed. Coimbra: Almedina, 2003.

COSTA, José Francisco de Faria. Habeas Corpus. *In:* COSTA, José Francisco de Faria. *Linhas de direito penal e de filosofia*. Coimbra: Coimbra Editora, 2005;

COSTA, José Francisco de Costa. *Noções fundamentais de direito penal*. Coimbra: Coimbra Editora, 2007;

COSTA, José Francisco de Faria. Um olhar doloroso sobre o direito penal. *In:* COSTA, José Francisco de Faria. *Linhas de direito penal e de filosofia*. Coimbra: Coimbra Editora, 2005;

COSTA, José Francisco de Faria. A Linha: algumas reflexões sobre a responsabilidade em um tempo de 'técnica' e de 'bio-ética'. *In:* COSTA, José Francisco de Faria. *Linhas de direito penal e de filosofia*. Coimbra: Coimbra Editora, 2005. p. 41.

COSTA, José Francisco de Faria. Uma ponte entre o direito penal e a filosofia penal: lugar de encontro sobre o sentido da pena. *In:* COSTA, José Francisco de Faria. *Linhas de direito penal e de filosofia*. Coimbra: Coimbra Editora, 2005.

COSTA, José Francisco de Costa. *O perigo em direito penal*. Coimbra: Coimbra Editora, 2000. p. 168.

D'AVILA, Fabio. *Ofensividade em direito penal:* escritos sobre a teoria do crime como ofensa a bens jurídicos. Porto Alegre: Livraria do Advogado, 2009.

D'AVILA, Fabio. *Ofensividade e crimes omissivos próprios* (contributo à compreensão do crime como ofensa ao bem jurídico). Coimbra: Coimbra Editora, 2005.

DIAS, Jorge de Figueiredo. *Direito penal:* parte geral. Coimbra: Coimbra Editora: 2004. t. 1.

DIAS, Jorge de Figueiredo. Sobre o papel do direito penal na protecção do ambiente. *RDE*, ano 4, n. 1, p. 8 e ss., 1978.

---

[44] HEIDEGGER, Martin. *Serenidade*. Lisboa: Instituto Piaget, 2000. p. 09-27.

GRECO, Luís. A relação entre o direito penal e o direito administrativo no direito penal ambiental: uma introdução aos problemas da acessoriedade administrativa. *Revista Brasileira de Ciências Criminais (IBCCRIM)*, São Paulo, ano 14, n. 58, p. 156-194, jan./fev. 2006.

GRECO, Luís. Princípio da ofensividade e crimes de perigo abstrato: uma introdução ao debate sobre o bem jurídico e as estruturas do delito. *Revista Brasileira de Ciências Criminais*, São Paulo, ano 12, n. 49, jul./ago. 2004.

HEFENDEHL, Roland. *Kollektive Rechtsgüter im Strafrecht*. Köln: Heymanns, 2002.

HEFENDEHL, Roland. Debe ocuparse el derecho penal de riesgos futuros? Bienes jurídicos colectivos y delitos de peligro abstracto. *Revista Electrónica de Ciencia Penal y Criminología*, v. 4, n. 14, p. 4, 2002. Disponível em: http://criminet.uger.es/recpc.

HEIDEGGER, Martin. *Serenidade*. Lisboa: Instituto Piaget, 2000.

KISS, Alexandre. Justiça ambiental e religiões cristãs. *In*: KISHI, Sandra; SILVA, Solange; SOARES, Inês Prado (Org.). *Desafios do direito ambiental no século XXI*: estudos em homenagem a Paulo Affonso Leme Machado. São Paulo: Malheiros, 2005. p. 47-58.

MENDES, Paulo Sousa. Vale a pena o direito penal do ambiente? *Associação Acadêmica da Faculdade de Direito da Universidade de Lisboa*, Lisboa, p. 177-178, 2000.

MIRANDA, Jorge. *Manual de direito constitucional*. 5. ed. Coimbra: Coimbra Editora, 2003. v. 2.

MOCCIA, Sergio. "L'Illusione repressiva. La politica criminale e giudiziaria nell'Italia degli anni novanta." *Dei Delitti e Delle Pene*: Rivista Di Studi Sociali, Storici e Giuridici Sulla Questione Criminale, Bologna, ano 5, n. 1, p. 91-92, genn./apr. 1998.

NEVES, António Castanheira. A imagem do homem no universo prático. *In*: NEVES, António Castanheira. *Digesta*: escritos acerca do pensamento jurídico, da sua metodologia e outros. Coimbra: Coimbra Editora, 1995.

NEVES, António Castanheira. O papel do jurista no nosso tempo. *In*: NEVES, António Castanheira. *Digesta*: escritos acerca do pensamento jurídico, da sua metodologia e outros. Coimbra: Coimbra Editora, 1995.

OST, François. *O tempo do direito*. Lisboa: A Triunfadora Artes Gráficas, 2001.

PALMA, Maria Fernanda. *Direito constitucional penal*. Coimbra: Almedina, 2006.

SILVEIRA, Renato de Mello Jorge. *Direito penal supraindividual*: interesses difusos. São Paulo: RT, 2003.

STEIN, Ernildo. *Seis estudos sobre "ser e tempo" (Martin Heidegger)*. Petrópolis: Vozes, 1988.

STRATENWERTH, Zukunftssicherung mit den Mitteln des Strafrechts, *ZstW*, 105-692, 1993.

WOHLERS, *Deliktstypen des Präventionsstrafrechts – zur Dogmatik "moderner" Gefährdunsdelikte*. Berlin: Duncker & Humblot, 1999.

WOLTER, Freund (Ed.). *Straftat, Strafzumessung und Strafprozeß im gesamtem Strafrechtssystem*. Heidelberg: CF Müller, 1996.

---

Informação bibliográfica deste texto, conforme a NBR 6023:2018 da Associação Brasileira de Normas Técnicas (ABNT):

WEDY, Gabriel; WEDY, Miguel Tedesco. Estado de Direito e a função de proteção dos bens jurídicos mais relevantes como alicerce de uma concepção democrática de Direito Penal e de pena justa. *In*: ASSOCIAÇÃO DOS MAGISTRADOS BRASILEIROS; SALOMÃO, Luis Felipe; FONSECA, Reynaldo Soares da; VIDEIRA, Renata Gil de Alcantara; SZPORER, Patrícia Cerqueira Kertzman; COSTA, Daniel Castro Gomes da (Coord.). *Sistema penal contemporâneo*. Belo Horizonte: Fórum, 2021. p. 235-246. ISBN 978-65-5518-205-7.

# LIÇÕES E DESAFIOS DO COMBATE À CORRUPÇÃO NO BRASIL

JOSÉ ANTONIO DIAS TOFFOLI

## 1 Introdução

O Brasil vive, sob a égide da Constituição de 1988, o mais longo período de estabilidade democrática de sua história republicana. No entanto, os últimos anos foram marcados por turbulências e por uma crescente contestação social do sistema político. Não se trata de fenômeno exclusivamente brasileiro, pois manifestações semelhantes têm ocorrido em várias outras nações do planeta, nesta denominada era da pós-verdade.

No contexto brasileiro, essa contestação se articula com o esforço recente de combate à corrupção no país, que resultou em uma série de investigações contra membros do Congresso Nacional, ex-presidentes da República, ministros e ex-ministros de Estado e grandes executivos do País. Várias dessas investigações culminaram na condenação de próceres da política e da economia brasileiras, assim como na recuperação de montante expressivo dos ativos desviados.

O alcance do empenho institucional de combate à corrupção no Brasil não tem paralelo no cenário internacional e isso demonstra, sobretudo, a solidez das instituições democráticas brasileiras. Os múltiplos desdobramentos desse esforço, no entanto, acabaram por ensejar uma disputa de narrativas que pôs em xeque as próprias instituições, como comentarei ao final. Em virtude de sua importância para a análise que seguirá, convém iniciar este artigo com uma apresentação do contexto do combate à corrupção realizado no Brasil.

## 2 Sistema político e corrupção no Brasil

A corrupção assume variadas formas e camuflagens e, por vezes, travestida de aparente licitude, engana até o mais atento observador. É um mal que não respeita limites geográficos e que só cede mediante a prática da virtude. Ao drenar recursos públicos, a corrupção subtrai dos cidadãos, notadamente dos menos favorecidos, o acesso a serviços essenciais de qualidade, ou os torna mais escassos e onerosos, o que aumenta a vulnerabilidade social.

Além de subverter a lógica e os valores republicanos, pela eliminação da fronteira entre o público e o privado, o potencial devastador da corrupção se amplia devido a sua associação com diversos outros crimes e atividades ilícitas, como a lavagem de dinheiro; o tráfico de drogas, armas e munições; o terrorismo e os crimes contra a Administração Pública.

A corrupção no Brasil costuma ser apresentada, em discussões pouco aprofundadas, como uma questão cultural, como suposto resultado do famoso "jeitinho brasileiro" e da forma tradicional de se fazer política no Brasil.

Convém reconhecer, no entanto, que a corrupção é um problema global, embora haja características e raízes históricas específicas em cada país. No caso brasileiro, é importante chamar a atenção para as fragilidades de nosso sistema político, que contribuem para as práticas de corrupção no País.

A combinação do presidencialismo de coalizão com a excessiva fragmentação política fragiliza nosso sistema partidário. Nosso sistema eleitoral de base proporcional e votação unipessoal resulta na criação de uma grande quantidade de partidos, os quais, de forma proporcional, têm acesso gratuito à televisão e aos recursos do fundo partidário.

O Brasil tem trinta e três partidos políticos registrados, vinte e sete deles com representantes no Congresso Nacional. É provável que não haja parlamento no mundo com tantos partidos como no Brasil. Os partidos com maior representatividade não chegam a ter 12% das cadeiras da Câmara dos Deputados, ou 16% das cadeiras no Senado.[1] Diante desse quadro, como governar? Como formar maioria no Congresso Nacional?

A corrupção, nesse contexto, representa uma decorrência perversa de nosso sistema político. Para enfrentá-la, precisamos de reformas políticas profundas, das quais são exemplos o fortalecimento de nosso sistema partidário, a alteração do sistema de voto proporcional e uninominal, a redução dos custos das campanhas eleitorais e a proibição de coligações em eleições parlamentares, essa última aprovada durante a reforma eleitoral de 2017 e já em vigor nas eleições municipais de 2020.

O atraso nas reformas políticas necessárias ao combate às causas da corrupção na política brasileira é compensado pelo fato de que temos avançado muito no fortalecimento dos sistemas de controle necessários ao combate à corrupção e à punição daqueles que a praticam. Os avanços registrados nos últimos anos estão vinculados a esse fortalecimento institucional. É o que veremos a seguir.

## 3 Contexto do combate à corrupção no Brasil

É lugar comum dizer que sempre imperou a cultura da impunidade contra os poderosos e os políticos no Brasil. O que esse clichê deixa de mencionar, por sua superficialidade, é o fato concreto de que só há bem pouco tempo as instituições brasileiras passaram a ter os meios e as condições normativas e institucionais para atuar de forma efetiva e independente no combate à corrupção.

---

[1] Ver em: https://www.tse.jus.br/partidos/partidos-politicos/registrados-no-tse. Acesso em: 10 dez 2020.

O marco inicial dessa trajetória é, sem dúvida, a redemocratização do País. A atual Constituição, promulgada em 5 de outubro de 1988, constitui o lastro de uma significativa evolução normativa e institucional.

É importante lembrar que a Constituição de 1988 é cidadã desde seu momento de formulação. A Assembleia Nacional Constituinte funcionou inspirada por demandas provenientes de praticamente todos os segmentos da sociedade. Foram enviadas mais de 72.000 sugestões à assembleia nacional, que se dedicou, durante vinte meses, a registrar as vozes que ressoavam em todo o País.

Tendo sido aprovada sob os influxos dos mais diversos pleitos sociais, a Constituição de 1988 contém um rol significativamente alargado de direitos, que abrange, além dos tradicionais direitos individuais e sociais, os direitos supraindividuais (coletivos) e os direitos de minorias. Seu texto consegue alcançar, em maior ou menor medida, todos os setores da vida social. A ampla proclamação de direitos pela Constituição foi acompanhada da criação de instrumentos para fazer valer judicialmente essas intenções positivas, conferindo-se ao Judiciário – especialmente ao Supremo Tribunal Federal – papel fundamental na consolidação desse novel Estado Democrático e na salvaguarda dos direitos e das garantias fundamentais dos indivíduos e da coletividade.

Consagraram-se como direitos fundamentais: o livre acesso ao Judiciário, não podendo a lei excluir da apreciação judicial lesão ou ameaça a direito (art. 5º, XXXV); as garantias do juízo natural (art. 5º, XXXVII e LIII) e do devido processo legal (art. 5º, inciso LV) e a assistência jurídica integral e gratuita aos que comprovarem insuficiência de recursos (art. 5º, LXXIV). Previu-se, ainda, a criação e o funcionamento do juizado de pequenas causas (art. 24, X).

No plano institucional, a Constituição Federal de 1988 é verdadeiramente um marco histórico para o Judiciário brasileiro. Redefiniu profundamente seu papel, sua posição e sua identidade na organização tripartite dos Poderes da República. Sua margem de atuação foi amplamente alargada com a extensa constitucionalização de direitos, garantias e liberdades individuais, sociais e coletivos.

Nenhuma Constituição anterior assegurou tão ampla independência ao Poder Judiciário, conferindo-lhe, inclusive, autonomia administrativa e financeira, com a previsão de que cabe aos próprios tribunais a elaboração de seus orçamentos, atendidos os limites da lei de diretrizes orçamentárias. Foram asseguradas, ademais, as mais amplas garantias funcionais aos juízes brasileiros, a fim de que bem exerçam suas funções. O Poder Judiciário vem desempenhando, desde então, um papel de crescente relevância e protagonismo nas principais questões que envolvem a sociedade brasileira.

A Constituição, no entanto, não apostou apenas no Poder Judiciário. Sabiamente, foram criadas ou fortalecidas instituições essenciais à Justiça, de que são exemplos o Ministério Público – cujos poderes não encontram par no mundo –, a Advocacia-Geral da União, a Defensoria Pública e a advocacia privada, à qual foi conferida dignidade constitucional.

O Ministério Público despontou como instituição essencial à atividade jurisdicional do Estado, na qualidade de defensor da ordem jurídica, do regime democrático e dos interesses sociais e individuais indisponíveis. O *Parquet*, sobretudo por meio da ação civil pública, atua como principal tutor dos direitos difusos e coletivos. Nenhuma Constituição anterior assegurou tão ampla independência ao Ministério Público, conferindo, inclusive, autonomia funcional e administrativa. Foram asseguradas, também, as mais amplas garantias funcionais aos membros do Ministério Público, para que pudessem, a exemplo dos magistrados, bem exercer suas funções.

A Polícia Federal, por sua vez, passou por um processo de fortalecimento institucional sem precedentes na história do País, com a ampliação de seus quadros por meio da realização de concursos públicos, com o reforço de recursos financeiros e tecnológicos a sua disposição e a melhoria da formação de seu quadro de pessoal e da remuneração correspondente. Essas garantias conferiram maior independência e qualidade técnica à atuação da Polícia Federal. Embora ela esteja subordinada ao Ministério da Justiça, órgão do Poder Executivo, não há espaço para ingerências políticas nas investigações que realiza, as quais estão sob a supervisão do Poder Judiciário.

Outro exemplo de avanço no campo institucional foi a criação e o paulatino fortalecimento das instituições de controle da Administração e dos Poderes, a exemplo da Controladoria-Geral da União, criada, em 2003, pela Lei nº 10.683. Nesse mesmo sentido, têm ganhado força instituições como os tribunais de contas e as procuradorias estaduais e municipais. No âmbito federal, é importante destacar o papel da Advocacia-Geral da União, especialmente nas searas da defesa da probidade administrativa e da recuperação de créditos e ativos.

Tendo em vista esse fortalecimento institucional desde a Constituição de 1988, indaga-se: Qual a razão de somente mais recentemente haver uma atuação mais sistêmica de combate à corrupção? Por que investigações com a magnitude das que temos hoje não existiam antes?

A resposta é simples: elas não existiam porque não tínhamos o arcabouço normativo nem os instrumentos legais necessários. Até muito recentemente na história do País, a corrupção não era enfrentada de modo adequado. A evolução dos últimos anos representa um resgate histórico de grande significado para o combate à impunidade e o enfrentamento da corrupção.

Note-se que, desde a Constituição de 1824 até dezembro de 2001, o Supremo Tribunal Federal não podia processar criminalmente deputados federais ou senadores sem a autorização da Câmara dos Deputados ou do Senado Federal. Eis a redação original da Constituição de 1988:

> Art. 53 (...)
> §1º – Desde a expedição do diploma, os membros do Congresso Nacional não poderão ser presos, salvo em flagrante de crime inafiançável, nem processados criminalmente, sem prévia licença de sua Casa.

Um emblema dessa época foi o caso do ex-Deputado Federal Hildebrando Pascoal, conhecido como "o assassino da motosserra", o qual comandava um grupo de extermínio que utilizava métodos hediondos de execução. Em 1999, a Câmara dos Deputados cassou o mandato do deputado por falta de decoro parlamentar, não tendo sido autorizada, no entanto, a instauração de processo criminal contra ele no Supremo Tribunal Federal. Por esse motivo, o então Deputado só pôde ser processado e condenado na Justiça depois da cassação de seu mandato.

A indignação popular diante do caso foi o estopim para o processo que levou à aprovação da Emenda Constitucional nº 35, em 2001. Desde então, o Supremo Tribunal Federal não precisa mais de autorização do Congresso Nacional para processar parlamentares. Deve apenas, no caso de crime cometido após a diplomação, comunicar o recebimento da denúncia à Casa Legislativa, a qual, no entanto, pode sustar o andamento da ação. *Vide* a nova redação do art. 53:

> Art. 53. Os Deputados e Senadores são invioláveis, civil e penalmente, por quaisquer de suas opiniões, palavras e votos.
> §1º Os Deputados e Senadores, desde a expedição do diploma, serão submetidos a julgamento perante o Supremo Tribunal Federal.
> §2º Desde a expedição do diploma, os membros do Congresso Nacional não poderão ser presos, salvo em flagrante de crime inafiançável. Nesse caso, os autos serão remetidos dentro de vinte e quatro horas à Casa respectiva, para que, pelo voto da maioria de seus membros, resolva sobre a prisão.
> §3º Recebida a denúncia contra o Senador ou Deputado, por crime ocorrido após a diplomação, o Supremo Tribunal Federal dará ciência à Casa respectiva, que, por iniciativa de partido político nela representado e pelo voto da maioria de seus membros, poderá, até a decisão final, sustar o andamento da ação.
> §4º O pedido de sustação será apreciado pela Casa respectiva no prazo improrrogável de quarenta e cinco dias do seu recebimento pela Mesa Diretora.
> §5º A sustação do processo suspende a prescrição, enquanto durar o mandato.
> §6º Os Deputados e Senadores não serão obrigados a testemunhar sobre informações recebidas ou prestadas em razão do exercício do mandato, nem sobre as pessoas que lhes confiaram ou deles receberam informações.
> §7º A incorporação às Forças Armadas de Deputados e Senadores, embora militares e ainda que em tempo de guerra, dependerá de prévia licença da Casa respectiva.
> §8º As imunidades de Deputados ou Senadores subsistirão durante o estado de sítio, só podendo ser suspensas mediante o voto de dois terços dos membros da Casa respectiva, nos casos de atos praticados fora do recinto do Congresso Nacional, que sejam incompatíveis com a execução da medida.

Vejam que, de 1988 – ano da promulgação da Constituição Federal – até 2001, haviam tramitado na Suprema Corte apenas seis ações penais contra autoridades com prerrogativa de foro, entre elas deputados federais e senadores, nos termos do art. 102 da Constituição. De 2002 até dezembro de 2020, foram autuadas aproximadamente 679 ações penais no Supremo Tribunal Federal. Ou seja, somente a partir de 2001, com a Emenda Constitucional nº 35, os inquéritos passaram a tramitar regularmente e as ações penais contra integrantes do Congresso Nacional começaram a ser julgadas pela Suprema Corte, resultando, em alguns casos, na condenação de parlamentares.

Caso emblemático foi a Ação Penal nº 470/DF, popularmente conhecida como "Mensalão", que envolveu a prática, entre outros, de crimes financeiros e crimes contra a Administração Pública por empresários, membros do parlamento e do governo brasileiros.

Após o recebimento da denúncia contra 40 suspeitos de envolvimento nos crimes apontados, a Ação Penal nº 470 tramitou por cinco anos, tempo em que foi devidamente aparelhada para seu julgamento pelo Plenário. Trinta e sete dos denunciados, entre empresários e políticos brasileiros, foram julgados pelo Supremo Tribunal Federal.

Na seara política e eleitoral, outras inovações também impactaram o combate à corrupção. Em 1999, foi aprovada a Lei de Captação de Sufrágio (Lei nº 9.840/1999), que passou a aceitar a evidência do dolo para efeito de cassação de registro de candidatura ou de mandato no caso de compra de votos. Em 2010, o Congresso Nacional aprovou o projeto de lei de iniciativa popular que deu origem à Lei da Ficha Limpa, com o objetivo de proteger a probidade administrativa, a moralidade para o exercício do mandato, a normalidade e a legitimidade das eleições (Lei Complementar nº 135). Em 2013, a Emenda Constitucional nº 73 aboliu a votação secreta nos casos envolvendo perda de mandato de deputado ou senador.

No plano internacional, o Brasil incorporou, em 2004, o Tratado de Palermo a respeito do Crime Organizado Transnacional (Decreto nº 5015) e, em 2006, a Convenção de Mérida contra a Corrupção (Decreto nº 5.687). A inovação não foi apenas normativa; ela tem produzido efeitos práticos consideráveis. Nessa esteira, tem sido cada vez mais comum os órgãos de persecução penal se valerem da cooperação penal internacional para levar a cabo investigações complexas.

Outro marco institucional do combate à corrupção foi a instituição, sob a coordenação do Ministério da Justiça, da Estratégia Nacional de Combate à Corrupção e à Lavagem de Dinheiro (ENCCLA), formada por mais de 70 órgãos dos três Poderes da República, do Ministério Público e de entidades da sociedade civil, a qual atua na prevenção e no combate à corrupção e à lavagem de dinheiro. Desde sua criação, em 2003, a ENCCLA tem contribuído de forma significativa para a elaboração de políticas públicas destinadas ao enfrentamento sistemático à criminalidade organizada. Trata-se, assim, de um espaço democrático e interinstitucional de debates, proposições e ações voltado a promover a transparência na Administração Pública e o desenvolvimento de mecanismos de cooperação jurídica internacional.

O fortalecimento do diálogo interinstitucional entre os órgãos dos três poderes da República, em todas as esferas – federal, estadual e municipal –, e entre esses e a sociedade civil também foi fundamental para instigar o Congresso Nacional a aprimorar o sistema judicial brasileiro.

Esse foi o caso, por exemplo, dos pactos republicanos realizados entre os chefes de Poderes em 2004 e 2009, sob as presidências, respectivamente, no âmbito do Supremo Tribunal Federal, dos Ministros Nelson Jobim e Gilmar Mendes, os quais resultaram em expressivas reformas para o aprimorando de nosso sistema de Justiça. Foram aprovadas leis que modernizaram a legislação penal e processual penal e que buscaram conferir maior efetividade e agilidade à atuação do Estado no combate à corrupção e a crimes correlacionados.

Em 2012, a Lei nº 12.683 alterou a lei que tipificava o crime de lavagem de dinheiro (Lei nº 9.613/98), com o objetivo de ampliar a abrangência do tipo penal e tornar mais eficiente a persecução penal relativa a esse delito.

Em 2013, foi aprovada a legislação sobre o crime de organização criminosa (Lei nº 12.850), a qual dispôs sobre os meios de investigação e de produção de provas, entre eles o instituto da colaboração premiada, instrumento que tem sido essencial nas investigações da operação Lava a Jato e em outras ações de combate à corrupção. Essa lei, oriunda do Projeto de Lei do Senado nº 150/2006 (Projeto de Lei nº 6.578/2009 na Câmara dos Deputados), foi aprovada sob o impulso e inspiração do Segundo Pacto Republicano, firmado em 2009 pelos três poderes.[2] O Ministro Gilmar Mendes era Presidente do STF na época e subscreveu o acordo.

---

[2] O documento que resultou desse ajuste previa, dentre uma lista de questões prioritárias, a revisão da legislação sobre crime organizado (anexo, item 1.8). Fonte: http://www.planalto.gov.br/ccivil_03/Outros/IIpacto.htm.

A Lei nº 12.850/13 foi aprovada em um ambiente político e social de crescente questionamento à impunidade, no qual se cobrava maior rigor na investigação e na punição de crimes relacionados à corrupção envolvendo parcela das classes política e empresarial do país. Um fator que também influenciou a edição desses diplomas foi o julgamento da mencionada Ação Penal nº 470, no contexto da qual ficaram evidentes as deficiências técnicas da Lei nº 9.613, de 3 de março de 1998, sobretudo no que concerne à ausência de um conceito de organização criminosa. O enfrentamento ao crime organizado exigia o aprimoramento das tecnologias investigativas e das normas de Direito Penal e Processo Penal correlatas.

Também em 2013, passamos a ter uma legislação específica para o combate à corrupção no âmbito empresarial, a qual visa à responsabilização administrativa e civil de pessoas jurídicas pela prática de atos contra a Administração Pública nacional ou estrangeira. A Lei nº 12.846, denominada Lei Anticorrupção, previu a possibilidade de se firmar, com pessoa jurídica investigada, o chamado "acordo de leniência", instituto que facilita as investigações de grandes casos de corrupção. A Lei Anticorrupção, ao responsabilizar também pessoas jurídicas por atos de corrupção, estabelecendo critérios de *accountability* e sanções, impõe maior comprometimento dos vários atores com a prevenção ao problema, envolvendo, assim, mais instâncias institucionais.

Para garantir transparência e a ampla divulgação das informações relativas à Administração Pública, em 2009 foi aprovada a Lei da Transparência, que obriga a disponibilização, em tempo real, dos gastos governamentais (Lei Complementar nº 131). Em 2011, foi aprovada a Lei de Acesso à Informação (Lei nº 12.527).

A imprensa também teve papel de destaque na fiscalização do Poder Público, com a missão de informar a sociedade brasileira. Uma sociedade só é verdadeiramente democrática se tiver uma imprensa livre e independente, o que hoje é uma realidade na democracia brasileira.

Com efeito, a transparência é o antípoda da corrupção. Quanto maior a transparência, menor a ambiência da corrupção, que floresce em meio ao mistério e ao segredo. Nas célebres palavras do juiz da Suprema Corte norte-americana Louis Brandeis: "A luz do sol é o melhor dos desinfetantes; a luz elétrica, o policial mais eficiente". Daí a importância da transparência da atuação estatal e do fomento de uma cultura interna de probidade e de exação no cumprimento dos deveres legais na Administração Pública. A democracia é o regime político no qual vigoram a transparência, a responsabilidade e a prestação de contas (*accountability*), permitindo a fiscalização e, consequentemente, a apuração de fatos e condutas ligados à corrupção.

Enfim, somente com as legislações citadas e a independência que os órgãos de controle ganharam nos últimos anos, o Brasil passou a ter transparência e mecanismos capazes de expor os desvios praticados por agentes públicos e privados e de fazê-los responder pelos crimes praticados.

Cabe registrar que foram os três poderes que propiciaram a criação das estruturas legais responsáveis pelas investigações hoje em andamento. Portanto, os resultados do combate à corrupção no Brasil não são obra de determinadas pessoas, muito menos de heróis iluminados ou de "salvadores da Pátria". Representam, isso sim, os desdobramentos de um processo de evolução constitucional e normativa e do amadurecimento e do fortalecimento das instituições brasileiras.

## 4 O desafio da segurança jurídica e a atuação do Supremo Tribunal Federal

A Suprema Corte brasileira tem sido essencial para os avanços jurídicos no combate à corrupção no Brasil, manifestando-se, quando provocada, sobre diversas inovações normativas voltadas para o aprimoramento dos métodos de investigação, tais como a criação de varas especializadas, a atribuição de poderes de investigação ao Ministério Público e o instituto da delação premiada.

A atuação sincronizada das instituições brasileiras no combate à corrupção tem projeção internacional, pois a República Federativa do Brasil é signatária de importantes compromissos internacionais assumidos. Como exemplo dessa sincronia, destaco o julgamento do RE nº 1.055.941-RG, de minha relatoria, julgado em 4.12.19, no qual o Tribunal Pleno do STF discutiu, em profundidade, o compartilhamento de informações entre órgãos de persecução penal e órgãos administrativos de inteligência e de fiscalização que detêm dados protegidos pela cláusula constitucional do sigilo (art. 5º, incisos X e XII, da CF).

Como consignei naquele julgamento, a atuação desses órgãos no compartilhamento de informações é extremamente relevante para o combate à corrupção, à lavagem de dinheiro e ao financiamento do terrorismo, além de atender aos compromissos internacionais assumidos pela República Federativa do Brasil nessa seara. O julgamento paradigmático tratou do uso de importantes ferramentas de combate à corrupção, à sonegação fiscal e à ação das redes de crime organizado – domésticas e transnacionais –, bem como da necessidade imperiosa de que o uso dessas ferramentas fosse acompanhado do respeito à lei e à Constituição pelos agentes de fiscalização e de investigação do Estado, com a observância, ao mesmo tempo, das recomendações de órgãos internacionais como o GAFI.

Nesse sentido, a validação pelo Supremo Tribunal Federal da cooperação e do intercâmbio de informações com órgãos de persecução penal foi salutar para o combate à corrupção, evidenciando, sobremaneira, o alinhamento do país aos esforços internacionais de combate à corrupção, sem abrir mão, no entanto, das proteções constitucionais e do próprio Estado Democrático de Direito.

Vale mencionar, aliás, que, em outubro de 2019, o Conselho Nacional de Justiça, na voz do ilustre Corregedor Nacional, Ministro Humberto Martins, editou o Provimento nº 88, que determinou que operações registradas em cartório que levantassem suspeitas de lavagem de dinheiro ou de financiamento do terrorismo fossem comunicadas à Unidade de Inteligência Financeira (UIF), o COAF. A edição desse conjunto de regras, que passou a vigorar em fevereiro deste ano, contemplando todos os atos e operações realizados em cartórios, como compras e vendas de bens, veio com o intuito de executar a ação prevista para 2019 pelos órgãos públicos que integram a Estratégia Nacional de Combate à Corrupção e à Lavagem de Dinheiro (ENCCLA).

É importante citar também a promoção de diálogo, no âmbito das instituições de Estado, voltado a assegurar a efetividade dos novos instrumentos legais de combate à corrupção e a segurança jurídica para os que se dispõem a celebrar acordos com o Estado, nos casos da colaboração premiada e da leniência. Ressalte-se que, tanto no caso do instituto da colaboração premiada como no da leniência, cabe ao Poder Judiciário garantir a segurança jurídica da colaboração com o Estado para o combate à corrupção.

Esse trabalho envolve a consolidação da cultura da conformidade (*compliance*) no universo econômico e nas relações das empresas com o Poder Público.

Ainda em 2015, tive a oportunidade de relatar um *leading case* relativo à colaboração premiada de pessoas físicas. Naquele julgamento, deixei claro, com apoio unânime dos pares, que era indispensável proteger a cidadania, diante da assimetria implícita em uma negociação do cidadão ou da cidadã com o Estado. Refiro-me ao HC nº 127.483, impetrado contra a homologação da delação premiada de Alberto Youssef, no qual o Tribunal Pleno estabeleceu importantes balizas no negócio jurídico entabulado entre o cidadão e o Estado.

Do caso paradigma, é relevante destacar que a Corte estabeleceu que a colaboração premiada é um negócio jurídico processual, cujo objeto é a cooperação do imputado para a investigação e para o processo criminal, ainda que se agregue a esse negócio jurídico o efeito substancial (de direito material) concernente à sanção premial a ser atribuída a essa colaboração.

Naquela oportunidade, fiz constar de meu voto que, havendo previsão em convenções firmadas pelo Brasil de que sejam adotadas "medidas adequadas para encorajar" formas de colaboração premiada (art. 26.1 da Convenção de Palermo) e para mitigar a pena (art. 37.2 da Convenção de Mérida), no sentido de abrandamento das consequências do crime, o acordo de colaboração, ao estabelecer as sanções premiais a que fará jus o colaborador, poderia dispor sobre questões de caráter patrimonial, como o destino de bens adquiridos com o produto da infração pelo agente colaborador.

Contudo, frente a essas características, à luz dos princípios da segurança jurídica e da proteção da confiança, surge como indeclinável o dever estatal de honrar o compromisso assumido no acordo de colaboração, concedendo a sanção premial estipulada, legítima contraprestação ao adimplemento da obrigação por parte do colaborador.

A Lei nº 12.850/2013 aperfeiçoou a legislação penal e o processo penal de combate à criminalidade organizada em diversos aspectos. Além de trazer o conceito legal de organização criminosa, ausente na legislação anterior, trouxe preciosos instrumentos de investigação e meios de obtenção de prova, os quais estão arrolados no art. 3º do diploma. Dentre eles, destaca-se a colaboração premiada, uma valiosa ferramenta de descoberta de ilícitos e de recuperação de ativos financeiros.

Desde a edição da lei, a colaboração premiada tem sido uma das principais propulsoras da operação Lava a Jato, que investiga crimes relacionados a desvios de recursos da Petrobras. Não obstante se faça uma correlação entre a colaboração premiada e a Lava a Jato, a relevância do aludido meio de obtenção de prova obviamente transcende os limites dessa operação, tendo servido ao aprimoramento do processo penal brasileiro e ao combate ao crime organizado de maneira geral, sobretudo no que tange às investigações dos chamados crimes de colarinho branco, dos quais geralmente se têm poucas provas, tendo em vista a dificuldade de sua obtenção sem informações prévias.

A decisão do Tribunal no HC nº 127.483/PR foi extremamente oportuna e necessária. O Tribunal reafirmou as garantias processuais constitucionais dos delatados, mostrando-se, assim, fiel ao desempenho de sua missão de guardião dos direitos fundamentais. Desse modo, o Supremo Tribunal Federal garantiu a segurança jurídica no trato da matéria, evitando o prolongamento de discussões judiciais acerca do tema e ulteriores declarações de nulidade de provas obtidas com base em acordos de colaboração que viessem a ser considerados inválidos por critérios distintos daqueles finalmente fixados pelo Tribunal.

A decisão do HC nº 127.483/PR tornou-se um ponto de partida teórico em matéria de colaboração premiada. Ela lançou as premissas com base nas quais se deram todas as discussões posteriormente ocorridas no Supremo Tribunal Federal acerca da matéria. Em todos os casos analisados pelo tribunal quanto ao tema, o julgamento do HC nº 127.483/PR é citado e utilizado como referência para a formação das teses.

Em junho de 2017, a Corte decidiu que, nas ações penais de competência do Supremo Tribunal Federal, compete ao relator homologar, monocraticamente, o acordo de colaboração premiada, ocasião em que analisa tão somente a regularidade, a legalidade e a voluntariedade da avença. A análise da eficácia do acordo e do cumprimento de seus termos ocorre somente no julgamento de mérito da questão pelo órgão colegiado competente (Pet nº 7.074/DF-QO, Rel. Min. Edson Fachin, *DJe* de 3.5.18).

Para chegar a essas conclusões, o Tribunal se embasou no aresto do HC nº 127.483/PR, reafirmando a competência do relator para a homologação dos acordos de colaboração – corolário do poder instrutório de ordenar a realização de meios de obtenção de provas –, o caráter de negócio jurídico processual da colaboração premiada e a natureza meramente homologatória do provimento interlocutório do relator.

Em junho de 2018, o Tribunal decidiu que é constitucional a competência conferida pela Lei nº 12.850/13[3] aos delegados de polícia para formalizar acordos de colaboração premiada na fase de inquérito policial, respeitadas as prerrogativas do Ministério Público, o qual deve se manifestar, sem caráter vinculante, previamente à decisão judicial (ADI nº 5.508/DF, Rel. Min. Marco Aurélio, *DJe* de 5.11.19). Essa decisão também se embasou nas premissas lançadas no HC nº 127.483/PR, sobretudo na ideia da colaboração premiada como meio de obtenção de prova, e não como meio de prova.

Mais recentemente, em outubro de 2019, o STF decidiu que, em ações penais com réus colaboradores e não colaboradores, é direito dos delatados apresentar as alegações finais depois dos réus que firmaram acordo de colaboração (HC nº 166.373/DF, Rel. Min. Edson Fachin, Rel. p/ o ac. Min. Alexandre de Moraes). O voto do Ministro Alexandre de Moraes, que formou a corrente majoritária, partiu da premissa de que, sendo a colaboração premiada um meio de obtenção de prova, seu contraditório é diferido, devendo ser realizado durante a ação penal, quando se torna possível a impugnação das informações prestadas pelo delator, conforme assentado no HC nº 127.483/PR.

Portanto, a decisão do HC nº 127.483/PR não somente determinou a compreensão teórica e os rumos da jurisprudência da Corte em matéria de colaboração premiada, mas também influenciou o destino das investigações acerca de crimes praticados por organizações criminosas, contribuindo para a intensificação do combate à criminalidade.

Apesar da extensa disciplina legal prevista nos arts. 4º a 7º da Lei nº 12.850/2013, a norma era genérica em muitos aspectos, o que gerava controvérsias e impasses judiciais. Em 2019, foi aprovada a Lei nº 13.964, a qual alterou a Lei nº 12.850/2013 e detalhou aspectos do instituto da delação premiada, o que foi importante para assegurar sua eficácia e também a segurança jurídica em matéria de combate à corrupção.

---

[3] A referida atribuição de competência deflui das expressões "e o delegado de polícia, nos autos do inquérito policial, com a manifestação do Ministério Público" e "entre o delegado de polícia, o investigado e o defensor, com a manifestação do Ministério Público, ou, conforme o caso", que constam dos §§2º e 6º do art. 4º da Lei nº 12.850/13 e foram declaradas constitucionais pelo STF no julgamento da ADI nº 5.508/DF.

O marco normativo dos acordos de colaboração premiada vem se desenvolvendo no sentido da garantia da efetividade dos direitos da pessoa física que tenha celebrado acordo com o Estado. No entanto, nas questões relativas aos acordos de leniência, que envolvem empresas e que têm grande impacto econômico para o País, considero ser ainda necessária uma evolução legislativa, de modo a esclarecer melhor as competências dos órgãos de Estado envolvidos.

Os desdobramentos do combate à corrupção no Brasil foram múltiplos. No âmbito empresarial, surgiram dúvidas sobre o que fazer em relação aos eventuais atos lesivos à Administração Pública ocorridos no passado. A Lei nº 12.486, de 2013, também conhecida como Lei Anticorrupção, foi um marco nesse sentido no campo econômico.

O combate eficaz à corrupção tem que ser transversal, pois ela não é um problema exclusivo do Estado, mas também do setor privado e de toda a sociedade. A corrupção promove a concorrência desleal, causa perdas de produtividade, reduz o nível de novos investimentos e prejudica o desenvolvimento econômico e social do país.

O mecanismo dos acordos de leniência serve tanto para dar maior celeridade às investigações e à recuperação de ativos como para atenuar o impacto econômico delas para as empresas que decidem cooperar. Os acordos, portanto, têm o objetivo de responder a essa preocupação e evitar prejuízos em matéria de geração de empregos e de riqueza nos setores sob investigação.

No entanto, como resultado de diferentes interpretações, algumas empresas que assinam os acordos não conseguem ter garantias de que o acordado seja observado, minando-se a segurança jurídica. Os acordos de leniência têm natureza eminentemente administrativa, diversamente da colaboração premiada, tratada no bojo de um processo criminal e, por isso, dependente de homologação do Poder Judiciário.

Nesse contexto, o Judiciário e o Supremo Tribunal Federal têm sido chamados a dirimir conflitos envolvendo a aplicação dos acordos de leniência por distintas autoridades administrativas. Consultas periódicas ao Cadastro Nacional de Empresas Punidas (CNEP) mostram o vai-e-vem de sanções ora confirmadas, ora suspensas pelo Judiciário quando provocado a se manifestar.

O que temos visto é que toda a atuação das autoridades administrativas acaba sendo rediscutida judicialmente, desde a legitimidade dos atores para firmar os acordos e a aplicação de sanções até os critérios adotados para o cálculo de multas e valores de ressarcimento. É como se fosse requisito de validade jurídica da atuação da autoridade administrativa o carimbo do Poder Judiciário.

É fato que a Constituição de 1988 trouxe um arranjo institucional complexo, no qual algumas tarefas são exclusividade de certos órgãos do Estado e outras devem ser realizadas concorrentemente por mais de um deles. Fez-se clara opção por reforçar o sistema de controle da Administração Pública. Há hoje, no Brasil, uma multiplicidade de órgãos estatais de controle.

Para além do Ministério Público, contamos com a Advocacia-Geral da União, os tribunais de contas, a Controladoria-Geral da União, as agências reguladoras – dentre elas o CADE – e o Banco Central. Esses órgãos devem atuar de forma independente, porém integrada e coordenada, na identificação, na denúncia e na punição de casos de corrupção. A cooperação e a troca de informações são de grande importância para se viabilizarem ações estatais rápidas e eficientes em todos os níveis. O que ocorre é que, muitas vezes, em vez de os órgãos de controle atuarem como parceiros, eles competem entre si e conflitam, o que gera, não raro, indeterminação dos responsáveis pelo controle e judicialização das controvérsias.

Foi nesse contexto que o STF atuou como facilitador do diálogo para a assinatura, em agosto de 2020, de acordo de cooperação relativo aos acordos de leniência, o qual envolveu a Advocacia-Geral da União, o Tribunal de Contas da União e a Controladoria-Geral da União. Esse acordo resultou de um diálogo institucional iniciado ainda em 2019, cujo objetivo era fortalecer o instituto do acordo de leniência e conferir a ele maior eficácia.

A reflexão levou à conclusão de que os acordos de leniência não estavam cumprindo seu objetivo de, no âmbito administrativo, oferecer segurança jurídica e solução célere para as empresas dispostas a colaborar na elucidação de casos de corrupção e na restituição ao Estado de valores desviados.

Como Presidente do STF à época, busquei estimular o diálogo entre as instituições signatárias e os demais envolvidos nos acordos de leniência, como o Ministério Público Federal, tendo em vista que as dificuldades iniciais verificadas em sua implementação podem ser resolvidas, em boa medida, por meio de uma atuação mais coordenada dos vários agentes envolvidos.

O referido acordo de cooperação visou a estreitar o trabalho conjunto em torno dos acordos de colaboração e de leniência e a reforçar a segurança jurídica, respeitando-se as competências legais de cada instituição na matéria, as quais estão estipuladas na Constituição e na legislação pertinente. O conceito do acordo de cooperação, em favor de uma coordenação institucional no âmbito do Estado, reconhece essas competências.

Convém rememorar, a propósito, que um dos principais papéis do Poder Judiciário é promover a segurança jurídica no país, garantindo que as leis e a Constituição sejam devidamente observadas e interpretadas de forma coerente e previsível. A segurança jurídica é garantida especialmente pelo Supremo Tribunal Federal, pois é ele que modera os conflitos democráticos e confere, de modo geral, a última palavra nas controvérsias jurídicas e políticas que são levadas à Justiça.

Diante dos novos institutos do processual penal e da modernização da persecução penal no país, cabe ao STF determinar a correta interpretação desses institutos, contribuindo para o aprimoramento do Direito no país e garantindo a segurança jurídica no manejo dessas novas ferramentas.

## 5 Conclusão

O profundo impacto político e econômico e o forte apelo do combate à corrupção junto à opinião pública tiveram desdobramentos profundos no Brasil e requerem uma análise mais atenta. A ofensiva contra a corrupção converteu-se, lamentavelmente, em trampolim para certo discurso político de intimidação das instituições democráticas, ironicamente, as mesmas instituições que tornaram possível o combate à corrupção. Trata-se de efeito colateral indesejado de um trabalho notável de evolução normativa, reconhecido internacionalmente.

Nesse discurso, observa-se clara intenção de criminalizar a política como um todo e, consequentemente, de fomentar uma perda de confiança generalizada nas instituições representativas, o que é altamente nocivo para o País. Tenho a convicção de que essa narrativa não passará pelo crivo da História porque não se sustenta nos fatos. Não obstante, é certo que ela foi utilizada para tentar intimidar as instituições, *vide* orquestrações antidemocráticas recentes contra o Supremo Tribunal Federal e o Congresso Nacional.

A maioria expressiva da sociedade percebeu, a tempo, que os ataques ao Supremo Tribunal Federal eram parte de uma manobra antidemocrática levada a cabo por minorias ruidosas, e reagiu a ela. O julgamento do STF, em junho de 2020, que confirmou, por dez votos a um, a constitucionalidade e a legalidade do chamado Inquérito das *fake news* (ADPF 572) constituiu o marco de uma resposta institucional a essa manobra repudiada pela sociedade brasileira.

Um Judiciário forte, que atue com altivez e independência, é indicativo de uma democracia sólida, na qual as salvaguardas dos direitos e das liberdades fundamentais podem ser sempre acionadas em favor do cidadão. No marco do Estado Democrático de Direito, é a Justiça que livra o ser humano do arbítrio, fazendo valer as leis e a Constituição.

As instituições democráticas no Brasil têm sabido responder, nesse contexto de desafios, às demandas da sociedade e até mesmo às incompreensões da era da pós-verdade. Uma rápida análise do cenário internacional mostra que outros países importantes do mundo enfrentam dificuldades semelhantes, derivadas de mudanças no paradigma tecnológico e de frustrações e tensões sociais diversas, as quais são apropriadas por grupos políticos sectários que apostam no conflito e, não raramente, na desinformação.

Os últimos anos foram ricos em ensinamentos para a democracia brasileira. Essas lições devem ensejar reflexões maduras e autocrítica a cada um dos atores institucionais responsáveis pelos destinos do País, entre eles o Poder Judiciário, protagonista nas transformações que estamos vivendo em matéria de combate à corrupção.

A evolução institucional, política e econômica do Brasil depende da qualidade dessa reflexão, bem como da capacidade de cada protagonista de promover o combate à corrupção com pleno respeito ao devido processo legal, sem atalhos ou atropelos de direitos fundamentais consagrados pela Constituição e pelas leis. O discurso fácil da criminalização da política e da intimidação das instituições não serve à democracia. Serve apenas aos que dele se utilizam para capturar o poder.

É importante reiterar que o combate à corrupção no Brasil é resultado de um esforço institucional, coletivo, e de uma evolução normativa que envolveu a elaboração de dois pactos republicanos. É fruto, sobretudo, da democracia e da política.

O Estado brasileiro, cada vez mais, vem demonstrando que o funcionamento das instituições, indissociável da liberdade de imprensa, traduz-se no amadurecimento de nossa democracia e na depuração ética de nosso processo político. O caminho para enfrentar a corrupção com efetividade é esse que vem sendo trilhado nos últimos anos: amadurecimento institucional, evolução legislativa, harmonia e independência dos três Poderes da República e das instituições essenciais à Justiça e ao Estado brasileiro.

---

Informação bibliográfica deste texto, conforme a NBR 6023:2018 da Associação Brasileira de Normas Técnicas (ABNT):

TOFFOLI, José Antonio Dias. Lições e desafios do combate à corrupção no Brasil. *In*: ASSOCIAÇÃO DOS MAGISTRADOS BRASILEIROS; SALOMÃO, Luis Felipe; FONSECA, Reynaldo Soares da; VIDEIRA, Renata Gil de Alcantara; SZPORER, Patrícia Cerqueira Kertzman; COSTA, Daniel Castro Gomes da (Coord.). *Sistema penal contemporâneo*. Belo Horizonte: Fórum, 2021. p. 247-259. ISBN 978-65-5518-205-7.

# O CONSENSO NO SISTEMA PROCESSUAL PENAL CONTEMPORÂNEO NO BRASIL E A INTERFACE COM AS INSTÂNCIAS CIVIL E ADMINISTRATIVA

HUMBERTO DALLA BERNARDINA DE PINHO

## 1 Introdução: a Lei nº 9.099/95 e as ferramentas de composição civil e penal

O início da discussão acerca do cabimento do consenso em matéria penal remonta à Lei dos Juizados Especiais Cíveis e Criminais.

O art. 72 da Lei nº 9.099/95 trata da composição civil e da possibilidade de sua homologação pelo magistrado. Significa dizer que, na fase preliminar, o acordo impede o oferecimento da denúncia; se ela já foi ofertada, deverá o juiz extinguir punibilidade.

Na legislação atual, o acordo só pode ser promovido nas ações de iniciativa privada ou nas públicas sujeitas à representação. Contudo, a jurisprudência vem atenuando esse rigor e já há proposta legislativa a respeito, consubstanciada no Projeto do Novo Código de Processo Penal (NCPP).[1]

Além da composição civil, assume especial relevância a figura da transação penal. Nesse prisma, o tema que já foi cercado de inúmeras controvérsias, acabou por ser pacificado, inicialmente no âmbito do FONAJE,[2] e, posteriormente pela edição da Súmula Vinculante nº 35 do STF.[3]

---

[1] Projeto de Lei nº 8.045/2010, ainda tramitando na Câmara dos Deputados.

[2] Enunciados do FONAJE: ENUNCIADO 2 – O Ministério Público, oferecida à representação em Juízo, poderá propor diretamente a transação penal, independentemente do comparecimento da vítima à audiência preliminar (nova redação – XXI Encontro – Vitória/ES). ENUNCIADO 20 – A proposta de transação de pena restritiva de direitos é cabível, mesmo quando o tipo em abstrato só comporta pena de multa. ENUNCIADO 68 – É cabível a substituição de uma modalidade de pena restritiva de direitos por outra, aplicada em sede de transação penal, pelo juízo do conhecimento, a requerimento do interessado, ouvido o Ministério Público (XV Encontro – Florianópolis/SC). ENUNCIADO 116 – Na Transação Penal deverão ser observados os princípios da justiça restaurativa, da proporcionalidade, da dignidade, visando a efetividade e adequação (XXVIII Encontro – Salvador/BA).

[3] STF. Súmula Vinculante nº 35: A homologação da transação penal prevista no artigo 76 da Lei 9.099/1995 não faz coisa julgada material e, descumpridas suas cláusulas, retoma-se a situação anterior, possibilitando-se ao

A transação, como resposta penal para delitos de menor potencial ofensivo, representou uma transformação de penas restritivas da liberdade em penas alternativas.

Doutrina e jurisprudência evoluíram juntas na ideia de que a decisão do juiz que homologa a proposta de transação formulada pelo *parquet*, e aceita pelo réu e pelo seu defensor, é uma sentença.[4]

Esse assunto foi uniformizado pelo FONAJE conforme se observa do Enunciado nº 79,[5] com a pretensão maior de aperfeiçoar o sistema dos Juizados Especiais Criminais.

Importante ressaltar, ainda, que em 31 de maio de 2016, o CNJ editou a Resolução nº 225, que dispõe sobre a Política Nacional de Justiça Restaurativa no âmbito do Poder Judiciário. A Resolução leva em consideração as recomendações da Organização das Nações Unidas (ONU) para fins de implantação da Justiça Restaurativa, previstas nas Resoluções nº 1.999/26, 2000/14 e 2.002/12.

Não obstante ser um ato voltado para os procedimentos criminais (para os feitos cíveis tem-se, como visto, a Resolução nº 125/2010, atualizada em fevereiro de 2016), nos *Considerandos*, é expressamente referido o direito ao acesso à Justiça,

Além da vertente formal perante os órgãos judiciários, implica o acesso a soluções efetivas de conflitos por intermédio de uma ordem jurídica justa e compreende o uso de meios consensuais, voluntários e mais adequados a alcançar a pacificação de disputa.

De fato, atualmente é inconcebível falar em acesso sem a oferta de todos os meios necessários à real pacificação do conflito. Ademais, pontua-se que os arts. 72, 77 e 89 da Lei nº 9.099/95 permitem a homologação dos acordos quando regidos sob os fundamentos da Justiça Restaurativa, como a composição civil, a transação penal ou a suspensão condicional dos processos de natureza criminal que tramitam perante os JECRIMs.

Acredita-se que essa resolução poderá propiciar um grau mais profundo de pacificação nos Juizados, sobretudo nos casos que envolvem conflitos em relações duradouras, e nas quais já há um vínculo bastante depauperado por conflitos continuados, e não adequadamente tratados.

Vale lembrar que a Resolução nº 288/2019, do CNJ, define a política institucional do Poder Judiciário para a promoção da aplicação de alternativas penais, com enfoque restaurativo, em substituição à privação de liberdade.[6]

---

Ministério Público a continuidade da persecução penal mediante oferecimento de denúncia ou requisição de inquérito policial.

[4] PINHO, Humberto Dalla Bernardina de. Questões Atuais sobre a Transação Penal. *In:* FERREIRA Sérgio de Andréa; FERREIRA, Fernando Galvão de Andréa (Org.). *Centenário do Imortal Roberto Lyra*. Rio de Janeiro: De Andréa Ferreira & Morgado Editores, 2002, p. 207/218.

[5] Enunciado 79 do FONAJE "Enunciado 79" (Substitui o Enunciado 14) – É incabível o oferecimento de denúncia após a sentença homologatória de transação penal em que não haja cláusula resolutiva expressa, podendo constar da proposta que a sua homologação fica condicionada ao prévio cumprimento do avençado. O descumprimento, no caso de não homologação, poderá ensejar o prosseguimento do feito (Aprovado no XIX Encontro – Aracaju/SE).

[6] Art. 2º Para os fins desta Resolução, entende-se por alternativas penais as medidas de intervenção em conflitos e violências, diversas do encarceramento, orientadas para a restauração das relações e a promoção da cultura da paz, a partir da responsabilização com dignidade, autonomia e liberdade, decorrentes da aplicação de: I – penas restritivas de direitos; II – transação penal e suspensão condicional do processo; III – suspensão condicional da pena privativa de liberdade; IV – conciliação, mediação e técnicas de justiça restaurativa; V – medidas cautelares diversas da prisão; e VI – medidas protetivas de urgência.

## 2 O acordo de colaboração premiada e de não persecução penal

Embora não seja nosso objetivo aprofundar, nessa oportunidade, fundamentos do processo penal, a evolução da disciplina, desde a Lei nº 9.099/95, sobretudo após a denominada "Operação Lava Jato", torna necessário o estudo de certos institutos como a colaboração premiada e o acordo de não persecução penal, diante das mais recentes alterações legislativas.

Nesse sentido, vamos examinar alguns conceitos introduzidos pela Lei nº 12.850/2013, notadamente após a inclusão e alteração de alguns de seus dispositivos pela Lei nº 13.964/2019, que inseriu a Seção I naquele Diploma, de forma a delimitar de maneira mais clara e transparente o procedimento a ser adotado nas hipóteses de delação/colaboração premiada.

Assim sendo, o art. 3º-A dispõe que o acordo de colaboração premiada é um "negócio jurídico processual e meio de obtenção de prova, que pressupõe utilidade e interesse públicos".

Fica, portanto, consagrada a natureza dúplice do instituto: negócio jurídico e meio de obtenção de prova, como, aliás, já vinha sinalizando a jurisprudência do STF.[7][8]

O art. 3º-B estabelece que o recebimento da proposta para formalização de acordo de colaboração "demarca o início das negociações e constitui também marco de confidencialidade". Ademais, configura como "violação de sigilo e quebra da confiança e da boa-fé a divulgação de tais tratativas iniciais ou de documento que as formalize, até o levantamento de sigilo por decisão judicial".

---

[7] [...] 4. A colaboração premiada é um negócio jurídico processual, uma vez que, além de ser qualificada expressamente pela lei como "meio de obtenção de prova", seu objeto é a cooperação do imputado para a investigação e para o processo criminal, atividade de natureza processual, ainda que se agregue a esse negócio jurídico o efeito substancial (de direito material) concernente à sanção premial a ser atribuída a essa colaboração. 5. A homologação judicial do acordo de colaboração, por consistir em exercício de atividade de delibação, limita-se a aferir a regularidade, a voluntariedade e a legalidade do acordo, não havendo qualquer juízo de valor a respeito das declarações do colaborador. 6. Por se tratar de negócio jurídico personalíssimo, o acordo de colaboração premiada não pode ser impugnado por coautores ou partícipes do colaborador na organização criminosa e nas infrações penais por ela praticadas, ainda que venham a ser expressamente nominados no respectivo instrumento no "relato da colaboração e seus possíveis resultados" (art. 6º, I, da Lei nº 12.850/13). 7. De todo modo, nos procedimentos em que figurarem como imputados, os coautores ou partícipes delatados – no exercício do contraditório – poderão confrontar, em juízo, as declarações do colaborador e as provas por ele indicadas, bem como impugnar, a qualquer tempo, as medidas restritivas de direitos fundamentais eventualmente adotadas em seu desfavor. (HC nº 127483 / PR, Min. DIAS TOFFOLI, Julgamento: 27.08.2015, Órgão Julgador: Tribunal Pleno. DJe 04.02.2016)

[8] Destacou, ainda, que atualmente não há mais controvérsia acerca da natureza jurídica do instituto, considerado, em termos gerais, um negócio jurídico processual firmado entre o Ministério Público e o colaborador. Essa característica é representada pelas normas extraídas dos §§6º e 7º do art. 4º da Lei 12.850/2013, as quais vedam a participação do magistrado na celebração do ajuste entre as partes e estabelecem os limites de cognoscibilidade dos termos pactuados. Trata-se, portanto, de meio de obtenção de prova cuja iniciativa não se submete à reserva de jurisdição, diferentemente do que ocorre, por exemplo, com a quebra do sigilo bancário ou fiscal e com a interceptação de comunicações telefônicas. Pet 7074/DF, rel. Min. Edson Fachin, julgamento em 21, 22, 28 e 29.06.2017. Informativo nº 870 STF. Pet 7074/DF, rel. Min. Edson Fachin, julgamento em 21, 22, 28 e 29.6.2017. Informativo nº 870 STF.

Os parágrafos desse art. 3º-B cuidam dos detalhes procedimentais.[9]

Já o art. 3º-C trata da necessidade de a proposta de colaboração premiada estar instruída com "procuração do interessado com poderes específicos para iniciar o procedimento de colaboração e suas tratativas, ou firmada pessoalmente pela parte que pretende a colaboração e seu advogado ou defensor público". Os parágrafos desse dispositivo[10] impõem requisitos formais e materiais para o prosseguimento das tratativas.

O art. 4º favorece coautores, beneficiários ou cúmplices que espontaneamente revelem às autoridades competentes o nome dos mentores e dos principais autores do fato. Nesse sentido, o dispositivo confere ao magistrado o poder de, a requerimento das partes, conceder o perdão judicial, reduzir em até 2/3 (dois terços) a pena privativa de liberdade ou substituí-la por restritiva de direitos daquele que tenha colaborado efetiva e voluntariamente com a investigação e com o processo criminal.

Para tanto, a concessão do benefício levará em conta a personalidade do colaborador, a natureza, as circunstâncias, a gravidade e a repercussão social do fato criminoso e a eficácia da colaboração.

Aliás, é preciso que dessa colaboração advenha um ou mais dos seguintes resultados expressamente previstos nos incisos do referido art. 4º:

a) A identificação dos demais coautores e partícipes da organização criminosa e das infrações penais por eles praticadas;
b) A revelação da estrutura hierárquica e da divisão de tarefas da organização criminosa;
c) A prevenção de infrações penais decorrentes das atividades da organização criminosa;
d) A recuperação total ou parcial do produto ou do proveito das infrações penais praticadas pela organização criminosa;
e) A localização de eventual vítima com a sua integridade física preservada.

O §4º, com redação dada pela Lei nº 13.964/2019, prevê que, nas mesmas hipóteses do *caput*, o Ministério Público poderá[11] deixar de oferecer denúncia se a proposta de

---

[9] §1º A proposta de acordo de colaboração premiada poderá ser sumariamente indeferida, com a devida justificativa, cientificando-se o interessado. §2º Caso não haja indeferimento sumário, as partes deverão firmar Termo de Confidencialidade para prosseguimento das tratativas, o que vinculará os órgãos envolvidos na negociação e impedirá o indeferimento posterior sem justa causa. §3º O recebimento de proposta de colaboração para análise ou o Termo de Confidencialidade não implica, por si só, a suspensão da investigação, ressalvado acordo em contrário quanto à propositura de medidas processuais penais cautelares e assecuratórias, bem como medidas processuais cíveis admitidas pela legislação processual civil em vigor. §4º O acordo de colaboração premiada poderá ser precedido de instrução, quando houver necessidade de identificação ou complementação de seu objeto, dos fatos narrados, sua definição jurídica, relevância, utilidade e interesse público. §5º Os termos de recebimento de proposta de colaboração e de confidencialidade serão elaborados pelo celebrante e assinados por ele, pelo colaborador e pelo advogado ou defensor público com poderes específicos. §6º Na hipótese de não ser celebrado o acordo por iniciativa do celebrante, esse não poderá se valer de nenhuma das informações ou provas apresentadas pelo colaborador, de boa-fé, para qualquer outra finalidade.

[10] §1º Nenhuma tratativa sobre colaboração premiada deve ser realizada sem a presença de advogado constituído ou defensor público. §2º Em caso de eventual conflito de interesses, ou de colaborador hipossuficiente, o celebrante deverá solicitar a presença de outro advogado ou a participação de defensor público. §3º No acordo de colaboração premiada, o colaborador deve narrar todos os fatos ilícitos para os quais concorreu e que tenham relação direta com os fatos investigados. §4º Incumbe à defesa instruir a proposta de colaboração e os anexos com os fatos adequadamente descritos, com todas as suas circunstâncias, indicando as provas e os elementos de corroboração.

[11] A Segunda Turma negou provimento a agravo regimental interposto contra decisão que indeferiu mandado de segurança impetrado por condenado em duas ações penais contra ato da Procuradoria-Geral da República (PGR). O colegiado entendeu inexistir direito líquido e certo a compelir o Ministério Público à celebração do

acordo de colaboração referir-se à infração de cuja existência não tenha prévio conhecimento[12] e o colaborador:

a) não for o líder da organização criminosa; e

b) for o primeiro a prestar efetiva colaboração nos termos deste artigo.

O STF,[13] por maioria, reconheceu que não apenas o MP, mas também o Delegado de Polícia, pode formalizar acordos de colaboração premiada, na fase de inquérito policial.

Já se a colaboração for posterior à sentença, na forma do §5º, a pena poderá ser reduzida até a metade ou será admitida a progressão de regime ainda que ausentes os requisitos objetivos.

Embora o juiz não participe das negociações realizadas entre as partes (§6º), caberá a ele a homologação ou não do respectivo termo.

Nesse sentido, o §7º, também com redação determinada pela Lei nº 13.964/2019, determina que devem ser remetidos ao juiz, para análise, o respectivo termo, as declarações do colaborador e cópia da investigação, "devendo o juiz ouvir sigilosamente o colaborador, acompanhado de seu defensor".

Nessa oportunidade, o magistrado deverá levar em consideração os seguintes aspectos em sua decisão:

I - regularidade e legalidade;

II - adequação dos benefícios pactuados àqueles previstos no *caput* e nos §§4º e 5º deste artigo, sendo nulas as cláusulas que violem o critério de definição do regime inicial de cumprimento de pena do art. 33 do Código Penal, as regras de cada um dos regimes previstos no Código Penal e na LEP, e os requisitos de progressão de regime não abrangidos pelo §5º do art. 4º da Lei de Colaboração Premiada;

III - adequação dos resultados da colaboração aos resultados mínimos exigidos nos incisos I, II, III, IV e V do *caput* deste artigo;

---

acordo de delação premiada, diante das características do acordo de colaboração premiada e da necessidade de distanciamento do Estado-juiz do cenário investigativo. Observou que, na linha do que decidido no HC nº 127.483, o acordo de colaboração premiada, além de meio de obtenção de prova, constitui negócio jurídico processual personalíssimo, cuja conveniência e oportunidade não se submetem ao escrutínio do Estado-juiz. Trata-se, portanto, de ato voluntário por essência, insuscetível de imposição judicial. Ademais, no âmbito da formação do acordo de colaboração premiada, o juiz não pode participar das negociações realizadas entre as partes, por expressa vedação legal (Lei nº 12.850/2013, art. 4º, §6º). Isso decorre do sistema acusatório, que desmembra os papéis de investigar e acusar e aqueles de defender e julgar e atribui missão própria a cada sujeito processual. MS nº 35.693 AgR/DF, Rel. Min. Edson Fachin, julgamento em 28.5.2019. Informativo nº 942 STF.

[12] O §4º-A, também inserido pela Lei nº 13.964/2019, presume existir o conhecimento prévio da infração quando o Ministério Público ou a autoridade policial competente tenha instaurado inquérito ou procedimento investigatório para apuração dos fatos apresentados pelo colaborador.

[13] O Plenário, por maioria, julgou improcedente pedido formulado em ação direta para assentar a constitucionalidade dos §§2º e 6º do art. 4º da Lei nº 12.850/2013, a qual define organização criminosa e dispõe sobre a investigação criminal, os meios de obtenção da prova, infrações penais correlatas e o procedimento criminal. A ação impugnava as expressões "e o delegado de polícia, nos autos do inquérito policial, com a manifestação do Ministério Público" e "entre o delegado de polícia, o investigado e o defensor, com a manifestação do Ministério Público, ou, conforme o caso", contidas nos referidos dispositivos, que conferem legitimidade ao delegado de polícia para conduzir e firmar acordos de colaboração premiada (Informativo 888). Prevaleceu o voto do ministro Marco Aurélio (relator), no sentido de que o delegado de polícia pode formalizar acordos de colaboração premiada, na fase de inquérito policial, respeitadas as prerrogativas do Ministério Público, o qual deverá se manifestar, sem caráter vinculante, previamente à decisão judicial. ADI nº 5.508/DF, rel. Min. Marco Aurélio, julgamento em 20.6.2018. Informativo nº 907 STF.

IV - voluntariedade da manifestação de vontade, especialmente nos casos em que o colaborador está ou esteve sob efeito de medidas cautelares.

Ademais, o §7º-A determina, ainda, que o magistrado ou Tribunal deve "proceder à análise fundamentada do mérito da denúncia, do perdão judicial e das primeiras etapas de aplicação da pena", nos termos do CP e CPP, antes de conceder os benefícios pactuados, "exceto quando o acordo prever o não oferecimento da denúncia na forma dos §§4º e 4º-A deste artigo ou já tiver sido proferida sentença".

Interessante observar que o §7º-B considera nulas de pleno direito quaisquer previsões de renúncia ao direito de impugnar a decisão homologatória, por óbvia violação ao princípio constitucional do acesso à justiça.

Caso a proposta não atenda aos requisitos legais, o juiz pode recusar a homologação, na forma do §8º. Curioso observar que a expressão que constava na redação original do dispositivo ("ou mesmo adequá-la ao caso concreto") foi suprimida pela Lei nº 13.964/2019, o que sinaliza a clara intenção do legislador no sentido de manter o magistrado integralmente afastado das negociações que cercam o acordo, como, aliás, já vinha sinalizando a jurisprudência do STF.[14]

Importante, ainda, atentar para a regra contida no §10-A, segundo a qual, em todas as fases do processo, "deve-se garantir ao réu delatado a oportunidade de manifestar-se após o decurso do prazo concedido ao réu que o delatou". Trata-se de corolário dos princípios constitucionais do contraditório e da ampla defesa. Aliás, tal entendimento já havia sido expressamente prestigiado pela 2ª Turma do STF.[15] [16]

---

[14] O Plenário, por maioria, resolveu a questão de ordem no sentido de reafirmar – nos limites dos §§7º e 11 do art. 4º da Lei nº 12.850/2013 e incisos I e II do art. 21 do Regimento Interno do STF (RISTF) – a atribuição do relator para, monocraticamente, homologar acordos de colaboração premiada, oportunidade na qual se limita ao juízo de regularidade, legalidade e voluntariedade da avença. Reafirmou, também, a competência colegiada do STF para avaliar, em decisão final de mérito, o cumprimento dos termos bem como a eficácia do acordo. Além disso, consignou que acordo homologado como regular, voluntário e legal gera vinculação condicionada ao cumprimento dos deveres assumidos pela colaboração. Salientou, ainda, que ao órgão colegiado é facultada a possibilidade de analisar fatos supervenientes ou de conhecimento posterior que firam a legalidade, nos termos do §4º do art. 966 do Código de Processo Civil/2015. Pet 7074/DF, rel. Min. Edson Fachin, julgamento em 21, 22, 28 e 29.6.2017. Informativo nº 870 STF. Pet 7074/DF, rel. Min. Edson Fachin, julgamento em 21, 22, 28 e 29.6.2017. Informativo nº 870 STF.

[15] A Segunda Turma, por maioria, deu provimento a agravo regimental em *habeas corpus* para anular a condenação imposta ao paciente e assegurar-lhe nova oportunidade de apresentar memoriais escritos, após o decurso do prazo oferecido para a apresentação dessa peça aos corréus colaboradores. (...) Nesse sentido, o direito fundamental ao contraditório e à ampla defesa deve permear todo o processo legal, garantindo-se sempre a possibilidade de manifestações oportunas da defesa, bem como a possibilidade de se fazer ouvir no julgamento e de oferecer, por último, os memoriais de alegações finais. Pouco importa, na espécie, a qualificação jurídica do agente acusador: Ministério Público ou corréu colaborador. (...) O direito de a defesa falar por último decorre do sistema normativo, como se depreende do Código de Processo Penal (CPP). A inversão processual consagrada pela intelecção que prestigia a manifestação final de réus colaboradores por último, ou simultaneamente, ocasiona sério prejuízo ao delatado, que não pode se manifestar para repelir os argumentos eventualmente incriminatórios ou para reforçar os favoráveis. HC nº 157627 AgR/PR, rel. orig. Min. Edson Fachin, red. p/ o ac. Min. Ricardo Lewandowski, julgamento em 27.8.2019. Informativo nº 949 STF.

[16] A Segunda Turma, em conclusão de julgamento, deu provimento a agravo regimental para julgar parcialmente procedente reclamação a fim de assegurar ao delatado o acesso às declarações prestadas por colaboradores que o incriminem, já documentadas e que não se refiram à diligência em andamento que possa ser prejudicada. Nesta assentada, o ministro Ricardo Lewandowski (relator) reajustou o voto anteriormente proferido (Informativo 937). Inicialmente, o colegiado conheceu da reclamação. Embora seja meio de obtenção de prova, a colaboração premiada é fenômeno complexo a envolver diversos atos com naturezas jurídicas distintas. Em conjunto com o acordo, há elementos de prova relevantes ao exercício do direito de defesa e do contraditório. Em seguida, registrou que o terceiro delatado por corréu, em termo de colaboração premiada, tem direito de ter acesso aos trechos nos quais citado, com fundamento no Enunciado 14 da Súmula Vinculante (1). À luz

Em sendo homologado, deverá a sentença apreciar os termos do acordo homologado e sua eficácia (§11). A fim de garantir maior segurança ao julgador, a Lei nº 13.964/2019 alterou a redação do §13 para determinar o registro das tratativas e atos de colaboração de forma a "obter maior fidelidade das informações, garantindo-se a disponibilização de cópia do material ao colaborador".

Ademais, o §16 é enfático ao proibir a decretação de medidas cautelares reais ou pessoais, o recebimento de denúncia ou queixa-crime, ou mesmo a prolação de sentença condenatória com fundamento apenas nas declarações do colaborador.

Por outro lado, o acordo homologado pode ser rescindido em caso de omissão dolosa sobre os fatos objeto da colaboração (§17), ou na hipótese da não cessação do envolvimento do colaborador na conduta ilícita relacionada ao objeto da colaboração, sob pena de rescisão (§18).

Como se pode observar, a redação da Lei nº 12.850 foi sendo aperfeiçoada pela jurisprudência do STF, a partir do exame de casos concretos levados ao exame do Tribunal e, mais recentemente, pela Lei nº 13.964/2019.

O estudo pormenorizado dessas questões é importante na medida em que colaboração premiada, acordo de leniência e acordo de não persecução (penal e civil) formam diversas camadas do chamado direito sancionador e que podem ser sobrepostas num mesmo caso concreto, a partir da iniciativa de instituições diversas. Isso nos leva a algumas questões sensíveis, como, por exemplo, a fixação de parâmetros objetivos para garantir efetividade e segurança jurídica.

Uma das questões que ainda precisam de maior reflexão já foi submetida ao STF por ocasião da petição nº 7.065: "se, para o compartilhamento de acordo de colaboração premiada ou de leniência, deve-se ter a plena observância dos limites dos direitos e deveres reconhecidos no acordo e com respeito à esfera jurídica do respectivo colaborador".

Quanto a esse tópico, o Tribunal enfrentará, ainda, questão mais delicada, por ocasião do julgamento do ARE 1.175.650, qual seja, a possibilidade da utilização de informações obtidas em colaboração premiada no bojo de ação penal, em ação civil pública movida pelo MP em razão da prática de ato de improbidade administrativa,[17] uma vez que o plenário virtual já reconheceu repercussão geral ao tema.

Esse talvez seja o ponto crítico da questão, na medida em que no Brasil vigora o sistema da independência das instâncias. Porém, é inegável que, durante o acordo, podem ser negociadas questões que têm claras implicações nos planos civil e administrativo e que podem, também, repercutir na figura do acordo de leniência, anteriormente tratado.

---

do referido verbete, o acesso deve ser franqueado caso estejam presentes dois requisitos. Um, positivo: o ato de colaboração deve apontar a responsabilidade criminal do requerente (Inq 3.983). utro, negativo: o ato de colaboração não deve referir-se à diligência em andamento (Rcl 24.116). Isso porque a leitura do §2º do art. 7º da Lei 12.850/2013 determina que, antes mesmo da retirada do sigilo, será assegurado ao defensor, no interesse do representado, amplo acesso aos elementos de prova que digam respeito ao exercício do direito de defesa, devidamente precedido de autorização judicial, ressalvados os referentes às diligências em andamento. Com efeito, a jurisprudência da Segunda Turma garante o acesso a todos os elementos de prova documentados nos autos dos acordos de colaboração, incluídas as gravações audiovisuais dos atos de colaboração de corréus, com o escopo de confrontá-los, e não para impugnar os termos dos acordos propriamente ditos (Rcl 21.258 AgR). Rcl 30742 AgR/SP, rel. Min. Ricardo Lewandowski, julgamento em 4.2.2020. (Rcl-30742). Informativo nº 965 do STF.

[17] Informação disponível em: https://www.migalhas.com.br/Quentes/17,MI301332,71043-STF+decidira+se+e+pos sivel+uso+de+colaboracao+premiada+em+ACP?utm_source=informativo&utm_medium=migalhas4591&utm_campaign=migalhas4591.

Ademais, não podemos nos esquecer da necessidade de proteger a empresa, a continuidade dos negócios e a preservação dos postos de trabalho. Nesse ponto específico, nosso ordenamento jurídico precisa, ainda, evoluir, de forma a alcançar uma equação máxima sob a perspectiva da análise econômica do Direito. Ou seja, punir de forma exemplar os agentes públicos e particulares, mas preservar o ambiente de negócios e as relações trabalhistas, a fim de se evitar um mal maior e desnecessário.

Importante, ainda, registrar que, em agosto de 2017, foi editada a Resolução nº 181 pelo CNMP, tratando, entre outros temas, do chamado "acordo de não persecução penal", especificamente no art. 18. A redação original, alvo de diversas críticas e de arguição de inconstitucionalidade[18] perante o STF, acabou sendo reformulada pela Resolução nº 183/2018.[19] Com a edição da Lei nº 13.964/2019, as disposições dessa resolução passam a ser aplicadas apenas de forma subsidiária e mesmo assim quando não colidirem com o texto legal.

---

[18] ADI nº 5.790/2017. Rel. Min Ricardo Lewandowski. Mais informações disponíveis em: http://www.stf.jus.br/portal/cms/verNoticiaDetalhe.asp?idConteudo=358960, acesso em: 20 dez. 2019.

[19] Art. 18. Não sendo o caso de arquivamento, o Ministério Público poderá propor ao investigado acordo de não persecução penal quando, cominada pena mínima inferior a 4 (quatro) anos e o crime não for cometido com violência ou grave ameaça a pessoa, o investigado tiver confessado formal e circunstanciadamente a sua prática, mediante as seguintes condições, ajustadas cumulativa ou alternativamente: I – reparar o dano ou restituir a coisa à vítima, salvo impossibilidade de fazê-lo; II – renunciar voluntariamente a bens e direitos, indicados pelo Ministério Público como instrumentos, produto ou proveito do crime; III – prestar serviço à comunidade ou a entidades públicas por período correspondente à pena mínima cominada ao delito, diminuída de um a dois terços, em local a ser indicado pelo Ministério Público; IV – pagar prestação pecuniária, a ser estipulada nos termos do art. 45 do Código Penal, a entidade pública ou de interesse social a ser indicada pelo Ministério Público, devendo a prestação ser destinada preferencialmente àquelas entidades que tenham como função proteger bens jurídicos iguais ou semelhantes aos aparentemente lesados pelo delito; V – cumprir outra condição estipulada pelo Ministério Público, desde que proporcional e compatível com a infração penal aparentemente praticada. §1º Não se admitirá a proposta nos casos em que: I – for cabível a transação penal, nos termos da lei; II – o dano causado for superior a vinte salários mínimos ou a parâmetro econômico diverso definido pelo respectivo órgão de revisão, nos termos da regulamentação local; III – o investigado incorra em alguma das hipóteses previstas no art. 76, §2º, da Lei nº 9.099/95; IV – o aguardo para o cumprimento do acordo possa acarretar a prescrição da pretensão punitiva estatal; V – o delito for hediondo ou equiparado e nos casos de incidência da Lei nº 11.340, de 7 de agosto de 2006; VI – a celebração do acordo não atender ao que seja necessário e suficiente para a reprovação e prevenção do crime. §2º A confissão detalhada dos fatos e as tratativas do acordo serão registrados pelos meios ou recursos de gravação audiovisual, destinados a obter maior fidelidade das informações, e o investigado deve estar sempre acompanhado de seu defensor. §3º O acordo será formalizado nos autos, com a qualificação completa do investigado e estipulará de modo claro as suas condições, eventuais valores a serem restituídos e as datas para cumprimento, e será firmado pelo membro do Ministério Público, pelo investigado e seu defensor. §4º Realizado o acordo, a vítima será comunicada por qualquer meio idôneo, e os autos serão submetidos à apreciação judicial. §5º Se o juiz considerar o acordo cabível e as condições adequadas e suficientes, devolverá os autos ao Ministério Público para sua implementação. §6º Se o juiz considerar incabível o acordo, bem como inadequadas ou insuficientes as condições celebradas, fará remessa dos autos ao procurador-geral ou órgão superior interno responsável por sua apreciação, nos termos da legislação vigente, que poderá adotar as seguintes providências: I – oferecer denúncia ou designar outro membro para oferecê-la; II – complementar as investigações ou designar outro membro para complementá-la; III – reformular a proposta de acordo de não persecução, para apreciação do investigado; IV – manter o acordo de não persecução, que vinculará toda a Instituição. §7º O acordo de não persecução poderá ser celebrado na mesma oportunidade da audiência de custódia. §8º É dever do investigado comunicar ao Ministério Público eventual mudança de endereço, número de telefone ou e-mail, e comprovar mensalmente o cumprimento das condições, independentemente de notificação ou aviso prévio, devendo ele, quando for o caso, por iniciativa própria, apresentar imediatamente e de forma documentada eventual justificativa para o não cumprimento do acordo. §9º Descumpridas quaisquer das condições estipuladas no acordo ou não observados os deveres do parágrafo anterior, no prazo e nas condições estabelecidas, o membro do Ministério Público deverá, se for o caso, imediatamente oferecer denúncia. §10 O descumprimento do acordo de não persecução pelo investigado também poderá ser utilizado pelo membro do Ministério Público como justificativa para o eventual não oferecimento de suspensão condicional do processo. §11 Cumprido integralmente o acordo, o Ministério Público promoverá o arquivamento da investigação, nos termos desta Resolução. §12 As disposições deste Capítulo não se aplicam aos delitos cometidos por militares que afetem a hierarquia e a disciplina. §13 Para aferição da pena mínima cominada ao delito, a que se refere o caput, serão consideradas as causas de aumento e diminuição aplicáveis ao caso concreto.

## 3 A interface entre a justiça penal consensual e as instâncias administrativa e civil sancionatórias

Comecemos pelo exame do tema à luz da legislação da improbidade administrativa.

Em sua redação original, o art. 17, §1º, da Lei nº 8.429/92 vedava a transação, acordo ou conciliação nas ações destinadas a se apurar a prática de ato de improbidade praticados por qualquer agente público.

Contudo, como veremos a seguir, essa redação foi drasticamente alterada pela Lei nº 13.964/2019. Assim, o dispositivo passou a ter a seguinte dicção: *§1º As ações de que trata este artigo admitem a celebração de acordo de não persecução cível, nos termos desta Lei.*

No entanto, antes de ingressar na temática do acordo de não persecução civil, é imprescindível, para entender melhor o cenário atual, fazer uma pequena digressão e examinar algumas outras leis que levaram, direta ou indiretamente, a essa radical mudança.

Nesse sentido, registre-se que a Lei de Mediação, no art. 36, §4º, abre a possibilidade de, "nas hipóteses em que a matéria objeto do litígio esteja sendo discutida em ação de improbidade administrativa ou sobre ela haja decisão do Tribunal de Contas da União, a conciliação de que trata o *caput* dependerá da anuência expressa do juiz (...)", o que jogou novas luzes sobre a redação original do art. 17, §1º, da Lei de Improbidade Administrativa.

Na verdade, antes mesmo da Lei de Mediação, diversos autores nacionais já se debruçaram sobre a questão do cabimento do acordo em matéria de improbidade, divergindo acerca de seu alcance e extensão.[20]

Nesse sentido, parecia razoável sustentar que o que a lei quis rechaçar foram os acordos sobre os patamares sancionatórios dos atos praticados.

Como argumento de reforço, podia-se apontar, ainda, o art. 26 da Lei de Introdução às Normas de Direito Brasileiro (Decreto-Lei nº 4.657/42),[21] inserido pela Lei nº 13.655/18, que traz previsão geral de um compromisso de adequação ao direito público.[22]

Dizia-se, a propósito, que as recentes modificações na Lei de Introdução às Normas do Direito Brasileiro teriam implicado a revogação da redação original do art.

---

[20] PINHO, Humberto Dalla Bernardina de. Acordos materiais e processuais nas ações civis públicas fundadas em atos de improbidade administrativa. *In: Coletivização e Unidade do Direito*. Londrina: Toth, 2019, p. 283.

[21] Art. 26. Para eliminar irregularidade, incerteza jurídica ou situação contenciosa na aplicação do direito público, inclusive no caso de expedição de licença, a autoridade administrativa poderá, após oitiva do órgão jurídico e, quando for o caso, após realização de consulta pública, e presentes razões de relevante interesse geral, celebrar compromisso com os interessados, observada a legislação aplicável, o qual só produzirá efeitos a partir de sua publicação oficial. §1º O compromisso referido no caput deste artigo: I – buscará solução jurídica proporcional, equânime, eficiente e compatível com os interesses gerais; II – (VETADO); III – não poderá conferir desoneração permanente de dever ou condicionamento de direito reconhecidos por orientação geral; IV – deverá prever com clareza as obrigações das partes, o prazo para seu cumprimento e as sanções aplicáveis em caso de descumprimento.

[22] Enunciado nº 130 do V Fórum do Poder Público. (art. 26, LINDB) O art. 26 da LINDB prevê cláusula geral estimuladora da adoção de meios consensuais pelo Poder Público e, para sua aplicação efetiva e objetiva, recomenda-se a produção de repositório público de jurisprudência administrativa (Grupo: Meios Consensuais e Poder Público). Enunciado aprovado no V Fórum do Poder Público. Disponível em http://www.pge.pe.gov.br/mobile.aspx?1608_enunciados_aprovados_no_v_forum_nacional_do_poder_publico_sao_publicados, acesso em: 10 dez. 2019.

17, §1º, já que a LINDB passou a prestigiar a eficiência administrativa, mediante ampla possibilidade de tomada de compromisso dos interessados (art. 26).[23]

Como se pode perceber, mesmo em tema tão sensível, os autores já vinham numa clara tendência de flexibilizar o conceito de indisponibilidade material do direito, o que vem ao encontro das considerações expostas.[24]

Após o advento da Lei nº 12.846/2013 – Lei Anticorrupção –, a permissão de se firmar acordos de leniência parece apontar mais claramente para a possibilidade de flexibilização da vedação original constada do art. 17, §1º.[25]

A sistemática original da Lei nº 12.846/2013 ainda foi modificada pela Medida Provisória nº 703, de 18 de dezembro de 2015. No que tange aos requisitos do acordo de leniência, foi eliminada a restrição que impunha que apenas poderia ser beneficiada a primeira pessoa jurídica a se manifestar sobre o interesse em cooperar, o que abria o caminho para que outras sociedades, que atuaram em conluio, também fizessem acordos.

Ademais, dispunha que o acordo também afastaria as sanções restritivas ao direito de licitar e contratar, não estando limitado àquelas previstas na Lei nº 8.666/1993, o que permite que a pessoa jurídica continue a manter relações jurídicas com a pessoa de direito público anteriormente lesada.

Ainda estabelecia que a mera proposta de acordo de leniência suspenderia os prazos prescricionais dos atos ilícitos, enquanto a sua celebração continuaria a interrompê-los.

Contudo, o prazo de vigência da referida MP foi encerrado no dia 29 de maio de 2016, sem conversão em lei, conforme dispôs o Ato Declaratório do Presidente da Mesa do Congresso Nacional nº 27, de 27 de maio 2016.[26]

Por essa e outras razões, inclusive, o Superior Tribunal de Justiça se manifestou desfavoravelmente à possibilidade de (suspensão do processo para tentativa de) realização de acordo em ação de improbidade administrativa.[27]

---

[23] PINHO, Humberto Dalla Bernardina de; MAZZOLA, Marcelo. *Manual de Mediação e Arbitragem*. São Paulo: SaraivaJur, 2019, p. 192.

[24] PINHO, Humberto Dalla Bernardina de; VIDAL, Ludmilla Camacho Duarte. Primeiras Reflexões sobre os Impactos do novo CPC e da Lei de Mediação no Compromisso de Ajustamento de Conduta. In: *Revista de Processo*, São Paulo, vol. 256, 2016.

[25] A lei foi regulamentada pelo Decreto nº 8.420, de 18 de março de 2015. Texto disponível em: http://www.planalto.gov.br/ccivil_03/_Ato2015-2018/2015/Decreto/D8420.htm. Acesso em: 15 jun. 2016.

[26] Informação disponível em: http://www.planalto.gov.br/ccivil_03/_Ato2015-2018/2016/Congresso/adc-027-mpv703.htm, acesso em: 16 jul. 2016.

[27] Prevalece em nosso sistema jurídico o princípio da especialidade, segundo o qual, diante de um eventual conflito aparente entre normas, a lei especial deverá prevalecer em relação à norma geral. (...) 3. É inviável o acolhimento do pedido de suspensão do processo, a fim de que sejam buscados os meios de compensação da conduta ímproba praticada, à luz da Lei 13.655/2018, uma vez que deve prevalecer a regra especial contida no art. 17, §1º, da Lei 8.429/1992. 4. Na forma da jurisprudência do STJ, "tratando-se de ação de improbidade administrativa, cujo interesse público tutelado é de natureza indisponível, o acordo entre a municipalidade (autor) e os particulares (réus) não tem o condão de conduzir à extinção do feito, porque aplicável as disposições da Lei 8.429/1992, normal especial que veda expressamente a possibilidade de transação, acordo ou conciliação nos processos que tramitam sob a sua égide (art. 17, §1º, da LIA)" (REsp 1.217.554/SP, Rel. Ministra Eliana Calmon, Segunda Turma, DJe 22.08.2013). 5. Tendo o Tribunal de origem firmado a compreensão no sentido de que as nomeações efetuadas pelo ora agravante acarretaram indevido aumento de despesa com pessoal, sem planejamento orçamentário e financeiro – sendo certo que tal conduta tinha por finalidade última prejudicar a gestão de seu sucessor, causando-lhe desgaste político, o que caracteriza desvio de finalidade, eis que sua atuação não visava atender o interesse público, mas interesses pessoais –, a revisão de tais conclusões demandaria novo exame do acervo fático-probatório constante dos autos, providência vedada em recurso especial, conforme o óbice previsto na Súmula 7/STJ. 6. O dissídio jurisprudencial não foi comprovado na forma exigida pelos art.

Contudo, importante registrar que o Supremo Tribunal Federal já reconheceu a repercussão geral da validade de transação em improbidade no ARE 1.175.650/PR, Rel. Min. Alexandre de Moraes, j. 25.04.2019, tema 1.043, ainda pendente de julgamento.[28]

Não custa lembrar que o acordo de leniência, no atual ordenamento brasileiro, está previsto em três leis específicas: Lei nº 12.529/2011 (Lei do Cade), Lei nº 12.846/2013 (Lei Anticorrupção) e Lei nº 13.506/2017 (Proc. Adm. Sancionador/ BACEN/CVM).

O art. 16 da Lei Anticorrupção prevê que a autoridade máxima de cada órgão ou entidade pública poderá celebrar acordo de leniência com as pessoas jurídicas responsáveis pela prática dos atos previstos nesta Lei, sendo certo que, de acordo com o §10 desse dispositivo, a Controladoria-Geral da União – CGU é o órgão competente para celebrar os acordos de leniência no âmbito do Poder Executivo federal, bem como no caso de atos lesivos praticados contra a administração pública estrangeira.

Para tanto, exige que essas pessoas colaborem efetivamente com as investigações, sendo que dessa colaboração deve resultar:

a) a identificação dos demais envolvidos na infração, quando couber; e
b) a obtenção célere de informações e documentos que comprovem o ilícito sob apuração.

Ainda, segundo o parágrafo primeiro desse dispositivo, para a celebração do acordo, a pessoa jurídica deve, cumulativamente:

a) ser a primeira a se manifestar sobre seu interesse em cooperar para a apuração do ato ilícito;
b) cessar completamente seu envolvimento na infração investigada a partir da data de propositura do acordo;
c) admitir a sua participação no ilícito e cooperar plena e permanentemente com as investigações e o processo administrativo.

Importante ressaltar que o acordo de leniência não exime a pessoa jurídica da obrigação de reparar integralmente o dano causado (§3º), embora possa isentá-la das sanções previstas no inciso II do art. 6º e no inciso IV do art. 19, bem como reduzir em até 2/3 (dois terços) o valor da multa aplicável (§2º). Ainda nessa linha, o art. 18 da lei esclarece que, na esfera administrativa, a responsabilidade da pessoa jurídica não afasta a possibilidade de sua responsabilização na esfera judicial.

Por fim, na forma do §4º, o acordo de leniência deverá estipular as condições necessárias para assegurar a efetividade da colaboração e o resultado útil do processo e sua celebração interrompe o prazo prescricional dos atos ilícitos previstos na lei (§9º).

Contudo, para trazer todos os elementos ao exame apropriado, é necessário retornar ao ano de 2017, quando foi editado outro importante ato normativo pelo CNMP. Trata-se da Resolução nº 179/2017, que regulamenta a tomada do compromisso de ajustamento de conduta no âmbito do Ministério Público.

---

1.029. §1º, do CPC/15 e 255, §§1º e 2º, do RISTJ. Com efeito, a parte agravante apontou como paradigma julgado que não guarda similitude fática com a matéria ora apreciada. 7. Agravo interno improvido. (AgInt no REsp 1654462/MT, Rel. Ministro Sérgio Kukina, Primeira Turma, julgado em 07.06.2018)

[28] 1. Revela especial relevância, na forma do art. 102, §3º, da Constituição, a questão acerca da utilização da colaboração premiada no âmbito civil, em ação civil pública por ato de improbidade administrativa movida pelo Ministério Público em face do princípio da legalidade (CF, art. 5º, II), da imprescritibilidade do ressarcimento ao erário (CF, art. 37, §§4º e 5º) e da legitimidade concorrente para a propositura da ação (CF, art. 129, §1º). 2. Repercussão geral da matéria reconhecida, nos termos do art. 1.035 do CPC (ARE 1.175.650/PR, Plenário, Rel. Min. Alexandre de Moraes, j. 25.04.2019).

Nesse sentido, o *caput* do art. 1º da normativa estabelece que o TAC é um "instrumento de garantia dos direitos e interesses difusos e coletivos, individuais homogêneos e outros direitos de cuja defesa está incumbido o Ministério Público, com natureza de negócio jurídico que tem por finalidade a adequação da conduta às exigências legais e constitucionais, com eficácia de título executivo extrajudicial a partir da celebração".

A questão mais relevante para o nosso estudo pode ser encontrada no §2º: "É cabível o compromisso de ajustamento de conduta nas hipóteses configuradoras de improbidade administrativa, sem prejuízo do ressarcimento ao erário e da aplicação de uma ou algumas das sanções previstas em lei, de acordo com a conduta ou o ato praticado".

Aqui é necessário ressaltar que o art. 12 da Lei nº 8.429/1992 prevê a seguintes sanções para os atos de improbidade, a serem aplicadas cumulativa ou alternadamente:

a) perda dos bens ou valores acrescidos ilicitamente ao patrimônio;
b) ressarcimento integral do dano;
c) perda da função pública;
d) suspensão dos direitos políticos de oito a dez anos;
e) pagamento de multa civil de até três vezes o valor do acréscimo patrimonial;
f) proibição de contratar com o Poder Público ou receber benefícios ou incentivos fiscais pelo prazo de dez anos.

O parágrafo único do art. 12 estabelece que o magistrado deve levar em conta a extensão do dano causado e o proveito patrimonial obtido pelo agente, ao fixar o patamar da sanção.

Tais parâmetros, a nosso ver, devem igualmente ser utilizados na dosimetria das sanções negociadas no TAC, bem como controlados pelo magistrado, no momento de homologar ou não o acordo.

Nesse ponto, deve ser aplicado, por analogia, o disposto no §8º do art. 4º da Lei nº 13.850/2013, já referido, observada a restrição imposta pela Lei nº 13.964/2019, ou seja, o magistrado pode devolver a proposta de acordo, mas não mais "adequá-la ao caso concreto" como antes autorizava o dispositivo.

Idealmente, deveria o magistrado designar audiência para a homologação do acordo, caso veja a necessidade de compreender melhor os termos da proposta. Isso é uma decorrência do princípio da colaboração e do contraditório participativo (arts. 6º e 10 do CPC), a exemplo do que ocorre por ocasião do saneamento compartilhado (art. 357, §3º, também do CPC). Contudo, importante registrar que não há previsão legal expressa para realização de audiência de conciliação na sistemática da Lei nº 8.429/92.

E aqui, retomamos a questão da Lei nº 13.964, de 24 de dezembro de 2019, que aperfeiçoa a legislação penal e processual penal, para abordar apenas o ponto que nos interessa nesse momento, ou seja, o acordo de não persecução penal, que passa a constar da redação do art. 28-A, inserido no Código de Processo Penal, como visto anteriormente.

Ocorre que esse diploma trata, também, das ações de improbidade, ao prever a alteração do art. 17 da Lei de Improbidade, que passa a adotar a seguinte redação:

> Art. 17 (...) §1º As ações de que trata este artigo admitem a celebração de acordo de não persecução cível, nos termos desta Lei. (...)
> §10-A. Havendo a possibilidade de solução consensual, poderão as partes requerer ao juiz a interrupção do prazo para a contestação, por prazo não superior a 90 (noventa) dias. (...) (NR).

Importante notar que, ao examinarmos o Projeto de Lei nº 10.372/2018, observa-se a inexistência, redação original do texto encaminhado pelo Min. Alexandre de Moraes, de qualquer dispositivo alusivo à Lei de Improbidade.[29]

Outro ponto que merece destaque é o fato de o Chefe do Executivo, por meio da Mensagem nº 726/2019, ter vetado diversos dispositivos da Lei nº 13.964/2019, inclusive o art. 17-A, que justamente disciplinava de forma mais detalhada essa nova modalidade de acordo.[30] O texto vetado trazia a seguinte redação:

> Art. 17-A. O Ministério Público poderá, conforme as circunstâncias do caso concreto, celebrar acordo de não persecução cível, desde que, ao menos, advenham os seguintes resultados:
> I - o integral ressarcimento do dano;
> II - a reversão, à pessoa jurídica lesada, da vantagem indevida obtida, ainda que oriunda de agentes privados;
> III - o pagamento de multa de até 20% (vinte por cento) do valor do dano ou da vantagem auferida, atendendo a situação econômica do agente.
> §1º Em qualquer caso, a celebração do acordo levará em conta a personalidade do agente, a natureza, as circunstâncias, a gravidade e a repercussão social do ato de improbidade, bem como as vantagens, para o interesse público, na rápida solução do caso.
> §2º O acordo também poderá ser celebrado no curso de ação de improbidade.
> §3º As negociações para a celebração do acordo ocorrerão entre o Ministério Público e o investigado ou demandado e o seu defensor.
> §4º O acordo celebrado pelo órgão do Ministério Público com atribuição, no plano judicial ou extrajudicial, deve ser objeto de aprovação, no prazo de até 60 (sessenta) dias, pelo órgão competente para apreciar as promoções de arquivamento do inquérito civil.
> §5º Cumprido o disposto no §4º deste artigo, o acordo será encaminhado ao juízo competente para fins de homologação.

O principal motivo da revogação, como expressamente admitido pela Chefia do Executivo nas razões,[31] foi manter a coerência com a sistemática da legitimidade conferida pelo legislador às ações de improbidade, já que o art. 17, *caput*, dispõe poderem ajuizar tais demandas o Ministério Público e a Pessoa Jurídica de Direito Público interno.

---

[29] Conferir a tramitação no sítio da Câmara dos Deputados, no seguinte endereço: https://www2.camara.leg.br/legin/fed/lei/2019/lei-13964-24-dezembro-2019-789639-norma-pl.html.

[30] Não custa lembrar que as disposições referentes ao acordo de não persecução cível estão em plena vigência, eis que não foram abrangidas pela decisão liminar proferida pelo Min. Luiz Fux, no exercício da Presidência do STF, nos autos da Adin 6.299/DF, em 15 de janeiro de 2020 (Informações disponíveis em https://portal.stf.jus.br/processos/detalhe.asp?incidente=5840373, acesso em: 30 jan. 2020).

[31] Nas razões de veto foram invocados os seguintes argumentos: "A propositura legislativa, ao determinar que caberá ao Ministério Público a celebração de acordo de não persecução cível nas ações de improbidade administrativa, contraria o interesse público e gera insegurança jurídica ao ser incongruente com o art. 17 da própria Lei de Improbidade Administrativa, que se mantém inalterado, o qual dispõe que a ação judicial pela prática de ato de improbidade administrativa pode ser proposta pelo Ministério Público e/ou pessoa jurídica interessada leia-se, aqui, pessoa jurídica de direito público vítima do ato de improbidade. Assim, excluir o ente público lesado da possibilidade de celebração do acordo de não persecução cível representa retrocesso da matéria, haja vista se tratar de real interessado na finalização da demanda, além de não se apresentar harmônico com o sistema jurídico vigente". Com relação, especificamente, o §2º, foram apresentadas a essas razões: "A propositura legislativa, ao determinar que o acordo também poderá ser celebrado no curso de ação de improbidade, contraria o interesse público por ir de encontro à garantia da efetividade da transação e do alcance de melhores resultados, comprometendo a própria eficiência da norma jurídica que assegura a sua realização, uma vez que o agente infrator estaria sendo incentivado a continuar no trâmite da ação judicial, visto que disporia, por lei, de um instrumento futuro com possibilidade de transação".

Contudo, lendo de forma mais detida o dispositivo, verifica-se que o veto foi equivocado. Em nenhum momento o legislador restringiu a legitimidade. Na verdade, apenas frisou-se que, nos acordos propostos pelo MP, devem ser observados certos parâmetros. Aliás, tais parâmetros já haviam sido mencionados pelo CNMP na Resolução nº 179/2017. Ademais, no acordo de não persecução penal, há parâmetros expressamente indicados.

Ainda num viés crítico, percebemos que o veto aposto ao §2º desse mesmo art. 17-A pareceu inócuo, já que o §10 inserido no art. 17 prevê, expressamente, a possibilidade de consenso no curso da demanda.

Como se vê, a legislação, com todas as vênias, trouxe muito mais dúvidas do que respostas.

## 4 Considerações finais

Na linha de tudo o que foi exposto, é forçoso reconhecer que, não obstante toda a evolução legislativa, diversas questões ainda restam sem resposta. Por exemplo:
1. Como serão examinados os "antecedentes" do réu/investigado? E se ele já tiver aceitado um acordo de não persecução penal? E se ele já tiver aceitado outro acordo de não persecução cível? É possível usar os mesmos "parâmetros" previstos do art. 28-A do CPP, adaptando-se o que for cabível?
2. Seria possível, na hipótese de concomitância de crime e ato de improbidade a partir do mesmo fato, celebrar acordo de não persecução cível e penal, no mesmo instrumento (observada, obviamente, a divisão de atribuições dos diversos órgãos do MP e o Princípio do Promotor Natural)?
3. Ou, retornando ao ponto do Acórdão do STF, antes referido, que reconheceu repercussão geral, seria possível propor o acordo de não persecução cível após a celebração de colaboração premiada?
4. A celebração de acordo de leniência com a pessoa jurídica tem alguma implicação nas instâncias civil e/ou penal na esfera pessoal do administrador/gestor da empresa?
5. É possível a celebração concomitante de acordos de não persecução cível e penal e acordo de leniência, com relação ao mesmo fato? Em caso positivo, como coordenar todas as autoridades envolvidas, bem como os legitimados para tais ferramentas de modo a garantir, de um lado, suas independências funcionais e, de outro, os princípios da efetividade, da segurança jurídica e do *non bis in idem*?

Essas são, apenas a título de exemplo, algumas das muitas questões que podem ser suscitadas no que se refere à interface entre as instâncias civil, penal e administrativa e as hipóteses de solução consensual.

E, aqui, importante lembrar o princípio da independência dessas instâncias, regra secular em nosso ordenamento. No entanto, estamos em que esse princípio foi forjado num momento em que o legislador era bastante restritivo quanto às ferramentas consensuais.

Dessa forma, fazia todo sentido trabalhar com o princípio da separação entre as searas cível, criminal e administrativa (ressalvadas as hipóteses expressamente previstas na legislação, como, por exemplo, a sentença penal transitada em julgado e sua influência no processo civil e administrativo) quando todas as decisões eram impostas pelo Poder Judiciário.

Hoje em dia, contudo, diante desses novos instrumentos, da expansão do espaço do consenso, da interpenetração entre as instâncias e, sobretudo, da possibilidade de alcançar a resolução de diversos procedimentos por meio de um único acordo, quer nos parecer que necessitamos, com urgência, relativizar tal princípio.

Para tanto, contudo, é mister consolidar um sistema que ofereça as condições apropriadas para que tais acordos alcancem o máximo de efetividade, observado o melhor custo-benefício, assegurados os princípios da legalidade, segurança jurídica, consensualidade, celeridade, efetividade e transparência (após vencida a fase sigilosa imposta em determinadas situações, como na colaboração premiada).

Nesse sentido, interessante notar que o Min. Gilmar Mendes, examinando mandados de segurança impetrados contra aplicação de sanção de declaração de inidoneidade pelo TCU,[32] afirmou existirem no ordenamento jurídico pátrio pelo menos quatro gêneros de acordos de leniência que podem ser celebrados por pessoas físicas ou jurídicas para a atenuação da responsabilidade administrativa ou judicial de atos econômicos, quais sejam:

(i) o Acordo de Leniência Antitruste (Lei nº 12.529/2011);

(ii) o Acordo de Leniência Anticorrupção (Lei nº 12.843/2013);

(iii) o Acordo de Leniência do MP, que não possui previsão legal expressa, mas surge de interpretação sistemática das funções constitucionais do Parquet; e

(iv) o Acordo de Leniência do Sistema Financeiro Nacional (Lei nº 13.506/2017).

Além desses, de acordo com o voto, é possível apontar como quinta modalidade o chamado "acordo de não persecução cível", recentemente introduzido pela Lei nº 13.964/2019.

O julgamento foi interrompido por pedido de vista e aguarda-se para breve um desfecho que priorize a necessária interlocução entre as instâncias e todas as ferramentas de obtenção de consenso sobre direitos coletivos transindividuais.

## Referências

PINHO, Humberto Dalla Bernardina de. Acordos em Litígios Coletivos: limites e possibilidades do consenso em direitos transindividuais após o advento do CPC/2015 e da Lei de Mediação. *Revista Eletrônica de Direito Processual*, v.19, p.118-148, 2018.

PINHO, Humberto Dalla Bernardina de. Acordos materiais e processuais nas ações civis públicas fundadas em atos de improbidade administrativa In: *Coletivização e Unidade do Direito*. Londrina: Thoth, 2019, p. 279-302.

PINHO, Humberto Dalla Bernardina de. Diálogos sobre o Código de Processo Civil: críticas e perspectivas. In: *Limites e Possibilidade do Acordo em Direitos Indisponíveis*: Exame do Art. 3º, §2º da Lei nº 13.140/2015. Santa Cruz do Sul: Essere nel Mondo, 2019, p. 169-178.

PINHO, Humberto Dalla Bernardina de. *Jurisdição e pacificação*: limites e possibilidades do uso dos meios consensuais de resolução de conflitos na tutela dos direitos transindividuais e pluri-individuais. Curitiba: CRV, 2017.

---

[32] MS 35435/DF, MS 36496/DF, MS 36526/DF e MS 36173/DF. Rel. Min. Gilmar Mendes, j. 26.05.2020. Informativo nº 979 STF

PINHO, Humberto Dalla Bernardina de. *Manual de Direito Processual Civil Contemporâneo*. 2. ed. São Paulo: SarivaJur, 2020.

PINHO, Humberto Dalla Bernardina de. Questões Atuais sobre a Transação Penal. *In:* FERREIRA Sérgio de Andréa; FERREIRA, Fernando Galvão de Andréa (Org.). *Centenário do Imortal Roberto Lyra*. Rio de Janeiro: De Andréa Ferreira & Morgado Editores, 2002, p. 207/218.

PINHO, Humberto Dalla Bernardina de; FARIAS, Bianca Oliveira de. Apontamentos sobre o compromisso de ajustamento de conduta na Lei de Improbidade Administrativa e no Projeto de Lei da Ação Civil Pública. *In: Temas de Improbidade Administrativa*. Rio de Janeiro: Lumen Juris, 2010.

PINHO, Humberto Dalla Bernardina de; MAZZOLA, Marcelo. *Manual de Mediação e Arbitragem*. São Paulo: SaraivaJur, 2019.

PINHO, Humberto Dalla Bernardina de; MELLO PORTO, José Roberto Sotero de. Colaboração premiada: um negócio jurídico processual? *Revista Magister de Direito Penal e Processual Penal*, n. 73, ago./set. 2016.

PINHO, Humberto Dalla Bernardina de; VIDAL, Ludmilla Camacho Duarte. Primeiras Reflexões sobre os Impactos do novo CPC e da Lei de Mediação no Compromisso de Ajustamento de Conduta. *In: Revista de Processo*, São Paulo, vol. 256, 2016.

---

Informação bibliográfica deste texto, conforme a NBR 6023:2018 da Associação Brasileira de Normas Técnicas (ABNT):

PINHO, Humberto Dalla Bernardina de. O consenso no sistema processual penal contemporâneo no Brasil e a interface com as instâncias civil e administrativa. *In:* ASSOCIAÇÃO DOS MAGISTRADOS BRASILEIROS; SALOMÃO, Luis Felipe; FONSECA, Reynaldo Soares da; VIDEIRA, Renata Gil de Alcantara; SZPORER, Patrícia Cerqueira Kertzman; COSTA, Daniel Castro Gomes da (Coord.). *Sistema penal contemporâneo*. Belo Horizonte: Fórum, 2021. p. 261-276. ISBN 978-65-5518-205-7.

# O ENFRENTAMENTO À CORRUPÇÃO NO CENÁRIO PÓS-CONSTITUIÇÃO DE 1988: ANÁLISE DAS PERSPECTIVAS DA SOCIEDADE QUANTO À ATUAÇÃO DO PODER JUDICIÁRIO NO JULGAMENTO DE CRIMES CONTRA A ADMINISTRAÇÃO PÚBLICA

ROBERTO CARVALHO VELOSO
MARCO ADRIANO RAMOS FONSÊCA

## 1 Introdução

A corrupção constitui-se em fenômeno generalizado, sistêmico e disseminado em todos os níveis das organizações públicas, com forte impacto social e econômico, características estas que maximizam a necessidade de elaboração de estudos acadêmicos para que sejam propostas intervenções que possibilitem incrementar os mecanismos de prevenção e de persecução penal estatal.

No presente artigo apresentamos uma análise do paradigma ético do enfrentamento ao fenômeno da corrupção no Brasil, no cenário pós-Constituição de 1988, por meio do método indutivo e por meio do método jurídico-compreensivo (GUSTIN; DIAS, 2015, p. 28-19), método mais consentâneo com a intencionalidade da abordagem desta pesquisa, em que se pretende realizar uma valoração das perspectivas da sociedade quanto à atuação do Poder Judiciário, valendo-nos da técnica de pesquisa de documentação indireta, abrangendo a pesquisa bibliográfica e a pesquisa documental.

A pesquisa bibliográfica será realizada a partir de obras de referência e artigos científicos especializados, bem como por meio de relatórios e de pesquisas produzidas por instituições científicas de âmbito nacional e internacional sobre o assunto, procedendo-se à análise e interpretação dos dados estatísticos apurados, mediante a descrição e a avaliação das generalizações obtidas a partir dessas informações coletadas.

Já a pesquisa documental consistirá no levantamento de dispositivos constitucionais, tratados internacionais, leis, resoluções, portarias e outros atos normativos relacionados à temática.

A escolha metodológica realizada decorre da adoção de uma postura político-ideológica dos pesquisadores, partindo da premissa de que a produção de um conhecimento jurídico não se isola do ambiente científico, realizando reflexões discursivas sobre a realidade (GUSTIN; DIAS, 2015, p. 19).

Nesses moldes, considerando as propostas definidas nos objetivos da presente pesquisa, escolhemos o método de abordagem indutivo, já que pretendemos desenvolver uma pesquisa de natureza descritiva, mediante a coleta, observação e análise de dados particulares para a obtenção de conclusões gerais.

Nessa linha, o método de abordagem indutivo viabiliza a realização de estudos de fenômenos complexos e institucionalizados, especialmente investigações de natureza descritiva e exploratória que tenham por objetivo analisar um fenômeno a partir de suas particularidades, para identificação de suas características e regularidades, passíveis de generalizações.

Destarte, o presente estudo justifica-se, primeiramente, pela constatação de que existe a necessidade de incremento de pesquisas que se proponham a investigar o combate à corrupção no âmbito da atuação das instituições do sistema de justiça, diante das expectativas e percepções da sociedade quanto à atuação do Poder Judiciário, especialmente diante do expressivo acervo processual.

A partir do exercício crítico dos vários registros e antecedentes históricos relevantes, foram desenvolvidas teorias e estruturações argumentativas específicas para a observação e valoração de características e comportamentos relacionados aos atos de corrupção de forma a sistematizar estratégias para a compreensão da complexidade de fatores que devem convergir para a prevenção e repressão a tais espécies de desvios.

Finalmente, justifica-se a pesquisa por ela fomentar a prática de observação acadêmica da realidade nacional e local, especialmente quanto a discussões sobre a ética na administração, probidade administrativa, crimes contra a Administração Pública e o julgamento dos processos relativos ao assunto em trâmite nas unidades jurisdicionais.

## 2 O enfrentamento à corrupção no cenário pós-Constituição de 1988: análise das perspectivas da sociedade quanto à atuação do Poder Judiciário no julgamento de crimes contra a Administração Pública

Nos últimos anos, percebe-se que o tema do enfrentamento à corrupção passou a integrar quase que diariamente a pauta dos noticiários nacionais, e progressivamente o interesse da sociedade em torno do assunto, especialmente ao se considerar que os casos de corrupção comprometem uma proporção importante dos recursos públicos e que ameaçam a estabilidade política e o desenvolvimento social e econômico do país.

Conforme as lições de Barroso (2018, p. 31-32), os atos de corrupção consistem em ações ou omissões que visam proporcionar vantagem indevida em detrimento da Administração Pública, e no Brasil alcançou níveis espantosos, endêmicos, consistindo num fenômeno generalizado, sistêmico e plural, envolvendo empresas estatais e privadas, agentes públicos e privados, em verdadeiros esquemas sofisticados de arrecadação e distribuição de dinheiros desviados mediante superfaturamento e outros esquemas.

Corroborando o caráter sistêmico da corrupção, apresentamos os ensinamentos de Zaffaroni e Santos (2020, p. 90, tradução nossa):

A corrupção (diferentes formas de crime de suborno) é um fenômeno extremamente complexo e multiforme, que sempre acompanhou o capitalismo, em cuja história abundam exemplos de fraudes causadoras de catástrofes de todos os tipos, dando a impressão de que é um fenômeno mais ou menos estrutural que em certas ocasiões perde os limites, tornando-se disfuncional.

Diante desse cenário, e especialmente influenciado pela convergência dos postulados do neoconstitucionalismo,[1] acentuados no panorama pós-Constituição de 1988, decorrente do processo de redemocratização, evidencia-se uma maior preocupação com as consequências da corrupção no Brasil, periodicamente envolto em escândalos que enfraquecem as instituições e os valores da democracia, concebendo-se a corrupção como um atentado ao Estado Democrático de Direito e aos valores fundamentais da República, necessitando de uma atuação integrada das instituições responsáveis pelo controle social formal para a prevenção e repressão a tais espécies de atos, respeitando os princípios fundamentais do devido processo legal, contraditório e ampla defesa, assegurado a todos, sem distinção.

Refletindo esse novel paradigma, percebem-se os anseios e expectativas da sociedade brasileira que a Administração Pública seja pautada em valores éticos, morais, que prestigiem a cultura da probidade e da integridade,[2] criando condições sociais e culturais para que as pessoas se comportem honestamente, e moldando a atuação das instituições, com o aprimoramento dos mecanismos legais que otimizem a atuação dos órgãos de controle e do sistema de justiça.

Passemos, então, à apreciação de dados empíricos obtidos a partir de pesquisas de opinião pública, realizadas por instituições de credibilidade no âmbito nacional e internacional, que revelam as perspectivas da sociedade brasileira quanto ao enfrentamento à corrupção.

## 2.1 As perspectivas da sociedade brasileira quanto ao fenômeno da corrupção obtidas em recentes pesquisas científicas nacionais de opinião pública

O enfrentamento à corrupção exige uma abordagem que evidencie a legitimidade, a independência e a consolidação das instituições do sistema de justiça criminal, mediante o aprimoramento dos mecanismos de prevenção e o fortalecimento dos instrumentos necessários à responsabilização de corruptos e corruptores.[3]

Neste cenário, várias pesquisas científicas apontam que a principal preocupação dos brasileiros atualmente é a corrupção, estando à frente de outras pautas relevantes, como educação, saúde e desemprego, conforme diagnosticado em recente pesquisa da Fundação Getulio Vargas (2017, p. 11), que entrevistou 1.568 pessoas, das quais 63%

---

[1] Segundo Barroso (2020a, p. 241) "a Constituição foi capaz de promover, de maneira bem sucedida, a travessia do Estado brasileiro de um regime autoritário, intolerante e, por vezes, violento para um Estado democrático de Direito".

[2] Segundo Moisés (2013, p. 175) "denúncias de escândalos envolvendo o uso indevido de recursos públicos são um sinal de progresso em países caracterizados por processos endêmicos de corrupção, pois revelam sinais de pressão da sociedade civil no sentido do estabelecimento de padrões republicanos de comportamento político".

[3] Sobre o tema, cf. Transparência Internacional (2018, p. 12).

(sessenta e três por cento) afirmaram que a corrupção é o tema que mais as angustia no Brasil.

Na mesma linha, em pesquisa de iniciativa da Associação dos Magistrados Brasileiros (AMB),[4] divulgada em dezembro do ano passado, foi identificada uma avaliação positiva da atuação do Poder Judiciário, principalmente no enfrentamento à corrupção, posto que para 49% (quarenta e nove por cento) dos entrevistados a maior contribuição do Judiciário para o país consistiu no combate à corrupção, maior índice percentual identificado entre os parâmetros pesquisados, ficando em 2º lugar na percepção predominante a contribuição do Judiciário para a consolidação da democracia no país (47% dos entrevistados), reverberando, consequentemente, a percepção da opinião pública acerca da atuação do Judiciário, e demonstrando que a agenda da sociedade é o filtro da avaliação e das expectativas em relação às ações deste Poder.[5]

Consoante o Estudo da AMB (2019, p. 13), dentre os três Poderes, o Judiciário figura como a instituição em que os brasileiros mais confiam, 52% (cinquenta e dois por cento) dos entrevistados, contra 34% (trinta e quatro por cento) da Presidência da República e 19% (dezenove por cento) do Congresso.

Demais disso, em outro indicador, no que diz respeito ao cumprimento de sua missão institucional, a pesquisa da AMB (2019, p. 40) novamente identifica que o Judiciário tem avaliação positiva da sociedade: para 33% (trinta e três por cento) dos entrevistados, o Judiciário é o poder que melhor cumpre o seu papel, enquanto apenas 9% (nove por cento) escolhem o Legislativo e 8% (oito por cento) indicam o Executivo.

Destarte, tais pesquisas científicas demonstram que o Poder Judiciário tem sido identificado pela sociedade como elemento decisivo no combate à criminalidade do colarinho branco, especialmente da corrupção, evidenciando os anseios e as expectativas projetadas pela coletividade quanto à atuação das instituições democráticas, especialmente do Sistema de Justiça, num processo de fortalecimento da imagem do Poder Judiciário brasileiro perante a sociedade.

Nessa linha, a identificação de como a sociedade percebe e reflete quanto ao fenômeno da corrupção guarda compatibilidade com as contribuições da Teoria Estrutural-Funcionalista desenvolvida por Durkhein e Merton, cujos postulados são significativos para a compreensão da dinâmica da criminalidade e das estruturas sociais, pois conforme as lições de Veras (2010, p. 8) tal teoria consiste no ponto de partida das escolas macrossociológicas que baseiam seus estudos sobre a criminalidade a partir das próprias instituições da sociedade.

Segundo Merton (1968, p. 188) as escolhas dos meios para a consecução dos objetivos pelos indivíduos é pautada a partir de uma carga valorativa no campo da eticidade, representando padrões definitivamente prescritos ou preferenciais ou permissivos ou proscritos de comportamento e, consequentemente, muitos procedimentos que, do ponto

---

[4] O Estudo da Imagem do Judiciário Brasileiro foi uma iniciativa da AMB, encomendado à Fundação Getulio Vargas (FGV), que desenvolveu a pesquisa em parceria com o Instituto de Pesquisas Sociais, Políticas e Econômicas (IPESPE). Para mais detalhes, cf. Associação dos Magistrados Brasileiros (2019).

[5] A pesquisa foi realizada no período de agosto de 2018 a dezembro de 2019, com a utilização articulada de metodologias e técnicas qualitativas e quantitativas, abrangendo diversos segmentos de público: sociedade, advogados e defensores públicos e formadores de opinião. Também foi investigada a imagem do Judiciário brasileiro nas redes sociais e na mídia brasileira e mundial (ASSOCIAÇÃO DOS MAGISTRADOS DO BRASIL, 2019, p. 8-9).

de vista de alguns indivíduos específicos, seriam mais eficientes em garantir os valores desejados – o exercício da força, fraude, poder – são descartados na área institucional da definição da conduta permitida.

Destarte, a escolha de expedientes para a busca de objetivos culturais é limitada por normas institucionalizadas, num processo de convergência ou aceitação entre os meios institucionais e os fins culturais pretendidos e, desta forma, a violação desses valores axiológicos pautados em critérios ético-sociais consiste justamente numa não aceitação dos meios institucionais, que caracterizará a conduta desviante, já que os fins justificariam a adoção de quaisquer meios para a sua consecução.

Nesses moldes, conforme Sadek (2010, p. 24) as novas perspectivas consagradas pela Constituição de 1988, com um novo perfil das instituições judiciárias e do Ministério Público, resultante da redemocratização do País, contribuem para formar uma imagem mais democrática da justiça, reforçando, indiretamente, o prestígio da instituição como um todo.

Conforme Furtado (2018, p. 17) "a luta contra a corrupção [...] ganhou maior ênfase nos últimos anos em razão, sobretudo, dos efeitos produzidos na economia do País e provocou a deteriorização da qualidade de vida da população [...]".

Estas constatações traduzem a compatibilidade entre os anseios sociais e os valores maiores do ordenamento jurídico, fundamentos do Estado Democrático de Direito, trazendo consigo o conteúdo político-constitucional erigido pela sociedade contemporânea, servindo de instrumental valioso para a aplicabilidade e efetividade das normas constitucionais e infraconstitucionais.

## 2.2 As percepções do fenômeno da corrupção no Brasil identificadas a partir de pesquisas científicas de opinião elaboradas por organismos internacionais

Nesse contexto, merece ser destacado que as pesquisas nacionais estão em consonância com os índices de percepção identificados nas pesquisas internacionais recentemente realizadas.

A título ilustrativo, apresentamos os indicadores obtidos pela Comissão Econômica para a América Latina e o Caribe (CEPAL),[6] enfatizando a visão da opinião pública brasileira acerca da corrupção, identificando que 65% (sessenta e cinco por cento) dos brasileiros concordam que, se as leis que existem fossem cumpridas e não existisse a impunidade, a corrupção diminuiria, bem como 66% (sessenta e seis por cento) dos entrevistados concordam que o controle da corrupção exige leis novas, com penas mais duras e maiores.

Conforme Veloso (2011, p. 19-20), na sociedade de risco, típica do cenário pós-industrial, eclode a macrocriminalidade praticada por organizações criminosas, reflexo da sofisticação da delinquência, incumbindo-se a persecução penal estatal da pretensão de atender às novas demandas sociais, culminando consequentemente na expansão atual do Direito Penal.

---

[6] Para mais informações quanto à pesquisa, cf. Comissão Econômica para a América Latina e o Caribe (2011), que foi desenvolvida pelo Instituto de Pesquisa Econômica Aplicada (IPEA).

Nesse panorama, pode ser feita uma conexão das atuais tendências do Direito Penal Econômico, no Brasil e no mundo, de avanços na legislação e na persecução penal de crimes de corrupção com a criação de instrumentos anticorrupção, especialmente diante do reconhecimento do caráter integrativo e globalizado dos delitos de corrupção.

Nesse sentido, elucidativas são as lições de Silva (2019, p. 39-40) afirmando que "verifica-se um movimento de internacionalização no combate à corrupção por instrumentos como Convenções e Tratados, uma vez que a sua prática ultrapassa os limites do Estado, para se configurar um fenômeno econômico mundial".

Sánchez (2001, p. 86-87) enfatiza o processo de expansão do direito, e consequentemente, da persecução penal pelos órgãos de controle social formal, a partir da concepção de novas estratégias de caráter preventivo e de novos delitos decorrentes dos fenômenos da globalização e da integração econômica, contemplando o crime organizado, o crime internacional e os atos de corrupção, num espectro de criminalidade dos poderosos, estabelecendo-se novos interesses jurídicos a serem tutelados pelo Direito Penal, transcendendo a ideia de crime como um fenômeno marginal.

Dando prosseguimento às pesquisas internacionais, apresentamos as percepções obtidas pela Transparência Internacional (2020a),[7] identificando que 56% (cinquenta e seis por cento) dos brasileiros entendem que a corrupção aumentou nos últimos 12 meses, 90% (noventa por cento) afirmam que a corrupção no âmbito governamental é um grande problema, 75% (setenta e cinco por cento) acham que seu governo é administrado por interesses particulares, 82% (oitenta e dois por cento) dos entrevistados no país acreditam que os cidadãos podem fazer a diferença na luta contra a corrupção e para 57% (cinquenta e sete por cento) dos cidadãos no Brasil denunciar atos de corrupção pode levar a mudanças.

Acrescentem-se, ainda, os dados do Índice de Percepção da Corrupção (IPC) 2019, outro relatório produzido pela Transparência Internacional (2020b), que avaliou o desempenho de 180 países, no qual o Brasil ficou classificado em 106º lugar, pior colocação da série histórica do índice.[8]

Demais disso, conforme a investigação realizada pelo *Latinobarómetro* em 2018,[9] a corrupção aparece como o problema mais importante do país para 16% dos entrevistados do Brasil, que ficou com o 3º maior índice percentual dos países latino-americanos, atrás apenas da Colômbia (20%) e do Peru (19%).

Nesta pesquisa, os entrevistados do Brasil colocaram a corrupção como o 2º maior problema interno do país, atrás da saúde (21%) e à frente do desemprego (13%), o que reforça que o tema da corrupção está inserido entre as agendas prioritárias no imaginário social.[10]

---

[7] O Relatório Barômetro Global da Corrupção, conduzido pela Transparência Internacional (2020a, p. 11), foi produzido no Brasil durante os primeiros nove meses da atual gestão da Presidência da República. Enfatizou que "o quadro anticorrupção do Brasil sofreu uma série de golpes. O Presidente [...] não deu muita atenção às acusações de corrupção contra membros de seu gabinete [...] a confiança dos cidadãos na capacidade do governo impedir e pôr um fim na corrupção pode retroceder em breve".

[8] Conforme o relatório da Transparência Internacional (2020b, p. 4-5), houve um aumento nas tentativas de interferência política nas indicações para cargos estratégicos no combate à corrupção, com "substituições polêmicas na Polícia Federal e Receita Federal e nomeação de um Procurador-Geral da República fora da lista tríplice".

[9] A Corporação Latinobarómetro, organização não governamental com sede em Santiago, no Chile, investiga o desenvolvimento da democracia, da economia e da sociedade usando indicadores de opinião pública que medem atitudes, valores e comportamentos em 18 países latino-americanos, com exceção de Cuba.

[10] Conforme a resenha do Latinobarómetro 2018 (2020, p. 62), "a conscientização sobre a existência da corrupção e sua importância é sem dúvida o primeiro passo para combatê-la. [...] Na medida em que a corrupção não está no discurso, na discussão da política, você não pode combater adequadamente".

Segundo Moisés (2013, p. 64-65), "a preocupação com a situação da corrupção sugere que existe na sociedade brasileira uma demanda por maior eficiência dos mecanismos de *accountability*".

Na mesma pesquisa *Latinobarómetro* (2020, p. 62-64), para 73% (setenta e três por cento) dos brasileiros houve a percepção de aumento na corrupção em relação ao ano anterior, 50% (cinquenta por cento) afirmaram que não se deve ficar inerte ao tomar conhecimento de casos de corrupção, e 82% (oitenta e dois por cento) responderam que aquele que não denuncia um ato de corrupção de que tem conhecimento se transforma em cúmplice do ato.

Nessa linha, se evidencia certa contradição entre as respostas aos dois últimos quesitos, já que embora a expressiva maioria dos entrevistados entenda que não denunciar atos de corrupção configura cumplicidade, apenas metade dos entrevistados entende que deve denunciar ao tomar conhecimento de tais espécies de atos, o que revela, de certo modo, a tolerância e aceitação da corrupção como algo generalizado e naturalizado no imaginário social, e cuja repressão estatal culmina numa sensação de impunidade, de seletividade das instituições responsáveis pelo controle social formal e de descrédito com a efetiva punição de atos de corrupção.

Corroborando o presente entendimento, colacionamos as lições de Guimarães (2020, p. 15) ao afirmar que o Direito Penal:

> [...] enfrenta sérios problemas quanto à legitimidade na sua esfera de elaboração e atuação, na esfera da exequibilidade do controle social, haja vista as indiscutíveis características que permeiam a atuação do Sistema Penal – seletividade, estigmatização, caráter simbólico, invulnerabilidade das elites política e econômica, segmentação de interesses na elaboração legislativa, entre tantas outras mazelas.

Conforme Lagos (2020, p. 6-7), fazendo uma análise dos dados coletados pela pesquisa Latinobarómetro 2018, a corrupção denegera a imagem do regime democrático, gerando uma crise de legitimidade e sensação de desconfiança da população nas instituições, já que "um regime corrupto não pode ser uma democracia".

## 2.3 Análise das percepções da sociedade quanto à atuação do Poder Judiciário e das instituições do sistema de justiça no enfrentamento à corrupção no cenário pós-Constituição de 1988

Nessa esteira, abordando a relação do fenômeno da corrupção e a desconfiança dos cidadãos nas instituições democráticas, Moisés (2013, p. 164) afirma que a corrupção "distorce a dimensão republicana da democracia porque faz as políticas públicas resultarem, não do debate e da disputa aberta entre projetos diferentes, mas de acordos de bastidores que favoreçam interesses espúrios".

Para You[11] e Kragham[12] (2020, p. 3, tradução nossa), há uma relação significativa entre desigualdade social e corrupção, afirmando que "maiores níveis de desigualdade

---

[11] Pós-doutorando em Políticas Públicas e doutor em Programa de Desigualdade e Política Social na Universidade de Harvard.
[12] Professor visitante no Instituto de Estudos Internacionais da Universidade de Stanford, Professor Catedrático da *Kennedy School of Government* da Universidade de Harvard.

são socialmente propícios a níveis mais altos de corrupção através de mecanismos materiais e normativos".

Conforme Torres e Bertoncini (2015, p. 180), ao abordar os efeitos da corrupção, lecionam que "a corrupção impede o desenvolvimento de políticas públicas de auxílio aos necessitados, empobrecendo e fragilizando a sociedade e as pessoas menos favorecidas, levando-as à condição de pobreza extrema sem qualquer perspectiva de solução".

Tal entendimento é corroborado por Barroso (2020b, p. 4) ao enfatizar que a corrupção: "se disseminou no Brasil em níveis espantosos, endêmicos. Não foram falhas pontuais, individuais. Foi um fenômeno generalizado e sistêmico. Tornou-se o modo natural de se fazerem negócios e de se fazer política no país".

Desta forma, tal relação afeta negativamente a percepção da sociedade sobre a corrupção, influenciando tanto no aspecto normativo (processo legislativo para a criação e implementação de leis[13]) quanto na seletividade da aplicação da lei pelos órgãos do Sistema de Justiça, tendo influxos sobre a legitimidade da atuação das instituições, repercutindo no nível de confiança da sociedade sobre as instituições e impactando negativamente até o crescimento econômico,[14] já que o fenômeno da corrupção afeta negativamente as iniciativas de investimento do Poder Público e das empresas, comprometendo, portanto, o desenvolvimento.[15]

Conforme Pontes e Anselmo (2019, p. 225) "se não bastassem os bilhões de reais drenados pelos esquemas de corrupção, o crime institucionalizado causa danos ainda mais profundos: o atraso no desenvolvimento do Brasil como nação".

Para Nucci (2015, p. 8) "a corrupção não tem como diminuir se a riqueza do Estado e, indiretamente, da sociedade for saqueada frequentemente, justamente pelo denominado criminoso de colarinho branco".

O termo colarinho branco foi criado por Sutherland (1983), para dar ênfase à posição social dos criminosos, em alusão à cor das camisas brancas utilizadas pelos homens de alto *status* econômico, trazendo para o campo científico o estudo do comportamento de homens de negócios e agentes públicos que praticam crimes econômicos e contra a Administração Pública.

Nesse panorama, o aparato das instituições do sistema de justiça encarregadas da persecução penal estaria direcionado para um processo de rotulação, conferindo o *status* social de delinquente para certos sujeitos selecionados pelo sistema penal.

Interessante, neste momento, trazer à colação as considerações da Teoria do *Labeling Approach*, a qual realiza uma crítica aos princípios da igualdade e da legitimidade, tendo reflexo nos princípios da prevenção e do interesse social da persecução penal, e conforme sustenta Baratta (2011, p. 113-116) a atuação dos órgãos do sistema de controle social formal é pautada a partir de um espectro estigmatizante, decorrente das relações de hegemonia social de uma classe sobre a outra e da função seletiva do sistema penal.

---

[13] Pontes e Anselmo (2019, p. 226), denominam de estelionato legislativo a prática na qual o processo legislativo é conduzido pelos interesses dos grupos envolvidos na corrupção, "pois, além de produzirem legislação apenas para seus interesses escusos, se eximem de promover o aperfeiçoamento do arcabouço legal".

[14] Conforme Dallagnol (2017, p. 41) "segundo estimativas adotadas pela ONU e pelo Fórum Econômico Mundial, a corrupção custa ao mundo 5% do PIB (Produto Interno Bruto)".

[15] Para mais esclarecimentos, cf. Conselho Nacional de Justiça (2020, p. 17), relatório analítico produzido pelo Núcleo de Estudos de Políticas Públicas da Universidade de São Paulo e Associação Brasileira de Jurimetria.

Nesse cenário de acentuada desigualdade social, as classes mais vulneráveis têm maior probabilidade de serem privadas de serviços públicos básicos, como educação e saúde, inclusive por decorrência dos próprios atos de corrupção.

Consequentemente, conforme You e Kragham (2020, p. 4, tradução nossa), "para terem acesso aos serviços básicos, alguns acabam cedendo ao cometimento de pequenos atos de corrupção, e passam a ver a corrupção como uma forma apropriada de comportamento".

Na mesma linha, Shecaira (2012, p. 611-612) afirma que "a corrupção passa a ser tolerada e pessoas corruptas são, tendencialmente, encaradas como espertas ao invés de serem caracterizadas como criminosas".

Demais disso, interessante a reflexão de You e Kragham (2020, p. 5, tradução nossa), relativamente à corrupção e o processo eleitoral, num contexto de desigualdades sociais, afirmando que:

> um grande número de pessoas pobres provavelmente venderá seus votos em troca de presentes em dinheiro, ou outros favores, enquanto os ricos e os poderosos comprarão votos para manter o *status quo* da desigualdade. É provável que os pobres se sintam satisfeitos com pequenos benefícios, participando de trocas e patrocínios discretos e corruptos, em vez de resistir à grande corrupção dos ricos e poderosos, permitindo assim benefícios muito maiores.

Nesses moldes, infere-se que a corrupção contribui para acentuar o cenário de desigualdade social e de renda, e as sociedades frequentemente caem em círculos viciosos de desigualdade e atos de corrupção, facilitando assim que se tolere a corrupção como comportamento aceitável, repercutindo na menor responsabilização dos ricos e poderosos envolvidos em atos de corrupção.

Conforme Pontes e Anselmo (2019, p. 228) "a sequência de escândalos, a demora infinita para alcançarmos um desfecho justo para as ações penais e a consequente sensação de impunidade funcionam como um círculo vicioso", podendo contribuir para que as gerações atuais e futuras não tenham comprometimento com a sociedade e gerar mais desobediência das leis.

Desse modo, à medida que se acentua a desigualdade no tratamento da persecução penal, diante da seletividade e impunidade de crimes de colarinho branco, incentiva-se um processo de depreciação da legitimidade da atuação das instituições públicas em crimes dessa natureza, e isso repercute nas perspectivas da sociedade quanto ao fenômeno da corrupção, banalizando os atos de corrupção como algo normal, sendo transmitido esse senso comum para as gerações subsequentes e inibindo as mudanças de paradigmas éticos e comportamentais.

Conforme Barroso (2020b, p. 4, grifo do autor):

> [...] um direito penal seletivo e absolutamente ineficiente em relação à criminalidade de colarinho branco criou um país de ricos delinquentes. O país da fraude em licitações, da corrupção ativa, da corrupção passiva, do peculato, da lavagem de dinheiro sujo. O direito penal deixou de cumprir o seu papel principal que é o de funcionar como *prevenção geral*: é o temor da punição que inibe os comportamentos criminosos. No atual estágio da condição humana o bem nem sempre consegue se impor por si próprio. A ética, o ideal de vida boa precisa de um impulso externo também.

Corroborando este entendimento, You e Kragham (2020, p. 5, tradução nossa) lecionam que "é provável que se acredite cada vez mais que a corrupção é uma maneira aceitável de preservar e promover sua posição social, à medida que esse comportamento fica impune e as redes sociais de corrupção estão se expandindo".

Segundo Nucci (2015, p. 3), "cuida-se, pois, de uma cultura a ser combatida, invertendo os valores e demonstrando que a retidão é melhor que a corrupção, inclusive para investimentos".

Corroborando este entendimento, relativamente à percepção do combate à corrupção pela sociedade, válidas são as considerações de Colen (2020), ao afirmar que há uma tendência de melhor valoração e maior confiança nas instituições democráticas por aqueles que acreditam que a corrupção esteja sendo efetivamente combatida.

Necessário que a sociedade compreenda que os atos de corrupção, além de consistirem em crimes contra a Administração Pública, configuram atos atentatórios contra toda a sociedade, pois, conforme Furtado (2018, p. 33) "se verifica que a primeira vítima da corrupção é o Estado contratante, o que, em última instância, importa em transferir o ônus da contratação superfaturada para toda a coletividade".

Nessa perspectiva, estimulará o despertar da população para a compreensão de que também é protagonista do enfrentamento à corrupção, como reflexo do exercício cívico, através de atitudes simples do dia a dia, repudiando os pequenos atos de corrupção, seja se valendo do exercício do controle sobre os atos da Administração Pública, como por exemplo as consultas aos portais da transparência e denúncias aos órgãos de ouvidoria e à rede de controle da gestão pública,[16] e, especialmente, mediante o pleno e livre exercício do voto, expressão da democracia participativa, em consonância com as diretrizes da Convenção das Nações Unidas contra a Corrupção (ORGANIZAÇÃO DAS NAÇÕES UNIDAS, 2020), a qual preconiza que os Estados Partes implementem políticas contra a corrupção efetivas que promovam a participação da sociedade e reflitam os princípios do Estado de Direito, tais como a integridade, a transparência e a *accountability*.

Nesse novel panorama pós-Constituição de 1988, destaca-se esta mudança de paradigmas e a estabilidade institucional, pois conforme Barroso (2020, p. 241-242):

> [...] a Carta de 1988 tem propiciado o mais longo período de estabilidade institucional da história republicana do País. E não foram tempos banais. Ao longo de sua vigência, foram destituídos por *impeachment* dois Presidentes da República e multiplicaram-se escândalos de natureza diversa. [...] De positivo, merece registro o início do fim da impunidade desse tipo de criminalidade política e econômica lesiva ao erário e à moralidade administrativa. De fato, nos últimos tempos, agentes públicos e privados vieram a ser condenados criminalmente, rompendo uma tradição de aceitação do inaceitável. [...] Em outros tempos, as instituições teriam entrado em colapso.

Nesses moldes, a pena tem papel fundamental de influenciar diretamente o processo decisório do indivíduo, no sentido de desestimulá-lo a cometer o delito, repercutindo perante a sociedade (defesa social), especialmente mediante a conjugação

---

[16] Conforme o Conselho Nacional de Justiça (2020, p. 172) "[...] o acesso à informação por parte da população é fator interveniente fundamental para o fortalecimento das instituições e para as ações de combate à corrupção no Brasil".

de dois fatores, a saber: julgamentos públicos (possibilitando a constatação de sua eficácia) e céleres (associação entre o crime e a punição), impactando na relação de causa e consequência e diminuindo a sensação de impunidade.

Portanto, o Judiciário não pode ficar alheio a esta realidade e deve estar alinhado a este novo paradigma constitucional e aos anseios da sociedade. Nessa linha, Barroso (2018, p. 33) sustenta a necessidade da mudança de paradigmas:

> [...] o combate à criminalidade do colarinho branco, especialmente da corrupção, tem exigido mudanças de atitude na sociedade e nas instituições; mudanças na legislação; e mudanças na jurisprudência dos tribunais. [...] A sociedade demonstrou de forma ativa a sua rejeição a práticas promíscuas entre o setor privado e o Poder Público, historicamente presentes na vida nacional. E o Supremo Tribunal Federal foi capaz de interpretar esse sentimento e, num ponto fora da curva – que veio a mudar a curva – decretou a condenação de mais de duas dezenas de pessoas, entre empresários, políticos e servidores públicos, por delitos como corrupção ativa e passiva, peculato, lavagem de dinheiro, evasão de divisas e gestão fraudulenta de instituição financeira.

Diante desse panorama, reforça-se a necessidade da atuação transparente e efetiva das instituições do sistema de justiça na persecução a tais espécies de ilícitos, como fatores importantes para influenciar a mudança de paradigma dos cidadãos relativamente à atuação das instituições públicas, na medida em que a maior efetividade na aplicação da lei e na persecução penal de crimes de corrupção tende a criar um ambiente mais propício para o aumento da confiança social.

## 3 Conclusões

A prática de crimes contra a Administração Pública consiste em um dos maiores males envolvendo a máquina administrativa de nosso país e um dos aspectos negativos da má administração que mais justificam a implementação de estratégias institucionais de prevenção e repressão pelos órgãos que compõem o sistema de controle social formal do Estado, encarregados da persecução penal.

Portanto, infere-se a necessidade de aprofundamento e expansão do debate acerca do combate à corrupção para todas as camadas sociais, como uma pauta de interesse nacional e para o fortalecimento do Estado Democrático de Direito, viabilizando um processo de conscientização para a mudança de paradigma da percepção dos impactos da corrupção e também para uma mudança do comportamento em geral, com ênfase nos efeitos maléficos da corrupção no âmbito econômico, político e social.

Corroborando as argumentações já aduzidas, evidencia-se, portanto, que o enfrentamento à corrupção consiste em uma política pública constitucional prioritária de um Estado Democrático de Direito, eis que tem conexão com valores e princípios fundamentais da República, consagrados no próprio texto constitucional. Portanto, resta induvidoso o interesse no aprimoramento e efetividade da persecução penal estatal com repercussão na chamada corrupção administrativa.

Nesse cenário, a partir das pesquisas científicas apresentadas no presente estudo, evidenciou-se uma expectativa de boa parte da população de que a Administração Pública seja pautada em valores éticos, de integridade e em consonância com a probidade, repercutindo na percepção da sociedade quanto à atuação das instituições do sistema de justiça criminal e quanto ao paradigma da persecução penal.

Destaque-se, ainda, as percepções da sociedade em geral com relação ao comando punitivo emanado dos órgãos de controle social formal, seja como destinatário indireto da orientação punitiva e suas consequências como contraestímulo para novas práticas delitivas, bem como na qualidade de destinatário do serviço judiciário, servindo a divulgação da sentença como uma espécie de prestação de contas do Poder Judiciário, com um caráter simbólico, passível de revisão pelo público em geral.

Nesses moldes, a consagração de novos valores constitucionais está intimamente correlacionada com o momento da promulgação do próprio de nossa Carta Magna, que buscava refletir os anseios da sociedade por uma nova realidade político-jurídica, com a consagração e primazia dos fundamentos de democracia, cidadania e dignidade da pessoa humana, possibilitando uma maior participação e influência dos cidadãos na tomada de decisões e na forma de condução da coisa pública, razões pelas quais convencionou-se denominar nosso texto constitucional de Constituição Cidadã.

Portanto, a atuação do Poder Judiciário impacta significativamente a percepção da sociedade quanto ao paradigma do enfrentamento à corrupção como forma de conferir maior legitimidade e credibilidade ao exercício da prestação jurisdicional, compatibilizando-se com a preservação dos princípios constitucionais, refletindo e estruturando as novas tendências e anseios da sociedade, que passa a pugnar pelo compromisso com a eficiência, a transparência e integridade no trato da *res* pública, seja para a otimização dos gastos públicos, com a devida aplicação, seja através de mecanismos de prevenção, de enfrentamento e punição aos atos de corrupção.

Diante desse panorama, evidencia-se a necessidade de ações integradas de todos os níveis federativos e a unidade de esforços e desígnios de todas as instituições públicas e privadas em torno da temática, integrando uma rede internacional de enfrentamento à corrupção, refletindo e estruturando novas tendências para a consolidação de cenário propício às mudanças de paradigmas, com a otimização de estratégias de prevenção e de combate aos atos de corrupção na contemporaneidade, em consonância com a dogmática jurídico-penal.

## Referências

ASSOCIAÇÃO DOS MAGISTRADOS BRASILEIROS. *Estudo da Imagem do Judiciário Brasileiro*. Disponível em: https://www.amb.com.br/wp-content/uploads/2020/04/ESTUDO_DA_IMAGEM_.pdf. Acesso em: 10 jun. 2020.

BARATTA, Alessandro. *Criminologia Crítica e Crítica do Direito Penal*: introdução à sociologia do direito penal. Tradução de Juarez Cirino dos Santos. 6. ed. Rio de Janeiro: Editora Revan: Instituto Carioca de Criminologia, 2011.

BARROSO, Luís Roberto Barroso. *A Judicialização da vida e o papel do Supremo Tribunal Federal*. Belo Horizonte: Fórum, 2018.

BARROSO, Luís Roberto. *Curso de Direito Constitucional Contemporâneo*: os conceitos fundamentais e a construção do novo modelo. 9. ed. São Paulo: Saraiva, 2020a.

BARROSO, Luís Roberto. *O momento institucional brasileiro e uma agenda para o futuro*. Disponível em: https://luisrobertobarroso.com.br/wp-content/uploads/2017/08/Oxford-Momento-institucional-brasileiro-e-uma-agenda-para-o-futuro.pdf . Acesso em: 10 jun. 2020b.

COLEN, Célia Mara Ladeia. As covariantes da confiança política na América Latina. *Opin. Publica*, Campinas, v. 16, n. 1, p. 1-27, jun. 2010. ISSN 0104-6276. DOI: https://doi.org/10.1590/S0104-62762010000100001. Disponível em: http://www.scielo.br/scielo.php?script=sci_arttext&pid=S0104-62762010000100001&lng=en&nrm=iso. Acesso em: 12 jun. 2020.

COMISSÃO ECONÔMICA PARA A AMÉRICA LATINA E O CARIBE (ONU). *Corrupção e controles democráticos no Brasil*. Brasília, DF: CEPAL. Escritório no Brasil, 2011. 40p.

CONSELHO NACIONAL DE JUSTIÇA (Brasil). *Relatório Analítico Propositivo Justiça Pesquisa*: justiça criminal, impunidade e prescrição. Brasília, DF: CNJ, 2019. Disponível em: https://www.cnj.jus.br/wp-content/uploads/2011/02/a47b974623d2f574000e4117cdba8f2c.pdf. Acesso em: 20 jun. 2020.

CORPORAÇÃO LATINOBARÓMETRO. *Informe Latinobarómetro 2018*. Disponível em: http://www.latinobarometro.org/latdocs/INFORME_2018_LATINOBAROMETRO.pdf. Acesso em: 12 jun. 2020.

DALLAGNOL, Deltan. *A luta contra a corrupção*: a lava jato e o futuro de um país marcado pela impunidade. Rio de Janeiro: Primeira Pessoa, 2017.

FURTADO, Lucas Rocha. *Brasil e Corrupção*: análise de casos (inclusive da Operação Lava Jato). Belo Horizonte: Fórum, 2018.

GUIMARÃES, Cláudio Alberto Gabriel. Reflexões acerca do controle social formal: rediscutindo os fundamentos do direito de punir. *Revista da Faculdade de Direito da UERJ-RFD*, Rio de Janeiro, v. 1, n. 23, 2013, ISSN 22363475. DOI: https://doi.org/10.12957/rfd.2013.4894. Disponível em: https://www.e-publicacoes.uerj.br/index.php/rfduerj/article/view/4894. Acesso em: 26 abr. 2020.

LAGOS, Marta. *El fin de la Tercera Ola de Democracias*. Disponível em: http://www.latinobarometro.org/latdocs/Annus_Horribilis.pdf. Acesso em: 12 jun. 2020.

MERTON, Robert K. *Social Theory and Social Structure*: enlarged to include two new essays on theoretical sociology. New York: Macmillan, 1968.

MOISÉS, José Álvaro. Cidadania, confiança política e instituições democráticas. *A desconfiança política e os seus impactos na qualidade da democracia*. São Paulo: Editora da Universidade de São Paulo, 2013. Disponível em: http://www.nupps.usp.br/downloads/relatorio2013/Anexo_65_Livro_EDUSP_2013_versao_enviada.pdf. Acesso em: 14 jun. 2020.

ORGANIZAÇÃO DAS NAÇÕES UNIDAS (ONU). Assembleia Geral das Nações Unidas. Escritório das Nações Unidas sobre Drogas e Crime. *Convenção das Nações Unidas contra a Corrupção*. Disponível em: https://www.unodc.org/documents/lpo-brazil//Topics_corruption/Publicacoes/2007_UNCAC_Port.pdf . Acesso em 10 jun. 2020.

PONTES, Jorge. ANSELMO, Márcio. *Crime.gov*: quando corrupção e governo se misturam. Rio de Janeiro: Objetiva, 2019.

SADEK, Maria Tereza. A crise do Judiciário vista pelos Juízes: resultados de uma pesquisa quantitativa. *In*: *Uma introdução ao estudo da justiça*. Rio de Janeiro: Centro Edelstein de Pesquisas Sociais, 2010. 118 p. ISBN: 978-85-7982-032-8.

SHECAIRA, Sérgio Salomão. Corrupção: uma análise criminológica. *In*: GRECO, Luis; MARTINS, Antonio (Org.). *Direito penal como crítica da pena*: estudos em homenagem a Juarez Tavares por seu 70º aniversário em 2 de setembro de 2012. Madrid: Marcial Pons, 2012.

SILVA, Priscila Nascimento. A contribuição do Direito Internacional para a Prevenção e Repressão da Corrupção. *In*: BECHARA, Fábio Ramazzini; FLORÊNCIO FILHO, Marco Aurélio Pinto (Coord.). *Compliance e Direito Penal Econômico*. São Paulo: Almedina, 2019.

SILVA SÁNCHEZ, Jesús-María. *La Expansión del Derecho Penal*: aspectos de la política criminal en las sociedades posindustriales. 2. ed. Madri (Espanha): Civitas, 2001.

SUTHERLAND, Edwin Hardin. *White Collar Crime*: the uncut version. Bringhamton: Yale University Press, 1983.

TORRES, Rafael Lima; BERTONCINI, Mateus Eduardo Siqueira Nunes. Combate à corrupção, crimes econômicos, teorias criminológicas correlatas e ética empresarial. *In*: SANTOS, Bartira Macedo Miranda; RIBEIRO, Luiz Gustavo Gonçalves; MELLO, Marília Montenegro Pessoa de (Org.). *Criminologias e política criminal*. Florianópolis: CONPEDI, 2015. p. 176-198.

TRANSPARÊNCIA INTERNACIONAL. *Barômetro global da corrupção*: América Latina e Caribe 2019. ISBN: 978-3-96076-126-6. Disponível em: https://comunidade.transparenciainternacional.org.br/asset/54:bgc---barometro-global-da-corrupcao-2019?stream=1. Acesso em: 20 abr. 2020a.

TRANSPARÊNCIA INTERNACIONAL. *Índice de percepção da corrupção 2019.* Disponível em: https://transparenciainternacional.org.br/ipc/. Acesso em: 10 maio 2020b.

TRANSPARÊNCIA INTERNACIONAL. *Novas Medidas contra a Corrupção.* Rio de Janeiro: FGV Editora, 2018.

VELOSO, Roberto Carvalho. *Crimes Tributários.* São Paulo: Quartier Latin, 2011.

VERAS, Ryanna Pala. *Nova criminologia e os crimes do colarinho branco.* São Paulo: Editora WMF Martins Fontes, 2010.

YOU, Jong-Sung; KHAGRAM, Sanjeev. A comparative study of inequality and corruption. *American Sociological Review.* v. 70, p. 136-157, Jun. 2005. DOI: https://doi.org/10.1177/000312240507000309. Disponível em: https://www.researchgate.net/profile/Jong_Sung_You/publication/241644122_A_Comparative_Study_of_Inequality_and_Corruption/links/5a9778ab45851535bcdebcd3/A-Comparative-Study-of-Inequality-and-Corruption.pdf. Acesso em: 12 jun. 2020.

ZAFFARONI, Eugenio Raúl; SANTOS, Ílison Dias dos. *La nueva crítica criminológica*: Criminología en tiempos de totalitarismo financiero. Quito, Equador: El Signo, 2019.

---

Informação bibliográfica deste texto, conforme a NBR 6023:2018 da Associação Brasileira de Normas Técnicas (ABNT):

VELOSO, Roberto Carvalho; FONSÊCA, Marco Adriano Ramos. O enfrentamento à corrupção no cenário pós-Constituição de 1988: análise das perspectivas da sociedade quanto à atuação do Poder Judiciário no julgamento de crimes contra a Administração Pública. *In*: ASSOCIAÇÃO DOS MAGISTRADOS BRASILEIROS; SALOMÃO, Luis Felipe; FONSECA, Reynaldo Soares da; VIDEIRA, Renata Gil de Alcantara; SZPORER, Patrícia Cerqueira Kertzman; COSTA, Daniel Castro Gomes da (Coord.). *Sistema penal contemporâneo.* Belo Horizonte: Fórum, 2021. p. 277-290. ISBN 978-65-5518-205-7.

# O PAPEL DO JUDICIÁRIO NA DETERMINAÇÃO DE POLÍTICAS PÚBLICAS EM FAVOR DA POPULAÇÃO CARCERÁRIA

MARCUS ABRAHAM

## Introdução

Nas duas últimas décadas, vivenciamos no Brasil o fenômeno do ativismo judicial nas políticas públicas, em que se multiplicam, em progressão geométrica, as ações judiciais propostas por cidadãos em face do Estado, buscando o fornecimento de prestações estatais que atendam a direitos fundamentais.

Este cenário pode ser justificado por algumas razões: primeiro, porque a Constituição Federal de 1988, ao mesmo tempo em que foi pródiga ao arrolar e assegurar os direitos sociais, garantiu maior acesso à justiça, em ambas as concepções – formal e material; segundo, porque na visão jurídica moderna, esses direitos, constitucionalmente previstos, passam a ter efetividade, criando para o Estado um poder-dever de oferecê-los ao cidadão; terceiro, devido ao amadurecimento da democracia brasileira, com a inquestionável conscientização da população dos seus direitos de cidadania; quarto, porque o administrador público nem sempre dimensiona corretamente ou confere prioridade a certas rubricas orçamentárias; e, finalmente, em quinto lugar, por incapacidade de gestão da Administração Pública ou ineficiência na aplicação dos recursos.

Não obstante, de nada adiantam exaustivos debates sobre a efetividade e o alcance dos direitos fundamentais e sociais, sobre a possibilidade de judicializar estes direitos ou sobre as atribuições mínimas e máximas do Estado perante a coletividade, se não houver recursos financeiros suficientes para atender aos anseios de uma sociedade mais consciente e ativa.

Todavia, não basta arrecadar o necessário, de forma equitativa e equilibrada, uma vez que a gestão e a aplicação dos recursos devem ser feitas de forma eficiente, e a sua aplicação precisa ser realizada criteriosamente para que se possa atender às necessidades públicas da maneira mais ampla e satisfatória possível, em todos os cantos deste imenso país, de dimensões continentais e repleto de desigualdades regionais, demográficas, econômicas e sociais.

O presente texto busca realizar uma reflexão sobre o tema da alocação dos recursos financeiros na garantia dos direitos fundamentais, apresentando brevemente a discussão sobre o mínimo existencial e a reserva do possível, inclusive na visão da jurisprudência dos tribunais superiores.

Posteriormente, pretende aplicar estes debates constitucionais e de Direito Financeiro à análise de circunstâncias frequentemente encontradas em presídios brasileiros, em que pessoas humanas – inobstante o que possam ter feito de errado em suas vidas pessoais – são submetidas a situações por vezes degradantes de superlotação e ausência de condições básica de higiene, e como a Suprema Corte brasileira tem lidado com esta questão.

## 1 Mínimo existencial, reserva do possível e a visão dos tribunais superiores

Para garantir o mínimo existencial, a dignidade da pessoa humana e atender aos preceitos dos direitos humanos fundamentais previstos na Constituição, o Estado brasileiro, assim como qualquer outra nação contemporânea, enfrenta uma limitação: a de que os recursos financeiros são sempre finitos, mas as necessidades públicas e desejos humanos são infinitos.

As inúmeras promessas constitucionais esbarram, assim, na "teoria dos custos dos direitos" ("*Cost of Rights Theory*"),[1] também conhecida por cláusula ou reserva do possível, teoria originária de construção jurisprudencial do Tribunal Constitucional Federal alemão, através da qual a Administração Pública somente teria condições de realizar e oferecer à sociedade aquilo que fosse admissível dentro do orçamento previsto, sendo, pois, utilizada como argumento restritivo na atuação jurisdicional em face de políticas públicas e de direitos sociais e fundamentais.[2]

Neste sentido, Canotilho afirma que "a construção dogmática da reserva do possível foi rapidamente aderida para traduzir a ideia de que os direitos sociais só existem quando e enquanto existir dinheiro nos cofres públicos".[3] Na mesma linha, outro português, José Casalta Nabais,[4] nos lembra de que de nada adiantará uma Carta Maior repleta de direitos e, igualmente, não terá qualquer valia uma abalizada teoria dos direitos fundamentais se o Estado não dispuser de recursos financeiros

---

[1] GALDINO, Flávio. *Introdução à Teoria dos Custos dos Direitos*: direitos não nascem em árvores. Rio de Janeiro: Lumen Juris, 2005; VELJANOVSKI, Cento. *The Economics of Law*. 2nd ed. London: The Institute of Economic Affairs, 2006; HOLMES, Stephen; SUNSTEIN, Cass R. *The Cost of Rights*: Why Liberty Depends on Taxes. New York: W. W. Norton & Company, 1999.

[2] TORRES, Ricardo Lobo. *O direito ao mínimo existencial*. Rio de Janeiro: Renovar, 2009. p. 106-110; MEDAUAR, Odete. *Controle da Administração Pública*. 2. ed. São Paulo: Revista dos Tribunais, 2012. p. 221; CUNHA JUNIOR, Dirley da. *Controle judicial das omissões do poder público*. São Paulo: Saraiva, 2004. p. 307; SARLET, Ingo Wolfgang; MARINONI, Luiz Guilherme; MITIDIERO, Daniel. *Curso de direito constitucional*. São Paulo: Revista dos Tribunais, 2012. p. 558; SARLET, Ingo Wolfgang (Org.). *Direitos fundamentais, orçamento e reserva do possível*. Porto Alegre: Livraria do Advogado, 2010.

[3] CANOTILHO, J. J. Gomes. *Direito constitucional e teoria da constituição*. Coimbra: Almedina, 1998. p. 439.

[4] NABAIS, José Casalta. A face oculta dos direitos fundamentais: os deveres e os custos dos direitos. In: NABAIS, José Casalta (Org.). *Por uma Liberdade com Responsabilidade* – Estudos sobre Direitos e Deveres Fundamentais. Coimbra: Coimbra Editora, 2007. p. 24.

suficientes para realizá-los, já que para todo direito há, inequivocamente, um custo financeiro. Adverte ele:

> Daí que uma qualquer teoria dos direitos fundamentais, que pretenda naturalmente espelhar a realidade jusfundamental com um mínimo de rigor, não possa prescindir dos deveres e dos custos dos direitos. Assim, parafraseando Ronald Dworkin, tomemos a sérios os deveres fundamentais e, por conseguinte, tomemos a sério os custos orçamentais de todos os direitos fundamentais. Pois, somente com uma consideração adequada dos deveres fundamentais e dos custos dos direitos, poderemos lograr um estado em que as ideias de liberdade e de solidariedade não se excluam, antes se completem. Ou seja, um estado de liberdade com um preço moderado.

Acerca do tema, Ricardo Perlingeiro,[5] após analisar os precedentes do Tribunal Constitucional Federal alemão que originaram a teoria da reserva do possível, conclui que

> A reserva do possível (*Vorbehalt des Möglichen*) está intrinsecamente relacionada com a prerrogativa do legislador de escolher quais benefícios sociais considera prioritários para financiar, sem que isso implique limitação ou restrição de direitos subjetivos existentes e exigíveis. Portanto, não se cogita da reserva do possível em face de um *mínimo* existencial e tampouco da *justiciabilidade* de direitos sociais derivados e instituídos por lei. Nestes casos, é zero a margem de discricionariedade do legislador, inclusive o orçamentário, sob pena de ofensa ao princípio do Estado de Direito.

Perlingeiro se insere na mesma corrente doutrinária de Ricardo Lobo Torres quanto à intangibilidade do mínimo existencial, ao inadmitir que se possa alegar a cláusula da reserva do possível em relação a prestações que compõem o mínimo existencial. Admitir que não haja recursos sequer para o conjunto de prestações mínimas equivaleria, de certa forma, a reconhecer a falência total de um Estado que se quer democrático e social em manter o padrão mais básico de dignidade aos seus cidadãos.

Na jurisprudência nacional, seguindo a mesma linha, o Superior Tribunal de Justiça, apesar de reconhecer a escassez de recursos, enfrentou o argumento da *reserva do possível* em ponderação ao *mínimo existencial* no REsp 1.185.474-SC, em que se tratava do direito à educação de crianças de zero a seis anos (atendimento por meio de creches).

Assentou-se a ideia de que o atendimento dos direitos fundamentais, especialmente em sua vertente do mínimo existencial ou *mínimo de inserção na vida social*, como também chamado no acórdão, não decorre da mera vontade ou arbítrio da Administração Pública e nem pode ser restringido por mera alegação de questões orçamentárias:

> 1. A tese da reserva do possível assenta-se em ideia que, desde os romanos, está incorporada na tradição ocidental, no sentido de que a obrigação impossível não pode ser exigida (...). Por tal motivo, a insuficiência de recursos orçamentários não pode ser considerada uma mera falácia. 2. Todavia, observa-se que a dimensão fática da reserva do possível é questão intrinsecamente vinculada ao problema da escassez. Esta pode ser compreendida como "sinônimo" de desigualdade. Bens escassos são bens que não podem ser usufruídos por todos e, justamente por isso, devem ser distribuídos segundo regras

---

[5] PERLINGEIRO, Ricardo. É a reserva do possível um limite à intervenção jurisdicional nas políticas públicas sociais? *Revista de Direito Administrativo Contemporâneo*, ano 1, v. 2, p. 184-185, set./out. 2013.

que pressupõem o direito igual ao bem e a impossibilidade do uso igual e simultâneo. 3. Esse estado de escassez, muitas vezes, é resultado de um processo de escolha, de uma decisão. Quando não há recursos suficientes para prover todas as necessidades, a decisão do administrador de investir em determinada área implica escassez de recursos para outra que não foi contemplada. (...) 4. É por esse motivo que, em um primeiro momento, a reserva do possível não pode ser oposta à efetivação dos Direitos Fundamentais, já que, quanto a estes, não cabe ao administrador público preteri-los em suas escolhas. Nem mesmo a vontade da maioria pode tratar tais direitos como secundários. Isso, porque a democracia não se restringe na vontade da maioria. O princípio do majoritário é apenas um instrumento no processo democrático, mas este não se resume àquele. Democracia é, além da vontade da maioria, a realização dos direitos fundamentais. (...) 5. Com isso, observa-se que a realização dos Direitos Fundamentais não é opção do governante, não é resultado de um juízo discricionário nem pode ser encarada como tema que depende unicamente da vontade política. Aqueles direitos que estão intimamente ligados à dignidade humana não podem ser limitados em razão da escassez quando esta é fruto das escolhas do administrador. Não é por outra razão que se afirma que a reserva do possível não é oponível à realização do mínimo existencial. 6. O mínimo existencial não se resume ao mínimo vital, ou seja, o mínimo para se viver. O conteúdo daquilo que seja o mínimo existencial abrange também as condições socioculturais, que, para além da questão da mera sobrevivência, asseguram ao indivíduo um mínimo de inserção na "vida" social.[6]

A propósito, também no Supremo Tribunal Federal, o Ministro Celso de Mello, em sua decisão monocrática na medida cautelar da ADPF nº 45 (29.04.2004),[7] afirmou que o caráter programático das regras constitucionais não poderia veicular uma "promessa constitucional inconsequente", pois o Poder Público não poderia violar as legítimas expectativas despertadas na população pelo texto constitucional, substituindo, "de maneira ilegítima, o cumprimento de seu impostergável dever, por um gesto irresponsável de infidelidade governamental ao que determina a própria Lei Fundamental do Estado".

Em sua decisão, Celso de Mello admite o impacto da escassez de recursos para a oferta de prestações estatais na área dos direitos sociais (*reserva do possível*), defendendo que justo motivo objetivamente aferível possibilitaria ao Estado não conceder tais prestações. Todavia, também faz referência a um "núcleo intangível consubstanciador de um conjunto irredutível de condições mínimas necessárias a uma existência digna e essenciais à própria sobrevivência do indivíduo", sustentando não poder ser alegada a reserva do possível sem justo motivo como pretexto para que o Estado venha a furtar-se "do cumprimento de suas obrigações constitucionais, notadamente quando, dessa conduta governamental negativa, puder resultar nulificação ou, até mesmo, aniquilação de direitos constitucionais impregnados de um sentido de essencial fundamentalidade".

Contudo, resta pouco clara em seu posicionamento (embora plenamente justificável essa ambiguidade, por se tratar de mera decisão liminar) a questão acerca da possibilidade de se invocar a reserva do possível (devidamente comprovada) perante o próprio *mínimo existencial*. A inserção em suas palavras de um "justo motivo" poderia dar espaço, *contrario sensu*, para uma interpretação de que, se houvesse motivação adequada, até mesmo o mínimo poderia ser negligenciado.

---

[6] STJ. Recurso Especial nº 1.185.474/SC, Rel. Min. Humberto Martins, 2ª Turma, julg. 20/04/2010, *DJe* 29.04.2010.
[7] STF. ADPF nº 45 MC/DF, Rel. Min. Celso de Mello, Decisão monocrática, julg. 29.04.2004, *DJ* 04.05.2004.

Em sede doutrinária, em se tratando do mínimo existencial, há uma tendência geral a repudiar tal argumentação. Novamente aqui relevante a distinção, introduzida por Ricardo Lobo Torres e antes comentada, entre realização do patamar mais basilar de direitos sociais e a oferta de direitos sociais em níveis mais elevados (recorde-se o exemplo da educação superior). O mínimo existencial estaria blindado ou imunizado de qualquer tentativa de não cumprimento estatal, havendo uma obrigação do Poder Público de realocar recursos para o cumprimento do mínimo (pela redução ou eliminação periódica de gastos relevantes, mas que não comporiam o mínimo essencial). Nesta visão, o não cumprimento do mínimo existencial significa o colapso total das funções estatais, colocando em risco a própria existência regular do Estado como tal (ou denotando situações dramáticas e gravíssimas como aquelas de guerra civil ou externa).

Mais uma vez, entendendo que o Poder Público não pode se desonerar do cumprimento de suas obrigações por motivo financeiro, o mesmo Ministro Celso de Mello, no julgamento em 22.11.2005 do Recurso Extraordinário nº 410.715-SP,[8] entendeu que a educação infantil, por apresentar caráter de fundamentalidade e diretamente prevista como obrigação na Constituição, não se expõe, em seu processo de concretização, a avaliações meramente discricionárias da Administração Pública, nem se subordina a razões de puro pragmatismo governamental.

Continuando em sua manifestação, afirma que, embora resida, primariamente, nos Poderes Legislativo e Executivo a prerrogativa de formular e executar políticas públicas, revela-se possível ao Poder Judiciário determinar, ainda que em bases excepcionais, o cumprimento de tais políticas – especialmente nas hipóteses de políticas públicas definidas pela própria Constituição, sejam estas implementadas pelos órgãos estatais inadimplentes, cuja omissão, por importar descumprimento dos encargos político-jurídicos que sobre eles incidem em caráter mandatório, mostra-se apta a comprometer a eficácia e a integridade de direitos sociais e culturais impregnados de estatura constitucional. Reconheceu que o direito fundamental de índole social e cultural caracteriza-se "pela gradualidade de seu processo de concretização – depende, em grande medida, de um inescapável vínculo financeiro subordinado às possibilidades orçamentárias do Estado". Apesar disso, o voto do relator não admite que o Poder Público possa desvencilhar-se da obrigação que sobre ele recai de satisfazer as pretensões surgidas de normas jusfundamentais dessa espécie pela mera invocação da cláusula do financeiramente possível.

Outrossim, o Plenário do Supremo Tribunal Federal também analisou com profundidade a matéria, ao manter a decisão do Ministro Gilmar Mendes que entendeu pela possibilidade de determinação judicial ao fornecimento de prestações estatais positivas para o cidadão relativas a direitos sociais (direito à saúde – medicamentos), no julgamento do Agravo Regimental na Suspensão de Tutela Antecipada nº 175-CE (18.09.2009).[9] Destacamos trechos do voto do Presidente do STF no referido julgado,

---

[8] STF. RE 410.715-AgR/SP, Rel. Min. Celso de Mello, 2ª Turma, julg. 22.11.2005, *DJ* 03.02.2006.
[9] STF. STA-AgR 175, Rel. Min. Gilmar Mendes, Plenário, julg. 17.03.2010, *DJe* 30.04.2010. Ementa: Suspensão de Segurança. Agravo Regimental. Saúde pública. Direitos fundamentais sociais. Art. 196 da Constituição. Audiência Pública. Sistema Único de Saúde – SUS. Políticas públicas. Judicialização do direito à saúde. Separação de poderes. Parâmetros para solução judicial dos casos concretos que envolvem direito à saúde. Responsabilidade solidária dos entes da Federação em matéria de saúde. Fornecimento de medicamento: Zavesca (miglustat). Fármaco registrado na ANVISA. Não comprovação de grave lesão à ordem, à economia, à saúde e à segurança públicas. Possibilidade de ocorrência de dano inverso. Agravo regimental a que se nega provimento.

que reputamos sobremaneira relevantes para compreender a posição da Suprema Corte sobre a matéria:

> Embora os direitos sociais, assim como os direitos e liberdades individuais, impliquem tanto direitos a prestações em sentido estrito (positivos) como direitos de defesa (negativos), e ambas as dimensões demandem o emprego de recursos públicos para a sua garantia, é a dimensão prestacional (positiva) dos direitos sociais o principal argumento contrário à sua judicialização. A dependência de recursos econômicos para a efetivação dos direitos de caráter social leva parte da doutrina a defender que as normas que consagram tais direitos assumem a feição de normas programáticas, dependentes, portanto, da formulação de políticas públicas para se tornarem exigíveis. Nesse sentido, também se defende que a intervenção do Poder Judiciário, ante a omissão estatal quanto à construção satisfatória dessas políticas, violaria o princípio da separação dos Poderes e o princípio da reserva do financeiramente possível.
>
> Dessa forma, em razão da inexistência de suportes financeiros suficientes para a satisfação de todas as necessidades sociais, enfatiza-se que a formulação das políticas sociais e econômicas voltadas à implementação dos direitos sociais implicaria, invariavelmente, escolhas alocativas. Essas escolhas seguiriam critérios de justiça distributiva (o quanto disponibilizar e a quem atender), configurando-se como típicas opções políticas, as quais pressupõem "escolhas trágicas" pautadas por critérios de macrojustiça. É dizer, a escolha da destinação de recursos para uma política e não para outra leva em consideração fatores como o número de cidadãos atingidos pela política eleita, a efetividade e a eficácia do serviço a ser prestado, a maximização dos resultados etc.
>
> Nessa linha de análise, argumenta-se que o Poder Judiciário, o qual estaria vocacionado a concretizar a justiça do caso concreto (microjustiça), muitas vezes não teria condições de, ao examinar determinada pretensão à prestação de um direito social, analisar as consequências globais da destinação de recursos públicos em benefício da parte, com invariável prejuízo para o todo (Amaral, Gustavo. *Direito, Escassez e Escolha*. Rio de Janeiro: Renovar, 2001). Por outro lado, defensores da atuação do Poder Judiciário na concretização dos direitos sociais, em especial do direito à saúde, argumentam que tais direitos são indispensáveis para a realização da dignidade da pessoa humana. Assim, ao menos o "mínimo existencial" de cada um dos direitos – exigência lógica do princípio da dignidade da pessoa humana – não poderia deixar de ser objeto de apreciação judicial.
>
> O fato é que o denominado problema da "judicialização do direito à saúde" ganhou tamanha importância teórica e prática, que envolve não apenas os operadores do direito, mas também os gestores públicos, os profissionais da área de saúde e a sociedade civil como um todo. Se, por um lado, a atuação do Poder Judiciário é fundamental para o exercício efetivo da cidadania, por outro, as decisões judiciais têm significado um forte ponto de tensão entre os elaboradores e os executores das políticas públicas, que se veem compelidos a garantir prestações de direitos sociais das mais diversas, muitas vezes contrastantes com a política estabelecida pelos governos para a área de saúde e além das possibilidades orçamentárias. [...]
>
> A Constituição brasileira não só prevê expressamente a existência de direitos fundamentais sociais (art. 6º), especificando seu conteúdo e forma de prestação (arts. 196, 201, 203, 205, 215, 217, entre outros), como não faz distinção entre os direitos e deveres individuais e coletivos (Capítulo I do Título II) e os direitos sociais (Capítulo II do Título II), ao estabelecer que os direitos e garantias fundamentais têm aplicação imediata (art. 5º, §1º, CF/1988). Vê-se, pois, que os direitos fundamentais sociais foram acolhidos pela Constituição Federal de 1988 como autênticos direitos fundamentais. Não há dúvida – deixe-se claro – de que as demandas que buscam a efetivação de prestações de saúde devem ser resolvidas a partir da análise de nosso contexto constitucional e de suas peculiaridades.

Importante também registrar outra constatação do Ministro Celso de Mello no Recurso Extraordinário nº 581.352[10] (24/09/2013), para quem "a omissão do Poder Público representava um inaceitável insulto a direitos básicos assegurados pela própria Constituição da República". Segundo o Ministro, "o dever estatal de atribuir efetividade aos direitos fundamentais, de índole social, qualifica-se como expressiva limitação à discricionariedade administrativa". Nas suas palavras:

> Isso significa que a intervenção jurisdicional, justificada pela ocorrência de arbitrária recusa governamental em conferir significação real ao direito à saúde, tornar-se-á plenamente legítima (sem qualquer ofensa, portanto, ao postulado da separação de poderes), sempre que se impuser, nesse processo de ponderação de interesses e de valores em conflito, a necessidade de fazer prevalecer a decisão política fundamental que o legislador constituinte adotou em tema de respeito e de proteção ao direito à saúde. [...]
> Cumpre advertir, desse modo, que a cláusula da "reserva do possível" – ressalvada a ocorrência de justo motivo objetivamente aferível – não pode ser invocada, pelo Estado, com a finalidade de exonerar-se, dolosamente, do cumprimento de suas obrigações constitucionais, notadamente quando, dessa conduta governamental negativa, puder resultar nulificação ou, até mesmo, aniquilação de direitos constitucionais impregnados de um sentido de essencial fundamentalidade [...] em situações nas quais a omissão do Poder Público representava um inaceitável insulto a direitos básicos assegurados pela própria Constituição da República, mas cujo exercício estava sendo inviabilizado por contumaz (e irresponsável) inércia do aparelho estatal.

Portanto, da análise das decisões anteriores de tribunais superiores, depreende-se que, em se tratando da efetivação de direitos fundamentais e de tutela do mínimo existencial, há uma tendência a não se aceitar o argumento da reserva do possível, a não ser em hipóteses bastante excepcionais de insuficiência gravíssima de recursos, devidamente justificada e comprovada pela Administração Pública.

## 2 O guardião das promessas: o Judiciário como ator subsidiário

Em consequência da escassez de recursos financeiros para realizar as promessas constitucionais – decorrente do seu perfil não só liberal, mas também social – e atender minimamente as necessidades básicas do cidadão, aliada à considerada discricionariedade do Poder Executivo no estabelecimento adequado da alocação orçamentária destes recursos sem a devida priorização dos direitos fundamentais e sociais, passamos a assistir, nos últimos quinze ou vinte anos, ao desenvolvimento do fenômeno da judicialização dos direitos fundamentais e sociais como mecanismo corretivo das *omissões* do Poder Executivo no atendimento do cidadão em seus direitos fundamentais.

Entretanto, o que se propõe para reflexão é identificar o fundamento subjacente destas decisões judiciais que reconhecem e concedem um direito fundamental ou social: o redirecionamento de recursos públicos que não tiveram a adequada alocação e execução orçamentária decorrente da omissão do Poder Público pelo não atendimento de determinado direito.

---

[10] STF. RE 581.352/AM, Rel. Min. Celso de Mello, 2ª Turma, julg. 24.09.2013, *DJe* 30.09.2013.

Assim, na realidade, o que o Poder Judiciário faz ao determinar – por meio de uma decisão judicial – a prestação de uma atividade estatal de natureza fundamental ou social ao cidadão demandante é, ao entender como devido aquele direito, corrigir uma situação que já deveria ter sido contemplada pelos Poderes Executivo e Legislativo no orçamento público, realocando os recursos financeiros para a finalidade requerida.

Em outras palavras, podemos dizer que o magistrado, ao decidir esse tipo de questão que envolve direitos fundamentais e sociais, implicitamente está reconhecendo que o orçamento público já deveria ter sido elaborado e executado de maneira a cumprir tal obrigação, situação que então passa a ser corrigida judicialmente.

Importante registrar que não se desconhece a realidade do país, inclusive a financeira, ciente de que a escassez de recursos torna difíceis as escolhas alocativas pelo gestor público, sobretudo porque as necessidades são quase infinitas, mas os recursos públicos são limitados. Entretanto, a ponderação que se faz é em relação ao que é priorizado nos gastos e o seu adequado dimensionamento orçamentário quando o que está em jogo são prestações que compõem o mínimo existencial e a dignidade da pessoa humana, mormente diante de omissão reiterada na determinação e execução de políticas públicas.

Portanto, entendemos que, por detrás de toda decisão liminar, sentença e acórdão do Poder Judiciário sobre uma demanda que se enquadra na modalidade de judicialização de direitos fundamentais e sociais, subjaz o reconhecimento da inadequada elaboração e execução orçamentária a ensejar a sua correção por uma via indireta, qual seja, a judicial, com o fornecimento de um bem ou serviço ou a prestação de uma atividade estatal que deverão, inequivocamente, ser financiados com recursos orçamentários.

No fundo, havendo omissão, ocorre um *deslocamento* de decisões alocativas dos órgãos de representação política para o Judiciário, baseado no princípio da subsidiariedade aplicado à atuação dos poderes. O Judiciário, como poder estatal que detém a prerrogativa de ser aquele que emite a última palavra sobre a interpretação e aplicação do Direito, entra em cena, como espécie de "guardião das promessas"[11] formuladas em profusão em nossa Constituição.

Graças ao instrumental de efetivação dos direitos públicos subjetivos assegurado pela Constituição cidadã de 1988, a sociedade e, em especial, o Poder Judiciário já vêm reconhecendo que não há mais espaço para escolhas políticas ou discricionárias injustificadas pelos governantes na iniciativa e na implementação das políticas públicas, pois elas já estão preestabelecidas no texto e no espírito da Carta Maior como um dever prioritário que urge ser cumprido pelo Estado perante o cidadão que tem pressa em ver e usufruir o resultado da efetivação dos seus direitos, e que não pode mais ficar alijado de tão relevante processo.

Como o Estado não pode deixar de atender a demandas básicas nesta esfera, o Judiciário, provocado por ações individuais ou coletivas, vê-se constrangido a atuar, como verdadeiro bastião último de salvaguarda das promessas constitucionais.

Embora a posição de intervenção judicial nestas políticas não seja a mais ortodoxa de acordo com a teoria tradicional da repartição de poderes, o Judiciário se viu constrangido a, na omissão do Executivo, avançar sobre áreas classicamente afetas a

---

[11] A expressão é de GARAPON, Antoine. *O juiz e a democracia*: o guardião das promessas. 2. ed. Rio de Janeiro: Revan, 1999.

este último, sendo o grande exemplo a questão da judicialização da saúde, diante do dilema moral que lhe era colocado de negar tratamento e ver o cidadão falecer.

Aos olhos da população, esta reação positiva da maior parte dos magistrados configurou um verdadeiro atalho judicial para a obtenção de prestações estatais, gerando um novo desafio: o tema tornou-se uma verdadeira questão de demandas de massa, com aumento a cada ano das ações judiciais que buscam este tipo de tutela, concorrendo com as atividades ordinariamente programadas pelo Poder Executivo.

As soluções para esta delicada situação que cotidianamente bate às portas dos Tribunais ainda estão por ser construídas. A judicialização das políticas públicas nasce da resposta de um dos poderes da República aos anseios de uma população que, durante anos, viu suas carências básicas negligenciadas pelo Estado e que agora vislumbra, nos mecanismos democráticos de acesso à Justiça, uma via mais célere de acesso a serviços públicos essenciais.

Justifica-se tal controle judicial diante de leis orçamentárias que desconsideram a preponderância das despesas com a saúde, educação e outros direitos fundamentais e sociais e minimizam os recursos a eles direcionados em face de outros gastos de menor casta valorativa, ou mesmo diante dos repetidos contingenciamentos.

Inequivocamente devem-se buscar meios para, preventivamente, conferir aos cidadãos os direitos que a Carta Maior lhes assegura. Por isso, é necessário evoluirmos nesta seara e tornarmos tais políticas públicas – dos direitos fundamentais e os sociais – como prioritárias e obrigatórias, tanto no momento da elaboração dos orçamentos como para a sua execução pelo administrador público, superando a anacrônica ideia de que se trata de escolhas políticas e discricionárias do Poder Executivo.

## 3 A atuação do Judiciário em políticas públicas em favor da população carcerária

Segundo dados do Sistema de Informações do Departamento Penitenciário Nacional (SISDEPEN),[12] a população carcerária no Brasil alcançou a marca de 748.009 presos (período de julho a dezembro de 2019), sendo 362.547 em regime fechado, 133.408 em regime semiaberto, 25.137 em regime aberto, 222.558 presos provisórios, 250 em tratamento ambulatorial e 4.109 cumprindo medidas de segurança.

Por sua vez, em razão da elevada população carcerária, o Conselho Nacional de Justiça informa que haveria um déficit de 354 mil vagas no sistema carcerário nacional,[13] o que nos leva à conclusão de que a superocupação (também chamada *superlotação*) dos presídios é uma realidade impactante no Brasil. Além disso, muitas vezes, a conservação e manutenção das instalações presidiárias é bastante deficiente, colocando também em risco a saúde dos custodiados.

Obviamente, com tal cenário, a qualidade mínima de vida dos presidiários é certamente afetada, amontoados e aglomerados em celas exíguas e insalubres, em situação verdadeiramente atentatória da dignidade da pessoa humana. A condenação penal imposta é de *privação de liberdade*, mas, com ela, por vezes vem anexa em nosso sistema, como um subproduto não desejado, um tratamento subumano.[14]

---

[12] Dados disponíveis em: https://www.gov.br/depen/pt-br/sisdepen. Acesso em: 28 set. 2020.
[13] Disponível em: https://www.cnj.jus.br/sistema-carcerario/cidadania-nos-presidios/. Acesso em: 28 set. 2020.
[14] Sobre o tema, assim se manifestou o Relator Min. Ricardo Lewandowski no RE nº 592.581: "Mas o que se verifica, hoje, relativamente às prisões brasileiras, é uma completa ruptura com toda a doutrina legal de cunho

Foi este panorama que levou ao questionamento perante o Poder Judiciário de tais condições, eventualmente chegando ao Supremo Tribunal Federal, que fixou em dois *leading cases* com eficácia vinculante (um recurso extraordinário com repercussão geral e uma arguição de descumprimento de preceito fundamental) a orientação de que a dignidade da pessoa humana deve ser tutelada também em favor dos presidiários, inclusive com intromissão do Judiciário na determinação de realização de obras públicas.

O primeiro caso foi o Recurso Extraordinário nº 592.581,[15] em que o próprio Ministério Público do Estado do Rio Grande do Sul, por ação civil pública, questionava a precariedade das condições a que estavam submetidos os detentos do Albergue Estadual de Uruguaiana (casa de albergado, atual Instituto Penal de Uruguaiana), constituindo violação de sua integridade física e moral.

A decisão do Tribunal de Justiça local, embora reconhecendo a precariedade e a própria ofensa à integridade física e moral dos albergados, negou-se a interferir na formulação de políticas públicas pelo Poder Executivo, classificando a questão como sendo de *poder discricionário da Administração*, cuidando-se de norma de cunho meramente programático, que não tratava de disposição autoexecutável, mas somente traçava uma linha geral de ação ditada ao Poder Público.

Para se ter uma noção concreta da extensão das obras necessárias, pode-se consultar a condenação do Estado do Rio Grande do Sul ocorrida no 1º grau de jurisdição:

> (...) realizar, no prazo de 06 (seis) meses, obras de reforma geral no Albergue Estadual de Uruguaiana, de modo a adequá-lo aos requisitos básicos da habitabilidade e salubridade dos estabelecimentos penais, quais sejam:
> a) conserto dos telhados *onde há infiltração e umidade*;
> b) instalação de forro sob o telhado em todos os dormitórios;
> c) conserto de janelas e substituição de vidros quebrados;
> d) conserto das instalações hidrossanitárias, *especialmente de canos com vazamentos, e dos esgotos abertos no pátio*;
> e) adequação das instalações elétricas, especialmente dos *fios e tomadas aparentes*;
> f) revestimento das áreas molhadas (paredes dos banheiros, etc.) de maneira que fiquem lisos, laváveis e impermeáveis. (grifos nossos)

No dia 13 de agosto de 2015, por unanimidade, o Plenário do Supremo Tribunal Federal decidiu, no julgamento do referido Recurso Extraordinário, que o Poder Executivo, ao exercer o seu múnus, não pode ignorar os preceitos da Constituição sob o argumento das limitações orçamentárias e da reserva do possível.

Assentou-se que não se estava diante de normas meramente programáticas e que, no caso concreto, o Judiciário não estaria ingressando indevidamente em seara reservada à Administração Pública, mormente quando era clara a violação a direitos fundamentais praticada pelo próprio Estado contra pessoas sob sua guarda. Assim,

---

civilizatório construída no pós-guerra. Trata-se de um processo de verdadeira 'coisificação' de seres humanos presos, amontoados em verdadeiras 'masmorras medievais', que indica claro retrocesso relativamente a essa nova lógica jurídica. O fato é que a sujeição dos presos às condições até aqui descritas mostra, com clareza meridiana, que o Estado os está sujeitando a uma pena que ultrapassa a mera privação da liberdade prevista na sentença, porquanto acresce a ela um sofrimento físico, psicológico e moral, o qual, além de atentar contra toda a noção que se possa ter de respeito à dignidade humana, retira da sanção qualquer potencial de ressocialização".

[15] STF. RE 592.581/RS, Rel. Min. Ricardo Lewandowski, Plenário, julg. 13.08.2015, *DJe* 01.02.2016.

cumpriria ao Judiciário, por dever constitucional, oferecer-lhes a devida proteção, não havendo indevida implementação, por parte do Judiciário, de políticas públicas no âmbito carcerário.

Como assinalamos anteriormente, seria justamente a reiterada *omissão do Estado brasileiro* em oferecer condições de vida minimamente digna aos detentos que autorizaria o Judiciário a intervir de forma enérgica, de modo que o núcleo essencial da dignidade da pessoa humana fosse assegurado, não havendo margem para qualquer discricionariedade por parte das autoridades prisionais no tocante a esse tema.

Concluíram os Ministros que o Poder Judiciário pode impor à Administração Pública a obrigação de realizar obras de reforma e melhorias em presídios para garantir a dignidade da pessoa humana, fixando a seguinte tese em repercussão geral:

> É lícito ao Judiciário impor à Administração Pública obrigação de fazer, consistente na promoção de medidas ou na execução de obras emergenciais em estabelecimentos prisionais para dar efetividade ao postulado da dignidade da pessoa humana e assegurar aos detentos o respeito à sua integridade física e moral, nos termos do que preceitua o art. 5º, XLIX, da Constituição Federal, não sendo oponível à decisão o argumento da reserva do possível nem o princípio da separação dos poderes.

O segundo precedente, julgado poucos dias após o primeiro, foi aquele da ADPF nº 347 (julgado em 09.09.2015),[16] com objeto muito mais amplo, em que, segundo a síntese feita pelo Relator, Ministro Marco Aurélio Mello, se pretendia obter uma série de providências judiciais, a saber:

> Esta arguição envolve a problemática do dever de o Poder Público realizar melhorias em presídios ou construir novos com a finalidade de reduzir o déficit de vagas prisionais. Vai além: versa a interpretação e a aplicação das leis penais e processuais de modo a minimizar a crise carcerária, implantar a forma eficiente de utilização dos recursos orçamentários que compõem o Fundo Penitenciário Nacional – FUNPEN e o dever de elaboração, pela União, estados e Distrito Federal, de planos de ação voltados a racionalizar o sistema prisional e acabar com a violação de direitos fundamentais dos presos sujeitos às condições de superlotação carcerária, acomodações insalubres e falta de acesso a direitos básicos, como saúde, educação, alimentação saudável, trabalho, assistência jurídica, indispensáveis a uma vida minimamente digna e segura.

No mérito, um pedido se destacava, precisamente o primeiro deles: que o STF declarasse o "estado de coisas inconstitucional" do sistema penitenciário brasileiro. A teoria do "estado de coisas inconstitucional" reflete conceito criado pela Corte Constitucional da Colômbia, que legitimaria a atuação do Poder Judiciário diante de um quadro extremo de inércia estatal e de omissões sistêmicas e recorrentes de outros poderes.

O assunto foi profundamente analisado por Carlos Alexandre de Azevedo Campos, o qual explica que, estando presente uma violação aberta e maciça de direitos fundamentais oriunda "de omissões caracterizadas como falhas estruturais, a Corte Constitucional colombiana declara a vigência de um estado de coisas inconstitucional.

---

[16] STF. ADPF nº 347 MC/DF, Rel. Min. Marco Aurélio, Plenário, julg. 09.09.2015, *DJe* 09.02.2016.

Ao assim decidir, a Corte passa a adotar remédios estruturais dirigidos a superar esse quadro negativo".

Mas, para tanto, revela este jurista haver três pressupostos: a) o primeiro pressuposto é o da constatação de um quadro não simplesmente de proteção deficiente, e sim de violação maciça e generalizada de direitos fundamentais que afeta a um número amplo de pessoas; b) o segundo pressuposto é o da omissão reiterada e persistente das autoridades públicas no cumprimento de suas obrigações de defesa e promoção dos direitos fundamentais. A ausência de ou falta de coordenação entre medidas legislativas, administrativas e orçamentárias representaria uma "falha estrutural" que gera tanto a violação sistemática dos direitos quanto a perpetuação e o agravamento da situação; c) o terceiro pressuposto tem a ver com as medidas necessárias para a superação do quadro de inconstitucionalidades. Haveria, assim, o estado de coisas inconstitucional quando a superação de violações de direitos exigisse a expedição de remédios e ordens dirigidas não apenas a um órgão, e sim a uma pluralidade de órgãos e poderes estatais, levando o juiz constitucional a interferir sobre funções tipicamente executivas e legislativas, incluindo a de estabelecer exigências orçamentárias.[17]

Na perspectiva do Direito Financeiro, a ADPF apontava que as verbas do Fundo Penitenciário Nacional (fundo com o objetivo de proporcionar recursos e meios para financiar e apoiar as atividades e os programas de modernização e aprimoramento do sistema penitenciário nacional) sofriam severo contingenciamento por parte do Poder Executivo, como narrado pelo relator ao apresentar números acerca do tema:

> Narra-se que esses valores têm sido, desde a criação do Fundo, muito mal aplicados. Relatórios do próprio Departamento dão conta de que a maior parte é contingenciada ou, simplesmente, não utilizada. Para o ano de 2013, por exemplo, a dotação foi de R$ 384,2 milhões, tendo sido empenhados R$ 333,4 milhões. Todavia, apenas R$ 73,6 milhões foram usados: R$ 40,7 milhões do orçamento do ano e R$ 32,8 milhões de restos a pagar. Isso significa que mais de 80% dos valores deixaram de ser utilizados. De acordo com a organização Contas Abertas, o saldo contábil do Fundo, no ano de 2013, chegou a R$ 1,8 bilhão. Segundo o requerente, ao fim de 2014, o saldo já era de R$ 2,2 bilhões.

O STF decidiu que tal contingenciamento era inconstitucional, por violar a dignidade da pessoa humana e o mínimo existencial. Este quadro autorizaria a judicialização do orçamento, sobretudo se "considerado o fato de que recursos legalmente previstos para o combate a esse quadro vêm sendo contingenciados, anualmente, em valores muito superiores aos efetivamente realizados, apenas para alcançar metas fiscais". Portanto, determinou a imediata liberação dos recursos destinados a este fundo.

Por fim, nossa Suprema Corte, encampando a teoria de sua congênere colombiana, acabou por reconhecer e consagrar em nossa jurisprudência a teoria do *estado de coisas inconstitucional* do sistema penitenciário nacional, isto é, que estava sim presente um quadro de violação massiva e persistente de direitos fundamentais, decorrente de falhas estruturais e falência de políticas públicas, cuja modificação estava a depender de medidas abrangentes de natureza normativa, administrativa e orçamentária.

---

[17] CAMPOS, Carlos Alexandre de Azevedo. *Estado de coisas inconstitucional*. Salvador: Juspodium, 2016.

## Conclusões

A insuficiente priorização do custeio de direitos fundamentais e sociais para a efetivação do mínimo existencial e da dignidade da pessoa humana se revela a partir das recorrentes falhas do Estado brasileiro no atendimento e realização de prestações básicas e essenciais ao cidadão. Como reação, assistimos à avassaladora e progressiva busca do cidadão pelo Poder Judiciário, a fim de obter provimentos judiciais para materializar seus pleitos, fenômeno que se tornou conhecido há quase duas décadas como a "judicialização dos direitos fundamentais".

Nesse contexto, a jurisprudência dos tribunais superiores vem reconhecendo que a atuação do Poder Judiciário na determinação de execução de políticas públicas, influindo sobre os recursos orçamentários, não constitui ingerência indevida deste Poder sobre o Executivo, não havendo violação da separação de poderes ou da chamada *reserva do possível*. Haveria, em verdade, mero ato *corretivo*, vez que, ao reconhecer como devido um direito fundamental ou social em nome da dignidade da pessoa humana e com base no mínimo existencial, o Judiciário estaria apenas regularizando uma omissão relativa a um direito cuja garantia já deveria ter contado com previsão orçamentária para posterior materialização.

Em relação ao sistema prisional brasileiro, o Supremo Tribunal Federal pela primeira vez reconheceu a chamada *teoria do estado de coisas inconstitucional*. Assim, no campo do Direito Financeiro, ordenou a imediata liberação de verbas contingenciadas do Fundo Penitenciário Nacional, por vislumbrar a presença de um quadro de violação massiva e persistente de direitos fundamentais dos detentos, decorrente de falhas estruturais e falência de políticas públicas, cuja modificação estava a depender de medidas abrangentes de natureza normativa, administrativa e orçamentária.

A Suprema Corte brasileira dá com isso provas de que a doutrina da efetividade das normas constitucionais ganhou foros de cidadania, sobretudo no que diz respeito à efetivação de direitos fundamentais, colocando a pessoa humana e sua dignidade no centro axial do sistema jurídico pátrio.

## Referências

BRASIL. Superior Tribunal de Justiça. Recurso Especial nº 1.185.474/SC, Rel. Min. Humberto Martins, 2ª Turma, julg. 20.04.2010, *DJe* 29.04.2010.

BRASIL. Supremo Tribunal Federal. ADPF nº 347 MC/DF, Rel. Min. Marco Aurélio, Plenário, julg. 09.09.2015, *DJe* 09.02.2016.

BRASIL. RE 592.581/RS, Rel. Min. Ricardo Lewandowski, Plenário, julg. 13.08.2015, *DJe* 01.02.2016.

BRASIL. RE 581.352/AM. Rel. Min. Celso de Mello, 2ª Turma, julg. 24.09.2013, *DJe* 30.09.2013.

BRASIL. STA-AgR 175, Rel. Min. Gilmar Mendes, Plenário, julg. 17.03.2010, *DJe* 30.04.2010.

BRASIL. RE 410.715-AgR/SP, Rel. Min. Celso de Mello, 2ª Turma, julg. 22.11.2005, *DJ* 03.02.2006.

BRASIL. ADPF nº 45 MC/DF, Rel. Min. Celso de Mello, Decisão monocrática, julg. 29.04.2004, *DJ* 04.05.2004.

CAMPOS, Carlos Alexandre de Azevedo. *Estado de coisas inconstitucional*. Salvador: Juspodium, 2016.

CANOTILHO, J. J. Gomes. *Direito constitucional e teoria da constituição*. Coimbra: Almedina, 1998.

CUNHA JUNIOR, Dirley da. *Controle judicial das omissões do poder público*. São Paulo: Saraiva, 2004.

GALDINO, Flávio. *Introdução à Teoria dos Custos dos Direitos*: direitos não nascem em árvores. Rio de Janeiro: Lumen Juris, 2005.

GARAPON, Antoine. *O juiz e a democracia*: o guardião das promessas. 2. ed. Rio de Janeiro: Revan, 1999.

HOLMES, Stephen; SUNSTEIN, Cass R. *The Cost of Rights*: Why Liberty Depends on Taxes. New York: W. W. Norton & Company, 1999.

MEDAUAR, Odete. *Controle da Administração Pública*. 2. ed. São Paulo: Revista dos Tribunais, 2012.

NABAIS, José Casalta. A face oculta dos direitos fundamentais: os deveres e os custos dos direitos. *In*: NABAIS, José Casalta (Org.). *Por uma Liberdade com Responsabilidade* – Estudos sobre Direitos e Deveres Fundamentais. Coimbra: Coimbra Editora, 2007.

PERLINGEIRO, Ricardo. É a reserva do possível um limite à intervenção jurisdicional nas políticas públicas sociais? *Revista de Direito Administrativo Contemporâneo*, ano 1, v. 2, set./out. 2013.

SARLET, Ingo Wolfgang (Org.). *Direitos fundamentais, orçamento e reserva do possível*. Porto Alegre: Livraria do Advogado, 2010.

SARLET, Ingo Wolfgang; MARINONI, Luiz Guilherme; MITIDIERO, Daniel. *Curso de direito constitucional*. São Paulo: Revista dos Tribunais, 2012.

TORRES, Ricardo Lobo. *O direito ao mínimo existencial*. Rio de Janeiro: Renovar, 2009.

VELJANOVSKI, Cento. *The Economics of Law*. 2nd ed. London: The Institute of Economic Affairs, 2006.

---

Informação bibliográfica deste texto, conforme a NBR 6023:2018 da Associação Brasileira de Normas Técnicas (ABNT):

ABRAHAM, Marcus. O papel do Judiciário na determinação de políticas públicas em favor da população carcerária. *In*: ASSOCIAÇÃO DOS MAGISTRADOS BRASILEIROS; SALOMÃO, Luis Felipe; FONSECA, Reynaldo Soares da; VIDEIRA, Renata Gil de Alcantara; SZPORER, Patrícia Cerqueira Kertzman; COSTA, Daniel Castro Gomes da (Coord.). *Sistema penal contemporâneo*. Belo Horizonte: Fórum, 2021. p. 291-304. ISBN 978-65-5518-205-7.

# O *PLEA BARGAIN* E SEUS MARCOS REGULATÓRIOS EM PERSPECTIVA COMPARADA

THIAGO BOTTINO DO AMARAL

LUCAS RAMOS KRAUSE DOS SANTOS ROCHA

## 1 Introdução

A análise econômica do Direito Penal se dedica a estudar os meios que possam tornar o processo penal mais eficiente, sendo esse também um modo de consecução de direitos fundamentais, na medida em que um sistema de justiça criminal ineficiente é um sistema que não garante o respeito aos direitos individuais. Com isso em vista, produzem-se formas de acelerar o processo e evitar erros, sendo o *plea bargain* um dos instrumentos que, supostamente, serviria para alcançar esses objetivos.

Uma das premissas da análise econômica do Direito é buscar compreender a realidade a partir do modelo do agente racional, o qual na economia é chamado de *homo oeconomicus*.[1] Os pressupostos desse modelo são dois: (a) indivíduos tendem a maximizar suas preferências; e (b) conhecem os efeitos atrelados a cada alternativa de decisão. Dessa forma, se uma pessoa avalia, com base nas informações disponíveis para si, que o retorno a ser obtido com o crime é inferior ao custo (perder o produto do crime e sofrer uma pena, por exemplo), será dissuadido a não praticar a conduta criminosa.

O delito é considerado um "ato ineficiente", pois seu benefício à sociedade é menor do que o custo social enfrentado.[2] Por certo que o custo do crime não se limita aos danos que podem ser expressos em uma quantia monetária, como o roubo, mas compreende danos mais difíceis de serem calculados, a exemplo do homicídio ou lesão corporal. O custo do crime também deve considerar o custo de manutenção da

---

[1] SHIKIDA, Pery F. A.; BOTTINO, Thiago. Análise Econômica do Crime. *In*: TIMM, Luciano B. *Direito e Economia no Brasil*. São Paulo: Atlas, 2012, p. 307.

[2] SÁNCHEZ, Jesús-María Silva. *Eficiência e Direito Penal*. São Paulo: Manole, 2004, p. 9. Disponível em: https://books.google.com.br/books/about/Eficiencia_e_Direito_Penal.html?id=ysrzvglEhOIC&redir_esc=y. Acesso em: 20 ago. 2020.

estrutura estatal para evitá-lo (policiamento, por exemplo) e julgá-lo (Poder Judiciário, Ministério Público e Defensoria).

Em segundo lugar, a análise econômica enxerga o criminoso como um agente racional, que utiliza seu conhecimento e recursos para tomar a decisão que mais o beneficiará, independentemente da moralidade da ação,[3] que comete o crime porque certos incentivos foram dados a ele, como uma baixa probabilidade de ser punido ou uma pena branda para o delito.[4] Com isso, o indivíduo racional pode calcular o valor esperado nos casos de se abster e de se cometer o crime, que será a decisão racional se seu valor esperado for superior ao de não praticar o delito.[5] É verdade que aspectos de irracionalidade interferem na tomada de decisão, mas isso não significa que os indivíduos sejam completamente irracionais e sim que eles possuem uma racionalidade limitada. Uma das formas pelas quais se tenta neutralizar o dano social do delito é pelo efeito dissuasório da pena,[6] o qual leva em conta a probabilidade de punição efetiva. Essa probabilidade será menor se as instituições responsáveis pela execução penal não forem morosas. Nisso se inclui a incapacidade do Poder Judiciário de lidar com a sobrecarga de processos.

Para possibilitar uma dissuasão maior, o *plea bargain* atuaria compensando uma deficiência do Judiciário (morosidade) e reduziria os danos sociais do delito, com um custo econômico mais baixo. Dentre outros fatores, essa compensação é possível pela substituição de um processo longo de coleta de provas e contraditório por um procedimento mais curto e rápido. A confissão passa a ser o meio principal de prova para se estabelecer a pena a ser cumprida e isso envolve um custo social, que é o *desconto* na punição. No *plea bargain*, a punição pelo acordo é um incentivo para que o réu colabore e confesse seu crime, pois ela inclui um desconto na punição esperada da sentença.[7] Esse desconto, porém, carrega em si um risco consistente na potencial deficiência de dissuasão do crime imaginada pelo legislador, pois a pena aplicada na prática é menor do que a prevista originalmente, como sendo a medida necessária para impedir a prática do delito.

Entretanto, há outros custos sociais envolvidos. A análise econômica do crime também estuda o custo imposto à sociedade decorrente da penalização de determinadas condutas. Nessa linha de argumentação, aponta-se maior eficiência na despenalização (como ocorre, desde 2006, com o crime de posse de entorpecentes para uso próprio, que não é mais sujeito a penas de prisão), na extinção da punibilidade por meio da reparação (caso da sonegação fiscal, cuja punibilidade é extinta pelo pagamento) ou ainda na tolerância de determinadas condutas (como ocorreu com o crime de adultério, que, embora só tenha deixado de constituir uma conduta típica em 2005, já não era mais levado aos tribunais).

---

[3] MADJ-SADJADI, Zagros. The Economics of Crime. The Economics Collection, 2013.
[4] SÁNCHEZ, Jesús-María Silva. *Eficiência e Direito Penal*. São Paulo: Manole, 2004, p. 10. Disponível em: https://books.google.com.br/books/about/Eficiencia_e_Direito_Penal.html?id=ysrzvglEhOIC&redir_esc=y. Acesso em: 20 ago. 2020.
[5] MADJ-SADJADI, Zagros. The Economics of Crime. The Economics Collection, 2013.
[6] SÁNCHEZ, Jesús-María Silva. *Eficiência e Direito Penal*. São Paulo: Manole, 2004, p. 11. Disponível em: https://books.google.com.br/books/about/Eficiencia_e_Direito_Penal.html?id=ysrzvglEhOIC&redir_esc=y. Acesso em: 20 ago. 2020.
[7] RICHMAN, Daniel C. Cooperating Defendants: the Costs and Benefits of Purchasing Information from Scoundrels. *Federal Sentencing Reporter*, vol. 8, n. 5, p. 292, 1996.

A mesma lógica está por detrás das soluções negociadas, de que são exemplos a transação penal e a suspensão condicional do processo (introduzidas no ordenamento jurídico pela Lei nº 9.099/95) e, mais recentemente, o acordo de não persecução trazido pela Lei nº 13.964/2019), significando que a punição de determinadas condutas é mais custosa para a sociedade do que seu tratamento por meios consensuais. É essa a racionalidade que sustenta o mecanismo de *plea bargain*, caracterizado por ser uma negociação entre agentes racionais que baseiam suas decisões nos valores esperados do julgamento. Há a criação de incentivos gerados por esse modelo de acordo, na qual se incluem possibilidades ao acusado de extinção da punibilidade, redução de pena imposta e/ou substituição da pena privativa de liberdade por medidas alternativas.

Por outro lado, o modelo de agentes racionais que deliberam sobre a aplicação de penas pelo Estado com ampla liberdade está, historicamente, associado ao modelo processual penal acusatório (ou adversarial). Contudo, o Direito Processual Penal brasileiro possui, ao contrário, forte influência do sistema inquisitório. De acordo com Coutinho (2018), o Código de Processo Penal de 1941, vigente até os dias atuais, teve como fonte inspiradora o Código de Processo Penal italiano, presente no governo fascista de Benito Mussolini.[8] Cabe ressaltar que tal influência é percebida, por exemplo, na previsão da possibilidade de condenação em processos ainda que o próprio Ministério Público opte pela absolvição.[9] O mesmo código oferece poderes quase ilimitados para os juízes no âmbito de busca e produção de prova, o que, de acordo com o autor, pode gerar a prevalência das "hipóteses assumidas sobre os fatos e, com liberdade, o juiz (poderá) orienta(r) o êxito para onde quiser".[10]

O sistema acusatório, por sua vez, é regido por características mais liberais do processo, ao contrário do inquisitório. Dessa forma, destacam-se características como: (i) necessidade de ímpeto de um particular para o andamento do processo; (ii) maior autonomia às partes e preferência pela sustentação oral em detrimento de documentos oficiais e (iii) uma tradição de países que adotam o sistema da *commom law*.[11]

Exemplo marcante do sistema acusatório é o norte-americano, visto que, guiado por uma visão de justiça mais liberal, utiliza-se de instrumentos jurídicos que permitem a consolidação da maior autonomia das partes do processo penal. Nesse sentido, pode-se citar o instrumento do *plea bargain*, o qual ilustra o sistema acusatório em sua essência, sendo entendido como o mecanismo processual em que a acusação e defesa chegam a um acordo, o qual normalmente termina com a confissão do réu de parte do que foi acusado em troca da exclusão de algumas acusações e/ou diminuição de pena.[12]

---

[8] COUTINHO, Jacinto Nelson de Miranda. *In*: PAULA, Leonardo Costa de; SILVEIRA, Marco Aurélio Nunes da (Org.). *Observações sobre os Sistemas Processuais Penais*. Curitiba: Observatório da Mentalidade Inquisitória, 2018. p. 198-199.

[9] Art. 385 do Código de Processo Penal: Nos crimes de ação pública, o juiz poderá proferir sentença condenatória, ainda que o Ministério Público tenha opinado pela absolvição, bem como reconhecer agravantes, embora nenhuma tenha sido alegada. BRASIL. Código de Processo Penal. Decreto-Lei nº 3.689/41. Rio de Janeiro: Presidência da República [1941].

[10] COUTINHO, Jacinto Nelson de Miranda. *In*: PAULA, Leonardo Costa de; SILVEIRA, Marco Aurélio Nunes da (Org.). *Observações sobre os Sistemas Processuais Penais*. Curitiba: Observatório da Mentalidade Inquisitória, 2018. p. 201.

[11] DAMASKA, Mirjan R. *The Faces of Justice and State Authority*: a Comparative Approach to the Legal Process. Yale University, 1986, p. 4-6.

[12] LANGER, Máximo. From Legal Transplants to Legal Translations: the Globalization of Plea Bargaining and the Americanization Thesis in Criminal Procedure. *Harvard International Law Journal*, vol. 45, n. 1, p. 35, 2004.

Levando-se em consideração estas disparidades na forma de tratamento do Direito Penal pelos sistemas acusatório e inquisitório, tanto nos países de tradição da *common law* quanto nos da *civil law*, busca-se analisar à luz do Direito Comparado como se comporta o instrumento do *plea bargain* em diversos contextos jurídicos. Para tanto, foi empregada metodologia de análise bibliográfica, principalmente documental, para investigar a teoria e os desdobramentos empíricos resultantes da incorporação do instrumento negocial penal em países diferentes.

De início explora-se o desenvolvimento do *plea bargain* no sistema jurídico norte-americano com maior profundidade, em razão de ser o expoente na aplicação e exportação do instrumento. São analisados os aspectos gerais, as partes envolvidas e as críticas tecidas pela doutrina ante os resultados encontrados na prática pela sua utilização. Em seguida, parte-se para a exploração de como o instrumento foi incorporado em outras culturas jurídicas, em especial, no Canadá, na Alemanha, na Itália e na França. Assim, ao final, podem-se discutir as principais questões atinentes ao elemento da eficiência e seus resultados, bem como os contornos regulatórios apresentados no Brasil.

## 2 *Plea bargain* no sistema jurídico dos Estados Unidos da América

### 2.1 Aspectos gerais

Embora tenha sido formalmente legalizado em meados da década de 1980, o *plea bargain*, nos Estados Unidos, remonta a um importante momento histórico: a Guerra Civil (1861-1865).[13] Após o término dos conflitos, houve crescimento na utilização do instituto com a uniformização dos procedimentos criminais do país com a 14ª Emenda.[14] Isso ocorreu apesar de os tribunais proibirem a troca de concessões por benefícios. A proibição, contudo, não inibiu a aplicação, já desenhando uma forma particular e não oficial de realização dos acordos.

No início do século XX, acontece um crescimento na taxa de crimes,[15] algo que, apesar de coincidir com transformações econômicas, tais como o desenvolvimento do capitalismo e da urbanização, não possui causas totalmente claras.[16] Apesar dos fundamentos relativamente especulativos, é possível afirmar que os tribunais passaram a receber grandes volumes de processos, o que motivou a legalização do *plea bargain*, uma vez que era necessária a manutenção do desempenho das funções da Corte de maneira eficiente.[17]

Nesse sentido, em 1970, a decisão da Suprema Corte no caso *Brady x United States* não apenas reconheceu o *plea bargain* como um instituto jurídico legítimo, mas também definiu algumas considerações para sua validade, como, por exemplo, a necessidade de ser a decisão do acusado livre e voluntária, sem ter sido essa extraída por qualquer

---

[13] ALSHULER, Albert. Plea Bargaining and its History. *Columbia Law Review*, vol. 79, n. 1, p. 16-19, 1979.

[14] BISHARAT, George E. The plea bargain machine. *Revista Interdisciplinar de Sociologia e Direito*. Disponível em: https://periodicos.uff.br/confluencias/article/download/34494/19897. Acesso em: 20 ago. 2020.

[15] OLIVER, Alison. The economics of crime: an analysis of crime rates in America. *The Park Place Economist*, vol. 10, n. 1, p. 30, 2002.

[16] MNOOKIN, Jennifer L. Uncertain Bargains: The Rise of Plea Bargaining in America. *Stanford Law Rev.*, vol. 57, p. 1733, 2005.

[17] MNOOKIN, Jennifer L. Uncertain Bargains: The Rise of Plea Bargaining in America. *Stanford Law Rev.*, vol. 57, p. 1728, 2005.

tipo de ameaça ou violência.[18] Sua aplicação seguiu com grandes discrepâncias nas sentenças. Finalmente, em meados de 1980, as diretrizes para sentenças em âmbito federal, as *United States Federal Sentencing Guidelines*, foram editadas.

Após a Segunda Guerra Mundial, iniciou-se um processo de *americanização* das democracias ocidentais, em que o domínio dos Estados Unidos se consolidou em diversos aspectos da vida.[19] O sistema jurídico estadunidense alcançou grande influência internacional, servindo de inspiração para novas legislações ao redor do mundo. Nesse cenário, o *plea bargain* foi recepcionado por diversos países que não apenas reproduziram o instrumento, mas realizaram adaptações para as particularidades de seus próprios sistemas de justiça. No âmbito do *soft power*, por meio de filmes, séries e demais programas televisivos, os mecanismos de negociação passaram a fazer parte da cultura, sendo esse campo, juntamente com os ambientes acadêmicos, legislativos e judiciário, espaços nos quais as práticas estadunidenses fomentaram, e continuam fomentando, inúmeras discussões.[20]

A utilização em larga escala do *plea bargain* já foi associada, contudo, ao aumento da população carcerária americana, uma vez que 97% dos casos criminais são resolvidos por acordos.[21] Atualmente, os Estados Unidos possuem a maior população carcerária do mundo, detendo mais de dois milhões de encarcerados[22] e para manter tantas pessoas presas são gastos, anualmente, cerca de U$80 bilhões na manutenção das prisões.[23] O sistema de justiça dos Estados Unidos tem sido alvo de diversas críticas e em grande parte pelo mecanismo de negociações – como será visto adiante – em razão da falta de credibilidade em um modelo que pressupõe que os órgãos de persecução penal fazem 95% de acusações corretamente, em referência aos acordos.[24]

Para além da comunidade jurídica, os debates sobre o *plea bargain* se expandiram para a sociedade civil, sobretudo por questões de disparidade racial e aceitação de culpa por inocentes. Em 2013, durante discurso a *American Bar Association*, Eric Holder, então *Attorney General* (equivalente, no Brasil, ao cargo de Procurador Geral da República), revelou que acusados negros receberam sentenças até 20% maiores do que acusados brancos.[25] A atuação do *Inoccence Project*, que revisita condenações com base em evidências genéticas, já obteve a absolvição de 375 inocentes desde o início de sua atuação. Dentre esse percentual, 69% das condenações erradas envolveram identificação incorreta por testemunha ocular e 29% estavam relacionadas a falsas confissões. Em termos demográficos, 60% dos absolvidos pelo projeto são afro-americanos. Ao longo

---

[18] Brady v. United States, 397 U.S. 742, 90 S. Ct. 1463, 25 L. Ed. 2d 747, 1970 U.S. LEXIS 45 (U.S. May 4, 1970).

[19] WIEGAND, Wolfgand. The Reception of American Law in Europe. *American Journal of Comparative Law*, vol. 39, n. 2, p. 229, 1991.

[20] LANGER, Máximo. From Legal Transplants to Legal Translations: The Globalization of Plea Bargaining and the Americanization Thesis in Criminal Procedure. *Harvard International Law Journal*, vol. 45, n. 1, p. 1-3, 2004.

[21] NATIONAL ASSOCIATION OF CRIMINAL DEFENSE LAWYERS. The trial penalty: The sixth amendment right to trial on the verge of extinction and how to save it. *Federal Sentencing Reporter*, p. 331-368, 2019.

[22] PRISON POLICY INITIATIVE. 2018-2019 ANNUAL REPORT, October 2019.

[23] KEARNEY, Melissa S.; HARRIS, Benjamin H.; JÁCOME, Elisa; PARKER, Lucy. The Economic Facts about Crime and Incarceration in the United States. The Hamilton Project, 2014. Disponível em: https://www.hamiltonproject.org/assets/legacy/files/downloads_and_links/v8_THP_10CrimeFacts.pdf. Acesso em: 28 jul. 2020.

[24] KASSIN, Saul M. The Social Psychology of False Confessions. *Social Issues and Policy Review*, vol. 9, n. 1, p. 38, 2015. Disponível em: https://web.williams.edu/Psychology/Faculty/Kassin/files/Kassin%20(2015)%20-%20SIPR%20of%20confessions.pdf. Acesso em: 20 ago. 2020.

[25] UNITED STATES. The United States Department of Justice, 2013.

dos anos, os dados revelados pelo trabalho da associação alimentam o debate social acerca da falibilidade do *plea bargain* e do sistema de justiça criminal norte-americano.[26]

Apesar desses fatos, também se reconhece que, devido ao grande volume de processos, levar todos os casos a julgamento poderia causar sobrecarga da atividade judicante, comprometendo a velocidade e, portanto, a eficiência da aplicação da justiça.

## 2.2 Os participantes

O *plea bargain* envolve sempre as mesmas partes: réu, advogado ou defensor público e promotor. Considerando os advogados, há um subgrupo: os chamados *pleaders*.[27] São aqueles que insistem com seus clientes em selar acordos, única e exclusivamente, por questões econômicas e de celeridade, deixando de lado as consequências negativas que podem surgir para o acusado (restrição da liberdade de um inocente, por exemplo).

O destaque necessário para esse grupo é relacionado aos seus incentivos. Recursos financeiros dos clientes (permitindo processos judiciais mais longos ou não), a necessidade de mais clientes com consequente menos tempo de trabalho para cada caso e a certeza de que um acordo sempre é mais seguro do que a decisão de um juiz criam incentivos que deterioram a relação cliente-advogado.[28]

Ao observar os defensores públicos, é possível considerar que teriam, em geral, acordos muito mais vantajosos do que os advogados privados. Porém, alguns estudos[29] demonstram que essa diferença é mínima, quando fatores de antecedentes e acusação são levados em conta.

No que tange aos defensores públicos, são feitos, principalmente nos Estados Unidos, estudos que buscam comparar suas atividades com a de advogados no processo de negociação do *plea bargain*[30] Em geral, existem quatro fatores de diferença que são observados:

TABELA 2.2.1

(continua)

| Fatores de diferença | Descrição |
|---|---|
| *Trade-out* | Atitude de um defensor de fazer um acordo não vantajoso para seu cliente, em troca de acordo com penas brandas para outro. A relação cotidiana do defensor com o promotor permite essa prática. Existem evidências[31] de *trade-out* com advogados privados com mais de um réu, em que acordos são feitos para penalizar mais eventuais líderes do que outros clientes, não os representando igualmente. |

---

[26] INNOCENCE PROJECT. DNA Exonerations in the United States, 2020.
[27] ALSHULER, Albert. The Defense Attorney's in Plea Bargain. *Yale Law Journal*, p. 1206, 1974.
[28] ALSHULER, Albert. The Defense Attorney's in Plea Bargain. *Yale Law Journal*, p. 1206, 1974.
[29] DAHLIN, Ronald. Toward a Theory of the Public Defender's Place in the Legal System, 19 S.D.L., 1974.
[30] ALSHULER, Albert. The Defense Attorney's in Plea Bargain. *Yale Law Journal*, p. 1206, 1974.
[31] United States v. Truglio, 493 F.2d 574 (4th Cir. 1974), Gallarelli v. United States, 441 F.2d 1402 (3d Cir. 1971); McCranie v. State, 242 So. 2d 202 (Fla. Dist. Ct. App. 1970).

(conclusão)

| Fatores de diferença | Descrição |
|---|---|
| *Discovery* | É a troca de favores entre promotores e defensores, que ocorre mais do que com advogados privados, por conta da maior convivência. Em troca de informações, defensores divulgam as defesas que utilizarão; informações confidenciais; prometem não usar informações dadas pelos promotores de forma explícita; e acordos de *plea bargain*. |
| Conhecimento do sistema criminal | Os defensores públicos possuem maior expertise do que advogados privados no funcionamento da justiça criminal, devido ao volume de casos e grandes estruturas das defensorias que permitem maior troca de informações. Isso, aliado ao contato cotidiano com promotores e juízes. |
| *Delay* | Prática de advogados privados de retardar julgamentos: isso reduz as taxas de condenação de 92% para 48%.[32] Os defensores têm limitações para esses adiamentos por conta de terem vários casos por dia (e adiamentos levantariam suspeitas sobre essa atitude) e por não cobrarem honorários, o que desincentiva essa prática, ao contrário dos advogados. |

Fonte: elaboração dos autores

## 2.3 Críticas desenvolvidas a partir da aplicação prática

Apesar de assumir que os indivíduos são seres racionais, outros fatores podem fazer com que a barganha não seja totalmente objetiva e justa. Nota-se que elementos como sexo, idade, renda e assimetria de informação entre as partes são pontos determinantes e que influenciam de diversas formas as negociações.[33]

A abdicação do direito constitucional a um julgamento (que passa a ser realizado entre portas fechadas) é problemática. Angela Davis afirma que esse sistema abre margem para abusos devido ao fato de o promotor possuir um amplo poder discricionário, sendo considerado o mais poderoso oficial no sistema de justiça, uma vez que tal discricionariedade possibilita que ele decida quem vai ser preso, por qual acusação e por quanto tempo.[34] O anseio por *ganhar de qualquer forma*, obtendo uma condenação, seria facilitado pelo *plea bargain*, que deixa todas as cartas na mão do agente de justiça.

Importante também enfatizar que a vontade do acusado é considerada viciada. Davis (2001) afirma que:

> o acusado, com certeza, tem a opção de exercer seu direito a um julgamento e deixar seu destino nas mãos do júri ou juiz, mas, na maior parte das vezes, ele não está disposto a correr o risco de convicções adicionais ou, mais sério ainda, mais tempo de prisão. Consequentemente, na maioria das jurisdições, o *plea bargain* resolve mais de 90% de todos os casos criminais. Promotores em níveis tanto estadual, quanto federal controlam esse processo. (DAVIS, 2001, p. 409 – tradução livre).[35]

---

[32] BANFIELD; ANDERSON. Continuances in the Cook County Criminal Courts, 35 U. CHI. L. REV. 259, 303, 1968, p. 287-290.
[33] BIBAS, Stephanos. Plea bargaining outside of the shadow trial. *Harvard Law Review*, vol. 117, n. 8, p. 2468, 2004.
[34] DAVIS, Angela J. The American Prosecutor: Independence, Power, and the Threat of Tyranny. *Iowa Law Review*, v. 86, p. 393-465, 2001.
[35] "The defendant certainly has the option of exercising her right to trial and leaving her fate in the hands of the jury or judge, but often she is not willing to run the risk of additional and more serious convictions and

Logo, pode-se perceber que a força atribuída ao promotor faz com que o acusado tenha receio das eventuais consequências de querer movimentar todo o aparato estatal para ir a um julgamento tradicional e, em razão disto, 90% dos casos envolvem o *plea bargain*. Wilson afirma que "devido ao número de acusados e os recursos limitados, promotores e defensores públicos, ambos dependem que os acusados aceitem acordos e fiquem fora de uma Corte",[36] ao passo que Leonard complementa a afirmação constatando que "ambos os lados sabem que o acordo é uma necessidade no sistema de justiça criminal. Na realidade, o sistema não pode funcionar a não ser que apenas uma pequena porcentagem dos casos seja julgada".[37]

Para aumentar a atratividade das ofertas e punir aqueles que, eventualmente, decidam exercer seu direito constitucional a um julgamento, promotores podem fazer uso do método conhecido como *overcharging*. Este método é caracterizado pelo aumento das acusações, com o fim de garantir aos promotores uma maior margem negocial no *plea bargain*.[38] Esse tipo de prática é prejudicial ao sistema criminal como um todo porque propicia a ocorrência de um dos maiores problemas dos acordos penais: a condenação de inocentes. Conforme expõe Fine:

> Por debaixo de inúmeras negociações penais há o entendimento – ou ameaça – de que se um acusado for para julgamento e for condenado, ele terá que lidar com penas mais duras do que seriam caso tivesse se declarado como culpado. Um acusado inocente pode ser persuadido pela sentença mais dura que ele terá de enfrentar caso não consiga provar sua inocência, significando que estará no seu melhor interesse declarar-se culpado, apesar da sua inocência (FINE, 1987, p. 622, *apud* U.S. NAT'L ADVISORY COMM'N OF CRIMINAL JUSTICE, COURTS 43 (1973) – tradução livre).[39]

Dervan e Edkins reforçam essa linha de argumentação utilizando-se de um estudo com base psicológica que diz respeito ao *plea bargain* e à inocência.[40] Segundo a pesquisa, mais da metade dos participantes inocentes estavam dispostos a admitir culpa falsamente, de modo a ter algum benefício.[41] O estudo envolveu estudantes acusados

---

more prison time. Consequently, in most jurisdictions, plea bargaining resolves more than ninety percent of all criminal cases. Prosecutors on both the state and federal levels control this process" (DAVIS, 2001, p. 409) – Tradução livre.

[36] "Because of the number of defendants and limitations on resources, prosecutors and public defenders both depend upon defendants taking deals and staying out of court" (WILSON, Molly J. W. Defense attorney bias and the rush to the plea. *U. Kan. L. Rev.*, v. 65, p. 271, 2016) – Tradução livre.

[37] LEONARD, David P. Waiver of Protections Against the Use of Plea Bargains and Plea Bargaining Statements After Mezzanatto. *CRIM. JUST.*, v. 23, p. 8-9, 2008. Tradução livre.

[38] CALDWELL, Harry M. Coercive plea bargaining: The unrecognized scourge of the justice system. *Cath. UL Rev.*, v. 61, n. 1, p. 63-69, 2011.

[39] "Underlying many plea negotiations is the understanding - or threat - that if the defendant goes to trial and is convicted he will be dealt with more harshly than would be the case if he had pleaded guilty. An innocent defendant might be persuaded that the harsher sentence he must face if he is unable to prove his innocence at trial means that it is to his best interest to plead guilty despite his innocence" (FINE, Ralph A., Plea Bargaining: An Unnecessary Evil. *MARQ. L. REV.*, v. 70, p. 622, 1987, *apud* U.S. NAT'L ADVISORY COMM'N OF CRIMINAL JUSTICE, COURTS 43 (1973)) – Tradução livre.

[40] DERVAN, Lucian E.; EDKINS, Vanessa A. Innocent Defendant's Dilemma: An Innovative Empirical Study of Plea Bargaining's Innocence Problem. *Journal of Criminal Law and Criminology*, vol. 3, Issue 1, p. 5, 2003. Disponível em: https://scholarlycommons.law.northwestern.edu/cgi/viewcontent.cgi?article=1000&context=jclc. Acesso em: 1 jul. 2020.

[41] DERVAN, Lucian E.; EDKINS, Vanessa A. Innocent Defendant's Dilemma: An Innovative Empirical Study of Plea Bargaining's Innocence Problem. *Journal of Criminal Law and Criminology*, vol. 3, Issue 1, p. 1, 2003. Disponível

de terem colado em provas em que eram dadas duas oportunidades: fazer um acordo ou refazer a prova. O resultado foi que ambos os tipos de alunos, culpados e inocentes, aceitaram o *plea bargain* e confessaram ter copiado as respostas, havendo apenas uma chance 6,39 vezes maior de os culpados aceitarem um acordo do que os inocentes.

Ademais, com relação aos incentivos negativos gerados pelo *plea bargain*, Richman sustenta que a cooperação pode beneficiar os réus que praticaram crimes mais graves em detrimento daqueles que praticaram crimes mais leves.[42] Em um caso de tráfico, por exemplo, os olheiros (aqueles que vigiam pontos de venda de drogas) de uma organização criminosa podem não ter tanta informação para trocar, ainda que estejam dispostos a cooperar. Já o chefe do tráfico pode fornecer mais provas ao testemunhar contra seus subordinados.

Na literatura estadunidense, os principais argumentos favoráveis à implementação do *plea bargain* como meio para tornar a justiça mais eficiente podem ser assim listados: a redução da quantidade de processos a serem julgados pelo Judiciário (com a consequente redução dos custos envolvidos); possibilidade de os juízes e tribunais poderem resolver os casos mais graves e complexos ou que não se adéquem ao modelo de acordo com mais agilidade; evitar que a decisão judicial seja demorada e diminua a confiança no sistema de justiça. Deve-se atentar, todavia, para o fato de que a racionalidade humana não é absoluta, não sendo a confissão da culpa prova suficiente, nem confiável, para se estabelecer uma condenação criminal, sendo imprescindível que os casos criminais passem pelo devido processo legal para assegurar condenações acertadas.

Já as maiores críticas nos sistema dos Estados Unidos são: quantidade de condenações injustas (cerca de 18% dos inocentados conhecidos confessaram crimes que não cometeram[43]); o potencial de aumento da população carcerária e os custos econômicos daí decorrentes; e, além disso, grande parte dessas condenações injustas tendem a atingir, em sua maior parte, negros, o que faz com que o *plea bargain* seja um mecanismo de perpetuação de desigualdades sociais.[44]

## 3 Visão geral dos marcos regulatórios do *plea bargain*

Como consequência da globalização cada vez mais intensa, o contato entre diferentes culturas jurídicas foi ampliado. Nesse sentido, casos de incorporação de institutos legais de um ordenamento jurídico para outro foram potencializados, ficando conhecidos como transplantes jurídicos. Estas mudanças nos sistemas processuais foram inspiradas por diferentes interpretações acerca do papel da justiça que ganham contornos significativos sob influência dos contextos sociais, políticos e econômicos nos quais estão inseridas.

---

em: https://scholarlycommons.law.northwestern.edu/cgi/viewcontent.cgi?article=1000&context=jclc. Acesso em: 1 jul. 2020.

[42] RICHMAN, Daniel C. Cooperating Defendants: The Costs and Benefits of Purchasing Information from Scoundrels. *Federal Sentencing Reporter*, vol. 8, n. 5, p. 292, 1996.

[43] INNOCENCE PROJECT. DNA Exonerations in the United States, 2020. Disponível em: https://www.innocenceproject.org/dna-exonerations-in-the-united-states/. Acesso em: 28 ago. 2020.

[44] DAVIS, Angela J. Prosecution and race: The power and privilege of discretion. *Fordham L. Rev.*, vol. 67, p. 25-38, 1998.

## 3.1 Canadá

No Canadá, o instituto é conhecido como *resolution discussions*, "sendo as questões criminais submetidas a discussões judiciais pré-julgamento obrigatórias, onde a Coroa e o advogado de defesa se reúnem com um juiz".[45] Nesse sentido, é importante ressaltar que os juízes não buscam acordos por uma simples questão de eficiência. A sentença deve buscar adequar-se ao caso de modo a satisfazer os interesses de todas as partes.[46]

O momento específico de adoção do modelo no Canadá é incerto. Segundo Hedieh Nasheri, que promoveu um importante estudo comparativo entre o instituto de barganha no Canadá e nos Estados Unidos, essa literatura quase não existe no país.[47]

O instrumento é disciplinado pelo Código Penal, tendo sido objeto de regulamentação em 1972 por meio da edição de um memorando sobre as recomendações de procedimentos. Em 1976, a *Canadian Criminology and Corrections Association* emitiu uma recomendação pela abolição do *resolution discussions* no país. Em um movimento contrário, a Associação dos Advogados do Canadá atuou pela regulamentação do instituto, desde que com a utilização de procedimentos claros. Em meio a posições divergentes, a aplicação se seguiu de diferentes formas.

Nos anos 1990, a Suprema Corte enfrentou diversos casos em que houve longa demora entre o momento da prisão até o julgamento. O caso Askov (*R. v Askov*, 1990) é um dos mais emblemáticos nessa questão. O acusado passou 34 meses preso e a Corte decidiu pela sua liberdade, por conta da demora de mais de oito meses para que o processo tivesse uma sentença. Dado que mais de 50.000 casos eram similares aos de Askov,[48] o país teve a possibilidade de produzir uma série de discussões acerca da adoção do *resolution discussions*, sob a ótica da eficiência da justiça criminal. Em razão disso, foram promovidas mudanças no Código Penal e no quadro normativo geral, de forma que o instituto foi legitimado. Atualmente, as discussões críticas que envolvem o mecanismo permanecem e versam, sobretudo, acerca da transparência no funcionamento do sistema.

Uma pesquisa realizada pelo Senado canadense revelou que anualmente o sistema de justiça recebe mais de 450 mil acusados, sendo 90% deles resolvidos por meio do *resolution discussions*.[49] Uma das primeiras preocupações ensejadas pelo percentual elevado é a de confissões dos inocentes. Ainda hoje, não há quantificação empírica sobre o número de pessoas nessa situação, entre outras razões, pela falta de transparência na realização dos acordos.

---

[45] "Criminal matters are subject to statutorily mandated judicial pretrial discussions, where Crown and defense counsel meet with a judge" (BROOK, Carol A.; FIANNACA, Bruno; HARVEY, David *et al*. A comparative look at plea bargaining in Australia, Canada, England, New Zealand, and the United States. *Wm. & Mary L. Rev.*, vol. 57, p. 1157, 2015) – Tradução livre.

[46] BROOK, Carol A.; FIANNACA, Bruno; HARVEY, David *et al*. A comparative look at plea bargaining in Australia, Canada, England, New Zealand, and the United States. *Wm. & Mary L. Rev.*, vol. 57, p. 1158, 2015.

[47] NASHERI, Hedieh. *Betrayal of Due Process*: A Comparative Assessment of Plea Bargaining in the United States and Canada. University Press of America, 1998, p. 91.

[48] CRUZ, Flavio Antonio da. *Plea Bargaining* e delação premiada: algumas perplexidades. *Revista Jurídica da Escola Superior de Advocacia da OAB-PR*, n. 2, p. 36, 2016. Disponível em: http://revistajuridica.esa.oabpr.org.br/wp-content/uploads/2016/12/2-8-plea.pdf. Acesso em: 20 ago. 2020.

[49] SENATE CANADA. Final report of the Standing Senate Committee on Legal and Constitutional Affairs, Delaying Justice is Denying Justice: An Urgent Need to Address Lengthy Court Delays in Canada (Final Report), 2017.

Além disso, há questionamentos sobre as consequências determinadas pelo *resolution discussions* na sociedade. Em algumas situações, os acordos podem ocasionar penas significativamente menores do que o crime, em tese, deveria conceber. Para muitos canadenses, além de possibilitar a perda do poder de dissuasão do delito, tal fato simboliza a manipulação da justiça em uma mesa de negociações.[50]

Como demonstra a proposta do Projeto C-75 do governo federal canadense,[51] grande parte do debate não almeja o fim do *resolution discussions*. Sua necessidade é reconhecida a partir dos dados orçamentários que demonstram o custo aproximado de 59 bilhões de dólares por ano com a criminalidade (dentre esses valores, somam-se as despesas com proteção, vítimas e o sistema de justiça).[52]

## 3.2 Alemanha

A adoção formal do *plea bargain* na Alemanha é recente. Em 2009, houve uma modificação na legislação para conceber o instituto de fato. Por outro lado, a aplicação do instrumento pode ser identificada já nos anos 70, em decorrência das práticas informais de determinados tribunais. Em termos legais, a Alemanha ainda possuía um sistema processual sem *plea bargain*, mas a prática jurisprudencial era diferente.[53]

A princípio, os acordos foram empregados para crimes do colarinho branco, sendo posteriormente expandidos para outros crimes, sobretudo sexuais. Entre a expansão das aplicações informais e a adoção legítima, houve emblemáticas decisões[54] que geraram debates e precedentes para a definição do modelo. Finalmente, em 2009, a Lei de Regulamentação dos Acordos no Processo Penal passou a contemplar o instituto definindo os procedimentos a serem adotados.

Em razão de no sistema alemão a barganha não substituir um julgamento, os dados obtidos sobre a aplicação do instituto bem como as discussões suscitadas se diferem dos demais países. O sistema alemão possui como uma de suas bases o conceito de *Rechtsstaat*, que pode ser traduzido como Estado de Direito. Por essa razão, os argumentos contra a introdução do *plea bargain* nesse modelo apontavam, sobretudo, possíveis ofensas aos princípios da legalidade, investigação aprofundada, julgamentos públicos, audiência justa, juiz legal, julgamento justo, inocência, *in dubio pro reo* e parcialidade do juiz.

---

[50] BROOK, Carol A.; FIANNACA, Bruno; HARVEY, David *et al*. A comparative look at plea bargaining in Australia, Canada, England, New Zealand, and the United States. *Wm. & Mary L. Rev.*, vol. 57, p. 1186, 2015. BUNDESVERFASSUNGSGERICHT. Headnotes to the judgment of the Second Senate of 19 March 2013, 2013. Disponível em: https://www.bundesverfassungsgericht.de/SharedDocs/Entscheidungen/EN/2013/03/rs20130319_2bvr262810en.html. Acesso em: 2 mar. 2020.

[51] Proposta de alteração ao Código Penal, Lei de Justiça Criminal da Juventude e outras legislações para promover mudanças nos sistemas de liberação e fiança, atualmente entendidos como burocráticos e propiciadores de falsas declarações de culpa.

[52] PICCINATO, Milica Potrebic. Resolutions Discussions in Criminal Cases: A Canadian Perspective. Department of Justice of Canada, 2004. Disponível em: https://www.justice.gc.ca/eng/rp-pr/csj-sjc/ilp-pji/pb-rpc/pb-rpc.pdf. Acesso em: 3 mar. 2020.

[53] LANGER, Máximo. From Legal Transplants to Legal Translations: The Globalization of Plea Bargaining and the Americanization Thesis in Criminal Procedure. *Harvard International Law Journal*, vol. 45, n. 1, p. 39, 2004.

[54] Bundesverfassungsgericht [BverfGE] [Corte Constitucional Federal Alemã], julgamento de 27 de janeiro de 1987 e Bundesgerichtshof [Tribunal de Justiça Federal da Alemanha] [BGHSt] 43, 195 (F.R.G.).

O Código Penal Alemão atribui ao juiz o dever de buscar a verdade dos fatos e atribuir a pena cabível ao crime. A Lei de Regulação dos Acordos no Processo Penal, de 2009, buscou conciliar os princípios de justiça e a eficiência do sistema criminal. Em 2013, o Tribunal Constitucional Alemão emitiu sua posição[55] declarando a presença da proteção adequada aos direitos dos culpados e réus em seu texto, conforme se observa:

> 1. The principle of individual guilt enshrined in the Basic Law (Grundgesetz – GG) and the related duty to ascertain the substantive truth, as well as the principle of fair trial in accordance with the rule of law, the presumption of innocence, and the court's duty to maintain neutrality make it impermissible to allow parties to the proceedings and the courts to freely determine how to ascertain the truth, how to apply the law to the facts so established, and what sentences to impose.
> 2. Plea bargains between the court and the parties to the proceedings that concern the trial's status and prospects, and that promise the accused minimum and maximum sentencing limits if he or she confesses, entail a risk that the constitutional requirements will not be fully met. Nevertheless, the legislature is not a priori precluded from permitting plea bargains to simplify proceedings. It must, however, take adequate precautions to ensure that the constitutional requirements continue to be met. The legislature must continually review the effectiveness of the designated safeguard mechanisms. If they prove to be incomplete or unsuitable, the legislature must make improvements and, if necessary, revise its decision to permit plea bargains in criminal proceedings.
> 3. The Plea Bargaining Act adequately ensures compliance with the constitutional requirements. The fact that the implementation of the Plea Bargaining Act falls considerably short of these requirements does not, at present, render it unconstitutional.
> 4. The provisions of the Plea Bargaining Act comprehensively govern the permissibility of plea bargains in criminal proceedings. Any "informal" agreements made outside the statutory framework are impermissible. (*BUNDESVERFASSUNGSGERICHT*. Headnotes to the judgment of the Second Senate of 19 March 2013, 2013).[56]

Na decisão, a Corte ressaltou como princípios basilares do devido processo legal impossibilitam que as partes atuem de forma completamente livre. Nesse sentido, o Tribunal entendeu que o *plea bargain* geraria riscos que fariam com que requisitos constitucionais mínimos não fossem atingidos para sua aplicação. Por outro lado, apontou para o fato de que a legislação não está impedida, *a priori*, de permitir os acordos para simplificar os processos, desde que tome a devida cautela para que os preceitos da Constituição alemã sejam observados.

Para subsidiar sua decisão, o Tribunal Constitucional Alemão valeu-se de uma pesquisa sob a coordenação do professor Karsten Altenhain, da Universidade de Düsseldorf, que envolveu inclusive entrevistas a juízes. Segundo a pesquisa apurou,[57] 23% dos processos criminais nos tribunais regionais foram concluídos com *plea bargain* em 2011 e 38% dos juízes entrevistados responderam que não checavam a credibilidade da confissão em todos os casos, representando uma contrariedade às disposições legais. Embora o resultado pareça contrário à decisão de reconhecimento

---

[55] BUNDESVERFASSUNGSGERICHT. Headnotes to the judgment of the Second Senate of 19 March 2013, 2013.
[56] BUNDESVERFASSUNGSGERICHT. Headnotes to the judgment of the Second Senate of 19 March 2013, 2013.
[57] ALTEHAIN, K.; DIETMEIR, F.; MAY, M. Die Praxis der Absprachen in Strafverfahren. 1st ed., Vol. 120, 2013. Nomos Verlagsgesellschaft mbH & Co. KG. Disponível em: https://doi.org/10.5771/9783845247779. Acesso em: 30 ago. 2020.

de constitucionalidade, o Tribunal entendeu não se tratar de insuficiência da lei, mas sim de sua inobservância pelos aplicadores, recomendando ao legislador a adoção de medidas razoáveis em caso de permanência de descumprimentos à lei.

## 3.3 Itália

Em 1988, a Itália passou por uma reforma integral em seu Código de Processo Penal. Essa mudança fundamentou-se nos anseios por uma nova legislação que respeitasse os direitos fundamentais, tendo em vista que o Código então vigente possuía aspecto inquisitivo. Nesse período, a Itália também vivia uma onda de crimes organizados e buscava combater a máfia. A nova legislação consagrou não apenas o modelo acusatório como também alternativas para resoluções negociais.[58]

Dentre as discussões sobre a consolidação do sistema acusatório, houve a defesa de que esse modelo acarretaria uma justiça morosa. Por essa razão, em aspectos consensuais, a Itália adotou os mecanismos de procedimento por decreto penal, juízo abreviado e oferecimento de pena por acordo das partes (*patteggiamento*),[59] instrumento mais semelhante ao *plea bargain*. Ainda nesse sentido, em 2014, a legislação contemplou o mecanismo de suspensão do processo condicionada à prova.

Figurando como outros países de tradição na *civil law*, ao adotar o *plea bargain* a Itália também discute a conciliação entre direitos fundamentais e eficiência. Ao longo dos anos, a aplicação do *patteggiamento* foi se expandindo no sistema de justiça italiano. Em 2004, 85% dos casos foram levados a julgamento, suscitando questionamentos sobre a capacidade do instituto para desafogar os tribunais e, em 2012, apenas 34% dos casos aguardavam julgamento.[60]

Em razão da tradição da *civil law*, uma das principais diferenças de aplicação do instituto na Itália é o papel mais atuante do juiz. O fato de o juiz muitas vezes possuir pouco conteúdo probatório contrasta com a noção de perseguir uma decisão livre de erros, inclusive, com observância do princípio *in dubio pro reo*. Para diminuir possíveis erros causados por esse fato, a comunidade jurídica discute alterações no instituto.

## 3.4 França

A introdução do *plea bargain* na França também é considerada recente. A adoção do instituto remonta a 2003, durante o governo do Primeiro-Ministro Jean Pierre Raffarin, que declarou o combate ao crime como uma de suas prioridades. O Ministro de Justiça, Dominique Perben, no mesmo ano, enviou um projeto de legislação à Assembleia, no qual estavam previstas diversas alterações penais, inclusive, as medidas negociais.[61]

---

[58] LANGER, Máximo. From Legal Transplants to Legal Translations: The Globalization of Plea Bargaining and the Americanization Thesis in Criminal Procedure. *Harvard International Law Journal*, vol. 45, n. 1, p. 47-48, 2004.

[59] LANGER, Máximo. From Legal Transplants to Legal Translations: The Globalization of Plea Bargaining and the Americanization Thesis in Criminal Procedure. *Harvard International Law Journal*, vol. 45, n. 1, p. 47-48, 2004.

[60] IOVENE, Federica. Plea Bargaining and Abbreviated Trial in Italy. *Warwick School of Law Research Paper*, n. 2013/11, 2013. Disponível em: https://papers.ssrn.com/sol3/papers.cfm?abstract_id=2286705. Acesso em: 28 jul. 2020.

[61] LANGER, Máximo. From Legal Transplants to Legal Translations: The Globalization of Plea Bargaining and the Americanization Thesis in Criminal Procedure. *Harvard International Law Journal*, vol. 45, n. 1, p. 58, 2004.

As cidades francesas viviam o aumento de uma onda de crimes, enquanto os tribunais recebiam volumes maiores de processos (cenário comum nos países que adotam o *plea bargain*). Os franceses tinham como exemplo a Itália, primeiro país europeu da *civil law* a adotar esse instrumento.

Já em 1987, a Comissão de Ministros do Conselho Europeu, integrada pelos Estados membros, editara a Recomendação nº 87,[62] que sugeria a adoção de práticas de simplificação do sistema penal, visando acelerar a justiça. Cerca de 16 anos após essas orientações, e apesar da oposição de diversos agentes do sistema jurídico como juízes e advogados e diferentes setores da sociedade civil, o *plea bargain* foi introduzido.

Seguindo as orientações do Comitê Europeu, a França buscou medidas para aumentar a eficiência do sistema de justiça criminal. A exemplo da Itália, que adaptou o instrumento da *common law*, os franceses instituíram o *Comparution sur Reconnaissance Préalable de Culpabilité* (CRPC).[63] Definiu-se que o instrumento só poderia ser utilizado em ofensas com pena cominada de até 10 anos, portanto, excluindo crimes como o homicídio.

Segundo o Ministério de Justiça da França, o uso do CRPC tem aumentado com o passar dos anos, sobretudo em ofensas relacionadas ao trânsito e drogas, apresentando-se como um importante instrumento para o funcionamento eficiente dos tribunais.[64] Para Akila Taleb-Karlsson esse modelo processual promoveu uma mudança cultural que se espalhou com sucesso, tendo a busca pela eficiência seu principal objetivo e tornando os ministros responsáveis por suas ações.[65] Antes da confirmação do acordo, a proposta é levada para um juiz que avalia seus termos e proporções, bem como a vontade do acusado (sempre acompanhado por um advogado) e lhe explica as repercussões caso desista do previamente acordado. Além disso, reconhece que para manter o sucesso dessa prática é necessário garantir supervisão judicial e independente.

## 3.5 Comparação de modelos

A tabela seguinte sistematiza a adaptação do *plea bargain* nos países mencionados que se inspiraram no modelo norte-americano:

---

[62] COUNCIL OF EUROPE. Recommendation No. R (87) 18 of the Committee of Ministers To Members States Concerning the Simplification of Criminal Justice.
[63] Em tradução livre, um comparecimento em reconhecimento predeterminável de culpabilidade.
[64] HOULLÉ, Rodolphe; VANEY, Guillaume. La comparution sur reconnaissance préalable de culpabilité, une procédure pénale de plus en plus utilisée. *Infostat Justice*, 2017. Disponível em: http://www.justice.gouv.fr/art_pix/stat_Infostat_157.pdf. Acesso em: 4 mar. 2020.
[65] TALEB-KARLSSON, Akila. Pleading guilty: an overview of the French procedure. Penal Reform International, 2017. Disponível em: https://www.penalreform.org/blog/pleading-guilty-overview-french-procedure/. Acesso em: 20 ago. 2020.

## TABELA 3.1

| País | Como funciona | Diferenças para o modelo americano |
|---|---|---|
| Estados Unidos (*Plea Bargain*) | É firmado acordo entre a acusação e o réu, através do qual o acusado se declara culpado, de forma parcial ou total, das acusações. Ocorre de forma anterior ao julgamento. Tem como benefícios: (i) atenuação no número de acusações, (ii) na gravidade das mesmas, ou, ainda, (iii) na redução da pena recomendada. | - |
| Canadá (*Resolution Discussions*) | No caso canadense, procura-se discutir, antes do julgamento, a questão criminal pelas partes (Coroa e defesa) diante de um juiz, de modo a avaliar se é possível se chegar a um acordo pré-julgamento que satisfaça todas as partes envolvidas no fato (inclusive a vítima). Do contrário, o juiz passará a intervir diretamente no caso, levando a Corte. | Percebe-se que, diferentemente do instrumento americano, os acordos no Canadá ambicionam encontrar uma solução justa – e não necessariamente mais célere. |
| Alemanha (*Absprachen*) | Durante a preparação ou andamento do julgamento a defesa, juiz ou acusação pode ofertar ou pedir a confissão do réu em troca de um limite de pena, a ser fixado pelo juiz e/ou retirada de outras acusações. | Confissão ao invés de admissão de culpa. Quem aceita o acordo deve confessar o crime; diminuição do tempo de julgamento e não sua substituição; e papel ativo do juiz, com protagonismo dividido entre defesa e juiz. |
| Itália (*Patteggiamento*) | Defesa e acusação podem chegar a um acordo sobre a sentença e impô-la ao juiz. O mecanismo só pode ocorrer em casos em que a sentença não exceda 5 anos de prisão, depois de sua redução. | Mais limitado e engessado (aplicado em *minor offenses*); não existe uma confissão ou admissão de culpa, ou seja, o acusado apenas não utiliza seu direito a um julgamento, sendo que a decisão pode ser revista pelo juiz; se a acusação não aceitar o acordo, ao final do processo, a defesa pode pedir que o juiz observe os motivos e reduza em até 1/3 sua pena; e o procedimento não vincula a decisão administrativa ou cível que esteja associada ao processo penal. |
| França (*Composition*) | É feito antes do começo do procedimento formal de julgamento. A acusação propõe o acordo que deve possuir a admissão de culpa por parte do acusado e alguns outros procedimentos (ex.: multa, perda de direito de caça etc.). A *composition* é limitada a algumas ofensas (*non-serious offenses*). Esse mecanismo é incluído no modelo de despenalização, já que substitui o processo legal. | A *composition* não encurta o procedimento legal, ela o substitui; não tem as consequências que uma sentença condenatória teria, ou seja, não gera antecedentes e pena privativa de liberdade; e não é um processo de negociação, o acusado deve aceitar o acordo nos moldes feitos pela acusação. |

Fonte: elaboração dos autores com base em LANGER (2004).

Para corresponder às expectativas do sistema de justiça, os países adaptaram mecanismos e práticas oriundos de tradições jurídicas diferentes da de seu ordenamento. O termo *adaptar* é importante para a compreensão dos diferentes resultados obtidos, pois instrumentos como o *plea bargain* ganham diferentes modelagens e sofrem diversas influências características da cultura processual a qual estão sendo implementados. Enquanto nos Estados Unidos a atuação do magistrado é mais passiva, por vezes permitindo que a negociação se desenvolva com fragilidades probatórias e possíveis violações a direitos do acusado; na Itália, o juiz continua exercendo um papel mais ativo de controle de legalidade e pode coibir violações e excessos dos acordos com mais facilidade.

Apesar das diferenças entre os sistemas jurídicos, a história demonstra que a preocupação com a morosidade, eficiência e justiça é um ponto comum. Assim, as negociações penais devem considerar tanto os aspectos teóricos quanto práticos de seu próprio sistema, antes mesmo de sua implementação, preparando-se também para novos dilemas que possam surgir do choque entre suas práticas típicas e um instrumento incorporado.

## 4 A eficiência do *plea bargain* e a produção legislativa brasileira

A discussão sobre o estabelecimento do *plea bargain* no Brasil parece envolver duas questões principais. A primeira delas é o argumento da morosidade do Poder Judiciário brasileiro. Para que haja uma solução conciliadora, é necessário encarar justiça e eficiência como valores fortemente ligados. Para isso, deve-se enxergar eficiência não apenas como a resolução ágil de processos. Ao se qualificar a maior agilidade na resolução de processos como eficiente, remete-se ao conceito de eficiência produtiva, o qual pode ser simplificado na frase: fazer mais com menos.[66] Em outras palavras, utiliza-se a menor quantidade de recursos possível para gerar o maior/melhor resultado possível. No caso, o *plea bargain* é tratado como um mecanismo que racionaliza os recursos para resolver grande parte dos processos e não sobrecarregar o Judiciário.

Contudo, a qualidade do resultado é um pressuposto da eficiência. Caso contrário não faria sentido dizer que um mecanismo de produção de uma empresa é eficiente se ele gera somente produtos defeituosos, mesmo que seja na maior quantidade possível com o menor uso de recursos. Dessa forma, o mesmo pode ser afirmado em relação ao *plea bargain*, caso implique uma grande quantidade de condenações injustas: não basta resolver grande parte dos casos, mas também que a margem de condenações indevidas seja muito pequena ou, mais interessante, nula. Por essa razão, eficiência implica a maximização da justiça para o maior número de casos, o que se traduz em um cenário no qual se evita (a) morosidade e a não resolução de casos e (b) condenações equivocadas.

Nesse sentido, o desenvolvimento do *plea bargain* brasileiro deve buscar atingir um alto grau de eficiência tanto no aspecto da velocidade de solução dos casos quanto na certeza de que as penas foram adequadamente impostas, sob pena dos custos marginais se tornam equivalentes aos benefícios marginais.[67] A ideia de custos e benefícios

---

[66] "Conceitualmente, a eficiência produtiva é alcançada quando, além de estarem plenamente empregados e não ociosos, os recursos mobilizados estão operando no limite máximo de seus potenciais". A eficiência produtiva e a eficácia alocativa. FGV Online.

[67] MADJ-SADJADI, Zagros. The Economics of Crime. The Economics Collection, 2013.

marginais pode ser retratada da seguinte forma: assumir uma unidade de custo pode levar a uma unidade de benefício, mas a próxima unidade assumida trará menos que uma unidade de benefício. Em relação ao *plea bargain*, investir certos recursos nesse mecanismo pode trazer benefícios à sociedade, mas chegará a um ponto em que os recursos investidos levarão a custos superiores aos benefícios gerados. O ponto que se deve atingir é o imediatamente anterior a esse estado, ou seja, o ponto ótimo, no qual a última unidade de custo é igual à última unidade de benefício social.

Diante da crença de que o modelo de *plea bargain* poderia também funcionar no Brasil, foram apresentados diferentes projetos de lei buscando implementar tal instituto, mas nenhum prosperou. O PL nº 882/2019[68] foi apresentado pelo Poder Executivo, encabeçado, especificamente, pelo Ex-Ministro da Justiça, Sérgio Moro. O projeto de lei, que visava adicionar esta nova solução negociada dentro do Processo Penal acabou sendo apensado a outros dois PLs por possuírem objetivos similares, o nº 10.372/2018[69] e nº 10.373/2018.[70] Vale ressaltar que estes dois últimos PLs foram elaborados por uma Comissão Especial de juristas liderada pelo Ministro do STF, Alexandre de Morais. Posteriormente, a mando de Rodrigo Maia, esta Comissão transformou-se em um Grupo de Trabalho (GT), composto por alguns parlamentares, mas que passou a englobar, também, o PL nº 882/2019.

Ainda assim, não foi possível realizar as alterações institucionais necessárias para a aprovação de um modelo de barganha eficiente, já que tais proposições legislativas não continham somente o novo regramento do *plea bargain*, como também diversas alterações legislativas com o intuito de combater a corrupção, o tráfico de armas e de drogas e a morosidade do sistema judiciário. Com isso, em novembro de 2019, o artigo 395-A, que seria adicionado ao Código de Processo Penal, foi vetado em votação na Câmara dos Deputados,[71] pois entendeu-se que o instituto não ajudaria na redução da morosidade do Judiciário, como Sérgio Moro justificou na apresentação do Pacote Anticrime, "o acordo descongestiona os serviços judiciários, deixando ao Juízo tempo para os crimes mais graves".[72]

Apesar do mecanismo da barganha poder ser proposto e implementado como um modelo eficiente, que balanceie justiça com eficiência, não foi o que ocorreu no Brasil. Não se pode comparar mecanismos semelhantes de países distintos sem conhecer as semelhanças e diferenças de suas instituições. Em diversos aspectos, o Ministério Público brasileiro é diferente do norte-americano, como no fato de que aqui os cargos são definidos por concurso, enquanto lá são definidos por eleição ou indicação do Chefe do Executivo. Essa diferença impacta diretamente no desenho institucional de controle popular da instituição responsável pelas escolhas em matéria de política criminal. No

---

[68] BRASIL. Câmara dos Deputados. Projeto de Lei nº 882/2019. Estabelece medidas contra a corrupção, o crime organizado e os crimes praticados com grave violência à pessoa.
[69] BRASIL. Câmara dos Deputados. Projeto de Lei nº 10372/2018. Introduz modificações na legislação penal e processual penal para aperfeiçoar o combate ao crime organizado, aos delitos de tráfico de drogas, tráfico de armas e milícia privada, aos crimes cometidos com violência ou grave ameaça e crimes hediondos, bem como para agilizar e modernizar a investigação criminal e a persecução penal.
[70] BRASIL. Câmara dos Deputados. Projeto de Lei nº 10373/2018. Dispõe sobre a Ação Civil Pública de perdimento de bens.
[71] BRASIL. Câmara dos Deputados. Relatório Final do Grupo de Trabalho – Legislação Penal e Processual Penal, instituído para analisar os Projetos de Lei nºs 10.372/2018, 10.373/2018 e 882/2019.
[72] BRASIL. EM nº 00014/2019. Ministério da Justiça e Segurança Pública, 2019.

modelo americano, o ator principal da política criminal é o órgão de acusação, ao passo que no Brasil esse papel cabe ao Congresso, que reservou uma margem muito pequena de discricionariedade regrada ao Ministério Público.

Enquanto no modelo dos EUA os promotores podem ser cobrados diretamente em razão da forma como utilizam o instituto (seja no aspecto da eficiência, seja no aspecto das más escolhas) e, em função disso, substituídos, no Brasil os membros do Ministério Público são servidores concursados, estáveis e detentores de inúmeras prerrogativas, dentre elas a de não poderem ser sancionados por suas escolhas jurídicas. Dessa forma, ao substituir o papel do Congresso (submetido a controle popular a cada quatro anos) na formulação da política criminal pelo Ministério Público (não sujeito a qualquer espécie de controle popular em razão de suas escolhas jurídicas), pode-se gerar um risco de fragilização da democracia interna do sistema de justiça criminal.

## Conclusões

Como se pode observar, o *plea bargain* é um instrumento da justiça penal negocial que atravessa as mais diversas polêmicas ao longo do tempo de sua existência. Com implementação frequentemente tortuosa, por exemplo, forçada pela aplicação jurisprudencial na Alemanha, mostra que o processo legislativo democrático nem sempre é o eleito para sua formalização no direito positivo.

Outro problema que parece se destacar é o dos reflexos causados no sistema criminal pela sua implementação. Estudos empíricos apontam que em países como Estados Unidos e Canadá aproximadamente 90% dos casos são resolvidos com a negociação do *plea bargain*. O que poderia ser positivo, não fosse o caso de o mesmo estudo apontar que em torno de 20-25% dos casos há condenações de pessoas inocentes por pressão do *overcharging* e problemas de encarceramento racial e socioeconômico.

No que diz respeito aos países de tradição na *civil law*, como Alemanha e Itália, pode-se observar que a incorporação do acordo demonstrou que apenas 25% dos casos, aproximadamente, foram resolvidos. Esta estatística traz à superfície o questionamento acerca da real capacidade de redução do volume processual que chega aos tribunais. Será que o *plea bargain* efetivamente possui o condão de desafogar o trabalho dos magistrados?

Por fim, atento aos questionamentos quanto a sua efetividade e uma possível incorporação ao Direito brasileiro, torna-se perceptível a conclusão de que, independentemente de onde se analise o *plea bargain*, os resultados não foram positivos. O que é um indicativo de que a tarefa de adequação do instrumento ao quadro normativo pátrio demande muita pesquisa prévia.

A justiça penal negocial parece ser um movimento liberal que vem se demonstrando cada vez mais frequente na modernidade, todavia não é aconselhável que se incorporem instrumentos jurídicos de outros sistemas de maneira míope, sem averiguar com os cuidados necessários todos os seus custos e peculiaridades para que não traga mais prejuízos do que benesses à população. Se nos Estados Unidos, que é o expoente na aplicação do *plea bargain*, ele é um instrumento que custa bilhões de dólares aos cofres públicos, uma possível incorporação deve ser precedida de muito estudo para adequação correta ao desenho institucional brasileiro.

# Referências

ALSHULER, Albert. Plea Bargaining and Its History. *Columbia Law Review*, vol. 79, n. 1, 1979.

ALSCHULER, Albert. The Defense Attorney's in Plea Bargain. *Yale Law Journal*, 1974.

ALTENHAIN, Karsten. Absprachen in German criminal trials. *World plea bargaining*, 2010.

ALTEHAIN, K., DIETMEIR, F.; MAY, M. *Die Praxis der Absprachen in Strafverfahren*. 1st ed., Vol. 120, 2013. Nomos Verlagsgesellschaft mbH & Co. KG. Disponível em: https://doi.org/10.5771/9783845247779. Acesso em: 30 ago. 2020.

BANFIELD; ANDERSON. Continuances in the Cook County Criminal Courts, 35 *U. CHI. L. REV.* 259, 303, 1968.

BIBAS, Stephanos. Plea bargaining outside of the shadow trial. *Harvard Law Review*, vol. 117, No. 8, 2004.

BISHARAT, George E. The plea bargain machine. *Revista Interdisciplinar de Sociologia e Direito*. Disponível em: https://periodicos.uff.br/confluencias/article/download/34494/19897. Acesso em: 20 ago. 2020.

BRASIL. *Ministério da Justiça e Segurança Pública*, 2019. Disponível em: https://www.camara.leg.br/proposicoesWeb/prop_mostrarintegra?codteor=1712088&filename=PL+882/2019. Acesso em: 1 jul. 2020.

BRASIL. Câmara dos Deputados. *Projeto de Lei nº 882/2019*. Disponível em: https://www.camara.leg.br/proposicoesWeb/prop_mostrarintegra?codteor=1712088&filename=PL+882/2019. Acesso em: 1 jul. 2020.

BRASIL. Câmara dos Deputados. *Projeto de Lei nº 10372/2018*. Disponível em: https://www.camara.leg.br/proposicoesWeb/prop_mostrarintegra?codteor=1666497&filename=PL+10372/2018. Acesso em: 1 jul. 2020.

BRASIL. Câmara dos Deputados. *Projeto de Lei nº 10373/2018*. Disponível em: https://www.camara.leg.br/proposicoesWeb/prop_mostrarintegra?codteor=1666498&filename=PL+10373/2018. Acesso em: 1 jul. 2020.

BRASIL. Câmara dos Deputados. *Relatório Final do Grupo de Trabalho – Legislação Penal e Processual Penal, instituído para analisar os Projetos de Lei 10372/2018, 10373/2018 e 882/2019*. Disponível em: https://www2.camara.leg.br/atividade-legislativa/comissoes/grupos-de-trabalho/56a-legislatura/legislacao-penal-e-processual-penal/documentos/outros-documentos/Relatorio%20Final%20-%20GT%20Penal. Acesso em: 1 jul. 2020.

BRASIL. Código de Processo Penal. *Decreto-Lei nº 3.689/41*. Rio de Janeiro: Presidência da República [1941]. Disponível em: http://www.planalto.gov.br/ccivil_03/decreto-lei/del3689compilado.htm. Acesso em: 8 jul. 2020.

BROOK, Carol A.; FIANNACA, Bruno; HARVEY, David et al. A comparative look at plea bargaining in Australia, Canada, England, New Zealand, and the United States. Wm. & Mary L. Rev., 2015, vol. 57.

BUNDESVERFASSUNGSGERICHT. Headnotes to the judgment of the Second Senate of 19 March 2013, 2013. Disponível em: https://www.bundesverfassungsgericht.de/SharedDocs/Entscheidungen/EN/2013/03/rs20130319_2bvr262810en.html. Acesso em: 2 mar. 2020.

CALDWELL, Harry M. Coercive plea bargaining: The unrecognized scourge of the justice system. *Cath. UL Rev.*, v. 61, n. 1, 2011.

COUNCIL OF EUROPE. Recommendation No. R (87) 18 of the Committee of Ministers To Members States Concerning the Simplification of Criminal Justice. Disponível em: https://www.barobirlik.org.tr/dosyalar/duyurular/hsykkanunteklifi/recR(87)18e.pdf. Acesso em: 28 jul. 2020.

COUTINHO, Jacinto Nelson de Miranda. *In*: PAULA, Leonardo Costa de; SILVEIRA, Marco Aurélio Nunes da (Org.). *Observações sobre os Sistemas Processuais Penais*. Curitiba: Observatório da Mentalidade Inquisitória, 2018.

CRUZ, Flavio Antonio da. Plea Bargaining e delação premiada: algumas perplexidades. *Revista Jurídica da Escola Superior de Advocacia da OAB-PR*, ed. 02, 2016. Disponível em: http://revistajuridica.esa.oabpr.org.br/wp-content/uploads/2016/12/2-8-plea.pdf. Acesso em: 20 ago. 2020.

DAHLIN, Ronald. *Toward a Theory of the Public Defender's Place in the Legal System*, 19 S.D.L., 1974.

DAMASKA, Mirjan R. *The Faces of Justice and State Authority*: A Comparative Approach to the Legal Process. Yale University, 1986.

DAVIS, Angela J. Prosecution and race: The power and privilege of discretion. *Fordham L. Rev.*, vol. 67, 1998.

DAVIS, Angela J. The American Prosecutor: Independence, Power, and the Threat of Tyranny. *Iowa Law Review*, v. 86, 2001.

DERVAN, Lucian E.; EDKINS, Vanessa A. Innocent Defendant's Dilemma: An Innovative Empirical Study of Plea Bargaining's Innocence Problem. *Journal of Criminal Law and Criminology*, Vol 3, Issue 1, 2003. Disponível em:https://scholarlycommons.law.northwestern.edu/cgi/viewcontent.cgi?article=1000&context=jclc. Acesso em: 1 jul. 2020.

FINE, Ralph A. Plea Bargaining: An Unnecessary Evil. *MARQ. L. REV.* v. 70, 1987.

HOULLÉ, Rodolphe; VANEY, Guillaume. La comparution sur reconnaissance préalable de culpabilité, une procédure pénale de plus en plus utilisée. *Infostat Justice*, 2017. Disponível em: http://www.justice.gouv.fr/art_pix/stat_Infostat_157.pdf. Acesso em: 4 mar. 2020.

INNOCENCE PROJECT. *DNA Exonerations in the United States*, 2020. Disponível em: https://www.innocenceproject.org/dna-exonerations-in-the-united-states/. Acesso em: 28 ago. 2020.

INNOCENCE PROJECT. *Guilty Plea Problem*, 2018. Disponível em: https://www.guiltypleaproblem.org. Acesso em: 28 jul. 2020.

IOVENE, Federica. Plea Bargaining and Abbreviated Trial in Italy. *Warwick School of Law Research* Paper No. 2013/11, 2013. Disponível em: https://papers.ssrn.com/sol3/papers.cfm?abstract_id=2286705. Acesso em: 28 jul. 2020.

KASSIN, Saul M. The Social Psychology of False Confessions. *Social Issues and Policy Review*, Vol. 9, No. 1, 2015. Disponível em: https://web.williams.edu/Psychology/Faculty/Kassin/files/Kassin%20(2015)%20-%20SIPR%20of%20confessions.pdf. Acesso em: 20 ago. 2020.

KEARNEY, Melissa S.; HARRIS, Benjamin H.; JÁCOME, Elisa; PARKER, Lucy. The Economic Facts about Crime and Incarceration in the United States. *The Hamilton Project*, 2014. Disponível em: https://www.hamiltonproject.org/assets/legacy/files/downloads_and_links/v8_THP_10CrimeFacts.pdf. Acesso em: 28 jul. 2020.

LANGER, Máximo. From Legal Transplants to Legal Translations: The Globalization of Plea Bargaining and the Americanization Thesis in Criminal Procedure. *Harvard International Law Journal*, vol. 45, n. 1, 2004.

LEONARD, David P. Waiver of Protections Against the Use of Plea Bargains and Plea Bargaining Statements After Mezzanatto. *CRIM. JUST.*, v. 23, 2008.

MADJ-SADJADI, Zagros. *The Economics of Crime*. The Economics Collection, 2013.

MNOOKIN, Jennifer L. Uncertain Bargains: The Rise of Plea Bargaining in America. *Stanford Law Rev*, vol. 57, 2005.

NASHERI, Hedieh. *Betrayal of Due Process:* A Comparative Assessment of Plea Bargaining in the United States and Canada. University Press of America, 1998.

NATIONAL ASSOCIATION OF CRIMINAL DEFENSE LAWYERS. The trial penalty: The sixth amendment right to trial on the verge of extinction and how to save it. *Federal Sentencing Reporter*, 2019, vol. 31, n. 4-5. Disponível em: https://www.nacdl.org/getattachment/95b7f0f5-90df-4f9f-9115-520b3f58036a/the-trial-penalty-the-sixth-amendment-right-to-trial-on-the-verge-of-extinction-and-how-to-save-it.pdf. Acesso em: 28 jul. 2020.

OLIVER, Alison. The economics of crime: an analysis of crime rates in America. *The Park Place Economist*, vol. 10, n. 1, 2002.

PICCINATO, Milica Potrebic. Resolutions Discussions in Criminal Cases: A Canadian Perspective. *Department of Justice of Canada*, 2004. Disponível em: https://www.justice.gc.ca/eng/rp-pr/csj-sjc/ilp-pji/pb-rpc/pb-rpc.pdf. Acesso em: 3 mar. 2020.

PRISON POLICY INITIATIVE. *2018-2019 ANNUAL REPORT*, October 2019. Disponível em: https://www.prisonpolicy.org/reports/PPI_Annual_2018-2019.pdf. Acesso em: 20 jul. 2020.

RICHMAN, Daniel C. Cooperating Defendants: The Costs and Benefits Of Purchasing Information From Scoundrels. *Federal Sentencing Reporter*, vol. 8, n. 5, 1996.

SÁNCHEZ, Jesús-María Silva. *Eficiência e Direito Penal*. São Paulo: Manole, 2004. Disponível em: https://books.google.com.br/books/about/Eficiencia_e_Direito_Penal.html?id=ysrzvglEhOIC&redir_esc=y. Acesso em: 20 ago. 2020.

SENATE CANADA. *Final report of the Standing Senate Committee on Legal and Constitutional Affairs, Delaying Justice is Denying Justice*: An Urgent Need to Address Lengthy Court Delays in Canada (Final Report), 2017. Disponível em: https://sencanada.ca/content/sen/committee/421/LCJC/reports/Court_Delays_Final_Report_e.pdf. Acesso em: 3 mar. 2020.

SHIKIDA, Pery F. A.; BOTTINO, Thiago. Análise Econômica do Crime. *In*: TIMM, Luciano B. *Direito e Economia no Brasil*. São Paulo: Atlas, 2012.

TALEB-KARLSSON, Akila. Pleading guilty: an overview of the French procedure. *Penal Reform International*, 2017. Disponível em: https://www.penalreform.org/blog/pleading-guilty-overview-french-procedure/. Acesso em: 20 ago. 2020.

UNITED STATES. Attorney General Eric Holder Delivers Remarks at the Annual Meeting of the American Bar Association's House of Delegates. *The United States Department of Justice*, 2013. Disponível em: https://www.justice.gov/opa/speech/attorney-general-eric-holder-delivers-remarks-annual-meeting-american-bar-associations. Acesso em: 21 jul. 2020.

WIEGAND, Wolfgand. The Reception of American Law in Europe. *American Journal of Comparative Law*, vol. 39, n. 2, p. 229, 1991.

WILSON, Molly J. W. Defense attorney bias and the rush to the plea. *U. Kan. L. Rev.*, v. 65, 2016.

---

Informação bibliográfica deste texto, conforme a NBR 6023:2018 da Associação Brasileira de Normas Técnicas (ABNT):

AMARAL, Thiago Bottino do; ROCHA, Lucas Ramos Krause dos Santos. O *plea bargain* e seus marcos regulatórios em perspectiva comparada. *In*: ASSOCIAÇÃO DOS MAGISTRADOS BRASILEIROS; SALOMÃO, Luis Felipe; FONSECA, Reynaldo Soares da; VIDEIRA, Renata Gil de Alcantara; SZPORER, Patrícia Cerqueira Kertzman; COSTA, Daniel Castro Gomes da (Coord.). *Sistema penal contemporâneo*. Belo Horizonte: Fórum, 2021. p. 305-325. ISBN 978-65-5518-205-7.

# RESULTADOS TARDÍOS Y DIMENSIÓN TEMPORAL DE LA IMPUTACIÓN OBJETIVA

### CARLOS SHIKARA VÁSQUEZ SHIMAJUKO

## 1 Introducción

En la actualidad, no es posible negar la gran aceptación de la que viene gozando, desde ya algunos años, la teoría de la imputación objetiva. Esta acogida por parte de la doctrina se ha visto comprobada por la enorme discusión que ha tenido lugar no sólo en relación a sus fundamentos y presupuestos, sino también respecto de la solución de grupos de supuestos problemáticos, como ha sucedido con las cuestiones relativas al comportamiento de la víctima y su relevancia en la eventual responsabilidad del «autor», por un lado, y a las denominadas conductas neutrales, por otro.

Quienes estén familiarizados con el estudio de la teoría de la imputación objetiva podrán verificar fácilmente que, en Derecho penal, se ha venido trabajando sobre la base de supuestos que se caracterizan por la producción inmediata o casi inmediata del resultado. Así, por ejemplo, en un caso de homicidio, se dice que quien disparó el arma ha llevado a cabo este delito en grado de consumación, si el riesgo generado con su conducta (disparar el arma) se ha realizado en el resultado (muerte de la víctima). No sólo en los delitos contra la vida se parte del análisis de supuestos con resultados inmediatos. Por lo general, los problemas que se abordan mediante el recurso de la teoría de la imputación tienen como nota distintiva la escasa dilación temporal que media entre el momento en que se realiza el comportamiento típico y el momento en el que tiene lugar la producción del resultado.

Los casos en los que se aprecia un resultado diferido, por el contrario, no han sido objeto de una discusión continua en la dogmática del Derecho penal. Así, el examen de estos supuestos, llevado a cabo por primera vez a finales de los años sesenta,[1] se

---
[1] Se le debe a Rudolphi haber llevado por primera vez a la discusión dogmática los supuestos de daños sobrevenidos en su trabajo sobre la previsibilidad y el fin de protección de la norma en la imprudencia; *vid.* RUDOLPHI, "Vorhersehbarkeit und Schutzzweck der Norm in der strafrechtlichen Fahrlässigkeitslehre", *JuS*, 1969, pp. 549 ss.

sometió a discusión hasta mediados de los setenta, quedando el tema relativamente desatendido por más de una década. Posteriormente, y con motivo de la aparición de la enfermedad del SIDA en la primera mitad de los años ochenta, se reavivó la discusión acerca de si cabía hacer responsable al autor por el resultado cuando éste no tenía lugar inmediatamente sino después de mucho tiempo de haberse llevado a cabo el comportamiento.

Los autores que se ocuparon del tema en la primera de las dos etapas antes mencionadas sometieron a análisis un conjunto de casos que, sin embargo, diferían entre sí en sus rasgos estructurales. Fue el profesor Silva Sánchez quien, desde la doctrina española, diferenció tres grupos de casos a partir de la constatación de dichas divergencias estructurales existentes entre ellos. A partir de allí, es posible distinguir entre *daños sobrevenidos*, *daños permanentes* y *resultados tardíos*.[2]

a) Los *daños sobrevenidos* se caracterizan por la producción de una segunda lesión a partir de la conjunción de una primera lesión no curada y otras causas aparecidas posteriormente, lo que sucederá, por ejemplo, si un niño que ha padecido una intoxicación vitamínica por un error del farmacéutico, debido al estado de debilidad en que se encuentra, contrae una infección gripal en el hospital que le causa la muerte.[3]

b) En los *daños permanentes*, lo distintivo es la producción de una primera lesión que da origen a un daño duradero, el cual a su vez condiciona la producción de una segunda lesión que acaece con mucha posterioridad. Este es el caso del lesionado en un accidente de tránsito que pierde o ve disminuida sustancialmente su capacidad de locomoción, lo que le impide, años más tarde, escapar del incendio de su casa o del hospital en donde se encuentra inmovilizado, perdiendo, de esa manera, la vida. Pero también es el caso de aquel a quien se le ha amputado una pierna y, mucho tiempo después, sufre una caída mortal como consecuencia de su incapacidad locomotriz.

c) Y, finalmente, en los *resultados tardíos*, una conducta inicial peligrosa da lugar, luego de una gran distancia temporal, a un resultado lesivo. Los supuestos más conocidos y que han recibido mayor atención por parte de la doctrina, son los casos de contagio de SIDA.[4] En éstos, en efecto, cabe apreciar una considerable dilación temporal entre la acción de contagio y la muerte de la víctima.

Como puede apreciarse, las diferencias entre los tres grupos de casos se evidencian con los ejemplos mostrados. Así, mientras que, en los daños sobrevenidos y los daños permanentes, el segundo resultado finalmente acaecido tiene lugar de modo *indirecto*, en los resultados tardíos sucede lo contrario. Éste, aunque de manera mediata –por el largo lapso de tiempo–, sí es consecuencia *directa* de la acción. En los daños sobrevenidos, la muerte, por ejemplo, ocurre debido a que la víctima de la primera lesión contrae una

---

[2] SILVA SÁNCHEZ, "Sobre la relevancia jurídico-penal de la no-inmediatez en la producción del resultado", en Seminario de Derecho penal e Instituto de Criminología – Universidad de Santiago de Compostela (coord.), 1989, pp. 678-679. Esta tripartición fue también propuesta en Alemania en su artículo "Zur strafrechtlichen Relevanz der Nicht-Unmittelbarkeit des Erfolgseintritts", *GA*, 1990, pp. 207 ss.

[3] Este caso fue sustanciado, a mediados de los años cincuenta, por el OLG Köln; *vid. NJW*, 1956, pp. 1848.

[4] Sobre la discusión de la responsabilidad penal por contagio de SIDA en Alemania y España, *cfr.* los trabajos reunidos en Mir Puig (ed.), *Problemas jurídico penales del Sida*, 1993.

infección gripal, pero no puede afirmarse que es consecuencia directa de la intoxicación vitamínica. De igual modo, el fallecimiento de la víctima, en los ejemplos de daños permanentes, no es obra directa del autor, sino de una circunstancia adicional: el incendio del lugar donde se encuentra el lesionado.

Así las cosas, la diferencia fundamental entre los supuestos descritos radica en que el verdadero problema que afecta a los daños sobrevenidos y los daños permanentes no es el relativo a la amplia dilación temporal existente entre la acción y la segunda lesión, sino el de si el comportamiento del autor contiene también el riesgo jurídico-penalmente desaprobado de un segundo resultado. La posibilidad –más fácilmente apreciable en los daños permanentes que en los sobrevenidos– de que la segunda lesión se produzca después de transcurrido un considerable período de tiempo desde la realización de la acción constituye un problema adicional al tema central, aunque de ninguna manera de menor importancia. Pero este problema adicional sólo puede resolverse una vez que la pregunta acerca de la imputación del daño sobrevenido o del daño permanente sea contestada afirmativamente.

De acuerdo con esto, en el presente trabajo, me ocuparé del análisis de los denominados resultados tardíos, dado que constituyen el grupo de supuestos en el que el factor temporal se presenta como su principal aspecto problemático. Las conclusiones que se extraigan aquí podrán ser aplicadas a los otros dos grupos de casos en los que la segunda lesión sea considera típicamente relevante y acontezca luego de un considerable período de tiempo. Con todo, debe tenerse en cuenta que aquí no sólo me ocupo de responder la pregunta de si los resultados tardíos son o no imputables, sino también –y esto es también de gran relevancia– de responder la interrogante acerca de la existencia de una dimensión temporal de la imputación objetiva.

## 2 Ubicación sistemática del problema

Para proceder a tomar una posición acerca de la ubicación sistemática de la problemática de los resultados tardíos debe tenerse presente que el aspecto central de la cuestión es la de si es o no posible hacer responsable al autor de una conducta no sólo por ésta, sino también por el resultado que la misma ha dado lugar después de un largo espacio de tiempo. Frente a supuestos como éstos, se podría pensar que la respuesta a dicha pregunta dependería de las posibilidades procesales para castigar al autor por la lesión tardía.[5] En este caso, la cuestión abordada se constituiría en un problema de

---

[5] Ponen de relieve las dificultades procesales, Puppe, *NK*, t. I, 3.ª ed., previo al §13, núm. 257 y 259; B. Schünemann, "Die Rechtsprobleme der AIDS-Eindämmung. Eine Zwischenbilanz", en Schünemann/Pfeiffer (eds.), *Die Rechtsprobleme von AIDS*, 1988, pp. 484-485; el mismo, "Problemas jurídico-penales relacionados con el SIDA", en Mir Puig (ed.), *Problemas jurídico penales del Sida*, 1993, pp. 33-34; el mismo, "AIDS und Strafrecht– ein Überblick", en Szwarc (ed.), *AIDS und Strafrecht*, 1996, pp. 24-25; Silva Sánchez, "Sobre la relevancia jurídico-penal de la no-inmediatez de la producción del resultado", pp. 686-687; Jakobs, *Strafrecht, Allgemeiner Teil*, 2.ª ed., 1991, 7/81; Romeo Casabona, "Responsabilidad médico-sanitaria y SIDA", *AP*, 1993-2, pp. 484 y nota 69; el mismo, "Sida y Derecho penal", en *Cuadernos de Derecho Judicial. Problemas del tratamiento jurídico del Sida*, 1995, pp. 77 y nota 17; el mismo, *Los delitos contra la vida y la integridad personal y los relativos a la manipulación genética*, 2004, p. 33 nota 21; el mismo, *Conducta peligrosa e imprudencia en la sociedad de riesgo*, 2005, pp. 222 ss.; Pérez del Valle, "Relación de causalidad, imputación objetiva y tipo penal: reflexiones sobre el caso límite de las consecuencias tardías", *RCCP*, 1998, pp. 99-100; Gómez Rivero, "Zeitliche Dimension und objektive Zurechnung", *GA*, 2001, pp. 293; la misma, "Causalidad, incertidumbre científica y resultados a largo plazo", *RGDP*, 2008, pp. 42-43; la misma, *La responsabilidad penal del médico*, 2.ª ed., 2008, pp. 376-377; Serrano González de Murrilo, "El comienzo del cómputo de la prescripción en los casos de resultados muy posteriores a la conducta típica", *CPC*, 2007, pp. 120.

orden jurídico-procesal. Sin embargo, esta forma de ver la cuestión aludida se muestra rápidamente equivocada al verificar que no en todos los casos se habrá iniciado un proceso penal antes de que la lesión tardía se manifieste. En muchas ocasiones, éste se iniciará después de producirse el resultado, con lo cual no se plantearía problema alguno de esta naturaleza.

Una segunda alternativa sería entender que, en estos supuestos, la solución dependería de lo que el autor pretendería con la realización de la acción. El recurso al tipo subjetivo, según esta perspectiva, definiría el problema.[6] Pero, otra parte, también es posible considerar que la solución de los supuestos que aquí se abordan no se encontraría en el título subjetivo con el que actuaría el autor. Podría, en efecto, pensarse que la posibilidad de responsabilizar al autor de la conducta también por el resultado diferido dependería del sentido objetivo del hecho. Desde esta forma de ver el problema, lo que el autor hubiera querido alcanzar con su comportamiento sería irrelevante, y la respuesta dependería, así, de si, desde una perspectiva externa, el resultado se entiende o no como consecuencia de una conducta realizada mucho tiempo atrás. Se trataría, por tanto, de una cuestión que atañería al tipo objetivo.

Sin embargo, los ejemplos que, en líneas precedentes, he empleado permiten apreciar que el aspecto nuclear del problema no se encuentra tanto en el título subjetivo de la conducta como en la relación entre la acción y el resultado producido mucho tiempo después. Se advierte, pues, que el aspecto problemático de los supuestos de resultados producidos a largo plazo se halla en la pregunta de si, entre acción y resultado, puede aún apreciarse una relación de sentido cuando éste ha acontecido después de una larga dilación temporal. Ello supone dejar de lado, en principio, el tipo subjetivo y prestar atención a los criterios que permiten afirmar que una determinada acción y un concreto resultado poseen significado delictivo y pueden entenderse como una unidad de sentido. Se trata, por tanto, de atribuir significado delictivo al comportamiento y al resultado, y, en ese sentido, de un tema relativo a la teoría de la imputación objetiva.

Evidentemente, que se trate de un problema que halla su ubicación sistemática en la teoría de la imputación objetiva no implica negar la importancia de los elementos subjetivos. Pero el importante papel que éstos desempeñan de cara a definir el hecho jurídico-penalmente relevante presupone determinar, desde una perspectiva externo-objetiva, si éste posee significado delictivo. Sólo después que se haya dado respuesta a esta interrogante, se procederá a imputar el hecho a título de dolo o, en su caso, a título de imprudencia. De esa manera, la problemática de los resultados a largo plazo pasa a ser el problema de si, en estos especiales supuestos, cabe afirmar la imputación objetiva de la acción y del resultado.

De cualquier forma, debe quedar sentado que, en la línea de lo anteriormente expresado, no se pretende establecer criterios de imputación objetiva sólo para los casos

---

[6] En esta línea, Herzog/Nestler-Tremel, "Aids und Strafrecht – Schreckensverbreitung oder Normstabilisierung", *StrV*, 1987, pp. 365-366; Meurer, "Aids und Strafrecht", en Gallwas/Riedel/Schenke (eds.), *Aids und Recht*, 1992, pp. 122. Aparentemente, también, Kreuzer, "Aids und Strafrecht, Kriminologische Anmerkungen zur strafrechtlichen und kriminalpolitischen Diskussion", *ZStW*, 1988, pp. 796-797. Resalta los problemas probatorios que conlleva la prueba del dolo en estos casos, Jung, "AIDS im Blickfeld des Strafrechts", en Universität des Saarlandes (ed.), *Problemkreis AIDS – seine juristischen Dimensionen*, 1988, pp. 17. La solución de los casos de lesiones diferidas en sede de tipo subjetivo también ha sido adoptada por la jurisprudencia alemana; *vid.* BGH, Urt. v. 4.11.1988, *NStZ*, 1989, pp. 114 ss. y la sentencia de la instancia anterior, LG Nürnberg-Fürth, Urt. v. 16.11.1987, *NJW*, 1988, pp. 2311 ss.

en los que se vean afectados intereses personales, como la vida o la salud. El objetivo es, más bien, el de formular criterios de imputación válidos para todos los casos de dilación temporal del resultado en los que se vean comprometidos bienes jurídicos con distinto contenido (patrimônio,[7] medio ambiente,[8] etc.). Con ello, una investigación de este grupo de casos problemáticos no sólo debe tener por objeto el brindar un adecuado tratamiento a los casos mencionados, sino que debe estar dirigida a determinar si se puede afirmar o no la existencia de una dimensión temporal de la imputación objetiva.

## 3 La configuración temporal de la sociedad

Dado que aquí se parte de una comprensión de un concreto modelo de imputación objetiva que se encuentra estrechamente vinculado a la manera en que la sociedad está configurada, resulta imprescindible tener cierto conocimiento acerca de la *configuración temporal de la sociedad moderna*, y, en concreto, acerca de la orientación temporal de la misma. En ese sentido, el importante desarrollo que ha experimentado la Sociología del tiempo en los últimos treinta años justifica recurrir a los resultados de las investigaciones que se han llevado a cabo en este ámbito.[9]

## 3.1 La estructura temporal cíclica de las sociedades tradicionales

Pese a no contar, por lo general, con mecanismos elaborados para ubicar temporalmente la realización de las actividades sociales, el tiempo, en las denominadas sociedades *tradicionales* –también llamadas *primitivas* o *arcaicas*–, constituye una dimensión importante en su configuración. Sin embargo, a diferencia de los grupos sociales modernos, en los que se cuenta con instrumentos más exactos para computar el tiempo –como los relojes y los calendarios–, en aquéllas, el encuadramiento temporal de las interacciones se lleva a cabo mediante referencias a hechos con significación social

En este tipo de sociedad, los sistemas de medición temporal no son más que el reflejo de las actividades del grupo dentro del cual éstas se desarrollan. El tiempo aquí no se entiende como un ente con existencia autónoma e independiente de la interacción social. Su origen, por el contrario, se reconduce a la interacción misma, y su ritmo está determinado, fundamentalmente, por la regularidad de las festividades religiosas y de las tareas cotidianas.[10]

---

[7] En este rubro delictivo, puede pensarse perfectamente en quien, incorporando un programa informático en el sistema de una empresa, da lugar, una década después, a la transferencia de una considerable cantidad de dinero, causando a dicha entidad un grave perjuicio patrimonial (art. 248.2 CP), o en quien infecta una costosísima escultura de madera con un hongo que destruye progresivamente y a largo plazo el material que compone dicho objeto (art. 263 CP; o, si se interpreta "sustancias corrosivas" de manera que abarque la infección con hongos, art. 264.1.3º CP).

[8] De igual forma, cabe imaginar el grave daño producido a algunos de los elementos que sirven para calificar una determinada superficie como espacio natural protegido (art. 330 CP). Dicho daño podría manifestarse luego de un extenso período de tiempo como consecuencia de los vertidos de sustancias eutrofizantes, que generan el crecimiento excesivo de algas altamente perjudiciales para la vida acuática de un estuario protegido.

[9] Para una completa descripción del desarrollo y de los temas abarcados por la Sociología del tiempo, Bergmann, "The Problem of Time in Sociology: An Overview of the Literature on the State of Theory and Research on the 'Sociology of Time', 1900-82", *Time & Society*, 1992, pp. 81 ss.

[10] FUE DURKHEIM, *Les formes élémentaires de la vie religieuse: Le système totémique en Australie*, 6.ª ed., 1979, pp. 15, afirmó, en su momento, que "[L]as divisiones en días, semanas, meses, años, etc., corresponden a la

Teniendo en cuenta la referencia a hechos con significado social para el cómputo del tiempo en esta clase de sociedad, el inicio y el fin de determinados períodos difieren sustancialmente entre los pueblos cuya actividad principal es, por ejemplo, la agricultura y aquellos cuya supervivencia depende de la caza o de la pesca, o, en todo caso, del pastoreo.[11] En éstos últimos, el cómputo temporal está íntimamente relacionado al ciclo de vida del rebaño, y el conocimiento de las estaciones migratorias se convierte en una condición de su subsistencia.

Por su parte, los pueblos agricultores ya no organizan sus actividades sobre la base del período de celo de los animales o del nacimiento de las crías. Los pueblos cuya principal fuente de alimento es la agricultura regulan su vida colectiva siguiendo el ritmo cíclico de las estaciones. No sólo las condiciones de humedad, nieve, lluvia y sequía, sino también la germinación y caída de las hojas, y la maduración y recolección de los granos y frutos, se convierten en fenómenos de gran relevancia social para la vida colectiva, constituyéndose, de esa manera, en puntos de referencia temporal.[12]

La vinculación de las referencias temporales a determinados fenómenos naturales cargados de significado da lugar a la idea de un tiempo que se repite indefinidamente. Las estaciones, por ejemplo, y con ellas los períodos de siembra y cosecha, vuelven cada cierto tiempo. De esa manera, dado que las sociedades primitivas computan el tiempo sobre la base de circunstancias que poseen relevancia práctica para ellas y éstas se repiten, la consecuencia de ello es la generación de secuencias temporales cíclicas. Aparece como signo distintivo un tiempo circular y repetitivo.[13] El tiempo se convierte, por consiguiente, en un movimiento cíclico constante, en un «*eterno retorno*».[14]

A partir de estas observaciones, diversos estudios sociológicos han llegado a la conclusión de que las sociedades primitivas están orientadas temporalmente hacia el pasado y el presente. En este tipo de sociedad, la fuerza de la tradición posee una

---

periodicidad de los ritos, fiestas y ceremonias públicas. Un calendario expresa el ritmo de la actividad colectiva y, al mismo tiempo, su función consiste en asegurar su regularidad". *Vid.*, también, Cottle/Klineberg, *The Present of Things Future. Explorations of time in human experience*, 1974, pp. 167. Un interesante y completo análisis de la propuesta de Durkheim sobre el tiempo, *vid.* en Ramos Torre, "El calendario sagrado: el problema del tiempo en la sociología durkheimiana (II)", *Reis*, 1989, pp. 53 ss.

[11] SOROKIN/MERTON, "Social time: A Methodological and Functional Analysis", *AJS*, 1937, pp. 620.

[12] Para una completa descripción de los sistemas de cómputo temporal entre pueblos agrícolas (los *trobriands*), cazadores (los *ojibwa*) y pastores (los *nuer*), *vid.* Malinowski, "Lunar and Seasonal Calendar in the Trobriands", *RAI*, 1927, pp. 203 ss.; Hallowell, "Temporal Orientation in Western Civilization and in a Pre-Literate Society", *AA*, 1937, pp. 647 ss.; y Evans-Pritchard, *The Nuer. A description of the modes of livelihood and political institutions of nilotic people*, 1969, pp. 94 ss., respectivamente. Para un resumen de lo último, *vid.* Maltz, "El cómputo primitivo del tiempo como sistema simbólico", en Ramos Torre (ed.), *Tiempo y sociedad*, 1992, pp. 351 ss. Asimismo, para una breve pero ilustrativa descripción de las distinta formas de medición temporal de algunos pueblos primitivos, *vid.* Sturt, *The psychology of time*, 1925, pp. 27 ss.

[13] En este sentido, GURVITCH, *The spectrum of social time*, 1964, pp. 32; Lévi-Strauss, *Anthropologie structurale*, 1996 (reimp.), pp. 227 ss., tomando como referencia la estructura de los mitos; Leach, "Two essays concerning the symbolic representation of time", en el mismo, *Rethinking Anthropology*, 1966, pp. 126; Evans-Pritchard, *The nuer*, pp. 95 y 108; Cottle/Klineberg, *The Present of Things Future*, pp. 165; Young/Ziman, "Ciclos en la conducta social", en Ramos Torre (ed.), *Tiempo y sociedad*, 1992, pp. 248; Borscheid, *Das Tempo-Virus. Eine Kulturgeschichte der Beschleunigung*, 2004, pp. 19-20; Iglesias de Ussel, *La dimensión social del tiempo*, 2006, pp. 35 y 203. Asimismo, Schmied, *Soziale Zeit. Umfang, "Geschwindigkeit" und Evolution*, 1985, pp. 145, quien pone de relieve la connotación cíclica que trae consigo la etimología de los términos "time" (tiempo en inglés) y "Zeit" (tiempo en alemán) al estar relacionados con las palabras "tide" y "Gezeiten", que significan "marea" en inglés y alemán, respectivamente.

[14] *Cfr.* Eliade, *Le mythe de l'éternel retour. Archétypes et répétition*, 9.ª ed., 1969, pp. 68 ss. *Cfr.*, también, Schmied, *Soziale Zeit*, pp. 151.

gran influencia y permea toda la estructura social, de tal manera que la temporalidad es experimentada como una dimensión en la que confluyen ambos momentos.[15] El tiempo es, precisamente, cíclico, no sólo porque la vida social está condicionada por secuencias naturales repetitivas, sino también porque el destino (futuro) es entendido no como un cambio de condición, sino como una situación idéntica al origen (pasado).[16] De ese modo, en la estructura social de los pueblos primitivos, el presente siempre se explica sobre la base del pasado; o, dicho de otra forma, el pasado siempre se actualiza, siempre está presente.[17]

## 3.2 La orientación temporal de la sociedad moderna y la superación social del pasado

El ritmo social que caracteriza a las sociedades modernas es bastante diferente al de las sociedades tradicionales. Si bien es cierto que ambas formas de organización social comparten la necesidad funcional de sincronizar y coordinar sus actividades, dichas funciones se llevan a cabo mediante el recurso a puntos de referencia de naturaleza distinta a los empleados en los grupos tradicionales.[18]

Al estar asociada a distintos puntos de referencia, la estructura temporal de las sociedades modernas es bastante diferente a la existente en las sociedades primitivas. En aquellas, el tiempo abandona su configuración cíclica derivada de su relación con acontecimientos sociales de secuencia repetitiva. Aquí la estructura temporal se haya desligada de hechos de la naturaleza y está, por el contrario, estrechamente relacionada con el prestigio de las ciencias naturales. El tiempo puramente social se presenta como variable e inseguro para regular las actividades, y es desplazado por un tiempo ligado al desarrollo de las ciencias físicas y de las matemáticas, esto es, por el «tiempo newtoniano».

Desde esta perspectiva, el tiempo se concibe como divisible, homogéneo y, en consecuencia, como sucesión. Asimismo, el «tiempo newtoniano» es entendido como una entidad abstracta e independiente (desvinculado de datos biológico-sociales), que avanza de manera uniforme y sin interrupciones. De ese modo, el tiempo ya no se representa como un movimiento circular, sino como una sucesión lineal que se proyecta indefinidamente. Ésta es, pues, la concepción temporal de las sociedades industriales y de las sociedades modernas en general, en las que el tiempo se divide en horarios,

---

[15] MALINOWSKI, *Argonauts of the Western Pacific. An Account of Native Enterprise and Adventure in the Archipelagoes of Melanesian New Guinea*, 1922, pp. 327; Cottle/Klineberg, *The Present of Things Future*, pp. 166; Nowotny, "Time Structuring and Time Measurement: On the Interrelation between Timekeepers and Social Time", en Fraser/Lawrence (eds.), *The Study of Time II*, 1975, pp. 328; Giddens, "Time and social organization", en el mismo, *Social Theory and Modern Sociology*, 1990 (reimp.), pp. 144; Beriain, *Aceleración y tiranía del presente. La metamorfosis en las estructuras temporales de la modernidad*, 2008, pp. 36.

[16] GREEN, "Temporal Attitudes in Four Negro Subcultures", en Fraser/Haber/Müller (eds.), *The Study of Time*, t. I, 1972, pp. 407; Cottle/Klineberg, *The Present of Things Future*, pp. 168.

[17] ASÍ, Eliade, *Le mythe de l'éternel retour*, 9.ª ed., pp. 104. Resalta la prioridad del presente en las sociedades arcaicas, Tabboni, *La rappresentazione sociale del tempo*, 2.ª ed., 1989, pp. 49-53.

[18] La necesidad de que toda vida social, sea ésta compleja o simple, esté estructurada temporalmente ha sido puesta de manifiesto por Adam, *Time and Social Theory*, 1990, pp. 108-109. Cfr., también, Ferrarotti, *Il ricordo e la temporalità*, 1987, pp. 32-34.

es racionalizado y transcurre de manera indefectible.[19] Es fácil advertir que esta nueva forma de comprender el tiempo de la modernidad casa perfectamente con el uso extendido, en nuestra sociedad, de relojes y calendários.[20]

Un rasgo distintivo que poseen las sociedades modernas frente a las sociedades tradicionales se encuentra en que aquéllas están, por el contrario, orientadas hacia el futuro.[21] Para las sociedades industrializadas, la hipercronometrización desempeña un rol importante al momento de determinar su orientación temporal. Así pues, la producción industrial exige la existencia de rígidos y minuciosos sistemas de división del trabajo, lo cual a su vez conlleva a una precisa coordinación espacial y temporal en la realización de las tareas. Por otra parte, el funcionamiento de las organizaciones que operan al interior de las sociedades modernas depende, de igual manera, de la presencia de horarios y plazos. Y ello es así, porque el funcionamiento de las organizaciones está condicionado, por lo general, a una lógica en la que se hace prioritario el logro de objetivos a mediano y a largo plazo.

La necesidad de estas estructuras temporales mínimamente flexibles es, pues, consecuencia inevitable de la planificación de actividades y la consecución de resultados futuros que caracteriza a la sociedad moderna.[22] Así las cosas, en palabras de Nowotny, «el deseo de producir más y de introducir cada vez más actividades en el tiempo disponible ha conducido a un fenómeno curioso: de algún modo parece como si "tomáramos prestado" el tiempo para extender nuestro horizonte temporal hacia el futuro. Como hay un excedente de deseos, planes y actividades que deben

---

[19] MCGRATH/Kelly, *Time and human interaction. Toward a Social Psychology of Time*, 1986, pp. 29; Tabboni, *La rappresentazione sociale del tempo*, 2.ª ed., pp. 77-78 y 83; Hassard, "Time and organization", en Blyton/el mismo/Stephen/Starkey (eds.), *Time, Work and Organization*, 1989, pp. 91; el mismo, "Introduction: The Sociological Study of Time", en el mismo (ed.), *The Sociology of Time*, 1990, pp. 8; Giddens, "Time and social organization", pp. 143; Adam, *Time and social theory*, pp. 104 ss.; la misma, "Perceptions of time", en Ingold (ed.), *Companion Encyclopedia of Anthropology*, 1994, pp. 513; la misma, *Timewatch. The Social Analysis of Time*, 1995, pp. 27; Maffesoli, *L'instant éternel. Le retour du tragique dans les sociétés postmodernes*, 2.ª ed., 2003, pp. 79; Valencia García, *Entre cronos y kairos. Las formas del tiempo sociohistórico*, 2007, pp. 94-95; Beriain, *Aceleración y tiranía del presente*, pp. 42 ss. *Vid.*, también, Ramos Torre, *Reis*, 1989, pp. 99, quien señala que, en sociedades hipercronometradas, el tiempo social y cualitativo deviene en contradictorio; es, por el contrario, el tiempo cuantitativo y, por tanto, lineal el que ejerce el predominio.

[20] En este sentido, también, Elias, *Über die Zeit*, 1984, pp. 5-6; McGrath/Kelly, *Time and human interaction*, 1986, pp. 36-37; Giddens, "Time and social organization", pp. 160-162. Con todo, es preciso indicar que la concepción newtoniana del tiempo se corresponde con los desarrollos de la física clásica. La física moderna concibe al tiempo como irreversible, en tanto que para la física newtoniana la característica de reversibilidad está presente. Es en este punto en donde se puede apreciar una discordancia entre el "tiempo newtoniano" y la representación temporal moderna, que la concibe como una sucesión irreversible. La idea de irreversibilidad temporal fue uno de los primeros hallazgos de la denominada "nueva física" y, sin embargo, parece ser la única que ha sido incorporada al paradigma temporal de la sociedad moderna.

[21] En este punto, es necesario introducir un matiz. La orientación al futuro al que se alude aquí no debe entenderse en términos absolutos, sino que es posible advertir la presencia de constantes referencias al pasado en las sociedades modernas. Sin embargo, estas referencias son puntuales y se limitan a determinados temas, como, por ejemplo, la violación a derechos humanos (genocidio nazi).

[22] En este sentido, MOORE, *Man, Time and Society*, 1963, pp. 10; Gurvitch, *The spectrum of social time*, pp. 133; Rezsohazy, "The methodological aspects of a study about the social notion of time in relation to economic development", en Szalai (ed.), *The use of time. Dayly activities of urban and suburban populations in twelve countries*, 1972, pp. 452; Lewis/Weigert, "The Structures and Meanings of Social time", *SF*, 1981, pp. 445; McGrath/Kelly, *Time and human interaction*, pp. 54; Hassard, "Introduction", pp. 12; Ramos Torre, "Introducción", en el mismo (ed.), *Tiempo y sociedad*, 1992, pp. XIII; Sztompka, *The sociology of social change*, 1993, pp. 48; Beriain, "El triunfo del tiempo (representaciones culturales de temporalidades sociales)", *Política y sociedad*, 1997, pp. 109; Iglesias de Ussel, *La dimensión social del tiempo*, pp. 46.

realizarse y que no pueden encajar todos en el presente, se amplía el horizonte temporal prolongándolo hacia el futuro».[23]

Así las cosas, el predominio del tiempo lineal e irreversible del reloj, unido a la imposición de rigurosos sistemas temporales de coordinación de actividades y las exigencias de mayores niveles de productividad –características propias de las sociedades postindustriales–, explican la tendencia, en términos temporales, hacia el futuro. En una sociedad de estas características, los acontecimientos se convierten rápidamente en Historia y se nos revela una sociedad en la que los hechos se ven sometidos a un inevitable proceso de superación social del pasado.

## 3.3 Conclusiones

Las distintas características temporales de las sociedades primitivas y de las sociedades modernas permiten extraer algunas conclusiones valiosas en el tratamiento de la imputación de los resultados tardíos. Dado que las estructuras temporales de las sociedades arcaicas siguen una lógica cíclica, repetitiva, lo que conlleva a que entre pasado y presente existe una estrecha relación de sentido por más distancia que exista entre ellos, el paso de un prolongado lapso de tiempo entre acción y resultado no se opone a la imputación de éste, con independencia de cuánto tiempo haya transcurrido hasta la producción del resultado.

La conclusión es distinta tratándose de sociedades modernas. En éstas, la concepción lineal del tiempo y la orientación temporal hacia el futuro traen consigo un alejamiento del pasado con respecto al presente. El pasado se convierte en Historia con mayor rapidez y pierde su relación de sentido con el ahora. En una sociedad como ésta, la relación de sentido entre acción y resultado tardío se desvanece con el transcurso del tiempo, de manera que una solución que mantenga, con indiferencia de cuál sea el tiempo transcurrido, la imputación del resultado contradice la configuración temporal de la sociedad y se presenta como disfuncional.

## 4 Primera cuestión metodológica: la necesaria «juridificación» de los aportes sociológicos

No obstante a que los resultados de las investigaciones de la Sociología del tiempo acerca con la configuración* temporal de la sociedad constituyen un valioso punto de apoyo para la solución del problema que abordo, la pretensión de vincular la teoría de la imputación objetiva a la configuración de la sociedad presupone necesariamente responder la pregunta acerca de si es o no posible el diálogo entre la dogmática penal

---

[23] NOWOTNY, "Time Structuring and Time Measurement", pp. 331; la misma, *Eigenzeit. Entstehung und Strukturierung eines Zeitgefühls*, 1993, pp. 53. De igual manera, Trist, "Aspects of the transition to post-industrialism", en Emery/Trist, *Towards a Social Ecology. Contextual Appreciation of the Future in the Present*, 1972, pp. 88; Luhmann, "The Future cannot begin: Temporal Structures in Modern Society", *SR*, 1976, pp. 134: "sabemos que un índice más rápido de cambio requiere de un comportamiento más anticipatorio –literalmente, actuar con más anterioridad al acontecimiento, más planificación orientada al futuro"; Ferrarotti, *Il ricordo e la temporalità*, pp. 110: "[P]rogramar el futuro mediante planes elaborados con antelación significa prever un cierto orden en las acciones, elaborar una tabla de prioridades de las iniciativas. Esto comporta una noción unilineal del tiempo, relativamente homogéneo, lógicamente dominable a mediano y a largo plazo".

y las ciencias sociales. Sólo si la respuesta es positiva, se podrán tomar en cuenta los aportes de la Sociología del tiempo en la propuesta de una solución a la problemática de la imputación de resultados tardíos y de la dimensión temporal de la imputación objetiva.

Frente a la aspiraciones integradoras por parte de un importante sector de la doctrina se alega, principalmente, la imposibilidad metodológica de vincular los planos del ser y del deber ser. La sociología, se dice, se movería en el plano de lo empírico, mientras que la dogmática penal, por su parte, se desarrollaría en un nivel puramente valorativo. Una integración de ambas disciplinas supondría desbordar, una respecto de la otra, sus propios ámbitos de operatividad, puesto que, por un lado, la dogmática penal tendría como objeto de conocimiento el deber ser, mientras que, por otro, el objeto de conocimiento de la sociología estaría dado por el ser. No respetar dichos niveles de operatividad supondría incurrir en un grave «sincretismo metodológico», que invalidaría toda investigación realizada sobre la base de la pretendida integración.[24]

Sin embargo, en mi opinión, dichas afirmaciones no constituye una crítica definitiva. La tarea de la sociología no se limita a la mera descripción de fenómenos de la realidad social, sino que dicha disciplina también mantiene una permanente relación con enunciados valorativos. Los científicos sociales proceden sobre la base de determinadas valoraciones no sólo cuando seleccionan el tema de investigación o cuando hacen abstracción de los aspectos a analizar de un determinado tema. El sociólogo también procede normativamente cuando aplica las conclusiones de su investigación.[25]

De igual forma, la sociología desborda el ámbito de lo puramente descriptivo cuando, por ejemplo, dirige su atención a problemas que tienen que ver con la estabilidad funcional de la sociedade.[26] Que un hecho concreto pueda ser calificado como funcional o disfuncional no depende de su simple regularidad, sino que dicha calificación está condicionada a una determinada interpretación de la realidad, que, como tal, implica siempre una valoración de los hechos.

Con todo, para proceder a la consideración de datos sociológicos en la dogmática penal, no resulta suficiente poner de relieve que los enunciados de la sociología y los de la dogmática penal se mueven en el mismo nivel de normatividad. Si bien se trata, en muchos casos, de valoraciones y no de simples descripciones de la realidad, ello

---

[24] ASÍ, Achterberg, "Gedanken zur Einführung rechtssoziologischer Lehrveranstaltungen in den Rechtsunterricht", *JZ*, 1970, pp. 282; Henke, "Jurisprudenz und Soziologie", *JZ*, 1974, pp. 732-733; Reichardt, *Einführung in die Soziologie für Juristen. Theoretische und methodologische Grundlagen*, 1981, pp. 32. En esta línea, Bacigalupo, "Relaciones entre la dogmática penal y la criminología", en Mir Puig (ed.), *Derecho penal y ciencias sociales*, 1982 pp. 62, criticando la postura metodológica de Ferri. Hace referencia a que esta idea también ha influido negativamente en la consideración de los datos económicos y sociológicos en el terreno del Derecho civil, Walz, "Sozialwissenchaften im Zivilrecht. Eine Einleitung", en el mismo (ed.), *Sozialwissenchaften im Zivilrecht. Fälle und Lösungen in Ausbildung und Prüfung*, 1983, pp. 12 y 23. Sostienen que la integración entre ciencias empíricas y normativas es todavía un objetivo lejano, Richter, "Die Rolle des Richters in unserer Zeit", *JZ*, 1974, pp. 349; Haffke, *Tiefenpsychologie und Generalprävention, Eine strafrechtstheoretische Untersuchung*, 1976, pp. 48.

[25] LAUTMANN, "Soziologie und Rechtswissenschaft", en Grimm (ed.), *Rechtswissenschaft und Nachbarwissenschaft*, 1973, pp. 40; Alcácer Guirao, "Facticidad y normatividad. Notas sobre la relación entre ciencias sociales y Derecho penal", *ADPCP*, 1999, pp. 186 ss. En el mismo sentido, Müller-Dietz, "Sozialwissenschaften und Strafrechtsdogmatik", en el mismo (ed.), *Strafrechtsdogmatik und Kriminalpolitik*, 1971 pp. 149; Walz, "Sozialwissenchaften im Zivilrecht", pp. 23; Silva Sánchez, *Aproximación al Derecho penal contemporáneo*, 2.ª ed., 2010, pp. 136.

[26] LAUTMANN, "Soziologie und Rechtswissenschaft", en Grimm (ed.), *Rechtswissenschaft und Nachbarwissenschaft*, 1973, pp. 39-40, poniendo como ejemplo a la estigmatización de las minorías.

no justifica su automática articulación en el sistema de conocimientos dogmáticos. Se hace necesario, para una verdadera integración, una adaptación de dichas valoraciones sociológicas a la racionalidad valorativa del Derecho penal.

Es preciso proceder, pues, a una «juridificación» de los aportes de la sociología –o de otras disciplinas extrajurídicas. Se hace imprescindible una reformulación de los conocimientos sociológicos a partir de los principios que legitiman el Derecho penal,[27] a fin de lograr la compatibilidad de los conocimientos extrajurídicos con las consideraciones jurídico-valorativas. Tanto la sociología como las demás ciencias sociales pueden ser de gran utilidad en el sentido de servir como puntos de apoyo en el procedimiento de valoración o para formular hipótesis o demostrar su inconsistencia. Lo que, en todo caso, no pueden hacer es desempeñar una función legitimadora que no les corresponde. Ésta sólo le corresponde al Derecho penal.[28]

Así pues, contar con un procedimiento que permita la «juridificación» de los aportes de la Sociología del Tiempo resulta ser una condición imprescindible para articular estos aportes en una teoría jurídico-penal que pretenda brindar una solución convincente a la problemática de la imputación de los resultados tardíos y de la dimensión temporal de la imputación objetiva. A mi juicio, la teoría de los sistemas sociales autopoiéticos puede ofrecer el camino para lograr tal articulación.

## 5 Segunda cuestión metodológica: el Derecho como sistema autopoiético

De acuerdo con los postulados de la teoría de los sistemas sociales autopoiéticos, la sociedad es un sistema cuyo elemento constitutivo básico es la comunicación.[29] Los sistemas sociales, según la lógica autopoiética, son, asimismo, sistemas abiertos y cerrados a la vez, lo cual significa que dicho cierre operativo se refiere sólo a la autoreproducción de sus componentes, pues el sistema no deja de tener contacto con el

---

[27] En este sentido, WÜRTENBERGER, "Strafrechtsdogmatik und Soziologie", en el mismo, *Kriminalpolitik im sozialen Rechtsstaat. Ausgewählte Aufsätze und Vorträge (1948-1969)*, 1970 pp. 39; Ryffel, *Rechtssoziologie. Eine systematische Orientierung*, 1974, pp. 222; H.-W. SCHÜNEMANN, *Sozialwissenschaften und Jurisprudenz. Eine Einführung für Praktiker*, 1976, pp. 136-137; HOFFMANN-RIEM, "Rechtswissenschaft als Rechtsanwendungswissenschaft", 1976, pp. 24; Walz, "Sozialwissenschaften im Zivilrecht", pp. 17-18; García-Pablos de Molina, *Introducción al Derecho penal*, 2005, pp. 760; Silva Sánchez, *Aproximación al Derecho penal contemporáneo*, 2.ª ed., pp. 150. De una opinión parecida, Naucke, *Über die juristische Relevanz der Sozialwissenschaften*, 1972, pp. 32-33; el mismo, "Die Sozialphilosophie des sozialwissenschaftlich orientierten Strafrecht", en Hassemer/Lüderssen/Naucke (eds.), *Fortschritte im Strafrecht durch die Sozialwissenschaften?*, 1983, pp. 14; Plemper, "Soziologie und Strafrecht – die Angst vor der Vereinnahmung", en Ostendorf (ed.), *Integration von Strafrechts- und Sozialwissenschaften, Festschrift für Lieselotte Pongratz*, 1986 pp. 285. Cfr., también, Alcácer Guirao, *ADPCP*, 1999, pp. 184-185.
[28] De modo similar, WALZ, "Sozialwissenchaften im Zivilrecht", pp. 24. En efecto, sin una traducción de los datos sociológicos en clave jurídica, los conocimientos de la Sociología pueden verse sometidos a cualquier clase de manipulación política o ideológica; *cfr.* H. Jäger, "Veränderung des Strafrechts durch Kriminologie? Ansätze zur Konkretisierung interdisziplinärer Kooperation", en Lüderssen/Sack (eds.), *Seminar: Abweichendes Verhalten*, t. IV, *Kriminalpolitik und Strafrecht*, 1980 pp. 11.
[29] LUHMANN, *Soziale Systeme. Grundriß einer allgemeinen Theorie*, 2.ª ed., 1985, pp. 192; el mismo, "The Autopoiesis of social Systems", en Geyer/van der Zouwen (eds.), *Sociocybernetic Paradoxes. Observation, Control and Evolution of Self-steering Systems*, 1986, pp. 177-178; el mismo, *Die Wirtschaft der Gesellschaft*, 2.ª ed., 1989, pp. 50: "[D]ie Gesellschaft ist ein autopoietisches System auf der Basis von sinnhafter Kommunikation. Sie besteht aus Kommunikation, sie besteht nur aus Kommunikationen, sie besteht aus allen Kommunikationen. Sie reproduziert Kommunikation durch Kommunikation"; el mismo/De Georgi, *Teoria della società*, 6.ª ed., 1994, pp. 26. También, Teubner, "Evolution of Autopoietic Law", en Teubner (ed.), *Autopoietic Law: A New Approach to Law and Society*, 1988, pp. 221; el mismo, *Law as an Autopoietic System*, 1993, pp. 29.

exterior.[30] Sin embargo, las relaciones de éste con su entorno se rigen por los procesos internos del primero, y sólo aquellos elementos externos que son reconocidos por el sistema social como relevantes para la continuación de sus operaciones autopoiéticas se convierten en comunicaciones y adquieren *resonancia* al interior del sistema.

Debido al aumento de la complejidad del entorno,[31] la sociedad, en tanto sistema autopoiético, procede a distinguir en su seno parcelas más especializadas de comunicaciones que, a su vez, constituyen subsistemas.[32] Un medio ambiente que se ha transformado y que posee mayor complejidad actual se presenta como un universo también mayor de alternativas o posibilidades, y si el sistema pretende continuar su imprescindible relación con el entorno, deberá adoptar una nueva constitución, de manera tal que la tematización del nuevo medio ambiente más complejo sea posible.[33] Uno de los subsistemas que la sociedad ha diferenciado es el «sistema del Derecho» o «sistema jurídico».

El subsistema del Derecho, en tanto que constituye un sistema parcial del sistema de la sociedad, cuenta, evidentemente, con su propio código binario o esquematismo binario, que está formado por los valores contrapuestos «conforme a Derecho/contrario a Derecho».[34] El sistema parcial del Derecho, mediante la aplicación de su código binario «conforme a Derecho/contrario a Derecho», realiza un procedimiento de selección de aquellas informaciones de su medio ambiente que pasarán a formar parte de él en calidad de comunicaciones jurídicas.[35] Así, por ejemplo, en el entorno, un puñetazo se presenta como un mero acontecimiento. Sin embargo, éste es procesado por el sistema del Derecho en virtud de su codificación binaria y enlazado como comunicación jurídica. El puñetazo pasa, de esa manera, a ser entendido como un delito (o falta) de lesiones.

Pero en el procesamiento del entorno por parte del sistema del Derecho no sólo interviene su código binario. Para tal efecto, es necesaria la intervención de los programas condicionales del sistema jurídico.[36] Éstos se presentan como las condiciones que permiten afirmar que a un acontecimiento perteneciente al entorno le corresponde ser calificado como «conforme a Derecho» o como «contrario a Derecho», y se caracterizan

---

[30] LUHMANN, *Soziale Systeme*, 2.ª ed., pp. 275 ss.

[31] Pues el entorno siempre es más complejo que el sistema; *cfr.* Luhmann, *Gesellschaftsstruktur und Semantik*, t. II, *Studien zur Wissenssoziologie der modernen Gesellschaft*, 1981, pp. 275; el mismo, "Gesellschaft", en el mismo, *Soziologische Aufklärung*, t. I, *Aufsätze zur Theorie sozialer Systeme*, 5.ª ed., 1984, pp. 143; el mismo, *Soziale Systeme*, 2.ª ed., pp. 249; el mismo, "Komplexität", en el mismo, *Soziologische Aufklärung*, t. I, *Aufsätze zur Theorie sozialer Systeme*, 5.ª ed., 1984, pp. 210; el mismo, "Identitätsgebrauch in selbstsubstitutiven Ordnungen, besonders Gesellschaften", en el mismo, *Soziologische Aufklärung*, t. III, *Soziales System, Gesellschaft, Organisation*, 2.ª ed., 1991, pp. 199.

[32] LUHMANN, "Soziologie als Theorie sozialer Systeme", en el mismo, *Soziologische Aufklärung*, t. I, *Aufsätze zur Theorie sozialer Systeme*, 5.ª ed., 1984, pp. 123.

[33] En ese sentido, las críticas de inmovilidad del sistema social formuladas por Baratta, "Integración-prevención: Una «nueva» fundamentación de la pena dentro de la teoría sistémica", *CPC*, 1984, pp. 549-550, no pueden compartirse, pues la teoría de la evolución de los sistemas sociales constituye, para Luhmann, uno de los pilares de su teoría de la sociedad. De esta opinión, también, Feijóo Sánchez, "La normativización del Derecho penal: ¿Hacia una teoría sistémica o hacia una teoría intersubjetiva de la comunicación?", en Gómez-Jara Díez (ed.), *Teoría de sistemas y Derecho Penal. Fundamentos y posibilidades de aplicación*, 2005, pp. 444 nota 27.

[34] Las primeras indicaciones de Luhmann sobre el código binario del Derecho "conforme a Derecho/contrario a Derecho" puede encontrarse en *Rechtssystem und Rechtsdogmatik*, 1974, pp. 21-22, 48, 49 y 57, si bien se trata de meras referencias sin mayor fundamentación. *Cfr.* también, Teubner, *Law as an Autopoietic System*, pp. 3, 11, 38, 43, 88 y 103.

[35] LUHMANN, *Das Recht der Gesellschaft*, 1995, pp. 178.

[36] LUHMANN, *Das Recht der Gesellschaft*, pp. 195: "los programas del sistema jurídico son siempre *programas condicionales*" (cursivas en el original).

por su gran capacidad de transformación.[37] La maleabilidad de los programas es una condición para lograr la diferencia fundamental sistema/entorno, puesto que sólo en tanto que éstos adquieran una mayor adaptabilidad respecto del entorno, mayores sectores de la realidad podrán ser procesados. En ese sentido, el medio ambiente puede irritar al sistema, generando una transformación de su programación, a fin de que dicho ruido o molestia pueda ser procesado, en el futuro, como una comunicación, y el sistema siga diferenciándose de su entorno.

Para el sistema parcial del Derecho las normas jurídicas se constituyen como programas condicionales,[38] puesto que son ellas, entre otras estructuras, las que establecen los presupuestos de aplicación del código binario. Dado que una interrelación permanente con el medio ambiente es un requisito fundamental para su delimitación y existencia, el subsistema jurídico puede incluso modificar su programación (sus normas) con el fin de reflejar adecuadamente la realidad externa y lograr una mejor adaptación a ésta. En ese sentido, la programación condicional del sistema jurídico se constituye en las vías a través de las cuales el entorno llega a tener resonancia en el Derecho (un claro ejemplo de la resonancia que puede llegar a tener el entorno en el sistema jurídico lo constituye la influencia de las nuevas tecnologías en el Derecho). A través de los programas, el sistema construye una imagen de lo que acontece en el mundo exterior. El sistema jurídico se convierte, en palabras de Luhmann, en «*aquel órgano de la sociedad del que se echa mano para dar forma jurídica a las concepciones cambiantes del mundo*».[39]

Ahora bien, al aplicar su código binario y su programación condicional, el sistema del Derecho observa el entorno.[40] Y puesto que esta observación es consecuencia de la aplicación de estructuras propias del sistema jurídico, el producto de la observación siempre será una construcción. La selección y el empleo de un concreto esquema de diferencias por parte del sistema condicionan el resultado de la observación. *Para un sistema de comunicación, como es el Derecho, la realidad siempre viene dada por aquello que la realidad es para él y no para otros sistemas que operan con esquemas de diferencias distintos*. Así, por ejemplo, si bien, en el sistema científico, se puede concluir –por ejemplo, mediante la realización de la prueba de ADN– que entre A y B no existe ninguna relación paterno-filial, puede ocurrir que, para las comunicaciones del sistema del Derecho, tal relación sí exista. Y, en sentido contrario, si bien, desde una observación del sistema científico, se puede afirmar que la libertad no existe, el sistema jurídico puede operar sobre la base de una realidad propia en la que la libertad es el presupuesto de la responsabilidad.

## 6 La prescripción de la pena como programa condicional del sistema del Derecho

Teniendo en cuenta cómo funciona la sociedad y sus subsistemas es necesario preguntar si el sistema del Derecho ha tenido en consideración la orientación temporal de

---

[37] LUHMANN, *Das Recht der Gesellschaft*, pp. 197.
[38] LUHMANN, *Rechtssystem und Rechtsdogmatik*, pp. 17; el mismo, *Das Recht der Gesellschaft*, pp. 93.
[39] LUHMANN, *Das Recht der Gesellschaft*, pp. 95 (las cursivas son mías).
[40] En igual sentido, GÓMEZ-JARA DÍEZ, "Distinciones teóricas en la observación del sistema jurídico penal", en Montealegre Lynett (coord.), *El Funcionalismo en Derecho penal. Libro homenaje al profesor Günther Jakobs*, t. II, 2003, pp. 27; Piña Rochefort, *Rol social y sistema de imputación*, 2005, pp. 211.

la sociedad moderna. Esta pregunta debe responderse, a mi juicio, afirmativamente. En efecto, el sistema jurídico ha tenido en consideración el transcurso del tiempo de diversas maneras. Así, en algunas ocasiones, éste, a través de sus programas (sus normas), ha dispuesto las condiciones para atribuir al tiempo una importancia fundamentadora de la agravación de la responsabilidad penal, como sucede con el delito permanente, en el que la consumación no tiene lugar sólo en el instante en el que concurren todos los elementos típicos, sino que aquélla puede ser mantenida voluntariamente por el autor, creando, de esa manera, una situación antijurídica de cierta duración.[41] Se produce, a juicio de la doctrina, un incremento cuantitativo del injusto, debido a la mayor intensidad de la afectación del bien jurídico en comparación a una lesión que no se prolonga sino que produce de manera instantânea.[42]

En otras ocasiones, los programas del sistema jurídico establecen los presupuestos para afirmar que el transcurso de amplios intervalos de tiempo cumple un papel negativo para la determinación del sentido delictivo de un hecho, como es el caso del delito continuado. En este supuesto, la doctrina especializada afirma que la existencia de un delito continuado no depende, en el plano objetivo, únicamente de la realización de una pluralidad de acciones típicas, por una parte, y de que éstas vulneren el mismo precepto o preceptos de semejante naturaleza, por otra. Aun cuando el art. 74 CP no lo establece expresamente, la doctrina absolutamente dominante considera que, para tal efecto, hace falta observar, además, un estrecho lapso temporal entre cada una de las distintas conductas realizadas.[43] Este requisito de la cercanía temporal entre las distintas acciones que dan lugar al delito continuado obedece a la necesidad de castigar una multiplicidad de comportamientos como si tratara de un único comportamiento típico. Así, esta estrecha relación temporal no sólo haría posible una delimitación con respecto al concurso real de delitos, sino que, fundamentalmente, haría factible hablar de una unidad de acción. Ya no se trataría de la realización de acciones típicas distintas e independientes entre sí, sino de una acción típica única.

---

[41] En este sentido, HAU, *Die Beendigung der Straftat und ihre rechtlichen Wirkungen*, 1974, pp. 24 y 69-71; KÜHL, *Die Beendigung des vorsätzlichen Begehungsdelikts*, 1974, pp. 186; WERLE, *Die Konkurrenz bei Dauerdelikt, Fortsetzungstat und zeitlich gestreckter Gesetzesverletzung*, 1981, pp. 31; SANZ MORÁN, *El concurso de delitos*, 1986, pp. 116; BORJA JIMÉNEZ, "La terminación del delito", *ADPCP*, 1995, pp. 153 ss.; SCHMITZ, *Unrecht und Zeit, Unrechtsquantifizierung durch zeitlich gestreckte Rechtsgutsverletzung*, 2001, pp. 47-49; KELLER, *Zur tatbestandlichen Handlungseinheit*, 2004, pp. 32; LLORIA GARCÍA, *Aproximación al estudio del delito permanente*, 2006, pp. 38-39. Ésta es también la opinión más extendida en la doctrina italiana; *vid*. MORO, *Unità e pluralità di reati*, 2.ª ed., 1954, pp. 226. En contra de la existencia de una situación antijurídica, PECORARO-ALBANI, "Del reato permanente", *Rit.DP*, 1960, pp. 400 ss.

[42] ASÍ, Hau, *Die Beendigung der Straftat und ihre rechtlichen Wirkungen*, pp. 71-72; Jakobs, *AT*, 2.ª ed., 6/81; Borja Jiménez, *ADPCP*, 1995, pp. 159 y 160; Choclán Montalvo, *El delito continuado*, 1997, pp. 121; Gili Pascual, *La prescripción en Derecho penal*, 2001, pp. 143.

[43] En este sentido, CAMARGO HERNÁNDEZ, *El delito continuado*, 1951, pp. 67; Geerds, *Zur Lehre von der Konkurrenz*, 1961, pp. 307-308; Castiñeira Palou, *El delito continuado*, 1977, pp. 169-170; Antón Oneca, "Delito continuado", en Nueva Enciclopedia Jurídica, t. VI, 1985, pp. 459; Sanz Morán, *El concurso de delitos. Aspectos de política legislativa*, 1986, pp. 209; Tomás Tío, "El delito continuado en el Código penal (Art. 69 bis)", *CPC*, 1987, pp. 150; Maurach/Gössel/Zipf, *Strafrecht, Allgemeiner Teil*, t. II, 7.ª ed., 1989, pp. 428; Jescheck/Weigend, *Lehrbuch des Strafrechts*, 5.ª ed., 1996, pp. 716; Choclán Montalvo, *El delito continuado*, pp. 191; Keller, *Zur tatbestandlichen Handlungseinheit*, pp. 164. En la doctrina italiana, *cfr*. Punzo, *Reato continuato*, 1951, pp. 12-13 y 22; Zagrebelsky, *Reato continuato*, 2.ª ed., 1976, pp. 60. En realidad, esta exigencia no sólo está referida a la cercanía temporal, sino también a que las acciones sean realizadas en un mismo contexto espacial. Sin embargo, en lo que atañe a los temas que se abordan en la presente investigación, adquiere mayor trascendencia el factor temporal del delito continuado.

Pero la consideración de la orientación temporal de la sociedad moderna ha encontrado su materialización en la figura de la prescripción de la pena. El sistema jurídico, en su constante interrelación con el medio ambiente, ha sido sensible a las influencias del entorno, ha modificado sus programas condicionales para una mejor adaptación a éste y ha construido, con ello, una imagen de lo que sucede en la realidad extrasistémica. Al generar esta imagen del mundo exterior, ha construido una realidad –una realidad jurídica– en la que se aprecia la relevancia que posee el paso del tiempo para la exclusión de la responsabilidad penal. Esto, sin embargo, no ha ocurrido con la prescripción del delito. En la prescripción del delito, por el contrario, si bien se ha tenido presente el paso del tiempo, su regulación positiva impide vincularla exclusivamente con el proceso social de historización de los acontecimientos. La existencia de plazos de suspensión e interrupción de la prescripción de la infracción penal contradice la lógica de la superación social del pasado como fundamento único de esta figura.[44]

De esa manera, es posible afirmar que *la prescripción de la pena se constituye en el programa condicional a través del cual la orientación temporal de la sociedad moderna se ha visto reflejada en el sistema del Derecho*. Y aquí debe quedar claro que ese «reflejo» no es otra cosa que la (re)construcción de la realidad que, en términos jurídicos, lleva a cabo el propio sistema. En consecuencia con ello, los plazos de la prescripción de la pena previstos legalmente fijan los períodos después de los cuales los hechos se convierten en Historia y la necesidad de pena decae totalmente. La prescripción de la pena se constituye, así, en la «*herramienta de transformación*» de los datos extrajurídicos proporcionados por la Sociología del tiempo. En otras palabras: a través de ella, puede llevarse a cabo la «juridificación» de los aportes de la Sociología del tiempo y armonizar la construcción dogmática con la configuración de la sociedad.

# 7 La dimensión temporal de la teoría de la imputación objetiva

## 7.1 Dogmática penal y programación del sistema jurídico. Los conceptos jurídicos adecuados a la realidad

En este punto es preciso empezar poniendo de relieve que la necesidad de que la formulación de teorías jurídico-penales tenga en consideración la configuración de una concreta sociedad se explica por el hecho de que, en el sistema jurídico, se lleva a cabo la generalización de las expectativas normativas. Por esta razón, este sistema debe tener en cuenta, en la medida de lo posible, lo que acontece en el sistema (total) de la sociedad, a fin de lograr una genuina y adecuada uniformización de las mismas. Ahora bien, para que ello tenga lugar no resulta suficiente que el sistema jurídico materialice las influencias del medio ambiente a nivel de sus programas condicionales –lo que ya ha sucedido a través de la prescripción de la pena, por ejemplo. Para tal fin es preciso, además, que la dogmática penal proceda a dar respuesta a las exigencias planteadas al Derecho desde distintos sectores de la sociedad, pero siempre de un modo tal que dicha respuesta compatibilice también con la realidad que el sistema jurídico ha construido.

---

[44] Cfr. VÁSQUEZ SHIMAJUKO, *La imputación de los resultados tardíos. Acerca de la dimensión temporal de la imputación objetiva*, 2013, pp. 238 ss.

En efecto, los programas condicionales del sistema jurídico constituyen imágenes del mundo exterior generadas por el mismo sistema. A través de éstos, dicho sistema construye su propia realidad, la realidad jurídica. Por ello, dado que la dogmática pasa a incorporarse a los programas condicionales,[45] aquélla debe procurar elaborar conceptos que compatibilicen no sólo con la realidad jurídica que el sistema ha construido y plasmado en su programación, sino también con la realidad extrasistémica. Una verdadera uniformización de expectativas pasa, necesariamente, por una ineludible referencia al entorno.[46] La dogmática penal, en ese sentido, debe *reconstruir*, en el seno del sistema jurídico, la configuración de la sociedad.

Pues bien, el camino para materializar la pretendida compatibilización discurre por la formulación de *conceptos adecuados a la sociedade*.[47] Aquélla debe constituirse en autoobservaciones vinculadas, en la medida de lo posible, a la realidad extrajurídica. Sin embargo, la adecuación a lo social de estos conceptos jurídicos no significa que se trate de conceptos sociológicos introducidos sin más en la elaboración teórico-jurídica.[48] A esta forma de proceder se oponen los planteamientos fundamentales de la teoría de los sistemas sociales autopoiéticos sobre los que se basa la presente investigación. El subsistema del Derecho elabora sus propios conceptos en el marco de un continuo proceso de su propia construcción de la realidad, de manera que los conceptos aportados por observaciones realizadas desde otros subsistemas deben ser reformulados en términos jurídicos.

Así las cosas, la pregunta acerca de si los aportes de la Sociología del tiempo pueden o no pasar a formar parte de las construcciones dogmáticas del Derecho penal debe responderse, a juicio, de manera afirmativa, y esta posibilidad encuentra su explicación en el hecho de que, como ya lo hemos anotado en líneas precedentes, el sistema del Derecho, a fin de lograr una mejor adaptación a las influencias de su entorno, ha materializado, a nivel de su programación condicional, la orientación temporal de la sociedad actual y el proceso de historización de los acontecimientos a través de la figura de la prescripción de la pena.[49] A través de ésta, en efecto, el sistema jurídico considera que, luego de transcurrido un considerable período de tiempo, el hecho delictivo realizado se convierte en Historia, y que insistir en la responsabilidad penal ya no tiene sentido.

## 7.2 La aplicación, vía analogía in *bonam partem*, de los plazos de prescripción de la pena

Pero que se haya demostrado que la prescripción de la pena constituye el mecanismo en virtud del cual se «juridifican» las conclusiones de la Sociología del tiempo no es todavía suficiente. Dado que se trata de someter a los supuestos de resultados tardíos a un correcto tratamiento dogmático y de determinar la existencia de una dimensión temporal de la imputación objetiva, hace falta trasladar las conclusiones

---

[45] LUHMANN, *Rechtssystem und Rechtsdogmatik*, pp. 44.
[46] LUHMANN, *Rechtssystem und Rechtsdogmatik*, pp. 20-21.
[47] LUHMANN, *Rechtssystem und Rechtsdogmatik*, pp. 50.
[48] LUHMANN, *Rechtssystem und Rechtsdogmatik*, pp. 50.
[49] Por ello, tiene razón B. Schünemann, "Problemas jurídico-penales relacionados con el SIDA", pp. 37; el mismo, "AIDS und Strafrecht", pp. 27-28, cuando considera que la relevancia del paso del tiempo la otorgan ciertos principios jurídicos.

obtenidas en dicho proceso de «juridificación» al nivel de menor abstracción al que pertenece la construcción teórico-jurídica del Derecho penal, y, en concreto, al terreno de la teoría de la imputación objetiva. Esto podría hacerse, a primera vista, a través de la aplicación analógica de los plazos de prescripción de la pena.

Parece claro que, en la prescripción de la pena, el paso del tiempo trae consigo el decaimiento de la necesidad de pena.[50] El transcurso de un amplio lapso temporal desde la declaración de la culpabilidad no genera una disminución de la desvaloración realizada sobre la base de la lógica de racionalidad valorativa (es decir, del merecimiento de pena). El interés afectado con el comportamiento no pierde el valor que en sí mismo posee, debido a que el hecho se haya cometido muchos años atrás. De igual manera, la peligrosidad de la conducta concreta no se ve alterada por el paso de los años. En suma, el merecimiento de pena no se ve menoscabado por el hecho de que el delito se haya realizado en coordenadas temporales que distan del presente. El transcurso del tiempo afecta, por el contrario, el aspecto teleológico de la imposición de la pena.

En los supuestos de resultados tardíos sucede lo mismo que con la prescripción de la pena. Luego de mucho tiempo, la acción llevada a cabo por el autor se percibe como un suceso que ha perdido actualidad y que también ha pasado a formar parte de la Historia. Dado que ya no se entiende como un hecho que afecta gravemente la configuración actual de la sociedad, el recurso a la imposición de la pena deviene innecesaria. Sin embargo, ello no impide que el comportamiento realizado en coordenadas temporales muy alejadas del presente siga estando desvalorada sobre la base de criterios de racionalidad valorativa. Lo que decae es, en consecuencia, la necesidad de pena y no su merecimiento.

Ahora bien, dado que la aplicación de la analogía trae importantes consecuencias de cara a la innovación del ordenamiento jurídico, el recurso a ella no puede dejarse a la total arbitrariedad. Es necesario la observancia de determinados requisitos que justifiquen cuándo la consecuencia jurídica de un caso puede ser extrapolado a otro similar. Para ello, debe tenerse en cuenta que si la solución de los supuestos de resultados tardíos pasa por aplicar, vía analogía, los plazos previstos para la prescripción de la pena, entonces se trata de tomar como punto de referencia *un precepto concreto* –el art. 133 CP– y no el ordenamiento jurídico en su conjunto. Así las cosas, no estamos frente a una analogía iuris, sino que estamos frente a un caso de analogía legis,[51] para lo cual se

---

[50] ASÍ, Lorenz, *Die Verjährung im Strafrechte. Eine dogmatische Untersuchung*, 1934, pp. 50 ss.; el mismo, *Die Verjährung in der deutschen Strafgesetzgebung. Eine Untersuchung de lege data und de lege ferenda*, 1955, pp. 56; Schäfer, *Niederschriften über die Sitzungen der Großen Strafrechtskommission*, t. II, *Allgemeiner Teil*, 1958, pp. 333; Bloy, *Die dogmatische Bedeutung der Strafausschließungs- und Strafaufhebungsgründe*, 1976, pp. 191-192; Jescheck/Weigend, *Lehrbuch des Strafrechts*, 5.ª ed., pp. 912. Le otorgan mayor relevancia a la disminución de necesidades de prevención especial aunque sin descartar el debilitamiento de los efectos preventivo-generales de la pena, García Pérez, *La punibilidad en el Derecho penal*, 1997, pp. 289-290; Gili Pascual, *La prescripción en Derecho penal*, pp. 81. Lo complementan con otros argumentos justificadores, Morillas Cueva, *Acerca de la prescripción de los delitos y de las penas*, 1980, pp. 83-84; González Tapia, *La prescripción en el Derecho penal*, 2003, pp. 26 y 247. También, Ragués i Vallès, *La prescripción penal: fundamento y aplicación (texto adaptado a la LO 15/2003 de reforma del Código Penal)*, 2004, pp. 197-199, quien, además, señala que, en los plazos cortos de prescripción de la pena, el fundamento radica en argumentos de corte procesal.

[51] Sobre la distinción entre analogía legis y analogía iuris, vid. Engisch, *Einführung in das juristischen Denken*, 2.ª ed., 1959, pp. 147; Rodríguez Paniagua, *Ley y Derecho. Interpretación e integración de la ley*, 1976, pp. 107; Orts Berenguer, *Atenuante de análoga significación (Estudio del art. 9,10º del Código penal)*, 1978, pp. 18-19; Falcón y Tella, *El argumento analógico en el Derecho*, 1991, pp. 133; Escusol Corredor/García Marín, "Argumentación analógica y argumentación en contrario", en Calvo García (ed.), *Interpretación y argumentación jurídica*, t. I, 1995,

requiere: la existencia de una laguna, la existencia de precepto que regula caso análogo, e identidad de razón.

Pues bien, en el problema que se aborda en la presente investigación, estamos frente a una laguna normativa. Los casos en los que se aprecia una larga dilación temporal entre la realización de la acción y la producción del resultado no se encuentran regulados en el ordenamiento jurídico-penal español. No existe disposición legal alguna que establezca una determinada consecuencia jurídica a dichos supuestos.

Por su parte, una disposición legal que regule un supuesto similar a los casos de resultados tardíos viene dado por el art. 131 CP, que establece los plazos de prescripción del delito. Tanto la prescripción del delito como los supuestos caracterizados por la producción diferida del resultado cuentan, entre sus elementos esenciales, con el transcurso de un período de tiempo más o menos extenso. Pero, por otro lado, los casos de resultados tardíos comparten también dicha propiedad con el art. 133 CP, que prevé los plazos de prescripción de la pena. En ambas disposiciones legales, el paso del tiempo parecer ser el elemento fundamental, de modo que, a primera vista, la solución de los resultados tardíos mediante el recurso a la analogía *in bonam partem* podría venir de la mano de estos dos preceptos.

Sin embargo, la identidad de razón hay que establecerla con el art. 133 CP, que establece los plazos de prescripción de la pena del delito que se trate. El fundamento que legitima la extinción de la responsabilidad penal en la prescripción del delito no se corresponde, por las razones antes mencionadas, con el decaimiento de la necesidad de pena por el paso del tiempo. La identidad de razón cabe establecerla correctamente con los plazos de la prescripción de la pena, pues el fundamento de ésta sí viene dada por el debilitamiento de las necesidades preventivo-generales de pena por el transcurso del tiempo.

## 7.3 La pérdida de la relación de sentido de unidad delictiva entre acción y resultado tardío. El alcance temporal del riesgo típico (o plazo de imputación)

Admitida pues la posibilidad de la aplicación, mediante analogía *in bonam partem*, de los plazos de prescripción de la pena a los casos de resultados tardíos, cabe formular, en primer lugar, la pregunta acerca de qué en nivel de la teoría de la imputación objetiva tiene relevancia el transcurso del tiempo. A mi juicio, la problemática de la imputación de los resultados tardíos halla su correcto tratamiento en el ámbito de la imputación objetiva del comportamiento.

En la imputación objetiva de la conducta se determina, de hecho, cuál o cuáles de los aspectos del comportamiento realizado por el autor son los que sustentan la desaprobación jurídico-penal del mismo. En este nivel, se establece, pues, cuáles son los riesgos permitidos y los riesgos no permitidos que trae consigo la realización de la conducta en cuestión. Pues bien, si de lo que se trata, en la problemática que se aborda

---

pp. 126; Salguero, *Argumentación jurídica por analogía*, 2002, pp. 167 ss.; Iturralde Sesma, *Aplicación del Derecho y justificación de la decisión judicial*, 2003, pp. 232; Guastini, *Estudios sobre la interpretación jurídica*, 6.ª ed., 2004, pp. 98; Montiel Fernández, *Fundamentos y límites de la analogía in bonam partem en el Derecho penal*, 2009, pp. 145 ss. (http://www.tesisenxarxa.net/TDX-0116109-175526; última visita: 17 de octubre de 2015).

en este trabajo, es de precisar si el resultado producido luego de una gran dilación temporal puede fundamentar responsabilidad penal por delito consumado, entonces se debe determinar, antes de todo, si el riesgo creado por el autor también está desaprobado en relación a aquellos resultados acaecidos tardíamente.

Se trata de precisar, por tanto, cuál es la «dimensión del riesgo» jurídico-penal del comportamiento llevado a cabo por el autor. La pertenencia al círculo de problemas relativos al primer nivel de la imputación objetiva se explica, por otra parte, por el hecho de que es la acción típica –y no el resultado– la que se ve sometida a un proceso de progresivo debilitamiento de la necesidad de pena, de modo que, llegado un determinado momento, será posible apreciar un total decaimiento de su relevancia jurídico-penal.[52] Esto sucederá una vez que se haya superado lo que he denominado el *alcance temporal del riesgo típico* o *plazo de imputación objetiva del comportamiento* correspondiente al delito que se trate.

Una vez superado el alcance temporal del riesgo típico, el comportamiento deja de pertenecer al plano de los significados –puesto que deja de tener significado delictivo–, de tal manera que la relación que éste entabla con el resultado que se produce fuera del plazo de imputación objetiva de la conducta ya no puede entenderse en términos de sentido delictivo, sino sólo en clave naturalística. Tiene lugar, de esa manera, la pérdida de la relación de sentido delictivo entre comportamiento y resultado tardío.

En efecto, la aludida relación de sentido delictivo se configura cuando el resultado se produce dentro del período en el que la conducta es considerada jurídico-penalmente relevante (esto es, dentro del plazo de imputación objetiva de la acción o alcance temporal del riesgo típico); o, expresado de otra manera, cuando el riesgo jurídico-penalmente relevante que trae consigo el comportamiento típico mantiene su condición de tal en el momento en que el resultado tiene lugar. Éste queda, pues, «cubierto», en términos temporales, por el significado delictivo del comportamiento. Así, debido a que el resultado es comprendido o «cubierto» temporalmente por el riesgo jurídico-penalmente relevante, entre comportamiento y resultado diferido se configura una *relación de sentido de unidad delictiva*. El resultado, de esa manera, es entendido ya no como la mera modificación del mundo exterior, sino como un resultado típico, como un resultado con relevancia para el Derecho penal. Acción y resultado tardío pasan a entenderse como una unidad de sentido.

Cuando, por el contrario, el resultado cae fuera del plazo de imputación objetiva de la acción, la conducta ya no puede explicar el resultado en términos de significado (delictivo). Dado que éste queda fuera del período durante el cual el comportamiento es todavía jurídico-penalmente relevante, se produce la *pérdida de la relación de sentido de unidad delictiva* entre el comportamiento y el resultado diferido. Debido a que éste cae fuera del alcance temporal del riesgo típico, ya no es posible entender ambos momentos como componentes de un único fenómeno delictivo, sino que pasan a ser concebidos como elementos normativamente inconexos y unidos sólo por una relación de causalidad.

---

[52] Con todo, es preciso señalar que, en algunos casos de los que he llamado resultados tardíos con implicaciones procesales, el problema se reconduce a la imputación objetiva del resultado; *vid.* VÁSQUEZ SHIMAJUKO, *La imputación de los resultados tardíos*, pp. 333 ss.

Con todo, para calcular el plazo de imputación objetiva de la acción o alcance temporal del riesgo típico no debe perderse de vista, ante todo, que se trata de precisar la necesidad de pena *de la conducta* realizada y no del hecho total. De lo que se trata es, en efecto, de determinar cuánta necesidad de pena recae sobre la *concreta conducta*, puesto que es la necesidad de pena del comportamiento –y no la del hecho total– la que se ve afectada por el transcurso del tiempo. Por esa razón, la necesidad de pena debe ponerse en relación con la pena que le correspondería a la tentativa del delito cometido, para lo cual se deberá tener en cuenta, por una parte, el grado de peligro que lleva consigo el comportamiento y, por otra, el grado de ejecución alcanzado, de conformidad con el art. 62 CP.

En cuanto al primero de los dos criterios antes mencionados, al momento de determinar de la pena respectiva debe considerarse que, como ha señalado Silva Sánchez, las conductas que generan *ex ante* un riesgo de producción tardía del resultado poseen una menor carga de desvalor en comparación con aquellas otras que crean el riesgo de producir el resultado inmediatamente o a corto plazo.[53] Por otra parte, en relación al grado de ejecución, dado que partimos de supuestos en los que el resultado se ha producido efectivamente y el proceso penal se inicia luego de la verificación de la lesión tardía, estaremos frente a un supuesto de tentativa acabada.

Así, por ejemplo, en un caso de homicidio, a cuya tentativa le correspondería la pena de prisión de ocho años, el alcance temporal del riesgo típico sería de quince años (art. 133.1.4º CP). De esa manera, sólo podrá afirmarse la existencia de una relación de sentido de unidad delictiva entre acción y resultado –y, por tanto, un resultado típico de homicidio– si la muerte de la víctima tiene lugar dentro del plazo de quince años. Si, por el contrario, la muerte acontece fuera del plazo de imputación objetiva de la conducta, ya no será posible hablar de un resultado típicamente relevante de ese delito.

Por su parte, en los delitos cuyas penas son imprescriptibles, el plazo de imputación objetiva de la conducta será ilimitado. Esto de ninguna manera constituye obstáculo alguno para afirmar que el subsistema del Derecho ha reflejado la configuración temporal de la sociedad. Como ya se ha expuesto, el sistema jurídico, como todos los sistemas sociales, observa el mundo exterior sobre la base de sus propias diferenciaciones y, en ese sentido, (re)construye la realidad. La condición de los sistemas sociales como sistemas que observan –y que construyen su propia realidad– permite explicar la ausencia de contradicciones entre la imprescriptibilidad de la pena y la orientación temporal de la sociedad. Del mismo modo que en el ejemplo anterior, cabe señalar que si bien en el sistema científico –en concreto, desde la Sociología del tiempo– se ha llegado a la conclusión de que todos los hechos pasan a formar parte de la Historia luego de transcurrido un determinado período de tiempo, el sistema del Derecho ha considerado que, en determinados supuestos, la necesidad de pena no decae por más largo que sea dicho período. No se trata de una realidad científica ni tampoco de una realidad de los sistemas psíquicos, sino de una realidad jurídica.

---

[53] SILVA SÁNCHEZ, "Sobre la relevancia jurídico-penal de la no-inmediatez en la producción del resultado", pp. 683. También toman en consideración el grado del riesgo, Schlehofer, "Risikovorsatz und zeitliche Reichweite der Zurechnung beim ungeschützten Geschlechtsverkehr des HIV-Infiziert", *NJW*, 1989, pp. 2025; Wolters/ Beckschäfer, "Zeitliches Auseinanderfallen von Handlung und Erfolg – ein Problem der Zurechnungslehre", en Putzke/Hardtung/Hörnle/Merkel/Scheinfeld/Schlehofer/Seier (eds.), *Strafrecht zwischen System und Telos, Festschrift für Rolf Dietrich Herzberg zum 70 Geburtstag am 14. Februar 2008*, 2008, pp. 152-153.

## 8 Una necesaria distinción: genuinos resultados tardíos y resultados tardíos con implicaciones procesales[54]

Dicho todo esto, a fin de lograr a un tratamiento adecuado de los casos de resultados tardíos, es preciso poner de relieve que no todos los supuestos de producción diferida del resultado son idénticos. El extenso período de tiempo transcurrido desde la acción trae consigo la nada despreciable posibilidad de que, antes de la producción del resultado, se inicie un proceso penal en el que se discuta la relevancia penal de la conducta llevada a cabo por el autor. No todos los casos susceptibles de ser sustanciados judicialmente llegarán a conocimiento del tribunal luego de la producción del resultado tardío. En muchas ocasiones, el juez se enfrentará a un caso, en el que, habiendo una condena firme con respecto a la conducta, el resultado lesivo pretendido por el autor se materialice posteriormente.[55] Pero también puede darse la posibilidad de que, durante la tramitación del proceso penal relativo al comportamiento típico y antes de emitirse la sentencia, tenga lugar el resultado perseguido por el autor.[56]

Así pues, resulta conveniente partir de la distinción entre *genuinos resultados tardíos* y *resultados tardíos con implicaciones procesales*. Los primeros se caracterizan por el hecho de que el proceso penal se inicia con posterioridad a la producción de las consecuencias diferidas, mientras que los segundos tienen como nota distintiva la tramitación de un proceso penal luego de la realización de la acción pero antes de la producción del resultado.

Respecto del primer grupo de casos, hay que diferenciar entre aquellos supuestos en los que se crea el riesgo de producción del resultado fuera del plazo de imputación y aquellos otros en los que se crea el riesgo de producción del resultado dentro del plazo de imputación. En relación al primer subgrupo, cabe señalar que no es posible admitir la existencia de un delito intentado, dado que no es posible concebir como riesgo típico la potencialidad de una acción de causar consecuencias lesivas fuera del plazo de imputación objetiva de la conducta. La condición de riesgo típicamente relevante se establece en la medida en que éste es idóneo para producir un resultado también típicamente relevante, y las consecuencias manifestadas más allá del plazo de imputación no lo son. En otras palabras, se trata de una conducta inidónea para provocar el resultado típico y, en ese sentido, constituye un comportamiento que no es susceptible de fundamentar un injusto de tentativa.[57] Pero, en todo caso, dentro de este

---

[54] Para una explicación más extensa y una distinción más completa de los posibles supuestos de producción de resultados tardíos, *vid.* Vásquez Shimajuko, *La imputación de los resultados tardíos*, pp. 303 ss.

[55] Por ejemplo, se procesa al autor por un hecho calificado como tentativa de homicidio, y, meses después de que el autor ha sido condenado y existe una sentencia firme respecto de esta imputación, se produce la muerte de la víctima.

[56] Este sería el caso cuando la muerte de la víctima ya no tendría lugar después de que la sentencia adquiera la condición de firme, sino cuando el fallecimiento ocurra, por ejemplo, durante la etapa de juzgamiento.

[57] De cualquier forma, la imposibilidad de apreciar un comportamiento típico en relación a las consecuencias sobrevenidas luego de cumplido el plazo de imputación objetiva de la acción no se puede predicar respecto de aquellos otros resultados, también lesivos, que se manifiestan dentro del alcance temporal del riesgo típico. Así, en el supuesto de quien inocula a un niño de pocos meses de nacido un virus que le causará la muerte veinte años más tarde (el alcance temporal del riesgo típico del homicidio puede llegar a ser de quince años), si bien el comportamiento del autor no resulta ser típico de la muerte producida, este mismo comportamiento sí puede ser considerado como tal respecto de las lesiones causadas por el desarrollo del virus letal.
Por otra parte, la posibilidad de castigar al autor por otras consecuencias –distintas a las consecuencias tardías– se advierte también en aquellos casos en los que existe un tipo penal que abarca otros aspectos del mismo

subgrupo, es preciso distinguir aquellos casos en los que le es posible al autor impedir la producción del resultado tardío, y aquellos supuestos en los que el proceso lesivo se desarrolla progresivamente hasta la producción del daño final.

Los primeros poseen la estructura de la injerencia, por lo que, durante el período en el que el autor puede impedir la producción del resultado tardío, cabe hablar de una infracción permanentemente actualizada de la norma. Ello impide la conversión del hecho en Historia y el decaimiento de la necesidad de pena, de manera que se fundamenta la relación de sentido de unidad delictiva entre la omisión de autor y el resultado acaecido a largo plazo. En los segundos, no es posible afirmar una infracción permanentemente actualizada de la norma. El desarrollo de un curso lesivo, fácilmente perceptible por los sentidos o no, carece de significación propia de cara a la actualización de la infracción de la norma. La conducta realizada, una vez transcurrido el plazo de imputación objetiva de la acción, ha perdido su condición de jurídico-penalmente relevante y es imposible defender una relación de sentido de unidad delictiva entre ella y el resultado tardío.

Por su parte, con respecto a los casos en los que se crea el riesgo de producción del resultado dentro del plazo de imputación, debe afirmarse la constitución de un injusto de tentativa cuando el resultado no acaece finalmente dentro del alcance temporal del riesgo típico, sino después del plazo de imputación.

En relación al segundo grupo de casos (resultados tardíos con implicancia procesales), es importante mencionar dos cuestiones. Por un lado, la imputación del resultado tardío sólo será posible en la medida en que se den las condiciones procesales para poder abarcarlo en el proceso que está siendo tramitado. Por ello, el estadio procesal de las conclusiones definitivas se presentará como un límite a la imputación del mismo: el resultado podrá dar lugar a un injusto consumado siempre que tenga lugar antes de dicho estadio procesal. Por otra parte, de *lege data*, la regulación del recurso de revisión (954.4 LECr) impide iniciar un nuevo proceso penal para juzgar el resultado que ha acontecido luego de que la sentencia ha adquirido la condición de cosa juzgada, pues dicho precepto admite la posibilidad de atacar la cosa juzgada sobre la base de consideraciones de justicia únicamente en aquellos casos en los que se conozcan *nuevos hechos* o nuevos elementos de prueba que evidencien *la inocencia del condenado*, que no es el caso en los resultados tardíos. Pero, además, desde una perspectiva dogmática, el resultado tardío que se manifiesta luego de que la sentencia ha adquirido la calidad de cosa juzgada no puede considerarse un hecho distinto que pueda justificar el inicio de un nuevo juzgamiento.[58] Si bien es cierto que, en un primer momento, estamos frente a

---

comportamiento. Así sucederá con las lesiones del art. 149.1 CP (por ejemplo: inutilidad de un miembro o de un sentido, impotencia o esterilidad), inferidas como consecuencia de la comisión de un delito de liberación de energía nuclear o elementos radiactivos (art. 341 CP). En este caso, el plazo de imputación objetiva de las lesiones del art. 149.1 CP puede ser de hasta quince años. Así, en los supuestos en los que se haya creado el riesgo de producción de este tipo de lesiones fuera del alcance temporal del riesgo típico, no será posible afirmar la existencia de un comportamiento típico respecto de las mismas y, por tanto, tampoco una tentativa. Sin embargo, dado que prescribe a los veinte años, el referido delito relativo a la energía nuclear puede todavía castigarse penalmente por la puesta en peligro de la salud o para la vida de las personas.

[58] De manera similar, Romeo Casabona, *AP*, 1993-2, pp. 484 nota 69, quien señala que el resultado tardío no sería más que la consecuencia de un hecho previamente juzgado; el mismo, "Sida y Derecho penal", pp. 77 y nota 17; el mismo, *Los delitos contra la vida y la integridad personal y los relativos a la manipulación genética*, pp. 33 nota 21; el mismo, *Conducta peligrosa e imprudencia en la sociedad de riesgo*, pp. 222-223. También se oponen a un nuevo proceso, B. Schünemann, "Problemas jurídico-penales relacionados con el SIDA", pp. 33-34; el

una conducta riesgosa para un determinado interés, y, en un segundo momento, frente a la materialización de dicho comportamiento, ello no permite descartar la identidad fáctica. La razón de ello se encuentra, a mi entender, en que el resultado tardío no puede ser sometido por sí mismo –como elemento independiente– a un nuevo proceso penal sin tener en cuenta la acción riesgosa realizada mucho tiempo atrás. El juzgamiento del resultado tardío deberá incluir, en ese sentido, un aspecto esencial de un hecho que ya sido sometido a un proceso penal.

Es importante mencionar que todas estas consideraciones respecto a los resultados tardíos con implicaciones procesales son derivaciones de una forma de comprender las relaciones entre Dogmática penal y proceso penal, y de entender a éste como un co-configurador del hecho jurídico-penalmente relevante.[59]

## 9 Conclusiones finales

*El procedimiento argumentativo en dos niveles de abstracción* (uno mayor abstracción que se corresponde con la teoría de sistemas sociales autopoiéticos, y otro menor abstracción que es el de la dogmática jurídico-penal) que aquí he desarrollado muestra que el proceso social de superación del pasado que trae consigo la orientación temporal de la sociedad moderna no sólo ha sido tenido en cuenta por el sistema jurídico en tanto sistema parcial de la sociedad. Con tal procedimiento de argumentación se demuestra, sobre todo, que la configuración temporal de la sociedad ha calado de tal forma que puede ser reformulada en términos de dogmática jurídico-penal a través de la idea del decaimiento de la necesidad de pena.

Por todas estas consideraciones, la interrogante acerca de la existencia de una dimensión temporal de la imputación objetiva del comportamiento debe ser contestada, sin lugar a dudas, afirmativamente. Con ello, se agrega a los otros criterios de la imputación objetiva de la conducta ya desarrollados en la doctrina (como son el riesgo permitido, la prohibición de regreso, el principio de confianza y la conducta de la víctima) un ulterior criterio de imputación: el de la *dimensión temporal de la imputación objetiva del comportamiento*. Con todo, cabe advertir que éste no debe confundirse con los términos «alcance temporal del riesgo típico» o «plazo de imputación objetiva de la conducta». Aquel es un criterio de atribución de sentido delictivo de la acción, mientras que éstos se corresponden con el período dentro del cual cabe hablar de riesgo jurídico-penalmente.

---

mismo, "AIDS und Strafrecht", pp. 24-25; Gómez Rivero, *GA*, 2001, pp. 293; la misma, *RGDP*, 2008, pp. 42-43; la misma, *La responsabilidad penal del médico*, 2.ª ed., pp. 376-377; Puppe, *Strafrecht, Allgemeiner Teil, im Spiegel der Rechtsprechung*, t. I, *Die Lehre vom Tatbestand, Rechtswidrigkeit, Schuld*, 2002, pp. 174; Rueda Martín, *La teoría de la imputación objetiva del resultado en el delito doloso de acción (una investigación, a la vez, sobres los límites ontológicos de las valoraciones jurídico-penales en el ámbito de lo injusto)*, 2001, pp. 392 y 393; Requejo Conde, *El delito relativo a la energía nuclear*, 2005, pp. 72 y 77.

[59] Sobre la innegable relación entre Derecho penal y procesal y sus consecuencias para el tratamiento dogmático de los resultados tardíos con implicancias procesales, *vid*. Vásquez Shimajuko, La imputación de los resultados tardíos, pp. 326 ss.

## Referencias

ACHTERBERG, Norbert, "Gedanken zur Einführung rechtssoziologischer Lehrveranstaltungen in den Rechtsunterricht", JZ, 1970, pp. 281-283.

ADAM, Barbara, "Perceptions of time", en Ingold, Tim (ed.), Companion Encyclopedia of Anthropology, London, 1994, pp. 503-526.

ADAM, Barbara, Time and Social Theory, Philadelphia, 1990.

ADAM, Barbara, Timewatch. The Social Analysis of Time, Cambridge, 1995.

ALCÁCER GUIRAO, Rafael, "Facticidad y normatividad. Notas sobre la relación entre ciencias sociales y Derecho penal", ADPCP (52), 1999, pp. 177-226. – La tentativa inidónea. Fundamento de punición y configuración del injusto, Granada, 2000.

ANTÓN ONECA, José, "Delito continuado", en Nueva Enciclopedia Jurídica, t. VI, Barcelona, 1985, pp. 448-465.

BACIGALUPO, Enrique, "Relaciones entre la dogmática penal y la criminología", en Mir Puig, Santiago (ed.), Derecho penal y ciencias sociales, Bellaterra, 1982, pp. 53-70.

BARATTA, Alessandro, "Integración-prevención: Una 'nueva' fundamentación de la pena dentro de la teoría sistémica", trad. de Emilio García Méndez y Emiro Sandoval Huertas, CPC (24), 1984, pp. 533-552.

BERGMANN, Werner, "The Problem of Time in Sociology: An Overview of the Literature on the State of Theory and Research on the 'Sociology of Time', 1900-82", Time & Society (1), 1992, pp. 81-134.

BERIAIN, Josetxo, "El triunfo del tiempo (representaciones culturales de temporalidades sociales)", Política y Sociedad (25), 1997, pp. 101-118.

BERIAIN, Josetxo, Aceleración y tiranía del presente. La metamorfosis en las estructuras temporales de la modernidad, Barcelona, 2008.

BLOY, René, Die dogmatische Bedeutung der Strafausschließungs- und Strafaufhebungsgründe, Berlin, 1976.

BORJA JIMÉNEZ, Emiliano, "La terminación del delito", ADPCP (48), 1995, pp. 89-185.

BORSCHEID, Peter, Das Tempo-Virus. Eine Kulturgeschichte der Beschleunigung, Frankfurt am Main, 2004.

CAMARGO HERNÁNDEZ, César, El delito continuado, Barcelona, 1951.

CASTIÑEIRA PALOU, María Teresa, El delito continuado, Barcelona, 1977.

CHOCLÁN MONTALVO, José Antonio, El delito continuado, Madrid, 1997.

COTTLE, Thomas/Klineberg, Stephen, The Present of Things Future. Explorations of time in human experience, New York, 1974.

DURKHEIM, Emile, Les formes élémentaires de la vie religieuse: Le système totémique en Australie, 6ª ed., París, 1979.

ELIADE, Mircea, Le mythe de l'éternel retour. Archétypes et répétition, 9ª ed. Paris, 1969.

ELIAS, Norbert, Über die Zeit, Frankfurt am Main, 1984 [Sobre el tiempo, trad. de Guillermo Hirata, Madrid, 1989].

ENGISCH, Karl, Einführung in das juristischen Denken, 2ª ed., Stuttgart, 1959 [Introducción al pensamiento jurídico, trad. de Ernesto Garzón Valdes, Madrid, 1967].

ESCUSOL CORREDOR, Ana/García Marín, Mª Pilar, "Argumentación analógica y argumentación en contrario", en Calvo García, Manuel (ed.), Interpretación y argumentación jurídica, t. I, Zaragoza, 1995, pp. 123-135.

EVANS-PRITCHARD, Edward, The Nuer. A description of the modes of livelihood and political institutions of nilotic people, New York/Oxford, 1969.

FALCÓN Y TELLA, María José, El argumento analógico en el Derecho, Madrid, 1991.

FEIJÓO SÁNCHEZ, Bernardo, "La normativización del Derecho penal: ¿Hacia una teoría sistémica o hacia una teoría intersubjetiva de la comunicación?", en Gómez-Jara Díez, Carlos (ed.), Teoría de sistemas y Derecho Penal. Fundamentos y posibilidades de aplicación, Granada, 2005, pp. 435-544.

FERRAROTTI, Franco, Il ricordo e la temporalità, Roma, 1987.

FRASER, Julius, "A Report on the Literature of Time, 1900-1980", en Fraser, Julius/Lawrence, Nathaniel Morris/Park, David Allen (eds.), The Study of Time, t. IV, New York/Heidelberg/Berlin, 1981, pp. 234-270.

GARCÍA PÉREZ, Octavio, La punibilidad en el Derecho penal, Pamplona, 1997.

GARCÍA-PABLOS DE MOLINA, Antonio, Introducción al Derecho penal, Madrid, 2005.

GEERDs, Friedrich, Zur Lehre von der Konkurrenz im Strafrecht, Hamburg, 1961.

GIDDENs, Anthony, A, "Time and social organization", en Giddens, Anthony, Social Theory and Modern Sociology, Cambridge, 1990 (reimp.), pp. 140-165.

GILI PASCUAL, Antoni, La prescripción en Derecho penal, Elcano, 2001.

GÓMEZ RIVERO, M. Carmen, "Causalidad, incertidumbre científica y resultados a largo plazo", RGDP (9), 2008, pp. 1-44.

GÓMEZ RIVERO, M. Carmen, "Zeitliche Dimension und objektive Zurechnung", GA, 2001, pp. 283-293.

GÓMEZ RIVERO, M. Carmen, La responsabilidad penal del médico, 2ª ed., Valencia, 2008.

GÓMEZ-JARA DÍEZ, Carlos, "Distinciones teóricas en la observación del sistema jurídico penal", en Montealegre Lynett, Eduardo (coord.), El Funcionalismo en Derecho penal. Libro homenaje al profesor Günther Jakobs, t. II, Bogotá, 2003, pp. 17-38.

GÓMEZ-JARA DÍEZ, Carlos, "Teoría de sistemas y Derecho penal: culpabilidad y pena en una teoría constructivista del Derecho penal", en Gómez-Jara Díez, Carlos (ed.), Teoría de sistemas y Derecho penal. Fundamentos y posibilidades de aplicación, Granada, 2005, pp. 385-434.

GONZÁLEZ TAPIA, María Isabel, La prescripción en el Derecho penal, Madrid, 2003.

GREEn, Helen, "Temporal Attitudes in Four Negro Subcultures", en Fraser, Julius/Haber, Francis/Müller, Gert (eds.), The Study of Time, t. I, BerlinHeidelberg-New York, 1972, pp. 402-417.

GUASTINI, Ricardo, Estudios sobre la interpretación jurídica, trad. de Marina Gascón y Miguel Carbonell, 6ª ed., México D.F., 2004.

GURVITCh, Georges, The spectrum of social time, Dordrecht, 1964.

HAFFKE, Bernhard, Tiefenpsychologie und Generalprävention, Eine strafrechtstheoretische Untersuchung, Frankfurt am Main, 1976.

HALLOWELL, Irving, "Temporal Orientation in Western Civilization and in a Pre-Literate Society", AA (39), 1937, pp. 647-670.

HASSARD, John, "Introduction: The Sociological Study of Time", en Hassard, John (ed.), The Sociology of Time, London, 1990, pp. 1-18.

HASSARD, John, "Time and organization", en Blyton, Paul/Hassard, John/Stephen, Hill/Starkey, Ken (eds.), Time, Work and Organization, London/New York, 1989, pp. 79-104.

HAU, Helmut, Die Beendigung der Straftat und ihre rechtlichen Wirkungen, Berlin, 1974.

HENKE, Wilhelm,"Jurisprudenz und Soziologie", JZ, 1974, pp. 729-735.

HERZOG, Felix/Nestler-Tremel, Cornelius, "Aids und Strafrecht – Schreckensverbreitung oder Normstabilisierung", StrV, 1987, pp. 360-371.

HOFFMANN-RIEM, Wolfgang, "Rechtswissenschaft als Rechtsanwendungswissenschaft. Lernzielthesen zur Integration von Rechts- und Sozialwissenschaft", en Hoffmann-Riem, Wolfgang (ed.), Sozialwissenschaften im Studium des Rechts, t. II, Verfassungs- und Verwaltungsrecht, München, 1977, pp. 1-31.

IGLESIAS DE USSEL, Julio, La dimensión social del tiempo, Discurso de recepción ante la Real Academia de Ciencias Morales y Políticas, Madrid, 2006.

ITURRALDE SESMA, Victoria, Aplicación del Derecho y justificación de la decisión judicial, Valencia, 2003.

JÄGER, HERBERT, "Veränderung des Strafrechts durch Kriminologie? Ansätze zur Konkretisierung interdisziplinärer Kooperation", en Lüderssen, Klaus/Sack, Fritz (eds.), Seminar: Abweichendes Verhalten, t. IV, Kriminalpolitik und Strafrecht, Frankfurt am Main, 1980, pp. 9-25.

JAKOBS, Günther, Strafrecht, Allgemeiner Teil. Die Grundlagen und die Zurechnungslehre, 2ª ed., Berlin, 1991 [Derecho penal, Parte General. Fundamentos y teoría de la imputación, trad. de Joaquín Cuello Contreras y José Luis Serrano González de Murrillo, Madrid, 1997].

JESCHECK, Hans-Heinrich/Weigend, Thomas, Lehrbuch des Strafrechts, Allgemeiner Teil, 5ª ed., Berlin, 1996.

JUNG, Heike, "AIDS im Blickfeld des Strafrechts", en Universität des Saarlandes (ed.), Problemkreis AIDS – seine juristischen Dimensionen, Saarbrücken, 1988, pp. 5-26.

KELLER, Christoph, Zur tatbestandlichen Handlungseinheit, Berlin, 2004

KREUZEr, Arthur, "Aids und Strafrecht, Kriminologische Anmerkungen zur strafrechtlichen und kriminalpolitischen Diskussion", ZStW (100), 1988, pp. 786-816.

KÜHL, Kristian, Die Beendigung des vorsätzlichen Begehungsdelikts, Berlin, 1974.

LAUTMANN, Rüdiger, "Soziologie und Rechtswissenschaft", en Grimm, Dieter (ed.), Rechtswissenschaft und Nachbarwissenschaft, Frankfurt am Main, 1973, pp. 35-49.

LEACH, Edmund, "Two essays concerning the symbolic representation of time", en Leach, Edmund, Rethinking Anthropology, London, 1966, pp. 124-136 ["Dos ensayos sobre la representación simbólica del tiempo",trad. de José R. Llobera, en Leach, Edmund, Replanteamiento de la antropología, Barcelona, 1971, pp. 192-211].

LÉVI-STRAUSS, Claude, Anthropologie structurale, Paris, 1996 (reimp.) [Antropología estructural, trad. de Eliseo Verón, Barcelona, 1987].

LEWIS, David/Weigert, Andrew, "The Structures and Meanings of Social time", SF (60), 1981, pp. 432-462 ["Estructura y significado del tiempo social", trad. de Ramón Ramos Torre, en Ramos Torre, Ramón (ed.), Tiempo y sociedad, Madrid, 1992, pp. 89-131].

LLORIA GARCÍA, Paz, Aproximación al estudio del delito permanente, Granada, 2006.

LORENZ, Max, Die Verjährung im Strafrechte. Eine dogmatische Untersuchung, Prag, 1934.

LORENZ, Max, Die Verjährung in der deutschen Strafgesetzgebung. Eine Untersuchung de lege data und de lege ferenda, München/Berlin, 1955.

LUHMANN, Niklas, "Identitätsgebrauch in selbstsubstitutiven Ordnungen Ordnungen, besonders Gesellschaften", en Luhmann, Niklas, Soziologische Aufklärung, t. III, Soziales System, Gesellschaft, Organisation, 2ª ed., Opladen, 1991, pp. 198-227.

LUHMANN, Niklas, "Komplexität", en Luhmann, Niklas, Soziologische Aufklärung, t. II, Aufsätze zur Theorie der Gesellschaft, 3ª ed., Opladen, 1986, pp. 204-220.

LUHMANN, Niklas, "Soziologie als Theorie sozialer Systeme", en Luhmann, Niklas, Soziologische Aufklärung, t. I, Aufsätze zur Theorie sozialer Systeme, 5ª ed., Opladen, 1984, pp. 113-136.

LUHMANN, Niklas, "Soziologische Aufklärung", en Luhmann, Niklas, Soziologische Aufklärung, t. I, Aufsätze zur Theorie sozialer Systeme, 5ª ed., Opladen, 1984, pp. 66-91.

LUHMANN, Niklas, "The Autopoiesis of social systems", en Geyer, Felix/van der Zouwen, Johannes (eds.), Sociocybernetic Paradoxes. Observation, Control and Evolution of Self-steering Systems, London, 1986, pp. 172-192 ["La autopoiesis de los sistemas sociales", trad. de Leopoldo Moscoso, Zona Abierta (70/71), 1995, pp. 21-51].

LUHMANN, Niklas, "The Future cannot begin: Temporal Structures in Modern Society", SR (43), 1976, pp. 130-152 ["El futuro no puede empezar: estructuras temporales en la sociedad moderna", trad. de Ramón Ramos Torre, en Ramos Torre, Ramón (ed.), Tiempo y sociedad, Madrid, 1992, pp. 161-182].

LUHMANN, Niklas, Das Recht der Gesellschaft, Frankfurt am Main, 1995.

LUHMANN, Niklas, Die Wirtschaft der Gesellschaft, 2ª ed., Frankfurt am Main, 1989.

LUHMANN, Niklas, Gesellschaftsstruktur und Semantik, t. II, Studien zur Wissenssoziologie der modernen Gesellschaft, Frankfurt am Main, 1981.

LUHMANN, Niklas, Rechtssystem und Rechtsdogmatik, Stuttgart, 1974 [Sistema jurídico y dogmática jurídica, trad. de Ignacio de Otto Pardo, Madrid, 1983]. – Rechtssoziologie, 2ª ed., Opladen, 1983.

LUHMANN, Niklas, Soziale Systeme. Grundriß einer allgemeinen Theorie, 2ª ed., Frankfurt am Main, 1985.

LUHMANN, Niklas/De Georgi, Raffaele, Teoria della società, 6ª ed., Milano, 1994. Luzón Domingo, Manuel, Derecho penal del Tribunal Supremo, Parte General, t. II, Barcelona, 1964.

MAFFESOLI, Michel, L'instant éternel. Le retour du tragique dans les sociétés postmodernes, 2ª ed., Paris, 2003.

MALINOWSKI, Bronislaw, "Lunar and Seasonal Calendar in the Trobriands", RAI (57), 1927, pp. 203-215.

MALINOWSKI, Bronislaw, Argonauts of the Western Pacific. An Account of Native Enterprise and Adventure in the Archipelagoes of Melanesian New Guinea, London, 1922.

MALTZ, Daniel, "El cómputo primitivo del tiempo como sistema simbólico", trad. de Ramón Ramos Torre, en Ramos Torre, Ramón (ed.), Tiempo y sociedad, Madrid, 1992, pp. 325-359.

MAURACH, Reinhart/Gössel, Karl Heinz/Zipf, Heinz, Strafrecht, Allgemeiner Teil, t. II, 7ª ed., Heidelberg, 1989.

MCGRATH, Joseph/Kelly, Janice, Time and human interaction. Toward a Social Psychology of Time, New York, 1986.

MEURER, Dieter, "AIDS und Strafrecht", en Gallwas, Hans-Ullrich/Riedel, Eibe/Schenke, Wolf-Rüdiger (eds.), Aids und Recht, Stuttgart, 1992, pp. 117-127.

MIR PUIG, Santiago, "Problemas jurídico penales del SIDA", J.M. Bosch Editor, 1993.

MONTIEL FERNÁNDEZ, Juan Pablo, Fundamentos y límites de la analogía "in bonam partem" en el Derecho penal, 2009 (www.tesisenxarxa.net).

MOORE, Wilbert, Man, Time and Society, New York, 1963.

MORILLAS CUEVA, Lorenzo, Acerca de la prescripción de los delitos y de las penas, Granada, 1980.

MORO, Aldo, Unità e pluralità di reati. Principi, 2ª ed., Padova, 1954.

MÜLLER-DIETZ, Heinz, "Sozialwissenschaften und Strafrechtsdogmatik", en Müller-Dietz, Heinz (ed.), Strafrechtsdogmatik und Kriminalpolitik, Köln/ Berlin/Bonn/München, 1971, pp. 105-151.

MÜLLER-DIETZ, Heinz, Strafe und Staat, Frankfurt am Main, 1973.

NAUCKE, Wolfgang, "Die Sozialphilosophie des sozialwissenschaftlich orientierten Strafrecht", en Hassemer, Winfried/Lüderssen, Klaus/Naucke, Wolfgang (eds.), Fortschritte im Strafrecht durch die Sozialwissenschaften?, Heidelberg, 1983, pp. 1-38 ["La filosofía social del Derecho penal orientado a las ciencias sociales", trad. de Joan Josep Queralt Jiménez, en Mir Puig, Santiago (ed.), Derecho penal y ciencias sociales, Bellaterra, 1982, pp. 73-96].

NAUCKE, Wolfgang, Über die juristische Relevanz der Sozialwissenschaften, Frankfurt am Main, 1972.

NOWOTNY, Helga, "Time Structuring and Time Measurement: On the Interrelation between Timekeepers and Social Time", en Fraser, Julius/Lawrence, Nathaniel (eds.), The Study of Time II, Berlin-Heidelberg-New York, 1975, pp. 325-342 ["Estructuración y medición del tiempo: sobre la interrelación entre los instrumentos de medición del tiempo y el tiempo social", trad. de Ramón Ramos Torre, en Ramos Torre, Ramón (ed.), Tiempo y sociedad, Madrid, 1992, pp. 133-160].

NOWOTNY, Helga, Eigenzeit. Entstehung und Strukturierung eines Zeitgefühls, Frankfurt am Main, 1993.

ORTS BERENGUER, Enrique, Atenuante de análoga significación (Estudio del art. 9,10º del Código Penal), Valencia, 1978.

PECORARO-ALBANI, Antonio, "Del reato permanente", Rit.DPP, 1960, pp. 394- 452.

PÉREZ DEL VALLE, Carlos, "Relación de causalidad, imputación objetiva y tipo penal: reflexiones sobre el caso límite de las consecuencias tardías", RCCP (2), 1998, pp. 95-105.

PIÑA ROCHEFORT, Juan Ignacio, Rol social y sistema de imputación. Una aproximación sociológica a la función del Derecho penal, Barcelona, 2005.

PLEMPER, Burkhard, "Soziologie und Strafrecht – die Angst vor der Vereinnahmung", en Ostendorf, Heribert (ed.), Integration von Strafrechts- und Sozialwissenschaften, Festschrift für Lieselotte Pongratz, München, 1986, pp. 282-288.

PUNZO, Massimo, Reato continuato, Padova, 1951.

PUPPE, Ingeborg, Strafrecht, Allgemeiner Teil, im Spiegel der Rechtsprechung, t. I, Die Lehre vom Tatbestand, Rechtswidrigkeit, Schuld, Baden-Baden, 2002.

RAGUÉS I VALLÈS, Ramón, La prescripción penal: fundamento y aplicación (texto adaptado a la LO 15/2003 de reforma del Código Penal), Barcelona, 2004.

RAMOS TORRE, Ramón, "El calendario sagrado: el problema del tiempo en la sociología durkheimiana (II)", Reis (48), 1989, pp. 53-77.

RAMOS TORRE, Ramón, "Introducción", en Ramos Torre, Ramón (ed.), Tiempo y sociedad, Madrid, 1992, pp. VII-XXIV.

REICHARDT, Robert H., Einführung in die Soziologie für Juristen. Theoretische und methodologische Grundlagen, Wien/Köln/Graz, 1981.

REQUEJO CONDE, Carmen, El delito relativo a la energía nuclear, Elcano, 2005.

REZSOHAZY, Rudolph, "The methodological aspects of a study about the social notion of time in relation to economic development", en Szalai, Alexander (ed.), The use of time. Dayly activities of urban and suburban populations in twelve countries, Paris, 1972, pp. 449-460.

RICHTER, Walther, "Die Rolle des Richters in unserer Zeit", JZ, 1974, pp. 345- 351.

RODRÍGUEZ PANIAGUA, José, Ley y Derecho. Interpretación e integración de la ley, Madrid, 1976.

ROMEO CASABONA, Carlos María, "Responsabilidad médico-sanitaria y SIDA", AP, 1993-2, pp. 455-491.

ROMEO CASABONA, Carlos María, "Sida y Derecho penal", en Problemas del tratamiento jurídico del Sida, Cuadernos de Derecho Judicial, Madrid, 1995, pp. 69-98.

ROMEO CASABONA, Carlos María, Conducta peligrosa e imprudencia en la sociedad de riesgo, Granada, 2005.

ROMEO CASABONA, Carlos María, Los delitos contra la vida y la integridad personal y los relativos a la manipulación genética, Granada, 2004.

RUDOLPHI, Hans-Joachim, "Vorhersehbarkeit und Schutzzweck der Norm in der strafrechtlichen Fahrlässigkeitslehre", JuS, 1969, pp. 549-557.

RUEDA MARTÍN, María Ángeles, La teoría de la imputación objetiva del resultado en el delito doloso de acción (una investigación, a la vez, sobres los límites ontológicos de las valoraciones jurídico-penales en el ámbito de lo injusto), Barcelona, 2001.

RYFFEL, Hans, Rechtssoziologie. Eine systematische Orientierung, Neuwied/ Berlin, 1974.

SALGUERO, Manuel, Argumentación jurídica por analogía, Madrid, 2002.

SANZ MORÁN, Ángel, El concurso de delitos. Aspectos de política legislativa, Valladolid, 1986.

SCHÄFER, Karl, Niederschriften über die Sitzungen der Großen Strafrechtskommission, t. II, Allgemeiner Teil, Bonn, 1958.

SCHLEHOFER, Horst, "Risikovorsatz und zeitliche Reichweite der Zurechnung beim ungeschützten Geschlechtsverkehr des HIV-Infiziert", NJW, 1989, pp. 2017-2026.

SCHMIED, Gerhard, Soziale Zeit. Umfang, "Geschwindigkeit" und Evolution, Berlin, 1985.

SCHMITZ, Roland, Unrecht und Zeit, Unrechtsquantifizierung durch zeitlich gestreckte Rechtsgutsverletzung, Baden-Baden, 2001.

SCHÜNEMANN, Bernd, "AIDS und Strafrecht – ein Überblick", en Szwarc, Andrzej (ed.), AIDS und Strafrecht, Berlin, 1996, pp. 9-60.

SCHÜNEMANN, Bernd, "Die Rechtsprobleme der AIDS-Eindämmung. Eine Zwischenbilanz" en Schünemann, Bernd/Pfeiffer, Gerd (eds.), Die Rechtsprobleme von AIDS, Baden-Baden, 1988, pp. 373-509.

SCHÜNEMANN, Bernd, "Problemas jurídico-penales relacionados con el Sida", en Mir Puig, Santiago (ed.), Problemas jurídico penales del Sida, Barcelona, 1993, pp. 25-99.

SCHÜNEMANN, Hans-Wilhelm, Sozialwissenschaften und Jurisprudenz. Eine Einführung für Praktiker, München, 1976.

SERRANO GONZÁLEZ DE MURRILO, José Luis, "El comienzo del cómputo de la prescripción en los casos de resultados muy posteriores a la conducta típica", CPC (93), 2007, pp. 113-142.

SILVA SÁNCHEZ, Jesús María, "Sobre la relevancia jurídico-penal de la no-inmediatez en la producción del resultado", en Seminario de Derecho penal e Instituto de Criminología – Universidad de Santiago de Compostela (coord.), Estudios penales en memoria del Profesor Agustín Fernández-Albor, Santiago de Compostela, 1989, pp. 677-687.

SILVA SÁNCHEZ, Jesús María, Aproximación al Derecho penal contemporáneo, 2ª ed., Buenos Aires/Montevideo, 2010.

SOROKIN, Pitirim/Merton, Robert, "Social time: A Methodological and Functional Analysis", AJS (42), 1937, pp. 615-629 ["El tiempo social: un análisis metodológico y funcional", trad. de Ramón Ramos Torre, en Ramos Tabboni, Simonetta, La rappresentazione sociale del tempo, 2ª ed., Milano, 1989.

STURT, Mary, The psychology of time, London, 1925.

TEUBNER, Gunther, "Evolution of Autopoietic Law", en Teubner, Gunther (ed.), Autopoietic Law: A New Approach to Law and Society, Berlin/New York, 1988, pp. 217-241.

TEUBNER, Gunther, Law as an Autopoietic System, Oxford/Cambridge, 1993.

TOMÁS TÍO, José María, "El delito continuado en el Código Penal (Art. 69 bis)", CPC (31), 1987, pp. 111-154.

TRIST, Eric, "Aspects of the transition to post-industrialism", en Emery, Frederick Edmund/Trist, Eric, Towards a Social Ecology. Contextual Appreciation of the Future in the Present, London/New York, 1972, pp. 83-210.

VALENCIA GARCÍA, Guadalupe, Entre cronos y kairos. Las formas del tiempo sociohistórico, Barcelona, 2007.

VÁSQUEZ SHIMAJUKO, Carlos Shikara, "La imputación de los resultados tardíos", BdeF, 2013.

VÁSQUEZ SHIMAJUKO, Carlos Shikara, "La vida humana independiente: contenido y límites de su protección jurídico-penal", RPDJP (3), 2002, pp. 371-390.

WALZ, Rainer, "Sozialwissenchaften im Zivilrecht. Eine Einleitung", en Walz, Rainer (ed.), Sozialwissenchaften im Zivilrecht. Fälle und Lösungen in Ausbildung und Prüfung, Neuwied/Darmstadt, 1983, pp. 1-34.

WERLE, Gerhard, Die Konkurrenz bei Dauerdelikt, Fortsetzungstat und zeitlich gestreckter Gesetzesverletzung, Berlin, 1981.

WOLTERS, Gereon/Beckschäfer, Sebastian, "Zeitliches Auseinanderfallen von Handlung und Erfolg – ein Problem der Zurechnungslehre", en Putzke, Holm/Hardtung, Bernhard/Hörnle, Tatjana/Merkel, Reinhard/Scheinfeld, Jörg/Schlehofer, Horst/Seier, Jürgen (eds.), Strafrecht zwischen System und Telos, Festschrift für Rolf Dietrich Herzberg zum 70 Geburtstag am 14. Februar 2008, Tübingen, 2008, pp. 141-153.

WÜRTENBERGER, Thomas, "Strafrechtsdogmatik und Soziologie", en Würtenberger, Thomas, Kriminalpolitik im sozialen Rechtsstaat. Ausgewählte Aufsätze und Vorträge (1948-1969), Stuttgart, 1970 (publicado originalmente en 1967, fecha con la que se cita), pp. 27-52.

YOUNG, Michael/Ziman, John, "Ciclos en la conducta social", trad. de Ramón Ramos Torre, en Ramos Torre, Ramón (ed.), Tiempo y sociedad, Madrid, 1992, pp. 243-261.

ZAGREBELSKY, Vladimiro, Reato continuato (artt. 81 C.p., 8 D.L. 11 aprile 1974 n. 99), 2ª ed., Milano, 1976.

---

Informação bibliográfica deste texto, conforme a NBR 6023:2018 da Associação Brasileira de Normas Técnicas (ABNT):

VÁSQUEZ SHIMAJUKO, Carlos Shikara. Resultados tardíos y dimensión temporal de la imputación objetiva. In: ASSOCIAÇÃO DOS MAGISTRADOS BRASILEIROS; SALOMÃO, Luis Felipe; FONSECA, Reynaldo Soares da; VIDEIRA, Renata Gil de Alcantara; SZPORER, Patrícia Cerqueira Kertzman; COSTA, Daniel Castro Gomes da (Coord.). *Sistema penal contemporâneo*. Belo Horizonte: Fórum, 2021. p. 327-356. ISBN 978-65-5518-205-7.

# ACORDO DE NÃO PERSECUÇÃO PENAL E DIREITO PENAL ECONÔMICO: CONSIDERAÇÕES SOBRE OS REQUISITOS PARA INCIDÊNCIA DO ART. 28-A NOS DELITOS ECONÔMICOS

ADRIANE GARCEL
FÁBIO ANDRÉ GUARAGNI
JOSÉ LAURINDO DE SOUZA NETTO

## Introdução

Assim como a Justiça brasileira, o sistema penal encontra-se em crise: a grande maioria dos delitos cometidos nem menos alcança a persecução penal pré-processual – fase investigatória –, compondo o vasto acervo delitivo agrupado em cifra oculta, na conhecida expressão criminológica. A investigação é ineficaz, a identificação da autoria e a participação nos delitos acabam restritas aos delitos de rua, componentes da criminalidade clássica, caracterizada por possuir grande visibilidade. Neles, eventualmente ocorre a prisão em flagrante dos envolvidos, dando justa causa à ação penal e bom suporte para finais condenações, no ritmo acelerado que caracteriza feitos de réus presos. No mais, a tramitação dos processos nas varas é morosa, com diversos incidentes e muita burocracia, quando os crimes chegam às barras do sistema de justiça formal.

Este quadro é fortemente coligado a delitos econômicos. São delitos com baixa visibilidade (a respectiva percepção ou observação é difícil), pois praticados de modo discreto, no âmbito de relações negociais e trocas econômicas usuais. De outro lado, produzem baixa suscetibilidade (isto é, não tocam profundamente os sentimentos humanos, mesmo considerando-se a coletividade enquanto vítima), porquanto afrontam bens jurídicos supraindividuais, normalmente mediante geração de perigo de dano.

De modo ilustrativo, uma prática de lavagem de dinheiro tem baixa visibilidade: dá-se usualmente em ambiente financeiro virtual, em meio a um universo de trocas lícitas de capital circulante, sob aparência de legalidade, a partir de sujeitos de aparência (pessoas jurídicas, muitas vezes) e negócios de aparência (por exemplo, contratos fraudulentos). Ofende a administração da justiça, enquanto ocultação ou dissimulação da origem maculada dos bens, direitos e valores, e a ordem econômica, quando da integração do objeto material na economia, gerando perigo de dano para os citados bens supraindividuais. Enquanto fenômeno – na perspectiva kantiana de contato entre os sentidos e o universo circundante –, não se compara a um homicídio ou estupro, delitos que ofendem bens individuais, mediante menoscabo ao bem jurídico (crimes de dano), com ocorrência sensorialmente ostensiva e produtores de grande suscetibilidade.[1]

As baixas visibilidade e suscetibilidade, atreladas a crimes econômicos, tornam-nos raramente objetos de prisões em flagrante. A apuração deles depende de investigações longas, minuciosas e demandantes de expertise. Daí o mau sucesso – dentre outros fatores – do lacunoso sistema penal no enfrentamento deste fascículo de delitos. O desajuste do sistema penal, que se observa quanto aos crimes de modo geral, mais se evidencia, portanto, nos delitos econômicos.

O quadro de desajuste generalizado foi reconhecido pelo Conselho Nacional do Ministério Público – CNMP, na Resolução nº 181/2019, que aludiu, no preâmbulo, à "carga desumana de processos que se acumulam nas varas criminais do País". A Resolução instituiu no âmbito do Ministério Público a aplicação de ANPP antes da edição do Pacote Anticrime. Ainda que almejasse bons fins, sua aplicabilidade era discutível, ante a competência privativa da União para legislar em matéria processual penal, *ex vi* art. 22, I, CR. Luísa Walter da Rosa[2] esclarece que, antes da vigência da Lei Anticrime, a insegurança jurídica era latente. Até novembro de 2019, mais de mil acordos de não persecução foram firmados pelo Ministério Público Federal, amparados apenas na resolução do CNMP. O acordo condicionava-se à concordância do Ministério Público e magistrados, ficando o investigado à mercê da sorte, a depender do agente do Ministério Público e do magistrado designados para o processo.

De toda sorte, a Resolução nº 181 serviu como matriz para a elaboração dos requisitos do novo instituto negocial estatuídos no art. 28-A, ora trabalhados.

De fato, atenta a este contexto, e superando a insegurança derivada da aplicação da Resolução nº 181/19 – CNMP, a Lei Anticrime trouxe institutos direcionados para instrumentalizar uma justiça consensual como via alternativa ao modelo tradicional de resolução do caso penal mediante processos. Objetivou, ainda, a satisfação, por intermédio da reparação de danos à vítima.

Neste viés, o acordo de não persecução penal, com parciais pontos de contato com o *plea bargain* do Direito estadunidense (distinguindo-se dele, todavia, por não implicar assunção de culpa e verdadeira imposição de pena), visa evitar o processo e resolver o caso penal pela via heterodoxa do acordo, precedido de confissão detalhada do evento, ao final da investigação. Fortalece a cultura jurídica do consenso e Justiça penal negocial, bem como desafoga o Poder Judiciário, consubstanciando-se em modelo processual distinto da mecânica tradicional, assentada sob os postulados da obrigatoriedade da ação penal e indisponibilidade de seu objeto.

---

[1] BAJO FERNANDEZ, Miguel. La delincuencia económica. Un enfoque criminológico y político criminal. In: Libro homenaje al Prof. J. Antón Oneca, Salamanca. Universidad de Salamanca, 1982, p. 602, no mesmo sentido, alude à "neutralidade à afetividade do espectador" atinente aos delitos econômicos.

[2] ROSA, Luísa Walter da. Negociando no processo penal após a "Lei Anticrime": acordo de não persecução penal. Canal Ciências Criminais, 2020. Disponível em: https://canalcienciascriminais.jusbrasil.com.br/artigos/803743872/negociando-no-processo-penal-após-a-lei-anticrime-acordo-de-nao-persecucao-penal. Acesso em: 6 mar. 2020.

Destarte, a Lei Anticrime inseriu no texto do Código de Processo Penal, em seu art. 28-A, a realização de acordo do Ministério Público com o autor da infração penal, o dito acordo de não persecução penal, desde que estejam preenchidos os requisitos nela alinhados.

A doutrina e a jurisprudência exaltam a natureza híbrida deste instituto.

A problemática do trabalho reside em colocar em confronto os requisitos previstos para incidência do acordo, tanto no *caput* como em alguns parágrafos do art. 28-A, de um lado, com o acervo delitivo composto pelos delitos econômicos, de outro. Os delitos econômicos possuem determinadas características dogmáticas e criminológicas – estas hauridas da observação cotidiana da respectiva *praxis* – que permitem realizar certa prognose acerca do sucesso do novo espaço de consenso, representado pelo ANPP, neste universo delitivo.

No intuito de realizar observações sobre o encontro entre os requisitos do ANPP e certas características multicitadas da delinquência econômica, produzem-se, portanto, estas linhas. Primeiramente, realizar-se-á uma abordagem introdutória sobre o acordo de não persecução penal, exaltando-se os requisitos do instituto, produtores de verdadeiro cerco atinente aos limites de aplicabilidade da categoria. Passa-se pelo procedimento respectivo a sua incidência e, ao final, realiza-se a confrontação com algumas nuances dos delitos econômicos.

## 1 O Acordo de Não Persecução Penal – ANPP

Os acordos realizados pelo Ministério Público não são instrumentos inovadores ou recentes na Justiça brasileira.

A Lei dos Juizados Especiais Cíveis e Criminais, desde 1995, prevê, para infrações de menor potencial ofensivo: a) a composição dos danos entre ofensor e ofendido, nas ações penais privadas e públicas condicionadas à representação, como causa extintiva de punibilidade (art. 74), b) a transação penal, no art. 76, que tem por objeto a emulação de penas restritivas de direitos ou multa (não são penas por não incidirem de modo cogente, e sim como resultado de acordo civil). Já o art. 89, de modo transcendente às infrações de menor potencial, dispõe sobre a possibilidade de o Ministério Público propor a suspensão condicional do processo nos crimes com pena mínima igual ou inferior a um ano (à época da edição da Lei nº 9.099/95, identificados como infrações de médio potencial ofensivo).

Na mesma linha, o instituto da colaboração premiada também habita o campo dos espaços de consenso no processo penal. De modo precursor, ainda associado à confissão, aparece na Lei nº 7.492/86 (crimes contra o sistema financeiro nacional) e na Lei nº 8.072/1990 (crimes hediondos). Ganha tons mais próximos da negociação pela Lei nº 9.807/99 – proteção à testemunha e ao réu colaborador. Passa a ser utilizado com maior frequência – enquanto instrumento negocial – a partir do ano de 2013, mediante a Lei nº 12.850/2013, nos marcos do art. 3º, tudo no horizonte dos meios de enfrentamento às organizações criminosas e respectivos delitos.

Este rápido painel denota a inclinação do Direito Penal brasileiro, nas últimas quatro décadas, a abrir-se para os espaços de consenso no processo penal. Mitigou-se a tradição de indisponibilidade do objeto da persecução penal, refletida – dentre outras consequências – na obrigatoriedade da ação penal, na impossibilidade de desistência do recurso interposto pelo MP, na oficialidade do titular da *persecutio criminis in juditio*. Referida tradição representou corolário à ideia iluminista do Estado como detentor do monopólio da força e da realização da justiça pública, a partir de sua constituição mediante contratos sociais, com supressão da vítima como polo processual.

Porém, limites empíricos de realização destes postulados, próprios de um projeto do dever-ser produzido na modernidade, representados por déficits de atuação, impositivos do reconhecimento de um caráter marcadamente simbólico para o direito penal, levaram à revisão do modelo tradicional. É fato que já existiam, mesmo nos marcos do processo penal tradicionalmente concebido, alguns espaços de consenso, sobretudo no âmbito da ação penal privada e da ação penal pública condicionada (a renúncia tácita representada pelo acordo entre os envolvidos no confronto, o perdão do querelante aceito pelo querelado). Eram excepcionais concessões ao princípio da oportunidade, "que deve ser compreendido como um critério de seleção orientado pelo princípio da intervenção mínima, o que, em tese, permite que o Ministério Público estipule regras de seleção conforme a política criminal adotada pela instituição".[3] Porém, resulta nítido que este princípio, como rasgadura ao antípoda da obrigatoriedade, foi gradualmente incrementado, pelo alargamento dos espaços de consenso ou justiça penal negocial, nas últimas décadas.

Neste horizonte, em acréscimo à legislação comentada, a Lei Anticrime ampliou as possibilidades de realização de acordo até então existentes com o Ministério Público e outras autoridades públicas (no caso das colaborações premiadas, o c. STF reconhece aos delegados atribuição para realizá-las, à revelia da titularidade do Ministério Público para a ação penal, constante do art. 129, I, CR). Fê-lo com o acordo de não persecução penal (ANPP). O volume de infrações penais que, em tese, permite o ANPP, no *disegno di legge* do art. 28-A, pode inclusive sugerir pergunta sobre se ainda são regras os princípios da obrigatoriedade e indisponibilidade, ocasionalmente mitigados pelos espaços de consenso, enquanto exceções.

A inserção do art. 28-A ao Código de Processo Penal por intermédio da Lei Anticrime, certamente, privilegiou a segurança jurídica, ao demarcar limites claros para aplicação do negócio interpartes. Adiante-se que, eventualmente, fugiu à objetividade a alusão constante do caput do art. 28-A de que o ANPP se condiciona à avaliação positiva, pelo órgão do Ministério Público, acerca da respectiva incidência como necessária e suficiente para reprovação e prevenção do crime.

Há de se mencionar que o ANPP não é um direito subjetivo do infrator, mas uma via de mão dupla: atende a fins político-criminais de resolução do caso penal por via heterodoxa, aspecto representado na necessidade de haver confissão detalhada do evento. Lado contrário, conduz à extinção da punibilidade com gravames menores que aquele eventualmente resultante de sentença criminal. Não se desconhecem divergências no ponto.[4] Porém, a tendência é a repetição da solução já produzida quando dos debates sobre a natureza da suspensão condicional do processo (especialmente a Súmula nº 696, STF), também um instrumento de política criminal em mãos do titular

---

[3] LIMA, Renato Brasileiro de. *Pacote Anticrime*: Comentários à Lei nº 13.964/19 – artigo por artigo. Salvador: Juspodivm, 2020, p. 219.

[4] LOPES JR., Aury; JOSITA, Higyna. Questões polêmicas do acordo de não persecução penal. *Consultor Jurídico*, 2020. Disponível em: https://www.conjur.com.br/2020-mar-06/limite-penal-questoes-polemicas-acordo-nao-persecucao-penal#_ftn1. Acesso em: 6 mar. 2020.

da ação penal, produtor de economia processual em favor do Estado e de eventual extinção da punibilidade em favor do réu.[5] Vale repetir o estrato produzido pelo c. STJ na ferramenta jurisprudência em teses: "A suspensão condicional do processo não é direito subjetivo do acusado, mas sim um poder-dever do Ministério Público, titular da ação penal, a quem cabe, com exclusividade, analisar a possibilidade de aplicação do referido instituto, desde que o faça de forma fundamentada".

Independentemente, o acordo de não persecução penal veicula medida de caráter despenalizador, que visa implementar a consensualidade no Direito Penal, mediante a mitigação do princípio da obrigatoriedade disposto no art. 28 do CPP, conferindo maior segurança jurídica ao instituto adrede previsto na resolução do CNMP. Por conseguinte, materializa os princípios da eficiência e da celeridade, dispostos no art. 37, *caput*, art. 5º, inciso LXXVIII, e art. 129, incisos I e VI, todos da Constituição.

A respeito do tema Mazloum[6] destaca que o instituto alarga o espaço de consenso, valorizando as soluções embasadas na vontade dos sujeitos que compõem a relação processual penal, constituindo um novo padrão de Justiça que reitera o alicerce despenalizador lançado pela antecitada Lei nº 9.099/1995.

Igualmente, Rodrigo Leite Ferreira Cabral[7] assevera que o acordo de não persecução segue a linha de Estados como os Estados Unidos da América e Alemanha, ao conferir ao sistema penal maior racionalidade, podendo o Ministério Público e o Poder Judiciário conferirem atenção e celeridade aos crimes de maior gravidade.

Quanto à natureza do benefício regrado no ANPP, a doutrina e a jurisprudência entendem ser híbrida ou mista, por tratar-se de norma essencialmente processual, ao operar no binômio válido-inválido, mas produzir efeitos também de caráter material, ensejando a extinção da punibilidade depois do cumprido, conforme preceitua o §13 do art. 28-A.

Conforme elucida Aury Lopes Jr., "ao criar uma causa extintiva da punibilidade (art. 28-A, §13, CPP), o ANPP acabou por adquirir natureza mista de norma processual e norma penal".[8] Corroborando este pensamento, assevera-se que:

> Com base nos critérios extraídos da doutrina de Jorge de Figueiredo Dias, é possível dizer que o acordo de não persecução penal é uma regra processual e não de direito penal material, pois sua não observância, dependendo da forma, gera ou a "não existência" ou a "não validade" dos atos realizados. Por exemplo: se a regra do art. 28-A diz que o acordo de não persecução penal é um negócio a ser entabulado entre o Ministério Público e o investigado, não poderia o juiz se substituir ao Ministério Público para formular o acordo. O juiz não possui esse poder e o ato por ele realizado seria considerado um ato

---

[5] LIMA, Renato Brasileiro de. *Pacote Anticrime*: Comentários à Lei nº 13.964/19 – artigo por artigo. Salvador: Juspodivm, 2020. p. 221-222.

[6] MAZLOUM, Ali; MAZLOUM, Amir. Acordo de não persecução penal é aplicável a processos em curso. *Consultor Jurídico*, 2020. Disponível em: https://www.conjur.com.br/2020-fev-07/opiniao-acordo-nao-persecucao-penal-aplicavel-acoes-curso. Acesso em: 6 mar. 2020.

[7] CABRAL, Rodrigo Leite Ferreira. Um panorama sobre o acordo de não persecução penal (art.18 da Resolução nº 181/17-CNMP, com as alterações da Resolução nº 183/18-CNMP) – versão ampliada e revisada. In: BIANCHINI, Alice et al. *Acordo de não persecução penal*: Resolução 181/2017 do CNMP com as alterações feitas pelo Res. 183/2018. 3. ed. São Paulo: Juspodivm, 2018. p. 26.

[8] LOPES JR., Aury; JOSITA, Higyna. Questões polêmicas do acordo de não persecução penal. *Consultor Jurídico*, 2020. Disponível em: https://www.conjur.com.br/2020-mar-06/limite-penal-questoes-polemicas-acordo-nao-persecucao-penal#_ftn1. Acesso em: 6 mar. 2020.

juridicamente inexistente por violação da regra do art. 28-A. Noutro plano, se o §3º do art. 28-A, exige a presença do defensor do investigado para que o acordo de não persecução penal seja realizado, a não observância dessa regra implicará na não validade do ato. Portanto, se ao observar as regras, o ato pode ser considerado juridicamente existente e válido e se, ao não as observar, o ato pode ser considerado inexistente ou não válido, a regra em questão tem natureza processual penal. Não se está discutindo licitude ou ilicitude, punição ou não punição.[9]

Neste sentido, considerando o critério de Jorge Figueiredo Dias, prosseguem:

> Levando em conta que uma vez cumprido o acordo de não persecução penal, o investigado tem declarada extinta sua punibilidade, não obstante a regra seja de natureza processual penal, seu conteúdo também toca no direito penal material. Permite uma discussão de possibilidade ou não de punir o sujeito, operando, em seu conteúdo, sob a chave "punível-não punível", o que é característico de regras de natureza penal material. E, neste passo, amplia o campo de liberdade havido em tese pelo imputado.[10]

Deste modo, o ANPP constitui-se como regra processual com conteúdo material. Esta definição importa para efeitos importantes, como aqueles coligados ao tema da sucessão de leis penais. Institutos de natureza mista, no conflito intertemporal de leis, regem-se pela normativa estatuída no Código Penal, art. 2º, e não pelo art. 2º, CPP.

## 2 Os requisitos e a inaplicabilidade do ANPP

Antes de confrontar os requisitos do ANPP com delitos econômicos, convém explorá-los para melhor compreensão do instituto.

O *caput* do art. 28 do Código de Processo Penal dispõe expressamente sobre os requisitos para aplicabilidade do ANPP, sem prejuízo de condicionantes constantes dos parágrafos. São eles: a formação da *opinio delicti* pela denúncia, apoiada em justa causa, enquanto início de prova coligida na investigação; confissão formal e circunstancial pelo sujeito ativo, futuro beneficiário do acordo; a ocorrência de infração penal sem violência ou grave ameaça, com pena mínima inferior a quatro anos; e que a medida seja necessária e suficiente para a reprovação e prevenção do crime.

Ao dispor sobre a infração penal com pena mínima inferior a quatro anos, o legislador englobou a contravenção e o crime, sendo levadas em conta para o cálculo as causas de aumento e diminuição, nos moldes do §1º. Nestes termos, havendo conexão ou continência com uma infração de menor potencial ofensivo, se a soma das penas máximas ultrapassar dois anos, aplica-se o ANPP, dado que a pena mínima contemplada para a celebração do ANPP é de quatro anos.

Ademais, caso um crime com pena mínima inferior a quatro anos sofra aumento em sua pena fazendo com que a mínima fique igual ou superior a quatro anos, não poderá mais ser celebrado acordo. É o caso, por exemplo, do crime de lavagem de

---

[9] GUIMARÃES, Rodrigo Régnier Chemim; GUARAGNI, Fábio André. *Sucessão de Leis Processuais Penais no tempo e o Pacote Anticrime*. 1. ed. Belo Horizonte, São Paulo: D'Plácido, 2020. p. 19.

[10] GUIMARÃES, Rodrigo Régnier Chemim; GUARAGNI, Fábio André. *Sucessão de Leis Processuais Penais no tempo e o Pacote Anticrime*. Pacote Anticrime. 1. ed. Belo Horizonte, São Paulo: D'Plácido, 2020. p. 20.

dinheiro, que em sua modalidade simples tem a pena cominada de reclusão, de 3 a 10 anos, e multa. Caso a infração venha a ser cometida de forma reiterada ou por intermédio de organização criminosa, recebe aumento de um a dois terços, e isso faz com que seu mínimo fique (ao menos) igual a quatro anos, e neste caso não será possível o acordo de não persecução penal (art. 1º, §4º, Lei nº 9.613/1998).[11]

De outra corrente, Balbi e Araújo[12] salientam que o requisito da pena mínima apenas deverá ser levado em consideração no caso dos crimes dolosos, pois no caso dos crimes culposos, que decorrem da inobservância do dever objetivo de cuidado, o desvalor do resultado é diverso, não influindo o patamar da pena no cabimento do acordo de não persecução. Em verdade, a lei não se restringe a delitos dolosos. De todo modo, difícil vir à memória delito culposo com pena superior a quatro anos, no marco mínimo. Eventualmente, parece-nos que resultados violentos culposos – estes sim – não afastam o ANPP. Afinal, se a violência ou grave ameaça estão previstas no art. 28-A como modos de execução típica, e não como resultados de descuido, aí sim cabe limitar tal barreira ao ANPP para os delitos dolosos, quando cometidos através destes modais. De fato, a violência ou a grave ameaça refere-se àquela intencional contra pessoa, autorizando a aplicação do instituto para os casos que envolvam o homicídio culposo tipificado no art. 121, §3º, do CP, conforme Enunciado nº 23 do CNPG.[13]

Adicionalmente, para preenchimento do requisito da confissão formal e circunstanciada do investigado, a confissão deverá perfazer-se perante a autoridade pública, reduzida a termo e subscrita, além de ser circunstanciada, com os mesmos detalhes que seriam, eventualmente, exigidos para a denúncia, nos moldes do art. 41, do Código de Processo Penal. O que a lei exige é "uma confissão simples e voluntária em que o investigado menciona o essencial da infração cometida, narrando a motivação e as circunstâncias juridicamente relevantes".[14]

Ressalta-se que o texto indica a necessidade do investigado ter confessado o evento delitivo durante a investigação (a princípio, no bojo de inquérito policial). Menciona que o ANPP será ofertado pelo agente ministerial "não sendo o caso de arquivamento" e "tendo o investigado confessado" formal e circunstanciadamente o fato. Ora, normalmente, o promotor verifica se o caso é de arquivamento finalizada a investigação. Nela, pois, já há de existir a confissão! É o que ressai da literalidade do texto. Portanto, em tese, a celebração do acordo deve se dar durante a fase investigatória, tendo como limite temporal o oferecimento da denúncia.[15] Negando-se ou deixando de comparecer ao órgão investigatório, não é obrigatório conceder ao investigado oportunidade

---

[11] BRASIL. Lei n. 9.613, de 3 de março de 1998. Dispõe sobre os crimes de "lavagem" ou ocultação de bens, direitos e valores; a prevenção da utilização do sistema financeiro para os ilícitos previstos nesta Lei; cria o Conselho de Controle de Atividades Financeiras – COAF, e dá outras providências. *Diário Oficial da União*, Brasília/DF, 4 de março de 1998. Disponível em: http://www.planalto.gov.br/ccivil_03/LEIS/L9613.htm. Acesso em: 12 nov. 2020.

[12] ARAUJO, Douglas; BALBI, Laura. Primeiras Impressões sobre o acordo de não persecução penal. *Jus*, 2020. Disponível em: https://jus.com.br/artigos/78760/primeiras-impressoes-sobre-o-acordo-de-nao-persecucao-penal. Acesso em: 12 mar. 2020.

[13] Conforme Renato Brasileiro de Lima: "A violência que impede a celebração do acordo, portanto, é aquela presente na conduta, não no resultado" (LIMA, Renato Brasileiro de. *Pacote Anticrime*: Comentários à Lei nº 13.964/19 – artigo por artigo. Salvador: Juspodivm, 2020. p. 226).

[14] QUEIROZ, Paulo. *Acordo de não persecução penal* – Lei nº 13.964/2019. Publicado em: 15 jan. 2020. Disponível em: https://www.pauloqueiroz.net/acordo-de-nao-persecucao-penal-primeira-parte/. Acesso em: 4 dez. 2020.

[15] LIMA, Renato Brasileiro de. *Pacote Anticrime*: Comentários à Lei nº 13.964/19 – Artigo por Artigo. Salvador: Juspodivm, 2020, p. 220.

para fins de viabilizar a negociação do acordo de não persecução perante o *parquet*, conforme inadequadamente deixa estampado o art. 4º da Resolução Conjunta GPGJ/CGMP nº 20/2020.

Claro que o interrogatório policial pode ser complementado e o conteúdo anterior refeito, a requerimento do investigado. Aí, é possível confessar, retratando a versão anterior. E isto pode se dar junto à autoridade policial ou junto ao agente do Ministério Público. Mas isto é diferente de deduzir-se que a lei preveja um necessário momento, a ser aberto pelo Promotor, para manifestação de investigado que, já tendo sido ouvido na investigação, usualmente na esfera policial, não confessou.

Por fim, no tocante ao requisito da suficiência para a reprovação e a prevenção do crime, como adiantamos, trata-se de expressão subjetiva que demandaria contornos mais claros, pautados no caso concreto. A título de exemplificação, não caberia o acordo de não persecução nas hipóteses de conexão e continência com crime violento ou grave ameaça, para o delito conexo, em que pese o tratamento concursal resultasse abaixo de quatro anos em seu mínimo legal. De toda forma, a expressão deixa claro que o instituto se integra na política criminal do Ministério Público, enquanto titular da pretensão punitiva estatal, antes de constituir certo direito subjetivo do investigado.

Por sua vez, também são trazidas expressamente pela Lei, no §2º do art. 28-A, hipóteses de vedação à incidência do benefício, cujo conteúdo assoma aos requisitos contidos no *caput*. São, a rigor, requisitos negativos: conduzem à inaplicabilidade do instituto quando:

(i) cabível a transação penal de menor potencial ofensivo, de modo a afastar sobreposição com o art. 76 da Lei nº 9.099/95, dando coerência interna à sistematização legal dos espaços de consenso;

(ii) o investigado for reincidente ou houver elementos probatórios que indiquem uma conduta criminal frequente, reiterada ou como meio de vida, exceto se insignificantes as infrações. O Enunciado nº 21, do CNPG alude, aqui, àquelas de menor potencial ofensivo em novo erro: confunde infrações de bagatela, com desvalores de ação e resultado reduzidos, mas existentes em tese, conducente à incidência de resposta penal abrandada (típica dos Juizados Especiais Criminais) com insignificância, atinente à ausência de desvalor de ação e resultado para o caso concreto, cuja incidência afasta a incidência de resposta penal;

(iii) o agente já tiver se beneficiado nos cinco anos anteriores dos institutos do ANPP, da transação penal ou da suspensão condicional do processo (requisito que deixa evidente que insignificantes não serão as infrações de menor potencial, como já aludido);

(iv) nos crimes praticados no contexto da violência doméstica ou familiar, ou os praticados contra a mulher em razão da condição feminina, exaltando a política criminal proibicionista e punitivista que orienta o combate da criminalidade própria do nicho da violência de gênero e intrafamiliar (ambas podem se superpor, mas não se confundem necessariamente, ressaltando-se que a violência familiar sói vitimizar crianças, idosos, deficientes, para além de mulheres, ao passo que nem toda violência de gênero é familiar).

Os requisitos dispostos no *caput* somam-se às barreiras contidas no parágrafo 2º para conformar os limites de incidência do ANPP. De todo modo, há um mecanismo de controle que recai sobre a recusa à celebração do acordo: trata-se do recurso, previsto no parágrafo 14, reservado ao investigado, de evocar a atuação do Procurador-Geral de Justiça para determinar a realização do ajuste. Detalhe: se a palavra final, pelo desenho de lei, é do órgão de cúpula do Ministério Público, fica novamente evidenciado tratar-se de categoria integrante da política criminal do titular da ação penal, em vez de um puro direito subjetivo do investigado. Enfim, trata-se de instituto de dupla via, com vantagens para o investigado e para a agência estatal.

## 3 O procedimento do ANPP

A Lei Anticrime concedeu ao juiz a prerrogativa de fiscalizar os termos do acordo firmado pelo Ministério público, enquanto a fundamentação da recusa é fiscalizada pelo Procurador Geral de Justiça. Andou mal: tudo deveria ir à chefia do Ministério Público, de modo a exaltar a separação entre o papel jurisdicional e a titularidade da pretensão punitiva.

Não observados os requisitos legais, ou constatando a sua inadequabilidade, insuficiência ou abusividade das condições nele dispostas, poderá o juiz deixar de homologar. Para tanto, deverá destacar os motivos pelos quais deixou de homologar, devolvendo os autos ao *parquet* para que reformule a proposta para o investigado, ou pondere acerca de eventual complementação das investigações ou oferecimento de denúncia. Veja-se, sobretudo, que quando o juiz não homologa acordo por considerá-lo insuficiente para atender o interesse público, faz papel próprio de quem é titular da ação penal. É curioso: a Lei nº 13.964/19 eliminou o controle jurisdicional do arquivamento, porquanto efetivamente não caberia ao juiz fazê-lo num sistema acusatório. Mas o papel é parcialmente reafirmado quando concede ao magistrado espaço para definir que o objeto do acordo é insuficiente ou abusivo. Os limites de homologação deveriam cingir-se à legalidade. Por esse motivo, Vladimir Aras sustenta a inconstitucionalidade do §8º do artigo 28-A.[16]

Nos termos da lei, não sendo o caso de ajustes, caso o Ministério Público ou o investigado entenda que o acordo atende aos requisitos legais, poderá interpor recurso em sentido estrito, nos moldes do art. 581, inciso XXV, do CPP, devendo o magistrado homologar a proposta em caso de decisão de provimento do recurso transitada em julgado. De outra banda, improvido o recurso, o Ministério Público deverá oferecer denúncia diante do princípio da obrigatoriedade da ação penal pública, que se opõe à ideia de juízo de oportunidade na promoção e prossecução do processo penal. Aqui, uma consequência exótica da solução legal: o agente ministerial terá que oferecer denúncia mesmo a considerando incabível, porque o Judiciário, que não é titular da ação, "força" a condução da *opinio delicti* para a via do processo penal tradicional. Visível a confusão de papéis contida na mecânica legal. Mais curioso ficará se o juiz não receber a denúncia forçada a partir da solução jurisdicional dada ao recurso em sentido estrito.

Por sua vez, o acordo escorreito deverá ser homologado por sentença. Deverá ser intimada a vítima. Ato contínuo, os autos serão devolvidos ao Ministério Público para que este providencie o início da execução na Vara de Execuções Penais, sendo que,

---

[16] ARAS, Vladimir. *A lei anticrime comentada*. São Paulo: JH Mizuno, 2020. *Apud*. QUEIROZ, Paulo. *Acordo de não persecução penal* – Lei nº 13.964/2019. Publicado em: 15 jan. 2020. Disponível em: https://www.pauloqueiroz.net/acordo-de-nao-persecucao-penal-primeira-parte/. Acesso em: 4 dez. 2020.

enquanto não cumprido ou rescindido o acordo, o prazo prescricional restará suspenso (art. 116, inciso IV, do CP).

Anota-se que, descumpridos quaisquer dos termos acordados, o Ministério Público deverá comunicar o Juízo para a rescisão e posterior oferecimento de denúncia. O descumprimento poderá, inclusive, ser utilizado como fundamento para um eventual não oferecimento da suspensão condicional (art. 28-A §11, do CPP).

Por outro lado, cumprido o acordo, o Juízo da Vara de Execuções Penais deverá declarar extinta a punibilidade.

## 4 A confrontação dos requisitos para incidência do ANPP com os delitos econômicos

Após a descrição dos requisitos e do procedimento do acordo de não persecução penal, passa-se a analisar a sua compatibilidade com os delitos econômicos, tendo em vista as particularidades desses crimes.

### 4.1 O conceito de crimes econômicos

Os crimes econômicos são aqueles praticados contra a ordem econômica, portanto, trata-se de uma violação a bens jurídicos supraindividuais. Nesse sentido, são protegidos "o regular desempenho das políticas monetária, fiscal, financeira, cambial, econômica (*stricto sensu*) e de rendas" e "cada delito econômico tem de concentrar-se na proteção de um recorte específico de cada uma dessas subpolíticas".[17] Normalmente, esses crimes são praticados no âmbito de organizações empresariais, por pessoas com elevadas condições econômicas. Via de regra, "o sujeito ativo equivale àquele de classe social alta, que goza de boa reputação e que pratica o delito no bojo de sua profissão, com habitualidade".[18]

No ambiente da criminologia, analisando os danos produzidos por corporações empresariais americanas, Edwin Sutherland pioneiramente definiu, em 1939, os crimes de colarinho branco. Apresentou a teoria da associação diferencial como etiologia dos delitos, independentemente da classe social do sujeito ativo.[19] Para o referido autor, o crime não se deve a fatores individuais, é um processo aprendido e influenciado pela interação com grupos sociais.[20] Anteriormente a Sutherland, Gabriel Tarde desenvolveu a ideia de que o comportamento criminoso se transmite pelo exemplo.[21]

---

[17] SCHMIDT, Andrei Zenkner. Fundamentos para uma parte geral do direito penal econômico. *Revista Brasileira de Ciências Criminais*, v. 111, p. 61-89, dez. 2014.

[18] GUARAGNI, Fábio André; SOBRINHO, Fernando Martins Maria. Os critérios de delimitação do horizonte cognitivo do direito penal econômico. In: *Revista Jurídica – UNICURITIBA*, v. 1, n. 42, p. 53, 2016. Igualmente, BAJO FERNÁNDEZ, Miguel. La delincuencia económica. Un enfoque criminológico y político criminal. *In: Libro homenaje al Prof. J. Antón Oneca*. Salamanca: Universidad de Salamanca, 1982, p. 587 e p. 602, no tocante à habitualidade.

[19] SUTHERLAND, Edwin H. *El Delito de Cuello Blanco*. Buenos Aires – Montevideo: BdF, 2009, p. 349.

[20] FERRAZ, Hamilton Gonçalves. Uma introdução à teoria da associação diferencial: origens, atualidades, críticas e repressões no Direito Penal Econômica. *In:* SOUZA, Artur de Brito Gueiros; CÂMARA, Juliana de Azevedo Santa Rosa (Org.). *Inovações do Direito Penal Econômico. Prevenção e repressão da criminalidade empresarial.* Brasília: ESMPU, 2018, p. 11-34.

[21] SOUZA, Artur de Brito Gueiros. Da Criminologia à Política Criminal: Direito Penal Econômico e o Novo Direito Penal. *In:* SOUZA, Artur de Brito Gueiros (Org.). *Inovações no direito penal econômico*: contribuições criminológicas, político-criminais e dogmáticas. Brasília: Escola Superior do Ministério Público da União, 2011, p. 109.

Assim, condutas criminosas no âmbito empresarial acabam se sistematizando pela repetição de práticas setoriais. O sujeito ativo assume uma identidade social ao repetir práticas do grupo ao qual pertença ou deseje pertencer – condutas honestas e desonestas. Estas, dentro do grupo, são vistas com sinal valioso, à revelia da atribuição de valor que oficialmente lhes deem as leis. Uma série de fatores pode levar a essas práticas, como a necessidade de aprovação e aceitação, a conformidade, a obediência e a atribuição de competências dentro do grupo.[22] No caso dos delitos empresariais, traduzem um cálculo deliberado de custos e benefícios.[23] Sutherland também especulou os motivos pelos quais se dava uma reação punitiva deficitária para o segmento dos crimes de colarinho branco, fator necessariamente integrante do cálculo – nas palavras de Artur de Brito Gueiros Souza, "o criminoso do colarinho branco goza de um cinturão de impunidade".[24]

O processo de aprendizagem pode ser explicado pelo viés da psicologia cognitiva, a seguir exemplificado no caso da corrupção:

> Para a psicologia cognitivo-comportamental, a corrupção de uma pessoa resulta de haver recebido um reforço positivo em algum momento, v.g., um ganho, por algo que ela fez, mesmo que o ganho tenha sido obtido através da violação da lei. A tendência é de que ela continue repetindo o comportamento em decorrência da recompensa obtida. No outro extremo do ato de corrupção, a ação do corruptor também é, de algum modo, recompensada. Nela, impera o mesmo tipo de reforço.[25]

Além de deliberados, os crimes econômicos são também organizados.[26] Sobre a perspectiva organizacional, afirma Cláudia Maria Cruz Santos:

> Apesar de em última instância os actores do comportamento criminoso continuarem a ser os agentes individuais, as organizações têm uma vida própria e a sua estrutura e funcionamento ultrapassa os interesses de cada sujeito. Há, pois, uma institucionalização de padrões de conduta que passam a ser cindíveis da vontade individual.[27]

Nesse contexto, apresenta-se difícil identificar um autor individual responsável, pois há uma divisão de tarefas entre diversos agentes de uma unidade corporativa, como executivos, diretores, subordinados e acionistas.[28]

---

[22] STEIDEL, Evelin; GUARAGNI, Fábio André. Desvios de personalidade em grupos empresariais e neutralização por compliance: uma tentativa para minimizar o impacto da corrupção no horizonte da criminalidade? *In*: SOBRINHO Fernando Martins Maria (Org.). *Direito penal econômico*: administrativização do direito penal, criminal *compliance* e outros temas contemporâneos. Londrina: Thoth, 2017, p. 54.

[23] SUTHERLAND, Edwin H. *El Delito de Cuello Blanco*. Buenos Aires – Montevideo: BdF, 2009, p. 349.

[24] SOUZA, Artur de Brito Gueiros. Da Criminologia à Política Criminal: Direito Penal Econômico e o Novo Direito Penal. *In*: SOUZA, Artur de Brito Gueiros (Org.). *Inovações no direito penal econômico*: contribuições criminológicas, político-criminais e dogmáticas. Brasília: Escola Superior do Ministério Público da União, 2011, p. 138.

[25] STEIDEL, Evelin; GUARAGNI, Fábio André. Desvios de personalidade em grupos empresariais e neutralização por *compliance*: uma tentativa para minimizar o impacto da corrupção no horizonte da criminalidade? *In*: SOBRINHO Fernando Martins Maria (Org.). *Direito penal econômico*: administrativização do direito penal, criminal *compliance* e outros temas contemporâneos. Londrina: Thoth, 2017, p. 51.

[26] SUTHERLAND, Edwin H. *El Delito de Cuello Blanco*. Buenos Aires – Montevideo: BdF, 2009, p. 348.

[27] SANTOS, Cláudia Maria Cruz. *O Crime de Colarinho Branco* (da origem do conceito e sua relevância criminológica à questão da desigualdade na administração da justiça penal). Coimbra Editora, 2011. p. 281.

[28] SUTHERLAND, Edwin H. *El Delito de Cuello Blanco*. Buenos Aires – Montevideo: Editora B de F. p. 344.

Outro atributo típico dos crimes econômicos – diretamente ligado à ideia de organização – é a habitualidade. Ao destacar as principais características dos delitos de colarinho branco, em comparação com o roubo profissional, afirma Sutherland: *"la delincuencia de las corporaciones, al igual que la de los ladrones profesionales, es persistente: una gran proporción de los delincuentes reinciden"*.[29]

Em um mercado competitivo e sem a devida repreensão, os crimes econômicos se repetem e são praticados de maneira habitual, pois se manifestam como fatores de vantagem em relação aos concorrentes que não os praticam. São o carimbo da deslealdade concorrencial. Trazem danos disseminados não para uma vítima, mas para toda a sociedade, aniquilando o desenvolvimento dos setores econômicos, eliminado novos empregos, produzindo monopólios e oligopólios, restringindo o leque de possibilidades de consumo, a título de exemplo.

Dito isto, necessário analisar como os crimes econômicos são tratados no Brasil e se são compatíveis com o novo instituto de justiça negocial incluído pelo Pacote Anticrime.

## 4.2 Os crimes econômicos no Brasil e a (in)compatibilidade com o ANPP

No Brasil, os crimes econômicos estão previstos em leis esparsas, como a Lei de Lavagem de Dinheiro (Lei nº 9.613/98), Lei dos Crimes contra o Sistema Financeiro Nacional (Lei nº 7.492/86), dos Crimes contra a Ordem Tributária (Lei nº 8.137/90), dos Crimes contra a Ordem Econômica (Lei nº 8.176/1991), o Código de Defesa do Consumidor (Lei nº 8.078/ 1990) e o Código Penal (arts. 334, 337-A, 359-A a 359-H e 168-A). O signo comum é a ofensa ao bem jurídico ordem econômica, enquanto regularidade da produção, distribuição e consumo de bens e serviços,[30] na perspectiva do denominado Direito Penal Econômico *lato sensu*.

Os tipos em questão, modo geral, são crimes dolosos, praticados sem violência ou grave ameaça à pessoa. Ademais, as penas mínimas são inferiores a quatro anos. O crime de lavagem de dinheiro, que se destaca pela resposta penal severa, *v.g.*, possui a previsão de pena de reclusão de três a dez anos e multa. Isoladamente, modo geral, os crimes econômicos satisfazem duas exigências para o ANPP: pena inferior a quatro anos e ausência de modais concernentes à violência ou grave ameaça. Nesse sentido, Nucci afirma ser conveniente que o Parlamento tenha aprovado o acordo de não persecução penal, pois abrange a maioria dos crimes de colarinho branco.[31]

Não é à toa que os crimes de descaminho e contrabando representam os principais tipos em que são propostos acordos de não persecução penal pelo Ministério Público Federal. De um total de 1.199 acordos analisados até 24 de janeiro de 2020 – portanto, antes da vigência da Lei Anticrime[32] –, 322 referem-se a estes tipos.[33]

---

[29] SUTHERLAND, Edwin H. *El Delito de Cuello Blanco*. Buenos Aires – Montevideo: Editora B de F. p. 334.
[30] MARTÍNEZ-BUJÁN PÉREZ, Carlos. *Derecho Penal Económico y de la Empresa*. Valencia: Tirant lo Blanch, 2007, p. 96.
[31] NUCCI, Guilherme de Souza. *Pacote anticrime comentado*: Lei 13.964, de 24.12.2019. 1. ed. Rio de Janeiro: Forense, 2020. p . 60.
[32] A Lei nº 13.964/2019 entrou em vigor no dia 23 de janeiro de 2020. Antes disso, o Acordo de Não Persecução Penal era disciplinado na Resolução nº 181/2017, alterada pela Resolução nº 183/2018.
[33] Conforme dados levantados pela 2ª Câmara de Coordenação e Revisão Criminal, de 1.199 Acordos de Não Persecução Penal propostos pelo MPF, os principais tipos de crime são: contrabando ou descaminho (322),

Assim, nas modalidades simples e praticados isoladamente, os crimes econômicos parecem compatíveis com as exigências do *caput* do art. 28-A do CPP.[34] No entanto, o §2º prevê um rol de vedações para o acordo e, entre elas, trouxe uma inovação à disciplina proposta pelo Conselho Nacional do Ministério Público ao indicar que não poderá ser firmado "se o investigado for reincidente ou se houver elementos probatórios que indiquem conduta criminal habitual, reiterada ou profissional, exceto se insignificantes as infrações penais pretéritas" (inciso II).

Portanto, as coisas mudam de figura quando os delitos econômicos são reiterados, praticados através de grupos criminosos estruturados. Este quadro, comum na *praxis*, interfere no cálculo da pena mínima, porquanto: a) implica concurso de delitos ou continuidade delitiva, capaz de alterar o mínimo legal para a situação concreta (repare-se que causas de aumento e diminuição integram o cálculo para verificação do cabimento do ANPP, conforme já afirmado); b) pode produzir a mudança da subsunção típica da forma básica para formas derivadas ou equiparadas ou implicar a inocência de circunstâncias legais especiais de aumento (majorantes). Aqui, novamente apegando-se à lavagem de dinheiro, caso venha a ser cometida de forma reiterada ou por intermédio de organização criminosa, recebe aumento de um a dois terços (art. 1º, parágrafo 4º, Lei nº 9.613/98), o que faz com que seu mínimo fique (ao menos) igual a quatro anos, caso em que não será possível o acordo de não persecução penal.

Nesse ponto, o modo como cotidianamente os delitos econômicos são praticados ergue-se como obstáculo ao ANPP.

No ponto, é de se destacar um problema inicial de interpretação: não há uma definição, por parte do legislador, do que seja uma "conduta criminal habitual, reiterada ou profissional". Isto gera dificuldade para defini-las, similarmente ao que se caracteriza como infração penal insignificante, referida pelo dispositivo para ressalvar a impossibilidade de aplicação do ANPP.

Apenas em relação à reincidência – que também obsta o ANPP – há uma definição pelo Código Penal, em seus arts. 63 e 64, caracterizando-se "quando o agente comete novo crime, depois de transitar em julgado a sentença que, no País ou no estrangeiro, o tenha condenado por crime anterior", sendo este desconsiderado se entre a data do cumprimento ou extinção da pena e a infração posterior tiver decorrido período de tempo superior a cinco anos. Ademais, o CP desconsidera, para fins de reincidência, os crimes militares e políticos.

Na Itália, diferentemente, o Código Penal traz um capítulo específico para definir a reincidência, habitualidade, profissionalismo e a tendência para cometer um crime (Livro I, Título IV, Capítulo II). O legislador italiano encampa a reincidência na

---

estelionato majorado (188), uso de documento falso (136), moeda falsa/assimilados (66), falsidade ideológica (43), crimes contra as telecomunicações (41), estelionato (40), falso testemunho ou falsa perícia (38), crimes contra o meio ambiente e o patrimônio (36), falsificação de documento público (34), falsificação/corrupção/adulteração (31), peculato (26), crimes contra a ordem tributária (17), falsificação de documento particular (10). (BRASIL. 2ª Câmara de Coordenação e Revisão Criminal. Acordos de Não Persecução Penal: investigações mais céleres, eficientes e desburocratizadas. Atualização em 24 jan. 2020. Disponível em: http://www.mpf.mp.br/atuacao-tematica/ccr2/publicacoes/apresentacoes/apresentacao-sobre-acordos-de-nao-persecucao-penal-anpp-e-30-012020_.pdf. Acesso em: 3 dez. 2020.

[34] Art. 28-A. Não sendo caso de arquivamento e tendo o investigado confessado formal e circunstancialmente a prática de infração penal sem violência ou grave ameaça e com pena mínima inferior a 4 (quatro) anos, o Ministério Público poderá propor acordo de não persecução penal, desde que necessário e suficiente para reprovação e prevenção do crime, mediante as seguintes condições ajustadas cumulativa e alternativamente:

definição da habitualidade e profissionalismo. Ambos exigem condenação prévia – o que não ocorre no Brasil.

Há críticas à importação das categorias de delinquência habitual e profissional, sem a sua respectiva definição pela legislação brasileira.[35] Alguns autores afirmam que houve uma desvirtuação, "na origem do instituto a criminalidade habitual/profissional é um *plus* em relação à reincidência. Já na Lei nº 13.964/2019, como já está vedado o acordo para os reincidentes, obviamente a criminalidade habitual/profissional funcionará como um *minus*".[36]

No entanto, é bom que se diga acerca do peso que referidas categorias têm na Itália. Por exemplo, o art. 172, último parágrafo, do CP italiano impede prescrição da pretensão executória para delinquentes habituais profissionais ou por tendência.[37] Também a tradição de combate às organizações criminosas historicamente associadas ao cotidiano italiano confere consequências poderosas a sujeitos ativos com estes perfis – veja-se o crime de associação de tipo mafioso, art. 416-bis, CP italiano. Daí, a imensa importância de uma norma definitória para as categorias. Aqui, o legislador andou distante de criar efeitos tão poderosos contra o imputado, similares à imprescritibilidade. A criação de barreira à incidência de um mecanismo de justiça penal consensual, quando preservados outros de igual índole, prévios ao Pacote Anticrime (como a transação, a suspensão condicional do processo) não tem o peso que referidas categorias – habitualidade ou profissionalidade criminosa – têm no horizonte do Direito Penal peninsular. E isto, por certo, minora bastante a necessidade de normas de definição legal das categorias da habitualidade e profissionalidade criminosas.

Nos termos do art. 28-A, a caracterização da reincidência dá-se por interpretação objetiva, *ex vi* arts. 63 e 64 do CP. Diversamente, os institutos da habitualidade, reiteração e profissionalismo foram trazidos pelo legislador como alternativa à reincidência para barrar o ANPP – o que é evidenciado pelo disjuntivo "ou". Desse modo, estes institutos não são decorrentes da reincidência, como ocorre na Itália. Aqui, não há qualquer norma que indique que as condutas habituais, reiteradas ou profissionais sejam incompatíveis com a primariedade. Nesses casos, o legislador simplesmente afirmou que é necessário verificar se os elementos probatórios indicam a sua caracterização. Para Guilherme de

---

[35] Leonardo Schmitt de Bem critica a associação dos institutos ao criminoso primário: "a importação tupiniquim desnaturou os requisitos da habitualidade e profissionalidade e, conscientes do equívoco do legislador ou mesmo o ignorando, os membros do Parquet ofertam denúncias em casos que facilmente comportariam o acordo de não persecução penal" (BEM, Leonardo Schmitt de. Os Requisitos do Acordo de Não Persecução Penal. *In*: BEM, Leonardo Schmitt de; MARTINELLI, João Paulo (Org.). *Acordo de Não Persecução Penal*. 2. ed. Belo Horizonte, São Paulo: D'Plácido, 2020).

[36] FRANCO, José Henrique Kaster. O Papel do Juiz no Acordo de Não Persecução Penal. *In*: BEM, Leonardo Schmitt de; MARTINELLI, João Paulo (Org.). *Acordo de Não Persecução Penal*. 2. ed. Belo Horizonte, São Paulo: D'Plácido, 2020.

[37] Diz o artigo 172 do CP italiano: Art. 172. Estinzione delle pene della reclusione e della multa per decorso del tempo. La pena della reclusione si estingue col decorso di un tempo pari al doppio della pena inflitta e, in ogni caso, non superiore a trenta e non inferiore a dieci anni. La pena della multa si estingue nel termine di dieci anni. Quando, congiuntamente alla pena della reclusione, è inflitta la pena della multa, per l'estinzione dell'una e dell'altra pena si ha riguardo soltanto al decorso del tempo stabilito per la reclusione. Il termine decorre dal giorno in cui la condanna è divenuta irrevocabile, ovvero dal giorno in cui il condannato si è sottratto volontariamente all'esecuzione già iniziata della pena. Se l'esecuzione della pena è subordinata alla scadenza di un termine o al verificarsi di una condizione, il tempo necessario per l'estinzione della pena decorre dal giorno in cui il termine è scaduto o la condizione si è verificata. Nel caso di concorso di reati, si ha riguardo, per l'estinzione della pena, a ciascuno di essi, anche se le pene sono state inflitte con la medesima sentenza. L'estinzione delle pene non ha luogo, se si tratta di recidivi, nei casi preveduti dai capoversi dell'articolo 99, o di delinquenti abituali, professionali o per tendenza; ovvero se il condannato, durante il tempo necessario per l'estinzione della pena, riporta una condanna alla reclusione per un delitto della stessa indole.

Souza Nucci, apesar de primário, o investigado pode ter maus antecedentes, no entanto, "torna-se imperioso que os maus antecedentes indiquem, com clareza, a habitualidade delitiva, a reiterada prática de crimes ou o profissionalismo do agente".[38]

Assim, a definição desses conceitos, no Brasil, fica a cargo da doutrina. Conforme leciona Renato Brasileiro de Lima:

> O conceito de criminoso habitual (habitualidade criminosa ou reiteração delituosa) não se confunde com o de crime habitual. Neste, o delito é único, figurando a habitualidade como elementar do tipo. É o que ocorre, por exemplo, com o delito de casa de prostituição (CP, art. 229). Na habitualidade criminosa, há pluralidade de crimes, sendo a habitualidade uma característica do agente, e não da infração penal. No crime habitual, a prática de um ato isolado não gera tipicidade, ao passo que, na habitualidade criminosa, tem-se uma sequência de atos típicos que demonstram um estilo de vida do autor, ou seja, cada um dos crimes anteriores já é suficiente de *per si* para a caracterização da lavagem, sendo que o conjunto de delitos autoriza o aumento da pena. Conduta criminal reiterada, por sua vez, é aquela que é repetida, renovada. Por fim, diz-se profissional da pessoa voltada para a prática de certa atividade como se fosse ela um ofício ou profissão. Como se pode notar, do significado das três palavras extrai-se o nítido intento do legislador de vedar a celebração do acordo de não persecução penal com alguém que faz do crime uma atividade rotineira – verdadeiro meio de vida – alguém que poderá voltar a praticar novos delitos, o que, de *per si*, justifica a restrição.[39]

Conforme enunciado da Procuradoria-Geral de Justiça e da Corregedoria-Geral do Ministério Público de São Paulo, "A expressão 'conduta criminosa habitual, reiterada ou profissional', prevista no inciso II do §2º do art. 28-A do CPP, deve ser entendida como a habitualidade criminosa, a ser verificada no caso concreto".[40] No entanto, haverá hipóteses em que, apesar do reconhecimento da habitualidade, a realização do acordo será possível, seja porque as infrações penais pretéritas são insignificantes, seja porque a sua realização é socialmente recomendável.[41]

Uma boa referência para compreender as categorias consta da Exposição de Motivos do CP, quando da reforma de 1984. Conforme ela, quando há profissionalização, não há que se falar em continuidade delitiva, pois esta favorece o delinquente e a criminalidade profissional, organizada e violenta, impondo reprovabilidade maior:

> 59. O critério da teoria puramente objetiva não se revelou na prática maiores inconvenientes, a despeito das objeções formuladas pelos partidários da teoria objetivo-subjetiva. O projeto optou pelo critério que mais adequadamente se opõe ao crescimento da criminalidade profissional, organizada e violenta, cujas ações se repetem contra vítimas diferentes, em condições de tempo, lugar, modos de execução e circunstâncias outras, marcadas por

---

[38] NUCCI, Guilherme de Souza. *Pacote anticrime comentado*: Lei 13.964, de 24.12.2019. 1. ed. Rio de Janeiro: Forense, 2020, p. 62.

[39] LIMA, Renato Brasileiro de. *Pacote Anticrime*: Comentários à Lei nº 13.964/19 – artigo por artigo. Salvador: Juspodivm, 2020, p. 227.

[40] BRASIL. Procuradoria-Geral de Justiça e a Corregedoria-Geral do Ministério Público de São Paulo. ENUNCIADOS PGJ-CGMP – LEI 13.964/19. Disponível em: http://www.mpsp.mp.br/portal/page/portal/Criminal/Criminal_Juri_Jecrim/Enunciados_CAOCRIM/Enunciados%20PGJ-CGMP%20-%20Lei%2013.964-19%20(1)-%20alterado.pdf . Acesso em: 13 nov. 2020.

[41] QUEIROZ, Paulo. *Acordo de não persecução penal* – Lei nº 13.964/2019. Publicado em: 15 jan. 2020. Disponível em: https://www.pauloqueiroz.net/acordo-de-nao-persecucao-penal-primeira-parte/. Acesso em: 4 dez. 2020.

evidente semelhança. Estender-lhe o conceito de crime continuado importa em beneficiá-la, pois o delinquente profissional tornar-se-ia passível de tratamento penal menos grave que o dispensado a criminosos ocasionais.

Outra rica fonte de referências para a exegese dos óbices ao ANPP impostos pelo art. 28-A reside na jurisprudência tradicional do STJ no tema da continuidade delitiva. Entende que o fato de o agente ser primário não é impeditivo de que seja criminoso habitual:

AGRAVO REGIMENTAL NO RECURSO ESPECIAL. RECURSO ESPECIAL. PENAL. TRÁFICO DE DROGAS. CRIME CONTINUADO. INAPLICABILIDADE. DELITOS PRATICADOS EM INTERVALO SUPERIOR A 30 (TRINTA) DIAS. REITERAÇÃO CRIMINOSA. AGRAVO REGIMENTAL DESPROVIDO.
1. O art. 71, caput, do Código Penal não delimita o intervalo de tempo necessário ao reconhecimento da continuidade delitiva. Esta Corte não admite, porém, a incidência do instituto quando as condutas criminosas foram cometidas em lapso superior a trinta dias.
2. E mesmo que se entenda preenchido o requisito temporal, há a indicação, nos autos, de que o Réu, embora seja primário, é criminoso habitual, que pratica reiteradamente delitos de tráfico, o que afasta a aplicação da continuidade delitiva, por ser merecedor de tratamento penal mais rigoroso.
3. Agravo regimental desprovido.
(AgRg no RECURSO ESPECIAL 1.747.139/RS, Rel. Min. Laurita Vaz, SEXTA TURMA, julgado em 13/11/2018)

Ademais, é recorrente o entendimento na Corte de que crimes de lavagem de dinheiro possam ser realizados de forma reiterada e frequente:

CRIMINAL. RECURSO ESPECIAL. LAVAGEM DE DINHEIRO E CRIME CONTRA O SISTEMA FINANCEIRO NACIONAL. DOCUMENTOS EM LÍNGUA ESTRANGEIRA. TRADUÇÃO DA TOTALIDADE DESTES. DESNECESSIDADE. SUBSTITUIÇÃO DE TESTEMUNHA PELO PARQUET. NULIDADE. NÃO COMPROVAÇÃO DE PREJUÍZO. MAJORANTE DA "HABITUALIDADE" APLICADA AO DELITO DE LAVAGEM DE CAPITAIS. REITERAÇÃO DE CONDUTAS CONFIGURADA. ABSORÇÃO DO CRIME DE EVASÃO DE DIVISAS PELO DE LAVAGEM DE CAPITAIS. IMPOSSIBILIDADE. CRIMES AUTÔNOMOS. RECURSO DESPROVIDO.
[...]
V. Evidenciado que o paciente investia na prática delituosa de lavagem de capitais de forma reiterada e frequente, não há que se falar em ilegalidade decorrente do aumento da reprimenda em razão da majorante da habitualidade.
VI. Não há que falar em consunção entre o crime de evasão de divisas e do de lavagem de capitais, mas em condutas autônomas, caracterizadoras de lavagem de dinheiro.
VII. A lavagem de dinheiro pressupõe a ocorrência de delito anterior, sendo próprio do delito que esteja consubstanciado em atos que garantam ou levem ao proveito do resultado do crime anterior, mas recebam punição autônoma. Conforme a opção do legislador brasileiro, pode o autor do crime antecedente responder por lavagem de dinheiro, dada à diversidade dos bens jurídicos atingidos e à autonomia deste delito.
VIII. Induvidosa, na presente hipótese, a existência do crime de evasão de divisas como crime antecedente.
IX. Recurso desprovido (REsp 1234097/PR, Rel. Ministro GILSON DIPP, QUINTA TURMA, julgado em 03/11/2011, DJe 17/11/2011).

Nesse sentido, decisões de Tribunais de Justiça já demonstram a dificuldade de aplicação do ANPP aos crimes econômicos em razão da verificação de habitualidade:

> Habeas Corpus. Ato do Procurador-Geral de Justiça que confirmou a recusa, pelo órgão ministerial de primeira instância, de oferta de acordo de não persecução penal ao paciente. Menção a circunstâncias concretas dos autos da origem, com destaque para o fato de que o paciente possui anotações criminais e está sendo processado em outro feito pela prática de crimes graves. Organização Criminosa e Corrupção Ativa. Indicação de habitualidade e reiteração delitivas. Requisito subjetivo inadimplido. Insuficiência do ANPP. Ato motivado e com respaldo legal. Inteligência do art. 28-A, §2º, inciso II, do CPP. Precedentes. Ordem denegada. (TJ-SP, HC 2144021-40.2020.8.26.0000, Relator: Márcio Bartoli, Data de Julgamento: 05/08/2020, Órgão Especial, Data de Publicação: 12/08/2020)

> APELAÇÃO CRIMINAL – CRIMES CONTRA A ORDEM TRIBUTÁRIA – QUESTÃO DE ORDEM (PREJUDICIAL) – PEDIDO DE SUSPENSÃO DO PROCESSO PARA A PROPOSTA DE ACORDO DE NÃO PERSECUÇÃO PENAL (ART. 28-A DO CÓDIGO DE PROCESSO PENAL, INCLUÍDO PELA LEI 13.964/2019) – IMPOSSIBILIDADE DE APLICAÇÃO DO BENEFÍCIO NO CASO CONCRETO – ELEMENTOS A INDICAR A PRÁTICA DE CONDUTA CRIMINAL HABITUAL E REITERADA – PREJUDICIAL SUPERADA – PRELIMINARES – ALEGADA CONEXÃO COM OUTRO PROCESSO – ADMINISTRAÇÃO DE PESSOAS JURÍDICAS DISTINTAS – HIPÓTESES DO ART. 76 DO CÓDIGO DE PROCESSO PENAL NÃO RECONHECIDAS – AUSÊNCIA DE PREJUÍZO, DIANTE DA POSSIBILIDADE DE RECONHECIMENTO DA CONTINUIDADE EM SEDE DE EXECUÇÃO (ART. 66, III, 'A' DA LEP) – ALEGADA ILICITUDE DE DILIGÊNCIA REALIZADA PELO FISCO – TESE NÃO ACOLHIDA – PRELIMINARES REJEITADAS – CRIMES DOS ART. 1o, INC. I E II, DA LEI No 8.137/90 – AUTORIA E MATERIALIDADE COMPROVADAS – DOLO CONFIGURADO – CONDUTA QUE NÃO SE AMOLDA EM MERA ELISÃO FISCAL, MAS EM FRAUDE COM O FIM DE REDUZIR TRIBUTO – ABSOLVIÇÃO OU DESCLASSIFICAÇÃO NÃO CABÍVEL – DOSIMETRIA – PENA-BASE – VALORAÇÃO NEGATIVA DE CIRCUNSTANCIAS ÍNSITAS AO TIPO PENAL – IMPOSSIBILIDADE – REDUÇÃO DO "QUANTUM" – ANÁLISE DA PRESCRIÇÃO – TRANSCURSO DE LAPSO ENTRE OS MARCOS INTERRUPTIVOS DA PRESCRIÇÃO SUPERIOR ÀQUELES DO ART. 109 DO CÓDIGO PENAL – EXTINÇÃO DA PUNIBILIDADE (ART. 107, IV, DO CÓDIGO PENAL). (TJ-MG, APR 10024151274883001, Belo Horizonte, Relator: Catta Preta, Data de Julgamento: 12/11/2020, 2ª Câmara Criminal, Data de Publicação: 20/11/2020)

Tendo em vista as características dos crimes econômicos – que ocorrem no âmbito de relações negociais, com trocas econômicas usuais e, na maior parte das vezes, por meio de organizações criminosas –, entende-se que comumente esbarrará no inciso II do §2º do art. 28-A do CPP a aplicação do ANPP. Em muitas denúncias de delitos econômicos oferecidas pelo Ministério Público, inclui-se como conexo o delito de organização criminosa. A soma de penas projetada implica, de todo modo, a usual ultrapassagem do requisito de pena mínima de quatro anos para aferir o cabimento do instituto de consenso.

Enfim, delitos econômicos coligam-se, cotidianamente, com conduta criminal habitual, reiterada ou profissional. O prognóstico é de que o óbice ao ANPP nestes crimes será frequente pela mencionada via.

Para além deste aspecto, ligado ao modo de realização do crime, não escapa outro: a confissão circunstanciada, exigida no *caput* do art. 28-A, é mais difícil nos delitos econômicos. Afinal, a respectiva prática demanda divisão de tarefas, horizontal e vertical, já que se integra ao bojo das atividades profissionais realizadas no ambiente das organizações empresariais. A coligação entre o delito e a empresa não é uma necessidade dogmática nos delitos econômicos, mas é constantemente verificada na prática.

Nestes termos, a confissão detalhada mostra-se mais difícil que em delitos praticados isoladamente pelo sujeito ativo. Em crimes econômicos – em que raramente atua isolado – a confissão implica a chamada de codelinquentes. Em regra, leva à necessidade de delação da atuação de terceiros. E, naturalmente, há aqui uma dificuldade para a confissão: é mais simples assumir uma responsabilidade do que, para além de assumi-la, delatar terceiros, inclusive superiores hierárquicos. Aqui, também, antevê-se dificuldade para o implemento das condições para o ANPP.

## Considerações finais

Diante da ineficiência do sistema penal, não há dúvidas de que o ANPP, contido na Lei Anticrime, visa otimizar, através de resposta consensual, uma justiça criminal mais célere e efetiva. O instituto visa evitar o processo e resolver o caso penal pela via heterodoxa da confissão circunstancial e formal (interesse social), conduzindo à extinção de punibilidade (interesse do imputado), em acordo que se revela caminho de mão dupla. É um novo instrumento político-criminal em mãos do Ministério Público, enquanto titular da ação penal.

Para que seja aplicado o ANPP, é necessário preencher alguns requisitos: constatação pelo Ministério Público de que não é caso de arquivamento; confissão formal e circunstanciada pelo acusado; infração penal sem violência ou grave ameaça; pena mínima inferior a quatro anos; positivação de que a medida seja necessária e suficiente para reprovação e prevenção do crime. Por outro lado, também são trazidas vedações à incidência do benefício, ao modo de requisitos negativos, quando: for cabível transação penal; o investigado for reincidente ou os elementos probatórios indicarem conduta criminal habitual, reiterada ou profissional, exceto se insignificantes; o agente já tiver se beneficiado nos cinco anos anteriores dos institutos do ANPP, da transação penal ou da suspensão condicional do processo; os crimes forem praticados no âmbito de violência doméstica ou familiar, ou contra a mulher, por razões da condição de sexo feminino.

A princípio, os crimes econômicos são dominantemente compatíveis com o ANPP, já que praticados sem modais de violência ou grave ameaça e possuem normalmente pena mínima inferior a quatro anos, sobretudo observados os tipos penais básicos. No entanto, o Direito Penal Econômico possui características criminológicas que podem implicar frequente barreira para a incidência do novo instituto de justiça negocial.

Inicialmente, os delitos econômicos denotam baixas visibilidade e suscetibilidade, já que praticados em ambiente empresarial, sob a aparência de legalidade, ofendendo bens jurídicos supraindividuais. Normalmente, são precedidos de uma análise de custo-benefício integrada por um quadro prático de baixa repressão. A mescla com atividades empresariais legais, a pouca visibilidade e fraca produção de suscetibilidade, a repressão incipiente, tudo produz um quadro convidativo para o sujeito ativo praticá-los regularmente, obtendo vantagem competitiva desleal. Tudo conflui para a habitualidade, profissionalidade e reiteração.

A prática no âmbito de organizações, em que há uma divisão de tarefas e uma consequente dificuldade em individualizar os agentes responsáveis, é um dos fatores determinantes da repressão discreta destes delitos. A apuração respectiva depende de investigações longas, minuciosas e demandantes de expertise. *Ipso facto*, a jurisprudência admite que as denúncias dos crimes societários sejam feitas sem o detalhamento das condutas de cada um dos acusados.

Neste contexto, a possibilidade de realização do ANPP no âmbito dos delitos econômicos encontra um obstáculo cotidiano: afinal, a realização delitiva costuma dar-se de forma habitual, reiterada ou profissional. Lado outro, como o delito costuma ser praticado no seio de organizações empresariais, a confissão detalhada exigida pelo *caput* do art. 28-A será mais difícil: além da assunção de responsabilidade, o agente haverá de minuciar a atuação criminosa de terceiros, pessoas de sua relação diuturna, eventualmente superiores hierárquicos. Laços de fidelidade deverão ser quebrados, bem como vínculos sociais eventualmente caros. A necessidade usual de chamada de terceiros corresponsáveis também se mostra como barreira a mais para a implementação da confissão, condição para incidência do ANPP.

## Referências

ARAUJO, Douglas; BALBI, Laura. Primeiras Impressões sobre o acordo de não persecução penal. *Jus*, 2020. Disponível em: https://jus.com.br/artigos/78760/primeiras-impressoes-sobre-o-acordo-de-nao-persecucao-penal. Acesso em: 12 mar. 2020.

BAJO FERNÁNDEZ, Miguel. La delincuencia económica. Un enfoque criminológico y político criminal. *In: Libro homenaje al Prof. J. Antón Oneca*. Salamanca: Universidad de Salamanca, 1982.

BEM, Leonardo Schmitt de. Os Requisitos do Acordo de Não Persecução Penal. *In*: BEM, Leonardo Schmitt de; MARTINELLI, João Paulo (Org.). *Acordo de Não Persecução Penal*. 2. ed. Belo Horizonte, São Paulo: D'Plácido, 2020.

BRASIL. 2ª Câmara de Coordenação e Revisão Criminal. Acordos de Não Persecução Penal: investigações mais céleres, eficientes e desburocratizadas. Coordenadora: Luiza Cristina Fonseca Frischeisen (Subprocuradora-Geral da República). Publicado em 30 jan. 2020. Disponível em: http://www.mpf.mp.br/atuacao-tematica/ccr2/publicacoes/apresentacoes/apresentacao-sobre-acordos-de-nao-persecucao-penal-anpp-e-30-012020_.pdf . Acesso em: 3 dez. 2020.

BRASIL. Lei n. 9.613, de 3 de março de 1998. Dispõe sobre os crimes de "lavagem" ou ocultação de bens, direitos e valores; a prevenção da utilização do sistema financeiro para os ilícitos previstos nesta Lei; cria o Conselho de Controle de Atividades Financeiras – COAF, e dá outras providências. *Diário Oficial da União*, Brasília/DF, 04 de março de 1998. Disponível em: ttp://www.planalto.gov.br/ccivil_03/LEIS/L9613.htm. Acesso em: 12 nov. 2020

BRASIL. Procuradoria-Geral de Justiça e a Corregedoria-Geral do Ministério Público de São Paulo. ENUNCIADOS PGJ-CGMP – LEI 13.964/19. Disponível em: http://www.mpsp.mp.br/portal/page/portal/Criminal/Criminal_Juri_Jecrim/Enunciados_CAOCRIM/Enunciados%20PGJ-CGMP%20-%20Lei%2013.964-19%20(1)-%20alterado.pdf Acesso em: 13 nov. 2020.

BRASIL. Superior Tribunal de Justiça. AgRg no RECURSO ESPECIAL 1.747.139/RS, Rel. Min. Laurita Vaz, SEXTA TURMA, julgado em 13.11.2018.

BRASIL. Superior Tribunal de Justiça. REsp 1234097/PR, Rel. Ministro GILSON DIPP, QUINTA TURMA, julgado em 03.11.2011, *DJe* 17.11.2011.

BRASIL. TJ-MG, APR 10024151274883001, Belo Horizonte, Relator: Catta Preta, Data de Julgamento: 12.11.2020, 2ª Câmara Criminal, Data de Publicação: 20.11.2020.

BRASIL. TJ-SP, HC 2144021-40.2020.8.26.0000, Relator: Márcio Bartoli, Data de Julgamento: 05.08.2020, Órgão Especial, Data de Publicação: 12.08.2020.

CABRAL, Rodrigo Leite Ferreira. Um panorama sobre o acordo de não persecução penal (art.18 da Resolução nº 181/17-CNMP, com as alterações da Resolução n. 183/18-CNMP) – versão ampliada e revisada. *In*: BIANCHINI, Alice *et al*. *Acordo de não persecução penal*: resolução 181/2017 do CNMP com as alterações feitas pelo Res. 183/2018. 3. ed. São Paulo: Juspodivm, 2018.

FERRAZ, Hamilton Gonçalves. Uma introdução à teoria da associação diferencial: origens, atualidades, críticas e repressões no Direito Penal Econômica. *In:* SOUZA, Artur de Brito Guerios; CÂMARA, Juliana de Azevedo Santa Rosa (Org.). *Inovações do Direito Penal Econômico.* Prevenção e repressão da criminalidade empresarial. Brasília: ESMPU, 2018.

FERREIRA, André. Acordo de Não Persecução Penal e Crimes contra a Ordem Tributária. *Migalhas,* 2020. Disponível em: https://migalhas.uol.com.br/depeso/328826/acordo-de-nao-persecucao-penal-e-crimes-contra-ordem-tributaria. Acesso em: 16 nov. 2020.

FRANCO, José Henrique Kaster. O Papel do Juiz no Acordo de Não Persecução Penal. *In:* BEM, Leonardo Schmitt de; MARTINELLI, João Paulo (Org.). *Acordo de Não Persecução Penal.* 2. ed. Belo Horizonte, São Paulo: D'Plácido, 2020.

GUIMARÃES, Rodrigo Régnier Chemim; GUARAGNI, Fábio André. *Sucessão de Leis Processuais Penais no tempo e o Pacote Anticrime.* 1. ed. Belo Horizonte, São Paulo: D'Plácido, 2020.

LIMA, Renato Brasileiro de. *Pacote Anticrime: Comentários à Lei nº 13.964/19* – artigo por artigo. Salvador: Juspodivm, 2020.

LOPES JR., Aury; JOSITA, Higyna. Questões polêmicas do acordo de não persecução penal. *Consultor Jurídico,* 2020. Disponível em: https://www.conjur.com.br/2020-mar-06/limite-penal-questoes-polemicas-acordo-nao-persecucao-penal#ftn1. Acesso em: 6 mar. 2020.

MARTÍNEZ-BUJÁN PÉREZ, Carlos. *Derecho Penal Económino y de la Empresa.* Valencia: Tirant lo Blanch, 2007.

MAZLOUM, Ali; MAZLOUM, Amir. Acordo de não persecução penal é aplicável a processos em curso. *Consultor Jurídico,* 2020. Disponível em: https://www.conjur.com.br/2020-fev-07/opiniao-acordo-nao-persecucao-penal-aplicavel-acoes-curso. Acesso em: 6 mar. 2020.

NUCCI, Guilherme de Souza. *Pacote anticrime comentado*: Lei 13.964, de 24.12.2019. 1. ed. Rio de Janeiro: Forense, 2020.

QUEIROZ, Paulo. *Acordo de não persecução penal* – Lei nº 13.964/2019. Publicado em: 15 jan. 2020. Disponível em: https://www.pauloqueiroz.net/acordo-de-nao-persecucao-penal-primeira-parte/. Acesso em: 4 dez. 2020.

ROSA, Luísa Walter da. Negociando no processo penal após a "Lei Anticrime": acordo de não persecução penal. *Canal Ciências Criminais,* 2020. Disponível em: https://canalcienciascriminais.jusbrasil.com.br/artigos/803743872/negociando-no-processo-penal-após-a-lei-anticrime-acordo-de-nao-persecucao-penal. Acesso em: 6 mar. 2020.

SANTOS, Cláudia Maria Cruz. *O Crime de Colarinho Branco* (da origem do conceito e sua relevância criminológica à questão da desigualdade na administração da justiça penal). Coimbra Editora, 2011.

SCHMIDT, Andrei Zenkner. Fundamentos para uma parte geral do direito penal econômico. *Revista Brasileira de Ciências Criminais,* vol. 111, p. 61-89, dez. 2014.

SOBRINHO, Fernando Martins Maria; GUARAGNI, Fábio André. Os critérios de delimitação do horizonte cognitivo do direito penal econômico. *In: Revista Jurídica,* UNICURITIBA, v. 1, n. 42, 2016.

SOUZA, Artur de Brito Gueiros. Da Criminologia à Política Criminal: Direito Penal Econômico e o Novo Direito Penal. *In:* SOUZA, Artur de Brito Gueiros (Org.). *Inovações no direito penal econômico*: contribuições criminológicas, político- criminais e dogmáticas. Brasília: Escola Superior do Ministério Público da União, 2011. p. 138

STEIDEL, Evelin; GUARAGNI, Fábio André. Desvios de personalidade em grupos empresariais e neutralização por compliance: uma tentativa para minimizar o impacto da corrupção no horizonte da criminalidade? *In:* SOBRINHO Fernando Martins Maria (Org.). *Direito penal econômico*: administrativização do direito penal, criminal *compliance* e outros temas contemporâneos. Londrina, PR: Thoth, 2017, p. 54.

SUTHERLAND, Edwin H. *El Delito de Cuello Blanco.* Buenos Aires – Montevideo : Editora B de F., 2009.

---

Informação bibliográfica deste texto, conforme a NBR 6023:2018 da Associação Brasileira de Normas Técnicas (ABNT):

GARCEL, Adriane; GUARAGNI, Fábio André; SOUZA NETTO, José Laurindo de. Acordo de não persecução penal e Direito Penal Econômico: considerações sobre os requisitos para incidência do art. 28-A nos delitos econômicos *In*: ASSOCIAÇÃO DOS MAGISTRADOS BRASILEIROS; SALOMÃO, Luis Felipe; FONSECA, Reynaldo Soares da; VIDEIRA, Renata Gil de Alcantara; SZPORER, Patrícia Cerqueira Kertzman; COSTA, Daniel Castro Gomes da (Coord.). *Sistema penal contemporâneo.* Belo Horizonte: Fórum, 2021. p. 357-376. ISBN 978-65-5518-205-7.

# BREVES COMENTÁRIOS SOBRE A NOVA LEI DE ABUSO DE AUTORIDADE

### GLÁUCIO ROBERTO BRITTES DE ARAÚJO

## 1 Introdução e problemas teóricos

A despeito das ponderações de ordem principiológica, dogmática e de política criminal que tivemos a oportunidade de expor em artigo publicado na revista eletrônica do TJSP e em nota técnica da Apamagis, resta-nos, nesse lanço, ante a aprovação da Lei nº 13.869/19, analisar algumas divergências doutrinárias que se anunciam e preconizar por aquelas que se mostram mais razoáveis e fiéis aos princípios constitucionais, além de ajustadas a um modelo penal orientado pelo equilíbrio entre garantias individuais e combate eficiente à violação de direitos fundamentais. Sob esse aspecto, é preciso perquirir o alcance, o sentido e os fins estritamente legítimos das novas normas, à luz da teoria da proteção do bem jurídico e dos princípios da intervenção mínima, da legalidade (mais precisamente seu corolário taxatividade), da culpabilidade, da lesividade e da proporcionalidade, concebendo-as como produto acabado, não mais contaminado por injunções ideológicas, motivações corporativistas ou pretensões casuísticas de intimidação de determinadas autoridades.

Adotando o método hipotético-dedutivo, partiremos das situações previstas em normas para, à luz de uma concepção do Direito Penal própria do funcionalismo moderado que permite a infiltração na dogmática dos fins de política criminal, a superação da crise da proteção do bem jurídico e o recurso a critérios de imputação objetiva, extrair as conclusões mais apropriadas às soluções dos problemas concretos. Sem descuidar da preocupação com a equidade e a justiça na compreensão e interpretação de cada texto normativo do diploma, pretendemos oferecer sugestões exegéticas que empiricamente não se mostrem contraproducentes para o interesse público perante os desafios de frear práticas arraigadas em órgãos de Estado que subjugam o cidadão "comum" e reduzir drasticamente os índices de excessos e desvios no exercício do poder. A propósito, em recente levantamento da Corregedoria da Polícia Militar de São Paulo, por exemplo, o número de denúncias por abuso de autoridade cresceu 74% (de 39 em 2017 para 68 em 2019).[1] E a efetiva responsabilização em todas as esferas, reconhecida pelo legislador, viabilizando canais de denúncia e apurações exitosas contra cifras negras, é mais relevante para o enfrentamento da impunidade do que apenas cominar penas severas.

Distorções na aplicação da nova lei, todavia, devem ser evitadas ou sanadas, não se olvidando de que os sujeitos ativos da aludida lei gozam da mesma proteção que qualquer cidadão contra excessos de criminalização e de ingerência estatal na condução dos procedimentos de responsabilização legal. Nesse contexto, poderá a jurisprudência tornar a obra legislativa útil, restringindo a exegese de seus preceitos ao significado autêntico de abuso de autoridade e consolidando-se acerca da exigência em todos os delitos do "dolo específico", anunciado no parágrafo 1º do art. 1º ("com a finalidade específica de prejudicar outrem ou beneficiar a si mesmo ou a terceiro, ou, ainda, por mero capricho ou satisfação pessoal"). Aliás, a doutrina já o vislumbrava implícito no texto normativo revogado.

Com efeito, tal elemento subjetivo especial deve estar presente em todas as condutas previstas nos tipos seguintes para se concluir pela tipicidade material, não bastando a subsunção formal a cada artigo. Igualmente, a expressa ressalva de que a "divergência na interpretação de lei ou na avaliação de fatos e provas não configura abuso de autoridade" representou avanço relevante na tramitação do projeto de lei, obstando a criminalização da atividade jurisdicional. Ademais, segundo lição de Renato Brasileiro de Lima,[2] a doutrina não negava a possibilidade de atribuição dos delitos com elemento subjetivo especial a título de dolo direto ou eventual. Assim, pode ficar demonstrado que o agente não queria o resultado, mas assumiu o risco de produzi-lo, assim fazendo para prejudicar outrem ou beneficiar a si ou a terceiro, ou, ainda, por capricho ou satisfação pessoal. Todavia, em alguns tipos o legislador excluiu o dolo eventual, como nos arts. 19, 25, parágrafo único, e 30.

Relembra-se que os delitos, em regra, são pluriofensivos, pois a tutela penal recai sobre o bom funcionamento do Estado (princípios básicos de sua atividade, bem assim lealdade e probidade do servidor) e sobre direitos individuais (locomoção, intimidade, vida privada, assistência jurídica, etc.). Com efeito, almeja-se coibir e punir o excesso ou o desvio de poder, devendo a conduta ter sido praticada no exercício das funções ou a pretexto dele. Nesse sentido, a norma interpretativa do art. 2º da lei é ampla, alcançando quem exerce, ainda que transitoriamente e sem remuneração, funções em um dos vários órgãos do *caput*. Lima discorda, contudo, da doutrina majoritária acerca da dupla subjetividade passiva, priorizando a tutela do interesse do particular e admitindo o Estado apenas como sujeito passivo secundário.

Segundo Cabette,[3] o conceito administrativo de agente público para sujeito ativo é mais amplo do que o de servidor ou funcionário público do art. 327, CP. E em sua maioria, os crimes são funcionais impróprios (sem aquela qualidade, subsumir-se-iam a outros tipos). Alguns, contudo, como a omissão na comunicação de flagrante (art. 12), se praticados por particular seriam penalmente irrelevantes, salvo se em concurso com agente público. De qualquer maneira, o espectro de incidência das incriminações,

---

[1] Disponível em: https://g1.globo.com/sp/sao-paulo/noticia/2020/01/22/denuncias-de-abuso-de-autoridade-cometidos-por-pms-de-sp-crescem-74percent-em-dois-anos.ghtml. Último acesso em: 4 dez. 2020.
[2] LIMA, Renato Brasileiro de. *Nova Lei de Abuso de Autoridade*. Salvador: Juspodivm, 2020, p. 27/37.
[3] CABETTE, Eduardo Luiz Santos. Abuso de Autoridade: chave de leitura para a alma ou o centro nevrálgico da Lei. Jusbrasil.com.br, 2 dezembro 2020.

portanto, é apropriado à proibição da tutela penal insuficiente ou deficiente, obstando lacunas para vários abusos empiricamente verificáveis no cotidiano. Em contrapartida, o agente somente será sujeito ativo se tiver capacidade de determinar, de subordinar ou de se fazer obedecer, como ensina Freitas,[4] pressupondo-se poder do qual possa abusar. O autor ainda denomina "alma" da lei o elemento subjetivo "específico" do §1º do artigo 1º, mas diverge de Lima ao refutar o dolo eventual.

Quanto à controvérsia sobre a natureza jurídica do §2º do art. 1º, discorda, com razão, de quem vislumbra na negação do "crime de hermenêutica" uma causa excludente de ilicitude, que presumiria típica a conduta, embora não movida por uma daquelas finalidades especiais (ex.: prejudicar outrem). Por isso, teria sido inserida, topograficamente, na sequência. Acrescenta que, à luz da imputação objetiva, o agente estaria na seara do "risco permitido" e, por conseguinte, da atipicidade. Invoca também a tipicidade conglobante de Zaffaroni para lembrar que não apenas é permitido, mas é imposto ao agente interpretar a norma para aplicação ao caso concreto. Importaria o fato de que a ordem normativa não pretende proibir o comportamento que fomenta, embora aparente a vedação em razão da tipicidade legal. Com efeito, ao se equivocar na interpretação, o magistrado, por exemplo, não teria sequer criado ou incrementado risco proibido, que se realizaria no resultado contrário ao objeto da tutela.

Ainda sobre a disciplina especial dos crimes de abuso de autoridade, cumpre ressaltar que a ação privada somente foi admitida na modalidade de subsidiária, no prazo de 6 meses do exaurimento daquele previsto para oferecimento de denúncia, salientando-se que o incremento do número de *notitia criminis,* esperado inicialmente por causa da repercussão que tomou a discussão da matéria, poderá ser contrastado pelos arquivamentos motivados daquelas improcedentes, como ocorria sob a égide da lei antiga, repleta de tipos abertos e elementos normativos, que já criavam condições para "representações" maculadas pelo escopo de manietar autoridades. Os critérios e conceitos oferecidos pela doutrina certamente contribuirão para frear eventuais excessos de imputações temerárias ou imbuídas de má-fé, assim como a advertência expressa da lei sobre seus efeitos, mormente a denunciação caluniosa e a reparação de danos sofridos pelo servidor.

Por outro lado, quanto à indenização daqueles suportados por vítima autêntica, é necessário requerimento do ofendido (e não do MP), diferentemente do modelo do CPP, o que representou retrocesso para alguns doutrinadores, embora se coadune com a exigência pela jurisprudência de submissão do tema ao contraditório, sobretudo quando é mais comum, em infrações de tal jaez, a lesão de cunho moral do que material. Prescinde-se, contudo, de formalidade, como a habilitação de assistente de acusação, bastando a manifestação do próprio ofendido, até mesmo em depoimento extrajudicial. Ainda sobre as consequências do delito, a inabilitação para o cargo e a perda da função pública dependem de reincidência específica e motivação explícita na sentença.

As penas restritivas de direitos igualmente possuem disciplina especial, admitindo-se apenas a prestação gratuita de serviços à comunidade e a suspensão do exercício do mandato ou função por um a seis meses, criticada por parte da doutrina em razão da perspectiva de retorno à função, depois de privado de vencimentos por significativo período. Debater-se-á certamente se a prestação de serviços em acordo de não persecução

---

[4] FREITAS, Gilberto Passos de; FREITAS, Vladimir Passos de. *Abuso de Autoridade.* 7. ed. São Paulo: RT, 1997, p. 86.

penal passaria a caber para as penas inferiores a 6 meses, ao arrepio do art. 46, CP. Está previsto procedimento comum (e não o exíguo da lei antiga, cuja inconstitucionalidade era apontada por parte da doutrina) e o da Lei nº 9.099/95 para infrações da lei de menor potencial ofensivo. Não obstante a convincente crítica doutrinária à transação penal perante a cominação de perda do cargo, no sistema anterior, o novo diploma expressamente admite aquele instituto e o *sursis* processual, sem prejuízo do acordo de não persecução penal, quando não couber a transação. O abuso de policial militar, todavia, enseja competência da Justiça Castrense, que deve receber também os autos dos procedimentos em curso, pois a perpetuação não se aplica ao juízo absolutamente incompetente.

## 2 Abusos nas medidas restritivas de liberdade

Quanto aos delitos previstos na lei, despontam várias questões polêmicas, mas vamos nos ater aqui àqueles que ensejam mais desafios exegéticos acerca de violações de direitos fundamentais estratégicos na persecução penal. Assim, desponta de plano a relevância das investidas contra o direito de liberdade. Urge firmar entendimento sobre o alcance da expressão "decretar" do art. 9, se atinente à competência exclusiva de autoridade judicial, invocando-se a tipicidade restrita, ou se dotada do sentido de "determinar", passível de cometimento pelo delegado na autuação em flagrante, por exemplo, consoante exegese teleológica e sistemática de todas as hipóteses legais de prisão, posição que mais nos convence. No tocante à cogitação para o membro do MP de eventual condição de partícipe no delito especial de autoria do juiz/desembargador e delegado, cumpre observar que foi eliminada do projeto a tipificação do pleito ou representação pela prisão. Cumpre ressaltar ainda que o delito é formal, pois se consuma com a prolação da decisão, independentemente da efetiva prisão, o que revela mais uma vez o adiantamento despiciendo das barreiras do direito penal.

A propósito do tema, Lima[5] entende que apenas no parágrafo o legislador se restringe à autoridade judiciária e que a prisão teratologicamente decretada por um promotor ou delegado não deixa de configurar abuso, concebendo no verbo núcleo o sentido de determinar. Ressalva, com razão, que se aplica o art. 230 do ECA quando a vítima for criança ou adolescente. Em seguida, incluiu, contudo, a semiliberdade e internação no conceito de medida de privação de liberdade, ao lado das cautelares diversas da prisão, medida de segurança de internação, prisão imediata por transgressão militar e internação psiquiátrica, assistindo-lhe razão não restringir o espectro de abuso à prisão temporária, em flagrante ou preventiva. Com efeito, o recolhimento domiciliar, por exemplo, afeta a locomoção.

Não entendemos razoável, por outro lado, que seja imputada autoria do delito do parágrafo único ao relator de HC (inc. III), quando não se convence da urgência para deferir a liminar e apenas o colegiado competente concede a ordem. A liminar, aliás, é medida excepcional de antecipação do provimento, que não é imposta por lei para todas as situações de oportuno julgamento favorável do mérito do HC. Vale dizer,

---

[5] LIMA, Renato Brasileiro de. *Nova Lei de Abuso de Autoridade*. Salvador: Juspodivm, 2020, p. 81/88.

nem sempre a decisão monocrática que prestigie a competência natural do colegiado e não vislumbre a urgência da soltura caracterizará crime. E no tocante à omissão de relaxamento da prisão (inc. I e II), causaria espécie a coautoria dos membros do órgão, além de forçosa a exclusão do prolator de voto vencido, à luz do princípio da culpabilidade e da autorresponsabilidade. No parágrafo, a propósito, destinado exclusivamente à "autoridade judiciária" exsurge mais uma incongruência, qual seja, a atipicidade da omissão do delegado perante a prisão ilegal em flagrante, como o forjado.

Reconhecemos que os elementos normativos "manifesta" do *caput* e "manifestamente" do inc. III tornaram a norma menos aberta, deixando evidente que a mera reforma de decisão ou dissenso na valoração de provas e na solução de direito não caracteriza crime. Nem mesmo a prisão decretada, sem viabilidade da audiência de custódia, mas no prazo, confunde-se com inobservância dolosa de formalidade imposta por lei. A norma incriminadora contempla, pois, apenas situações esdrúxulas incontroversas, como pena máxima já superada, imputação de infração punida com multa, etc. Essas não coincidirão necessariamente com todos os casos de concessão de ofício de ordem pelos Tribunais Superiores, embora não conhecido o HC, mediante superação da Súmula 619, STF. A simples referência necessária no acórdão à teratologia ou ilegalidade da decisão para deferir o pedido da defesa ou do réu não conduz à ilação de que o julgador cometeu abuso de autoridade. A ausência de critérios precisos e objetivos para tais concessões de ofício e os contornos diferentes que referidos conceitos assumem nas duas sedes impõem a verificação em cada caso concreto do abuso doloso. Invocar-se-á, ademais, o elemento subjetivo do art. 1º para que não se cogite mais de "crime de hermenêutica" e para que as autoridades não sejam desencorajadas ou tolhidas no seu árduo mister.

No escólio de Brasileiro de Lima,[6] na vigência da lei revogada, a jurisprudência já refutava a responsabilização criminal do magistrado pela divergência de interpretação. Ainda em hipóteses de literalidade da norma e de aprovação de súmula vinculante, o especial fim de agir deve estar presente. Ressalva a interpretação absurda, teratológica e fora do razoável, que não excluiria o dolo. Vislumbra problema para a taxatividade na elementar "manifesta desconformidade com as hipóteses legais", que pode provocar omissão de agentes públicos por medo, prejuízos à segurança pública (art. 144, CP) e efetividade da prestação jurisdicional (art. 5º, XXXV, CF). Assim, além de exigir o elemento subjetivo especial, sendo despiciendo apenas que o fim de prejudicar ou beneficiar seja alcançado, caberia ao aplicador distinguir ilegalidades patentes, como a decretação de ofício de uma temporária durante a instrução em imputação de ameaça, daquela somente equivocada na avaliação de *fumus comissi delicti e periculum libertatis*, até porque ausente a modalidade culposa. Pondera, por fim, que a omissão no relaxamento da prisão manifestamente ilegal incluiu crimes hediondos, a despeito da vedação em abstrato da liberdade provisória, à luz da Súmula 697, do STF. O prazo deve ser razoável, quando não expresso como o de 24h em audiência de custódia, tendo aludido autor sugerido 48h do art. 322, parágrafo único, CPP, quando provocado o juiz para se pronunciar sobre a legalidade, mas não peremptório por se admitir justificativa para algum atraso.

---

[6] LIMA, Renato Brasileiro de. *Nova Lei de Abuso de Autoridade.* Salvador: Juspodivm, 2020, p. 38/41.

## 3 Abusos no tratamento do investigado

O art. 10 não criminalizou a condução coercitiva, mas apenas o mau uso do instrumento, desviando sua finalidade, por exemplo, para obter de inopino confissões ou declarações comprometedoras, sem prévio acesso aos elementos dos autos, sem orientação da família e sem assistência de defensor. A propósito, o STF já havia reconhecido a ilegalidade da condução de suspeito para interrogatório, mas não para outros fins, como reconhecimento, qualificação e identificação, sendo que parte da doutrina, como Nucci,[7] já ressalvava a última hipótese, quando presente dúvida sobre a identidade para evitar que alguém respondesse por conduta alheia. A exigência de que seja manifestamente descabida, à luz das decisões da ADPDs 395 e 444, ou sem prévia intimação, ademais, acabou por tornar o tipo mais fechado. Forçoso definir ainda se investigado inclui denunciado ou se o termo seria técnico, excluindo a proteção deste; se a testemunha incluiria o informante; e se a vítima, a despeito da lacuna do texto, também poderia figurar no polo passivo, a despeito de opiniões em sentido oposto.

O art. 12 trata da omissão injustificada: da comunicação à autoridade judiciária de prisão em flagrante, da execução de temporária ou preventiva; da informação sobre a prisão de alguém e local à família ou à pessoa indicada; e da entrega ao preso, em 24 horas, da nota de culpa, com dados de testemunhas e condutor. Nesse ponto, a omissão da qualificação do colaborador e do agente infiltrado seria atípica, conforme exegese sistemática com os arts. 14 e 15 da Lei nº 13.850/13, bem assim das vítimas e testemunhas, cuja proteção é assegurada pela Lei nº 9.807/99. Mais tranquila a intelecção da incriminação do prolongamento da pena privativa de liberdade, de prisão cautelar, de medida de segurança ou de internação, sem motivo justo e excepcionalíssimo, e da inércia na execução de alvará de soltura imediatamente após recebido.

O art. 13, por sua vez, cuida do constrangimento ao preso, mediante violência, grave ameaça ou redução de sua capacidade de resistência, a exibir o corpo à curiosidade pública; a se submeter a situação vexatória; ou a produzir prova contra si mesmo ou contra terceiro. Vinculados os meios, restou excluída a simples omissão da autoridade para que particulares, como repórteres televisivos, exponham o detido com consequências irreversivelmente perniciosas para sua imagem e/ou defesa oportuna. O uso de algemas, se necessário e não destinado à humilhação do conduzido, não é abuso. Distingue-se da tortura por prescindir do sofrimento físico ou mental e do fim de obter confissão ou informação, o que explica a pena menor.

O art. 15 versa sobre constrangimento a depor, sob ameaça de prisão, em detrimento de dever de sigilo (art. 207, CP), mas não contempla violência e ou promessa de outros males, criando lacuna inaceitável ante a proibição de insuficiência, se pressuposta a legitimidade da tutela. Comina mesma pena no parágrafo a quem prossegue com o interrogatório de quem tenha optado pelo direito ao silêncio (art. 186, CPP) ou pela assistência de advogado (art. 185, CPP). Haverá quem diga que esta última previsão restringiria o delito à sede policial, pois em juízo sempre estaria assistido, a despeito de mais provável o reconhecimento da possibilidade de autoria do juiz na primeira hipótese. O delegado, por sua vez, ante a recusa do constituído em comparecer e a notória falta

---

[7] NUCCI, Guilherme de Souza. *Palestra sobre a nova lei de abuso de autoridade proferida na Escola Paulista da Magistratura*, em São Paulo dia 26 de novembro de 2019.

de defensores em distrito policial, cometeria abuso se formalizasse o interrogatório, embora meio de defesa e inquisitivo o procedimento, o que atenta contra a razoabilidade.

Discute-se, ainda, sobre a possibilidade de consignar no termo as perguntas formuladas sucessivamente. Não representam, a rigor, constrangimento, mas cumprimento de dever de ofício para propiciar autodefesa e não produção de provas. Ainda assim há abalizadas opiniões de que agora estariam vedadas, até porque comumente exploradas em debates, sobretudo no júri, pela parte que pretende enfatizar negativamente a falta de variegadas respostas perante suspeitas de autoria, como se não estivesse açambarcada por aquele direito fundamental. Entendemos que, não obstante improvável o elemento subjetivo especial, auspicioso relegar os esclarecimentos prejudicados pelo silêncio ao relatório ou sede análoga de razões de convencimento da autoridade.

O interrogatório (art. 18), sem anuência assistida ou sem flagrante delito, como espécie de coação moral quando ocorre no repouso noturno, deve ser complementado pelo art. 22, que superou divergência doutrinária sobre os critérios preconizados pela doutrina para o CPP e parágrafo 1º do art. 155 do CP. A nova lei definiu como de repouso o período compreendido entre 21h e 5h, aplicável à proibição de cumprimento de mandado. Dúvida surgirá, todavia, na hipótese de superveniência do repouso, sendo certo que a suspensão do ato representará a opção mais prudente para a autoridade.

Outra inovação legislativa consistiu em tipificar a omissão ou falsa identificação (art. 16) por quem efetua prisão ou realiza interrogatório em procedimento investigatório, o que, em tese, excluiria a autoridade judiciária, à luz da estrita legalidade. O uso de capuz não dispensaria o servidor, em tese, de esclarecer dados, como nome e função, remanescendo sua utilidade para evitar represálias facilitadas por reconhecimento visual.

## 4 Abusos contra prerrogativas de defesa

A ofensa ao direito de petição está prevista no art. 19, na forma de impedir ou retardar, injustificadamente, o envio de pleito de preso à autoridade judiciária competente. O elemento normativo e o subjetivo especial afastam da incidência do tipo a demora por fato de terceiro, força maior, caso fortuito e até mesmo por erro no procedimento. Embora não reproduzida a expressão no parágrafo, sustentamos que no mesmo sentido (*mens legis* do *caput*) deve ser concebido o parágrafo, ao punir o magistrado que deixar de adotar providência tendente a sanar o problema ou de enviar o pedido à autoridade competente, até porque pressupõe que esteja "ciente" da condição ilícita do atraso ou omissão (do injusto típico principal e não de mera irregularidade). E não responde pelo resultado adverso (ineficácia) se a norma se contenta com a aptidão (potencial) para sanar.

Nesse diapasão, impedir a entrevista pessoal e reservada do preso com seu advogado demanda falta de justa causa (art. 20), não podendo ser assim considerada a falta de condições físicas ou necessidade de acompanhamento por escolta. Propugnamos pelo mesmo elemento normativo para o óbice à comunicação entre ambos durante a audiência, como no depoimento da vítima sem o réu na sala. A norma já ressalva, aliás, o curso de interrogatório e a videoconferência. Embora o art. 21 não contenha elementos normativos, se a autoridade se depara com presos de ambos os sexos no mesmo espaço ou de menor com maior de idade, não sendo exigível que prontamente libere um deles ou não sendo possível remoção, sobretudo se ausente competência para tanto, restaria invocar a natureza de permanente ínsita ao verbo nuclear "manter" e o dolo específico do art. 1º, para que a responsabilização ao menos não fosse penal. Ainda que excludentes de ilicitude ou culpabilidade socorressem o agente, melhor solução seria pela atipicidade material. Já a hipótese de "ambiente inadequado" seria complementada pelo ECA, merecendo, contudo, as cautelas restritivas de aplicação das normas penais em branco.

No tocante à preocupação com a reconstrução da verdade histórica (não real), o art. 25 tipifica a produção e o uso de prova obtida por meio manifestamente ilícito (contrário à Lei Maior) e não apenas ilegítimo (em ofensa a norma processual), sob pena de a equiparação das espécies de prova ilegal implicar ofensa à legalidade e à taxatividade. A derivada da ilícita, contudo, não deixaria de ter tal natureza, embora necessário o conhecimento pela autoridade da fonte. A redação não contempla, além disso, a fase judicial da persecução. O art. 27 criminaliza a requisição ou instauração de investigação sem indício de autoria, sequer dispensado pela decisão recente do STJ que reputou a notícia de imprensa fonte legítima para instauração do procedimento policial (RHC 98056/CE). O tipo requer ainda que ocorra em desfavor de alguém (formalmente investigado ou indiciado), não se aplicando à apuração prévia de materialidade da infração penal ou administrativa, como se extrai também do parágrafo. O art. 28 exige que o conteúdo de gravação divulgada não tenha relação com a prova a produzir, ocupando-se efetivamente dos direitos individuais, sem prejuízo do conhecimento de interesse público da atividade estatal persecutória.

Na seara da persecução, o art. 29 tipifica a informação falsa para prejudicar "investigado", restando ao intérprete definir se teria sido empregado conceito técnico e a taxatividade obstaria a compreensão mais elástica ou se, diante da inclusão do procedimento judicial na redação, a norma alcançaria o "denunciado". O tipo condiz com a reprovação e incriminação da falsidade ideológica pelo nosso ordenamento. O art. 30, por sua vez, usa o termo mais amplo "persecução" e exige a certeza da inocência daquele contra quem é desencadeada ou a falta de justa causa. O art. 31 cuida da procrastinação prejudicial a investigado ou fiscalizado (e não denunciado), desde que injustificada. O elemento normativo mais uma vez será determinante para evitar a descabida incriminação de condutas desprovidas de má-fé, sobretudo na hipótese de falta de prazo para a conclusão (parágrafo). E se não se vista prejudicar, mas favorecer alguém por razões pessoais, poder-se-á configurar a prevaricação.

O art. 32 representa tutela mais clara e direta das prerrogativas dos advogados de acesso aos autos e obtenção de cópias, parecendo-os que se restrinja a procedimentos extrajudiciais, pois o termo "investigatório" não diz respeito propriamente à fase judicial dos procedimentos referidos. Ressalvam-se, outrossim, as situações de sigilo e de diligências em curso ou futuras. Mais problemático é o tipo extremamente aberto do art. 7º, "b", da Lei nº 8.906/94, que descreve "violar direito ou prerrogativa do advogado", embora defendamos que a pertinência com a matéria que a nova lei pretendeu tratar por completo exija aqui também o elemento subjetivo especial de prejudicar outrem ou beneficiar a si ou a terceiro ou, ainda, por capricho ou satisfação pessoal, ou seja, o erro no desatendimento de interesse do profissional, sobretudo quando movido por interesses atinentes à presidência dos trabalhos e condução do processo.

## 5 Reflexões pontuais sobre outras formas de abuso

Para a invasão de domicílio, clandestina ou astuciosa, ou permanência no imóvel, incluindo suas dependências, o parágrafo 2º do art. 22 exclui a tipicidade perante fundados indícios de situação de flagrante delito, desastre ou socorro. Se aplicado ao parágrafo 1º, contudo, permitiria a violência ou grave ameaça para tanto. A propósito, não se compreende a cominação da mesma pena para a hipótese de invasão violenta, muito mais grave e sem ressalva da punição pela lesão corporal, e para a entrada clandestina. De qualquer maneira, o tipo agora traz elementos complementares, sendo mais fechado do que o correlato da lei anterior. O parágrafo 1º descreve ainda qualquer cumprimento de mandado de busca domiciliar após 21h ou antes das 5h, ou seja, até mesmo com o consentimento do morador, devendo a atipicidade dessa hipótese, contudo, ser extraída da conjugação com o art. 245, CPP, ou dos critérios de imputação objetiva, como do consentimento do ofendido. Se se entender, contudo, por conceito de repouso noturno mais amplo para considerar ilícita a prova obtida à noite, mas fora desse horário, não haveria necessariamente crime, diante dos limites explícitos do texto. De qualquer maneira, o inc. III era despiciendo, pois a execução do mandado durante a noite, sem consentimento, já configuraria invasão do domicílio e, se consentida, seria lícita.

O art. 23, por sua vez, trata da inovação artificiosa, no curso de diligência, de investigação ou de processo, para se eximir de responsabilidade ou para atribui-la criminalmente alguém ou ainda para agravá-la. Esse dolo específico é mais "especial" do que o do parágrafo 1º. O extenso e confuso texto do art. 24, ao pretender completude, tratou de hipótese muito peculiar e reduziu espectro de incidência, ao exigir violência ou grave ameaça contra o funcionário do hospital para admitir o ingresso de falecido, certamente em virtude de episódios propalados na mídia sobre ocultação de ação letal por policiais. Contém, ademais, imprecisões semânticas, como se alguém ainda pudesse receber tratamento, após o óbito, segundo ponderação precisa de Hermann Herschander.[8] O professor observa ainda lacuna descabida, pois se a ação recaiu sobre o dono do hospital não é típica, segundo a taxatividade, e cuida-se, na verdade, de simulação, já que o local dos fatos não pode ser alterado efetivamente. A norma admitiria como sujeito ativo, por outro lado, os guardas municipais por força da Lei nº 13.022/14 e todos os servidores incumbidos da preservação dos vestígios dos fatos, conforme opinião de Gianpaolo Smanio.[9]

O art. 33 é extremamente amplo, pois cuida da exigência de informação ou de cumprimento de obrigação sem amparo legal e, no parágrafo, comina mesma pena para conduta mais grave, por encerrar o uso da função pública para se eximir da obrigação ou obter vantagem ou ainda privilégio indevido, não se compreendendo a razão de apenas este último ser indevido e como poderia ser devido.

O art. 36 tipifica a decretação da indisponibilidade de ativos, mas somente se extrapolar "exacerbadamente" e se, depois de demonstrado o erro, deixar de corrigir a medida. Vale dizer, verificar-se-á raramente tal infração, além de muito difícil precisar o que seria exacerbado, presumindo-se que o novo termo tenha sido usado justamente

---

[8] HERSCHANDER, Hermann, Guilherme de Souza. *Palestra sobre a nova lei de abuso de autoridade proferida na Escola Paulista da Magistratura*, em São Paulo dia 27 de novembro de 2019.
[9] SMANIO, Gianpaolo. *Palestra sobre a nova lei de abuso de autoridade proferida na Escola Paulista da Magistratura*, em São Paulo dia 26 de novembro de 2019.

para representar intensidade muito maior do que aqueles comumente utilizados na nossa legislação.

O art. 37 também empregou expressões "demasiada e injustificadamente" para restringir muito o alcance da norma aos casos de abuso manifesto na duração da vista pedida dos autos e com o dolo específico de procrastinar o andamento. Restará saber se a simples motivação exclui a tipicidade ou caberá a avaliação de sua correspondência com a realidade. Por fim, o art. 38 trata da imputação de culpa em meios de comunicação, mas apenas em sede de investigações e com o elemento subjetivo especial do parágrafo 1º da lei.

## 6 Conclusões

Nesse contexto, percebe-se o abuso de tipos abertos, como aqueles dotados das expressões "excepcionalíssimo", "prazo razoável", "descabida", "exacerbadamente", "demasiada", "capricho", "curiosidade", "vexatória". As penas, outrossim, são desproporcionais, verificando-se cominações idênticas para condutas de gravidade objetivamente distinta. E as críticas fundadas ao emprego exacerbado de normas penais em branco, elementos normativos, conceitos abertos e tipos de perigo abstrato, à falta de proporcionalidade e de codificação (inclusão no CP), ao efeito meramente simbólico, à tendência de expansão e de administrativização da ingerência penal não se aplicam apenas à nova lei, mas a outras especiais e ao próprio Código Penal, restando à jurisprudência e à ciência oferecer critérios objetivos para efetiva proteção dos direitos fundamentais contra excessos do Estado e para propiciar segurança jurídica.

No Estado Democrático de Direito devem coexistir a tutela dos direitos fundamentais e humanos, que não se identificam completamente, a propósito, e a tutela da supremacia do interesse público sobre o privado, consubstanciada na proibição da insuficiência da ingerência penal e, por conseguinte, da impunidade. Do sentido extraído de cada norma, com as cautelas e rigores que os métodos por nós adotados impõem, conclui-se que combater os abusos de autoridade não é manietar o exercício de funções públicas com interpretações extensivas dos dispositivos da lei e ameaças permanentes de retaliação contra os atores da persecução de delitos. Para Nucci,[10] a propósito, a anterior Lei nº 4.898/1965, editada durante a ditadura militar, jamais foi criticada como a atual Lei nº 13.869/2019, elaborada em época de sólida democracia. Ao contrário, nos termos em que foi posta, oferece uma inédita "blindagem" aos agentes públicos e, mais, as penas previstas referem-se a delitos de menor potencial ofensivo ou passíveis de receber a suspensão condicional do processo. E para perder o cargo, função ou posto similar, fixou-se a exigência da reincidência específica, mediante motivação na sentença (não efeito automático).

Vislumbra-se evolução, por outro lado, na especificação de outros abusos. O autor lamenta apenas a omissão sobre atentados dos agentes públicos ao sigilo da correspondência, à liberdade de consciência e de crença, ao livre exercício do culto religioso, à liberdade de associação, aos direitos e garantias legais asseguradas ao exercício

---

[10] NUCCI, Guilherme de Souza. A transição das leis de abuso de autoridade: da lei 4.898/1965 à lei 13.869/2019. Os reflexos corporativistas das entidades representativas de agentes públicos. *Revisa dos Tribunais On Line*, vol. 1012, p. 235-253, fev. 2020. DTR\2019\42520.

do voto e ao direito de reunião. Aduz que os tipos já eram abertos e genéricos, mas agora alguns ganharam mais requisitos (ex.: fora das hipóteses legais, sem justa causa, manifestamente, exacerbadamente) e se requer em todos o elemento subjetivo especial. Diverge de parte da doutrina, ao prestigiar como bem jurídico a dignidade e a lisura do exercício das funções pelo agente, concebendo secundária a proteção de variegados direitos individuais nos tipos específicos. Concordamos, no mais, que continua a ser exigida uma dimensão ou sentido negativo das condutas, dotadas de excesso e vinculadas à humilhação e ao menosprezo, orientados por pseudossuperioridade da autoridade sobre o cidadão. Assim, essas características teriam aprimorado o diploma, obstando o êxito das investidas corporativas contra sua constitucionalidade.

Além disso, o procedimento da vetusta lei, cuja constitucionalidade, em alguns pontos, poderia ser questionada, foi substituído pela simples remissão ao CPP e à Lei nº 9.099/95, propiciando ainda uniformidade prática e segurança jurídica desejáveis. Demandam-se, ademais, prova pré-constituída para iniciativa da ação penal e laudo de vestígios, não suprível mais por testemunha. Os prazos não são específicos e exíguos em detrimento da ampla defesa e o julgamento não se contenta com defensor "ad hoc", como outrora.

Enfim, a despeito das injunções políticas na sua tramitação e das críticas à inflação penal e à inobservância de critérios dogmáticos mais aprimorados – aliás, comum no nosso ordenamento – o diploma legislativo pode ser aplicado com parcimônia e boa técnica para somente tutelar bens jurídicos legítimos, sem prejuízo das garantias da autoridade imputada e sem representar retrocesso insuperável no combate à criminalidade, mormente organizada de colarinho branco.

## Referências

ALEXY, Robert. *Teoria dos direitos fundamentais*. Tradução de Virgílio Afonso da Silva. São Paulo: Malheiros, 2008.

ARAUJO, Glaucio Roberto Brittes de. *Habeas Corpus e a dosimetria da pena*. In: PEDRINA, Gustavo Mascarenhas Lacerda *et al.* (Org.). Habeas Corpus no Supremo Tribunal Federal. São Paulo: Thomson Heuters Brasil, 2019.

BADARÓ, Gustavo Henrique; BREDA, Juliano. *Comentários à Lei de Abuso de Autoridade*. São Paulo: RT, 2020.

BITENCOURT, Cezar Roberto; BUSATO, Paulo César. *Teoria do Delito*. Coimbra: Almedina, 2007.

CABETTE, Eduardo Luiz Santos. *Abuso de Autoridade*: chave de leitura para a alma ou o centro nevrálgico da Lei. Disponível em: Jusbrasil.com.br. Acesso em: 2 dez. 2020.

CUNHA, Rogério Sanches; GRECO, Rogério. *Abuso de Autoridade*. Lei 13869/19 comentado artigo por artigo. São Paulo: Juspodivm, 2020.

FELDENS, Luciano. *A Constituição penal*. A dupla face da proporcionalidade no controle de normas penais. Porto Alegre: Livraria do Advogado, 2005.

FRANCO, Paulo Alves. *Nova Lei de Abuso de Autoridade*. São Paulo: Imperium, 2020.

FREITAS, Gilberto Passos de; FREITAS, Vladimir Passos de. *Abuso de Autoridade*. 9. ed. São Paulo: RT, 2001.

GOMES, Mariângela Gama de Magalhães. *O princípio da proporcionalidade no direito penal*. São Paulo: Revista dos Tribunais, 2003.

GRECO FILHO, Vicente. *Manual do Processo Penal*. Florianópolis: Tirant lo Blanch, 2019.

HASSEMER, Winfried. *Fundamentos del derecho penal*. Trad. Francisco Muñoz Conde y Luiz Arroyo Zapatero. Barcelona: Bosch, 1984.

JAKOBS, Günther. *Fundamentos do Direito Penal*. Tradução André Luis Callegari; Colaboração Lúcia Kalil. 2. ed. rev. São Paulo: Revista dos Tribunais, 2012.

LIMA, Renato Brasileiro. *Nova Lei de Abuso de Autoridade*. São Paulo: Juspodivm, 2020.

LUISI, Luiz. *Princípios constitucionais penais*. 2. ed. Porto Alegre: Sérgio Antônio Fabris Editor, 1987.

MARQUES, Gabriela; MARQUES, Ivan. A *Nova Lei de Abuso de Autoridade*. São Paulo: RT, 2019.

NUCCI, Guilherme de Souza. A transição das leis de abuso de autoridade: da lei 4.898/1965 à lei 13.869/2019. Os reflexos corporativistas das entidades representativas de agentes públicos. *Revisa dos Tribunais On Line*, vol. 1012, p. 235-253, fev. 2020. DTR\2019\42520

NUCCI, Guilherme de Souza. *Leis penais e processuais penais comentadas*. 4. ed. São Paulo: Revista dos Tribunais, 2009.

PINHEIRO, Igor Pereira *et al*. *Nova Lei do Abuso de Autoridade comentada*. São Paulo: JHMizuno, 2019.

QUEIJO, Maria Elizabeth. *O direito de não produzir prova contra si mesmo*. 2. ed. São Paulo: Saraiva, 2012.

ROXIN, Claus. *Estudos de direito penal*. Trad. Luis Greco. 2. ed. Rio de Janeiro: Renovar, 2008.

SAVI, Jéssica. *Campus Manual prático sobre a Nova Lei de Abuso de Autoridade*. Elaboração de conteúdo: PGE Mato Grosso do Sul.

SILVA SÁNCHEZ, Jesús-María. *A expansão do Direito Penal*. 2. ed. São Paulo: Revista dos Tribunais, 2011.

TAVARES, Juarez. *Teoria do injusto penal*. Belo Horizonte: Del Rey, 2000.

TOLEDO, Francisco de Assis. *Princípios básicos de direito penal*. 5. ed. São Paulo: Saraiva, 1994.

WELZEL, Hans. *O novo sistema jurídico-penal*. Uma introdução à doutrina da ação finalista. 3 ed. São Paulo: Revista dos Tribunais, 2011.

WOLTER, Jurgen. *El sistema integral del Derecho Penal*. WOLTER, Jurgen; FREUND, Georg (Ed.). Barcelona: Marcial Pons, 2004.

---

Informação bibliográfica deste texto, conforme a NBR 6023:2018 da Associação Brasileira de Normas Técnicas (ABNT):

ARAÚJO, Gláucio Roberto Brittes de. Breves comentários sobre a Nova Lei de Abuso de Autoridade. *In*: ASSOCIAÇÃO DOS MAGISTRADOS BRASILEIROS; SALOMÃO, Luis Felipe; FONSECA, Reynaldo Soares da; VIDEIRA, Renata Gil de Alcantara; SZPORER, Patrícia Cerqueira Kertzman; COSTA, Daniel Castro Gomes da (Coord.). *Sistema penal contemporâneo*. Belo Horizonte: Fórum, 2021. p. 377-388. ISBN 978-65-5518-205-7.

# ENCARCERAMENTO: CASTIGO OU PUNIÇÃO LEGAL?

ROSANE RAMOS DE OLIVEIRA MICHELS

## Introdução

A Ciência do Direito Penal, embora aliada à concepção de punição dos indivíduos infratores da lei, sempre buscou afastar da imposição das penas a ideia do castigo, dando ênfase ao propósito da reabilitação, através de medidas educadoras e de reinserção social. Todavia, a segregação de indivíduos em prisões precárias e superlotadas sugere absoluto descaso com essas pessoas e até mesmo um retrocesso ao castigo.

Em decorrência dessa notória realidade, os defensores dos direitos humanos têm se empenhado em resgatar às pessoas reclusas os direitos fundamentais que lhes são inerentes, contidos na Constituição, em leis esparsas, em princípios e tratados internacionais.

Constitui senso comum que a punição ou sanção criminal não pode ser cruel, nem empregada de forma supérflua ou arbitrária, sem responsabilidade social. Tampouco, pode ser justificada por argumentos utilitários, tal qual o castigo. Não obstante, os indivíduos em situação de reclusão têm sua dignidade constantemente violada e, em sua maioria, não estão sendo beneficiados no cárcere por qualquer projeto de reabilitação eficaz, visando à posterior reinserção na sociedade.

Concebido a partir da segunda dissertação da obra *Genealogia da Moral*, de Friedrich Nietzsche, o presente estudo traz à baila a desconformidade do castigo com o processo de humanização das penas, porquanto a punição não pode ofender a dignidade humana.

Sob a perspectiva nietzschiana destaca-se a trajetória do castigo circunstanciada à sua transformação em pena, na concepção jurídico-penal, com especial enfoque para a pena de prisão.

A compreensão do sistema sancionatório passa ainda pela análise dos argumentos construtivos da tese nietzschana de que "o processo civilizatório é o da cruel domesticação do homem animal de rapina", prestando-se como meio de sufocamento dos afetos e instintos poderosos. Nietzsche defende no abolicionismo de todos os meios violentos de punição a possibilidade de desvincular o castigo da pena.

Ao estabelecer um diálogo entre a filosofia nietzschiana e a doutrina jurídico-penal, perpassando conhecimentos da história, da sociologia, da antropologia, da filosofia e do direito processual penal contemporâneos, é possível concluir que a punição, consubstanciada na privação da liberdade, e o próprio sistema carcerário não se mostram hábeis a atingir os objetivos de reabilitação e ressocialização dos condenados, nem a resguardar as garantias constitucionais e os valores que lhes são reconhecidos no âmbito dos direitos humanos.

## 1 A genealogia do castigo

A temática do "castigo", com ênfase nos estudos de Friedrich Nietzsche, mais especificamente na segunda dissertação de sua obra, *Genealogia da Moral*, conduz à análise e interpretação de sua própria genealogia.

A genealogia do castigo, porém, não se funda na origem deste, mas a partir da indagação sobre a ideia da equivalência entre dano e dor, consoante escreveu:

> [...] durante o mais largo período da história humana, não se castigou porque se responsabilizava o delinquente por seu ato, ou seja, não pelo pressuposto de que apenas o culpado devia ser castigado – e sim como ainda hoje os pais castigam seus filhos, por raiva devida a um dano sofrido, raiva que se desafoga em quem o causou; mas mantida em certos limites, e modificada pela ideia de que qualquer dano encontra seu equivalente e pode ser realmente compensado, mesmo que seja com a dor do seu causador. De onde retira sua força esta ideia antiquíssima, profundamente arraigada, agora talvez inerradicável, a ideia da equivalência entre dano e dor?[1]

Nietzsche nega a própria concepção de origem,[2] por isso não faz referência à origem do castigo. Refere-se ao castigo como sendo uma ideia concebida a partir da introdução da dor enquanto meio compensatório em face de um dano.[3]

Essa perspectiva de compensação, em que um dano deve ser reparado com outro dano, uma dor com outra dor, é a mesma que assumiu na antiguidade a forma da pena de talião, caracterizada pela máxima "olho por olho, dente por dente", que foi tornada lei (*lex talionis*) e positivada nos principais textos do Antigo Oriente.

Talião foi colocada por Nietzsche em um patamar superior ao da moral, nada mais sendo do que uma prática que, ao pagar na mesma moeda, busca um estado de igualdade que restará ausente, à medida que o indivíduo e a comunidade se opuserem a ela.[4]

A igualdade que é buscada pela *lex talionis* é a que se expressa pela ânsia de rebaixar os outros até seu próprio nível (diminuindo, segregando, derrubando), diversamente da igualdade que se apoia no desejo de subir junto com os outros (reconhecendo, ajudando, alegrando-se com seu êxito).[5]

---

[1] NIETZSCHE, Friedrich. *A genealogia da moral*. Petrópolis: Vozes, 2013, II, §4º, p. 62.
[2] NIETZSCHE, Friedrich. *Fragmentos do espólio*. Seleção, tradução, prefácio de Flávio R. Kothe. Brasília: Editora Universidade de Brasília, 2004, p. 349, p. 398.
[3] NIETZSCHE, 2013, II, §6º, p. 64.
[4] NIETZSCHE, Friedrich. Fragmentos Posthumes [1878-1879].
[5] NIETZSCHE, Friedrich. *Humano, demasiadamente humano*. São Paulo: Companhia da Letras, 2005, p. 182.

Foucault reconhece a necessidade de um sistema de igualdade não material, porquanto a igualdade formal constitui requisito para que o poder da norma funcione "dentro de uma homogeneidade que é a regra, ele introduz como um imperativo útil e resultado de uma medida, toda a gradação das diferenças individuais".[6]

A dor do castigo não é vislumbrada por Nietzsche como um sofrimento, mas sim como um prazer:

> Ver-sofrer faz bem, fazer-sofrer mais bem ainda – eis uma frase dura, mas um velho e sólido axioma, humano, demasiado humano, que talvez até os símios subscrevessem: conta-se que na invenção de crueldades bizarras eles já anunciam e como que 'preludiam' o homem. Sem crueldade não há festa: é o que ensina a mais antiga e mais longa história do homem – e no castigo também há muito de festivo![7]

Portanto, o prazer reservado àquele que sofrera o dano residia em impingir dor ao criminoso, como castigo, para sua satisfação íntima, sem que ocorresse sequer a apuração da culpa. Caracterizava-se em usufruir do gozo de fazer sofrer por simplesmente o fazer (*de faire le mal pour le plaisir de le faire*).[8]

De acordo com esse axioma da genealogia nietzschiana, a dor compensa o dano porque representa um prazer, não para o devedor que sofre o castigo, mas para o credor que dele goza ao fazê-lo sofrer.

Segundo Nietzsche, o sofrimento não surge como pressuposto fundamental da negação da vida, mas sim como pressuposto fundamental de um prazer mais intenso, divergindo nesse ponto dos niilistas ao conceber sua filosofia trágica. Ser niilista para Nietzsche, não é acreditar em nada, mas acreditar no nada como se fosse tudo, o supremo.[9]

Nessa relação contratual primitiva entre credor e devedor é que a genealogia nietzschiana se baseia para determinar as condições e circunstâncias do nascimento do castigo. E foi justamente a partir dessa relação contratual primitiva que o castigo foi transposto para outras relações mais amplas, tal como as relações entre comunidades e seus membros.

Ao ultrapassar os limites da ordem privada para se tornar público, político e jurídico, operou-se a transformação do castigo em pena.

## 1.1 Finalidade, sentido e efeitos do castigo

Ao discorrer sobre o surgimento do castigo, Nietzsche chama a atenção para o fato de que, geralmente, ele é confundido com uma ou outra finalidade que lhe é atribuída, tal como a vingança ou a intimidação, equívoco este também cometido pelos genealogistas da moral, ao definirem a finalidade como a causa de sua origem (*causa fiendi*).[10]

Reconhece como princípio básico de toda ciência histórica que a causa da gênese de qualquer coisa e a sua utilização diferem totalmente. Somente a partir de sua

---

[6] FOUCAULT, Michel. *Vigiar e punir*. Petrópolis: Vozes, 1977, p. 164.
[7] NIETZSCHE, 2013, II, §6º, p. 65.
[8] NIETZSCHE, 2013, II, §5º, p. 64.
[9] NIETZSCHE, 2004, p. 13.
[10] NIETZSCHE, 2013, §12, p. 74.

utilização é que ocorrerá a inserção dessa coisa em um sistema de finalidades. Assim, no curso da história, o castigo foi reinterpretado para novos fins, requisitado, transformado e redirecionado para uma nova utilidade, por um poder que lhe é superior.

No intuito de demonstrar como o sentido de *castigo* é incerto, suplementar e acidental, possibilitando que um mesmo procedimento seja utilizado para propósitos radicalmente diversos, Nietzsche elenca uma lista de exemplos casuais, dentre os quais se destaca: castigo como neutralização; como impedimento de novos danos; como pagamento de um dano ao prejudicado, sob qualquer forma; como isolamento de uma perturbação do equilíbrio, para impedir o alastramento da perturbação; como inspiração de temor àqueles que determinam e executam o castigo; como espécie de compensação pelas vantagens que o criminoso até então desfrutou; como segregação de um elemento que degenera; como criação de memória, seja para aquele que sofre o castigo – a chamada "correção" –, seja para aqueles que o testemunham.[11]

Por sua pretensa utilidade, Nietzsche excluiu de sua listagem, a crença popular de que o castigo teria o valor de despertar no culpado o sentimento de culpa, da qual se depreende como verdadeiro instrumento dessa reação psíquica, a chamada "má consciência" ou remorso.[12] Na sua avaliação, essa utilidade apresenta-se falsa, decorrente do imaginário popular, considerando a longa história do homem, desde a pré-história até os tempos de hoje, posto que coloca em confronto a realidade e a psicologia.

Com base na obra do antropólogo alemão, Albert Hermann Post, Nietzsche assim descreve a punição entre os alemães, na era medieval:

> [...] deixar cair um bloco de pedra na cabeça [mítico], esquartejamento por cavalos, ser pisoteado por cavalos; ferver no azeite ou no vinho [séculos XIV e XV]; também na Idade Média, ser enterrado vivo, ser enclausurado, morrer de fome. A roda [puramente germânica], o esfolamento [arrancamento da pele]. Ser besuntado de mel e deixado às moscas em pleno sol. Cortar a perna direita e o braço esquerdo. Nariz, orelhas, lábios, língua, dentes, olhos, partes sexuais.[13]

O objetivo do castigo é "evitar que o criminoso cause mais danos à sociedade e impedir a outros de cometer o mesmo delito. Assim, as penas e o modo de infligi-las devem ser escolhidos de maneira a causar a mais forte e duradoura impressão na mente de outros, com o mínimo tormento ao corpo do criminoso".[14]

Segundo essa leitura nietzschiana, dois são os aspectos atribuídos ao castigo: o duradouro, que é o ato ou o drama, constituído de determinada sequência rigorosa de procedimentos, ditados pelo costume; e o fluído é o sentido, o fim, a expectativa ligada à realização desses procedimentos.[15]

Ao tratar do elemento duradouro, Nietzsche pressupõe que, historicamente, seja anterior à sua utilização no castigo e que este tenha sido introduzido no procedimento e não inventado para fins de castigar, como se imaginava.[16] Quanto ao elemento fluído,

---

[11] NIETZSCHE, 2013, II, §12, p. 77-78.
[12] NIETZSCHE, 2013, §12, p. 79.
[13] NIETZSCHE, Friedrich. *Escritos sobre direito*. 2. ed. Rio de Janeiro: Loyola, 2011, p. 259.
[14] NIETZSCHE, 2011, p. 259.
[15] NIETZSCHE, 2013, II, §12, p. 76-77.
[16] NIETZSCHE, 2013, II, §12, p. 77.

diz que o conceito de castigo não apresenta um sentido único e sim uma síntese de sentidos,[17] o que leva a história do castigo e de sua utilização a se cristalizar em uma espécie de unidade que raramente se pode dissociar; dificilmente é analisável e é inteiramente indefinível.

Em um estágio anterior, essa síntese de sentidos apresenta-se dissociável, à medida que, em cada caso singular, os sentidos mudam o seu valor e se reordenam, de modo que ora um, ora outro elemento se destaca e predomina às expensas dos outros. Ocorre, em certas circunstâncias, quando um elemento, tal como a finalidade de intimidação, parece suprimir todos os restantes.[18]

A concepção de finalidade é negada por Nietzsche, para ser afirmada "como fenômeno acessório das necessidades".[19]

## 1.2 A cruel domesticação do homem

Em relação aos delinquentes, a má consciência, entendida como sentimento de culpa, foi detida pelo castigo. Contrariando ao pretendido, causou efeitos inversos. Na avaliação de Nietzsche, o castigo os torna frios, concentrando e aguçando o sentimento de distância, bem como aumentando a força de resistência. Deixa-os tomados por uma seca e sombria seriedade, quando não lhes causa prostração e autorrebaixamento.[20]

Em um de seus aforismos, sintetiza: "A infelicidade do criminoso é que ele tem medo das consequências perigosas do seu ato, desprezo e saciedade etc., mas não remorso da consciência".[21]

Os instintos são forças inconscientes, antes de tudo. A ira, a crueldade, a necessidade de perseguir, ao se voltar contra o possuidor de tais instintos, deram origem à "má consciência" e obrigaram o homem cativo a abandonar seu passado animal e adaptar-se a novas condições de existência, declarando guerra contra os antigos instintos que até então constituíam a sua força e o seu temível caráter.

A permanência do condenado no cárcere não serve de conscientização de seus atos criminosos, no sentido psicanalítico do termo,[22] mas como *domesticação*, *domação* e meio de sufocamento dos afetos e instintos poderosos, como alerta Nietzsche: "Pune-se na verdade a liberdade da vontade – por que se exige a sujeição à lei moral? Mas então não haveria nada a louvar, nada de moral – este mundo também deve ser absolutamente arbitrário, sem razão".[23]

O sentido da punição legal, para Nietzsche, é colocar o homem "num nível mais baixo na ordem social", passando a ser visualizado, sob a perspectiva nietzschiana, qual um *animal de rapina* que é privado de sua liberdade, enjaulado, com o mero intuito de domesticação, como se fosse possível domesticá-lo.[24] Ao tratar do tema, refere-se a uma

---

[17] NIETZSCHE, 2013, II, §12, p. 77.
[18] NIETZSCHE, 2013, II, §12, p. 77.
[19] NIETZSCHE, 2004, p. 398.
[20] NIETZSCHE, 2013, II, §14, p. 79.
[21] NIETZSCHE, Fragments Posthumes [Début 1881-Été 1882].
[22] Em Psicanálise, conscientização é o ato ou efeito de trazer algo ao consciente.
[23] NIETZSCHE, Fragments Posthumes [1878-1879].
[24] NIETZSCHE, 2004, p. 340.

forma particular de cultura, por ele denominada de *Civilisation*, termo utilizado como sinônimo de domação, domesticação ou adestramento do homem.[25]

O homem que se quer domesticar, que se quer infringir o castigo, a punição, está acometido da maior e mais perigosa das doenças: o sofrimento do homem com o homem:

> Esse animal que querem amansar, que se fere nas barras de sua própria jaula, [ ] esse tolo, tornou-se o inventor da má consciência. Com ela, porém, foi introduzida a maior e mais sinistra doença, da qual até hoje não se curou a humanidade, o sofrimento do homem com o homem.[26]

Sloterdijk considera exagerada a ideia de transformação do homem em animal domesticado e, embora critique, reconhece essa ideia como um cerne suficientemente sólido para estimular uma reflexão posterior sobre a humanidade, para além da inocuidade humanista.[27]

A *má consciência*, para Nietzsche, está enraizada no homem, desde que foi obrigado a conter seus instintos e a adestrá-los, em decorrência da profunda mudança que sofreu ao sair do estado de liberdade para o de coerção. Essa *má consciência*, inexoravelmente, reporta-nos à relação de força e *vontade de poder*, sendo que esta estabelece quais as forças que comandam e quais as forças que obedecem.[28]

A ideia de um poder superior que Nietzsche denomina de *vontade de poder* é desenvolvida a partir de um universo de forças que, em síntese, resulta de uma contínua superação de si, por um constante tornar-se mais.[29]

Na leitura de Paul Ricoeur, a "vontade de poder" apresenta-se mascarada pela consciência. Assevera que, após a dúvida sobre a coisa, ingressamos na dúvida sobre a consciência:

> O filósofo formado na escola de Descartes sabe que as coisas são duvidosas, que não são tais como aparecem. Mas, não duvida de que a consciência não seja tal como ela aparece a si mesma: nela, sentido e consciência de sentido coincidem. Depois de Marx, Nietzsche e Freud, duvidamos disso.[30]

Wotling, ao decifrar o vocabulário nietzschiano, afirma que a *vontade de poder* se identifica com a noção de interpretação, não é princípio, nem fundamento. Por ser plural, não admite nenhuma interpretação monista da noção.[31] Também "não é busca de um atributo ou de um estado exterior a si, mas processo de intensificação do poder que se é".[32]

O Estado ideal visualizado por Nietzsche apresenta-se muito distante da realidade, notadamente utópico. Nele, o criminoso denunciaria a si mesmo, diria publicamente

---

[25] WOTLING, Patrick. *Vocabulário de Friedrich Nietzsche*. São Paulo: WMF Martins Fontes, 2011, p. 22-23.
[26] NIETZSCHE, 2013, II, §16, p. 75.
[27] SLOTERDIJK, Peter. *Regras para o Parque Humano*: uma resposta à carta de Heidegger sobre o humanismo. São Paulo: Estação Liberdade, 2000, p. 43.
[28] NIETZSCHE, 2013, II, §14, p. 79.
[29] NIETZSCHE, 2013, II, §14, p. 79.
[30] RICOEUR, Paul. *Da interpretação*: ensaio sobre Freud. Rio de janeiro: Imago Editora, 1977. p. 37.
[31] WOTLING, 2011, p. 62.
[32] WOTLING, 2011, p. 62.

para si mesmo a sua punição com o sentimento de orgulho de quem honra a lei que ele próprio fez e exerce o seu poder de autopunição. Essa legislação futurista estaria fundada no pensamento de que: "Eu me curvo somente diante da lei que eu próprio promulguei, nas pequenas e nas grandes coisas".[33]

## 1.3 A limitação ao direito de punir

Se, por um lado, a genealogia nietzschiana não formulou um sentido específico para o castigo, reduzindo-o a uma síntese de sentidos que se sobrepõem, por outro, foi bem explícita quanto ao da pena.

Ao retirar da pena o caráter intimidatório, Nietzsche reconheceu-a como rebaixamento do indivíduo na ordem social, à medida que "ele não pertence mais aos que nos são iguais".[34] Inclusive, por considerar medida suficiente de punição, sugere que o sistema penal se desenvolva nessa direção.

Sob a ótica marxista, a prisão exerce função econômica e, indiretamente socializante, mas não no sentido de produzir e formar bons proletários, e sim como instrumento de intimidação e controle político, agregando função punitiva e terrorífica.[35]

Nietzsche não afastou a necessidade da punição ao infrator, defendendo, porém, que "o ensinamento moral que mais facilmente foi esquecido é que deveria ser punido mais severamente, à guisa de advertência".[36] Sobre essa função punitiva e terrorífica que Marx atribui ao Estado, sintetizou:

> O Estado que pune para aterrorizar, mas também todo indivíduo que louva ou que censura, obedece igualmente no seu comportamento ao princípio de que "os fins justificam os meios": pois também a própria censura não tem sentido senão como meio de intimidação e em seguida como motivo de ação.[37]

No seu entendimento, "ninguém acusa sem alimentar o pensamento dissimulado do castigo e da vingança – mesmo quando este é o seu próprio destino, ou seja, quando ele mesmo é acusado".[38]

Segundo o Direito Penal moderno, para que a pena de prisão não represente castigo, impõe-se atender, precipuamente, ao fato de que deverá se limitar à privação da liberdade, não significando supressão dos direitos individuais fundamentais que lhe são reconhecidos constitucionalmente.

É nos direitos fundamentais, erigidos à categoria de garantias constitucionais, que a Ciência do Direito Penal busca ancorar o sistema penal, de modo a lhe conferir segurança contra o arbítrio na aplicação das penas de parte dos juízes e dos Tribunais.

A limitação do poder punitivo, portanto, é constitucional; todavia, é sobre o valor da pessoa humana que se funda a proibição de penas cruéis, como a pena de morte, as

---

[33] NIETZSCHE, 2011, AU 187, p. 199-200.
[34] NIETZSCHE, 2004, p. 340.
[35] D. Melossi e M. Pavarini, *Cárcel y fábrica*, p. 73-4 apud BITENCOURT, 2011, p. 59.
[36] NIETZSCHE, Fragments Posthumes [1878-1879].
[37] NIETZSCHE, Fragments Posthumes [1876-1878].
[38] NIETZSCHE, Fragments Posthumes [1878-1879].

penas corporais, as penas infames, a prisão perpétua e até mesmo as penas privativas de liberdade excessivamente extensas.

A Constituição Federal, no art. 5º, inciso XLVII, consagra o princípio da limitação das penas à condição de princípio constitucional, de modo a impedir um retrocesso nas penas cominadas pelo legislador:

> XLVII - não haverá penas:
> a) de morte, salvo em caso de guerra declarada, nos termos do art. 84, XIX;
> b) de caráter perpétuo;
> c) de trabalhos forçados;
> d) de banimento;
> e) cruéis.[39]

Com esse propósito, ainda no artigo 5º, *caput*, da Carta Magna são elevados à condição de bens invioláveis os direitos à liberdade, à vida, à igualdade, à segurança e à propriedade.

Importante frisar que, embora anacrônica, ainda hoje muitas legislações penais no mundo mantêm a pena de morte. Mesmo se contrapondo às teorias da moral, por muito tempo, o argumento retributivo da pena de talião encontrou eco na filosofia, a ponto de justificar a pena de morte como necessária para compensar ou expiar um mal com outro mal.

Immanuel Kant, para quem as regras morais tomam a forma de imperativos categóricos, defendeu a punição por meio da pena de morte, da castração e do banimento da sociedade para os criminosos.[40]

Outros filósofos do período anterior ao século XVIII – Sócrates, Platão, Santo Tomás de Aquino – também se manifestaram favoravelmente à pena capital, sendo que somente com o advento do Iluminismo se iniciou uma corrente crítica contrária à pena de morte.

Ao tratar da pena de morte, é sempre louvável relembrar a indagação de Beccaria: "Que direito, pergunto, tem um homem de cortar a garganta de um semelhante?".[41]

Beccaria, com base na teoria da moderação das penas, passou a argumentar que estas deveriam ser preventivas e não retributivas: "Toda severidade que ultrapasse os limites se torna supérflua e, por conseguinte, tirânica".[42]

Em relação à pena de prisão, Beccaria chama atenção para o erro de aprisionar um cidadão, de acordo com o livre-arbítrio de um magistrado, afirmando que somente a lei pode determinar os casos nos quais um homem deve ser penalizado.[43]

---

[39] BRASIL. CONSTITUIÇÃO Federal e Constituição Estadual. Porto Alegre: Tribunal de Justiça do Estado do Rio Grande do Sul, 2014.
[40] KANT, Immanuel. *A metafísica dos costumes*. São Paulo: EDIPRO, 2003, p. 95.
[41] MELIM FILHO, Oscar. *Criminalização e seleção no sistema judiciário penal*. São Paulo: IBCCRIM, 2010, p. 108.
[42] MELIM FILHO, Oscar. *Criminalização e seleção no sistema judiciário penal*. São Paulo: IBCCRIM, 2010, p. 79.
[43] MELIM FILHO, Oscar. *Criminalização e seleção no sistema judiciário penal*. São Paulo: IBCCRIM, 2010, p. 89-90.

## 2 A evolução histórica do castigo

Tanto o castigo quanto a pena estiveram sempre marcados pela forte presença da vingança.

Assim, para a compreensão do próprio desenvolvimento do castigo e de sua posterior transformação em pena, com a inserção no Direito, é de grande relevância relembrar a evolução das diferentes fases da vingança penal.

O período da vingança, que se prolongou até o século xviii, dividiu-se em vingança privada, vingança divina e vingança pública.

A vingança privada caracterizava-se por uma reação natural e instintiva, de parte da vítima, de seus parentes ou mesmo do grupo social. Essa reação era desproporcional à ofensa, de modo que não atingia apenas o ofensor, mas todo o grupo. A lei de talião foi a principal regulamentação desse período.[44]

Como forma alternativa à lei de talião, surgiu no mesmo período a chamada composição (*compositio*), que possibilitava ao agressor satisfazer a ofensa mediante indenização em moeda ou espécie (gado, vestes, etc). Era aplicável aos casos em que a morte do delinquente mostrava-se desaconselhável ou quando havia interesse do ofendido ou dos membros de seu grupo na reparação do dano causado pela infração.[45]

Na *compositio* Nietzsche visualizou "o aplacar a cólera dos prejudicados, o localizar o caso para evitar distúrbios, e procurar equivalência para harmonizar tudo".[46]

Todavia, à medida que a religião foi alcançando grande influência na vida dos povos antigos, sobreveio o período da vingança divina, assim denominado por ser fundamentalmente teocrático. O Direito confundia-se com a religião, sendo o Direito Penal imposto pelos sacerdotes. O crime era visto como um pecado e cada pecado atingia um determinado deus. A repressão penal, por sua vez, tinha por fim aplacar a ira das divindades ofendidas pela infração, bem como castigar o infrator. A pena era um castigo divino para a purificação e salvação da alma do infrator.[47]

O uso de penas cruéis ou extremamente severas era muito comum nessa época. No Código de Hamurábi, podem ser encontrados princípios da vingança divina, como no art. 6º, que decreta: "Se alguém furta bens do Deus ou da Corte deverá ser morto; e mais quem recebeu dele a coisa furtada também deverá ser morto".[48]

Com o desenvolvimento da sociedade e do fortalecimento do poder do Estado, o caráter religioso das penas foi-se dissipando; as penas perderam sua índole sacra, transformando-se em sanções impostas em nome de uma autoridade pública, a qual representava os interesses da comunidade em geral.

A partir de então, instalou-se o período da vingança pública, passando as penas a ter o intuito de intimidação, de modo a reprimir e prevenir os crimes. Esse período foi marcado por penas cruéis, como a morte na fogueira, na roda, por esquartejamento, por sepultamento em vida, as quais eram aplicadas sobretudo para alcançar o objetivo maior, que era a segurança do monarca.[49]

---

[44] FABBRINI MIRABETE, Júlio. *Manual de direito penal*. 2. ed. São Paulo: Atlas, 1985, v. 1, p. 36.
[45] FABBRINI MIRABETE, p. 36.
[46] NIETZSCHE, 2013, II, §10, p. 70.
[47] FABBRINI MIRABETE, p 37.
[48] *CÓDIGO de Hamurabi*. Supervisão editorial Jair Lot Vieira. 3. ed. São Paulo: EDIPRO, 2011, p. 11.
[49] FABBRINI MIRABETE, 1985, p. 43.

À época, os processos eram sigilosos, favorecendo o arbítrio dos governantes. O delinquente não sabia qual era a imputação feita contra ele. Prevalecia o entendimento de que, em sendo inocente, não precisava de defesa; se culpado, não teria direito a ela.

No Brasil, à época em que ainda era colônia de Portugal, aplicava-se a legislação portuguesa denominada Ordenações do Reino,[50] que previa, além da prisão e multa, a pena de morte, de mutilação de membros, o degredo, o tormento e o açoite, penas estas abusivas e desumanas que seguiam os moldes da lei de talião.

A supressão da vingança só ocorreu com o advento do período humanitário, que surgiu como reação à arbitrariedade da administração da justiça penal e contra o barbarismo das penas, tendo perdurado entre 1750 e 1850. Foi marcado pela atuação de pensadores que influenciaram a doutrina humanística do Direito Penal e fizeram desaparecer as penas cruéis das legislações modernas.

No curso do período humanitário, a pena de morte foi sendo cada vez menos utilizada. Nas legislações em que ainda era adotada, sua aplicação passou a ser feita de forma racional, posto que alteradas as formas de execução, mediante a supressão das torturas e a substituição da forca pela guilhotina.

A partir do século XVIII, a pena capital foi praticamente suplantada pela pena de prisão, sem lograr se separar da ideia do castigo. Dentre as formas exemplificativas de cruel punição está o enclausuramento, que se dava em masmorra.

## 2.1 O eterno retorno

Há, na atualidade, um retorno ao desejo de castigar, com evidente retrocesso em relação ao movimento de humanização das penas. Muito embora a prisão tenha surgido como importante mecanismo humanizador para substituir as penas cruéis, sobretudo a pena capital, a penitenciária perdeu, gradual e definitivamente, a legitimidade auferida pelas teses racionalizadoras de intervenção.[51]

Garland reconhece que, ao longo de grande parte do século XX, foram identificadas e criticadas penalidades que se apresentavam explicitamente retributivas e duras, sendo apontadas como anacronismos no sistema penal moderno.[52] Para ele, houve um declive do ideal da reabilitação. Os programas de reabilitação nas prisões passaram a ser dirigidos particularmente a indivíduos de alto risco, dependentes químicos e agressores violentos.[53]

Esse declive, a toda evidência, não se manifesta apenas como retrocesso ideológico, mas como retorno à pena de caráter meramente retributivo, que, mais uma vez, fez renascer não apenas a ideia do castigo, como também a visão de que a pena de prisão é necessária para neutralizar os indivíduos perigosos que ameaçam a comunidade e a segurança dos cidadãos.

---

[50] ORDENAÇÕES DO REINO DE PORTUGAL. Disponível em: http://objdigital.bn.br/objdigital2/acervo_digital/div_obrasraras/or1409898/or1409898.pdf. Acesso em: out. 2020.
[51] ABRAMOVAY, Pedro Vieira; BATISTA. Vera Malaguti. Depois do grande encarceramento. *In*: CARVALHO, Salo de. *Substitutivos penais na era do grande encarceramento*. Rio de Janeiro: Revan, 2012, p. 357.
[52] GARLAND, David. *La cultura del control*. Barcelona: Gedisa, 2005, p. 42-43.
[53] GARLAND, 2005, p. 41.

Sob a ótica antropológica, "o homem não nasce racional, ele torna-se racional acedendo a um sentido partilhado com os outros homens".[54] Nessa esteira de pensamento, Alain Supiot exemplifica que "o homem pode matar e morrer por uma causa que considera justa (a sua liberdade, a sua pátria, o seu Deus, a sua honra etc.) e, deste ponto de vista, há uma bomba latente em cada um de nós".[55]

É dessa irracionalidade latente nos homens que exsurge a essência do pensamento nietzschiano: "Tudo vem a ser e eternamente retorna!", através do qual Nietzsche expressa o "princípio de seleção, a serviço da força (e da barbárie!!), que assume seu lugar na história, como ponto intermediário. Tempo de supremo perigo!".[56]

O modo múltiplo do *eterno retorno* se apresentar enseja reflexões em diferentes temas. Assim, ao introduzir esse pensamento, pretende-se, sem maior aprofundamento argumentativo, ressaltar que *o que era voltou a ser*. Significa que a irracionalidade humana se revela no intento do corpo social de colocar o indivíduo condenado em um nível muito abaixo na ordem social. Daí a desvinculação da pena de prisão do castigo ser ilusória. Por isso, o sistema punitivo acabou perdendo sua força apaziguante, de modo que as tensões renasceram e a violência voltou a ser disseminada.

Muchenbled, ao tratar do uso de violência pelos bandos de jovens, na atualidade, indaga se seria decorrente do "furor de viver ou o eterno retorno".[57] É bem possível que esse furor de viver da juventude e a violência inconsequente praticada por eles, de certa forma, estejam se encaminhando a um retorno ao furor de castigar.

O controle social dos delinquentes, realizado com a apreensão e recolhimento ao sistema prisional, caracteriza um rito que apenas encobre a violência originária sobre a qual se ergueu a sociedade humana. E esta violência se reproduz nas prisões, escancarando uma série de fatores motivadores do fracasso da pena de prisão.

Foucault, em um primeiro balanço do fracasso da pena privativa de liberdade, conclui que a prisão não reforma, mas fabrica a delinquência e os delinquentes. É como se, no momento em que um indivíduo entrasse na prisão, fosse acionado um mecanismo que o tornasse infame e, quando retornava à liberdade, não podia fazer nada senão voltar a ser delinquente. Caía necessariamente no sistema que dele fazia um proxeneta, um policial ou um alcaguete.[58]

No Direito Penal moderno, percebe-se delineada a crença de Nietzsche no sentido de que "qualquer dano pode ser compensado, qualquer injustiça pode ser reparada, de que sempre há uma equivalência a se estabelecer entre crime e castigo, uma troca que restaura a justiça".[59]

Nunca é demais repetir que a punição ou sanção criminal não pode ser empregada de forma supérflua ou arbitrária; nem pode ser justificada pelo argumento utilitário, como o castigo, haja vista que o valor da pessoa humana, consoante leciona Ferrajoli, impõe uma limitação fundamental em relação à qualidade e à quantidade da pena.[60]

---

[54] SUPIOT, Alain. *HOMO JURIDICUS*. Ensaio sobre a função antropológica do direito. Éditions du Seuil: Instituto Piaget, 2005, p. 8.
[55] SUPIOT, 2005, p. 8.
[56] NIETZSCHE, Friedrich. *A vontade de poder*. Rio de Janeiro: Contraponto, 2008, p. 508.
[57] MUCHENBLED, Robert. *História da violência*: do fim da idade média aos nossos dias. Rio de Janeiro: Forense Universitária, 2012, p. 283.
[58] FOUCAULT, 2006, p. 133.
[59] NIETZSCHE, Friedrich. *Escritos sobre direito*. 2. ed. Rio de Janeiro: Loyola, 2011, p. 36.
[60] FERRAJOLI, Luigi. *Derecho y razón*. Madrid: Trotta, 1995, p. 318.

Por outro lado, o processo de criminalizar observa os critérios do merecimento da pena e sua necessidade. O primeiro é medido pela relevância do bem agredido e pela gravidade da ofensa, a legitimar o uso da sanção penal pelo Estado. O segundo critério mede a necessidade da pena, de modo que constitua o único meio de reação eficaz.[61]

Ferrajoli, ao tratar das teorias retribucionistas, assevera que confundem "razão legal" (por que castigar?), que se refere à legitimação externa da intervenção penal, com "razão judicial" (quando castigar), que tem a ver com a legitimação interna e que consiste precisamente na retribuição.[62]

Na atualidade, o que se observa, é a estigmatização do castigo, diante da prevalência do elemento retributivo na punição legal.

## 2.2 A humanização das penas

A moderação do castigo representou relevante avanço no poder de punir. A partir da necessidade de colocar um freio ao poder de castigar, deu-se o deslocamento do direito de punir da vingança do soberano para a defesa da sociedade. Mas foi somente através do movimento de humanização das penas que teve início o processo de sua desvinculação do castigo.

Foucault assevera que, mesmo quando se trata de castigar o inimigo do corpo social, articula-se no sentido de que a penalidade deve permanecer "humana".[63] Para Zaffaroni, no "reconhecimento do condenado como pessoa humana" consiste a dignidade humana.[64]

Um dos fundamentos do nosso Estado Democrático de Direito é a dignidade da pessoa humana,[65] prevista no art. 1º, inciso III, da Constituição Federal, que deve aplicar-se indistintamente a todos, estejam ou não no gozo pleno de sua liberdade.[66]

Nietzsche não faz referência direta à humanização da pena, mas trata de sua desumanidade e faz duras críticas ao sistema criminal. Associa a dignidade do homem ao temor:

> As cerimônias, os costumes de aparato e de dignidade, os rostos sérios, os ares solenes, os discursos indiretos e tudo o que, em geral, se chama dignidade: é a forma de dissimular própria daqueles que carregam o temor no fundo de si mesmos; querem desse modo inspirar temor (deles próprios ou daquilo que representam).[67]

Aos homens sem temor, nega a dignidade:

> Os homens sem temor — isto é, originariamente aqueles que são sempre e indubitavelmente terríveis — não têm necessidade de dignidade nem de cerimônias; por suas palavras

---

[61] LUIZI, Luis. *Os princípios constitucionais penais*. Porto Alegre: Fabris, 2003, p. 45.
[62] FERRAJOLI, 1995, p. 256.
[63] FOUCAULT, Michel. *Vigiar e punir*. 41. ed. Petrópolis: Vozes, 2013, p. 87.
[64] ZAFFARONI, Eugenio Raúl. *Manual de derecho penal*; parte general. Buenos Aires: Ediar, 2005, p. 139.
[65] BRASIL. CONSTITUIÇÃO Federal e Constituição Estadual. Porto Alegre: Tribunal de Justiça do Estado do Rio Grande do Sul, 2014.
[66] BRASIL. CONSTITUIÇÃO Federal e Constituição Estadual. Porto Alegre: Tribunal de Justiça do Estado do Rio Grande do Sul, 2014.
[67] NIETZSCHE, Friedrich. Aurora: reflexões sobre os preconceitos morais. Petrópolis, RJ: Vozes, 2008, §220, p. 161.

e atitudes sustentam o bom e mais ainda o mau renome da honestidade e da lealdade, para indicar que têm consciência de seu caráter terrível.[68]

Repudia as atitudes dos "altivos indivíduos" que sentem necessidade de maltratar e violentar a outros homens,

> para estabelecer o sentimento de sua dignidade e de sua importância, têm sempre necessidade de outros homens que possam maltratar e violentar: daqueles cuja impotência e covardia permitem que alguém tome impunemente, diante deles, atitudes sublimes e furiosas! – É preciso que seu círculo de convivência seja miserável para que possam se elevar um momento acima de sua nulidade![69]

Ao se ater às torturas da alma, Nietzsche chama a atenção para os atos que nos causam indignação e revolta. Compara que contra toda tortura corporal praticada contra outro ser, hoje todos se insurgem; a indignação contra um homem capaz de tal coisa explode instantaneamente.[70] E diz mais:

> [...] tremos com a simples ideia de uma tortura que poderia ser infligida a um homem ou a um animal e sofremos de modo insuportável ao ouvirmos sobre a existência indubitável de um fato deste tipo. Mas ainda se está longe de ter sentimentos tão universais e tão decididos quando se trata das torturas da alma e do horror de praticá-las.[71]

As penas não podem ser cruéis, tanto em relação a sua espécie como em relação ao modo ou forma de execução. Para sua aplicação, devem ser observados os princípios da proibição de pena indigna, da humanização e da proporcionalidade.[72]

Beccaria vislumbrou na pena de prisão um substitutivo para as penas capitais e corporais. Posteriormente, criticou duramente as prisões de seu tempo, resultando por contribuir para o processo de humanização e racionalização da pena de prisão. Segundo afirma, "parece que no presente sistema criminal, segundo a opinião dominante, prevalece a ideia de força e a prepotência da justiça, porque se atiram confundidos em uma mesma caverna os denunciados e os condenados".[73]

A humanização do castigo coincide com a humanização das penas e, em relação às privativas de liberdade, encontra um grande óbice nas condições das prisões.

## 2.3 A abolição dos meios violentos

Ao tratar da constituição do direito de punir, Foucault afirma que o limite entre o princípio contratual que rejeita o criminoso e a imagem do delinquente enquanto indivíduo "vomitado pela natureza" não se encontra no rigor da lei, mas na natureza humana que se manifesta na sensibilidade do homem razoável que faz a lei e não

---

[68] NIETZSCHE, 2008, §220, p. 161.
[69] NIETZSCHE, 2008, §369.
[70] NIETZSCHE, 2008, §77, p. 60.
[71] NIETZSCHE, 2008, §77, p. 60.
[72] GOMES, Luiz Flávio. Direito Penal, ciência do Direito Penal e poder punitivo estatal. *Jus Navigandi*, Teresina, v. 11, n. 927, 16 jan. 2006. Acesso em: out. 2020. Disponível em: http://jus.com.br/artigos/7823. Acesso em: out. 2020.
[73] BECCARIA, 2012, p. 60.

comete crimes. Nesse processo, a infração lança o indivíduo contra todo o corpo social, tornando o infrator inimigo comum, o que faz gerar o direito de punir.[74]

A violência produzida na prisão também tem causas que "se originam no sistema e na sociedade, como totalidade".[75]

Nietzsche refere-se aos criminosos como "vítimas da violência punitiva".[76] Assevera que o sistema penal, ao endurecer com o delinquente em suas relações com a ordem social à qual objetiva reincorporá-lo, termina por fazer dele uma "nova vítima".

Essa ordem social nunca pretendeu reeducar os delinquentes, segundo esclarece Foucault, tampouco torná-los virtuosos. Pelo contrário, foram agrupados num meio bem definido, rotulados, de modo a serem utilizados como uma arma com fins econômicos ou políticos. Ao invés de lhes ensinar alguma coisa, a ideia era não lhes ensinar nada para se ter certeza de que nada poderão fazer saindo da prisão.[77]

Nesse contexto, o sistema penal produz efeitos totalmente contrários a qualquer discurso oficial tendente a alcançar a correção do condenado. O estigma que a experiência do processo e o consequente encarceramento produzem nos condenados, além do repúdio social decorrente do simples fato de ter cumprido pena de prisão, são consequências que, por si, dificultam e até mesmo impossibilitam sua reinserção na sociedade.

Em defesa das penas de privação de liberdade, Roxin sugere que devem ser destinadas aos condenados perigosos e de difícil recuperação e limitar-se às penas de longa duração. Adverte, ainda, que a pena privativa de liberdade de curta duração, "em vez de prevenir delitos, promove-os".[78]

Assim como o crime, a punição é construção cultural e está sujeita ao crivo valorativo da sociedade, enquanto sistema penal, constituindo realidade selecionada por esta última dentre a multiplicidade de condutas praticadas por seres humanos determinados.[79]

Ao ingressarem na prisão, os indivíduos deparam-se com um quadro lamentável de desrespeito aos seus direitos individuais. O descaso que a superlotação dos presídios sugere, sem dúvida nenhuma, fere a condição de seres humanos, dotados de dignidade, que deve ser observada de igual forma em relação à pessoa privada de sua liberdade, independentemente de sua condição ser considerada à margem da sociedade.

Ao redor do cárcere, a ordem social levanta um muro de silêncio e indiferença, abstraindo as condições desumanas em que se desenvolve a vida carcerária.[80] De igual forma, mostra-se indiferente em relação ao condenado, que, tendo cumprido sua pena, busca retomar seu lugar na sociedade.

O objetivo primordial da prisão, da maneira como vem sendo efetivada, não é outro senão o de retirar os indivíduos indesejados do convívio social, ou seja, parafraseando Nietzsche, afastar do corpo social os indivíduos "não mais pertencentes aos

---

[74] FOUCAULT, 2013, p. 86.
[75] BITTENCOURT, Cezar Roberto. *Falência da pena de prisão*: causas alternativas. 4. ed. São Paulo: Saraiva, 2011, p. 227.
[76] NIETZSCHE, 2013, §14, p. 79.
[77] FOUCAULT, 2006, p. 133-134.
[78] ROXIN, Claus. A culpabilidade como critério limitativo da pena. *Revista de Direito Penal*, São Bernardo do Campo, v. 5, n. 11/12, p. 17, jul./dez. 1973.
[79] MELLIM FILHO, 2010, p. 24.
[80] BITENCOURT, 2011, p. 48.

que nos são iguais"[81] e mantê-los num ambiente diferenciado, distante do mundo onde vivemos ou, ainda, em um nível muito abaixo na ordem social. A própria exclusão que a pena provoca pode determinar ao causador do delito a percepção de si mesmo como um indivíduo realmente desviado.

Nesse sentido, Ferrajoli aduz que "um Estado que mata, que tortura, que humilha um cidadão não só perde qualquer legitimidade, senão que contradiz sua razão de ser, colocando-se no nível dos mesmos delinquentes".[82]

A dignidade do homem, consoante assevera Nietzsche, está em não consentir que outros maltratem e violentem o homem.[83] No desenvolvimento de sua filosofia moral, depreende-se a preocupação de Nietzsche com os meios violentos de punição: "Abolição da pena. A *compensação* como substituição de todos os meios violentos".[84]

Nietzsche sugere a *compensação* resultante da abolição de todo e qualquer meio violento impingido à punição, mediante a substituição por outros que causem sofrimento ao ofensor.

Apesar de Nietzsche ter trazido a lume o fracasso da pena de prisão, não se posiciona como *abolicionista*, haja vista não ter abandonado os ideais da *compensação*. Em nenhum momento, manifesta-se pelo propósito de acabar com o sistema penal. A abolição do sistema penal exclui qualquer possibilidade de compensação por sofrimento do ofensor.

Guyau comenta o posicionamento de Littré, no sentido de que a origem histórica do castigo está na ordem social e que a pena, no início, era apenas uma *compensação*, uma indenização material exigida pela vítima ou por seus parentes.[85] Insurge-se, porém, contra a *compensação*, aduzindo que "tanto quanto seria racional perseguir, como os deterministas, a cura do culpado, seria irracional buscar a punição ou a compensação do crime. Essa ideia é o resultado de uma espécie de matemática infantil. 'Olho por olho, dente por dente'".[86]

Louk Hulsman, em sua obra *Penas Perdidas*, sustenta a completa abolição do sistema penal. Considera que o encarceramento causa somente degradação, ou seja, a supressão do eu e o aniquilamento humano, posicionando-se firmemente contra a pena de prisão. Em sua teoria abolicionista, faz severas críticas às políticas de encarceramento e à pena de prisão imposta por uma ordem social "sempre movida pelo sentimento de vingança, punição e culpa, profundamente enraizados na consciência social pelo modo como se organiza a vida na sociedade capitalista".[87]

Sáinz Cantero destaca que a privação da liberdade não intimida a maioria dos delinquentes, principalmente os mais perigosos e habituais, que se acostumaram a sofrê-la; não os corrige; sua aplicação sofre abuso, desde sua invenção como pena; e faz recair sobre quem sai da cadeia a desconfiança da sociedade.[88]

---

[81] NIETZSCHE, 2004, p. 340.
[82] FERRAJOLI, 1995, p. 318.
[83] NIETZSCHE, 2004, p. 340.
[84] NIETZSCHE, Fragments Posthumes [Automne 1885-automne 1887].
[85] GUYAU, Jean-Marie. *Crítica da ideia de sanção*; tradução Regina Schöpke e Mauro Baladi. São Paulo: Martins, 2007, p. 34-35.
[86] GUYAU. 2007, p. 34-35.
[87] HULSMAN, Louk; DE CELIS, Jacqueline Bernat. *Penas Perdidas*. O Sistema Penal em Questão. Niterói: Luam, 1993, p. 8.
[88] SAINZ CANTERO, José A. *La ciencia del derecho penal y su evolución*. Barcelona: Bosh, 1975, p. 116-118.

A esses argumentos, acrescenta-se que a pena privativa de liberdade é estigmatizadora para o preso e sua família; afeta não apenas ao encarcerado, mas também a seus parentes mais próximos pela privação de sua companhia, destruindo, em alguns casos, a unidade conjugal.

O elevadíssimo custo econômico da gestão carcerária, além da ingovernabilidade das prisões, torna a pena privativa de liberdade muito dispendiosa para a sociedade.

Por outro lado, a prisão submete o indivíduo a um terrível isolamento que destrói sua sociabilidade e reduz o condenado a uma imobilidade que é extremamente insuportável para alguns sujeitos muito ativos. Em nível psicológico, é passível de gerar uma lembrança do cárcere ou psicose carcerária, cujos efeitos e sequelas psíquicas podem durar por toda a vida.

É senso comum, inclusive, que o cárcere termina sendo uma escola de delinquentes. Muitas outras consequências degradantes são geradas a partir da percepção dos possíveis benefícios oriundos dessa fabricação de delinquência, apontada por Foucault.

O cumprimento da pena de prisão, em alguns cárceres brasileiros, tangencia o enclausuramento medieval. Problemas de infraestrutura, de saneamento, de higiene e de superlotação tornam caótico o quadro dos grandes presídios e seus cárceres, que, segundo descreve Von Henting, *lembram a forma de jaula das antigas masmorras, meio utilizado pelos funcionários encarregados da vigilância para se protegerem contra os reclusos. O que é sólido e seguro defende os que estão fora e guarda os que se encontram dentro*.[89]

Guardadas as proporções e reconhecendo-se o intento diametralmente oposto dos núcleos ligados à execução da pena e aos direitos humanos, o que se verifica é uma apologia à masmorra. A propósito, analisa Varella: *o lema 'lugar de bandido é na cadeia' é vazio e demagógico. Não temos nem teremos prisões suficientes*.[90]

As constantes fugas assumem o caráter mais visível da negação do cárcere, indicativo de que está longe de ser a pena mais eficiente.

Michels, enquanto observador empírico do encarceramento, no livro em que aborda a vivência no Presídio Central, atual Cadeia Pública de Porto Alegre, escreve:

> Quando construído, o Presídio Central tinha a missão de diminuir a criminalidade no Estado. Hoje cumpre uma função inversa ao objetivo de sua criação. Mesmo quem comete um pequeno delito acaba tendo seu nível de periculosidade elevado pela convivência com companheiros de pavilhão. Saem mais violentos e com mais ligações criminosas.[91]

Nesse contexto, a reinserção social torna-se gradativamente mais inviabilizada e conflitiva.

## Conclusão

A análise que se faz no presente estudo, muito longe de ser conclusiva, pretende provocar reflexão sobre os principais aspectos que, na atualidade, infirmam a eficácia da pena de prisão.

---

[89] HENTING, Hans Von. *La pena*, p. 201 *apud* BITENCOURT, 2011, p. 32-33.
[90] VARELLA, Dráuzio. *Carcereiros*. São Paulo: Companhia das Letras, 2012, p. 201
[91] MICHELS. Gabriel de Oliveira. *Presídio Central*. Porto Alegre: DIMAIOR, 2012, p. 55.

A genealogia nietzschiana, ao mesmo tempo em que refuta a ideia de que o castigo teria o valor de despertar no culpado o sentimento de culpa, nega à pena o sentido de intimidação. Refere ser o castigo um meio compensatório, concebido a partir da introdução da dor como meio de compensar um dano.

Da forma como vem ocorrendo, o objetivo primordial da prisão não é outro senão o de afastar os indivíduos indesejados do convívio social, mantê-los num ambiente diferenciado, distante do mundo onde vivemos. E ao colocar o indivíduo num nível mais baixo, na perspectiva nietzschiana, a ordem social termina por fazer deles uma nova vítima. Na concepção de Nietzsche, a ideia de humanidade encontra-se perpassada pela crueldade, pelo prazer de ver e de fazer sofrer. Não consentir que outros maltratem o homem é como se revela a dignidade humana.

A pena de prisão, adotada prevalentemente na generalidade dos sistemas jurídicos, mesmo após a normatização do princípio da humanização da pena e da proporcionalidade, tem encontrado seu grande óbice nas condições das prisões.

Da forma como se apresenta o sistema prisional no Brasil não tem logrado atingir os objetivos de reabilitação e ressocialização dos condenados. Mostra-se um ilogismo falar de dignidade humana e fechar os olhos à crueldade das prisões. Os cárceres brasileiros exercem o objetivo de segregação para o afastamento dos infratores da sociedade, em condições indignas.

Há um retorno ao desejo de castigar, disseminado nas redes sociais, e um evidente retrocesso em relação ao movimento de humanização das penas. Não se pode cogitar falar de dignidade da pessoa humana sem receber severas críticas da sociedade, quando se trata de criminosos. Isto porque a própria ordem social consente que sejam castigados, maltratados, violentados.

Da prática punitiva, representada pelo encarceramento, depreendem-se aspectos de uma construção cultural de domação, domesticação ou adestramento do homem, mediante o sufocamento dos afetos e instintos, correspondente à tese nietzschiana da *cruel domesticação do homem*. O homem encarcerado é comparável a um animal de rapina que é enjaulado com o mero intuito de domesticação.

Embora seja a mais aplicada na generalidade dos modelos punitivos, a pena de prisão não logrou êxito em se separar da ideia do castigo. A genealogia nietzschiana do castigo leva a esta e muitas outras reflexões.

Por sua relevância e pertinência, inclusive, nos remete aos desafios epistemológicos da contemporaneidade, apontados por Luigi Ferrajoli: por quê? Para quê? Quanto? Como? Quando castigar?[92]

Nietzsche antevê no abolicionismo de todos os meios violentos de punição a possibilidade de desvincular o castigo da pena. Todavia, no seu entendimento, "definível é apenas aquilo que não tem historia",[93] o que impossibilita dizer ao certo *por que se castiga*.

Longe de alcançar respostas que justifiquem o ato de castigar ou que desvinculem a ideia do castigo da pena de prisão, é possível concluir que a punição, consubstanciada na privação da liberdade, e o próprio sistema carcerário não se mostram hábeis a atingir os objetivos de reabilitação e ressocialização dos condenados, nem a resguardar as garantias constitucionais e os valores que lhes são reconhecidos no âmbito dos direitos humanos.

---

[92] LUIZI, Luis. *Os princípios constitucionais penais*. Porto Alegre: Fabris, 2003, p. 45.
[93] NIETZSCHE, GM, §13, p. 68.

## Referências

ABRAMOVAY, Pedro Vieira; BATISTA. Vera Malaguti. Depois do grande encarceramento. *In*: CARVALHO, Salo de. *Substitutivos penais na era do grande encarceramento*. Rio de Janeiro: Revan, 2012.

BECCARIA, Cesare. *Dos delitos e das penas*. São Paulo: Hunther Books, 2012.

BITTENCOURT, Cezar Roberto. *Falência da pena de prisão:* causas alternativas. 4. ed. São Paulo: Saraiva, 2011.

CÓDIGO de Hamurabi. Supervisão editorial Jair Lot Vieira. 3. ed. São Paulo: EDIPRO, 2011.

CONSTITUIÇÃO Federal e Constituição Estadual. Porto Alegre: Tribunal de Justiça do Estado do Rio Grande do Sul, 2014.

FABBRINI MIRABETE, Júlio. *Manual de direito penal*. 2. ed. São Paulo: Atlas, 1985, v. 1.

FERRAJOLI, Luigi. *Derecho y razón*. Madrid: Trotta, 1995.

FOUCAULT, Michel. *Microfísica do poder*. 22. ed. São Paulo: Paz e Terra, 2006.

FOUCAULT, Michel. *Vigiar e punir*. Petrópolis: Vozes, 1977.

FOUCAULT, Michel. *Vigiar e punir*. 41. ed. Petrópolis: Vozes, 2013.

GARLAND, David. *La cultura del control*. Barcelona: Gedisa, 2005.

GOMES, Luiz Flávio. Direito penal: ciência do direito penal e poder punitivo estatal. *Jus Navigandi*, Teresina, v. 11, n. 927, 16 jan. 2006. Disponível em: http://jus.com.br/artigos/7823. Acesso em: out. 2020.

GUYAU, Jean-Marie. *Crítica da ideia da sanção*; tradução Regina Schöpke e Mauro Baladi. São Paulo: Martins, 2007.

HULSMAN, Louk; DE CELIS, Jacqueline Bernat. *Penas Perdidas*. O Sistema Penal em Questão. Niterói: Luam, 1993.

KANT, Immanuel. *A metafísica dos costumes*. São Paulo: EDIPRO, 2003.

LUIZI, Luis. *Os princípios constitucionais penais*. Porto Alegre: Fabris, 2003.

MELIM FILHO, Oscar. *Criminalização e seleção no sistema judiciário penal*. São Paulo: IBCCRIM, 2010.

MICHELS, Gabriel de Oliveira. *Presídio Central*. Porto Alegre: DIMAIOR, 2019.

MUCHENBLED, Robert. *História da violência*: do fim da idade média aos nossos dias. Rio de Janeiro: Forense Universitária, 2012.

NIETZSCHE, Friedrich. *Aurora*: reflexões sobre os preconceitos morais. Petrópolis: Vozes, 2008.

NIETZSCHE, Friedrich. *Escritos sobre direito*. 2. ed. Rio de Janeiro: Loyola, 2011.

NIETZSCHE, Friedrich. *Fragmentos do espólio*. Seleção, tradução, prefácio de Flávio R. Kothe. Brasília: Editora Universidade de Brasília, 2004.

NIETZSCHE, Friedrich. *Fragmentos póstumos:* 1987-1989. Rio de Janeiro: Forense Universitária, 2012. v. 7.

NIETZSCHE, Friedrich. *A genealogia da moral*. Petrópolis: Vozes, 2013.

NIETZSCHE, Friedrich. *Humano, demasiadamente humano*. São Paulo: Companhia da Letras, 2005.

NIETZSCHE, Friedrich. *A vontade de poder*. Rio de Janeiro: Contraponto, 2008.

ORDENAÇÕES DO REINO DE PORTUGAL. Disponível em: http://objdigital.bn.br/objdigital2/acervo_digital/div_obrasraras/or1409898/or1409898.pdf. Acesso em: out. 2020.

ROXIN, Claus. A culpabilidade como critério limitativo da pena. *Revista de Direito Penal*, São Bernardo do Campo, v. 5, n. 11/12, jul./dez. 1973.

SAINZ CANTERO, José A. *La ciencia del derecho penal y su evolución*. Barcelona: Bosh, 1975.

SLOTERDIJK, Peter. *Regras para o Parque Humano*: uma resposta à carta de Heidegger sobre o humanismo. São Paulo: Estação Liberdade, 2000.

VARELLA, Drauzio. *Estação Carandiru*. São Paulo: Companhia das Letras, 2012.

WOTLING, Patrick. *Vocabulário de Friedrich Nietzsche*. São Paulo: WMF Martins Fontes, 2011.

ZAFFARONI, Eugenio Raúl. *Manual de derecho penal*; parte general. Buenos Aires: Ediar, 2005.

---

Informação bibliográfica deste texto, conforme a NBR 6023:2018 da Associação Brasileira de Normas Técnicas (ABNT):

MICHELS, Rosane Ramos de Oliveira. Encarceramento: castigo ou punição legal? *In*: ASSOCIAÇÃO DOS MAGISTRADOS BRASILEIROS; SALOMÃO, Luis Felipe; FONSECA, Reynaldo Soares da; VIDEIRA, Renata Gil de Alcantara; SZPORER, Patrícia Cerqueira Kertzman; COSTA, Daniel Castro Gomes da (Coord.). *Sistema penal contemporâneo*. Belo Horizonte: Fórum, 2021. p. 389-407. ISBN 978-65-5518-205-7.

# JUIZ DAS GARANTIAS: O MODELO ACUSATÓRIO E OS PODERES INSTRUTÓRIOS DO JUIZ

CARINA LUCHETA CARRARA

## I Introdução

A figura do juiz das garantias chega ao sistema processual brasileiro pela reforma pontual do Código de Processo Penal ocorrida pela Lei nº 13.964/19, apesar de já vir sendo aclamado, em terra pátria, desde o projeto de reforma global do CPP, aprovado no Senado Federal (PLS nº 156/09), mas ainda em trâmite na Câmara dos Deputados desde o ano de 2010 (PL nº 8.045/10).

Vem pela onda de um movimento iniciado na Europa Continental após a Segunda Guerra Mundial e depois propagado para a América Latina, cujos países, excetuado o Brasil, tiveram colonização espanhola e modelo processual influenciado pelo hispânico. Pois, a partir da reconstrução democrática, mais tardia na América Latina, impôs-se substituir o modelo processual de sistema inquisitivo pelo sistema acusatório, mais consentâneo com o regime democrático, considerando os precedentes do Tribunal Europeu de Direitos Humanos, a Convenção Americana de Direitos Humanos e, então, o crescente reconhecimento e fortalecimento dos direitos humanos também pela doutrina.

Contudo, o conceito de sistema inquisitivo não se confunde com o denominado *inquisitorial system*, que se situa, e nela não interfere, iniciativa instrutória do juiz no processo penal. A dicotomia 'sistema acusatório – inquisitivo' não corresponde à outra dicotomia '*adversarial – inquisitorial system*'.

O presente estudo então faz uma breve incursão pela história daqueles sistemas processuais, perpassando pelo aqui novel juiz das garantias e depois atentando aos papéis instrutórios. Passando pela função social do processo, conclui pela subsistência, a par da introdução do juiz das garantias, dos poderes instrutórios do juiz na etapa procedimental do contraditório.

Em desfecho, contemplando a reflexão sobre aspectos práticos do tema, este trabalho, num reforço empírico acerca dos poderes instrutórios do juiz, ingressa na jurisprudência do Superior Tribunal de Justiça diante dos casos que lá chegaram posteriormente à edição da Lei nº 13.964/19 – não obstante o alarido decorrente das mudanças e ainda suspensa a eficácia de sua plena implantação (em virtude de Ações Diretas de Inconstitucionalidade) –, que vem confirmando que as disposições do artigo 156 do Código de Processo Penal não foram revogadas. Por isso, as que poderiam ser consequentes nulidades – e sempre tão temidas, pois que desprestigiam a eficiência da tutela jurisdicional – não se veem, nesse passo, aptas a desassossegarem o julgador neste momento de significativa inovação e consequente apreensão.

## II Dos sistemas processuais

Por primeiro, necessário conhecer as matrizes de pensamento que guiam toda a sistemática do processo penal, ou seja, a inquisitiva e a acusatória. E ponderando, de antemão, que a política é a grande criadora do Direito, não cabendo qualquer juízo romântico no surgimento de tais matrizes processuais, como afirma Coutinho:

> Os dois sistemas dos quais se fala (inquisitório e acusatório) vieram a lume, como se sabe, por razões políticas. Outras, de ordem teológica, econômica, filosófica e jurídica (dentre outras) foram altamente relevantes, mas, decididamente, secundárias ou, pelo menos, sempre estiveram subordinadas àquelas políticas.[1]

Tem-se notícia da existência do sistema inquisitivo desde antes do século XIII e no Direito Romano, mas o criado pela Igreja Católica é que foi um dos maiores influenciadores dos ordenamentos processuais penais atuais.

Do final do século XII, aumentando-se os burgos e com a Igreja Católica então se sentindo ameaçada por não ser mais a dominante de todo o mundo conhecido, iniciaram-se medidas para sua manutenção no poder. Como marco histórico do sistema inquisitivo católico, instituiu-se o IV Concílio de Latrão (1215 – na Igreja de São João de Latrão), pelo qual o Papa Inocêncio III instaurou, dentre outras medidas, a confissão pessoal obrigatória, aumentando-se a fiscalização do povo e sob a ideia aprofundada da expiação do pecado pela penitência.

Com a Bula *Ex excomuniamos*, de Gregório IX (em 1231), e a Bula *Ad extirpanda*, de Inocêncio IV (em 1252), foram instituídos métodos inquisitivos, como a tortura. O método inquisitivo baseava-se na ideia de que:

> excluídas as partes, no processo inquisitório o réu vira um pecador, logo, detentor de uma 'verdade' a ser extraída. Mais importante, aparentemente do que o próprio crime, torna-se ele objeto de investigação.[2]

Autolegitimando-se na lógica aristotélica, esse modelo fazia com que a Igreja e seu inquisidor, sob uma espécie de juízo onividente e onisciente, controlasse as premissas e conclusões. Isto é, sendo a Igreja a única que poderia conhecer as premissas e a única

---

[1] Apud LOPES, Marcus Vinícius Pimenta. Estudo e crítica do "Juiz das Garantias". *Revista Brasileira de Ciências Criminais*, v. 111, p. 227-259, nov./dez. 2014. Revista dos Tribunais Online: DRT 2015/244, p. 2.

[2] LOPES, Marcus Vinícius Pimenta. *Estudo e crítica do "Juiz das Garantias"*. *Revista Brasileira de Ciências Criminais*, v. 111, p. 227-259, nov./dez. 2014. Revista dos Tribunais Online: DRT 2015/244, p. 2.

que poderia dar as conclusões, manipularia qualquer fato segundo o seu critério. Como também explica Lopes:

> a verdade estava dada *ex ante* e o inquisidor dela tinha ciência, de modo que o trabalho (abjeto, em realidade) era um jogo de paciência e, ao final, confessar, dentro do modelo proposto, era a vitória da Inquisição, mas, para o consumo geral, vitorioso era o inquirido que, como prêmio, ganhava a absolvição, nem que de tanto em tanto fosse parar na fogueira para, mais rápido, entregar sua alma a Deus.[3]

Já a fonte acusatória se verifica do período do reinado de Henrique II (1154 a 1189), no seu esforço de unificar a Grã Bretanha e com a extinção dos Juízos de Deus, com o que ele concentrou em si toda a jurisdição. Todos os que se sentissem injustiçados podiam reclamar ao rei por meio de uma petição, em regra, recebida e decidida pelo Lord Chanceler (representante da vontade do rei), que emitia uma ordem escrita (*writ*) aos representantes locais (*sheriffs*) e a qual obrigava o reclamado a satisfazer a pretensão do reclamante ou, a depender do caso, a apresentar suas explicações.

Como a jurisdição real se viu sob imensa demanda e não conseguiu responder a todos os pedidos em tempo que não causasse descontentamento popular, Henrique II instituiu um *Trial by Jury*: um *Grand Jury* de 23 cidadãos (*boni homines*) acusava o indivíduo e, se recebida essa acusação, ele era julgado por um *Petty Jury* de 12 membros, que dizia o direito material, enquanto as regras processuais eram ditadas pelo rei. O julgamento se transformava num grande debate, entre acusação e defesa, enquanto o representante do réu somente intervinha para manter a ordem. A regra era a liberdade e o acusado, o responsável pelas explicações que deveria dar.[4]

Os julgamentos eram públicos e como as regras procedimentais eram ditadas pelo rei, caso o povo condenasse ou absolvesse, a decisão sempre seria a do rei, vale dizer, porque sempre promovia o juízo perfeito, de acordo com a vontade do povo (de quem, frise-se, Henrique precisava de especial apoio na então instável unificação da Grã-Bretanha).

Como pontua Lopes sobre essa disputa dialética:

> tal sistema tendia para a paridade de condições entre as partes; além disto, agora o juízo não deveria formar sua convicção unicamente em sua consciência, isoladamente; agora o juízo deveria formar sua consciência também pelo que era apresentado pelas partes, no processo. Assim, na busca pelo apoio popular na unificação da Grã Bretanha, e no intento de se retirar o poder da Igreja, surgiu o embrião do que se convencionaria chamar de sistema acusatório.[5]

Perpassando também pelo assim intitulado sistema misto, vemo-lo surgindo com Napoleão Bonaparte, o qual criou o *Code d'Instruction Criminelle*, de 1808, sob as ideias de Jean-Jacques-Regis de Cambacérès. Tal código tinha duas partes, sendo a primeira nos moldes e com os métodos do modelo inquisitorial (existente na França desde 1760, com a *Ordonnance Criminelle*, de Luis XIV), pelo qual ocorria a investigação e produção

---

[3] *Ibidem*. p. 3.
[4] *Ibidem*. p. 4.
[5] *Ibidem*. p. 4.

de provas por meio do juiz de instrução, enquanto na segunda parte, nos moldes do Jury inglês, ocorria o debate público entre acusação e defesa, permitindo-se o uso das provas também obtidas na primeira fase.

Segundo o mesmo autor de que haurido esse breve histórico:

> como era permitido "na segunda etapa o uso das provas produzidas na primeira etapa, este processo misto napoleônico era na verdade um jogo de cartas marcadas, no qual um juiz investigado (juiz de instrução) buscava provas para condenar aqueles que o Estado desejasse, e posteriormente, na segunda etapa, se mascararia todo o procedimento com um debate público que passaria a impressão de participação popular, gerando apoio ao Estado.[6]

Mas como modera Andrade,[7] historicamente, a doutrina somente se dedicou a descrever a composição desses sistemas (acusatório, inquisitivo e misto), analisando posteriormente os princípios responsáveis por suas formações. Resulta disso que não se encontram estudos sobre o significado atribuído à palavra *sistema* em âmbito processual e sobre os diferentes graus de importância conferidos a cada elemento que faz parte desses sistemas, levando-se, então, cada doutrinador a manifestar uma opinião diferente dos demais.

Os estudiosos dos sistemas jurídicos afirmam que sua definição é uma das mais discutidas em razão da falta de clareza quanto ao seu objeto. E prossegue Andrade, anotando que "Habermas e Luhmann, apesar de tratarem do tema com profundidade, em nenhum momento definiram, de forma clara e direta, o conceito de sistema jurídico". Mais: "Não é por outro motivo que Bobbio afirma que *sistema 'é um daqueles termos de muitos significados, que cada um usa conforme suas próprias conveniências'*".[8]

Por isso, o que muito se observa é a utilização do método expositivo-descritivo para se conceituarem os sistemas acusatório, inquisitivo e misto, aparteando-se do contexto ou dados históricos.

Em geral, a doutrina expõe o sistema acusatório como o formado por juízes e acusadores populares, que estão impedidos de adotar um comportamento mais ativo no processo, havendo uma inviolável igualdade entre as partes. Norteiam-no os princípios acusatório, da oralidade, do contraditório e da publicidade.

Quanto ao sistema inquisitivo, descrevem-no como aquele em que o juiz é um agente público encarregado da investigação, acusação e decisão. Seus princípios são o inquisitivo, o segredo e a escritura. E a tortura seria o meio mais comum para chegar à verdade.

O sistema misto, por sua vez, é descrito como aquele em que há uma mistura dos elementos ou princípios dos dois outros sistemas, sendo dividido em duas partes (investigação e julgamento), prevalecendo na primeira os elementos do sistema inquisitivo e, na segunda e última fase, os do sistema acusatório.

Essa aparente simplicidade na identificação e definição dos sistemas processuais penais passa a mudar quando se inicia um estudo mais profundo sobre o tema, já que cada autor apresenta sua própria descrição de como seria cada sistema. Os sistemas

---

[6] *Ibidem*. p. 5.
[7] ANDRADE. Mauro Fonseca. *Sistemas Processuais Penais e seus Princípios Reitores*. 2. ed. rev. e ampl. Curitiba: Juruá, 2013, p. 35-36.
[8] *Ibidem*. p. 37-38.

processuais penais nada mais são do que manifestações históricas, mas doutrinadores nem sempre se dão ao trabalho de analisar a fonte primária que os regulamentou. Além disso, como apontado por Marques e Ferrajoli, os juízos de valor ou preconceitos do próprio investigador possibilitam grandes distorções intencionais na realidade histórica. Então detalha Andrade:

> Isso faz com que ele negue a existência ou ausência de certos elementos em um determinado modelo de processo, por entender que um sistema se constitui no símbolo do bem, e outro sistema materializa todas as imperfeições que existem em âmbito processual. (...) Isso tudo nos leva a concluir que as definições ou descrições, que comumente encontramos, não podem ser encaradas como representações definitivas de cada sistema processual, até mesmo porque praticamente cada autor propõe a sua. Em realidade, essas definições se constituem em *tipos ideais* criados pela doutrina, onde cada autor manifesta sua opinião sobre o que acredita estar presente em cada sistema.[9]

Contudo, como afirma Max Weber, os tipos ideais devem ser encarados como meio para alcançar o conhecimento, ao invés de serem tratados como a própria materialidade desse mesmo conhecimento.[10]

## III Do juiz das garantias

Os movimentos de reforma processual penal mostram também, além da Política como mola propulsora, uma tendência histórica: inovações legislativas experimentadas no continente europeu são, depois, importadas pelos países latino-americanos. Aconteceu assim com o atual Código de Processo Penal brasileiro, outorgado em 1941 e com base de inspiração no Código italiano de Alfredo Rocco, de 1930. Pelo restante dos países da América Latina, pois de colonização espanhola, foi herdado o modelo de processo penal da Espanha, em que o juiz da instrução predominou até o final do século XX.

É eloquente a defesa, notadamente no Brasil, de que a figura do juiz das garantias foi instituída para se calibrar a imparcialidade do juiz, "num ambiente em que não raro a adulação ao acórdão de ocasião ou ao implante jurídico cogitado em precários processos legislativos pautam a produção científica".[11]

Mas antes de começarmos pelos tidos como paradigmas desse instituto, em especial as decisões do Tribunal Europeu de Direitos Humanos (TEDH ou Corte Europeia de Direitos Humanos), pontuemos desde já que a legislação brasileira segue, desde a decretação do Código de Processo Penal na década de quarenta, os mesmos critérios considerados, cerca de cinquenta anos depois, para que o juiz da fase de investigação possa atuar validamente também como juiz da fase de julgamento. Vale dizer, numa síntese *ab initio*, nosso CPP sempre trouxe, como pressupostos das medidas cautelares, inclusive da prisão, o *fumus comissi delicti*, ou a probabilidade da ocorrência de um delito, também traduzida pela prova da existência do crime e indícios suficientes de autoria, e

---

[9] Ibidem. p. 46 e 48.
[10] Ibidem. p. 48.
[11] CHOUKR, *apud* MAYA, André Machado. *Juiz de Garantias* – fundamentos, origem e análise da Lei 13.964/19. São Paulo: Tirant lo Blanch, 2020, p. 15.

o *periculum libertartis*, ou o perigo que decorre do estado de liberdade do imputado. E ao acatar tais definições, são esses mesmos os requisitos exigidos para que o juiz brasileiro possa condenar alguém? Respondendo a sua própria interrogação retórica, Andrade é incisivo: "Absolutamente, não!", com o que segue sintetizando:

> O grau de conhecimento exigido do juiz, para deferir medidas cautelares, é claramente superficial, contentando-se com elementos de ordem *indiciária* em relação à autoria da infração penal. Já, o grau de conhecimento, exigido para a prolação de uma sentença condenatória, deve levar o magistrado a obter um juízo de *certeza*, já que nas decisões definitivas, impera o *in dubio pro reo*. Portanto, se o grau de profundidade das decisões tomadas na fase de investigação é – em muito, acrescentamos nós – inferior ao exigido para se condenar alguém, por óbvio que a lição do TEDH jamais poderia indicar que o juiz brasileiro, da fase de investigação, seja considerado contaminado após proferi-las. Muito pelo contrário.[12]

Voltemos, então, ao que seria o início da reconstrução democrática que impôs reformar o modelo processual, com a doutrina, em especial, apontando uma íntima associação entre o sistema inquisitivo e o autoritarismo, de um lado, e o sistema acusatório e a democracia, de outro.[13]

A possibilidade de quebra da imparcialidade em virtude da prevenção do juízo começou a ser reconhecida pelo TEDH na década de 1980, focada na figura do *juiz de instrução*, existente nos ordenamentos europeus. Passou-se a questionar, perante aquele tribunal, a reunião, em um mesmo juiz, das competências de investigação e julgamento, apontando-se que o contato do magistrado com o acervo probatório produzido na investigação gerava um risco acentuado de quebra da imparcialidade, garantia expressamente assegurada pela Convenção Europeia de Direitos Humanos (*direito a um processo equitativo* – artigo 6.1).[14]

Pois bem:

> A imparcialidade do juiz é uma garantia de justiça para as partes. Por isso, têm elas o direito de exigir um juiz imparcial: e o Estado, que reservou para si o exercício da função jurisdicional, tem o correspondente dever de agir com imparcialidade na solução das causas que lhe são submetidas. As organizações internacionais também se preocupam em garantir ao indivíduo a imparcialidade dos órgãos jurisdicionais competentes.[15]

---

[12] ANDRADE. Mauro Fonseca. *Juiz das Garantias*. 3. ed. Curitiba: Juruá, 2020, p. 35 e 36.

[13] CARVALHO, Luis Gustavo Grandinetti de. O juiz de garantias no Brasil e no Chile: breve olhar comparativo. *Revista Brasileira de Ciências Criminais*, v. 168, p. 93-123, jun. 2020. Revista dos Tribunais Online: DRT 2020/7312.

[14] "ARTIGO 6º Direito a um processo equitativo 1. Qualquer pessoa tem direito a que a sua causa seja examinada, equitativa e publicamente, num prazo razoável por um tribunal independente e imparcial, estabelecido pela lei, o qual decidirá, quer sobre a determinação dos seus direitos e obrigações de carácter civil, quer sobre o fundamento de qualquer acusação em matéria penal dirigida contra ela. O julgamento deve ser público, mas o acesso à sala de audiências pode ser proibido à imprensa ou ao público durante a totalidade ou parte do processo, quando a bem da moralidade, da ordem pública ou da segurança nacional numa sociedade democrática, quando os interesses de menores ou a protecção da vida privada das partes no processo o exigirem, ou, na medida julgada estritamente necessária pelo tribunal, quando, em circunstâncias especiais, a publicidade pudesse ser prejudicial para os interesses da justiça."

[15] CINTRA, Antonio Carlos de Araújo; GRINOVER Ada Pellegrini; DINAMARCO, e Cândido Rangel. *Teoria Geral do Processo*. 24. ed. rev. e atual. São Paulo: Malheiros Editores, 2008, p. 58-59.

Essa garantia, segundo Fernandes:

> é vista não como atributo do juiz, mas como pressuposto da própria existência da atividade jurisdicional. Com isso, a garantia não é mais enfocada em face do conceito individualista de garantia da parte, mas como garantia da própria jurisdição. Trata-se de garantia antiga, que remonta à Carta Magna de 1215, onde aparece (art. 20) como garantia de julgamento por órgãos e pessoas do local em que o delito foi cometido (competência territorial).[16]

Seguiram-se textos posteriores (Petition of Rights, de 1627, e Bill of Rights, de 1688), que passaram a proibir os juízes extraordinários, ou seja, o que hoje se conhece como a proibição de juiz *ex post facto*. No constitucionalismo norte-americano (com a Declaração de Virgínia, de 1776, e as Constituições dos Estados independentes, de 1776 a 1784), prosseguiu-se, e por influência da Carta Magna, de modo a assegurar a existência de um juízo competente previamente fixado e a inderrogabilidade das regras de competência, com foco em ligar a competência ao *locus comissio delicti*, passando depois a competência territorial a ser princípio constitucional (Emenda VI de 1791 à Constituição Federal de 1787).

Seguindo Fernandes e partindo para o constitucionalismo francês (Lei de 24.08.1790 – art. 17, tít. III; Constituição 1791, art. 4º, cap. V, tít. III), lá o princípio da imparcialidade manifesta-se, de início, como uma tríplice garantia, em oposição aos institutos da comissão (com a proibição de juízos extraordinários, *ex post facto* ou fora da organização judiciária), evocação (com a impossibilidade de derrogação de competência, em julgamento por órgão diverso do previsto em lei, ainda que pertencendo à organização judiciária) e da atribuição (com a vedação de juízes especiais). Tudo, em evolução nos textos constitucionais posteriores, que acabou convergindo na garantia à proibição dos juízes extraordinários.

Por influência francesa, a Itália inicialmente consagrou o princípio como proibição de juízos extraordinários (Estatuto Albertino de 1848) e, em razão do que foi estatuído na Constituição italiana, surgiram na doutrina duas posições: uma identificando o princípio somente enquanto proibição de tribunais extraordinários e outra vendo-o sob dois impedimentos: a proibição de tribunais extraordinários e a proibição de derrogação de competência; por isso:

> a expressão 'juiz natural' da Constituição italiana (arts. 25 e 102) tem sido interpretada pela jurisprudência constitucional como proibição de tribunais de exceção e, ainda, como garantia do juiz competente.[17]

Já na Bélgica, a garantia encontra-se ligada à proibição de tribunais extraordinários, enquanto na Espanha e em Portugal impede a subtração da causa ao juiz competente.

Na nossa tradição brasileira, o princípio apresenta-se sob dupla garantia: de proibição de tribunais extraordinários (poder de comissão) e de proibição de evocação (transferência de uma causa para outro juízo). Já o poder de atribuição não é vedado,

---

[16] FERNANDES, Antonio Scarance. *Processo Penal Constitucional*. 3. ed. rev., atual. e ampl. São Paulo: Revista dos Tribunais, 2002, p. 123.

[17] *Ibidem*, p. 126.

pois são permitidos os juízos especiais. Então, a atual Constituição Federal proíbe os tribunais de exceção e consagra a garantia do processamento e julgamento da causa pelo juiz competente, por regras antecedentes ao fato, conforme artigo 5º, incisos XXXVI e LIII.

O caráter de imparcialidade é, assim, inseparável do órgão da jurisdição, pois o juiz se coloca entre as partes e acima delas. Como também marca Cintra, Grinover e Dinamarco:

> A imparcialidade do juiz é pressuposto para que a relação processual se instaure validamente. (...) Justamente para assegurar a imparcialidade do juiz, as Constituições lhe estipulam garantias (Const., art. 95), prescrevem-lhe vedações (art. 95, par. ún.) e proíbem juízos e tribunais de exceção (art. 5º, inc. XXXVII).[18]

Mas há que se ponderar, na linha demarcada por Arouca, que, embora a imparcialidade seja subjetiva, o que a lei faz, depois, é objetivá-la e, assim, estabelecer uma relação de situações que podem ser verificadas objetivamente, em virtude da qual o juiz se torna suspeito de parcialidade, e isso independentemente de que na realidade cada juiz seja ou não capaz de manter sua imparcialidade. O regramento de imparcialidade na lei não atende, pois, a descobrir o ânimo do julgador em cada caso, o que seria manifestamente impossível, mas sim em estabelecer situações concretas e objetivamente constatáveis, concluindo que se algum juiz se encontra em alguma delas deve se afastar do conhecimento do assunto ou pode ser afastado dele.[19]

Partindo dessa linha, sigamos, com Andrade, para os motivos, e não para o resultado final, das decisões que levaram o TEDH a posicionar-se pela necessária separação entre as figuras do juiz da fase de investigação e da fase posterior ao oferecimento da acusação.

Assim, porque segundo o mesmo autor, a entrada do juiz das garantias no Brasil passa pelas mãos de Lopes Jr., que, para fundar tal proposição, afirma que "em nenhum momento esse juiz da fase pré-processual poderá ser o mesmo que irá instruir e julgar o processo", pois "juiz prevento é juiz contaminado" e "o juiz que de qualquer modo intervém na instrução preliminar não poderá atuar (instruir e julgar) na fase processual contrária do modelo em vigor".[20] E tudo isso porque: "Essa é a lição de mais de 20 anos de jurisprudência do Tribunal Europeu de Direitos Humanos".[21]

No exame de sua jurisprudência dos últimos trinta anos, na análise da cumulação da atividade judicial nas fases de investigação e de julgamento, os casos[22] apontados pela doutrina pátria foram: *Piersack vs. Bélgica (Applicaton nº 8.692/79, de 15.07.1980), De Cubber vs. Bélgica (Application nº 9.186/80, de 26.10.1984), Hauschild vs. Dinamarca (Application nº 10.486/83, de 24.05.1989), Oberschlick vs. Áustria (Application nº 11.662/85, de 23.05.1991), Pfeifer e Plankl vs. Áustria (Application nº 10.80284, de 25.02.1992), Saint-Marie vs. França (Application nº 12.981/87, de 16.12.1992), Padovani vs. Itália (Application*

---

[18] CINTRA, Antonio Carlos de Araújo; GRINOVER, Ada Pellegrini; DINAMARCO, Cândido Rangel. *Teoria Geral do Processo*. 24. ed. rev. e atual. São Paulo: Malheiros Editores, 2008. p. 58.
[19] AROCA, Juan Montero. *Principios del proceso penal. Una explicación basada en la razón*. Valencia: Tirant lo Blanch, 1997, p. 88 – tradução livre.
[20] *Apud* ANDRADE, Mauro Fonseca. *Juiz das Garantias*. 3. ed. Curitiba: Juruá, 2020, p. 22.
[21] *Ibidem*.
[22] Encontram-se disponíveis no sítio eletrônico do TEDH: http://echr.coe.int/echr/Homepage_EN .

nº 13.396/87, de 26.02.1993), Nortier vs. Holanda (Application nº 13.924/88, de 24.08.1993), Saraiva de Carvalho vs. Portugal (Application nº 15.651/89, de 22.04.1994), Fey vs. Áustria (Application nº 14.396/88, de 24.02.1993), Bulut vs. Áustria (Application nº 17.358/90, de 23.01.1996), Garrido Guerrero vs. Espanha (Application nº 43.715/98, de 02.03.2000), Castillo Algar vs. Espanha (Application nº 28.194/95, de 28.10.1998), Garrido Guerrero vs. Espanha (Application nº 43.715/98, de 02.03.2000), Tierce and others vs San Marino (Application nº 24.954/94, 24.971/94 and 24.972/94, de 25.07.2000), Depiets vs. França (Application nº 53.971/00, de 10.05.2004) e Jasinski vs. Polônia (Application nº 30.865/96, de 20.03.2006).

Esses casos todos, podemos, brevemente, encaixá-los em três grandes padrões: a) juiz que atuou na investigação criminal e também no julgamento; b) juiz que atuou na investigação criminal somente no controle de sua legalidade; e c) juiz que determinou a produção de provas e também julgou.

Como observa Maya,[23] a evolução da jurisprudência do TEDH sobre a atuação do juiz em diferentes fases da persecução penal apresenta certa instabilidade, não obstante admita a Corte que a atuação na fase pré-processual lhe retira a imparcialidade para o julgamento do mérito, mas, a depender da extensão e do envolvimento dessa atuação. Ainda, segundo o mesmo autor, para além disso tudo:

> outra conclusão possível diz respeito à necessidade de efetiva quebra da imparcialidade. Isso porque, com fundamento na teoria da aparência, basta a mera possibilidade de contaminação subjetiva do juiz, observada de acordo com as peculiaridades de cada caso concreto.

Sem espaço nem oportunidade aqui para detalhamento daqueles *leading cases*, o importante é os tomarmos para entender que o TEDH deixou claro e expresso, como pontua Andrade, "que o simples fato de um juiz haver tomado decisões anteriores à fase de julgamento não pode, por si só, justificar a perda de sua imparcialidade".[24] Em verdade, o busílis ficou assentado no grau ou amplitude da participação judicial no enfrentamento ou aprofundamento do mérito. Ou, por outras palavras, tudo depende do grau de participação judicial na primeira fase da persecução penal. Ou, ainda, como se afirmou no caso *Hauschild vs. Dinamarca*, "o que importa é o grau de profundidade no exame da culpa do investigado, como sustentáculo para a emissão de decisões que rompessem direitos fundamentais".[25]

Num espectro, pode-se fracionar essa análise em três perspectivas. Na primeira, devendo ser examinado o tipo de participação do juiz na investigação, se como juiz investigador ou juiz garantidor. Na segunda, devendo ser examinada a profundidade de análise da possível culpabilidade do acusado quando da abertura da fase de julgamento (o que equivale, em nosso país, ao recebimento da denúncia). E na terceira, o mesmo nível de análise quanto à profundidade das decisões cautelares em relação à responsabilidade penal depois eventualmente reconhecida no julgamento.

Mas no Brasil os julgamentos do TEDH não trazem a novidade que grande parte dos entusiastas do juiz das garantias lhe tributa. Isso porque nosso ordenamento

---

[23] MAYA, André Machado. *Juiz de Garantias* – fundamentos, origem e análise da Lei 13.964/19. São Paulo: Tirant lo Blanch, 2020, p. 63.
[24] ANDRADE, Mauro Fonseca. *Juiz das Garantias*. 3. ed. Curitiba: Juruá, 2020, p. 27.
[25] *Ibidem*. p. 33.

somente contou, em certa semelhança, com a figura do juiz de instrução – referencial-mor dos julgamentos da corte internacional –, no Código Processual do Império (1832), que permitia o início da ação penal também pelo juiz, *ex officio*, de acordo com o caso; a fase pré-processual se iniciava perante o juiz de paz, que, convencido da formação da culpa, remetia os autos para o juízo de admissibilidade da acusação pelo "Jury de Accusação", presidido pelo juiz de Direito; admitida a acusação, os autos eram enviados para nova seção de julgamento, presidida pelo juiz de Direito, mas com julgamento de mérito realizado por um segundo júri, o "Jury de Sentença". Em reação aos movimentos revolucionários entre 1830 e 1840, foi promulgada a Lei nº 261, de 03.12.1841, que passou as atribuições do juiz de paz para a Polícia (esta então passando a exercer também as funções de polícia administrativa e judiciária), extinguindo-se o "Jury de Accusação". Já em 1871 deu-se uma grande reforma processual e bem se separaram as funções de polícia e de justiça, criando-se, notadamente, o inquérito policial. Posteriormente, com o advento do Decreto-Lei nº 3.689/41, instituindo o Código de Processo Penal ainda em vigor, foi adotado o sistema processual misto, mantendo-se o inquérito policial nos moldes do Código do Império de 1871, com separação das funções de acusar e julgar, eliminando, quase por completo, os procedimentos de ofício pelo juiz.[26] Além disso, com a promulgação da Constituição Federal de 1988, ocorreu um especial salto, pois a ação penal pública passou a ser, então sob quilate constitucional, privativa do Ministério Público (artigo 129, inciso I), assegurados a ampla defesa e o contraditório (artigo 5º, inciso LV), o devido processo legal (artigo 5º, inciso LIV), o estado de inocência (artigo 5º, inciso LVII), o juiz natural (julgamento por juiz competente e imparcial – artigo 5º, inciso XXXVII) e sob a regra da publicidade dos atos judiciais (artigo 93, inciso IX).

Conquanto há os que defendam, como Lopes, que a partir daí (CF/88) elegeu-se "a preponderância da matriz acusatória do processo, o que provoca, por imposição sistêmica, que todo o ordenamento jurídico e toda a hermenêutica busquem a aproximação da matriz acusatória processual",[27] Oliveira e Fischer já rebateram no sentido de que:

> não há um modelo processual definido na Constituição da República. Há um sistema de garantias, inerente às normativas de um Estado Democrático de Direito, cuja função, essencial, é a realização dos direitos fundamentais.[28]

Tanto mais porque, trazendo-se à luz a análise de situações que poderiam ser consideradas inconstitucionais fosse o sistema acusatório o adotado, ainda que sistemicamente os casos atinentes à i) prerrogativa de os magistrados brasileiros serem julgados *interna-corporis*, à ii) investigação judicial eleitoral e à iii) autorização ao magistrado brasileiro de, excepcionalmente, lavrar auto de prisão em flagrante (CPP, art. 307, *in fine*), afora a hipótese prevista pelo art. 43 do Regimento Interno do STF, que concede ao seu presidente a competência para *instaurar inquérito*, jamais poderiam receber cobertura constitucional pelos tribunais superiores. Mas tanto o Superior Tribunal de Justiça como, precipuamente, o Supremo Tribunal Federal assim vêm decidindo ao longo do

---

[26] LOPES, Marcus Vinícius Pimenta. Estudo e crítica do "Juiz das Garantias". *Revista Brasileira de Ciências Criminais*, v. 111, p. 227-259, nov./dez. 2014. Revista dos Tribunais Online: DRT 2015/244.

[27] *Ibidem*. p. 7.

[28] OLIVEIRA, Eugênio Pacelli de; FISCHER, Douglas. *Comentários ao Código de Processo Penal e sua Jurisprudência*. 7. ed. Rio de Janeiro: Atlas, 2015, p. 337.

tempo,[29] reconhecendo clássicas hipóteses de juizados de instrução – e representativas do sistema misto – como ajustadas ao sistema de garantias constitucionais, que, então por óbvio, não teria adotado expressamente o sistema acusatório. Por essa conjunção:

> a Carta Maior de 1988, em momento algum, optou pela adoção do sistema acusatório. Em realidade, todas as disposições constitucionais se ajustam, como vem sendo decidido, até mesmo ao sistema misto, onde sabidamente a acusação não é incumbência do juiz, e o acusado possui garantias próprias do sistema acusatório na segunda fase de sua persecução penal", arremata Andrade.[30]

É certo, por outro lado, que a parcial reforma de 2019 incorporou, de forma expressa, o sistema acusatório ao processo penal brasileiro, preceituando, no art. 3º-A, do Código de Processo Penal, que o processo penal terá estrutura acusatória, vedadas a iniciativa do juiz na fase de investigação e a substituição da atuação probatória do órgão de acusação, com a redação dada pela Lei nº 13.964/19, que também introduziu, ressalte-se, a figura do juiz das garantias. Todavia, nosso histórico – e não é demais ponderar que, para entender quem somos, precisamos conhecer quem fomos – vem sendo de prudência no resguardo da imparcialidade do juiz.

Como dito de início, desde a década de quarenta, com a vigência do nosso Código de Processo Penal, este passou a prever que o juiz não poderá exercer a jurisdição no processo em que tiver funcionado como órgão do Ministério Público ou autoridade policial (artigo 252, inciso II). Isto é, muito antes de no caso paradigmático Piersack *vs.* Bélgica (julgado em 1980) o TEDH julgar ter havido um possível comprometimento na imparcialidade do juiz porque, naquele caso, um membro do Ministério Público que havia presidido a investigação criminal posteriormente assumiu o cargo de juiz e figurou como um dos julgadores do fato que ele próprio havia investigado. Considere-se, ainda, que nosso CPP sempre vedou, inclusive, que o juiz não poderá exercer a jurisdição no processo em que tiver funcionado como juiz de outra instância, pronunciando-se, de fato ou de direito, sobre a questão (artigo 252, inciso III).

Além disso, quanto ao grau de conhecimento exigido do juiz para deferir medidas cautelares, no processo brasileiro, é superficial, pois que se contenta com elementos de ordem indiciária no que concerne ao investigado (à autoria). Diversamente, pois, do imprescindível juízo de certeza para as decisões definitivas, diante das quais sempre é radiante o *in dubio pro reo*. Diversamente, então, do ocorrido no outro caso paradigmático do TEDH, Hauschild *vs.* Dinamarca (1989), por exemplo, em que aquela corte identificou que a legislação dinamarquesa exigia, como requisito para a prisão provisória, a constatação de uma suspeita particularmente confirmada de que o acusado cometeu o crime pelo qual foi acusado, o que, pelo elevado grau de certeza para o exame de eventual quebra de direito fundamental pelo juiz da fase de investigação, prejudicava

---

[29] STF, HC 94.278-4, rel. Min. Menezes Direito, Tribunal Pleno, j. em 25.09.2008, *DJ* 28.11.2008. STF, HC 88.280/SP, 1ª Turma, rel. Min. Marco Aurélio, j. em 15.08.2006, *DJ* 08.09.2006, p. 43. STF, RHC 84.903/RN, rel. Min. Sepúlveda Pertence, 1ª Turma, j. em 16.11.2004, *DJ* 04.02.2005, p. 17. STF, HC 77.355-8, rel. Min. Marco Aurélio, 2ª Turma, j. em 01.02.1998, *DJ* 02.02.2001. STJ, HC 32.391, rel. Min. José Arnaldo da Fonseca, 5ª Turma, j. em 10.02.2004, *DJ* 15.03.2004. STJ, HC 30.707, rel. Min. José Arnaldo da Fonseca, 5ª Turma, j. em 18.12.2003, *DJ* 16.02.2004. STJ, REsp. 113.159, rel. Min. Luiz Vicente Cernicchiaro, 6ª Turma, j. em 14.04.1997, *DJ* 09.06.1997. STJ, AR, rel. Min. Assis Toledo, j. em 10.05.1990, RSTJ 17/179 (*apud* ANDRADE, 2020, p. 44).

[30] ANDRADE, Mauro Fonseca. *Juiz das Garantias*. 3. ed. Curitiba: Juruá, 2020, p. 46.

sua imparcialidade para o julgamento definitivo. Mas posteriormente a esse caso, em outros, como no Saint-Marie vs. França (1992), o TEDH não reconheceu violação de imparcialidade quando magistrados integraram, na fase de investigação, o juízo encarregado de analisar o pedido de prisão provisória e, depois, o do julgamento, visto que, ao examinar esse tipo de providência, a legislação processual francesa exigia que o juiz examinasse elementos probatórios mínimos de probabilidade de culpa do acusado.[31]

Isso tudo para então aqui apresentar, brevemente, o histórico do juiz das garantias, figura com vistas a enaltecer e preservar a imparcialidade do julgador. Mas garantia à qual, no Processo Penal Brasileiro, não se via tolhida ou comprometida pelo seu sistema vigente até a Lei nº 13.964/19 e, tão menos, que pode vir a interferir nos poderes instrutórios do juiz a partir dessa novel normativa, como adiante se verá.

## IV Dos poderes instrutórios e função social do processo

Para além das decisões do Tribunal Europeu de Direitos Humanos, que propulsionaram a adoção do sistema acusatório, devemos saber também que, em virtude dos empreendimentos bélicos de Napoleão Bonaparte, o sistema misto implantado depois da Revolução Francesa (que deu cabo ao sistema inquisitivo naquele país), disseminou-se por toda a Europa, fazendo com que a totalidade do direito continental, até o terceiro quarto do século passado, houvesse adotado ou sofrido a influência de tal modelo.

Esse cenário começou a se alterar na década de setenta, com a Alemanha realizando a chamada *Grande Reforma* em seu Código de Processo Penal, de 1877. Por meio dela, o legislador extinguiu a figura do juiz instrutor e repassou a investigação criminal ao comando do Ministério Público. Foi assim que a Alemanha pôs cabo ao sistema misto e, então como precursora no direito continental, reimplantou o sistema acusatório. Inaugurado esse precedente na Europa, outros países passaram a seguir o exemplo alemão, dando fim ao sistema misto para substituí-lo pelo acusatório. Como parâmetros, por haverem aderido ao juiz das garantias, são citados Portugal e Itália. Quanto à Espanha, pondera Andrade que:

> há uma bem marcada divisão na doutrina espanhola, no que diz respeito ao apontamento de qual sistema processual penal estaria em vigor naquele país. Para alguns, o sistema seria o misto, dada sua reconhecida influência pelo *Code d'Instruction Criminelle* francês de 1808, apontado como sendo o criador desse sistema. Para outros, seria o acusatório, em razão da simples separação entre quem acusa e quem julga.[32]

E tal como o autor, também aqui a nossa "intenção não é a de ingressar nessa discussão, mas somente deixar marcada essa falta de clareza no próprio país".

Enquanto Portugal e Itália foram os exemplos mais representativos do impacto que a reforma alemã provocou na Europa, evidente que tal repercussão não se daria somente naquele continente.

---

[31] MAYA, André Machado. *Juiz de Garantias* – fundamentos, origem e análise da Lei 13.964/19. São Paulo: Tirant lo Blanch, 2020, p. 57.
[32] ANDRADE, Mauro Fonseca. *Juiz das Garantias*. 3. ed. Curitiba: Juruá, 2020, p. 58.

Na América Latina, aquela retomada alemã do sistema acusatório valeu como uma verdadeira *certificação internacional*[33] para se iniciar a reforma das legislações processuais penais que não se ajustavam aos ideais daquele sistema. Pois que ainda atreladas à ideologia inquisitória anterior às reformas ocorridas na Europa durante o século XIX, a consciência em torno dessa necessidade reformista pelas ex-colônias espanholas também já vinha se manifestando. Por isso tudo, um projeto tido como ambicioso foi lançado nas *Quintas Jornadas Ibero-Americanas de Direito Processual*, realizadas em Bogotá e Cartagena (1970), com a formalização do modelo. Numa primeira etapa, o CPP Modelo usou como base o CPP da Província argentina de Córdoba, mas, ao longo dos anos, teve sua redação igualmente influenciada pela legislação processual da Espanha, Itália, França e Alemanha. E até a conclusão desse Código Modelo, foram, ainda, levados em consideração os pactos e declarações internacionais de direitos humanos e princípios políticos que se firmaram.

Já na perspectiva de Grinover:

> A propagação do modelo acusatório na América Latina, indubitavelmente promovida pelo Código Modelo de Processo Penal para Ibero-América, acarretou em diversos países e está trazendo em outros profundas modificações no sistema inquisitório antes difuso na América espanhola, com evidentes vantagens no tocante a um processo aderente às garantias constitucionais e fiel às normas da Convenção Americana dos Direitos Humanos.

E obtempera a autora:

> No entanto, alguns equívocos têm surgido aqui e acolá, a partir da errônea concepção do que se deve entender por "processo acusatório e processo inquisitivo", assim como pelo significado da expressão "processo de partes", ligada ao primeiro modelo. Esses mal-entendidos têm induzido alguns teóricos e certos sistemas a confundir o sistema acusatório moderno com o 'adversarial system' dos países anglo-saxônicos", com profundas repercussões sobre o papel do juiz no processo penal.[34]

Esse binômio acusatório-inquisitório é ambíguo e/ou de polivalente sentido, talvez daí porque provoque confusões, intencionais ou não (a depender inclusive do guarda-chuva ideológico sob o qual se abrigam as conveniências), acerca de sua repercussão nos poderes instrutórios do juiz. Repise-se que no modelo acusatório as funções de acusar, defender e julgar são atribuídas a órgãos distintos, enquanto no segundo, reúnem-se no inquisidor, que procede espontaneamente. Como falava Búlgaro, citado por Grinover, é só no processo acusatório que o juízo penal é o *actum trium personarum*, ao passo que, segundo ela, "no processo inquisitório a investigação unilateral a tudo se antepõe, tanto que dele disse Alcalá-Zamora não se tratar de processo genuíno, mas sim de forma autodefensiva da administração da justiça".[35]

Da síntese dessa conceituação, são apresentadas, pela mesma autora, as seguintes consequências (que para mim não infirmam, senão validam e robustecem, a importância

---

[33] *Ibidem*. p. 60.
[34] GRINOVER, Ada Pelegrini. A iniciativa instrutória do juiz no processo penal acusatório. *Revista Brasileira de Ciências Criminais*, São Paulo, n. 27, p. 72-79, jul./set. 1990. p. 71.
[35] *Ibidem*.

de amplos poderes instrutórios ao juiz): i) os elementos obtidos na fase investigatória servem exclusivamente para a formação do convencimento do acusador, logo, não podem ser valorados como provas no processo (à exceção de prova antecipada ou cautelar, mas desde que submetida ao contraditório judicial, ainda que diferido; ii) o exercício da jurisdição condiciona-se a uma acusação formulada por órgão diverso (*nemo in iudicio tradetur sine accusatione*); c) todo o processo deve desenvolver-se em contraditório pleno e perante o juiz natural.

Também segundo Grinover:

> Essas ideias, expostas e publicadas em diversas oportunidades no Brasil e no exterior – incluindo diversas Jornadas do Instituto Ibero-americano de Direito Processual – jamais mereceram qualquer contestação.[36]

Nesse panorama, bem se percebe que o conceito de sistema acusatório e inquisitório (ou como também aponta a autora referenciada, processo de partes, no sentido de a acusação e a defesa serem sujeitos da relação jurídica processual, juntamente com o juiz) nada tem a ver com a iniciativa instrutória do juiz no processo penal. E prossegue Grinover:

> O que tem a ver, sim, ... é o denominado *adversarial system*, próprio do sistema anglo-saxão, em contraposição ao *inquisitorial system*, da Europa continental e dos países por ela influenciados. Denomina-se *adversarial system* o modelo que se caracteriza pela predominância das partes na determinação da marcha do processo e na produção das provas. No *inquisitorial system*, ao revés, as mencionadas atividades recaem de preferência sobre o juiz.[37]

Por conseguinte, o termo processo *inquisitório* não corresponde ao *inquisitorial* (em inglês), o qual se contrapõe ao *adversarial*, e não ao acusatório. Este sistema, o acusatório, pode seguir tanto o *adversarial system* como o *inquisitorial system*, tanto que poderia se "traduzir por *processo de desenvolvimento oficial*", ainda segundo Grinover, para quem, e por isso tamanha sua importância também nesta pesquisa, o juiz é necessariamente ativo. Tanto, e já adiantando o resultado deste trabalho, ao lembrar um caso referido pela literatura inglesa em que o julgamento foi anulado e o juiz, convencido a demitir-se por haver formulado perguntas demais às testemunhas, nossa autora traz à baila lição de José Carlos Barbosa Moreira, para quem em "nosso sistema bem que alguns juízes mereceriam, ao contrário, ao menos uma advertência por fazer poucas perguntas, ou nenhuma".[38]

Há que se demarcar, assim, os binômios acusatório-inquisitório e *adversarial-inquisitorial*, que se contrapõem entre si e nada correspondem entre eles, formando, portanto, categorias diversas. Isto é, de um lado o contraste se dá entre o sistema acusatório e o sistema inquisitório, enquanto sistemas do processo penal, ao passo que de outro a contraposição pode se dar tanto no processo penal como no civil, pois, entre o *adversarial* e o *inquisitorial*, o foco está no tipo de desenvolvimento do processo (mantido o princípio da demanda, pelo qual incumbe à parte a propositura da ação), se por disposição das partes ou por desenvolvimento oficial.

---

[36] *Ibidem*. p. 72.
[37] *Ibidem*.
[38] *Ibidem*, p. 72.

Entremos, nesse passo, na raiz do modelo que confia ao juiz a condução do processo, pois, igualmente nos dizeres de Grinover, nela "está uma escolha política que diz respeito à concepção publicista do processo e à percepção de sua função social". Ora pois, já que:

> O direito processual é regido por princípios publicistas e tem fins que se confundem com os objetivos do Estado, na medida em que a jurisdição é uma de suas funções. Os objetivos da jurisdição e do processo não se colocam com vistas às partes e a seus interesses, mas em função do Estado e de seus objetivos. Pacificar com justiça é a finalidade da jurisdição e quanto mais o provimento jurisdicional se aproximar da vontade do direito substancial, mais perto se estará da paz social.[39]

Tragamos aqui, então, a paz enquanto quinta geração de direitos fundamentais, na construção de Bonavides, que diz:

> Estuário de aspirações coletivas de muitos séculos, a paz é o corolário de todas as justificações em que a razão humana, sob o pálio da lei e da justiça, fundamenta o ato de reger a sociedade, de modo a punir o terrorista, julgar o criminoso de guerra, encarcerar o torturador, manter invioláveis as bases do pacto social, estabelecer e conservar as regras, princípios e cláusulas da comunhão política.[40]

O direito à paz vê-se inclusive positivado em nosso ordenamento, pelo inciso VI do art. 4º da Constituição Federal,[41] sendo princípio com mesma força normativa de direito fundamental. E é por meio do processo, em especial do processo penal que atina à proteção dos bens mais valorosos do homem e em seu grau mais sensível – desde a liberdade do acusado até a proteção da vida e segurança das vítimas –, que as normas de direito substancial podem se prestar ao papel confiado, no fim último, de garantirem uma convivência social harmoniosa, ou por outras e na melhor palavra, a paz.

Chegamos, assim, à função social do processo, que depende de sua efetividade. Nesse complexo de noções, e como sustentando pela tese de Grinover – que não é demais reverenciar, é o norte deste trabalho –, não é possível imaginar um juiz inerte, passivo, refém das partes. Como ainda diz a autora:

> Não pode ele ser visto como mero espectador de um duelo judicial de interesse exclusivo dos contendores. Se o objetivo da atividade jurisdicional é a manutenção da integridade do ordenamento jurídico, para o atingimento da paz social, o juiz deve desenvolver todos os esforços para alcançá-lo. Somente assim a jurisdição atingirá seu escopo social.[42]

---

[39] *Ibidem*. p. 73.

[40] *Apud* FURTADO, Emmanuel Teófilo; MENDES, Ana Stela Vieira. *Os direitos humanos de 5ª geração enquanto direito à paz e seus reflexos no mundo do trabalho – inércias, avanços e retrocessos na Constituição Federal e na legislação*. Anais do XVII Congresso Nacional do CONPEDI. 20-21 de novembro de 2008, Brasília-DF; BONAVIDES (*apud* FURTADO; MENDES, 2008).

[41] "Art. 4º A República Federativa do Brasil rege-se nas suas relações internacionais pelos seguintes princípios:
(...);
VI - defesa da paz;
(...)."

[42] GRINOVER, Ada Pelegrini. A iniciativa instrutória do juiz no processo penal acusatório. *Revista Brasileira de Ciências Criminais*, São Paulo, n. 27, p. 72-79, jul./set. 1990. p. 73.

Por isso também, não há como admitir que o juiz aplique normas de direito substancial sobre fatos não suficientemente demonstrados. Aqui está o ponto-chave, porque é com o resultado da prova que se evita, inclusive, uma prestação jurisdicional deficitária. Nesse todo pelo qual deve ser visto o processo, há então o juiz de estimular o contraditório, para que se torne efetivo e concreto. Deve assumir posição ativa na fase instrutória – lembrando e frisando que estamos a falar da fase processual –, não se limitando a analisar os elementos fornecidos pelas partes, mas determinando sua produção, sempre que necessário suprir as deficiências dos litigantes, superar as desigualdades e favorecer a *par conditio*. E assim, não pode satisfazer-se com a plena disponibilidade das partes em matéria de prova.

Ao demais, porque o direito processual, regido que é por princípios publicistas, tem fins que se confundem com os objetivos do Estado – salientando-se com mais tinta a paz social enquanto um seu princípio fundamental – na medida em que a jurisdição é uma de suas funções. Por isso, esse e os objetivos da jurisdição e do processo não podem ser colocados com vistas às partes ou aos seus interesses, mas acima e em função da pacificação com justiça.

Em consequência, quanto mais a resposta jurisdicional se aproximar da vontade do direito material, mais perto estará daquele escopo. E ninguém melhor do que o julgador para decidir se as provas apresentadas pelas partes foram suficientes para o seu convencimento motivado. O que não significa, ainda na lapidar lição de Grinover, que a busca da verdade seja o fim do processo ou que o juiz somente deva decidir ao encontrá-la. Verdade e certeza são conceitos absolutos e, como tais, quase inatingíveis (aliás, como se percebe, epistemologicamente e até para além do processo). Mas não por isso, é imprescindível que o juiz diligencie para chegar ao limite máximo de probabilidade possível acerca do quanto alegado. E quanto maior sua iniciativa na atividade instrutória, mais perto disso chegará.

Carnelutti fala que a verdade é impossível de ser conhecida (considere-se ela como verdade substancial ou formal), já que, na sua célebre síntese, "a verdade está no todo, não na parte; e o todo é demais para nós". Ele, que então começou sua estrada atribuindo ao processo a busca da verdade, passou a considerar que devia substituir a investigação da verdade pela da certeza. Esta, oriunda do latim *cernere*, a ser traduzida sob o seu significado originário de "escolher" (não de ver).

> A certeza, escreveria então, implica uma escolha, e isso, provavelmente, foi o passo decisivo para compreender não só o verdadeiro valor do seu conceito, mas também o drama do processo.[43]

Assim, porque julgar não é o mesmo que raciocinar; primeiro se julga e depois se raciocina; e a verificação do juízo se dá mediante o raciocínio, sob a forma de um silogismo, cuja premissa maior é a lei. Mas o Direito, prossegue o mesmo autor, é talvez a única ciência que intui o valor da exceção. Por isso, pode ser relativo. "Todavia, é necessário escolher". Por isso, também se diz que o juiz faz história, só que esse histórico pode apenas exprimir uma dúvida e, se o juiz não consegue escolher diante dela, pode parar "na bifurcação do *non liquet*".[44]

---

[43] CARNELUTTI, Francesco. Verdade, dúvida e certeza. *Revista de Direito Processual Civil*, Curitiba, n. 9, p. 606-609, jul./set. 1998. p. 607.

[44] *Ibidem*. p. 608.

Aí é que se desvela ainda mais a face sombria, o drama, em que a inação do juiz na instrução pode desbordar, porque o juiz também pode ter a tentação de apenas parar para não ter de escolher; "compreende-se, ao menos, por outro lado, que, no campo do Processo Penal, o legislador o consinta a ceder à tentação. A chamada absolvição por insuficiência de provas, de fato, não é senão uma recusa de escolha". Mas uma recusa que não se apresenta apenas como uma solução cômoda para o juiz, que é liberado do peso de sua tarefa, mas sobretudo porque nociva para a Justiça, a quem se socorre para um "sim ou não". Pois então, como encerra o processualista italiano: "Entre o sim e o não, o juiz, quando absolve por insuficiência de provas, confessa a sua incapacidade de superar a dúvida e deixa o imputado na condição em que se encontrava antes da discussão: imputado por toda a vida".[45]

Nessa sua viagem ao centro de tudo, Carnelutti alfim traz a lume:

> Se a liberdade do homem fosse abandonada a si mesma, a escolha se reduziria a um jogo de azar. Deve existir qualquer coisa que a integre, que a guie, que ajude. (...) No fundo, a liberdade não é outra coisa senão a possibilidade de se abrir qualquer coisa que atrai o homem ao final de uma das duas estradas. Reaparece, aqui, na memória, o antigo parentesco entre o juiz e o sacerdote.[46]

O juiz deve se dedicar a descobrir a verdade, ou na esteira de Carnelutti, para ter como escolher. Por isso, a atuação dos litigantes não pode servir de obstáculo à iniciativa instrutória do julgador. Em regra, os demais elementos dos autos são buscados pelo juiz, diante da omissão da parte, para formar o seu convencimento. Mas nem sempre tudo isso se faz suficiente (provas trazidas e demais elementos de convicção encontrados no processo) e então o juiz não só poderá como deverá determinar a produção de outras provas, como, por exemplo, ouvindo testemunhas não arroladas a tempo. Nem as regras sobre preclusão, pois que se destinam apenas ao regular desenvolvimento do processo, devem obstar o juiz no seu poder-dever de esclarecer os fatos e de aproximá-lo do maior grau possível de certeza, ou de escolha eficiente, ou, que seja, do "sim ou não" de Carnelutti. E, ainda por outras palavras, porque a verdade no processo não há que ser considerada em seu sentido filosófico ou absoluto, não havendo por que continuar demarcando-a sob as distinções "formal" e "material", mas sim enquanto estágio próximo possível da certeza ou ausência de dúvida. Assim porque, também por mais outras palavras, a missão do juiz é pacificar com justiça, o que somente ocorrerá se o provimento jurisdicional for o resultado da incidência da norma sobre fatos efetivamente acontecidos.

Disso tudo, há que se apontar e nela se deter, diante da figura do juiz das garantias que se iniciará no Brasil, à seguinte linha demarcatória, que parece passar despercebida àqueles que tanto evocam a contaminação do juiz – e como se juiz não tivesse a missão de aplicar a lei, mas a de coadjuvar para a condenação (mas isso é ponto para um artigo à parte). Isto é, o modelo acusatório do processo penal não interfere nos poderes instrutórios do juiz, os quais, como já visto, não se confundem com poderes investigatórios.

O tema dos elementos e provas reunidos durante a investigação e sua inaptidão para servirem ao convencimento do juiz é alheio à problemática da iniciativa instrutória

---

[45] *Ibidem*.
[46] *Ibidem*. p. 609.

oficial. Esta concerne aos limites do processo, que é iniciado depois da acusação formal do Ministério Público ou do querelante. Demarcado e claro fica, assim, que o quanto se diz sobre os poderes do juiz no processo e à sua iniciativa probatória não se confunde, e não lhe atribui poderes para tanto, com buscar elementos probatórios durante a fase da investigação prévia. Nesta fase é que a busca ou poderes instrutórios não podem ser conferidos ao juiz, pois daí sim se retornaria ao juiz-inquisidor ou juiz de instrução do modelo antigo. Somente ao juiz do processo, e somente no processo, é que a iniciativa instrutória do juiz é admitida e deve ser incrementada.

Consequentemente, nem com a introdução do juiz das garantias no Brasil, ainda que suspensa a eficácia de sua implantação em razão de Ações Diretas de Inconstitucionalidade (ADIs nºs 6.298, 6.299, 6.300 e 6.305), e a adoção expressa do sistema inquisitivo, nada deve alterar os poderes instrutórios do juiz do processo. Notadamente, os que se destacam do artigo 156 do Código de Processo Penal,[47] à exceção da ordenação de ofício *antes* de iniciada a ação penal, considerada a óbvia incompatibilidade sistemática com a aqui novel figura do juiz das garantias.

Mesmo porque, longe de comprometer sua imparcialidade, a iniciativa oficial, proporcionando uma apuração mais completa dos fatos, é o que resguarda o equilíbrio entre as partes. Ao juiz, pela sua missão e deveres, é óbvio que não importa vença o autor ou o réu, mas interessa que saia vencedor aquele que tem razão. Ainda que não se atinja ou se conheça toda a verdade, a atuação ativa do juiz contribuirá para a maior aproximação desta (verdade dos fatos) e daquela (razão do direito).

Não por isso que a atividade instrutória do juiz deva ser malcompreendida, sob desavisados ou tendenciosos entendimentos que a colocariam sob a pecha de arbitrariedade e parcialidade. Não, porque a iniciativa instrutória oficial não é ilimitada. Deve, isto sim, conter-se em algumas balizas ou parâmetros intransponíveis.

O primeiro deles é a rigorosa observância do contraditório, entendido não só como participação das partes, mas também do juiz na colheita da prova. "Por isso mesmo prefere-se o termo 'iniciativa do juiz' ao de 'atividade do juiz', porquanto o primeiro melhor representa a necessidade de as partes participarem, com o magistrado, da colheita da prova", como explicita Grinover.[48] Disso decorre que a participação das partes e do juiz nessa atividade é condição de validade das provas, logo, não podendo ser consideradas aquelas produzidas sem a concomitante presença do juiz e das partes. E, mais, isso evidencia que preservar a imparcialidade do juiz não é alheá-lo da iniciativa instrutória, mas sim submeter todas as provas, produzidas via partes ou *ex officio*, ao pleno contraditório.

O segundo parâmetro que limita a iniciativa instrutória oficial é a obrigação de motivação das decisões judiciais, na análise dos limites impostos pela licitude (material) e legitimidade (processual) das provas. Isto é, a decisão do juiz há de ser fundamentada e, assim, tanto para determinar a produção de uma prova quanto para valorá-la, sob pena de a ausência ou insuficiência de motivação causar a invalidade dessa prova.

---

[47] Art. 156. A prova da alegação incumbirá a quem a fizer, sendo, porém, facultado ao juiz de ofício:
I – ordenar, mesmo antes de iniciada a ação penal, a produção antecipada de provas consideradas urgentes e relevantes, observando a necessidade, adequação e proporcionalidade da medida;
II – determinar, no curso da instrução, ou antes de proferir sentença, a realização de diligências para dirimir dúvida sobre ponto relevante.
[48] GRINOVER, Ada Pelegrini. A iniciativa instrutória do juiz no processo penal acusatório. *Revista Brasileira de Ciências Criminais*, São Paulo, n. 27, p. 72-79, jul./set. 1990. p. 20.

A terceira baliza, enfim, encontra-se na licitude e legitimidade das provas, alicerçada em regra moral recepcionada constitucionalmente por vários países, de que não são provas as obtidas com infringência a normas ou valores constitucionais, pois ilícitas, nem as que violam regras processuais, pois ilegítimas. Logo, a certeza buscada no processo, seja por meio das provas levadas pelas partes, seja também por iniciativa instrutória oficial, encontra limite na licitude (material) e na legitimidade (processual), devendo ser sempre ética, tanto constitucional como processualmente válida.

Como se vê de tudo, a utilização dos poderes instrutórios pelo juiz circunscreve-se sob as estacas do contraditório, da motivação das decisões e da proibição das provas ilícitas e ilegítimas.

Tudo, ademais, que não tem nada a ver com o sistema acusatório, nem mesmo com o processo civil dispositivo, já que se aplica a qualquer processo, penal ou não penal. Tudo o que, na verdade, está para além disso tudo, sob uma esfera maior, que é a da perspectiva publicista, com a qual se vê e se opera sob a sensibilidade da função social do processo.

Enfim, e como não poderia deixar de sê-lo com o norte maior deste trabalho, a frase aqui concludente de Grinover: "O processo não é um jogo, em que pode vencer o mais poderoso ou o mais astucioso, mas um instrumento de justiça, pelo qual se pretende encontrar o verdadeiro titular do direito".[49] E, então, a pacificação social almejada com a jurisdição e pela Constituição.

## V Do reforço empírico

Toda essa novidade que a Lei nº 13.964/19 introduziu no sistema processual penal brasileiro, em especial, dado o juiz das garantias, causou, como é natural às inovações, uma preocupação dos juízes quanto à subsistência ou revogação do já analisado artigo 156 do Código de Processo Penal.

Com vozes incipientes pela recentidade de toda essa temática, passou-se a alardear que, a partir do momento em que a nova lei expressamente preceitua que "o processo penal terá estrutura acusatória, vedadas a iniciativa do juiz na fase de investigação e a substituição da atuação probatória do órgão de acusação" (artigo 3º-A), estaria evidente a incompatibilidade do mencionado artigo 156 do CPP. Posto que a Lei nº 13.964/64 não haja determinado, de forma expressa, que enfocado artigo tenha sido derrogado, já de logo surgiram questionamentos concretos, em processos em andamento, sob o fundamento de que teria havido, sim, uma revogação tácita quanto à atuação de ofício pelo juiz na gestão da prova, pois que se evidenciaria inquisitiva e, assim, em afronta ao disposto pelo novo artigo 3º-A do Código de Processo Penal. Este que, ao consagrar expressamente o sistema acusatório, rejeitou qualquer ressaibo inquisitivo no processo penal brasileiro.

Mas é de se ponderar, de antemão, que quando a Lei nº 13.964/64 pretendeu revogar dispositivo que se lhe tornou incompatível, para além de dúvidas, fê-lo então de forma expressa, como ao determinar, em seu artigo 19, a revogação do parágrafo 2º do artigo 2º da Lei nº 8.072/90.

---

[49] *Ibidem*. p. 74.

Como não era de se estranhar, prontamente sucederam alegações de que alguns juízes insistiam em ignorar o viés acusatório, agora consagrado de forma cabal no Código de Processo Penal.

Sabe-se que:

> A observância do procedimento modelado pela lei é penhor da legitimidade política e social do provimento judicial a ser proferido afinal, justamente porque é através dela que se assegura a efetividade do contraditório (Const., art. 5º, incs. LIV e LV).[50]

Tudo isso, não observado, pode chegar ao cúmulo de uma sentença nula e de a tutela jurisdicional perder-se na ineficiência, angústia que sempre atormenta aquele a quem é confiada, ao fim e ao cabo, a boa aplicação do direito substancial e sob as frequentes vicissitudes do respectivo instrumento. Apesar de as nulidades e todo o seu complexo tratamento não serem linha referencial deste trabalho, é oportuno observar que a temática dos poderes instrutórios do juiz causou, e ainda causa, forte preocupação nos julgadores em razão da inovação legislativa aqui apontada, obrigando os Tribunais e, principalmente, as Cortes Superiores a já se manifestarem a respeito.

Por ser tão tenra essa problemática, para sua chegada ao Superior Tribunal de Justiça, sabidamente a última palavra sobre a legislação ordinária (ainda que a problemática se estenda aos princípios constitucionais e, consequentemente, ao Supremo Tribunal Federal), a breve pesquisa realizada para este trabalho concluiu pela orientação jurisprudencial, daquela Corte Superior, no sentido de que a produção de prova determinada de ofício está ligada aos princípios da verdade real, do impulso oficial e da persuasão racional (livre convencimento motivado), de modo que o juiz pode entender pela necessidade de assim valer-se, ainda que em nítido caráter complementar e não obstante a superveniência da adoção expressa do sistema acusatório, de seus poderes instrutórios ao esclarecimento da verdade.[51] Não é senão uma mesma rota, também a da jurisprudência que se delineia, a caminhar na linha do presente estudo.

## VI Conclusão

A busca da verdade no processo constitui-se num verdadeiro poder-dever do juiz, nesse instrumento que, para além de meramente técnico, assume uma dimensão instrumental da ética. Pois é pelo processo que se entrega a prestação jurisdicional tendente, como fim último, à pacificação social, com paridade e justiça.

Paz essa enquanto qualidade máxima da convivência humana e já elevada à quinta dimensão dos direitos fundamentais. O processo penal, assim, não visa apenas às garantias do indivíduo acusado contra o arbítrio estatal, mas, não menos, à entrega da prestação jurisdicional mais condizente àquele fim último e, por derradeiro, ao ideário de Justiça.

---

[50] CINTRA, Antonio Carlos de Araújo; GRINOVER Ada Pellegrini; DINAMARCO, Cândido Rangel. *Teoria Geral do Processo*. 24. ed. rev. e atual. São Paulo: Malheiros Editores, 2008. p. 366.

[51] BRASIL. Superior Tribunal de Justiça (6ª Turma). AgRg nº HC 564148 / RJ. Relator: Ministra Laurita Vaz. *DJ* 02.06.2020, *DJe* 15.06.2020. Vide também: 6ª Turma. HC 583.995 / MG. Relator p/ Acórdão: Ministro Rogério Schietti Cruz. *DJ* 15.09.2020, *DJe* 07.10.2020.

O juiz criminal, muito além de um espectador, um mediador do processo, assim não pode ter confundido o seu dever de imparcialidade com o também dever de busca pela verdade. Equivocada, assim, seria a perspectiva de que, com adoção expressa do sistema processual acusatório pela Lei nº 13.964/19, especialmente com a introdução do juiz das garantias, mesmo o juiz da fase processual, quiçá sob o mesmo mantra da "não contaminação", seja alijado da iniciativa instrutória.

Os poderes instrutórios do juiz – marque-se bem, na fase processual – nada têm a ver com o binômio inquisitivo-acusatório dos sistemas processuais, mas se relaciona com outro binômio, o do *inquisitorial-system – adversarial-system*, cuja nomenclatura permite confusão aos desavisados, conquanto seja concernente ao desenvolvimento da marcha processual.

Nesse quadro, nada obsta, mas sim impõe, que o juiz, não entendendo satisfatória a produção de provas pelas partes, diligencie, então sob iniciativa instrutória oficial, de forma a alcançar o maior grau possível de probabilidade do quanto alegado. Além do mais, porque a insuficiência na instrução do feito pode ser tributada a fatores econômicos, culturais e institucionais, de sorte que o reforço pelos poderes instrutórios do juiz representa instrumento de equilíbrio para se atingir a igualdade real.

Essa iniciativa não embota a imparcialidade, porquanto a utilização dos poderes instrutórios pelo juiz encontra limites na observância do contraditório, da motivação das decisões e da proibição das provas ilícitas e ilegítimas.

Ao juiz não importa que vença o autor ou o réu, mas interessa que vença o que tem razão, esta que se encontra na vontade do direito substancial, que então se realiza por meio do processo. Este que é regido por princípios publicistas e tem seus fins como objetivos do Estado, na medida em que a jurisdição é uma de suas funções. E esses objetivos não estão para as partes e seus interesses, apenas, mas para o objetivo maior, de quilate fundamental, que é a paz social.

Tanto que, desde há muito asseverava Calamandrei, a ampliação dos poderes do juiz no campo probatório não é incompatível com o objeto do processo.[52]

De certo, mais e muitas discussões acadêmicas e jurisprudenciais renderão ao longo do tempo sobre os poderes instrutórios do juiz no processo penal brasileiro agora taxativamente demarcado como inquisitivo, em especial, se implantado o juiz das garantias. Por isso, e não é demais frisar, pela atualidade da temática não se é possível um mergulho em mais casos concretos, mas sim o traçado de um norte, contemplando-se a reflexão sobre aspectos práticos de um tema ainda muito a render.

## Referências

ANDRADE, Mauro Fonseca. *Juiz das Garantias*. 3. ed. Curitiba: Juruá, 2020.

ANDRADE, Mauro Fonseca. *Sistemas Processuais Penais e seus Princípios Reitores*. 2. ed. rev. e ampl. Curitiba: Juruá, 2013.

ARANHA, Adalberto José Q. T. de Camargo. *Da prova no Processo Penal*. 6. ed. São Paulo: Saraiva, 2004.

AROCA, Juan Montero. *Principios del proceso penal. Una explicación basada en la razón*. Valencia: Tirant lo Blanch, 1997.

---

[52] *Apud* GRINOVER, Ada Pelegrini. A iniciativa instrutória do juiz no processo penal acusatório. *Revista Brasileira de Ciências Criminais*, São Paulo, n. 27, p. 72-79, p. 76, jul./set. 1990.

BARROS, Marco Antonio. *A busca da verdade no processo penal*. São Paulo: Revista dos Tribunais, 2002.

CARNELUTTI, Francesco. Verdade, dúvida e certeza. *Revista de Direito Processual Civil*, Curitiba, n. 9, p. 606-609, jul./set. 1998.

CARVALHO, Luis Gustavo Grandinetti de. O juiz de garantias no Brasil e no Chile: breve olhar comparativo. *Revista Brasileira de Ciências Criminais*, v. 168, p. 93-123, jun. 2020.

CINTRA, Antonio Carlos de Araújo; GRINOVER, Ada Pellegrini; DINAMARCO, Cândido Rangel. *Teoria Geral do Processo*. 24. ed. rev. e atual. São Paulo: Malheiros Editores, 2008.

FERNANDES, Antonio Scarance. *Processo Penal Constitucional*. 3. ed. rev., atual. e ampl. São Paulo: Revista dos Tribunais, 2002.

FURTADO, Emmanuel Teófilo; MENDES, Ana Stela Vieira. *Os direitos humanos de 5ª geração enquanto direito à paz e seus reflexos no mundo do trabalho* – inércias, avanços e retrocessos na Constituição Federal e na legislação. Anais do XVII Congresso Nacional do CONPEDI. 20-21 de novembro de 2008, Brasília-DF.

GRINOVER, Ada Pelegrini. A iniciativa instrutória do juiz no processo penal acusatório. *Revista Brasileira de Ciências Criminais*, São Paulo, n. 27, p. 72-79, jul./set. 1990.

LOPES, Marcus Vinícius Pimenta. Estudo e crítica do "Juiz das Garantias". *Revista Brasileira de Ciências Criminais*, v. 111, p. 227-259, nov./dez. 2014. Revista dos Tribunais Online: DRT 2015/244.

MAYA, André Machado. *Juiz de Garantias* – fundamentos, origem e análise da Lei 13.964/19. São Paulo: Tirant lo Blanch, 2020.

OLIVEIRA, Eugênio Pacelli de; FISCHER, Douglas. *Comentários ao Código de Processo Penal e sua Jurisprudência*. 7. ed. Rio de Janeiro: Atlas, 2015.

ROTHENBURG, Walter Claudius. *Direitos Fundamentais*. Rio de Janeiro: Forense, São Paulo: Método, 2014.

---

Informação bibliográfica deste texto, conforme a NBR 6023:2018 da Associação Brasileira de Normas Técnicas (ABNT):

CARRARA, Carina Lucheta. Juiz das garantias: o modelo acusatório e os poderes instrutórios do juiz. In: ASSOCIAÇÃO DOS MAGISTRADOS BRASILEIROS; SALOMÃO, Luis Felipe; FONSECA, Reynaldo Soares da; VIDEIRA, Renata Gil de Alcantara; SZPORER, Patrícia Cerqueira Kertzman; COSTA, Daniel Castro Gomes da (Coord.). *Sistema penal contemporâneo*. Belo Horizonte: Fórum, 2021. p. 409-430. ISBN 978-65-5518-205-7.

# POLÍTICA DE ALTERNATIVAS PENAIS E TECNOLOGIAS DE ANÁLISE DE RISCO: UMA PROPOSTA MINIMALISTA DE CONVERGÊNCIA

TIAGO DIAS DA SILVA

## 1 Introdução

Parte-se nesta pesquisa da seguinte pergunta-problema, cuja resposta se toma como objetivo geral: é juridicamente possível implantar no Brasil uma política de alternativas penais norteada pelos princípios constitucionais penais (legalidade, proporcionalidade, individualização da pena, humanidade) e ao mesmo tempo instrumentalizada pelo uso da tecnologia através dos instrumentos atuariais de análise de risco (*risk assessment tools*) e assemelhados, sem com isso incorrer no desvirtuamento dos referidos princípios?

O contexto da construção de uma política de alternativas penais é o da tentativa de superação de uma crise, cuja expressão mais rematada é o fenômeno do encarceramento em massa. Busca-se, então, tomando como metodologia a pesquisa bibliográfica, documental e legislativa, um estudo acerca do fenômeno do encarceramento em massa no Brasil e nos Estados Unidos da América e do emprego das ferramentas atuariais de análise de risco no âmbito criminal, assim como a crítica a esses fenômenos na literatura de referência, culminando com a análise da compatibilidade do uso das ferramentas atuariais com uma política de alternativas penais.

A partir da análise do encarceramento em massa, contextualiza-se o fenômeno com a reação institucional que lhe é dada pelo Poder Judiciário brasileiro, especificamente através da atuação do Conselho Nacional de Justiça, órgão que, dentre outras iniciativas, editou a Resolução nº 288, de 25 de junho de 2019, a qual institui e sistematiza uma política de alternativas penais no ordenamento jurídico brasileiro.

Depois de delineados os princípios da política de alternativas penais, as dificuldades e desafios para sua efetiva implantação, assim como apresentado o estado da arte em termos de instrumentos tecnológicos atuariais de análise de risco, analisam-se as vantagens e possíveis pontos de colisão da utilização desses instrumentos com os preceitos de um Direito Penal do Estado Democrático de Direito. Por fim, será aprofundada a discussão acerca de como tais instrumentos, numa perspectiva penal minimalista, podem colaborar para a política de alternativas penais, impulsionando um novo paradigma de atuação judicial no campo do uso racional e proporcional da prisão e dos incentivos às medidas alternativas ao cárcere.

A relevância da presente pesquisa decorre da forte crise que assola há décadas a justiça criminal brasileira e o correspondente sistema penitenciário. Entre 1990 e 2016, houve o aumento de 707% na população carcerária brasileira, chegando-se a 197,4% de taxa de ocupação e déficit de 368.049 vagas.[1] O grande número de pessoas privadas da sua liberdade – inclusive quando em comparação com países de semelhante situação socioeconômica –, a gravidade dos problemas ocorridos nos presídios, as sucessivas crises prisionais e as severas violações aos direitos fundamentais dos encarcerados – quadro reconhecido pelo Supremo Tribunal Federal na ADPF 347-MC como verdadeiro "estado de coisas inconstitucional" –, juntamente com o aumento dos índices de violência durante o referido período, colocam todo o modelo atual de punição e combate ao crime numa situação de aguda crise.[2]

Levando em conta o crescimento demográfico, vê-se que a taxa de aprisionamento (número de pessoas presas por cem mil habitantes) era de 137 no ano 2000 e passou para 352,6 no ano de 2016, um aumento de 157%, conforme dados do INFOPEN.[3] Tais dados também consideram presos em regime semiaberto e aberto e sujeitos a medidas de segurança, porém esses três grupos somados não chegam a 22% do total, o que afasta o argumento de sobrevalorização dos dados para o diagnóstico da crise.

Destaca-se ainda que 55% dessa massa carcerária é formada por pessoas de até 29 anos, 64% são pessoas negras e 61% não completaram o ensino fundamental, dados que revelam a seletividade do sistema, como uma face do Direito Penal não declarada na ciência normativa.[4] Os dois crimes mais comuns são o tráfico de drogas e o roubo. Dentre os homens, 26% respondem por crime de roubo e 26% respondem por tráfico de drogas. Dentre as mulheres, 62% respondem por tráfico de drogas e 11% respondem por crime de roubo. O quadro esboçado faz do Brasil o país com a terceira maior população carcerária do mundo, atrás dos Estados Unidos e da China.[5]

O fenômeno do encarceramento em massa, todavia, não se restringe a países da modernidade periférica. Nos EUA, entre 1980 e 2008, embora a população tenha crescido 34%, a quantidade de presos no referido período cresceu 375%, chegando-se à maior taxa de encarceramento do mundo. Atualmente cerca de 25% da população carcerária mundial se encontra nos EUA.[6]

---

[1] BRASIL. Ministério da Justiça. Secretaria Nacional de Segurança Pública. *Levantamento Nacional de Informações Penitenciárias* – Infopen: dados consolidados. Brasília, 2016.

[2] BRASIL. Supremo Tribunal Federal. *Arguição de Descumprimento de Preceito Fundamental nº 347*. Distrito Federal. Relator: Ministro Marco Aurélio. Requerente: Partido Socialismo e Liberdade – PSOL. Data da decisão: 09.09.2015. Brasília, 2015. Disponível em: http://redir.stf.jus.br/paginadorpub/paginador.jsp?docTP=TP&docID=10300665. Acesso em: 13 mar. 2020.

[3] BRASIL. Ministério da Justiça. Secretaria Nacional de Segurança Pública. *Levantamento Nacional de Informações Penitenciárias* – Infopen: dados consolidados. Brasília, 2016.

[4] BRANDÃO, Cláudio. Poder e seletividade: os processos de criminalização na América Latina e os seus impactos na crise do discurso penal. *Caderno de Relações Internacionais*, vol. 10, n. 18, jan./jun. 2019.

[5] FRIEDE, Reis. MIRANDA, Maria Geralda de. RIBEIRO, Gabriel de Freitas. População carcerária: uma análise do relatório final do mutirão carcerário realizado pelo Conselho Nacional de Justiça no biênio 2010/2011. *LexCult*, Rio de Janeiro, v. 2, n. 3, p. 126-145, set./dez. 2018

[6] OBAMA, Barack. The President's Role in Advancing Criminal Justice Reform. *Harvard Law Review*, v. 130, n. 3, 2017.

No Brasil percebe-se ainda uma preocupante singularidade: em vez da diminuição dos índices de criminalidade, como ocorrido nos EUA, a fase de inchaço prisional brasileiro foi marcada pelo aumento de indicadores de violência, como a taxa de homicídios, que passou de 24,78/100 mil hab., em 1996, para 30.33/100 mil hab., em 2016.[7]

Nos EUA, as taxas de homicídio diminuíram de 1990 a 2010, chegando-se a 5.7/100 mil hab. em 1999 e 4.8/100 mil hab. em 2010. Apesar disso, tais dados não podem sequer ser interpretados como um sucesso do projeto político-criminal norte-americano. Em que pese a dificuldade em se estabelecer correlação entre o aprisionamento e os níveis de violência, observa-se que outros países desenvolvidos, a exemplo do Canadá, assistiram a semelhante decréscimo da criminalidade, tal qual havido nos EUA, sem, contudo, elevar a quantidade relativa de pessoas presas no aludido período histórico.[8]

Logo, é de suma importância a investigação acerca de métodos mais racionais de administrar penas e medidas cautelares, que possam contribuir para uma diminuição concomitante da violência e dos índices de encarceramento.

## 2 A política brasileira de alternativas penais

### 2.1 A reação do Poder Judiciário ao encarceramento em massa através do CNJ

A forma de atuação da justiça criminal é apenas uma das maneiras de abordar o fenômeno do encarceramento em massa. Há diversos fatores que podem ser associados a essa problemática, seja no Brasil ou nos EUA. As questões de política racial,[9] a forma como se estabelece a política legislativa penal,[10] o impacto da política antidrogas,[11] o peso de fianças e sanções pecuniárias sobre a população[12] são vertentes possíveis na análise do fenômeno do superencarceramento. Numa perspectiva mais geral, destacam-se ainda as compreensões de que o modelo punitivista aplicado nos EUA e exportado para diversos outros países é parte de um projeto político que busca responder com repressão penal seletiva à crescente insegurança social e seus efeitos nos degraus economicamente mais baixos da sociedade.[13]

No Brasil, o fenômeno do encarceramento em massa coincide historicamente com um quadro de expansão da atividade judicial que tem como marcos a promulgação da Constituição de 1988 e a criação do Conselho Nacional de Justiça, através da Emenda Constitucional nº 45/2004.

Com a reinauguração da ordem democrática no Brasil em 1988, tomou curso um processo de fortalecimento da capacidade do Poder Judiciário em conter os abusos por ação ou omissão do Poder Executivo e em dar concretude aos direitos dos cidadãos,

---

[7] BRASIL. Instituto de Pesquisa Econômica Aplicada – IPEA. *Atlas da Violência 2018*. Rio de Janeiro, 2018.
[8] PINKER, Steven. *The Better Angels of Our Nature*: why violence has declined. New York: Penguin Books, 2011.
[9] DAVIS, Angela J. *Policing the black man*: arrest, prosecution and imprisonment. New York: Vintage Books, 2018.
[10] FERREIRA, Carolina Costa. O estudo de impacto legislativo como possível estratégia de contenção do encarceramento em massa no Brasil. *Revista Brasileira de Ciências Criminais*, vol. 129, p. 137-180, mar. 2017.
[11] LIMA, Renato Sérgio de; RATTON, José Luiz; AZEVEDO, Rodrigo Ghiringhelli de. *Crime, polícia e justiça no Brasil*. 1. ed. 1ª reimpressão. São Paulo: Contexto, 2014.
[12] HARRIS, Alexes. *A pound of flesh*: monetary sanctions as punishment for the poor. New York: Russel Sage Foundation, 2016.
[13] WACQUANT, Loïc. *As prisões da miséria*. Tradução de André Telles. 2. ed. ampl. Rio de Janeiro: Zahar, 2011.

inclusive minorias e grupos com menor capacidade de pressão política.[14] Paralelamente, o ressurgimento da ordem democrática foi acompanhado pela chamada "constitucionalização do direito"[15] e consequente necessidade de técnicas decisórias mais complexas, face à tarefa de harmonização prática entre direitos fundamentais diversos, donde surge maior participação do Poder Judiciário em tema de políticas públicas.[16]

Nesse processo, apesar da distinção entre argumentos de política e argumentos de princípio,[17] na atualidade, o Poder Judiciário passa a incorporar progressivamente o debate acerca de políticas públicas. Mais ainda, fora dos domínios da função jurisdicional propriamente dita, o Poder Judiciário brasileiro vem traçando, através do Conselho Nacional de Justiça, verdadeiras políticas públicas judiciais, que buscam a coordenação entre os atores públicos e a sociedade civil organizada, com a finalidade de concretizar a gestão e a eficiência da prestação de serviços judiciais e a distribuição de justiça social.[18]

Dentre as matérias reguladas pelo CNJ, está a gestão de penas e prisões. A primeira resolução sobre o tema foi a Resolução nº 47/2007, que dispõe sobre a inspeção nos estabelecimentos penais pelos juízes de execução criminal. Seguiram-se a Resolução nº 96/2009 (Projeto Começar de Novo), Resolução nº 101/2009 (sobre penas alternativas), Resolução nº 108/2010 (sobre movimentação de presos) e Resolução nº 113/2010 (sobre procedimentos na execução de pena privativa de liberdade e medidas de segurança).

Prosseguindo, destaca-se a Resolução nº 213/2015, que trata sobre a apresentação de toda pessoa presa à autoridade judicial no prazo de 24 horas (audiências de custódia). Foram editadas ainda: Resolução nº 223/2016, que instituiu o Sistema Eletrônico de Execução Unificado (SEEU); Resolução nº 251/2018, que instituiu e regulamentou o Banco Nacional de Monitoramento de Prisões – BNMP 2.0; Resolução nº 252/2018 (mulheres mães e gestantes privadas de liberdade); Resolução nº 280/2019, que estabelece parâmetros para o processamento da execução penal por intermédio do Sistema Eletrônico de Execução Unificado – SEEU e dispõe sobre sua governança.

Além de utilizar as resoluções como instrumento de sua política, o CNJ criou diversos programas no sentido de amenizar os efeitos da superpopulação carcerária. O programa Mutirão Carcerário, criado em agosto de 2008, foi responsável pela soltura de dezenas de milhares de presos que já faziam jus a benefícios penais.[19] No caso das audiências de custódia, o CNJ teve postura proativa, incentivando a regulamentação no âmbito de cada tribunal,[20] além de ter criado um sistema para controle estatístico, o SISTAC.

---

[14] FEITOSA, Gustavo Raposo Pereira. *Magistratura, Cidadania e Acesso à Justiça*: Os Juizados Especiais Cíveis da Cidade de São Paulo. Tese de Doutorado em Ciências Sociais, Universidade Estadual de Campinas, Campinas, 2005.

[15] BARROSO, Luís Roberto. *Interpretação e aplicação da Constituição*: fundamentos de uma dogmática constitucional transformadora. 7. ed. São Paulo: Saraiva, 2009.

[16] BARCELLOS, Ana Paula de. Neoconstitucionalismo, direitos fundamentais e controle das políticas públicas. *Revista Direito Administrativo*, Rio de Janeiro, p. 83-103, abr./jun. 2005.

[17] DWORKIN, Ronald. *Taking Rights Seriously*. Cambridge: Harvard University Press, 1978.

[18] HESS, Eliana. Reformas, políticas públicas e a gestão do Conselho Nacional de Justiça. *Revista Pensar*, Fortaleza, v. 16, n. 2, p. 589-625, 2011.

[19] FRIEDE, Reis; MIRANDA, Maria Geralda de; RIBEIRO, Gabriel de Freitas. População carcerária: uma análise do relatório final do mutirão carcerário realizado pelo Conselho Nacional de Justiça no biênio 2010/2011. *LexCult*, Rio de Janeiro, v. 2, n. 3, p. 126-145, set./dez. 2018.

[20] GIACOMOLLI, Nereu José; GALÍCIA, Caíque Ribeiro. Audiência de custódia: a concretização da utopia. *Revista Pensar*, Fortaleza, v. 22, n. 3, p. 1-12, 2017.

Mais recentemente, ao final de 2018, foi lançado o programa Justiça Presente, baseado no "Acordo de Cooperação Técnica Internacional para o Fortalecimento da Fiscalização e do Monitoramento dos Sistemas Carcerário e Socioeducativo", firmado entre o PNUD e o CNJ.[21] O projeto tem por objetivo o desenvolvimento de estratégias para promover a redução da superlotação e superpopulação carcerárias no Brasil, com enfoque nas políticas de alternativas penais e de monitoração eletrônica, e o cumprimento de medidas socioeducativas em meio aberto, além de ações relacionadas à promoção da cidadania, garantia de direitos e a qualificação da gestão da informação através do Sistema Eletrônico de Execução Unificado – SEEU.

O ponto culminante dessa atuação do CNJ, do ponto de vista da densidade normativa e articulação de diversas ferramentas e políticas, é a elaboração da Resolução nº 288/2019, que institui de maneira detalhada uma política institucional de alternativas penais no âmbito do Judiciário brasileiro, o que será objeto do item seguinte.

## 2.2 A Resolução nº 288/2019 do CNJ

A Resolução nº 288/2019 do CNJ, em seu art. 2º, define alternativas penais como:

> (...) medidas de intervenção em conflitos e violências, diversas do encarceramento, orientadas para a restauração das relações e a promoção da cultura da paz, a partir da responsabilização com dignidade, autonomia e liberdade, decorrentes da aplicação de: I – penas restritivas de direitos; II – transação penal e suspensão condicional do processo; III – suspensão condicional da pena privativa de liberdade; IV – conciliação, mediação e técnicas de justiça restaurativa; V – medidas cautelares diversas da prisão; e VI – medidas protetivas de urgência.

Por interpretação extensiva, deve-se incluir no rol citado também as medidas decorrentes de aplicação de acordos de não persecução penal, haja vista a previsão em legislação superveniente (Lei nº 13.964/2019) e por não poderem podem implicar aplicação de pena privativa de liberdade, mas apenas as seguintes: reparação do dano ou restituição da coisa; renúncia a bens e direitos; prestação de serviços à comunidade; prestação pecuniária; ou "outra condição indicada pelo Ministério Público, desde que proporcional e compatível com a infração penal imputada".

A finalidade precípua da política de alternativas penais, conforme se depreende dos arts. 1º e 3º da aludida resolução, é concretizar no mundo dos fatos a máxima de que a privação da liberdade é excepcional. Por consectário, busca-se a redução da taxa de encarceramento sem descuidar da responsabilização das pessoas submetidas às medidas. Isto é, busca-se responsabilizar os autores de infrações penais (no caso das penas) e acautelar os interesses processuais (no caso das medidas cautelares) do modo mais proporcional possível, com o emprego de medidas adequadas e em grau de intervenção necessário e suficiente para atingir os fins da legislação.

Em outras palavras, procura-se afastar o encarceramento desnecessário ou excessivo, privilegiando-se, por outro lado, a eficácia de medidas com enfoque restaurativo,

---

[21] BRASIL. Conselho Nacional de Justiça. *Programa Justiça Presente*. CNJ: Brasília, 2019. Disponível em: https://www.cnj.jus.br/sistema-carcerario/justica-presente/.Acesso em: 13 mar. 2020.

isto é, medidas que mantenham o vínculo do cumpridor com a comunidade, reparem os danos, restaurem as relações sociais e promovam a cultura da paz, ao buscar inclusive a proteção social das pessoas e sua inclusão em serviços e políticas públicas.

À luz dos dispositivos da resolução, infere-se que os princípios político-criminais, legais e constitucionais que servem de fundamento para a política de alternativas penais por ela instituída são os seguintes: intervenção mínima (em seu aspecto subsidiariedade – art. 3º, II); proporcionalidade (art. 3º, IV; art. 282 do CPP); presunção de inocência (art. 3º, III; art. 5º, LVII, da CF); individualização da pena (art. 5º, XLVI, da CF); individualização das medidas cautelares;[22] dignidade da pessoa humana (art. 3º, V; art. 1º, III, da CF); eficiência (art. 4º; art. 37, *caput*, da CF) e promoção pelo Estado da solução consensual dos conflitos (art. 3º, VII; art. 3º, §2º, do CPC).

Para atingir esses fins, a política de alternativas penais traçada pelo CNJ conta com um variado instrumental, a saber: a) mecanismos horizontalizados e autocompositivos (conciliação, mediação, justiça restaurativa – art. 3º, VII); b) encaminhamento dos envolvidos a serviços e políticas públicas (art. 3º, IX); c) audiências de custódia (art. 3º, XII); d) serviço psicossocial e médico (mediante formação de amplas redes para acompanhamento – art. 4º, §§1º, 2º, 5º); e) grupos reflexivos para responsabilização de agressores no âmbito da violência doméstica (art. 4º, §4º).

O instrumento da justiça restaurativa, por sua vez, é multifacetado e desdobra-se em diversas práticas, sendo regulado especificamente pela Resolução nº 225/2016 do CNJ, havendo extensa bibliografia acerca da aplicação de suas técnicas no âmbito da justiça penal.[23]

Do ponto de vista da gestão, a política de alternativas penais estabelece as seguintes diretrizes: a) articulação entre órgãos diversos para instituir fluxos e metodologias (inclusive mediante convênios entre o Poder Judiciário e o Poder Executivo – art. 3º, XI e art. 4º); b) manutenção das atuais estruturas de centrais de acompanhamento de pena e centrais de alternativas penais já existentes (art. 4º, §3º); c) criação pelos órgãos do Poder Judiciário (CNJ e tribunais), juntamente com o Poder Executivo, de modelos de gestão para a aplicação e o acompanhamento das alternativas penais, de forma interdisciplinar e interinstitucional (art. 5º); d) criação de varas especializadas em execução de penas e medidas alternativas (art. 6º); e) parcerias com organizações da sociedade civil (art. 7º, IV); f) criação do Fórum Nacional de Alternativas Penais – Fonape, para elaboração de propostas e sistematização de boas práticas no âmbito das alternativas penais (art. 9º).

A resolução traz ainda medidas atinentes à conscientização, educação e participação social para a construção da política de alternativas penais, a saber: a) participação social nos processos de formulação, implementação e monitoramento das alternativas penais (art. 6º, VI); b) inclusão da temática na grade curricular obrigatória das escolas da magistratura (art. 7º, I); c) projetos de conscientização sobre os efeitos do encarceramento na reprodução do ciclo da violência e na violação de direitos fundamentais (art. 7º, II); d) capacitação de magistrados na jurisprudência da Corte Interamericana de Direitos

---

[22] CAPEZ, Rodrigo. *Prisão e medidas cautelares diversas*: a individualização da medida cautelar no processo penal. São Paulo: Quartier Latin, 2017.

[23] SILVA, Maria Coeli Nobre; FEITOSA, Gustavo Raposo Pereira. PASSOS, Daniela Veloso Souza. A justiça restaurativa como proposta alternativa ao paradigma retributivo. *Novos Estudos Jurídicos*, 2016. Disponível em: https://www.researchgate.net/publication/311502997_A_JUSTICA_RESTAURATIVA_COMO_PROPOSTA_ALTERNATIVA_AO_PARADIGMA_RETRIBUTIVO/citation/download. Acesso em: 15 out. 2020.

Humanos e em tratados internacionais de direitos humanos (art. 7º, III); e) realização de encontros nacionais do Fonape, a cada dois anos, em que poderão ser definidos enunciados que orientem o Poder Judiciário em matéria criminal (art. 10, *caput* e §3).

A adoção de tal política de alternativas penais é, esclareça-se, o ponto culminante de um processo de adaptação das leis penais e processuais, que progressivamente incorporaram ao ordenamento jurídico brasileiro diversos meios alternativos ao encarceramento, em que pese ter havido concomitantemente uma "bifurcação", com o recrudescimento de outras leis penais.[24]

Destacam-se, nesse processo histórico precedente, a reforma produzida pelas Leis nº 7.209/1984 e nº 7.210/1984, a implantação dos Juizados Especiais Criminais (Leis nº 9.099/95 e nº 10.259/2001), o aumento da abrangência das penas restritivas de direitos substitutivas (Lei nº 9.714/1998) e a criação, em 2000, do programa nacional do Ministério da Justiça de fomento às penas e medidas alternativas. Mais recentemente, houve inovações trazidas pela Lei nº 11.340/2006 (medidas protetivas de urgência) e mudança paradigmática no Código de Processo Penal, através da Lei nº 12.403/2011. Esta última foi responsável por retirar a bipolaridade cautelar do sistema brasileiro, permitindo doravante uma pluralidade de alternativas cautelares à prisão preventiva.[25]

A mais recente reforma penal e processual, através da Lei nº 13.964/2019, reforçou ainda mais a excepcionalidade da prisão preventiva, ao dispor no art. 282, §6º, do CPP que o não cabimento da substituição da prisão preventiva por outra medida cautelar deverá ser justificado de forma fundamentada nos elementos presentes do caso concreto, de forma individualizada.

## 2.3 Alternativas penais: desafios

Não obstante as opções legais mencionadas já estarem plenamente disponíveis, antes mesmo da Resolução nº 288/2019/CNJ, o desafio posto e mirado pelo referido ato normativo situa-se no campo da gestão e da modificação das práticas dos atores envolvidos na justiça penal. É exatamente o salto da mera possibilidade normativa à plena realidade institucional (eficácia em sentido sociológico) que se busca nesse momento, eis que as leis penais e processuais já trazem largueza de instrumental alternativo à prisão, assim como a tecnologia atualmente disponível permite instrumentos de controle extramuros cada dia mais precisos e confiáveis.

Há grandes dificuldades a superar no terreno da aplicação proporcional da prisão cautelar, o que perpassa o campo das mentalidades e concepções dos aplicadores do Direito – muitas vezes presas ao punitivismo,[26] mesmo diante de fatos sem exacerbada gravidade concreta –, bem como no que atine à necessidade de criação de estruturas e sistemas efetivos, para que as medidas alternativas à prisão não sejam uma promessa vazia ou se apliquem de forma padronizada e superficial, mas antes possam atacar os fatores criminógenos, solucionar conflitos, diminuir a reincidência dos cumpridores e com isso aplacar de forma sustentável o encarceramento.

---

[24] ANDRADE, Vera Lúcia Pereira de. Qual alternativismo para a brasilidade? Política criminal, crise do sistema penal e alternativas à prisão no Brasil. *Revista de Estudos Criminais*, vol. 14, n. 59, p. 83-107, 2015.

[25] CRUZ, Rogério Schietti. *Prisão cautelar*: dramas, princípios e alternativas. 4. ed. Salvador: Juspodivm, 2018.

[26] ANDRADE, Vera Lúcia Pereira de. Qual alternativismo para a brasilidade? Política criminal, crise do sistema penal e alternativas à prisão no Brasil. *Revista de Estudos Criminais*, vol. 14, n. 59, p. 83-107, 2015.

É igualmente importante, na construção dos programas e modelos de gestão de alternativas penais, atentar não apenas para as estratégias de inclusão social, mediação de conflitos, envolvimento e conscientização da comunidade,[27] mas também para as estratégias de fiscalização das sanções e restrições impostas. Com efeito, para avançar sobre o terreno ocupado pelo encarceramento, as alternativas penais (quando penas), mesmo agregando ações de cunho reabilitador e restaurativo, não podem prescindir de deixar claro seu caráter de punição.[28]

Não se contesta aqui o argumento de que as penas alternativas continuam reforçando a punição como mecanismo de controle e governo das pessoas.[29] Aliás, Foucault já advertira que muitos dos dispositivos destinados a aliviar, curar e socorrer tendem, assim como a prisão, a exercer um "poder de normalização".[30] Todavia, inegável é o avanço civilizatório obtido quando as formas de exercício do controle e da disciplina passam a respeitar um leque maior de direitos fundamentais dos sujeitos submetidos ao poder de império estatal.

Por outro lado, deve-se denunciar como falacioso o argumento de que a política de alternativas penais implicaria uma fragilização do Estado face à criminalidade. Ao revés, diminuindo-se o contingente carcerário de pessoas recolhidas desnecessariamente, abre-se espaço para que o Estado mantenha no padrão esperado a vigilância e o controle sobre os que efetivamente necessitam do aprisionamento (sem que isso signifique penas desproporcionais), além de mais facilmente lhes assegurar condições mínimas de salubridade e dignidade no cumprimento das penas e prisões cautelares.

A propósito, foi exatamente por perder o controle e a capacidade de garantir a disciplina nas cadeias e penitenciárias que o Estado brasileiro viu surgirem e se fortalecerem facções criminosas que agem como catalizadores da violência.[31] Some-se a isso o imenso custo humano do encarceramento sobre os indivíduos e suas famílias, com a quebra de suas relações sociais e comunitárias, favorecendo o incremento dos fatores de risco (fatores criminógenos) e o ciclo da reincidência, além do imenso custo econômico decorrente do inchaço prisional.

Outro ponto que merece atenção é o expressivo número de pessoas presas cautelarmente, muitas das quais ao final do processo não são condenadas a pena privativa de liberdade em regime fechado,[32] parte delas de perfil não violento e sob acusação de tráfico de drogas por posse de pequenas quantidades de drogas.[33]

---

[27] BERMAN, Greg; ADLER, Julian. *Start here*: a road map to reducing mass incarceration. New York: The New Press, 2018.

[28] BERDET, Marcelo. Os significados da punição nas penas alternativas. *Revista Brasileira de Ciências Criminais*, São Paulo, vol. 131, p. 447-489, maio 2017.

[29] BERDET, Marcelo. Penas alternativas ou o governo das pessoas pela punição? *Revista Brasileira de Ciências Criminais*, São Paulo, vol. 119, p. 327-356, mar./abr. 2016.

[30] FOUCAULT, Michel. *Vigiar e punir*: nascimento da prisão. Tradução de Raquel Ramalhete. 42. ed. Petrópolis: Vozes, 2014, p. 302.

[31] SALLA, Fernando. Artigo: As rebeliões nas prisões: novos significados a partir da experiência brasileira. *Revista Sociologias*, Porto Alegre, ano 8, n. 16, p. 274-307, jul./dez. 2006.

[32] FREITAS, Alexandre José Salles de. *Prisão preventiva e drogas*: "a polícia prende e a Justiça não solta". Dissertação de Mestrado em Ciências Sociais. Universidade Federal de Juiz de Fora, Juiz de Fora, 2017.

[33] JESUS, Maria Gorete Alves de. *O que está no mundo não está nos autos*: a construção da verdade jurídica nos processos criminais de tráfico de drogas. Tese de doutorado em Sociologia. Universidade de São Paulo, São Paulo, 2016.

Por outro prisma, existe um baixo índice de elucidação de crimes de homicídio no Brasil,[34] o que revela uma dificuldade das forças policiais na elucidação de crimes mais complexos. Portanto, embora seja válido o argumento de que é compreensível o Brasil deter um índice de encarceramento maior do que o de nações desenvolvidas (devido aos altos índices de violência e piores indicadores socioeconômicos), por outro lado, o encarceramento existente – em termos qualitativos – não espelha uma ação eficaz e proporcional do Estado sobre essa violência/criminalidade.

Em outras palavras, no lugar de muitos indivíduos que possuem perfil para estar presos por seus crimes (e não estão, a exemplo de expressiva parcela dos homicidas), encontram-se recolhidos ao cárcere outros cujas atividades e perfil não justificariam o encarceramento, quer sob uma ótica de proteção de direitos fundamentais e excepcionalidade da prisão, quer numa análise custo-benefício de sua manutenção no cárcere (viés utilitarista). Logo, o argumento de que a grande quantidade de presos no Brasil decorre apenas da alta violência no país revela-se simplista, pois escamoteia a análise sobre quem efetivamente está dentro das prisões e quem está fora, assim como oblitera a discussão do problema sob o ângulo inverso: quanto dessa violência é causado exatamente pelo encarceramento disfuncional e seu ciclo de reincidência?

Advirta-se ainda que a mencionada dificuldade em se alcançar certos tipos de criminalidade – e a facilidade de atingir a outros – não é uma mera questão de eficiência e recursos materiais, pois existe uma relação entre prisão-pena e capitalismo, identificada já na própria gênese do instituto da prisão-pena.[35] Conforme alerta Baratta, "a estratégia político-criminal corresponde às exigências do capital monopolista", donde resulta uma "máxima efetividade do controle social das formas de desvio disfuncionais ao sistema de valorização e de acumulação capitalista (delitos contra a propriedade e desvio político)" e, por outro lado, uma "máxima imunidade assegurada a comportamentos socialmente danosos e ilícitos, mas funcionais ao sistema (poluição, criminalidade política, conluio entre órgãos do Estado e interesses privados)".[36]

## 2.4 Alternativas penais e sistemas informatizados

Um último aspecto da Resolução nº 288/2019/CNJ que guarda íntima relação com o objeto deste trabalho deve ser abordado: o uso da tecnologia e a gestão da informação no âmbito da política de alternativas penais.

O art. 8º da resolução estabelece que:

> As informações sobre aplicação e execução das alternativas penais serão mantidas e atualizadas em sistema informatizado, pelos magistrados e servidores do Poder Judiciário, garantido o acesso ao cumpridor das medidas, ao Ministério Público, à Defensoria Pública e ao serviço de acompanhamento das alternativas penais instituído no âmbito do Poder Executivo.

---

[34] SZABÓ, Ilona. RISSO, Melina. *Segurança pública para virar o jogo*. 1. ed. Rio de Janeiro: Zahar, 2018.
[35] MELOSSI, Dario; PAVARINI, Massimo. *Cárcere e fábrica*: as origens do sistema penitenciário (séculos XVI – XIX). Tradução de Sérgio Lamarão. 2. ed. 1ª reimpressão. Rio de Janeiro: Revan, 2017.
[36] BARATTA, Alessandro. *Criminologia crítica e crítica do direito penal*: introdução à sociologia do direito penal. Trad. Juarez Cirino dos Santos. 6. ed. 5ª reimpressão. Rio de Janeiro: Revan, 2013, p. 153.

§1º O sistema informatizado a que se refere o *caput* deverá conter e manter atualizadas, no mínimo, as seguintes informações: I – dados pessoais e sociodemográficos da pessoa em alternativas penais; II – tipo penal ao qual se relaciona a medida aplicada; III – modalidade da medida aplicada; IV – datas do início e fim do cumprimento da medida; V – eventuais incidentes de descumprimento e ajustamentos da medida a ser cumprida; e VI – atualização sobre o cumprimento da medida.

Importante observar que a gestão da informação esteve desde o início entre as preocupações do CNJ quando se trata de sistema penal e penitenciário. Deveras, diante do caráter caótico do sistema prisional, em que muitas vezes sequer se tinha informação sobre a localização dos presos e muitos deles cumpriam pena por tempo excessivo,[37] fundamental para uma gestão eficiente é dispor de instrumentos de tecnologia da informação apropriados.

A Resolução nº 213/2015, ao tratar das audiências de custódia, introduziu o SISTAC, sistema utilizado em todo o território nacional, em que são inseridos os dados dos réus e conteúdo das decisões. A Resolução nº 251/2018 instituiu o Banco Nacional de Monitoramento de Prisões – BNMP 2.0, também de abrangência nacional. No âmbito da execução de pena, foi instituído o Sistema Eletrônico de Execução Unificado (SEEU), através das Resoluções nº 223/2016 e nº 280/2019, sistema no qual devem passar a tramitar eletronicamente todas as execuções de pena no território nacional, tendo como ferramentas não só a tramitação em si do processo, mas também os cálculos dos benefícios de execução de pena.

A determinação de que todos os processos de execução de pena passassem a tramitar no sistema SEEU suscitou embate entre tribunais e o CNJ. A Mesa da Assembleia Legislativa de São Paulo ingressou com ação direta de inconstitucionalidade no STF (ADI nº 6.259 DF) contra a Resolução nº 280/2019/CNJ, alegando que a atuação do CNJ teria violado o princípio federativo e usurpado a competência da União e dos Estados para legislar sobre Direito Penitenciário e procedimentos em matéria processual penal, além de violação ao princípio da separação dos Poderes e do autogoverno dos Tribunais. O CNJ informou no processo que agiu dentro de suas competências e que a falta de um sistema informatizado nacional significaria entrave para as políticas estruturantes, por impedir o controle unificado de dados pelo Judiciário Nacional.

O relator, Min. Alexandre de Moraes, concedeu medida cautelar que suspendeu os efeitos do arts. 2º, 3º, 9º, 12 e 13 da aludida resolução. Frisou que a resolução do CNJ contrariaria em tese "legítima opção administrativa dos Tribunais estaduais – no exercício de seu autogoverno – na escolha de outros sistemas que garantam a acessibilidade e convergência de dados, nos termos previstos na Lei Federal 12.714/2012".[38] A Resolução nº 280/2019 foi alterada pela Resolução nº 304, de 17.12.2019, que previu a possibilidade de prorrogação do prazo de implantação do SEEU conforme articulação entre o CNJ e as presidências dos Tribunais.

---

[37] FRIEDE, Reis; MIRANDA, Maria Geralda de; RIBEIRO, Gabriel de Freitas. População carcerária: uma análise do relatório final do mutirão carcerário realizado pelo Conselho Nacional de Justiça no biênio 2010/2011. *LexCult*, Rio de Janeiro, v. 2, n. 3, p. 126-145, set./dez. 2018.

[38] BRASIL. Supremo Tribunal Federal. *Ação Direta de Inconstitucionalidade nº 6.252*. Distrito Federal. Relator: Ministro Alexandre de Moraes. Requerente: Assembleia Legislativa do Estado de São Paulo. Intimado: Conselho Nacional de Justiça – CNJ. Data da decisão: 16.12.2019. Brasília, 2019, p. 14. Disponível em: http://www.stf.jus.br/arquivo/cms/noticiaNoticiaStf/anexo/ADI6259MC.pdf. Acesso em: 15 out. 2020.

Para fins do presente trabalho, não cabe aprofundar o debate sobre se o CNJ possui ou não competência para impor aos tribunais a utilização de um dado sistema informatizado. Importa observar a visão do Conselho de que os sistemas informatizados nacionais são necessários para suas políticas estruturantes, visando ao controle unificado de dados pelo Judiciário Nacional. Isso reforça o argumento de que a gestão da informação é uma ferramenta de grande importância na atuação do CNJ em matéria penitenciária e penal e, por conseguinte, em matéria de alternativas penais.

Cabe ainda distinguir os sistemas informatizados mencionados no art. 8º da Resolução nº 288/2019/CNJ daqueles regulados pela Lei nº 12.714/2012 (dentre os quais o SEEU, instituído pela Resolução nº 280/CNJ). Estes últimos se voltam, em síntese, para a tramitação dos processos de execução de pena, acompanhamento da prisão cautelar e medidas de segurança, englobando a prática de atos processuais, a juntada de informações oriundas da autoridade policial ou estabelecimento prisional, o cálculo das datas para obtenção de benefícios e termo final dos prazos processuais. Os sistemas informatizados tratados no art. 8º da Resolução nº 288/2019/CNJ não se submetem ao regramento da Lei nº 12.714/2012 e devem se voltar para a gestão de projetos de alternativas penais pelo Poder Judiciário em parceria com outros órgãos.

A utilização consistente desses sistemas informatizados, no âmbito das execuções de pena, prisões cautelares e projetos de alternativas penais pode estabelecer as condições para um salto qualitativo na gestão da justiça criminal no Brasil. E não se trata apenas de celeridade, controle da duração das medidas cautelares, eficiência na geração de estatísticas de qualidade – embora aí já se tenha um grande avanço.

A alimentação desses bancos de dados, no vasto território nacional brasileiro, abre uma importante oportunidade para o futuro uso dos mecanismos de análise de risco e dos instrumentos da inteligência artificial como ferramentas para a gestão da justiça criminal e, mais especificamente, da política de alternativas penais, na medida em que se permite o acúmulo de uma grande base de informações, passíveis de trabalho estatístico e atuarial através do uso de algoritmos matemáticos.

Uma das possíveis aplicações práticas da tecnologia nesta seara é o fortalecimento do princípio da igualdade, através da facilitação de mutirões carcerários e da aplicação igualitária de alternativas penais também na fase de conhecimento (cautelares diversas da prisão – art. 319 do CPP) a indivíduos em situação processual e situação fática idênticas.

Nesse sentido, consta no art. 5º da Resolução nº 332/2020/CNJ que a utilização de modelos de Inteligência Artificial deve buscar garantir a segurança jurídica e colaborar para que o Poder Judiciário respeite a igualdade de tratamento aos casos absolutamente iguais. Cabe então aprofundar o debate sobre a forma de a tecnologia instrumentalizar a referida política de alternativas e a concretização aos direitos fundamentais.

## 3 Tecnologia e gestão da criminalidade: prós e contras da lógica atuarial

### 3.1 Os instrumentos de análise de risco e a lógica atuarial

As primeiras experiências reportadas na literatura acerca de análise e classificação de risco, em matéria criminal, remontam às *parole boards* dos EUA. As *parole boards* foram instituídas inicialmente no estado de Illinois, em 1867, voltadas para jovens infratores em reformatórios e, posteriormente (em 1917), no mesmo estado, foram estendidas para os presos adultos, a partir do momento em que se adotou um modelo de sentença indeterminada, no qual caberia exatamente às *parole boards* decidir quem poderia sair da cadeia e usufruir da liberdade condicional. O sistema posteriormente se espalhou para todos os estados norte-americanos, competindo a essas comissões definir critérios para os benefícios, decidir sobre sua concessão, denegação ou revogação, condições de cumprimento etc.[39]

Diante da crescente demanda, a *parole board* de Illinois encomendou a E.W. Burgess, da Universidade de Chicago, o desenvolvimento de uma ferramenta de análise de risco, para substituir o uso da intuição pela análise científica de dados. A partir dos assentos criminais, história pregressa e informação institucional de três mil liberados, Burgess desenvolveu, em 1928, o primeiro instrumento atuarial para análise de risco de ofensores cumprirem ou não as regras do livramento. Esse instrumento se baseava apenas em fatores estáticos (*static predictors*), como tipo de crime, situação familiar, antecedentes, histórico no trabalho, perfil psiquiátrico, grau de inteligência etc.[40]

A partir daí, o que se viu na história norte-americana foi o desenvolvimento de uma profusão de ferramentas de análise de risco, utilizadas nos sistemas de justiça de praticamente todos os estados americanos, algumas delas focadas apenas em fatores estáticos e outras levando em consideração também fatores de risco dinâmicos, isto é, aqueles que podem sofrer modificação, como, por exemplo, emprego, alcoolismo dependência química etc. Os instrumentos variam também a depender do escopo, havendo alguns deles de uso geral (multipropósito) e outros de uso específico para medição de certos riscos apenas, sendo estes últimos mais precisos e atualmente os preferidos dos atuários.

Com o tempo e o aperfeiçoamento dos instrumentos, estes passaram do uso restrito às decisões das *parole boards* para outras fases da gestão da criminalidade, como a atividade policial, a análise da imputabilidade do réu, a classificação dos presos e alocação nas unidades prisionais e a decisão acerca da prisão cautelar ou soltura.

São exemplos de instrumentos de variados fins : *I-Level Classification; Female Initial Security Classification Guideline;* B.A.S.I.C.S (*Behavioral Alert Classification Identification System*); *Virginia's Sex Offender Risk Assessment; Sex Offender Need Assessment Rating* (SONAR); *Sexual Violence Risk*-20 (SVR-20); *Static*-99; PCL-R (*Psycopathy Checklist-Revised); Spousal Assault Risk Assessment Guide* (SARA); *Level of Services Inventory-Revised* .

Dentre as ferramentas da nova geração, destaca-se o COMPAS (*Correctional Offender Management Profiling for Alternative Sanctions*), que é virtual e usa 19 fatores de risco, assim como o ORAS (*Ohio Risk Assessment System*), desenvolvido por pesquisadores da Universidade de Cincinnati, desdobrado nos seguintes: ORAS-PT (*Pretrial Assessment*); ORAS-CST (*Community Supervision Tool*); ORAS-PIT (*Prison Intake Tool*); ORAS-RT (*Reentry Tool*).

A defesa do uso dos instrumentos atuariais na justiça criminal para análise e classificação dos ofensores se baseia no argumento de que eles ajudam o processo de

---

[39] DIETER, Maurício Stegemann. *Política criminal atuarial*: a criminologia do fim da história. 1. ed. Rio de Janeiro: Revan, 2013, 1ª reimpressão, 2018.
[40] LATESSA, Edward J.; LISTWAN, Shelley J.; KOETZLE, Deborah. *What Works (and Doesn't) in Reducing Recidivism*. New York: Routledge, 2015.

decisão a eliminar vieses e preconceitos da análise, a identificar ofensores de alto risco e a gerenciar os ofensores de maneira eficiente.

Outra face importante dos instrumentos atuariais de análise de risco, que diz respeito diretamente ao objeto deste trabalho, é que eles podem ajudar a guiar programas de aplicação de medidas alternativas a prisão (voltados para reabilitação, reparação etc.), não só através da identificação de ofensores elegíveis a intervenções fora da prisão (de médio e baixo risco), mas também através da classificação desse público-alvo, identificação do grau de intervenção necessário para cada qual e identificação das necessidades e fatores de risco que devem ser atacados pelos programas.

A classificação, para tais fins, deve observar três princípios: princípio do risco (*risk principle*), princípio da necessidade (*need principle*) e princípio da responsividade (*responsivity principle*).[41]

Segundo o *risk principle*, as intervenções e sua supervisão devem ser adequadas ao nível de risco dos cumpridores, focando-se precipuamente nos que apresentam maiores riscos. Chegou-se a tal conclusão após a análise de programas de reabilitação intensos, no Canadá e em Ohio (EUA), os quais conseguiram redução muito mais significativa da taxa de reincidência entre ofensores de maior nível de risco do que nos de baixo risco submetidos aos programas.

Conforme o *need principle*, os programas e intervenções devem focar as necessidades dos cumpridores, isto é, os seus fatores de risco. Os referidos autores realizaram estudo de meta-análise comparando os efeitos dos programas que focaram fatores criminógenos e dos programas que focaram fatores não criminógenos, chegando à conclusão de que os programas que miraram de quatro a seis fatores criminógenos produziram 31% de redução da reincidência esperada, enquanto os programas que focaram fatores não criminógenos (por exemplo, a baixa criatividade, a baixa autoestima) não demonstraram efeito sobre a reincidência.[42]

De acordo com o *responsivity principle*, ao vincular um cumpridor a determinado programa, deve-se levar em consideração suas características, habilidades e capacidade de engajamento, assim como se deve atentar para sua resposta às intervenções em andamento.

Portanto, vê-se que atualmente há uma grande quantidade de instrumentos de análise de risco, para as mais variadas necessidades da justiça criminal, sendo eles também úteis para a identificação de acusados/apenados que podem ser submetidos a intervenções mais brandas que a prisão, assim como para direcioná-los aos programas de alternativas penais adequados aos seus perfis, necessidades e características.

No campo da violência doméstica e familiar, por exemplo, a análise do perfil de risco do acusado pode identificar quais processos de medidas protetivas de urgência devem ser priorizados em termos de fiscalização e promoção social dos envolvidos para minimizar riscos de novas violências. O uso da informação extraída da análise de risco varia de acordo com o ordenamento jurídico. No Reino Unido, por exemplo, a análise de fatores de risco é utilizada pelas autoridades judiciais para a decisão sobre

---

[41] LATESSA, Edward J.; LISTWAN, Shelley J.; KOETZLE, Deborah. *What Works (and Doesn't) in Reducing Recidivism*. New York: Routledge, 2015.

[42] LATESSA, Edward J.; LISTWAN, Shelley J.; KOETZLE, Deborah. *What Works (and Doesn't) in Reducing Recidivism*. New York: Routledge, 2015.

quais casos de violência doméstica deverão ter prosseguimento a despeito do pedido de desistência feito pela vítima.[43]

Será ainda apresentada outra possível utilização dos instrumentos atuariais na construção de uma política de alternativas penais. Antes, porém, cabe mencionar as críticas e os riscos associados à larga utilização dos instrumentos de análise atuarial na justiça criminal norte-americana.

## 3.2 Riscos de conflitos com os direitos fundamentais

Há forte crítica na doutrina acerca dos efeitos do uso da lógica atuarial nos domínios do controle da criminalidade, do processo penal e da execução penal dos EUA. Com os avanços atuariais, erigiu-se nos EUA uma política criminal a partir de um objetivo de inocuização ou incapacitação seletiva, voltada para segregar pelo máximo de tempo possível os indivíduos considerados perigosos.[44]

Nesse contexto, as ferramentas de análise de risco se tornaram instrumentos de suma importância para um gerenciamento da criminalidade, fundamentado num discurso voltado para a eficiência, aqui entendida como a obtenção de forma rápida e automatizada de prognósticos de risco aptos a fundamentar a prisão prolongada de indivíduos perigosos e com propensão à reiteração criminosa. Essa política criminal é denominada por Dieter como "política criminal atuarial"[45] e a ela corresponde, no campo da criminologia, uma volta à etiologia individual, isto é, à pretensão científica de descobrir no indivíduo as causas materiais determinantes do comportamento criminoso.

Segundo a mesma crítica, essa política criminal atuarial se baseia também num "gerencialismo", na medida em que trouxe da Administração a ideia de gestão do risco (*risk management*), criando um modelo de gestão da criminalidade que se propõe eficiente (eficientismo penal). Como consequência, o gerencialismo esvazia a complexidade das teorias criminológicas, quando abandona a tarefa de encontrar as raízes do crime (possíveis causas sociais, processos de criminalização etc.), "concentrando-se exclusivamente na gestão de uma realidade que, normalizada, não pode ser resolvida, mas apenas controlada".[46]

A rigor, o que deve ser objeto de crítica não são os instrumentos atuariais em si, mas a política criminal construída em torno deles, que direcionou a forma de sua utilização. Ao analisar a escalada do poder punitivo nos EUA (neopunitivismo), Zaffaroni destaca a mudança na maneira de governar, que passa a se dar através da administração dos medos, incutindo-se na população a fabricação de inimigos e a consequente neutralização de obstáculos ao poder punitivo. Cria-se então uma "criminologia midiática", com o reforço de estereótipos e a criação de bodes expiatórios.[47]

Nessa dinâmica de redução do Estado social e expansão do Estado penal, fortalecimento do discurso do medo e eleição de inimigos e instrumentalização desse discurso

---

[43] CONSEJO DE EUROPA. *ASUNTO OPUZ c. TURQUÍA*, Demanda nº 33401/02. Tribunal Europeo de Derechos Humanos, 2013.
[44] DIETER, Maurício Stegemann. *Política criminal atuarial*: a criminologia do fim da história. 1. ed. Rio de Janeiro: Revan, 2013.
[45] *Política criminal atuarial*: a criminologia do fim da história, p. 51.
[46] *Política criminal atuarial*: a criminologia do fim da história, p. 195.
[47] ZAFFARONI, Eugenio Raúl. *A questão criminal*. Tradução de Sérgio Lamarão. Rio de Janeiro: Revan, 2013, p. 197.

pelo gerencialismo e pela ciência atuarial, as instâncias políticas norte-americanas criaram sucessivamente leis draconianas (ex: *Sentencing Reform Act* – 1984; *Habitual Offender Laws* – 1994) que ampliaram penas, abandonaram a proporcionalidade das sanções e sua vinculação com a culpabilidade e a gravidade da conduta em si, eliminaram a discricionariedade dos juízes para reduzir penas nos casos concretos e permitiram o uso do perfil de risco individual (medido pelas ferramentas atuariais) para determinar a duração das penas e até mesmo restrições severas a direitos após o cumprimento das reprimendas. Isso sem qualquer movimento paralelo de despenalização para contrabalançar.

Não obstante, é possível apontar usos legítimos e úteis dos instrumentos atuariais de análise de risco, em compatibilidade com os direitos fundamentais, o que será objeto do item seguinte.

## 4 Tecnologia atuarial e alternativas penais: o minimalismo como ponto de convergência

Pela variedade de iniciativas que hodiernamente surgem, ligadas à tecnologia da informação e especialmente ao uso da inteligência artificial, no Brasil e no mundo,[48] não tardará para que se criem ou incorporem instrumentos de análise atuarial de risco aos sistemas informatizados da Justiça e da Administração brasileiras, no âmbito criminal. A própria centralização de planejamento e coleta de dados no âmbito do CNJ, como já mencionado, é um fator atrativo e impulsionador dessa mudança.

Outrossim, deve-se destacar que recentemente o CNJ deu passos mais amplos no sentido de gerar na Justiça brasileira, no curto ou médio prazo, condições para uma atuação mais profícua da tecnologia a favor da automação de processos e suporte à atividade decisória, o que perpassa os instrumentos de análise de risco. A Resolução nº 335, de 29.09.2020, estabelece uma política pública para a governança e a gestão do processo judicial eletrônico, integrando esforços de todos os tribunais do país na Plataforma Digital do Poder Judiciário Brasileiro – PDPJ-Br, num sistema de desenvolvimento comunitário. As aplicações que usem modelos de inteligência artificial voltadas para o Judiciário também passarão por um desenvolvimento comunitário, através do Sinapses, de modo a evitar o desenvolvimento paralelo em tribunais diversos de iniciativas idênticas. Tal disciplina consta da Resolução nº 332, de 21.08.2020, consistindo em mais um facilitador de um desenvolvimento profícuo e coordenado de soluções tecnológicas para a Justiça brasileira.

É preciso, todavia, com a cautela de não incorrer nos erros da política criminal norte-americana, identificar os usos úteis dessas ferramentas e pontos de convergência com os princípios constitucionais e legais do Estado Democrático de Direito. A própria Resolução nº 332/2020/CNJ, em seus arts. 4º a 7º, estabelece importantes diretrizes, a saber: a necessidade de compatibilização dos aplicativos que usam inteligência artificial com os direitos fundamentais previstos na Constituição e tratados internacionais; a busca da segurança jurídica e igualdade de tratamento aos casos absolutamente iguais; a representatividade nas amostras usadas para treinamento dos algoritmos;

---

[48] VERMEYS, Nicolas; W. BENYEKHLEF, Karin. Buenas Prácticas en Aplicaciones de Ciberjusticia. *In*: CABALLERO, José Antonio; DE GRACIA Carlos Gregorio; HAMMERGREN, Linn. *Buenas prácticas para la implementación de soluciones tecnológicas en la administración de justicia*. Buenos Aires: II Justicia, 2011.

a observância de cautela quanto a dados pessoais sensíveis; "as decisões judiciais apoiadas em ferramentas de inteligência artificial devem preservar a igualdade, a não discriminação, a pluralidade e a solidariedade, auxiliando no julgamento justo, com criação de condições que visem eliminar ou minimizar a opressão, a marginalização do ser humano e os erros de julgamento decorrentes de preconceitos".

Para além disso, cabe averiguar de que maneira seria possível o uso de tais ferramentas para fortalecer a política de alternativas penais estabelecida pela Resolução nº 288/2019/CNJ.

O primeiro ponto relevante é que, como dito, a análise atuarial do perfil do risco do réu não pode interferir negativamente na dosimetria da pena ou na duração desta, do contrário sairiam violados os princípios constitucionais da legalidade, culpabilidade e individualização da pena. Todavia, possível se faz a utilização dos referidos instrumentos para auxiliar na tomada de decisões que legalmente se baseiam num juízo de probabilidade e de risco, como é o caso da decisão que decreta a prisão preventiva com fundamento na garantia da ordem pública (pelo risco da reiteração criminosa) ou para assegurar a aplicação da lei penal (pelo risco da fuga ou não submissão às obrigações do processo), a análise da periculosidade no âmbito de medidas de segurança e a análise do grau de risco nas medidas protetivas de urgência da Lei nº 11.340/06.

Outro ponto em que seria possível obter utilidades na aplicação do prognóstico de risco seria para definição do nível de intensidade das medidas cautelares, após a decisão concessiva de liberdade, ou para readequá-las diante de mudanças no quadro fático.[49]

O uso das ferramentas atuariais e da inteligência artificial seria também de grande valia na orientação/informação dos juízes para adoção de práticas restaurativas e programas de alternativas penais bem-sucedidos na redução dos índices de reincidência. A partir da implantação de uma rede de alternativas penais num grande território, alimentada por um sistema informatizado (como o descrito no art. 8º da Resolução nº 288/2019/CNJ), com o uso de algoritmos e análise atuarial, em algum tempo seria possível identificar os programas com maior sucesso em reduzir encarceramento e reincidência, bem como seria possível ao sistema informatizado sugerir aos juízes com público-alvo semelhante a utilização dos mesmos mecanismos reputados exitosos em outras unidades, tarefa impraticável sem a tecnologia. Essa ideia de uso da tecnologia para promoção da aplicação de soluções isonômicas já subjaz na recente Resolução nº 332/2020/CNJ, que rege a aplicação da inteligência artificial no Judiciário brasileiro.

Isso sem falar nos aspectos mais óbvios, como o controle do tempo das prisões e medidas cautelares e a observância de precedentes das Cortes Superiores em matéria de alternativas à prisão.

Tais usos da tecnologia atuarial reportados são os que aparentam maior importância no âmbito de uma política de alternativas penais, o que não impede outros usos consagrados, como para atividades de policiamento e distribuição de presos nas unidades prisionais (*inmate management*), desde que compatíveis com as regras legais e com o princípio da não discriminação (art. 7º da Resolução nº 332/2020/CNJ) .

No Brasil, a instituição do Formulário Nacional de Avaliação de Risco de Violência Doméstica e Familiar contra a Mulher (Resolução Conjunta nº 05/2020/CNJ/CNMP) é

---

[49] LATESSA, Edward J.; LISTWAN, Shelley J.; KOETZLE, Deborah. *What Works (and Doesn't) in Reducing Recidivism*. New York: Routledge, 2015.

um passo importante na direção de instituir a análise de risco como suporte à decisão judicial e às medidas de intervenção no conflito e acompanhamento das medidas protetivas de urgência.

O instrumento, embora não gere um prognóstico atuarial de risco, pode evoluir para esse tipo de aplicação, inclusive porque suas perguntas são estruturadas a partir de um amplo estudo de instrumentos de análise de risco utilizado em países desenvolvidos. Foram levados em consideração os modelos de: Portugal (documento "Avaliação e Gestão de Risco em Rede"); Austrália (documento *The Western Australian Family and Domestic Violence Common Risk Assessment and Risk Management Framework*); Canadá (documento *Domestic Violence Death Review Committees*, bem como os instrumentos *Spousal Assault Risk Assessment (SARA)* e *Ontario Domestic Assault Risk Assessment (ODARA)*; Inglaterra (instrumento *DASH – Domestic Abuse, Stalking and Harassment and Honour Based Violence*); e Estados Unidos (instrumento *The BIG 26: The Domestic Abuse Intervention Program – DAIP*).[50]

Ao abraçar dessa maneira o uso da tecnologia da informação e da lógica atuarial, associado ao uso de recursos humanos (assistência social, psicologia, psiquiatria, educadores etc.) com a finalidade de subsidiar a isonomia e a aplicação de alternativas penais, instrumentaliza-se um projeto penal minimalista, na medida em que voltado para a diminuição do encarceramento, embora, por outro lado esse projeto possa demandar uma expansão das atividades do Estado em matéria socioassistencial a pessoas envolvidas no contexto da violência.

Trata-se, portanto, da concretização de um pensamento penal minimalista,[51] pois norteada numa tentativa de diminuir o encarceramento, através da melhoria da eficácia e da confiabilidade das medidas alternativas à prisão e da mais eficiente identificação dos casos elegíveis a esse tratamento penal não encarcerador. O foco desse movimento minimalista não seria propriamente a reforma da legislação, mas sim uma gestão de alternativas penais informada pelo uso da tecnologia da informação e da ciência atuarial.

Por fim, registre-se que essa visão minimalista tem como esteio criminológico uma "criminologia cautelar" que se contrapõe à denominada "criminologia midiática" e almeja uma postura crítica acerca do poder punitivo e suas mazelas, sem incorrer numa visão utópica. Logo, não se trata propriamente de uma postura abolicionista, visto que o pensamento minimalista reconhece a existência de uma parcela de crimes de acentuada gravidade, cuja resposta penal necessariamente passará pelo uso da prisão.

Essa dita criminologia cautelar[52] deve atentar para três pontos: a) desbaratar as tentativas de instalação de uma paranoia midiática em torno do delito; b) levar a sério os danos reais do delito, promovendo a pesquisa de campo, inclusive acerca do efeito que o próprio poder punitivo gera; c) investigar e propor publicamente os meios mais eficazes para a redução daqueles danos. Nesse contexto, propõe-se, no sentido do que preconiza Zaffaroni, que a primeira medida adotada consista em esgotar as possibilidades dos modelos de solução efetiva de conflitos (como os reparadores, restitutivos, terapêuticos e conciliadores), limitando-se a incidência do modelo punitivo aos casos em que seja absolutamente necessário.

---

[50] LISBOA, Manoel; TEIXEIRA, Ana Lúcia; PASINATO, Wânia. *Formulário de Risk Assessment para o CNVD*: um instrumento para o enfrentamento da violência doméstica contra a mulher. Brasília, 2019, p. 11.

[51] ANDRADE, Vera Lúcia Pereira de. Qual alternativismo para a brasilidade? Política criminal, crise do sistema penal e alternativas à prisão no Brasil. *Revista de Estudos Criminais*, vol. 14, n. 59, p. 83-107, 2015.

[52] ZAFFARONI, Eugenio Raúl. *A questão criminal*. Tradução de Sérgio Lamarão. Rio de Janeiro: Revan, 2013, p. 296.

## 5 Conclusão

Viu-se que o CNJ, tomando por base o avanço legislativo paulatinamente construído em matéria de alternativas ao aprisionamento (Leis nº 7.209/1984, nº 7.210/1984, nº 9.099/95, nº 9.714/1998, nº 10.259/2001, nº 11.340/2006 e nº 12.403/2011) e o contexto de enfrentamento à crise do sistema penitenciário e ao fenômeno do encarceramento em massa, editou a Resolução nº 288/2019, que instituiu uma política de alternativas penais.

Tal resolução é compatível com princípios constitucionais, legais e político-criminais, destacando-se os princípios da intervenção mínima (em seu aspecto subsidiariedade), proporcionalidade, presunção de inocência, individualização da pena, individualização das medidas cautelares, dignidade da pessoa humana, eficiência e promoção pelo Estado da solução consensual dos conflitos.

Ademais, infere-se da resolução que a finalidade da política de alternativas penais é concretizar no mundo dos fatos a excepcionalidade da privação da liberdade, buscando-se então a redução da taxa de encarceramento sem descuidar da responsabilização dos cumpridores. Objetiva-se com essa política responsabilizar os autores de infrações penais (no caso das penas) e acautelar os interesses processuais (no caso das medidas cautelares) do modo mais proporcional possível, com o emprego de medidas com enfoque restaurativo, isto é, medidas que mantenham o vínculo do cumpridor com a comunidade, reparem os danos, restaurem as relações sociais, promovam a cultura da paz, a proteção social das pessoas envolvidas e sua inclusão em serviços e políticas públicas.

Para atingir tais fins, a política de alternativas penais tem como instrumentos os mecanismos horizontalizados e autocompositivos (conciliação, mediação, justiça restaurativa), o encaminhamento dos envolvidos a serviços e políticas públicas, as audiências de custódia, os serviços psicossociais e médicos (através da formação de amplas redes para acompanhamento) e os grupos reflexivos para responsabilização de agressores no âmbito da violência doméstica. Todas essas iniciativas devem preferencialmente ser executadas na forma de parcerias entre o Poder Judiciário, o Poder Executivo e a sociedade civil.

Constatou-se ainda que uma área importante na política do CNJ na seara penal é a gestão da informação. A visão do Conselho é de que os sistemas informatizados de abrangência nacional, sob sua coordenação, são necessários para suas políticas estruturantes, visando ao controle unificado de dados pelo Judiciário Nacional.

Por conseguinte, a utilização consistente desses sistemas informatizados, no âmbito das execuções de pena, prisões cautelares e projetos de alternativas penais, pode estabelecer as condições para um salto qualitativo na gestão da justiça criminal no Brasil, não apenas produzindo mais celeridade, eficiência a geração de estatísticas, mas também ao permitir que sejam aplicados mecanismos de análise de risco, aliados à tecnologia da inteligência artificial como ferramentas para a gestão da política penitenciária e da política de alternativas penais.

A partir da análise da experiência norte-americana com o largo desenvolvimento e uso de ferramentas atuariais no âmbito da justiça criminal, concluiu-se que tais ferramentas são bastante úteis na condução de programas de aplicação de medidas alternativas a prisão (voltados para reabilitação, reparação etc.), por oferecerem uma contribuição científica na identificação de ofensores elegíveis a intervenções fora da prisão, classificação desse público-alvo, identificação do grau de intervenção necessário para cada qual e identificação das necessidades e fatores de risco que devem ser atacados pelos programas em meio aberto.

Ademais, após a implantação de uma rede de alternativas penais, alimentada por um sistema informatizado (como o descrito no art. 8º da Resolução nº 288/2019/CNJ), através do uso de algoritmos de análise atuarial (possivelmente com uso da inteligência artificial), seria possível identificar os programas e medidas de maior sucesso na redução do encarceramento e da reincidência, bem como ao sistema informatizado sugerir aos juízes com público-alvo semelhante a utilização dos mesmos mecanismos reputados exitosos em outras unidades, percepção esta impraticável sem o uso da tecnologia.

Todavia, conclui-se também que o uso da ferramenta atuarial deve ser precedido de cautelas, a fim de que não se preste indevidamente para fundamentar, como ocorre nos EUA, incrementos nas penas em desobediência aos princípios da culpabilidade e proporcionalidade ou uma política criminal voltada para o aumento desproporcional das reprimendas em função de perfis de risco dos ofensores.

A edição da Resolução Conjunta nº 05/2020/CNJ/CNMP, que estabelece um sistema de avaliação de risco para auxiliar o magistrado na decisão acerca de medidas protetivas de urgência (que são uma espécie de alternativas penais, conforme art. 2º da Resolução nº 288/2019/CNJ), a partir de experiência internacional, introduz no ordenamento brasileiro a semente para a aplicação da análise de risco na justiça criminal brasileira, mormente com o horizonte de forte impulso à inovação, uso de tecnologias de inteligência artificial e governança comunitária no Judiciário brasileiro, a partir das recentes Resoluções nº 332, de 21.08.2020, e nº 335, de 29.09.2020, do CNJ.

Por fim, em resposta à pergunta inicial, conclui-se que, respeitadas as cautelas descritas no item nº 4 e as regras dos arts. 4º a 7º da Resolução nº 332/2020/CNJ (busca da isonomia e não discriminação), é possível a aplicação dos instrumentos atuariais de análise de risco como ferramentas auxiliares na construção de uma política de alternativas penais compatível com os princípios penais e constitucionais do Estado Democrático de Direito, de modo a contribuir para a reversão do fenômeno do encarceramento em massa, sem abrir mão do papel do Estado em proteger adequadamente os bens jurídicos penais. Essa nova política do CNJ é compatível com o pensamento penal minimalista, pois objetiva reduzir o encarceramento, através da melhoria da aplicabilidade, da eficácia e da confiabilidade das medidas alternativas à prisão, tendo como foco a gestão de alternativas penais orientada pelo uso da tecnologia da informação e da ciência atuarial.

# Referências

ANDRADE, Vera Lúcia Pereira de. Qual alternativismo para a brasilidade? Política criminal, crise do sistema penal e alternativas à prisão no Brasil. *Revista de Estudos Criminais*, vol. 14, n. 59, p. 83-107, 2015.

BARATTA, Alessandro. *Criminologia crítica e crítica do direito penal*: introdução à sociologia do direito penal. Tradução de Juarez Cirino dos Santos. 6. ed. 5ª reimpressão. Rio de Janeiro: Revan, 2013.

BARCELLOS, Ana Paula de. Neoconstitucionalismo, direitos fundamentais e controle das políticas públicas. *Revista Direito Administrativo*, Rio de Janeiro, p. 83-103, abr./jun. 2005.

BARROSO, Luís Roberto. *Interpretação e aplicação da Constituição: fundamentos de uma dogmática constitucional transformadora*. 7. ed. São Paulo: Saraiva, 2009.

BERDET, Marcelo. Os significados da punição nas penas alternativas. *Revista Brasileira de Ciências Criminais*, São Paulo, vol. 131, p. 447-489, maio 2017.

BERDET, Marcelo. Penas alternativas ou o governo das pessoas pela punição? *Revista Brasileira de Ciências Criminais*, São Paulo, vol. 119, p. 327-356, mar./abr. 2016.

BERMAN, Greg; ADLER, Julian. *Start here*: a road map to reducing mass incarceration. New York: The New Press, 2018.

BRANDÃO, Cláudio. Poder e seletividade: os processos de criminalização na América Latina e os seus impactos na crise do discurso penal. *Caderno de Relações Internacionais*, vol. 10, n. 18, jan./jun. 2019.

BRASIL. Conselho Nacional de Justiça. *Programa Justiça Presente*. CNJ: Brasília, 2019. Disponível em: https://www.cnj.jus.br/sistema-carcerario/justica-presente/. Acesso em: 13 mar. 2020.

BRASIL. Instituto de Pesquisa Econômica Aplicada – IPEA. *Atlas da Violência 2018*. Rio de Janeiro, 2018.

BRASIL. Ministério da Justiça. Secretaria Nacional de Segurança Pública. *Levantamento Nacional de Informações Penitenciárias* – Infopen: dados consolidados. Brasília, 2016.

BRASIL. Supremo Tribunal Federal. *Ação Direta de Inconstitucionalidade nº 6.252*. Distrito Federal. Relator: Ministro Alexandre de Moraes. Requerente: Assembleia Legislativa do Estado de São Paulo. Intimado: Conselho Nacional de Justiça – CNJ. Data da decisão: 16.12.2019. Brasília, 2019. Disponível em: http://www.stf.jus.br/arquivo/cms/noticiaNoticiaStf/anexo/ADI6259MC.pdf. Acesso em: 15 out. 2020.

BRASIL. Supremo Tribunal Federal. *Arguição de Descumprimento de Preceito Fundamental nº 347*. Distrito Federal. Relator: Ministro Marco Aurélio. Requerente: Partido Socialismo e Liberdade – PSOL. Data da decisão: 09.09.2015. Brasília, 2015. Disponível em: http://redir.stf.jus.br/paginadorpub/paginador.jsp?docTP=TP&docID=10300665. Acesso em: 13 mar. 2020.

CAPEZ, Rodrigo. *Prisão e medidas cautelares diversas*: a individualização da medida cautelar no processo penal. São Paulo: Quartier Latin, 2017.

CONSEJO DE EUROPA. *ASUNTO OPUZ c. TURQUÍA*, Demanda nº 33401/02. Tribunal Europeo de Derechos Humanos, 2013.

CRUZ, Rogério Schietti. *Prisão cautelar*: dramas, princípios e alternativas. 4. ed. Salvador: Juspodivm, 2018.

DAVIS, Angela J. *Policing the black man*: arrest, prosecution and imprisonment. New York: Vintage Books, 2018.

DIETER, Maurício Stegemann. *Política criminal atuarial*: a criminologia do fim da história. 1. ed. Rio de Janeiro: Revan, 2013.

DWORKIN, Ronald. *Taking Rights Seriously*. Cambridge: Harvard University Press, 1978.

FEITOSA, Gustavo Raposo Pereira. *Magistratura, Cidadania e Acesso à Justiça*: Os Juizados Especiais Cíveis da Cidade de São Paulo. Tese de Doutorado em Ciências Sociais, Universidade Estadual de Campinas, Campinas, 2005.

FERREIRA, Carolina Costa. O estudo de impacto legislativo como possível estratégia de contenção do encarceramento em massa no Brasil. *Revista Brasileira de Ciências Criminais*, vol. 129, p. 137-180, 2017.

FOUCAULT, Michel. *Vigiar e punir*: nascimento da prisão. Tradução de Raquel Ramalhete. 42. ed. Petrópolis: Vozes, 2014.

FREITAS, Alexandre José Salles de. *Prisão preventiva e drogas*: "a polícia prende e a Justiça não solta". Dissertação de Mestrado em Ciências Sociais. Universidade Federal de Juiz de Fora, Juiz de Fora, 2017.

FRIEDE, Reis; MIRANDA, Maria Geralda de; RIBEIRO, Gabriel de Freitas. População carcerária: uma análise do relatório final do mutirão carcerário realizado pelo Conselho Nacional de Justiça no biênio 2010/2011. *LexCult*, Rio de Janeiro, v. 2, n. 3, p. 126-145, set./dez. 2018.

GIACOMOLLI, Nereu José; GALÍCIA, Caíque Ribeiro. Audiência de custódia: a concretização da utopia. *Revista Pensar*, Fortaleza, v. 22, n. 3; p. 1-12, 2017.

HARRIS, Alexes. *A pound of flesh*: monetary sanctions as punishment for the poor. New York: Russel Sage Foundation, 2016.

HESS, Eliana. Reformas, políticas públicas e a gestão do Conselho Nacional de Justiça. *Revista Pensar*, Fortaleza, v. 16, n. 2; p. 589-625, 2011.

JESUS, Maria Gorete Alves de. *O que está no mundo não está nos autos*: a construção da verdade jurídica nos processos criminais de tráfico de drogas. Tese de doutorado em Sociologia. Universidade de São Paulo, São Paulo, 2016.

LATESSA, Edward J.; LISTWAN, Shelley J.; KOETZLE, Deborah. *What Works (and Doesn't) in Reducing Recidivism*. New York: Routledge, 2015.

LIMA, Renato Sérgio de; RATTON, José Luiz; AZEVEDO, Rodrigo Ghiringhelli de. *Crime, polícia e justiça no Brasil*. 1. ed. 1ª reimpressão. São Paulo: Contexto, 2014.

LISBOA, Manoel; TEIXEIRA, Ana Lúcia; PASINATO, Wânia. *Formulário de Risk Assessment para o CNVD: um instrumento para o enfrentamento da violência doméstica contra a mulher*. Brasília, 2019. Disponível em http://www.mpce.mp.br/wp-content/uploads/2019/04/Formulario-de-Risco-para-o-CNVD-Relato%CC%81rio-final-1-pdf.pdf. Acesso em: 15 out. 2020.

MELOSSI, Dario; PAVARINI, Massimo. *Cárcere e fábrica*: as origens do sistema penitenciário (séculos XVI – XIX). Tradução de Sérgio Lamarão. 2. ed. 1ª reimpressão. Rio de Janeiro: Revan, 2017.

OBAMA, Barack. The President's Role in Advancing Criminal Justice Reform. *Harvard Law Review*, v. 130, n. 3, 2017.

PINKER, Steven. *The Better Angels of Our Nature*: why violence has declined. New York: Penguin Books, 2011.

SALLA, Fernando. Artigo: As rebeliões nas prisões: novos significados a partir da experiência brasileira. *Revista Sociologias*, Porto Alegre, ano 8, n. 16, p. 274-307, jul./dez. 2006.

SILVA, Maria Coeli Nobre; FEITOSA, Gustavo Raposo Pereira; PASSOS, Daniela Veloso Souza. A justiça restaurativa como proposta alternativa ao paradigma retributivo. *Novos Estudos Jurídicos*, 2016. Disponível em: https://www.researchgate.net/publication/311502997_A_JUSTICA_RESTAURATIVA_COMO_PROPOSTA_ALTERNATIVA_AO_PARADIGMA_RETRIBUTIVO/citation/download.

SZABÓ, Ilona; RISSO, Melina. *Segurança pública para virar o jogo*. 1. ed. Rio de Janeiro: Zahar, 2018.

VERMEYS, Nicolas; W. BENYEKHLEF, Karin. Buenas Prácticas en Aplicaciones de Ciberjusticia. In: CABALLERO, José Antonio; DE GRACIA, Carlos Gregorio; HAMMERGREN, Linn. *Buenas prácticas para la implementación de soluciones tecnológicas en la administración de justicia*. Buenos Aires: II Justicia, 2011.

WACQUANT, Loïc. *As prisões da miséria*. Tradução de André Telles. 2. ed. ampl. Rio de Janeiro: Zahar, 2011.

WACQUANT, Loïc. *Punir os pobres*: a nova gestão da miséria nos Estados Unidos [a onda punitiva]. Tradução de Sérgio Lamarão. 3. ed. 4ª reimpressão. Rio de Janeiro: Revan, 2019.

ZAFFARONI, Eugenio Raúl. *A questão criminal*. Tradução de Sérgio Lamarão. Rio de Janeiro: Revan, 2013.

---

Informação bibliográfica deste texto, conforme a NBR 6023:2018 da Associação Brasileira de Normas Técnicas (ABNT):

SILVA, Tiago Dias da. Política de alternativas penais e tecnologias de análise de risco: uma proposta minimalista de convergência. In: ASSOCIAÇÃO DOS MAGISTRADOS BRASILEIROS; SALOMÃO, Luis Felipe; FONSECA, Reynaldo Soares da; VIDEIRA, Renata Gil de Alcantara; SZPORER, Patrícia Cerqueira Kertzman; COSTA, Daniel Castro Gomes da (Coord.). *Sistema penal contemporâneo*. Belo Horizonte: Fórum, 2021. p. 431-451. ISBN 978-65-5518-205-7.

# APONTAMENTOS AO CRIME DE CORRUPÇÃO ELEITORAL À LUZ DA JURISPRUDÊNCIA DO TRIBUNAL SUPERIOR ELEITORAL

TARCISIO VIEIRA DE CARVALHO NETO

## 1 Introdução

Corromper é deteriorar ou submeter à putrefação na concepção etimológica da palavra. Em âmbito estritamente eleitoral, a corrupção volta-se especificamente aos alicerces do Estado democrático de direito, por conspurcar o que lhe é mais caro: o voto.

Como o alvo da conduta corrupta, na seara eleitoral, é distorcer a liberdade do voto, pode-se afirmar, sem maiores esforços intelectivos, que a própria soberania popular é atingida com esse ato criminoso, uma vez que é o voto o exercício da soberania, na dicção do art. 14 da Constituição da República.

A interferência, ademais, não se esgota no ato corrupto em si, sendo seguro concluir que o processo eleitoral mefítico produz efeitos duradouros na hipótese de o agente criminoso galgar a posição de poder, em clara inversão de interesses: do público para o privado.

É preciso observar que o processo de ascensão ao poder contaminado por atos de corrupção também afeta a própria concepção insculpida no parágrafo único do art. 1º da Constituição da República, segundo o qual todo poder emana do povo, haja vista que, nesses perniciosos casos, o poder emana do dinheiro, dádiva ou qualquer outra vantagem voltada à obtenção, entrega ou abstenção do voto.

A profundidade de alcance da corrupção eleitoral não passa despercebida dos estudos doutrinários:

> Percebe-se, pois, que a corrupção perpetrada na captação de sufrágio conseguirá atingir os quatro pilares da soberania, pois retira a atribuição dada ao cidadão no exercício dos direitos políticos; impede o desempenho direto da soberania, uma vez que não mais terá a livre escolha do candidato que melhor representa seus ideais; adultera a representação política, tendo em vista que o candidato votado não é aquele que se alinha com seus pensamentos

e, por fim, limita as formas de controle, já que o cidadão que vendeu o voto dificilmente será capaz de ir de encontro ao político que ele indevidamente concedeu o poder.

A corrupção – como qualquer doença – se espalhará para todas as etapas do exercício da soberania e irá turvar a visão do cidadão quanto ao que é certo e errado, comprometendo sua capacidade inclusive de exercer o controle dos atos políticos.[1]

Tive a oportunidade de afirmar, em voto proferido em emblemático caso envolvendo a figura do abuso do poder religioso (REspe nº 82-85/GO, Rel. Min. Edson Fachin, *DJe* de 6.10.2020), que a soberania popular encontra sua materialização no voto direto e secreto, consoante o art. 14 da Constituição da República, ao passo que uma das características essenciais ao exercício desse direito e também dever cívico é a liberdade, que significa entabular escolhas conforme seu próprio arbítrio.

O móvel, como elemento subjetivo próprio do eleitor, não pode ser censurado como regra. Ressalvados casos específicos como os do art. 41-A da Lei das Eleições, um voto embasado em premissas atinentes ao bem coletivo é tão válido quanto um voto de protesto confiado ao candidato mais caricato, ou mesmo um voto egoísta direcionado à proposta que apenas melhor beneficiará o eleitor ou seu grupo. Eventuais censuras aos pressupostos dos votos devem, sempre, ser vistos com extrema cautela, sob pena de, em última análise, tomarmos para nós as virtudes do mundo em uma sanha tutelar do cidadão.

Mesmo com essa visão liberal do voto, advinda da própria leitura constitucional acerca do instituto, não é admissível que o Estado seja conivente com o ato de cooptação do cidadão voltado à disposição de um bem tão precioso.

O raciocínio, na realidade, é simples: a corrupção é uma alternativa astuta à coerção, empregada na situação em que esta é muito onerosa ou impossível de ser concretizada, portanto, da mesma forma que seria inconcebível tolerar a coerção do voto, também o é a corrupção eleitoral, ainda que os agentes envolvidos estejam sob as aparentes vestes do voluntarismo liberal.

## 2 Objeto jurídico

O tipo penal descrito no art. 299 do Código Eleitoral tutela a liberdade de voto ao extirpar seu comércio ilícito, tanto de forma ativa como passiva.

Com isso, garante-se que o eleitor exerça, de forma desembaraçada, independente e sem vinculações de índole comerciais, o voto, seja direcionado a algum candidato, em branco ou nulo ou mesmo sua abstenção no processo eleitoral (AgR-AI nº 209-03/MT, Rel. Min. Gilmar Mendes, *DJe* de 5.3.2015).

É possível, em uma concepção mais abrangente, afirmar que a lisura do processo eleitoral aliada ao livre exercício do voto é o objeto em enfoque de proteção. A teleologia, portanto, é que o eleitor escolha seus representantes ao levar em consideração apenas a sua própria consciência, sem vinculação a vantagens, como se estivesse em mercancia direta.

---

[1] FUX, Luiz; PEREIRA, Luiz Fernando Casagrande; AGRA, Walber de Moura (Coord.). *Direito penal e processo penal eleitoral*: tratado de direito eleitoral. Tomo 8. Belo Horizonte: Fórum, 2018. p. 252.

Como o artigo em comento faz referência à palavra *voto*, no singular, pode-se concluir que a corrupção voltada a ofender um único voto já é conduta tipificada, com expressa menção pelo TSE no sentido de que o grau de reprovabilidade do comportamento não pode ser considerado como reduzido e o bem jurídico tutelado não é ínfimo, de forma que não é possível a aplicação do princípio da insignificância nessa situação (AgR-AI nº 39091-16/SC, Rel. Min. Cármen Lúcia, *DJe* de 25.11.2010).

Interessante visão doutrinária[2] reside na afirmação de que o bem jurídico tutelado pelo crime em comento, na realidade, não é a liberdade do voto, tendo em vista que o eleitor poderia prometê-lo e, no segredo da cabine de votação, fazer escolha diversa. Por essa ótica, os crimes contra a liberdade de formação do voto são os dos arts. 300 e 301 do Código Eleitoral.

Nessa linha, o objeto jurídico da corrupção eleitoral seria um padrão ético que deve permear as campanhas, sendo o voto comprado desvio de finalidade e burla às regras do jogo eleitoral. Haveria, portanto, a tutela de uma moralidade eleitoral propriamente dita.

## 3 Análise do tipo

O crime do art. 299 do Código Eleitoral retrata duas modalidades de corrupção, inspirado nos arts. 317 e 333 do Código Penal. Os principais diferenciais para os tipos da legislação penal geral são a figura do eleitor, que ocupa o lugar do funcionário público, e o elemento subjetivo específico voltado ao voto ou à sua abstenção, que, nos tipos do art. 333, são a prática, omissão ou retardo de ato de ofício e, no art. 317, é a obtenção da vantagem indevida para si ou para outrem.

A figura eleitoral engloba, portanto, a corrupção ativa, direcionada aos núcleos *dar*, *oferecer* ou *prometer*, e passiva, ligada às condutas de *solicitar* ou *receber*.

O objeto material do crime é dinheiro, dádiva ou qualquer outra vantagem. Diante da abertura conceitual empregada pela norma, a criatividade não detém limite. No REspe nº 4454-80/ES (Rel. Min. Nancy Andrighi, *DJe* de 7.6.2011), houve a condenação de prefeito que realizou aproximadamente doze bingos em diversos bairros do Município de Pedro Canário/ES, com distribuição gratuita de cartelas e premiações de bicicletas, televisões e aparelhos de DVD.

O Tribunal Regional Eleitoral do Espírito Santo assentou que houve dolo específico em obter votos, com prova no sentido de que o condenado teria discursado durante os bingos, feito referência direta à candidatura e pedido votos aos presentes, entendimento que foi mantido no TSE.

A doutrina também elenca algumas hipóteses viáveis para a configuração do crime, sem intenção de esgotar o tema, mas apenas de demonstrar o caráter genérico e aberto da expressão empregada pelo legislador:

> São infindáveis os exemplos de vantagens, para fins de caracterização do art. 299 do CE, v.g.: medicamentos, consultas, exames, roupas, calçados, telhas, brita, areia, asfalto, bolsa de estudos, emprego, vantagem profissional, pagamento de contas, quitação ou renúncia

---

[2] GONÇALVES, Luiz Carlos dos Santos. *Crimes eleitorais e processo penal eleitoral*. São Paulo: Atlas, 2012. p. 45.

de impostos, óculos, passagens, eletrodomésticos (televisão, rádio, geladeira, fogão), combustível, terrenos, lotes, etc.[3]

Situação mais sensível e limítrofe é aquela voltada à obtenção de apoio político na campanha eleitoral, com a promessa de vantagens. Nesses casos, entende o TSE que o auxílio na campanha, mesmo que visando a futuro cargo na Administração, não se amolda à conduta típica do art. 299 do Código Eleitoral.

No HC nº 602775-37/RS (Rel. Min. Admar Gonzaga, *DJe* de 14.11.2017), determinada líder comunitária trabalhou na campanha do denunciado à reeleição ao cargo de prefeito, tendo sido por ele investida na função de coordenadora de posto municipal de saúde, sob a promessa de posterior nomeação formal para o citado cargo em comissão, a título de contraprestação pelo trabalho. O TSE, no caso, entendeu não haver conduta típica.

O caso é interessante porque na peça inicial constava que o prefeito havia prometido o cargo em troca do voto e do apoio político. Participei do referido julgamento e entendi, à época, que a denúncia, ainda que de maneira lacônica, descreveu a questão da compra não só do apoio político, mas também do voto.

Em apertada votação por quatro a três, em que figurei na corrente vencida, apontou o relator, seguido pelos demais membros, que seria ilógico cogitar a busca do apoio na qual o voto do apoiador seria confiado ao adversário político; por isso, o voto, no caso, foi um consectário lógico da oferta daquele apoio político, mas não o objeto principal da troca.

Quadro fático análogo foi descrito no julgamento do AgR-AI nº 37-48/DF (Rel. Min. Luiz Fux, *DJe* de 15.12.2016), em que o candidato a prefeito, durante o período de campanha eleitoral, ofereceu cargo na prefeitura para seu cabo eleitoral em troca de apoio e voto. Naquela ocasião, afirmou-se que o candidato e o correligionário partilhavam do mesmo projeto político, razão pela qual não se poderia construir raciocínio segundo o qual o apoiador que aceite promessa de cargo em futuro governo do qual seu partido faça parte esteja, com isso, vendendo seu voto.

Situação diversa ocorre quando a promessa de cargo público é voltada a pessoas que não são filiadas a partidos políticos e não se qualificam como correligionárias ou compartilhadoras dos ideais políticos do corruptor. Nesses cenários, a promessa de cargo em troca de voto é conduta que configura o delito do art. 299 do Código Eleitoral (AgR-REspe nº 3112-85/DF, Rel. Min. Luís Roberto Barroso, *DJe* de 18.2.2020).

O crime de corrupção eleitoral mediante promessa também demanda que o ato seja individualizado, ou seja, promessas de campanha com caráter geral e usualmente postas como benefício à coletividade não configuram, por si só, o crime em comento (AgR-REspe nº 1576-22/RO, Rel. Min. Admar Gonzaga, *DJe* de 17.10.2017).

Como consectário lógico desse raciocínio, é coerente que a peça acusatória deva indicar qual ou quais eleitores teriam sido beneficiados ou aliciados, sem o que o direito de defesa fique comprometido (RHC nº 452-24/MG, Rel. Min. Laurita Vaz, Rel. designado Min. Henrique Neves da Silva, *DJe* de 25.4.2013).

---

[3] ZILIO, Rodrigo López. *Crimes eleitorais*: Direito material e processual eleitoral – uma análise objetiva; crimes eleitorais em espécie. 4. ed. Salvador: Juspodivm, 2020. p. 159.

## 4 Sujeito ativo

A corrupção eleitoral ativa é crime comum que pode ser praticado por qualquer pessoa, pois a condição de candidato não é fundamental para a consumação desse crime (HC nº 390-73/MT, Rel. Min. Maria Thereza de Assis Moura, *DJe* de 10.3.2015).

É irrelevante o período em que ocorreu a conduta típica justamente porque a condição de candidato não é pressuposto para a configuração do crime, apto a se consumar em qualquer tempo. Há, por certo, a necessidade de vinculação entre a vantagem oferecida e a obtenção de votos, como já entendeu o TSE acerca da matéria (AgR-AI nº 3-83/SP, Rel. Min. Roberto Barroso, *DJe* de 26.5.2020), mas o requerimento do registro de candidatura é irrelevante para a diagramação do tipo penal (REspe nº 3112-85/DF, Rel. Min. Roberto Barroso, *DJe* de 19.8.2020).

Como visto anteriormente, o crime em análise demanda conduta individualizada, voltada à obtenção ou abstenção do voto, por isso há o afastamento do delito em promessas coletivas, sem a devida individualização dos destinatários da mensagem. Há, portanto, a necessidade de a conduta ser direcionada a eleitores identificados ou identificáveis. Ademais, em um passo além da individualização dos destinatários do ato corrupto, o TSE também exige que o corruptor eleitoral passivo seja pessoa apta a votar (AgR-AI nº 7497-19/RJ, Rel. Min. Maria Thereza de Assis Moura, *DJe* de 1.12.2014).

No HC nº 672/MG (Rel. Min. Felix Fischer, *DJe* de 23.2.2010), o paciente e o candidato a prefeito teriam doado a um sujeito um saco de cimento, além de terem prometido custear obras de construção de um banheiro em sua residência em troca de voto. O feito estava em sede de recurso especial eleitoral, com sentença condenatória em primeira instância. No TSE, em sede de *habeas corpus*, concluiu-se estar diante de crime impossível, tendo em vista que a pessoa supostamente beneficiada com a doação estava, à época dos fatos e das eleições, com os direitos políticos suspensos, em razão de condenação criminal.

É de se notar que o tipo contém a expressão *para si ou para outrem* após a descrição dos seus núcleos, de maneira que a teleologia dessa compreensão do TSE pode ser expressa na impossibilidade jurídica de obtenção de votos por parte daquele impedido de votar; contudo, não se extrai desses julgados a possibilidade, em tese, de alguém solicitar a vantagem para que terceira pessoa vote ou se abstenha de votar em determinado candidato. Não se trata, portanto, de crime próprio nem mesmo na modalidade passiva.

## 5 Sujeito passivo

O sujeito passivo do crime em análise é a sociedade ou o Estado. É possível afirmar que a coletividade é atingida pela prática do delito do art. 299 do Código Eleitoral, mas, na medida em que um determinado voto é viciado pela mercancia e destinado a um candidato de maneira artificial, pode-se concluir que o ato constitui-se em desvio que em situações normais não ocorreria.

Com efeito, os candidatos adversários que não recebem a indicação eleitoral também são vítimas da conduta criminosa. Na doutrina, é também comum o apontamento do eleitor como vítima secundária na hipótese de refugar a oferta.[4]

---

[4] GOMES, José Jairo. *Crimes eleitorais e processo penal eleitoral*. 2. ed. São Paulo: Atlas, 2016. p. 64.

## 6 Elemento subjetivo

Para a configuração do crime de corrupção eleitoral, é necessária a ocorrência de dolo específico, consistente no especial fim de obter ou dar voto ou de conseguir ou prometer abstenção. A própria redação do crime é clara nesse sentido ao apontar como conduta criminal o ato de "dar, oferecer, prometer, solicitar ou receber, para si ou para outrem, dinheiro, dádiva, ou qualquer outra vantagem, para obter ou dar voto e para conseguir ou prometer abstenção, ainda que a oferta não seja aceita".

O dolo específico voltado à obtenção ou à abstenção do voto não se confunde com o pedido expresso de voto, elemento este dispensável para a configuração do crime. Dessa forma, basta, na análise da conduta, o fim especial de obter ou dar voto ou prometer a abstenção. Como é impossível adentrar na mente do agente, a averiguação do dolo em cada caso é feita de forma indireta pela análise das circunstâncias de fato. De toda sorte, para tal raciocínio dedutivo não se demanda o pedido expresso de voto (AgR-AI nº 77-58/SE, Rel. Min. Nancy Andrighi, *DJe* de 6.3.2012).

No ED-REspe nº 582-45/MG, foi retratado cenário no qual o candidato foi à casa do eleitor e afirmou que o ajudaria a terminar o reboco da residência caso ganhasse as eleições. Houve, ainda, expressa oferta de saco de cimento, mas em momento algum ocorreu pedido de voto expresso. O TSE manteve a condenação e realçou que o pedido expresso de voto não é exigência para a configuração do delito previsto no art. 299 do Código Eleitoral.

Como o dolo específico da corrupção ativa voltado à obtenção do voto ou à promessa de sua abstenção é elemento subjetivo necessário à configuração do crime, no julgamento do AgR-AI nº 6-72/RO (Rel. Min. Edson Fachin, *DJe* de 6.3.2020), entendeu o TSE que a abundante distribuição de combustível mediante a contrapartida de adesivar ou plotar o veículo com a propaganda da candidatura, por si só, não é prova suficiente para caracterização da corrupção eleitoral.

No julgamento, concluiu-se que a distribuição de combustíveis consubstanciou forma anômala de contratação de serviços de propaganda eleitoral, mas tal quadro não permitiu a conclusão de que a conduta teve por alvo a obtenção do voto do sujeito beneficiado, o que afastou o elemento subjetivo específico do tipo.

Situação bastante similar foi retratada no AgR-REspe nº 2-91/RJ (Rel. Min. Maria Thereza de Assis Moura, Rel. designada Min. Luciana Lóssio, *DJe* de 4.3.2015), em que houve a distribuição de vales-combustível a eleitores, condicionada ao uso de adesivos em seus veículos, em prol da candidatura do recorrente ao cargo de vereador. Igualmente o TSE entendeu que não havia, na espécie, dolo específico no quadro retratado.

Como visto, só existe o crime previsto no art. 299 do Código Eleitoral, tratando-se de corrupção ativa, se o oferecimento de vantagem se vincula diretamente à obtenção do voto. O TSE já afirmou que a corrupção passiva não merece tratamento diverso, ou seja, a solicitação ou o recebimento da vantagem há de prender-se igualmente à promessa de voto (REspe nº 840-41/MG, Rel. Min. Eduardo Ribeiro, *DJ* de 30.4.1999).

Naquele julgamento, a acusação narrou que um denunciado teria ido ao escritório de outro réu e solicitado materiais de construção, tendo recebido blocos de concreto e o respectivo carreto. Entendeu-se que a denúncia deixou de especificar que a solicitação da dádiva seria conexa à promessa de voto. Com isso, foi afirmado que não existe crime se o eleitor se limita a aproveitar-se do fato de estarem sendo feitas doações por algum candidato ou por quem dele faz propaganda.

Importante observar também que o elemento subjetivo específico do tipo penal não pode, sob pena de indesejável *bis in idem*, ser valorado na dosimetria trifásica da pena. Especificamente quanto ao tema, tive a oportunidade de proferir voto no REspe nº 42-10/SE (Rel. Min. Edson Fachin, Rel. designado Min. Tarcisio Vieira de Carvalho Neto, *DJe* de 23.10.2019) para afirmar que o recrudescimento da pena com base em argumentação que exponha verdadeira elementar do tipo finda por elevar a pena abstratamente prevista pelo legislador para reprimir a conduta.

No caso, a título de consequências do crime, houve elevação da pena ao fundamento de que a tentativa de obtenção de voto popular pelo oferecimento ou promessa de vantagem seria ato atentatório do próprio regime democrático, subtraindo do eleitor a consciência crítica acerca do papel fundamental desse expediente.

Ocorre que, em análise à estrutura normativa do crime de corrupção eleitoral, é constatável que o bem jurídico tutelado é justamente o livre exercício do voto ou a abstenção do eleitor no processo eleitoral. Nesse sentido, a subtração da consciência crítica do eleitor acerca do papel fundamental do direito ao sufrágio é consequência natural ao ato e, por esse motivo, não pode ser valorada negativamente, o que ensejou, no caso concreto, o recálculo da pena.

## 7 Consumação e tentativa

O crime de corrupção eleitoral ativa é instantâneo, com consumação imediata, ocorrendo com a simples prática de um dos núcleos do tipo: dar, oferecer, prometer, solicitar ou receber. Trata-se, ademais, de crime formal, pois a consumação independe do resultado, da efetiva entrega da benesse em troca do voto ou da abstenção, sendo irrelevante se o eleitor corrompido efetivamente votou no candidato indicado, conforme entendimento tranquilo do TSE (AgR-AI nº 209-03/MT, Rel. Min. Gilmar Mendes, *DJe* de 5.3.2015).

Nesse sentido, o crime de corrupção eleitoral não admite a forma tentada, sendo o resultado mero exaurimento da conduta criminosa (AgR-AI nº 805/MG, Rel. Min. Arnaldo Versiani, *DJ* de 19.12.2007).

No AgR-AI nº 0600075-36/AP (Rel. Min. Sérgio Banhos, *DJe* de 26.2.2020), um sujeito foi surpreendido, na véspera da eleição, no interior de seu veículo, portando a quantia de R$ 1.137,20, material de campanha de diversos candidatos e uma lista com nomes de eleitores. Nesse contexto, o Tribunal de origem, em entendimento mantido pelo TSE, apontou a atipicidade da conduta por entender que os fatos denotariam, tão somente, atos preparatórios não puníveis.

Questão interessante surge na situação em que ocorrem o resultado naturalístico, apesar de dispensável, e os desdobramentos de tal situação no âmbito da dosimetria da pena.

No REspe nº 364-26/PR (Rel. Min. Og Fernandes, *DJe* de 2.3.2020), a pena-base do crime de corrupção foi exasperada em razão de o eleitor corrompido ter efetivamente votado no acusado, por ter sentido pesar a consciência depois da vantagem recebida. Tal circunstância, contudo, foi considerada mero exaurimento do delito, confundindo-se com o dolo específico exigido pelo tipo, que é a obtenção do voto.

Por ser consequência natural do elemento subjetivo exigido pelo tipo, que detém natureza formal e independe da existência do resultado naturalístico, entendeu-se que a concretização do intuito do corruptor em obter o voto do eleitor não poderia ser considerada circunstância judicial desfavorável, sob pena de *bis in idem*.

## 8 Ação penal e prova testemunhal

O crime do art. 299 do Código Eleitoral é submetido à ação penal pública incondicionada, por isso rege-se pelo princípio da divisibilidade, portanto não há nulidade na propositura da ação em desfavor de apenas um dos réus, circunstância que não enseja a conclusão de impunidade quanto aos demais.

No AgR-REspe nº 3164862-01/PA (Rel. Min. Luis Felipe Salomão, *DJe* de 22.9.2020), o Tribunal Regional Eleitoral do Pará anulou toda a ação penal sob o fundamento de que a denúncia não fora oferecida contra todos os corréus que participaram do esquema de compra de votos, mas apenas em relação a um candidato ao cargo de prefeito. O TSE, diante do princípio da divisibilidade da ação penal pública incondicionada, determinou o retorno dos autos para novo julgamento, superada a preliminar de nulidade.

O tema é bastante tranquilo no âmbito da justiça criminal comum, mas é preciso ter atenção em sua análise, ainda que o posicionamento do TSE seja pacífico em relação à matéria, uma vez que determinadas denúncias podem vir a ser interpretadas como instrumento de desestabilização de forças políticas, por isso é seguro afirmar que o princípio da divisibilidade ganha contorno ao menos diferenciado no processo penal eleitoral.

Além da dispensa quanto à oferta de denúncia em relação a todos os corruptores ativos, compreende-se também que a peça acusatória pode deixar de abarcar os corruptores passivos, voltando-se apenas em relação aos ativos.

No *HC* nº 780-48/MG (Rel. Min. Marcelo Ribeiro, Rel. designado Min. Marco Aurélio, *DJe* de 29.9.2011), os três pacientes foram condenados com base em um só depoimento – um para cada réu, sendo as testemunhas os próprios eleitores corrompidos. Entendeu-se que o Ministério Público poderia deixar de acionar certos envolvidos, como ocorre no tipo de corrupção eleitoral em que o eleitor, geralmente de baixa escolaridade e menos afortunado, teria recebido benefício para votar em determinado candidato.

Nessa quadra, surge questão bastante interessante atinente ao aspecto probatório: a possibilidade ou não de oitiva do eleitor corrompido em ação penal unicamente contra o corruptor ativo.

O sistema processual brasileiro não admite a oitiva de corréu na qualidade de testemunha ou mesmo de informante, com exceção apenas para casos de corréus colaboradores ou delatores, isso porque a prova testemunhal produzida por quem participou do processo como corréu não pode ser aproveitada por ter origem em sujeito parcial da lide e que dispõe do direito de calar a verdade (AgR-REspe nº 181-18/SP, Rel. Min. João Otávio de Noronha, *DJe* de 1º.7.2014). Não obstante, na situação de o envolvido na prática criminosa não ter sido denunciado, não seria possível qualificá-lo, em tese, como corréu por presunção lógica.

Ainda assim, o entendimento mais recente do TSE é pela impossibilidade da oitiva de corréu na qualidade de testemunha, sendo irrelevante o fato de o eleitor corrompido ter sido, ou não, denunciado pelo órgão ministerial, porquanto não excluído da condição de envolvido no ilícito penal (AgR-REspe nº 188-75/AL, Rel. Min. Rosa Weber, *DJe* de 5.4.2018).

Por outro lado, a utilização de depoimentos de corréus não gera nulidade se for corroborada por outras provas produzidas na instrução processual sob o crivo do contraditório (AgR-REspe nº 43-30/MT, Rel. Min. Luciana Lóssio, Rel. designado Min. Admar Gonzaga, *DJe* de 3.10.2017), de maneira que é preciso, ainda que no contexto de valoração de depoimento de corréu denunciado ou não, a análise do conjunto probatório.

No REspe nº 1-98/SP (Rel. Min. Marco Aurélio, *DJe* de 31.5.2013), foi expressamente afirmado como relevante, para configuração do delito do art. 299 do Código Eleitoral, o juízo de valoração do depoimento prestado pelo corrompido, ainda que não denunciado pelo Ministério Público Eleitoral, ressaltando a necessidade de tal prova não ser única a amparar a condenação.

Nesse julgamento, o relator, em suas próprias palavras, evoluiu sua posição externada de improviso no *HC* nº 780-48/MG anteriormente mencionado, ao afirmar que o fato de o Ministério Público partir para a observância da divisibilidade da ação penal pública não trasmuda coautor em testemunha. Entendimento diverso, em sua ótica, implicaria contrariar a ordem natural das coisas e agasalhar estratégia não compreendida pelo sistema.

## 9 Independência das esferas

O tipo descrito no art. 299 do Código Eleitoral tem seu paralelo cível na figura do art. 41-A da Lei nº 9.504/97, denominada captação ilícita de sufrágio. Diferentemente da figura criminal, a conduta disposta na Lei das Eleições é voltada apenas ao candidato que doa, oferece, promete ou entrega ao eleitor, com o fim de obter-lhe o voto, bem ou vantagem pessoal de qualquer natureza.

A absolvição do réu da imputação de crime de corrupção, por si só, não tem o condão de afastar a condenação por captação ilícita de sufrágio e abuso do poder econômico em sede de ação de investigação judicial eleitoral, pois a jurisprudência do TSE consolidou-se no sentido da incomunicabilidade das esferas criminal e cível-eleitoral (ED-REspe nº 829-11/MS, Rel. Min. Admar Gonzaga, *DJe* de 2.9.2016).

O inverso também é verdadeiro, ou seja, a absolvição na representação por captação ilícita de sufrágio, na esfera cível-eleitoral, ainda que acobertada pelo manto da coisa julgada, não obsta a *persecutio criminis* pela prática do tipo penal descrito no art. 299 do Código Eleitoral (AgR-AI nº 6553/SP, Rel. Min. Cezar Peluso, *DJ* de 12.12.2007).

A despeito da independência das esferas cível e penal, compreende-se que os documentos apreendidos por ocasião da apuração criminal do tipo previsto no art. 299 do Código Eleitoral podem ser utilizados para instruir processos eleitorais de natureza extrapenal (REspe nº 952-46/RJ, Rel. Min. Maria Thereza de Assis Moura, *DJe* de 23.10.2015).

Nesse precedente, o Ministério Público Eleitoral recebeu relato de que em determinado imóvel poderiam ser encontradas provas de compra de votos. Dirigindo-se ao local, os fiscais do Tribunal Regional Eleitoral do Rio de Janeiro visualizaram várias pessoas portando documentos em frente ao endereço informado, as quais, ao avistarem a viatura, teriam empreendido fuga. Ao ingressar no imóvel, foram encontrados envelopes com nomes e números manuscritos, notas de R$ 50,00 acondicionadas em seu interior e lista com nomes de eleitores e santinhos. Toda a documentação, apreendida por ocasião do flagrante delito, foi utilizada na representação por captação ilícita de sufrágio de forma válida.

Questão bastante interessante repousa na análise entre a proporcionalidade das sanções cível e criminal. O tema não passa despercebido pela doutrina,[5] que afirma ser a sanção cível mais gravosa, na prática, que os quatro anos de reclusão apontados pela figura criminal, ainda mais considerada a possibilidade de conversão em penas restritivas de direitos ou mesmo o *sursis* processual, porquanto a pena mínima é de um ano. É que o art. 41-A da Lei das Eleições permite, além da multa, cassação do registro ou do diploma do candidato, sanção extremamente gravosa no ambiente eleitoral.

## 10 Conclusão

Tanto pela ótica da liberdade do voto quanto da moralidade eleitoral, a tipificação do crime de corrupção eleitoral presta um serviço à democracia. O tema, como visto, é bem delimitado pela jurisprudência em diversos aspectos e pela doutrina, sendo seguro afirmar que a análise do art. 299 do Código Eleitoral encontra-se, hoje, bastante hermética.

Alguns pontos, ainda assim, são objeto de desafio e merecem perene atenção dos operadores jurídicos. A tênue linha que diferencia a corrupção do apoio político é, sem dúvidas, constante ponto de preocupação nos tribunais.

No campo probatório, não é incomum encontrar feitos com instrução deficitária, mesmo porque a prática criminosa ocorre, muitas vezes, apenas entre os corruptores ativo e passivo, atraindo a sempre delicada possibilidade de configuração do tipo com a prova oral de quem esteve envolvido no ato tido por criminoso, desde que corroborada por outros elementos.

A relação entre as esferas criminal e cível também conduz à necessária análise holística dos institutos jurídicos. O intercâmbio probatório e a incomunicabilidade entre os campos criminal e civil-eleitoral denotam uma rede de reprimendas satisfatórias àquele que vê a oportunidade de angariar votos não no convencimento a partir da exposição de ideias, mas por meios escusos e sempre perniciosos ao jogo democrático.

## Referências

BRASIL. *Lei nº 4.737, de 15 de julho de 1965*. Institui o Código Eleitoral. Disponível em: http://www.planalto.gov.br/ccivil_03/leis/l4737compilado.htm. Acesso em: 3 nov. 2020.

BRASIL. Tribunal Superior Eleitoral. *Agravo Regimental em Agravo de Instrumento 060007536/AP*. Agravo regimental. Agravo em recurso especial. *Habeas corpus*. Ação penal. Trancamento. Corrupção eleitoral ativa. Atipicidade da conduta. Atos preparatórios. Óbice do verbete sumular 27/TSE. Agravante. Ministério Público Eleitoral. Agravado: Carlos Alberto de Oliveira Júnior. Relator: Min. Sérgio Banhos, 12 de novembro de 2019. Disponível em: https://inter03.tse.jus.br/sjur-pesquisa/pesquisa/actionBRSSearch.do?toc=false&httpSessionName=brsstateSJUT1837816121&sectionServer=TSE&docIndexString=0. Acesso em: 3 nov. 2020.

BRASIL. Tribunal Superior Eleitoral. *Agravo Regimental em Agravo de Instrumento 20903/MT*. Eleições 2008. Agravo regimental. Agravo de instrumento. Crime eleitoral. Condenação com base no art. 299 do Código Eleitoral. Agravo de instrumento que não infirmou os fundamentos da decisão agravada. Regimental que não infirma os fundamentos da decisão agravada. Recurso desprovido. Agravante: Paulo Sobrinho Castañon

---

[5] GONÇALVES, Luiz Carlos dos Santos. *Crimes eleitorais e processo penal eleitoral*. São Paulo: Atlas, 2012. p. 49.

dos Santos. Agravado: Ministério Público Eleitoral. Relator: Min. Gilmar Mendes, 5 de fevereiro de 2015. Disponível em: https://inter03.tse.jus.br/sjur-pesquisa/pesquisa/actionBRSSearch.do?toc=false&httpSession Name=brsstateSJUT118474990&sectionServer=TSE&docIndexString=3. Acesso em: 3 nov. 2020.

BRASIL. Tribunal Superior Eleitoral. *Agravo Regimental em Agravo de Instrumento 3748/DF*. Agravo regimental no agravo de instrumento. Eleições 2012. Ação penal. Corrupção eleitoral. Candidato. Prefeito. Promessa. Cargo. Voto. Cabo eleitoral. Correligionário. Comunhão de mesmo projeto político. Ausência de dolo específico. Não configuração. Conexão entre crime eleitoral e comum. Ausência. Declínio de competência. Reexame de fatos e provas. Impossibilidade. Súmula nº 24/TSE. Decisão mantida. Desprovimento. Agravante: Ministério Público Eleitoral. Agravados: Paulo Roberto Schwerz, Sandro Ribeiro e Jucemar Tubiana. Relator: Min. Luiz Fux, 18 de outubro de 2016. Disponível em: https://inter03.tse.jus.br/sjur-pesquisa/actionBRSSearch.do?toc=false&httpSessionName=brsstateSJUT1709877287&sectionServer=TSE&docIndex String=0. Acesso em: 3 nov. 2020.

BRASIL. Tribunal Superior Eleitoral. *Agravo Regimental em Agravo de Instrumento 383/SP*. Direito Penal e Processual Penal. Agravo Interno em Recurso Especial Eleitoral com agravo. Eleições 2016. Crime de corrupção eleitoral. Reexame de fatos e provas. Dissídio jurisprudencial não demonstrado. Súmulas nºs 24 e 28 do TSE. Desprovimento. Agravante: Márcio Milhorança. Agravado: Ministério Público Eleitoral. Relator: Min. Roberto Barroso, 16 abr. 2020. Disponível em: https://inter03.tse.jus.br/sjur-pesquisa/actionBRSSearch.do?toc=false&httpSessionName=brsstateSJUT847268318&sectionServer=TSE&docIndexSt ring=2. Acesso em: 3 nov. 2020.

BRASIL. Tribunal Superior Eleitoral. *Agravo Regimental em Agravo de Instrumento 3909116/SC*. Agravo regimental em agravo de instrumento. Inviabilidade de reexame de fatos e provas na instância extraordinária. Súmula 279 do Supremo Tribunal Federal. Inocorrência de prescrição. Ausência dos requisitos exigidos para a aplicação do princípio da insignificância. Crime continuado. Aplicabilidade do art. 71 do Código Penal. Dissídio jurisprudencial não configurado. Similitude fática entre os julgados não verificada. Manutenção da decisão atacada. Agravo regimental ao qual se nega provimento. Agravante: Antônio Russi. Agravado: Ministério Público Eleitoral. Relatora: Min. Cármen Lúcia, 28 de outubro de 2010. Disponível em: https:// inter03.tse.jus.br/sjur-pesquisa/pesquisa/actionBRSSearch.do?toc=false&httpSessionName=brsstateSJUT723 044798&sectionServer=TSE&docIndexString=0. Acesso em: 3 nov. 2020.

BRASIL. Tribunal Superior Eleitoral. *Agravo Regimental em Agravo de Instrumento 6553/SP*. Ação Penal. Corrupção Eleitoral (art. 299, do Código Eleitoral). Admissibilidade. Representação por captação ilícita de sufrágio. Improcedência. Trânsito em julgado. Irrelevância. Agravo regimental improvido. A absolvição na representação por captação ilícita de sufrágio, na esfera cível-eleitoral, ainda que acobertada pelo manto da coisa julgada, não obsta a *persecutio criminis* pela prática do tipo penal descrito no art. 299, do Código Eleitoral. Agravantes: José Lopes Fernandes Neto e Izabel Aparecida Trevisan Lopes. Agravado: Ministério Público Eleitoral. Relator: Min. Cezar Peluso, 27 de novembro de 2007. Disponível em: https://inter03.tse.jus. br/sjur-pesquisa/pesquisa/actionBRSSearch.do?toc=false&httpSessionName=brsstateSJUT195558589&sectio nServer=TSE&docIndexString=3. Acesso em: 3 nov. 2020.

BRASIL. Tribunal Superior Eleitoral. *Agravo Regimental em Agravo de Instrumento 672/RO*. Eleições 2010. Penal. Agravo interno no agravo de instrumento. Matéria penal. Art. 299 do Código Eleitoral. Corrupção eleitoral. Absolvição pelo tribunal regional eleitoral. Distribuição de combustíveis em troca de aposição de adesivos em veículos. Existência de contratos neste sentido e de prova testemunhal indicando ser esse o elemento exigido em troca do combustível. Conjunto probatório insuficiente para demonstrar a presença do dolo específico exigido pelo tipo penal. Absolvição. Acórdão recorrido em harmonia com a jurisprudência desta corte. Súmula nº 30 do Tribunal Superior Eleitoral. Pretensão de revaloração jurídica da prova. Necessidade de desconstrução dos elementos de prova para que possam ser, então, moldados de forma que melhor sirva à acusação. Impossibilidade nesta instância especial. Súmula 24 do Tribunal Superior Eleitoral. Agravo desprovido. Agravante: Ministério Público Eleitoral. Agravados: Jidalias dos Anjos Pinto, João Aparecido Cahulla e José Dionizio Costa da Silva. Relator: Min. Edson Fachin, 4 de fevereiro de 2020. Disponível em: https://inter03.tse.jus.br/sjur-pesquisa/pesquisa/actionBRSSearchServers.do?tribunal=TSE&livre=672. Acesso em: 3 nov. 2020.

BRASIL. Tribunal Superior Eleitoral. *Agravo Regimental em Agravo de Instrumento 749719/RJ*. Agravo regimental. Agravo de instrumento. Recurso especial. Condenação criminal. Corrupção eleitoral. Código Eleitoral. Art. 299. Provimento. Agravantes: Samuel Corrêa da Rocha Júnior e Lúcia Elena da Silva Rodrigues. Agravado: Ministério Público Eleitoral. Relatora: Min. Maria Thereza de Assis Moura, Relator designado Min. Dias Toffoli. Disponível em: https://inter03.tse.jus.br/sjur-pesquisa/pesquisa/actionBRSSearch.do?toc=false&ht tpSessionName=brsstateSJUT1708488350&sectionServer=TSE&docIndexString=1. Acesso em: 3 nov. 2020.

BRASIL. Tribunal Superior Eleitoral. *Agravo Regimental em Agravo de Instrumento 7758/SE*. Agravo regimental. Agravo de instrumento. Penal. Prefeito, vice-prefeito e vereador. Crime de corrupção eleitoral. Art. 299 do CE. Dolo específico. Comprovação. Prova indireta. Prazo prescricional. Contagem. Interpretação restritiva do art. 115 do CP. Majoração da pena-base. Critérios abstratos e genéricos. Impossibilidade. Agravantes: João Bosco Machado, Geofrâncio de Jesus Reis, José Augusto Dutra, Ministério Público Eleitoral. Agravados: João Bosco Machado, Geofrâncio de Jesus Reis e José Augusto Dutra. Relatora: Min. Nancy Andrighi, 6 de março de 2012. Disponível em: https://inter03.tse.jus.br/sjur-pesquisa/pesquisa/actionBRSSearch.do?toc=false&httpSessionName=brsstateSJUT790229293&sectionServer=TSE&docIndexString=3. Acesso em: 3 nov. 2020. pesquisa/pesquisa/actionBRSSearch.do?toc=false&httpSessionName=brsstateSJUT790229293&sectionServer=TSE&docIndexString=3. Acesso em: 3 nov. 2020.

BRASIL. Tribunal Superior Eleitoral. *Agravo Regimental em Agravo de Instrumento 8905/MG*. Crime eleitoral. Art. 299 do Código Eleitoral. Agravante: Nilfan Fernandes da Silva. Agravado: Ministério Público Eleitoral. Relator: Min. Arnaldo Versiani, 27 de novembro de 2007. Disponível em: https://inter03.tse.jus.br/sjur-pesquisa/pesquisa/actionBRSSearch.do?toc=false&httpSessionName=brsstateSJUT1579651661&sectionServer=TSE&docIndexString=4. Acesso em: 3 nov. 2020.

BRASIL. Tribunal Superior Eleitoral. *Agravo Regimental em Recurso Especial Eleitoral 157622/RO*. Agravo regimental. Crime de corrupção eleitoral. Falta de justa causa. Reexame de provas. Agravante: Ministério Público Eleitoral. Agravados: Mauro Nazif Rasul e Gilson Nazif Rasul. Relator: Min. Admar Gonzaga, 17 de outubro de 2017. Disponível em: https://inter03.tse.jus.br/sjur-pesquisa/pesquisa/actionBRSSearchServers.do?tribunal=TSE&livre=157622. Acesso em: 3 nov. 2020.

BRASIL. Tribunal Superior Eleitoral. *Agravo Regimental em Recurso Especial Eleitoral 18118/SP*. Agravo regimental. Recurso especial eleitoral. Crime. Art. 299 do Código Eleitoral. Aproveitamento de corréu como testemunha. Impossibilidade. Desprovimento. Agravante: Ministério Público Eleitoral. Agravados: Moacir Pereira e Leandro Aparecido Polarini. Relator: Min. João Otávio de Noronha. Disponível em: https://inter03.tse.jus.br/sjur-pesquisa/pesquisa/actionBRSSearch.do?toc=false&httpSessionName=brsstateSJUT821622236&sectionServer=TSE&docIndexString=0. Acesso em: 3 nov. 2020.

BRASIL. Tribunal Superior Eleitoral. *Agravo Regimental em Recurso Especial Eleitoral 18875/AL*. Eleições 2008. Agravo regimental. Recurso especial. Ação penal. Art. 299 do Código Eleitoral. Corrupção eleitoral. Indivisibilidade da ação penal. Inaplicabilidade. Testemunha. Corréu. Impossibilidade. Não provimento. Agravante: Ministério Público Eleitoral. Agravado: Cícero Ferreira Neto. Relatora: Min. Rosa Weber, 22 de fevereiro de 2018. Disponível em: https://inter03.tse.jus.br/sjur-pesquisa/pesquisa/actionBRSSearch.do?toc=false&httpSessionName=brsstateSJUT1512195476&sectionServer=TSE&docIndexString=0. Acesso em: 3 nov. 2020.

BRASIL. Tribunal Superior Eleitoral. *Agravo Regimental em Recurso Especial Eleitoral 291/RJ*. Eleições 2008. Agravo regimental. Recurso especial. Ação penal. Improcedência. Corrupção eleitoral. Distribuição de vale-combustível em troca da afixação de adesivos. Dolo específico de captar votos. Ausência. Atipicidade da conduta. Provimento. Agravante: Luiz Eduardo Francisco da Silva. Agravado: Ministério Público Eleitoral. Relatora: Min. Maria Thereza de Assis Moura, Rel. designada Min. Luciana Lóssio, Disponível em: https://inter03.tse.jus.br/sjur-pesquisa/pesquisa/actionBRSSearch.do?toc=false&httpSessionName=brsstateSJUT1126648389&sectionServer=TSE&docIndexString=2. Acesso em: 3 nov. 2020.

BRASIL. Tribunal Superior Eleitoral. *Agravo Regimental em Recurso Especial Eleitoral 316486201/PA*. Agravo interno. Recurso especial. Eleições 2012. Prefeito. Ação penal. Crime de compra de votos. Art. 299 do Código Eleitoral. Corréus não denunciados. Nulidade *ab initio*. Inocorrência. Princípio da divisibilidade. Retorno dos autos. Negativa de provimento. Agravante: Consuelo Maria da Silva Castro. Agravado: Ministério Público Eleitoral. Relator: Min. Luis Felipe Salomão, 20 de agosto de 2020. Disponível em: https://inter03.tse.jus.br/sjur-pesquisa/pesquisa/actionBRSSearch.do?toc=false&httpSessionName=brsstateSJUT1404641351&sectionServer=TSE&docIndexString=0. Acesso em: 3 nov. 2020.

BRASIL. Tribunal Superior Eleitoral. *Agravo Regimental em Recurso Especial Eleitoral 4330/MT*. Eleições 2010. Dois agravos regimentais. Recurso especial eleitoral. Ação penal. Corrupção eleitoral. Art. 299 do Código Eleitoral. Oitiva de corréus. Flagrante preparado. Prerrogativa de foro. Identificação de eleitores. Dolo específico. Desprovimento. Pena privativa de liberdade substituída por restritiva de direito. Execução provisória. Impossibilidade. Art. 147 da LEP. Desprovimento. Agravantes: Ministério Público Eleitoral e Luis Carlos Magalhães Silva. Agravados: Ministério Público Eleitoral e Luis Carlos Magalhães Silva. Relatora: Min. Luciana Lóssio, Redator designado Min. Admar Gonzaga, 24 de agosto de 2017. Disponível em: https://inter03.tse.jus.br/sjur-pesquisa/pesquisa/actionBRSSearch.do?toc=false&httpSessionName=brsstateSJUT1141677644&sectionServer=TSE&docIndexString=2. Acesso em: 3 nov. 2020.

BRASIL. Tribunal Superior Eleitoral. *Embargos de Declaração em Recurso Especial Eleitoral 82911/MS*. Eleições 2012. Embargos de declaração em recurso especial eleitoral. Captação ilícita de sufrágio (art. 41-a da lei nº 9.504/97). Abuso do poder econômico (art. 22, inciso XIV, da LC nº 64/90). Reexame de fatos e provas. Impossibilidade. Súmulas nºs 7/STJ e 279/STF. Dissídio jurisprudencial. Prejuízo. Inexistência de vícios apontados nos aclaratórios. Mero inconformismo. Rejeição dos embargos. Embargantes: Vanderlei Pinheiro de Lima, Thaís Helena Vieira Rosa Gomes e Paulo Francisco Coimbra Pedra. Embargado: Ministério Público Eleitoral. Relator: Min. Admar Gonzaga, 9 de agosto de 2016. Disponível em: https://inter03.tse.jus.br/sjur-pesquisa/pesquisa/actionBRSSearch.do?toc=false&httpSessionName=brsstateSJUT1889108090&sectionServer=TSE&docIndexString=1. Acesso em: 3 nov. 2020.

BRASIL. Tribunal Superior Eleitoral. *Habeas Corpus 60277537/RS*. Habeas corpus. Ação penal. Art. 299 do Código Eleitoral. Denúncia. Fato atípico. Trancamento da ação penal. Impetrantes: Alexandre Jaenisch Martini, Luciano José Tonel de Medeiros, Daniel Figueira Tonetto, Felipe José Tonel de Medeiros, Wagner Augusto Hundertmarck Pompéo e Felipe Tonetto Londero. Paciente: Cezar Augusto Schirme. Relator: Min. Admar Gonzaga, 14 de novembro de 2017. Disponível em: https://inter03.tse.jus.br/sjur-pesquisa/pesquisa/actionBRSSearch.do?toc=false&httpSessionName=brsstateSJUT1309657656&sectionServer=TSE&docIndexString=0. Acesso em: 3 nov. 2020.

BRASIL. Tribunal Superior Eleitoral. *Habeas Corpus 39073/MT*. Habeas corpus. Corrupção eleitoral. Noticia criminis anônima. Interceptação telefônica. Averiguações preliminares. Existência. Medidas alternativas. Falta de demonstração de sua efetividade no caso concreto. Inquérito instaurado sob a supervisão de juiz eleitoral. Nenhuma medida investigatória determinada contra autoridade detentora de prerrogativa de foro. Pessoa sem prerrogativa de foro que deve ser investigada sob a supervisão de juiz singular. Impetrantes: Ronimárcio Naves e Jomas Fulgêncio de Lima Junior. Paciente: Marcelo Vieira de Moraes. Relatora: Min. Maria Thereza de Assis Moura, 10 de março de 2015. Disponível em: https://inter03.tse.jus.br/sjur-pesquisa/pesquisa/actionBRSSearch.do?toc=false&httpSessionName=brsstateSJUT2094215973&sectionServer=TSE&docIndexString=1. Acesso em: 3 nov. 2020.

BRASIL. Tribunal Superior Eleitoral. *Habeas Corpus 672/MG*. Habeas corpus. Ação penal. Pedido de trancamento. Corrupção eleitoral. Art. 299 do Código Eleitoral. Eleitor com direitos políticos suspensos. Fato atípico. Concessão da ordem. Impetrantes: Tarso Duarte de Tassis e Raphael Martins Borba Magalhães. Paciente: José Maria Mendes Rodrigues. Relator: Min. Felix Fischer, 23 de fevereiro de 2010. Disponível em: https://inter03.tse.jus.br/sjur-pesquisa/pesquisa/actionBRSSearch.do?toc=false&httpSessionName=brsstateSJUT2126065647&sectionServer=TSE&docIndexString=3. Acesso em: 3 nov. 2020.

BRASIL. Tribunal Superior Eleitoral. *Habeas Corpus 78048/MG*. Ação penal pública – Divisibilidade. [...] Prova testemunhal – Viabilidade. Impetrantes: Denilson Marcondes Venâncio e Carlos Eduardo dos Santos Daniel. Pacientes: Antônio Carlos de Souza, José Donizete do Couto e Fábio Roberto da Silva Meira. Relator: Min. Marcelo Ribeiro, Redator designado: Min. Marco Aurélio, 18 de agosto de 2011. Disponível em: https://inter03.tse.jus.br/sjur-pesquisa/pesquisa/actionBRSSearch.do?toc=false&httpSessionName=brsstateSJUT418510927&sectionServer=TSE&docIndexString=0. Acesso em: 3 nov. 2020.

BRASIL. Tribunal Superior Eleitoral. *Recurso Especial Eleitoral 198/SP*. Ação penal pública – Divisibilidade. [...] Eleitor – Inscrição. [...] Voto – Obtenção ou dação – Prática criminosa. [...] Testemunha – Corréu. Recorrente: Ministério Público Eleitoral. Recorrido: Benedito Gregório Pereira. Relator: Min. Marco Aurélio, 26 de fevereiro de 2013. Disponível em: https://inter03.tse.jus.br/sjur-pesquisa/pesquisa/actionBRSSearch.do?toc=false&httpSessionName=brsstateSJUT958080758&sectionServer=TSE&docIndexString=0. Acesso em: 3 nov. 2020.

BRASIL. Tribunal Superior Eleitoral. *Recurso Especial Eleitoral 311285/DF*. Direito Penal e Processual Penal. Recurso especial eleitoral. Eleições 2010. Corrupção eleitoral e falsidade ideológica eleitoral. Agravo contra decisão interlocutória não conhecido. Nulidades processuais rejeitadas. Litispendência afastada. Incidência das Súmulas nº 24 e nº 28/TSE. Unificação de penas. Dosimetria da pena. Continuidade delitiva. Exasperação da pena intermediária pelo número de infrações. Provimento parcial para retificar o cálculo da pena. Recorrente: Liliane Maria Roriz. Recorrido: Ministério Público Eleitoral. Relator: Min. Roberto Barroso. Disponível em: https://inter03.tse.jus.br/sjur-pesquisa/pesquisa/actionBRSSearch.do?toc=false&httpSessionName=brsstateSJUT1463596322&sectionServer=TSE&docIndexString=0. Acesso em: 3 nov. 2020.

BRASIL. Tribunal Superior Eleitoral. *Recurso Especial Eleitoral 36426/PR*. Eleições 2008. Recurso especial. Condenação por corrupção eleitoral. Dosimetria. Revisão criminal. Acórdão rescindindo fundamentado em hipótese de cabimento diversa da delineada na revisional. Princípio da não surpresa. Ausência de nulidade. Valoração da circunstância judicial relativa às consequências do crime. Obtenção do voto. Mero exaurimento.

Dolo específico. Resultado típico. Recurso especial não provido. Recorrente: Ministério Público Eleitoral. Recorrido: Osney Picanço. Relator: Min. Og Fernandes. Disponível em: https://inter03.tse.jus.br/sjur-pesquisa/pesquisa/actionBRSSearch.do?toc=false&httpSessionName=brsstateSJUT1946552213&sectionServer=TSE&docIndexString=0. Acesso em: 3 nov. 2020.

BRASIL. Tribunal Superior Eleitoral. *Recurso Especial Eleitoral 4210/SE*. Eleições 2012. Recursos especiais eleitorais. Crimes eleitorais e conexos. Art. 299 do Código Eleitoral. Art. 1º, I e V, do Decreto-lei nº 201/1967. Foro por prerrogativa de função. Investigação. Desnecessidade de autorização judicial. Crimes conexos. Competência da justiça eleitoral. Revolvimento de fatos e provas. Súmula nº 24/TSE. Ausência de prequestionamento. Súmula nº 72/TSE. Recursos especiais não conhecidos. *Habeas corpus* concedido *ex officio*. Dosimetria da pena. Revaloração de uma das circunstâncias do art. 59 do Código Penal. Análise objetiva. Desnecessidade de remessa à instância de origem para recálculo da pena. Recorrentes: Manoel Messias Sukita Santos, Ana Cana Santana Santos, Maria Aparecida Nunes e Arnaldo Santos Neto. Recorrido: Ministério Público Eleitoral. Relator: Min. Edson Fachin, Redator designado: Min. Tarcisio Vieira de Carvalho Neto, 3 de setembro de 2019. Disponível em: https://inter03.tse.jus.br/sjur-pesquisa/pesquisa/actionBRSSearch.do?toc=false&httpSessionName=brsstateSJUT1974036171&sectionServer=TSE&docIndexString=1. Acesso em: 3 nov. 2020.

BRASIL. Tribunal Superior Eleitoral. *Recurso Especial Eleitoral 445480/ES*. Recurso especial eleitoral. Eleições 2008. Prefeito. Crime. Art. 299 do Código Eleitoral. Corrupção eleitoral. Elemento subjetivo do tipo. Comprovação. Conduta típica. Recorrente: Mateus Vasconcelos. Recorrido: Ministério Público Eleitoral. Relatora: Min. Nancy Andrighi, 7 de junho de 2011. Disponível em: https://inter03.tse.jus.br/sjur-pesquisa/pesquisa/actionBRSSearch.do?toc=false&httpSessionName=brsstateSJUT988102763&sectionServer=TSE&docIndexString=3. Acesso em: 3 nov. 2020.

BRASIL. Tribunal Superior Eleitoral. *Recurso Especial Eleitoral 8285/GO*. Eleições 2016. Recurso especial. Vereadora. Ação de investigação judicial eleitoral. Reunião realizada nas dependências de uma igreja. Pedido de apoio político. Cabimento de AIJE em face de abuso de poder de autoridade religiosa, independentemente da presença de abuso de poder político ou econômico. Enquadramento da autoridade religiosa dentro do conceito geral de autoridade previsto no art. 22, *caput*, da Lei Complementar nº 64 de 1990. Impossibilidade. Proposta de fixação de tese rejeitada. Recurso especial provido. Agravo interno prejudicado. Recorrente: Valdirene Tavares dos Santos. Recorrido: Ministério Público Eleitoral. Relator: Min. Edson Fachin, 18 de agosto de 2020. Disponível em: https://inter03.tse.jus.br/sjur-pesquisa/pesquisa/actionBRSSearch.do?toc=false&httpSessionName=brsstateSJUT341130381&sectionServer=TSE&docIndexString=0. Acesso em: 3 nov. 2020.

BRASIL. Tribunal Superior Eleitoral. *Recurso Especial Eleitoral 84041/MG*. Eleitoral. Crime. Corrupção passiva. Recorrente: Procuradoria Regional Eleitoral/MG. Recorridos: Margarida da Silva e Daniel Jesuíno da Mota, Relator: Min. Eduardo Ribeiro, 13 de abril de 1999. Disponível em: https://inter03.tse.jus.br/sjur-pesquisa/pesquisa/actionBRSSearch.do?toc=false&httpSessionName=brsstateSJUT261269488&sectionServer=TSE&docIndexString=0. Acesso em: 3 nov. 2020.

BRASIL. Tribunal Superior Eleitoral. *Recurso Especial Eleitoral 95246/RJ*. Recurso especial eleitoral. Representação por captação ilícita de sufrágio. Violação de domicílio. Não configuração. Caso de flagrante delito. Fatos públicos e notórios. Conhecimento de ofício pelo julgador. Compra de votos por interposta pessoa. Princípio da proporcionalidade. Inaplicabilidade ao caso concreto. Recorrente: Renato Jorge Pimenta de Menezes. Recorrido: Ministério Público Eleitoral. Relatora: Min. Maria Thereza de Assis Moura, 3 de setembro de 2015. Disponível em: https://inter03.tse.jus.br/sjur-pesquisa/pesquisa/actionBRSSearch.do?toc=false&httpSessionName=brsstateSJUT109411298&sectionServer=TSE&docIndexString=2. Acesso em: 3 nov. 2020.

BRASIL. Tribunal Superior Eleitoral. *Recurso em Habeas Corpus 45224/MG*. Recurso em *habeas corpus*. Corrupção eleitoral. Código Eleitoral. Artigo 299. Denúncia. Requisitos. Recorrente: Rodrigo Cabreira de Mattos. Relatora: Min. Laurita Vaz, Redator designado Min. Henrique Neves da Silva, 26 de fevereiro de 2013. Disponível em: https://inter03.tse.jus.br/sjur-pesquisa/pesquisa/actionBRSSearch.do?toc=false&httpSessionName=brsstateSJUT245924351&sectionServer=TSE&docIndexString=1. Acesso em: 3 nov. 2020.

DE BEM, Leonardo Schmitt; CUNHA, Mariana Garcia. *Direito penal eleitoral*. 2. ed. São Paulo: Conceito Editorial, 2011.

FUX, Luiz; PEREIRA, Luiz Fernando Casagrande; AGRA, Walber de Moura (Coord.). *Direito penal e processo penal eleitoral*: tratado de direito eleitoral. Tomo 8. Belo Horizonte: Fórum, 2018.

GOMES, José Jairo. *Crimes eleitorais e processo penal eleitoral*. 2. ed. São Paulo: Atlas, 2016.

GOMES, Suzana de Camargo. *Crimes eleitorais*. 4. ed. São Paulo: Editora Revista dos Tribunais, 2010.

GONÇALVES, Luiz Carlos dos Santos. *Crimes eleitorais e processo penal eleitoral*. São Paulo: Atlas, 2012.

ZILIO, Rodrigo López. *Crimes eleitorais*: Direito material e processual eleitoral – uma análise objetiva; crimes eleitorais em espécie. 4. ed. Salvador: Juspodivm, 2020.

---

Informação bibliográfica deste texto, conforme a NBR 6023:2018 da Associação Brasileira de Normas Técnicas (ABNT):

CARVALHO NETO, Tarcisio Vieira de. Apontamentos ao crime de corrupção eleitoral à luz da jurisprudência do Tribunal Superior Eleitoral. *In*: ASSOCIAÇÃO DOS MAGISTRADOS BRASILEIROS; SALOMÃO, Luis Felipe; FONSECA, Reynaldo Soares da; VIDEIRA, Renata Gil de Alcantara; SZPORER, Patrícia Cerqueira Kertzman; COSTA, Daniel Castro Gomes da (Coord.). *Sistema penal contemporâneo*. Belo Horizonte: Fórum, 2021. p. 453-467. ISBN 978-65-5518-205-7.

# POR UMA JUSTIÇA CRIMINAL MAIS EFICIENTE. PRAGMATISMO, CONSENSUALISMO E TECNOLOGIA

ANDERSON DE PAIVA GABRIEL

## 1 Introdução: por um maior pragmatismo no processo penal brasileiro

A célebre guerra entre gregos e troianos, narrada em épicos versos atribuídos a Homero, poeta da Grécia Antiga, consistiu em um conflito que se arrastou por vários anos, até que alcançou o seu fim por meio de um ardiloso estratagema bolado pelos gregos.[1]

Sem conseguir tomar a fortificada cidade de Troia, cujos guerreiros e heróis resistiam bravamente, os gregos decidiram levantar o cerco que já durava quase 10 anos e simular que haviam se rendido e partido, deixando para trás um gigantesco cavalo de madeira como homenagem à vencedora Troia.

A despeito de inúmeros avisos, os troianos ingenuamente decidiram levar o Cavalo para dentro da Fortaleza, dando início a uma efusiva festa pela suposta vitória. Contudo, horas depois, quando a comemoração já havia se encerrado, soldados gregos que estavam escondidos dentro do cavalo se aproveitaram da situação e deram início a um banho de sangue, abrindo os portões da fortaleza para o exército inimigo.

Troia, que havia celebrado o presente grego momentos antes, foi saqueada e incendiada, terminando inteiramente destruída. A população, por sua vez, foi massacrada, com os homens sendo dizimados e as mulheres sendo violentadas e escravizadas. Do mitológico episódio decorre a expressão "Presente de Grego", como se tratando de uma aparente dádiva que se revela um grande transtorno.

Pois bem. Para muitos, a sociedade brasileira recebeu um presente de grego no Natal de 2019, sob o argumento de que a Lei Anticrime (Lei nº 13.964/19), ainda que bem-intencionada, poderá potencializar a impunidade ao conferir uma duração ainda

---

[1] GABRIEL, Anderson Paiva; LIMA, Larissa Pinho Alencar. Um presente de grego no Natal de 2019. *JOTA*, 2019. Disponível em: https://www.jota.info/opiniao-e-analise/colunas/juiz-hermes/presente-de-grego-garantias-27122019, Acesso em: 7 set. 2020.

mais desarrazoada aos processos penais. Bruno Carpes e Edilson Mougenot Bonfim[2] apontaram-na como um verdadeiro Cavalo de Troia na Justiça Criminal brasileira.

Consoante o *Justiça em Números 2019*, publicado pelo CNJ,[3] o tempo do processo criminal em 1º grau é maior que o do não criminal em todos os ramos da Justiça (Figura 131). No ponto, cumpre destacar a célebre afirmativa de Rui Barbosa, apontando que "a prestação jurisdicional tardia nada mais é do que uma injustiça travestida de justiça",[4] o que torna evidente a íntima relação entre efetividade e duração razoável. Enquanto na Justiça Estadual o tempo médio de tramitação de uma ação não criminal no 1º grau é de 2 anos e 4 meses, na esfera criminal, ela sobe para 3 anos e 9 meses. Na Federal, o 1º grau leva 1 ano e 11 meses para analisar um processo não criminal e 2 anos e 3 meses para o criminal.

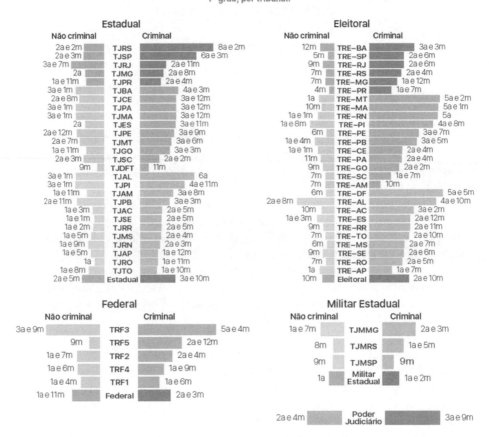

Figura 131: Tempo médio de tramitação dos processos criminais e não-criminais baixados na fase de conhecimento 1º grau, por tribunal.

---

[2] CARPES, Bruno Amorim; BONFIM, Edilson Mougenot. O cavalo de Troia no pacote anticrime. *Gazeta do Povo*, Porto Alegre, 25 dez. 2019. Disponível em: https://www.gazetadopovo.com.br/opiniao/artigos/o-cavalo-de-troia-no-pacote-anticrime/ Acesso em: 08 set. 2020.

[3] CNJ. *Justiça em Números 2019*. Brasília: CNJ, 2019. Disponível em: https://www.cnj.jus.br/pesquisas-judiciarias/justica-em-numeros/. Acesso em: 22 jul. 2020.

[4] BARBOSA, Rui. *Oração aos Moços*, edição comemorativa do centenário de nascimento do ilustre brasileiro, mandada publicar pela Reitoria da USP, p. 29.

Nesse sentido, o Estudo de Imagem do Poder Judiciário promovido pela AMB já revelava que a maioria da sociedade (59%) considera que "a Justiça é muito lenta e burocrática"[5] e que "a Justiça não é eficaz" (74%). Infelizmente, forçoso registrar algumas ideias comumente associadas ao Judiciário no Brasil, a exemplo de que "a Justiça é lenta" (93%) e que "a Polícia prende e a Justiça solta" (89%).[6]

Corroborando para tornar esses prazos de duração ainda mais dilatados, a Lei em tela alterou o art. 316 do CPP, passando a exigir que os juízes, de ofício, reexaminem a manutenção das prisões a cada 90 dias, sob pena de tornarem a segregação cautelar ilegal, além de terem que reexaminar em 10 dias a decisão proferida também pelo dito juiz de garantias.[7]

No mesmo diapasão, o magistrado, para impor uma medida cautelar, deverá antes ouvir o réu a respeito.[8] E para prorrogar a prisão provisória ou outra medida cautelar, deverá realizar uma audiência (não se olvidando que a realização de ato do gênero demanda não só uma série de providências prévias, como intimações, mas também estrutura, inclusive de segurança).[9]

E isso ocorreu apenas algumas semanas depois de o Plenário do Supremo Tribunal Federal ter julgado o mérito de três ações (ADCs 43, 44 e 54) e, por maioria, ter jogado por terra a execução da pena após condenação em 2ª instância, impondo que a pena só possa ser executada quando não houver mais nenhum recurso a ser interposto, inclusive nas instâncias extraordinárias (o denominado "trânsito em julgado").[10]

---

[5] LAVAREDA, Antonio; MONTENEGRO, Marcela; XAVIER, Roseane. *Estudo da Imagem do Poder Judiciário*. Brasília: AMB, FGV e IPESPE, 2019. Disponível em: https://www.cnj.jus.br/pesquisas-judiciarias/justica-em-numeros/. Acesso em: 22 jul. 2020. p. 27.

[6] Ibidem. p. 30.

[7] "... Parágrafo único. Decretada a prisão preventiva, deverá o órgão emissor da decisão revisar a necessidade de sua manutenção a cada 90 (noventa) dias, mediante decisão fundamentada, de ofício, sob pena de tornar a prisão ilegal. ...
§2º As decisões proferidas pelo juiz das garantias não vinculam o juiz da instrução e julgamento, que, após o recebimento da denúncia ou queixa, deverá reexaminar a necessidade das medidas cautelares em curso, no prazo máximo de 10 (dez) dias."

[8] "... §3º Ressalvados os casos de urgência ou de perigo de ineficácia da medida, o juiz, ao receber o pedido de medida cautelar, determinará a intimação da parte contrária, para se manifestar no prazo de 5 (cinco) dias, acompanhada de cópia do requerimento e das peças necessárias, permanecendo os autos em juízo, e os casos de urgência ou perigo deverão ser justificados e fundamentados em decisão que contenha elementos do caso concreto que justifiquem essa medida excepcional".

[9] VI - prorrogar a prisão provisória ou outra medida cautelar, bem como substituí-las ou revogá-las, assegurado, no primeiro caso, o exercício do contraditório em audiência pública e oral, na forma do disposto neste Código ou em legislação especial pertinente;

[10] PINTO, Alessandra de Araújo Bilac Moreira Pinto; GABRIEL, Anderson de Paiva; SOUZA, Carmo Antônio de; BRANDÃO, Edison; PINTO, Esdras Silva; SANCTIS, Fausto Martin De; TEIXEIRA, Gizelda Leitão; DAVID, Ivana; AMARAL, Katia Maria; LIMA, Larissa Pinho de Alencar; FIGUEIREDO, Luiz Carlos Vieira de; MARQUES, Luiz Gonzaga Mendes. Execução provisória da pena após a condenação em 2º grau é defendida por juízes criminais de todo o Brasil reunidos no IV FONAJUC. *GenJurídico*, 2019. Disponível em: http://genjuridico.com.br/2019/11/06/execucao-provisoria-da-pena/. Acesso em: 7 set. 2020

O denominado "juiz de garantias",[11] ainda que também seja lastreado em louvável pretensão, também causa uma série de problemas práticos. Apenas a título de exemplo, um juiz não poderia sentenciar os processos em andamento na vara da qual é titular caso tivesse deferido cautelares na fase de investigação. No âmbito da violência doméstica, o magistrado que tiver apreciado medidas protetivas, não poderia sentenciar o processo. Haja juízes...

De fato, os Tribunais terão que dirimir as tormentosas questões estruturais provocadas pelo diploma, abrangendo a questão do deslocamento de juízes para outras comarcas e cumulação de varas, o que certamente implicará aumento das despesas.

Nas comarcas de vara única, por exemplo, o juiz que presidir a audiência de custódia e atuar na função de juiz de garantias estará impedido de atuar no processo, tornando competente o juiz de outra comarca. E saliente-se que a comarca mais próxima pode estar a centenas de quilômetros de distância.

A Associação dos Magistrados do Brasil (AMB) divulgou nota se posicionando contra o juiz de garantias:

> A Associação dos Magistrados Brasileiros (AMB), entidade que representa a Magistratura estadual, federal, trabalhista e militar em âmbito nacional, externa sua irresignação à sanção do instituto "juiz de garantias", previsto no PL 6.341/2019.
>
> A Lei nº 13.964, de 24 de dezembro de 2019, publicada nessa terça-feira (24) altera a legislação penal e processual penal, e traz dentre suas inovações, a figura do "juiz de garantias". De acordo com a nova lei, em toda persecução penal atuarão, ao menos, dois magistrados: um dedicado à fase de investigação e o outro à fase do processo judicial.
>
> A AMB manifestou preocupação quanto à sanção desse instituto nos termos em que pretendido pelo Projeto de Lei 6.341/2019, sobretudo em virtude dos custos relacionados à sua implementação e operacionalização, afirmando em seu pedido de veto o potencial prejuízo à efetividade da jurisdição penal.[12]

O Fórum Nacional de Juízes Criminais – FONAJUC também se manifestou contrariamente, nos seguintes termos:[13]

> ... Mediante análise das diretrizes apresentadas pelo Projeto, observa-se que a intenção do legislador destoa por completo da realidade prática, orçamentária e até legislativa, fomentando o dispêndio desnecessário dos recursos públicos, a prescritibilidade dos crimes e a criminalidade neste País de índices de violência astronômicos, segundo dados

---

[11] "Art. 3º-B. O juiz das garantias é responsável pelo controle da legalidade da investigação criminal e pela salvaguarda dos direitos individuais cuja franquia tenha sido reservada à autorização prévia do Poder Judiciário, competindo-lhe especialmente: ...
§3º Os autos que compõem as matérias de competência do juiz das garantias ficarão acautelados na secretaria desse juízo, à disposição do Ministério Público e da defesa, e não serão apensados aos autos do processo enviados ao juiz da instrução e julgamento, ressalvados os documentos relativos às provas irrepetíveis, medidas de obtenção de provas ou de antecipação de provas, que deverão ser remetidos para apensamento em apartado. ...
Art. 3º-D. O juiz que, na fase de investigação, praticar qualquer ato incluído nas competências dos arts. 4º e 5º deste Código ficará impedido de funcionar no processo.
Parágrafo único. Nas comarcas em que funcionar apenas um juiz, os tribunais criarão um sistema de rodízio de magistrados, a fim de atender às disposições deste Capítulo. ...
Art. 20. Esta Lei entra em vigor após decorridos 30 (trinta) dias de sua publicação oficial."

[12] NOTA Pública – Juiz de garantias. *AMB*, Brasília, 25 dez. 2019. Disponível em: https://www.amb.com.br/nota-publica-juiz-de-garantias/. Acesso em: 7 set. 2020.

[13] SANTOS, Rafa. Associação de magistrados divulga nota contra criação do juiz de garantias. *Conjur*, Brasília, 17 dez. 2019. Disponível em: https://www.conjur.com.br/2019-dez-17/associacao-divulga-nota-criacao-juiz-garantias. Acesso em: 7 set. 2020.

extraídos do Fórum Nacional de Segurança Pública.[14] Parte essa teratologia da presunção de má-fé e culpabilidade do magistrado quanto à parcialidade ao deferir certas medidas ou determinar certas provas no curso da investigação penal. Esse tema está assentado há décadas considerando que o juiz tem autonomia não só para deferir, como produzir provas, dentro da legalidade, em busca da apuração da verdade, mormente em processo penal... Ainda assim, pretende-se a criação de um "juiz de garantias" que inviabilizará de vez o sistema criminal brasileiro, do que certamente os legisladores e apoiadores têm conhecimento. Demonstrada a inviabilidade e a desnecessidade jurídica, resta analisar a de cunho prático e financeiro... O próprio CNJ reconhece a inviabilidade operacional da criação do juiz de garantias.[15] Além disso, há um déficit elevado de juízes no país, cerca de 20% segundo o CNJ,[16] e isso ocorre apenas no primeiro grau, já que no segundo grau e nos tribunais superiores as vagas sempre são rapidamente supridas... Soma-se a isso que, ainda segundo o CNJ, cerca de 40% das varas Justiça Estadual no Brasil são comarca única, com apenas um Magistrado encarregado da jurisdição. Assim, nesses locais, com a implantação do Juízo das Garantias sempre que o único Magistrado da comarca atuar na fase do inquérito, ficará automaticamente impedido de jurisdicionar no processo, impondo-se o deslocamento de outro Magistrado.... Ocorre que muitas comarcas estão desprovidas, em muitos casos com juiz respondendo por duas, três ou mais unidades ao mesmo tempo, demonstrando não só a inviabilidade da prestação jurisdicional ordinária, como o cumprimento de mais essa absurda obrigação.

O próprio Ministério da Justiça havia pedido o veto do "juiz de garantias".[17]

Em outro giro, o instituto foi compreensivelmente defendido por advogados[18] e defensores públicos,[19] cujo principal interesse certamente é a não imposição de penas a seus clientes e assistidos. Ainda que a figura do juiz de garantias possa se mostrar consentânea com um sistema acusatório purista, a sua criação nos moldes em que foi feita se mostra utópica e é aqui que reside a nossa crítica. A concepção poderia se mostrar abstratamente positiva, em especial em outro contexto, mas a sua aplicação prática demandaria análise e cuidado, sob pena de efetivamente causar mais prejuízo que benefício.

Mudanças tão abruptas no sistema de justiça criminal demandariam maior debate e, principalmente, mais tempo para sua implementação, sem descurar da miríade de situações que não foram adequadamente contempladas pela lei, inclusive no tocante ao julgamento em outras instâncias e aos processos em andamento.

---

[14] 1 Ano 2018 - homicídio doloso consumado 46.189; homicídio doloso tentado: 36.112; roubo seguido de morte: 1.858; lesão corporal seguida de morte: 903. Fonte: https://www.justica.gov.br/suaseguranca/seguranca-publica/sinesp-1/bi/dados-seguranca-publica. Acesso em: 7 set. 2020.

[15] CNJ (Conselho Nacional de Justiça) – Nota Técnica nº 10 de 17/08/10. Disponível em: https://atos.cnj.jus.br/atos/detalhar/891. Acesso em: 7 set. 2020.

[16] HÁ déficit de 19,8% de juízes no Brasil. CNJ, Brasília, 14 set. 2017. Disponível em: https://www.cnj.jus.br/ha-deficit-de-19-8-de-juizes-no-brasil/. Acesso em: 7 set. 2020.

[17] AMATO, Flavio. Moro diz que Ministério da Justiça pediu veto a juiz de garantias, sancionado por Bolsonaro. G1, 25 dez. 2019. Disponível em: https://g1.globo.com/politica/noticia/2019/12/25/moro-diz-que-ministerio-da-justica-pediu-veto-a-juiz-de-garantias-sancionado-por-bolsonaro.ghtml. Acesso em: 7 set. 2020.

[18] VALENTE, Fernanda; MARTINEZ, Fernando; RODAS, Sérgio. Advocacia exalta 'juiz das garantias', enquanto magistratura se mostra receosa. Conjur, 25 dez. 2019. Disponível em: https://www.conjur.com.br/2019-dez-25/advocacia-exalta-juiz-garantia-magistratura-mostra-receosa. Acesso em: 7 set. 2020.

[19] DEFENSORES Públicos apoiam a criação do "juiz de garantias". Conjur, 20 set. 2019. Disponível em: https://www.conjur.com.br/2019-set-20/defensores-publicos-apoiam-criacao-juiz-garantias. Acesso em: 7 set. 2020.

O próprio legislador, em diploma anterior (Lei nº 13.655/18) que alterou a Lei de Introdução ao Direito Brasileiro, preconizou que não deveriam ser tomadas decisões com base em valores jurídicos abstratos sem que fossem consideradas as consequências práticas da decisão,[20] o que certamente não ocorreu na Lei dita Anticrime (nº 13.964/19).

Não se trata de repudiar a proteção do acusado ou custodiado, muito menos negar as diretrizes de tratamento para pessoas presas, mas sim de ressaltar a complexidade que ocasiona a referida Lei e o prazo exíguo para sua implementação no sistema criminal Brasileiro. Ademais, vislumbra-se também a necessidade de um debate mais amplo acerca das premissas que determinaram sua aprovação e sua inserção no Brasil.

Em síntese, pugna-se aqui pela necessidade de que proposições como essa necessariamente observem o contexto em que serão inseridas bem como as consequências que acarretarão, alicerçando-se em evidências empíricas e não em puro dogmatismo.

Aristóteles teria dito que "A esperança é o sonho do homem acordado" e, assim, para o futuro, nossos desejos são por mais pragmatismo e menos nefelibatismo, permitindo o desenvolvimento de um sistema de justiça criminal que prime por uma maior efetividade, sem descurar da devida observância das garantias fundamentais. E para tal, outros dois alicerces se mostram imperiosos: a promoção do consensualismo e o uso da tecnologia.

## 2 O consensualismo e o processo penal brasileiro

*Ab initio*, forçoso reconhecer que nosso atual Código de Processo Penal é uma verdadeira *Quimera*[21] (criatura mitológica com cabeça e corpo de leão, com duas cabeças anexas, uma de cabra e outra de dragão, cauda de serpente e asas), por possuir em seu seio, inclusive, conflito de ideologias, consistindo num diploma oriundo da década de 40, em que vigorava a "Polaca", e que ainda atravessou a Era Vargas, o populismo de João Goulart, a ditadura militar e a redemocratização, permanecendo vigente até os dias de hoje.

A evolução legislativa (a transação, o parcelamento tributário, os acordos de leniência e a colaboração premiada) e jurisprudências recentemente consolidadas (por exemplo, a referente ao princípio da insignificância), bem como a crescente influência da *common law* (com ênfase no mecanismo do *plea bargaining*), da *AED* (fulcrada na eficiência) e da concepção de justiça restaurativa (voltada para a pacificação social), passaram a tornar, mais do que possível, e sim imperiosa, virada legislativa e jurisprudencial que permita o aprimoramento da persecução criminal por meio do fomento ao consensualismo e, assim, a construção de uma justiça criminal mais efetiva.

---

[20] Art. 20. Nas esferas administrativa, controladora e judicial, não se decidirá com base em valores jurídicos abstratos sem que sejam consideradas as consequências práticas da decisão.
Parágrafo único. A motivação demonstrará a necessidade e a adequação da medida imposta ou da invalidação de ato, contrato, ajuste, processo ou norma administrativa, inclusive em face das possíveis alternativas.

[21] BULFINCH, Thomas. *O Livro de Ouro da Mitologia* – Histórias de Deuses e Heróis. 12. ed. Rio de Janeiro: Ediouro, 2000, p. 152-155. A figura mítica faz parte da mitologia greco-romana, integrando a história do herói Belerofonte, que, junto com o cavalo alado denominado Pégaso, conseguiu derrotá-la. Segue trecho da obra citada, narrando de forma sucinta o mito: "A quimera era um monstro horripilante, que expelia fogo pela boca e pelas narinas. A parte anterior de seu corpo era uma combinação de leão e cabra e a parte posterior, a de um dragão. Causava grandes estragos na Lícia, de sorte que o rei do país, Iobates, procurava um herói para destruí-la".

A despeito das críticas supracitadas, a Lei Anticrime também trouxe em seu bojo a laudável previsão do acordo de não persecução penal,[22] tornando possível que o consenso entre acusação e defesa quanto à imposição de uma série de condições consideradas necessárias e suficientes para reprovação e prevenção do crime (entre elas: reparar o dano ou restituir a coisa à vítima, exceto na impossibilidade de fazê-lo), quando se tratar de infrações penais sem violência ou grave ameaça e com pena mínima inferior a quatro anos, dispense a proposição de ação penal e a devida dilação intrínseca ao processo penal.

Nesse cenário, também vem sendo debatido no Congresso Nacional o Projeto de Lei nº 8.045, de 2010, concernente a um novo Código de Processo Penal, no corpo do qual destacamos o procedimento apontado como sumário e no qual, até o início da audiência de instrução, há a possibilidade de o Ministério Público e o acusado, por meio de seu defensor, requererem o julgamento antecipado de mérito e a aplicação imediata de pena. Com efeito, nessa hipótese, o investigado confessa os fatos imputados e renuncia ao direito de interpor recurso contra a sentença.

Evidente, nesse contexto, a inspiração no procedimento americano do *plea bargaining*, conforme os dispositivos que balizam a prática (caso o projeto de lei em tela seja aprovado nos moldes atuais),[23] o que vem ensejando acirrados debates no campo acadêmico. E não poderia ser diferente, já que o *plea bargaining*, apesar de indispensável para o sistema de justiça criminal americano,[24] é objeto de inúmeras críticas na própria nação em que ascendeu ao protagonismo.

---

[22] Art. 28-A. Não sendo caso de arquivamento e tendo o investigado confessado formal e circunstancialmente a prática de infração penal sem violência ou grave ameaça e com pena mínima inferior a 4 (quatro) anos, o Ministério Público poderá propor acordo de não persecução penal, desde que necessário e suficiente para reprovação e prevenção do crime, mediante as seguintes condições ajustadas cumulativa e alternativamente: ...

[23] CAPÍTULO III
DO PROCEDIMENTO SUMÁRIO
Art. 308. Ressalvados os casos submetidos ao Tribunal do Júri e de violência doméstica contra a mulher, até o início da audiência de instrução, cumpridas as disposições do rito ordinário, o Ministério Público e o acusado, por seu defensor, poderão requerer o julgamento antecipado de mérito e a aplicação imediata de pena nos crimes que não estejam submetidos ao procedimento sumaríssimo e cuja sanção máxima cominada não ultrapasse oito anos.
§1º O juiz não participará da transação realizada entre as partes.
§2º O julgamento antecipado isentará o réu do pagamento das despesas e custas processuais.
Art. 309. O requerimento da transação penal será apresentado por escrito e assinado pelas partes, e conterá obrigatoriamente:
I - a confissão em relação aos fatos imputados na peça acusatória;
II - a indicação da pena a ser aplicada e regime inicial de cumprimento;
III - a declaração expressa das partes dispensando a produção das provas por elas indicadas, se for o caso;
IV - renúncia ao direito de impugnar a sentença homologatória.
Art. 310. Ao homologar a transação, o juiz deverá verificar sua regularidade, legalidade e voluntariedade, podendo para este fim, sigilosamente, ouvir o acusado, na presença de seu defensor.
Art. 311. Tendo como limite a proposta pactuada, o juiz poderá, atendidos os requisitos legais:
I - reconhecer circunstâncias que abrandem a pena;
II - substituir a pena privativa de liberdade por restritivas de direitos;
III - aplicar a suspensão condicional da pena.
Art. 312. A decisão homologatória da transação tem natureza e estrutura de sentença penal condenatória, inclusive com os efeitos da condenação, e produzirá todos os efeitos legais dela decorrentes.
Art. 313. Não sendo a transação homologada, será ela desentranhada dos autos, ficando as partes proibidas de fazer referência aos seus termos e condições, o mesmo se aplicando ao juiz em qualquer ato decisório.
Art. 314. Não havendo transação entre acusação e defesa, o processo prosseguirá na forma do rito ordinário.
Art. 315. O julgamento antecipado não constitui direito público subjetivo do réu.
Disponível em: https://www.camara.gov.br/proposicoesWeb/fichadetramitacao?idProposicao=490263#marcac ao-conteudo-portal. Acesso em: 7 set. 2020.

[24] FISHER, George. *Plea Bargaining's Triumph*: a history of Plea Bargaining in America. Stanford: Stanford University Press. 2003.

Assim, seria possível a barganha entre Ministério Público e indivíduos, com o possível consenso excepcionando os princípios da obrigatoriedade e indisponibilidade, a ser homologada pelo Poder Judiciário, de forma a ensejar a abreviação da persecução criminal e consequente redução dos custos financeiros e sociais, tanto para o acusado quanto para a sociedade e justiça criminal.

A despeito da rejeição inicial pelo parlamento do instituto insculpido no bojo do Projeto Anticrime, verifica-se que 89% dos juízes de 1º grau, 92,2% dos desembargadores, 91,8% dos inativos e 82,4% dos ministros de tribunais superiores concordam que o sistema de *plea bargain* deve ser incorporado ao CPP, desde que ressalvada a necessidade de participação do magistrado no procedimento.[25]

O crescente volume de processos criminais e a necessidade constitucional de se primar pela eficiência revelam que tal proposição se impõe a longo prazo, como forma de afastar a morosidade do processo tradicional e sepultar a consequente insatisfação da sociedade.

Apenas para demonstrar a dimensão do problema, só em 2018 ingressaram no Poder Judiciário 2,7 milhões de casos novos criminais, sendo 1,6 milhão (60%) na fase de conhecimento de 1º grau, 343,3 mil (12,8%) na fase de execução de 1º grau, 18,6 mil (0,7%) nas turmas recursais, 604,8 mil (22,6%) no 2º grau e 103,9 mil (3,9%) nos tribunais superiores. Em 2018 o quantitativo de processos novos criminais ensejou um aumento no acervo de 0,7%, sendo que os casos pendentes equivalem a 2,9 vezes a demanda. Cabe trazer à baila mais alguns dos gráficos publicados no *Justiça em Números 2019*:[26]

Figura 128: Casos novos e pendentes criminais, excluídas as execuções penais, por tribunal.

### Estadual

| Novos | Tribunal | Pendentes |
|---|---|---|
| 463.005 | TJSP | 1.826.889 |
| 245.327 | TJMG | 500.658 |
| 245.859 | TJRJ | 478.104 |
| 99.729 | TJPR | 363.564 |
| 144.250 | TJRS | 247.622 |
| 136.903 | TJSC | 311.925 |
| 94.569 | TJBA | 301.796 |
| 63.553 | TJCE | 216.323 |
| 60.089 | TJGO | 216.307 |
| 57.721 | TJPE | 194.358 |
| 44.247 | TJES | 162.407 |
| 22.759 | TJPA | 157.527 |
| 53.126 | TJMT | 143.414 |
| 35.118 | TJMA | 134.816 |
| 86.469 | TJDFT | 70.838 |
| 53.983 | TJMS | 129.337 |
| 30.768 | TJAM | 111.784 |
| 22.463 | TJPI | 79.306 |
| 15.746 | TJRN | 61.829 |
| 13.210 | TJAL | 61.118 |
| 18.214 | TJPB | 58.812 |
| 30.594 | TJRO | 43.311 |
| 18.580 | TJSE | 39.212 |
| 24.404 | TJTO | 38.817 |
| 11.131 | TJAC | 21.719 |
| 10.778 | TJAP | 14.786 |
| 7.884 | TJRR | 14.334 |

### Eleitoral

| Novos | Tribunal | Pendentes |
|---|---|---|
| 371 | TRE-MG | 1.057 |
| 223 | TRE-RJ | 565 |
| 193 | TRE-SP | 500 |
| 102 | TRE-BA | 425 |
| 169 | TRE-RS | 403 |
| 180 | TRE-PR | 335 |
| 266 | TRE-GO | 1.032 |
| 110 | TRE-RN | 790 |
| 61 | TRE-MA | 562 |
| 91 | TRE-CE | 361 |
| 83 | TRE-MT | 274 |
| 123 | TRE-SC | 270 |
| 54 | TRE-PB | 253 |
| 223 | TRE-PI | 230 |
| 77 | TRE-PE | 220 |
| 66 | TRE-PA | 194 |
| 45 | TRE-AM | 154 |
| 119 | TRE-TO | 293 |
| 69 | TRE-MS | 217 |
| 67 | TRE-SE | 174 |
| 31 | TRE-AL | 169 |
| 68 | TRE-ES | 79 |
| 31 | TRE-AC | 78 |
| 30 | TRE-RO | 60 |
| 12 | TRE-RR | 57 |
| 25 | TRE-AP | 45 |
| 7 | TRE-DF | 22 |

---

[25] VIANNA, Luiz Werneck Vianna; CARVALHO; Maria Alice Rezende de; BURGOS, Marcelo Baumann. *Quem somos – A magistratura que queremos*. Brasília: AMB, 2018. Disponível em: https://www.cnj.jus.br/pesquisas-judiciarias/justica-em-numeros/. Acesso em: 22 jul. 2020. p. 50.

[26] CNJ. *Justiça em Números 2019*. Brasília: CNJ, 2019. Disponível em: https://www.cnj.jus.br/pesquisas-judiciarias/justica-em-numeros/. Acesso em: 22 jul. 2020.

Não causa espanto, nesse cenário, o fato de a pesquisa "Quem somos – A magistratura que queremos", realizada em 2018, ter revelado que 95,5% dos juízes de primeiro grau, 93,9% dos desembargadores, 93,7% dos inativos e 100% dos ministros de tribunais superiores já consideravam, entre as dificuldades atuais do Poder Judiciário, que a sobrecarga dos magistrados é fator essencial ou muito importante como um obstáculo à maior eficiência da atividade judicial,[27] o que certamente tenderá a se agravar nos anos vindouros se reformas legislativas não forem levadas a cabo.

Ora, o Código de Processo Civil de 2015 (Lei nº 13.105/15) já revela um hibridismo vanguardista entre a *civil law* e a *common law*, cuja influência já havia se feito com mais força em nossa CRFB/88 e em nosso modelo de controle de constitucionalidade.

Por tal escopo e razão, já se qualificou o Código de Processo Civil/15 como um diploma processual antropófago,[28] já que é genuinamente brasileiro e traz em seu espírito as ideias provenientes tanto da cultura jurídica romano-germânica quanto da anglo-saxã, isto é, tanto da *civil law* quanto da *common law*, mas sem que se trate de uma simples importação.

---

[27] VIANNA, Luiz Werneck Vianna; CARVALHO; Maria Alice Rezende de; BURGOS, Marcelo Baumann. *Quem somos – A magistratura que queremos*. Brasília: AMB, 2018. Disponível em: https://www.cnj.jus.br/pesquisas-judiciarias/justica-em-numeros/. Acesso em: 22 jul. 2020. p. 101-108.

[28] Podemos, aqui, traçar um paralelo com o movimento modernista que marcou nossa literatura, em especial, o "Manifesto Antropófago" ou "Antropofágico". Trata-se de um manifesto literário escrito por Oswald de Andrade, publicado em maio de 1928, que tinha por objetivo repensar a dependência cultural brasileira. Propunha, basicamente, a devoração da cultura estrangeira e das técnicas importadas e sua reelaboração com autonomia, transformando o produto importado em exportável. O nome do manifesto recuperava uma crença indígena: os índios antropófagos comiam o inimigo em um ritual, como forma de assimilar suas qualidades. Nesse diapasão, o Manifesto Antropofágico foi um marco no Modernismo brasileiro, pois propôs a alteração da forma com que o brasileiro encarava o influxo de elementos culturais do mundo, ensejando a ascendência de uma identidade nacional e o orgulho da produção cultural própria. Havia, ainda, a preocupação de que houvesse efetiva absorção cultural e não mera utilização de elementos importados, de modo que a cultura brasileira não se tornasse um amontoado de fragmentos de culturas exteriores. O novel Código, em verdade, também busca assimilar as melhores qualidades de cada uma das tradições, exsurgindo em seu bojo institutos próprios e que almejam ser adequados a nossa realidade, tornando-se passível de verdadeira "exportação", ou seja, de se tornar um referencial para outros países acatarem ao criarem novos diplomas. Resgata-se, assim, como metáfora, a crença cultural tupinambá, que através da antropofagia ritualística buscava incorporar as qualidades dos inimigos das mais variadas etnias. Pois bem, também nós, com o CPC/2015, buscamos abarcar as virtudes do modelo europeu e do modelo americano, criando um diploma próprio e vanguardista, com espírito único. GABRIEL, Anderson Paiva. *O contraditório participativo no processo penal*: uma análise da fase pré-processual à luz do Código de Processo Civil de 2015 e da Constituição. Rio de Janeiro: Gramma, 2017. p. 28-30.

As soluções encampadas pelo Código Fux deverão ser observadas também no processo penal, o que abarca não só o respeito aos precedentes mas também a promoção da resolução consensual dos conflitos[29] e a busca por uma duração razoável dos procedimentos.

No ponto, primordial salientar que, nos Estados Unidos, a grande maioria dos conflitos, tanto esfera cível quanto na criminal, é solucionada com fulcro no consenso. No âmbito do processo penal, cerne de nossa análise, em mais de 90% dos processos ocorre o chamado *plea bargaining*, no qual há uma espécie de negociação entre o órgão responsável pela acusação e a defesa, culminando com a confissão do acusado e aplicação imediata de uma pena reduzida.

Não se pode ignorar que o processo, para seu legítimo desenvolvimento, deve observar uma série de garantias, dentre as quais se destaca o contraditório (hoje sob a vertente participativa), tanto no processo civil quanto no penal (e até mesmo nos procedimentos administrativos), e atender a tais exigências é uma necessidade do Estado Democrático de Direito, além de ser a única forma de se obter um processo justo.

Todavia, não vemos óbice ao abreviamento do processo quando houver consenso entre acusação e defesa, sendo plenamente possível que esta abra mão de garantias constitucionais e processuais. Pelo contrário, trata-se de instituto que muito pode contribuir para uma maior efetividade da justiça criminal brasileira.[30]

Fundamental, contudo, que antes da homologação, o magistrado competente aprecie: 1 – se o acusado se encontra na plenitude de suas faculdades mentais; 2 – se foi devidamente assistido por sua defesa e tem ciência das consequências do ato; e 3 – a voluntariedade do ato.

Ademais, deve ser possibilitado ao juiz recusar a homologação quando verificar evidente dissonância entre o quadro probatório coligido, ainda que em sede policial, e a confissão feita no acordo, ou, ainda, à luz da proporcionalidade que deve permear o ajuste entre acusação e defesa.[31] Com efeito, a adequada individualização da pena é uma garantia constitucional (art. 5º, XLVI, CRFB/88) e incumbe ao Judiciário, rechaçando-se violações ao princípio da razoabilidade-proporcionalidade, na dupla dimensão de proibição do excesso e de insuficiência.

Por óbvio, a eventual recusa em homologar a proposta por tal razão deve ser devidamente fundamentada, exigindo tal decisão equilíbrio e comedimento por parte do julgador.

Nesse diapasão, cumpre trazer à baila as lições de José dos Santos Carvalho Filho sobre a utilização do princípio da proporcionalidade para o controle do excesso de poder:

> O grande fundamento do princípio da proporcionalidade é o *excesso de poder*, e o fim a que se destina é exatamente o de conter atos, decisões e condutas de agentes públicos que

---

[29] GABRIEL, Anderson de Paiva. A mediação no processo penal. *Jota*, 21 jun. 2017. Disponível em: https://www.jota.info/opiniao-e-analise/colunas/juiz-hermes/a-mediacao-no-processo-penal-21062017. Acesso em: 7 set. 2020
[30] GABRIEL, Anderson Paiva; LIMA, Larissa Pinho Alencar. O *plea bargaining*: contribuições para a Justiça Criminal brasileira. *JOTA*, 2019. Disponível em: https://www.jota.info/opiniao-e-analise/colunas/juiz-hermes/o-plea-bargaining-contribuicoes-para-a-justicacriminal-brasileira-07012019. Acesso em: 22 jul. 2020.
[31] Essa é a nossa posição também em relação ao instituto da colaboração premiada, prevista no art. 4º da Lei nº 12.850/13, cabendo ao juiz analisar a proporcionalidade entre os benefícios apontados pelo Ministério Público e a relevância da colaboração proposta pelo investigado, sendo possível não só recusar a homologação como determinar que seja readequada (conforme, inclusive, expressa previsão legal no §8º).

ultrapassem os limites adequados, com vistas ao objetivo colimado pela Administração, ou até mesmo pelos Poderes representativos do Estado. Significa que o Poder Público, quando intervém nas atividades sob seu controle, deve atuar porque a situação reclama realmente a intervenção, e esta deve processar-se com equilíbrio, sem excessos e proporcionalmente ao fim a ser atingido. Segundo a doutrina alemã, para que a conduta estatal observe o princípio da proporcionalidade, há de revestir-se de tríplice fundamento: (1) *adequação*, significando que o meio empregado na atuação deve ser compatível com o fim colimado; (2) *exigibilidade*, porque a conduta deve ter-se por necessária, não havendo outro meio menos gravoso ou oneroso para alcançar o fim público, ou seja, o meio escolhido é o que causa o menor prejuízo possível para os indivíduos; (3) *proporcionalidade em sentido estrito*, quando as vantagens a serem conquistadas superarem as desvantagens. O princípio, que grassou no Direito Constitucional, hoje incide também no Direito Administrativo como forma de controle da Administração Pública. É necessário, contudo, advertir que, embora o aludido princípio possa servir como instrumento de controle da atividade administrativa, sua aplicação leva em conta, repita-se, o excesso de poder. Não pode, porém, interferir no critério discricionário de escolha do administrador público, quando este tiver à sua disposição mais de uma forma lícita de atuar, oportunidade em que estará exercendo legitimamente seu poder de administração pública. Em consequência, sua aplicação exige equilíbrio e comedimento por parte do julgador, que deverá considerar com acuidade todos os elementos da hipótese sob apreciação; se não o fizer, ele mesmo será o agente violador do princípio que pretende aplicar.[32]

Sepultando qualquer dúvida quanto à aplicabilidade do princípio na seara criminal, as sempre irretocáveis lições do Professor e Ministro do STF Luís Roberto Barroso:

> ... o Direito Penal atua como expressão do dever de proteção do Estado aos bens jurídicos constitucionalmente relevantes, como a vida, a dignidade, a integridade das pessoas e a propriedade. A tipificação de delitos e a atribuição de penas também são mecanismos de proteção a direitos fundamentais. Sob essa perspectiva, o Estado pode violar a Constituição por não resguardar adequadamente determinados bens, valores ou direitos, conferindo a eles proteção deficiente, seja pela não tipificação de determinada conduta, seja pela pouca severidade da pena prevista. Nesse caso, a violação do princípio da razoabilidade-proporcionalidade ocorrerá na modalidade da vedação da insuficiência.[33]

A atual crise do nosso sistema criminal demanda a utilização de novos instrumentos e mecanismos, como por exemplo a colaboração premiada, de forma que vemos com bons olhos a iniciativa legislativa ora analisada, desde que observada a realidade brasileira e desenvolvidas formas de controle adequadas. A atuação dos juízes, enquanto garantidores dos direitos fundamentais no Estado Democrático de Direito, é imperiosa para a consecução dos valores propalados pela Constituição também no processo penal.

No ponto, contudo, cumpre trazer à baila as clássicas lições de Cesare Beccaria, que já exaltava a relevância do tempo transcorrido entre o delito e a imposição da pena para o controle da criminalidade:

> Quanto mais rápida for a pena e mais próxima do crime cometido, tanto mais será ela justa e tanto mais útil....Disse que a prontidão da pena é mais útil porque, quanto mais

---

[32] CARVALHO FILHO, José dos Santos. *Manual de Direito Administrativo*. 30. ed. São Paulo: Atlas, 2016. p. 43/44.
[33] BARROSO, Luís Roberto. *Curso de Direito Constitucional contemporâneo*: os conceitos fundamentais e a construção do novo modelo. 7. ed. São Paulo: Saraiva, 2018. p. 425.

curta é a distância do tempo que se passa entre o delito e a pena, tanto mais forte e mais durável é, no espírito humano, a associação dessas duas idéias, delito e pena, de tal modo que, insensivelmente, se considera uma como causa e a outra como conseqüência, necessária e fatal.[34]

Em outro giro, a pesquisa "Quem somos: a magistratura que queremos", feita pela Associação de Magistrados Brasileiros (AMB) com cerca de 4 mil juízes,[35] revelou que expressiva parcela da magistratura é refratária à audiência de custódia,[36] o que pode ser superado por meio de seu aperfeiçoamento e pela maximização de sua utilidade.

Ora, caso o acusado, devidamente assistido pela defesa técnica, opte voluntariamente por confessar de plano a prática criminosa, não há razão para que seja protelada a resolução da causa, demandando uma desnecessária dilação probatória, que só contribuiria para lamentavelmente revitimizar o eventual ofendido, afetar testemunhas e penitenciar desnecessariamente o acusado. Carnelluti, inclusive, já sustentava que o processo em si pode ser equiparado a uma pena e até mesmo ser desumano.[37] Aliás, a possibilidade de acordo em audiência de custódia já era defendida pelo Ministro Alexandre de Moraes desde a época em que foi indicado para a Suprema Corte.[38]

Nesse sentido, inclusive, o Conselho Nacional de Justiça editou recentemente a Resolução CNJ nº 357/2020, não só admitindo a realização por videoconferência das audiências de custódia, quando não for possível a realização, em 24 horas, de forma presencial, como também apontando que o Ministério Público poderá propor o acordo de não persecução penal nas hipóteses previstas no artigo 28-A do Código de Processo Penal.

*Virtus in medium est*! A virtude está no meio-termo, no equilíbrio garantista que permite assegurar a observância não só dos direitos fundamentais do réu, mas também da vítima e dos demais integrantes da sociedade, conferindo efetividade à prestação jurisdicional e maximizando a paz social, sem ferir o devido processo legal.

É indubitável que nascemos na família *civil law* e não podemos negar ou esquecer nossas origens. Todavia, assim como é impossível deixar de reconhecer a inegável influência familiar no desenvolvimento de um indivíduo, bem como das tradições culturais em que foi criado, é certo que chega um momento em que todo ser humano tende a se tornar independente de seus pais, com personalidade própria. No mesmo sentido, o Brasil vem se aproximando do aniversário de 200 anos de independência e nossa maturidade jurídica nos permite desenvolver uma concepção nacional de processo e justiça, na qual podemos acolher os ensinamentos e a experiência do Direito americano, transmutando-os em institutos próprios, numa singularidade adequada à nossa realidade e que possa contribuir para o aperfeiçoamento de nossa justiça criminal.[39]

---

[34] BECCARIA, Cesare Bonesana. *Dos delitos e das penas*. Tradução J. Cretella Jr. e Agnes Cretella I. 2. ed. São Paulo: Revista dos Tribunais. 1999. p. 71/72 e 87.

[35] VIANNA, Luiz Werneck Vianna; CARVALHO; Maria Alice Rezende de; BURGOS, Marcelo Baumann. *Op. cit.* p. 100-101.

[36] Regulamentada pela Resolução CNJ nº 213, de 15/12/2015.

[37] CARNELUTTI, Francesco. *As misérias do processo penal*. Tradução de José Antonio Cardinalli. São Paulo: Conan, 1995, p. 46.

[38] GALLI, Marcelo. Moraes defende que presos possam fazer transação em audiências de custódia. *Conjur*, Brasília, 21 fev. 2017. Disponível em: https://www.conjur.com.br/2017-fev-21/alexandre-moraes-defende-transacao-penal-audiencias-custodia. Acesso em: 22 jul. 2020.

[39] GABRIEL, Anderson Paiva. *O contraditório participativo no processo penal*: uma análise da fase pré-processual à luz do Código de Processo Civil de 2015 e da Constituição. Rio de Janeiro: Gramma, 2017. p. 21-31.

## 3 As ferramentas tecnológicas e o sistema de justiça penal

O último alicerce essencial para maximização da eficiência da justiça criminal é o fomento do uso da tecnologia. De fato, o estudo da imagem do Poder Judiciário, em pesquisa qualitativa com a população e os formadores de opinião, também havia evidenciado a expectativa de que a modernização e a inovação tecnológica poderiam contribuir para o funcionamento do Judiciário, melhorando o acesso, promovendo a agilidade e a simplificação dos serviços (76% acreditam que o uso da tecnologia facilita muito ou facilita o acesso à Justiça). Entretanto, ainda eram escassos na sociedade o conhecimento e o uso dos canais e serviços digitais da Justiça.[40]

Todavia, se o ano de 2020 será certamente lembrado pela pandemia que assola o mundo, também configurará um marco na transformação tecnológica da Justiça brasileira. O Conselho Nacional de Justiça (CNJ) fomentou o trabalho remoto de magistrados, servidores e colaboradores, buscando soluções de forma colaborativa com os demais órgãos do sistema de justiça para realização de todos os atos processuais, inclusive disponibilizando a todos os juízos e tribunais uma plataforma para a realização de atos virtuais por meio de videoconferência, nos termos da Portaria CNJ nº 61, de 31.03.2020.

Registre-se que as modernas plataformas de videoconferência permitem não só a realização de audiências, mas, também, a interação entre magistrados e demais atores do Sistema de Justiça, possibilitando, por exemplo, que advogados que despachem determinado processo com o juiz responsável valendo-se apenas de um celular e um link, sem ter de se deslocar até o Fórum.

E os resultados do trabalho remoto e por teleconferência ao longo de 2020 foram impressionantes, com um total de movimentos processuais realizados superior a 691,1 milhões, incluindo 15,5 milhões de sentenças e acórdãos, 23,9 milhões de decisões e 41,3 milhões de despachos,[41] o que consubstanciou aumento de produtividade quando comparado aos anos anteriores.

Como salienta Richard Susskind na vanguardista obra *"Online Courts and the future of Justice"*:

> Existem mais pessoas no mundo hoje com acesso à internet do que com efetivo acesso à justiça. De acordo com a Organização para a Cooperação e Desenvolvimento Econômico (OCDE), apenas 46 por cento dos seres humanos vivem sob a proteção da lei, enquanto mais de 50 por cento das pessoas são usuários ativos da Internet de alguma forma. Anualmente, diz-se que um bilhão de pessoas necessitam de "cuidados básicos de justiça", mas em muitos países, pelo menos 30 por cento das pessoas com problemas legais sequer chegam a agir.[42] (tradução livre)

---

[40] LAVAREDA, Antonio; MONTENEGRO, Marcela; XAVIER, Roseane. *Estudo da Imagem do Poder Judiciário*. Brasília: AMB, FGV e IPESPE, 2019. Disponível em: https://www.cnj.jus.br/pesquisas-judiciarias/justica-em-numeros/. Acesso em: 22 jul. 2020. p. 35-36.

[41] Disponível em: https://www.amb.com.br/campanhas/confira-produtividade-do-poder-judiciario-durante-pandemia/. Acesso em: 22 set. 2020

[42] SUSSKIND, Richard. *Online Courts and the Future of Justice*. Oxford: Oxford University Press, 2019: "More people in the world now have access to the internet than access to justice. According to the Organization for Economic Cooperation and Development (OECD), only 46 per cent of human beings live under the protection of law, whereas more than 50 per cent of people are now active users of the internet in one war or another. Annually, one billion people are said to need "basic justice care", but in many countries, close to 30 per cent of problem-owners do not even take action".

Enquanto as tecnologias têm evoluído exponencialmente, as organizações estão se modificando de forma logarítmica, o que leva a um descompasso cada dia maior. É chegada a hora de abraçarmos a tecnologia também na Justiça, permitindo que a prestação jurisdicional se dê de forma efetiva, em tempo razoável e com observância do devido processo legal.

Com efeito, até o início desse ano, o que considerávamos como normal era que autor e réu, bem como os advogados, promotores e defensores, além das testemunhas, tivessem que se deslocar para um fórum, por vezes situado até em cidade diversa daquela em que residem, com alguma antecedência, dado imprevistos como engarrafamentos, e que aguardassem o início da audiência. Findo o ato, todos retornavam para a sua residência, provavelmente não sem perder mais algumas horas no trânsito.

Essa narrativa, por si só, já evidenciaria os elevados custos impostos a todos os participantes. Não só custos financeiros, decorrentes do deslocamento, alimentação e perda de um dia de trabalho, mas, também, custos sociais, como o estresse envolvido. E estamos falando apenas dos personagens essenciais à realização da audiência, merecendo menção que quase sempre há público em uma audiência, a exemplo de familiares dos envolvidos e estudantes de Direito.

Na audiência virtual, todos os interessados recebem um *link*, seja por *e-mail* ou mesmo *whatsapp*, bastando acessar a reunião virtual cinco minutos antes do horário marcado por meio de um celular ou computador. Não é necessário qualquer gasto com transporte e há apenas o sacrifício do tempo necessário para a efetiva realização da audiência. Essa vantagem, por si só, já demonstraria o enorme benefício trazido pelas audiências virtuais.

Do ponto de vista dos advogados, a complexa dinâmica até então vigente implicava que tivessem que se circunscrever, como regra, a uma certa área territorial. Clientes mais abastados talvez pudessem pagar pelo deslocamento de um advogado a outra cidade ou mesmo estado, para despachar um processo ou participar de uma audiência, mas certamente a maior parte dos cidadãos não pode se dar ao luxo de arcar com esses custos. Ademais, mesmo nas causas que estejam correndo na comarca de residência ou em comarcas próximas, a exigência da presença física dificulta sobremaneira, por exemplo, que um advogado possa participar de duas audiências em um mesmo dia, levando-lhe a ter que optar por uma causa em detrimento de outra, substabelecer a outro advogado ou pleitear um adiamento.

As audiências virtuais libertam os advogados dessas amarras geográficas, permitindo que possam ser contratados por clientes de cidades distantes e até mesmo de outros estados, sem que isso importe em um aumento significativo de custos.

O cenário delineado como próprio das varas físicas instaladas em fóruns e das audiências presenciais pode ser impressionante e soar como antiquado ou retrógrado, mas isso se deve ao formato milenar do processo e essa era a normalidade que conhecíamos e a qual estávamos acostumados, por mais complexa e custosa que fosse.

Vivemos a era cibernética. Testemunhamos o nascimento de um novo tempo e a própria transformação da sociedade. Abreviamos as distâncias e ampliamos significativamente o conhecimento humano em todos os campos do saber. Não há mais dúvidas quanto ao potencial que o uso da tecnologia também pode proporcionar para os trabalhos forenses.

Nesse sentido, no dia 10 de novembro de 2020, o Conselho Nacional de Justiça (CNJ) aprovou de forma unânime, em sessão plenária sob a presidência do Ministro

Luiz Fux, a paradigmática Resolução CNJ nº 354/2020. Tradicionalmente, quando era arrolada em um processo judicial testemunha que reside em comarca diversa, tornava-se necessária a expedição de uma carta precatória para o Juízo de sua residência, que, por sua vez, ao receber a carta, designava uma data para a realização da audiência, determinando diligências para que todos os envolvidos fossem intimados para o referido ato.

No dia e horário marcados, realizava-se a oitiva da testemunha pelo juiz local, e, em regra, na presença do promotor e defensor da comarca, bem como dos advogados que atuassem na causa. Aliás, tal fato importava mais um custo significativo para aquele que contrata um advogado, bem como um desgaste para este profissional, pois tinha de se deslocar para a comarca em que a testemunha reside, a fim de participar da audiência, salvo eventual substabelecimento para outro causídico. Uma vez realizado o ato, a carta precatória, com a mídia contendo a gravação, era devolvida para o Juízo de origem, que iria assisti-la e acostá-la aos autos, permitindo que os demais participantes do processo também o fizessem.

Essa breve narrativa demonstra que o uso da obsoleta carta precatória implicava dilação temporal e protelava o deslinde do feito, consoante suspensão processual permitida pelos artigos 365 e 377 do CPC/15. Indubitavelmente, prejudicava a duração razoável dos processos, inviabilizava uma tutela jurisdicional célere e acrescentava um desnecessário custo de transação no processo, em razão da necessidade de deslocamento físico para o juízo deprecado.

De fato, além da audiência de instrução e julgamento realizada perante o juiz natural, passava-se a ter a necessidade de mais uma audiência, desta vez no Juízo do local da residência da testemunha que ensejou a precatória. Ademais, inviabilizava-se a prolação da sentença na própria AIJ, nos termos do art. 366 do CPC/15.

No processo penal, a questão era ainda mais tormentosa, uma vez que, desde a reforma instituída pela Lei nº 11.719/2008, o processo penal pátrio passou a abarcar o princípio da identidade física do juiz. Nesse diapasão, preconiza o art. 399, §2º, do CPP que o juiz que presidiu a instrução deverá proferir a sentença. Assim, mais um elemento se agrega ao formato atual do juiz natural. Tornou-se desejável que o juiz que presida a instrução colha todas as provas, o que, por si só, já torna a carta precatória para a oitiva de testemunha por outro juízo uma medida excepcional. Ademais, conforme dispõe o art. 222 do CPP, a expedição da precatória não suspende a instrução criminal e, findo o prazo marcado, pode realizar-se o julgamento, enquanto as cartas rogatórias só são expedidas se demonstrada previamente a sua imprescindibilidade, arcando a parte requerente com os custos de envio, nos termos do art. 222-A do CPP.

Inegável que algumas defesas arrolam testemunhas em outras comarcas, por vezes em outros estados, e no momento de realização da audiência para o cumprimento da carta precatória simplesmente não comparecem, sem sequer haver a apresentação de qualquer justificativa, o que, por vezes, poderia denotar um intuito protelatório capaz de atrair a incidência do disposto no art. 265 do CPP.

Evidentemente, tal ausência pode se dever, por exemplo, à indisponibilidade de recursos do réu para o custeio do comparecimento de seu representante em outra localidade, ou, ainda, ter como causa uma atuação *pro bono* do advogado, o que tornaria aceitável a sua ausência em comarca distante e poderia permitir a atuação da Defensoria Pública, desde que a justificativa fosse apresentada antes do ato. Aliás, na hipótese de prévia apresentação de motivo escusável, a audiência pode, inclusive, ser adiada, conforme art. 265, §1º, do CPP.

A despeito da corriqueira *vexata quaestio* supradescrita, a expedição de cartas precatórias no processo penal pode se mostrar deveras importante tanto para a defesa quanto para a acusação. E, nesse sentido, é desejável que a prova seja colhida perante o Juízo em que tramita a causa, sendo a testemunha inquirida pelo promotor e pelo defensor que atuam no feito, e não por terceiros que pouco conhecem do processo principal. Ora, as hodiernas plataformas de videoconferência põem fim a todas as celeumas supracitadas, sendo amplamente superiores ao modelo tradicional de expedição de carta precatória para oitiva de testemunha por outro juízo.

De fato, a maior pandemia enfrentada pela humanidade desde 1918, ao tornar necessário o trabalho remoto como forma de possibilitar o distanciamento social, forçou o Judiciário e demais instituições jurídicas a redesenharem inúmeras dinâmicas processuais. Teremos, assim, um legado positivo desse trágico período, com o reconhecimento da possibilidade de realização direta e imediata de audiências por meio de videoconferência, dispensando-se a geração, expedição e cumprimento de cartas precatórias. A medida, além de mais econômica para todos os envolvidos, desonera os juízos deprecados e agiliza os processos na origem. Tecnologia a serviço da redução dos custos de transação inerentes à judicialização.

Curioso notar que o fim das cartas precatórias nos moldes tradicionais já havia sido vaticinado há mais de 10 anos, inclusive com respaldo normativo. Com efeito, o art. 3º da Resolução CNJ nº 105/2010 já dispunha que, quando a testemunha arrolada não residisse na sede do juízo em que tramita o processo, deveria se dar preferência à expedição da carta precatória para a inquirição pelo sistema de videoconferência, e tudo na audiência una realizada no juízo deprecante. No mesmo diapasão, o citado ato normativo também já recomendava que o interrogatório por videoconferência fosse prestado na audiência una realizada no juízo deprecante.

Ora, evidentemente, a previsão era avançada para a época e se mostrava consentânea com aquela realidade. Todavia, hoje, as audiências virtuais podem ser realizadas com um simples *smartphone*, mostrando-se desarrazoado exigir que a testemunha tenha de se deslocar até o prédio do fórum, com o desnecessário uso do seu dinheiro e tempo, quando pode prestar depoimento de sua casa ou trabalho. Vítimas, por sua vez, não precisarão estar fisicamente próximas de seus algozes.

Na mesma linha, também não se mostra mais necessária a expedição de carta precatória para a simples intimação de quem irá depor, reduzindo-se custos inerentes e a dilação temporal. Nos termos do art. 9º da Resolução CNJ nº 354/2020, as partes e os terceiros interessados deverão informar, por ocasião da primeira intervenção nos autos, endereços eletrônicos para receber notificações e intimações, e aquele que requerer a citação ou intimação deverá fornecer, além dos dados de qualificação, os dados necessários para comunicação eletrônica por aplicativos de mensagens, redes sociais e correspondência eletrônica (e-mail), salvo impossibilidade de fazê-lo.

Também a intimação e a requisição de servidor público, bem como a cientificação do chefe da repartição, serão realizadas preferencialmente por meio eletrônico, nos termos do art. 11 da citada resolução. Policiais, por exemplo, são corriqueiramente arrolados como testemunhas, e a resolução em tela permitirá não só a redução da burocracia para sua oitiva, mas, também, que não comprometam tempo desnecessário de sua atuação profissional nos saguões de fóruns ou no deslocamento para os prédios da Justiça, quando poderiam estar patrulhando áreas, e, assim, evitando crimes, ou realizando investigações. Demais disso, também se diminui o sacrifício de suas folgas e os custos com o transporte.

E não há de se falar na ausência de respaldo normativo para esse expressivo avanço. É que a novidade criada se harmoniza plenamente com a garantia constitucional da duração razoável dos processos (art. 5º, LXXVIII, da CRFB/88), tornando a tutela jurisdicional mais célere e efetiva, e se alinha, ainda, com a norma fundamental do processo insculpida no art. 6º do CPC/15. Outra não é a previsão de nosso Código de Processo Penal. Com efeito, o art. 222, §3º, do CPP dispõe que a oitiva da testemunha poderá ser realizada por meio de videoconferência ou de outro recurso tecnológico de transmissão de sons e imagens em tempo real, permitida a presença do defensor e podendo ser realizada, inclusive, durante a realização da audiência de instrução e julgamento.

Com efeito, diversas são as ferramentas tecnológicas que já estão à disposição da justiça criminal e muitas outras podem ser criadas, contribuindo para a maximização de sua eficiência e para o aperfeiçoamento do sistema penal. Exemplo disso seria a criação de um banco nacional de medidas judiciais, à semelhança do BNMP, que pudesse ser consultado por qualquer cidadão e que revelasse se determinado indivíduo se encontra cumprindo medidas cautelares ou se tem em seu desfavor medidas protetivas (nesse sentido, gize-se a recente Resolução CNJ nº 342/2020).

De fato, a Lei nº 12.403, de 2011, insculpiu rol de cautelares diversas da prisão em nosso Código de Processo penal, conferindo nova redação ao art. 319.[43] No entanto, a despeito de já terem transcorrido oito anos e de ter se tornado corriqueira a imposição dessas medidas, verifica-se que inexiste controle efetivo de seu cumprimento, transformando-se em falácia que contribui para o descrédito do sistema de justiça criminal e de nosso processo penal, além de ampliar desnecessariamente o encarceramento.

A preocupação é compartilhada pela academia:

> De nada adianta a imposição de determinada medida cautelar se a ela não se emprestar força coercitiva. De fato, a eficácia de qualquer norma que venha a impor deveres está condicionada à cumulação de sanções, sob pena de se transformar em mera recomendação, simples admoestação, desprovida de força coercitiva. Portanto, a criação dessas medidas cautelares diversas da prisão resultará absolutamente inócua se, concomitantemente, não for trabalhada uma estrutura adequada e eficiente para sua operacionalização e fiscalização. Se isso não ocorrer, haverá um certo temor quanto à adoção de tais medidas, com o surgimento de uma natural resistência por parte de juízes e membros do Ministério Público,

---

[43] Art. 319. São medidas cautelares diversas da prisão:
I - comparecimento periódico em juízo, no prazo e nas condições fixadas pelo juiz, para informar e justificar atividades;
II - proibição de acesso ou frequência a determinados lugares quando, por circunstâncias relacionadas ao fato, deva o indiciado ou acusado permanecer distante desses locais para evitar o risco de novas infrações;
III - proibição de manter contato com pessoa determinada quando, por circunstâncias relacionadas ao fato, deva o indiciado ou acusado dela permanecer distante;
IV - proibição de ausentar-se da Comarca quando a permanência seja conveniente ou necessária para a investigação ou instrução;
V - recolhimento domiciliar no período noturno e nos dias de folga quando o investigado ou acusado tenha residência e trabalho fixos;
VI - suspensão do exercício de função pública ou de atividade de natureza econômica ou financeira quando houver justo receio de sua utilização para a prática de infrações penais;
VII - internação provisória do acusado nas hipóteses de crimes praticados com violência ou grave ameaça, quando os peritos concluírem ser inimputável ou semi-imputável (art. 26 do Código Penal) e houver risco de reiteração;
VIII - fiança, nas infrações que a admitem, para assegurar o comparecimento a atos do processo, evitar a obstrução do seu andamento ou em caso de resistência injustificada à ordem judicial;
IX - monitoração eletrônica.

que irão se voltar novamente à prisão cautelar como o instrumento mais eficiente para tutelar a eficácia do processo, a despeito do sacrifício da liberdade de locomoção do agente.

Ademais, caso não haja a menor possibilidade de fiscalização de uma medida cautelar diversa da prisão, isso significa dizer que tal medida será ineficiente para neutralizar as situações de perigo indicadas no art. 282, I, do CPP. Logo, de modo a evitar a imposição de medida totalmente inócua e absolutamente inadequada para resguardar a aplicação da lei penal, a investigação criminal e para evitar a prática de infrações penais, ao magistrado não restará outra opção senão deixar de decretá-la, preservando-se, assim, o princípio da proporcionalidade em sua visão positiva (vedação da proteção deficiente).

Por isso, apesar do silêncio do legislador, que se limitou a prever que do descumprimento de qualquer das obrigações impostas poderá resultar a substituição da medida, imposição de outra em cumulação, ou, em último caso, a decretação da prisão preventiva (CPP, art. 282, §4º), acreditamos que, para cada medida cautelar diversa da prisão, devem ser pensados instrumentos idôneos para assegurar sua operacionalidade e eficácia.[44]

Cumpre ressaltar o atroz custo pessoal e social da prisão para o segregado e seus familiares, além do enorme gasto para o Estado (um preso no Brasil custa, em média, R$ 2,4 mil por mês, valor lamentavelmente muito superior ao que é dispendido por estudante[45]), tudo a fomentar a disseminação das medidas cautelares diversas em substituição à prisão preventiva.

Destaque-se, ainda, que sequer é possível a um juiz checar, de forma razoavelmente fácil e confiável, se determinado réu já cumpre medidas cautelares em outro processo, o que evidencia a teratologia do quadro atual. Todavia, a despeito de todos esses percalços, os Tribunais reiteradamente determinam incumbir aos juízes de 1º grau a fiscalização das medidas cautelares impostas.[46]

Ora, alguns autores já traçaram alegorias metafóricas envolvendo o heroico semideus grego Hércules e os juízes, como Ronald Dworkin[47] e François Ost,[48] mas, lamentavelmente, nem mesmo um esforço hercúleo poderia permitir que um juiz brasileiro, hoje, lograsse realizar uma fiscalização efetiva de tais medidas.

---

[44] LIMA, Renato Brasileiro de. *Manual de processo penal*: volume único. 5. ed. Salvador: Juspodivm, 2017. p. 1029-1030.

[45] Cármen Lúcia diz que preso custa 13 vezes mais do que um estudante no Brasil. *CNJ*, Brasília, 20, jun. 2018. Disponível em: https://www.cnj.jus.br/carmen-lucia-diz-que-preso-custa-13-vezes-mais-do-que-um-estudante-no-brasil/. Acesso em: 22 jul. 2020.

[46] HABEAS CORPUS. RELATOR QUE INDEFERIU LIMINAR NA ORIGEM. ESTELIONATO. ORGANIZAÇÃO CRIMINOSA. PRISÃO EM FLAGRANTE CONVERTIDA EM PREVENTIVA. FUNDAMENTAÇÃO INIDÔNEA. CONSTRANGIMENTO ILEGAL EVIDENCIADO. SUPERAÇÃO DO ÓBICE DO ENUNCIADO N. 691/STF. NECESSIDADE. 1... 3. Writ não conhecido. Ordem concedida de ofício, confirmando-se a liminar, para substituir a prisão preventiva do paciente por medidas alternativas consistentes em: a) comparecimento quinzenal em juízo para informar e justificar suas atividades (art. 319, I, do CPP); b) proibição de acesso, por qualquer meio, à empresa CPLAN Engenharia e às demais envolvidas (art. 319, II, do CPP); c) proibição de manter contato com qualquer pessoa vinculada aos fatos objeto de apuração (art. 319, III, do CPP); d) proibição de ausentar-se da comarca sem autorização judicial (art. 319, IV, do CPP); e e) suspensão das atividades profissionais do paciente e da empresa CPLAN Engenharia (art. 319, VI, do CPP), cabendo ao Magistrado de piso tanto a implementação quanto a fiscalização. (HC 429855 - Relator(a) SEBASTIÃO REIS JÚNIOR - STJ - SEXTA TURMA - Data 04.09.2018 - Data da publicação 14.09.2018).

[47] DWORKIN, Ronald. *Taking rights seriously*. Cambridge, USA: Harvard University Press, 1977; DWORKIN, Ronald. *Law's empire*. Cambridge, USA: Harvard University Press, 1986.

[48] OST, François. *Júpiter, Hércules, Hermes*: tres modelos de juez. *DOXA*, n. 14, p. 169-194, 1993. Disponível em: http://www.cervantesvirtual.com/servlet/SirveObras/01360629872570728587891/index.htm. Acesso em: 20 ago. 2015.

Alguns doutrinadores defendem que o juiz deva comunicar à unidade da polícia civil ou da polícia militar local, especialmente em cidades pequenas no interior, com o intuito de viabilizar alguma fiscalização.[49] Ainda que tal medida possa revelar alguma eficiência, a limitação é evidente mesmo em comarcas diminutas, seja pela burocracia envolvida ou mesmo pelo número de policiais (sem falar nas constantes remoções) que devem tomar conhecimento da medida e recordá-la, seja pela ausência de uma confiabilidade quanto à abrangência e vigência da medida. Como exigir que um policial saiba qual é o exato teor da medida cautelar imposta a determinado indivíduo e se ela não foi revogada ou substituída? O pragmatismo nos impele a assentar a inviabilidade desse modelo.

Nesse sentido, imperiosa a criação de um banco de medidas judiciais, sendo a alimentação quanto à imposição ou revogação de medidas realizada automaticamente pelo próprio Poder Judiciário, o que ensejaria confiabilidade quanto ao conteúdo e validade da informação, além de rechaçar delongas burocráticas, como ocorre com os mandados de prisão.

Tal medida, embora simples, permitiria que não só as forças policiais (de forma ampla e não apenas a guarnição local) colaborassem com a fiscalização do cumprimento das cautelares diversas, como que a própria comunidade zelasse por elas, noticiando o descumprimento por meio do 190, por exemplo, ou mesmo documentando-a diretamente (o uso disseminado de *smartphones* pode facultar isso).

Além disso, a lavratura de auto de prisão em flagrante pela prática do crime de descumprimento de Medidas Protetivas de Urgência, tipificado no art. 24-A da Lei nº 11.340 (criado pela Lei nº 13.641, de 2018), demanda a certeza de que o suposto autor do fato havia sido previamente intimado da decisão que deferiu as medidas protetivas, o que pode exigir o dispêndio de grande tempo e uma série de consultas, sem que, por vezes, seja possível se certificar de tal pressuposto ao final. A criação de banco de dados, nos termos determinados pelo CNJ, poderá pôr fim a tal situação.

Em outro giro, também se poderia possibilitar que intimações de decisões que deferem medidas protetivas sejam realizadas em sede policial, dando concretude à tutela jurisdicional, seja em razão de o suposto autor do fato residir em comunidade dominada pelo tráfico e na qual oficial de justiça não logrou realizar a diligência, fato infelizmente corriqueiro no Rio de Janeiro, ou mesmo em decorrência de o indivíduo ter remanescido em local incerto e não sabido até aquele momento.

Ora, frequente já é a situação em que determinada pessoa comparece a uma delegacia para fazer um registro de ocorrência, até mesmo um extravio de documentos, e acaba se logrando cumprir um mandado de prisão que estava pendente, graças aos arquivos da Polinter e ao BNMP. Por que não estender isso para medidas cautelares, protetivas e até mesmo para possibilitar o andamento de processos paralisados por se desconhecer o paradeiro do réu, nos termos do art. 366 do CPP?[50] Nesse diapasão,

---

[49] AVENA, Norberto Cláudio Pâncaro. *Processo penal*. 9. ed. Rio de Janeiro: Forense; São Paulo: Método, 2017. p. 621-622.

[50] O Rio de Janeiro conta com ferramenta denominada Portal de Segurança, banco de dados da Segurança Pública que abrange informações do IFP, PCERJ, SEAP, DETRAN e INFOSEG e que poderia passar a albergar essas informações, tornando-se ainda mais útil. Há de se gizar que a consulta ao referido portal pode revelar as ocorrências policiais em que um indivíduo figura como envolvido, processos criminais, seu histórico de endereço junto a órgãos estaduais (inclusive com as datas de atualização), veículos em seu nome, histórico junto ao sis-

cumpre salientar que a amplitude do banco nacional de medidas judiciais cuja criação defendemos certamente maximizaria a efetividade da tutela jurisdicional criminal.

Aliás, há muito já sustentamos ser imperiosa também a criação de um banco nacional de condenações criminais, como forma de viabilizar a valoração dos antecedentes[51] e da reincidência, ensejando uma adequada realização da dosimetria das penas pelos juízes. Lamentavelmente, a obtenção da FAC de outros estados é um procedimento moroso e excepcionalmente realizado, sendo certo que muitos réus com múltiplas anotações se beneficiam de tal fato, com as condenações pelas justiças de outros estados sendo ignoradas em seus processos dosimétricos, o que pode acarretar não só penas menores como regimes de cumprimento mais brandos. Até mesmo a análise quanto à necessidade ou não de decretação ou manutenção de prisões preventivas, com lastro na garantia da ordem pública, tornar-se-ia mais percuciente com tal fonte de dados.

Há, ainda, outras aplicações tecnológicas que podem dar um salto de qualidade à persecução criminal no Brasil. As delegacias do Rio de Janeiro, por exemplo, dispõem de equipamentos denominados *live scanners*, sendo estes interligados ao banco de dados de identificação civil do DETRAN, o que permite atestar a identidade de um indivíduo na lavratura de um auto de prisão em flagrante, refutando o uso de dados falsos. No ponto, a Polícia Civil do Estado do Rio de Janeiro é um paradigma que deveria ser seguido por outros estados, já que o procedimento em tela impede que um preso em flagrante se identifique usando os dados de terceiros, como um irmão, o que pode levar a uma posterior condenação criminal equivocada e, pior, ao encarceramento de um inocente.[52]

Fato é que o investimento em tecnologia e a criação de ferramentas como bancos de dados podem conferir maior efetividade à justiça criminal, adequando-a ao dinamismo do mundo contemporâneo e à revolução tecnológica e digital que estamos vivenciando.

## 4 Conclusão

O Brasil vive um momento de renovação no processo, implementada através da elaboração do CPC/15 e de novas leis processuais, almejando que a prestação jurisdicional seja efetiva e ocorra em tempo razoável.

Nessa linha de ideias,[53] registre-se que a Constituição Federal assegurou a todos, no âmbito judicial e administrativo, a razoável duração do processo (EC nº 45/2004), impondo, ainda, à Administração Pública direta e indireta de qualquer dos Poderes e, portanto, ao Judiciário, a obediência ao princípio da eficiência (EC nº 19/1998). Ademais, o art. 8º do CPC/15, norma fundamental de nosso processo e aplicável também no âmbito criminal, determina expressamente aos juízes que, ao aplicar o ordenamento jurídico, deverão atender aos fins sociais e às exigências do bem comum, observando a proporcionalidade e a eficiência.

---

tema prisional (com datas de entrada e saída, bem como datas de transferência de regime, etc...), o que pode se mostrar de grande valia para a jurisdição criminal.

[51] GABRIEL, Anderson de Paiva. Releitura da Súmula 444 do STJ à luz do princípio da presunção de inocência. *Jota*, Brasília, 28 maio 2018. Disponível em: https://www.jota.info/opiniao-e-analise/colunas/juiz-hermes/releitura-da-sumula-444-do-stj-a-luz-do-principio-da-presuncao-de-inocencia-28052018. Acesso em: 7 set. 2020.

[52] HOMEM preso no lugar do irmão é inocentado no MA. *Conjur*, Brasília, 16 out. 2011. Disponível em: https://www.conjur.com.br/2011-out-16/homem-preso-crimes-cometidos-irmao-inocentado-maranhao. Acesso em: 7 set. 2020.

[53] HESSE, Konrad. *A força normativa da constituição*. Tradução de Gilmar Ferreira Mendes. Porto Alegre: Sérgio Antônio Fabris, 1991.

No ponto, gize-se que o CPC/15 atrai a invocação do "diálogo das fontes",[54] permitindo que diversos de seus dispositivos tenham seu campo de aplicação espraiado para outros ramos processuais,[55] tornando os princípios da boa-fé processual (art. 5º), cooperação (art. 6º), contraditório participativo[56] (arts. 7º, 9º e 10), fundamentação adequada (art. 489, §1º) e respeito aos precedentes (art. 489, §1º, V e VI; 926 e 927), por exemplo, aplicáveis ao processo penal,[57] e, em especial, a preocupação com a eficiência e a busca pela cooperação e consenso.

Imperiosa, assim, a leitura do vetusto CPP à luz da Constituição Federal e do vanguardista CPC/15, já que as normas fundamentais previstas neste propalam justamente os valores previstos na Carta Magna, permitindo uma redemocratização do processo penal.

Conscientes de sua missão ética e gerindo processos efetivamente justos, os magistrados podem se transformar em instrumento de uma justiça socialmente equilibrada e equitativa, hábil a ampliar o bem-estar social sem descurar das garantias fundamentais individuais.

Nesse diapasão, o pensamento pragmático[58] deve se tornar o paradigma jurisdicional contemporâneo, sendo seus alicerces, isto é, o antifundacionalismo, o contextualismo e o consequencialismo,[59] vetores também da atividade judicante. Em outro giro, ferramentas como a Análise Econômica do Direito[60] e a economia comportamental devem iluminar a relação entre as consequências imediatas e as de longo prazo, bem como nortear as reflexões no âmbito da micro e macro Justiça, fomentando o aprimoramento e o progresso do Direito brasileiro.

Com efeito, o nosso ordenamento jurídico recentemente incorporou de forma expressa essas premissas, uma vez que a Lei de Introdução às Normas do Direito Brasileiro (DL nº 4.657/42) foi alterada por meio da Lei nº 13.655/2018 e regulamentada pelo Decreto nº 9.830/19, passando a preconizar de maneira categórica todos os pilares supramencionados.

Por sua vez, a Análise Econômica do Direito (AED), desenvolvida precipuamente nos EUA e sob o signo da *common law*, consiste em um método de análise jurídica que congrega conhecimentos de Direito e de Economia, e, por meio da utilização de ferramentas da Ciência Econômica, busca uma compreensão mais ampla dos institutos jurídicos e de suas consequências sociais. A Psicologia[61] também influenciou a Análise Econômica do Direito, desempenhando o papel de investigadora das limitações da ra-

---

[54] MARQUES, Cláudia Lima. O "diálogo das fontes" como método da nova teoria geral do direito: um tributo a Erik Jayme. *In*: MARQUES, Cláudia Lima. *Diálogo das fontes do conflito à coordenação de normas no direito brasileiro*. São Paulo: Revista dos Tribunais, 2012.

[55] GABRIEL, Anderson Paiva. *O contraditório participativo no processo penal*: uma análise da fase pré-processual à luz do Código de Processo Civil de 2015 e da Constituição. Rio de Janeiro: Gramma, 2017. p. 28-30.

[56] O princípio do contraditório, que já se considerou ser o binômio: informação e reação, implica, na dimensão participativa, um quadrinômio composto dos seguintes elementos: informação, reação, diálogo e influência. *Ibidem*. p. 47.

[57] Enunciado nº 3 da I Jornada de Processo Civil do CJF.

[58] POGREBINSCHI, Thamy. *Pragmatismo*: teoria social e política. Rio de Janeiro: Relume Dumará, 2005.

[59] FUX, Luiz. Justiça infectada? A hora da prudência. *Globo*, Rio de Janeiro, 30 mar. 2020. Disponível em: https://oglobo.globo.com/opiniao/artigo-justica-infectada-hora-da-prudencia-24337119. Acesso em: 22 jul. 2019.

[60] FUX, Luiz; BODART, Bruno. *Processo civil e análise econômica*. 1. ed. Rio de Janeiro: Forense, 2019. p. 2.

[61] KAHNEMAN, Daniel. *Thinking fast and slow*. Kindle Edition, Location p. 39-52.

cionalidade humana e as suas consequências comportamentais,[62] bem como a influência que determinados incentivos podem acarretar. Nasce, por meio deste relacionamento, a Análise Econômica Comportamental do Direito ou *Behavioral Law & Economics (BL&E)*.[63]

Em nosso ordenamento jurídico, também já é possível observar a influência dessa escola acadêmica. Compulsando o Código de Processo Civil de 2015 (CPC/15), esta conclusão resta translúcida ante a redação de inúmeros dispositivos, tais como os arts. 3º, 5º e 6º, só para nos atermos às normas fundamentais,[64] sendo todos voltados para o fomento da cooperação, consenso e boa-fé, incentivando comportamentos positivos.

No mesmo sentido, no âmbito do processo penal, não podemos deixar de destacar a colaboração premiada (art. 4º da Lei 12.850/13), lastreada justamente na concepção supracitada. Aliás, tal fato já foi reconhecido no paradigmático voto proferido pelo Ministro do STF Luiz Fux no julgamento da Ação Penal 470.[65]

Assim, ao longo desse breve diagnóstico, buscamos demonstrar que, para o aperfeiçoamento de nossa Justiça Criminal e uma maior eficiência, mostra-se essencial: 1 - a busca por um maior pragmatismo e pela racionalização da Justiça, rechaçando-se concepções processuais nefelibatas como a do juiz de garantias; 2 - o fomento à resolução consensual dos conflitos, em especial por meio da mediação extrajudicial, e inclusive no âmbito do processo penal, fortalecendo-se o ideal de justiça restaurativa e com ferramentas como o acordo de não persecução e eventual instituto inspirado no *Plea Bargaining*; e, por fim, 3 - o uso de tecnologia, não só por meio do processo judicial eletrônico, mas também com a expansão da inteligência artificial, das audiências virtuais (inclusive com as cartas precatórias se encaminhando para a extinção), do teletrabalho e, especificamente no campo do processo penal, investindo-se inclusive em bancos de dados, a exemplo de um banco nacional de antecedentes criminais e um banco nacional de medidas judiciais.

## Referências

AVENA, Norberto Cláudio Pâncaro. *Processo penal*. 9. ed. Rio de Janeiro: Forense; São Paulo: Método, 2017.

BARROSO, Luís Roberto. *Curso de Direito Constitucional contemporâneo*: os conceitos fundamentais e a construção do novo modelo. 7. ed. São Paulo: Saraiva, 2018.

BECCARIA, Cesare Bonesana. *Dos delitos e das penas*. Tradução J. Cretella Jr. e Agnes Cretella I. 2. ed. São Paulo: Revista dos Tribunais. 1999.

BRANDÃO, Edison; PINTO, Esdras Silva; SANCTIS, Fausto Martin De; TEIXEIRA, Gizelda Leitão; DAVID, Ivana; AMARAL, Katia Maria; LIMA, Larissa Pinho de Alencar; FIGUEIREDO, Luiz Carlos Vieira de; MARQUES, Luiz Gonzaga Mendes. Execução provisória da pena após a condenação em 2º grau é defendida por juízes criminais de todo o Brasil reunidos no IV FONAJUC. *GenJurídico*, 2019. Disponível em: http://genjuridico.com.br/2019/11/06/execucao-provisoria-da-pena/. Acesso em: 7 set. 2020.

BATISTA, Weber Martins. *Liberdade provisória*. 2. ed. Rio de Janeiro: Forense, 1985.

BUENO, Cassio Scarpinella. *Novo código de processo civil anotado*. 1. ed. São Paulo: Saraiva, 2015.

---

[62] CALABRESI, Guido. *The future of law and economics*. New Heaven: Yale University Press, 2016. p. 3-4
[63] SUNSTEIN, Cass R; JOLLS, Christine; THALES, Richard. A Behavioral Approach to Law and Economics. *Stanford Law Review*, 1997-1998. p. 1471-1550.
[64] Poderíamos citar, ainda, os seguintes artigos do CPC/15: 77, 80, 81, 90, 278 e 334, §8º.
[65] VOTO parcial do ministro Luiz Fux no item VI da Ação Penal 470. *STF*, Brasília, 3 out. 2018. Disponível em http://www.stf.jus.br/portal/cms/verNoticiaDetalhe.asp?idConteudo=220033. Acesso em: 22 jul. 2020.

BULFINCH, Thomas. *O Livro de Ouro da Mitologia* – Histórias de Deuses e Heróis. 12. ed. Rio de Janeiro: Ediouro, 2000.

CALABRESI, Guido. *The future of law and economics*. New Heaven: Yale University Press, 2016.

CARNEIRO, Paulo Cezar Pinheiro. *Acesso à justiça*: juizados especiais e a ação civil pública – uma nova sistematização da teoria geral do processo. 2 ed. Rio de Janeiro: Forense, 2000.

CARNELUTTI, Francesco. *As misérias do processo penal*. Tradução de José Antonio Cardinalli. São Paulo: Conan, 1995.

CARPES, Bruno Amorim; BONFIM, Edilson Mougenot. O cavalo de Troia no pacote anticrime. *Gazeta do Povo*, Porto Alegre, 25 dez. 2019. Disponível em: https://www.gazetadopovo.com.br/opiniao/artigos/o-cavalo-de-troia-no-pacote-anticrime/ Acesso em: 8 set. 2020.

CARVALHO FILHO, José dos Santos. *Manual de Direito Administrativo*. 30. ed. São Paulo: Atlas, 2016.

CNJ. *Justiça em Números 2019*. Brasília: CNJ, 2019. Disponível em: https://www.cnj.jus.br/pesquisas-judiciarias/justica-em-numeros/. Acesso em: 22 jul. 2020.

DWORKIN, Ronald. *Taking rights seriously*. Cambridge, USA: Harvard University Press, 1977.

DWORKIN, Ronald. *Law's empire*. Cambridge, USA: Harvard University Press, 1986.

FISHER, George. *Plea Bargaining's Triumph*: a history of Plea Bargaining in America. Stanford: Stanford University Press, 2003.

FISCHER, Roger and William URY. *Getting to Yes:* Negotiating Agreement without Giving. Boston: Houghton Mifflin Co., 1981.

FULLER, Lon. Mediation: its forms and functions, 44 S. Cal. Law Review, 305, 1971; *The forms and limits of adjudication*, 92 Harvard Law Review, 353, 1978.

FUX, Luiz; BODART, Bruno. *Processo civil e análise econômica*. 1. ed. Rio de Janeiro: Forense, 2019.

FUX, Luiz. Justiça infectada? A hora da prudência. *Globo*, Rio de Janeiro, 30 mar. 2020. Disponível em: https://oglobo.globo.com/opiniao/artigo-justica-infectada-hora-da-prudencia-24337119. Acesso em: 22 jul. 2019.

GABRIEL, Anderson Paiva. *O contraditório participativo no processo penal*: uma análise da fase pré-processual à luz do Código de Processo Civil de 2015 e da Constituição. Rio de Janeiro: Gramma, 2017.

GABRIEL, Anderson Paiva; LIMA, Larissa Pinho Alencar. Um presente de grego no Natal de 2019. *JOTA*, 2019. Disponível em: https://www.jota.info/opiniao-e-analise/colunas/juiz-hermes/presente-de-grego-garantias-27122019. Acesso em: 7 set. 2020.

GABRIEL, Anderson Paiva; LIMA, Larissa Pinho Alencar. O *plea bargaining*: contribuições para a Justiça Criminal brasileira. *JOTA*, 2019. Disponível em: https://www.jota.info/opiniao-e-analise/colunas/juiz-hermes/o-plea-bargaining-contribuicoes-para-a-justicacriminal-brasileira-07012019. Acesso em: 22 jul. 2020.

GIACOMOLLI, Nereu José. *Legalidade, oportunidade e consenso no processo penal:* na perspectiva das garantias constitucionais (Alemanha – Espanha – Itália – Portugal – Brasil). 1. ed. Porto Alegre: Livraria do Advogado, 2006.

GRAMSCI, Antonio. *Selections of the Prison Notebooks*. New York: International Publishers, 1971.

HESSE, Konrad. *A força normativa da constituição*. Tradução de Gilmar Ferreira Mendes. Porto Alegre: Sérgio Antônio Fabris, 1991.

KAHNEMAN, Daniel. *Thinking fast and slow*. Kindle Edition, Location 39-52.

LAVAREDA, Antonio; MONTENEGRO, Marcela; XAVIER, Roseane. *Estudo da Imagem do Poder Judiciário*. Brasília: AMB, FGV e IPESPE, 2019. Disponível em: https://www.cnj.jus.br/pesquisas-judiciarias/justica-em-numeros/. Acesso em: 22 jul. 2020.

LAMY, Eduardo de Avelar. Súmula Vinculante: um Marco. In: *Ensaios de Processo Civil*, Vol. I. São Paulo: Conceito Editorial, 2011.

LIMA, Renato Brasileiro de. *Manual de processo penal*: volume único. 5. ed. Salvador: Juspodivm, 2017.

MARCÃO, Renato. *Código de processo penal comentado*. São Paulo: Saraiva, 2016.

MARQUES, Cláudia Lima. O "diálogo das fontes" como método da nova teoria geral do direito: um tributo a Erik Jayme. *In*: MARQUES, Cláudia Lima. *Diálogo das fontes do conflito à coordenação de normas no direito brasileiro*. São Paulo: Revista dos Tribunais, 2012.

NERY JUNIOR, Nelson. *Princípios do processo na Constituição Federal*. São Paulo: Revista dos Tribunais, 2010.

OST, François. *Júpiter, Hércules, Hermes*: tres modelos de juez. DOXA, n. 14, p. 169-194, 1993. Disponível em: http://www.cervantesvirtual.com/servlet/SirveObras/01360629872570728587891/index.htm. Acesso em: 20 ago. 2015.

PINHO, Humberto Dalla Bernardina de. *Direito Processual Civil Contemporâneo*. 6. ed. Rio de Janeiro: Saraiva, 2015.

PINTO, Alessandra de Araújo Bilac Moreira Pinto; Gabriel, Anderson de Paiva Gabriel; SILVA, Felipe Carvalho Gonçalves; VIDEIRA, Renata Gil de Alcântara; FERRAZ, Simone de Faria. Vara criminal especializada em crime organizado e a efetividade da justiça criminal *Migalhas*, Rio de Janeiro, 5 jul. 2019. Disponível em: https://www.migalhas.com.br/depeso/305754/vara-criminal-especializada-em-crime-organizado-e-a-efetividade-da-justica-criminal. Acesso em: 22 jul. 2020.

PORTO, Fabio Ribeiro. O impacto da utilização da Inteligência artificial no Executivo fiscal – Estudo de caso do Tribunal de Justiça do Rio de Janeiro. *Direito em Movimento*, Rio de Janeiro, v. 17 - n. 1, p. 142-199, 1º sem. 2019.

POGREBINSCHI, Thamy. *Pragmatismo*: teoria social e política. Rio de Janeiro: Relume Dumará, 2005.

RANGEL, Paulo. *Direito processual penal*. 23. ed. São Paulo: Atlas, 2015.

SALOMÃO, Luis Felipe. O marco regulatório para a mediação no Brasil. *Revista Jurídica LEX*, v. 73, p. 116-121, 2015.

SALOMÃO, Luis Felipe. Ativismo judicial: para quem e por quê? *Revista Justiça e Cidadania*, v. 1, p. 18-20, 2018.

STONE, Katherine V. W. *Private Justice: the law of alternative dispute resolution*. New York: Foudation Press, 2000.

SUNSTEIN, Cass R; JOLLS, Christine; THALES, Richard. A Behavioral Approach to Law and Economics. *Stanford Law Review*, p. 1471-1550, 1997-1998.

TARUFFO, Michele. *Leyendo a Ferrajoli*: consideraciones sobre la jurisdicción. Páginas sobre justicia civil. Madrid: Marcial Pons, 2009.

VIANNA, Luiz Werneck Vianna; CARVALHO; Maria Alice Rezende de; BURGOS, Marcelo Baumann. *Quem somos* – A magistratura que queremos. Brasília: AMB, 2018. Disponível em: https://www.cnj.jus.br/pesquisas-judiciarias/justica-em-numeros/. Acesso em: 22 jul. 2020.

ZYGMUNT, Bauman. *Modernidade líquida*. Zahar Editora, 2000.

---

Informação bibliográfica deste texto, conforme a NBR 6023:2018 da Associação Brasileira de Normas Técnicas (ABNT):

GABRIEL, Anderson de Paiva. Por uma justiça criminal mais eficiente. Pragmatismo, consensualismo e tecnologia. *In*: ASSOCIAÇÃO DOS MAGISTRADOS BRASILEIROS; SALOMÃO, Luis Felipe; FONSECA, Reynaldo Soares da; VIDEIRA, Renata Gil de Alcantara; SZPORER, Patrícia Cerqueira Kertzman; COSTA, Daniel Castro Gomes da (Coord.). *Sistema penal contemporâneo*. Belo Horizonte: Fórum, 2021. p. 469-492. ISBN 978-65-5518-205-7.

# REFLEXÕES SOBRE ATIVISMO JUDICIAL NO CONTEXTO DA DECLARAÇÃO DO ESTADO DE COISAS INCONSTITUCIONAL*

CLÁUDIA VIEIRA MACIEL DE SOUSA

## 1 Introdução

O presente trabalho constitui estudo de caso e tem por objeto a declaração exarada pelo Supremo Tribunal Federal na ADPF nº 347. Através da referida ação o STF, ao acolher pedido cautelar, expressamente,[1] importou para a jurisdição brasileira o instituto denominado "estado de coisas inconstitucional", originalmente manejado pela Corte Constitucional Colombiana (CCC).

A corte máxima da Colômbia já se utilizou deste instituto nove vezes (LEMOS; CRUZ, 2017), sendo que em uma dessas em um caso relacionado a condições cruéis nas prisões do país: "Sentencia n. T-153/98, 1998".

Semelhantemente ao que ocorrido na Colômbia, no Brasil o estado caótico das prisões e, consequentemente, as massivas violações de direitos humanos, corolário de omissões dos Poderes Públicos, foram denunciados à Corte Maior do país. O partido Socialismo e Liberdade (PSOL), esteado em uma pesquisa desenvolvida pela Clínica Direitos Humanos da Universidade do Estado do Rio de Janeiro (UERJ), apresentou, em maio de 2015, a Ação de Descumprimento de Preceito Fundamental (ADPF) de nº 347 e, nesta ação, todas as unidades federativas foram demandadas.

---

\* O presente artigo, concluído em 2020, retoma as reflexões apresentadas no trabalho de conclusão do curso de especialização em Ciências Criminais pela Pontifícia Universidade Católica de Minas Gerais – PUC Minas (2019).
[1] Lemos e Cruz (2017, p. 22) lembram que o Min. Barroso, em outra oportunidade, quando em julgamento as Ações Diretas de Inconstitucionalidade nºs 4.357 e 4.425, as quais versavam sobre o pagamento de precatórios, já destacara a ocorrência de um "estado de inconstitucionalidade grave e permanente que se instaurou no país, em relação ao pagamento de condenações judiciais contra a Fazenda Pública". Naquela oportunidade, a Suprema Corte incumbiu o Conselho Nacional de Justiça da tarefa de "elaborar proposta normativa para equacionar os problemas, bem como o papel de monitorar e supervisionar o cumprimento das medidas que impusera aos entes públicos".

O presente estudo tem por objeto a Declaração de Estado de Coisas Inconstitucional (ECI) e o problema foi definido como: O Supremo Tribunal Federal, ao admitir a introdução do ECI em nosso ordenamento e, via de consequência, ao deliberar as medidas dela decorrentes, assume o ativismo judicial ou o julgamento tratou tão somente de um caso de judicialização da política?

Para além de analisar a ADPF e o instituto do ECI, o cerne da questão está na admissão em nosso ordenamento jurídico e sua compatibilidade com o regramento estabelecido em nossa Constituição, pois considerando que o Estado é alicerçado na teoria da separação dos poderes de Montesquieu, na qual o Executivo, Legislativo e Judiciário devem conviver harmonicamente e independentes, sendo que há limitações em suas atuações, inclusive com o *checks and balances*, ou seja, o "freios e contrapresos", é preciso compreender a natureza jurídica das deliberações decorrentes da recepção do ECI.

O objetivo específico é refletir se a decisão do Supremo, de alguma forma, viola o pacto federativo de separação de poderes e a possível ocorrência de mácula ao princípio da não interferência de um desses poderes sobre o outro.

A pertinência deste estudo está na necessária compreensão das consequências da introdução deste instituto no ordenamento jurídico brasileiro, ao passo que avalia os desdobramentos das ordens intervencionistas emanadas pelo Supremo Tribunal Federal para sanar ou, ao menos, minorar os problemas denunciados na ADPF.

Constituiu como referencial teórico o trabalho do professor Dr. Carlos Alexandre de Azevedo Campos, o qual legitima o ativismo judicial estrutural dialógico para declarar o estado de coisas inconstitucional em favor da efetiva proteção dos direitos fundamentais.

A metodologia do trabalho adotada foi a análise qualitativa por intermédio da pesquisa e revisão bibliográfica, além da pesquisa jurisprudencial. O estudo inicia com a definição e origem da declaração do estado de coisas inconstitucional e, imediatamente, apresenta um relato da situação carcerária no país, pano de fundo da ADPF que introduziu o instituto do ECI no Brasil. Na sequência traz os pedidos e a decisão do Supremo Tribunal e examina a natureza desta recepção, bem como o posicionamento da doutrina. Ao final, envidaram-se esforços para responder ao problema estabelecido nesta pesquisa.

À guisa de conclusão, o presente trabalho seguiu a linha de entendimento do professor Campos, tendo identificado que a ADPF se amolda a um novo modelo de ativismo, a saber o ativismo judicial estrutural dialógico. Traz à reflexão a necessária cautela para que os avanços que constituem imperativos da pós-modernidade, dado que favoráveis à efetiva concretização dos direitos fundamentais, não prenunciem o enfraquecimento do Estado Democrático de Direito, posto que, conquanto louváveis e necessárias sejam algumas decisões, vital sejam prudentemente moderadas para que não se transforme o Judiciário em protagonista ativo das políticas públicas.

## 2 Conceito e origem do estado de coisas inconstitucional

Preliminarmente oportuno trazer o esclarecimento do porquê da última palavra constante na expressão "estado de coisas inconstitucional" encontrar-se no singular e não no plural. A razão, conforme lição de Edenildo Souza Couto (2018, p. 18), está no fato de que o termo "inconstitucional" está relacionado à palavra "estado" e não ao vocábulo "coisas". Denota-se, via de consequência, que a inconstitucionalidade é atribuída ao próprio estado das coisas. "É dizer, destarte, que a própria condição situacional verificada é inconstitucional. Não por menos, é equivocado dizer que, pela expressão em testilha, as coisas são inconstitucionais".

Nesta senda, depreende-se que se trata de uma situação a qual estabelecida em razão de várias violações a direitos fundamentais. E não por outra razão que Couto (2018, p. 20) entende que o estado de coisas inconstitucional sequer precisaria ser declarado, pois ele existe independentemente de qualquer declaração judicial. Ressalta o autor que o estado de coisas inconstitucional em si "não é uma ferramenta propriamente dita, mas uma situação fática, apurada de forma empírica, por meio de confrontos de situações sociais atinentes a um problema, exigindo uma solução dos Poderes Públicos".

Doutro norte, há autores que não fazem esta distinção conceituando o estado de coisas inconstitucional como a própria declaração. Exemplo é Andréa (2018), que traz a seguinte definição:

> ... o estado de coisas inconstitucional é um instrumento que credencia o Poder Judiciário, como 'coordenador institucional' de uma reforma estrutural que implica na articulação de uma pluralidade de órgãos estatais para superação de bloqueios institucionais ou políticos.

Possível concluir que, em que pese o entendimento de que sequer precisaria de declaração, resta evidente que ela se constitui no ato formal que endossará as medidas a serem tomadas a fim de dar solução à conjuntura reconhecida e declarada. Ou seja, o reconhecimento da situação fundamentará a intervenção tida por necessária para aplacar as violações.

Tem-se, desta feita, que a Declaração de Estado de Coisas Inconstitucional é uma decisão judicial, através da qual a Corte Jurídica máxima de um país reconhece o fracasso dos poderes Legislativo e Executivo na missão de aplicar políticas públicas contra violações generalizadas e sistêmicas dos direitos fundamentais e, como consequência desta declaração, implementa uma verdadeira intervenção judicial, em que ordena que as autoridades executem algumas medidas e, ainda, fiscaliza o cumprimento dessas. As medidas são específicas de combate às causas estruturais que originam as violações e têm por escopo restaurar os direitos violados (SOMBRA, 2016).

Acrescenta Andréa (2018) que:

> ...o judiciário mantém a jurisdição sobre o caso, mesmo após a decisão judicial, oportunidade em que, através do monitoramento, permite a ampliação do diálogo, prestação de contas, audiências públicas, tudo para garantir a superação do 'Estado de Coisas Inconstitucionais' declarado. (p. 85)

Assim, reconhecidos o descontrole e a incapacidade de resolver os problemas é apontado o caminho a ser trilhado, delimitando as ações que devem ser empreendidas, sendo trazidos para o Judiciário inclusive a fiscalização e o gerenciamento das medidas.

Em síntese ao já exposto, é possível inferir que a situação ensejaria a declaração e esta, por sua vez, por si só, habilitaria o Poder Judiciário a avocar para si as ações comumente de atribuição de outro poder e, assim, passaria a monitorar e dirigir ações emergenciais tidas como necessárias para solucionar, ou minorar, as violações de direitos fundamentais.

Feitas essas iniciais considerações, passa-se à origem deste instituto.

A Declaração de Estado de Coisas Inconstitucional, como já registrado, foi inicialmente utilizada na Colômbia, tendo sido declarada pela primeira vez na *Sentencia de Unificación (SU)* nº 559 de 1997 em um caso que envolveu a omissão no pagamento dos benefícios previdenciários de inúmeros professores (ANDRÉA, 2018, p. 29). Tratava-se de uma *acción de tutela* a qual, de acordo com a Constituição daquele país, é um instrumento apto à proteção dos direitos humanos de origem constitucional.

Neste primeiro caso levado à Corte colombiana a questão cingia-se a uma imposição legal através da qual o governo obrigava professores a se filiarem ao *Fondo Nacional de Prestaciones Sociales del Magisterio*. E, não obstante o dinheiro ter sido descontado dos salários dos professores, foi desviado para outra finalidade, ficando assim prejudicada a inscrição no fundo previdenciário, o que constituiu, de acordo com os próprios requerentes da ação, violação aos direitos à vida, à saúde, à segurança social e ao trabalho (SANTOS *et al.*, 2017).

Referida ação, a princípio, enfrentou a violação do direito de 45 professores dos municípios de María La Baja e Zambrano. Contudo, após levantamento, constatou-se que a violação era recorrente na maioria dos municípios. Assim, a Corte Constitucional Colombiana (CCC), avistando a probabilidade de milhares de *acciones de tutela* a advirem, declarou o ECI estendendo os efeitos da decisão a todos os igualmente prejudicados, inobstante não tivessem ajuizado a ação (ANDRÉA, 2018. p. 34).

Foi na terceira vez que declarado o estado de coisas inconstitucional que a matéria versou especificamente sobre a questão prisional da Colômbia. O feito que gerou a sentença T-153 de 1998 era uma ação que inicialmente objetivava resolver os problemas das prisões de Bellavista e Modelo,[2] mas que acabou por alcançar todo o sistema carcerário do país, dadas as massivas violações recorrentes nas unidades prisionais como um todo (LEMOS; CRUZ, 2017).

Importante chamar a atenção para o fato de que, na primeira vez que foi manejada, o reconhecimento do estado de coisas inconstitucional e sua respectiva declaração não tiveram a finalidade de instrumentalizar o combate às violações sistêmicas. O escopo era tão somente evitar demandas repetitivas. Esta característica foi construída pela Corte Constitucional Colombiana com o passar dos anos e no enfrentamento de outras questões, onde igualmente se constatavam as massivas violações de direitos.

O ECI na Colômbia não surgiu em razão da previsão legal ou mesmo de uma construção acadêmica. Tratou-se de uma criação da Corte Constitucional da Colômbia (CCC), gestada e aperfeiçoada pela construção jurisprudencial (ANDRÉA, 2018).

Isto é confirmado quando se constata que foi com o passar do tempo e, na reiteração na utilização do instituto, que a Corte foi estabelecendo as situações de seu cabimento. Veja-se que, embora utilizado pela primeira vez em 1997, é na sentença T-025 de 2004 que a Corte expressamente elenca as situações que poderiam ensejar o ECI, quais sejam:

(i) a violação maciça e generalizada de vários direitos constitucionais que afetam um número significativo de pessoas;

---

[2] O autor Gianfranco Andréa traz em sua obra "Estado de Coisas Inconstitucionais no Brasil", como sendo inicialmente específico para as prisões de Bogotá e Medellín (p. 37).

(ii) a omissão prolongada das autoridades no cumprimento de suas obrigações de garantir os direitos;

(iii) a adoção de práticas inconstitucionais, como a incorporação da ação tutelar como parte do procedimento para garantir o direito violado;

(iv) a não emissão de medidas legislativas, administrativas ou orçamentárias necessárias para impedir a violação de direitos.

(v) a existência de um problema social cuja solução envolve a intervenção de várias entidades, requer a adoção de um conjunto complexo e coordenado de ações e requer um nível de recursos que exija um esforço orçamentário adicional importante;

(vi) se todas as pessoas afetadas pelo mesmo problema recorressem à ação tutela para obter a proteção de seus direitos, haveria maior congestionamento judicial. (ESTADO DE COSAS INCONSTITUCIONAL EN LA POBLA-CION DESPLAZADA Elementos/ ESTADO DE COSAS INCONSTITUCI-ONAL EN LA POBLACION DESPLAZADA-Declaración formal).[3]

Sem embargo ao fato de que o ECI tenha sido uma construção da CCC, tal se instrumentalizou através de uma ação constitucional tendo por objeto os direitos fundamentais. A *acción de tutela*:

> ... encontra-se expressamente previsto no artigo 86 da Constituição da Colômbia de 1991 e é considerado como a mais efetiva ferramenta de defesa judicial e um dos artigos mais populares invocados da Constituição Colombiana.
> O grande diferencial da acción de tutela é que foi criada como uma ação que pode ser exercida contra a violação de um direito fundamental, podendo ser ajuizada perante qualquer juiz da República. Aludida ação instaura-se de maneira simples e sem maiores considerações técnicas, podendo ser invocada oralmente e sem a necessidade de advogado. Cumpre destacar que a acción de tutela colombiana foi criada para preencher os vazios de proteção e não como meio alternativo das ferramentas ordinárias de direito, que permaneceram a ser aplicadas preferencialmente, tais como o habeas corpus, por exemplo. (p. 29)

Como se vê, não é apenas no Brasil que o sistema carcerário é uma fonte de violações a direitos humanos e sociais. Local designado para a custódia dos presos, sejam provisórios ou definitivos, a prisão acaba por servir unicamente como local à imposição de castigo. E é justamente sobre o caos do sistema prisional que trataremos a seguir.

## 3 O caos no sistema prisional brasileiro como causa de pedir da ADPF nº 347

À época em que distribuída a ADPF nº 347, os números da população carcerária estavam mapeados pelo relatório Infopen de junho de 2014. Quantificado em 607.731 presos, o sistema oferecia apenas 376.669 vagas o que culminava em um *déficit* de vagas de 231.062 e uma taxa de ocupação de 161% (AGÊNCIA BRASIL, 2017).

Na ocasião, o Brasil ocupava a quarta posição no *ranking* mundial para população carcerária (INFOPEN 2014, p. 13)[4] e não enfrentava apenas os problemas concernentes à

---

[3] Disponível em: file:///C:/Users/101234/Downloads/Estado_de_Coisas_Inconstitucional_legiti.pdf.
[4] Disponível em: https://www.justica.gov.br/news/mj-divulgara-novo-relatorio-do-infopen-nesta-terca-feira/relatorio-depen-versao-web.pdf. Acesso em: 11 out. 2018.

superlotação carcerária. Com unidades totalmente insalubres, proliferação de doenças infectocontagiosas, precária oferta de assistência à saúde, educação e ainda a violência interna, que acabava por sujeitar os presos às mais variadas opressões e ofensas à integridade física.

Espancamentos, torturas, violência sexual e até homicídios já vinham de longa data sendo registrados dentro do sistema prisional e davam conta serem praticados tanto por outros detentos como por agentes do próprio Estado (CNMP, 2013).

A problemática toda, é certo, não se formou de uma hora para outra. Foram inúmeras as omissões, tolerâncias que favoreceram e construíram um sistema falido e com pouca ou nenhuma expectativa de melhora. E até o problema da morosidade apontada ao Judiciário já era debatido e alardeado (FERREIRA, 1996, p.70). Conquanto degradantes, a situação carcerária não recebia a atenção devida do Estado.

A barbárie também já tinha sido alvo de pesquisas internacionais. O professor Loïc Wacquant (2001) chegou a registrar que as prisões brasileiras eram como "campos de concentração para pobres" que mais se assemelham a empresas públicas de "depósito industrial de dejetos sociais" (p. 13).

O caos vinha sendo denunciado até mesmo à Corte Interamericana de Direitos Humanos (MAIA, 2017), como foi no caso Urso Branco em Porto Velho-RO (2004); penitenciária de Araraquara (2006-2008), de Curado (2014 e 2015) e de Pedrinhas (2014).

O cenário consolidado e perpetuado era de uma população carcerária composta, em sua esmagadora maioria, de pessoas que inclusive, já antes mesmo de adentrar ao sistema, estavam desassistidas pelas políticas públicas e que, dentro das prisões, acabavam alvo das mais perversas violações humanas. O resultado, muitas vezes, é a rendição ao estado paralelo, agregarem-se às facções criminosas que avançam dominando as unidades de custódia (MANSO; DIAS, 2018).

Não se trata, portanto, de um sistema que impõe, tão somente, o cerceamento da liberdade como sanção/retribuição pelo ato ilícito cometido. A pena tem se constituído em uma das atrozes violações aos direitos humanos.

Não apenas em razão do comando impeditivo constante da Constituição (CF 88 – artigo 5º, inciso III), mas também do princípio da dignidade humana (CF 88 – art. 1º, inciso III), não se poderia tolerar que a reprimenda penal se convertesse ou instrumentalizasse tortura ou qualquer pena corporal.

Contudo, não obstante a vedação constitucional, as convenções e tratados internacionais ratificados pelo Brasil,[5] a realidade vivenciada dentro das unidades prisionais destoa dos comandos e das intenções. O que é constatado no sistema, como sói acontecer, é o cumprimento de uma pena em muito superior à privação da liberdade. Como já registrado alhures, estão os presos, muitas vezes, sujeitos a torturas psicológicas e corporais, seja por parte dos próprios agentes públicos ou de outros presos. Essa situação é agravada pela insalubridade e falta de espaço físico, que impõem aos presos viverem amontoados como animais. Verdadeiras "jaulas", as celas coletivas abrigam um número inconcebível de presos que, quando não obrigados a se revezarem para dormir, acabam sendo obrigados a ficarem próximos às latrinas.

---

[5] A exemplo: Regras de Mandela – Regras Mínimas das Nações Unidas para o Tratamento de Presos; Convenção contra a Tortura e Outros Tratamentos ou Penas Cruéis, Desumanos ou Degradantes; dentre outros.

Lado outro, tem-se a omissão e tolerância por parte do Estado que a tudo assiste sem uma política eficiente para o sistema prisional. E toda essa precariedade acaba por contribuir para o aumento do número de presos, pois como bem destacado por Goehring, Furtado e Minetto (2012) este cenário desolador contribui não apenas para a reincidência criminal como também para a indisciplina e outras violações enquanto no cumprimento da pena.

Toda esta situação foi descrita e quantificada no relatório da CPI dos Presídios, que, assim como o relatório do CNMP de 2013, também foi utilizado para subsidiar a petição inicial da ADPF nº 347. A Comissão foi instalada em 22 de agosto de 2007 e apresentou em 2009 relatório que elencava, dentre os problemas: falta de assistência material, que se constituía na ausência de materiais de higiene e limpeza da cela, como também a falta de vestimenta; acomodações precárias e presos dormindo no chão sem colchão; custódia de presos nus em celas denominadas de "cofre" (unidade sem janela e totalmente escura); dentre várias outras barbaridades (CPI, 2009).

Além dos problemas relacionados diretamente da atuação do Executivo, outros estudos também pontuaram problemas da alçada do próprio Poder Judiciário, problema este já anteriormente denunciado, como a exemplo por Ferreira (1996), conforme já registrado. O relatório elaborado pelo CNJ apontara a morosidade da justiça como uma das causas da superlotação carcerária (CNJ, 2014).

O panorama do sistema prisional revelou, portanto, tratar-se de um problema crônico e com resultado previsível, pois como bem pontuado pela Comissão Interamericana de Direitos Humanos (2011, p. 4-5):

> ... quando os cárceres não recebem a atenção e os recursos necessários, a sua função se distorce e, em vez de proporcionarem proteção, se convertem em escolas da delinquência e comportamento antissocial, que propiciam a reincidência em vez da reabilitação.

O quadro pernicioso gera mais violência, o que compromete ademais a segurança pública, pois provoca um "circuito repetitivo do crime" (VIANNA, 2015). Em unidades degradantes, o preso, além de não encontrar condições para ressocialização, solidifica a sua condição de excluído e, por isso, compreende como justificado nas suas ações.

Oportuna a lembrança de Foucault, que pontuou:

> ... o sentimento de injustiça que um prisioneiro experimenta é uma das causas que mais podem tornar indomável seu caráter. Quando se vê assim exposto a sofrimentos que a lei não ordenou nem mesmo previu, ele entra num estado habitual de cólera contra tudo o que o cerca; só vê carrascos em todos os agentes da autoridade: não pensa mais ter sido culpado; acusa a própria justiça.

E é este é o pano de fundo da ADPF nº 347: o cenário desumano das prisões brasileiras, as quais não se resumem às celas superlotadas, insalubres, onde proliferam doenças infectocontagiosas, mas também a inúmeros outros problemas que aniquilam a dignidade humana (CF, artigo 1º, inciso III) e constituem diversas outras violações constitucionais específicas aos presos.[6]

---

[6] São exemplos de violações as condutas que ignoram a vedação às sanções cruéis (CF, art. 5º, XLVII, "e"); à garantia do cumprimento da pena em estabelecimentos distintos, de acordo com a natureza do delito, a idade

E não fosse suficiente a violação aos direitos fundamentais estabelecidos na Magna Carta, tem-se ainda a violação de direitos no plano internacional, constituindo-se, portanto, afronta aos direitos humanos.

Vale anotar que o Brasil é signatário de vários tratados, dentre os quais o Pacto Internacional dos Direitos Civis e Políticos; a Convenção contra a Tortura e outros Tratamentos e Penas Cruéis, Desumanos e Degradantes; e a Convenção Interamericana de Direitos Humanos.

Consoante o artigo 7º do Pacto Internacional dos Direitos Civis e Políticos: "Ninguém poderá ser submetido à tortura, nem a penas ou tratamento cruéis, desumanos ou degradantes..."; e ainda o artigo 9.3 estatui que:

> Qualquer pessoa presa ou encarcerada em virtude de infração penal deverá ser conduzida, sem demora, à presença do juiz ou de outra autoridade habilitada por lei a exercer funções judiciais e terá o direito de ser julgada em prazo razoável ou de ser posta em liberdade. A prisão preventiva de pessoas que aguardam julgamento não deverá constituir a regra geral, mas a soltura poderá estar condicionada a garantias que assegurem o comparecimento da pessoa em questão à audiência, a todos os atos do processo e, se necessário for, para a execução da sentença.

A Convenção contra Tortura e outros Tratamentos e Penais Cruéis, Desumanos ou Degradantes, por sua vez, traz em seu bojo, dentre outras proibições, a previsão de que:

> ARTIGO 16
> 1. Cada Estado Parte se comprometerá a proibir em qualquer território sob sua jurisdição outros atos que constituam tratamento ou penas cruéis, desumanos ou degradantes que não constituam tortura tal como definida no Artigo 1, quando tais atos forem cometidos por funcionário público ou outra pessoa no exercício de funções públicas, ou por sua instigação, ou com o seu consentimento ou aquiescência. [...].

E, por fim, a Convenção Interamericana de Direitos Humanos em seu artigo 7.5 preceitua que:

> 5. Toda pessoa detida ou retida deve ser conduzida, sem demora, à presença de um juiz ou outra autoridade autorizada pela lei a exercer funções judiciais e tem direito a ser julgada dentro de um prazo razoável ou a ser posta em liberdade, sem prejuízo de que prossiga o processo. Sua liberdade pode ser condicionada a garantias que assegurem o seu comparecimento em juízo.

Esteados nestas referências, a exordial da ADPF nº 347, ao passo que denunciava o quadro violador estabelecido no sistema carcerário, justificando sua interposição, rogou em medida cautelar, pela declaratória do estado de coisas inconstitucional, a qual foi destacada como sendo a única medida apta a aplacar o mal instituído nas prisões.

O detalhamento dos pedidos e a decisão do Supremo Tribunal Federal é o que abordaremos a seguir.

---

e sexo do apenado (CF, art. 5º, XLVIII); ao respeito à integridade física e moral dos presos (CF, art. 5º, XLIX), dentre outros.

## 4 O pedido e a decisão do STF

A Ação de Descumprimento de Preceito Fundamental nº 347[7] foi distribuída aos 28 de maio de 2015 à relatoria do Ministro Marco Aurélio. A petição inicial trouxe os seguintes pedidos:

> a) determinar que todos os juízes e tribunais que, em cada caso de decretação ou manutenção de prisão provisória, motivem expressamente as razões que impossibilitam a aplicação das medidas cautelares alternativas à privação de liberdade.
> b) reconhecer a aplicabilidade imediata dos arts. 9.3 do Pacto dos Direitos Civis e Políticos e 7.5 da Convenção Interamericana de Direitos Humanos, determinando a todos os juízes e tribunais que passem a realizar audiências de custódia, no prazo máximo de 90 dias, de modo a viabilizar o comparecimento do preso perante a autoridade judiciária em até 24 horas contadas do momento da prisão.
> c) determinar aos juízes e tribunais brasileiros que passem a considerar fundamentadamente o dramático quadro fático do sistema penitenciário brasileiro no momento de concessão de cautelares penais, na aplicação da pena e durante o processo de execução penal.
> d) reconhecer que como a pena é sistematicamente cumprida em condições muito mais severas do que as admitidas pela ordem jurídica, a preservação, na medida do possível, da proporcionalidade e humanidade da sanção impõe que os juízes brasileiros apliquem, sempre que for viável, penas alternativas à prisão.
> e) afirmar que o juízo da execução penal tem o poder-dever de abrandar os requisitos temporais para a fruição de benefícios e direitos do preso, como a progressão de regime, o livramento condicional e a suspensão condicional da pena, quando se evidenciar que as condições de efetivo cumprimento da pena são significativamente mais severas do que as 70 previstas na ordem jurídica e impostas pela sentença condenatória, visando assim a preservar, na medida do possível, a proporcionalidade e humanidade da sanção.
> f) reconhecer que o juízo da execução penal tem o poder-dever de abater tempo de prisão da pena a ser cumprida, quando se evidenciar que as condições de efetivo cumprimento da pena foram significativamente mais severas do que as previstas na ordem jurídica e impostas pela sentença condenatória, de forma a preservar, na medida do possível, a proporcionalidade e humanidade da sanção.
> g) determinar ao CNJ que coordene um ou mais mutirões carcerários, de modo a viabilizar a pronta revisão de todos os processos de execução penal em curso no país que envolvam a aplicação de pena privativa de liberdade, visando a adequá-los aos pedidos "e" e "f".
> h) impor o imediato descontingenciamento das verbas existentes no FUNPEN e vedar à União Federal a realização de novos contingenciamentos, até que se reconheça a superação do ECI do sistema prisional brasileiro.

Interessante constatar que de fato, como já alertara Lemos e Cruz (ob. cit.), os pedidos, quase que na sua totalidade, estão dirigidos ao Judiciário, impondo-se assim providências que estão ligadas ao desencarceramento.

Não se verifica entre os pedidos, especificamente, a obrigatoriedade de criação de vagas, tampouco a imposição de medidas para solucionar a falta de assistência material dentro das unidades ou mesmo a violência interna dentro das unidades prisionais. Pedidos esses que seriam dirigidos ao Executivo, o qual é o detentor da custódia dos presos.

---

[7] Número único no STF: 0003027-77.2015.1.00.0000. Disponível em: http://portal.stf.jus.br/processos/detalhe. asp?incidente=4783560. Acesso em: 17 abr. 2019.

Contudo, como se verá melhor adiante, certo é que o pedido de descontingenciamento das verbas existentes no FUNPEN tornará possível o financiamento das soluções necessárias a minorar a precariedade do cárcere.

A decisão do Supremo foi tomada por maioria dos votos dos senhores ministros aos 9 de setembro do mesmo ano.[8]

Conforme colacionado a seguir, restou assim decidido:

> Decisão: O Tribunal, apreciando os pedidos de medida cautelar formulados na inicial, por maioria e nos termos do voto do Ministro Marco Aurélio (Relator), deferiu a cautelar em relação à alínea "b", para determinar aos juízes e tribunais que, observados os artigos 9.3 do Pacto dos Direitos Civis e Políticos e 7.5 da Convenção Interamericana de Direitos Humanos, realizem, em até noventa dias, audiências de custódia, viabilizando o comparecimento do preso perante a autoridade judiciária no prazo máximo de 24 horas, contados do momento da prisão, com a ressalva do voto da Ministra Rosa Weber, que acompanhava o Relator, mas com a observância dos prazos fixados pelo CNJ, vencidos, em menor extensão, os Ministros Teori Zavascki e Roberto Barroso, que delegavam ao CNJ a regulamentação sobre o prazo da realização das audiências de custódia; em relação à alínea "h", por maioria e nos termos do voto do Relator, deferiu a cautelar para determinar à União que libere o saldo acumulado do Fundo Penitenciário Nacional para utilização com a finalidade para a qual foi criado, abstendo-se de realizar novos contingenciamentos, vencidos, em menor extensão, os Ministros Edson Fachin, Roberto Barroso e Rosa Weber, que fixavam prazo de até 60 (sessenta) dias, a contar da publicação desta decisão, para que a União procedesse à adequação para o cumprimento do que determinado; indeferiu as cautelares em relação às alíneas "a", "c" e "d", vencidos os Ministros Relator, Luiz Fux, Cármen Lúcia e o Presidente, que a deferiam; indeferiu em relação à alínea "e", vencido, em menor extensão, o Ministro Gilmar Mendes; e, por unanimidade, indeferiu a cautelar em relação à alínea "f"; em relação à alínea "g", por maioria e nos termos do voto do Relator, o Tribunal julgou prejudicada a cautelar, vencidos os Ministros Edson Fachin, Roberto Barroso, Gilmar Mendes e Celso de Mello, que a deferiam nos termos de seus votos. O Tribunal, por maioria, deferiu a proposta do Ministro Roberto Barroso, ora reajustada, de concessão de cautelar de ofício para que se determine à União e aos Estados, e especificamente ao Estado de São Paulo, que encaminhem ao Supremo Tribunal Federal informações sobre a situação prisional, vencidos os Ministros Marco Aurélio (Relator), que reajustou seu voto, e os Ministros Luiz Fux, Cármen Lúcia e Presidente. Ausente, justificadamente, o Ministro Dias Toffoli. Presidiu o julgamento o Ministro Ricardo Lewandowski. Plenário, 09.09.2015.[9]

Destarte, apenas dois dos pedidos foram deferidos, impondo determinação a todos os juízes e tribunais para que, no prazo máximo de noventa dias, passassem a realizar audiências de custódia, trazendo o preso à presença do magistrado; e, ainda, a determinação à União para que liberasse o saldo acumulado do Fundo Penitenciário Nacional para utilização com a finalidade para a qual foi criado, abstendo-se de realizar novos contingenciamentos.

Houve também a concessão de uma cautelar de ofício, proposta pelo Ministro Roberto Barroso e que foi acatada por seis Ministros,[10] tendo sido determinado à União

---

[8] Ata de Julgamento Publicada, *DJE* ATA nº 24, de 09.09.2015. *DJE* nº 181, divulgado em 11.09.2015.
[9] Ata de Julgamento Publicada, DJE ATA nº 24, de 09.09.2015. *DJE* nº 181, divulgado em 11.09.2015.
[10] Edson Fachin; Roberto Barroso; Teori Zavascki; Rosa Weber; Celso de Mello; e Gilmar Mendes.

e aos Estados, e especificamente ao Estado de São Paulo, que encaminhassem ao STF informações sobre a situação prisional.

Quanto aos demais pedidos, um foi julgado prejudicado: pedido cautelar para determinar ao Conselho Nacional de Justiça (CNJ) que coordenasse um ou mais mutirões carcerários de modo a viabilizar a pronta revisão de todos os processos de execução penal em curso no país que envolvessem a aplicação de pena privativa de liberdade, visando a adequá-los aos pedidos "e" e "f". Os demais pedidos foram indeferidos.

Aqui vale abrir parênteses para discorrermos um pouco mais sobre a questão das violações experimentadas pelos presos no cárcere e a aptidão dos pedidos deferidos em solucionar, ou ao menos minorar, os problemas.

Como já adiantado, os pedidos formulados na exordial pugnavam por medidas quase que na totalidade dirigidas ao Judiciário. Os dois pedidos que foram acolhidos, no entanto, foram um com imposição de providência ao Judiciário e o outro ao Executivo. Ao Judiciário coube a ordem de implementar as audiências de custódia no prazo estabelecido pelo STF (90 dias para início); ao Executivo, o descontingenciamento das verbas existentes no FUNPEN.

A medida impositiva da realização das audiências de custódia, além de prevista no artigo 9.3 do Pacto Internacional sobre Direitos Civis e Políticos e ainda no artigo 7.5 da Convenção Interamericana de Direitos Humanos, se constitui em um instrumento hábil não apenas para responsabilizar agentes públicos que cometem torturas, mas a realização da audiências como mecanismo de prevenção, pois, sabendo-se que o preso será encaminhado sem demora à presença de um magistrado, onde ainda poderão ser constatadas as marcas de violência, acredita-se que as práticas devem ser, pelo menos, diminuídas.

Não fosse isso suficiente, é certo que as audiências de custódias servem também para outras finalidades, como por exemplo a reavaliação da necessidade da prisão, como apuração das condições pessoais dos presos. Não se ignora ademais que, na audiência, tomando conhecimento das condições financeiras do preso, o juiz possa reduzir a fiança a um valor mais consentâneo às reais condições do custodiado e até mesmo desobrigá-lo de tal pagamento.

E mais, em ocorrendo a preventiva, na entrevista pessoal é justamente das respostas sobre a situação social, física, de saúde, dentre outras, que o magistrado poderá deliberar medidas de atenção específica ou qualquer outra que resguarde a integridade física, moral e psicológica.

Com a audiência de custódia, ainda que não se alcance a diminuição do encarceramento, é possível ao magistrado evitar inúmeras violações. Um exemplo bem claro disso é a possibilidade de erro no cumprimento de mandados de prisão ou mesmo na expedição, seja por pena já cumprida ou prescrita. A apresentação imediata pode trazer a possibilidade de restauração de liberdade em erros que se sabem possíveis.

Já no concernente aos demais problemas do sistema carcerário, é certo que o descontingenciamento das verbas existentes no FUNPEN se mostra uma medida útil. Há muito se questiona e eficiência dos investimentos no sistema penitenciário e também sobre a não utilização dos valores destinados a esta área. Consoante matéria publicada no jornal *Folha de S.Paulo*, apenas 34% do valor destinado no orçamento anual foi utilizado pelo Ministério da Justiça em 1996 (GASPAR, 1996). E, em outra reportagem, agora do jornal O GLOBO, o jornalista Jailton de Carvalho denunciou que o problema da crise do sistema penitenciário não era falta de dinheiro. Na reportagem especial publicada em 2014, asseverou:

> Nos últimos anos, mesmo com a crescente onda de violência nos presídios, o governo federal acumulou e agora mantém em caixa R$ 1,065 bilhão que, por lei, deveria ser investido da construção e modernização do sistema penitenciário nacional. Este é o atual saldo do Fundo Penitenciário Nacional (Funpen).

O alto saldo correspondia à acumulação de valores arrecadados e não gastos desde 1994, ano de criação do fundo.

A despeito de não constar uma medida específica e direta para cessar as violações aos direitos fundamentais, certamente a medida cautelar deferida mostra-se como caminho para viabilizar a salvaguarda dos direitos. Pelo menos é o que se espera com a aplicação eficiente e integral dos valores que são destinados ao sistema penitenciário.

E mais, independentemente de serem duas medidas úteis e, inclusive necessárias, já que o Brasil é signatário de tratado internacional que impõe a audiência de custódia, a discussão que se formou na doutrina centra-se na legitimidade do STF para a declaração do ECI, uma vez que não prevista em nosso ordenamento; e ainda a natureza das deliberações que foram feitas, que parte da doutrina entende gerar uma interferência na atuação do outro poder.

## 5 A análise da inserção da declaração de ECI no ordenamento jurídico brasileiro – ativismo ou judicialização da política?

Para que seja possível dar resposta à difícil pergunta – se a declaração de Estado de Coisas Inconstitucional (ECI) constituiu exemplo de ativismo jurídico ou judicialização da política – é necessário trazer à baila os respectivos conceitos, o que irá permitir inclusive definir se há distinção entre eles.

Luiz H. D. Araújo (2018, p. 131) destaca que a palavra ativismo possui vários sentidos, podendo significar: "... desde a prática judiciária de iniciativa em termos instrutórios até a frequência com que uma corte ou tribunal constitucional invalida atos normativos dos demais poderes". Professor Araújo entende o ativismo como necessário aos Estados constitucionais, pois permite o aprofundamento dos direitos para o seu reconhecimento e efetivação, o que implicaria via de consequência uma certa margem de discricionariedade judicial; mas também alerta que "... a sua exacerbação pode levar à deslegitimação do estado de direito".

Já no conceito trazido pelo Ministro Barroso (2008), o ativismo judicial é:

> ...uma atitude, a escolha de um modo específico e proativo de interpretar a Constituição, expandindo o seu sentido e alcance. Normalmente ele se instala em situações de retração do Poder Legislativo, de um certo descolamento entre a classe política e a sociedade civil, impedindo que as demandas sociais sejam atendidas de maneira efetiva.

Conforme se depreende, o conceito apresentado pelo Ministro traz em si a justificação pela ineficácia do Executivo em dar solução aos problemas sociais e, por esta razão, a justiça poderia dar interpretação extensiva da Constituição a fim de solucionar o problema.

Ainda de acordo com Barroso, há três condutas comumente praticadas pelos que adotam uma postura ativista. A primeira por ele elencada é a aplicação direta da Magna Carta a situações que não foram previstas taxativamente no texto e para as quais tampouco houve a prévia manifestação do legislador ordinário; a segunda conduta é o reconhecimento da inconstitucionalidade "de atos normativos emanados do legislador, com base em critérios menos rígidos que os de patente e ostensiva violação da Constituição"; por fim, como terceira e última conduta, Barroso destaca "a imposição de condutas ou de abstenções ao poder público, notadamente em matéria de políticas públicas".

Keenan Kmiec (2004) também enumera exemplos de ações que constituem ativismo judicial. Para ele, uma decisão judicial pode ser adjetivada de ativismo judicial pela análise de um conjunto de cinco possibilidades que a distinguirá das demais, quais sejam:

1. Declaração de Inconstitucionalidade de leis e atos dos demais poderes de constitucionalidade;
2. Desconsideração das decisões contidas nos Precedentes ou dos entendimentos sumulados;
3. Imposição de "Legislação Judicial" na hipótese de omissão do Poder competente;
4. Afastamento judicial da metodologia aceita na interpretação; e
5. Julgamento orientado pelos efeitos da decisão.

Notadamente em relação à terceira postura citada tanto por Barroso como por Kmiec, parte da doutrina, como se verá melhor adiante, se insurge quanto à validade do ativismo judicial, uma vez que a Constituição Federal adotou o sistema da "separação de poderes", bem como o sistema de freios e contrapesos desenvolvido por Montesquieu.

Ainda trazendo conceitos de ativismo, vale trazer à reflexão o conceito de Lenio Streck (2016). O professor leciona que o ativismo é fruto de um comportamento e concepção pessoal de juízes e tribunais, sendo por esta razão maléfico à democracia, já que construído independente da linguagem pública. Não por outra razão ele rechaça a possibilidade desta postura pelo Judiciário brasileiro. Lembra ainda o professor que:

> ...decisões *contra legem* são (também) práticas ativistas, porque, nesse caso, o juiz se assenhora da lei e coloca os seus juízos pessoais no lugar dos do constituinte e/ou do legislador ordinário (p. 726).

Como se observa, a justa preocupação do professor Lenio cinge-se na irrefutável obrigação do Judiciário em dar resposta constitucionalmente adequada à questão judicializada. Significa isso que, ao desempenhar seu mister, ainda quando a pretexto de contribuir para a concretização de direitos fundamentais, o Judiciário não contrarie o direito posto, tampouco crie decisão para matéria não regulamentada, pois isto subverteria o jogo democrático. A preocupação do professor Lenio envolve a questão da segurança jurídica, suscitando que o ativismo a põe em risco ao violar o processo democrático que valida as leis e legitima as decisões.

Outro professor que chama a atenção para o alcance das decisões judiciais é Elival da Silva Ramos. Em sua obra sobre ativismo judicial, Ramos (2010) ressalta que o ativismo judicial extrapola os limites criados pelas leis e pela Constituição e, via de consequência, esmaga um Poder Legislativo já assoberbado pelo excesso de medidas provisórias editadas pelo Executivo. Conceitua ativismo judicial como:

> ... o exercício da função jurisdicional para além dos limites impostos pelo próprio ordenamento que incumbe, institucionalmente, ao Poder Judiciário fazer atuar, resolvendo litígios de feições subjetivas (conflitos de interesse) e controvérsias jurídicas de natureza objetiva (conflitos normativos). (p. 324)

Ramos sugere a interpretação criativa, alicerçada na noção da inexistência de lacunas no Direito e, além disso, através de interpretação sistemática do Direito, seria possível adequar normas jurídicas vigentes já superadas à realidade social.

Como é possível perceber dos vários conceitos trazidos, o ativismo é um tema bastante complexo e não há um conceito preciso. Alguns doutrinadores compreendem sua ocorrência essencialmente na seara subjetiva, ou seja, fruto da concepção pessoal dos juízes; outros, por sua vez, em resultados objetivos, até mesmo quantificando as decisões que anulam leis, por exemplo; e, há ainda quem, percebendo todas as facetas atribuíveis ao ativismo e o conceito impreciso, elencou as dimensões em que sua ocorrência é possível,[11] como o foi o Professor Carlos Alexandre de Azevedo Campos (2015), o qual, após seu cuidadoso estudo, conceituou ativismo como sendo o:

> Exercício expansivo, não necessariamente ilegítimo, de poderes político-normativos por parte de juízes e cortes em face dos demais atores políticos, que (a) deve ser identificado e avaliado segundo os desenhos institucionais estabelecidos pelas constituições e leis locais; (b) responde aos mais variados fatores institucionais, políticos, sociais e jurídico-culturais presentes em contexto particulares e em momentos históricos distintos; (c) se manifesta por meio de múltiplas dimensões práticas decisórias (p. 169).

Bem explorado os conceitos de ativismo, imperioso conceituar judicialização da política. Seria a mesma coisa? Um conceito está inserido ou abarca o outro? Essas são perguntas que precisam necessariamente ser respondidas.

Pois bem. Não obstante alguns autores tratarem ativismo judicial e judicialização da política como sinônimos, como a exemplo o professor Luiz Werneck Vianna (2016), há tantos outros, como Lenio Streck (2016, p.723), que afirmam existir uma clara distinção entre os dois fenômenos.

Oliveira *et al.* (2012) relevam que:

> A judicialização, na verdade, é um fenômeno que está envolvido por uma transformação cultural profunda pela qual passou os países que se organizam politicamente em torno do regime democrático. (p.282)

Verifica-se, portanto, que a judicialização da política é tida como um resultado inevitável que decorre do próprio sistema constitucional, leia-se a partir da Magna Carta de 1988, que abarcou conteúdos políticos e impõe assim ao Judiciário resolver

---

[11] De acordo com Campos, as dimensões do ativismo judicial são: dimensão metodológica; dimensão processual; dimensão estrutural ou horizontal; dimensão de direitos e dimensão antidialógica. Além de abordar essas dimensões em sua tese de doutorado, o professor tem um livro específico sobre essas dimensões, cujo título é "Dimensões do Ativismo Judicial do STF", Rio de Janeiro: Forense, 2014.

demandas que classicamente não lhe são afetas. Pode ser considerado um estágio de avanço em direção ao bem comum da sociedade, pois assuntos de interesse geral foram trazidos para a Constituição, passando-se então à guarda do Supremo Tribunal Federal.

O conceito, até diminuto, que inicialmente apresentado, não é tão simples quando parece fazer crer. O Ministro Barroso esclarece que três foram as causas para a judicialização no Brasil:

> A primeira grande causa da judicialização foi a redemocratização do país, que teve como ponto culminante a promulgação da Constituição de 1988. [...] A segunda causa foi a constitucionalização abrangente, que trouxe para a Constituição inúmeras matérias que antes eram deixadas para o processo político majoritário e para a legislação ordinária. [...] A terceira e última causa da judicialização, a ser examinada aqui, é o sistema brasileiro de controle de constitucionalidade, um dos mais abrangentes do mundo. Referido como híbrido ou eclético, ele combina aspectos de dois sistemas diversos: o americano e o europeu. (2008)

Deste pequeno introito sobre judicialização, já se percebe que judicialização da política e ativismo judicial são fenômenos distintos.

Em artigo apresentado no X Simpósio Nacional de Direito Constitucional, fruto de uma pesquisa realizada no âmbito do Grupo de Estudos Nacionais, biênio 2010-2011 da ABDConst., os pesquisadores, de quem colacionou-se o primeiro conceito apresentado para judicialização, fazem uma distinção entre este fenômeno e o ativismo judicial que ajuda inclusive a esclarecer melhor a judicialização:

> [...] enquanto o ativismo judicial está umbilicalmente associado a um ato de vontade do órgão judicante; a judicialização de questões políticas ou sociais não depende desse ato volitivo do poder judiciário, mas, sim, decorre da expansão da sociedade (que se torna cada vez mais complexa) e da própria crise da democracia, que tende a produzir um número gigantesco de regulações (seja através de leis, medidas provisórias, decretos, portarias, etc.) e que encontram seu ponto de capilarização no judiciário e, principalmente, nas questões cujo deslinde envolve um ato de jurisdição constitucional. (OLIVEIRA *et al.*, p. 271)

Fonseca e Couto (2018; p. 824 e 830) igualmente distinguem ativismo de judicialização. Para eles:

> ... judicialização é fruto de um contexto social e político em que há transferência para o Judiciário de questões que não são exclusivamente jurídicas e tem como causas o constitucionalismo do segundo pós-guerra, a noção de "constituição dirigente" e o aumento das demandas por justiça. Por outro lado, o ativismo trata de ato de vontade, de postura interpretativa. [...]
> A judicialização e o ativismo judicial podem até se complementar, posto que a judicialização da política talvez gere condutas cada vez mais proativas dos magistrados, mas tem definições distintas.

Interessante esta observação de que a judicialização e o ativismo podem até se complementar, mas nem por isso se confundem. Quem também faz esta observação é o professor Lenio Streck, que, com a clareza que lhe é peculiar, ensina:

É por isso que afirmo, como já o fiz em outras oportunidades, que a judicialização é contingencial. Ela depende de vários fatores que estão ligados ao funcionamento constitucionalmente adequado das instituições. O ativismo judicial, por outro lado, liga-se à resposta que o Judiciário oferece à questão objeto de judicialização. No caso específico da judicialização da política, o ativismo representa um tipo de decisão na qual a vontade do julgador substitui o debate político (seja para realizar um pretenso "avanço", seja para manter o status quo). Ativismo é, assim, um behaviorismo judicial. Assim, de uma questão que sofreu judicialização se pode ter como consequência uma resposta ativista, o que é absolutamente ruim e censurável em uma perspectiva de democracia normativa. Todavia, é possível afirmar que existem casos de judicialização nos quais a resposta oferecida pelo Judiciário é adequada à Constituição, concretizadora de direitos fundamentais e/ou procedimentos guarnecedores da regra democrática e que, portanto, não pode ser epitetada de ativista. (2016, p.722)

Já delineados os conceitos e esclarecida a distinção entre ativismo e judicialização da política chega-se ao ponto alto da pesquisa, vez que atinente ao seu objeto central: a declaração de estado de coisas inconstitucional. No próximo tópico serão apresentadas as percepções da doutrina quanto à natureza da referida declaração.

## 5.1 O posicionamento da doutrina

Lenio Streck (2015) entende que a recepção do instituto da ECI pela Corte máxima do país constituiu um novo modelo de ativismo judicial. Adverte, ademais, que, "se a Constituição Federal não é uma carta de intenções e se é, efetivamente, norma, então o Brasil está eivado de inconstitucionalidades". Ao desenvolver seu raciocínio, lança a pergunta de como o Judiciário vai decidir isso ou mesmo "escolher as prioridades dentre tantas inconstitucionalidades", trazendo à lembrança o fato de que não é o Judiciário quem estabelece as políticas públicas.

No mesmo artigo, Streck ainda compara a declaração de inconstitucionalidade manejada pelos alemães, na qual inexiste, de acordo com o professor, pronúncia de nulidade e tampouco "embaralhamento de funções entre os poderes". Para ele, a necessária judicialização que ocorre naquele país, diferentemente do Brasil, se dá sem a politização da justiça. Outrossim, alerta para o fato de que:

> Sabemos que, em uma democracia, quem faz escolhas é o Executivo, eleito para fazer políticas públicas. Judiciário não escolhe. [...] ... as políticas públicas não estão à disposição do Poder Judiciário. Cada vez temos de dar razão à advertência de Hirschl sobre a *juristocracy*. Diria eu: não dá para fazer um estado social com base em decisões judiciais.

Em outro artigo, no qual o professor Streck reafirma seu entendimento de que a Declaração de Estado de Coisas Inconstitucional é manifestação de ativismo judicial, ele assevera que a concretização dos direitos fundamentais requer a obtenção de respostas adequadas à Constituição. Respeitando-se, portanto, a competência de cada um dos poderes (STRECK, 2016).

De Giogi, Faria e Campilongo (2015) entendem que o estado de coisas inconstitucional é mais um exemplo da manifestação da judicialização da Administração Pública, colocando em risco o direito dos jurisdicionados, pois "a consequência é que a declaração de um ECI ameaça o princípio da separação dos Poderes, além de ser paradoxal...".

Os professores citados colocam em xeque a competência do Supremo para "compensar a incompetência" do sistema político e questionam: ele pode compensar a inércia dos outros Poderes com sua competência altiva?

Também Gianfranco Faggin Mastro Andréa cita que as críticas à declaração do ECI esteiam-se basicamente nas objeções quanto à:

> ... legitimidade e capacidade institucional do Poder Judiciário na interferência nos demais poderes, bem como o alegado déficit democrático, já que juízes não são eleitos pela população para atuarem na coordenação, execução e avaliação de políticas públicas, atribuições essas típicas do Poder Executivo (p.85).

Embora o autor mencione o que seria um dos fundamentos da crítica ao ECI, Andréa entende que o instituto não se enquadra no conceito de "ativismo judicial clássico", mas sim em um modelo de "protagonismo judicial estrutural dialógico" (2016, p. 86). Entusiasmado, afirma que, não obstante conceder uma postura ativa ao Judiciário, o novo instituto permite "conciliar a interferência nos demais poderes com os princípios democráticos, valendo-se do diálogo interinstitucional, próprio da fase do monitoramento do ECI" (p. 188).

O termo "ativismo judicial estrutural dialógico" teria sido inicialmente explorado no Brasil[12] por Carlos Alexandre de Azevedo Campos em sua tese de doutorado (2015) e o termo teria sido utilizado a fim de substituir o caráter negativo que o termo "ativismo alcançou perante o meio acadêmico" (ANDRÉA, 2018, em nota de rodapé - p. 86).

Em sua tese, Campos (2015) reconhece que a Corte, ao declarar o estado de coisas inconstitucional, acaba por atuar como ator político "decidindo sobre o momento de formulação de políticas públicas e controlando sua implementação" (2015, p. 230) e seria justamente por esta razão que as acusações de ativismo judicial seriam feitas. Contudo, justifica que, com a extremada violação massiva de direitos fundamentais, surgiria a "a necessidade de alcançar-se uma forma de legitimar o ativismo judicial de tipo estrutural presente do estado de coisas inconstitucional, ou recusá-lo" (p. 231).

Para legitimar esta atuação, Campos, além de relacioná-la ao ativismo judicial estrutural com a atuação dialógica das cortes, elenca condições que satisfariam e esteariam o manejo judicial: somente poderia ser utilizado em casos de violação massiva de direitos fundamentais decorrente e agravada por falhas estatais e estruturais; e as ordens exaradas devem respeitar o papel político e a capacidade institucional do Legislativo e do Executivo, fixando "parâmetros e até prazos para superação desse estado, mas devem deixar escolhas técnicas de meios para os outros poderes" (p. 233).

Perfilhando o entendimento de Campos, Edenildo Souza Couto (2018) admite que a ECI é exemplo de ativismo,[13] mas, a exemplo daquele, tratar-se-ia de um ativismo

---

[12] O conceito do ativismo "dialógico" bem como estrutural já havia sido anteriormente desenvolvido por Garavito e Franco (2010), quando do estudo de um dos julgamentos em que se declarou o estado de coisas inconstitucionais na Colômbia. Em obra que estudou a decisão da Corte Constitucional Colombiana no caso de deslocamento forçado de cidadãos, os sociólogos explicaram que o Tribunal não chega a ser um "elaborador" de políticas públicas, mas sim um "coordenador institucional", produzindo um "efeito desbloqueador" (GARAVITO; FRANCO, 2010, p. 39).

[13] O mesmo autor, em seu trabalho, elenca o que seriam os diversos precedentes em que o Supremo Tribunal Federal agiu em ativismo, como a exemplo do que teria ocorrido nos casos de imposição de fidelidade partidária aos candidatos aos cargos do Legislativo, bem como em relação à vedação ao nepotismo (ob. cit. p. 90); a súmula vinculante que constituir-se-ia em um instrumento que possibilita ao Supremo Tribunal Federal do Brasil agir

estrutural. Couto pontua que no ativismo estrutural, ao imiscuir-se em outro Poder, o Judiciário age para "corrigir falhas estruturais decorrentes da omissão dos agentes estatais" afetados pelo estado de coisas inconstitucional, tendo por fim específico concretizar a salvaguarda de direitos fundamentais (p. 82). Defende a possibilidade do ativismo estrutural, que ademais seria dialógico, pois:

> ... caberá ao juiz constitucional traçar os vetores das políticas públicas a serem aplicadas, fixar prazos para o seu cumprimento, fiscalizar a obediência às ordens exaradas. Tudo sem descuidar da necessidade de diálogo institucional, com os outros Poderes, de sorte que cada órgão exerça seu mister, nos limites constitucionais de suas atribuições. (p. 83)

Como demonstrado, para Campos, Andréa e Couto, a natureza do ativismo verificado na declaração do estado de coisas inconstitucional – ECI, pelo Supremo Tribunal Federal por ocasião do julgamento da medida cautelar na ADPF nº 347, difere do ativismo judicial tradicional, pois naquele enfrentou-se um problema estrutural cuja resposta impôs o diálogo interinstitucional, sendo então esse ativismo nominado de ativismo judicial estrutural dialógico.

## 6 Desenvolvimento do problema da pesquisa

Como explicitado na introdução deste trabalho, foi estabelecido como problema desta pesquisa a seguinte indagação: o Supremo Tribunal Federal, ao admitir a introdução do ECI em nosso ordenamento e, via de consequência, ao deliberar as medidas dela decorrentes, assume o ativismo judicial ou o julgamento tratou tão somente de um caso de judicialização da política?

O objetivo específico lançado foi refletir se a decisão do Supremo de alguma forma viola o pacto federativo de separação de poderes e é possível mácula ao princípio da não interferência de um desses poderes sobre o outro.

A primeira ilação que se depreende dos vários conceitos que foram trazidos é que, na decisão exarada na ADPF nº 347, houve de fato judicialização da política. A questão carcerária, como já dito alhures, foi o pano de fundo da ação e, através desta, restou judicializada, em especial, a política para o manejo do fundo penitenciário. Vale lembrar que um dos pedidos da ADPF era justamente: "h) impor o imediato descontingenciamento das verbas existentes no FUNPEN e vedar à União Federal a realização de novos contingenciamentos, até que se reconheça a superação do ECI do sistema prisional brasileiro".

Mas não é só isso. Como bem explicado na lição do Professor Lenio Streck (2015), em um caso de judicialização da política pode ser constatado o ativismo judicial. E é justamente o que se depreende no caso em estudo, pois na decisão, por maioria de votos, os senhores Ministros deferiram "a cautelar para determinar à União que libere o saldo acumulado do Fundo Penitenciário Nacional para utilização com a finalidade para a qual foi criado, abstendo-se de realizar novos contingenciamentos...".

Na decisão em apreço, tem-se a intervenção judicial sobre algo que, a rigor está na esfera de deliberação exclusiva do Poder Executivo, qual seja, desenvolvimento e

---

em ativismo judicial (*idem*, p. 93); e cita ainda exemplo de ativismo quando do julgamento de ADI, fazendo referência à ADI nº 3.685 (*idem*, p. 94).

aplicação da política pública sobre os gastos do saldo existente no FUPEN. A decisão alcançou, ademais, não somente o saldo existente, mas fatos futuros, pois expressamente vedou novos contingenciamentos.

Assim, o estudo de caso conduziu à conclusão de que na política então judicializada percebe-se também a manifesta expressão de ativismo judicial, conquanto tenha imposto condutas positivas e negativas ao Poder Público. Basta aqui lembrar as lições do Ministro Barroso (2008) quando trouxe os exemplos de condutas comumente praticadas pelos que adotam uma postura ativista.

Mas é necessário ir além, pois em um exame mais acurado, vemos que o ativismo ali manifestado traz peculiaridades que a caracterizam como uma modalidade diferenciada, dadas as especificidades, pois, ao passo que interviu na política de utilização do orçamento do fundo penitenciário, estabeleceu a busca pelo diálogo institucional, visando com isso ajustar a melhor utilização deste fundo para superar a crise massiva existente no sistema carcerário.

Conforme se depreende do julgado, bem como das demais decisões constantes do processo,[14] os Estados foram chamados a prestar informações e, inclusive, o Supremo está admitindo terceiros interessados, ampliando assim a discussão em favor da busca pela solução mais adequada e eficaz.

Esta singularidade, que constitui fase no processo de superação do estado de coisas inconstitucional, é o que é reportado na tese de doutorado de Carlos Alexandre de Azevedo Campos (2015), em que ele distingue o ativismo antidialógico do ativismo judicial estrutural dialógico. Também das lições de Garavito e Franco (2010), pôde ser identificado que nesta modalidade de ativismo, o dialógico, o primordial a acontecer são as ordens de "desbloqueio", que costumam emperrar a burocracia estatal, e de um processo de monitoramento contínuo sobre as medidas adotadas pelo Poder Público.

Nesta senda, considerando que o Judiciário não impôs os meios de solução do problema, buscando o ajuste de todos em prol da resolução, não há, a princípio, constatação de usurpação dos outros poderes, seja do Executivo ou Legislativo, donde se conclui que não viola o pacto federativo.

## 7 Conclusão

A importância do instituto da Declaração de Estado de Coisas Inconstitucional pelo Supremo Tribunal Federal é um marco significativo para o ordenamento jurídico brasileiro. Evidenciou-se neste julgamento (não se ignora que há outros na mesma linha), uma postura proativa. O fundamento agora, contudo, refere-se à violação massiva de direitos humanos.

A liminar, que deferida em parte aos olhos da maioria da bibliografia consultada e, inclusive, é conclusão deste trabalho, implicou a admissão de uma atuação mais ampla do Judiciário brasileiro na concretização de direitos fundamentais.

Malgrado a justa preocupação que reascendeu entre os juristas, não podemos simplesmente dizer que no julgamento da ADPF nº 347 tenha ocorrido um ativismo puro e simples. Ativismo que, merecidamente, é rechaçado por grandes mestres, porquanto

---

[14] Consulta disponível em: http://portal.stf.jus.br/processos/detalhe.asp?incidente=4783560.

definido como o exercício deliberado de julgadores que se revestem de justiceiros de causas apadrinhadas ou convicções pessoais. De igual modo, é indubitável que toda e qualquer decisão judicial, por mais benfazeja que seja, não pode ser fruto de um voluntarismo esteado na subjetividade dos juízes.

No caso da ADPF nº 347, ainda que a decisão implique a interferência da política pública para o sistema penitenciário, já que impediu novos contingenciamentos e afetará a gestão do fundo penitenciário, não se pode ignorar que as várias deliberações constantes de todo o procedimento até agora ocorrido, como a exemplo a intervenção de terceiros, a admissão de *amicus curiae*, assim como o diálogo institucional para a construção da solução mais adequada, indicam o Poder Judiciário gerenciando uma crise até então sem controle. Como visto neste estudo, como pano de fundo, uma severa crise que tem implicado violações a direitos fundamentais de todos aqueles que sob a custódia do Estado.

Não se trata de qualquer judicialização. Em voga, a efetivação dos direitos fundamentais que sequer minimamente estão sendo observados. E, neste panorama de ineficiência e até mesmo inação de políticas públicas, o instituto acaba por constituir instrumento que não apenas dá evidência ao estado de coisas inconstitucional, mas principalmente convoca dois dos poderes envolvidos na crise e exige a execução de soluções concretas, atuando o STF no monitoramento das medidas empreendidas.

Também entendemos que não podemos compreender que houve violação ao princípio da separação dos poderes, já que não suprimiu o Executivo ou Legislativo e não restou determinado pelo Judiciário como serão os gastos do fundo penitenciário. Aliás, aqui temos um dos apontados limites: deve abster-se de ditar "o como agir", visto que a escolha do plano de execução é afeto aos outros poderes e não ao Judiciário. Por ora, o que se tem é que os Estados da federação foram instados a prestar informações quanto à situação prisional local.

Há que se reconhecer, ademais, que a atividade expansiva efetivamente praticada no caso em estudo (para além de declarar um culpado, ou mesmo aquele que obrigado a reparar/ressarcir ou fazer algo), ainda que inovadora, está em consonância com uma percepção neoconstitucionalista: a ponderação de princípios sobrepondo-se à trivial subsunção em prestígio à justiça material.

Esta linha de atuação se mostra coerente com as características da pós-modernidade que se afigura em uma coletividade dinâmica e fugaz, marcada como sociedade de risco (FRANCISCO, 2012; p. 67,77).

Ao lastro do neoconstitucionalismo, é fato, há um controle judicial mais presente sobre a atuação governamental. O Supremo Tribunal Federal, na qualidade de guardião da Constituição Federal e, via de consequência, de todos os direitos fundamentais por ela garantidos, deve ordenar e até mesmo acompanhar a efetivação das suas ordens.

Doutro norte, é inconteste que precisamos avançar nos estudos não apenas do ativismo judicial estrutural dialógico, como do próprio movimento neoconstitucionalista para que estes não constituam arbitrariedades ou mesmo sejam esteio ou fundamento de uma atuação excessiva. Toda cautela é necessária e o controle é indispensável em nome do Estado Democrático de Direito.

O estado de coisas inconstitucional, a despeito seja um fato, a sua declaração, não se olvide, não é legalmente prevista na legislação brasileira. E, ainda que o simples reconhecimento do fato em si quer seja nominado de "estado de coisas inconstitucional" ou receba outra nomenclatura, o cerne da questão são os consectários desta declaração, bem como o alcance das deliberações que a ela se seguem.

Como um último registro, vale repisar, a própria ADPF nº 347 não teve o julgamento final. E, tal qual a ADPF nº 347, o próprio ativismo judicial estrutural dialógico carecerá de novos estudos.

## Referências

AGÊNCIA BRASIL. *Com 726 mil presos, Brasil tem terceira maior população carcerária do mundo*. Disponível em: http://agenciabrasil.ebc.com.br/geral/noticia/2017-12/populacao-carceraria-do-brasil-sobe-de-622202-para-726712-pessoas. Acesso em: 17 set. 2018.

ANDRÉA, Gianfranco Faggin Mastro. *Estado de Coisas Inconstitucional no Brasil*. Rio de Janeiro: Lumen Juris, 2018.

ARAÚJO, Luiz Fernando Diniz. *O ativismo judicial e constrangimentos a posteriori*.

BARROSO, Luís Roberto. Ano do STF: judicialização, ativismo e legitimidade democrática. *Revista Consultor Jurídico*. Disponível em: www.conjur.com.br/2008-dez-22/judicializacao_ativismo_legitimidade_democratica#autores. Acesso em: 27 jun. 2018

BRASIL. Câmara dos Deputados. *CPI – Sistema Carcerário 2009*. Disponível em: https://www.conectas.org/arquivos/editor/files/cpi_sistema_carcerario%20(1).pdf. Acesso em: 14 jun. 2018.

BRASIL. CNJ – Conselho Nacional de Justiça. *Relatório aponta lentidão processual entre as causas da superlotação de presos em Guarulhos/SP*. Disponível em: http://www.cnj.jus.br/noticias/cnj/61829-relatorio-aponta-lentidao-processual-entre-as-causas-da-superlotacao-de-presos-em-guarulhossp. Acesso em: 14 jun. 2018.

BRASIL. CNMP – Conselho Nacional do Ministério Público. *Dados inéditos do CNMP sobre sistema prisional*. 2013. Disponível em: http://www.cnmp.mp.br/portal/todas-as-noticias/3486-dados-inedtos-do-cnmp-sobre-sistema-prisional. Acesso em: 14 jun. 2018.

BRASIL. Ministério da Justiça. Departamento Penitenciário Nacional: Levantamento Nacional de informações penitenciária. *Infopen – junho de 2014*. Disponível em: http://www.cnj.jus.br/files/conteudo/arquivo/2015/11/080f04f01d5b0efebfbcf06d050dca34.pdf. Acesso em: 17 set. 2018.

BRASIL. Supremo Tribunal Federal. *ADPF 347*. Relator: Ministro Marco Aurélio. DJe. 20.08.2015. Disponível em: http://portal.stf.jus.br/processos/detalhe.asp?incidente=4783560. Acesso em: 17 set. 2018.

CARVALHO, Jailton de. Dinheiro não é o problema principal em crise do sistema penitenciário. *Jornal O GLOBO*. 2014. Disponível em: http://www.pautaextra.com.br/reportagens_especiais/id-280506/dinheiro_nao_e_o_problema_principal_em_crise_do_sistema_penitenciario. Acesso em: 30 set. 2018.

COLOMBIA. Sentencia n. T-024/04, 2004. Disponível em: http://www.corteconstitucional.gov.co/relatoria/2004/t-025-04.htm. Acesso em: 11 abr. 2019

COLOMBIA. Sentencia n. T-153/98, 1998. Disponível em: http://www.corteconstitucional.gov.co/relatoria/1998/t-153-98.htm. Acesso em: 22 set. 2018

COUTO, Edenildo Souza. *O Ativismo Judicial Estrutural Dialógico para Efetividade dos Direitos Fundamentais no "Estado de Coisas Inconstitucional"*. Dissertação apresentada ao Programa de Pós-Graduação em Direito da Universidade Federal da Bahia. Salvador: 2018. Disponível em: http://repositorio.ufba.br/ri/handle/ri/27359. Acesso em: 20 abr. 2019.

FERREIRA, Maria Emília Guerra. *A produção da Esperança em uma Situação de Opressão*: casa de detenção de São Paulo. São Paulo: EDUC, 1996.

FONSECA, Lorena; COUTO, Felipe Fróes. Judicialização da Política e ativismo judicial: uma diferenciação necessária. *Revista Eletrônica Direito e Política, Programa de Pós-Graduação Stricto Sensu em Ciência Jurídica da UNIVALI*, Itajaí, v.13, n. 2, 2º quadrimestre de 2018. Disponível em: www.univali.br/direitoepolitica – ISSN 1980-7791. Acesso em: 20 abr. 2019.

FRANCISCO, José Carlos. (Neo)Constitucionalismo na Pós-modernidade: Princípios fundamentais e justiça no caso concreto. *In*: FRANCISCO José Carlos (Coord.). *Neoconstitucionalismo e Atividade Jurisdicional – Do passivismo ao ativismo judicial*. Belo Horizonte: Del Rey, 2012.

FRANCO FILHO, Alberto de Magalhães. O Significado e o alcance da expressão "Preceito Fundamental", no âmbito da Arguição de Descumprimento de Preceito Fundamental. *Revista Eletrônica do Curso de Direito Da UFSM*, vol. 3, n. 3, p. 122-136, set. 2008. Disponível em: file:///C:/Users/101234/Downloads/7023-31037-1-SM.pdf. Acesso em: 17 set. 2018.

GASPAR, Malu. CADEIAS EXPLOSIVAS: Apenas 34% do valor destinado no orçamento de 96 foi utilizado pelo Ministério da Justiça. *Jornal Folha de São Paulo*. 1996. Disponível em: https://www1.folha.uol.com.br/fsp/cotidian/ff280501.htm. Acesso em: 17 set. 2018.

GRAVITO, César Rodríguez; FRANCO, Diana Rodríguez. *Cortes y cambio social*: cómo la Corte Constitucional transformó el desplazamiento forzado en Colombia. Bogotá: Centro de Estudios de Derecho, Justicia y Sociedad, 2010. Disponível em: https://cdn.dejusticia.org/wp-content/uploads/2017/04/fi_name_recurso_185.pdf. Acesso em: 28 abr. 2019.

KMIEC, Keenan D. The Origin and Current Meaning of "Judicial Activism". *California Law Review*, v. 92, n. 5, p. 1441-1477, 2004. Disponível em: https://scholarship.law.berkeley.edu/cgi/viewcontent.cgi?article=1324&context=californialawreview. Acesso em: 17 abr. 2019.

LEMOS, Amanda Nunes Lopes Espiñeira; DA CRUZ, Gabriel Dias Marques. Análise do Estado de Coisas Inconstitucional na ADPF 347 e seu papel como instrumento na efetivação da política pública carcerária. *Rev. de Direito Sociais e Políticas Públicas*, Maranhão, v. 3, n. 2, p. 18-40, jul./dez. 2017. Disponível em: http://indexlaw.org/index.php/revistadspp/article/view/2300. Acesso: 17 set. 2018.

MAIA, Marrielle. *Reflexões sobre as denúncias envolvendo o sistema prisional brasileiro no SIDH*: um problema estrutural da nação. Apresentado no XXIX Simpósio Nacional de História. Disponível em: https://www.snh2017.anpuh.org/resources/anais/54/1502029863_ARQUIVO_ANPUHresumidosubmissao.pdf. Acesso em: 17 set. 2018.

MANSO, Bruno Paes; DIAS, Camila Nunes. *A Guerra* – A Ascensão do PCC e o Mundo do Crime no Brasil. São Paulo: Editora Todavia, 2018.

OLIVEIRA, Rafael Tomaz de *et al*. A jurisdição constitucional entre a judicialização e o ativismo: percursos para uma necessária diferenciação. *In*: SIMPÓSIO NACIONAL DE DI-REITO CONSTITUCIONAL, 10. *2012*, Curitiba. Anais... Curitiba: ABDConst., 2013. Disponível em: http://www.abdconst.com.br/anais2/JurisdicaoRafael.pdf. Acesso em: 20 abr. 2019.

RAMOS, Elival da Silva. *Ativismo Judicial: parâmetros dogmáticos*. São Paulo: Saraiva, 2010.

REVISTA DE INVESTIGAÇÕES CONSTITUCIONAIS, Curitiba, vol. 5, n. 1, p. 129-150, jan./abr. 2018. DOI: 10.5380/rinc.v5i1.56088.

SOMBRA, Thiago Luís Santos. *ADPF 347 And The "Unconstitutional State of Affairs" of Brazil's Prison System*. EJJL Joaçaba, v. 17, n. 2, p. 649-656, maio/ago. 2016. Disponível em: http://dx.doi.org/10.18593/ejjl.v17i2.9764. Acesso em: 17 set. 2018.

STRECK, Lenio. Entre o ativismo e a judicialização da política: a difícil concretização do direito fundamental a uma decisão judicial constitucionalmente adequada. *Espaço Jurídico Journal of Law [EJJL]*, v. 17, n. 3, p. 721-732, 20 dez. 2016. Disponível em: https://portalperiodicos.unoesc.edu.br/espacojuridico/article/view/12206. Acesso em: 17 abr. 2019.

VIANNA, Glaucia Regina. Desigualdade e Segregação: engrenagens para o circuito repetitivo do crime. *Punição e Prisão: Ensaios Críticos*. Coletânea Nova de Serviço Social. Rio de Janeiro: Lumen Juris, 2015.

VIANNA, Luiz Werneck. Não há limites para a patológica judicialização da política. Disponível em: http://www.conjur.com.br/2016-jan-03/luiz-werneck-vianna-nao-limites-judicializacao-politica. Acesso em: 20 abr. 2019.

---

Informação bibliográfica deste texto, conforme a NBR 6023:2018 da Associação Brasileira de Normas Técnicas (ABNT):

SOUSA, Cláudia Vieira Maciel de. Reflexões sobre ativismo judicial no contexto da declaração do estado de coisas inconstitucional. *In*: ASSOCIAÇÃO DOS MAGISTRADOS BRASILEIROS; SALOMÃO, Luis Felipe; FONSECA, Reynaldo Soares da; VIDEIRA, Renata Gil de Alcantara; SZPORER, Patrícia Cerqueira Kertzman; COSTA, Daniel Castro Gomes da (Coord.). *Sistema penal contemporâneo*. Belo Horizonte: Fórum, 2021. p. 493-514. ISBN 978-65-5518-205-7.

# VIOLÊNCIA DOMÉSTICA EM FOCO: A JUSTIÇA RESTAURATIVA É UMA ABORDAGEM PLAUSÍVEL?

SANDRA MAGALI BRITO SILVA MENDONÇA
JULIANA TONCHE

## 1 Introdução

O problema da violência doméstica remonta à desigualdade que se estabeleceu entre os gêneros nas relações humanas. Isso ocorre na medida em que a sociedade instituiu supostos e diferenciados papéis para homens e mulheres: a eles, o mundo produtivo; a elas, o espaço reprodutivo (BARIN, 2016). Formam-se, assim, estereótipos que permeiam e movimentam a vida nos diversos grupos sociais. A divisão entre os sexos funciona, nestes casos, como um sistema que orienta percepções, pensamentos e ações (BOURDIEU, 2019).

Com relação às mulheres, especialmente as negras e pobres, esse impacto ocorre em grau mais elevado porquanto tais estereótipos são profundamente discriminatórios (DAVIS, 2016). Esta é a razão pela qual o conceito de interseccionalidade se torna imprescindível para a compreensão da articulação entre as opressões que colocam muitas mulheres no limite entre a vida e a morte (DAVIS, 2016; SANTOS, 2017; HENNING, 2015; HIRATA, 2014). As mulheres são vítimas de violências deflagradas por seus companheiros, geralmente em seus lares, sem que a sociedade, o Estado e a justiça consigam reverter de forma efetiva essa realidade, engendrada pela cultura de inaceitabilidade da violência em ambientes públicos e sua ocultação nos espaços domésticos.

Por ter um caráter relacional, as estratégias de suplantação do problema da violência de gênero deveriam considerar a centralidade da vítima como principal interessada e não sua exclusão (SAFFIOTI, 2015; SOARES; ACOSTA, 2012), como procede o Direito Penal. Deveriam igualmente olhar para o agressor para além da perspectiva da culpabilização e sua punição. Não cuidar de forma interdisciplinar e intersetorial das causas que fazem reverberar o problema enseja a reincidência (em detrimento da própria vítima ou outras mulheres) e produz traumas e sofrimentos para todos os envolvidos;

a mulher, o homem, os filhos e eventualmente demais familiares que compartilhem do mesmo ambiente insidioso da violência.

Não se desconhece, contudo, que alguns instrumentos estão alinhados com as políticas de proteção às mulheres. Em 1979, por exemplo, tivemos a Convenção sobre a Eliminação de Todas as Formas de Discriminação contra a Mulher; em 2011, a condenação do Brasil pela Corte Interamericana de Direitos Humanos foi um marco, que somadas aos esforços da militância feminista levou à aprovação, em 2006, da Lei nº 11.340/2006.

A lei, que ficou mais conhecida como Lei Maria da Penha, introduziu elementos de prevenção e enfrentamento à violência contra a mulher no âmbito das relações domésticas e familiares. Estabeleceu importantes mecanismos, como as medidas protetivas, a previsão de criação dos Juizados de Violência Doméstica e Familiar contra a Mulher e ações para reflexões dos acusados de agressões, na perspectiva de gênero e da responsabilização. Neste último aspecto, introduziu modificações na Lei de Execução Penal (Lei nº 7.210/1984).

No entanto, a lei ganhou notoriedade sobretudo em razão da opção política de reforço aos aparatos punitivos estatais. O roteiro orientado para a punição e a insuficiência (ou ausência) de políticas de intervenção voltadas aos acusados resultam na persistência e agudeza das agressões, comprovando a hipótese da imprestabilidade das penas aflitivas como melhor resposta ao crime, especialmente no enfrentamento dos graves problemas que norteiam as desigualdades de gênero e a violência contra as mulheres (GROSSI; MINELLA; LOSSO, 2006; PASINATO, 2015).

Dentro deste panorama de incompletude das respostas estatais oficiais e da escassez de análises interseccionais acerca das necessidades de ordens pessoais, sociais e estruturais relacionadas à violência de gênero, convém analisar o sistema punitivo da perspectiva de sua seletividade e de como a justiça restaurativa pode contribuir neste campo. Trata-se de um modelo de justiça cujos métodos priorizam o diálogo e a reparação do dano, promovendo o protagonismo e a autonomia das pessoas diretamente envolvidas nas situações conflitivas que resultam em sofrimento e/ou violência (ZEHR, 2008).

A justiça restaurativa tem florescido no país. A Constituição Federal de 1988 já apontava para a necessidade de instituir mecanismos diferenciados de resolução de conflitos no sistema judicial brasileiro, como forma de proporcionar maior satisfação aos demandantes, independentemente da natureza do conflito. Além disso, a Resolução nº 225/2016 do Conselho Nacional de Justiça (CNJ) contempla as diretrizes para implementação e difusão de suas práticas no Poder Judiciário.

Este artigo objetiva discutir, portanto, as potencialidades da justiça restaurativa como importante aliada no enfrentamento da violência contra as mulheres. Vale destacar que este modelo de justiça "traz um importante contraponto para o nosso sistema de justiça penal ao ter em seus horizontes de resposta ao conflito a possibilidade da utilização de outras formas de reparação que fogem à lógica punitiva do sistema de justiça criminal moderno" (TONCHE, 2016, p. 142). Além disso, ela corresponde a um processo que enseja o envolvimento voluntário de todos os interessados na resolução do conflito, para alcançar, de maneira coletiva, uma solução acerca dos danos, das necessidades e das obrigações geradas pela ofensa perpetrada (ZEHR, 2012).

Ao que transparece, a justiça restaurativa se consolida "como inovação, tensionando o sistema de justiça penal ao propor uma nova forma de gestão de conflitos que desvia o foco da punição para a restauração das relações afetadas com o conflito" (TONCHE, 2016, p. 131) e por isso potencialmente benéfica nos casos de violências a que mulheres estão submetidas. Parece profícuo analisar, neste contexto, a pertinência ou não de sua livre aplicação nos casos de violência doméstica, reflexão que será feita neste artigo.

## 2 O intrincado problema da violência doméstica

Diversas normas nacionais e internacionais ressaltam a urgência em reconhecer que a violência doméstica e familiar contra mulheres de todas as idades é inaceitável. Contudo, a postura meramente punitivista ofusca a edificação de alternativas concretas de enfrentamento à violência doméstica, isolando artificialmente os agressores e sem tratar as questões de gênero enraizadas em nossa sociedade que são transmitidas de geração para geração. A própria Lei Maria da Penha, embora guie a questão por viés eminentemente penal, insere de maneira tímida medidas de prevenção e proteção, eixos fundamentais no enfrentamento desta violência. Tal realidade decorre do entendimento de que as construções sedimentadas no patriarcalismo resultam em "definições dominantes de masculinidade" (ANTEZANA, 2012) que somente deixarão de existir com a alteração dessa estrutura que dá causa à violência, pois a linguagem relacional violenta não se modifica sem mudanças de percepção dos atores envolvidos (SAFFIOTI, 2015).

Importante frisar que a violência doméstica e familiar contra a mulher é "qualquer ação ou omissão baseada no gênero que lhe cause morte, lesão, sofrimento físico, sexual ou psicológico e dano moral ou patrimonial", conforme definido no artigo 5º da Lei nº 11.340/2006. Essas violências ocorrem em "um contexto de relações de poder, em uma determinada ordem social e cultural, sustentada por uma ideologia pseudolegitimadora dessa ação" (BLANCH, 2001, p. 7).

O Instituto de Pesquisa Econômica Aplicada (IPEA) revela a magnitude do problema da violência contra a mulher no Brasil. Na edição do Mapa da Violência de 2020, verificou-se que em 2018 uma mulher foi assassinada no Brasil a cada duas horas, totalizando 4.519 vítimas. Entre 2017 e 2018, houve queda de 12,3% nos homicídios de mulheres não negras, mas entre as mulheres negras essa redução foi de apenas 7,2%, mostrando o viés racial de tal violência. Em 2018, 68% das mulheres assassinadas no Brasil eram negras. Observa-se, também, que 30,4% dos homicídios de mulheres ocorridos em 2018 no Brasil foram feminicídios – crescimento de 6,6% em relação a 2017 (IPEA, FBSP, 2020).

Apesar das diversas pesquisas realizadas no Brasil, não se pode desconsiderar as situações peculiares que permeiam a realidade brasileira e que resultam em dados subestimados frente à concretude da violência doméstica. A cifra oculta das estatísticas oficiais, pela ausência de denúncia por parte das vítimas que convivem com os agressores, ausência de consciência de sua condição de vítima, especialmente diante da violência psicológica, e ainda por ausência de abrangência de investigação, como no caso de mulheres em situação de rua e imigrantes, são apenas algumas das hipóteses que indicam que os números reais a respeito do problema são ainda maiores do que aqueles revelados pelas pesquisas (BARIN, 2016).

A inexpressividade da redução da violência, segundo Barin (2016), pode ser atribuída principalmente a quatro fatores: maior visibilidade da violência contra as mulheres; a implementação das medidas protetivas; o incremento da criminalidade, na medida em que a violência de forma mais geral retroalimenta a violência doméstica, e quarto e mais relevante fator: "o reforço penal, de forma isolada", que não possui potencial para arrefecer de forma continuada os índices de violência contra as mulheres (BARIN, 2016, p. 88).

Desse modo, é verificável que um problema de tão grande envergadura, motivado por questões profundas e complexas, transpassado pela interseccionalidade que gera opressões (SANTOS, 2017), e tendo como principal engrenagem a desigualdade entre homens e mulheres reclama outros saberes e contribuições multidisciplinares, que vão muito além do Direito Penal.

Em uma sociedade marcada pela desigualdade de gênero, o autor de violência contra a mulher não visualiza a gravidade do crime que praticou e as mulheres não percebem a violência sofrida, principalmente quando da ausência de lesões (DataSenado, 2019). As ações protetivas em favor da mulher, e repressivas face aos homens, são insipientes para alterarem esse panorama de violência reiterada e crescente, exigindo-se ação multifacetada e ambiente diferenciado, oportunizando ao agressor a conscientização da dimensão da violação engendrada. É preciso avançar na "transformação de padrões culturais patriarcais ainda presentes em nossa sociedade e na concretização de medidas previstas na Lei Maria da Penha" (BARIN, 2016, p. 89).

Muitos países têm respondido à complexa demanda com recursos legais, médicos e sociais para atender às mulheres em situação de violência doméstica e familiar. Entretanto, menores são os investimentos nas intervenções com os homens autores de violência, não obstante o reconhecimento geral de que o trabalho com os acusados é fundamental no enfrentamento à violência contra a mulher (SAFFIOTI, 2015; SOARES, 2012).

Questões históricas, sociodemográficas e comportamentais são relevantes ao fenômeno da violência doméstica. Dessa forma, o acusado da violência, com quem a vítima tem ou teve um relacionamento íntimo, é figura central no enfrentamento e rompimento do ciclo de violências, trazendo os seguintes questionamentos: "Como compreender a violência de gênero se não investigando também os homens, suas histórias de reconstrução de gênero, suas experiências e narrativas? Como intervir nesse tema, além do indispensável trabalho com as vítimas, se não atuando também com aqueles que geralmente a perpetram?" (RAMOS, 2006, p. 9).

## 3 Sistema penal, prisão e violência doméstica

As críticas à prisão acompanham o próprio nascimento da instituição e fazem parte das intricadas redes de discursos, saberes e poderes que justificam sua manutenção e centralidade como principal forma de penalidade moderna (FOUCAULT, 2010).

Assim, embora a prisão tenha sido um importante marco de evolução na história da justiça penal (FOUCAULT, 2010; DAVIS, 2020), sua obsolescência como modelo punitivo é patente, não se configurando na atualidade como o instrumento ideal no combate e prevenção da violência, sendo ainda geradora de violações de direitos humanos. Além disso, também não promove a recuperação ou ressocialização do apenado, como sugerem algumas das teorias justificadoras da pena. Decorridos mais de dois séculos, o mesmo instrumento é utilizado de forma prioritária pelo sistema de justiça, numa verbalização de igualdade e autonomia, porém, revestido de assimetrias e sujeições disciplinares.

O cenário atual de hiperencarceramento apresenta ainda um caráter de seletividade em relação aos indivíduos que são punidos, com vieses que fazem referência aos marcadores sociais da diferença (raça, etnia, gênero e classe social). Segundo Wacquant (2011, p. 2018): "um aspecto constitutivo (e não um atributo incidental) da política de gestão punitiva da pobreza".

Nos crimes de violência doméstica, a grande massa de processos é protagonizada por pessoas de classe social menos privilegiada (GIANINI, 1999; LEITE, 2019). Embora não se desconheça que mulheres e homens melhores alocados financeira e socialmente também vivenciem este tipo de violência (por se tratar de uma questão estrutural relacionada à nossa sociedade patriarcal), eles costumam resolver seus problemas nas varas de família, sem recorrer ao sistema de justiça criminal e afastando-se, assim, da possibilidade da "vergonha e do constrangimento" do encarceramento. Desse modo, é possível inferir que na área da violência contra a mulher também se operam seletividades.

No dizer de Ana Flauzina (2015), é emblemática a dinâmica de condução das estratégias em torno da Lei Maria da Penha, pois, de acordo com a autora, desconsiderou-se que as mulheres negras são as mais vitimadas pelas práticas desencadeadas pela violência de gênero e pela ainda incipiente resposta ofertada pelo sistema de justiça. Conclui a autora pela incidência de um feminismo "seletivo", aliado aos direitos humanos, baseado no encarceramento em massa e seus efeitos perversos, em que se desconsidera que as mulheres de maior vulnerabilidade social são aquelas que mais sofrem os efeitos do próprio encarceramento masculino, pois passam a ser provedoras da família e do próprio apenado (FLAUZINA, 2015), carregando, ainda, junto com seus filhos as marcas e o estigma da penalização de seus companheiros ou ex-companheiros.

Diversos pesquisadores já mostraram que os efeitos da prisão reverberam para além daqueles que cumprem a medida em meio fechado, estendendo-se aos familiares, tanto dos presos quanto dos profissionais que trabalham no cárcere, como Godoi (2017), Silvestre (2012) e Rossler (2020). No caso da violência doméstica, o aprisionamento do agressor não é uma tônica, porém, a condenação criminal o insere no "rol dos culpados", impingindo privações de ordem econômico-financeira aos filhos e à mulher, retroalimentando e estendendo o sistema de exclusão a estas pessoas.

Os argumentos que se contrapõem à utilização do direito criminal na defesa das mulheres enfatizam a restrita proteção, real ou simbólica, que pode emanar do sistema penal, ante sua estrutura fundamentalmente patriarcal. A aposta irrestrita no Direito Penal pode funcionar ainda como meio de invisibilização de outras respostas ou ações que poderiam ser mais efetivas do ponto de vista da satisfação das necessidades da vítima. Como afirma Larrauri (1991, p. 221): "o direito penal é relegitimado como uma forma de resolver conflitos sociais, ignorando outros meios alternativos que favoreçam uma maior autonomia e auto-organização das mulheres".

A partir de uma condenação criminal pura e simples, sem o conduto reflexivo de suas ações e de contraponto às suas crenças, via de regra o agressor se considera vítima de um sistema que lhe diz onde e por que agir, indicando que o modo como aprendeu a tratar sua companheira é sinônimo de violação da lei. Isso não significa que a violência doméstica deva ser tolerada e não reprimida, ou que não caiba uma resposta estatal como consequência da violação do direito da vítima. Porém, ter apenas a prisão como resposta é limitar as possibilidades de enfrentamento da violência doméstica, desconsiderando os diversos graus em que se apresenta, desde a ameaça até o feminicídio. Ademais, coloca todas as hipóteses num mesmo campo de solução, como se o Direito fosse capaz de solucionar, sozinho, questões que têm, no campo micro, pessoas que interagem cotidianamente, constroem vidas em comum, concebem filhos e patrimônio, se relacionam física, emocional e afetivamente e, no prisma macro, uma sociedade marcada por instituições machistas, patriarcais, sexistas e discriminatórias com a mulher.

## 4 A categoria gênero e o processamento das violências no sistema de justiça criminal

A divisão entre gêneros constitui a ordem social, sendo percussora da dominação e exploração, conduzindo a classificação das coisas do mundo e reduzindo as mais diversas práticas à oposição entre o masculino e o feminino (BOURDIEU, 2019). Há, portanto, uma construção social das diferenças sexuais que se sedimenta nos poderes e significações sociais. Segundo Bourdieu (2019, p.24), a "força da ordem masculina se evidencia" sem necessidade de justificativas, dispensando discursos que a legitimem e resultando no que se denomina de sexismo.

O sexismo tem por base a maneira como "uma dada sociedade identifica e se apropria de diferenças biológicas e anatômicas entre os sexos, diferenciando mulheres de homens e dando-lhes tratamento desigual" (SILVA, 2014, p. 44). O sexismo não se configura unicamente como ideologia, mas se compõe com uma estrutura de poder com distribuição não igualitária, com prejuízos para a mulher, que é "amputada" no desenvolvimento da razão e exercício do poder (SAFFIOTI, 2015).

De acordo com Foucault (1981) o poder é exercido sobre a mulher, sendo também um de seus efeitos e, por isso, seu centro de transmissão. Elas são submetidas a um esquema de socialização que as nega e enfraquece, encorajando-as ao culto de virtudes como abnegação, silêncio e resignação (COELHO, 2018 p. 32). Quando disseminados no espaço social "a heterossexualidade obrigatória, a inferiorização das mulheres, a centralidade do macho" como modelos hegemônicos, estamos diante do sexismo institucional. Nesse caso as normas, valores, rotinas, regras e regulamentos propalados por órgãos ou instituições concedem privilégios tendo como base ideologias de gênero e sexualidade (SILVA, 2014, p. 44), repercutindo nestes espaços discriminações socialmente construídas e estabelecidas. A centralidade do sexismo está a serviço do exercício do poder, sedimentada nas instituições que detêm o binômio saber-poder como escolas, polícia, família, organizações religiosas, mídia e justiça (SILVA, 2014, p. 44).

A universalidade da primazia concedida ao homem na sociedade, baseada na divisão do trabalho, produção, reprodução biológica e social, reserva o melhor para os homens e ocasiona intrigante fenômeno no qual as mulheres são enredadas nesta relação de poder, aderindo acriticamente à violência simbólica a qual se submetem (BOURDIEU, 2019). Como afirma Bourdieu: "o poder simbólico não pode se exercer sem a colaboração dos que lhe são subordinados e que só se subordinam a ele porque o constroem como poder" (BOURDIEU, 2019, p. 72).

Há um paradoxo de dominação e submissão que somente pode ser compreendido quando se observam os efeitos duradouros que a ordem social exerce sobre homens e mulheres e as disposições espontâneas dessas ordens, pois a violência simbólica não é vencida com a consciência e a vontade. Além disso, as condições de sua eficácia estão inscritas na intimidade dos corpos sob a forma de aptidões e inclinações, sendo imperiosa a transformação radical da sociedade que produz esse modelo (BOURDIEU, 2019).

A perspectiva decolonial, que está atenta à raça e à sua construção como produto da colonialidade europeia, é essencial para o entendimento da binaridade hierarquizada que organizou nosso sistema social e ainda vigora (GOMES, 2018, p. 69). Qualquer que seja a posição social da mulher, esta se distancia dos patamares concedidos aos homens, por um "coeficiente negativo" que, quando associado a outros fatores, como, por exemplo, a cor da pele, implica uma diferença homóloga (BOURDIEU, 2019, p. 153). A categorização isolada de gênero, portanto, não bastará se não a articularmos a outros conceitos historicamente inscritos (GOMES, 2018, p. 69).

A interseccionalidade entre racismo, sexismo e outras discriminações vividas por mulheres gera um contexto diferenciado de opressão que influi na forma como elas buscam alternativas para a violência doméstica (SANTOS, 2017). Esse fenômeno não se constitui apenas em uma soma de opressões, mas uma situação diversa que somente pode ser observada e entendida a partir da intersecção de várias categorias sociais. Trata-se de compreender como estas experiências têm atravessado historicamente nossa sociedade desde o colonialismo até a contemporaneidade, e como se expressam em certos sujeitos que não experimentam privilégios de raça, classe, sexo e sexualidade (PIRES, 2018, p. 1.077).

Isso significa que, além da opressão de gênero suportada pelas mulheres, outros fatores incidem para agravar a situação social de algumas delas. A percepção dessa articulação foi gestada na França, no final dos anos 1970, por Danièle Kergoat. Em 1989, a teórica feminista estadunidense Kimberlé Crenshaw (1991) cunhou ainda a terminologia "interseccionalidade", que observa o entrelaçamento de distintas formas de diferenciações sociais e desigualdades, tendo como bases a Convenção dos Direitos das Mulheres, realizada em 1851, em Akron (Ohio), e o discurso da afro-americana Sojourner Truth sobre o conjunto articulado de desigualdades que a afetavam (HENNING, 2015, p. 102-104).

No Brasil, o tema passou a ser ventilado, a partir dos anos de 1980, por Elisabeth Souza-Lobo, especialmente para explicar desigualdades salariais e desemprego (HIRATA, 2014, p. 2). A interseccionalidade ocupa um espaço teórico-metodológico importante para a compreensão das diversas formas de iniquidades que recaem sobre mulheres, trazendo resultados "estruturais e dinâmicas da interação entre dois ou mais eixos da subordinação" e refletindo a soma de diversos sistemas discriminatórios que nutrem desigualdades básicas. Nas palavras de Silva (2014, p. 23), as mulheres negras são alcançadas com "intensidade pelo dinamismo do cruzamento destes sistemas".

Porém, essa realidade é pouco debatida no Brasil, pois enfatiza-se a categoria gênero para a definição e abordagem da violência doméstica e familiar, ignorando os complexos sistemas de opressões e privilégios. Existem obstáculos de ordem institucional a serem transpostos para uma abordagem interseccional que leve em consideração as categorias de raça, gênero, classe, etnia, orientação sexual, entre outras. Essas variáveis são ainda minoradas "nas lutas feministas antiviolência contra mulheres", traduzindo uma invisibilidade de cruzamento destas questões (SANTOS, 2017, p. 47-48) e requerendo, portanto, maior atenção legislativa, jurídica, política e social.

## 5 Violência contra as mulheres no Brasil

Desde a metade do século XIX até após a Primeira Guerra Mundial, o panorama econômico e cultural do Brasil mudou profundamente de maneira que as mulheres passaram cada vez mais a ocupar os espaços públicos (BLAY, 2003 p. 87). Nos anos de 1920, mulheres de classes média e alta, em decorrência da inserção na escola e trabalho remunerado, iniciaram protestos contra a imposição de poder e violência dos homens no casamento, a infidelidade e o abandono. Na época, promotores públicos como Roberto Lyra, Carlos Sussekind de Mendonça, Caetano Pinto de Miranda Montenegro e Lourenço de Mattos Borges fundaram o Conselho Brasileiro de Hygiene Social visando coibir e punir os crimes passionais então tolerados pela sociedade e pela Justiça. Os fundamentos de tal posicionamento eram relacionados, entretanto, à proteção da família (BLAY, 2003 p. 88).

Até os anos de 1970, a violência doméstica contra a mulher no Brasil não era percebida ainda como um problema público e permanecia invisível, pois se considerava algo natural e restrita à esfera privada (SANTOS, 2017). No final desta década iniciou-se forte campanha oriunda de ativistas feministas, almejando publicizar e denunciar os graves casos de violência doméstica (PASINATO, 2008). Com os movimentos feministas, veio à tona uma abordagem sociopolítica que se contrapunha à explicação causal individual e patológica, trazida pelo modelo médico, desvelando as condições sociais que permitiam tal violência. Os conceitos de gênero e poder e o modo como estruturam e mantêm a posição de domínio dos homens sobre as mulheres estão no centro dessa abordagem (LIMA; BUCHELE, 2011), sendo o componente principal para a formatação de um discurso voltado para a proteção da mulher.

O Conselho Nacional dos Direitos da Mulher protagonizou o chamado "lobby do batom", atuando para que parlamentares inserissem propostas feministas na Constituição de 1988, com vistas à obtenção de igualdade jurídica e a proteção das mulheres na família, dentre outras conquistas (CAMPOS, 2017, p. 21).

Nos anos de 1990, as feministas, através da articulação com ONGs, juristas e movimentos de mulheres, reivindicaram a revogação da tese de legítima defesa da honra e o fim dos homicídios passionais; o estupro como crime contra a pessoa, deixando de figurar como crime contra a honra; a penalização da violência doméstica e a punição pelo crime de lesão corporal (CAMPOS, 2017, p. 22). Nesse cenário, o Superior Tribunal de Justiça declarou a ilegalidade da tese de legítima defesa da honra, e no ano de 2001, o Código Penal foi alterado para incluir o crime de assédio sexual através da Lei nº 10.224/2001 (BRASIL, 2001).

Dessa maneira, paulatinamente foram se formando as bases que deram ensejo para que o grande marco legal brasileiro fosse alcançado em 2006, a partir de considerável esforço de articulação entre parlamentares, comissões, especialistas e movimentos feministas, que deram origem à promulgação da Lei nº 11.340/2006 (Lei Maria da Penha).

Registra-se que nesse momento foi relevante a identificação legal das diversas formas de violência contra a mulher, inclusive o reconhecimento de uma violência baseada no gênero; a previsão de instrumentos multidisciplinares; a criação dos Juizados de Violência Doméstica contra a Mulher com competência de natureza cível e penal, rompendo a dicotomia consagrada no Direito e possibilitando ao magistrado, além das medidas criminais, decidir sobre as medidas de proteção, alimentos, guarda dos filhos e usufruto do imóvel comum. Entretanto, o que a prática reflete é que a Lei Maria da

Penha não foge à visão hegemônica de que os esforços de enfrentamento à violência contra a mulher deveriam se centrar no aspecto da criminalização da violência.

Daniel Achutti (2016) ressalta que, apesar da importância da Lei nº 11.340/2006 e das diversas medidas de natureza extrapenal nela previstas, tal não obstou que fosse alvo de críticas, na medida em que representa o retorno do uso do Direito Penal para o enfrentamento da violência doméstica, reafirmando o mito de que o sistema de justiça criminal reúne condições de responder à altura os conflitos sociais. Essa situação desconsidera que a maioria das mulheres vítimas de violência doméstica rechaçam a imposição da pena privativa de liberdade para os agressores, ou seja, anseiam pela suspensão das agressões e responsabilização, mas sem o viés punitivista da lei, que tem o cárcere como *locus* natural (CNJ, 2018, p. 25).

Conforme pontua Flauzina (2015), os conceitos de justiça concebidos pela militância feminista e as mulheres vítima de violência doméstica se contrapõem. Para estas, são importantes os anseios de supressão da violência, escuta de suas demandas e responsabilização, pois consideram os laços de afeto. Por outro lado, a militância traduz a justiça em sentido eminentemente criminal, deslocando o agressor da figura que evoca sentimentos complexos de afeto e repulsa, temor e ternura à vítima (FLAUZINA, 2015).

> É preciso sublinhar que a categoria "violência de gênero" remete a particularidades e à consideração de elementos muito singulares na sua base conceitual, que destacam tais formas de violência no imenso universo dos atos desviantes, impedindo uma compreensão imediata de um fenômeno que transpõe as barreiras do raciocínio exclusivamente jurídico (AMARAL, 2007, p. 120).

Segundo Flauzina (2015), a tão ansiada oportunidade de falar, por parte da vítima, narrar a história do seu relacionamento e a dimensão da constituição de sua família, se resume a perguntas objetivas sobre as circunstâncias relacionadas ao crime, emanadas de profissionais do sistema de justiça que não necessariamente sabem lidar com os receios e inseguranças presentes naquele momento, e que somente enxergam o fim proposto na lei: condenar ou absolver o acusado (FLAUZINA, 2015).

Catorze anos de vigência da Lei Maria da Penha e os números que retratam a violência no âmbito doméstico contra a mulher não cederam. Resta evidente que a questão não se limita a um tratamento racionalizado de processar ou não, condenar ou absolver, especialmente quando a vítima nutre um misto de sentimentos e possivelmente vivenciará ao lado da condenação de seu parceiro o despejo de sua casa, a fome de seus filhos, a inimizade com a família do condenado e, quiçá, o retorno daquele homem ao lar, para seu alívio e sofrimento, pois ainda é o mesmo homem machista, violento e desrespeitoso.

Na violência doméstica é impossível ignorar o relacionamento vítima/ofensor. A convivência cotidiana com a complexidade e a dinâmica dos conflitos domésticos faz com que os operadores do Direito que têm um maior contato direto com esses casos adotem uma postura crítica relativamente à capacidade que o Direito Penal tem de intermediar positivamente estes conflitos. É como se a proximidade com as situações reais provocasse um deslocamento do olhar, tornando claro, a partir daí, que a lógica retributiva não faz nenhum sentido e que o endurecimento das penas tampouco possui poder dissuasivo.

## 6 Os grupos reflexivos com homens acusados de violência doméstica

Quando se pensa em violência doméstica contra mulheres, de imediato há uma ligação com as questões de gênero introjetadas socioculturalmente, onde as mulheres são tomadas pelos homens como objeto de posse, poder, dominação, coerção, humilhação e controle (SILVA; LIMA, 2019, p. 4). Se é dever de todos aprender a confrontar essa realidade, isso cabe especialmente aos homens acusados de violência doméstica:

> Os ofensores têm muitas necessidades, é claro. Precisam que questionem seus estereótipos e racionalizações – suas falsas atribuições – sobre a vítima e o evento. Talvez precisem aprender a ser mais responsáveis. Talvez precisem adquirir habilidades laborais ou interpessoais. Em geral necessitam de apoio emocional. Muitas vezes precisam aprender a canalizar raiva e frustração de modo mais apropriado. Talvez precisem de ajuda para desenvolver uma autoimagem mais sadia e positiva e também para lidar com a culpa. Como no caso das vítimas, se essas necessidades não forem atendidas, os ofensores não conseguem fechar o ciclo (ZEHR, 2008, p. 22).

Considerando as características continentais do Brasil e a novidade da proposta, as práticas com homens acusados de violência doméstica são ainda incipientes, bem como escassos os centros de educação e reabilitação (BARIN, 2016, p. 93). Isso ocorre ainda que a Lei Maria da Penha tenha destacado sua importância e introduzido na Lei nº 7.210/84 (Lei de Execução Penal) o trabalho com homens agressores como importante etapa nas ações de enfrentamento a violência contra as mulheres, mesmo após uma condenação criminal.

A Lei Maria da Penha, ao inserir no artigo 35 a implementação dos centros e serviços para a realização de atividades reflexivas, educativas e pedagógicas voltadas aos agressores, ecoa pela responsabilização do homem autor da violência doméstica, buscando articular a desconstrução de estereótipos de gênero e a conscientização de que a violência contra as mulheres, para além de constituir grave crime, é uma violação epidêmica de direitos humanos.

A Lei de Execução Penal, nº 7.210/84, alterada pela Lei nº 11.340/2006,[1] estabelece o trabalho com homens agressores como etapa importante nas ações de enfrentamento à violência contra as mulheres, numa perspectiva de que a punição pela punição não apresenta resultados satisfatórios na inibição da reincidência específica. Nesse diapasão, a Lei conferiu legitimidade para a discussão e implementação de ações voltadas aos homens acusados de violência doméstica, principalmente em decorrência do teor dos artigos 35, V, e 45, que deram nova redação à Lei nº 7.210/84. Denota-se que a imposição de comparecimento aos grupos incide para os homens inclusos no sistema de execução penal. De mais a mais, tem-se entendido que a inclusão de agressores nestes grupos de acompanhamento vincula-se à natureza de medida protetiva atípica (CARVALHO, 2018).

## 7 A justiça restaurativa como outro modelo de intervenção

A justiça restaurativa não possui um conceito único. Estando em construção, é aberta e fluída porquanto se modifica, assim como as práticas se remodelam (PALLAMOLLA, 2009). Em decorrência disso, é vista de perspectivas diferenciadas:

---

[1] O parágrafo único do art. 152 da Lei de Execução Penal foi alterado pelo art. 45 da Lei Maria da Penha.

por alguns como uma nova técnica social ou programa utilizado no âmbito do nosso sistema de justiça criminal; por outros como solução capaz de extinguir grande parte da estrutura punitiva do Estado, apresentando respostas sedimentadas na comunidade que atuam na reparação e cura de vítimas, autores de crimes e suas comunidades. Por fim, há ainda os que veem a possibilidade de aplicação da justiça restaurativa em todos os conflitos e danos (ACHUTTI, 2016). De todo modo é, sem dúvida, uma forma inovadora de tratar os conflitos criminais em que os envolvidos lidam e discutem coletivamente sobre o dano, trazendo uma concepção de justiça dialogicamente construída (ACHUTTI, 2016).

A Organização das Nações Unidas (ONU), ao tratar da justiça restaurativa na Resolução nº 12/2012, a define como "um processo que reúne as partes envolvidas em um fato do qual se originou a ofensa, para que, juntas, decidam como lidar com as consequências do ato". Neste mesmo contexto, o Estado brasileiro publicou a Resolução nº 225/2016[2] do Conselho Nacional de Justiça, visando a difusão em âmbito nacional deste modelo de gestão de conflitos, assim definido:

> A justiça restaurativa constitui-se como um conjunto ordenado e sistêmico de princípios, métodos, técnicas e atividades próprias, que visa à conscientização sobre os fatores relacionais, institucionais e sociais motivadores de conflitos e violência, e por meio do qual os conflitos que geram dano, concreto ou abstrato, são solucionados de modo estruturado (CNJ, 2016, p. 02).

Zehr (2018), por sua vez, coloca a justiça retributiva em contraposição à justiça restaurativa, caracterizando a primeira como um modelo de justiça que tem um programa a ser seguido: 1) o crime viola o Estado e suas leis; 2) o foco da justiça é o estabelecimento da culpa; 3) para que se possa administrar doses de dor; 4) a justiça é buscada através de um conflito entre adversários; 5) no qual o ofensor está contra o Estado; 6) regras e intenções valem mais que os resultados; 7) um lado ganha e o outro perde. Já a justiça restaurativa surge em contrapartida, pois seu núcleo é formado por outro programa: 1) o crime viola pessoas e relacionamentos; 2) a justiça visa identificar necessidades e obrigações; 3) para que as coisas fiquem bem; 4) a justiça fomenta o diálogo e entendimento mútuo, 5) dá às vítimas e ofensores papéis principais e 6) é avaliada pela medida em que responsabilidades foram assumidas, necessidades atendidas e a cura (de indivíduos e relacionamentos) promovida (ZEHR, 2018, p. 29).

As práticas da justiça restaurativa podem se efetivar em diversos contextos ou fases: antes da judicialização, durante a judicialização ou na fase de execução da pena. As consequências do acordo restaurativo também são diversas, podendo ocorrer a extinção do processo criminal, a suspensão condicional do processo ou da pena e o arquivamento do inquérito policial ou queixa, caso o ofensor cumpra o acordo. O efetivo cumprimento do acordo terá, inclusive, capacidade de influir na decisão judicial, pois o juiz, em caso de condenação, poderá reduzir, substituir a pena ou mesmo isentar o cumprimento.

A introdução da justiça restaurativa no decorrer do processo de execução penal possibilita a gradativa substituição da ideia de luta contra o crime como meta principal da política pública, pela proposta de construção coletiva de paz. Nesse contexto,

---

[2] Art. 1º da Resolução nº 225, de 31.05.2016, do CNJ.

os processos circulares ganham espaço e relevância, na medida em que propõem uma abordagem diferenciada para auxiliar na reintegração social do apenado (MIRANDA; LOPES, 2019). Isso está em consonância com a Lei de Execuções Penais,[3] que impõe ao Estado o dever de orientar ações de cooperação com a comunidade.

Importante destacar que os processos de justiça restaurativa visam antes de tudo a responsabilização daqueles que ocasionam danos. Esse processo, porém, transcorre em um contexto de apoio, onde todos são tratados com respeito e dignidade, com propostas para o futuro e oportunizando em alguns casos a recomposição dos danos. É possível que as pessoas envolvidas cheguem a um consenso de não haver nenhuma reparação concreta a ser feita, de modo que o objeto da justiça restaurativa, diferentemente da justiça tradicional, não se constitui o crime, a reação social ou o autor do crime. Seu foco são as consequências do crime e as relações sociais afetadas pela ação danosa, primando pelos valores da não dominação, minimização das desigualdades de poder, empoderamento das partes para que se expressem sem ocasionar degradação ou humilhação, mediante escuta respeitosa e igualdade de preocupação com os participantes: vítima, ofensor e comunidade (ZEHR, 2012).

Os acordos obtidos deverão refletir o resultado da vontade livre e consciente das partes e poderão conter apenas obrigações razoáveis e proporcionais. A participação do ofensor não significa a confissão ou outro tipo de mecanismo a ser usado como prova no processo penal; ele tão somente admite que algo aconteceu, mas não assume a responsabilidade penal em relação aos fatos.

Contrariamente ao que ocorre na justiça criminal, que tem como regra a publicidade dos atos e processos, na justiça restaurativa a confidencialidade atua como um instrumento hábil ao êxito do encontro, facultando o envolvimento verdadeiro entre os participantes e potencializando as possibilidades de sucesso do encontro. Desse modo, o acolhimento da proposta restaurativa representa ponderação e evolução do modelo do Estado, conciliando a compreensão do todo social com o indivíduo e "que logre integrar a sua vertente garantista de proteção dos direitos individuais relacionados ao império da lei e a sua vertente social" (SANTOS, 2014).

A atual abordagem estritamente legalista não satisfaz plenamente as pessoas, pois suas necessidades não são identificadas e atendidas. Quando ocorre um crime, ainda que a autoria não seja identificada, as perguntas da justiça restaurativa são: "Quem sofreu o dano?", "Que tipo de dano?", "O que estão precisando?". A justiça retributiva se restringe basicamente a duas perguntas: "Quem fez isso?", "O que faremos com o culpado?" (ZEHR, 2018).

As vítimas têm muitas necessidades para vivenciarem um verdadeiro processo de justiça que não necessariamente estão no horizonte de possibilidades do modelo de justiça retributiva: apoio e segurança, escuta, justificação, respostas, informações, partilha, empoderamento, reconhecimento e reparação (restituição ainda que simbólica). As vítimas também precisam se sentir valorizadas e ouvidas ao longo do processo, porquanto uma das dimensões do mal é despir o poder, cabendo à Justiça a restituição desse poder às vítimas, para que encontrem significado no processo (ZEHR, 2018).

Normalmente se presume que a retribuição é uma prioridade das vítimas, mas as pesquisas indicam que a maioria das vítimas é favorável a penas reparativas

---

[3] Art. 4º da Lei 7.210/1984.

(MINISTÉRIO DA JUSTIÇA, 2015; STUKER, 2016), que não envolvam encarceramento, e frequentemente listam a reabilitação do ofensor como algo importante. Além disso, ajudar o ofensor é uma forma de tratar do problema da segurança e prevenção de delitos futuros, já que isso passa pelo processo de responsabilização e consideração de suas necessidades. Consequentemente a responsabilização reverbera, implicando a comunidade no processo (de acordo com a justiça restaurativa, quando uma violência acontece toda uma teia de relações é afetada).

## 8 Justiça restaurativa e violência doméstica

Sendo o sistema de justiça eminentemente punitivo, seletivo, excludente e não resolutivo, torna-se relevante verificar o alcance da justiça restaurativa como possibilidade de suplantar os obstáculos à mudança de paradigma e os reflexos no âmbito do tratamento dado à violência doméstica (ACHUTTI, 2009). Porém, parte do movimento de proteção das vítimas contesta veementemente a aplicação da justiça restaurativa nos crimes marcados por acentuado desequilíbrio de poder sob os seguintes fundamentos: a reintegração é impossível quando se constata a morte; o encontro entre vítima e agressor pode conduzir à revitimização; em algumas situações de violência relacional o desequilíbrio de poder é muito intenso, podendo agravar os riscos para a vítima (JACCOUD, 2005).

Tais postulados são refutados, porquanto nesses casos a justiça restaurativa é aplicada de forma complementar, quando então é oportunizado à vítima falar e ser ouvida, consequentemente confrontar o agressor com sua experiência traumática e oferecendo oportunidade de assunção de responsabilidades, inclusive, com relação à segurança da mulher (JACCOUD, 2005; PRANIS, 2010).

Nos casos de violência doméstica não basta cobrir os danos. Para que a justiça incida de maneira efetiva, as pessoas e relacionamentos precisam se transformar de modo a não repetir a violência. Nesse caso, a justiça restaurativa pode oportunizar uma mudança, em vez de retorno à situação anterior.

O sistema de justiça, quando propõe respostas prontas e estanques para a solução do problema dos indivíduos de forma linear, oferecendo uma resposta simplista do ponto de vista da complexidade da situação, não alcança o sentido de justiça que exige respostas à altura do conflito em cena. Tal alcance incide satisfatoriamente quando a resposta é apresentada pelos próprios envolvidos, aqueles que melhor conhecem o contexto do conflito (SALM, 2012 p. 7-9). Nesses momentos, se edifica o sentido de crime partindo das perspectivas e experiências dos mais afetados: a vítima, o autor e por vezes os apoiadores ou membros da comunidade (ZHER, 2018).

Nos casos de violência doméstica, a persistência da lógica crime/castigo desconsidera a necessidade de oportunizar ao acusado a compreensão de sua história de vida alinhada à masculinidade hegemônica e ao desrespeito da mulher, enquanto construto da sociedade no decorrer dos séculos, naturalizada nas diversas organizações sociais.

Na XI Jornada Lei Maria da Penha, realizada no dia 18 de agosto de 2017, na sede do Tribunal de Justiça do Estado da Bahia, foi elaborada carta na qual se recomenda aos Tribunais de Justiça dos Estados e do Distrito Federal: "a implementação de práticas de justiça restaurativa como forma de pacificação, nos casos cabíveis, independentemente da responsabilização criminal, respeitando-se a vontade da vítima; exortar aos tribunais a capacitação permanente dos magistrados, das equipes multidisciplinares e dos facilitadores em justiça restaurativa em temática de gênero; Instar os tribunais a regulamentar o trabalho dos facilitadores; solicitar ao Conselho Nacional de Justiça a criação de grupos de trabalho com a participação de magistrados que atuam diretamente nas varas e juizados especializados para construção de suas diretrizes e políticas nas temáticas de gênero e justiça restaurativa".

Estes são importantes encaminhamentos, tendo em vista o resultado da extensa pesquisa realizada pelo CNJ (2018, p. 247), denominada "Entre as Práticas Retributivas e Restaurativas, Lei Maria da Penha e os avanços e desafios do Poder Judiciário", onde verifica-se que há um desconforto diante da insegurança e falta de compreensão dos profissionais do Poder Judiciário no que concerne à justiça restaurativa, bem como a falta de clareza acerca das potencialidades de sua aplicação nestes casos. Parece imperioso, portanto, um debate nacional aprofundado sobre os benefícios e os riscos associados ao uso de práticas restaurativas em casos de violência doméstica no país.

As regulamentações se colocam a serviço da mobilização de interesses em torno do tema. Por exemplo, a Resolução nº 288/2019, que trata da política institucional do Poder Judiciário e fala da aplicação de alternativas penais, com enfoque restaurativo em substituição à privação de liberdade: "medidas de intervenção em conflitos e violências, diversas do encarceramento, orientadas para a restauração das relações e a promoção da cultura da paz, a partir da responsabilização com dignidade, autonomia e liberdade, decorrentes da aplicação de conciliação, mediação e técnicas de justiça restaurativa e medidas cautelares diversas da prisão, dentre outras". A mesma Resolução determina ainda que a criação de "serviços de acompanhamento das alternativas penais deverão promover diretamente ou fomentar a realização de grupos reflexivos voltados à responsabilização de agressores, conforme previsto na Lei nº 11.340/2006, assim como outros projetos temáticos adequados às respectivas penas ou medidas aplicadas" (BRASIL. CNJ, 2019).

Dessa maneira, vai sendo construída, pouco a pouco, a percepção de que situações conflituosas não se confundem com crimes. Em casos de violência doméstica, atos violentos com sérias consequências não devem ser definidos como simples resultado de conflitos, evitando assim, calar a responsabilidade através da culpabilização da vítima. A violência é uma categoria diferente e não simplesmente uma escalada do conflito ou sua intensificação. Já o crime é resultado de um sistema legal que faz distinções arbitrárias entre variados danos e conflitos. Trata-se de uma elaboração artificial que categoriza uma série de comportamentos e experiências distintas, envolvendo violações que exigem saneamento e representam quatro dimensões básicas do mal cometido: a vítima, os relacionamentos interpessoais, o ofensor e a comunidade (ZEHR, 2018).

O crime afeta as relações de todos à sua volta e dilacera o relacionamento entre vítima e ofensor, mesmo quando não havia um relacionamento prévio, pois gera hostilidade. A violação dos relacionamentos indica que há abalo ou perda da confiança no outro, trazendo sentimentos de suspeita e estranheza, erguendo muros entre as pessoas (ZEHR, 2018). O crime alcança e atinge a sociedade, e os efeitos que produz reverberam em outros indivíduos, alcançando uma dimensão social maior (SILVA E LIMA, 2019, p. 4). Assim, também a comunidade quer estar segura de que "o ocorrido é errado, algo está sendo feito a respeito, e medidas estão sendo tomadas para evitar a reincidência" (ZERH, 2008, p. 19).

Os estudos vitimológicos têm repetidamente constatado que as vítimas estão descontentes com o sistema de justiça criminal: os atores do sistema retiram o protagonismo das partes, que muitas vezes são tratadas com descaso, não são bem-informadas sobre o progresso do seu próprio caso, os danos por elas suportados são desconsiderados e não participam ativamente do processo judicial (CNJ, 2018, p. 254).

A falta de atenção com as vítimas é uma tônica do processo penal tradicional. São elas utilizadas para prestarem declarações no processo visando construir prova contra o réu e possibilitar a imposição da pena. Suas necessidades e sentimentos ante a vivência traumatológica do fato criminoso são praticamente desconsiderados, seja no processo, seja no julgamento. Não basta que as vítimas sejam substituídas pelo Estado, elas carecem de escuta e protagonismo ao longo de todo o processo (SILVA; LIMA, 2019, p. 4). Nesse sentido, ficam latentes as necessidades da vítima em reequilibrar o sentimento de despojamento do poder.

> Por isso as vítimas almejam vindicação, que inclui denúncia do mal cometido, lamento, narração da verdade, publicidade e não minimização. Buscam equidade, inclusive reparação, reconciliação e perdão. Sentem necessidade de empoderamento, incluindo participação e segurança. Querem proteção e apoio, alguém com quem partilhar o sofrimento, esclarecimento das responsabilidades e prevenção. E necessitam significado, informação, imparcialidade, respostas e um sentido de proporção (ZHER, 2008, p. 18-19).

Essa tônica é ainda mais acentuada nos crimes de violência doméstica, uma vez que vítima e agressor não são estranhos entre si (SILVA; LIMA, 2019, p. 4). Porém, tais vítimas afirmam serem silenciadas e tratadas de forma padronizada pelo sistema de justiça oficial, sem espaço para individualização, sem poderem contar suas histórias, narrarem seus problemas e expressarem suas necessidades, tendo seu "conflito roubado" (CHRISTIE, 1977).

Diferentemente desse contexto, a justiça restaurativa insere no processo todos os interessados direta e indiretamente no conflito. Vige ali a informalidade para que as partes falem livremente, oportunizando o diálogo direto, de maneira que todos os participantes possuam voz dentro do processo restaurativo (CNJ, 2018). E a voz das mulheres nem sempre se orienta no sentido de punir o agressor; querem a cessação da violência e a oportunidade de serem ouvidas. É por este caminho que se orienta o princípio do empoderamento da justiça restaurativa concebido na Resolução nº 225/2016 do CNJ. A violência rompe como o equilíbrio de poder e afeta a autonomia da mulher. Nesse diapasão, mesmo que não desejem o encarceramento do companheiro, marido ou namorado, anseiam pelo próprio empoderamento que envolve a escuta atenta, amainando seus traumas (SILVA; LIMA, 2019), confirmando que o ocorrido foi errado, injusto e imerecido e podendo, até mesmo, receber um pedido de desculpa para que possam seguir suas vidas (ZEHR, 2008).

Uma das práticas restaurativas muito disseminadas em solo brasileiro são os círculos restaurativos, ou círculos de construção da paz, inspirados na tradição de povos nativos. Tal prática é utilizada no tratamento de conflitos em âmbito comunitário e judicial, em processos cíveis e especialmente criminais, assim como na prevenção de conflitos e violências. Seus resultados têm sido positivamente avaliados, pois esta prática permite a abordagem de problemas comportamentais, conflitos, assim como estimula as trocas de experiências e reflexões (PRANIS, 2010, p. 19).

Um facilitador ou guardião do círculo, em uma reunião concebida de forma circular, organiza e facilita a reunião para a vítima, o infrator, seus apoiadores e representantes da comunidade (PARKER, 2005, p. 249). Para regular o poder de fala, utiliza-se do "objeto da fala", que é transferido de forma sequenciada pelas pessoas no círculo. Desse modo, somente quem se encontra como o objeto pode falar e os demais escutam (PARKER, 2005 p. 249). Em um círculo de diálogo aborda-se determinado assunto a partir de diversos pontos de vista, sem objetivo de consenso, e todos os participantes são ouvidos e respeitados, sendo estimulados à reflexão.

Os círculos também podem ser usados em fases diferentes do sistema de justiça ou na comunidade, para focalizar diversos problemas, alcançar respostas para assuntos variados e com perspectiva curativa e reintegrativa em favor da vítima ou do ofensor (PARKER, 2005 p. 249). Pranis (2010, p. 70) ressalta que os círculos de diálogos podem ser utilizados para o "contato mútuo dentro de um processo grupal em andamento, dialogar sobre questões comunitárias ou sociais, explorar os diferentes significados de uma experiência (...)" (PRANIS, 2010).

Partindo da análise dessa gama de complexidades que envolvem a violência doméstica e a limitação do sistema de justiça criminal, é possível vislumbrar o potencial da justiça restaurativa e suas práticas para o enfrentamento e prevenção à violência doméstica a fim de: 1. Trabalhar o conflito e a violência em qualquer fase do processo, possibilitando a reparação dos danos; 2. Estabelecer o diálogo sobre as questões de gênero, masculinidade tóxica, patriarcalismo, significado de ser homem em nossa sociedade, violência contra a mulher, responsabilização e respeito, sedimentando um importante aspecto da Lei nº 11.340/2006; 3. Promover práticas com grupos de mulheres vítimas de violência doméstica, visando fortalecimento, conexão, sororidade, empatia e consolidação de comunidade de apoio.

## 9 Conclusões

Os estudos empíricos que avaliam a aplicabilidade da justiça restaurativa aos casos de violência doméstica ainda apresentam resultados ambíguos, sendo importante o debate nacional sobre o tema e a verificação dos limites do atual sistema de justiça criminal no âmbito de aplicação da Lei Maria da Penha (CNJ, 2018, p. 256). O próprio Howard Zehr (2012), ao abordar a justiça restaurativa nesses casos, externa sua preocupação ao pontuar que "a violência doméstica é provavelmente a área de aplicação mais problemática e, nesse caso, aconselho grande cautela" (ZEHR, 2012, p. 21).

Isso se justifica por duas razões: a) pela possibilidade de revitimização, pois em algumas situações o desequilíbrio de poder é muito grande e b) a informalidade característica dos processos restaurativos pode induzir à manipulação do processo pelo acusado de violência doméstica; cabendo, nestes casos, a elaboração de políticas públicas que adotem a formação continuada de facilitadores que compreendam as potencialidades e os riscos da prática, conduzindo a análise dos casos de forma individualizada (CNJ, 2018, p. 268-269).

Nos casos de violência doméstica, tomadas as cautelas devidas e selecionados os casos compatíveis, tais como nas hipóteses em que não se verificam riscos para as vítimas ou incidência de poder exacerbado, a justiça restaurativa pode atuar reunindo vítima, acusado e comunidade possibilitando a reparação dos danos e proteção da vítima. Por meio de práticas circulares é possível a implementação de grupos reflexivos para conscientização e responsabilização do acusado, além do atendimento e empoderamento das vítimas através dos grupos de apoio para mulheres.

A justiça retributiva pode suspender a violência doméstica, mas não necessariamente resolver e cessar seu ciclo, afinal, os envolvidos carecem de tratamento específico. Isto posto, a justiça restaurativa apresenta proposta diferenciada, ouvindo, acolhendo e fortalecendo a vítima, ao tempo que conduz o acusado à "responsabilização reflexiva e transformadora, favorecendo que ele trilhe um caminho de desconstrução e reeducação de conceitos machistas introjetados" e perceba a violência contra a mulher como um dano real (SILVA; LIMA, 2019, p. 15).

Para reduzir a violência, na expressão de Lederach (2012), "é preciso tratar das questões prementes e do contexto do episódio do conflito, mas também as causas e padrões subjacentes". Afirmando ele que "os padrões que geram injustiça devem ser abordados e modificados no âmbito relacional e estrutural" (LEDERACH, 2012, p. 34). Isso é relevante. Do mesmo modo que a atitude empática é aprendida, o comportamento de violência também o é. Por isso, as necessidades das vítimas devem ser a mola propulsora para a justiça restaurativa; entretanto, as da comunidade precisam ser levadas em consideração e as do ofensor não podem ser negligenciadas (SILVA; LIMA, 2019).

São grandes os desafios nesta área, mas dada a magnitude do problema da violência contra a mulher no país e os limites do processamento criminal pela justiça tradicional, vale a pena investir nossos esforços e oportunizar que novas formas de resposta a essa violência possam se desenvolver, como é o caso da justiça restaurativa. Ao que tudo indica, repelir a substituição de nossas lentes retributivas pelas lentes restaurativas implica o risco de estacionarmos, assistindo, ano a ano, aos números que dizem respeito à violência de gênero crescerem, particularmente a violência doméstica.

## Referências

ACHUTTI, Daniel Silva. *Justiça restaurativa e abolicionismo penal*: contribuições para um novo modelo de administração de conflitos no Brasil. 2. ed. São Paulo: Saraiva, 2016.

ACHUTTI, Daniel Silva. *Modelos contemporâneos de justiça criminal*: justiça terapêutica, instantânea, restaurativa. Livraria do Advogado, 2009.

ANTEZANA, A. P. Intervenção com homens que praticam violência contra seus cônjuges: reformulações teórico-conceituais para uma proposta de intervenção construtivista-narrativista com perspectiva de gênero. *Nova Perspectiva Sistêmica*, v. 21, n. 42, 14 abr. 2012.

BARIN, Catiuce Ribas. *Violência doméstica contra a mulher*: programa de intervenção com agressores e sua eficácia como resposta penal. Curitiba: Juruá, 2016.

BLAY, Eva Alterman. Violência contra a mulher e políticas públicas. *Estud. av. [on-line]*. vol. 17, n. 49, p. 87-98, 2003.

BLANCH, J. M. *Violencia social e interpersonal*. "Dossier de Lecturas" del Máster Interdisciplinar de Estúdio e Intervención en Violencia Doméstica. Barcelona: Universidad Autónoma de Barcelona, 2001.

BOURDIEU, Pierre. 1930-2002, *A dominação masculina*. Tradução Maria Helena Kühner. 16. ed. Rio de Janeiro: Bertrand Brasil, 2019.

BRASIL. Lei nº 11.340, de 7 de agosto de 2006 (Lei Maria da Penha). Disponível em: %-/www.planalto.gov.br/ccivil_03/_Ato2004-2006/2006/Lei/L11340.htm. Acesso em: 20 jan. 2020.

BRASIL. Presidência da República. Secretaria Especial de Políticas para as Mulheres. II Plano Nacional de Políticas para as Mulheres. Brasília: Secretaria Especial de Políticas para as Mulheres, 2008. 204 p. 1. Discriminação contra a Mulher. 2. Políticas Públicas. 3. Conferência. I. Título. II. Série. 20PNPM.pdf, acesso em: 31 ago. 2020.

BRASIL. Lei que dispõe sobre Assédio Sexual. Lei nº 10.224, de 15 de maio de 2001.

BRASIL. LEI DE EXECUÇÃO PENAL. Lei nº 7210, de 11 de julho de 1984.

BRASIL. Lei que acrescenta parágrafos ao art. 129 do Código Penal, criando o tipo especial denominado "Violência Doméstica" Lei nº 10.886, de 17 de junho de 2004.

CAMPOS, Carmen Hein de. Lei Maria da Penha: fundamentos e perspectivas. *In*: MACHADO Isadora Vier (Org.). *Uma década de lei Maria da Penha*: percursos, práticas e desafios. Curitiba: CRV, 2017.

CARVALHO, Grasielle Borges Vieira de. *Grupos reflexivos para os autores da violência doméstica*: responsabilização e restauração. Rio de Janeiro: Lumen Juris, 2018.

CNJ, Relatório de Pesquisa "Entre práticas retributivas e restaurativas: a Lei Maria da Penha e os avanços e os desafios do Poder Judiciário", 2018. Departamento de Pesquisas Judiciárias (DPJ) do Conselho Nacional de Justiça. Endereço eletrônico: www.cnj.jus.br.

CNJ 2016 – Conselho Nacional de Justiça, Resolução nº 225/2016 2289, acesso em: 22 jan. 2020.

CNJ 2019 – Conselho Nacional de Justiça, Resolução nº 288/2019 2957, acesso em: 22 jan. 2020.

CNJ. Conselho Nacional de Justiça. CARTA DA XI JORNADA DA LEI MARIA DA PENHA, Salvador, 18 de agosto de 2017, acesso em: 22 jan. 2020. BRASIL. Lei nº 7210, de 11 de julho de 1984 (Lei de Execução Penal).

COELHO, Mateus Gustavo. *Gêneros Desviantes*: O Conceito de Gênero em Judith Butler, 2018.

CRENSHAW, Kimberlé. Mapping the Margins: Intersectionality, Identity Politics, and Violence Against Women of Color. *In: Stanford Law Review*, vol. 43, n. 6, p. 1241-1299 , Jul. 1991 (59 pages) Published by: Stanford Law Review.

CHRISTIE, Nils. Conflicts as property. *The British Journal of Criminology*, v.17. n. 1, 1977.

DATASENADO. 2019 SENADO FEDERAL. Violência Doméstica e Familiar contra a Mulher. Disponível em: 381%381381381381381381381338138183813811https://www12.senado.leg.br/institucional/datasenado/publ icacaodatasenado?id=violencia-contra-a-mulher-agressoes-cometidas-por-2018ex2019-aumentam-quase-3-vezes-em-8-anos-1, acesso em: 22 ago. 2020.

DAVIS, Ângela. *Mulheres, raça e classe*, tradução Heci Regina Candiani. 1. ed. São Paulo: Boitempo, 2016.

DAVIS, Ângela. *Estarão as Prisões Obsoletas?* Tradução de Marina Vargas. 5. ed. Rio de Janeiro: Difel, 2020.

FOUCAULT, Michel. *Vigiar e punir*: nascimento da prisão; tradução de Raquel Ramalhete. 38, ed. Petrópolis: Vozes, 2010.

FOUCAULT, Michel. *Microfísica do Poder*. Rio de Janeiro: Edições Graal, 1981.

FLAUZINA, Ana. Lei Maria da Penha: Entre os anseios da resistência e as posturas da Militância, fls. 116 a 141. *In*: FLAUZINA, Ana; FREITAS, Felipe; VIEIRA, Hector; PIRES, Thula (Org.). *Discursos negros*: legislação penal, política criminal e racismo. Brasília: Brado Negro, 2015.

FÓRUM BRASILEIRO DE SEGURANÇA PÚBLICA. Nota técnica violência doméstica durante a pandemia de Covid-19. Disponível em: https://forumseguranca.org.br/wp-content/uploads/2020/06/violencia-domestica-covid-19-ed02-v5.pdf, acesso em: 14 nov. 2020.

GIANINI, Reinaldo J.; LITVOC, Julio; ELUF NETO, José. Agressão física e classe social. *Rev. Saúde Pública* [on-line], vol. 33, n. 2, p.180-186, 1999.

GODOI, Rafael. *Fluxos em cadeia*: as prisões em São Paulo na virada dos tempos. 1. ed. São Paulo: Boitempo, 2017.

GOMES, Camilla de Magalhães. Gênero como categoria de análise decolonial. *Civitas, Rev. Ciênc. Soc.*[on-line], vol. 18, n. 1, p. 65-82, 2018.

GROSSI, Miriam Pillar; MINELLA, Luzinete Simões; LOSSO, Juliana Cavilha Mendes. *Gênero e Violência*: pesquisas acadêmicas brasileiras (1975-2005). Florianópolis: Editora Mulheres, 2006.

HENNING, Carlos Eduardo. *Dossiê* – Desigualdades e Interseccionalidades. Interseccionalidade e pensamento feminista: As contribuições históricas e os debates contemporâneos acerca do entrelaçamento de marcadores sociais da diferença, 2015.

HIRATA, Helena. Gênero, classe e raça Interseccionalidade e consubstancialidade das relações sociais. *Tempo soc.*[on-line], vol. 26, n. 1, p. 61-73, 2014.

IPEA Instituto de Pesquisa Econômica Aplicada, Atlas da Violência 2020. Disponível on-line. Acesso em: 21 set. 2020.

JACCOUD, Mylène. Princípios, Tendências e Procedimentos que cercam a Justiça Restaurativa. *In*: SLAKMON, C.; DE VITTO, R.; PINTO, R. Gomes (Org.). *Justiça Restaurativa*. Brasília: Ministério da Justiça e Programa das Nações Unidas para o Desenvolvimento – PNUD, 2005.

LARRAURI, Elena. *La Herencia de la criminología crítica*. Madrid: Siglo Veintiuno de España editores, 1991.

LEDERACH, Jonh Paul. *Transformação de conflitos*. Tradução de Tônia Van Acker. São Paulo: Palas Athenas, 2012.

LEITE, Franciéle Marabotti Costa *et al*. Violência contra a mulher e sua associação com o perfil do parceiro íntimo: estudo com usuárias da atenção primária. *Rev. bras. epidemiol.* [on-line], vol. 22, Epub, Dec 05, 2019.

LIMA, Daniel Costa; BUCHELE, Fátima. Revisão crítica sobre o atendimento a homens autores de violência doméstica e familiar contra as mulheres. *Physis*, Rio de Janeiro, v. 21, n. 2, p. 721-743, 2011.

MINISTÉRIO DA JUSTIÇA. Violências contra a mulher e as práticas institucionais. Brasília: Ministério da Justiça, 2015 (Série Pensando o Direito, 52).

MIRANDA, Bartira Macedo; LOPES, Decildo Ferreira. Artigo Científico publicado na Revista Jurídica eletrônica Vertentes do Direito: Aplicação da justiça restaurativa, com a metodologia dos círculos restaurativos, nas unidades prisionais, 2019.

PALLAMOLLA, Raffaella da Porciuncula. *Justiça restaurativa*: da teoria à prática. São Paulo: IBCCRIM, 2009.

PARKER, L. Lynette. Justiça Restaurativa: Um Veículo para a Reforma? *In*: SLAKMON, C.; DE VITTO, R.; PINTO, R. Gomes (Org.). *Justiça Restaurativa*. Brasília: Ministério da Justiça e Programa das Nações Unidas para o Desenvolvimento – PNUD, 2005.

PASINATO, Wânia; SANTOS, Cecília. Mapeamento das Delegacias da Mulher no Brasil, Centro responsável Brasil PAGU/UNICAMP. Núcleo de Estudos de Gênero Pagu, Universidade Estadual de Campinas, Campinas, SP, 2008.

PASINATO. Acesso à justiça e violência doméstica e familiar contra as mulheres: as percepções dos operadores jurídicos e os limites para a aplicação da Lei Maria da Penha. *Rev. direito GV* [on-line], vol. 11, n. 2, p. 407-428, 2015.

PIRES, Alvaro Penna. Estruturas Intocadas: Racismo e Ditadura no Rio de Janeiro. *Rev. Direito Práx.*, Rio de Janeiro, vol. 9, n. 2, p. 1054-1079, 2018.

PRANIS, Kay. *Processos circulares de construção de paz*. Tradução de Tônia Van Acker. São Paulo: Palas Athenas, 2010.

RAMOS, M. A. P. *Masculinidades y violencia conyugal*: experiencias de vida de hombres de sectores populares de Lima y Cusco. Lima: FASPA/UPCH, 2006.

ROSSLER, E. *A vila e a prisão*: novas perspectivas do conceito de prisionização. 1. ed. Brazil Publishing, 2020.

SAFFIOTI, H. I. B. *Gênero, patriarcado, violência*. 2. ed. São Paulo: Fundação Perseu Abramo, 2015.

SALM, João; LEAL, Jackson da Silva. A Justiça Restaurativa: multidimensionalidade humana e seu convidado de honra. *Sequência*, [on-line], Florianópolis, n. 64, p. 195-226, 2012,

SANTOS, Cláudia Cruz. *A Justiça restaurativa*: um modelo de reação ao crime diferente da justiça penal: por quê, para quê, como? Coimbra: Coimbra editora, 2014.

SANTOS, Cecília MacDowell dos. *Para uma Abordagem Interseccional da Lei Maria da Penha*. Uma Década de Lei Maria da Penha: percursos, práticas e desafios, 2017.

SILVA, Artenira da; LIMA, Dandara Miranda Teixeira de. O paradigma da justiça restaurativa frente à justiça retributiva: reflexões sobre os limites e possibilidades da sua aplicação aos casos de violência doméstica contra mulheres. *Revista Quaestio Iuris*, Rio de Janeiro, vol. 12, n. 2, p. 1-31, 2019.

SILVA, Carla Adriana Santos da. *Ó Pa Í, Prezada!* Racismo e Sexismo Institucionais tomando bonde no Conjunto Penal Feminino de Salvador. Salvador, 2014.

SILVESTRE, Giane. *Dias de visita*: uma sociologia da punição e das prisões. 1. ed. São Paulo: Alameda, 2012. v. 1.

SOARES, B. M.; ACOSTA, F. *Documento base para a elaboração de parâmetros técnicos para os serviços de educação e responsabilização de homens autores de violência doméstica contra mulheres*. Rio de Janeiro: Iser, 2012.

STUKER, Paola. *"Entre a cruz e a espada"*: significados da renúncia à representação criminal por mulheres em situação de violência conjugal no contexto da Lei Maria da Penha. Tese (Doutorado em Sociologia) – Universidade Federal do Rio Grande do Sul, Porto Alegre, 2016.

TONCHE, Juliana. Justiça Restaurativa e Racionalidade Penal Moderna. *Revista de Estudos Empíricos em Direito / Brazilian Journal of Empirical Legal Studies*, vol. 3, n. 1, p. 129-143, jan. 2016.

WACQUANT, Loïc. Marginalidade, etnicidade e penalidade na cidade neoliberal: uma cartografia analítica. *Tempo Social*, revista de sociologia da USP, v. 26, n. 2, 2011.

ZEHR, Howard. *Trocando as Lentes*: Justiça Restaurativa para o nosso tempo, tradução de Tônia Van Acker. 3. ed. São Paulo: Palas Athena, 2012.

ZEHR, Howard. *Trocando as Lentes*: Justiça Restaurativa para o nosso tempo, tradução de Tônia Van Acker. 3. ed. São Paulo: Palas Athena, 2008.

---

Informação bibliográfica deste texto, conforme a NBR 6023:2018 da Associação Brasileira de Normas Técnicas (ABNT):

MENDONÇA, Sandra Magali Brito Silva; TONCHE, Juliana. Violência doméstica em foco: a justiça restaurativa é uma abordagem plausível? *In*: ASSOCIAÇÃO DOS MAGISTRADOS BRASILEIROS; SALOMÃO, Luis Felipe; FONSECA, Reynaldo Soares da; VIDEIRA, Renata Gil de Alcantara; SZPORER, Patrícia Cerqueira Kertzman; COSTA, Daniel Castro Gomes da (Coord.). *Sistema penal contemporâneo*. Belo Horizonte: Fórum, 2021. p. 515-534. ISBN 978-65-5518-205-7.

# DESAFIO AOS JUÍZES: PROTEÇÃO DA POPULAÇÃO CARCERÁRIA TRANSGÊNERA COM RESPEITO AOS DIREITOS DA MULHER PRESA

TATIANA ALMEIDA DE ANDRADE DORNELLES

## Introdução

Onde deve ser alojada a população transgênera na estrutura carcerária brasileira? Uma mulher biológica que se identifique com o gênero masculino poderia ser alojada em um presídio de homens? Um homem biológico, especialmente aqueles que ainda conservam o órgão sexual masculino, poderia ser alojado em um presídio feminino? Quais são os riscos e consequências de uma decisão que rompe com a lógica constitucional da separação por sexo nos presídios?

Como é comum nos chamados *hard cases*, a questão-problema transcende a análise jurídica. É uma questão eminentemente jurídica, mas também social e filosófica.

Com respaldo democrático, o ordenamento jurídico brasileiro posiciona-se pela separação estrita de pessoas do sexo feminino das pessoas de sexo masculino. É um direito das mulheres de cumprir penas ou medidas em estabelecimentos que as separem dos homens. Assim prevê a Constituição da República e a Lei de Execução Penal. Entretanto, normativas infralegais e decisões judiciais estão dissolvendo o que antes era consagrado: a separação por sexo vem dando lugar à separação por gênero, aferível em regra pela mera autodeclaração.

A análise dessas normativas e decisões deixa claro que há uma boa intenção. Quer-se proteger especialmente os homens biológicos com identidade de gênero feminina, não raro vítimas de violência e desrespeito quando presos juntos à população masculina em geral. Entretanto, existe um polo omitido e esquecido. Trata-se das mulheres biológicas que estão presas e serão obrigadas a dividir espaços, celas e banheiros com pessoas do sexo masculino.

De fato, é um problema que coloca em lados opostos dois valores considerados importantes: o direito ao reconhecimento à identidade de gênero e o direito aos espaços exclusivos de mulheres. Estes valores estão postos em debate no STF, mais especificamente na Arguição de Descumprimento de Preceito Fundamental nº 527 (ADPF nº 527). Esta ação pede que transexuais, não importando o sexo, somente cumpram pena em estabelecimento prisional compatível com o gênero feminino, enquanto os custodiados travestis possam optar por cumprir pena em estabelecimento prisional do gênero feminino ou masculino.[1]

A esta ação constitucional específica deve ser somada a Ação Declaratória de Inconstitucionalidade nº 4275 (ADIN 4275), já finalizada. Nesta, o STF consolidou o entendimento da possibilidade de alteração nos registros civis de prenome e sexo de pessoas autodeclaradas transgêneras, independentemente de realização de cirurgia de redesignação sexual ou qualquer outra condicionante.[2]

Por fim, em outubro de 2020, o Conselho Nacional de Justiça (CNJ) publicou a Resolução nº 348/2020, estabelecendo diretrizes e procedimentos a serem observados pelo Poder Judiciário em relação à população LGBT+ no âmbito da justiça criminal. Esta resolução consolida, sem dúvidas, o alojamento carcerário segundo o gênero subjetivo de cada um, aferível "exclusivamente por autodeclaração".[3]

O debate não é simples. Sem ignorar a necessidade de maior proteção e garantia de dignidade à população transgênera encarcerada, é necessário discutir as implicações e consequências da transferência de homens biológicos aos presídios femininos. Neste artigo, serão analisadas a legislação, as ações constitucionais mencionadas e as normativas infralegais, porém trazendo à luz o polo omitido: as mulheres presas.

## 1 Estado da arte: quem são os personagens envolvidos e qual a legislação que lhes protege

### 1.1 Personagens da disputa

Há algo em comum em todas as demandas para acesso a espaços exclusivos femininos. Seja na ADPF nº 527, seja nas diversas demandas individuais de pessoas do sexo masculino para ingressar em banheiros, vestiários ou para permitir-lhes disputar competição esportiva na categoria feminina: em todas as demandas há um polo omitido, que não ingressa na lide ou sequer é considerado na equação.[4] As demandas são apresentadas, em regra, como uma disputa entre o polo vulnerável de uma minoria "identitária" e o Poder Público ou uma sociedade conservadora.

Na disputa pelo alojamento nos presídios não é diferente. É importante esclarecer também que toda a polêmica ocorre apenas quando pessoas do sexo masculino demandam acesso a espaços femininos. Em relação à prisão, há um consenso de que

---

[1] SUPREMO TRIBUNAL FEDERAL. *ARGUIÇÃO DE DESCUMPRIMENTO DE PRECEITO FUNDAMENTAL Nº 527*. Disponível em: http://portal.stf.jus.br/processos/detalhe.asp?incidente=5496473. Acesso em: 21 maio 2020a.
[2] SUPREMO TRIBUNAL FEDERAL. *AÇÃO DIRETA DE INCONSTITUCIONALIDADE 4.275*, 2018b. Disponível em: http://www.stf.jus.br/portal/peticaoInicial/verPeticaoInicial.asp?base=ADIN&s1=4275&processo=4275. Acesso em: 7 jun. 2020
[3] CNJ, *RESOLUÇÃO Nº 348, DE 13 DE OUTUBRO DE 2020*. Disponível em: https://atos.cnj.jus.br/atos/detalhar/3519#:~:text=Estabelece diretrizes e procedimentos a,de alternativas penais ou monitorada. Acesso em: 11 nov. 2020.
[4] DORNELLES, T. A. DE A. *PrisioneirXs. Transmulheres nos presídios femininos e o X do problema*. 1. ed. Porto Alegre: Verbo Jurídico, 2020a.

pessoas do sexo feminino estariam em grande risco de sofrerem violência física e sexual em presídios masculinos. Esclarecida a dinâmica, comecemos com o polo omitido, ou seja, das mulheres custodiadas.

A criminalidade feminina é diferente da criminalidade masculina. A primeira lição conhecida por aqueles que estudam gênero e crime é que "os homens são responsáveis em muito maior proporção pelo cometimento de crimes".[5] Esta afirmação é atestada por estatísticas de criminalidade consistentes, não importando o país, a cultura e a época.[6] Aqueles que atuam na Justiça Criminal, notadamente os juízes e promotores, conhecem na prática este fato. De acordo com os pesquisadores ingleses Marisa Silvestri e Chris Crowther-Dowey, o "consenso predominante em criminologia continua sendo o de que, embora as mulheres cometam uma ampla gama de crimes, elas cometem menos crimes que os homens e são menos perigosas e violentas que seus colegas homens".[7]

A estatística brasileira não é diferente. O relatório interativo do INFOPEN, relativo ao primeiro semestre de 2019, mostra que, das 752.277 pessoas em restrição de liberdade (incluindo presos provisórios e regimes fechado, aberto e semiaberto), mais de 95% são homens.[8] No relatório sintético de informações penitenciárias publicado mais recentemente, onde constam dados de 2017, a desproporcionalidade de homens responsáveis por crimes violentos é evidente. Quase 97% de todos os crimes praticados contra as pessoas foram cometidos por homens, sendo eles responsáveis por 87% dos homicídios dolosos, 97% das lesões corporais, 99% da violência doméstica, 97% dos roubos seguidos de morte (latrocínio) e 99% de toda violência sexual.[9]

Em contraste, mais de 70% das mulheres que estão presas foram condenadas ou esperam julgamento por delitos cometidos sem violência ou grave ameaça, em especial por delitos de tráfico de drogas, em que estão implicadas quase 65% de todas as mulheres presas. E quem tem alguma experiência na justiça criminal tem consciência de que a maior parte das mulheres envolvidas no tráfico de drogas atua na base da organização criminosa. Geralmente exercem funções de "mulas", ou seja, pessoas que transportam pequenas quantidades de drogas de um ponto ao outro; não têm postos de gerência na organização; e foram envolvidas no tráfico por intermédio de companheiros ou familiares.[10]

As mulheres são minoria no sistema prisional. De cada 100 presos, apenas 5 são mulheres. Elas não são organizadas como os homens; não existe facção criminosa feminina nos moldes das já famosas masculinas. Elas causam menos problemas ao gestor. Enfim, são minoria, são desorganizadas e são silenciosas: e, por isso, são invisíveis.

---

[5] BRAITHWAITE, J. *Crime, Shame and Reintegration*. Cambridge, UK: Cambridge University Press, 1989. p. 44.

[6] SMITH, G. T. Long-Term Trends in Female and Male Involvement in Crime. *In*: TONRY, M.; GARTENER, R.; MCCARTHY, B. (Ed.). *The Oxford Handbook of Gender, Sex, and Crime*. 1th. ed. Oxford: Oxford University Press, 2014. p. 139-157.

[7] SILVESTRI, M.; CROWTHER-DOWEY, C. *Gender & Crime*. London: Sage Publications Ltd, 2008. p. 26.

[8] PRESIDÊNCIA DA REPÚBLICA. *Levantamento Nacional de Informações Penitenciárias, dezembro de 2019*. Disponível em: https://app.powerbi.com/view?r=eyJrIjoiZTlkZGJjODQtNmJlMi00OTJhLWFlMDktNzRlNmFkNTM0MWI3IiwidCI6ImViMDkwNDIwLTQ0NGMtNDNmNy05MWYyLTRiOGRhNmJmZThlMSJ9. Acesso em: 21 maio 2020.

[9] PRESIDÊNCIA DA REPÚBLICA. *Levantamento Nacional de Informações Penitenciárias, Atualização junho de 2017*. [s.l: s.n.]. Disponível em: http://depen.gov.br. Acesso em: 21 maio 2020.

[10] DORNELLES, T. A. DE A. *PrisioneirXs. Transmulheres nos presídios femininos e o X do problema*. 1. ed. Porto Alegre: Verbo Jurídico, 2020a.

O outro lado é o polo das doravante chamadas transmulheres (travestis e transexuais), ou seja, homens biológicos que subjetivamente se sentem mulheres (em menor ou em maior grau). A Resolução Conjunta nº 1/2014,[11] assinada pelo Conselho Nacional de Política Criminal e Penitenciária e pelo Conselho de Combate à Discriminação, define os grupos em seu art. 1º, parágrafo único:

> IV - Travestis: pessoas que pertencem ao sexo masculino na dimensão fisiológica, mas que socialmente se apresentam no gênero feminino, sem rejeitar o sexo biológico; e
> V - Transexuais: pessoas que são psicologicamente de um sexo e anatomicamente de outro, rejeitando o próprio órgão sexual biológico.

Não obstante as definições apresentadas na resolução, dois alertas são essenciais. Primeiro, a transgeneridade não pressupõe a homossexualidade, ou seja, alguém pode não se sentir conforme ao seu sexo biológico, mas ainda sentir atração sexual por pessoas do sexo oposto. Assim, um homem biológico pode identificar-se no gênero feminino, mas ainda sentir atração por mulheres, momento em que se identifica como lésbica.

O segundo alerta trata-se da diferenciação entre o conceito de intersexualidade (antigamente chamado de hermafroditismo) e o conceito de transexualidade. Enquanto a transexualidade seria uma condição psicológica, social e política, a intersexualidade é uma condição médica. A intersexualidade é uma condição biológica, de ocorrência rara, em que algum tipo de má formação ou alteração cromossômica pode alterar a formação da genitália de bebês, tornando-a ambígua ou pode modificar a curso normal de maturação dos caracteres sexuais secundários em um adolescente. A intersexualidade é um conceito guarda-chuva também, que abrange uma grande variedade de condições, como as mais conhecidas Síndrome de Klinefelter (XXY), Síndrome de Turner (X0) e a Síndrome da Insensibilidade Androgênica.[12] Ter clara a distinção entre transexual e intersexual é essencial para o debate, pois este possui uma realidade objetiva e aquele meramente subjetiva.

Pois bem. Não há informação oficial disponível sobre presos transgêneros no sistema carcerário brasileiro. Até o ano de 2020, das buscas realizadas em diversos artigos, há apenas a notícia de que, no ano de 2013, em São Paulo, atendendo a um ofício da defensoria pública local, a Secretaria de Administração Penitenciária informou haver 431 travestis e 19 transexuais em suas dependências. Segundo informado, um dos objetivos da defensoria era verificar se haveria sujeitos passíveis de transferência para unidades femininas.[13]

Entretanto, no começo do ano 2020, o Ministério da Mulher, da Família e dos Direitos Humanos divulgou um documento técnico contendo o diagnóstico nacional do tratamento penal de pessoas LGBT nas prisões do Brasil, resultado de uma consultoria

---

[11] PRESIDÊNCIA DA REPÚBLICA. *RESOLUÇÃO CONJUNTA Nº 1, DE 15 DE ABRIL DE 2014 – Lex CONSELHO NACIONAL DE COMBATE À DISCRIMINAÇÃO.* Disponível em: http://www.lex.com.br/legis_25437433_RESOLUCAO_CONJUNTA_N_1_DE_15_DE_ABRIL_DE_2014.aspx. Acesso em: 21 maio 2020.

[12] MARINOV, G. K. In Humans, Sex is Binary and Immutable. *Academic Questions*, v. 33, n. 2, p. 279-288, 2020.

[13] ZAMBONI, M. Travestis e Transexuais Privadas de Liberdade: a (des)construção de um sujeito de direitos. *Revista Euroamericana de Antropologia*, v. 2, p. 15-23, 2016.

encomendada pelo Governo Federal.¹⁴ Foram encaminhados questionários aos estabelecimentos prisionais, com adesão voluntária de 508 dos 1.449 estabelecimentos penais no país, o que representa 35%. Mesmo não sendo completo nem sirva oficialmente como censo, as informações já ajudam a entender um pouco mais o cenário brasileiro.

Segundo o informe, nestes 508 estabelecimentos que responderam ao questionário, a população LGBT consiste em: a) 1.333 gays, 572 bissexuais, 455 travestis e 163 transexuais nos estabelecimentos masculinos; e b) 1.356 lésbicas, 866 bissexuais e três transexuais nos estabelecimentos femininos.

Em relação aos tipos criminais, o relatório informa que não houve perguntas sobre os crimes cometidos pela população LGBT nos questionários enviados; foi realizado, entretanto, um levantamento¹⁵ durante as visitas institucionais¹⁶ realizadas nas consultorias.

Entre os homens gays e bissexuais, impressiona a quantidade de implicados por delitos de estupro (20,2% e 21,7%, respectivamente), muito acima da população masculina geral.¹⁷ Depois dos estupros, os delitos que mais prevalecem são de tráfico (23,8% e 26,7%) e roubo (18,8% e 21,5%). Entre travestis e transexuais, o roubo é o delito mais prevalecente (38,5%), seguido do tráfico (34,6%). Os delitos de mulheres lésbicas e bissexuais seguem exatamente o mesmo padrão da população feminina em geral, com cerca de 65% delas respondendo por tráfico de drogas.

Com exceção deste recente documento, dados quantitativos oficiais sobre transmulheres (homens biológicos) no sistema prisional são estrangeiros e apresentados por um conjunto de estudos realizados na Califórnia e por um estudo feito no Reino Unido. Na pesquisa da Califórnia,¹⁸ em uma comparação entre a população carcerária geral masculina e a população de transmulheres presas, foi verificado que as transmulheres estão mais implicadas em delitos contra a propriedade que os homens em geral, mas os números são parecidos em crimes contra as pessoas. Igualmente, verificou-se que as transmulheres estão mais implicadas em delitos sexuais – a média de delinquentes sexuais entre travestis e transexuais é maior que a média da população carcerária masculina em geral.

No Reino Unido, por sua vez, o informe do grupo *Fair Play for Women*¹⁹ concluiu que quase metade dos transgêneros na prisão é condenada por crimes sexuais ou são criminosos de alto risco. Em relação aos delitos sexuais, em 2018, o Ministério da Justiça inglês confirmou que 60 dos 125 presos reconhecidos como transgêneros eram criminosos sexuais.²⁰

---

[14] PASSOS, A. G. DA S. *LGBT nas prisões do Brasil*: Diagnóstico dos procedimentos institucionais e experiências de encarceramento. Brasília, 2020: [s.n.]. Disponível em: https://www.gov.br/mdh/pt-br/assuntos/noticias/2020-2/fevereiro/TratamentopenaldepessoasLGBT.pdf.

[15] O relatório não explica como foi feito este levantamento, se por meio de análise das fichas funcionais dos custodiados ou por dados fornecidos nas entrevistas.

[16] Segundo consta, foi visitado em regra um estabelecimento prisional por estado da federação.

[17] O consultor responsável pelo levantamento pondera sobre estes dados, informando que esta alta prevalência de estupros pode ser devida aos homens delinquentes sexuais que se autodeclaram homossexuais para terem acesso aos espaços reservados aos LGBTs, por razão de segurança (p. 27).

[18] SEXTON, L.; JENNESS, V.; SUMNER, J. M. Where the margins meet: A demographic assessment of transgender inmates in men's prisons. *Justice Quarterly*, v. 27, n. 6, p. 835-866, 2010.

[19] WILLIAMS, N. Investigation into the number of trans-identifying males in prison in England and Wales and their offender profiles. *Fair Play for Women*, p. 1-29, 2017.

[20] BBC NEWS. *How many transgender inmates are there?* Disponível em: https://www.bbc.com/news/uk-42221629. Acesso em: 21 maio 2020.

Não há dúvidas que o tema é polêmico e que há necessidade de um maior controle dos dados no Brasil.[21]

Conhecidos os personagens, segue-se à análise da legislação.

## 1.2 Legislação pertinente

No âmbito jurídico, a Constituição Federal do Brasil expressamente estabelece a separação de estabelecimento prisional por sexo. Vejamos:

> Art. 5º Todos são iguais perante a lei, sem distinção de qualquer natureza, garantindo-se aos brasileiros e aos estrangeiros residentes no País a inviolabilidade do direito à vida, à liberdade, à igualdade, à segurança e à propriedade, nos termos seguintes: (...) XLVIII - a pena será cumprida em estabelecimentos distintos, de acordo com a natureza do delito, a idade e o sexo do apenado.[22]

Não há dúvidas de que existe um direito constitucional à separação por sexo nas prisões. Embora possa ser discutido que existem muitos gêneros – existem pelo menos mais de 50 gêneros catalogados[23] – só há dois sexos: o feminino (vagina) e o masculino (pênis). O sistema binário de separação sexual foi uma demanda feminista e sobretudo humanitária, após um histórico de abusos, estupros e violências sofridas por apenadas mulheres nas prisões mistas.[24] A previsão constitucional de separação por sexo é um corolário desta conquista feminina.

A Lei de Execução Penal (LEP) disciplinou este mandamento constitucional. A Lei nº 7.210/1984 assegura às mulheres o cumprimento da pena privativa de liberdade, separadamente, em estabelecimentos próprios e adequados à sua condição pessoal:

> Art. 82. Os estabelecimentos penais destinam-se ao condenado, ao submetido à medida de segurança, ao preso provisório e ao egresso.
> §1º A mulher e o maior de sessenta anos, separadamente, serão recolhidos a estabelecimento próprio e adequado à sua condição pessoal.[25]

Entretanto, desde 2014, existe norma infralegal que mitigaria esta proteção. A Resolução Conjunta nº 1/2014,[26] emitida pelo Conselho Nacional de Política Criminal e Penitenciária e pelo Conselho de Combate à Discriminação, nos seus artigos 3º, §1º e §2º, e 4º, parágrafo único, determina que:

---

[21] DORNELLES, T. A. DE A. Perguntem aos promotores: as transmulheres em presídios femininos e a ADPF 527. *A Visão do Ministério Público sobre o Sistema Prisional Brasileiro*, v. 4, p. 176-188, 2020b.
[22] BRASIL. Constituição da República Federativa do Brasil de 1988. Disponível em: http://www.planalto.gov.br/ccivil_03/constituicao/constituicao.htm. Acesso em: 20 maio 2020.
[23] O site Facebook disponibilizou aos seus usuários 58 opções de gênero, em 2014 (ABC NEWS, 2014).
[24] ZEDNER, L. Wayward Sisters. The Prison for Women. *In*: MORRIS, N.; ROTHMAN, D. J. (Ed.). *The Oxford History of The Prison. The Practice of Punishment in Western Society*. New York. Oxford: Oxford University Press, 1998
[25] BRASIL. *Lei nº 7.210, de 11 de julho de 1984. Institui a Lei de Execução Penal*. Disponível em: http://www.planalto.gov.br/ccivil_03/leis/l7210.htm. Acesso em: 20 maio 2020.
[26] PRESIDÊNCIA DA REPÚBLICA. *RESOLUÇÃO CONJUNTA Nº 1, DE 15 DE ABRIL DE 2014 – Lex CONSELHO NACIONAL DE COMBATE À DISCRIMINAÇÃO*. Disponível em: http://www.lex.com.br/legis_25437433_RESOLUCAO_CONJUNTA_N_1_DE_15_DE_ABRIL_DE_2014.aspx. Acesso em: 21 maio 2020.

Art. 3º - Às travestis e aos gays privados de liberdade em unidades prisionais masculinas, considerando a sua segurança e especial vulnerabilidade, deverão ser oferecidos espaços de vivência específicos.
§1º - Os espaços para essa população não devem se destinar à aplicação de medida disciplinar ou de qualquer método coercitivo.
§2º - A transferência da pessoa presa para o espaço de vivência específico ficará condicionada à sua expressa manifestação de vontade.
Art. 4º - As pessoas transexuais masculinas e femininas devem ser encaminhadas para as unidades prisionais femininas.
Parágrafo único - Às mulheres transexuais deverá ser garantido tratamento isonômico ao das demais mulheres em privação de liberdade.

A Resolução, assim, prevê dois tratamentos distintos. O primeiro deles é o tratamento destinado aos apenados travestis e gays, que podem optar por espaço de vivência específico que deve ser oferecido à população de minoria sexual em presídios masculinos. E o outro tratamento refere-se aos transexuais, tanto mulheres biológicas quanto homens biológicos, que devem ser alojados em estabelecimento prisional feminino.

Desta forma, a Resolução nº 1/2014 está em sintonia com a Constituição quando, em seu artigo 3º, prevê que aos detentos homossexuais e aos detentos travestis deva ser assegurado um espaço de vivência dentro dos estabelecimentos prisionais masculinos. Por outro lado, o artigo 4º da mesma resolução, aparentemente contrariaria o preceito constitucional que ordena a separação dos estabelecimentos por sexo do apenado. Entretanto, muitos juízes da execução davam interpretação constitucional ao dispositivo, restringindo a transferência aos presídios femininos para aquelas transmulheres que realizaram a cirurgia de redesignação sexual. É o que estava previsto na normativa administrativa carcerária do Distrito Federal.

A lógica é que, embora propriamente não exista uma mudança de sexo, transmulheres que fizeram a retirada de seus pênis abriram mão, de maneira mais definitiva, de sua condição de homens. Igualmente não possuem mais o meio físico de estuprar uma mulher. Como homens biológicos, ainda guardam muitas das características que os diferenciam de uma mulher,[27] porém, em leitura juridicamente concessiva, poderiam ser considerados aptos ao resguardo constitucional de separação prisional por sexo.

Por fim, em 13 de outubro de 2020, o CNJ publicou a Resolução nº 348. Dentre seus artigos, há o art. 4º, que prevê que o reconhecimento de alguém como transexual ou intersexual "será feito exclusivamente por meio de autodeclaração, em qualquer fase do procedimento penal". Ainda, o CNJ instituiu a "possibilidade de escolha do local de privação de liberdade" para a população LGBTI, nos seguintes termos: "o magistrado deverá esclarecer em linguagem acessível acerca da estrutura dos estabelecimentos prisionais disponíveis na respectiva localidade, da localização de unidades masculina e feminina, da existência de alas ou celas específicas para a população LGBTI, bem como dos reflexos dessa escolha na convivência e no exercício de direitos" (art. 8º, I). Ele também indagará ao autodeclarado transexual, intersexo ou travesti se ele prefere ficar em presídios femininos ou masculinos (art. 8º, II).

---

[27] DHEJNE, C. *et al.* Long-term follow-up of transsexual persons undergoing sex reassignment surgery: Cohort study in Sweden. *PLoS ONE*, v. 6, n. 2, 2011.

Finalizando, a resolução ressalta que a autoidentificação "pode ou não ser exclusiva, bem como variar ao longo do tempo e espaço" (art. 14, *caput*). Não há qualquer explicação para o que seria variação "ao longo do tempo e espaço".

## 1.3 Ações constitucionais: ADIN nº 4.275 e ADPF nº 527

A Ação Direta de Inconstitucionalidade nº 4.275 (ADIN nº 4.275) foi ajuizada pela Procuradoria-Geral da República em 21 de julho de 2009. O objeto da ação era o de conferir ao artigo 58 da Lei nº 6.015/1973 interpretação conforme à Constituição, de modo a permitir a mudança no registro civil de sexo e prenome de transexuais, sem necessidade de comprovar a realização de cirurgia de redesignação sexual.

A Lei nº 6.015/1973 é a normativa que regula os registros públicos. O art. 58 dispõe que o prenome é definitivo, mas que é admitida a sua substituição por apelidos públicos notórios. Em relação ao prenome, se pede então que o nome escolhido pelo transexual esteja incluído na definição de "apelidos públicos", permitindo assim sua alteração. A petição inicial argumenta que o direito fundamental à identidade de gênero justifica o direito à troca do prenome, independentemente de procedimento cirúrgico, pois não seria a cirurgia que concederia à pessoa a condição de transexual.

Embora o art. 58 não trate do sexo do indivíduo, a PGR argumenta que, autorizando-se a troca do prenome correspondente ao gênero do transexual, "a consequência lógica, em seu sentido filosófico mesmo, é a alteração de sexo no registro civil". Esta é a justificativa para o pedido de autorização de alteração fictícia do sexo do requerente.

Pede, caso o indivíduo não opte pela cirurgia, a fixação dos seguintes requisitos para a alteração do assentamento: (i) idade superior a 18 anos; (ii) convicção, há pelo menos 3 anos, de pertencer ao gênero oposto ao biológico; e (iii) baixa probabilidade, de acordo com pronunciamento de grupo de especialistas, de modificação da identidade de gênero.

Ouvidas as autoridades devidas e os *amici curiae*, o STF decidiu que a identidade de gênero é manifestação da personalidade da pessoa humana e cabe ao Estado apenas reconhecê-la. Foram dispensadas as exigências apontadas na petição inicial. Assim, a pessoa que se considere pertencente a um sexo diferente à sua realidade biológica tem o direito fundamental subjetivo à alteração de prenome e sexo no registro civil, por meio de mera autodeclaração. Segundo o STF, seria inconstitucional exigir laudos de terceiros, como médicos ou psicólogos, ou comprovação de realização de procedimento cirúrgico ou tratamento hormonal.

A possibilidade de mudança de prenome e sexo, independentemente de cirurgia, foi estabelecida por votação unânime entre os ministros. As divergências foram apenas em relação à necessidade de critérios para comprovação da transexualidade ou à situação cadastral. Por maioria, assim, decidiu-se também pela supressão nos cadastros civis da informação sobre a alteração registral, com a proibição de constar o termo transexual, apagando-se a realidade biológica e morfológica atual da pessoa.

Esta ação transitou em julgado em 16 de março de 2019. Embora não haja menção à questão carcerária, a repercussão sobre o sistema prisional será inevitável. O que seria feito com quem possuísse um documento em que o sexo registrado fosse o masculino, mas seu corpo é do sexo feminino? O que prevaleceria, a "verdade registral" ou a "verdade biológica"?

Antes de transitada em julgado a ADIN nº 4.275, foi proposta a Arguição de Descumprimento de Preceito Fundamental nº 527. A ADPF nº 527 foi proposta pela Associação Brasileira de Lésbicas, Gays, Bissexuais, Travestis e Transexuais, perante o Supremo Tribunal Federal, em junho de 2018. Em novembro de 2020, ainda não havia sido concluída. O objeto da ação é de assentar que transexuais somente poderão cumprir pena em estabelecimento prisional feminino; e que os travestis poderão optar por cumprir pena em estabelecimento prisional do gênero feminino ou masculino.

Para fundamentar o cabimento da ADPF, os autores alegam que a Resolução Conjunta nº 1/2014, emitida pelo Conselho Nacional de Política Criminal e Penitenciária e pelo Conselho de Combate à Discriminação, é um ato normativo federal sujeito ao controle de constitucionalidade por meio de ADPF. A controvérsia se referiria à aplicação não homogênea dos já mencionados arts. 3º, §1º e §2º, e art. 4º, parágrafo único, identificada em decisões judiciais conflitantes.

Para comprovar a aplicação não homogênea destes artigos, a arguente apresentou um precedente do próprio Ministro Barroso, relator do *Habeas Corpus* nº 152.491/SP, em que, de ofício, determinou a transferência de dois travestis a uma penitenciária feminina, "compatível com as respectivas orientações sexuais". Em contraposição, apresentou a decisão do Juízo da Vara de Execuções Penais do Distrito Federal, no Habeas Corpus nº 00022531720188070015, que negou o pedido de transferência de 11 detentos travestis ou transexuais ao presídio feminino.

Neste último HC, o ato apontado como coator é a uma ordem de serviço do sistema penitenciário do DF que autoriza a transferência para a Penitenciária Feminina do Distrito Federal apenas de transexuais que já tenham realizado cirurgia de transgenitalização do sexo masculino para o feminino. A irresignação dos arguentes se refere exclusivamente a travestis e transexuais que ainda possuam o órgão sexual masculino (pênis).

Ouvida, a PGR entendeu que a manutenção de travestis e transexuais em presídios masculinos contraria diversos preceitos fundamentais inscritos na Constituição Federal e em compromissos internacionais assumidos pelo país. O parecer ressalta que "compelir transexuais femininas e travestis a ocuparem 'espaços de vivência específicos' em presídios masculinos também constitui medida de segregação, incompatível com o respeito ao direito à igualdade e à não discriminação". Outrossim, defende a PGR que razões como a ausência de cirurgia de transgenitalização e o risco à integridade física e sexual de mulheres são fatores objetivos externos à subjetividade da pessoa trans e não podem ser opostos como impedimento ao reconhecimento da identidade de gênero.

Após colher informações de alguns órgãos e ouvir a Advocacia-Geral da União (AGU) e a Procuradoria-Geral da República (PGR), em 26 de junho de 2019, o relator apreciou o pedido de medida cautelar. Para o Ministro Barroso, não há divergência sobre a necessária transferência dos transexuais aos presídios femininos. Em relação aos travestis, o relator pontuou que não persiste a mesma certeza. A uma, porque estas pessoas apresentam uma identidade de gênero mais fluida. A duas, a Resolução nº 1/2014 prevê a criação de espaços de vivência específicos, dentro dos presídios masculinos. A três, a própria inicial da ação primeiramente postulou que os travestis cumprissem penas em estabelecimentos femininos, mas depois foi aditada para que os travestis pudessem escolher ficar ou não junto às mulheres.

Desta forma, o relator deferiu parcialmente o pedido cautelar para assegurar a transferência de transexuais para presídios femininos, porém adiou a decisão quanto aos travestis. Em 12 de julho de 2020, houve pedido de extensão da cautelar aos travestis, mas o processo ainda se encontra concluso. Considerando a recém-publicada resolução do CNJ, a celeuma já foi resolvida, abrindo-se a possibilidade para que qualquer pessoa do sexo masculino possa declarar-se trans, travesti ou ainda intersexual e assim escolher se prefere estar alojado em um presídio de mulheres.

## 2 Considerações sobre o alojamento de homens biológicos em presídios de mulheres

A posição quase unânime da doutrina, tanto estrangeira quanto nacional, não traça objeções à transferência de pessoas do sexo masculino aos presídios femininos. Em extensa revisão bibliográfica[28] realizada pela autora, foi constatado que a quase unanimidade das publicações acadêmicas é favorável à divisão em estabelecimentos prisionais de acordo com o gênero declarado, em lugar do sexo biológico do apenado. A seguir, serão expostos os principais argumentos da posição acadêmica majoritária, após, a análise crítica desta posição.

### 2.1 A opinião dos acadêmicos

Não se contesta que os transgêneros, junto com outras minorias sexuais, são uma população vulnerável em um presídio masculino. Em um ambiente de hipermasculinidade,[29] aqueles que mais se aproximam do "feminino" acabam por representar preferencialmente o papel de dominado. Não são incomuns relatos de estupros e outras violências sofridas por minorias sexuais em estabelecimentos prisionais masculinos. Somando-se a um proclamado direito subjetivo à identidade de gênero, a necessidade real de maior proteção dessas pessoas é a tônica na defesa da transferência de transmulheres aos presídios de mulheres.

Os artigos publicados sobre a temática enfatizam bastante a necessidade de superar o binarismo no sistema carcerário, abolindo-se a segregação genital. O pesquisador americano Sydney Tarzwell, por exemplo, entende que o binarismo é uma fonte de abusos contra indivíduos cuja identidade transcende este binarismo.[30] Assim também entendem os pesquisadores brasileiros Heloísa Lima e Raul Nascimento, para quem a binaridade reforçaria práticas de neutralização que vitimam a individualidade em prol da normalização.[31]

Antes de seguir, entretanto, é importante ressaltar que a binaridade apenas é criticada quando impede que pessoas do sexo masculino acessem espaços femininos. Não foi encontrado quem defendesse que alguém do sexo feminino, mesmo que se considere do gênero masculino, seja alojado em um presídio de homens.

---

[28] DORNELLES, T. A. de A. *PrisioneirXs. Transmulheres nos presídios femininos e o X do problema*. 1. ed. Porto Alegre: Verbo Jurídico, 2020a.
[29] DOLOVICH, S. Two Models of the Prison: Accidental Humanity and Hypermasculinity in the L.A. County Jail. *Journal of Criminal Law and Criminology*, v. 102, n. 4, p. 965-1117, 2012.
[30] TARZWELL, S. The Gender Liens are Marked with Razor Wire: Addressing State Prison Policies and Practices for the Management of Transgender Prisoners. *Columbia Humans Rights Law Review*, v. 38, n. 167, p. 8-23, 2006.
[31] LIMA, H. B.; NASCIMENTO, R. V. R. DO. TRANSGENERIDADE E CÁRCERE: DIÁLOGOS SOBRE UMA CRIMINOLOGIA TRANSFEMINISTA. *Revista Transgressões*. Ciências Criminais em Debate, v. 91, p. 75-89, 2017.

Para Fonseca e Cancela, que escrevem sobre travestis presos, classificar alguém com pênis como homem e, com isso, atribuir a ele um lugar para cumprir sua sentença "reflete que os órgãos genitais são privilegiados como fator de identificação em lugar da verdadeira identidade do transexual".[32] Portanto, a maioria defende o direito à autoidentificação de gênero, que deve prevalecer sobre a realidade morfológica do indivíduo. A pessoa deve decidir por si mesma se identifica-se como homem ou mulher, em vez de ser forçada a uma definição por funcionários da prisão, juízes e médicos.[33]

É o mesmo que López Téllez acredita, invocando os princípios de Yogyakarta, embora ele admita que o documento não é vinculativo. Segundo o autor, o juiz, ao condenar uma pessoa da comunidade LGBTI, tem uma responsabilidade estrita de perguntar ao transexual o local onde ele deseja cumprir sua sentença, seja em um estabelecimento destinado a homens ou a mulheres.[34]

Em relação a possíveis riscos às mulheres, a maioria dos acadêmicos não ingressa nesse mérito. Mas alguns o fazem.

Rosenblum admite que existem objeções legítimas, como a privacidade, o problema de gerenciar potenciais relações sexuais e a possível violência contra as mulheres. Entretanto, o autor acredita que "a intolerância potencial para uma pessoa transgênera não deve ser o único fator para determinar a melhor localização".[35] Propõe, assim, que (a) em relação à privacidade, que o transgênero seja colocado em uma cela individual; (b) a administração deve promover pequenas mudanças na organização; e que (c) prisioneiros transgêneros condenados por crimes sexuais violentos devem ser colocados com o máximo cuidado. No entanto, ele admite que transgêneros não operados envolvidos em assassinatos de mulheres não devam ser transferidos para prisões femininas.

Mais enfaticamente, em resposta às críticas do método baseado na autoidentificação, a pesquisadora Rebecca Mann contra-argumenta que é suficiente que se faça a administração de hormônios, pois isso faz com que o órgão sexual masculino seja inofensivo. Além disso, para ela, seria hipocrisia ter preocupações com a segurança das presas mulheres, mas não ter com os transgêneros. A solução de apenas proteger as transmulheres no presídio masculino tampouco seria aceitável porque a segregação é uma violação do seu direito de se socializar e não as protege de ataques e estupros por pessoas na administração e guarda.[36]

Entretanto, para a autora Christine Peek: "se o pênis de um preso transgênero é funcional ou não, esse não deve ser o fator determinante. Presos transgêneros não devem

---

[32] FONSECA, M. I. B.; CANCELA, A. P. TRAVESTIS EN CAUTIVERIOS, ALGUNAS CONSDERACIONES. Proyecto de Extensión FTS-UNLP Antígona U8-33, 2015b, p. 4

[33] SHAH, B. Lost in the gender maze: placement of transgender inmates in the prison system. *Journal of Race, Gender and Ethnicity*, v. 5, n. 1, p. 39-56, 2010.
SMITH, W. E. In the Footsteps of Johnson v. California: Why Classification and Segregation of Transgender Inmates Warrants Heightened Scrutiny Whitney. *Journal of Gender, Race & Justice*, v. 689, n. 15, 2012.

[34] LÓPEZ TÉLLEZ, D. LA RECLUSIÓN DE LA COMUNIDAD TRANSEXUAL EN CENTROS PENITENCIARIOS PARA HOMBRES. UNA DESICIÓN AL ARBITRIO DEL JUEZ PENAL., 2016. Disponível em: https://www.uaeh.edu.mx/xiii_congreso_empoderamiento_fem/documentos/pdf/C059.pdf. Acesso em: 9 dez. 2018

[35] ROSENBLUM, D. "Trapped" in Sing Sing: Transgendered Prisoners Caught in the Gender Binarism. *Michigan Journal of Gender & Law*, v. 6, n. 2, p. 499-571, 2000, p. 533.

[36] MANN, R. The Treatment of Transgender Prisoners, Not Just an American Problem - A Comparative Analysis of American, Australian, and Canadian Prison Policies concerning the Treatment of Transgender Prisoners and a Universal Recommendation to Improve Treatment. *Law & Sexuality: Rev. Lesbian, Gay, Bisexual & Transgender Legal Issues*, v. 15, n. 91, p. 91-133, 2006.

ser considerados perigosos ou violentos simplesmente porque não foram submetidos a cirurgia genital ou tratamento hormonal".[37]

Por fim, no Brasil, o professor Salo de Carvalho conduziu estudo, publicado em um capítulo de livro temático,[38] em que conclui que a manutenção de pessoas do sexo masculino que se identificam com o gênero feminino em presídios masculinos é um caso exemplar de "transfobia judiciária". Para os autores, ainda vivemos uma realidade heterossexista, que regula as relações sociais, com dispositivos de controle fundados na polarização entre homens e mulheres. Impedir que alguém do sexo masculino exerça seu direito à sua identidade de gênero feminina é uma forma de controle das sexualidades desviantes, uma forma de violência estrutural e institucional. O Poder Judiciário adere à "violência lgbtfóbica", quando reforça regime de normalização e impede que os transgêneros possam ser alojados nos presídios de mulheres.

A lógica imposta nessas decisões judiciais que mantêm as pessoas presas conforme seu sexo biológico, segundo os autores, é ideia de "abjeção": uma violência dirigida à eliminação de corpos considerados "indignos de vida".

## 2.2 Críticas à posição acadêmica majoritária

A ideia dos autores mencionados é certamente bem-intencionada, mas as consequências para as mulheres não são desprezíveis. É possível identificar duas classes de objeções à transferência de homens biológicos aos presídios femininos: as jurídicas e as fáticas.

Como já mencionado anteriormente, a Constituição Federal expressamente determina a separação por sexo nos estabelecimentos penais. Tal previsão consta no inciso XLVIII do art. 5º, direito fundamental, portanto. Cumprir pena ou medida cautelar em ambiente separado de homens é um direito individual fundamental de qualquer mulher presa. Afirmar que a separação por sexo é cláusula pétrea decorre do regime jurídico de direitos fundamentais brasileiro.

Ressalta-se que o próprio movimento militante da causa transgênera tem como discurso e bandeira que identidade de gênero é diferente de sexo.[39] E a Constituição Federal expressamente determina a separação por sexo, e não por gênero.

É importante esclarecer que não existe tratado internacional vinculante que disponha de maneira diversa. Embora seja comum a menção aos Princípios de Yogyakarta para fundamentar decisões que contrariam o texto constitucional, essa normativa não está inserida no ordenamento brasileiro. Na realidade, nem sequer se trata de instrumento internacional vinculante, uma vez que não é um tratado internacional, nem passou pelo procedimento previsto na democracia internacional para tanto. Trata-se apenas de um documento idealizado por profissionais militantes do tema, com caráter de orientação interpretativa.

---

[37] PEEK, C. Breaking out of the Prison Hierarchy: Transgender Prisoners, Rape, and the Eighth Amendment. *Santa Clara Law Review*, v. 44, n. 1, p. 1211-1248, 2004, p. 1243.

[38] CARVALHO, S. D. E. *et al.* A manutenção de mulheres trans em presídios masculinos: um caso exemplar de transfobia judiciária. *In*: KLEIN, C. C.; GOMES FERREIRA, G. (Ed.). SEXUALIDADE E GÊNERO NA PRISÃO. LGBTI+ E SUAS PASSAGENS PELA JUSTIÇA CRIMINAL. Salvador/BA: Editora Devires, 2019. p. 150-174.

[39] DEFENSORIA PÚBLICA DO RIO GRANDE DO SUL. *Cartilha da Diversidade*. Disponível em: http://www.defensoria.rs.def.br/upload/arquivos/201905/10172930-glossario-lgbt.pdf. Acesso em: 21 maio 2020.

E como já mencionado, a Lei de Execuções Penais (LEP) obedece à Constituição, estabelecendo a separação por sexo dentro da estrutura carcerária brasileira. Afora a Constituição e a LEP, restam normativas infralegais que não passaram pelo crivo democrático e, em tese, não deveriam contrariar texto constitucional expresso.

A segunda classe de objeções é a fática: são os riscos à segurança e bem-estar das mulheres presas com a presença de homens biológicos em seu entorno. Há inúmeros aspectos a serem considerados, tais como: a) força física superior dos homens que não se modifica pela baixa artificial de testosterona; b) maior utilização, pelos homens, de padrão de violência como solução dos problemas, que não se iguala ao padrão feminino pela baixa artificial de hormônios; c) histórico de vitimização das mulheres presas por homens; d) necessidade de maior rigidez na segurança dos presídios femininos e necessidade de lotação de agentes de segurança homens para lidar com travestis e transexuais nos episódios de violência interna; e) episódios de estupros de mulheres cometidos por transexuais no Reino Unido e nos Estados Unidos.[40] Estes aspectos são apenas os mais óbvios, mas não foram arrolados exaustivamente.

Os riscos não são hipotéticos, muito menos se trata de "mero dissabor". Entretanto, há ainda dois aspectos pouquíssimo explorados, e que estão imunes a qualquer crítica de transfobia, ou qualquer outra comumente usada contra quem é contrário a uma demanda da comunidade trans.

O primeiro aspecto é a questão da autodeclaração. Sendo o gênero defendido como algo interno de cada um, como saber com segurança que o peticionante à transferência a um presídio feminino é um transexual? A recente Resolução nº 348/2020 do CNJ expressamente determina que a classificação seja aferível exclusivamente por autodeclaração. Transferiram para o custodiado o poder exclusivo de dizer o que ele é, condicionando terceiros, independentemente de eventual evidente incompatibilidade com o mundo objetivo. Permitiram, inclusive, que ele se declare pertencente a uma categoria que demandaria classificação médica, que é o caso do indivíduo intersexual.

As perplexidades são inúmeras. Não há o mínimo controle, basta declarar-se mulher para que uma pessoa do sexo masculino possa ser transferida a um presídio de mulheres e gozar de qualquer benefício ou política pública restrita às mulheres. Não é necessário procedimento cirúrgico de alteração de sexo, ou qualquer outra intervenção cirúrgica. Não é necessário submeter-se a nenhum tratamento hormonal. Não é preciso laudo médico atestando sua condição peculiar, nem que haja alguma prova testemunhal de que esse homem realmente se "expressaria" socialmente no gênero feminino. E se alguém, efetivamente ou pretensamente transexual, estuprar uma mulher na prisão, esta pessoa será devolvida ao presídio masculino? Será desconsiderada a sua autodeclaração?

A falsa autodeclaração igualmente não é hipotética. Como mencionado antes, no levantamento sobre a população LGBT nas prisões, se encontrou uma altíssima prevalência de estupradores que se declararam homossexuais, uma média muito acima da população prisional em geral. O consultor responsável pelo levantamento ponderou sobre estes dados, informando que esta alta prevalência de apenados por estupros pode

---

[40] CATRACA LIVRE. *Estupradora trans é acusada de abusar de mulheres na prisão*. Disponível em: https://catracalivre.com.br/cidadania/estupradora-trans-e-acusada-de-abusar-de-mulheres-na-prisao/. Acesso em: 21 maio 2020. ILLINOIS TIMES. *Transgender inmate accused of rape*. Disponível em: https://www.illinoistimes.com/springfield/transgender-inmate-accused-of-rape/Content?oid=11867999. Acesso em: 21 maio 2020.

ser devida aos homens delinquentes sexuais que se autodeclaram homossexuais para terem acesso aos espaços reservados aos LGBTs, por razão de segurança.

O segundo aspecto é o fato de que a maioria dos transexuais e dos travestis não deseja ser transferida a um presídio de mulheres. Este dado, obtido em uma grande pesquisa realizada na Califórnia,[41] foi recentemente confirmado em levantamento realizado no Brasil, anteriormente mencionado.[42] De fato, a população transgênera tem uma vivência diferente da população de mulheres no cárcere. A possibilidade de estar num ambiente com homens disponíveis, sem a concorrência das mulheres, é também fonte de muita satisfação para estas pessoas, que por vezes formam laços de matrimônio mais significativos.[43] Este é o teor da fala de uma transmulher entrevistada:

> Eu gostaria que mudasse meu nome. Esse nome não tem nada a ver comigo. Eu não me considero [nome masculino omitido] eu me considero [nome feminino omitido]. Eu adoraria ter esse nome no meu registro. [...] Eu prefiro ficar em uma prisão masculina. Aqui a gente tem um tratamento diferente. Por mais que a gente... A gente gosta de homem, né? De um lado é homem, de outro lado é homem. Eu me sinto ótima no meio deles todos. Todos, todos. A melhor cadeia é aqui. É a única que tem cela separada é aqui. Melhor cadeia pra tirar é essa. Aqui somos rainhas (p. 55).

Outros detentos transexuais entrevistados, assim como na pesquisa da Califórnia, igualmente têm restrições ao convívio com mulheres:

> Querendo ou não, a gente que é homossexual também queremos ter a nossa intimidade com marido ou com namorado. Eu acho que se eu fosse passar o tempo que eu tou aqui eu passasse lá eu já tinha enlouquecido. Um monte de mulher ao meu redor, eu não ia me sentir bem. Não ia ter o mesmo privilégio que eu tenho aqui de ficar a vontade. Aqui eu me sinto à vontade, num lugar cheio de mulher é diferente. Ter amizade, andar com mulher é bom, mas o convívio é muito ruim. Eu acho que eu ia enlouquecer se eu estivesse lá dentro. Eu prefiro ficar aqui tendo um espaço reservado (p. 65).

Por fim, um último aspecto que envolve um amplo debate das fronteiras político-jurídicas: o risco democrático de uma decisão que possa frontalmente contrariar a Constituição, e até mesmo violar o princípio da separação dos poderes.

De fato, a Constituição não preceitua, de forma expressa e textual, o direito ao reconhecimento da identidade subjetiva de gênero, com todos os reflexos jurídicos sociais decorrentes. Este suposto direito seria extraído da dignidade da pessoa humana, da proibição a tortura e tratamento degradante ou cruel e do direito à saúde. Por outro lado, o direito das mulheres a ter um estabelecimento prisional próprio separado por sexo está expresso na Constituição e na Lei.

---

[41] JENNESS, V. Transgender inmates in California's prisons: An empirical study of a vulnerable population the California department of corrections and rehabilitation Wardens' meeting. *The California Department of Corrections and Rehabilitation*, 2009.

[42] PASSOS, A. G. DA S. *LGBT nas prisões do Brasil*: Diagnóstico dos procedimentos institucionais e experiências de encarceramento. Brasília, 2020: [s.n.]. Disponível em: https://www.gov.br/mdh/pt-br/assuntos/noticias/2020-2/fevereiro/TratamentopenaldepessoasLGBT.pdf.

[43] DORNELLES, T. A. DE A. *PrisioneirXs. Transmulheres nos presídios femininos e o X do problema*. 1. ed. Porto Alegre: Verbo Jurídico, 2020a.

Qualquer alteração a este cenário constitucional e legal adentra o campo democrático de competência do Poder Legislativo. No caso de mudança constitucional, ainda necessitaria um legislativo qualificado pelo quórum especial. Na realidade, o direito das mulheres a um espaço livre dos riscos de convivência forçada com homens biológicos seria classificável como uma cláusula constitucional pétrea.

Na ADI nº 6.298-MC/DF, o Ministro Luiz Fux teceu considerações sobre os limites da jurisdição constitucional que são pertinentes à discussão trazida na ADPF 527:

> A jurisdição constitucional presta-se a analisar a compatibilidade das leis e dos atos normativos em relação à Constituição, com o objetivo precípuo de resguardar a autoridade das normas constitucionais no âmbito da vida social. Como atividade típica deste Supremo Tribunal Federal, a jurisdição constitucional diferencia-se sobremaneira das funções legislativa e executiva, especialmente em relação ao seu escopo e aos seus limites institucionais. Ao contrário do Poder Legislativo e do Poder Executivo, não compete ao Supremo Tribunal Federal realizar um juízo eminentemente político do que é bom ou ruim, conveniente ou inconveniente, apropriado ou inapropriado. Ao revés, compete a este Tribunal afirmar o que é constitucional ou inconstitucional, invariavelmente sob a perspectiva da Carta de 1988. Trata-se de olhar objetivo, cirúrgico e institucional, que requer do juiz minimalismo interpretativo, não se admitindo inovações argumentativas que possam confundir as figuras do legislador e do julgador. Afinal, como afirma o professor Daryl Levinson, a legitimidade da jurisdição constitucional assenta-se, entre outros fatores, na capacidade de os juízes produzirem decisões qualitativamente diferentes daquelas produzidas pelos agentes políticos dos demais poderes (Vide "Foreword: Looking for Power in Public Law", 130 Harvard Law Review, 31, 2016; "Rights Essentialism and Remedial Equilibration", 99 Columbia Law Review 857, 1999). O pressuposto das cláusulas de independência e de harmonia entre os poderes consiste precisamente no fato de que cada um deles desenvolveu, ao longo do tempo, distintas capacidades institucionais. Não fossem distintas as habilidades de cada um dos poderes, não haveria necessidade prática de haver separação entre eles. Em termos concretos, não cabe ao Supremo Tribunal Federal, ainda que com as melhores intenções, aperfeiçoar, criar ou aditar políticas públicas, ou, ainda, inovar na regulamentação de dispositivos legais, sob pena de usurpar a linha tênue entre julgar, legislar e executar. (...) (ADI 6.298-MC/DF, Rel. Min. Luiz Fux, DJe de 3.2.2020).[44]

A autocontenção da Corte Suprema é ainda mais recomendável em uma situação em que há norma constitucional expressamente conferindo direitos a um grupo vulnerável, que são as mulheres. E mesmo que seja considerada a existência de uma omissão constitucional em relação a outro grupo, isto não autorizaria que a efetivação de um novo reconhecido direito viole aquele já assentado anteriormente.

## Conclusão

Há uma omissão vergonhosa sobre as mulheres nas discussões subjacentes às demandas da comunidade transgênera de acesso a espaços femininos. A posição majoritária nas publicações acadêmicas não leva em consideração a população de mulheres que deverá receber, em seus espaços antes exclusivos, a população trans. De fato, a

---

[44] SUPREMO TRIBUNAL FEDERAL. *AÇÃO DIRETA DE INCONSTITUCIONALIDADE Nº 6298. Relator Ministro Luiz Fux*. Disponível em: https://portal.stf.jus.br/processos/detalhe.asp?incidente=5840274. Acesso em: 21 maio 2020.

disputa não é entre os transgêneros e um sistema carcerário conservador e transfóbico. A disputa é entre a pretensão da causa de identidade de gênero em favor de transexuais e travestis e o direito das mulheres a ter um ambiente diferenciado, sem a presença de homens biológicos.

Não se contesta que travestis e transexuais sejam uma população vulnerável na prisão. A Resolução nº 1/2014 foi editada com a intenção de proteger estas minorias, ao determinar a criação de espaços específicos para eles, dentro dos estabelecimentos masculinos. Há experiências exitosas em vários presídios masculinos que reservam espaços exclusivos à população de minoria sexual e seus parceiros.

A determinação que homens biológicos, transexuais ou travestis, sejam transferidos aos presídios femininos afronta texto constitucional expresso. Contudo, existe uma leitura constitucional pragmaticamente concessiva que se poderia admitir: os casos de transmulheres que não possuem mais o órgão sexual masculino (pênis).

O juiz da execução penal encontra-se hoje diante de um grande desafio. De um lado, há decisões do Supremo Tribunal Federal e normativa expedida pelo Conselho Nacional de Justiça determinando providências expressamente contrárias ao texto constitucional. Por outro lado, além de seu juramento de obedecer à Constituição e às leis da República, existe a realidade que o magistrado vivencia, sabedor de que a busca do ideal muitas vezes sucumbe aos dados da realidade.

Ao determinar a transferência de um homem biológico a um presídio feminino, o magistrado estará, sem dúvidas, respaldado pela mais recente tendência jurisprudencial da Suprema Corte. Não o fazendo, pode até mesmo incorrer em alguma falta funcional por órgãos de controle que insistentemente parecem buscar interferir no mérito das decisões judiciais. Provavelmente, também sofrerá perseguições de movimentos militantes, com representações em corregedoria e exposição em mídias sociais.

Porém, conhecedor da realidade dos presídios em que atua e sabedor das características dos internos, ao permitir que um homem biológico seja alojado junto às mulheres, atrairá para si a responsabilidade moral pelo que ocorrer com aquelas mulheres, tanto com as presidiárias quanto com as agentes penitenciárias. Não há outro que possa melhor decidir que aquele que detém os dados de cada sujeito, cada antecedente, cada prospecção comportamental.

Há soluções exitosas para a proteção de pessoas do sexo masculino dentro da estrutura que lhes é devida. O magistrado deve ter a serenidade de não aceitar acriticamente proposições que não sejam compatíveis com a realidade do sistema penitenciário nacional. A Constituição e a Lei estão a favor do elo mais frágil, vulnerável e marginalizado do sistema prisional: os milhares de mulheres que cumprem pena de prisão no Brasil.

## Referências

ABC NEWS. *Here's a List of 58 Gender Options for Facebook Users*. Disponível em: https://abcnews.go.com/blogs/headlines/2014/02/heres-a-list-of-58-gender-options-for-facebook-users. Acesso em: 21 maio 2020.

BBC NEWS. *How many transgender inmates are there?* Disponível em: https://www.bbc.com/news/uk-42221629. Acesso em: 21 maio 2020.

BRAITHWAITE, J. *Crime, Shame and Reintegration*. Cambridge, UK: Cambridge University Press, 1989.

BRASIL. *Lei nº 7.210, de 11 de julho de 1984*. Institui a Lei de Execução Penal. Disponível em: http://www.planalto.gov.br/ccivil_03/leis/l7210.htm. Acesso em: 20 maio 2020.

BRASIL. *Constituição da República Federativa do Brasil de 1988*. Disponível em: http://www.planalto.gov.br/ccivil_03/constituicao/constituicao.htm. Acesso em: 20 maio 2020.

CATRACA LIVRE. *Estupradora trans é acusada de abusar de mulheres na prisão*. Disponível em: https://catracalivre.com.br/cidadania/estupradora-trans-e-acusada-de-abusar-de-mulheres-na-prisao/. Acesso em: 21 maio 2020.

CARVALHO, S. D. E. et al. A manutenção de mulheres trans em presídios masculinos: um caso exemplar de transfobia judiciária. *In*: KLEIN, C. C.; GOMES FERREIRA, G. (Ed.). *SEXUALIDADE E GÊNERO NA PRISÃO. LGBTI+ E SUAS PASSAGENS PELA JUSTIÇA CRIMINAL*. Salvador/BA: Editora Devires, 2019. p. 150-174.

CNJ, C. N. DE J. *RESOLUÇÃO Nº 348, DE 13 DE OUTUBRO DE 2020*. Disponível em: https://atos.cnj.jus.br/atos/detalhar/3519#:~:text=Estabelece diretrizes e procedimentos a, de alternativas penais ou monitorada. Acesso em: 11 nov. 2020.

DEFENSORIA PÚBLICA DO RIO GRANDE DO SUL. *Cartilha da Diversidade*. Disponível em: http://www.defensoria.rs.def.br/upload/arquivos/201905/10172930-glossario-lgbt.pdf. Acesso em: 21 maio 2020.

DHEJNE, C. et al. Long-term follow-up of transsexual persons undergoing sex reassignment surgery: Cohort study in Sweden. *PLoS ONE*, v. 6, n. 2, 2011.

DOLOVICH, S. Two Models of the Prison: Accidental Humanity and Hypermasculinity in the L.A. County Jail. *Journal of Criminal Law and Criminology*, v. 102, n. 4, p. 965-1117, 2012.

DORNELLES, T. A. de A. *PrisioneirXs. Transmulheres nos presídios femininos e o X do problema*. 1. ed. Porto Alegre: Verbo Jurídico, 2020a.

DORNELLES, T. A. de A. Perguntem aos promotores: as transmulheres em presídios femininos e a ADPF 527. *A Visão do Ministério Público sobre o Sistema Prisional Brasileiro*, Conselho Nacional do Ministério Público, v. 4, p. 176-188, 2020b.

FONSECA, M. I. B.; CANCELA, A. P. *TRAVESTIS EN CAUTIVERIOS, ALGUNAS CONSDERACIONES*. Proyecto de Extensión FTS-UNLP Antígona U8-33, 2015b, p. 4.

ILLINOIS TIMES. Transgender inmate accused of rape. Disponível em: https://www.illinoistimes.com/springfield/transgender-inmate-accused-of-rape/Content?oid=11867999. Acesso em: 21 maio 2020.

JENNESS, V. *Transgender inmates in California's prisons: An empirical study of a vulnerable population the California department of corrections and rehabilitation Wardens' meeting*. The California Department of Corrections and Rehabilitation, 2009.

LIMA, H. B.; NASCIMENTO, R. V. R. DO. *TRANSGENERIDADE E CÁRCERE: DIÁLOGOS SOBRE UMA CRIMINOLOGIA TRANSFEMINISTA*. Revista Transgressões. Ciencias Criminais em Debate, v. 91, p. 75–89, 2017.

LÓPEZ TÉLLEZ, D. *LA RECLUSIÓN DE LA COMUNIDAD TRANSEXUAL EN CENTROS PENITENCIARIOS PARA HOMBRES. UNA DESICIÓN AL ARBITRIO DEL JUEZ PENAL*, 2016. Disponível em: https://www.uaeh.edu.mx/xiii_congreso_empoderamiento_fem/documentos/pdf/C059.pdf. Acesso em: 9 dez. 2018.

MANN, R. The Treatment of Transgender Prisoners, Not Just an American Problem – A Comparative Analysis of American, Australian, and Canadian Prison Policies concerning the Treatment of Transgender Prisoners and a Universal Recommendation to Improve Treatment. *Law & Sexuality: Rev. Lesbian, Gay, Bisexual & Transgender Legal Issues*, v. 15, n. 91, p. 91-133, 2006.

MARINOV, G. K. In Humans, Sex is Binary and Immutable. *Academic Questions*, v. 33, n. 2, p. 279-288, 2020.

PASSOS, A. G. DA S. *LGBT nas prisões do Brasil:* Diagnóstico dos procedimentos institucionais e experiências de encarceramento. Brasília, 2020: [s.n.]. Disponível em: https://www.gov.br/mdh/pt-br/assuntos/noticias/2020-2/fevereiro/TratamentopenaldepessoasLGBT.pdf.

PEEK, C. Breaking out of the Prison Hierarchy: Transgender Prisoners, Rape, and the Eighth Amendment. *Santa Clara Law Review*, v. 44, n. 1, p. 1211-1248, 2004, p. 1243.

PRESIDÊNCIA DA REPÚBLICA. *RESOLUÇÃO CONJUNTA Nº 1, DE 15 DE ABRIL DE 2014* – Lex CONSELHO NACIONAL DE COMBATE À DISCRIMINAÇÃO. Disponível em: http://www.lex.com.br/legis_25437433_RESOLUCAO_CONJUNTA_N_1_DE_15_DE_ABRIL_DE_2014.aspx. Acesso em: 21 maio 2020.

PRESIDÊNCIA DA REPÚBLICA. *Levantamento Nacional de Informações Penitenciárias*. Atualização junho de 2017. [s.l: s.n.]. Disponível em: http://depen.gov.br. Acesso em: 21 maio 2020.

PRESIDÊNCIA DA REPÚBLICA. *Levantamento Nacional de Informações Penitenciárias. Dezembro de 2019*. Disponível em: https://app.powerbi.com/view?r=eyJrIjoiZTlkZGJjODQtNmJlMi00OTJhLWFlMDktNzRlNmFkNTM0MWI3IiwidCI6ImViMDkwNDIwLTQ0NGMtNDNmNy05MWYyLTRiOGRhNmJmZThlMSJ9. Acesso em: 21 maio 2020.

ROSENBLUM, D. "Trapped" in Sing Sing: Transgendered Prisoners Caught in the Gender Binarism. *Michigan Journal of Gender & Law*, v. 6, n. 2, p. 499-571, 2000, p. 533.

SEXTON, L.; JENNESS, V.; SUMNER, J. M. Where the margins meet: A demographic assessment of transgender inmates in men's prisons. *Justice Quarterly*, v. 27, n. 6, p. 835–866, 2010.

SILVESTRI, M.; CROWTHER-DOWEY, C. *Gender & Crime*. London: Sage Publications Ltd., 2008.

SHAH, B. Lost in the gender maze: placement of transgender inmates in the prison system. *Journal of Race, Gender and Ethnicity*, v. 5, n. 1, p. 39-56, 2010.

SMITH, G. T. Long-Term Trends in Female and Male Involvement in Crime. In: TONRY, M.; GARTENER, R.; MCCARTHY, B. (Ed.). *The Oxford Handbook of Gender, Sex, and Crime*. 1th. ed. Oxford: Oxford University Press, 2014. p. 139-157.

SMITH, W. E. In the Footsteps of Johnson v. California: Why Classification and Segregation of Transgender Inmates Warrants Heightened Scrutiny Whitney. *Journal of Gender, Race & Justice*, v. 689, n. 15, 2012.

SUPREMO TRIBUNAL FEDERAL. *ARGUIÇÃO DE DESCUMPRIMENTO DE PRECEITO FUNDAMENTAL Nº 527*. Disponível em: http://portal.stf.jus.br/processos/detalhe.asp?incidente=5496473. Acesso em: 21 maio 2020a.

SUPREMO TRIBUNAL FEDERAL. *AÇÃO DIRETA DE INCONSTITUCIONALIDADE Nº 4.275*, 2018b. Disponível em: http://www.stf.jus.br/portal/peticaoInicial/verPeticaoInicial.asp?base=ADIN&s1=4275&processo=4275. Acesso em: 7 jun. 2020

SUPREMO TRIBUNAL FEDERAL. *AÇÃO DIRETA DE INCONSTITUCIONALIDADE Nº 6298*. Relator Ministro Luiz Fux. Disponível em: https://portal.stf.jus.br/processos/detalhe.asp?incidente=5840274. Acesso em: 21 maio 2020.

TARZWELL, S. The Gender Liens are Marked with Razor Wire: Addressing State Prison Policies and Practices for the Management of Transgender Prisoners. *Columbia Humans Rights Law Review*, v. 38, n. 167, p. 8-23, 2006.

WILLIAMS, N. Investigation into the number of trans-identifying males in prison in England and Wales and their offender profiles. *Fair Play for Women*, p. 1-29, 2017.

ZAMBONI, M. Travestis e Transexuais Privadas de Liberdade: a (des)construção de um sujeito de direitos. *Revista Euroamericana de Antropologia*, v. 2, p. 15-23, 2016.

ZEDNER, L. Wayward Sisters. The Prison for Women. *In*: MORRIS, N.; ROTHMAN, D. J. (Ed.). *The Oxford History of The Prison. The Practice of Punishment in Western Society*. New York. Oxford: Oxford University Press, 1998.

---

Informação bibliográfica deste texto, conforme a NBR 6023:2018 da Associação Brasileira de Normas Técnicas (ABNT):

DORNELLES, Tatiana Almeida de Andrade. Desafio aos juízes: proteção da população carcerária transgênera com respeito aos direitos da mulher presa. *In*: ASSOCIAÇÃO DOS MAGISTRADOS BRASILEIROS; SALOMÃO, Luis Felipe; FONSECA, Reynaldo Soares da; VIDEIRA, Renata Gil de Alcantara; SZPORER, Patrícia Cerqueira Kertzman; COSTA, Daniel Castro Gomes da (Coord.). *Sistema penal contemporâneo*. Belo Horizonte: Fórum, 2021. p. 535-552. ISBN 978-65-5518-205-7.

# A INDISPONIBILIDADE DA AÇÃO PENAL NO BRASIL NO PROCESSO PENAL ACUSATÓRIO

ANTONIO HENRIQUE GRACIANO SUXBERGER

## 1 Introdução

Na literatura brasileira no campo do Direito Processual Penal (CPP), muitas vozes sustentam a incompatibilidade do art. 385 do Código de Processo Penal com a ordem constitucional, que afirma o modelo acusatório para o sistema de justiça criminal pátrio. Os argumentos, com pequenas variações, radicam no argumento de que a condenação pelo juiz, diante do pedido absolutório do Ministério Público em sua manifestação conclusiva no processo, implicaria a assunção da atividade acusatória pelo julgador,[1] de modo que isso vulneraria a máxima do modelo acusatório, que estabelece a distinção entre as funções de acusar e julgar.

No entanto, em que pesem essas prestimosas posições na literatura, esse entendimento não encontra respaldo no entendimento jurisprudencial. O Superior Tribunal de Justiça (STJ),[2] a quem compete a uniformização da interpretação da legislação federal,

---

[1] A título ilustrativo, confiram-se: COSTA, Alessandra Abrahão; NETO, Milton Mendes Reis, A (in) constitucionalidade de decisão judicial em prejuízo do réu diante de pedido absolutório do Ministério Público: análise do artigo 385 do Código de Processo Penal, *Revista da Faculdade de Direito da FMP*, v. 14, n. 1, p. 24-36, 2019; VILAS BÔAS NETO, Francisco José; GUIMARÃES, Vanessa Aparecida Fonseca. A (in)constitucionalidade do art. 385 do CPP. *SynThesis Revista Digital FAPAM*, v. 7, n. 7, p. 1-16, 2016; TURESSI, Flávio Eduardo. Sistema Acusatório, Pacote Anticrime e o anacrônico artigo 385 do Código de Processo Penal: anotações sobre a (im)possibilidade de condenação no processo penal sem prévio pedido pelo órgão do Ministério Público. *Revista Jurídica da Escola Superior do Ministério Público de São Paulo*, v. 17, n. 1, p. 22-44, 2020; LOPES JÚNIOR, Aury. *Direito Processual Penal*. 16. ed. São Paulo: Saraiva, 2019, p. 916-918; PRADO, Geraldo, *Sistema acusatório:* a conformidade constitucional das leis processuais penais. 3. ed. Rio de Janeiro: Lumen Juris, 2005, cap. 3.2.2.1, II.

[2] BRASIL, Superior Tribunal de Justiça (STJ), Habeas Corpus 350.708 (HC 350.708). Santa Catarina. 5ª Turma. Rel. Min. Reynaldo Soares da Fonseca. Julgado em 19.4.2016. *DJe* 28/4/2016.; BRASIL, Superior Tribunal de Justiça (STJ), Agravo Regimental no Habeas Corpus 567.740 (AgRg no HC 567740). São Paulo. 5ª Turma. Rel. Min. Reynaldo Soares da Fonseca. Julgado em 12.5.2020. *DJe* 18.5.2020; BRASIL, Superior Tribunal de Justiça (STJ), Agravo Regimental no Agravo em Recurso Especial 1.275.084 (AgRg no AREsp 1.275.084). Tocantins. 6ª Turma. Rel. Min. Laurita Vaz. Julgado em 28.5.2019. *DJe* 5.6.2019; BRASIL, Superior Tribunal de Justiça (STJ), Recurso Especial 1.521.239 (REsp 1.521.239). Minas Gerais. 6ª Turma. Rel. Min. Rogerio Schietti Cruz. Julgado em 9.3.2017. *DJe* 16.3.2017.

e o Supremo Tribunal Federal (STF),³ a quem se outorga a palavra última na definição de sentido e alcance dos enunciados constitucionais, sempre reconheceram a validade jurídica das condenações proferidas em processos de crimes de ação penal pública, ainda que o titular da ação penal em sua manifestação derradeira (alegações finais) tenha pleiteado a improcedência do pedido condenatório por ele próprio deduzido na peça acusatória.

O presente artigo, ao reunir os argumentos que sustentam a validade constitucional da possibilidade de o juiz condenar o acusado, nos crimes de ação penal pública, ainda que o titular da ação penal pleiteie a absolvição em sua manifestação conclusiva após a instrução probatória, procura razões normativas que amparem o enunciado do art. 385 do CPP nos postulados da indisponibilidade da ação penal e na vedação de múltipla persecução penal.

O artigo se vale de método dedutivo e promove reflexão do tipo jurídico-compreensiva, que é um "procedimento analítico de decomposição de um problema jurídico em seus diversos aspectos, relações e níveis".⁴ Como contribuição ao debate, o artigo se ocupará de ir além dos argumentos apresentados para a discussão da validade constitucional do art. 385 do CPP.

Em geral, os posicionamentos críticos do enunciado do art. 385 do CPP sempre mencionam a conformação da atuação judicial na modelagem acusatória de processo penal. No entanto, como se verá a seguir, a conformação da modelagem acusatória admite distintas possibilidades normativas e, no caso da adoção da indisponibilidade da ação penal pública, é a vedação de múltipla persecução penal que autoriza a condenação independentemente da manifestação conclusiva do titular da ação penal indicar absolvição do acusado.

## 2 A dimensão do problema: crimes de ação penal pública

Diz o art. 385 do CPP: "Nos crimes de ação pública, o juiz poderá proferir sentença condenatória, ainda que o Ministério Público tenha opinado pela absolvição, bem como reconhecer agravantes, embora nenhuma tenha sido alegada". O enunciado traz dois comandos normativos. O primeiro materializa a possibilidade de o juiz, nos crimes de ação penal pública, condenar o acusado ainda que o Ministério Público em sua manifestação conclusiva pleiteie a absolvição. O segundo materializa tema de aplicação da pena: o juiz pode reconhecer agravantes (e, claro, atenuantes) independentemente do pedido formal da parte acusatória – a preocupação é que, se o tema deriva de matéria de fato, ela tenha sido deduzida nos autos e autorizada a ampla defesa do acusado sobre essa circunstância que autoriza o agravamento da pena.

O tema de aplicação da pena é efetivamente matéria de apreciação jurisdicional. Uma vez estabelecida a culpa, a aplicação da pena – a materialização do *sentencing*, para prestigiar a nomenclatura utilizada no Direito Comparado – situa-se no âmbito

---

[3] BRASIL, Supremo Tribunal Federal (STF), Embargos de Declaração no Agravo em Recurso Extraordinário 924.290 (ARE 924.290 ED). Bahia. 1ª Turma. Rel. Min. Roberto Barroso. Julgado em 23.2.2016. *DJe* 11.3.2016; BRASIL, Supremo Tribunal Federal (STF), Embargos de Declaração no Agravo no Recurso Extraordinário 700.012 (ARE 700.012 ED). Paraná. 2ª Turma. Rel. Min. Carmen Lúcia. Julgado em 25.9.2011. *DJe* 10.10.2012.

[4] GUSTÍN, Miracy Barbosa de Sousa; DIAS, Maria Tereza Fonseca. *(Re)pensando a pesquisa jurídica: teoria e prática*. 3. ed. Belo Horizonte: Del Rey, 2010, p. 28.

estritamente da competência do juízo. Não é objeto de maiores controvérsias. O tema propriamente que agita a presente reflexão refere-se aos limites da atuação do julgador na medida em que deduzida a pretensão acusatória pela parte.

O primeiro comando normativo do art. 385 do CPP, é bom lembrar, refere-se unicamente aos crimes de ação penal pública. Isso porque, nos crimes de ação penal de iniciativa do ofendido, a ausência de ratificação do pedido condenatório pelo querelante atrai a perempção para a ação penal (art. 60, inciso III, *in fine*, do CPP), de maneira que a solução judicial para o processo é o reconhecimento da extinção da punibilidade (art. 107, inciso IV, do Código Penal) sem que haja solução de mérito sobre a imputação deduzida em desfavor do querelado. Desse modo, o primeiro comando normativo do enunciado do art. 385 só diz respeito à persecução penal dos crimes de ação penal pública.

Aliás, o regime da persecução penal nos crimes de ação pública traz comandos específicos ao juiz quando da prolação de sua sentença. A título ilustrativo, veja-se que o instituto da *mutatio libelli*, consistente na provocação do juiz dirigida ao Ministério Público para conformação da imputação de acordo com o fato tal como evidenciado depois da instrução probatória, só tem lugar nos crimes de ação pública (art. 384 do CPP). O espaço de discordância entre juiz e promotor de justiça (ou procurador da República, no caso do Ministério Público Federal), a ponto de autorizar que o juiz *inste* o titular da ação penal a ajustar a imputação, só tem lugar nos crimes de ação pública. Com efeito, nos crimes de ação penal de iniciativa do ofendido, a ausência de correlação entre o fato imputado e o fato que exsurge da instrução probatória, se não for objeto de aditamento espontâneo do querelante, na forma do art. 569 do CPP, ensejará absolvição do querelante sem que ao juiz seja permitido instar o titular do direito de ação para corrigir a imputação.

Esse esclarecimento inicial se mostra importante para estabelecer a dimensão do problema: a possibilidade de condenação em "contrariedade" ao entendimento do titular da ação penal quando do término da instrução probatória só existe nos crimes de ação penal pública. Nos crimes de ação penal privada, o juiz – acertadamente – se vê impedido de resolver o mérito da imputação penal quando o querelante não insista no pedido condenatório ao final da instrução. A ausência de ratificação do pedido condenatório pelo querelante é entendida como medida inserta na ampla disponibilidade presente nos crimes de ação penal privada.

De fato, os crimes de ação penal privada são marcados pela presença ampla tanto da oportunidade no exercício da ação penal quanto da disponibilidade no caso de a ação penal já ter sido aforada. A oportunidade da ação penal é materializada por meio dos institutos da decadência (art. 38 do CPP) e da renúncia (art. 49 do CPP). A oportunidade é a possibilidade de o titular da ação penal decidir se formaliza a acusação em juízo ou não. Nos crimes de ação penal privada, a liberdade decisória do querelante é a mais ampla possível, submetida unicamente ao prazo decadencial de seis meses. Já a disponibilidade consiste na possibilidade de o titular da ação penal *retirar* a acusação já aforada em juízo. No ordenamento pátrio, essa disponibilidade da ação penal, nos crimes de ação privada, dá-se por meio dos institutos do perdão (art. 51 do CPP) e da perempção (art. 60 do CPP). O perdão, para que incida, demanda aceitação por parte do querelante; é instituto de manifestação bilateral, portanto. Já a perempção insere-se unicamente na esfera de disponibilidade do querelante.

O regime da ação penal nos crimes de ação penal pública é substancialmente distinto. Ainda que manejada a ação penal privada subsidiária da pública, possível nos casos de inércia do Ministério Público (art. 5º, inciso LIX, da Constituição Federal; art. 29 do CPP), o regime legal da persecução penal não se altera, de modo que os institutos próprios dos crimes de ação penal privada não se fazem presentes nesse caso (renúncia, decadência, perdão, perempção). O regime da ação penal pública é informado pela indisponibilidade da ação penal.

A indisponibilidade significa que, uma vez ajuizada a ação penal, o Ministério Público não poderá desistir da ação aforada. É dizer: não há a possiblidade de retirada da acusação formalizada em juízo. Na ação penal pública, não se desiste, tampouco dela se dispõe. É o que estabelece o art. 42 do CPP: "O Ministério Público não poderá desistir da ação penal". Tal projeção, vale lembrar, igualmente se opera também nos recursos aforados pelo Ministério Público nos crimes de ação penal pública.

O direito ao recurso, para a atividade defensiva, apresenta-se como projeção do direito de defesa. Nesse sentido, aliás, são os enunciados do inciso LV do art. 5º da Constituição e da alínea "h" do número 2 do art. 8º da Convenção Americana de Direitos Humanos (CADH). Já para a atividade acusatória, o direito ao recurso é um desdobramento ou projeção do próprio direito de ação em juízo, no caso da atividade acusatória. Não haveria sentido jurídico que a vedação de disponibilidade, por isso, não alcançasse igualmente a desistência ou retirada de recurso interposto. Por essa razão, o enunciado do art. 576 do CPP estabelece: "O Ministério Público não poderá desistir de recurso que haja interposto".

Compreendida, então, a dimensão do problema presente no art. 385 do CPP, consistente na possibilidade – unicamente nos crimes de ação penal pública – de o juiz condenar ainda que o Ministério Público em sua manifestação derradeira pleiteie a absolvição do acusado, cumpre questionar: qual é o sentido jurídico que essa possiblidade dá e como ela se ajusta com os demais postulados do processo penal brasileiro?

## 3 A possibilidade condenatória como decorrência da singularidade acusatória

Como já destacado, os críticos do enunciado do art. 385 do CPP, em geral, reputam perda da imparcialidade do julgador que condena diante de pedido absolutório do Ministério Público[5] ou contrariedade ao que reputam como contraditório.[6] No entanto, não se vislumbra contrariedade a postulados constitucionais, seja num caso, seja noutro.

A defesa da imparcialidade do julgador como decorrência da vinculação ao que pedido pelas partes confunde a iniciativa acusatória – deduzida na peça de acusação (a denúncia) – com a possibilidade de dispor da acusação. A possibilidade condenatória mencionada ao juiz não deriva da ausência de pretensão sustentada em juízo: se isso ocorresse, aí sim se poderia falar em assunção da atividade acusatória pelo julgador. Mas não é o caso. Se o próprio CPP estabelece que a pretensão acusatória, nos crimes de ação pública, se deduz quando da formalização da imputação em juízo e dela não se pode desistir ou dispor, parece claro que a manifestação conclusiva do Ministério Público, quando pede a absolvição do acusado em sua manifestação derradeira antes

---

[5] LOPES JÚNIOR, *Direito Processual Penal*, p. 918.
[6] PRADO, *Sistema acusatório:* a conformidade constitucional das leis processuais penais, p. 116.

da sentença, não vincula o julgador. Reputar o juiz como adstrito ao pleito final do Ministério Público implicaria negar vigência ao art. 42 do CPP.

O "problema", pois, se há, encontra-se no art. 42 do CPP, e não propriamente no art. 385 do CPP. Afinal, para se afirmar que o juiz não pode condenar diante de pedido absolutório do Ministério Público, seria necessário entender que a ação penal, nos crimes de ação penal pública no Brasil, é disponível. Isso contraria frontalmente a dicção estrita do art. 42 do CPP. A atenção à imparcialidade do julgador encontra-se na legitimidade privativa do Ministério Público para deduzir a ação penal nos crimes de ação pública (e, se inerte o Ministério Público, na legitimação extraordinária, superveniente e concorrente do ofendido para a ação penal privada subsidiária da pública). Ao juiz não é dado acusar. Mas, deduzida a acusação, o titular da ação penal dela não pode dispor ou dela desistir. E essa compreensão não colide com a imparcialidade do julgador. Ou seria a indisponibilidade da ação penal uma regra inconstitucional? A resposta é negativa.

Uma coisa é afirmar que a regra da indisponibilidade atende mal ao que se pede como aprimoramento do Direito Processual Penal brasileiro; outra coisa bem diferente é afirmar a incompatibilidade material do enunciado normativo com a Constituição Federal. Há espaço para a crítica – em especial quando situada no campo legístico[7] – ao enunciado veiculado no art. 385 do CPP, mas não parece haver razão na indicação de que o legislador ordinário não disponha da possibilidade de trazer tal enunciado como consequência da indisponibilidade da ação penal (e, por conseguinte, do pedido condenatório) nos crimes de ação penal pública.

A indicação da possibilidade condenatória como decorrência da indisponibilidade da ação penal encontra-se presente, entre outros, na lição de Gustavo Badaró,[8] Tourinho Filho,[9] Guilherme Nucci,[10] Eugênio Pacelli,[11] entre outros. Merece destaque a precisa distinção de Marcellus Polastri quando menciona que não há desassombro no art. 385 do CPP, primeira parte, pelo fato de que "a correlação é feita com a imputação da denúncia, e não com as alegações finais".[12]

A ideia de correlação, comumente vinculada à ideia de ampla defesa, dado que o acusado se defende do fato que lhe é imputado na peça acusatória, igualmente guarda vinculação com o contraditório. Como bem destaca Gustavo Badaró, "Não se trata de regra que visa a tutelar apenas a posição do acusado no processo. Também as posições jurídicas do Ministério Público e do querelante são protegidas por tal regra".[13]

---

[7] A Legística, especialmente a nominada Legística material, ocupa-se do contexto, da coerência e da completude do ordenamento jurídico. O campo legístico refere-se à preocupação de aprimoramento da legislação e, por isso, diferentemente do campo dogmático-jurídico, que atua no campo da *conformidade* das normas, ocupa-se da densificação normativa, com atenção à sistemática normativa e à interação com a realidade social. Cf. SOARES, Fabiana de Menezes, Legística e Desenvolvimento: a qualidade da lei no quadro de da otimização de uma melhor legislação. *Cadernos da Escola do Legislativo*, v. 9, n. 14, p. 7-34, 2007. Nem todo enunciado normativo, criticamente, se repute ruim ou inadequado incorre em inconstitucionalidade.

[8] BADARÓ, Gustavo Henrique. *Processo Penal*. 3. ed. São Paulo: RT, 2015, p. 183, 534.

[9] TOURINHO FILHO, Fernando da Costa. *Processo Penal*. 32. ed. São Paulo: Saraiva, 2010, p. 389-390, 688.

[10] NUCCI, Guilherme de Souza. *Manual de Processo Penal e Execução Penal*. 13. ed. Rio de Janeiro: Forense, 2016, cap. X, 11.4; XVIII, 9.

[11] PACELLI, Eugênio. *Curso de Processo Penal*. 24. ed. São Paulo: Atlas, 2020, cap. 10.1.1.

[12] LIMA, Marcellus Polastri de. *Curso de Processo Penal*. 8. ed. Brasília: Gazeta Jurídica, 2014, p. 1059.

[13] BADARÓ, *Processo Penal*, p. 537.

Nesse sentido, veja-se que a baliza da prestação jurisdicional não se encontra propriamente na conclusão do Ministério Público pela absolvição ou pela condenação do acusado, mas propriamente na peça acusatória. É a denúncia que traz a "exposição do fato criminoso, com todas as suas circunstâncias" (art. 41 do CPP), razão pela qual a manifestação conclusiva do titular da ação, conquanto relevante ao exercício do contraditório como ferramenta de construção dialógica do processo penal, não se mostra limitadora ou vinculante da vindoura sentença.

De qualquer forma, se inviável a retirada ou disposição da ação penal, nos crimes de ação penal pública, o que isso implica em termos de preocupação do Estado com a solução de crimes e sua respectiva responsabilidade?

A solução encontra-se em dispositivo do CPP, cuja leitura reclama o aporte convencional, isto é, a leitura do dispositivo legal observa a conformação do enunciado ao que dispõe a Convenção Americana de Direitos Humanos, que reconhecidamente goza de eficácia supralegal.[14] O art. 395, inciso II, do CPP estabelece que a ausência de pressuposto processual impede o recebimento da ação penal e, por consequência, a instauração do processo-crime.

No processo penal, os pressupostos processuais negativos[15] são aqueles que devem estar ausentes para que o processo possa se desenvolver validamente e se materializam nos institutos da litispendência e da coisa julgada, arguíveis por exceção (art. 95, incisos III e V) e, se acolhidos, conduzem à extinção do processo sem solução de mérito. Há litispendência quando uma ação repete outra em curso. Há coisa julgada quando o acusado já foi processado e a sentença se tornou definitiva: seja para condená-lo, seja para absolvê-lo. No processo penal, isso se verifica sempre que a imputação atribuir ao acusado, mais de uma vez, em processos diferentes, a mesma conduta delituosa.[16] Fundamenta-se no princípio de que ninguém pode ser julgado duas vezes pelo mesmo fato: princípio do *non bis in idem*. São elementos de identificação de uma ação penal: o pedido, as partes, a causa de pedir (o fato criminoso em si).

O sistema processual brasileiro, portanto, observa uma singularidade acusatória. Se o processo alcança a sentença e ela se mostra válida na sua solução de mérito, torna-se incompossível nova persecução penal. É o que impõe a garantia do *ne bis in idem*, que será abordada na seção seguinte.

## 4 A vedação de múltipla persecução penal

A vedação de múltipla persecução penal – também apresentada como proibição de *bis in idem* ou simplesmente *non bis in idem* – encontra-se positivada na Convenção Americana de Direitos Humanos (Pacto de São José da Costa Rica), quando estabelece, no art. 8º, número 4, o seguinte: "O acusado absolvido por sentença passada em julgado não poderá ser submetido a novo processo pelos mesmos fatos".

Veja-se que a vedação de múltipla persecução penal não é a proibição de que alguém seja acusado mais de uma vez pelo mesmo fato. Isso pode ocorrer, claro, quando, por exemplo, o processo não encontre solução de mérito, seja por seu trancamento

---

[14] BRASIL, Supremo Tribunal Federal (STF), Ação Direta de Inconstitucionalidade 5.240 (ADI 5.240). Distrito Federal. Rel. Min. Luiz Fux, J. 20.8.2015, *DJe* 1.2.2016.
[15] BADARÓ, *Processo Penal*, p. 586-588.
[16] CAPEZ, Fernando. *Curso de Processo Penal*. 23. ed. São Paulo: Saraiva, 2016, cap. 18.2.7.

precoce ou pela ocorrência de nulidade que implique refazimento de atos processuais. A vedação se traduz na proibição de que aquele *absolvido* seja novamente processado pelo mesmo fato criminoso.

Em síntese: se alguém é acusado e condenado, a definitividade da sentença condenatória impede nova persecução penal por força do trânsito em julgado, que torna imutáveis os efeitos da condenação. Se alguém é acusado e absolvido, a impossibilidade de nova persecução penal decorre da vedação convencional, que impede a múltipla persecução penal e torna a absolvição que transite em julgado elemento obstativo de nova imputação penal pelo mesmo fato.[17]

A garantia convencional de *non bis in idem* busca proteger os direitos das pessoas que tenham sido processadas por determinados fatos para que não voltem a ser formalmente acusadas pelos mesmos fatos. A Convenção Americana de Direitos Humanos traz enunciado com opção sensivelmente diferente de outras convenções e atos normativos internacionais. Por exemplo, o Pacto Internacional de Direitos Civis e Políticos das Nações Unidas, internalizado na legislação brasileira pelo Decreto nº 592, de 6 de julho de 1992, estabelece em seu art. 14, item 7, o seguinte: "Ninguém poderá ser processado ou punido por um delito pelo qual já foi absorvido ou condenado por sentença passada em julgado, em conformidade com a lei e os procedimentos penais de cada país".

Da leitura do Pacto e da Convenção Americana, sobressai a opção da Convenção em destacar que a vedação se dirige a processamento iterativo "pelos mesmos fatos" (e não "delito", como positiva o Pacto de 1966). De plano, vê-se que a opção redacional do enunciado presente na Convenção Americana – datada de 1969, ainda que só internalizada no Brasil por meio do Decreto nº 678, de 6 de novembro de 1992 – já orienta um ponto atinente à temática da litispendência e da coisa julgada no Direito interno. A expressão "mesmos fatos" evidencia que a vedação de múltipla persecução penal incide ainda que a descrição do fato imputado venha a receber nova narrativa.[18]

Como registra com precisão Muñoz Lorente, a vedação de *bis in idem* tem um caráter profilático, acessório ou coadjuvante do que é realmente importante: a vedação de múltipla persecução penal materialmente considerada. Trata-se de uma regra que pretende evitar uma pluralidade de efeitos jurídicos sobre um mesmo substrato real; ou, em outros termos, e de forma deliberadamente reducionista, tendentes a evitar uma duplicidade de sanções pelos mesmos fatos.[19]

A gravidade, portanto, da vedação de múltipla persecução penal, positivada como garantia com eficácia supralegal, justifica e legitima a responsabilidade atribuída ao julgador de, quando viável, solucionar o mérito da imputação penal aforada e admitida em juízo. A razão é simples: a singularidade acusatória torna a decisão de acusar e a decisão de admissibilidade da acusação para formalização de um processo-crime em juízo uma projeção da responsabilidade do próprio Estado, que soluciona uma única vez

---

[17] Para uma completa compreensão, inclusive com contextualização histórica e resgate dos enunciados normativos sobre a enunciação da garantia de *non bis in idem*, cf. MAIA, Rodolfo Tigre. O princípio do *ne bis in idem* e a Constituição Brasileira de 1988. *Boletim Científico ESMPU*, v. 4, n. 16, p. 11-75, 2005.

[18] ORGANIZAÇÃO DOS ESTADOS AMERICANOS (OEA), Corte Interamericana de Direitos Humanos (Corte IDH), *Cuadernillo de jurisprudencia de la Corte Interamericana de Derechos Humanos n. 12 – Debido Proceso*, San José (Costa Rica): Corte IDH; Agencia Alemana de Cooperación Técnica (GIZ), 2017, p. 200.

[19] MUÑOZ LORENTE, José. *La nueva configuración del principio non bis in idem*. Madri: La Ley, 2001, p. 18-19.

o mérito de uma imputação. Não há possibilidade de retirada da acusação ou de desistência da acusação, no Direito interno, como ocorre amiúde em outros ordenamentos. Não há, repita-se, figuras como *mistrial* ou *charges dropped* ou *dismissed*. Apenas a título ilustrativo, em outros ordenamentos, quando a acusação se depara com insuficiência de elementos probatórios, vale a saída de retirar a acusação para, se o caso, formulá-la novamente com melhor respaldo.

No Direito brasileiro, o *dever* de solucionar o mérito da imputação que se impõe ao julgador, quando viável fazê-lo (isto é, quando o processo se desenvolve válida e regularmente), não depende da conclusão derradeira da instituição que promove a acusação (Ministério Público), mas unicamente da demanda então ofertada e admitida.

Essa lídima opção normativa do Direito positivado internamente, em consentaneidade com o que estabelece a garantia convencional (quiçá assegurando máxima extensão à garantia convencional, dado que em outros ordenamentos igualmente submetidos à CADH admite-se a disponibilidade da ação penal), malfere o modelo acusatório de processo penal? A resposta é negativa, como se verá a seguir.

## 5 Modelo acusatório e suas possibilidades de conformação

Ao contrário do que fazem parecer os críticos da legitimidade constitucional do art. 385 do CPP, a previsão ali veiculada coaduna-se com o modelo acusatório de processo penal. O enunciado normativo, em verdade, não se conforma com o que seja um sistema adversarial de processo penal, mas é preciso ter em mente que o modelo acusatório não se expressa unicamente por meio de uma sistematização adversarial da autoridade judicial e da atuação das partes.

Com efeito, as distintas apresentações dos ordenamentos contemporâneos, no campo processual penal, admitem nomenclaturas marcadas pela pluralidade e pela atenção a distintas tradições e culturas processuais. É de Mirjan Damaška, por exemplo, a apresentação das estruturas de autoridade hierárquica e de autoridade coordenada. Na primeira, tem-se o substrato de legitimidade de um poder estatal amparado numa institucionalidade que deriva de carreiras de Estado, inseridas com elevado nível de permanência na estrutura burocrática estatal, dotadas de uma série de prerrogativas e garantias legais para o exercício independente de suas atribuições; na segunda, tem-se uma estrutura marcada por um poder judicial que se coloca como árbitro da atuação das partes, que assumem verdadeira paridade tanto em relação à fase investigatória quanto à fase processual. Neste último caso, vale dizer, não há estrutura normativa que assegure uma série de garantias e direitos em favor da atuação defensiva no curso do processo (*privilegies*) e, por isso, a modelagem de característica coordenada materializa justamente os processos de feição adversarial.[20] Alemanha, Itália, Portugal, Espanha, Brasil, Argentina, Chile: países cujas estruturas de autoridade são tipicamente hierárquicas e não se diz, por isso, que não observem um processo penal de modelagem acusatória.

Máximo Langer, quando apresenta as distintas conformações dos sistemas processuais no mundo ocidental, destaca que os atores jurídicos definem a si mesmos com os qualificativos acusatórios ou de *common law* em contraposição aos que se apresentam

---

[20] DAMAŠKA, Mirjan R. *The faces of Justice and State Authority*. New Haven: Yale University Press, 1986, p. 16-46.

como inquisitivos ou de conformação europeia-continental.[21] Dentro das possibilidades de conformação do modelo acusatório na contemporaneidade, tem o seguinte: enquanto o sistema adversarial concebe o processo penal como uma disputa entre acusação e defesa perante um árbitro passivo, o sistema inquisitorial concebe o processo penal como uma investigação oficial levada a cabo por agentes estatais a fim de determinar a verdade.[22] Daí a apresentação das nomenclaturas que apresentam, como possibilidades de processo acusatório, de um lado o sistema de disputa e de outro lado o sistema de investigação oficial. A conformação normativa brasileira, claramente, amolda-se ao desenho da investigação oficial.

O mesmo Máximo Langer resgata o importante papel de "empreendedores jurídicos latino-americanos" que propuseram novos códigos de processo penal ou reformas nos códigos existentes "para solucionar problemas como falta de devido processo, transparência insuficiente e ineficiência, e enquadrou as reformas como uma conversão de processos criminais inquisitoriais para acusatórios".[23] Uma delas merece destaque: Ada Pellegrini Grinover.

A processualista de origem italiana e radicada em São Paulo protagonizou em grande medida, no Brasil, a discussão sobre as possibilidades normativas de um Código de Processo Penal com feição acusatória.[24] E é dela a lição que adverte para a necessidade de distinguir o modelo acusatório do sistema adversarial (*adversarial system*). Dentre as distintas possibilidades normativas, o sistema adversarial (que se contrapõe ao *inquisitorial system*) caracteriza-se pela predominância das partes na determinação da marcha do processo e na produção das provas. Já no *inquisitorial system*, as mencionadas atividades recaem de preferência sobre o juiz. Convém registrar a literalidade da lição de Grinover:

> Um sistema acusatório pode adotar o *adversarial system* ou o *inquisitorial system*, expressão que se poderia traduzir por processo de desenvolvimento oficial. Ou seja, firme restando o princípio da demanda, pelo qual incumbe à parte a propositura da ação, o processo se desenvolve por impulso oficial.[25]

A lição de Grinover é importante porque, em geral, o estudo dos modelos de processo penal (inquisitivo, acusatório) pode levar à falsa percepção de que o modelo acusatório admite uma única conformação normativa e isso não é verdadeiro. A dicotomia "acusatório *versus* inquisitivo" refere-se aos modelos de processo penal. No entanto, dentre as possibilidades insertas na modelagem acusatória, encontram-se o acusatório-inquisitorial (mais próximo da tradição brasileira) e o acusatório adversarial (próprio

---

[21] LANGER, Máximo. La larga sombra de las categorías acusatorio-inquisitivo. *Revista Brasileira de Direito Processual Penal*, v. 1, n. 1, 2015, p. 19.

[22] LANGER, Máximo. Dos transplantes jurídicos às traduções jurídicas: a globalização do plea bargain e a tese da americanização do processo penal. *DELICTAE: Revista de Estudos Interdisciplinares sobre o Delito*, v. 2, n. 3, p. 19-19, 2017, p. 46.

[23] LANGER, Máximo. Revolução no processo penal latino-americano: difusão de ideias jurídicas a partir da periferia. *Revista da Faculdade de Direito da UFRGS*, v. 1, n. 37, p. 5-50, 2017, p. 6.

[24] GRINOVER, Ada Pellegrini. Influência do Código de Processo Penal modelo para Íbero-América na legislação latino-americana. *Revista Brasileira de Ciências Criminais*, v. 1, n. 1, p. 40-63, 1993.

[25] GRINOVER, Ada Pellegrini, A iniciativa instrutória do juiz no processo penal acusatório. *Revista Brasileira de Ciências Criminais*, v. 27, p. 71-79, 1999, p. 71-73.

dos modelos de autoridade coordenada, do modelo de disputa e, enfim, presente nos países de tradição de *common law*). Como bem registra Ada Grinover, a marca do sistema acusatório-inquisitorial está num processo que, uma vez instaurado (mantido, assim, o princípio da demanda, ou *Dispositionsmaxime*, na terminologia alemã), se desenvolve por impulso oficial (e não por disposição das partes, o que em alemão se denomina *Verhandlungsmaxime*).[26]

O art. 42 do CPP – que dá conteúdo à regra presente no art. 385 do CPP (afinal, este é apenas uma consequência daquele) – é justamente a marca de um processo acusatório conformado normativamente num sistema acusatório-inquisitorial. E essa é uma lídima opção do legislador brasileiro tanto por meio da Constituição Federal quanto por meio da legislação ordinária, sem que isso implique contrariedade às normas convencionais, que se apresentam abertas suficientemente para admitir feições de processo acusatório tanto adversarial quanto acusatória-inquisitorial.

## 6 Conclusões

Pode-se objetar que a condenação imposta pelo juiz diante de pedido absolutório do titular da ação penal de iniciativa pública não se mostra adequada ou em conformidade com o que se espera da posição de alheamento e imparcialidade do julgador. Mas se trata de melhor conformação do modelo acusatório pelo sistema normativo brasileiro, e não de unicidade de conformação do modelo acusatório.

De qualquer modo, a defesa da impossibilidade de o julgador proferir decreto condenatório diante do pedido absolutório do Ministério Público não diz propriamente com a extensão das possibilidades decisórias do julgador, mas em verdade com a (in) disponibilidade da ação penal em juízo. É dizer: o problema não consiste no pedido que vincula o julgador, mas na compreensão de que o pleito absolutório do titular da ação penal (não) implica disponibilidade da pretensão acusatória.

Isso significa dizer que a alegação solitária de inconstitucionalidade do art. 385 do Código de Processo Penal não se mostra consistente. Em verdade, se o tema diz com a impossibilidade de assunção da pretensão acusatória pelo julgador, isso só faz sentido se o art. 42 do Código de Processo Penal igualmente for reputado como contrário à ordem constitucional. Se inviável a disponibilidade da ação penal já deduzida pelo Ministério Público, a possibilidade de sentença condenatória convive com a manifestação conclusiva do titular da ação penal pela absolvição. Porque o julgador não se vincula ao pedido das partes, ele é provocado pelo pedido das partes. E, se a provocação persiste mesmo diante do pleito absolutório, é porque a possibilidade de condenação decorre da indisponibilidade da pretensão acusatória, e não da iniciativa do julgador em materializar acusação inexistente.

Assim, para se afirmar incompatível com a Constituição a possibilidade de decreto condenatório diante de pedido absolutório do Ministério Público, deve-se assumir como premissa que a indisponibilidade da ação penal não se apresenta em conformidade com a Constituição. Eis o ponto: a indisponibilidade da ação penal não se mostra como um imperativo do modelo acusatório, mas uma de suas possíveis conformações.

---

[26] GRINOVER, A iniciativa instrutória do juiz no processo penal acusatório.

Como fecho, anote-se que as discussões de oportunidade da ação penal e a disponibilidade da pretensão acusatória já formalizada em juízo – os temas se aproximam, mas não se confundem – se mostram urgentes no contexto brasileiro. O aprimoramento do sistema processual penal brasileiro, como medida de racionalidade no uso da ação penal, recomenda a ampliação da discricionariedade persecutória e da própria disponibilidade da ação penal. No entanto, vale o destaque, eis o lugar do tema: a melhor conformação do processo penal brasileiro, e não a única conformação possível do processo penal de cariz acusatório.

A tradição brasileira reside claramente nessa última opção e, repita-se, nem por isso mais ou menos acusatória. Trata-se de uma conformação do modelo acusatório. E este projeta distintas possibilidades, das quais a conformação adversarial (que não é a brasileira, mas sim aquela presente propriamente em países de tradição de *common law*) é apenas uma delas, longe de ser a única.

## Referências

BADARÓ, Gustavo Henrique. *Processo Penal*. 3. ed. São Paulo: RT, 2015.

BRASIL. Superior Tribunal de Justiça (STJ). Agravo Regimental no Agravo em Recurso Especial 1.275.084 (*AgRg no AREsp 1.275.084*). Tocantins. 6ª Turma. Rel. Min. Laurita Vaz. Julgado em 28.5.2019. DJe 5.6.2019. Disponível em: https://scon.stj.jus.br/SCON/GetInteiroTeorDoAcordao?num_registro=201800814887&dt_publicacao=05/06/2019.

BRASIL. Superior Tribunal de Justiça (STJ). Agravo Regimental no Habeas Corpus 567.740 (*AgRg no HC 567740*). São Paulo. 5ª Turma. Rel. Min. Reynaldo Soares da Fonseca. Julgado em 12.5.2020. DJe 18.5.2020. Disponível em: https://scon.stj.jus.br/SCON/GetInteiroTeorDoAcordao?num_registro=202000720638&dt_publicacao=18/05/2020.

BRASIL. Superior Tribunal de Justiça (STJ). Habeas Corpus 350.708 (*HC 350.708*). Santa Catarina. 5ª Turma. Rel. Min. Reynaldo Soares da Fonseca. Julgado em 19.4.2016. DJe 28.4.2016. Disponível em: https://scon.stj.jus.br/SCON/GetInteiroTeorDoAcordao?num_registro=201600586168&dt_publicacao=28/04/2016.

BRASIL. Superior Tribunal de Justiça (STJ). Recurso Especial 1.521.239 (*REsp 1.521.239*). Minas Gerais. 6ª Turma. Rel. Min. Rogerio Schietti Cruz. Julgado em 9.3.2017. DJe 16.3.2017. Disponível em: https://scon.stj.jus.br/SCON/GetInteiroTeorDoAcordao?num_registro=201500582589&dt_publicacao=16/03/2017.

BRASIL, Supremo Tribunal Federal (STF). Ação Direta de Inconstitucionalidade 5.240 (ADI 5.240). Distrito Federal. Rel. Min. Luiz Fux, J. 20.8.2015, *DJe* 1.2.2016. Disponível em: http://redir.stf.jus.br/paginadorpub/paginador.jsp?docTP=TP&docID=10167333.

BRASIL. Supremo Tribunal Federal (STF). Embargos de Declaração no Agravo em Recurso Extraordinário 924.290 (*ARE 924.290 ED*). Bahia. 1ª Turma. Rel. Min. Roberto Barroso. Julgado em 23.2.2016. DJe 11.3.2016. Disponível em: http://redir.stf.jus.br/paginadorpub/paginador.jsp?docTP=TP&docID=10469416.

BRASIL. Supremo Tribunal Federal (STF). Embargos de Declaração no Agravo no Recurso Extraordinário 700.012 (*ARE 700.012 ED*). Paraná. 2ª Turma. Rel. Min. Carmen Lúcia. Julgado em 25.9.2011. DJe 10.10.2012. Disponível em: http://redir.stf.jus.br/paginadorpub/paginador.jsp?docTP=TP&docID=2914783.

CAPEZ, Fernando. *Curso de Processo Penal*. 23. ed. São Paulo: Saraiva, 2016.

COSTA, Alessandra Abrahão; NETO, Milton Mendes Reis. A (in)constitucionalidade de decisão judicial em prejuízo do réu diante de pedido absolutório do Ministério Público: Análise do artigo 385 do Código de Processo Penal. *Revista da Faculdade de Direito da FMP*, v. 14, n. 1, p. 24-36, 2019.

DAMAŠKA, Mirjan R. *The faces of Justice and State Authority*. New Haven: Yale University Press, 1986.

GRINOVER, Ada Pellegrini. A iniciativa instrutória do juiz no processo penal acusatório. *Revista Brasileira de Ciências Criminais*, v. 27, p. 71-79, 1999.

GRINOVER, Ada Pellegrini. Influência do Código de Processo Penal modelo para Íbero-América na legislação latino-americana. *Revista Brasileira de Ciências Criminais*, v. 1, n. 1, p. 40-63, 1993.

GUSTÍN, Miracy Barbosa de Sousa; DIAS, Maria Tereza Fonseca. *(Re)pensando a pesquisa jurídica:* teoria e prática. 3. ed. Belo Horizonte: Del Rey, 2010.

LANGER, Máximo. Dos transplantes jurídicos às traduções jurídicas: a globalização do plea bargain e a tese da americanização do processo penal. *DELICTAE: Revista de Estudos Interdisciplinares sobre o Delito*, Trad. Ricardo Jacobsen Gloeckner; Frederico C. M. Faria. v. 2, n. 3, p. 19-19, 2017.

LANGER, Maximo. La larga sombra de las categorías acusatorio-inquisitivo. *Revista Brasileira de Direito Processual Penal*, v. 1, n. 1, 2015. Disponível em: http://www.ibraspp.com.br/revista/index.php/RBDPP/article/view/2.

LANGER, Máximo. Revolução no processo penal latino-americano: difusão de ideias jurídicas a partir da periferia. *Revista da Faculdade de Direito da UFRGS*, v. 1, n. 37, p. 5-50, 2017.

LIMA, Marcellus Polastri de. *Curso de Processo Penal*. 8. ed. Brasília: Gazeta Jurídica, 2014.

LOPES JÚNIOR, Aury. *Direito Processual Penal*. 16. ed. São Paulo: Saraiva, 2019.

MAIA, Rodolfo Tigre. O princípio do *ne bis in idem* e a Constituição Brasileira de 1988. *Boletim Científico ESMPU*, v. 4, n. 16, p. 11-75, 2005.

MUÑOZ LORENTE, José. L*a nueva configuración del principio non bis inidem*. Madrid: La Ley, 2001.

NUCCI, Guilherme de Souza. *Manual de Processo Penal e Execução Penal*. 13. ed. Rio de Janeiro: Forense, 2016.

ORGANIZAÇÃO DOS ESTADOS AMERICANOS (OEA), Corte Interamericana de Direitos Humanos (Corte IDH). *Cuadernillo de jurisprudencia de la Corte Interamericana de Derechos Humanos n. 12 – Debido Proceso*. San José (Costa Rica): Corte IDH; Agencia Alemana de Cooperación Técnica (GIZ), 2017. Disponível em: http://www.corteidh.or.cr/sitios/libros/todos/docs/debidoproceso-2017.pdf.

PACELLI, Eugênio. *Curso de Processo Penal*. 24. ed. São Paulo: Atlas, 2020.

PRADO, Geraldo. *Sistema acusatório*: a conformidade constitucional das leis processuais penais. 3. ed. Rio de Janeiro: Lumen Juris, 2005.

SOARES, Fabiana de Menezes. Legística e Desenvolvimento: a qualidade da lei no quadro de da otimização de uma melhor legislação. *Cadernos da Escola do Legislativo*, v. 9, n. 14, p. 7-34, 2007.

TOURINHO FILHO, Fernando da Costa. *Processo Penal*. 32. ed. São Paulo: Saraiva, 2010.

TURESSI, Flávio Eduardo. Sistema Acusatório, Pacote Anticrime e o anacrônico artigo 385 do Código de Processo Penal: Anotações sobre a (im)possibilidade de condenação no processo penal sem prévio pedido pelo órgão do Ministério Público. *Revista Jurídica da Escola Superior do Ministério Público de São Paulo*, v. 17, n. 1, p. 22-44, 2020.

VILAS BÔAS NETO, Francisco José; GUIMARÃES, Vanessa Aparecida Fonseca. A (in)constitucionalidade do art. 385 do CPP. *SynThesis Revista Digital FAPAM*, v. 7, n. 7, p. 1-16, 2016.

---

Informação bibliográfica deste texto, conforme a NBR 6023:2018 da Associação Brasileira de Normas Técnicas (ABNT):

SUXBERGER, Antonio Henrique Graciano. A indisponibilidade da ação penal no Brasil no processo penal acusatório. *In*: ASSOCIAÇÃO DOS MAGISTRADOS BRASILEIROS; SALOMÃO, Luis Felipe; FONSECA, Reynaldo Soares da; VIDEIRA, Renata Gil de Alcantara; SZPORER, Patrícia Cerqueira Kertzman; COSTA, Daniel Castro Gomes da (Coord.). *Sistema penal contemporâneo*. Belo Horizonte: Fórum, 2021. p. 553-564. ISBN 978-65-5518-205-7.

# O ESTADO DE COISAS INCONSTITUCIONAL NO SISTEMA PENITENCIÁRIO E O PAPEL DO SUPREMO TRIBUNAL FEDERAL NOS PROCESSOS ESTRUTURAIS

MARCUS VINICIUS FURTADO COÊLHO

## Introdução

O sistema penitenciário brasileiro há muito enfrenta um quadro de superlotação no qual os detentos são alojados em locais insalubres, privados, muitas vezes, de condições mínimas de higiene e saúde. Não bastasse isso, constata-se, por vezes, o consumo de drogas, abusos sexuais e reiteradas violências físicas e psíquicas contra os detentos. Nesse contexto de violações massivas e sistemáticas de direitos humanos, foi proposta Arguição de Descumprimento de Preceito Fundamental (ADPF)[1] no âmbito provocando o Supremo Tribunal Federal (STF) a se manifestar em relação à situação dos presídios e resultando no reconhecimento, pela Corte, do estado de coisas inconstitucional do sistema penitenciário brasileiro.

Não por acaso, o inferno descrito por Dante Alighieri é comparado às prisões brasileiras na inicial da referida ação, destacando que homicídios, espancamentos e torturas contra os detentos são acontecimentos frequentes, realizados por outros presos ou mesmo por agentes do Estado. O próprio Ministério Público e o Departamento Penitenciário Nacional já reconheceram, em diferentes situações, a crise do sistema carcerário. Portanto, evidencia-se que a Constituição Federal e a Lei de Execuções Penais têm sido frontalmente violadas, dado o sistemático descumprimento dos direitos e garantias dos detentos no país.

A ausência de infraestrutura e investimentos somada à "cultura do encarceramento" resultam num quadro crescente de superlotação carcerária e de violação massiva e persistente de direitos fundamentais. Conforme bem descrito pelo ministro relator da

---

[1] Trata-se da ADPF nº 347, de autoria do Partido Socialismo e Liberdade – PSOL, ajuizada em 27.05.2015.

ADPF, trata-se de um problema estrutural, que envolve competências e capacidades institucionais dos três Poderes da República: Executivo, Legislativo e Judiciário:

> A responsabilidade do Poder Público é sistêmica, revelado amplo espectro de deficiência nas ações estatais. Tem-se a denominada "falha estatal estrutural". As leis existentes, porque não observadas, deixam de conduzir à proteção aos direitos fundamentais dos presos. Executivo e Legislativo, titulares do condomínio legislativo sobre as matérias relacionadas, não se comunicam. As políticas públicas em vigor mostram-se incapazes de reverter o quadro de inconstitucionalidades. O Judiciário, ao implementar número excessivo de prisões provisórias, coloca em prática a "cultura do encarceramento", que, repita-se, agravou a superlotação carcerária e não diminuiu a insegurança social nas cidades e zonas rurais.

Diante de quadro de tamanha complexidade, a resolução passa, igualmente, por medidas estruturais e concertadas entre todos os Poderes, em variados níveis da federação. Ao afirmar tratar-se de um litígio estrutural, o STF reconheceu a existência de um estado de coisas inconstitucional no sistema penitenciário brasileiro em decisão histórica e de relevante alcance não só para a tutela dos direitos fundamentais, mas para o delineamento de seu papel institucional nesses casos.

Inicialmente, o presente artigo apresenta o conceito de estado de coisas inconstitucional e suas origens, derivadas da Corte Constitucional Colombiana. Após, explora-se o conceito aplicado à realidade dos presídios brasileiros, à medida que busca compreender o modo pelo qual se deu o posicionamento do Supremo Tribunal Federal no precedente em questão. Ao fim, busca-se investigar de que maneira referida decisão tem repercutido em julgamentos posteriores da Suprema Corte em questões envolvendo o sistema penitenciário.

Para tanto, além da ADPF nº 347, analisa-se também o posicionamento do STF na interpretação do princípio da presunção de inocência nos julgados que versam sobre a (in)constitucionalidade da prisão antes do trânsito em julgado da sentença penal condenatória e o caso de reconhecimento da responsabilidade civil objetiva do Estado que, na posição de garante, tem o dever de indenizar os presos por danos ocorridos no âmbito do sistema prisional.

Por fim, diante da complexidade e do caráter estrutural das questões que envolvem o sistema penitenciário, analisa-se o papel do Supremo Tribunal Federal como ator apto a catalisar o diálogo institucional e a concertação entre os demais Poderes e a sociedade civil na construção de soluções efetivas e duradouras no enfrentamento ao estado de coisas inconstitucional.

## 1 O sistema penitenciário brasileiro e o "estado de coisas inconstitucional"

A Constituição Federal de 1988 é a base fundamental de todo o ordenamento jurídico brasileiro, servindo como baliza para a interpretação e aplicação da lei, bem como para a formulação de políticas públicas aptas a concretizar os direitos ali insculpidos. Para tanto, ela dispõe de princípios, objetivos, políticas e regras que conduzem à realização do Estado Democrático de Direito. Evidencia-se, nesse ínterim, íntima relação entre o Direito Penal e o Direito Constitucional, sobretudo porque é o Texto

Constitucional que proporciona legitimidade e fundamentação legal ao Direito Penal, dispondo com primazia, por exemplo, que "não há crime sem lei anterior que o defina nem pena sem prévia cominação legal" (art. 5º, inc. XXXIX).

É a própria Carta Cidadã que assegura "aos presos o respeito à integridade física e moral" (art. 5º, inc. XLIX) e essa proteção parte da acepção de que as penas e medidas de segurança cominadas na restrição da liberdade não privam os indivíduos do direito à dignidade humana, eles seguem sendo sujeitos de direito. O detento se encontra em situação excepcional ao estar privado de liberdade, contudo, sua condição de pessoa humana e seus direitos fundamentais não afetados pela pena, aplicada em observância ao devido processo legal, permanecem.

Originalmente, a ideia do encarceramento surge para atender as necessidades sociais de proteção e repressão, bem como para propiciar a reeducação dos infratores. As prisões surgiram inicialmente como alternativas mais humanas aos castigos corporais e à pena de morte, ocorre que, "uns poucos anos depois de sua implementação, as prisões tornaram-se sede de horrores" (ZEHR, 2008: 61).

Segundo dados do Conselho Nacional do Ministério Público no estudo "Sistema Prisional em Números"[2] – tendo como referência o terceiro trimestre do ano de 2019, a capacidade dos estabelecimentos prisionais brasileiros conta com uma taxa de superlotação prisional de 161,60%. Esse levantamento aponta que, em que pese o sistema carcerário tenha a capacidade de comportar 446.389 presos, em verdade detém 721.363 pessoas.

Objetivando investigar a realidade do sistema carcerário brasileiro, com enfoque na superlotação dos presídios, custos sociais e econômicos desses estabelecimentos, a Câmara dos Deputados instaurou Comissão Parlamentar de Inquérito, cujo relatório final foi publicado em julho de 2009, o qual, em dado momento, aponta:

> Apesar da excelente legislação e da monumental estrutura do Estado Nacional, os presos no Brasil, em sua esmagadora maioria, recebem tratamento pior do que o concedido aos animais: como lixo humano.
>
> O relato breve das diligências, as fotos que ilustram este relatório e o videoteipe, em anexo, revelam, em chocantes imagens, os crimes que o Estado Brasileiro, através de sucessivos governos, tem praticado contra os seus presos e a sociedade. Ao invés de recuperar quem se desviou da legalidade, o Estado embrutece, cria e devolve às ruas verdadeiras feras humanas. (CPI Sistema Carcerário. Relatório final. 2009. p. 192).

É de conhecimento geral que o sistema carcerário brasileiro enfrenta um quadro de superlotação das celas, ausência de atendimento básico de saúde, comida intragável, ambiente sujo e propício para a proliferação de doenças infectocontagiosas, dentre outros problemas estruturais que geram a precariedade e insalubridade do sistema. No processo de encarceramento, diversos direitos fundamentais do cidadão são violados e muitas disposições legais específicas – como a Lei de Execuções Penais – são inobservadas. Percebe-se uma múltipla penalização do detento, pois, além de ter a sua liberdade cerceada, tem a saúde comprometida e sua dignidade humana frontalmente violada.

---

[2] Disponível em: https://www.cnmp.mp.br/portal/relatoriosbi/sistema-prisional-em-numeros.

Nesse contexto de gravíssimas lesões a preceitos fundamentais, decorrentes de condutas comissivas e omissivas dos poderes da União, dos Estados e do Distrito Federal, é que foi proposta a ADPF nº 347, a fim de que o Supremo Tribunal Federal reconhecesse o "estado de coisas inconstitucional" e determinasse providências a serem tomadas pelos entes públicos no tratamento da questão prisional no país. Alega-se que, "sem a intervenção do STF na matéria, tudo indica que o estado de coisas inconstitucional persistiria, e seria até agravado, em razão da dinâmica de crescimento exponencial da população prisional".[3]

A ação sustenta que o cenário do sistema penitenciário brasileiro é de violação de diversos preceitos fundamentais da Constituição Federal: o princípio da dignidade da pessoa humana (artigo 1º, inciso III); a proibição da tortura, do tratamento desumano ou degradante (artigo 5º, inciso III); a vedação das sanções cruéis (artigo 5º, inciso XLVII, alínea "e"); o dispositivo que impõe o cumprimento da pena em estabelecimentos distintos, de acordo com a natureza do delito, a idade e sexo do apenado (artigo 5º, inciso XLVIII); o que assegura aos presos o respeito à integridade física e moral (artigo 5º, inciso XLIX); e o que prevê a presunção de não culpabilidade (artigo 5º, inciso LVII).

Não faltam normas jurídicas para fundamentar a garantia dos direitos humanos dos presos no Brasil, há, contudo, frequente e antiga inobservância desses dispositivos legais e constitucionais. Além da recorrente ausência de assistência jurídica adequada aos detentos, a falta de acesso à educação, trabalho, saúde, a violência, as torturas e os abusos sexuais contra os presos também são realidades. Diante desse descontrole estatal, as instituições prisionais são vulgarmente submetidas ao controle de facções criminosas, não sendo incomum rebeliões carcerárias, por vezes até simultaneamente orquestradas.[4]

Diante de tamanhas falhas sistêmicas em políticas públicas, a solução para tais problemas estruturais de alta complexidade exige respostas igualmente complexas e estruturais, vez que a solução necessária, suficiente e adequada depende de providências que partem de diferentes órgãos e instituições dos poderes Executivo, Legislativo e Judiciário. "Quanto mais variados forem os aspectos da lesão e as possibilidades de tutela, maior será o grau de complexidade do litígio" (VITORELLI, 2020: 30), sob esse aspecto é que se invoca o reconhecimento do estado de coisas inconstitucional no sistema carcerário brasileiro.

O termo "estado de coisas contrárias à Constituição Política", o que se convencionou chamar no Brasil como "estado de coisas inconstitucional", surgiu na Corte Constitucional da Colômbia para se referir a acentuadas ofensas complexas aos direitos fundamentais e que incidem sobre um número considerável de pessoas. De acordo com o referido Tribunal, têm-se três pressupostos principais para a configuração do estado de coisas inconstitucional: i) situação de violação generalizada de direitos fundamentais; ii) inércia ou incapacidade reiterada e persistente das autoridades públicas em modificar a

---

[3] ADPF nº 347. Petição Inicial. p. 21.
[4] Notícias de rebeliões em presídios: https://veja.abril.com.br/politica/presos-fazem-rebeliao-em-cinco-presidios-de-sp-centenas-fogem/; http://g1.globo.com/sp/bauru-marilia/noticia/2017/01/falta-de-alimentacao-e-superlotacao-seriam-motivos-de-rebeliao-diz-agente.html; https://g1.globo.com/politica/noticia/2019/07/29/massacre-em-presidio-no-para-e-um-dos-maiores-desde-carandiru.ghtml.

situação; e iii) a superação das transgressões exige a atuação não apenas de um órgão, e sim de uma pluralidade de autoridades.[5]

O mencionado cenário de alta complexidade desafia todo o Estado brasileiro, o que provoca a intervenção da jurisdição constitucional diante dos atos e omissões dos poderes públicos e, nesse contexto, como bem enfatiza a inicial da ação em comento:

> O cenário, portanto, desafia a intervenção da jurisdição constitucional brasileira. Esta (...) não se volta apenas ao controle de constitucionalidade de atos normativos. Ela pode - deve - enfrentar também outras afrontas à Constituição, decorrentes de atos e omissões dos poderes públicos, especialmente quando se constate que estão em jogo os direitos mais básicos de uma minoria estigmatizada. É nestas hipóteses, de proteção à dignidade de grupos vulneráveis, que o exercício do papel contramajoritário do STF mais se legitima.

Foi nesse sentido que, em setembro de 2015, o Supremo Tribunal concedeu parcialmente a medida cautelar requerida na ADPF nº 347, determinando que, ante a situação precária das penitenciárias, o interesse público direciona à liberação das verbas do Fundo Penitenciário Nacional e que os juízes e tribunais estão obrigados a realizar audiências de custódia, em até noventa dias, viabilizando o comparecimento do preso perante a autoridade judiciária em até vinte e quatro horas, contada do momento da prisão. Além disso, o Tribunal concedeu cautelar de ofício para determinar à União e aos Estados, e especificamente ao Estado de São Paulo, que encaminhem ao STF informações sobre a situação prisional.

Nessa ocasião, o Supremo reconheceu em uníssono que os cárceres brasileiros não servem à ressocialização dos presos e que no sistema prisional ocorre violação generalizada dos direitos fundamentais dos detentos no que tange à dignidade, integridade psíquica e higidez física. Nas palavras do Ministro Relator Marco Aurélio, "os presos tornam-se 'lixo digno do pior tratamento possível', sendo-lhes negado todo e qualquer direito à existência minimamente segura e salubre" (p. 25).

Portanto, além de violação direta à Constituição Federal e à legislação interna, o sistema prisional brasileiro transgride normas internacionais, como: o Pacto Internacional dos Direitos Civis e Políticos, a Convenção contra a Tortura e outros Tratamentos e Penas Cruéis, Desumanos e Degradantes e a Convenção Americana de Direitos Humanos. A enfática violação de direitos fundamentais reverbera para além das respectivas situações subjetivas e produz mais violência contra a própria sociedade. Trata-se de desacertos estruturais no histórico e funcionamento das políticas públicas dos Estados, do Distrito Federal e da União. Logo, a solução se dará em conjunto e envolverá diversos setores da sociedade brasileira, em seus diferentes níveis federativos.

A decisão proferida pelo Supremo na Medida Cautelar da ADPF nº 347 foi paradigmática não somente em sua parte dispositiva, que reconheceu o estado de coisas inconstitucional e determinou a realização das audiências de custódia e a liberação do Fundo Penitenciário, mas também na fundamentação que, inclusive, serviu de referência e influência na mudança de entendimento do Tribunal em outras temáticas relacionadas aos presídios e à aplicação dos princípios do Direito Penal, conforme se verá adiante.

---

[5] Corte Constitucional da Colômbia, Sentencia nº SU-559, de 6 de novembro de 1997; Sentencia T-068, de 5 de março de 1998; Sentencia SU-250, de 26 de maio de 1998; Sentencia T-590, de 20 de outubro de 1998; Sentencia T-525, de 23 de julho de 1999; Sentencia T-153, de 28 de abril de 1998; Sentencia T-025, de 22 de janeiro de 2004).

## 2 O reconhecimento do estado de coisas inconstitucional nos presídios e seu impacto em decisões posteriores – precedentes relevantes

O princípio da presunção de inocência, também denominado como princípio da não culpabilidade, está consagrado no inciso LVII do artigo 5º da Constituição Federal, segundo o qual: "ninguém será considerado culpado até o trânsito em julgado de sentença penal condenatória". Nota-se evidente compatibilidade desse dispositivo constitucional com a primeira parte do artigo 11 da Declaração Universal dos Direitos Humanos, ao dispor que "toda pessoa acusada de um ato delituoso presume-se inocente até que a sua culpabilidade fique legalmente provada no decurso de um processo público em que todas as garantias necessárias de defesa lhe sejam asseguradas".[6]

Até o ano de 2009, as turmas do Supremo Tribunal Federal entendiam que o princípio da presunção de inocência não obstava a execução provisória da pena, ainda que houvesse possibilidade de recurso aos tribunais superiores.[7]

Essa interpretação foi modificada a partir do julgamento do *Habeas Corpus* nº 84.078/MG,[8] em 2009, no qual o entendimento foi no sentido da inconstitucionalidade da chamada "execução antecipada da pena" em virtude do princípio da presunção de inocência. No referido precedente, o Ministro Relator Eros Grau frisa em seu voto que "a nada se prestaria a Constituição se esta Corte admitisse que alguém viesse a ser considerado culpado – e ser culpado equivale a suportar execução imediata da pena – anteriormente ao trânsito em julgado de sentença penal condenatória".[9]

Nada obstante, no ano de 2016, nos autos do HC nº 126.292/SP,[10] o Tribunal reestabeleceu seu entendimento anterior para garantir a execução provisória do acórdão penal condenatório proferido em grau de apelação, ainda que sujeito a recursos especial e extraordinário. Nesse caso, o Plenário do STF decidiu, por maioria, que a retomada da jurisprudência tradicional seria "mecanismo legítimo de harmonizar o princípio da presunção de inocência com o da efetividade da função jurisdicional do Estado".[11]

No entanto, a execução da pena sem trânsito em julgado da sentença é incompatível com o disposto no inciso LVII do artigo 5º da Constituição Federal. Diante disso, a Ordem dos Advogados do Brasil propôs Ação Declaratória de Constitucionalidade (ADC nº 44), cujo objeto foi o artigo 283 do Código de Processo Penal. Essa ação foi apensada a outras de idêntico teor (ADCs nº 43 e 54), de relatoria do Ministro Marco Aurélio, e, ao final, concluiu-se que o cumprimento da pena deve se iniciar tão somente após o trânsito em julgado da condenação criminal. Com esse julgado, o STF fixou entendimento jurisprudencial em decisão de âmbito abstrato com efeito *erga omnes*.

---

[6] UNITED NATIONS HIGH COMMISSIONER FOR HUMAN RIGHTS. Tradução oficial. Artigo 11. Disponível em: https://www.oas.org/dil/port/1948%20Declaração%20Universal%20dos%20Direitos%20Humanos.pdf.

[7] Nesse sentido, vejam-se os seguintes *Habeas Corpus* julgados pelas turmas do STF: HC nº 71.723, Rel. Min. Ilmar Galvão, Primeira Turma, *DJ* 16.6.1995; HC nº 79.814, Rel. Min. Nelson Jobim, Segunda Turma, *DJ* 13.10.2000; RHC nº 85.024, Rel. Min. Ellen Gracie, Segunda Turma, *DJ* 10.12.2004; HC 91.675, Rel. Min. Cármen Lúcia, Primeira Turma, *DJe* de 7.12.2007.

[8] STF. HC nº 84.078, Rel. Min. Luiz Fux, Plenário, *DJ* 5.2.2009.

[9] Idem. Íntegra do relatório e do voto do Relator, Ministro Eros Grau. p. 7. Disponível em: http://www.stf.jus.br/arquivo/cms/noticiaNoticiaStf/anexo/HC84078voto.pdf.

[10] STF. HC nº 126.292, Rel. Min. Teori Zavascki, Plenário, *DJ* 17.2.2016.

[11] Idem. Voto do Ministro Relator Teori Zavascki. Pág. 18.

Ao reconhecer a constitucionalidade do artigo 283 do CPP – segundo o qual "ninguém poderá ser preso senão em flagrante delito ou por ordem escrita e fundamentada da autoridade judiciária competente, em decorrência de sentença condenatória transitada em julgado ou, no curso da investigação ou do processo, em virtude de prisão temporária ou prisão preventiva" –, o Supremo buscou garantir os direitos fundamentais dos acusados e a própria ordem constitucional, interpretando a Carta Maior em última instância, cumprindo com sua função institucional.

Não há como negar que a decisão sobre a inconstitucionalidade da prisão antes do trânsito em julgado da sentença penal condenatória afeta toda a organização e o funcionamento da Justiça Criminal no Brasil. O estudo produzido e publicado em Relatório pelo Departamento Penitenciário Nacional (Depen) aponta que, em 2014, 40% da população prisional brasileira era composta por presos provisórios, o que equivale a quase 250 mil pessoas, número muito próximo do déficit de vagas no sistema.[12]

Ressalta-se que o estado calamitoso do sistema penitenciário do Brasil já foi reconhecido no âmbito do Supremo Tribunal Federal em diferentes situações. Depois da ADPF nº 347, outro notório julgado do STF no âmbito dos problemas estruturais do sistema carcerário brasileiro é o Recurso Extraordinário nº 641.320/RS,[13] de relatoria do Ministro Gilmar Mendes. Com a repercussão geral reconhecida no Tema nº 423, analisou-se violação aos princípios da individualização da pena (art. 5º, XLVI) e da legalidade (art. 5º, XXXIX), no que tange ao cumprimento de pena em regime fechado, na hipótese de inexistir vaga em estabelecimento adequado a seu regime.

Nessa ocasião, editou-se a Súmula Vinculante nº 56, dispondo que "a falta de estabelecimento penal adequado não autoriza a manutenção do condenado em regime prisional mais gravoso, devendo-se observar, nessa hipótese, os parâmetros fixados no RE nº 641.320/RS". Em outras palavras, manter o condenado em regime mais gravoso do que o que lhe é devido, além de ser excesso de execução configura violação direta às garantias constitucionais como a legalidade e a individualização da pena.

Quando nos autos da ADPF nº 347 foi deferida medida cautelar reconhecendo o estado de coisas inconstitucional do sistema carcerário brasileiro, diante do quadro de violação massiva e persistente de direitos humanos dos detentos, reconheceu-se a falência de políticas públicas por falhas estruturais.

Partindo-se da concepção de que direitos fundamentais são "o conjunto institucionalizado de direitos e garantias do ser humano que tem por finalidade básica o respeito a sua dignidade, por meio de sua proteção contra o arbítrio do poder estatal e o estabelecimento de condições mínimas de vida e desenvolvimento da personalidade humana" (MORAES, 2002: 39), no Recurso Extraordinário nº 580.252/MS,[14] o Supremo entendeu que o Estado tem responsabilidade civil objetiva em relação aos detentos. No caso concreto, o recorrente – detento condenado – alegava que ele e outros presos na mesma penitenciária eram submetidos a tratamento desumano, degradante e que o próprio Governador do Estado já havia decretado situação de emergência dos presídios em decorrência do "colapso do sistema penitenciário".

---

[12] DEPEN. Levantamento Nacional de Informações Penitenciárias – INFOPEN. Dezembro de 2014. p. 15-22. Disponível em: https://s.conjur.com.br/dl/infopen-dez14.pdf.
[13] STF. RE nº 641.320. Relator o Ministro Gilmar Mendes. DJ: 11.05.2016.
[14] STF. RE nº 580.252/MS, Plenário, Relator o Ministro Teori Zavascki, DJ 11.09.2017.

No julgamento, a Corte afastou o "princípio da reserva do possível", entendendo que a esse não pode ser dada uma interpretação reducionista para significar insuficiência de recursos financeiros, e concedeu a indenização por danos morais ao recorrente, para sustentar que, ocorrendo o dano e havendo nexo de causalidade com a atuação da Administração ou dos seus agentes, já nasce a responsabilidade civil do Estado decorrente do §6º do art. 37 da CF[15] (Acórdão, pág. 12). A repercussão geral da matéria nos autos do RE nº 580.252 foi reconhecida no Tema nº 365 e, ao ser julgado pelo Plenário do Supremo Tribunal Federal, foi-lhe dado provimento, nos termos do voto do Ministro Relator Teori Zavascki, fixando-se a seguinte tese:

> Considerando que é dever do Estado, imposto pelo sistema normativo, manter em seus presídios os padrões mínimos de humanidade previstos no ordenamento jurídico, é de sua responsabilidade, nos termos do artigo 37, §6º da Constituição, a obrigação de ressarcir os danos, inclusive morais, comprovadamente causados aos detentos em decorrência da falta ou insuficiência das condições legais de encarceramento.

O Supremo Tribunal entendeu, na ocasião, que o Estado assume posição de garante em relação aos presos e isso lhe confere deveres de vigilância e proteção específicos, pois, sobretudo os direitos à saúde, integridade física, psíquica e à vida dos internos não são suprimidos juntos com a privação de liberdade. No julgamento do ARE nº 662.563-AgR/GO,[16] o Ministro Relator Gilmar Mendes já reconhecia em seu voto que "a jurisprudência dominante desta Corte se firmou no sentido de que a negligência estatal no cumprimento do dever de guarda e vigilância dos detentos configura ato omissivo a dar ensejo à responsabilidade objetiva do Estado", pois, na posição de garante, tem o dever de zelar pela integridade dos custodiados.

Em recentíssima decisão do Superior Tribunal de Justiça, o estado de coisas inconstitucional, reconhecido pelo STF nos autos da ADPF nº 347, foi invocado pela Terceira Seção do STJ para reforçar a necessidade de imediata execução das recomendações apresentadas a nível nacional e internacional, "que preconizam a máxima excepcionalidade das novas ordens de prisão preventiva, inclusive com a fixação de medidas alternativas à prisão, como medida de contenção da pandemia mundial causada pelo coronavírus (covid-19)".[17]

No supramencionado julgado, HC nº 568.693/ES, o STJ concedeu *habeas corpus* coletivo a todos os presos, neste contexto social de pandemia de covid-19, que tiveram a liberdade provisória condicionada ao pagamento de fiança. O HC coletivo foi impetrado pela Defensoria Pública do Espírito Santo, contudo, os efeitos da decisão foram estendidos para todo o território nacional.

Como se vê, a declaração do estado de coisas inconstitucional no sistema prisional brasileiro não só influenciou posteriores decisões e mudança de entendimento do Tribunal, como também serviu de precedente, sendo a ADPF nº 347 atualmente considerada uma das maiores referências de processo estrutural em trâmite na Suprema Corte do Brasil.

---

[15] CF/1988. Art. 37 (...) §6º As pessoas jurídicas de direito público e as de direito privado prestadoras de serviços públicos responderão pelos danos que seus agentes, nessa qualidade, causarem a terceiros, assegurado o direito de regresso contra o responsável nos casos de dolo ou culpa.

[16] STF. ARE nº 662.563. Relator o Ministro Gilmar Mendes. Trânsito em julgado em 18.04.2012.

[17] STJ. HC nº 568.693/ES. Terceira Seção. Relator o Ministro Sebastião Reis Júnior. *DJ*: 16.10.2020.

## 3 Processos estruturais e o estado de coisas inconstitucional

O conceito de processo estrutural pressupõe um problema estrutural a ser solucionado e essa ponderação se faz relevante, uma vez que a doutrina brasileira apresenta uma sofisticação terminológica em que se diferencia processo de litígio e questões estruturais de questões complexas. Nesse contexto, cabe destacar o artigo "Levando os conceitos a sério: processo estrutural, processo coletivo, processo estratégico e suas diferenças" de Edilson Vitorelli, no qual processo é conceituado como uma demanda judicial e litígio como um conflito existente na realidade (VITORELLI, 2018). Nada obstante, para fins didáticos, tratamos neste estudo de abordar "processo" e "litígio" como sinônimos.

Por outro lado, no que tange aos termos "processo complexo" e "processo estrutural", a diferenciação se faz necessária: o primeiro está caracterizado por problemas policêntricos que não contam com suas soluções previstas na lei, o que gera grande dificuldade para a atuação do Poder Judiciário (FLETCHER *apud* VITORELLI, 2018: 3); o segundo, por sua vez, caracteriza-se pela existência de um estado de desconformidade estruturada, ou seja, "tem lugar no contexto de uma violação que atinge subgrupos sociais diversos, com intensidades e de formas diferentes" (VITORELLI, 2018: 7).

A ideia dos processos estruturais remonta ao ativismo judicial da Suprema Corte dos Estados Unidos. Doutrinariamente, aponta-se que foi a partir do caso *Brown vs. Board of Education of Topeka* que surge essa nova forma de litigar.

No referido caso, julgado em 1954, a Suprema Corte estadunidense declarou a inconstitucionalidade da designação de estudantes em escolas públicas com base no sistema da segregação racial. O Tribunal considerou ser esse sistema inconstitucional por uma questão puramente técnica, todavia, na fundamentação, obrigou a liquidação do sistema de castas raciais que marcava o EUA por mais de dois séculos (FISS, 2008: 761). Ou seja, além de ter dado o pontapé inicial para esse processo de mudança políticosocial, o Poder Judiciário criou uma nova forma de julgamento, que se convencionou chamar de reforma estrutural (*structural reform*).

Destaca-se que esse novo modelo não se limitou ao caso *Brown vs. Board of Education of Topeka*, "com o tempo, a reforma estrutural foi ampliada para incluir a polícia, prisões, hospitais psiquiátricos, instituições para pessoas com deficiência mental, autoridades públicas no setor de habitação e agências de assistência social".[18] De acordo com Owen Fiss, "essa nova forma de litígio tem como premissa a ideia de que a ameaça, que as organizações burocráticas representam para os valores constitucionais, não pode ser eliminada a menos que essas organizações sejam reconstruídas"[19] (FISS, 2008: 761).

O processo estrutural é tido como um sub-ramo do processo coletivo, pois está diretamente relacionado à tutela de direitos coletivos em uma situação de reiteradas violações, por condutas omissivas ou comissivas, aos interesses dos envolvidos.

No Brasil, foi por volta de 1980 que José Carlos Barbosa Moreira compilou, em sua obra "Temas de Direito Processual Civil: terceira série", alguns de seus artigos

---

[18] Tradução livre, texto original: "The public school system was the subject of the Brown suit, but in time structural reform was broadened to include the police, prisons, mental hospitals, institutions for the mentally retarded, public housing authorities, and social welfare agencies".

[19] Tradução livre, texto original: "This new mode of litigation is premised on the idea that the threat that bureaucratic organizations pose to constitutional values cannot be eliminated unless those organizations are reconstructed".

publicados sobre os interesses coletivos.[20] Segundo o levantamento realizado por Pedro Luiz de Andrade Domingos, "constatou-se que essas publicações inauguraram a discussão sobre processos coletivos no Brasil" (DOMINGOS, 2019: 20). Barbosa Moreira analisou nesses trabalhos os impactos das ações coletivas (*class action*), surgidas nos EUA e depois disseminadas pelo mundo como uma possibilidade de concessão de direitos em massa (*mass litigation*):

> Os efeitos positivos de seu uso, nos EUA, com efeito, produziram sua franca expansão na segunda metade do século XX, notadamente após o *New Deal* e a Segunda Guerra Mundial. O período caracterizava-se pelo intervencionismo do Estado e a consequente política de tutela dos direitos sociais. (DOMINGOS, Pedro Luiz de Andrade. 2019:20).

O estado de desconformidade, que é característico do processo estrutural, não está necessariamente ligado ao estado de ilicitude, trata-se de uma "situação de desorganização estrutural, de rompimento com a normalidade ou com o estado ideal de coisas, que exige uma intervenção (re)estruturante" (DIDIER JR.; ZANETI JR.; OLIVEIRA, 2019:04). Em outras palavras, esse estado de coisas em desconformidade pode, ou não, ser resultado de condutas ilícitas, para que se reconheça esse estado é necessário apenas que exista uma situação ampla de violação de direitos coletivos.

Ao declarar o estado de coisas inconstitucional nos presídios, o Supremo Tribunal Federal reconheceu o caráter estrutural dos problemas enfrentados pelo sistema penitenciário brasileiro. Com isso, o STF admitiu a multipolaridade, coletividade e complexidade do estado de desconformidade do sistema carcerário no Brasil.

Rememorem-se os três pressupostos principais para a configuração do estado de coisas inconstitucional: i) situação de violação generalizada de direitos fundamentais; ii) inércia ou incapacidade reiterada e persistente das autoridades públicas em modificar a situação; e iii) a superação das transgressões exige a atuação não apenas de um órgão, e sim de uma pluralidade de autoridades. Perceba que os pressupostos de configuração do estado de coisas contrárias à Constituição estão diretamente relacionados à mencionada concepção de problema estrutural.

Desse modo, "o objetivo imediato do processo estrutural é alcançar o estado ideal de coisas" (GALDINO, 2019:83), isto é, o estado de coisas constitucional e esse, no caso brasileiro, prevê: a dignidade da pessoa humana; proíbe a tortura, o tratamento desumano ou degradante; veda sanções cruéis; impõe o cumprimento da pena em estabelecimentos distintos, de acordo com a natureza do delito, a idade e sexo do apenado; assegura aos presos o respeito à integridade física e moral e também prevê a presunção de não culpabilidade.

Com as graves violações de direitos ocorridas nos presídios brasileiros, o Supremo reconheceu a existência de um quadro de massiva ofensa a direitos humanos e fundamentais, e isso decorre de atos omissivos e comissivos de diversas autoridades públicas, agravados pela inércia dos três Poderes do Estado. Conforme registrou:

---

[20] *Idem*. Destacam-se os seguintes arquivos: A proteção jurídica dos interesses coletivos, p. 173-181, escrito em 1980; A legitimação para a defesa dos "interesses difusos" no direito brasileiro, p. 183-192, redigido em 1981 e; Tutela jurisdicional dos interesses coletivos ou difusos, p. 193-221, datado de 1982.

(...) o reconhecimento de estarem atendidos os pressupostos do estado de coisas inconstitucional resulta na possibilidade de o Tribunal tomar parte, na adequada medida, em decisões primariamente políticas sem que se possa cogitar de afronta ao princípio democrático e da separação de poderes.

(...) apenas o Supremo revela-se capaz, ante a situação descrita, de superar os bloqueios políticos e institucionais que vêm impedindo o avanço de soluções, o que significa cumprir ao Tribunal o papel de retirar os demais Poderes da inércia, catalisar os debates e novas políticas públicas, coordenar as ações e monitorar os resultados.

Nesse excepcional contexto de violações sistemáticas aos direitos fundamentais, o STF reconheceu sua legitimidade para intervir, servindo de ponte para a articulação e coordenação das diferentes esferas do Poder Público e instituições competentes para fazer cessar o estado de coisas inconstitucional.

Ciente de que a situação das prisões brasileiras se trata de uma desorganização estrutural, é sabido que uma decisão judicial convencional não tem aptidão para solucionar o problema. Como leciona Antônio Gidi – em sua obra "A *class action* como instrumento de tutela coletiva dos direitos: as ações coletivas em uma perspectiva comparada" –, o pressuposto essencial para viabilizar a proteção de direitos coletivos é compreender que a especificidade fática do caso concreto e o substrato social político devem fundar a solução pragmática mais adequada para esses processos (GIDI, 2007: 22).

Portanto, exige-se uma atuação concertada entre os Poderes Legislativo e Executivo, sendo o Poder Judiciário apenas um intermediário, pois não tem capacidade institucional para, *per se*, fazer cessar o estado de coisas inconstitucional. Aqui, o Judiciário não se substitui aos demais poderes na consecução de políticas públicas, mas sim deve agir em diálogo com estes, proferindo decisões flexíveis, de modo a mantê-los partícipes nos processos de formulação e implementação das soluções necessárias, aproveitando-se suas expertises. Conforme consignou o STF na decisão cautelar da ADPF, "cabe ao Supremo catalisar ações e políticas públicas, coordenar a atuação dos órgãos do Estado na adoção dessas medidas e monitorar a eficiência das soluções".

Noutros termos, o Supremo Tribunal Federal não possui *expertise* e legitimidade democrática para decidir, sozinho, acerca de alocações orçamentárias e formulação de políticas públicas, tampouco para avaliar os efeitos sistêmicos desse tipo de decisão. Contudo, em casos excepcionais que envolvem problemas estruturais e persistentes bloqueios institucionais para sua resolução, o STF pode e deve atuar de modo a promover redes de interação entre as instituições e organizações do setor público para a resolução de problemas complexos e estruturais. Consoante aduz a doutrina colombiana, o Tribunal não chega a ser um "elaborador" de políticas públicas, e sim um "coordenador institucional", produzindo um "efeito desbloqueador" (RODRÍGUEZ GRAVITO, César; RODRÍGUEZ FRANCO, Diana, 2010:39).

É nesse contexto que se mostra crucial o diálogo institucional, "teoria que sustenta que o Poder Judiciário não pode ser o intérprete final do ordenamento jurídico, sendo necessário o debate público com as Casas Legislativas que podem promulgar novas leis para superarem a decisão judicial".[21] A partir disso, ressalta-se o entendimento da Corte

---

[21] Disponível em: http://www.stf.jus.br/portal/jurisprudencia/listarTesauro.asp.

no caso, ao consignar que o reconhecimento do estado de coisas inconstitucional não autoriza o Supremo a substituir as tarefas próprias do Legislativo e do Executivo, a ver:

> O Tribunal deve superar bloqueios políticos e institucionais sem afastar esses Poderes dos processos de formulação e implementação das soluções necessárias. Deve agir em diálogo com os outros Poderes e com a sociedade. Cabe ao Supremo catalisar ações e políticas públicas, coordenar a atuação dos órgãos do Estado na adoção dessas medidas e monitorar a eficiência das soluções.
>
> Não lhe incumbe, no entanto, definir o conteúdo próprio dessas políticas, os detalhes dos meios a serem empregados. Em vez de desprezar as capacidades institucionais dos outros Poderes, deve coordená-las, a fim de afastar o estado de inércia e deficiência estatal permanente. Não se trata de substituição aos demais Poderes, e sim de oferecimento de incentivos, parâmetros e objetivos indispensáveis à atuação de cada qual, deixando-lhes o estabelecimento das minúcias. Há de se alcançar o equilíbrio entre respostas efetivas às violações de direitos e as limitações institucionais reveladas na Carta da República. (Acórdão. ADPF nº 347. Pág. 36).

A questão do sistema carcerário do Brasil é complexa e configura, certamente, um claro exemplo de problema estrutural. Diante de massivas e graves violações de direitos humanos, um caso de verdadeira anomia social, cogitar-se da não intervenção do Supremo Tribunal Federal, diante de provocação, resultaria na absoluta incapacidade e bloqueio das instituições.

O Poder Judiciário não pode se omitir quando outros poderes ou órgãos violam ou ignoram direitos fundamentais, sejam eles individuais ou coletivos. O que se modifica é a sua forma de intervir, até porque o que se busca é a solução de um problema estrutural, isto é, uma questão altamente complexa.

Nos processos complexos e estruturais, o Poder Judiciário é responsável por abrir espaço para o diálogo e seu papel é formular decisões flexíveis, com espaço para criação legislativa – pelos poderes competentes – e articulação para a execução, ou seja, exige-se uma concertação entre os Poderes do Estado, cabendo ao Tribunal a limitação de sua jurisdição para monitorar a superveniência da solução necessária e suficientemente adequada para o caso concreto, bem como acompanhar se os meios escolhidos apresentam eficácia.

Embora a Suprema Corte tenha reconhecido expressamente que pode exercer esse papel em processos estruturais que envolvam um estado de coisas inconstitucional, sua decisão foi bastante tímida, concedendo de forma muito restrita os pleitos cautelares. Ademais disso, o Tribunal, até o presente momento, não apreciou os pedidos de mérito da ação, os quais, estes sim, dão chance à Corte de construir uma jurisprudência verdadeiramente inovadora, convergente com a complexidade dos processos estruturais e com a mais avançada doutrina sobre o tema, e que de fato possibilite um diálogo institucional entre poderes e também com a participação da sociedade civil na construção de soluções participativas e eficazes na proteção dos direitos fundamentais.

## Conclusão

Ao reconhecer a existência de um verdadeiro "estado de coisas inconstitucional" no sistema penitenciário brasileiro, o STF considerou os mesmos pressupostos estabelecidos pela Corte Constitucional da Colômbia para identificar sua configuração na situação dos presídios do Brasil, onde também foi possível observar: i) uma situação de violação generalizada de direitos fundamentais; ii) inércia ou incapacidade reiterada e persistente das autoridades públicas em modificar a situação; e iii) que a superação das transgressões exige a atuação não apenas de um órgão, e sim de uma pluralidade de autoridades.

Entretanto, o que salta aos olhos no caso brasileiro é que na inicial, pleiteiam-se oito medidas cautelares, contudo, o Tribunal concede apenas e tão somente duas. O STF determinou aos juízes e tribunais que realizem, em até noventa dias, audiências de custódia, por sua vez, destaca-se que essas audiências já estavam sendo implementadas na maioria dos Estados brasileiros. A outra cautelar concedida foi referente ao descontigencionamento do fundo penitenciário, previsão essa que foi incluída na Lei Complementar nº 79/1994, que versa sobre o Fundo Penitenciário Nacional (FUNPEN).

Ademais, a título de cautelar *ex officio*, determinou-se à União e aos Estados, especificamente ao Estado de São Paulo, que encaminhassem ao Supremo Tribunal Federal informações sobre a situação prisional. Diante disso, o que se verifica é que a atuação do Tribunal foi tímida, diante da possibilidade que tinha, inclusive pela própria fundamentação utilizada no acórdão, de conceder medidas mais amplas e eficazes para contornar o reconhecido estado de coisas inconstitucional.

De mais a mais, releva pontuar o longo lapso temporal da apreciação da medida cautelar sem, no entanto, ter-se decidido a respeito do mérito da ação. Em que pese os ministros tenham acordado sobre as condições calamitosas dos presídios e declarado o estado de coisas inconstitucional sobre o sistema penitenciário como um todo, não se debruçaram sobre a elaboração e implementação de um plano pela União e Estados, sob supervisão judicial, para o enfrentamento do reconhecido problema, temas que compõem o pedido de mérito da ADPF.

Embora tenham sido proferidas decisões relevantes para amenizar o caos no sistema penitenciário nacional, como a proibição da execução da pena antes do trânsito em julgado da sentença e o reconhecimento da responsabilidade objetiva do Estado quanto aos danos causados aos detentos em decorrência da falta ou insuficiência das condições legais de encarceramento, observa-se que o impacto da decisão proferida até o momento na ADPF nº 347 foi importante, porém com mais peso no plano simbólico do que efetivamente no plano prático.

A apreciação dos pedidos de mérito da ação consubstancia oportunidade histórica para a Corte reafirmar o seu papel contramajoritário e, principalmente, a sua função crucial e inafastável nos casos em que se reconhece um estado de coisas inconstitucional. Trata-se, portanto, de atuação necessária e essencial para combater as gravíssimas violações a direitos fundamentais, as quais, considerada a excepcional circunstância de persistente bloqueio institucional, não poderão ser solucionadas sem a atuação catalisadora e coordenadora da Corte Constitucional.

## Referências

BARBOSA MOREIRA, José Carlos. *Temas de Direito Processual Civil*: terceira série. São Paulo: Saraiva, 1984.

CÂMARA DOS DEPUTADOS. Comissão Parlamentar de Inquérito: Sistema Carcerário. Relatório final. 2009. Disponível em: https://bd.camara.leg.br/bd/.

DIDIER JR., Fredie; ZANETI JR., Hermes; OLIVEIRA, Rafael Alexandria. *Elementos para uma teoria do processo estrutural aplicada ao processo civil brasileiro*. 2. ed. Salvador: Juspodivm, 2019.

DOMINGOS, Pedro Luiz de Andrade. *Processos estruturantes no Brasil*: origem, conceito e desenvolvimento. Dissertação de mestrado em Direito. Universidade Federal do Espírito Santo, 2019.

FISS, Owen. Two models of adjudication. *In*: DIDIER JR. Fredie, JORDÃO, Eduardo Ferreira (Coord.). *Teoria do processo*: panorama doutrinário mundial. Salvador: Juspodivm, 2008, p. 761.

GALDINO, Matheus Souza. *Elementos para uma compreensão tipológica dos processos estruturais*. Dissertação de mestrado em Direito. Universidade Federal da Bahia, 2019.

GIDI, Antônio. *A class action como instrumento de tutela coletiva dos direitos*: as ações coletivas em uma perspectiva comparada. São Paulo: Revista dos Tribunais, 2007.

MORES, Alexandre de. *Direitos Humanos Fundamentais*: Teoria Geral. Editora: Atlas, 2002.

OSPINA, Sonia. Construyendo capacidad institucional en América Latina: el papel de la evaluación como herramienta modernizadora. VII Congreso Internacional del Clad sobre la Reforma del Estado y de la Administración Pública. Lisboa, Portugal. 2002.

RODRÍGUEZ GRAVITO, César; RODRÍGUEZ FRANCO, Diana. *Cortes y Cambio Social*. Cómo la Corte Constitucional transformó el desplazamiento forzado en Colombia. Bogotá: Dejusticia, 2010.

VITORELLI, Edilson. *Processo Civil estrutural*: teoria e prática. Salvador: Juspodivm. 2020.

VITORELLI, Edilson. Levando os conceitos a sério: processo estrutural, processo coletivo, processo estratégico e suas diferenças. *Revista de Processo*, vol. 284, p. 333-369, 2018.

ZEHR, Howard. *Trocando as lentes*: um novo foco sobre o crime e a justiça. Tradução de Tônia Van Acker. São Paulo: Palas Athena, 2008.

---

Informação bibliográfica deste texto, conforme a NBR 6023:2018 da Associação Brasileira de Normas Técnicas (ABNT):

COÊLHO, Marcus Vinicius Furtado. O estado de coisas inconstitucional no sistema penitenciário e o papel do Supremo Tribunal Federal nos processos estruturais. *In*: ASSOCIAÇÃO DOS MAGISTRADOS BRASILEIROS; SALOMÃO, Luis Felipe; FONSECA, Reynaldo Soares da; VIDEIRA, Renata Gil de Alcantara; SZPORER, Patrícia Cerqueira Kertzman; COSTA, Daniel Castro Gomes da (Coord.). *Sistema penal contemporâneo*. Belo Horizonte: Fórum, 2021. p. 565-578. ISBN 978-65-5518-205-7.

## SOBRE OS AUTORES

**Adriane Garcel**
Mestranda em Direito no Centro Universitário de Curitiba (Unicuritiba). Assessora jurídica do Tribunal de Justiça do Estado do Paraná. Mediadora judicial.

**Alexandre de Moraes**
Ministro do Supremo Tribunal Federal. Professor livre-docente da USP e titular pleno do Mackenzie. Foi Ministro da Justiça e titular das Secretarias de Segurança Pública e de Justiça do Estado de São Paulo.

**Anderson de Paiva Gabriel**
Doutorando e mestre em Direito Processual pela Universidade do Estado do Rio de Janeiro (UERJ). Pesquisador visitante (*visiting scholar*) na *Berkeley Law School* (*University of California-Berkeley*). Especialista em Direito Público e Privado pelo ISMP, em Direito Constitucional pela UNESA e em Gestão em Segurança Pública pela UNISUL. Professor de Direito Processual Penal da Escola da Magistratura do Estado do Rio de Janeiro (EMERJ) e da Escola de Administração Judiciária (ESAJ). Ex-delegado de Polícia na PCERJ e PCSC. Membro do Comitê Gestor de Segurança da Informação (CGSI) do TJRJ, do Conselho Editorial da Revista da EMERJ, do Instituto Brasileiro de Direito Processual (IBDP), do Fórum Nacional de Juízes Criminais (FONAJUC) e do Conselho da HSSA (Humanities & Social Sciences Association) da University of California-Berkeley. Juiz de Direito do Tribunal de Justiça do Estado do Rio de Janeiro.

**André Guaragn**
Doutor e mestre em Direito das Relações Sociais (UFPR). Professor de Direito Penal Econômico do PPGD do Unicuritiba. Procurador de Justiça do Ministério Público do Estado do Paraná.

**Antonio Henrique Graciano Suxberger**
Doutor e mestre em Direito. Estágio pós-doutoral no *Ius Gentium Conimbrigae* da Universidade de Coimbra. Professor titular do programa de mestrado e doutorado do UniCEUB e dos cursos de especialização da FESMPDFT e da ESMPU. Promotor de Justiça no Distrito Federal.

**Bruno Hermes Leal**
Mestre em Direito pela Universidade Federal do Rio Grande do Sul. Juiz Federal em Boa Vista/RR – Tribunal Regional Federal da 1ª Região. Juiz Eleitoral do Tribunal Regional Eleitoral de Roraima.

**Carina Lucheta Carrara**
Mestranda em Direito Constitucional – Sistema Constitucional de Garantia de Direitos – pela Instituição Toledo de Ensino de Bauru (ITE). Professora na Faculdade de Direito Anhanguera de Jaú/SP. Juíza de Direito Titular da 1ª Vara Criminal da Comarca de Jaú – Tribunal de Justiça do Estado de São Paulo.

**Carlos Shikara Vásquez Shimajuko**
Profesor de Derecho Penal. Advogado e sócio do Escritório Vásquez Boyer & Abogados Asociados.

**Cezar Roberto Bitencourt**
Doutor de Direito Penal pela Universidade de Sevilha, professor do mestrado da Faculdade do Colégio Damas de Instrução Cristã, Procurador de Justiça aposentado, ex-professor e cocriador do programa de pós-graduação em Ciências Criminais da PUCRS, professor convidado desse programa de pós-graduação da PUCRS, professor de Direito Penal da PUCRS por mais de vinte anos, professor convidado de programas de pós-graduação da Espanha e da Argentina, advogado criminalista sediado em Brasília e autor de mais de três dezenas de livros de Direito Penal.

**Cláudia Vieira Maciel de Sousa**
Mestre em Direitos Humanos e Sistemas de Justiça pela Universidade Federal de Rondônia. Especialista em Ciências Criminais pela Pontifícia Universidade Católica de Minas Gerais. Especialista em Direito pela Escola da Magistratura de Rondônia. Juíza de Direito do Tribunal de Justiça do Estado de Rondônia.

**Daniel Castro Gomes da Costa**
Pós-doutor em Direito pela Universidade de Coimbra. Doutor e mestre pela Universidade Autónoma de Lisboa. Desembargador Eleitoral do Tribunal Regional Eleitoral de Mato Grosso do Sul. Advogado.

**Edson Medeiros Branco Luiz**
Doutor e mestre em Ciência Política pela Universidade Federal Fluminense. Diretor-Geral e professor dos cursos de Direito da Faculdade de Tecnologia e Ciência (UniFTC-BA). Professor da Escola Judicial do Tribunal Regional do Trabalho da 1ª Região. Pesquisador assistente do "Laboratório de Política Externa"/ LEPEB-UFF. Advogado.

**Fábio André Guaragni**
Doutor e mestre em Direito das Relações Sociais (UFPR). Professor de Direito Penal Econômico do PPGD do Unicuritiba. Procurador de Justiça do Ministério Público do Estado do Paraná.

**Francisco de Assis Machado Cardoso**
Mestrando em Direito Penal e Processual Penal (Justicia Criminal) pela Universidade Carlos III de Madrid. Especialista em investigações financeiras e ilícitos fiscais pela Guardia de Finanza/OECD Academy. Especialista em Criminologia pelo Instituto Superior do Ministério Público (IEP). Especialista em Inteligência Estratégica pela Escola Superior de Guerra do Brasil (ESG). Especialista em Inteligência de Estado pela Agência Brasileira de Inteligência (ABIN). Especialista em Inteligência de Segurança Pública pela SSP/RJ. Promotor de Justiça do Ministério Público do Estado do Rio de Janeiro.

**Frederico Augusto Leopoldino Koehler**
Mestre em Direito pela Universidade Federal de Pernambuco (UFPE). Instrutor no STJ. Formador e conteudista da Escola Nacional de Formação e Aperfeiçoamento de Magistrados (ENFAM). Professor adjunto da Universidade Federal de Pernambuco (UFPE). Professor do mestrado profissional da Escola Nacional de Formação e Aperfeiçoamento de Magistrados (ENFAM). Membro e secretário-geral adjunto do Instituto Brasileiro de Direito Processual (IBDP). Membro e secretário-geral da Associação Norte-Nordeste de Professores de Processo (ANNEP). Juiz Federal.

**Gabriel de Jesus Tedesco Wedy**
Pós-doutor em Direito e *visiting scholar* pela *Columbia Law School*/Estados Unidos e pela Universidade de Heidelberg/Alemanha. Mestre e doutor em Direito pela PUCRS. Professor do programa de pós-graduação e na Escola de Direito da Unisinos. Professor na Escola Superior da Magistratura Federal (ESMAFE/RS). Ex-Presidente da Associação dos Juízes Federais do Brasil (AJUFE). Ex-Presidente da Associação dos Juízes Federais do Rio Grande do Sul (AJUFERGS). Juiz Federal.

## Gláucio Roberto Brittes de Araújo
Pós-doutorando na Faculdade de Coimbra. Doutor em Direito Penal da USP. Mestre em Direito Penal pela PUC-SP. Especialista em Direito Público pela EPM. Foi juiz instrutor no STF. Professor de Direito Penal e coordenador adjunto de Processo Penal da Escola Paulista da Magistratura. Palestrante convidado pela ESMP, PUC-SP, Mackenzie e outras instituições. Parecerista da revista do CNJ. Juiz Criminal em São Paulo.

## Humberto Barrionuevo Fabretti
Doutor e mestre em Direito Político e Econômico pela Universidade Presbiteriana Mackenzie (UPM). Professor da Faculdade de Direito da Universidade Presbiteriana Mackenzie (UPM) e do mestrado da Escola Paulista de Direito (EPD). Líder do Grupo de Pesquisa Segurança Pública e Cidadania.

## Humberto Dalla Bernardina de Pinho
Pós-doutor pela *University of Connecticut School of Law*, instituição na qual é também professor visitante. Doutor e mestre pela Universidade do Estado do Rio de Janeiro. Professor emérito da Escola do Ministério Público do Rio de Janeiro. Editor da Revista Eletrônica de Direito Processual (REDP) e coordenador do Grupo de Pesquisa Observatório da Mediação e da Arbitragem (CNPQ). Professor titular de Direito Processual Civil na UERJ, na Estácio e no IBMEC. Membro do Ministério Público do Estado do Rio de Janeiro e assessor internacional do Procurador-Geral de Justiça.

## Humberto Martins
Ministro Presidente do Superior Tribunal de Justiça. Bacharel em Direito pela Universidade Federal de Alagoas (UFAL) e bacharel em Administração de Empresas pelo Centro de Estudos Superiores de Maceió (CESMAC). Iniciou as suas atividades jurídicas como Promotor de Justiça no Estado de Alagoas, passando, posteriormente, à advocacia, tendo sido Procurador do Estado de Alagoas. Ocupou a Presidência da OAB – Seccional de Alagoas no triênio 1998-2000, reeleito para o triênio 2001-2003. Em 2002, foi nomeado Desembargador para o Tribunal de Justiça do Estado de Alagoas. Em 2006 foi nomeado Ministro do Superior Tribunal de Justiça (STJ), tendo ocupado as funções de Ouvidor do STJ, Corregedor-Geral da Justiça Federal, Presidente da Turma Nacional de Uniformização (TNU), Diretor do Centro de Estudos Judiciários do Conselho da Justiça Federal e Diretor-Geral da Escola Nacional de Formação e Aperfeiçoamento de Magistrados Sálvio de Figueiredo Teixeira (ENFAM). Além das funções judicantes, desenvolve atividades acadêmicas, proferindo palestras e escrevendo artigos, bem como atividades editoriais e de pesquisa como Membro do Conselho de Orientação Jurisprudencial da Revista de Direito Civil Contemporâneo (RDCC), da Thompson Reuters – Revista dos Tribunais; Coordenador da coluna Direito Civil Atual, da revista Consultor Jurídico; e Membro da Rede de Pesquisa de Direito Civil Contemporâneo (USP, Universidade de Lisboa, Universidade de Girona, UFPR, UFSC, UFPE, UFRGS, UFF e UFMT).

## Jorge André de Carvalho Mendonça
Doutor em Direito Processual pela Universidade Católica de Pernambuco. Pesquisador visitante na Universidade de *Duke* nos Estados Unidos, com doutorado sanduíche reconhecido no Brasil. Mestre em Direito Penal pela Universidade Federal de Pernambuco. Especialista em Direito Processual Público pela Universidade Federal Fluminense. Formador e conteudista da Escola Nacional de Formação e Aperfeiçoamento de Magistrados (ENFAM). Professor do mestrado da Faculdade Damas. Juiz Federal.

## José Antônio Dias Toffoli
Ministro do Supremo Tribunal Federal. Ex-Presidente do Supremo Tribunal Federal e do Conselho Nacional de Justiça; ex-Presidente do Superior Tribunal Eleitoral (2014-2016); ex-Advogado-Geral da União (2007-2009); ex-Subchefe para Assuntos Jurídicos da Casa Civil da Presidência da República (2003-2005).

**José Laurindo de Souza Netto**
Doutor em Direito pela (UPFR), com estágio de pós-doutorado pela Faculdade de Direito da Universidade Degli Studi di Roma "La Sapienza". Professor de Direito Processual do PPDG do UNIPAR. Desembargador do Tribunal de Justiça do Estado do Paraná.

**Juliana Tonche**
Doutora em Sociologia pela Universidade de São Paulo. Pesquisadora de pós-doutorado do programa de pós-graduação em Ciências Sociais da Universidade Federal da Bahia. Docente do mestrado profissional em Segurança Pública, Justiça e Cidadania (UFBA).

**Lucas Ramos Krause dos Santos Rocha**
Mestre em Direito pela Universidade Federal do Rio de Janeiro. Pesquisador e assistente de ensino da FGV DIREITO RIO.

**Luiz Henrique Camandaroba Castelo Requião**
Especialista em Direito. Coordenador e professor do curso de Direito da Faculdade de Tecnologia e Ciência (UniFTC-BA) na Unidade Comércio. Advogado.

**Marco Adriano Ramos Fonsêca**
Mestrando em Direito e Instituições do Sistema de Justiça do Programa de mestrado acadêmico da Universidade Federal do Maranhão. Especialista em Direito Processual pela Universidade da Amazônia (UNAMA). Professor licenciado da Faculdade de Educação São Francisco (FAESF). 3º Vice-Presidente da Associação dos Magistrados do Maranhão (AMMA). Juiz de Direito da 1ª Vara de Pedreiras/MA.

**Marcus Abraham**
Pós-doutor pela Faculdade Nacional de Direito (UFRJ) e pela Universidade de Lisboa. Doutor em Direito Público (UERJ). Professor associado de Direito Financeiro e Tributário da UERJ. Desembargador Federal no Tribunal Regional Federal da 2ª Região.

**Marcus Vinicius Furtado Coêlho**
Doutor em Direito pela Universidade de Salamanca. Presidente Nacional da OAB de 2013 a 2016. Presidente da Comissão Constitucional da OAB Nacional de 2016 a 2019. Membro da Comissão do Senado Federal que elaborou o atual CPC. Advogado.

**Maria Benedita Malaquias Pires Urbano**
Professora da Faculdade de Direito da Universidade de Coimbra. Juíza Conselheira do Supremo Tribunal Administrativo de Portugal.

**Miguel Tedesco Wedy**
Doutor em Ciências Jurídico-Criminais pela Faculdade de Direito da Universidade de Coimbra. Decano da Escola de Direito da Unisinos. Advogado criminalista.

**Ney de Barros Bello Filho**
Pós-doutor em Direito (PUCRS). Doutor (UFSC). Mestre (UFPE). Professor da Universidade de Brasília (UnB). Desembargador Federal (TRF/1ª Região).

**Nilson Soares Castelo Branco**
Especialista em Direito Público. Atual Diretor-Geral da Universidade Corporativa do TJBA e Diretor da Escola de Magistrados da Bahia no biênio 2018-2019. Desembargador do TJBA.

**Og Fernandes**
Ministro Superior Tribunal de Justiça

**Paula Andrea Ramírez Barbosa**
Doctora en Derecho. Universidad de Salamanca. Profesora Universidad Externado de Colombia. Procuradora ante la Corte Suprema de Justicia de Colombia.

**Rafael Schwez Kukowski**
Doutorando em Direito pela Universidade Federal da Bahia (UFBA). Mestre em Direito pelo Centro Universitário de Brasília (UNICEUB). Especialista em Gestão Acadêmica do Ensino Superior pela Faculdade Pio Décimo (FAPIDE). Integrante do grupo de pesquisa Tutela Penal dos Interesses Difusos da Universidade Federal do Mato Grosso (UFMT). Professor licenciado de Processo Penal e de Execução Penal da Faculdade Pio Décimo (FAPIDE). Promotor de Justiça do Ministério Público do Estado de Sergipe.

**Reynaldo Soares da Fonseca**
Pós-doutor em Democracia e Direitos Humanos pelo Centro de Direitos Humanos (IGC) da Universidade de Coimbra. Doutor em Direito Constitucional pela Faculdade Autônoma de São Paulo (FADISP), com pesquisa realizada na Universidade de Siena na Itália. Mestre em Direito Público pela Pontifícia Universidade Católica de São Paulo (PUC-SP). Professor adjunto da Universidade Federal do Maranhão (UFMA), em colaboração técnica na Universidade de Brasília (UnB). Professor do Mestrado Profissional da UnB. Ministro do Superior Tribunal de Justiça.

**Roberto Carvalho Veloso**
Doutor e mestre em Direito pela Universidade Federal de Pernambuco. Coordenador do programa de pós-graduação em Direito e Instituições do Sistema de Justiça da Universidade Federal do Maranhão. Professor associado da Universidade Federal do Maranhão dos cursos de graduação e do programa de mestrado em Direito e Instituições do Sistema de Justiça. Professor colaborador da Universidade Autônoma de Lisboa – Portugal. Membro do Conselho Superior da Escola Nacional de Formação e Aperfeiçoamento de Magistrados (ENFAM). Ex-presidente da Associação dos Juízes Federais do Brasil (AJUFE). Juiz Federal da Seção Judiciária do Maranhão.

**Rosane Ramos de Oliveiira Michels**
Especialista em Direito Penal e Processual Penal pela UFRGS. Especialista em Filosofia Contemporânea pela IMED. Presidente da 2ª Turma Recursal da Fazenda Pública de Porto Alegre.

**Sandra Magali Brito Silva Mendonça**
Especializada em Direito Civil e Processo Civil (UNESA). Discente da especialização em Justiça Restaurativa (FMT) e do mestrado profissional em Segurança Pública, Justiça e Cidadania (UFBA). Magistrada em exercício no Tribunal de Justiça do Estado da Bahia, na Vara da Infância e Juventude da Comarca de Ilhéus, e Coordenadora do CEJUSC Ilhéus-BA.

**Sérgio Silveira Banhos**
Pós-doutor em Direito pela Universidade de Coimbra. Doutor e mestre pela Pontifícia Universidade Católica de São Paulo. Ministro do Tribunal Superior Eleitoral. Subprocurador-Geral da Procuradoria-Geral do Distrito Federal. Advogado.

**Tarcisio Vieira de Carvalho Neto**
Pós-doutor em Democracia e Direitos Humanos (Direito, Política, História e Comunicação) pelo *Ius Gentium Conimbrigae*, da Faculdade de Direito da Universidade de Coimbra. Doutor e mestre em Direito do Estado pela Faculdade de Direito da Universidade de São Paulo (FD/USP). Ministro do Tribunal Superior Eleitoral. Professor adjunto da Faculdade de Direito da Universidade de Brasília (FD/UnB). Subprocurador-geral do Distrito Federal. Advogado.

**Tatiana Almeida de Andrade Dornelles**
Mestre em Criminologia e Execução Penal, *Universitat Pompeu Fabra*, Barcelona, Espanha. Especialista em Segurança Pública e Justiça Criminal pela PUCRS. Especialista em Direito Aplicado ao Ministério Público Federal (ESMPU). Procuradora da República no município de Santa Maria/RS.

**Thiago Bottino do Amaral**
Pós-doutor pela *Columbia Law School*. Doutor e mestre em Direito Constitucional pela PUC-Rio. Professor do corpo docente permanente do mestrado e do doutorado em Direito e Regulação e coordenador do curso de graduação em Direito da FGV DIREITO RIO. Professor associado da Universidade Federal do Estado do Rio de Janeiro (UNIRIO).

**Tiago Dias da Silva**
Mestrando em Direito e Gestão de Conflitos pela Universidade de Fortaleza (UNIFOR). Especialista em Direito Constitucional pela Faculdade Ibmec São Paulo e em Ciências Criminais pela Faculdade de Ciências Humanas e Jurídicas de Teresina. Juiz de Direito no Tribunal de Justiça do Estado do Ceará (Titular da 2ª Vara da Comarca de Acaraú-CE).

Esta obra foi composta em fonte Palatino Linotype, corpo 10
e impressa em papel Offset 75g (miolo) e Supremo 250g (capa)
pela Gráfica Paulinelli.